KB068977

국가와 권위

박효종 저

博英社

책머리에

　오늘날 국가의 권력(權力)을 말하는 사람은 많지만, 국가의 권위(權威)를 말하는 사람은 많지 않다. 대통령선거 때마다 대권주자들이 나서고 정당마다 대권(大權)을 거머쥐기 위해 안간힘을 쓰는가 하면, 때때로 통치권(統治權)이 운위되기도 하지만, '권력(power)'의 개념이 그러하듯이, 우리의 대권과 통치권의 개념에는 고고함과 위압감이 스며 있다. 하지만 '권위(authority)'란 도덕성과 규범성이 배태되어 있는 개념이다. 바로 이 점에 문제가 있다. 국가가 작동하는 방식이 우리의 정의감(sense of justice)은 물론, 순리와 상식에 맞지 않고, 한편 시민들의 기본적인 이익을 충족시키지도 못하는데 어떻게 국가의 권위를 거론할 수 있겠는가? 과연 국가에 권위가 있기는 한가? 수많은 비리와 부정부패, 지대추구행위로 얼룩진 관료들, 암암리에 기업들로부터 거액의 정치자금을 받는 정치인들이 버젓이 공직자(公職者)가 되어 '국가의 수호자'를 자처하고 시민들 위에 군림하는 상황에서, 국가의 권위를 언급하는 것은 연목구어(緣木求魚)의 상황에 불과하다. 암담한 정치현실과 부실한 교육현실에 실망한 나머지 국가 공동체를 떠나 해외로 이민가고자 마음을 굳힌 사람들이 급증하는 상황에서, 어떻게 국가가 도덕적 권위를 자부할 수 있겠는가?

　그러면서도 국가는 '나'를 포함한 시민들에게 복종을 요구한다. 그것은 또한 국가의 주권(主權)개념에서 판독할 수 있는 가장 현저한 특성이 아닐 수 없다. 국가가 시민들에게 요구하는 복종은 전인적이며 포괄적이다. 국가는 심지어 시민들에게 목숨까지 요구한다. 평화시에는 목숨까지는 아니더라도, 개인의 핵심적 이익(vital interests)에 해당하는 문제들을 관장·통제한다. 이러한 현상은 민주국가라고 해서, 예외가 아니다. 우리나라에서 민주화가 이루어지고 민주주의의 공고화(consolidation of democracy)를 논의할 단계가 되었지만, 병역의 의무와 납세의 의무는 여전하다. 혹은 법준수에 대한 의무는 변함없다.

저자는 국가에 대한 정치적 복종의 행위가 과연 '의무'의 범주로서 성립할 수 있는가 하는 문제를 가지고 오랫동안 고민해 왔다. 법을 준수하는 시민이나 법복종주의자들보다 시민불복종주의자나 법불복종주의자들이 도덕적 정당성을 향유하거나 구가하는 경우가 비일비재한 상황에서 —— 선거법에 불복하는 시민단체들은 물론, 약사법에 불복하는 의사와 약사들이 양심과 원칙에 의하여 불복종행위를 주도하는 상황에서 —— 어떤 근거로 국가는 시민들에게 복종을 '요구'할 수 있고 시민들은 국가에 복종할 '의무'를 수임하는가? 국가에 대한 의무 가운데 우리에게 현저한 것은 병역, 납세, 근로, 교육의 의무 등, 4대 의무이다. 물론 4대 의무의 강도는 똑같지 않다. 학부모와 학생들이 기를 쓰고 과외를 하며, 불법 고액 과외까지 감행하는 상황에서, 왜 교육이 '국민의 의무'로 간주되어야 하겠는가? 혹은 공기업과 사기업을 막론하고 노동자들이 사측의 정리해고에 극한 투쟁을 벌이면서까지 일하겠다고 반발하는 상황에서, 구태여 근로의 행위를 국민의 의무로까지 규정해야 하는 이유는 그다지 설득력이 없다. 그러나 병역과 납세의 의무는 다르다. 병역과 납세에 관한 한, 이를 자발적으로 이행하겠다는 사람들은 극소수에 불과하기 때문이다. 심지어는 병역과 납세를 국민의 의무로 부과해도 병무비리와 납세비리는 연일 발생하고 있음을 우리는 목격하고 있다.

문제는 시민들의 의사나 욕구에 반하여 국가가 의무를 부과하고 있는 객관적 현실에 있다. 국가는 과연 정당한 논리로 시민들에게 복종을 요구하고 있는가? 이와 관련하여 국가는 시민들에게 복종을 요구하고 있으나, 그것은 어디까지나 국가의 주장이며, 국가의 논리에 불과하다고 생각한다. 국가가 최고의 권위를 주장한다고 해서 그 주장이 반드시 정당한 것으로 인정받기가 쉽지 않은 이유는 어떠한 국가도 '시장의 실패(market failure)'는 강조할지언정, '국가의 실패(state failure)'를 스스로 인정할 만큼 정직하지 못하며, 스스로를 '불의한 국가', '반인권국가'로 자인할 만큼 자아비판에 진솔한 국가는 존재하지 않기 때문이다. 그러므로 국가의 주장과는 다른 관점에서 정치적 복종에 관한 '의무의 논리'를 평가할 필요가 있다.

저자는 본의적 의미에서 국가에 대한 정치적 복종의 '의무'는 성립할 수 없다고 판단하는 입장이다. 그것이 또한 본서의 논의를 통하여 개진하고자 하는 중요한 주장 가운데 하나이다. 그러나 한편으로 정치적 헌신과 복종의 정신이 부족한 국가 공동체란 상상하기조차 어렵다. 정치적 헌신과 복종의 태도가 부족한 국가 공동체라면, 번영은커녕 생존조차 불가능할 것이기 때문이다. 그것은 마치 철새들의 도래지를 방불케 할 만큼, '시민적 유대(philia politike)'를 찾아볼 수 없는 뿌리 없는 공허한 공동체가 될 것이 분명하다.

그렇다면 정치적 복종의 행위를 어떻게 이해해야 하겠는가? 정치적 복종의 문제는 국가의 정당성에 대한 논리와는 다르게 접근할 필요가 있다. 저자는 정치적 복종행위를 '시민의 의무'라기보다는 '시민의 덕목'으로 간주하고자 한다. 이것은 유비적으로 말한다면 부모에 대한 자녀의 도리를 효(孝)라고 할 때, 비단 '좋은' 부모에 대한 복종의 문제만을 뜻하는 것이 아니라 '좋지 않은' 부모에 대한 복종의 규범도 포함하기 때문이다. 문제의 접근이 유의미하다면 '좋은' 부모에 대한 정당성의 논리와 자녀의 효의 논리는 독립적인 범주임을 시사하는 셈이다. 이와 유사한 맥락에서 정치적 복종의 덕목이란 국가의 정당성문제와 필수불가결하게 연계되어 있다기보다는 시민자신의 자기중심주의나 자기이익추구를 억제한다는 관점에서 '극기'와 '절제'의 논리에서 정당화될 수 있다고 생각된다. 이와 더불어 저자는 정치적 복종과 헌신행위를 '덕목'으로 규정하면서 그 근거와 관련하여 고전적 공화주의자들이 주목해 온 '정치적 덕목(politike arete)'보다는 그리스도교 신학자들이 개념화한 '신학적 덕목(theological virtues)'에서 정당성의 근거를 추출할 수 있을 것으로 판단하고 논의를 전개하고자 하였다.

저자는 이 책을 쓰면서 많은 소중한 분들에게 적지 않은 빚을 지고 있음을 밝히고자 한다. 우선 저자의 은사이며 학문적으로 부족한 저자를 끊임없이 깨우치고 편달해 주신 이용필 교수님께 깊은 감사를 드린다. 또한 멀리서 지켜보아 주시며 강렬한 지적 자극을 주신 진덕규 교수님도 생각하게 된다. 그런가 하면 논명회의 여러 교수님들, 그 가운데서도 김주성 교수님의 혜안에 감사의 정을 표하고자 한다. 또한 저자가 재직하고 있는 학과의 진교훈, 정세구, 전인영, 이온죽 교수님의 도움을 기억하지 않을 수 없다. 그 외에도 이 책을 만드는 데 정성과 도움을 아끼지 않은 조일수 박사과정생, 임상수 박사 및 본과 대학원생인 배영애 양, 노수미 양, 송영훈 군에게도 고마움을 전하고자 한다.

　　마지막으로 어려운 중에서도 이 책의 출판을 맡아 좋은 책으로 만드는 데 심혈을 기울여 주신 안종만 회장님, 마찬옥 부장님, 조성호 과장님 및 그 외의 여러분에게도 사의를 표한다.

2001년 3월 5일

서울대 11동 409호 연구실에서

박 효 종

차   례

제 3 장 국가권위의 성격

제 4 장 자율과 국가

제 5 장 동의와 국가

제 6 장 협력과 국가

제 9 장　계약과 국가

제10장　공동체와 국가

제 1 장

총체적 논의

제 1 장 총체적 논의

I. 예비적 고찰

우리 정치 공동체에 대한 민심이반(民心離反)이 크게 늘고 있다. 정부로부터 받은 훈장을 반납하는 사례가 자주 발생하는가 하면, 잘못된 사회제도와 관행, 정부정책에 실망한 나머지 조국을 떠나 이민을 가려는 사람들이 증가하고 있다. 세금을 포탈하거나 혹은 세금을 조금만 내기 위하여 무자료 거래를 서슴지 않거나 세금을 축소 신고하는 자영업자들도 상당수다. 군대를 가지 않으려고 병무비리를 저지르는 사람들도 대거 적발되고 있고, 국회의원을 포함한 주요공직자들 가운데 석연치 않은 이유로 병역의 의무를 필하지 않은 사람들이 적지 않다. 병역의무를 수행하기 위하여 군대 가는 사람은 '곰바우'가 되고 요리조리 빠진 사람은 요령 좋은 인물로 부러움을 사는 나라에 살고 있다는 느낌마저 지울 길 없다.

그러나 국민의 의무에 대한 아노미현상에서 시민들만 문제가 아니라, 직무유기를 일삼은 국가의 귀책사유도 현저하다고 생각된다. 국가의 부름에 응하여 국토방위에 나섰던 수많은 젊은이들을 국가는 어떻게 대우했던가! 6·25전쟁 때 포로가 돼 강제노역으로 신음하며 죽어 간 수많은 젊은이들을 50년이 넘도록 방치한 '무정한' 국가가 우리 국가이다. 고엽제 피해자들의 경우도 마찬가지이다. 고엽제 피해자들이 국가로부터 관심의 대상이 되기 위해서 얼마나 많은 회한과 분루를 삼켜야 했던가. 군 복무자에게 공무원시험에서 가산점을 주는 제도가 남녀평등과 형평성에 어긋난다는 주장이 여성들을 중심으로 계속 제기됨에 따라 헌법 재판소가 위헌판결을 내리자 격렬한 불만이 남성들로부터 터져 나왔다. 이러한 상황에서 나라를 사랑하는 마음과 국가를 위해 헌신하겠다는 각오가 어떻게 분출될 수 있겠는가?

그 결과 정치 공동체에 대한 헌신과 충성의 가치에 대한 의구심이 높아지게 되고, 허쉬만(A. Hirschman 1974)의 표현을 빌리면, 우리 국민들 사이에 '퇴거 현상(exit)'과 '발언 현상(voice)'들이 속출하게 된 것이다. 혹은 법에 대한 복종 행위보다 불복종운동이 가치 있는 행위로 평가받는 상황이 벌어지기도 하였다. 이러한 맥락에서 일찍이 서구에서 국가 정당성의 일반적 문제에 초점을 맞춘 논의들이 쏟아져 나왔음에 유의할 필요가 있다. 하버마스(J. Habermas 1975), 벨(D. Bell 1976), 오코너(J. O'Connor 1973), 볼프(A. Wolfe 1977), 샤아(J. Schaar 1970), 및 피트킨(H. Pitkin 1972) 등은 이미 서구사회에서 정당성의 위기가 광범위하게 일어나고 있다고 설파했다. 그러나 정당성의 위기는 서구에 국한된 현상만은 아니라고 생각된다. 이미 지적한 바와 같이, 오늘날의 한국에서도 정당성의 위기가 엄습하고 있다. 특히 민주화 이후 국가가 자신의 권위를 정당화시킬 수 있는 능력이 크게 신장된 것은 아니며, 많은 사람들은 국가가 과연 충성과 헌신할 가치가 있는 대상인가 하고 자문하고 있는 실정이다.

이와 관련하여 피트킨(1972, 46)의 지적은 음미할 만하다. "모든 것이 잘되어 나갈 때 사람들은 기존의 권위에 대하여 문제를 삼지 않는다. 국가가 병들었을 때, 일부 사람이 불복종이나 저항문제를 심각하게 고려하고 있을 때, 비로소 정치적 의무의 문제는 절박하다." 본 연구에서는 물론 피트킨의 견해에 원칙적으로 동의하면서도, 일부 이의를 제기하고자 한다. 사람들이 "모든 것이 잘 되어 나갈 때 이러한 권위나 저러한 권위에 대하여 의문을 제기하지 않는다"는 사실이 정당성의 문제가 그 자체로 중요하지 않다는 것을 함의하는 것은 아니라고 판단되기 때문이다. 정당성 위기의 강도가 얼마가 되든, 혹은 그 위기에 대한 설명이 무엇이든 간에, 정당성의 문제는 언제나 국가권위에 대한 논의에서 핵심적 담론의 위치를 차지하고 있다.

뿐만 아니라 하버마스의 주장처럼, 정당성문제는 오로지 현대자본주의 사회에서 발생하는 일련의 위기와 연계되어 있기 때문에 쟁점사안으로 부상하는 것도 아니다. 일찍이 하버마스(1975, 74)는 사람들이 정치체계의 요구와 일치해서 행동하기를 점점 더 주저하게 된다는 의미에서 정당성의 위기를 설명한 바 있다. "정당성의 위기는 동기성의 위기에 기초할 수밖에 없다. 한편으로 국가와 교육체계 및 직업체계에 의하여 선언된 동기의 필요와 또 한편으로 사회문화체계에 의하여 제공된 동기 사이에 괴리가 존재하고 있다." 이러한 정당성의 위기야말로 현대국가에서 광범위하게 파급되고 있다는 것이 하버마스의 견해이다. 특히 하버마스는 정당성의 위기는 선진 자본주의 국가에서 일어난다고 진단하였다. "자본주의 사회 구조에 내재된 근본적인 갈등이 그 원인이다. 이 갈등은 자본주의 사회의 기본적인 조건과 대중 민주주의의 사회 복지의 책임 사이에 야기되는 갈등이다." 결국 자본주의 국가의 '관리능력(steering capacity)'이 사회의 근본적인 갈등에 의하여 심각한 중압(stress)에 직면하고 있는 셈이다.

그러나 정당성의 문제는 하버마스가 말하는 자본주의 사회를 뛰어넘는 현상으로서, 기존의 국가나 정치 형태와는 다른 대안적 성격의 권위체계와 비교하면서, 과연 어떤 형태의 권위체계가 보다 더 정당할까 하는 의문을 제기할 때 나타나는 문제로 간주할 필요가 있다. 이러한 의미에서 국가의 정당성 문제는 홉스가 착안한 문제였고 로크의 관심사였으며, 또한 루소의 문제였다. 또한 오늘날 롤즈나 노직 등이 고민한 문제이기도 하였다.

국가권위가 이론적으로나 실제적으로 의문시되는 상황에서, 본 연구에서는 "국가권위의 정당성의 근거가 무엇인가" 하는 문제와 한편으로 "시민들은 왜 국가에 복종해야 하는가" 하는 문제에 천착하고자 한다. 이번 제 1 장은 국가권위의 규범적 문제를 본격적으로 접근하기 위한 예비적 단계로서, 앞으로 전개될 논의의 기본 입장을 밝히는 한편, 국가권위를 정당화시키는 논리와 무력화시키는 논리 등을 총체적 차원에서 비판적으로 조망하고자 한다. 특히 견지하고자 하는 기본 상정이라면, 국가권위와 정당성 및 시민의 복종 문제는 하나로 얽혀 있는 동일한 문제라기보다는 개별적으로 구분될 수 있는 독립적인 사안이라는 점이다. 일반적으로 국가론자들 사이에는 국가권위가 정당하면 시민의 복종 문제도 '자동적으로' 해결되고, 반대로 국가권위가 부당하면 시민의 불복종 행위가 '자동적으로' 정당화되는 것으로 받아들여지고 있다. 그러나 본 연구에서는 국가권위와 정치적 복종문제는 각기 다른 범주의 문제로서, 별개의 논리로 정당화시켜야 한다는 입장을 각별히 견지할 것이다.

Ⅱ. 연구의 기본 입장

　　국가의 권위와 시민의 복종의 의무에 대하여 근본적으로 의문을 제기해 보자. 문제의 핵심은 간단하다. 국가는 과연 그 권위에 의하여 시민들에게 당연히 충성과 복종을 요구할 수 있는가. 엄밀한 의미에서 볼 때, 국가가 정당한 '권위'를 갖고 있다고 해서 시민들의 입장에서 복종의 의무를 지니고 있다고 단언하기 어렵다. 국가의 권위와 복종의 의무는 동전의 앞뒷면처럼, 필요불가분의 관계는 아니기 때문이다. 한편 그래도 국가의 권위가 정당하다는 평가를 받을 때, 일반적으로 시민들은 충성과 복종의 의무를 지고 있다고 말할 수 있을 것이다. 그러나 국가가 정당치 못한 권위인 경우에는 심각하다. 혹은 정당한지 정당치 못한지의 가치 평가가 불분명한 경우, 국가는 시민에게 복종을 요구할 수 있는가. 국가가 시민들에 대하여 충성과 복종을 당당히 '요구'할 수는 없고, 다만 '기대'하는 수준에 불과하다면, 시민들로서는 복종의 '의무'를 지고 있다고 말할 수는 없고, 다만 국가에 대한 복종이 '허용 가능한 행위'거나 혹은 '바람직한 행위'라고 평가할 수 있는 셈이다. 특히 후자의 경우, 엄슨(J. O. Urmson 1958)의 표현을 원용한다면, 정치적 복종은 '금지된 행위(prohibitive act)'나 '의무적 행위(obligatory act)'는 아니고 '허용 가능한 행위(permissible act)'거나, 혹은 '초과 의무적 행위(supererogatory act)'의 성격을 지니고 있는 현상이라고 할 수 있을 것이다.

　　물론 이러한 비판적 논의와 상관없이 국가는 언제나 한결같이 시민들에 대하여 무조건적 복종을 요구할 수 있는 절대적 권위를 지니고 있다고 주장해 왔으며, 지금도 주장하고 있다. 그러나 이러한 주장은 나르시스적인 자기투사일 수 있다. 국가 스스로 자신을 거울에 비추어 보면서 하는 자문자답(自問自答)일 수 있기 때문이다. 『백설공주』에 나오는 왕비는 거울에다 대고 "누가 이 세상에서 최고의 아름다움을 가지고 있는가" 하고 물으면, 거울은 언제나 "왕비가 제일 아름답다"고 대답하지 않았던가. 그러나 왕비의 아름다움은 적어도 백설공주가 출현하기 이전의 상황이었다. 국가도 『백설공주』의 왕비처럼 "누가 이 세상에서 최고의 권위를 갖고 있는가" 하고 자문하고 있으며, 동시에 자기 자신이 최고의 권위를 갖고 시민들에게 복종의 의무를 부과할 수 있다고 자답한다. 하지만 우리는 국가의 나르시시즘이나 자화자찬, 주관적인 자기 평가에 연연할 수 없는 일이다. 물론 그렇다고 해서 국가의 자기 평가를 전적으로 무시하겠다는 의도는 아니다. 의인화(anthropomorphism)의 어법으로 말한다면, 국가가 자기 자신을 어떻게 보고 있는가 하는 문제도 중요하다. 그것은 국가의 자기 정체성의 문제이기 때문이다.

하지만 우리는 국가의 자기정체성(自己正體性) 문제에 충분히 유의하면서도, 그보다는 시민의 입장에서 과연 국가가 정당한 권위를 갖고 있는지 추궁할 권리가 있다고 생각한다. 뿐만 아니라, 국가가 나름대로 정당한 권위를 갖고 있다고 해도, 다른 대안 체제에 비하여 더 정당성을 갖고 있는지, 어느 정도의 권위를 갖고 있는지, 시민에게 복종과 충성을 요구할 수 있을 정도의 도덕성과 합리성을 갖추고 있는지, 혹은 도덕적 우월성(moral supremacy)이나, 적어도 도덕적 우위(moral priority)를 자부할 수 있는지, 평가할 수 있어야 할 것이다. 혹시 자연상태뿐만 아니라 다른 대안체제에 대하여도 도덕적 우월성을 갖고 있는 것으로 평가된다면, 시민으로서는 비교적 국가에 대한 복종의 의무를 지고 있다고 말할 수 있을 것이다. '자연상태'처럼, 개인이 개별적인 판단을 함으로써 살아가는 사회와 개인의 판단 가운데 상당부분을 국가에 맡기는 '국가의 상태'만을 비교할 것이 아니라, 국가권위에 의하여 움직이는 사회가 다른 대안적 권위체제보다도 훨씬 유용하고 정당하며 정의롭다는 평가가 가능하기 때문이다.

이 점을 감안하면서, 총체적 차원에서 국가권위의 정당성문제와 관련하여 몇 가지 상정을 하고자 한다. 첫째로 국가는 시민들의 평가와는 아랑곳없이 현실적으로 시민에게 복종을 요구하고 있다는 사실이다. 이 요구에 응하지 않는 시민은 엄청난 불이익과 제재를 감수할 수밖에 없다. 이 점을 고려할 때, 앞으로 진행될 논의는 마치 자연상태에서의 논의처럼, 국가도 없고 정치적 복종의 의무도 없는, 이른바 '백지상태(tabula rasa)'에서의 허심탄회한 논의라기보다는 일정한 현실주의(realism)를 배태하고 있는 제한된 성격의 논의가 될 수밖에 없음을 자인하게 된다. 실제로 각 개인은 국가 안에서 태어나고 국가 안에서 죽으며, 국가 안에서 자기 자신의 '삶의 계획(life plan)'을 추구하고 있지 않은가. 이 점에서 "아무도 국가를 떠날 수는 없다(nemo potest exuere patriam)"는 고전적 준칙의 의미를 아로새기게 된다. 이러한 의미에서 논의의 초점을 "리바이어던이냐, 아니면 무정부상태냐"를 가름하는 문제보다는, 복종을 요구하는 국가의 권위를 민주사회에서 어떻게 정당화시킬 수 있는가 하는 문제에 맞추고자 한다. 따라서 논의의 과정이 일정한 범주의 현상유지(status quo)를 전제하고 있다는 점을 자인할 수밖에 없다. 이러한 제한점은 유비적으로 말한다면, 로크 (J. Locke)가 말한 종교의 자유를 연상케 한다. 로크의 종교의 자유는 매우 넓은 의미의 종교의 자유 즉 무신론을 포함한 본의적 의미에서 종교의 자유를 함의하기보다는, 좁은 의미의 자유 즉 그리스도교 내에서 가능한 교파(教派)들 사이에서 선택의 자유만을 인정하고 있다.

둘째로 앞으로 전개될 논의는 국가 자체에 관한 실증적 논의라기보다는 국가의 권위와 국가에 대한 복종의 의무관계에 주안점을 두는 규범적 논의이다. 이 점을 천명하는 이유는 국가론 논쟁 등, 인과적(因果的) 성격의 실증적인 범주의 관심에서 벗어나, 당위적(當爲的) 성격의 규범적인 범주의 문제에 천착함으로 정치철학적 관심을 가지고 임한다는 점을 밝히기 위한 것이다. 국가 권위와 복종의 관계가 인간이 연루되는 무수한 형태의 사회관계 가운데 하나임을 감안할 때, 그러한 관계가 과연 가치가 있는지, 혹은 가치가 있다면, 어느 정도의 가치가 있는지를 평가하려는 것이 연구의 목적이다. 이러한 관점에서 이번 연구는 정의나 평등, 자유에 관한 연구가 아니라, 국가권위에 관한 연구임을 강조하고자 한다. 권위란 무엇을 말하는가? 그것은 '명령을 내릴 수 있는 권한', 혹은 '다스릴 수 있는 권한'이다. 따라서 명령과 복종의 관계는 정의나 평등 못지않게 독특한 인간관계이다. 일반적으로 국가에 관한 논의는 자주 정의나 자유, 평등, 인간 존엄성 등에 관한 논의로 경도되어 가곤 했는데, 이러한 경향은 분석적으로나 실천적 차원에서 바람직한 현상이 아니라고 판단된다.

셋째로 정치적 의무에 관한 논의는 시민들에게 마치 '묵종과 항거', '충성과 반역'의 양자택일식의 범주처럼 투영되어 온 것이 하나의 전통이다. 그것은 절대권력에 대한 묵종 혹은 혁명이나 저항이라는 대안 가운데 하나의 선택을 강요하는 거대한 이분법에 불과하다. 그러나 본 연구의 관심사는 다르다. 홉스의 국가론처럼, 절대 국가에 대한 의무를 정당화시키기 위하여, 혹은 네오·마르크시스트들의 국가론 논의처럼, 정당한 항쟁이나 혁명적 행동의 범위를 가늠하기 위하여 정치적 복종의 문제를 다루는 것은 아니다. 앞으로 천착하게 될 정치적 복종의 문제는 입헌 민주주의 국가의 작동양식(modus operandi)에서 유의미한 행위의 범주로 평가될 수 있는 한에서 그 의미를 갖게 되는 것이지, 국가에 대한 맹목적 복종의 정당화나 한편으로 시민불복종운동, 혹은 체제 변혁의 정당화 등, 이분법적 시각에 초점을 맞추는 것은 아니다.

넷째로 논의의 과정에서 국가는 시민들에게 무조건적 복종의 의무를 부과할 수 없을뿐더러, '직견적 의무(prima facie obligation)'조차 부과하기 어려운 실체로 상정될 것이다.[1] 국가의 요구와 명령, 법은 결코 가볍게 무시될 수 없으며, 일정 수준, 일정한 논리에 의하여 정당화될 수 있으나, 시민의 정치적 복종을 '일반적 의무(general obligation)'로 간주하기는 어렵다고 생각한다. 이러한 명제가 지니는 함의는 두 가지이다. 우선 국가의 법이나 명령에 대하여 복종해야 할 '좋은 이유(good reason)', 혹은 '현명한 이유(prudent reason)'는 성립할 수 있으나, 이에 복종해야 할 '의무'는 성립하기 어렵다는 의미이다. 그런가 하면 시민들로서는 구체적으로 이러한 법이나 저러한 법 등, 구체적인 법에 대하여 복종할 '구체적 의무'는 가질 수 있으나, 법 전체에 대하여 복종할 '일반적 의무'는 가질 수 없다. 그것은 달리 말하면 '일부' 사람들이 국가와 법에 대하여 복종해야 할 '일정한' 규범적 이유는 성립하나, 시민 '전체'가 국가와 법에 대하여 복종해야 할 '절대적인' 규범적 이유는 성립하기 어렵다는 점을 의미한다.

국가에 대하여 복종해야 할 '일반적 의무'가 성립하기 어렵다고 판단되는 이유는 국가에 대하여 복종하겠다는 시민들의 명시적 동의의 행위를 찾아보기 어려울뿐더러, 국가가 특유의 권위를 내세우며 공여하겠다는 물질적 혜택이 시민 개인이 지니고 있는 '수단적 합리성(instrumental rationality)'조차 완벽하

---

[1] 국가에 대한 직견적 의무가 있다고 할 때, 국가의 요구와 명령, 법은 결코 가볍게 무시될 수는 없으나, 때에 따라 압도될 수 있다. 직견적 의무(prima facie obligation)란 무엇인가. 그것은 "모든 문제를 고려할 때," 개인이 행동해야 할 당연한 의무와 확고한 도덕적 고려사항과는 달리, "다른 모든 조건이 동일할 때(ceteris paibus)," 우리가 지게 되는 의무인 셈이다. 예를 들어 진실을 말해야 할 의무를 절대적 의무로 보기보다 '직견적 의무'로 상정해 보자. 진실에 대한 의무는 칸트의 '정언명법'처럼, 언제나 어디서나 무조건적으로 지켜야 할 의무는 아니며, 때에 따라 보다 중요한 도덕적 이유에 의하여 밀릴 수 있는 의무이지만, 간단히 무시될 수 있는 의무는 아니라는 상정이 성립하는 셈이다. 따라서 '직견적 의무'를 지키지 못했을 때, 역시 나름대로 도덕적 부담과 흔적은 남는다고 할 수 있다. 즉 의사는 때때로 암으로 죽어 가는 환자에게 심각한 병이 아니며 충분한 음식과 휴식을 취하면 완쾌되리라고 거짓말을 할 수는 있으나, 환자의 가족에게는 이 사실을 알리고 또한 적어도 마지막 순간에 환자에게 양해를 구하고 해명을 해야 될 의무를 지고 있다고 말할 수 있지 않겠는가.

게 충족시킬 수 있는 것이 아니며, 한편 국가가 공여하는 비물질적 혜택이나 가치가 공동체주의자들이 기대해 마지않는 '유일한' 공동체적 가치나 '최상의' 공동체적 가치라고 단언하기도 쉽지 않기 때문이다. 따라서 국가의 권위와 시민의 복종 행위 사이를 의무의 범주로 규정하기보다는 의무가 아닌 범주, 즉 '초과(超過)의무'의 범주나 '칭송할 만한' 행위의 범주로 규정해야 한다는 주장을 개진하고자 한다.

　마지막으로 이번 논의를 진행하는 과정에서 각별히 고려하게 되는 요소는 협력에 관한 인간 개인의 미미한 동기와 연약한 인간성이다. 인간은 흔히 이기적이며 단견적 존재로 행동한다. 그러므로 장기적 이익을 조망할 수 있다고 하더라도 당장 눈앞의 이익에 현혹되어 행동하게 마련이다. 이 점에서 "더 좋은 대안을 알고 이를 확인하나, 선택은 더 나쁜 대안으로 기울어진다(video meliora proboque deteriora sequor)"는 준칙이나, '소탐대실(小貪大失)'이라는 준칙의 타당성을 음미하게 된다. 혹은 '유비무환(有備無患)'의 준칙보다는 "소 잃고 외양간 고치기"의 준칙에 따라 행동하기 쉽고, 심지어는 "소 잃고도 외양간을 고치지 않는" 경우도 적지 않다. 뿐만 아니라 "양약(良藥)은 입에 쓴 것"처럼, "좋은 말은 귀에 거슬리는 말"로 들리게 마련이다. 따라서 사람들은 약속을 했다고 하더라도 눈앞의 더 커다란 이익 때문에 약속을 깨기도 하고, 한편으로 약속을 지킬 마음이 있어도 게으르거나 의지가 부족하여 지키지 못한다. 문제의 현상을 아리스토텔레스는 '의지의 박약(akrasia)'이라고 지칭한 바 있다. 또한 "핑계 없는 무덤이 없다"는 준칙이 시사하는 바와 같이, 약속을 어긴 사람은 반성하기보다는 장황하게 그 사실에 대하여 궤변을 늘어놓기도 한다. 이른바 '법과의 약속'이 무력화되는 경우가 많은 것은 사람들이 '의지의 박약'이나 "달면 삼키고 쓰면 뱉는다"는 감탄고토(甘呑苦吐)의 준칙에 입각하여 행동하기 때문이다.

　결국 인간의 약한 동기나 의지의 박약 등이 지니게 되는 함의는 설사 국가가 완벽한 법적 권위나 도덕적 권위를 갖고 비교적 정의로운 법들만 제정하는 등, 도덕적 탁월성이 현저하여 시민 개인이 국가에 대하여 복종을 하기로 자발적으로 계약을 맺었다고 하더라도, 그 약속을 지키기가 쉽지 않다는 사실이다. 따라서 인간의 약한 동기는 논의 과정에서 두 가지 함의를 지닐 것이다. 하나는 국가의 강제력 없이 개인들 사이에서 자발적인 협력구도의 작동이 쉽지 않다는 점이다. 즉, 협력에 대한 인간의 약한 동기를 보충하기 위해 국가의 권위와 강제력이 필요하다는 의미가 될 것이다. 그러나 또 한편으로 비교적 정의로운 국가에 대해 인간이 완전무결한 상태에서 동의를 했다고 해도, 그 의무이행이 결코 쉽지 않다는 사실이다. 인간의 이른바 '아크라시아'를 감안할 때, 일단 맺은 약속을 이행하려는 행위에도 약간 과장하자면, "젖먹던 힘"에 비길 정도의 힘이 들기 때문이다. 그러나 그럼에도 불구하고 그 약속을 지킨다면, 문제의 행위는 결코 '사소한 행위'가 아니라, '칭송할 만한 행위'로 평가해야 할 것이다.

본 연구에서 정치적 복종행위에 관한 한, '시민적 의무(civic duty)'보다 '시민적 덕목(civic virtue)'에 관심을 갖는 것은 시민 개인이 정의로운 국가에 대하여 복종하기로 약속을 했다고 해도 그 약속을 실천하기에는 상당한 노력과 의지가 요구된다는 사실을 감안하기 때문이다. 더구나 우리에게 친숙한 국가는 완벽하게 정의로운 국가나 탁월할 정도로 '좋은 질서를 가진 국가'도 아니다. 오히려 정의와 부정의가 혼존하는 국가, 혹은 도덕적으로 불확실한 정책을 집행하는 국가의 행태가 일반적이다. 이처럼 정의와 도덕의 관점에서 문제가 있는 국가에 대하여 충성과 헌신을 한다는 것은 의무의 범주를 넘어서는 그 어떤 것이 아니겠는가. 상기의 다섯 가지 상정들을 전제하면서, 앞으로의 논의를 통하여 심도 있게 국가권위의 성격과 복종행위의 성격을 진단하고자 한다.

III. 국가권위란 무엇인가

1. 권   위

권위현상에 대하여 우리는 비교적 친숙하지만, 권위를 개념화하는 데 있어서는 일단 주저하게 된다. 권위의 개념은 일의적 개념이 아니기 때문이다. 일반적으로 권위의 개념은 두 가지 의미를 내포하고 있다고 하겠다. 하나는 전문지식을 의미하며, 또 하나는 '명령을 내릴 수 있는 권리(right to command)', 혹은 '통치할 수 있는 권리(right to rule)'를 말한다. 전자, 즉 전문지식의 의미는 "A가 사계의 권위자"라고 할 경우 통용되는 반면, 후자 즉 통치할 수 있는 권리는 "A가 대통령 선거에서 뽑힌 대통령"이라고 할 때 성립된다. 그러나 이번 연구에서 관심의 초점이 되는 권위의 개념은 명령을 내릴 수 있는 권리로서, A가 요구하거나 지시하는 내용이 무엇인가 하는 문제와는 관계없이, B는 A의 판단이나 요구를 구속력 있는 것으로 받아들이고, A의 판단이나 의사에 복종하게 된다는 의미를 내포하고 있다. 권위와 관련하여 홉스(리바이어던 2부, 25장)는 "어떤 사람이 이것을 하고 이것을 하지 말라고 할 때, 지시한다는 사실 이외에 복종에 대한 어떠한 이유도 기대하지 않는 경우의 명령권"이라고 규정한 바 있다. 또한 하트(H. L. A. Hart 1982)의 적절한 지적과 같이, '내용 독립적인' 이유에 입각하여 특정한 믿음을 갖고 있거나, 특정한 행동을 하는 경우, 권위가 성립한다고 하겠다. 이러한 권위의 사례는 비록 정도의 차이는 있으나, 우리 주변에 적지 않다. 한 국가의 통치자의 경우는 말할 나위도 없고, 의사, 부모, 스승, 경영인, 상사의 의견이 '권위'를 갖게 되는 것은 그 의견이 기초하고 있는 논리적·도덕적 근거와 관계없이 의견 '그 자체만으로(ipso facto)' 다른 사람들이 문제의 의견을 받아들이는 이유로 작용하기 때문이다.

한 걸음 더 나아가, 법적 권위와 실질적 권위를 구분할 필요가 있다. 만일 개인의 권위가 '인정(認定)'된다면, 효과적 권위나 '실질적 권위(de facto authority)'가 된다. 그러나 한 개인의 권위가 '정당화(正當化)'된다면, 그것은 '법적 권위(de jure authority)'가 될 것이다. 권위가 '인정'된다는 것과 '정당화'된다는 것의 차이에 유의할 때, 한 국가의 정신적 지도자라면 '무관의 제왕'처럼, '실질적 권위'를 가지고 있는 셈이며, 국가의 실제 통치자라면 '왕관을 쓴 제왕'처럼, '법적 권위'를 향유하고 있는 셈이다. 이 두 가지 가운데 우열을 가린다면 '법적 권위'가 우선하며, 그것이 또한 앞으로 진행될 논의의 분석적 관심사이기도 하다. '법적인 권위'야말로 '실질적 권위'가 지향하고 있는 목표이며, 흔히 '실질적 권위자'들이 갈망하고 있는 대상이기 때문이다. 이러한 관점에서 '권위'는 효과적인 강제력이나 정당화되는 '권력'과도 다르다는 점을 강조할 필요가 있다. 강제력이나 권력현상은 권위처럼 판단에 대하여 승복하는 태도와는 다른 현상이기 때문이다. 그러나 그렇다 하더라도 적지 않은 경우, 권위는 그것이 '효과적'일 경우에 한하여, 비로소 정당화된다는 사실도 중요하다. 만일 특정 개인이 '법적 권위'만 가지고 있을 뿐, 이 권위를 효과적으로 시행할 만한 강제력을 구비하고 있지 못하다면, 그 법적 권위는 별로 의미가 없기 때문이다. 또한 '실질적 권위'를 갖고 있다고 평가받는 특정 개인의 '말씀'이 정작 사회

여론에 커다란 영향력을 행사하지 못한다면, 역시 그 실질적 권위는 "빛 좋은 개살구"를 방불케 할 정도로 '무위(無爲)의 권위'일 뿐이다.

2. 국가의 권위

이제 권위의 특성을 전제로 하여 '국가의 권위'에 주목해 보자. 앞으로의 논의에서는 일반적 권위에 대해서 관심을 갖고 있는 것이 아니라, '국가 권위'에 대하여 분석하고자 하기 때문이다. 무엇보다도 국가는 최고의 권위를 요구한다. 일정한 영토 안에 살고 있는 사람들에 대하여 통치권을 행사하고 있는 것이 국가이기 때문이다. 통치권(統治權)에 대한 국가의 주장은 '주권(sovereignty)'의 개념으로 구체화된 바 있다. 홉스의 리바이어던(Leviathan)이나 보댕(J. Bodin)의 '주권자(sovereign)'의 개념에서는 국가권위의 절대성이 묻어 나고 있다. 법 위에 군림한다고 표현할 수 있을 정도로 국가의 권위는 절대적이다. 오스틴(J. Austin 1954)도 주권국가의 권위는 법적으로 절대적이라고 주장하고 있다. 그러나 국가권위의 절대성을 강조한다면, 이는 민주국가보다는 왕정국가나 절대국가에 부합하는 개념이 아닐 수 없다. 민주국가에서는 일반적으로 국가의 권위가 적어도 헌법적 제약을 받게 마련이다. 국가가 아무리 주권을 갖고 있다고 해도, 인륜이나 인권에 반하는 일정한 사안에 관한 입법을 할 수 없으며, 혹은 특정법을 제정했다고 하더라도, 입법 내용이 사법심사권에 의하여 헌법일치나 불일치 판정을 받는 등, 국가의 최고 권위는 약화된 권위임이 분명하기 때문이다. 또한 민주국가는 최고 권위를 갖고 있다고 해도 삼권분립(三權分立)의 제약조건을 받아들일 수밖에 없다.

민주국가에서 국가의 권위가 절대성을 띨 수 없음은 분명하지만, 그럼에도 불구하고 국가의 권위는 민주국가에서도 언제나 중차대한 의미를 지니고 있다는 사실이 강조될 필요가 있다. 민주국가는 자신의 영토 안에 살고 있는 사람들의 '핵심적 이해관계에 관한 사항(vital interest)'들을 관장하고 있기 때문이다. 어떤 민주국가라도 일반 시민들의 주요 이해관계가 걸려 있는 사안에 대하여 통제하게 마련이다. 이미 로크도 국가는 개인의 생명, 자유, 재산에 대하여 규제할 수 있음을 천명한 바 있거니와, 국가는 현실적으로 개인의 자유권과 재산권을 규제하고, 심지어 사람들의 생명까지 빼앗을 수 있는 권한까지 보유하고 있다. 사형제도야말로 국가가 행사하고 있는 주권의 극치가 아니겠는가. 그러므로 민주국가가 가진 권위를 비록 절대적 권위라고 할 수 없으며, 때로는 헌법 재판소에 의해서, 때로는 자연법(jus naturale)이나 양심법에 의해서 규제를 받는다는 사실을 인정한다고 해도, 개인들의 주요 이익을 통제할 수 있는 최고권위의 성격은 현저하다는 점을 분명히 하고자 한다. 아무리 권력이 분립된 입헌민주국가라고 해도, 대통령이나 총리는 통치권(統治權)이라는 이름 하에 일반 시민들의 중차대한 이해관계를 통제할 수 있는 권한을 행사하고 있다. 모름지기 민주국가의 조세권이나 재산규제권 및 징병권은 결코 사소한 권한이 아닌, 중대한 권한이다.

그런가 하면 진부한 사실이지만, 국가의 권위는 복종을 요구한다. 국가는 자기 자신의 명령에 복종하는 시민들과 자신의 명령에 불복종하는 시민들에 대하여 무차별적으로 대하는 것은 아니다. 당연히 국가는 시민들의 불복종행위보다는 복종행위를 선호한다. 물론 국가의 모든 권위적 결정이 시민들에게 의무를 지우는 목적만을 갖고 있는 것은 아니다. 대학의 권위가 학생들에게 의무만 부여하고 있는 것이 아니라, 학위도 수여하는 기능을 갖는 것처럼, 국가의 권위도 외국인을 시민으로 만들기도 하며, 특별한 사항들을 금지하거나 혹은 허락해 주며, 삼대독자의 병역의무를 면제하기도 하고 장애인의 권리를 인정해 주기도 한다. 혹은 특별한 공적의 시민들에게 훈장과 상을 수여하기도 한다. 그러나 그럼에도 불구하고 시민들에게 의무를 부여하는 것이 국가권위의 핵심이라는 사실은 아무도 부정할 수 없다.

3. 국가에 대한 의무

구체적으로 국가에 대한 의무는 어떤 성격을 지니는가? 일반적으로 사람들은 살아가면서 의무를 부여받게 되는 상황이 다수 있다. 학교에 다닐 경우 학생으로서의 의무, 혹은 회사에 들어갔을 때 회사원으로서의 의무, 교회에 다닐 때 신자로서의 의무 등이 그것이다. 이에 대하여 국가에 대한 시민의 의무는 매우 독특하다. 특히 세 가지 점에서 그 특성을 음미할 수 있겠는데, 포괄성과 지고성, 그리고 내용중립적 성격이다. 포괄성(包括性)이란 국가가 시민들에게 전인적 복종과 헌신을 요구하고 있다는 의미이며, 지고성(至高性)이란 국가에 대한 의무는 다른 집단에 대한 의무를 언제나 압도한다는 의미이고, 내용중립성(內容中立性)이란 명령의 내용과는 관계없이 국가가 명령했다는 이유만으로 구속력을 갖게 된다는 의미이다. 이러한 국가에 대한 의무의 특이성은 회사구성원의 의무와 비교할 때 현저하다.

개인 A가 회사에 취직하여 조직의 구성원이 되었을 때, 일정한 의무를 지게 되는 것은 사실이다. 그러나 그 의무는 포괄적이 아니라 부분적이다. 혹은 일반적이 아니라 구체적이다. 근무시간 동안 정해진 근무처에서 일할 일정한 의무에 불과하며, 근무가 끝난 후 A는 의무에서 벗어나 자유로운 상태다. 또한 회사 사장도 사원들에게 '열(熱)과 성(誠)'을 바쳐 일하라고 독려할지언정, '목숨'을 바쳐 가면서 일하라고 요구하지는 않는다. 만일 수사적 표현을 넘어서서 자구적으로 '목숨'을 바쳐 가며 일하라고 다그치는 사장이 있다면, 회사원들은 직장을 그만두거나 사장을 고발할 것이다. 이러한 의미에서 회사에 대한 의무는 부분적이고 제한적이다. 한편 개인 A에게 있어 회사에 대한 의무가 언제나 최고의 의무는 아니다. 가정에 대한 의무, 자녀들에 대한 의무와 회사에 대한 의무가 경합할 때, 가정에 대한 의무를 우선시하는 경우도 적지 않다. 아내가 아프면 회사 일이 바빠도 결근을 할 수 있고, 또한 회사 상사에게 양해를 구할 수 있지 않은가. 뿐만 아니라 회사에 대한 의무가 본의적 의미에서 내용중립성을 띠지는 않는다. 회사의 사장이 A에게 출장을 가라고 했을 때 A의 입장에서 석연치 않은 점이 있다면, 그 이유를 물을 수 있다. 또한 회사가 납득할 만한 이유 없이 A의 보직이나 근무처 변경을 했을 때, A는 그 이유의 타당성에 대하여 해명을 요구하고, 이에 응하지 않을 때 단식농성을 할 수도 있다.

그러나 국가에 대한 의무는 다르다. 때에 따라 목숨까지 바치기를 요구하고, 경합적인 어떠한 범주의 의무에 대하여도 우선권을 주장하며, 명령과 지시에 관한 한, 가장 강력한 의미에서 내용중립적 복종을 요구하는 등, "묻지마"의 태도를 견지한다. 포괄적이고 지고·절대적인 국가의 요구는 따라서 스승에 대한 학생의 의무, 혹은 의사에 대한 환자의 의무 등과 유의미하게 비교되기 어렵다. 다만 상대적 차원에서 국가에 대한 의무와 비교할 만한 것이 있다면, 결혼 당사자가 상호간에 갖게 되는 의무라고 하겠다. 결혼식장에서 결혼 당사자 A와 B는 편안하거나 병들거나 간에 상관없이 죽을 때까지 충실하기를 서로간에 약속하지 않는가? 확실히 부부간의 의무는 전인적(全人的)이고 일반적이며, 포괄적이다. 빨래하고 밥하며, 돈벌어 오기 등, 특정한 몇 개 영역이 아니라, 인생 전반에 걸쳐 구속력을 가진다고 하겠다. 그러나 부부간의 의무가 최고의 의무인지는 분명치 않다. 이른바 '마마보이'의 기질을 갖고 있는 남편 A는 아내 B보다 어머니 C에 대한 의무가 더 중요하다고 생각할 수도 있다. 따라서 때때로 아내 B는 자신의 요구보다 어머니의 요구에 더 신경을 쓰는 남편 A에게 "당신은 도대체 누구하고 결혼했어요" 하며 따지지 않는가! 또한 부부간에 요구와 지시에 대하여 시시비비를 가리는 경우도 많다. 아내 B가 남편 A에게 친정에 가겠다고 하면서 궁금해하는 A에게 그 이유를 말해 준다. 만약 아무런 말없이 아내 B가 불쑥 친정에 가 버렸다면, 남편 A는 상당한 불쾌감을 느낄 듯하다. 혹은 직장생활 동안 아이를 갖지 않겠다고 결심하면서, 아내 B는 남편 A의 동의를 구한다. 뿐만 아니라 때때로 결혼식에서의 약속은 구두상의 약속일 뿐, 지키지 않는 경우도 허다하다. 남편 A는 "당신 손에 물을 묻히지 않게 하겠다"고 약속하고서 결혼 한 달 후에 그 약속을 깬다. 그래도 아내 B로서는 속수무책이다. 그러나 국가의 요구는 다르지 않은가!

그런가 하면 국가에 대한 복종은 '내용중립적'이라는 사실을 강조해 보자. 국가에 대한 복종은 국가가 명령한 내용의 적실성 여부에 따른 복종이 아니라 국가가 명령했기 '때문에', 바로 그 이유로 인하여 하는 복종이다. 일반적으로 군대의 장병들은 이러한 유형의 명령과 복종관계에 익숙해 있다. 전투중에 상관이 전투병에게 "그 위치를 사수하고 후퇴하지 말라"고 명령하면, 그만이다. 전투병이 그 명령의 적실성 여부에 대해서 질문하지 않는다. 전선이 붕괴된 상황에서 현 위치를 고수하는 것이 의미가 없으며, 작전상 후퇴가 좋지 않을까 하는 생각이 들어도, 상관의 명령이기 '때문에' 따르는 것이다. 반론을 제기하거나, 명령의 시시비비를 가늠하며 따르지 않는다면, 군법회의나 혹은 즉결처분의 대상이 되게 마련이다.

흥미로운 것은 국가의 입장에서는 법이나 규칙을 시민들이 일일이 판단해서 복종여부를 결정하기보다는 무조건적으로 따르기를 원한다는 데 있다. 만일 법의 의인화가 가능하다면, 그리고 『크리톤(Criton)』에 나오는 소크라테스의 표현대로 법이 말을 할 수 있다면, 법의 적실성 유무를 떠나 시민들에게 무조건 복종하기를 요구할 듯하다. 이와 관련하여 볼프(R. P. Wolff 1970, 9)의 정의가 적절하다. "복종이란 어떤 사람이 당신에게 말한 것이 옳기 때문에 그 말을 이행하는 문제에 대한 사안이 아니다. 복종이란 어떤 사람이 당신에게 그 일을 하라고 했기 때문에 그가 당신에게 말한 것을 이행하는 행동이다." 볼프의 정의에 입각하여 조금 더 자세하게 명령의 성격을 분석해 보자. 군대에서 상급자 A가 명령을 내렸을 때, 하급자 B는 그 명령에 복종한다. 하급자 B는 왜 그 명령에 복종하는가? 진부하게 들릴는지 모르지만, 단도직입적으로 말해서, 그것은 '명령'이기 때문이다. 여기서 문제의 명령이 타당하다거나 혹은 합리적이라는 점은 부수적이다. 명령의 내용이 타당하다거나 합리적이기 때문에 복종하는 것이 아니라, 명령은 '명령이기 때문에' 복종하는 것이다. 내용과는 '독립적으로' 구속력을 갖는 것이 명령의 특성이다. 명령은 하급자에게 그 내용의 적실성에 대하여 판단하거나 시시비비를 가리기를 금지한다는 점에서 행동에 관한 일정한 규범적 이유를 제공한다.

같은 맥락에서 명령이란 명령의 내용이 무엇인가 하는 문제와는 독립적으로 기능한다. 명령에서 복종의 이유로 제시되는 것은 명령을 받았다는 사실뿐이다. 이것은 명령받은 대로 행동함으로써 어떠한 좋은 결과가 나타나는지와 무관하다. 즉 내용과 무관한 이유가 된다는 점에서 '결과론(conseqentialism)'과 대비되는 '의무론(deontology)'의 범주와 유사하다. 그런데 우리는 국가의 명령, 국가의 부름, 국가의 법이라고 할 때, 이와 같은 무조건성의 특성을 지니고 있음을 알게 된다. 국가의 명령이 갖는, 내용과 무관한 복종의 극단적 사례는 고대 흉노의 선우묵특에게서 볼 수 있거니와,[2] 선우묵특의 행동은 하트(H. L. A. Hart 1982)의 분석에 의하여 보다 유의미하게 조명될 수 있다. 군대의 사령관 A는 자신의 부하들이 명령에 복종하기를 원한다는 의사를 표시했다는 사실에 입각하여 반응을 보이기를 바라고 있으며, 이러한 부하들의 복종행위는 사령관

---

2) 선우묵특은 소리나는 화살을 쏨으로써 부하들이 자신이 쏜 표적을 향하여 화살을 쏘도록 명령하고 이를 어기는 부하들을 가차없이 처형한다. 처음에 선우묵특은 애마(愛馬)에게 소리나는 화살을 날린다. 이를 따르기를 주저하는 일부 부하들은 여지없이 처형된다. 그 후 선우묵특은 애첩을 향하여 소리나는 화살을 날린다. 역시 이에 복종하기를 주저하는 일부 부하들이 처형된다. 이처럼 부하들이 선우묵특의 명령에 내용과 무관하게 무조건적 헌신의 태도를 보이는 데 익숙하게 되자, 마지막으로 자신의 아버지에게 소리나는 화살을 날림으로써 아버지를 죽이고 왕위를 차지하게 된다. 문제의 선우묵특의 행동은 단순히 홉스의 리바이어던이 가진 주권을 방불케 할 정도로 절대 군주의 명령이 무조건성을 띤다는 사실 못지않게, 일반적으로 국가권위가 요구하는 내용중립적 복종의 성격을 비록 '극단적 형태로나마' 설명한 셈이다(이와 관련하여 사마천. 1993. 김진연 편역, 『참으로 곧은 것은 굽어보이는 법이다』, 165-167을 참조할 것).

자신이 의도한 내용과는 독립적인 것이 되기를 원하고 있다. 만일 부하 B가 내려진 명령이 '실제적으로 타당하기 때문에' 바로 그 이유로 명령에 복종했다면, 그는 엄밀한 의미에서 '권위'에 복종을 한 것은 아니다. B는 명령받은 내용을 실천하기는 했으나, 명령이라는 이유 때문에 복종한 것은 아니기 때문이다. 타당하기 때문에 복종하는 행위라면, 행위를 유도하는 방식으로서 명령의 본질과 일치하는 것은 아니다. 즉 명령이란 그 자체로 복종을 해야 할 일정한 규범적 이유가 성립된다고 주장하는 것이지, 단순히 복종할 또 다른 이유, 혹은 더 나은 이유가 있다는 점을 상정하는 것은 아니다. 더 나은 타당한 이유가 있어서 명령을 이행했다면, 문제의 행동은 피명령권자의 복종이라기보다는 피명령권자의 자율적 행위라고 할 수 있다. 그런데 이러한 명령의 성격은 비단 군대에서 통용되는 명령의 범주를 넘어서서, 일반적으로 국가에 의한 명령의 범주에 해당된다고 할 수 있다. 국가는 명령이나 법의 내용이 타당하거나 순리적이기 때문이 아니라, 바로 국가의 명령이고 법이기 때문에 시민들에게 복종하기를 요구하고 있다. 이 점이야말로 '국가의 권위'라고 말할 때 간과할 수 없는 부분이다.

우리는 이러한 국가 명령의 내용중립적 성격과 관련하여 국가권위의 고유한 특성에서 나온다고 치부할 수도 있다. 그러나 조금만 깊게 생각하면, 복종의 내용중립적인 성격은 우리 일상 생활의 다른 영역에서도 어렵지 않게 음미할 수 있다. 약속의 특성은 그 한 가지 사례가 아닐 수 없다. A가 B를 3시에 커피숍에서 만나기로 약속했을 때, A가 문제의 약속을 지켜야 한다고 생각한다면, 그 구속력은 어디서 나오는가. 문제의 구속력은 약속한 내용에 달렸다기보다는 바로 약속했다는 사실 자체에서 기인하지 않는가. 그 약속 때문에 A는 손해를 보는 한이 있더라도, 혹은 약속을 지키는 데 기회비용이 높더라도 B를 만나러 나가야 할 것이다. 약속은 어디까지나 '약속'이기 때문이다. 시험 때 친구 D에게 자신의 노트를 빌려주기로 약속한 C는 설사 그 행위가 친구 D에게 도덕적 해이를 부추기는 결과를 가져오는 좋지 못한 행위라는 것을 알면서도 그것이 약속이기 때문에 노트를 빌려주는 것이다. 결국 약속이란 그 내용의 타당성과 관계없이 '약속이기 때문에,' 비록 손해를 감수하고라도 혹은 나쁜 결과를 각오하고서라도 지킨다는 사실이 현저하지 않은가! 이 점이야말로 약속을 하고 다리 밑에서 기다리다 불어난 강물에 빠져 죽은 미생의 행위에서 유래된 '미생지신(尾生之信)'이나, 포숙아와의 약속을 지킨 관중의 행위를 기리는 '관포지교

(管鮑之交)'가 아름다운 행위로 우리에게 전해지는 소이(所以)가 아니겠는가?

국가의 '권위'뿐 아니라 다른 '권위'도 약속과 마찬가지의 특성을 지니고 있다. 신부나 목사의 '권위', 혹은 교사의 '권위'를 말할 때, 그것이 신부님이나 목사님의 '말씀'이기 때문에, 혹은 선생님의 '말씀'이기 때문에, 신도들이나 학생들은 경청하게 마련이다. '권위'의 본질은 관련된 사람들에게 복종하도록 구속력을 갖는, 내용과 독립적인 이유를 만들 수 있는 일정한 규범적 근거를 제공한다는 점에서 드러난다. 결국 내용중립적 복종을 요구하는 '권위'의 성격을 적절히 감안할 때, 내용중립적 복종을 요구하는 국가 권위가 비록 가장 강력한 형태이기는 하나 결코 예외적 현상이 아니라는 사실을 인정할 수밖에 없고, 또한 이 사실을 기초로 하여 국가 권위가 사용되고 정당화될 수 있는 방안에 대하여 타당한 고찰을 하는 것이 온당하다고 생각된다.

Ⅳ. 국가권위에 복종할 의무가 성립하는가

왜 우리는 국가에 복종하며 헌신해야 하는가? 일반적으로 독재 국가나 전체주의 국가, 혹은 권위주의 국가에 살고 있을 경우, 시민들은 무슨 이유로 국가의 법과 명령에 복종해야 하는가 하는 의구심에 사로잡히게 마련이다. 독재자의 명령이나 전체주의 국가, 권위주의 국가의 법에는 정의롭지 못한 악법이나 억압적인 법들이 적지 않기 때문이다. 한국 사회에서도 민주화되기 이전, 실제적으로 이러한 상황에 봉착하지 않았던가. 시민들은 정부의 각종 억압적이고 반 인권적인 정책과 법에 대하여 복종보다는 불복종 행위로 대응한 경우가 많았다.

민주화가 이루어진 이후 비교적 상황은 달라졌다. 비록 일부의 법이나 정부의 특정정책에 관한 한, 시민들의 불만이 터져 나오기도 하나, 민주국가의 권위와 정통성에 관한 한, 비교적 광범위한 공감대가 형성되어 있어, 정치적 복종의 의무에 대한 시민들의 의구심은 그다지 심각하지 않다. 하지만 주목해야 할 점은 국가에 대한 의무를 흔쾌히 이행하려는 의지나 움직임이 넘쳐흐르는 것은 아니라는 사실이다. 권위주의 시대처럼, 국가의 부당한 명령이나 억압적인 법에 항의하는 대규모의 집단행동은 없어도 국가보안법 폐지 등, 일부의 법에 대한 간헐적이며 부분적인 불복종 행위는 여전하고, 병역에 대한 기피현상이나 탈세

현상도 여전히 심각한 수준이다. 따라서 본 연구에서는 보다 본질적으로 국가에 대한 복종의 의무가 당연히 성립할 수 있는 것이 아니라, 정당화의 논리나 혹은 '실천적 사고(practical reasoning)'를 요구하는 범주라는 사실에 주목하고자 한다.

국가권위에 복종해야 할 '실천적 사고'에 관한 한, 『크리톤(Criton)』에서 개진되고 있는 소크라테스의 논거는 가장 고전적이고 원천적이다. 크리톤은 옥중의 소크라테스를 찾아가 탈출을 제의한다. 이때 소크라테스는 아테네를 대표하는 법이라면, 크리톤의 제안을 어떻게 평가할 것인가를 의인화(擬人化)의 형식으로 밝힌다. 약간 길지만, 인용할 필요가 있다고 생각된다.

"비록 우리는 여러분을 이 세상에 나오게 했고 양육했으며, 교육을 시켰고 또한 여러분과 여러분의 동료 시민들에게 우리 권한내에 있는 좋은 재화들에 대한 몫을 갖도록 했지만, 그럼에도 우리는 공개적으로 다음과 같은 원칙을 선언하는 바이다. 어떠한 아테네인도 성인이 되었을 때 스스로 국가의 조직과 그 법률들을 점검하면서, 법률에 만족하지 않으면 재산을 갖고 어디든지 원하는 곳으로 가는 것이 허용된다는 원칙이다. 여러분 중에 누구라도 법이나 국가에 만족하지 못하여 우리 식민지 중 어느 곳이나 다른 나라로 가고자 한다면, 어떤 법도 여러분이 가고자 하는 곳으로의 이주를 막지 않을 것이며, 재산도 훼손하지 않을 것이다. 반대로 여러분 가운데 누구라도 정의를 다루고 공조직을 운영하는 모습을 보고 이 땅에 머물기로 했다면, 바로 그 사실로 인하여 법이 명하는 어떤 것도 이행하겠다고 결심한 것이라고 주장한다. …… 그러한 사람은 우리 법과 우리 도시에 만족한 셈이다. 그러한 사람은 확실히 우리 법을 선택한 것이며, 시민으로서의 모든 행위 가운데 우리 법을 지키기로 작정한 것이다. 또한 그러한 사람은 우리 도시에 만족했다는 확실한 표시로 도시 안에서 자녀들을 출산한 셈이다. 더욱이 재판의 경우에도 당신이 마음만 먹었다면 추방형을 받기를 자청할 수 있었다. 즉 당신은 국가 없이 할 수 있는 것을 국가의 제재로 뜻을 성취할 수 있게 된 셈이다. 그러나 당신이 죽음을 담담한 태도로 받아들인다고 공언하고, 추방보다 죽음을 원한다고 진술했으면서도, 이제 와서 그 말을 어기고자 한다면, 당신은 우리와의 이전 약속이나 우리에 대한 존경을 보이지 않고 있는 셈이다. 당신은 법을 파괴하려고 하고 있지 않은가. 당신은 국가의 구성원으로 살기로 동의한 계약과 결심에도 불구하고 이로부터 도피하려는 사람처럼 행동하고 있다(Plato 1961, 36)."

확실히 소크라테스의 주장에는 간접적인 공리주의적 논거도 발견할 수 있다. 국가로부터 혜택을 보았다면, 국가에 대한 복종은 당연한 도리라는 메시지가 그것이다. 그러나 그보다 현저한 사실은 약속을 했다면, 그 약속을 지켜야 한다는 사실이다. 따라서 소크라테스의 주장을 따른다면, 두 가지 요소가 국가에 대한 복종의 논리를 구성하는 셈이다. 하나는 '법과의 약속'을 했기 때문에, 바로 그 이유로 인하여 복종을 해야 한다는 '의무론적 정당화'의 논리이며, 또 하나는 '법과의 약속'을 할 수 있는 타당한 근거가 성립한다는 점으로 '결과론적 정당화'의 논리이다. 이러한 관점에서 보았을 때, 국가에 대한 복종행위에는 의무론적 논리와 결과론적 논리가 망라되어 있는 셈이다. 즉, 국가에 대한 복종에는 수단적인 혜택과 편의 혹은 비수단적인 혜택과 편의의 향유가 한 근거이기는 하지만, 한편으로 약속을 했기 때문이라는 측면도 중요하다.

그러나 21세기에 들어선 현 시점에서 우리는 소크라테스가 강조한 의무론적 정당화와 결과론적 정당화의 논리보다 훨씬 더 풍부하게 국가권위에 관한 정당화의 논거를 확보하고 있다. 또한 우리가 의무론적 범주와 결과론적 범주에서 제시할 수 있는 국가권위의 정당화의 논거는 소크라테스의 그것보다 훨씬 정교하고 섬세하다. 동의론이나 공정한 협력론, 정의론을 비롯하여 사회관행론이나 사회계약론 및 공동체주의는 소크라테스의 관점을 기본적으로 반영하고 있으나, 질적으로 훨씬 세련된 형태가 아니겠는가? 물론 소크라테스의 논리보다 훨씬 조악하고 설득력이 떨어지는 국가권위 정당성의 이론도 적지 않다. 그 가운데 두 가지 비전을 들 수 있다면, 왕권신수설이 그 하나이다. 왕권은 신으로부터 받은 권리로서 통치자는 통치하는 사람들보다는 신에게 책임을 지는 존재라는 것이 왕권신수설의 핵심이다. 그러나 통치권을 신으로부터 받았다는 주장이 정당성을 갖기에는 인류의 조상인 아담으로부터 왕권의 계보가 이어진다는 점이 그다지 확실치 않다는 점이 문제이다. 또 한편으로 왕권신수설은 가부장적 모델을 전제로 하고 있었다. 하지만 한 가정에서 가부장의 권한을 이상으로 삼는 가부장적 모델이 가정과는 질적으로 상이한 정치 영역에서 유의미한 모델로 간주될 수 있는지에 대해서도 적지 않은 의구심이 존재한다. 이러한 일련의 비판들을 감안할 때, 왕권신수설에 의하여 국가의 권위를 정당화하는 데는 한계가 있으며, "왕후장상에 씨가 있다더냐" 하는 반어법(反語法)의 준칙에서 함축되고

있는 바와 같이, 오늘날 왕권신수설을 신봉하는 사람들이 거의 없다는 사실이야
말로 왕권신수설의 초라한 현주소가 아닐 수 없다.

한편 왕권신수설과는 다르나, 역시 초자연적 지식에 입각하여 국가의 권위
를 정당화시키려는 시도도 관심사이다. 플라톤은 정치를 '항해술'에 비유하면서
선장의 지도력에 의하여 성공적인 항해가 가능한 것처럼, 이데아 세계에 관한
탁월한 지식을 확보한 '금의 정신(gold spirit)'의 소유자들에 의한, 이른바 '금
본위정치(politics of gold standard)'가 이루어질 것을 갈망해 마지않았다. 물
론 탁월한 지식과 지혜에 의하여 국가권위를 정당화하려는 시도는 왕권신수설
보다는 훨씬 설득력이 있는 비전으로, 오늘날에도 이 비전은 "수정될 것은 수정
된 채(mutatis mutandis)" 부분적으로 살아 남았다. 대통령 후보자나 국회의
원 후보자들은 자신들이 상대방 못지않게 혹은 상대방을 능가할 만큼 탁월한
정책 판단력을 지니고 있음을 유세장에서 입증해야 비로소 유권자들의 지지를
획득할 수 있지 않은가. 그것은 유권자들이 정치인들로부터 탁월한 지식을 기대
하고 있다는 산 증거이기도 하다. 그러나 이데아 세계로부터 기인하는 '에피스
테메(episteme)'에 의한 통치를 국가권위의 근거로 삼기에는 불충분한 요소들
이 적지 않다. 무엇보다 중요한 쟁점의 규범적 사안들에서 전문 지식이 어느 정
도로 해결책을 제시할 수 있을지는 불분명하다. 사형제도나 유전자 조작 등의
사안에서 과연 이의 타당성을 가늠할 수 있는 전문지식이 가능할 것인가. 법 전
문가나 유전 공학도들 사이에서도 사형제도나 유전자 조작 등에 대한 의견이
분분한 것이 현실이다.

그런가 하면 정치영역에서 전문지식이 중요한 역할을 할 수 있음을 인정한
다고 해도, 누가 문제의 전문지식을 가지고 있는가 하는 점은 쟁점사안으로서 이
에 합의하기란 결코 쉬운 일이 아니다. 또한 전문지식의 소유자를 판단할 수 있
는 혜안을 가진 사람은 과연 누구인가? 같은 맥락에서 국가경영을 맡은 사람들
이 반드시 정치영역에서 최고의 전문지식을 가지고 있는 사람이라는 보장도 존
재하지 않는다. 행정고시나 사법고시에 합격하여 관료나 판사가 된 사람들이 비
록 절이나 합숙소에서 수험 준비를 했겠지만, 플라톤의 주문처럼, 명상생활(vita
contemplativa)을 통하여 이데아 세계로부터 지식을 갖게 된 것이라기보다는
출세(出世)라는 지극히 세속적인 동기에 의한 것이며, 혹은 '독사(doxa)'에 있
어서도 관료나 정치인이 아닌 일반 시민들에 비하여 우월한 것도 아니다.

결국 이러한 지적들이 설득력 있게 받아들여지는 현실에서, 우리는 '신의 권위'나 '이데아 세계의 권위'에 의하여 국가권위를 정당화하는 데 일정한 한계가 있음을 인정할 도리밖에 없다. 국가권위를 '신의 권위'나 '이데아 세계의 권위'에 기생하여 정당화시키려는 시도가 실패했다면, 인간주의적인 논거에 의하여 국가권위를 정당화시키려는 시도에 주목할 수 있겠는데, 그것이 바로 앞으로의 논의에서 추구하는 목표이다. 물론 이러한 시도들은 단일적인 것이 아니라 다양하다. 그러나 본 연구에서는 소크라테스의 비전을 원용하여 국가권위의 정당화의 시도에서 의무론적 정당화와 결과론적 정당화의 범주로 나누어 평가하는 것이 유용하다고 판단한다. 의무론적 정당화의 범주에는 국가의 권위에 복종하는 것이 '그 자체로(ipso facto)' 옳기 때문에 '내'가 복종한다는 논리가 묻어 있다. 반대로 결과론적 접근방식에는 국가에 복종함으로써 '좋은 결과'가 산출되기 때문에 '내'가 복종한다는 논리가 현저하다.

의무론적 정당화 논리의 대표적인 것이라면, 동의론이 아닐 수 없다. '내'가 동의했기 때문에 동의한 바를 이행한다는 차원에서 국가에 대한 복종의 의무를 정당화시키고자 하며, 약속을 지킬 의무에서 그 규범성을 엿볼 수 있다. 사람들은 일상생활에서 '약속을 해야 할 의무'를 인정하고 있지 않으나, 그럼에도 '약속을 지켜야 할 의무'는 인정하고 있다. 이와 마찬가지로 '내'가 국가에 자발적으로 동의했다면, 동의행위의 규범성 때문에 손해와 이익을 따질 것 없이 복종해야 한다는 논리가 배어 있다. 물론 의무론에 입각한 비전으로는 동의론 이외에도, 공정한 협력론, 정의에 대한 '자연적 의무'나 감사에 대한 '자연적 의무'를 거론할 만하다. 그러나 아마도 동의에 관한 본질적 문제라면, '내'가 언제, 어디서, 어떻게 동의를 했는가 하는 점이 불분명하다는 점일 것이다. 또한 많은 정치인들이 공약(公約)을 한갓 공약(空約)으로 치부하면서 이를 지키고자 양심적 고민조차 하지 않는 상황에서, 도덕적 의무로서의 약속이 정치적 의무로서의 약속으로 전이될 수 있는지도 의문이다.

물론 결과론적 정당화의 논리도 의무론 못지않게 매력적이다. 결과론적 정당화의 핵심이라면, 국가권위가 사람들에게 혜택을 제공한다는 사실이다. 이 혜택은 수단적일 수도 있고, 비수단적일 수도 있다. 혹은 경제적이거나 물질적일 수도 있고, 비경제적이거나 정신적인 것일 수도 있다. 수단적인 국가의 혜택이라면 어떤 것이 있을까? 첫째로 지극히 편의주의적인 논거로, 만일 집단 선택에 관한 문제를 전담하는 국가기구가 없다면, 일반 시민들로서는 생업에 종사하기가 어려울 것이라는 점이다. 물론 이 점은 직접 민주주의의 한계를 지적하는 논리나 대의제나 간접 민주주의에 대한 옹호논리로 사용되어 왔다. 그러나 본질적으로 국가가 집단 선택(collective choice)에 관한 문제를 전담하고 있는 만큼, 이 문제는 국가권위의 필요성에 대한 논거로 간주할 수 있을 것이다. 둘째로 사회적 조정(social coordination) 상황에 관한 문제의 해결 기제로 국가의 권위가 요구된다는 점이다. 한 사회에는 교통규칙부터 화폐형태에 이르기까지 공동의 제도에 대한 필요성이 존재한다. 이러한 사안들이야말로 사람들이 개별적으로 자기자신의 독립적인 판단에 의해서 행동하고 이를 기초로 통일된 대안을 도출하기보다는 국가가 일정한 규칙과 제도를 제정함으로 사람들 사이의 상호작용이 촉진될 수 있으리라는 전망을 밝게 해주는 셈이다.

셋째로 공공재 문제에 대한 해결의 필요성이야말로 논리적으로 저항하기 어려운 국가의 존재이유(存在理由)가 아닐 수 없다. 공공재 문제란 사유재와는 상이한 성격의 재화로, 시장 행위자들에 의해서는 적정 수준으로 산출되기 어렵다는 사실에서 기인한다. 특히 공공재의 구조란 '다자간 죄수의 딜레마' 속성을 지니고 있어 사람들 사이에서 무임 승차자를 양산하게 만드는 유인구조이다. 이러한 공공재의 상황에서 국가가 개입하여 사람들로 하여금 강제적으로 기여하게끔 만들 수 있겠는데, 그 결과 비로소 국방재나 환경재 등, 소중한 재화의 산출을 기대할 수 있다.

물론 그 외에도 국가의 권위를 요청하는 수단주의적 논거는 적지 않다. 즉 공동체의 목적에 대해서 사람들이 만장일치에 의하여 합의에 이르기는 어렵고, 그럼에도 일정한 집단결정이 이루어져야 할 당위성이 존재하는 경우, 국가는 그 특유의 권위로 이러한 역할을 담당하고, 혹은 가치 있는 사회협력을 증진시키기 위해서 국가는 필요하다는 견해 등이 대표적 사례이다. 사람들은 단견이나 제한된 정보 등으로 공동선을 위한 행동통일에 실패하고 있지 않은가? 이러한 요소들에 관한 한, 앞으로의 논의를 통하여 천착할 예정이다.

그러나 현 시점에서 분명히 해야 할 사항이 있다. 국가권위를 정당화시키는 수단적 범주의 혜택의 논리에 대하여 제기하고자 하는 의문점이라면, 그리고 차후의 논의 과정에서 일관되게 표명할 관심사라면, 조정의 문제나, 공공재 문제의 해결, 혹은 대리결정의 편의 등의 요소를 부정할 수는 없겠으나, 그렇다고 해도 개인의 입장에서는 국가의 권위에서 구체화되는 정도의 최고의 권위, 이른바 '주권(主權)'으로 표시될 수 있는 포괄적인 권위를 반드시 인정하고 승복해야 할 이유가 있는 것은 아니라는 사실이다. 복잡한 네거리에서 반드시 교통경찰만이 교통정리를 할 수 있는 것은 아니다. 운전기사도 할 수 있고 어머니회처럼 자원봉사자도 교통정리를 할 수 있지 않겠는가. 그런데 교통정리를 하는 자원봉사자에게 운전자들은 국가에 대한 복종처럼, 전인적이며, 포괄적인 복종을 하는 것은 아니다. 구체적 상황에서의 부분적인 복종만으로 충분하지 않은가? 그럼에도 왜 유독 국가에 대해서는 전인적이며 포괄적이고 일반적인 복종을 해야 하겠는가. 이 점에서 국가의 최고 권위, 절대적 권위를 정당화시키기 위해서는 단순히 개인이 독자적으로 자신의 판단을 따르기보다 구속력을 가진 국가의 명령과 법을 따르는 것이 더 낫다는 점을 입증하는 논리만으로는 부족하다고 생각된다.

국가의 최고 권위를 정당화하기 위해서는 적어도 두 가지 논거가 뒷받침되어야 할 것이다. 하나는 국가만이 상기의 문제들에 대해서 해결책을 제시할 수 있다는 논리와, 또 하나는 다른 기제도 가능하나 국가가 상기 문제들에 대하여 다른 대안적 기제보다 훨씬 탁월하고 믿음직스러운 해결책을 제시할 수 있다는 논리이다. 즉 국가는 '단순히' 공공재를 공여한다는 논리 외에, 국가만이 공공재를 제공할 수 있는 유일한 기제라거나, 국가가 제공하는 공공재가 시장이나 혹은 개인의 자발적인 노력에 의한 공공재보다 '더 효율적이며 양질의 재화'라는 논거가 성립해야 할 것이다. 그러나 이 문제에서 설득력을 지닌 확고한 논리가 제시될 수 있는지는 분명치 않다.

이번에는 논의의 방향을 바꾸어 국가가 제공할 수 있는 비수단적 혜택에 대하여 주목해 보자. 국가권위에 대한 비수단적 정당화는 주로 공동체주의자들에게서 현저한데, 권위관계란 공동체를 전제로 하는 가치 있는 관계이며, 혹은 공동체적 인간의 구성적 요소거나 논리적 결과라고 주장한다. 권위의 수용이 공동체 의식을 반영한다면, 국가권위는 타당하다고 평가할 수 있는 셈이다. 그러나 국가에 대한 복종이 공동체 의식을 표현하는 한 방법이 될 수 있겠으나, '유일한' 방법이거나 '최선의' 방법이라고는 단언할 수 없다. 오히려 국가에 대한 불복종행위가 진정한 공동체의식의 현저한 투영일 수 있다. 뿐만 아니라 개인이 다양한 정체성을 가지고 살아가는 다원주의 사회에서 국가의 복종에 의하여 대변되는 공동체 의식만이 유일한 공동체 의식이나 최선의 공동체 의식으로 규정되기란 어려운 일이다. 가정, 종교, 직장 등 수많은 작고 따뜻한 소공동체들이 엄존하고 있는 상황에서, 국가만이 최선의 공동체 의식의 공간인지는 분명치 않다. 우리 각자는 살아가면서 수많은 경합적인 충성심과 헌신의 와중에 위치하고 있는바, 그 어떤 공동체에 대한 충성심과 헌신도 내적인 우월성을 지니고 있다고 자신 있게 단언하기 어렵다.

결국 상기의 개괄적 지적들이 시사하는 바는 자명하다. 그것은 국가의 권위를 정당화할 수 있는 의무론적 사고나 결과론적 사고가 적어도 부분적으로 실패하고 있다는 의미가 될 것인데, 이 또한 앞으로의 논의를 통하여 도달하고자 하는 결론의 핵심적 메시지이다. 일상적 생활에서의 약속과 정치적 약속이 동일한 것이 아니며, '국가와의 약속'이나 '법과의 약속'이 불투명한 상황에서 '국가와의 약속'에 입각하여 복종한다는 것은 '배고픈 소크라테스'보다 '배부른 소크라테스', 심지어는 '배부른 돼지'가 되기를 선호하는 우리 개인들의 성향을 고려할 때, 반드시 지켜야 할 의무라고 단언하기 어렵다. 뿐만 아니라 국가의 권위에 헌신함으로써 얻을 수 있는 수단적 혜택이란 전인적이고 포괄적이며 일반적인 국가에 대한 복종의 대가로 얻을 수 있는 혜택으로 보기에는 너무 적고 사소한 것이며, 그럼에도 불구하고 국가에 대하여 충성을 하는 경우, 적정 수준의 충성이나 헌신이라고 하기보다는 '과잉(過剩) 충성' 혹은 '과잉 헌신'이라고 해야 할 것이다. 혹은 국가의 권위에 헌신함으로써 얻을 수 있는 비수단적 혜택이 존재하는 것이 사실이나, 국가공동체로부터 나오는 공동체 의식이 다른 소공동체에 비하여 우월하고 최상의 것이라고 단언할 수 없는 이상, 일정 수준의 가치를 인정하는 일은 어려운 일은 아니겠으나, 최상의 가치로 평가하기는 어렵다. 이러한 사실들은 의무론적 정당화의 논리나 결과론적 정당화의 논리를 막론하고, 국가의 권위에 대한 복종에는 일말의 불확실성이 잠재하고 있다는 의미가 될 것이다.

V. 국가권위에 불복종할 이유가 성립하는가

상기의 논의에서 함의되고 있는 바는 국가권위에 복종할 이유를 '의무론적 정당화의 논리'나 '결과론적 정당화의 논리'를 포함한 실천적 사고로부터 완벽하게 추출하는 데 실패하고 있다는 사실이다. 그렇다면 반대로 국가의 권위에 불복종하거나 국가권위를 무력화시킬 수 있다는 주장을 철학적 무정부주의 (philosophical anarchism)에 의한 논리로부터 추출할 수 있겠는가? 이 질문에 대하여도 명쾌하게 답변하기 어렵다는 것이 본 연구의 판단이다. 국가의 권위에 불복종해야 할 이유에 관한 한, 대체로 두 가지 범주로 나눌 수 있다. 하나는 무정부주의자이며, 또 하나는 시민불복종주의자들이다. 무정부주의자들은 정치권위가 '원천적으로(ab ovo)' 정당화될 수 없다고 단언하는 입장이다. 정부란 근본적으로 부정의한 조직이라고 상정하기 때문이다. 혹은 권위 관계의 핵심에 있는 복종(subordination)에 초점을 맞추어 국가의 권위와 개인의 자율성은 양립하기 어렵다고 주장한다. 특히 갓윈(W. Godwin)과 볼프(R. P. Wolff)는 개인의 자율성과 국가의 권위 사이에 심각한 갈등과 대립이 존재한다고 믿어 왔다. 국가의 권위는 개인에게 판단을 정지하고 국가의 판단에 따를 것을 요구하는데, 이와 같은 성격의 국가권위에 복종할 경우, 개인의 가장 중요한 의무, 즉 매 순간마다 개인이 옳다고 판단하는 것을 선택해야 할 자율성의 의무와 배치되고 있기 때문이다.

그러나 개인의 자율성이 어떤 실체나 현상에 대한 구속(拘束)이나 헌신(獻身)과 '원천적으로' 양립할 수 없다고 강변한다면, 극단적이고 추상적인 자율성의 개념에 불과한 주장이라고 규정할 수 있다. 사람들은 살아가면서, 혹은 의미 있는 삶의 목표를 지향하면서 일정한 사물이나 목표에 대한 구속을 받아들이고, 혹은 다른 사람들의 의사에 스스로를 복속시키고 있기 때문이다. 일반적으로 사람들은 삶의 영위과정에서 구체적인 '인생의 계획'을 세워 스스로의 의지와 역량을 한 곳으로 집중시키기도 하고 혹은 다른 사람과 의형제를 맺기도 하며 양부모가 되어 고아를 돌보아주기로 약속한다. 반대로 어떠한 헌신이나 자기 자신의 구속을 받아들이지 않고, 마치 부평초(浮萍草)나 '뜬구름' 처럼 삶을 산다면, 가치 있는 인생을 추구하기 어려울 것이다. 그러므로 개인의 판단이 다른 주체에 복속된다는 사실 자체를 문제삼을 것이 아니라, 국가에 대하여 개인의 판단이 복속된다는 사실을 어떻게 평가할 것인가에 관심을 가질 필요가 있다.

한편, 국가의 권위 없이도 개인들 사이의 협력이 이루어질 수 있을 것이라는 무정부주의자들의 주장도 우리의 희망사항이기는 하나, 상당한 불확실성을 내포하고 있는 주장이다. 개인들의 자기이익 추구의 성향을 감안할 때, 국가가 존재하지 않는 상태에서 개인들의 자발적 협력은 기정 사실로 인정하기보다 일종의 도전과 과제로 보아야 하기 때문이다. 물론 일방적으로 국가에 의존함으로써 '정치적 쾌락주의(political hedonism)'에 사로잡힌 나머지, 인간들 사이에 가능한 자발적 협력의 양태를 발견할 수 있는 능력을 소진시키고 있는 것은 아닌가 하는 무정부주의자들의 의구심은 예의 경청될 필요가 있다. 그렇지만 분명한 점은 개인들 사이의 자발적 협력이 일정 수준 가능하다고 해도, 대규모 공동체에서는 불확실성의 문제로 간주해야 한다는 점일 것이다. 결국 면대면(面對面)의 소공동체에서 자발적 협력이 가능하다는 '논리'와 '실제'가 익명성(匿名性)의 대규모 공동체에서 자발적 협력이 가능하다는 '논리'와 '실제'로 이어지기 위해서는 극복되어야 할 과제가 산적해 있다고 생각된다.

불복종주의자들의 입장은 어떠한가? 불복종주의자들은 국가의 권위를 전적으로 부정하는 것은 아니지만, 국가의 권위를 언제나 구속력 있는 것으로 간주하는 데 난색을 표시한다. 법의 권위에 승복한 소크라테스의 입장을 일단 받아들인다고 해도, 복종의 의무와 관련하여 해명되어야 할 문제는 적지 않기 때문이다. 소크라테스는 우리가 국가로부터 상당한 혜택을 누렸다는 사실을 기정 사실화하고 있다. 그래서 법과 국가에 만족한 나머지 자녀까지도 출산했다고 주장한다. 그러나 사실이 과연 그러한가. 시민들이 국가로부터, 혹은 국가의 법으로부터 혜택을 본 것이 확실한가? 혹은 '법과의 약속'을 한 시민들이 과연 얼마나 되는가? 이러한 질문들에 관한 한, 일반 시민들이 소크라테스처럼 긍정적으로 답변하기 쉽지 않을 듯하다.

주지하는 바와 같이 국가의 모든 법이 공평한 사회적 협력을 도모하고 있는 것은 아니며, 법의 혜택으로부터 제외되어 있는 사람들도 의외로 많다. 그뿐만이 아니다. 어떤 법률이 정의로운 것인지 혹은 정의롭지 못한 것인지에 대한 평가, 혹은 혜택을 주는 것인지 해악을 끼치는 것인지에 대한 평가도 확실치 않다. 그런가 하면 약속을 했다는 것이 국가에 대한 복종의 의무를 구성할 수 있다는 점에 원칙적으로 찬성할 수 있다고 해도, 시민들이 그러한 약속이나 비슷한 형태의 행동을 취하게끔 적절한 절차를 갖고 있는 국가는 없다. 패이트먼(C. Pateman 1970)도 이러한 사실은 우연이 아니라고 지적한 바 있다. 실제로 작동하는 자유민주주의 국가의 구조를 보면, 시민들이 진정한 의미에서 국가에 대한 동의와 약속을 하려고 해도 스스로를 구속시키는 유의미한 행위를 할 수 없

게끔 되어 있기 때문이다. 물론 페이트먼은 여기서 대의제의 문제점에 주의를
환기시키면서, 시민들의 진정한 헌신과 동의를 가능케 하는 것은 직접민주주의
와 참여민주주의의 형태뿐임을 강조하고 있다. 그러나 참여민주주의가 가능하다
고 하더라도, 구체적인 복종이 아니라 일반적인 복종처럼, 국가의 모든 법에 대
하여 내용과 관계없는 무조건적인 헌신과 복종을 발생시키는 약속을 할 수 있
는지는 의문이다.

그렇다면 정치적 복종의 의무를 인정한다고 하더라도, 그 형태는 매우 제한
되고 완화될 수밖에 없다. 이 점에서 롤즈의 견해는 충격적이다. 롤즈(J. Rawls
1971, 114)는 정당한 법과 제도에 대해서는 승복할 자연적 의무가 있음을 인정
하면서도, "엄밀한 의미에서 일반시민들에게는 정치적 의무가 없다"고까지 실토
하고 있다. 복종의 의무가 '절대적 의무'는커녕, '직견적 의무'로서조차 성립되
기 어렵다는 사실을 시사하고 있는 셈이다. 한편 정치적 복종 문제의 까다로움
으로 인하여, 이른바 '큰 국가'보다 '작은 국가'를 선호할 수도 있다. 그러나
'작은 국가'에 대한 복종이라고 해서 국가권위에 대한 일반적 복종의 의미와
질적으로 다른 것은 아니라는 점은 아무리 강조해도 지나침이 없다. 결국 국가
복종의 의무가 비교적 무리 없이 정당화될 수 있는 행위의 대안이 아니라면,
'아나키'는 결코 멀리 있지 않다. 물론 그렇다고 해서 '아나키스트'들처럼, 국가
에 대한 복종의 행위가 무의미한 행위라고 주장하려는 것이 본 연구의 의도는
아니다. 사회질서가 유지되고 국가공동체가 존속되려면, 시민 복종의 행위가 필
요하다는 사실은 엄연히 남아 있기 때문이다. 하지만 시민불복종 행위의 성공사
례가 자주 목격되고 있는 상황에서, '직견적 의무'의 타당성조차 방어되기 어려
운 현실을 실감하지 않을 수 없다.

시민들은 국가의 권위를 인정하면서도, 한편으로 국가의 법이나 명령이 타
당한 것인가를 때때로 혹은 암암리에 점검하게 마련이다. 그러므로 비교적 타당
하다고 판단되는 법이나 명령이라면 복종하고자 하며, 타당하지 못하다고 생각
되는 법에는 불복종하려는 마음이 표출된다. 특히 국가권위에 대한 무조건적 복
종행위의 역설(paradox)은 시민불복종(civil disobedience)운동에서 나오게 된
다. 시민들은 법을 따라야 할 의무가 있음에도 불구하고, 문제의 법이 부당하다
고 판단할 경우, 이에 불복한다. 이러한 시민불복종운동은 우리 한국사회에서
4·19의거나 5·18광주항쟁, 혹은 6·10항쟁에서 현저하게 목격된 바 있고, KBS시

청료 납부거부운동도 벌어졌다. 그런가 하면 노동단체 이외에는 선거운동을 할 수 없게 만든 선거법 87조에 대한 불복종운동이 2000년 4·13 총선을 계기로 경실련, 총선 시민연대를 중심으로 한 시민단체들의 주도로 낙천·낙선운동의 형식으로 전개되지 않았던가.

그러나 시민불복종운동이 최근 한국사회의 관심사만은 아니라는 사실은 주지의 사실이다. 소포클레스의 『안티고네』야말로 시민불복종운동의 태두가 아니겠는가. 역사상 최초로 이 문제에 대하여 담론의 단초를 열어 놓은 사람은 소크라테스이다. 소크라테스는 아테네에서 젊은이들을 타락시킨 죄로 사형을 언도받았으나, 소크라테스의 억울함을 확신하는 사람들에 의해서 탈출할 기회가 마련되었을 때, 소크라테스는 국가는 복종을 받을 만한 자격이 있는 실체라고 단언하면서 단호하게 탈옥제의를 거부하고 기쁜 마음으로 독배를 마셨다. 그러나 물론 모든 사람들이 소크라테스의 견해에 승복하고 따라간 것은 아니다. 19세기부터 최근에 이르기까지 특히 시민불복종 운동의 대표자로는 서로우(H. D. Thoreau)와 마틴 루터 킹, 그리고 간디를 꼽을 수 있다. 이들은 국가의 불의에 대하여 나름대로 방법은 달랐지만 저항을 했던 사람들로서 소크라테스와는 다른 입장을 견지했던 셈이다. 뿐만 아니라 오늘날 시민불복종운동이 비교적 정당한 것으로 평가되고 있다는 사실을 감안한다면, 국가에 대한 내용중립적 복종의 태도는 그 정당성이 현저하게 약화되고 있다고 할 수 있다. 우리 나라의 경우에도 헌법전문에서 "불의에 항거한 4·19 민주이념을 계승하고"라는 구절을 음미할 수 있겠는데, 그것은 시민불복종운동이 헌법정신과 불일치하는 것은 아니라는 반증이 아닐 수 없다. 특히 이 점에 있어 "법에 대한 존경심보다는 정의에 대한 존경심을 길러야 한다"는 서로우의 주장은 매우 인상적이다.

이처럼 불복종논리가 성립할 수 있는 공간이 열려 있다는 사실에 유의할 때, 불복종주의자들의 주장이 부분적으로 정당화될 수 있는 여지는 충분하다고 생각된다. 그러나 그럼에도 불구하고 불복종주의자들에 대하여 반론을 제기할 여지가 있다는 것이 본 연구의 판단이다. 물론 불복종주의자들의 주장처럼, 우리는 단순한 국가의 '법적 권위'보다 '정의로운' 국가의 권위에 더 관심을 가져야 할는지 모른다. 또한 국가가 심각한 수준으로 정의의 규범이나 도덕의 규범을 위배할 때, 시민들은 복종의 의무보다는 불복종의 의무를 지는 것으로 간주해야 할 것이다. 그러나 한편으로 '권위의 문제'는 '도덕의 문제'나 '정의의 문제'와는 질적으로 다른 문제라는 사실에 유의할 필요가 있다. 모름지기 명령과 복종으로 이루어지는 권위관계는 인간의 상호 관계 중에서 매우 독특한 관계라고 할 수 있다. 그것은 A가 B에게 명령했다는 이유만으로 B가 A에게 복종하는 관계이기 때문이다. 따라서 불복종주의자들의 편견이라면, '권위의 문제'를 너무 쉽게 '도덕의 문제'와 '정의의 문제'로 치환한다는 데 있다. 우리는 '도덕'과 '정의'가 땅에 떨어진 세상에서 살기가 어렵다는 점을 인정하지만, 그에 못지않게 '권위'가 땅에 떨어진 사회에서도 살기가 쉽지 않다는 점에 수긍해야 할 것이다. 스승의 '권위,' 사회지도층의 '권위,' 성직자의 '권위', 부모의 '권위'가 떨어진 사회야말로 부정의(不正義)가 횡행하는 사회 못지않게, '삶의 질(quality of life)'이 열악한 사회가 아닐 수 없다. 따라서 '권위'와 '도덕', 혹은 '권위'와 '정의'는 일정 수준 연계되어 있는 개념임에 틀림없지만, 그렇다고 하더라도 '권위'가 '도덕'이나 '정의'로 환원될 수 있는 것은 아니다. 불복종주의자들은 자주 '국가권위'를 '국가정의'로 환원시키려는 경향을 보이고 있다는 점에서, 일부 철학도들이 지적하는바, '개념혼동의 오류'로 특징지어지는 사이비문제(pseudoproblem)를 제기하는 측면도 없지 않다.

두 번째로 국가의 불의한 명령, 불의한 법에 대해서도 때때로 복종할 의무가 있다고 주장할 수 있다. 일반적으로 전통적인 정치 의무론에서는 정의로운 법들만이 구속력을 갖는 것으로 상정해 왔다. 효용이나 동의, 공정성에 기초한 이론들은 모두 해당 이론의 관점에서 정당화될 수 있는 법에 대해서만 복종할 의무를 강조해 왔다. 즉 해당 이론의 관점에서 정당화될 수 없는 부당한 법이나 심각한 쟁점의 대상이 되는 법에 대하여 복종의 의무를 정당화시키는 논거는 찾아보기 어렵다. 그러나 그럼에도 불구하고 불의한 법에 대하여도 복종할 의무를 정당화시킬 수 있는 하나의 논리가 있다면, 국가에 대한 맹목적인 복종을 의무로 간주하기 때문이 아니라, 우리가 살고 있는 세계는 '불완전 절차적 정의(imperfect procedural justice)'의 세계이기 때문이다. '불완전 절차적 정의'의 세계에서는 독립적인 정의의 기준을 구체화할 완전한 절차가 존재하지 않기 때문에 일정한 불의를 감내할 수밖에 없다. 왜 우리는 재판의 결과에 승복하는가. 수많은 오판의 사례와 오판의 가능성을 지니고 있는 판사의 판단에 승복하는 것은 구체적인 판결이 항상 공명정대하기 때문이 아니라, '제도'로서의 재판에 관한 승복의 의미가 크다고 보아야 할 것이다. 따라서 재판의 결과에 승복한다는 것은 오판의 가능성에도 승복한다는 의미가 분명히 내재해 있다. 마찬가지로 국가의 법과 명령・부름에 대한 복종의 성격에 천착하는 한, 불의하고 잘못된 법에 대한 승복의 의미를 전적으로 배제할 수는 없는 일이다.

그런가 하면 상징적 차원에서 국가에 대한 시민의 의무는 부모에 대한 자녀의 의무와 비교할 수 있는 소지가 있다. 모름지기 자녀는 부모에 대하여 효(孝)의 의무를 갖는다. 이 경우 훌륭한 부모뿐 아니라 문제가 있는 부모에게도 효를 실천해야 하지 않겠는가. 부모가 문제가 있다고 해서, 불효를 행하는 것은 자녀된 도리가 아니다. 물론 부모와 국가는 다르고, 이 점은 이미 로크가 필머(R. Filmer)의 부권주의(patriarchalism)에 대하여 제기한 반론에서 여실히 드러나 있다. 그러나 이러한 제한점을 충분히 감안하면서도, 효(孝)의 의무와 충(忠)의 의무를 같은 차원의 도덕 규범으로 간주했던 한국사회의 전통 규범에 주목할 때, 부모에 대한 의무와 국가에 대한 의무 사이에 공통점이 있다는 사실을 적어도 유비적 차원에서 인정할 수 있다. 문제의 유비(類比, analogy)관계가 부분적으로나마 성립될 수 있다면, '좋은 부모'뿐만 아니라, '잘못된 부모'에 대하여도 복종의 의무가 있는 것처럼, '정의로운 국가' 못지않게 '부정의한 국가'에 대하여도 복종의 의무가 일정 수준 성립한다고 볼 수 있지 않겠는가? 그러므로 국가의 오류와 부도덕성, 비순리성 및 비합리성의 가능성에도 불구하고 시민불복종의 이유가 완벽하게 성립하는 것은 아니라고 생각된다.

Ⅵ. 국가권위와 정당성, 그리고 정치적 복종의 관계

상기의 논의에 주목할 때 국가권위 자체를 완벽하게 정당화시키기도 쉽지 않을뿐더러, 한편 국가권위를 무력화시키는 완벽한 논거를 제시하기도 어렵다는 사실을 직시하지 않을 수 없다. 뿐만 아니라 정당한 국가권위와 정당치 못한 국가권위를 구분함으로써 정당한 국가권위에 대한 의무를 정당화시키고 정당치 못한 국가권위에 관한 한, 시민불복종행위를 정당화시킬 수 있다는 논거가 예상보다 확고하지 못하다는 사실도 확연하다. 이러한 관점에서 국가권위와 복종의 문제는 전통적인 국가론자들이나 시민불복종주의자들의 방식과는 다르게 접근할 필요가 있다.

일반적으로 국가권위와 시민의 복종문제를 다루는 국가론자들이나 시민불복종주의자들에 있어 국가의 권위와 정치적 의무는 마치 한 쌍의 조합적인 개념으로 인지되어 왔다. 비유하자면, 국가권위와 복종의 문제는 '물체와 그림자'의 관계로 비견될 수 있을 만큼, 필연적인 관계로 간주되어 온 것이다. 특히 이러한 경향은 비트겐슈타인(L. Wittgenstein)의 '문법적 접근'을 선호하는 사람들에게 현저했는데, 국가의 (정당한) 권위라면, 당연히 복종의 의무의 개념을 수반하고 있다는 인식이 내재되어 있었다. 물론 '문법적 접근'의 매력이 없는 것은 아니다. 부모라고 할 때, 자녀의 개념은 자연적으로 파생되는 측면이 있다. 따라서 올바른 부모라면, 당연히 '개념적으로' 볼 때, 자녀로부터 효도(孝道)를 요구할 '요구권(claim right)'이 있다고 볼 수 있지 않겠는가!

이러한 관점에서 볼 때, 국가가 A에 대하여 정치적 권위를 갖고 있다면, 비로소 그 경우에 한하여, A는 국가에 복종할 의무를 지니고 있다는 명제는 흠이 없는 명제인 듯하다. 같은 맥락에서 국가가 A에게 명령할 수 있는 정치적 권위를 갖고 있다면, 그 정치적 권위는 정당한 것이라는 명제가 성립할 만하다. 그렇다면 국가의 권위와 정당성 및 시민의 의무는 결국 불가분의 관계가 되는 셈이다. 이러한 개념적 접근방식은 물론 부조리한 것은 아니다.

그러나 그럼에도 불구하고, 본 연구에서는 문제의 개념적 접근방식을 거부하고자 한다. 단도직입적으로 말해서, 이 세 가지 모두 동일한 내포(內包)와 외연(外延)을 지닌 개념이라고 간주할 이유가 없기 때문이다. 실제로 이 세 가지 개념은 상호간에 범주적으로 다른 개념이다. 한 국가의 정당성을 말할 경우, 국가가 적어도 일정한 도덕적 준거에 의하여 정당화될 수 있을 만큼, 적절한 합리적 목표를 추구하고 있는가 하는 문제가 중요하다. 국가가 정당한 목적을 추구하고 적절한 권력의 한계를 준수하는가에 관한 문제인 셈이다. 만일 특정 국가가 소수 민족의 대학살이나 민족차별, 국교 강요 등의 반인권적 정책을 추구한다면, 정당한 국가권위의 행사라고 규정하기 어렵다. 이에 비하여 국가가 '법적인 권위(legal authority)'를 가지고 있는가의 문제라면, 정부가 시민의 동의에 의해서 구성되었는지, 혹은 정부가 헌법에 규정된 적법한 절차에 의하여 집권하게 되었는지를 평가하게 마련이다. 즉 명령을 내릴 수 있는 근거가 성립하게 되는 일정한 절차적 요소를 의미한다. 따라서 시민의 동의라는 절차를 어기고 쿠데타에 의하여 집권한 정부라면, '법적 권위'를 상실하게 마련이다. 마지막으로 시민들의 입장에서 복종의 의무를 말할 때는 시민이 국가의 명령을 구속력 있는 것으로 받아들이고 내용중립적인 이유로 받아들이는가 하는 문제가 중요하다. 시민 복종의 의무는 인간관계 가운데 권위관계에 해당되는 가치라고 할 수 있다.

이처럼 세 개의 개념이 상이하다면, 시민의 복종의 의무에 천착할 경우, 비록 국가가 정당성을 일정 부분 결여하고 있고, 국가의 법적 권위가 충분치 못해도, 그와는 독립적으로 시민은 복종할 의무가 있다는 명제가 충분히 성립할 수 있다. 비록 국가의 명령이 부당해도, 시민 A로서는 '더 큰 악'과 '더 작은 악' 가운데 '더 작은 악'을 선택하기 위한 고육지책으로 국가의 명령과 법에 복종할 수 있다. 불의한 공격 전쟁을 시작한 국가의 시민도 조국이 전쟁에 패할 것을 우려하여 전쟁에 참여할 수 있다. 즉 시민의 의무는 권위관계에서 파생되는 독특한 관계이므로, 국가의 권위가 정당한가의 여부와 반드시 필연적인 관계를 맺는 것은 아니다. 우리가 국가권위의 '정당성' 문제에 관심을 가진다면, 그것은 정의나 자연법, 도덕에 관한 문제로서, '정치적 의무'라고 하기보다는 '자연적 의무'에 속한다고 보아야 할 것이다. 그러나 부모의 도리를 다하지 못하는 부모에 대하여도 자녀의 입장에서 효도(孝道)를 할 수 있다는 논리가 성립한다면, 적어도 유비적 표현을 원용하여 정당성이 결여된 국가에 대하여도 복종할 이유는 성립한다고 볼 수 있지 않겠는가?

그런가 하면, 국가의 권위가 정당하다고 해도 시민으로서는 그 권위에 따를 만한 '일정한' 이유가 있는 것이지, '절대적' 이유나 '무조건적' 이유가 성립하는 것은 아니다. 만일 국가의 권위에 복종해야 할 절대적 이유나 무조건적 이유를 인정하게 된다면, 홉스의 리바이어던이나 보댕의 '주권자'에 대한 복종과 유사한 어떤 현상을 의미하게 될 것이다. 이와 같은 절대적인 복종은 두 아버지를 섬길 수 없는 것처럼, 두 임금을 섬길 수 없다는 고전적 왕정 시대의 준칙으로는 적합하나, 민주사회에서의 복종으로는 온당하지 않다. 정의감이나 도덕감을 가진 개인으로서는 국가에 대한 복종문제에서 적어도 '실천적 사고'를 할 여지를 갖고 있다고 생각되기 때문이다. 그러므로 국가의 권위와 시민의 의무 사이에 가능한 관계가 '절대적' 관계가 아니라 '일정한' 관계임을 인정하게 된다면, 국가의 (정당한) 권위에서 시민의 의무가 개념적으로 도출된다는 '문법적 접근'의 한계를 적시하는 셈이 될 것이다. 결국 본 맥락에서 강조하고자 하는 바는 국가의 권위가 정당하고 법적인 권위라고 해도, 이에 대하여 시민이 복종해야 한다는 명제는 칸트가 말하는 의무론적 범주로 접근할 수 없다는 사실이다.

이와 관련하여 한 사례를 들어보자. 횡단보도가 있는 곳에서 자동차는 무조건 서야 한다든지, 빨간 불 앞에서 자동차가 서야 한다는 교통 규칙은 어떠한 성격을 갖는가? "다른 조건이 동일하다면(ceteris paribus)," 자동차는 횡단보도 앞에서 서야 할 무조건적 이유가 있다. 혹은 빨간 신호등 앞에서 자동차는 무조건 정지해야 할 이유가 있다. 그러나 그렇다고 해도 "다른 조건이 동일한 것이 아니라면," 횡단보도 앞에서의 '우선 멈춤'이나 빨간 신호등 앞에서의 '일단 정지'는 무시될 수 있다. 불자동차나 응급환자를 실어 나르는 구급차는 상황의 절박성으로 인하여 횡단보도나 빨간 신호등을 무시할 수 있지 않겠는가. 그렇다면 "횡단보도 앞 일단정지"라는 표시와 "자동차가 서야 한다"는 명제는 동일한 것이 아니며, 특히 전자에서 후자가 '개념적으로' 도출될 수 있는 것이 아니다.

엄밀한 의미에서 국가의 권위와 시민의 의무도 이와 같은 성격을 지니고 있다. 국가의 권위가 '법적인 권위'임이 틀림없고 국가의 명령이 정당하다고 해도, 시민 A가 이에 복종해야 할 '절대적' 이유가 있는 것은 아니다. 만일 시민 A의 입장에서 종교적인 이유로 무력사용을 반대하고 혹은 자녀로서 늙은 부모를 돌볼 의무를 더욱 더 절박한 것으로 판단할 경우, 모든 국민들은 총을 들고 나가서 싸우라는 국가의 정당한 명령에 불복할 수 있다. 실제로 우리는 이러한 사례를 국가가 금하는 종교를 위하여 목숨을 바친 순교자(殉敎者)들의 경우에 목격하고 있는 셈이다. 물론 여기서 시민불복종행위의 정당성에 대하여 토론할 수 있는 여유는 없다. 다만 본 논의의 관심사는 보다 개념적인 것으로, 국가의 권위와 시민의 복종의 의무는 같이 성립하거나 같이 붕괴되는 개념이 아니라, 상호간에 이른바, '상대적 자율성(relative autonomy)'을 지니는 독자적인 개념임을 강조하는 데 있다. 즉 정당한 국가권위라고 해도 시민은 불복할 수 있고 정당치 못한 국가권위라고 해도 시민은 복종할 수 있다는 가능성을 '개념적으로' 열어 놓고자 한다.

Ⅶ. 정치적 복종은 시민의 의무인가

　　이제 국가권위에 대한 시민의 복종의 위상을 정립해 보기로 하자. 직설적으로 말해서 국가권위에 대한 복종은 과연 '시민의 의무'인가 하는 문제이다. 동의의 개념에 입각하여 국가에 대한 의무를 강조하고, 계약이나 시민 정체성에 입각하여 국가로부터 기인하는 수단적 혜택과 비수단적 혜택에 주목해 온 국가 복종주의자들은 의무론자들이나 결과론자들, 혹은 개인주의자들과 공동체주의자들을 막론하고, 혹은 주의주의자(主意主義者)들과 비주의주의자(非主意主義者)들을 가릴 것 없이, 국가에 대한 복종의 의무가 적어도 일련의 '실천적 사고(practical reasoning)'로부터 정당화될 수 있다고 믿어 왔다. 그 가운데 특히 결과론적 논거에 주목해 보면, 국가는 자연상태에 비해서 평화와 안전 및 질서를 제공한다는 것이 사회계약론자들의 주장이다. 혹은 구성원들의 복지의 극대화를 도모하는 주체가 국가라는 것이 공리주의자들의 입장이라면, 국가 공동체가 개인에게 자아실현의 기회를 제공한다는 것이 공동체주의자들의 입장이다. 이렇듯 입장은 다양하나, 공유하고 있는 측면이 있다. 이른바 간접적인 공리주의적 사고(indirect utilitarianism)이다. 국가가 일정한 혜택 —— 그것이 도덕적인 것이든 물질적인 것이든, 혹은 수단적인 것이든, 비수단적인 것이든 —— 을 제공하기 때문에, 시민은 국가에 복종하고 법과 규칙을 준수하고 시민된 책임을 이행해야 한다는 것이다. 물론 공리주의적 사고는 배타적인 것이 아니고 계약주의적 사고나 정의론과도 밀접하게 연계되어 있다.

　　그러나 이러한 간접적인 공리주의에 입각한 국가권위의 정당성의 논거에는 간과할 수 없는 문제점이 있다. 무엇보다 국가로부터 기인되는 일련의 혜택들을 지적할 수 있다고 하더라도, 시몬스(A. J. Simmons 1979)의 표현대로, 이러한 혜택을 개인이 '의식적으로' 수용하는 것인지, 혹은 그냥 향유하는지가 분명치 않으며, 또한 이 혜택을 의식적으로 받아들이는 과정에서 국가의 권위에 승복하겠다는 유의미한 동의절차는 찾아볼 수 없다는 점에 주목할 필요가 있다. 더군다나 국가는 불완전한 기제이다. 국가로부터 제정된 법 가운데는 정의롭고 효율적인 내용과 불의하고 비효율적인 내용이 혼재되어 있는 법들도 적지 않다. 혹은 여성차별이나 과거의 잘못된 관습과 관행을 그대로 답습하거나, 반영하고 있는 법률도 상당수 적시할 만하다. 결국 불의한 법들의 희생자는 일부 시민, 혹은 때로는 다수의 시민이 아니겠는가?

그런가 하면 개인은 국가의 권위로부터 언제나 혜택을 향유하는 존재도 아니다. 국가가 일반적인 의미에서 '시민'의 안전과 생명을 보호한다고 하지만, 국가가 정말로 '나'의 안전과 생명을 보장할 수 있는지는 확실치 않다. 밤중에 으슥한 골목을 가다 보면 불량배들이 갑자기 나타나 돈을 요구함으로 "주먹은 가깝고 법은 먼" 사태가 야기되지 않는가! 이 경우 경찰이 있고 방범대원이 있어도 갑자기 봉변을 당하고 있는 '나'의 입장에서는 너무나 멀어 국가는 거의 없는 것이나 마찬가지이다. 뿐만 아니라 '내'가 국가로부터 법적 서비스를 요구하거나 민원을 제기하면, 국가는 너무나 고압적이며 권위적이다. 국가관리는 서류가 잘못되었다고 퇴짜를 놓는가 하면, 바쁘다는 핑계로 '나'의 정당한 불만을 묵살하기 일쑤이다.

결국 국가로부터 공여되는 혜택이나 배려는 집단적 의미나 추상적 의미의 '일반 시민'일 뿐, 구체적인 '나'라고 단언할 수 없다. 뿐만 아니라 국가 공동체가 다른 소공동체에 비하여 도덕적으로 우월한 공동체인지도 불확실하며, 혹은 국가 공동체를 통한 자아실현이 다른 소공동체를 통한 자아실현보다 더 탁월한지도 분명치 않다. 더구나 '정치적 정체성(political identity)'이 '가족 정체성'이나 '고향 정체성'보다 선행한다고 주장하기도 어렵다. 투표할 때 유권자들은 '정치적 정체성'보다 '고향 정체성'에 더욱 더 매료되는 것이 우리 한국 사회의 현실이다. 이처럼 국가로부터의 유의미한 혜택도 별로 없고, 또한 유의미한 동의의 절차도 부재한다면, 혹은 국가 공동체의 도덕적 우위가 분명한 것이 아니라면, 국가에 대하여 복종할 만한 필요·충분한 이유도 성립한다고 보기 어렵다. 그러나 그럼에도 불구하고 '내'가 국가의 명령에 복종하고 법에 승복한다면, 법 승복행위는 결코 '금지된 행위'는 아니겠지만, '의무적인 행위'라고 단정지을 수도 없다고 판단된다. 물론 국가 권위에 대한 복종은 '허용 가능한 행위'라고 말할 수 있겠지만, 적어도 '의무적인 행위'라고 못박을 수는 없는 셈이다. 이러한 행위야말로 엄슨(J. O. Urmson 1958)의 통찰에 따라 '초과의무적(supererogatory) 행위', 즉 '공덕(功德)'으로 지칭해야 한다는 것이 본 연구의 입장이다.

이번에는 상황을 바꾸어 불완전하고 비효율적인 국가보다 비교적 '좋은 질서를 가진 국가(a well-ordered state)'에 살게 되었다고 상정해 보자. 정의의 원리는 원만하게 준수되고 있고, 법들도 정의롭게 운용되는 상황이다. 소수가 부당하게 '다수의 횡포(the tyranny of the majority)'로 인하여 고통을 받고 있는 상황과는 거리가 멀다. 오히려 소수를 배려하기 위하여 남녀차별금지법, 인종차별금지법이 광범위하게 통용되고 있고, 소수인들을 위한 각종 할당제도가 순조롭게 운영되고 있다. 뿐만 아니라 국가권위에 대한 동의절차도 비교적 유의미한 형태로 구비되어 있다. 이처럼 제도와 법이 비교적 정의롭다면, 시민들은 이러한 법과 제도에 대하여 복종할 이유가 필요조건으로 성립되었다고 말할 수 있지 않겠는가. 그러나 이러한 경우에도 시민 개인으로서는 국가의 권위에 복종할 충분한 동기유발이 되지 않는다는 점에 주목할 필요가 있다. 비교적 '좋은 질서를 가진 국가사회'에서 동의의 공식적 절차를 마친 대부분의 시민들이 정의감을 가지고 행동하고 법에 승복하고 있는 경우라고 해도, '나'는 '우선 승차자(first rider)'보다 '무임 승차자(free rider)'로 행동하려는 유혹에 빠지기 십상이다.

다른 사람들이 법을 잘 지킨다면, '나' 혼자 법을 지키지 않는다고 해서, 크게 문제될 것이 없지 않겠는가. 문제의 상황은 대부분의 사람들이 쓰레기를 버리지 않는 상황에서 '나' 혼자 쓰레기를 버리는 행동이 크게 문제될 것이 없는 이치와 같다. 결국 이 경우 정의로운 법과 제도에 대한 승복은 공공재 문제로 전환되는 셈이다. 다른 많은 사람들이 군대를 가는 상황에서, A 혼자 병역기피자가 되는 것은 마치 구우일모(九牛一毛)의 상황처럼, 대수롭지 않은 문제에 불과할 뿐이다. 뿐만 아니라 '남'이 세금을 안 내면 '탈세', '내'가 세금을 안 내면 '절세', '남'이 바람을 피면 '불륜', '내'가 바람을 피면 '로맨스'로 치부하는 것이 인지상정(人之常情)이다. 문제의 현상들은 같은 행동이라도 그 평가가 남에 대해서는 가혹하고 '나' 자신에 대해서는 관대하다는 자기 중심적 사고의 한 단면이 아닐 수 없다. 그러므로 인간의 약한 동기와 자기 중심적인 이기주의적 사고를 감안할 때, 정의로운 법에 승복하고 준수하는 것도 결코 사소한 일이 아니다. 이처럼 정의로운 상황에서도 함몰되기 쉬운 법 위반과 무임승차 행위의 유혹을 과감히 뿌리치며, 국가에 대한 헌신과 복종의 행위를 하는 사람이 있다면, 단순히 '의무'를 다했다고 하기보다는 '의무' 이상의 '칭송할 만한' 범주,

즉 공덕이나 '초과의무'를 이행했다고 단언할 수 있지 않겠는가!

유비적으로 표현한다면, 결혼생활에서 공덕에 관한 단초를 찾을 수 있다고 생각된다. 결혼이라는 백년가약(百年佳約)을 통하여 남자 A와 여자 B 두 사람은 상호간에 구속되기로 약속한다. 하지만 완전한 동의와 자율에 의하여 결혼서약을 했다고 해도 일생을 통하여 그 서약을 지키기란 결코 쉽지 않다. 상대방과의 성격차이가 있고, 또한 상대방과의 관계가 원만하다고 해도, 상대방보다 훨씬 매력적인 존재가 다가오거나 유혹할 수도 있는 일이다. 뿐만 아니라 살다 보면 상대방의 결점이 '나'의 결점보다 크게 보이게 마련이다. 그러나 성격차이 등 온갖 어려움을 무릅쓰고 두 부부가 백년해로(百年偕老)에 성공한다면, 단순한 결혼서약의 이행, 혹은 '의무'의 이행을 넘어서, 어떤 소중하고도 위대한 일을 성취한 것으로 평가하는 것이 온당한 일이다. 또한 그러한 부부를 '법(法)으로 살아온 부부'라고 말한다면, 어딘가 부자연스러운 느낌이다. 법이란 의무를 함의하지 않는가! 우리는 그보다는 '법(法) 없이도 살아온 부부', 혹은 '덕(德)으로 살아온 부부'라고 부르고 싶은 충동에 사로잡힌다. 자기자신의 불완전성과 상대방의 불완전성을 다같이 고려할 때, 그럼에도 이혼과 별거의 유혹과 난관을 이기고 백년해로에 성공했다는 것은 '마땅히 해야 할 일', 혹은 '아니해서는 안 될 일'을 했다는 차원보다는 '칭송할 만한 일'을 했다는 차원으로 평가해야 하기 때문이다.

국가에 대한 헌신도 결혼서약의 이행과 같은 것이라고 생각된다. 오히려 국가와의 관계에서는 개인의 의사를 물어보는 변변한 동의절차조차 결여되어 있다는 사실을 감안하면, 정치적 복종을 하는 시민의 입장에서는 이른바 '짝사랑'에 비견되는 일방적인 헌신을 하는 셈이다. 본 연구에서는 이러한 관점에서 충성과 헌신을 '시민의 의무'의 개념보다는 '시민의 덕목'의 개념으로 접근하고자 한다. 우선 '불완전한 국가'에 대하여 '완전한 개인'이라면, 혹은 건전한 양심과 상식 및 판단력을 갖고 심사숙고를 할 수 있는 모범 시민이라면, 국가에 대한 '복종의 의무'를 수용하기 어렵다. 또 다른 편에서 비교적 완전하고 '정의로운 국가'에 대하여 '불완전한 개인', 즉 약한 동기와 단견 및 자기 중심주의에서 벗어나지 못한 개인이라면, 역시 '복종의 의무'를 이행하기란 역부족이다. '복종의 의무'를 이행하고자 해도 '의지의 박약(akrasia)'으로 인하여 난관에 봉착하기 일쑤이다.

물론 비교적 '좋은 질서를 가진 국가'와 비교적 '좋은 판단력과 강한 의지력을 가진 시민'과의 만남이라면, 비록 필연적 범주는 아니지만, 권위와 의무의 연계를 일정 수준 인정할 수도 있다. 그러나 유감스럽게도 그것은 현실이 아니다. 오히려 현실이라면, '불완전한 국가'와 '불완전한 시민'이 병립하는 상황이다. 개인의 도덕감(sense of morality)이나 정의감(sense of justice)은 물론, 개인의 수단적 합리성(instrumental rationality)이나 비판적 이성(critical reason) 혹은 개인의 공동체적 가치조차 충족시키지 못하여 기본 영역에서 직무유기를 하는 '부실한 국가'와 자신이 스스로 한 약속도 지킬 의사와 능력이 별로 없는 '불완전한 시민'이 한 쌍이 되고 있는 것이 우리 정치사회의 부인할 수 없는 현실이 아니겠는가.

그렇다면 불충분한 연계에도 불구하고, 국가의 불완전한 권위에 불완전한 개인이 스스로를 구속한다면, 혹은 헌신하기로 결정했다면, 문제의 행동은 '의무(義務)'라기보다는 '덕행(德行)'이라고 해야 할 것이다. 그러나 물론 정치적 복종을 '시민의 의무'보다 '시민의 덕목'이라고 지칭할 때, 본 연구에서는 독특한 의미에서 덕목의 개념을 사용하게 되는 셈이다. 그것은 적어도 아리스토텔레스적 의미나 그리스도교, 혹은 루소의 의미에서의 덕보다는, 훨씬 완화된 함의를 갖는 덕이라고 해야 할 것 같다. 왜냐하면 '시민적 덕목(civic virtue)'은 '도덕적 덕목(moral virtue)'과는 달리 '덕의 소유자' 자신보다는 '정치 공동체'를 풍요롭게 만드는 특성을 지니고 있기 때문이다.

그러나 한편으로 강조해야 할 점이 있다. 국가권위에 대한 복종행위가 전통적 의미의 덕보다 약한 의미의 덕일 수밖에 없겠지만, 그렇다고 하더라도 단순한 인간의 이기주의적 속성과는 다른 차원의 행동임이 분명하다는 사실이다. 그것은 적어도 자기이익 추구의 수단적 합리성으로 환원될 수 없다는 차원에서, 혹은 수단적 합리성을 한 단계 뛰어넘는다는 의미에서, 혹은 일정 수준의 자기희생과 자기절제를 요구하고 있다는 점에서 '덕목'의 반열에 올려놓아야 한다는 것이 논의의 초점이다. 정치적 복종이라는 시민적 덕목의 특수성에 대하여 앞으로 본격적으로 논의하게 될 것이나, 일단 여기서 강조하고자 하는 것은 국가에 대한 복종이 '나'에게 혜택과 보상을 가져다 줄 것이라는 기대와 상정하에 정치적 헌신의 논리를 개발한다는 것은 불가능할 뿐만 아니라, 바람직하지 못하다는 사실이다.

Ⅷ. 아나키즘과 정치적 의무: 우리는 왜 아나키즘을 거부 하는가

아나키즘(anarchism)은 왜 대안이 될 수 없는가? 이 문제에 관한 한, 이미 함축적으로 입장 표명이 되었다고 믿으나, 조금 더 명시적으로 반(反)아나키스트 입장을 개진하기로 하자. 앞으로 전개될 논의는 반아나키스트 상정을 전제로 이루어지고 있기 때문이다. 국가가 자신의 권위에 대한 복종을 적어도 '직견적 의무(prima facie obligation)'로 강변하고 있는 상황에서, 개인의 자유나 자율성을 훼손하는 결과가 발생한다는 점은 받아들일 수밖에 없다. 이것은 단순히 국가의 권위가 정당화되기 어렵다는 점에서 한 걸음 더 나아가, 국가의 권위는 개인의 자율성이나 개인의 양심과 양립할 수 없다는 함의를 갖는다. 개인의 자율적인 양심의 요구는 정치적 권위의 요구와 상충할 가능성이 농후하다. 국가를 통하여 나타나는 '권위관계(authority relation)'는 '권위주의(authoritarianism)'라는 표현에서 암암리에 묻어나는 것처럼, 비이성적이고 비도덕적인 측면을 다수 노정할 수 있지 않겠는가.

이러한 관점에서 아나키스트들은 국가의 권위와 이에 복종할 시민의 의무를 인정하기를 거부한다. 가능하다면 '외적 헌신'을 '내적 헌신'으로 바꾸고자 하는 것이 이들의 의도이다. 왜 국가가 외적 타자로서 시민 개인을 굽어보고 있으며, 시민들은 마음내키지 않은 복종을 하고 타율적인 규범을 받아들여야 하는가 하는 것이 이들 아나키스트들의 이유 있는 항변이다. 아나키스트들은 오히려 강제적인 국가보다 자발적인 조직체를 이상적 대안으로 설정하고 있다. 이러한 이상적 대안을 정당화시키기 위하여 일부 아나키스트들은 약속이나 계약의 의무까지 인정하기를 거부하고 있는 실정이다. 모든 약속을 자율성의 도덕적 덕목을 희생시키는 사회적 관계로 간주하고 있기 때문이다.

그러나 아나키즘으로의 흐름을 차단하고자 하는 본 논의의 관점에서 아나키즘에 대한 반론은 몇 가지 범주로 개진될 수 있다고 생각한다. 무엇보다 아나키즘이라고 해서 어떠한 형태의 결사조직도 거부하는 것은 아니라는 점을 각별히 강조할 필요가 있다. 아나키스트들이 진정으로 갈망하는 것은 '자발적인 결사조직'이다. 개인의 자율성과 자유와 양립할 수 없을 만큼 타율적 조직이 국가라면, 자율적인 결사조직이 그 대안이 되는 셈이다. 그러므로 아나키스트들은 '위계적 조직(hierarchical organization)'으로서의 국가에 대한 의무와 충성은 거부하되, '수평적 조직(horizontal organization)'으로서의 동료 시민들에 대한 의무와 충성은 인정하고 그 가치에 집착한다.

하지만 수평적 조직으로서 시민들에 대한 의무 이행은 매우 가치 있고 보람된 일이며, 한 걸음 더 나아가 존경스러운 행위이기는 하나, 이러한 자율적 협력조직에서 한 개인이 과연 어느 정도로 자기자신의 몫을 충실히 이행할 수 있는가 하는 문제에 대한 의구심이 관심의 초점이다. 즉 자기이익 추구와 단견(短見)의 성향, 공익(公益)과 공공선(公共善)에 대한 미미한 동기, 그리고 자기자신의 협력과 관련하여 강력한 보장의 문제를 제기하는 인간의 나약한 의지, 그리고 "내 눈의 들보"보다 "남의 눈의 티끌"을 찾고자 안간힘을 쓰는 인간의 본성적 경향을 고려할 때, 과연 인간들 사이의 협력을 위한 자발적인 조직이 어느 정도로 성공할 수 있는지는 의문이 아닐 수 없다. 왜 우리는 자율적인 방범위원회와 자율소방대만으로 만족하지 못하고 '권위'를 가진 경찰서와 소방대를 운영하고 있는가? 왜 우리는 지원병 제도로 국군을 유지하지 못하고, 의무병 제도를 견지하고 있는가? 왜 번화한 네거리에는 자원봉사자 이외에 '권위'를 지닌 교통순경이 교통정리를 하고 있는가?

이 점에 있어 하나의 시사가 있다. 권위에 대한 피트킨(H. Pitkin)의 견해를 비판하면서 플래트먼(R. E. Flathman 1972)은 홉스와 로크에 의하여 그려지고 있는 자연상태가 국가의 권위 없이 살고 있는 사람들에 대한 대표적인 모습이라고 지적한다. 그것이 아니라면, 아나키스트들은 무엇을 이상으로 삼고 있는가 하는 것이 그의 반문이다. 물론 아나키스트들이 상정하고 있는, 국가권위가 부재한 공동체가 홉스가 말한 "참담하고 비참하며 형편없는(poor, cruel, short)" 자연상태의 생활이나, 로크의 불확실한 '평화 상태(state of peace)'를 방불케 하는 자연 상태(state of nature)를 시사하고 있는 것은 아닐 것이다. 적어도 크로포트킨(P. Kropotkin 1970, 19)은 콤뮨(commune)과 같은 조직이 유의미한 형태로 국가를 대체할 수 있으리라고 주장한다. 즉 일련의 위원회가 주택이나 상업문제를 책임질 수 있을 것이라는 의견이다. "이 모든 위원회들은 현재 정부가 수행하고 있는 기존의 기능이나 가능한 기능들의 일부를 수행

할 것이다. 그러나 그래도 기존 형태의 정부와는 결코 유사하지 않으리라는 점
은 확실하다."

하지만 그럼에도 불구하고 국가의 권위를 찾아볼 수 없는 상태에서, 개인
들의 자발적 협력이 어느 정도로 견고할는지는 의구심의 대상이다. 홉스를 괴
롭히고 있었던 문제는 결국 보장의 문제(assurance problem)였다. "내가
도둑질을 하지 않고 남의 재물을 보호한다면, 과연 남도 나의 생명과 재물을
존중해 줄 수 있을까" 하는 것이 바로 문제의 핵심이었다. 홉스의 개인들은
자연상태에서 발생하는 보장의 문제에 확신을 갖고 있지 못했기 때문에 리바
이어던(Leviathan)을 만든다. 물론 홉스의 자연상태는 이른바, '반사실적
(counterfactual)' 상황이다. 오늘날 국가 안에서 태어나고 있지 않은 사람은
없기 때문이다. 그러므로 홉스가 상정한, 절망적인 열악한 상태가 국가가 존재
하지 않을 경우의 실제적 상황인지, 혹은 아나키스트들의 유토피아적 비전이 국
가 없는 상태를 적절하게 특징짓고 있는지를 가늠하기란 힘들다.

그러나 그렇다고 하더라도 개인들간의 자발적 협력의 성공여부가 보장문제
의 해결과 연계된다는 점은 확실하다. 개개의 인간이 협력에 대한 강한 동기가
아니라 약한 동기를 가지고 있는 존재임을 감안할 때, 즉 다른 사람들이 협력을
한다는 보장이 없으면, '나' 혼자 협력에 나설 수 있는 강인한 의지력의 소유자
가 아님을 고려할 때, 어떤 형태로든 보장의 문제가 선결되어야 할 것이다. 문제
는 '개인들간의 상호보장(mutual assurance)'인가, 혹은 '리바이어던에 의한
보장(assurance by Leviathan)'인가 하는 택일의 문제인 셈이다. 물론 소규모
사회나 공동체에서 개인들 사이의 자발적 협력은 가능하고 그 결과 유의미한
규칙들이 출현한다. 소규모 집단이라면 익명의 사회가 아니라서 협력에 대한 상
호보장(mutual assurance)이 비교적 성공할 수 있을 것이기 때문이다. 막대한
비용부담 없이 비협력을 하는 사람을 쉽게 발견할 수 있고 비협력자를 공동체
내에서 '왕따'로 만들거나 도태시킬 수 있는 방법이 소규모 공동체에서는 충분
하다. 정작 관심의 대상은 불특정다수의 시민들이 포진하고 있는 사회에서 어떻
게 보장의 문제가 해결될 수 있을까 하는 점이다. 국가가 없다면, 개인들간의 상
호보장의 방식만으로 풀어 가야 할 것이다. 그러나 대규모 사회에서 상호보장이
란 비록 시민 모두가 바라 마지않을 만한 이상이지만, 현실적 대안으로 적실성
이 부족하다는 사실을 인정할 수밖에 없다. 엘리베이터 안에서 소란을 피우는

아이를 나무라는 사람에게 "당신이 무언데 남의 일에 참견이야"하며 면박을 주는 이기주의적 부모들이 대량으로 포진한 사회에서, 경찰관 없이 자발적으로 공공질서가 유지될 수 있을지는 의문이다.

그러므로 대규모의 사회에서 개인들 사이의 상호보장만으로 협력적 구도의 산출에 한계를 가질 수밖에 없다면, 리바이어던의 보장은 일단 필요조건인 셈이다. 물론 리바이어던의 보장이라고 해도 대문자의 '리바이어던(LEVIATHAN)'이 적절한지, 혹은 소문자의 '리바이어던(leviathan)'이 적절한지에 관한 논쟁은 계속될 수밖에 없을 것이다. 그러나 이러한 쟁점에도 불구하고, 당사자가 아닌 제3자의 보장이 적어도 필요조건으로 요청된다는 사실을 일단 인정한다면, 아나키스트들의 주장은 '이상(理想)'과 '꿈'으로 머무를 수밖에 없을 것이다. 물론 사람들은 얼마든지 '이상'을 갖고 '꿈'을 꿀 수 있다. 또한 꿈속에서 '국가 없는 이상사회'나 유토피아를 그릴 수 있을 것이다. 그러나 '꿈'은 '꿈'일 뿐, 현실이 아니라는 사실은 엄연하다.

우리가 구성원들 사이의 상호보장만으로 협력의 구도를 만들어 가는데 현실적으로 한계를 느낄 수밖에 없다면, 국가의 권위는 상호보장의 약한 고리를 보충하는 데 효과적일 수 있다는 가능성을 받아들여야 하리라고 생각한다. 아나키스트가 아닌 누구라도 어떠한 강제력의 개입 없이 자율과 자유만으로 살아갈 수 있는 사회를 갈망하겠지만, 그 자율과 자유가 인간의 현실적인 동기가 되지 못한다면, 국가에 대한 요청은 필수적이다. 이러한 입장이 국가를 '필요악(necessary evil)'으로 보는 것인지, 혹은 '절대선(absolute good)'이나, '적극적 선(positive good)'으로 보는 것인지, 혹은 슈트라우스(L. Strauss 1953)가 지적한 '정치적 쾌락주의(political hedonism)'의 범주인지, 현 단계에서 규정하고자 하지는 않는다. 하지만 적어도 아나키스트들의 비현실적인 유토피아니즘과는 대비되는 '현실주의자(realist)'의 입장인 것만은 분명하다.

Ⅸ. 본서의 구성

본서는 다음과 같이 구성된다. 우선 제2장에서는 연구의 기본관점을 밝히고자 한다. 이번 연구의 접근방식은 실증적 성격의 국가론이 아니라, 규범적 성격의 국가론으로, 국가권위에 대한 '설명(explanation)'보다는 '정당화 (justification)'의 논리를 점검하는 데 있다. 따라서 국가권위를 실증적 정치과 학보다는 정치철학의 관점에서 접근하고자 하는 것이 목적이다. 특히 국가권위 정당화에 관한 한 의무론적 논리와 결과론적 논리로 대별될 수 있음을 강조할 예정이다. 뿐만 아니라 앞으로의 논의에 대한 기본 모형으로 '도덕적 국가', '억 압적 국가' 및 '계약적 국가'로 구분될 수 있는 세 가지의 기본 모델을 구축하 면서 그 핵심적 특성을 조명하고자 한다.

제 3 장에서는 국가권위의 특성을 부각시키고자 '권위'와 '권력'과의 차이 에 중점을 두는 한편, 국가권위의 특성과 관련하여 '법적 권위'와 '실질적 권 위', '이론적 권위'와 '정치적 권위' 등으로 구분하여 논의를 전개할 것이다. 특 히 국가권위에 관한 한, '실질적 권위'보다는 '법적 권위', '이론적 권위'보다는 '정치적 권위'가 핵심적 의제가 됨을 강조하며, 민주국가에서도 국가권위의 포 괄성과 지고성(至高性)이 객관적 사실임을 역설할 예정이다.

제 4 장에서는 국가권위를 정당화시키는 데 난색을 표명하는 볼프(R. P. Wolff)의 '철학적 무정부주의'를 설명하고 이를 비판한다. 개인은 자율에 대한 '일차적 의무'를 갖고 있는 존재로서 개인에게 명령이기 때문에 복종하기를 요 구하는 국가의 권위가 정당화되기 어렵다는 볼프의 주장에 대하여 자율과 헌신, 자율과 구속은 반드시 모순되는 개념이 아니라, 상호 보완적 개념이 될 수 있음 을 반증하고자 한다. 물론 '철학적 무정부주의'가 실패한다면, 국가의 권위를 정 당화시키는 논의를 본격적으로 다룰 수 있을 것이다. 따라서 볼프의 입장에 대 한 비판은 국가권위를 정당화시키는 본격적인 논의의 예비적 성격을 지니고 있 다고 할 것이다.

제 5 장에서는 국가에 대한 복종의 의무를 정당화시키는 의무론적 논거의 첫번째 시도로 개인의 동의개념에 유의하고자 한다. 동의로부터 의무가 야기된 다는 명제는 비교적 우리에게 친숙한 것으로 약속으로부터 의무가 야기된다는 명제와 같은 논리적 구조를 지니고 있다. 따라서 동의론은 동의의 사실에서 헌 신과 복종의 의무를 추출하고 있다는 차원에서 결과론적 논리보다는 의무론적 논리로 간주될 만하다. 그렇지만 실제적으로 명시적 동의를 표시하는 사람들의 숫자가 별로 많지 않다면, 혹은 동의가 아니더라도 의무가 야기되는 경우가 적 지 않다면, 동의를 정치권위의 필요조건으로 간주하기 어렵다. 뿐만 아니라 동

의를 했다고 해도 동의한 내용에 대한 평가에 따라 의무의 유무가 결정된다면, 동의가 권위에 있어 충분조건이 된다고 단언할 수도 없다. 물론 그렇다고 해서 동의론의 무위(無爲)를 부각시키려는 것이 논의의 의도는 아니다. 따라서 동의론의 매력을 음미하는 데도 인색치 않을 것이다.

제 6 장에서는 국가권위를 정당화하는 의무론적 논거의 두 번째 시도로, 공정한 협력의 구도 구축의 필요성에서 국가에 대한 복종의 의무를 역설하는 공정한 협력론자들의 주장에 주목한다. 공정한 협력은 '내'가 다른 사람의 협력으로부터 혜택을 향유하는 만큼, '나'도 협력할 의무를 가진다는 것이 공정한 협력론의 핵심이다. 그러나 공정한 협력의 구도를 전제하더라도 정치적 의무를 명쾌하게 도출할 수 없다는 반론을 제시하고자 한다. 특히 국가로부터의 혜택을 '무의식적으로' 받는 행위(receive)와 '의식적으로' 받는 행위(accept)를 구분한 시몬즈(A. Simmons 1979)의 통찰을 중심으로 정치적 복종의 의무의 문제점을 거론할 예정이다.

제 7 장에서는 국가권위를 정당화시키는 의무론적 접근의 마지막 논거로 절차적 정의론자들의 시각에 천착할 예정이다. 여기서는 특히 롤즈(J. Rawls)와 하버마스(J. Habermas)의 시각을 다루며, 양자의 공통점과 차이점도 부각시킬 예정이다. 뿐만 아니라 보다 구체적인 범주의 정의의 개념도 다루고자 한다. 그러나 이러한 정의론적 접근의 문제는 정의의 가치에 배타적으로 의존하는 한, 어떠한 현존하는 국가의 권위도 정당화시키기 어렵다는 점에 있다. 그것은 결국 시민들에게 '복종주의자'보다는 '불복종주의자'가 되기를 강요하는 셈이다. 뿐만 아니라 '절차적 정의론'의 강점이 없는 것은 아니나, 국가의 정의를 평가할 경우, '절차적 정의'의 문제를 넘어서서 '실질적 정의'의 문제를 거론하는 것이 불가피하다는 것은 딜레마가 아닐 수 없다.

제 8 장에서는 국가권위를 정당화시키는 '결과론적 사고'의 첫번째 범주로 관행 제정자와 관행 개정자로서 국가의 위상을 점검하고자 한다. 관행주의자의 입장에서 정당화시킬 수 있는 국가의 존재이유는 복잡한 교차로에서 교통정리를 하고 있는 경찰관의 모습에서 상징적으로 음미할 만하다. 혹은 과속을 적발하고 음주운전을 단속하는 경찰관은 얼마나 고마운 존재인가! 그러나 그럼에도 불구하고 관행 제정자나 관행 개정자로서 국가에 대한 복종은 '수단적 합리성'의 범주를 넘어가는 '과잉 복종'이 아닌가 하는 의혹을 떨치기 어렵다. 국가에

대한 복종과 관행에 대한 복종은 동일한 것이 아니어서, 관행에 대한 복종을 하고자 할 경우, 구체적인 복종행위만으로 충분한 것이며, 국가에 대한 복종처럼, 전인적이며 일반적인 복종행위를 할 필요는 없을 것으로 생각되기 때문이다.

　제9장에서 국가권위를 정당화시키는 결과론적 정당화의 두 번째 시도로 공공재를 공여하는 국가로부터 기인하는 혜택에 주목하고자 한다. 맑은 강, 푸른 산과 같은 공공재(public goods)의 상황에서 일반적으로 '나'는 오염물질을 방출하고 아름드리 소나무를 베어 가는 등 '무임승차자(free rider)'로 행동하기가 십상이다. 그러므로 오염된 강이나 민둥산이 되는 사태를 막기 위하여 환경요원이나 공익요원이 필요하며, 시민들로서는 마땅히 이들의 지시를 따라야 할 것이다. 같은 맥락에서 "오염물질을 방출하지 말라," 혹은 "함부로 벌목을 하지 말라"는 국가의 규제법에 '나'로서는 충분히 복종할 만한 이유가 있다. 이러한 복종의 논리는 주로 사회계약론자(contractualist)들로부터 제기되어 왔다고 하겠다. 그러나 그럼에도 불구하고 국가가 공공재 공여에서 필요·충분조건으로 작동할 수 있는지는 확실치 않다. 사유화(privatization)의 경우가 시사하는 바와 같이, 국가가 공공재 산출에서 필요조건인지에 관하여 적지 않은 의문이 속출하고 있다. 또한 공공재에 대한 사람들의 선호가 동일하지 않다면, 국가가 일률적으로 제공하는 공공재(public good)는 오히려 공공악(public bad)으로 전락하는 셈이다. 혹은 공공재 공여의 논리가 성립해도, 공여의 기제인 국가에 대하여 '내용중립적인' 복종과 전인적인 복종과 같은, '수단적 합리성'을 상회하는 복종의 행위를 해야 하는가는 의문이 아닐 수 없다.

　제10장에서는 국가권위를 정당화시키는 결과론적 논거의 마지막 시도로 공동체주의자들의 시각에 주목할 예정이다. 공동체주의자들은 관행주의자나 계약주의자들과 달리, 국가와 정치에 관한 한, 개인주의적이며 수단주의적 접근을 지양한다. 정치를 통하여 '내'가 물질적으로 무엇을 얻을 수 있으며, '나'의 삶의 계획을 얼마나 유의미하게 추구할 수 있는가 하는 문제보다는 정치생활을 '수단'이 아니라 '목적'으로 간주하는 것이 공동체주의자들의 입장이다. 이러한 관점에서 볼 때 시민적 유대와 시민적 우정(philia politike)이야말로 정치생활에서 비로소 달성할 수 있는 소중한 선(善)이며, 공유재라고 할 수 있다. 하지만 국가 공동체가 다른 공동체에 비하여 어느 정도로 도덕적 우위를 누리고 있는가 하는 문제는 의문이다. 또한 "사람들이 태어나면서부터 사회적 동물"이라는

'호모 치비쿠스(homo civicus)'에 입각한 사회적 명제를 넘어서서 "사람들이 태어나면서부터 정치적 동물"이라는 '호모 폴리티쿠스(homo politicus)'에 입각한 정치적 명제를 받아들이지 않는 한, 국가 공동체에 대한 복종과 헌신은 필수적 의무라고 간주하기 어렵다.

　제11장에서는 결과론적 논거와 의무론적 논거에 입각하여 진행된 이제까지의 논의를 총체적으로 점검하면서 국가의 권위와 시민의 의무 사이에는 일정한 논리적 불확실성이 엄존하고 있다는 점을 역설하고자 한다. 국가의 권위는 결과론자들과 의무론자들의 논거를 충족시킬 만큼, 소중한 혜택의 공여와 시민의 동의에 의하여 일정 수준 정당화될 수 있다고 해도, 시민들에게 일반적 복종을 요구할 수 있을 만큼, 완벽할 수 없다는 점이 주요 내용이다. 이 사실을 부각시키기 위하여 뉴코움(Newcomb)의 '예견자의 역설 모델'을 원용한다. 정치적 복종 문제는 아무리 결과론적 사고나 의무론적 사고를 하더라도 완벽한 '인과론적 사고'에 의해서 접근하기는 어렵다. 따라서 양자 사이에 불확실성이 개재한다면, '인과율'의 논리보다는 '개연성'의 논리에 의한 '실천적 사고'를 할 수 있지는 않을까 하는 점을 '예견자의 역설'에 입각한 '일상적인 칼뱅주의'와 '정직한 나무꾼'의 모델로 접근하고자 하는 것이 논의의 목표이다.

　제12장에서는 국가권위와 시민의 복종이 '개념적으로' 혹은 '논리적으로' 혹은 '인과적으로' 연계될 수 없다면, 국가에 대한 시민의 복종은 마땅히 해야 할 '의무', 혹은 아니 해서는 안 되는 '의무'가 아니라, '칭송할 만한 행위'가 될 수밖에 없음을 강조하고자 한다. 따라서 문제의 '칭송할 만한 행위'의 범주를 '시민의 덕목'이라고 지칭할 것이다. 그러나 정치적 복종의 '시민적 덕목'은 기존의 덕론(德論)에서 논의되어 온 도덕적 덕목과 일정한 공통점과 아울러 차이점을 지니고 있음에 주목할 예정인데, 복종의 '시민적 덕목'과 관련하여 플라톤의 '사주덕(cardinal virtue)'이나 유교적인 충효(忠孝)의 덕목보다는 그리스도교의 '신학적 덕목(theological virtue)'에서 그 논리적 연계를 추출할 예정이다. 같은 맥락에서 정치적 복종의 덕목은 국가권위의 정당성과는 관계없이 내적인 논리, 즉 자기절제와 자기희생의 논리에서 정당화될 수 있는 특성을 지니고 있음을 부각시키고자 한다.

　제13장에서는 이제까지의 논의를 총체적으로 요약하면서, 그 동안 천착했던 주요 명제들을 개략적으로 강조하고자 한다. 그러나 특히 시민불복종주의자들의

관심사가 정의의 문제에 있다는 점을 감안하여 시민불복종행위에 대한 논리와 문제점을 중점적으로 다룰 예정이다. 물론 정의는 국가가 추구해야 할 중요한 가치임에 틀림없다. 그러나 엄밀한 의미에서 정의를 국가가 도달해야 할 목표라고 간주하기보다는 목적지에 도달하는 데 있어서 국가가 참조해야 할 이정표나, 혹은 항해에 도움이 되는 북극성으로 조망해야 한다는 의견을 개진하고자 한다.

제 2 장

정치적 의무에 관한 기본 상정들

제 2 장   정치적 의무에 관한 기본 상정들

I. 예비적 고찰

이번 2장에서는 앞으로 전개될 국가권위와 정치적 복종의 정당성에 관한 논의에서 기본이 되는 일련의 상정들을 제시하고자 한다. 본 연구에서는 "시민들이 왜 국가에 대하여 복종을 하는가" 하는 문제에 관심을 갖는 실증적 접근보다 "시민들이 왜 국가에 대하여 복종을 해야 하는가" 하는 문제에 관심을 갖는 규범적 접근에 주목하고 있다. 따라서 '국가권위'로 상징되는 규범적 접근이 '국가권력'으로 상징되는 실증적 접근에 비해 갖는 위상과 논리를 일정 수준 옹호하고 권력국가에 대한 실증적 접근의 특성과 한계를 지적할 예정이다.

국가에 복종할 '규범적' 이유라고 할 때, 여러 가지 범주가 가능하겠으나, 법적 이유나 정치적 이유보다는 도덕적 이유가 중요하다고 생각된다. 또한 국가에 복종할 이유와 관련하여 의무론적 논리와 결과론적 논리, 그리고 철학적 무정부주의가 가장 현저하고 주목할 만하다. 따라서 이 세 가지 논리가 국가권위의 정당성과 정치적 복종의 정당성을 가늠하는 데 있어 중요한 것으로 평가되는 이상, 이번 연구의 분석적 관심이 될 것인데, 제 2 장에서는 이에 관한 개괄적 논의에 치중하고자 한다.

베버(M. Weber)의 개념을 구태여 떠올리지 않더라도 국가는 일정한 영토 안에서 강제력을 독점한 조직임에 틀림없다. 그러나 그 사실만으로 시민들에게 복종과 헌신을 요구할 수는 없는 일이다. 그보다는 도덕적 이유를 제시할 수 있는 실체로 다가가서 시민들에게 복종을 요구할 수 있어야 할 것이다. 국가에 복종할 수 있는 도덕적 이유는 물론 단일적인 것이 아니라 다양하다. 또한 이들 논리 사이에는 상충하는 부분도 있다. 하지만 이들 논리가 각기 시민들에게 복종의 행위를 요구할 수 있는 정당화의 요건을 갖추어야 한다는 점이 중요하다.

이와 관련하여 세 가지 논리에 주목하고자 한다. 무엇보다 국가가 도덕적 이념을 구현하고 있다는 사실, 혹은 국가가 개인의 동의의 산물이라는 사실에서, 즉 의무론적 입장에서 국가에 대한 복종행위를 정당화할 수 있을 것이다. 두 번째로 국가는 시민들에게 수단적 및 비수단적 혜택을 공여하는 실체로 다가온다. 여기서 시민들은 '정치적 쾌락주의자(political hedonist)'가 되는 셈이다. 국가권위 정당화의 결과론적 입장에 관한 한, 사회계약론자들과 공동체주의자들의 기여가 돋보인다. 그러나 그렇다 하더라도, 이들 논리가 국가권위의 전부라고는 할 수 없다. 개인이 체험하는 국가도 중요하기 때문이다. 그러므로 국가가 개인에게 어떤 모습으로 투영되고 체험되고 있는가 하는 점도 마지막 관심의 대상이다. 개인이 일상생활에서 체험하는 국가가 일반적으로 높은 데서 개인을 굽어보는 모습의 고압적이며 억압적인 국가로 투영된다는 점이 흥미롭다. 이 외현적이며 고고한 실체로서의 국가는 도덕적 이념으로서의 국가나 동의에 기반한 국가, 그리고 공공재나 공유재를 공여하는 국가와는 분명 상이한 모습이다. 이 세 가지 국가권위에 관한 정당화의 담론은 물론 상호간에 연관이 있고 중첩이 되지만, 그렇다고 하더라도 각기 독자적인 영역을 구축하고 있는 것으로 간주해야 할 것이다. 또한 이 세 가지 담론은 앞으로도 상호간에 다른 담론에 함몰되지 않는 고유한 영역으로 남아 있을 것으로 예상된다.

그러나 국가권위에 대한 의무론적 논거나 결과론적 논거가 타당성을 지니고 있는 면이 있으나, 이번 연구에서 강조하고자 하는 가장 중요한 점은 국가에 관한 한, '일반적 복종의 의무'는 성립할 수 없다는 사실이다. 물론 모든 사람들이 국가에 복종해야 할 '좋은 이유'나 '현명한 이유'를 발견할 수 있고, 혹은 일부 사람들이 국가에 복종해야 할 '특정한 의무'를 입증할 수는 있겠지만, 모든 사람들이 국가에 복종해야 할 '일반적 의무'는 성립하기 어렵다고 생각된다. 따라서 본 연구자는 국가에 복종해야 할 의무에 관한 한, 회의주의자임을 밝히고자 한다. 그러나 문제의 회의주의는 철학적 무정부주의자들의 입장과는 달리, 정치적 의무가 전혀 성립할 수 없다는 것은 아니고 정치적 복종의 의무에는 상당한 불확실성이 내재해 있다는 견해를 표명한 것이다.

II. 방법론적 관점

국가권위에 관한 연구를 진행하는 데 있어 몇 가지의 방법론적 상정을 할 필요가 있다. 이번 제 2 장에서는 국가권위와 시민의 복종에 대한 '설명'보다는 '정당화' 논리에 관심을 갖고 있으며, 또한 복종의 논리를 의무론적 논리와 결과론적 논리로 구분하여 접근함을 밝히고자 한다. 마지막으로 정치적 복종행위는 일부 사람들에 한해서 '특정한 의무'로 상정될 수 있을 뿐, 모든 사람들에게 해당되는 '일반적 의무'로는 간주될 수 없다는 기본 상정을 제시할 예정이다.

1. 정당화와 설명

이번 연구를 통하여 국가와 국가권위, 및 시민들의 정치적 복종에 대해서 실증적 접근보다는 규범적 접근을 시도하고자 한다. 실증적 접근과 규범적 접근의 차이는 흄(D. Hume)이 지적한 바 있는 '사실적(事實的) 명제'와 '규범적(規範的) 명제'의 차이와 유사하다. 사실적 명제가 사실을 기술하는 명제로서, "그 사람은 정직하다," 혹은 "그 사람은 부모에게 효도한다"는 형식으로 표현된다면, 규범적 명제는 "사람은 정직해야 한다," 혹은 "자녀는 부모에게 효도해야 한다"는 당위성의 명제로 나타난다. 이러한 관점에서 "시민들은 왜 국가에 복종하고 있는가" 하는 문제가 아니라, "시민들은 왜 국가에 복종해야 하는가" 하는 문제가 논의의 대상이다.

일반적으로 국가의 권위가 존재하고 있고 많은 시민들이 국가의 권위에 복종하고 있다는 점은 주지의 사실이다. 물론 불복종주의자들이 있고 불복종운동을 벌이는 시민단체들이 활동하고 있기는 하지만, 그래도 다수의 시민들이 법과 국가의 권위에 복종하고 있는 것이 현실이다. 법 복종 현상과 관련하여, 일단 우리는 "시민들이 왜 복종하는가" 하는 질문에 관심을 가질 수 있다. 이러한 질문을 제기함으로써 기대할 수 있는 답변은 여러 가지이다. 때로는 국가가 시민들에게 수단적 혜택이나 비수단적 혜택을 제공하고 있다고 믿고 있기 때문에 시민들은 국가에 복종한다고 대답하며, 혹은 시민의 자율성을 훼손하는 것이 국가라고 생각하고 있기 때문에 국가에 불복종한다고 대답하는 시민들도 있다. 또한 이러한 답변을 분석함으로 독립적 사고를 하는 사람과 의존적 사고를 하는 사람들의 두 부류로 나누는 일이 가능하다.

그러나 이러한 실증적 접근은 다수의 시민들이 왜 복종하는가에 관한 '설명(explanation)'에 불과할 뿐이다. 설명은 인과관계를 전제로 한다. 시민들은 국가의 기능이 필수적이라고 믿고 있기 때문에 복종을 한다. 즉 일정한 믿음은 행위의 원인이 된다. 하지만 여기서 그 일정한 믿음이 올바른 것인지, 그렇지 않은 것인지는 따지지 않는다. 믿음이 잘못된 것이라면, 물론 허위의식이나 미신(迷信), 혹은 이데올로기라고 할 수 있을 것이다. 그러나 그럼에도 '설명'의 방식에 치중하는 한, 그 믿음이 시민의 복종이나 불복종행위에 어떠한 영향을 끼치고 있는가를 추적해 볼 뿐, 그 믿음이 올바른 것인지, 그렇지 않은 것인지에 관하여 일차적 관심을 갖는 것은 아니다. 즉 사실적 설명은 일정한 인과관계 규명에 주안점을 두는 분석적 틀이다.

그러나 우리는 국가의 권위가 기능하고 있고 다수의 시민들이 복종하고 있다는 사실에 입각하여, "왜 시민들이 복종하고 있는가" 하는 '설명'을 요구하는 질문을 하기보다는, "왜 국가의 권위가 존재해야 하며, 왜 시민들이 국가에 복종해야 하는가"에 대한 질문, 즉 정당화(justification)에 관한 당위적 질문을 하고자 한다. 즉 "시민들이 왜 국가와 법에 대하여 복종하고 있는가"에 관한 문제가 아니라, "시민들이 왜 국가와 법에 대하여 복종해야 하는가"에 대한 문제가 관심의 초점이다.

이러한 국가권위와 시민의 복종에 관한 정당화의 논리는 '나'는 왜 법이나 국가에 복종해야 하는가 하는 형태로 나타나지만, 이러한 물음에 대한 답변은 엄밀히 말해서 하나가 아니다. 규범적 물음에 대한 규범적 이유는 하나의 범주가 아니라 몇 가지로 나누어질 수 있기 때문이다. 도덕적 이유가 첫째이며, 두 번째는 법적 이유이고, 종교적 이유가 세 번째이며, 마지막 이유가 정치적 이유이다. 도덕적 물음은 "나는 왜 나이 많은 부모님을 돌보아야 하는가" 혹은 "나는 왜 가난한 사람을 도와야 하는가" 하는 질문이며, 법적 물음은 "나는 운전할 때 왜 시속 60km 제한속도를 지켜야 하는가" 혹은 "나는 왜 운전자 우측통행을 지켜야 하는가" 하는 질문에서 나타난다. 종교적 이유를 묻는 종교적 물음이라면, "그리스도교 신자로서 나는 왜 주일을 지켜야 하는가" 혹은 "개신교신자로서 나는 왜 술을 마셔서는 안 되는가" 혹은 "가톨릭신자로서 나는 왜 금요일에 금육을 해야 하는가" 하는 질문에서 묻어 나며, 정치적 이유는 "대통령은 왜 탁월한 정책적 판단능력을 가져야 하는가" 혹은 "공직자는 왜 솔선수범을 해야 하는가" 하는 문제에서 구체화된다.

달리 표현하자면 동일한 질문을 하더라도 이에 대한 대답은 다르게 마련이다. 예를 들어 "나는 왜 진실을 말해야 하는가" 하는 질문에 봉착했을 때, 칸트의 정언명법에 의해서 정당화된다고 대답하면 도덕적 이유가, 법에서 위증을 금하기 때문에 진실을 말해야 한다고 한다면, 법적 이유가 된다. 또한 거짓말을 하는 것이 십계명에 어긋난다고 한다면 종교적 이유가 되고, 유권자들은 거짓말하는 정치가를 싫어하므로 거짓말을 하는 입후보자는 선거에서 떨어지기 때문이라고 한다면, 정치적 이유가 된다. 물론 이처럼 상호간에 형식이 다르다고 해도, 이 모든 것은 규범적 범주에 속하는 명제로서 사실적 명제와는 구분된다는 공통점을 지니고 있는데, 그 공통점이란 '일정한' 의미에서 '일정한' 행동의 이행을 의무적인 것으로 만듦으로써, 개인의 행동에 '일정한' 제약을 부과한다는 사실이다.

이번 연구에서는 이러한 네 가지 범주 중에서, 첫번째의 범주, 즉 도덕적 이유를 집중 추궁할 것이다. 그것은 법적인 이유나 정치적 이유보다 원천적이고, 종교적 이유보다 광범위한 범주의 이유가 된다고 생각되기 때문이다. 즉 '나는 왜 국가의 권위에 복종해야 하는가' 하는 질문을 제기하면서, '나'는 법적으로 국가에 복종하게 되어 있다든지, 혹은 신의 뜻에 의하여 국가에 복종해야 한다든지 혹은 국가에 대한 복종행위가 유권자들로부터 표를 얻기 쉽기 때문이라는 답을 추구하기보다는, 도덕적으로 '나'는 국가에 복종해야 한다는 답변에 관심을 가질 것이다. 다시 말해서 '나'는 국가에 복종하기로 동의했다든지, 혹은 동의가 없더라도 정의의 원리나 감사의 원리에서, 혹은 공정한 협력의 원리, 혹은 상호주의 원리에서 국가에 복종하는 것이 타당하다거나, 혹은 '나'의 수단적 합리성(instrumental rationality)을 충족시키며 혹은 공동체의 가치를 충족시키기 때문에 정치적 복종이 타당하다는 유형의 답변을 기대할 것이다. 물론 논의과정에서는 국가에 복종해야 할 도덕적 이유가 충분치 못하다는 것을 강조함으로써 의무보다는 '의무 이상'의 어떤 현상이라는 점을 부각시킬 예정이나, 그렇다고 하더라도 문제제기는 어디까지나 '나'는 왜 국가권위에 복종해야 하는가 하는 물음에 관한 형식으로 이루어질 것이다.

2. 국가권위 정당화 이론들에 대한 구분

국가권위와 복종에 관한 규범적 이유, 즉 도덕적 이유를 제시하는 논리들은 적지 않다. 어떤 논리들은 오래된 역사적 기원을 갖고 있는가 하면, 비교적 현대에서 생성된 논리들도 있다. 또한 어떤 것들은 개인주의적 성향을 지니고 있는가 하면, 공동체적 성향을 지니고 있는 견해도 있다. 뿐만 아니라 주의주의적(主意主義的) 가치에 입각한 논리도 있고 비주의주의적(非主意主義的) 가치에 입각한 논리도 있다. 이처럼 국가권위를 정당화시킬 수 있는 규범적 비전들이 적지 않다는 점을 감안하면, 상황과 논의의 목적에 따라 각기 유용하게 원용될 수 있을 것이다.

그러나 그럼에도 불구하고 규범적 정당화의 이론들에 관한 한, 그 구분과 분류는 포괄적인 동시에 단순하고 명쾌해야 할 필요가 있다. 이러한 관점에서 본 연구에서는 다양한 분류 기준 가운데 전통적으로 윤리영역에서 널리 유의미하게 쓰여져 왔던 준거를 국가권위 정당성에 관한 이론들에도 적용하고자 하는데, '의무론적 논거'와 '결과론적 논거'가 그것이다. 칸트의 의무론으로부터 그 위상이 확고해진 의무론적 정당화는 법이나 국가에 복종하는 것이 '의무'이기 때문에 혹은 국가에 복종하는 것이 그 자체로 옳기 때문에, '나'는 법이나 국가에 복종해야 한다는 명제로 표출된다.

이에 비하여 결과론적 정당화는 공리주의적 논리에 의하여 대변되는 것으로 국가에 대한 복종의 결과가 좋기 때문에 '나'는 국가와 법에 복종해야 한다는 명제에 입각하고 있다. 주지하는 바와 같이 의무론과 결과론은 '나'는 왜 도덕적 존재가 되어야 하는가 하는 문제를 다루는 윤리학의 커다란 두 개의 흐름으로서, 현대에 와서 롤즈(J. Rawls)에 의하여 구체화되기에 이르렀다. 롤즈는 '옳음에 대한 이론(theories of the right)'과 '좋음에 대한 이론(theories of the good)'으로 구분한 바 있는데, 이는 의무론과 결과론에 상응하는 구분이라고 하겠다. 따라서 전통적인 윤리학과 롤즈의 통찰에 입각하여 국가권위의 정당화와 시민복종의 의무 정당화에 대한 논리를 '의무론'과 '결과론'의 범주로 점검하고 평가하고자 한다. 이 방식은 또한 고전적으로 소크라테스가 취한 방식임을 상기할 필요가 있다.

그러나 한편 이러한 구분에 대한 제한점을 명시할 필요가 있다. 첫째, 국가
권위의 정당화 이론을 의무론과 결과론으로 나누는 것은 절대적 구분이 아니며,
오히려 실용적 구분의 성격이 짙다는 점을 강조하고자 한다. 의무론적 논거와
결과론적 논거는 상당한 분석력을 지닌 구분방식이기는 하나, 다른 모든 분류를
압도할 만큼의 분석력을 지녔다고 보기보다는, 다른 분류에 대해 비교우위를 지
녔다는 차원에서 정당화될 수 있다. 그러므로 의무론적 논거와 결과론적 논거는
때로는 개인주의적 논리와 공동체주의적 논리, 혹은 주의주의적 논리와 비주의
주의적 논리에 의해 보완될 수 있는 여지를 지니고 있음을 인정할 수밖에 없으
며, 따라서 그러한 분석틀도 필요할 때마다 거론할 예정이다.

둘째, 의무론적 논거와 결과론적 이론들은 각기 역사적인 기원을 가지고 있
다. 특히 동의론이나 사회계약론이나 사회관행론들은 모두 오래된 역사적 전통
을 가진 비전이 아니겠는가. 그러나 본 연구에서는 역사적 기원이나 특정 사상
가의 주장에 관심을 기울이기보다는, 문제의 비전이 현대에서 지니고 있는 함의
와 현대에서 통용되고 있는 의미에 주목할 것이다. 국가권위에 복종해야 할 이
유는 시민불복종운동이나 철학적 무정부주의가 엄존해 있는 현실에서, 역사적인
문제보다 현실적인 문제로서 다가오기 때문이다. 따라서 역사적 관점이 아니라,
현실적인 관점에서 국가권위의 정당성에 관한 문제에 분석적 관심을 지니고 있
음을 밝히고자 한다.

셋째, 이러한 의미에서 사상가 한 사람이 다만 어느 하나의 비전과 해결책
만을 가진 것으로 간주하는 것은 온당치 않다고 생각된다. 예를 들면 로크는 사
회계약론자이면서 동의론자이다. 사회계약론은 본 연구의 분류에 의하면, 결과
론적 논리에 해당되지만 동의론은 의무론적 논거에 속한다. 그러나 로크에 있어
서 왜 국가에 복종해야 하는가 하는 질문이 나오면, 동의행위 때문이라는 의무
론적 이유 못지않게, 또한 국가가 '내'게 혜택을 주기 때문에 동의를 표시하고
계약을 맺는다는 '간접적 공리주의(indirect utilitarianism)' 논거가 현저하다.
또한 롤즈의 경우도 마찬가지이다. 롤즈는 계약주의자이면서, 또한 공정한 협력
주의자이기도 하다. 그런가 하면 절차적 정의론자이기도 하다. 따라서 사상가
(思想家)중심이 아니라 의무론과 결과론이라는 주제(主題)중심이므로, 논의의
과정에서 롤즈는 여러 맥락에서 거론될 수 있을 것이다. 이러한 접근방식은 이

번 연구의 문제의식상 당연한 것으로, 혼란을 야기하기보다는 명쾌한 분석적 이점을 제공할 것으로 기대된다. 왜냐하면 한 사상가 안에는, 또한 그가 다양한 비전과 통찰의 보유자인 한에 있어, 여러 가지 비전과 철학이 발견될 수 있기 때문이다.

3. 연구의 관점

국가권위에 관한 본격적인 논의를 전개하기에 앞서 두 가지 입장을 견지하고 있음을 밝히고자 한다. 첫째로 국가권위의 정당화의 문제는 하나의 유의미한 문제로 성립할 수 있으며, 둘째로 그럼에도 불구하고 정당화의 문제는 완벽하게 해명될 수 없다는 입장이다.

무엇보다도 본 연구에서는 국가권위에 복종해야 할 의무가 성립하는가 하는 문제는 '본의적 의미의 문제'로서 성립할 수 있다고 판단한다. 이 문제는 특히 정치적 복종의 문제가 '하나의 문제'로서 유의미하게 성립할 수 없다는 견해가 강력하게 대두되었기 때문에 일정 수준 해명될 필요가 있다. 즉 "왜 국가의 법과 규칙을 따라야 하는가" 하는 질문은 본의적 의미의 문제로서 성립하지 못하는 '사이비 문제(pseudoproblem)'에 불과하다는 의견이 그것이다. 문제의 의견은 국가복종의 논리가 '게임'의 논리와 비견될 수 있다고 주장한다. 사람들이 장기를 둘 때는 장기의 규칙을 따를 뿐이지, 장기를 두면서 왜 장기판에서 '졸(卒)'은 한 칸씩 가고 '차(車)'는 한 줄씩 갈 수 있는지를 묻는 것은 어리석은 일이다. 이와 마찬가지로 우리가 시민이 되었다는 것은 시민으로서의 도리와 복종의 의무를 이행하겠다는 의미가 전제되어 있는 이상, 새삼스럽게 복종의 의무의 정당성을 논의할 수는 없다는 것이다. 또한 같은 맥락에서 정당한 국가라는 것은 바로 복종해야 할 국가와 같은 의미를 갖고 있기 때문에 이 상황에서 복종의 문제를 제기하는 것은 우문에 불과하다는 주장도 개진되어 왔다.

그러나 이와 같은 비트겐슈타인의 '호모 그라마티쿠스(homo grammaticus)'에 입각한 비판에도 불구하고 국가에 복종해야 할 의무에 관한 문제는 온전한 문제로서 다음과 같은 이유에 의하여 성립할 수 있을 것으로 생각된다.

첫째로 정치를 '게임'으로 접근하여 국가에 대한 복종행위를 '게임규칙(rule of the game)'으로 간주하는 견해의 타당성을 받아들인다고 해도, 게임에 참여해야 할 의무에 대해서 물을 수 있고, 게임규칙은 고정불변이 아니라는 사실을 강조할 필요가 있다. 장기를 두는 사람이 물론 장기를 두면서 왜 장기의 규칙을 지켜야 하는가 하는 물음을 제기하는 것은 어리석은 일이지만, '나'는 왜 장기를 두어야 하는 것일까 하는 질문을 할 수 있다. '나'는 바둑도 둘 수 있고, 카드놀이도 할 수 있는데, 왜 하필 장기를 두어야 하는가 하는 질문은 가능하며 이 질문은 물론 유의미하다. 같은 맥락에서 한 국가의 국민(國民)이라면 어떤 의무를 수행해야 하는지 알면서도, '나'는 왜 특정 국가의 국민이 되어야 할까 하는 질문을 할 수 있으며, 이 질문은 결코 어리석은 질문이 아니다. 우리 주변에도 군인(軍人)이 되겠다는 사람이 있다면 군인의 본분과 직책, 규율이 어떤 것인지 알면서도, '나'는 왜 기자가 아니라 군인이 되기를 원하는가 하는 자문을 하지 않겠는가?

두 번째로 국가권위와 시민의 복종은 '분석명제(analytical statement)'이기보다는 '종합명제(synthetical statement)'로 간주할 필요가 있다. 주지하는 바와 같이 분석명제란 그 정의 자체로 참인 명제이다. 예를 들어 "전체가 부분의 합"이라는 명제는 분석명제이다. 그러나 종합명제는 "그 사람은 착하다"는 명제처럼, 주부와 술부 사이에 필연적 관계가 성립할 수 없는 명제이다. 비트겐슈타이니언들은 국가권위란 마땅히 시민이 복종해야 할 권위라는 입장으로 분석명제의 범주로 접근하고 있다. 그러나 국가의 권위와 시민의 복종은 "직선은 두 점 사이의 가장 가까운 선"이라는 정의와 같은, 논리적으로 필연적 관계는 아니다. 국가의 권위가 정당한가 부정의한가 하는 문제는 시민이 국가에 복종해야 하는가 아닌가 하는 문제와는 별개의 것이다. 뿐만 아니라 '정당한 국가권위'는 당연히 시민의 복종을 요구한다고 해도, '정당하다'는 서술어의 의미가 명쾌해지지 않는 한, 그 명제는 자명한 명제가 될 수는 없다. 결국 그렇다면 '개념적 접근'이란 문제의 해결이 아니라 문제의 해결을 한 단계 지연시키거나 연기할 뿐이다. 따라서 정당한 국가권위라도 이에 복종할 의무가 있는가 하는 명제는 종합명제이기 때문에 문제로 성립할 수 있다고 생각된다.

그러므로 시민이 국가에 복종해야 하는가 하는 문제는 유의미한 문제로 성립할 수 있다고 상정한 후, 국가권위와 정치적 복종의 의무가 일정 수준 정당화될 수 있다는 주장과 관련하여 의무론적 논거와 결과론적 논거를 중심으로 때로는 개인주의적 논거와 공동체주의적 논거, 또 때로는 주의주의적 논거와 비주의주의적 논거로 나누어 분석적으로 점검할 예정이다. 그러나 의무론적 접근방식과 결과론적 접근방식을 막론하고, 정치적 복종의 의무가 일정 수준 성립할 수 있다고 판단하지만, 그렇다고 해서, 그 논리들로부터 완전무결하게, 정치적 복종의 필요조건과 충분조건이 성립할 수 있다는 평가를 내리고자 하는 것은 아니다.

이러한 관점에서, 정치적 복종의 의무를 '의무'의 본의적 의미에 충실하게 이해하면, '일정한' 상황에서 일부 사람들에게 일정한 이유에서 성립할 뿐, 모든 사람들에게 모든 상황에서 일반적인 이유로 성립할 수는 없다는 주장이 가능하다. 유비적으로 말하자면, '내'가 왜 국가에 복종해야 하는가 하는 문제는 '내'가 왜 책을 읽어야 하는 문제와 비슷하다고 생각되기 때문이다. 물론 책을 읽어야 할 '일정한' 이유는 '일정한' 사람들에게 해당된다. 작가가 되고자 하는 사람이나, 책읽기를 취미생활로 생각하는 사람, 혹은 적어도 출판 사업에 뛰어든 사람은 책을 읽어야 할 이유가 있다. 그러나 그렇지 않고 운동선수를 지망하거나 의사나 피아니스트가 되겠다는 뜻을 가진 사람이라면, 책을 반드시 읽어야 할 이유는 없다. 뿐만 아니라 작가가 아니더라도 인생을 풍요롭게 향유하고 지식을 넓히기 위하여 책을 읽을 만한 '좋은 이유'나 '현명한 이유'가 있다. 또한 가을이 오면 어느 때보다 책을 읽을 만한 '좋은 이유'가 있다. 이른바 "가을은 독서의 계절," 혹은 "등화가친지절(燈火可親之節)"이라고 하지 않았던가. 그러나 가을이 왔다고 해서, 모든 사람이 언제나 책을 읽어야 할 의무는 성립하지 않는다.

이와 같은 맥락에서 국가에 대한 복종의 의무로 국가에 대하여 복종하기로 명시적 동의를 한 사람, 국가로부터 혜택을 받은 사람, 혹은 국가로부터 억울함을 구제받은 사람한테는 복종의 의무가 성립하지만, 그렇지 않은 사람들한테는 정치적 복종의 의무가 성립한다고 볼 수 없다. 물론 그렇다고 국가 복종에 대한 행위를 '금지된(prohibitive)' 행위로 볼 필요는 없고 '허용된(permissible)' 행위로 볼 수 있을 것이다. 또한 명시적 동의를 하지 않았다고 해도, 국가의 명령을 따르고자 하는 사람은 '칭송받을 만한(praiseworthy)' 행위를 하는 사람이다. 물론 이와 같은 내용의 주장은 정치적 복종행위의 정당성에 대한 너무나 강력한 회의주의(懷疑主義)를 전제로 하고 있기 때문에 앞으로의 논의를 통하여 설득력 있게 방어를 해야 할 것이다. 또한 그것이 이번 연구의 목적이다. 그

러나 그럼에도 불구하고 현 시점에서 해명되어야 할 문제가 있다. 국가복종의
논리가 불완전할 수밖에 없는 이유는 국가권위와 복종 사이에는 '필연적' 관계
가 아니라 불확실한 '우연적' 관계가 성립한다고 판단되기 때문이다. 그렇다면
과연 그 불확실성의 성격은 어떤 것일까?

  단도직입적으로 말해 정치적 복종의 논리에 내재한 불확실성은 '데카르트
적인 불확실성'이 아니라 '그리스도교적인 불확실성'으로 특징지울 수 있다. 주
지하는 바와 같이 데카르트(R. Descartes)는 모든 사물들의 존재의 확실성에
대하여 의구심을 가졌다. 그러나 이처럼 모든 것을 의심한 데카르트는 '내가'
생각한다는 점에서 확실성의 단초를 찾아냄으로써 "생각한다. 그러므로 존재한
다(cogito ergo sum)"는 명제를 구축한다. 그러나 이 명제에 의하여 "모든 것
은 확실한 것"으로 돌변한다는 것은 하나의 역설이 아닐 수 없다. 또한 이 점이
야말로 포퍼(K. Popper)가 데카르트를 비판하고 있는 소이(所以)이기도 하다.
'완벽한' 회의주의에서 '완벽한' 확정주의로 옮아갔다는 것이 그 비판의 요지
이다.

  그러나 이번 연구에서 상정하는 국가권위와 복종 사이의 '불확실성'은 데
카르트처럼 완벽한 회의주의에서 완벽한 확실성으로 옮아가는 데 단초로 작용
하는 불확실성이 아니라, 그리스도교 신학자들이 개념화한 '믿음의 불확실성'처
럼, 계속해서 불확실성으로 남아 있는 요소라고 주장하고자 한다. 따라서 문제
의 불확실성은 한편으로 그리스도교 신학자들이 '믿음의 덕목'으로 불렀던 '신
학적 덕목(theological virtues)'의 특성과 또, 한편으로 칼뱅주의자들이 실천하
는 "일상적 칼뱅주의(everyday Calvinism)"의 핵심적 특성을 지녔다고 생각
된다. 그리스도교 신자들은 신이 존재하기 때문에 신을 믿지만, 신의 존재가 확
실하다면, 그 믿음은 특별한 의미를 가질 수 없고, 따라서 덕목이 아니다. 그러
나 '믿음'이 덕목이 되는 이유는 신의 존재가 자명하지 않음에도 불구하고 '내'
가 믿음의 결단을 하고, 때로는 믿음을 위하여 목숨을 바치는 데 있다. 믿음은
신에 대한 문제라기보다는 '나'에 대한 문제이다. 또한 엘스터(J. Elster 1989)
가 주목하는 '일상적인 칼뱅주의자들'도 '믿음의 덕목'과 유사한 '소망의 덕목'
을 실천하고 있다. 일상적 칼뱅주의자들은 자신이 신에 의해 구원으로 예정되어
있는지가 불확실한 상황에서 경건한 삶을 영위한다. 이처럼 경건한 삶을 영위한
다면, 신의 예정의 의미보다 '나' 자신에 의한 결단의 측면이 크다고 볼 수 있

지 않겠는가? '내'가 경건한 삶을 영위한다고 해서 신의 선택이 보장된 것은 아니지만, '나'는 이러한 불확실한 상황 속에서도 신에 대한 헌신을 하기 때문에, 그러한 태도는 덕목이 아닐 수 없다.

이와 유비적 맥락에서 국가에 대한 정치적 복종은 국가의 권위가 확실하게 도덕적이며 법적인가 하는 논리에 전적으로 달려 있는 것은 아니라고 생각한다. 국가의 권위가 도덕성을 띤 정당한 권위인지, 다수의 동의에 입각한 법적인 권위인지에 관한 한, 항상 불확실성이 내재해 있다. 그러나 이러한 불확실성에도 불구하고 국가에 대한 복종을 결정하는 것은 '나'이다. 정치적 복종은 국가에 대한 문제가 아니라 '나'에 대한 문제인 셈이다. 국가의 권위가 도덕적 차원이나 법적 차원에서 불확실함에도 불구하고 '내'가 복종하기로 결정한다면, '나'의 불완전성과 이기주의적 속성을 감안할 때, 그것은 의미있는 결단이며, 또한 '칭송받을 만한' 행위이다. 그러나 불확실성 하에서의 결단을 모든 사람들에게 해당되는 의무라고 할 수는 없는 일이다. 그것은 일부 사람들에 한하여 가능한 행위이기 때문이다.

이러한 의미에서 국가에 대한 복종은 헌혈(獻血)행위와 유사하다고 주장할 수 있다. 헌혈행위에 대해서 일부 사람들은 도덕적 의무를 가지고 있다. '나'나 혹은 '나'의 부모가 다른 사람들로부터 헌혈을 받아 살아났다면, '나'는 다른 사람들에 대하여 이에 상응하는 헌혈의 행위를 해야 할 도덕적 의무가 있다. '나'는 헌혈을 하겠다고 동의를 하지 않았다고 해도, '정의의 원리(principle of justice)'나 '감사의 원리(principle of gratitude)'에 의하여 헌혈할 도덕적 의무를 진다고 할 수 있다. 그러나 문제는 이러한 의미에서 의무를 지게 되는 사람은 결코 많지 않다는 사실이다. 물론 상호주의에 입각한 의무감(sense of obligation) 없이도 앞으로 피가 모자랄 때를 대비해서 피를 받을 수 있으리라는 기대하에 헌혈을 할 수도 있다. 그러나 그렇다고 그러한 기대가 확실한 것은 아니다. 사회 전체적으로 피가 모자라면, '나'는 과거에 헌혈을 했다고 하더라도 어떻게 피를 받을 수 있겠는가. 그러므로 엄밀한 의미에서 헌혈에는 다른 사람에 대한 배려 못지않게 자기와의 싸움이며 자기희생적 의미가 짙게 배어 있다. '내'가 헌혈함으로써 이 사회가 필요로 하는 피가 모아질 것이라는 보장도 주어지지 않기 때문이다. 오히려 이 점에는 항상 불확실성이 도사리고 있다. '내'가 헌혈을 해도 결국 전국적으로는 피가 부족하여 대량으로 해외에서 피를 수입해야 할 상황이 야기될는지 모른다. 그러나 그럼에도 피를 헌혈한다면, 그것은 '나'와의 싸움에서 이긴 것이며, 그 점에서 '칭송받을 만한' 행위가 된다.

그러나 그렇다고 해서 헌혈이 모든 사람에게 해당되는 '의무'라고 단언할 수 없다는 사실은 남는다. 따라서 국가에 대한 복종행위가 헌혈행위와 유의미하게 비교될 수 있다면, 양자는 의무론이나 결과론의 관점에서 일반적 '의무'로 간주되기 어렵다는 점이다. 즉 일정한 사람들에게 '의무'로 투영될 수는 있겠지만, 모든 사람에게 해당되는 '일반적 의무(general obligation)'로 부각되기는 쉽지 않다는 사실이다. 앞으로의 논의를 통하여 이 명제를 방어하고자 한다.

Ⅲ. 실증적 국가

국가란 무엇인가? 국가를 어떻게 이해해야 하겠는가? 이 문제는 단답형으로 답변할 수 있는 성질의 것은 아니다. 루크스(S. Lukes 1977)의 표현을 본 맥락에서 원용하자면, 국가란 "본질적으로 경합적인 개념(essentially contested concept)"이기 때문이다. 한국 사회과학계에서는 80년대에 이르러 다수의 정치학도들이 참여한 이른바 '국가론 논쟁'을 통하여 국가의 성격이나 기능 및 본질에 대하여 활발하게 논의를 전개한 바 있다.[1] 여기서의 주제는 일정한 영토에서 강제력을 독점한 정치조직으로서의 국가였다. 물론 그것이 국가의 전부는 아니겠지만, 국가의 중요한 모습임에 틀림없다.

일반적으로 관찰되고 있는 국가란 어떤 모습을 하고 있는가? 그것은 일련의 기구와 제도로 이루어져 있는 일정한 구조를 갖고 있는 기관일 뿐, 그 이상이나 이하도 아니다. 국가를 관찰할 경우, 구조와 조직이 먼저 떠오르는 것이지, 실존적인 개인의 체험이나 국가가 도덕성을 갖고 있는지의 여부, 혹은 시민들과의 계약과 동의에 의하여 움직이는 국가의 모습, 즉 국가의 정당성 문제는 차후의 고려사항일 뿐이다. 무엇보다도 국가는 객관적 실체이고 하나의 사실이다. 이러한 사실을 나타내 주는 가장 현저한 특징은 '권력기관'이라는 사실에 있다. 국가란 주어진 영토 내에서 강제력과 권력을 독점적으로 행사하는 기관으로서,

---

1) 이에 대한 결과는 한국정치학회(1987)에서 발간한 『현대한국정치와 국가』에서 확인할 수 있다.

사회의 여러 세력과 집단들 사이에 전개되는 권력을 쟁취하기 위한 경합의 결과, 즉 개인과 집단의 위치와 이익을 결정하기 위한 경합의 산물이 국가권력이다. 즉 국가권력은 권력의 사회배분의 유형을 반영하고 있다. 물론 이 명제는 국가가 자율적인가 혹은 사회 의존적인가 하는 문제를 연상시키며, 과거 국가론 논쟁에서 쟁점이었던 만큼, 조심스럽게 주장할 필요가 있다.

주지하는 바와 같이, 국가는 때때로 자율적 구조이며, 단순히 사회의 구조를 반영하는 것은 아니다. 국가의 관료들은 사회세력에 대하여 독자적인 목표와 비전을 추구하기도 하고 사회세력과는 상이한 독특한(sui generis) 이익, 즉 국가의 이익(state interest), 혹은 민족의 이익(national interest), 혹은 관료적 이익(bureaucratic interest)을 추구하기도 한다. 이것은 또한 국가의 '절대적 자율성(absolute autonomy)'을 주장하는 베버리안들의 입장이기도 하다. 그러나 그렇다고 해도 국가의 실체, 혹은 국가의 권력을 사회, 즉 사회집단들의 사회적 위치와 전적으로 절연시켜 이해할 수는 없는 일이다. 이러한 의미에서 국가권력이란 "누가 언제 무엇을 어떻게 얻는가(who gets what, when, how)" 하는 라스웰(H. Lasswell 1958)의 관점에서 파악할 수 있다. 누가 국가권력을 장악하고 있는가 하는 물음이 제기되면, 때에 따라서 계급의 관점을 취할 수도 있고, 이익 집단적 관점을 원용할 수 있기 때문이다. 전자가 마르크시스트들의 입장이라면, 후자는 트루만(D. Truman) 등 다원주의자들의 입장이다. 하지만 어떠한 입장을 취하든, 국가권력과 관련하여 '관료들만의 국가'라든지 '정치인들만의 국가'라는 명제는 성립되기 어려울 것이다.

그러나 진부하게 들릴는지 모르지만, 중요한 사실은 국가란 권력을 행사하는 조직이라는 점이다. 이러한 객관적 권력중심의 접근방식이야말로 대부분의 사회과학도들이 받아들이고 있는 방식으로서, 특히 국가권력이라고 할 때, 가치중립적 개념이나 가치상대주의적 개념이 진하게 묻어난다. 물론 국가는 정의를 실현하고 혹은 평등의 가치를 구현하며, 이른바 '최소수혜자들'에게 혜택을 공여하는 한에서, 혹은 토지개혁을 실시하고 남녀평등정책을 실시하는 한에서 '정의로운 국가'가 될 수 있는가 하면, 소수부족을 억압하며 남녀차별제도를 방치하는 한에 있어서 '정의롭지 못한 국가'로 분류될 수 있다. 그러나 도덕적 국가나 부도덕한 국가, 혹은 정의로운 국가와 불의한 국가, 혹은 국민의 동의에 입각한 국가와 국민의 동의를 결여한 국가의 구분은 본질적 의미에서 국가권력의 기능과는 아무런 상관이 없다. 국가란 '위엄(majesty)'과 권능을 투사하는 한, 혹은 사회에 대하여 성공적으로 권력을 행사하며 '가치를 권위적으로 배분하는' 한, 국가라고 할 수 있기 때문이다. 문제의 비전이야말로 바로 아우구스티누스나 보댕(J. Bodin), 마키아벨리, 그리고 막스 베버가 조망했던 국가이며, 다수의 사회과학도들이 분석의 대상으로 삼고 있는 국가이다.

이러한 권력국가(Machtstaat)의 비전에서는 당연히 '도덕'과 '정의'보다는 '갈등', '이익', '효율' 등의 개념들이 크게 두드러진다. 마르크시스트들이 '갈등'이야말로 국가권력의 속성을 설명해 준다고 생각했다면, 다원주의자들에게는 '이익'이 국가권력의 원천이다. 달리 말한다면, 이해관계의 갈등이 없었다면, 국가는 만들어지지도 않았고 혹은 국가 권력은 필요하지도 않았을 것이라는 함의가 담겨 있는 셈이다. 비로소 국가의 출현으로 말미암아 계급투쟁이 새로운 양상을 띠게 되며, 이해관계의 갈등이 질서 있는 모습으로 표출되어 사람들은 비교적 안정된 평화를 누리게 된다. 이러한 의미에서 국가권력은 타협과 규칙성과 질서 있는 과정의 상징이다. 그러나 '국가를 통한 평화'는 사회집단이나 개인들 사이의 '자연적 조화'와는 다르다. 따라서 사회집단들은 자의반 타의반, 협력의 구도를 이룩하기 위하여 자신들의 욕구를 자제하며 일정한 게임규칙에 의하여 이익을 추구한다. 그러나 어떤 집단에 있어서도 국가권력의 분배를 반영하는 기존의 질서(status quo)나 기득권은 견고한 것이 아니며, 가능한 시나리오 가운데 '차선(次善)'에 해당하거나, 혹은 그냥 '참을 만한' 구도에 불과할 뿐이다. 사회집단들은 국가권력의 접근이나 공유정도에 따라 그 위치나 기득권이 평가되게 마련이다. 한 사회집단이나 정당은 다른 집단이나 정당을 희생시키면서 국가권력에 접근하게 되며, 이에 따라 다수당과 소수당, 혹은 여당과 야당으로 나누어지게 된다. 사회집단이나 개인들은 국가권력의 테두리 내에서 자신들의 이익으로 판단되는 범주들을 추구한다. 이 과정에서 사회집단들은 상호간에 경합하기도 하고 혹은 연대관계를 형성하며, 그 결과 기존의 권력구조가 견지되기도 하고 혹은 변화되기도 한다.

따라서 '국가의 정의'를 말할 때도 그것이 누구의 정의인가 하는 질문이 나오면, 예를 들면 "부르주아적 정의인가" 혹은 "프롤레타리아의 정의인가" 하는 문제가 중요한 쟁점이 된다. 정치란 경합적 게임이고 국가권력은 정치적 승패의 잠정적인 결과를 반영하게 마련이다. 이 과정에서 옳으냐 그르냐 하는 척

도보다 누가 다수의 지지를 얻는가, 혹은 선거에서 이기느냐 지느냐의 척도가
적용된다. 이러한 관점에서 사회적 갈등이나 집단적 갈등이 정책에 관한 이견으
로 좁혀질 때, 즉 '목적'보다는 '수단'에 관한 쟁점에 국한될 때, 국가의 기능은
비교적 원활하다고 할 수 있다. 그러나 목적 자체에 대한 경합과 갈등 사태가
야기될 때, 국가의 영역에는 혼란과 위기가 찾아오며, 새로운 과정과 새로운 규
칙을 가진 새로운 게임이 시작되는 계기가 조성되는 셈이다. 그러나 결국 이 모
든 상황에서 정의는 기존 국가권력이 정당화한 범주에서 나올 수밖에 없으며,
또한 자신들의 이익을 추구하는 사회집단의 실제적 힘에서 나온다. 따라서 "정
의란 강자의 이익"이라고 설파한 트라시마쿠스의 준칙이 강제력을 독점한 정치
적 기관으로서 권력국가의 특성에 부합하는 셈이다.

　물론 이러한 상정들은 마르크시스트들과 베버리안들, 그리고 다원주의적 국
가비전에 있어 공통된 요소들을 다소 임의적인 형태로 추출한 것이다.[2] 그 과정
에서 섬세한 차이는 간과되었으나, 실상 중요한 차이는 존재한다. 마르크시스트
들에게 있어 국가란 무산계급에 대한 유산계급의 지배력이나 헤게모니를 행사
하는 과정에서 소정의 기능을 수행한다는 점에서 그 본질을 엿볼 수 있다. 베버
리안들은 국가 자체가 비교적 사회집단에 대하여 통제권을 행사한다는 데 초점
을 맞추고 있다. 이와는 대조적으로 다원주의자들은 모든 중요한 이익집단들이
집단결정을 하는 과정에서 참여할 만한 동등한 기회와 능력을 보장받고 있다는
점에서 국가의 본질을 찾고 있다. 그러나 이러한 차이에도 불구하고 공통점은
국가를 '권위기관'보다는 '권력기관'으로 간주하고 있으며, 따라서 권력기관으
로서의 국가는 마키아벨리적 국가를 이상으로 삼는 '가치중립적 국가'라고 할
수 있다. 물론 여기서 '가치중립적'이라고 했을 때의 '가치중립성'은 접근하는
국가의 성격을 말하는 것이지, 문제의 국가를 분석하는 국가론자들의 성향을 의
미하는 것은 아니다. 국가를 연구하는 어떠한 사회과학도도 가치중립적이지 않
으며, 또한 국가를 연구하는 데 있어 어떤 특정한 입장을 취하지 않는 학도는
없다. 그 과정에서 기존의 상황에 대한 대안을 제시하는 급진적 입장도 있고 혹
은 점진적인 접근방식을 선호하는 입장도 있다. 혹은 시장에 개입하는 국가와
비교적 자유방임 시장을 선호하는 최소 국가론자의 입장도 대비된다. 복지국가

---

　2) 이에 관한 보다 상세한 이해를 위해서는 카노이(M. Carnoy 1984)와 앨포드와 프리드랜드
　　(R. A. Alford and R. Friedland 1985)의 심도 있는 논의를 참조할 것.

와 야경국가와의 쟁점이 그것이다. 혹은 헤겔의 표현을 원용하면, "존재하는 국가가 이성적"인지, 혹은 "이성적인 국가가 존재해야 하는지"에 대한 불명확성이 있다. 또한 입장에 따라 국가는 "사라지는 것"이 좋은지, 혹은 국가는 "더 강화되는 것"이 바람직한지에 관한 토론도 있다.

그러나 그럼에도 불구하고 자유주의자이든, 마르크시스트들이건, 베버리안들이건, 모든 이데올로기적 차이를 떠나서 사회과학도들이 시도한 권력국가에 관한 실증적 접근에는 이른바 '투명성(transparency)'에 대한 욕구가 분출되고 있다고 해야 할 것이다. 이른바 국가에 관한 규범적 담론의 허구성을 지적하면서, 국가와 국가권력에 관한 문제를 한 점 의혹 없이 조명해 보겠다는 야망이 그것으로서, 이른바 '국가의 본질'을 파헤치려는 시도이다. 실상 도덕적 실체로서 투영되는 국가에 관한 한, 언제나 미스테리와 불투명성이 내재해 있지 않았던가! 국가가 도덕성을 내세우면서 혹은 전체 시민들의 혜택과 복리 제고를 명분삼아 특정 세력이나 소수세력을 비호하고 그들에게 과도한 특혜를 제공하는가 하면, 혹은 국가가 자율적으로 기능하는 듯하면서도 사회의 일부 집단으로부터 영향력을 차단하지 못하고 있다. 혹은 "우리도 세 끼 밥을 먹을 줄 알아요" 하며 절규하는 결식아동들의 고통을 방치하면서도, 최소 수혜자들을 위한 소득 분배의 당위성은 줄기차게 외치고 있다. 이러한 국가 행태의 모호성과 불투명성을 감안할 때, 투명성을 엄격하게 표방하는 실증적 접근에서 국가에 관한 도덕적 용어는 뒤로 물러날 수밖에 없다. 객관성을 추구하는 사회과학도들의 입장에서 보면, 규범성을 함유한 도덕적 국가나 계약적 국가의 비전들은 결국 '이모티비즘(emotivism)'의 산물이 아니겠는가. 영원한 지식과 정의, 고귀한 도덕, 혹은 구성원들간의 사회계약 등은 모두 불투명한 신화적 요소를 담고 있는 셈이다. 이 점을 감안하면, 인과론(causality)에 충실한 논리실증주의(logical positivism)에 입각한 권력국가의 철저한 해부와 분석이 돋보인다고 하겠다.

한국사회의 사회과학도들에게 있어서도 '국가의 시대'가 있었다. 상대적인 자율적인 국가를 주장하는 네오·마르크시스트와 절대적으로 자율적인 국가를 주장하는 네오·베버리안들, 혹은 이익 집단들의 균형적인 경합을 주장하는 다원주의자들이 상호 논쟁하는 과정에서, 혹은 도구적 국가주의자들과 구조적 국가주의자들이 격돌하면서, 또는 '신식민지 국가', '관료적 권위주의국가', 혹은 '과대 성장된 국가' 등의 개념들이 다수 출현하면서, 본격적으로 실증적인 과학

적 국가 탐구의 시대가 열렸던 것이다. 이러한 경향은 그 동안 사회과학에서 소
외된 국가의 주제를 되살리겠다는 열망하에 "국가를 다시 도입하자(bringing
the state back in)"는 구호로 나타났다. 실증적 성향의 국가론자들은 포퍼(K.
Popper)의 용어를 원용하면, 모두 이른바 '본질주의자(essentialist)'를 자처하
면서, 국가와 국가권력의 본질을 파헤쳐 보자고 전력투구해 온 셈이다. 따라서
국가는 '부르주아지의 집행위원회', 혹은 주어진 영토 안의 강제적 독점기관
으로 규정되기도 하고, 그 밖에 사회과학도라면, 모름지기 플란짜스(N.
Poulantzas)의 정의나 스카치폴(T. Skocpol)의 정의, 혹은 카르도소(E.
Cardoso)의 정의에 익숙하게 마련이었다. 당연히 새로운 용어와 방법론도 창출
되었다. '상대적 자율성(relative autonomy)', '최종 심급(in the last in-
stance)', '헤게모니', '이데올로기적 국가기구(ISA)', 또한 구조주의와 도구주
의 등이 그 전형이다.

　　그러나 관심의 초점은 실증주의 성향의 사회과학도들과 국가론자들이 심혈
을 기울여 복원시킨 '국가의 시대' 이후, 혹은 사회과학적 접근 이후, 과연 국가
가 투명해졌고 국가에 관한 '과학적' 이해가 증진되었는가에 있다. 국가를 '권
력'과 '이익'의 용어로 접근한 후, 국가의 실체에 좀더 확실하게 도달했는가?
혹은 국가가 상대적 차원에서, 혹은 절대적 차원에서 자율적으로 작동한다는 사
실을 낱낱이 파헤쳤다고 해서, 국가에 대한 이해에 어느 정도 보탬이 되었는가?
물론 그 과정에서 도덕적 실체로서의 국가나 개인이 경험하는 국가의 비전은
퇴색되었으며, 그와 반비례하여 국가에 관한 논의와 담론은 풍요해진 것이 사실
이다. 국가의 모든 정책에서 이제 사람들은 언제나 "누가 이익을 보는가?(cui
bono?)" 하는 물음을 제기할 줄 알게 되었고, 그 결과 '공공선'이나 '공익'의
개념은 추상적 범주로 전락하였다. 또한 오늘날 누가 보댕(J. Bodin)이 갈파한
'국가의 이성(raison d'ètat)'을 거론하고, 플라톤의 철인왕(philosopher king)
을 말하며, 루소의 입법자(legislator)의 이야기를 떠올리는가? 오히려 여우와
사자의 범주로 수시로 모습을 바꾸는 마키아벨리의 국가권력이 관심의 대상이
며, "감시자는 누가 감시할 것인가?(quis custodiet custodes ipsos?)" 하는 물
음을 되뇌지 않는가. 그것은 그만큼 '국가에 관한 신화'가 파괴된 반면, '국가에
관한 이해'가 과학화되며 정교화되었다는 반증이기도 하다.

　　그러나 그럼에도 불구하고 중요한 사실은 '국가 신화'의 파괴와 권력과 이

익을 강조한 사회과학적 담론의 대두가 국가권위에 관한 담론의 종결은 아니라
는 점이다. 비교적 정교한 국가에 관한 실증주의 사회과학의 담론에도 불구하
고, 국가 정체성의 베일, 국가의 신비(mystery), 국가의 모호성 등은 여전하고,
'국가의 신화'는 그전과 다름없이 '신화'로 남아 있다는 것이 본 연구의 평가이
다. 복지국가냐 사유화냐, 혹은 "국가를 파괴하느냐(smash the state)" 혹은
"국가를 개혁하느냐(reform the state)"의 논쟁, 국가는 아무리 개혁해도 계급
적 국가일 수밖에 없다는 마르크시스트들의 지적에도 불구하고, 혹은 공공재를
공여함으로 '시장의 실패'를 교정하는 기제라는 고전 경제학도들의 주장에도
불구하고, 국가는 여전히 신비의 베일 속에 또한 중요한 도덕적 실체로 위력을
떨치고 있다.3)

　　"하느님이 보우하사 우리나라 만세"라는 애국가의 한 구절 속에서 도덕적
공동체로서 국가의 비전이 진하게 배어 난다. 그 밖에 대한민국 찬가, 무궁화,
새천년 맞이 각종 국가행사, 2002년 월드컵의 국가상징체계에서는 '국가권력'보
다 '국가권위'가 현저하다. 국가권력과 이익에 관심을 가진 어떠한 사회집단도
'이익'을 말하기보다 '정의'와 '공동선'을 말하고 있다. 예를 들어 1999년 한국
사회를 떠들썩하게 만든 옷로비 사건에 대해 국민들이 분개한 것도 국가의 도
덕성에 흠집을 내는 문제였기 때문이 아닌가? 실제로 몇몇 고관부인들이 고급
모피를 샀느냐의 여부는 별로 중요한 일은 아니겠지만, 대한민국이 이른바 '거
짓말 공화국'으로 전락하는 것에 대한 공분이 공감대를 이루었던 셈이다. 실증
주의 사회과학적 접근으로 말미암아 국가에 대한 담론이 한층 더 탈가치화, 이
모티비즘(emotivism), 가치상대주의, 가치중립성의 성격을 띠게 된 것이 분명하
지만, 도덕적 담론이 결코 쇠락한 것은 아니다.

　　결국 이 상황에서 "인간은 빵만 먹고 사는" 존재만은 아니라는 준칙을 절
실하게 음미하게 된다. 대통령 선거에서 패하여 국가의 권력에서 소외된 사람
도, 권력의 박해를 피하여 해외로 망명한 반체제주의자들도 해외에서 태극기를
보면, 한결같이 가슴에 찡한 감동을 받는다. 이러한 개인의 실존적 체험들이 소
진되지 않는 한, 국가를 통하여 "누가 무엇을 언제 어떻게 얻게 되는가" 하는

---

3) 진덕규(2000, 241-245)는 국가와 관련하여 특히 시민사회의 윤리적 가치를 실현할 수
　있는 역할을 강조하고 있다. 이것은 다시 말해 우리가 실증적 국가의 비전만으로는 만
　족할 수 없다는 주장이 아닐 수 없다.

화두와 담론이 국가론의 헤게모니를 장악할 수는 없다고 생각된다. 물론 국가권력에 관한 실증주의 사회과학적 접근이 권력의 인과관계를 설명하는 데 비교적 효과적이지만, 왜 우리가 국가로부터 '부질없이' 그러나 '끊임없이' 도덕과 정의, 동의 및 시민적 유대를 기대하고 있는지는 설명할 수 없다. 일반적으로 회사로부터 이익을 기대할 뿐, 도덕을 기대하는 것은 아닌데, 왜 국가로부터는 생명과 재산의 보호와 안전 이외에 정의와 유대를 기대하는가? '권력국가' 못지않게, 아니 그보다 더 상위 수준에서 '권위국가'가 존재한다는 점에 주목하면서 국가권위에 관한 규범적 접근에 천착하고자 한다.

Ⅳ. 국가권위에 대한 세 가지 정당화의 논리

권력국가(Machtstaat)에 대한 실증적 접근이 "국가란 무엇인가" 하는 문제에 나름대로 해답을 추구하고 있음은 사실이나, 일말의 불확실성을 내포하고 있음을 부인하기 어렵다. 이러한 불확실성은 마치 장님이 코끼리를 만지는 행위에 비유된다. 코끼리는 너무나 거대한 존재였기 때문에 장님들이 코끼리를 요모조모 뜯어보았지만, 결코 그 진정한 모습을 파악할 수는 없었다. 어떤 장님은 기둥 같다고 했는가 하면, 기다란 막대기 같다고 한 장님도 있다. 장님들의 개별적 진술이 모두 거짓이라고 매도할 수는 없겠지만, 그렇다고 전적으로 참이라고 평가하기도 어렵다. 부분적으로만 참이기 때문이다. 국가에 대해서도 마찬가지이다. 전 항목에서 논의한 권력국가의 비전에서는 일련의 제도와 국가관료들의 조직, 혹은 일정한 영토를 지니고 있는 강제조직으로서 국가의 모습이 두드러진다.

국가라고 할 경우, 문제의 현상이 쉽게 뇌리에 연상되는 모습들 가운데 하나임에 틀림없겠으나, 연구의 목적을 감안할 때, 국가권위에 대한 담론은 일정 범위 내로 제한될 필요가 있다. 실증적인 정치학도라면, "국가를 통하여 누가 누구를 지배하는가" 혹은 "어떻게 국가권력을 장악할 수 있는가" 하는 문제에 관심을 갖게 될 것이고, 경제학도라면 시장에 개입할 수 있는 국가의 능력과 역할에 대하여 관심을 가질 것이다. 이와는 달리, 우리의 관심사는 "어떻게 국가가 시민들에게 명령을 내릴 수 있는 권한을 확보할 수 있는가" 하는 점에 있다. 이러한 관심사는 명실공히 "누가 누구를 지배하는가" 혹은 "어떻게 국가권력을 장악할 수 있는가"에 주안점을 두는 실증적 차원의 접근방식보다는 명령을 내릴 수 있는 정당한 권한에 관한 규범적 차원의 접근방식으로서, 정치철학적인 관심사라고 할 수 있을 것이다. 따라서 국가에 관한 여러 가지 특성 가운데 관심의 초점이 되고 있는 부분은 '정당성(正當性)'과 '법적(法的) 권위', 혹은 법치국가(Rechtstaat) 등과 같은 규범적 요소들이다. 유의할 사항은 규범적 요소만으로 국가의 권위를 온전히 설명할 수는 없겠지만, 한편 단순한 강제력만으로도 국가의 권위를 완벽하게 조명할 수 없다는 점이다. 오로지 강제력만 보유했다면, 국가라도 해적집단이나 폭력집단과 다를 바 없다는 아우구스티누스의 통찰을 감안할 때, 국가가 가진 강제력은 '법적인 권위', 즉 명령을 내릴 수 있는 규범적 권한과 연결되었을 때, 비로소 유의미하다고 하겠다.

한편, 권위국가에 대한 규범적 접근에는 단일적 모델만이 존재하는 것이 아니다. 복수의 모델들이 존재하고 있고, 게다가 상호간에 경합하고 있기 때문이다. 이번 연구에서는 권위국가와 관련하여 세 가지 모델을 구축할 수 있다고 생각하는데, 도덕적 국가, 억압적 국가, 계약적 국가가 그들이다. 그러나 세 가지 모델들의 특성에 대하여 논의하기 이전에 국가라는 현상에 대하여 일정한 개념 정리를 할 필요가 있다. 물론 여기서 "국가란 무엇인가" 하는 질문을 내걸고 베버나 마르크스 유형의 '본질주의적' 답변을 시도하려는 의도는 없다. 연구의 목적상 오히려 국가에 관한 어원적 접근만으로 충분하다고 생각하는데, 역사적으로 사용되어 온 '국가'라는 용어의 용례를 일별하면, 다음과 같다.

오늘날 일반적으로 스스럼없이 사용하고 있는 '국가(state)'의 개념은 서구 사회에서 보면, 처음부터 고정된 것이 아니라, 역사와 더불어 변천을 거듭해 왔다. '국가'라는 용어의 변천과 관련하여 스키너(Q. Skinner 1989)의 통찰이 특히 유용하다. 스키너는 '국가'의 용어변천사에서 세 가지 단계를 구분하고 있다. 14세기 서구에서는 estat, stato, state라는 용어가 널리 통용되었는데, '통치자들의 위엄과 명망'을 의미했다. "통치자 자신들의 상태와 위치"를 나타내는 측면이 강했던 것이다. 문제의 용법은 원래 "서다"를 뜻하는 라틴어의 stare에서 비롯된 것으로, 중세 교회법학자들은 'status ecclesiae', 즉 "교회의 위치"라는 표현을 사용해 왔다. 두 번째 단계로 'state'는 '통치자'에서 도시나 국가의 '영역'으로 그 의미가 변하게 되었다. 스키너의 지적에 의하면, "독립된 왕국의 상태(the state of the realm)"가 'state'의 뜻이었다. 따라서 도시국가라고 할 때, 'status civitatum', 즉 '도시국가의 자율적 상태'를 획득한 것으로, 정치적 독립상태를 지니고 있음을 나타냈던 것이다. 또한 그것은 평화와 번영의 조건인 "양질의 평화로운 상태"를 함의하기도 하였다.

마지막으로 세 번째 단계로서, 오늘날 우리에게 익숙한 'state'의 용법은 15-16세기에 번성한 이탈리아 도시 국가에서 기원을 갖고 있는 것으로 볼 수 있겠는데, 특히 30년 전쟁 후 1648년에 열린 베스트팔리아 평화조약에서 정착된 것으로 보인다. 이제 'state'는 "통치자들의 상태"나 "독립된 왕국의 상태"라기보다는 "어느 구체적 시점과 상황에서 통치하게 되는 사람들과는 독립적인 권력기구"를 지칭하게 되었다. 결국 이것이 '국가의 권위'라고 할 때 국가의 개념에서 함의되고 있는 내용으로서, 앞으로의 논의 과정에서 사용하게 되는 의미이기도 하다.

1. 의무론적 정당화의 논리: "인간은 빵으로만 살지 않는다"

국가가 시민들에게 복종을 요구할 수 있는 '권한(entitlement)', 혹은 '요구권(claim right)'을 지니고 있다는 점은 어떻게 정당화시킬 수 있을 것인가? 국가의 '권위'는 어디에서 나오는가? 아마도 이에 관한 현저한 근거를 든다면, 국가에 복종하는 것이 그 자체로 옳다는 논리로서, 의무론적 논거라고 할 수 있겠다. 의무론적 논거와 관련하여 크게 두 가지를 들 수 있겠는데, 하나는 도덕성이요, 다른 하나는 동의론이다.

우선 국가는 도덕적 탁월성(moral supremacy), 혹은 도덕적 우선성(moral priority)을 갖고 있기 때문에 시민들에게 복종을 요구할 수 있는 자격을 획득했다는 명제가 가능하다. 시민들이 국가에 복종하는 것은 최고의 도덕률에 복종하는 셈이다. 뿐만 아니라 국가가 가지고 있는 도덕적 힘이야말로 일방적으로 완력이나 물리적 강제력에 의존하는 범죄집단과 다른 소이이다. 국가는 도덕적 힘뿐 아니라, 물리적·도구적 힘, 심지어는 심리적 압력이나 문화적 영향력까지 행사하는 것이 현실이다. 이들 힘들은 내부·외부의 적들로부터 시민들을 보호하기 위하여 정당하게 사용된다. 시민들은 국가의 물리적 힘에 의하여 보호를 받고 있는 것이 아니겠는가. 하지만 중요한 점은 국가권력이 단순히 경찰력과 군사력의 집합만은 아니라는 사실이다. 국가권력은 경찰력, 군대, 법 집행 능력 등으로 구현되게 마련이지만, 그렇다 하더라도 권력이 국가에 의해 행사될 때는 마치 '마이다스의 손'이나, 연금술사의 기교, 혹은 헤겔이 말한 '이성의 위계(cunning of reason)'처럼, 기묘한 방식으로 도덕적 범주로 전환된다는 점이 흥미롭다. 즉 국가권력은 국가의 다른 행위처럼 '도덕적 권위'로부터 나오는데, 이 도덕적 권위는 이데아 세계나 '자유의 왕국(kingdom of freedom)' 과 같은 초월적 가치에 의하여 정당화되기도 하고, '일반 의사'와 같은 내재적 가치에 의하여 정당화되기도 한다.

주지하는 바와 같이 도덕적 실체로서 국가의 정체성에 대한 전통은 역사가 오래된 존중할 만한 중요한 전통이며, 또한 단순히 이론적인 전통일 뿐 아니라, 시민 개인들이 일상생활에서 부분적으로 체험하고 있는 경험의 한 단면임을 강조할 필요가 있다. 특히 애국가(愛國歌)나 국화(國花) 등, 국가를 나타내고 있는 일련의 상징체계를 본다면, 혹은 수많은 성스러운 건국신화들을 본다면, 도덕적 실체로서 국가의 정체성은 우리 경험과 인식의 필수불가결한 부분이 되어 있음을 직감하게 된다. "흙 다시 만져 보자. 바닷물도 춤을 춘다"는 광복절의 가사에서 우리 국민들은 성스러운 국가의 실체를 새삼 확인하게 되지 않는가.

한편, 도덕적 실체로서 국가에 대한 비전도 주목할 만한데, 이에 대한 가장 대표적인 것이 플라톤의 『공화국(the Republic)』이다. 플라톤의 '공화국'의 도덕성은 바로 철인왕(philosopher king)의 존재에서 반영된다. 철인왕은 이데아 세계의 참된 지식, 즉 '에피스테메(episteme)'를 체득한 존재로서, 의견 (opinion), 즉 '독사(doxa)'의 세계에서 살고 있는 일반 생산자들과 현격하게 대비된다. 일반 사회의 구성원들인 생산자들이 '동의 정신(copper spirit)'에 비견될 만큼 비도덕적 존재라면, 국가의 상징인 철인왕은 '금의 정신(gold spirit)'을 방불케 하는 도덕적인 존재이다. 철인왕은 '동굴의 우화(fable of the cave)'가 시사하는 바와 같이, 쇠사슬에 묶여 태양을 보지 못한 채 그림자만 바라보며 살아가는 존재와는 달리, 직접 동굴을 나와 태양을 바로 보며 진리를 관조하고 있는 존재이다. 물론 '공화국'의 도덕성은 철인왕뿐 아니라 '은의 정신(silver spirit)'에 해당하는 수호자 집단의 생활양식에서도 상징적으로 음미할 수 있다. 수호자 집단의 절제적이며 내핍적인 생활은 오늘날 그리스도교 수도자들의 생활을 방불케 한다. 이들이 추구하는 것은 어디까지나 개인의 이익을 떠난 공익이며, 공공선이다. 결국 국가 관리인 철인왕과 수호자 집단의 도덕성은 '선험적으로' 초월세계인 이데아 세계에서 주어진 것이다. 당연히 공화국의 통치는 '덕치(德治, virtuocracy)'로 나타날 수밖에 없다.

국가의 도덕적 특성이 탁월한 것으로 제시되는 또 다른 사례는 루소의 국가이다. 루소의 국가의 탁월성이란 플라톤의 경우처럼, 초월적인 이데아 세계의 '에페스테메'에서 구현되는 것이 아니라, 인간의 특별한 의사, 즉 '일반 의사(general will)'를 보유하고 있다는 사실에서 확인된다. '일반 의사'란 '특정 의사(particular will)'와는 달리 '사적 이익을 추구하는 나(moi particulier)'의 의사가 아니라 '공적인 나(moi commun)'의 의사로서 덕스러운 의사이다. 당연히 루소 공화정의 집단 의사(collective will)는 '다수의 의사(will of the majority)'나 '만장일치의 의사(will of all)'가 아니라, 덕스러운 사람들의 도덕적 의사인 '일반 의사'가 된다. 루소 공화정의 개인들은 자신의 의사가 집단의 의사와 상이할 경우 자신의 의사가 '특정 의사'를 내포하고 있다는 사실을 깨닫고 '일반 의사'를 표출하고 있는 집단의 의사에 스스로 헌신하게 된다. 이처럼 국가를 '일반 의사'의 구현이라고 할 때, 국가에 대한 복종은 도덕률에의 복종이라고 할 수 있지 않겠는가.

같은 맥락에서 헤겔(G. W. F. Hegel)의 국가도 도덕적 실체의 전형이다. 헤겔에 의하면, 국가야말로 '절대 정신(absolute spirit)'의 주관적인 구현이다. 절대 정신은 역사와 자연을 통하여 스스로를 외현화시키는데, 국가는 이 과정에서 '주관적인 절대 정신(subjective absolute spirit)'이라고 할 수 있다. 주관적 절대 정신으로서의 국가는 분자화된 개인들이 스스로 창출할 수 없는 영속성과 안정성의 가치를 내포하고 있다. 특히 헤겔의 『법철학(1942, 160-223)』에서 나타나고 있는 국가란 시민 사회의 분자화된 개인들 사이의 갈등 위에 군림하며, 이들 갈등을 통제하는 객관적인 법질서로 투영되고 있다. 이러한 도덕적 국가가 없다면, 시민 사회는 혼란과 무질서의 상태로 전락할 것이다. 그린(T. H. Green 1941)의 국가도, 헤겔의 국가와 마찬가지로 초월적 가치를 내재한 도덕적 특성을 지니고 있다. 그린에 있어 국가는 '공공선(bonum commune)'을 내재하고 있는 실체이다. 이 공공선은 물론 개인들이 추구하는 이익이나 혹은 개인들이 추구하는 행복의 합이 아니라, 개인주의적 공리의 합을 초월하는 형이상학적 범주의 것이다. 그 밖에도 국가를 도덕적 실체로 간주하는 비전은 왕권신수설자들로부터 강력한 지지를 받아 왔다. 국가의 통치자란 신의 권위에 의하여 지상의 왕국을 다스릴 수 있는 권한을 확보한 존재이기 때문이다.

결국 국가에 대한 복종의 의무는 플라톤의 국가나, 루소의 국가, 헤겔의 국가든, 혹은 그린의 국가나 왕권신수설자들의 국가든, 개인들의 선택이나 개인의 효용, 혹은 권리 등, 주의주의(主意主義)적 범주에서 나오는 것이 아니라, 국가가 투사하고 있는 초월적 도덕적 특성, 즉 이데아 세계나 일반 의사, 절대 정신 혹은 공공선에서 정당화된다는 데서 그 특성을 찾아볼 수 있다. 플라톤, 루소, 그린, 헤겔 등이 투영하고 있는 비전에서 국가는 철인성(哲人性)과 '에피스테메', 일반 의사, 공공선, 절대 정신을 내포하고 있는 실체로 상정되어 왔다. 뿐만 아니라 국가의 도덕성이 개인의 비도덕성과 현격한 대조를 이루고 있다는 점도 주목할 만한 일이다. 철인왕의 '에피스테메'는 생산자들의 '독사(doxa)'와 반대되며, 루소 국가의 '일반 의사'는 일반 사람들의 '특정 의사(particular will)'와 구분되고, 그린 국가의 공공선(common good)은 일반 시민들의 자기 이익(self-interest)과 상충되며, 헤겔의 국가는 절대 정신의 구현을 모르고 있는 사회의 인간들과 대비되고 있기 때문이다.

도덕적 실체로 국가를 조망했을 때, 개인이 국가에 복종해야 할 이유를 확보하는 데는 문제가 없다. 그것은 도덕률이 통제력과 구속력을 지니고 있는 것과 같은 논리이기 때문이다. 모세의 십계명이건, 칸트의 '선의지(guter Wille)'나 정언명법이건, 혹은 유교의 삼강오륜이건, 도덕적 행위를 요구하는 과정에서 결국 도덕률은 시민 개인에게 통제력을 가하게 마련이다. 도덕률은 구속력을 지니고 있기 때문이다. "인간을 목적으로 대우하고 수단으로 대우하지 말라"는 정언명법이 존재하는 한, 수단으로 대우하려는 우리 인간 개인의 행동을 제한한다. 도덕률이 선을 강조한다면, 악을 배제할 수밖에 없고, 생명을 존중한다면, 생명경시 행위를 단죄하게 마련이다. 도덕률이 이성을 전제한다면, 이성과 반대되는 자연적 본능이나 감성(emotion)과는 공존할 수 없다. 도덕이 불교적 진리관에 입각해 있다면, 유교적 진리관을 배척하게 마련이다. 그 역도 마찬가지이다. 평화와 문화, 정직을 옹호하는 도덕률은 전쟁과 폭력, 위선을 고발할 수밖에 없다. 도덕률이 충(忠)과 효(孝)를 강조한다면, 불효(不孝)와 불충(不忠)행위를 단죄하게 마련이다. 혹은 국가사회주의의 도덕률처럼 종교를 '인민의 아편'으로 보면, 종교를 박해하게 마련이다. 그러므로 국가가 특정한 도덕적 내용을 지니고 있는 실체일수록 개인의 행동은 통제되고 개인 자신의 자유보다 국가를 통한 도덕적 자유를 지향해야 할 것이다. 이 점이야말로 도덕적 국가의 권위와 강제력을 설명할 수 있는 요소라고 하겠다.

그러나 한편, 국가의 도덕성에 대하여 그다지 연연해 할 필요가 없을는지 모른다. 실상 국가가 도덕성을 지니고 있다는 명제는 경험적으로 확증되기보다는 반증될 가능성이 적지 않기 때문이다. 국가의 도덕성과 관련하여 신으로부터 부여된 권한이나, 초월적인 세계, 혹은 초현실적인 가치관을 전제한다는 것은 세속화된 오늘날의 사회에서 당혹스러울 수 있고, 또한 그것은 '국가의 신화'일지언정, '국가의 현실'은 아니다. 이러한 관점에서 볼 때, 국가는 초월적 세계로부터 그 존재 이유를 확보하고 있다기보다는 인간들의 뜻에 의하여 이루어진 인위적 기제라고 할 수 있다. 여기서 '동의(consent)'의 개념이 중요하다. 국가란 특히 인간 개인들에 의한 동의의 산물로 간주할 수 있기 때문이다. 즉 동의 행위로부터 시민의 복종의 의무를 추출해 낼 수 있다는 점은 오늘날 광범위하게 받아들여지는 명제임을 감안할 때, 동의론이야말로 도덕적 국가론 못지않게 의무론적 정당화의 주요 보루가 된다고 하겠다. 특히 동의는 동의자 스스로 국가에 대하여 복종을 약속한 행위인 만큼, 국가에 대하여 복종하는 것은 그 자체로 옳은 행위로 볼 수 있는 셈이다.

개인의 동의가 복종의 의무를 구성하게 되는 직접적 이유는 약속이나 자발적 합의가 일상생활에서 구속력을 지니고 있다는 사실과 연계되어 국가에 대한 복종도 자발적 약속의 산물로 간주한다는 점에 있다. 사람들은 일반적으로 약속을 통하여 의무를 자발적으로 수임한다. A가 x를 이행하기로 B에게 약속했다면, A는 자발적으로 x를 이행하겠다는 의무를 수임한 셈이다. 이러한 의미에서 개인들은 '약속을 해야 할 의무'는 없지만, 일단 한 '약속은 지켜야 할 의무'를 지게 된다. 여기서 중요한 것은 우리가 자발적으로 선택하는 한, 우리 스스로를 구속하는 것이 가능하고, 자발적으로 선택하지 않는 한, 우리 자신을 구속할 수 없다는 점이다. 물론 동의행위로부터 비로소 의무가 발생하는 것인지, 혹은 일상생활에서 통용되는 약속으로부터 정치적 복종의 약속의 구속성을 도출해 낼 수 있는 것인지 쟁점의 소지가 있으나, 그러한 쟁점 가능성에도 불구하고 동의의 개념이 개인의 자율성과 같이 현대의 민주주의론자들이 소중한 것으로 평가하고 있는 가치와 일치한다는 점은 분명한 사실이다. 그것이 또한 현대사회에 있어 동의개념의 매력이기도 하다. 그러므로 정치적 복종의 의무가 동의행위에 의해서 창출될 수 있다는 사실을 의심하는 사람은 별로 없다.

그러나 그렇다고 하더라도 정치적 동의가 언제, 어디서, 어떻게 일어나는지에 대해서는 의구심이 적지 않다. 이러한 의구심을 해소하기 위하여 로크(J. Locke)는 이미 '명시적 동의'와는 다른 '묵시적 동의' 개념을 제안한 바 있다. 한 개인이 특정국가의 영토에 장기적으로 거주하게 되면, 그곳에 머문다는 사실만으로 국가에 대한 동의를 추정할 수 있다는 것이다. 이러한 로크의 '묵시적 동의'의 비전은 정작 로크의 시대보다 현대사회에서 더 설득력 있는 대안으로 보여진다. 오늘날 로크시대보다 훨씬 더 국가간의 이주와 왕래가 자유로워졌기 때문이다.

그러나 '묵시적 동의'의 개념을 인정하게 되면, 동의행위로부터 본의적(本意的) 의미를 앗아가 버릴 위험이 크다는 점이 문제이다. 어떤 사람이 아무런 의식 없이 수행한 행위라도 동의하는 행위로 간주하게 될 가능성이 실제적이기 때문이다. 물론 그렇다고 '묵시적 동의'가 전혀 무의미한 개념은 아니며, 우리에게 친숙한 상황과 친숙한 소규모 공동체에서 '묵시적 동의'는 위력을 발휘할 수 있다. 소규모 집단의 결정상황에서 공식적인 결정 절차 없이 몇몇 대표들이 결정을 내려도 일반회원들이 큰 이의 없이 따른다면, 찬성하는 것으로 볼 수 있다. 그러나 국가 공동체의 경우, 일반시민들의 행위에서 '묵시적 동의'를 추적하기란 결코 쉬운 일이 아니다. 이러한 문제점에 유의하여 피트킨(H. Pitkin)은 '가상적 동의(hypothetical consent)'를 주장한 바 있다. '가상적 동의'란 정부의 정당성문제에 주의를 환기시키는 방식으로서, 정부가 도덕적 목적을 수행한다면 ——그 도덕적 목적이 무엇이든 간에—— 사람들은 정부에 동의해야 한다는 것이다. 혹은 반드시 도덕적 목적이 아니더라도, 정부가 시민들의 권익에 부합하는 합리적 정책을 추구하면, 시민들은 정부에 동의할 만하다는 주장도 가능하다. 그러나 여기서도 문제는 도덕적인 정부에 시민들이 동의해야 한다든지, 혹은 사람들이 합리적으로 동의할 것이라는 사실은 어디까지나 '명시적 동의'와는 다른 개념이며, 기껏해야 '명시적 동의'의 배경적 요소에 불과하다는 점이다. 더욱이 '가상적 동의'의 개념을 받아들이면, 정치적 의무는 정당한 '정부'가 무엇인지에 대한 규정조차 하지 못한 채, '정당성'의 문제로 전환된다는 사실이다. 또한 많은 정부들이 정당성의 요건을 충족시킨다면, 많은 '정당한' 정부들 가운데 '나'는 왜 하필 '정당한' 특정 정부에 복종해야 할 의무를 지니게 되는 것인가 하는 의문도 해명되어야 할 과제이다.

그러나 일련의 문제점에도 불구하고 시민들이 정치적 의무를 갖고 있는 존재이며, 또한 자기판단에 따라 행동하는 자율적 존재라는 이율배반(二律背反)적인 명제를 무리 없이 성립시키고자 한다면, 개인의 자율성을 보장하는 합리적인 조건으로 '동의'와 같은 개념을 전제하지 않을 수 없을 것이다. 뿐만 아니라 사람들이 정치적으로 평등한 존재임을 믿는다면, 정치적 불평등의 전형적 형태인 권위에 대한 행사와 관련하여 그것을 정당화하기 위해서는, 동의개념의 형태로 접근하는 것이 온당하다고 생각된다.

2. 결과론적 정당화의 논리: "배고픈 소크라테스보다는 배부른 소크라테스가 더 낫다"

국가에 대한 복종의 의무와 관련하여 복종하는 것이 그 자체로 옳기 때문에 복종해야 한다는 의무론적 논거와는 달리, 국가에 복종함으로써 산출되는 혜택이 유용할 뿐 아니라 필수적이라는 점에 주목함으로써, 결과론적 관점에서 복종의 의무를 받아들일 수 있다. 이처럼 일정한 행위로부터 결과되어 나오는 혜택에 유의한다면, 엄밀한 의미에서 공리주의적 범주에 속한다고 하겠다. 그러나 문제는 '쾌락주의적 계산법(hedonistic calculus)'에 의하여 이득과 손실을 계산하는 공리주의 패러다임에서 독립적 가치를 가지는 정치적 의무를 개념화할 수 없다는 것이 문제이다. 정치적 의무는 개인에게 이득보다 순손실을 강요하는 경우가 드물지 않기 때문이다.

하지만 공리주의 가운데 정치적 의무를 포함하여 의무를 인정할 수 있는 공리주의가 있다면, 흄(D. Hume)의 '규칙 공리주의(rule utilitarianism)'이다. '규칙 공리주의'에서는 의무와 관련하여 의무를 하나의 규칙으로 인정하는 논리를 제공한다. 즉 약속을 지켜야 할 의무는 구체적 상황에서 때로는 효용보다 비효용을 더 많이 산출할 수도 있지만, 하나의 규칙으로 준수될 때 전반적으로 더 많은 효용을 산출할 수 있기 때문이다. 이러한 의미에서 '규칙 공리주의'는 '최대다수의 최대행복'이라는 공리주의적 기본목표와 부합할 수 있는 것으로 생각된다. 그러나 '규칙 공리주의'를 제외하고 '행위 공리주의(act utilitarianism)'

나 '양적 공리주의(quantitative utilitarianism)' 등은 정치적 의무에 대해서 별로 할 말이 없는 셈이다.

따라서 이 점이야말로 권위의 결과론적 논거에 주목하면서, 본의적 의미의 공리주의보다는 역설적으로 사회계약론에 관심을 갖게 되는 이유이다. 물론 공리주의와 사회계약론은 다르며, 특히 롤즈는 사회계약론을 공리주의와 대비되는 것으로 설명했고, 그 과정에서 전체의 효용계산에 치중하는 나머지 개인의 개별성을 경시하는 공리주의에 비하여 개인의 개별성을 존중한다는 점에서 사회계약론의 강점을 지적한 바 있다. 그러나 롤즈의 통찰을 인정하면서도, 한편 공리주의와 사회계약론이 차이점 못지않게 공통점을 지니고 있다는 점을 강조할 필요가 있다. 공통점 가운데 하나라면, 양자가 개인주의적 특성을 공유하고 있다는 점이고, 또 하나는 결과론적 논거를 내포하고 있다는 점이다. 특히 사회계약론이 의무론보다 결과론적 정당화의 논리에 의하여 뒷받침되고 있다는 사실은 본의적 의미의 동의론과 비교할 때 선명하게 나타난다.

사회계약론자들에 의하면, 국가란 특히 바로 인간 개인의 편의와 이익, 안전을 보장하기 위한 방편이다. 특히 사회계약론자들은 국가에 의한 편의와 이익, 안전의 보장을 현저한 것으로 만들기 위하여 자연상태(state of nature)를 상정한 바 있다. 자연상태의 위험과 불안정성 때문에 사람들은 상호간에 계약을 맺고 국가를 창출해 낸다. 자연상태의 인간들은 이 과정에서 동의를 한다는 것이 적어도 홉스와 로크의 견해이다. 그러나 엄밀한 의미에서 볼 때, 사회계약적 국가에서 개인의 동의는 필수적 요소라기보다는 다만 중복적 요소일 뿐이다. 즉 국가가 개인들에게 필수적인 일련의 유형무형의 재화와 혜택을 공여할 경우, 개인들은 이러한 국가에 대하여 합리적으로 동의할 수밖에 없을 것이라는 상정이 깔려 있기 때문이다. 이처럼 사회계약론에서 동의의 행위는 검증의 요소나 부수적 요소일지언정, 국가에 대한 복종의 의무가 창출되는 필연적 요소는 아니다. 다만 국가가 시민 개인들이 거부할 수 없는 일련의 혜택을 공여하고 있다는 사실이 충분히 입증될 만하면, 개인의 동의는 하나의 기정사실이 된다. 따라서 국가에 의한 혜택이 필수불가결한 것으로 비교적 검증될 수 있는 한, 개인이 명시적으로 동의하든, 그렇지 않든, 그것은 그다지 중요하지 않다.

본 연구에서는 이 점이야말로 홉스의 계약론자들과 동의론자들의 차이라고 생각한다. 엄밀한 의미에서 로크의 동의론도 계약론에 종속되는 동의론이라고 간주할 수 있다. 왜냐하면 '명시적(明示的) 동의'보다 '묵시적(默示的) 동의'에 관심을 보이고 있기 때문이다. '묵시적 동의'란 결국 국가로부터의 필수적인 혜택이 존재한다는 사실에 기초하고 있는 셈이 아니겠는가! 그러므로 사회계약론에서는 동의의 행위보다 국가가 평화의 상태 등, 일련의 공공재를 공여한다는 점이 두드러진다.

사회계약적 국가가 시민들에게 제공할 수 있는 이익이란 구체적으로 무엇일까? 단도직입적으로 무임승차자(無賃乘車者)들을 처벌하고 사회적 협력의 보루와 보장자로 기능한다는 점일 것이다. 도둑과 강도를 체포·구금함으로써 시민들의 재산을 보호하고 부녀자들의 안전귀가를 보장하는 일도 국가의 소임이다. 그런가 하면 교통정리를 하고 있는 경찰의 모습에서, 혹은 운전자 우측통행과 보행자 좌측통행을 결정한다는 점에서 국가의 존재이유를 반추할 수 있다. 또한 음주운전이나 속도위반행위를 단속하는 임무도 국가의 소임이 아니겠는가! 국가가 없다면, 어떠한 시민도 안전하게 생업에 종사하고 재산을 보존할 수 없다는 것이 사회계약적 국가비전의 핵심이다.

문제의 논리야말로 편의와 이익을 제공하는 국가를 슈트라우스(L. Strauss 1953)가 '정치적 쾌락주의(political hedonism)'라고 적절하게 지적한 소이이기도 하다. '정치적 쾌락주의'는 사회계약론자들과 공동체주의자들에게 공히 해당된다. 국가에 복종할 이유는 국가로부터 유형무형의 혜택, 혹은 수단적 및 비수단적 혜택을 향유할 수 있다는 점에서 추출하고 있기 때문이다. 물론 '정치적 쾌락주의'는 사회계약론자들과 공동체주의자들에게 있어 두 가지 차이점을 함유하고 있는 것으로 생각된다. 첫째로 정치적 쾌락주의를 전제하고 있는 사회계약론자들은 수단적 혜택을, 정치적 쾌락주의를 선호하고 있는 공동체주의자들은 비수단적 혜택을 주장하고 있다는 점이다. 두 번째로 사회계약론자들이 개인주의자들이라면, 공동체주의자들은 개인주의와 반대되는 유기체적 개념에 몰두하고 있다는 사실이다. 공동체주의자들의 국가가 '목적적 국가'였다면, 사회계약론자들의 국가는 명실공히 '수단적 국가'이다. 목적적 국가에서 개인은 국가와는 다른 도덕적 목적을 추구할 수는 없는 노릇이며, 국가의 목적이 바로 '나'의 목적이 된다. 플라톤이 제시한 항해술로서의 정치비전을 보면, 이 사실이 분명하다. 선장의 목적과 배를 탄 승객의 목적은 서로 다르지 않기 때문이다. 그러나 사회계약적 국가에서는 롤즈(J. Rawls 1971)

가 표현한 개인의 '삶의 계획(life plan)' 추구나 브래들리(F. H. Bradley 1962)가 말했던 '자아의 체계화(systematization of the self)'라든지, 혹은 개인의 개별적인 자아실현 추구가 우선적이다. 개인은 국가의 목표와는 상이한 인생목표와 프로젝트를 추구할 수 있으며, 오히려 개인적 계획과 이상을 실현하는 과정에서 국가는 수단적 역할을 수행할 뿐이다.

3. 철학적 무정부주의의 논리: "나는 내 형제를 보호하는 사람입니다"

개인이 실존적으로 체험하는 국가도 국가의 중요한 규범적 모습 가운데 하나가 아닐 수 없다. 국가에 대한 개인의 체험이라면, 이른바 '태양왕(sun king)'으로 일컬어지는 프랑스의 루이 14세의 실존적 접근을 빼놓을 수 없다. "국가란 바로 나(L'état c'est moi)"라고 설파한 그의 체험은 국가에 관한 체험 가운데 가장 위대한 체험일 것이다. 그러나 시민 개인에 있어 이러한 체험은 아주 예외적이다. 일반적으로 고위공직자들을 제외한 국가에 대한 개인의 체험은 소외와 억압 등, 부정적이기 때문이다. 국가가 정의의 화신이며 도덕의 원천이 아니라 시민 개인에게 불행과 고통, 소외를 야기시키는 실체라는 명제는 역설적이지만, 개인의 일상적 경험에서 자주 확인되고 있는 명제이기도 하다. 흥미로운 사실은 국가에 의해 고통받는 '나'에 대한 주제는 정치철학이나 사회과학 분야에서 심도 있게 다루어지고 있는 주제라기보다는 오히려 문학작품에서 적나라하게 파헤쳐지고 있는 주제라는 점이다. 그러나 이 주제가 국가에 대한 비전에서 중요한 부분을 차지하고 있다는 점을 부인할 수는 없는 일이다. 시민 개인은 국가를 상대로 일을 할 때, 마치 '골리앗과 다윗의 싸움'처럼 왜소한 존재로 전락한다는 사실을 직관적으로 알고 있기 때문이다.

국가는 시민 개인에게는 '따뜻한 이웃'보다는 '거대한 외형적 존재'로 다가온다. 분명히 민주주의 국가의 원리나 사회계약론적 사고에 의하면, 혹은 루소의 도덕적 국가 비전에 의하면, 국가는 개인들의 자발적 동의하에 만들어진 기제인데도 불구하고, 문제의 국가에게 '나의 분신'이나, '또 다른 나(alter ego)' 혹은 '내가 만든 산물'이라는 느낌을 실감하지 못하는 것은 무슨 이유일까? 일단 '나' 자신의 뜻에 의하여 만들어진 국가라도, 일단 만들어진 다음에는 '나'의 뜻에 의하여 작동하지 못하고 오히려 '나'를 적대시하고 있다면, 헤겔이나 마르크스의 표현을 원용하여 절대정신의 소외된 형태가 아니라 '나' 자신의 소외된 형태가 국가가 아닐까 하는 느낌을 떨치기 어렵다. 혹은 '오에디푸스 현상' 처럼, 오에디푸스의 왕비는 오에디푸스를 낳았음에도 불구하고, 그의 부인 으로 그에 의해서 오히려 지배를 받는 형국이 '나' 와 국가의 관계의 전형인 셈 이다.

개인을 냉혹하게 취급하는 고압적인 국가야말로 소포클래스의 안티고네를 비롯하여 카프카의 요세프 K, 테스 등, 많은 문학작품들에서 가련한 주인공들이 직면하는 비극적인 운명의 원인 제공자이다. 혹은 아인 란드(Ayn Rand)의 『움추러든 아틀라스(Atlas Shrugged)』는 어떠한가? 확실히 다수의 문학작품에 서 적나라하게 그려지고 있는 국가는 개인에 대하여 온정적인 국가가 아니라 무정하거나 비정하며 가혹한 국가이다. 물론 우리 『춘향전』을 보면, 국가는 이도 령을 통하여 억울하게 고통받는 개인을 극적으로 구제하지만, 그 이전의 변사또 의 모습에서 가학적인 국가의 모습이 각인될 정도로 현저하기 때문에, 국가에 의한 구제의 담론은 오히려 문학에서 예외에 속한다. 개인의 불행에 동정하기는 커녕, 불행을 방치하고 고통을 가중시키는 국가에서 고압적이고 강압적인 모습 이 두드러진다.

개인이 '국가 앞에서' 당당해지고, 혹은 '국가 안에서' 자기자신을 구현하 고 자기실현을 극대화하기보다는 '국가 앞에서' 왜소해지고 혹은 '국가 안에 서' 박탈과 소외를 경험한다는 주제와 관련하여, 카프카(F. Kafka)의 『심판』은 하나의 전형이다.

『심판』은 별다른 특색을 찾아볼 수 없는 어느 도시에서 일어나는 한 사건 을 다루고 있다. 아마도 20세기의 프라하일 가능성도 없지 않다. 주인공은 이름 자체도 명확하지 않은 요세프 K로서 은행에서 일하고 있으며, 별다른 흠이나 하자 혹은 범죄 전력을 갖고 있지 않은 평범한 시민이다. 서른 번째의 생일날 아침 두 남자가 K의 아파트에 나타나 그를 체포한다고 통고한다. 무슨 죄를 지 었는지 알고 있지 못한 K는 이윽고 얼마 후에 자신이 일반 법정이 아닌, 특별 법정 앞에 서게 된다는 사실을 깨닫게 된다. 모든 것은 당혹스럽기만 하다. K는 무슨 죄로 기소되었는지, 혹은 무슨 법이 자신에게 적용될는지 무지한 상태이 다. 하지만, 그가 만나는 모든 사람들은 그가 죄를 저질렀다는 것을 알고 있는 듯 하다. K는 일상적인 업무를 수행하면서 재판을 받는데, 그에 대한 재판과 심리는 불결하고 난잡한 기상천외의 장소에서 이루어진다. 상상조차 하기 어려운 무자격자들이 법원의 관리로 혹은 법원의 사무를 담당하는 사람으로 나타난다. 심리절차는 너무나 복잡하여 법원의 관리들도 잘 알지 못하는 실정인가 하면, 하급 관리들은 부패를 일삼고 있다. 재판에 최대의 영향력을 갖고 있는 재판관들은 너무나 멀리 있어, 과연 이들이 존재하고 있는 것인지 알기조차 어렵다. 그리고 가장 절망적인 것은 재판이 수년간 걸리는 경우도 있고, 또한 누구도 무죄 석방된 경우도 없다는 사실이다.

결국 『심판』은 문제의 혐의에서 벗어나고자 하는, 혹은 적어도 문제의 혐의가 무엇인가를 발견하고자 하는 K의 끈질긴, 그러나 절박한 시도라고 하겠다. 재판을 받는 1년 내내 K는 이 사람 저 사람을 만나며 도움을 청하나, 실패하고 만다. 즉 타이피스트인 뷜스트너, 변호사 훌드, 혹은 화가 티토렐리, 사업가 블록 등에게 조언을 구하나, 그들도 별다른 도움을 주지 못하는 실정이다. 마지막 무렵, 우연히 K는 도시의 성당에 가게 된다. 성당은 어둡고 비어 있다. 그 때 갑자기 K를 부르는 소리가 들린다. 그는 신부였고, 교도소를 맡아보는 교목이다. 신부는 K의 재판이 잘못되어가고 있다고 말한다. 또한 K는 재판의 성격을 이해하지 못하고 있고 다른 사람들의 도움, 특히 여자의 도움에 너무 많이 의존하고 있다고 지적한다. 최종장면은 사건이 벌어진 지 1년 후, 즉 K의 31살 생일 전날에 일어난다. 모자를 쓰고 털코트를 입은 두 뚱뚱한 사람이 K의 집에 와서 K를 데려간다. K는 이들이 사형집행인이 아닐까 하며 의심해 보기도 하지만, 반격할 의지를 상실한다. K는 그를 구해줄 수도 있는 경찰에게 인사하기조차 거부한다. 마지막 순간 근처의 집의 창문은 열려 있고 아마도 동정심에 의하여 그를 구해주려고 손을 뻗쳐 아래를 굽어보는 사람이 나타난다. 그러나 K는 그것이 무엇인지 발견하지 못한다. 결국 한 사람이 그의 목을 잡고 다른 사람이 그의 가슴을 찌른다. 이상이 『심판』의 내용이다. 물론 카프카의 주제가 난해하고 또한 『심판』에 대하여 여러 가지 해석이 가능하지만, 빼놓을 수 없는 사실은 K가 적어도 거대하고 권위주의적 국가에 직면하고 있는 왜소한 한 개인의 모습을 대변하고 있다는 점이다.

물론 국가에 의한 불행에 관한 한, 소포클레스의 4대 비극 가운데 하나인 『안티고네(Antigone)』가 고전적이다. 이 비극의 핵심은 크레온과 안티고네의 갈등이다. 크레온은 테베의 왕인 반면, 안티고네는 오에디푸스의 딸이다. 오에디

푸스는 비극이 일어나기 전 크레온의 전임자였고 크레온에 의해서 유배되어 있
는 상황이다. 오에디푸스는 에테오클레즈와 폴리니세즈라는 두 아들과 안티고네
와 이스메네라는 두 딸을 두었다. 오에디푸스는 저주받은 운명을 알고 스스로
두 눈을 찌르고 황야로 길을 떠난다. 오에디푸스가 방랑의 길을 떠난 후, 두 아
들은 격년으로 다스리기로 합의하고 외숙인 크레온이 섭정하였다. 그러나 에테
오클레즈는 폴리니세즈를 추방한다. 폴리니세즈는 아르고스의 왕의 딸과 결혼을
하고 테베의 왕위를 차지하고자 진격한다. 전쟁의 와중에서 형제는 전사한다.
크레온 왕은 에테오클레즈에게는 후한 장례식을 치르게 하지만, 폴리니세즈에게
는 매장되는 것조차 금지한다. 이윽고 크레온과 안티고네 사이에는 이 문제를
가지고 다투게 된다. 결국 안티고네는 폴리니세즈의 치욕을 받아들일 수 없어
왕의 명령에 반하여 비밀리에 장례의식을 거행한다. 아무리 국가의 법이 엄중하
지만, 여동생으로서 오빠의 시신을 황야에 내버려둘 수 없으며 죽은 사람을 매
장해야 한다는 종교적인 의무가 정치적인 명령에 우선한다고 판단했기 때문이
다. 이를 안 크레온은 시신을 파헤치고 안티고네에게 불복종 행위를 가혹하게
추궁한 다음, 법대로 사형을 선고한다. 크레온은 안티고네의 실존적이며 처절한
고민에 대하여 냉담한 태도로 일관하고 있는 것이다. 결국 안티고네는 자살의
길을 택하고 있는데, 크레온 앞에 선 안티고네는 국가 앞에선 갸냘픈 개인의 모
습이 아니겠는가.

　뿐만 아니라 공자에게 있어서도 개인에 대하여 무자비한 국가의 모습이 나
타난다. 호랑이한테 시아버지, 남편과 자식을 잃고서도 여전히 산중에 살고 있
는 여자의 사례야말로 국가의 부도덕하고 무자비한 모습의 또다른 반영이 아니
겠는가! 결국 문제는 이러한 문학작품의 주제들이 현실에서 생생하게 재현되고
있다는 점에 있다. 때때로 개인들과의 분쟁에 개입하는 공정한 심판자로서 국가
의 모습을 확인하기 어려운 경우는 폭력 가해자와 피해자, 교통사고 피해자와
가해자가 뒤바뀌는 경우가 아니겠는가? 그러나 그보다 더욱 심각하며 우리의
일상 생활중 빼놓을 수 없는 체험은 국가와의 상호작용에서 한없이 무력해지고
고개 숙인 개인이 두드러진다는 사실이며, 개인이 아무리 도덕적으로 정당하고
국가의 처사가 아무리 부당해도 국가와의 조우에서 개인은 언제나 불이익과 수
모를 당할 수밖에 없다는 사실이다. 국가 관리가 개인에게 몇 년 전 세금을 내
지 않았다고 통보하면, 수년간의 영수증을 챙겨 놓지 않은 부주의한 개인에게는

낭패가 아닐 수 없다. 분명히 세금을 냈다고 항변해도 별로 소용이 없기 때문이다. 혹은 국가정책의 오류나 검찰의 잘못을 지적하며 신문광고라도 냈다가는 바로 세금부과 등, 보복이 들어오게 마련이다. 국가 앞에 개인이란 얼마나 보잘 것 없는 존재인가. 국가의 고압적이고 권위주의적인 자세에 힘없는 시민은 언제나 위축되고 주눅들게 마련이다.

우리는 여기서 국가가 개인의 처지를 자상하게 살펴 주기를 기대하는 것은 아니다. 국가사회의 규모가 큰 이상, 가족 공동체의 따뜻함과 친밀성을 기대하는 것은 '과잉기대'라는 사실을 알고 있다. 그러나 그것이 불가능하다면, 적어도 시장에서 상인들이 소비자나 고객을 대하는 정도의 성의를 기대할 수는 있지 않겠는가! 상인들은 정이나 '도덕' 때문이 아니라 '이익' 때문에 고객감동을 위하여 노력하고 고객의 불만을 경청하며 불편을 해소시키기 위하여 안간힘을 쓴다. 그러나 국가에서는 가족으로서의 따뜻한 정은 커녕, 시민에 대하여 시장에서 고객을 배려하는 정도의 경영마인드조차 찾아보기 어렵다.

그런가 하면, '소비자의 권리'와 '시민의 권리'가 다르다는 점을 고려할 때, 고객 감동의 정신이 부족하다고 해도 공정하게 민원을 처리해 주면, 그것만으로도 국가의 도덕성은 최소한 충족될 수 있을 것이다. 무뚝뚝하고 어눌한 상인이라도 그 정성으로 고객을 감동시킬 수 있는 바와 같이, 국가도 최소한의 공정성의 기준과 형평성의 기준만 적용한다면, 억울한 시민의 한은 풀어질 수도 있을 것이다. 그러나 유전무죄, 무전유죄, 전관예우, 상납고리 등의 상황에서 죄를 지은 사람이 활보하고 죄가 없는 사람이 오히려 벌을 받는 상황이 발생하는 것이 현실이다.

왜 개인은 국가에 억울한 일을 호소하려면 일정한 절차를 밟아 관계공무원을 찾아가 항의하고 서면으로 부당함을 지적하는 것으로는 부족하여 여의도 국회의사당 앞에서 그리고 세종로 정부청사 앞에서 천막을 치고 밤샘을 하며 몇 달씩 농성을 하지 않으면 안 되는가. 이것은 국가가 "우는 아이에게만 젖 주는" 방식으로 행동하고 있음을 직감하고 있기 때문이다. 그러나 정당한 시민의 권리를 외면하는 국가야말로 도덕성을 상실한 국가가 아닐 수 없다. 비록 격렬하게 억울함을 호소하지 않더라도 시민 개인이 제기하는 문제의 민원에 타당성이 있다면, 당연히 국가와 국가의 관료들은 배려하는 몸짓을 해야 하지 않겠는가.

4. 세 가지 정당화의 논리와 문제점

이상으로 국가권위의 정당화에 관한 세 가지 비전을 추출하고 그 특성을 개괄적 형태로 설명하였다. 앞으로 이 세 가지 비전을 중심으로 국가권위의 정당성에 관한 논의를 전개해 나갈 것이다. 물론 이 세 가지 정당화이론은 베버가 말하는 이상형(ideal type)에 불과하다. 복잡한 경험적 세계에서 일정한 특성들을 선별적으로 추출하여 만든 추상적인 모델이기 때문이다. 실제의 경험세계에서 이 모델들은 서로 섞여 있기도 하고, 혹은 그렇지 않은 경우라고 해도 훨씬 더 복잡한 양상으로 존재하고 있다.

그러므로 우선 의무론적 정당화의 논리와 관련하여 보다 구체적으로 하위 범주들을 추출해낼 수 있을 것으로 생각한다. 물론 오늘날 국가야말로 "세계안에서 이루어지는 절대정신의 행진"이라고 설파한 헤겔의 입장이나, "이데아 세계의 지식을 소유한 철인왕"의 플라톤적 명제에 수긍하기란 어렵다. 우리시대는 왕권신수설이 통하지 않는 계몽주의 이후의 현대이며, 세속화가 가속화되고 있는 이성의 시대로서 사람들은 인간의 이성과 개인의 자율성을 존중하는 관점에서 국가에 대한 의무를 정당화하는 비전을 기대하고 있기 때문이다. 이 필요를 현대의 동의론자들과 공정한 협력주의자들, 그리고 절차적 정의론자들이 충족시키고 있다고 하겠다.

특히 동의론자들은 주의주의적(voluntarist) 입장에서 자기자신이 자율적으로 동의함으로써 자기자신에 대한 구속을 받아들인다는 입장을 취하고 있다. 동의행위에 입각한 국가복종의 논리는 자기자신이 헌신과 구속을 스스로 받아들였다는 의미에서 외적이 아닌, 내적인 승복의 논리인 셈이다. 따라서 동의의 논리야말로 의무론적 입장에서 가장 선호할 수 있는 원리이다. 물론 동의 내용으로 들어갈 때, 동의의 구체적 조건의 불확실성으로 인하여 '묵시적 동의'나 '가상적 동의'의 대안에 주목할 수밖에 없고, 또한 '묵시적 동의'나 '가상적 동의'가 본의적 의미의 동의와 같은 것인가 하는 의문이 제기될 수 있다. 그러나 그렇다고 하더라도 민주사회에서 국민들로부터 동의를 확보한 국가가 국민들로부터 동의를 확보하지 못한 국가보다 많은 정당성을 지니고 있다는 점은 주지의 사실이다.

그러나 한편에서 자기자신이 스스로 의무로 받아들이는 경우를 다만 동의의 범주에만 국한시킬 필요는 없다. '주의주의적(voluntarist)' 결단이 아니더라도 '비주의주의적(nonvoluntarist)' 원리에 의해서 의무를 받아들이는 경우도 적지 않기 때문이다. 예를 들어 부모에 대한 효도는 자녀가 동의했다는 차원에서 비로소 정당화되는 의무는 아니다. 이러한 의미에서 우리는 일련의 '자연적 의무(natural duty)'에 주목할 필요가 있다. 그러므로 동의론만큼의 매력은 아니더라도, 정의에 대한 자연적 의무나, 감사에 대한 자연적 의무를 인정할 수 있다면, 국가에 대한 의무는 비주의주의적 관점에서 정당화될 수 있다. 본 연구에서는 의무론적 정당화의 논거로서 동의론을 제 5 장에서 다루고, 상호 협력에 대한 의무를 제 6 장에서 다루며, 초월적 정의는 아니지만 절차적 정의를 외치는 정의론자들의 견해를 제 7 장에서 다루고자 한다.

두 번째로 결과론적 정당화의 논리도 비교적 우리에게 친숙할 뿐 아니라, 오늘날 사회계약론자들이나, 공동체주의자들이 선호하고 있는 논리이다. 그러므로 결과론적 정당화의 논리를 구체화하는 하위비전들은 적지 않다. 관행주의자들과 홉스적 계약주의자, 및 공동체주의자들은 모두 광범위한 의미의 결과론적 성향의 국가주의자들이라고 할 수 있기 때문이다. 이들 결과론적 정당화의 국가주의자들에게 있어 주요 공통점은 개인에게 수단적 가치와 혜택, 비수단적 가치와 혜택을 제공하고 있다는 점에서 국가의 존재이유를 인정하고 있다는 사실이다. 이러한 의미에서 이들의 국가관은 '정치적 쾌락주의(快樂主義)'에 속하는 국가관으로 특징지을 수 있다. 사회계약론자들에게 있어서는 무임승차적 동기를 포함한 인간의 불완전한 동기, 인간의 불충분한 판단력, 인간의 불충분한 이성 등이 모두 국가의 '존재이유'를 구성하는 요소들이며, 공동체주의자들에 관한 한, 공동체적 가치에 대한 인간의 갈망과 선호 등을 충족시키는 것이 국가의 기능으로 간주되고 있다. 즉, 공동체를 통해서만 이루어질 수 있는 시민적 우정이나 시민적 유대 등 공동체적 선이 존재하는바, 국가공동체야말로 이러한 선(善)이 이루어지는 최상의 현장이라는 비전에 입각해 있다. 따라서 국가의 가장 중요한 임무는 무임승차자를 제재하는 것으로 공정한 협력의 보장자로 군림하며, '공공재(公共財)' 못지않게 '공유재(公有財)'를 제공한다는 것이 국가 기능의 두드러진 측면이다.

결국 계약주의자들에게 있어 국가는 개인주의적 가치와 수단적 이성(instrumental reason)을 충족시키고 공동체주의자들에게 있어 국가는 정치적 정체성 (political identity)의 원천이 된다. 즉 "국가가 '나'에게 무엇인가 '수단적으로' 혹은 '비수단적으로' 이득이 되는 일을 해주기 때문에 '나'는 국가에 복종한다"는 논리가 두드러진다.

그러나 결과론적 정당화론자들의 국가비전에 관한 한, 우선 개인주의의 입장에서 국가에 의한 혜택이 '나' 자신에게 확실히 돌아올는지에 대하여 일말의 불확실성이 엄존하고 있음을 감수해야 한다는 것이 하나의 부담이다. 즉 국가의 혜택이 시민사회 전체로는 돌아오나, 개별적으로 '나'에게까지 돌아올는지가 불확실하다는 점은 공리주의의 기본약점을 보완하기 위한 구도로서 계약주의가 미약하다는 반증이 아닐 수 없다. 계약주의자는 '개인의 개별성(separateness of persons)'을 존중한다는 점에서 총체적 복리만을 따지는 공리주의자에 비하여 강점을 가지고 있는 것으로 평가되고 있으나, 실제로 국가가 개인의 개별적 선을 보장하고 개별적 악을 방지하는 보루로서 행동한다는 것이 확실하지 않다면, 계약주의는 국가권위의 정당성의 논리로 결코 완전한 것은 아니다. 그런가 하면, 공동체주의자의 입장에서 국가가 공여하는 유형무형의 비수단적 공동체적 가치나 '공유재'를 소중한 것으로 평가한다고 해도, 국가에 의한 '공유재'가 유일한 것이 아니라면, 국가의 '공유재'가 최고의 '공유재'인가 하는 의구심에 직면하게 될 가능성이 크다. 국가공동체 이외에도 가정과 교회 등, 수많은 소공동체들이 존재하고 있고 이들은 나름대로 공유재를 공여하고 있기 때문이다.

두 번째의 문제점이라면, 국가를 '정치적 쾌락주의'의 관점에서 접근하는 한, '내'가 국가에 대하여 '전인적으로' 그리고 '일반적으로' 복종해야 할 이유를 확보하기 어렵다는 점을 꼽을 수 있다. 엄밀한 의미에서 '내'가 부분적으로 혹은 상황에 따라 구체적으로 복종하기보다 '전인적으로' 그리고 '일반적으로' 복종하는 행위는 합리성의 개념을 원용한다면, '표현적 합리성(expressive rationality)'으로 분류될 수 있을지언정, '수단적 합리성(instrumental rationality)'으로 규정하기 어렵다. 또한 공동체주의자들의 입장에서도 국가에 대한 복종을 '나' 자신의 '정치적 정체성'으로 삼기 어렵다. 잘못된 국가에 관한 한, 복종하기보다 불복종하는 것이 시민된 도리로 온당할텐데, 국가에 대한 복종을 정체성의 요소로 삼는다면, 국가불복종의 경우, '정체성의 확인'보다는 '정체성 파괴'로 간주되어야 할 것이기 때문이다. 따라서 개인이 국가로부터 수단적 · 비수단적 혜택을 기대하면서, '정치적 쾌락주의'의 비전을 받아들일 경우, 국가에 대해서 '선별적으로' 상황에 따라 복종할 이유는 확보하겠지만, '일반적인 복종'의 의무와 유사한 형태의 정치적 의무를 수용하기란 쉽지 않을 것이다.

그러나 한편으로는 그럼에도 불구하고 결과론적 정당화의 논리는 일반적으로 정당성을 획득한 논리로 비교적 광범위하게 파급되어 있고, 또한 공공재 공여나 공유재 공여는 국가로부터 기대할 수 있는 당연한 기능으로 치부하는 사람들이 적지 않다. 따라서 결과론적 논리에 주목하면서 국가권위의 정당성의 논리를 점검하고자 하는 시도에서 관행주의자들의 비전을 제 8 장에서, 홉스적 계약주의자들의 주장을 제 9 장에서, 공동체주의자들의 주장을 제10장에서 다룰 예정이다.

마지막으로 철학적 무정부주의는 절대적 개인주의자들이나 극단적 자율주의자들이 집착하고 있는 논리이다. 이들의 입장에서 볼 때, 국가란 개인주의와 공존할 수 없는 정치적 현상이다. 따라서 국가가 존재하는 한, 개인은 타율적 존재로 변모하고 개인의 자율성이 온전하게 보존되기 위해서는 국가가 사라져야 한다. 이들에게는 약속이나 동의, 계약 등도 모두 개인의 자율성을 저해하는 현상들로서, 개인의 약속이나 동의가 국가의 권위에 대한 구속력을 제공한다는 논리를 무력화시키고자 하는 것이 절대적 개인주의자들의 입장이다. 이러한 비전은 물론 갓윈(W. Godwin)이나 볼프(R. P. Wolff) 등 무정부주의자들에게서 현저하게 발견되나, 특기할 만한 사실은 비단 무정부주의자들에게만 국한되는 모델은 아니라는 사실이다. 시민불복종주의자들도 절대적 개인주의자들이나 극단적 자율주의자들이 주장하는 개인주의나 자율성의 논리에 부분적으로 매료되고 있기 때문이다. 즉, 절대적 개인주의자들에 관한 한, 국가는 '적극적 선(positive good)'이나, 혹은 '필요악(necessary evil)'도 아니고 오히려 '적극적 악(positive bad)'인 셈이다. 그러므로 여기서는 국가 없는 자율적 협력의 명제, 혹은 정치적 복종의 불가능성 명제가 두드러진다. 깊은 맥락에서 이들은 정치적 복종행위의 타당성을 인정한다고 해도 본의적 의미에서 정치적 복종에서 함의하고 있는 대로 '전인적인' 복종이나 '일반적인' 복종이 아니라, 제한된 의미의 복종, 예를 들면 의사에 대한 환자의 복종이나, 조난당했을 때 119구조대의 지시에 대한 복종 등, '부분적인' 복종의 범주만을 인정할 뿐이다.

앞으로의 논의 과정에서는 이미 1장에서 지적한 바와 같이, 절대적 개인주의자들이나 극단적 자율주의자들의 견해에 동의하지 않고 있음을 밝힐 예정이다. 그들이 상정하는 절대적 개인주의나 자율성에는 '개념적으로' 하자가 있다고 판단되고, 또 한편으로 협력에 대한 인간의 동기와 능력에 대하여 과대 평가하는 부분이 있기 때문이다. 인간의 자율을 어떠한 형태의 헌신과도 공존할 수 없는 현상으로 개념화하는 한, 인간의 자율은 유명무실한 추상적 의미의 자율에 불과할 뿐, 우리가 일반적으로 소중하게 생각하는 자율과는 거리가 있다고 판단된다. 그런가 하면 국가 없이도 인간의 자율적 협력이 성공하리라고 믿는 절대적 개인주의자들의 견해는 인간의 나약한 동기, 자기이익 추구의 성향, "핑계 없는 무덤은 없다"는 준칙에서 목격할 수 있는 인간의 자기중심적 사고를 감안할 때, 비교적 견고한 경험적인 사실보다는 희망사항(wishful thinking)에 근거하고 있는 것으로 사료된다.

그러나 이러한 지적에도 불구하고 절대적 개인주의와 극단적 자율주의의 매력과 마력은 매우 크다는 점을 인정할 필요가 있다. 일반적으로 사람들은 국가에 대한 문제에서 '무정부주의자'로 행동할 가능성은 그다지 높지 않지만, 적어도 '국가불복종주의자'로 처신할 가능성은 높다. 또한 사람들이 국가불복종주의에 관한 정당성의 논리로 절대적 개인주의나 극단적 자율성을 원용하고 있는 것이 현실이다. "부담만 주는 국가가 과연 내게 무엇인가" 하는 회의주의는 우리사회에서 국가의 권위를 약화시키고 정치적 의무의 개념을 희석시키는 물음으로 널리 인구에 회자되고 있다. 따라서 절대적 개인주의의 현실성을 감안할 때, 이들의 정치비전인 억압적 국가 모델은 보다 분석적으로 다루어질 필요가 있다. 국가복종 불가능성 명제를 함의하고 있는 이 절대적 개인주의와 자율성의 문제는 제4장에서 점검하고자 한다.

V. 세 가지 국가모델과 정치적 복종에 대한 함의

상기의 논의를 통하여 의무론적 논리와 결과론적 논리, 및 철학적 무정부주의에 주목한 것은 국가의 권위가 '도덕적으로' 정당화될 수 있는가, 혹은 시민들은 국가에 승복할 '도덕적' 이유를 지니는가 하는 문제에 접근하는 데 있어 매우 중요한 함의를 지니고 있는 비전이기 때문이다. 앞으로 이 점과 관련하여 국가에 복종할 '절대적' 이유와 국가에 불복할 '절대적' 이유로 나누어 논의한 후, 본 연구의 기본입장, 즉 '일정한' 사람들에게 국가에 복종할 '일정한' 이유가 성립할 수 있다는 명제를 구축하고자 한다. 물론 이번 항목의 성격을 감안할 때, 여기서 포괄적이고 상세한 논의를 하고자 하는 것은 아니다. 이에 대한 집중 논의는 각 해당 장에서 다룰 예정이기 때문에 현시점에서는 선별적으로 해당 장에서 본격적으로 다루지 않을 내용에 초점을 맞추고자 한다. 그러므로 의무론적 논거의 부분에서는 동의론적 논리를 생략하고 결과론적 논거부분에서는 공동체주의에 관한 문제를 생략하고자 한다.

1. 국가에 복종해야 할 절대적 이유가 성립하는가

(1) 도덕성에 입각한 의무론적 국가주의자들의 문제

도덕적 국가론자와 동의론적 국가론자들이 국가에 대하여 복종해야 할 '절대적' 이유를 제시하고 있음은 주지의 사실이다. 하지만 국가에 복종해야 할 '절대적' 이유의 정당성에 관한 한, 성립하기 어렵다고 생각되는데, 동의론적 정당화의 논리는 제외하고 도덕적 국가에 복종할 이유가 매우 불충분하다는 사실에 주목해 보자.

우리는 도덕성에서 기인하는 국가의 권위와 관련하여 몇 가지 의문을 제기할 수 있다. 국가가 가지고 있는, 이른바 복종을 요구하는 권위가 도덕성에 의해서만 정당화될 수 있는가 하는 점에는 적지 않은 의구심이 뒤따르기 때문이다. 국가가 도덕적 권위 이외에 강제력을 독점하고 있다는 사실은 결코 사소한 사실이 아니다. 국가는 일단 자신의 요구를 알린 다음, 복종하지 않는 사람들에게 가차 없이 강제력을 사용하고 있기 때문이다. 국가가 강제력에 의존하고 있다는 것은 국가가 가진 도덕적 힘이 한계에 봉착해 있음을 반증하는 셈이 아니겠는가? 물론 국가가 강제력에 의존하고 있는 사실 그 자체가 도덕적 힘의 한계라고 말할 수는 없다. 만약 범죄자를 체포할 때, 폭력을 휘두르는 범죄자를 제압하기 위해 행해지는 경찰관의 완력을 비도덕적이라고 말하는 사람은 별로 없을 것이다. 그렇지만 종교적 신념에 의하여 무기를 들 수 없다며, 군대에 갈 수 없

다고 버티는 '여호와의 증인' 신자를 감옥에 가두는 국가의 처사는 결코 도덕
적이라고는 말하기 어렵다. 혹은 반체제적 생각을 가졌다고 해서 양심범을 처벌
하는 국가의 행위에서 어떻게 초월적인 도덕성이나, 혹은 적어도 세속적인 순리
성을 확인할 수 있겠는가?

그러나 보다 근본적으로 국가의 권위가 도덕성에 의하여 지탱되고 있다는
점을 반증할 만한 두 가지 현저한 사례에 주목해 보자. 엄밀한 의미에서 '국가
의 언어(vocabulary of the state)'는 도덕적 권위나 도덕적 용어로만 설명되
고 이해될 수 있는 것이 아니며, 시민들도 국가 안에 살면서 국가의 위력을 도
덕적인 범주로만 경험하는 것은 아니다. 시민들이 피부로 국가의 실체를 경험하
고 국가의 권능을 목격하게 되는 상황에서 국가의 도덕적 힘만을 배타적으로
확인하기란 결코 쉽지 않은 일이다.

우선 법 집행 메커니즘은 어떠한가? 법의 목적이 집행되는 데 있음은 주지
의 사실이다. 남녀차별금지법이나 부정부패방지법이든, 선거법이나 건축법이든,
일단 법이라면 엄정하게 집행되어야 한다. 법 집행이야말로 정당한 국가의 권위
가 행사되는 일차적 목적이 아니겠는가! 하지만 본질적으로 법 집행이 의미하
는 바는 무엇인가? 법 집행과정에서 국가의 힘이 행사되었을 때, 그것은 법의
도덕성, 따라서 국가 권위의 도덕성을 직접적으로 반영하기보다는, 오히려 부도
덕하거나 혹은 비도덕적 측면을 노정하는 경우가 적지 않다. 일반적으로 사람들
은 법 집행을 전형적인 강제 현상으로 체험하고 있지 않은가! 즉 법 집행의 강
제성이란 법이 시민들에 의해서 자유로이 자발적으로 자연스럽게 받아들여지지
않고 있다는 사실을 반증한다. 법이 자유로이 받아들여졌다면, 법 집행의 강제
성은 필요없지 않겠는가? 특히 루소의 통찰을 상기한다면, 국가의 의사는 도덕
적 구성원들의 의사, 즉 '일반 의사'에서부터 나온다. 그런데 법 집행과정을 보
면, 시민은 도덕적 구성원이 아니라, 외부인이고 '이방인'일 뿐, 심지어는 잠재
적인 적대적 존재이며 강제의 대상처럼 취급된다. 더구나 법 집행의 강제력이
유의미하려면, 대상 시민들은 이방인이며 '적대적 존재'로 간주되어야 하지 않
겠는가. 그것은 결국 시험감독자의 감독 행위가 유의미하려면, 모든 수험생들을
잠재적 부정행위자로 취급해야 하는 상황과 유사하다.

그런가 하면 처벌기제를 보면, 이러한 차이가 더욱 더 극명하게 드러난다.
어떠한 국가라도 예외 없이 법에 의하여 시민들을 처벌할 수 있는 절대적 권리

를 보유하고 있다. 물론 처벌이라고 할 때, '능지처참'처럼 반드시 몰인정하고 비인간적인 형벌, 혹은 싱가포르의 태형이나 가혹한 사형만을 의미할 필요는 없다. 문제는 처벌이 엄격하든 약하든, 혹은 억제의 차원, 교정적 차원 혹은 보상적 차원에서 이루어지든 상관없이, 실제적 '의사의 충돌(clash of wills)', 즉 '개인의 의사'와 '국가의 의사'의 충돌을 함의하고 있다는 점이다. 만일 그렇지 않다면, 처벌이란 별로 의미가 없다. 예를 들어 학교에서 학생이 잘못하여 벌(罰)을 받는다고 할 때 학생이 112에 신고하지 않고 벌을 달게 받는다면, 물론 가상한 일이기는 하나, 벌의 목적과는 상치되게 마련이다. '달게 받는 벌', 혹은 자진해서 받는 벌이란 하나의 역설(逆說)이며, 더 이상 벌이 아니다. 물론 어떤 사람은 자청해서 종아리를 올리고 회초리를 가져오는 경우도 있고, 가시나무 한 묶음을 해오는 사람도 있으며 혹은 스스로 자책하며 목숨을 끊는 경우도 없지 않다. 그러나 자유롭고 의식적이며 도덕적인 존재로서 처벌을 자청하는 것이 불가능하지는 않겠지만, 반드시 그럴 필요는 없다. 처벌받는 당사자 자신이 옳다고 주장하며 불응할 수 있기 때문이다. 그리고 실상 이 경우에 한하여, 비로소 벌은 유의미하다고 생각된다. '잘못된 의사'를 가진 개인에게 그의 의사를 꺾고 '올바른 의사'를 강요하는 국가의 행위에서 벌은 비로소 의미가 있다.

그 이유는 무엇인가? 처벌의 의미는 처벌대상자의 의지를 제압하고 국가의 의사를 강요하는 것이며, 이 경우 대상자 본인의 변신과 회개를 목표로 한다. 따라서 일반적으로 법의 제정에는 동의론자들의 주장처럼, 개인이나 다수의 동의가 필요하나, 제재에는 개인의 동의가 필요하지 않다. 제재에 관한 한, 동의란 의미가 없을 뿐 아니라, 제재의 목적과 모순이 된다는 점을 강조할 필요가 있다. 따라서 본인이 자신의 의사가 잘못되었다는 것을 깨닫고 벌을 받는다면, 그것은 더 이상 벌이 아니다. 즉 자기 자신의 죄를 뉘우치며 죽어 가는 사형수가 있다면, 그에게 국가의 사형집행은 과연 무슨 의미가 있겠는가.

그러므로 국가의 제재가 유의미하려면, 제재대상자의 의사와 정면으로 충돌한다는 사실이 분명해야 할 것이며, 특히 국가의 '선한 의사'와 대상자의 '악한 의사'가 극명하게 대비되어야 할 것이다. 그러나 이러한 상황이 얼마나 일반적인가? 제재대상자의 도덕적 의사와 국가의 경직되고 부도덕한 의사가 충돌하는 경우도 적지 않다. 유교국가에서 그리스도교 신자들에 대한 박해, 혹은 이슬람국가에서 그리스도교 개종자들에 대한 박해야말로 국가의 제재에서 도덕성을 문제 삼을 수 있는 부분이 아니겠는가! 그렇다면 개인이 법의 도덕성을 문제삼고 항의를 할 경우, 국가는 문제의 법을 고치는가? 그보다는 항의하는 사람을 범법자로 체포하여 처벌할 가능성이 크다. 결국 도덕적 실체로서 국가는 결코 완전하지 않은 셈이다.

상기의 논의를 통하여 우리는 주로 정치 철학자들이 관심을 지니고 있는 '도덕적(道德的) 국가'의 비전에 상당한 문제점이 있다는 사실을 지적하였다. 그러나 한편으로 이 사실을 충분히 강조한 다음, 그럼에도 불구하고 오늘날에 있어서도 '정의의 보루'나 '정의의 화신'으로 국가를 투영하는 경향은 결코 소진되고 있지 않다는 점에 주목할 필요가 있다. 복지 국가의 형태이든, 혹은 소득 재분배를 목표로 하는 시장개입국가이든, 국가의 작동양식(modus operandi)에 있어 빼놓을 수 없는 주제와 담론은 '정의(justice)'이며 '공익(public interest)'이다. 물론 정의와 공익의 가치는 플라톤이나 그린·헤겔의 경우처럼 초월적 범주로만 접근될 필요는 없고, 롤즈나 개인주의자들의 경우처럼, 세속적 범주로도 충분히 개념화가 가능하다. 그럼에도 '정의'와 '공익'의 가치는 초월적 범주나 세속적 범주를 가리지 않고 국가의 화두(話頭)로 간주되어 왔다. 예를 들면 시장에 개입하는 국가의 화두(話頭)야말로 '효율'이 아니라 '정의'가 아니겠는가.

뿐만 아니라 아무리 이익집단들이 국가정책에 자신들의 이익을 반영시키기 위하여 안간힘을 써도 정당화의 논리로는 결국 정의와 도덕, 공익과 공공선 등 규범적 가치들의 이름을 빌릴 수밖에 없다. 물론 이 경우 도덕이나 정의, 공공선이 일찍이 옥캄(W. Occam)이 설파한, 이른바 '유명론(唯名論, nominalism)'의 범주를 벗어나고 있지 못하다고 해도, 그것이 그토록 강력하다면, 국가 권위의 빼놓을 수 없는 원천임을 반증하는 셈이다. 의·약 분업처럼 의사와 약사들의 기본 이해관계가 첨예하게 대립하고 있는 상황에서도 의사나 약사들은 여론의 힘을 얻기 위해 국민보건이라는 공공선을 내세우면서 자신들의 이익을 관철하려고 노력하지 않는가! 그러므로 오늘날 민주주의 사회에서도 이익과 이해관계의 개념들은 언제나 정의와 공공선, 공공이익 등의 도덕적 범주와 불가분한 관계를 맺고 있다. 적어도 공공선이나 공익에 의존하지 않고 적나라하게 자기자신의 이익을 관철시키고자 시도하는 이익단체들의 로비는 설득력을 잃고 언제나 실패하게 마련이다. 이와 마찬가지로 법적 권위만을 내세운 채 정의를 외치지 않는 국가는 우화에 나오는 '벌거벗은 임금님'처럼, 도덕적 국가의 비전 앞에서 바래지는 형국이 아닐 수 없다.

(2) 결과론적 국가주의자들의 문제

이번에는 결과론적 논거의 대표적 이론으로 사회계약론의 문제에 대하여 논의를 해보자. 사회계약적 국가가 플라톤이나 헤겔 및 그린의 도덕적 국가와는 다르다고 해도, 그 혜택이 현저하다면, 시민들에게 복종을 요구할 수 있는 근거는 일단 성립된다고 할 수 있다. 국가의 권위와 존재는 개인에게 필요한 혜택을 공여하고 사회적 협력을 보장하는 데 필요·충분의 기제이기 때문이다. 그렇다면 시민들은 사회계약적 국가에 충성을 바칠 의무를 지니는가? 이 점과 관련하여 긍정적인 답변이 쉽지 않다는 사실이 유감스럽다. 특히 두 가지 관점에서 의문을 제기할 만하다. 하나는 개인들을 보호하고 개인에게 혜택을 제공하기 위해 작동하는 국가의 기능은 너무 미약하다는 것이며, 또 한편으로 개인들이 국가로부터 혜택을 향유하고자 할 경우 국가는 너무 강하고 고압적이라는 사실에 있다. 이 두 가지 사실은 이율배반적이나, 그만큼 현실적이라는 점을 강조하지 않을 수 없다.

무엇보다도 국가의 권력이 개인을 내적인 위협이나 외적인 위협에서 적절하게 보호할 수 있다고 하나, 그것이 유의미하고 만족스러운 수준으로 이루어질 수 있는지는 결코 확실치 않다. 국가에 의한 제재를 '억제(deterrence)'로 보든, 혹은 '보상(retribution)'의 범주로 보든, '시민'을 보호할 수 있다는 것은 일반론일 뿐, 구체적 시민 A와 B를 보호할 수 있는 것은 아니다. 시민 A가 밤중에 핸드백을 가지고 길을 가고 있다. 이때 불량배들이 갑자기 나타나 그녀의 핸드백을 빼앗고 그녀에게 중상을 입혔다. 이 경우 시민 A가 국가로부터 보호를 받고 있다는 사실 자체가 무력화되는 셈이 아니겠는가! 또한 시민 B가 전철 안에서 졸다가 소매치기에 의하여 지갑이 털렸다면, 어디에 하소연할 것인가? 가뜩이나 적은 인원으로 폭주하는 업무와 민생치안에 바쁜 파출소의 경찰은 오히려 피해자의 부주의에 대하여 준엄하게 책망을 할 듯하다. 그러나 그것은 마치 성폭행 가해자보다 성폭행 피해자에게 왜 미리 주의하지 않았느냐고 책임을 추궁하는 것처럼, 매우 부조리하고 민망하며, 당혹스러운 처사가 아닐 수 없다.

그렇다면 시민 개인의 입장에서 치한에 봉변을 당하지 않고 혹은 강도나 절도를 당하지 않았다는 것은 결국 국가의 치밀한 보호에 의한 것이 아니라, '우연'에 불과한 것으로 치부해야 할 듯하다. 이웃집이 강도에 의해 털렸는데도 불구하고 A의 집이 털리지 않았다면, 그것은 이른바 '샐리의 법칙(Sally's Law)'이 작동한 것일 뿐, 부근의 방범 초소나 혹은 경찰서의 덕분이라고 말할 수 없다는 점은 실로 유감스러운 일이다.

물론 국가 공권력이 작동하고 있는 상황에서 '나'에게 돈을 빼앗아 간 강도나 불량배가 언젠가는 경찰에 잡혀 법에 의한 심판을 받게 될 것이며, 혹은 흉악한 반인륜적 범죄를 저지르는 '막가파' 범인들이 체포되어 응분의 심판을 받으리라는 점을 한 가지 위안으로 삼을 수 있고, 혹은 "불행 중 다행"으로 여길 수 있다. 그러나 범인들이 잡혀 응분의 처벌을 받아도 성폭행의 피해자들의 고통을 말끔히 치유할 수는 없는 노릇이다. 즉 "엎어진 물을 다시 주어 담을 수 없는" 형국처럼, 범죄행위나 피해가 없었던 상황으로 되돌아갈 수 없는 일이기 때문이다. 문제의 피해자들이 아무리 국가의 세금을 성실하게 납부해 온 선량한 시민들이라고 하더라도 이 사실에서 예외는 아니다.

여기서 국가가 무임승차자나 범죄자들을 처벌하고 '범죄와의 전쟁'을 선포한다는 사실이 과연 어떠한 의미를 갖겠는가? 강조하자면, 시민 A가 범죄자들로부터 보호받을 수 있다는 것은 국가의 '공권력' 덕분이 아니라 '우연적' 요소 때문이다. 국가의 강제력에도 불구하고 어떠한 시민도 흉악한 범죄의 피해자가 될 수 있으며, 일단 범죄의 피해자가 되었다면, 아무리 나중에 범죄자가 잡혀 나름대로 국가에 의한 제재를 받는다고 하더라도 피해행위는 없던 일이 되는 것이 아니며, 그 상처와 흔적은 평생토록 남게 마련이다. 결국 시민 A는 극력 밤중에는 바깥외출을 삼가거나 혹은 택시를 타지 않는 등, 자중자애하는 편이 최선 혹은 차선의 대안이며, "변을 당한 사람만 억울할 뿐"이라는 자조에 직면하게 된다. 이러한 경우라면 일부러 자연상태(state of nature)의 열악성을 모면하기 위하여 사회계약을 맺게 되는 소이 자체가 퇴색되는 셈이 아니겠는가.

한편으로 관점을 바꾸어 이번에는 개인과 시민의 보호자로서 국가가 너무나 거대하고 경직된 존재라는 점을 부각시킬 필요가 있다. 이미 앞에서의 지적과 마찬가지로, 시민 A에 대한 보호가 결국 우연이나 '샐리의 법칙'에 달린 것처럼, 시민 A의 전반적 인생계획(life-plan)은 물론, A의 소박한 삶의 꿈이나 희망의 실현여부도 A의 주변에 있는 사람들의 태도, 특히 국가의 관리나 정치인들을 포함하여 주변 사람들과의 '우연적' 관계에 달려 있다는 점을 강조해 보자. 일반적으로 국가의 법이 있다고 해도, 그 법의 적용은 관습과 문화, 관행 등에 의하여 매개되어 이루어지게 마련이다. 그것은 '내'가 추상적 권리를 갖고 있다는 사실, 즉 국가로부터 '나'에 대한 보호를 요구할 수 있는 권리를 갖고 있다는 원칙적 사실만으로는 국가의 보호를 받기에 턱없이 부족하다는 것을 의미한다. 범죄자에 의해 일방적으로 피해를 본 경우에도 이를 목격한 증인이 있어야 하고, 전치 몇 주라는 의사에 의한 진단과 확인이 있어야 하며, 그렇지 않으면 '나'를 위해서 바쁜 시간을 내서 증언을 해 줄 아량을 가진 이웃이 있어야 하고, 혹은 '나'를 친 뺑소니차의 번호를 기억할 수 있는 사려 깊고 똑똑한 목격자가 있어야 한다. 그런가 하면 뺑소니범을 효과적으로 잡기 위해서는 전단을 스스로 제작하여 뿌리고 사적 보상금을 약속할 만한 재력이 있어야 한다. 또한 아무리 억울해도 법에 의한 구조를 받는 것이 당연한 일은 아니다. 이른바 '유전무죄', '무전유죄' 혹은 전관예우 등의 관행이 존재하는 상황에서 양심적이고 유능한 변호사를 '사는' 일은 결코 쉽지 않다. 국선 변호사는 구하기도 어려울 뿐더러, 설사 구했다고 해도 변론에 성의도 없다. 이처럼 국가에 의한 서비스를 받는 일이 어렵다면, 국가권위의 존재이유를 어떻게 체감할 수 있겠는가! 시청이나 구청 혹은 세무서에서 민원인으로서의 개인이란 너무나 왜소하여 국가의 보호를 받는 시민이라는 느낌을 거의 가질 수 없다.

그런가 하면 시민 A가 잘못하여 국가로부터 벌을 받는 상황을 상정해 보자. A가 범법 행위를 저질렀을 때, A가 지은 죄에 상응하는 벌을 받게 마련이다. A가 미비한 금액을 훔쳤다면 그에 해당하는 짧은 형기를 복역해야 한다. 그러나 사람을 때려 중상을 입혔다면, 혹은 교통사고를 일으켜 보행자를 사망케 하는 사고가 발생했다면, 보다 중한 벌을 각오해야 할 것이다. 그러나 제재의 문제는 개인 A가 지은 구체적인 행동에 대한 벌이 아니라 '전인적'인 벌로 다가온다는 점이 문제이다. 감옥 안에 1개월 있었건, 혹은 1년 있었건, 혹은 10년 있었건, 구체적인 형기와 상관없이 그 제재의 효과는 같다. 누구나 일단 감옥에 있었으면 '전과자(前科者)'가 되는 것이고 사회로부터 '전과자'라는 낙인이 찍히게 마련이기 때문이다. 중죄건, 가벼운 죄이건, 감옥에 한 번 갔다 온 사람이 결혼을 하거나 품위 있는 직장에 취직하기란 얼마나 어려운 일인가? 따라서 당사자 개인의 입장에서 보면, '손'이 잘못하고 혹은 '발'이 잘못했는데도 불구하고, 인간 전체가 벌을 받게 되는 상황은 '비례의 원칙(principle of proportion-ality)'에도 어긋나는 일이 아닐 수 없다. 그것은 결국 무임승차자에 대한 국가권력의 과잉 대응이 아니겠는가.

마지막으로 지적할 수 있는 부분은 국가의 법이나 규칙이 아무리 온정적이고 합리적이라도 개인의 입장에서는 '외부'에서 온다는 사실이다. 물론 상황에 따라 시민 개인은 '동의'를 할 수는 있다. 그러나 동의의 한계란 동의해 준 사안의 결과를 정확하게 예측하기 어렵다는 사실에 있다. 개인들이 동의한다고 해서, 국가가 그들을 대신해서 행동하고 미래의 세대에 구속력을 미치는 행동을 할 수 있는 권한을 어느 정도로 부여할 수 있는 것일까? 개인이 동의를 하지 않는다고 해서, 공동체로부터 스스로를 완전히 소외시킬 수는 없는 노릇이다. 또한 국가에 대하여 온전한 의미에서 동의를 해주었다고 해도, 개인의 입장에서는 이질적 성격을 느낄 수밖에 없다. 그 이질성은 루소의 표현대로 '일반 의사(general will)'와 '특정 의사(particular will)'의 차이만큼이나 메우기 어려운 이질성이 아니겠는가.

그러나 이미 강조한 바와 같이, 실제의 국가는 그나마 그러한 진정한 의미의 '참여민주주의 국가'와도 다르다. 아무리 입헌주의를 표방하고 시민참여를 표방한다고 해도, 현실적인 국가가 모범적인 입헌국가로부터 일탈하는 폭은 얼마나 큰가. 또한 시민들이 국가권위에 자신의 뜻을 위임한다고 해도, 그다지 실효성을 기대할 수 있는 것은 아니다. 시민들이 투표를 통하여 뽑을 수 있는 국가의 중추 요원들이라면, 국회의원 등 소수에 불과하다. 설사 국회의원을 선출해도 그들의 의정활동이나 입법활동을 샅샅이 감시 내지 통제할 수는 없는 노릇이다. 시민단체가 활동하고 있다고 하나, 시민단체는 시민개인을 책임 있게 대변할 수 있는 존재가 아니며, 더욱이 시민개인과 동일시될 수 있는 존재가 아니다. 행정관료, 군인, 판사, 검사 등에 대해서는 아예 투표권조차 존재하지 않는다. 그것은 결국 시민들이 주요 법의 제정이나 판결 혹은 정책의 결정에서 제외되고 있음을 시사한다. 이들 관료나 군인들은 시민들의 동의나 추인 없이 경제문제, 전쟁과 평화문제 등에서 얼마나 중차대한 결정권을 행사하고 있는가.

그뿐만이 아니다. 만일 시민 A가 다수가 아니라 소수에 속한다면, 그 결과는 비교적 자명하다. 비록 정치에는 형식적 의미에서 참여하겠지만, 항상 그 결과에 대해서는 소외와 불이익을 감내해야 할 듯하다. 그러나 그럼에도 묵시적으로 동의했다는 이유만으로, A는 시민적 의무를 종전과 다름없이 수행할 수밖에 없지 않겠는가! 개인 A가 혜택을 보지 못했다고 이의를 제기한다고 해도 사회 전체나 혹은 적어도 시민 다수가 혜택을 보고 있다고 국가가 강변하면 그만이며, 그래도 설득이 안 된다면, 규정이나 법의 이름으로 그의 복종을 요구하게 마련이다. 이에 개인 A로서는 처벌과 제재를 무릅쓰지 않는 한, 복종하는 도리밖에 없다. 결국 이러한 현상들이 현실이라면, 사회계약의 실효성은 어디에 있는가? 사회계약에 의해서 성립된 국가는 사회계약의 정신과는 동떨어져 기능하고 있는 셈이다.

2. 국가를 거부해야 할 절대적 이유가 성립하는가

주지하는 바와 같이, 철학적 무정부주의자들인 절대적 개인주의자들에게 있어 국가는 자율과 반대되는 타율이며, 전형적인 소외 현상이다. 이처럼 문학작품과 실제 세계에서 개인에게 소외현상으로 다가오는 억압적인 국가론의 정체는 무엇일까? 국가가 소외로 다가오는 이유는 국가 내재적인 문제뿐 아니라, 개인에게도 귀책사유가 엄존하고 있다고 생각된다. 개인에게 책임이 있다고 보여지는 부분이라면, 크게 보아 두 가지이다. 하나는 인간 개인에게 내재해 있는 반항성, 의지의 박약, 협력에 관한 미약한 동기, 혹은 악한 동기 등이며, 또 하나는 절대적인 개인주의가 엄존하고 있다는 사실이다.

우선 개인 본성에 자리잡고 있는 약점에 유의해 보자. 이미 톰 페인(T. Paine)은 "정부란 우리의 사악함 때문에 만들어진 것(government is produced by our wickedness)"이라고 설파한 바 있거니와, 인간개인이 겪고 있는 비참함에는 억울함 못지않게 인간 자신에 내재해 있는 결점과 사악함, 의지의 박약 등이 한 몫을 담당하고 있다. 우리는 한편으로 요세프 K의 운명이나 안티고네의 비극, 그리고 테스와 칼렙 윌리암스의 비극에 슬퍼하면서도, 한편으로 우리 자신 안에 『죄와 벌』의 주인공인 살인자 라스코르니고프나 『카라마조프가의 형제들』 가운데 알료사가 아닌 드미트리가 살아 꿈틀거리고 있다는 사실을 알고 가끔씩 소스라치게 놀라지 않는가? 혹은 『파리대왕』에서 피기와 사이먼을 죽인 잭의 광기가 '내' 안에 있음을 때때로 체감하지 않는가? 또한 세익

스피어의 『베니스의 상인』에서 나오는 유태인 고리대금업자 샤일록의 행태를 보자. 안토니오에게 돈을 빌려주면서 갚지 못할 경우 가슴에서 살 한 파운드를 베어 내겠다는 약속을 강요하고, 법원에서 판사 포샤(Portia)의 간곡한 충고에도 불구하고 안토니오의 가슴에서 살을 베어 내겠다고 고집을 부린 샤일록의 행태에서 꾸어준 돈을 받아내기 위하여 깡패까지 동원하는 사악한 채권자의 모습이 겹쳐지지 않는가! 이러한 현상들은 다시 말해서 '반항하는 인간(L'homme revolté)'이 '의무를 가진 국가의 시민(der pflichtmässige Staatsbürger)'과 불편한 관계를 맺으며 공존하고 있다는 생생한 반증이 될 것이다.

'반항하는 인간'에 관한 한, 도스토예프스키의 『카라마조프가의 형제들』에 나오는 '대심문관(grand inquisitor)'이 실토하고 있는 인간의 본성에 대한 견해는 매우 시사적이다. 대심문관은 자신이 투옥시킨 예수 그리스도를 밤중에 몰래 찾아가 인간에 관한 비관적인 견해를 적나라하게 토로한다. 인간은 나약하고 배반자의 기질을 갖고 있고 비겁한 존재이다. 따라서 인간은 자유를 누리기에 미흡한 존재가 아닐 수 없다. 예수 그리스도는 광야에서 금식과 극기를 하던 중 악마로부터 빵과 기적 및 권력에 관한 유혹을 받고 단호하게 이를 거절했지만, 인간들은 오히려 빵과 기적, 권력을 향유하는 대가로 자유를 포기한다. 물론 유혹을 거절하고 자유를 선택하는 사람도 없지는 않으나, 이들은 극소수에 불과할 뿐이다. 그러므로 '교회'야말로 나약한 인간들의 자유를 관리하고 그 대신, 인간들의 복리를 보살필 수밖에 없다. 여기서 대심문관의 담론을 유의미하게 부각시키고자 '교회'를 '국가'로 바꾼다면, 그 메시지가 보다 분명해지지 않겠는가!

이러한 관점에서 『심판』에 나오는 요세프 K도 관심의 대상이다. K의 비극에 있어 가장 흥미로운 점은 K가 자신의 죄를 모른다는 사실이다. 문제는 K 본인이 자기자신의 죄를 모르지만, 다른 사람들은 그가 죄를 지은 것을 알고 있다는 또 다른 사실이다. 이와 관련하여 한편으로 K가 무죄라는 사실의 반증도 불가능하지는 않겠지만, 혹시 K 자신도 모르는 죄가 있지 않을까 하는 추정도 가능하다. 본 맥락에서 그리스도교적 전통에 따른다면, 이러한 죄를 '원죄(原罪, original sin)'라고 지칭했다는 사실에 주목해 보자. 자기자신은 외적으로 드러나게 죄를 짓지 않았지만, 내부적으로 죄에 대한 경향성을 지니고 있다는 점을 감안한다면, 인간 개인은 '죄없는 죄인(sinless sinner)'이라는 역설적(逆說的)

표현을 유의미하게 사용할 수 있을는지 모른다. 따라서 K의 비극은 자신이 죄가 없어서 죄를 기억하지 못했다기보다는, '기억하지 못하는 죄'가 있다는 사실을 깨닫지 못했다는 점에서 잉태된 것으로 보아야 하지 않을까!

그런가 하면 국가에 의해 소외된 인간상에 천착하는 문학작품에는 순수하고 '절대적인 개인주의(absolute individualism)'가 도사리고 있다는 점도 경시할 수 없는 사실이다. 실존적인 개인주의에서는 전적으로 개인의 입장에서 사물을 평가하고 선택하는 경향이 괄목할 만한데, 그 논리적 귀결로 국가에 대한 평가도 순수 개인주의적 입장에서 이루어진다. 개인의 신성성과 고유성을 토대로 하는 '절대적 개인주의'가 현대 사회에서 광범위한 공감대를 형성하고 있음은 부인할 수 없는 추세이다. 개인(個人)은 고유한 인격과 정체성을 가진 존재로 다른 개인과 구분되는 특이한 존재가 아니겠는가. 개인을 지칭하는 영어의 'individual'도 라틴어의 in+dividere에서 파생한 용어로 더 이상 '나누어질 수 없는' 원천적인 존재를 의미한다. 따라서 한 개인의 입장에서 다른 개인과 공유할 수 없는 고유한 체험이 있다는 사실은 아무리 강조해도 지나침이 없으나, 한편 '절대적 개인주의'가 간과하고 있는 측면이 있음을 지적할 필요가 있다. 그것은 단도직입적으로 말해서 개인은 혼자서 살아가는 루소의 자연상태의 인간이나, 혹은 로빈슨 크루소와 같은 존재가 아니라는 사실이다.

같은 맥락에서 순진무구한 안티고네의 접근방식에도 문제가 있음에 주목해 보자. 일단 크레온 왕의 잘못이 크다는 점은 움직일 수 없는 사실이다. 『안티고네』의 마지막 장면에서 크레온은 자기자신이 이상으로 삼았던 정치비전, 즉 훌륭한 왕이 되겠다는 목표설정이 잘못되었다는 것을 깨닫는다. 통치가 권력의 행사를 의미한다고 판단한 그의 견해가 전적으로 잘못되었다고 단정할 수는 없겠지만, 그럼에도 국가의 통치는 인간의 본성과 도덕적 전통에 의한 제약하에서 이루어져야 한다는 사실을 간과했다는 점이 문제였다. 크레온은 그러한 권력의 한계를 어긴 셈이었으므로 결국 비탄에 잠기게 된다.

한편 안티고네에게도 잘못이 없지는 않다. 물론 안티고네의 순수한 접근방식이 크레온처럼 치명적인 것이라고는 말할 수 없다. 크레온이 범하고 있는 잘못의 본질이 무엇인지를 충분히 직시하고 있었기 때문이다. 그렇지만 안티고네가 상정한 '좋은 삶(good life)'에 관한 비전에도 하자가 있었다. 사회생활에는 협력과 타협이 필요하다는 사실을 간과한 점과, 결벽증에 비견될 만한 순수성에 대한 과도한 추구, 절대적 의무에 대한 지나친 집착, 그리고 순수무구함과 의무 사이에 존재하는 갈등적 요소를 조화시켜야 할 필요성을 경시한 것 등이 문제가 될 만한 것으로써, 다시 말해서 그녀의 세계관과 가치관을 보면, 다양한 가치를 가진 사람들이 함께 살 수 있는 가능성은 찾기 어려웠다는 점이 강조되어야 할 것이다. 안티고네에 있어 특히 크레온보다 오류를 범하고 있었던 부분이라면, 크레온은 자신의 잘못을 시인하고 있었던 반면, 안티고네는 자신의 잘못을 전혀 인정할 수 없었다는 사실이다. 그러나 국가라는 공동체 생활 안에는 여러 사람들이 더불어 살아가는 측면이 엄존하는 이상, 가치의 갈등이나 이해의 갈등 현상은 필연적인 것으로 보아야 할 것이다.

여러 사람들이 살아간다면, 또한 상호간에 협력하면서 살아가야 한다면, 가치의 상충, 이해 관계의 상충은 불가피하다. A가 혐오하는 것이 B에게도 혐오하는 것이 되고, A지역 주민들의 선호시설이 B지역 주민들에게도 선호시설이 되게 마련이다. A의 가치와 실존적 체험만이 중요한 것이 아니며, B의 가치와 실존 체험도 역시 존중되어야 할 소중한 것이다. 때때로 사람들은 '포지티브 섬 (positive sum)'의 상황에 봉착하기도 하지만, '네거티브 섬(negative sum)' 이나 '위치재(positional goods)'의 상황에 봉착하기도 하는 것이 현실이 아니겠는가! 특히 위치재의 상황이야말로 재화의 배분에서 소외를 유발시킬 수 있는 대표적 상황이라고 하겠다. 20층짜리 아파트에서 이른바 '로얄층'을 5층이라고 생각해 보자. 5층은 위치재이다. 모든 사람들이 5층에 살 수 있는 것은 아니다. 일부 사람들이 5층에 살기 위해서 또 다른 일부 사람들은 10층과 20층에 살아야 하지 않겠는가? 이러한 상황에서 이해관계의 상충은 불가피하며, A의 선호와 이득이 충족되는 한, B의 선호와 이득이 충족되지 못하는 상황이 벌어진다. 그러므로 이 과정에서 패자의 입장에 속하는 A의 절망과 소외는 또 다른 개인, 즉 승자의 입장에 속하는 B의 행복과 밀접한 관계를 맺고 있는 셈이다. 결국 이러한 상황에서 국가에 대한 개인의 소외, 개인의 무력함이란, 엄밀한 의미에서 다른 사람들과의 관계, 사회적 동물로 살아가는 존재양식으로부터 기인하는 속성을 상당 부분 지니고 있음을 인정할 수밖에 없다.

문제의 현상은 한 아들과 두 딸이 살고 있는 가족 상황을 가상적으로 설정함으로 설명이 가능하다. 부모에게 효도하고 동생을 정성껏 보살피며 살아가고 있는 맏아들 A는 대학을 가고 싶어한다. 그러나 빠듯한 살림상, A가 대학에 진학하면 밑의 동생들로서는 고등학교 다니기도 힘들다. 여기서 맏아들 A가 대학의 꿈을 접는다면, 아버지의 간곡한 만류 때문이 아니라 동생들 때문이 아니겠는가? 물론 아버지는 맏아들 A에게 대학진학을 포기하라는 충고를 하는 등, 이른바 '총대를 메는' 행위를 주도할 것이 틀림없겠지만, 엄밀한 의미에서 아버지는 이러한 형제들간의 이해 관계의 상충을 조리 있게 이야기하는 역할에 불과할 것이다. 물론 개인의 국가에 대한 관계는 그보다 규모가 작고 훨씬 더 내밀한 가족 집단과 개인의 관계와는 상당히 다르다. 국가는 개인에게 설득보다는 법과 권력을 통하여 강제적으로 개인의 행동을 제어하려고 시도하기 때문이다. 이 상황은 아버지가 맏아들 A에게 흉금을 털어놓으며 정성스럽게 설득하는 행위와 얼마나 다른가! 만일 맏아들 A가 아버지의 설득을 마다하고 고학을 하겠다며, 덜컥 대학에 진학해 버린다면, 아버지로서는 속수무책이다. 아버지의 말에 설득되기를 거부하고 독자적인 행동에 나서는 A를 어찌 하겠는가!

그러나 국가가 설득보다 권위를 내세우며 강제력을 통하여 자신의 뜻을 관철하려고 하는 시민을 제압하고자 한다면, 당사자 개인의 소외는 악화될 뿐이다. 뚜렷한 이유도 없이 '권위'에 의하여 국가의 명령을 따르기를 강요하기 때문이다. 하지만 엄밀한 의미에서 양자의 차이는 '정도의' 차이일 뿐, '질적'으로는 유사하다는 점을 강조할 필요가 있다. 다만 국가는 아버지보다 문제의 개인으로부터 훨씬 멀리 더 고고하게 떨어져 있을 뿐이다. 문제의 핵심은 A가 아벨을 죽인 카인처럼, "나는 형제를 보살피는 사람입니다(I am my brother's keeper)"를 되뇌지 못하는 한, 불가피하게 야기되는 상황으로서, 유독 아버지와의 관계에서 소외되고 억압받는 느낌을 감수해야 하는 것은 아니다. 즉 동생들과의 관계에서 발생하는 이해의 상충이 바로 그 원인이다. 그러나 이 상황에서 A가 명실공히 "형제를 보살피는" 보호자를 자처하지 못하는 현상은 비록 유감스럽기는 하지만 충분히 이해할 만하다. A는 형제 B, C, D와는 다른 고유한 정체성과 인격·성품을 갖춘 유일한 인격체로서 B, C, D와 동일시될 수는 없는 존재가 아니겠는가. 이미 창세기에서 등장하는 카인도 동생인 아벨을 보살피는 사람이 아니었음이 완연하다. 결국 시민 A의 입장에서도 때때로 이러한 상황에 봉착하는 것이 불가피하다. A가 자신의 지역에 혐오시설을 받아들이려고 한다면, 형제를 보살피는 보호자를 자처하는 한, 가능하다. 그러나 다른 동네 사람 B, C, D가 님비성 선호를 갖고 있는 현실에서, 왜 A만이 유독 형제를 보살피는

'이타주의적 선호'나 '애타주의적 선호'를 표출해야 하겠는가.

이 상황에서 국가가 강제로 A의 지역에 혐오시설 설치를 명령한다면, A의 무력과 소외감은 깊어질 수밖에 없다. 그러나 엄밀한 의미에서 문제의 소외감의 원천은 단순히 국가의 행위에서 기인하는 것이 아니라, 다른 Y지역 사람들과의 이해관계의 상충에서 기인하는 것으로 간주해야 할 것이다. 이러한 관점에서 개인과 국가의 관계가 개인과 다른 소규모 집단관계와 다르다면, '정도의' 차이라기보다는 '양적'인 차이로 간주해야 한다는 점을 다시 한번 강조하고자 한다.

그러나 그럼에도 불구하고 분명히 해야 할 것이 있다. 개인의 소외, 개인의 항거 및 국가에 대한 저항은 국가권위에 대한 담론에서 소진될 수 없는 중요한 주제라는 점이다. 아무리 개인이 느끼는 불만과 소외가 다른 사람들과의 이해상충의 문제에서 발생하는 현상이라고 논리적인 설명이 가능하다고 해도, 개인으로서는 국가자체에 대해 느끼는 불만은 엄존할 수밖에 없을 것이라는 사실이다. 이 문제는 앞의 사례에서 대학에 진학하기를 원하는 A가 자신의 좌절에 대하여 동생들보다는 아버지에 대하여 원망을 할 것이라는 사실을 생각해 보면, 비교적 명확해진다. 집안을 위해 희생해야 한다면, '왜 하필 나인가' 하는 의구심을 아버지를 향해 쏟아 낼 듯한데, 실제로 이러한 상황의 유비적 현상이야말로 정치 현실이다.

뿐만 아니라 A의 소외감은 아무래도 아버지가 동생들의 이해 대변인 이상의 위상, 단순한 심판자로서의 위상을 넘어가고 있다는 사실을 함축하는 셈이 아닐까! 국가에 대해서 시민 개인 A가 느끼는 심정에도 이와 비슷한 측면이 발견된다. 그러므로 시민들은 모든 지역 사람들이 자신들의 지역에서 혐오시설 설치를 반대하면, 종래에는 어떤 곳에서도 혐오시설이 건립될 수 없다는 사실을 '논리적으로' 알면서도 반대한다. 결국 그것은 절대적 개인주의가 거부될 수 없는 현실을 말하는 것이며, 절대적 개인주의가 그만큼 위력적이라는 사실을 입증하는 셈이기도 하다. 그런가 하면 마지막으로 시민 개인의 소외감은 아무리 이해관계의 상충 상황이라고 하더라도 개인의 입장에서 도저히 양보할 수 없는 어떤 권리가 있다고 하는 반증이 아닐 수 없다. 특히 다수와 소수가 대립하는 상황에서 소수는 패자의 입장을 감수할 수밖에 없겠지만, 그럼에도 개인의 기본적 권리는 훼손될 수 없는 권리라는 인식이 자리잡고 있다는 생생한 사례이다.

결국 국가 권위의 행사가 개인, 혹은 집단들 사이에 상충하는 이해관계 조정 메커니즘의 성격을 지니고 있는 측면이 농후하다고 하더라도, 절대적 개인주의는 고유한 개인 A가 B와 C와는 다른 정체성과 인격을 가진 존재로서 양여할 수 없는 개인의 권리와 성역을 가지고 있다는 사실을 웅변적으로 시사하는 셈이다. 이러한 절대적 개인주의가 엄존하는 한, 외현적 소외현상으로서 개인에 대하여 고압적이며 이질적인 존재로서 다가오는 권위주의적 국가의 모습은 사라지지 않을 듯하다.

3. 국가에 복종해야 할 '일정한' 이유, '좋은' 이유 및 '현명한' 이유는 성립하는가

상기의 논의를 통하여 의무론을 대표하는 도덕적 국가론자와 결과론을 대변하는 계약적 국가론자들이 주장하는 바와 같이 국가의 권위에 복종할 절대적 이유가 성립할 수 없으며, 한편 절대적 개인주의자들이 주장하는 것처럼 국가불복종에 관한 절대적 이유가 성립할 수 없다는 사실을 강조하였다. 그렇다면 본 연구의 입장은 무엇인가? 도덕적 국가론자와 계약적 국가론자 및 절대적 개인주의자들의 주장에 반하여 '모든' 사람들이 국가의 권위에 복종할 '절대적' 이유는 성립하지 않지만, '일정한' 사람들이 국가의 권위에 복종할 '일정한' 이유는 성립한다는 것이 본 연구에서 설정하고자 하는 명제이다. 즉, 국가에 대하여 '맹종(盲從)'이나 '묵종(默從)'의 경우처럼, 무조건적으로 복종할 이유는 구축할 수 없지만, 한편 국가에 대하여 복종의 행위를 했다고 해서 개인의 자율성이 필연적으로 침해되는 것은 아니라는 입장이다. 물론 이 명제는 앞으로의 논의 전체를 통하여 정당화시키고자 하는 명제이지만, 현시점에서 세 가지 국가모델에 국한시켜 이 명제를 잠정적으로 정당화시키고자 한다.

첫째로 도덕적 국가론자나 계약적 국가론자들은 국가권위에 복종할 '절대적' 이유, 혹은 적어도 '직견적(prima facie)' 이유를 주장해 왔다. 현대 공동체주의자들이 강조해 마지않는 국가에 의한 유대, 혹은 시민유대가 공동체의 가치를 선호하는 '일정한' 사람들에게 '일정한' 가치를 지니고 있음은 명백한 사실이다. 그러나 '모든' 사람들에게 공동체의 가치가 자명할 만큼, 공적 영역이 최우선적 가치는 아니다. 특히 자유주의자라면, 시민유대 등 공동체의 가치보다 사적 영역의 가치를 선호할 것이다. 그런가 하면 공동체의 가치를 받아들이는

사람들에게 있어서도 국가 공동체의 가치가 유일무이한 가치나 최상의 가치인
지에 대해서는 의견이 갈릴 수 있다. 국가가 아닌 임의적이고 자율적인 공동체
에서 국가보다 더 높은 도덕성이 만개(滿開)할 가능성은 열려 있기 때문이다.
그렇다면 현대 공동체주의자들에 의해 개진되는 일련의 논거들은 '일정한' 사
람들이 받아들일 만한 '일정한 이유'가 될 뿐, '모든' 사람들이 받아들일 만한
'절대적 이유'가 되는 것은 아니다.

그런가 하면 계약적 국가론자들에게 있어서도 이 논리는 통용된다. 국가에
의해 공여되는 혜택이 개인의 '수단적 합리성'을 충족시킬 수 있는 부분은 일
정 수준 엄존한다. 또한 국가의 혜택이 각 개인에게 자로 잰듯이 정확하게 돌아
가는 것은 아니라고 해도, 적어도 '확률적으로' 개인에게 돌아갈 가능성이 존재
하는 것은 사실이다. 그것은 복권에서 당첨될 확률처럼 매우 낮은 것이기는 하
지만, 그 가능성을 배제할 수는 없다. 이러한 의미에서 개인주의자들이라면, 국
가에 의하여 공여되는 수단적 혜택 —— 비록 불확실하지만 —— 에 매료되어 국
가에 복종할 '일정한' 이유를 확보할 수 있을 것이다. 그러나 '수단적 합리성'
을 존중하는 개인주의자라도 국가에 의한 공공재 혜택이 국가만이 줄 수 있는
유일한 혜택이며, 또한 최상의 혜택인지에 관하여 의혹을 가질 수 있다. 국가가
아닌 다른 기제가 국가보다 더 효율적으로 공공재를 공여할 가능성이 있기 때
문이다. 그러므로 공공재 공여의 논리도 '모든' 사람들이 국가에 복종할 '절대
적' 이유는 될 수 없으며, 다만 '일정한' 개인주의자들이 국가에 복종할 수 있
는 '일정한' 이유로 자리매김할 수 있을 것이다.

이번에는 두 번째로 절대적 개인주의자들에 대한 반론(反論)으로 개인주의
와 국가권위가 공존할 수 있는 가능성에 유의하고자 한다. 예를 들어 국가의 특
정 법이 불의한 것으로 평가를 받고 있다. 이때 개인 A가 그 법이 불의한 줄 알
면서도 그 법에 복종을 했다면, A의 자율성은 침해된 것인가? 필연적으로 A의
자율성이 침해되었다고 단정할 필요는 없다는 것이 본 연구의 소견이다. A의
복종행위는 아마도 법과 국가의 권위가 공동체 생활에서 중차대한 역할을 수행
하고 있음을 인정하고 이러한 소신에 의하여 선택한 행동일 가능성이 있기 때
문이다. A는 국가의 권위나 법 없이 사회에서 조정문제가 해결되기 어렵고 적
절한 공공재가 산출되기 어렵다는 점을 익히 알고 있을 뿐만 아니라, 국가의 존
재가 인간 개인의 나약한 의지나 불충분한 판단력을 보충하는 데 커다란 도움

이 된다는 사실에 주목할 수 있다. 따라서 불의한 법이라도 복종해야 한다는 믿음을 가지고 있을 때, 비로소 이와 같은 상황이 가능하리라고 생각할 수 있다.

강조하자면, 자율적 인간이라고 해도 법과 국가권위의 가치에 십분 주목하는 경우, 단순히 그것이 국가의 법이고 국가의 명령이기 '때문에' 복종하기로 결단하고 행동할 수 있다. 물론 이러한 논거는 '모든' 개인주의자들이 받아들일 수 있고, 혹은 받아들여야 하는 도덕적 이유는 아니다. '일정한' 개인주의자들은 정의감(sense of justice)에 의하여 법에 불복종할 수 있고 또한 대규모의 시민불복종운동을 벌일 수 있다. 그러나 그렇다고 해도 '일정한' 개인주의자들의 입장에서 불의한 법이라도 이에 복종할 수 있는 '일정한' 이유는 성립하는 셈이다.

결국 상기의 논의에서는 정치적 복종행위와 관련하여, '모든' 사람들이 '절대적으로' 복종해야 할 '일반적' 이유보다는 '일정한' 사람들이 복종해야 할 '일정한' 이유를 확보하는 것으로 규정하였다. '일정한' 사람들이 국가에 복종해야 할 '일정한' 이유가 있다는 명제는, 달리 말하면 "다른 조건이 동일하다면(ceteris paribus)," 국가에 대하여 복종할 이유가 있다는 명제로 환치될 수 있을 것이다. 물론 우리는 "다른 조건이 동일하다면"이라는 조건절(條件節)을 어떻게 해석해야 할까 하는 문제에 부딪치게 될 공산이 크다. 이 문제는 결코 사소한 문제가 아니다. 그러나 일반적으로 우리는 현실세계에서 "다른 조건이 동일하지 않다"는 사실에 주목하게 된다. 현실세계에는 공동체주의자도 있고 개인주의자도 있으며, 수단적 혜택보다 비수단적 혜택을 중시하는 사람도 있다. 또한 '권위'보다 '정의', 혹은 '권위'보다 '자율'을 더 높이 평가하는 사람들도 있다. 이처럼 "다른 조건이 동일하지 않은" 상황이라면, 국가에 대하여 복종할 '절대적' 이유는 성립하기 어렵고, 다만 국가에 대하여 복종할 '일정한' 이유만이 방어될 수 있을 것으로 사료된다.

제 3 장

국가권위의 성격

제 3 장 국가권위의 성격

I. 예비적 고찰

2장의 논의에서 '권위국가'의 세 가지 양태를 조명해 보았다면, 이번 제3장에서는 국가권위의 특성에 초점을 맞추어 보기로 하자. 일반적으로 국가의 권위란 '명령을 내릴 수 있는 권한(entitlement to command)', 혹은 '통치할 수 있는 권리(right to rule)'로 일정한 '규범성'과 연계되어 있는 개념이다. 문제의 '규범성'을 정당성(legitimacy)이라고 하든, 법적 절차라고 하든, 여러 가지 명칭으로 부를 수 있겠으나, 위협이나 폭력 등, 단순한 물리적 강제력의 범주와 다른 차원인 것만은 분명하다. 이 점에 충분히 유의하면서도, 국가권위는 규범성만으로는 설명이 불충분하고, 일정한 효율성을 담보받기 위해 강제력을 수반하고 있다는 점을 간과하기 어렵다. 국가란 도덕적 설교에 치중하는 단순한 교회 목사나 도덕 교사와 같은 존재는 아니기 때문이다. 결국 이 양면적인 국가권위의 특성은 '권위(authority)'와 '권력(power)'의 관계로 조명될 필요가 있겠는데, '권위'와 '권력'의 공통점과 차이점을 분석적으로 조명하고자 하는 것이 이번 제3장의 목표이다.

무엇보다 강조하고자 하는 점은 '권위(權威)'란 '권력(權力)'과 유사한 특성을 공유하고 있으나, 그럼에도 권력으로 환원될 수 없다는 사실이다. 또한 국가의 권위는 '법적 권위(de jure authority)'라는 특성을 노정한다. 아무리 도덕성을 보유하고 있다고 자부해도 법적 요건에 의한 권위가 아닌 '사실상의 권위(de facto authority)'를 가지고 국가권위의 본질이라고 말할 수는 없는 노릇이다. 그런가 하면 명령을 내릴 수 있는 국가의 권위는 일반적으로 '무조건적' 성격이나 적어도 '직견적(prima facie)' 성격을 지니는 등 '내용 중립적

(content-neutral)'이다. 국가의 명령이나 법에 대하여 왜 시민들이 복종해야 하는가 하는 문제에 천착해 보면, 결국 그 답변은 국가의 명령이 타당하다기보다는 국가의 명령이기 '때문에', 혹은 국가의 법이기 '때문에' 복종한다는 형태로 제시될 수밖에 없다.

물론 국가권위의 무조건적 특성이나 직견적 특성을 일반시민들의 입장에서 어떻게 받아들여야 하는가 하는 문제는 쟁점이 아닐 수 없다. 국가의 명령에 '무조건적으로' 복종하는 태도, 혹은 적어도 '직견적으로' 복종하는 태도로 인하여 야기된 수많은 인권침해의 사례들은 국가권위의 무조건적 특성이나 직견적 특성의 어두운 면이 아닐 수 없다. 그러나 한편 국가의 부름이나 명령에 대하여 언제나 시시비비를 따진다면, 국가의 법 체계, 혹은 사회질서는 어떻게 유지될 수 있을 것인가. '국가권위에 대한 존경심'은 '정의에 대한 존경심'과 연계되어 있기는 하나, 양자는 질적으로 다른 가치로 접근해야 할 것이다. 같은 맥락에서 '권위에 대한 존경심'은 '도덕에 대한 존경심'과 상이한 범주가 아닐 수 없다.

마지막으로 우리의 분석적 관심은 일반적인 국가의 권위가 아니라, 민주사회에서의 국가권위임을 강조할 필요가 있다. 따라서 본 장의 논의를 통하여 민주국가의 권위문제를 규정하고자 한다. 민주사회에서 국가가 주장하거나 행사하고 있는 최고권위와 관련하여 민주국가보다 절대국가의 최고권위를 정당화시켜 온 보댕(J. Bodin)이나 홉스(T. Hobbes)의 주권론에 입각하여 접근할 수는 없는 일이다. 민주국가에서 상정되는 국가의 최고주권은 입헌주의(constitutionalism)와 삼권분립에 의하여 제약을 받고 있는 이상, 단일적 실체의 개념으로 접근하기에는 어려움이 있기 때문이다. 그러나 그렇다고 하더라도 민주사회의 국가가 적어도 시민들의 생명, 자유, 재산 등 개인의 '핵심적 이익(vital interests)'에 대하여 통제권을 행사하고 있다는 사실을 감안할 때, 비록 제한된 의미이기는 하지만, 민주사회에서도 국가의 최고권위가 객관적 사실임을 인정해야 할 것이다.

Ⅱ. 권력의 본질

흔히 라틴어 'potestas', 영어 'power', 불어 'pouvoir', 독일어 'Macht'로
표시되는 '힘'과 '권력'은 국가와 정치에 관한 담론에서 빼놓을 수 없는 개념이
다. 물론 그렇다고 해서 국가와 정치가 배타적으로 관심을 갖고 있는 현상이
'권력'이라는 의미는 아니다. 또한 권력은 '군사력'과 동일한 것은 아니며, '권
위'와도 같은 개념이 아니다. 이미 오래 전부터 로마인들은 두 개의 단어를 사
용하여 권력현상을 이해한 바 있다. '포텐시아(potentia)'가 물리적 권력을 의
미했다면, '포테스타스(potestas)'는 국가기관에 부과된 법적 권한이나 법적 권
력을 지칭했던 것이다.

정서적 측면에서 볼 때 생생할 정도로 황홀한 현상이며, 또 한편 사악한 느
낌이 현저하게 배어 있는 개념이라는 점에서 권력에 관한 논의의 단초를 열어
보자. 나폴레옹의 다음과 같은 고백은 전형적으로 권력이 비하된 범주의 가치임
을 시사한다. "나는 가톨릭 신부가 나보다 더 커다란 힘을 지니고 있다는 사실
을 발견했다. 나는 사물에 대해서 지배권을 행사하고 있는 반면, 신부는 사람들
의 마음을 지배하고 있기 때문이다." 그런가 하면 "화무십일홍(花無十日紅)이요,
권불십년(權不十年)," 즉 "열흘 붉은 꽃이 없고 10년 가는 권력 없다"는 준칙에
서 권력의 무상함과 아울러 권력의 부정적 의미를 반추하게 된다. 같은 맥락에
서 '권력정치(power politics)'라는 말을 들을 때, 도덕성은 배제되고 있다는
느낌을 떨쳐버리기 어렵다. 권력정치란 아마도 '권력에의 의지(der Wille zur
Macht)'를 설파한 니체(Nietzsche)의 표현과 일맥상통하는 개념이라고 할 수
있겠다. 이러한 의미에서 "권력은 부패하게 마련이며, 절대권력은 절대 부패한
다(power tends to corrupt and absolute power corrupts absolutely)"는
액톤(Acton) 경의 경구는 새삼스럽게 반추되기도 한다.[1] 이미 플라톤도 권력
의 위험성을 직시하고 있었다. 그러나 국가의 통치자가 선의 이데아에 대한 지

---

1) 액톤 경의 경구에 대하여 버나드 쇼(G. Bernard Shaw)는 권력의 부패문제는 권력 자체에
   서 나오는 것이 아니라, 인간에서 나온다는 반론을 제기하고 있다: Power does not
   corrupt man. Fools, however, if they get in a position of power, corrupt
   power(Safire 1972, 520).

식을 갖고 있는 철학자라면, 명상 생활에 대한 열정에 의해서 권력의 부패에 대한 유혹으로부터 벗어날 수 있으리라는 것이 플라톤의 믿음이었다.

그렇다면, '힘(power)', 즉 '권력(權力)'은[2] 분석적으로 어떻게 정의할 수 있겠는가? 힘에 관한 분석적 논의에서 우선 두 가지로 접근할 필요를 느낀다. 하나는 일정한 목적을 달성하기 위한 개념으로 'power to'로 표시된다. "행위자 A에게 힘이 있다"는 명제가 성립할 경우, A는 자신이 원하는 사람을 진급시키거나 채용할 수 있다. A가 이처럼 특정 목적을 성취할 수 있는 능력을 보유하고 있다면, '성향적(dispositional)' 범주의 힘의 개념을 투사하고 있는 셈이다. 한편 상기와는 다른 의미로 힘의 개념이 사용되기도 한다. 일반적으로 "A가 힘이 있다"고 할 때 이해되는 두 번째의 범주는 A가 B에 대하여 통제할 수 있는 힘으로, 'power over'로 지칭될 만하다. 군대에서 장교 A가 사병들에 대한 통제권을 갖고 있다면, 장교 A는 '힘이 있는 존재(powerful man)'가 된다. 따라서 상대방을 통제할 수 있는 힘이라면, 인간들 사이의 관계에서 기인하는 '관계적 개념(relational concept)'으로 접근할 수 있다.

때때로 이 두 가지 개념은 경합적이다. 전자, 즉 '일정한 목적을 달성하기 위한' 힘이란 파슨즈(T. Parsons)로부터 지지를 받고 있는 개념이다. 파슨즈에게 있어 정치권력이란 공동체의 목적을 달성할 수 있는 정부의 능력을 말한다. 정부가 힘이 있을수록 공공재의 산출을 비롯하여 공동체의 목적을 달성하는 데 효율적이다. 정치에 있어 힘이란 경제영역에 있어 효율성(efficiency)과 같은 범주에 속한다는 것이 파슨즈의 견해이다. 그러나 이에 관한 한, 문제가 없지 않다. 구성원들 사이에 공동체의 목적에 관한 합의가 존재하지 않는다면, 정치적 힘이란, 공동체의 일정한 목적을 달성하기 위한 능력보다 공동체 목적을 구축하기 위한 일련의 투쟁현상으로 보아야 하지 않겠는가! 결국 지배와 종속의 관계가 유의미할 듯한데, 행위자 A나 집단 α가 행위자 B나 집단 β에 대하여 통제를 할 수 있다면, 전자는 후자로 하여금 자기자신이 원하는 목적에 기여하도록 할 수 있을 것이다.

하지만 그렇다고 하더라도 엄밀한 의미에서 '목표를 성취하는 힘(power to)', 즉 성향적 개념이 '타자를 통제하는 힘(power over)', 즉 관계적 개념에

---

2) Power로 표시될 수 있는 현상은 다양하다. 그러므로 이 점을 고려하여 논의의 과정에서 단순히 '권력'으로만 표현하기보다는 '힘'과 '권력'을 호환적으로 사용하고자 한다

비하여 더 원천적이며 검약적(parsimonious) 개념이라는 사실은 분명하다. '특정한 사람을 통제하기 위한 힘(power over)'을 설명하는 데 있어 '특정한 목적을 달성하기 위한 힘(power to)'에 의존할 수 있으나, 그 역(逆)은 성립하기 어렵기 때문이다. 행위자 A가 B에 대하여 통제권을 확보하고자 하는 주된 이유는 B를 통제함으로써 A자신이 원하는 재화를 얻거나 혹은 소기의 목적을 달성하기 위한 의도에서 비롯된 경우가 허다하다. 군대사회에서 장교가 사병에 대해서 통제권을 행사하는 이유는 유사시 적군에 대하여 효율적으로 작전을 수행하고, 승리를 쟁취하기 위한 것이다.

'목적을 달성하는 힘'이 '타자를 통제하는 힘'에 비하여 분석적으로 선행한다는 점을 충분히 지적한 다음, 정치 영역에서 관계적 힘의 개념이 성향적 힘의 개념보다 훨씬 유의미하게 사용되고 있다는 사실에 대하여 강조하고자 한다. 정치적 힘에 관한 한, 목적을 달성하는 성향적 개념으로 접근할 경우, 두 가지 난관에 직면하게 마련이다. 우선, '일정한 목적을 달성할 수 있는 능력'을 중시할 때, 정치·사회적 차원에서 매우 사소한 의미만을 노정할 가능성이 적지 않다. 배리(B. Barry 1989, 308)의 지적처럼, 특정 수영선수가 헤엄을 쳐서 도버 해협을 건널 수 있는 능력을 과시했다고 해서 정치·사회적으로 중요한 함의를 투사하고 있는 것은 아니다. 두 번째로 정치·사회적으로 힘에 관하여 논의할 경우, 민감한 사안은 다알(R. Dahl 1969)이 주장한 바와 같이, "누가 (누구를) 지배하는가?(who governs?)"에 관한 문제이다. 정치영역을 가치배분의 범주로 이해하든, 혹은 권력 투쟁의 장으로 간주하든, "누가 누구를 지배하는가"에 관한 물음은 정치에 관한 영원하고도 본질적인 질문 가운데 하나라고 할 수 있다. 주지하는 바와 같이 군주제나 과두제, 다두제 및 프롤레타리아 독재 등의 정치체제는 모두 '타자를 지배하는 힘'의 비전에 입각한 관계적 개념을 전제하고 있다. 한 사람이 다른 모든 사람들을 다스리는 정치체를 군주제(monarchy)라고 한다면, 과두제(oligarchy)는 소수의 사람들이 다른 모든 사람들을 다스리는 체제이며, 다두제(polyarchy)는 모든 사람들이 서로 다른 사람들에 대하여 통제권을 행사하는 정치체를 뜻한다. 결국 정치적으로 민감한 현안 문제는 "누가 누구를 지배하는가"에 관한 질문일 뿐, "누가 무엇을 할 수 있는가"에 대한 질문은 아닌 것이다.

이제 정치적 힘에 관한 논의를 한 단계 더 진전시켜 보자. 정치적 힘을 '관

계적 범주'로 이해할 경우, '관계적 힘'은 A와 B의 인과관계(causal relation)
로 접근할 수 있다. 이 점에 있어 다알(Dahl 1957, 202-3)의 시도가 전형적이
다. 다알에 의하면, "A가 B로 하여금 그렇지 않았더라면 하지 않았을 일을 하게
할 수 있다면, 그 정도로 A는 B에 대하여 힘을 행사하고 있다(A has power
over B to the extent that he can get B to do something that B would
not otherwise do)." 그런가 하면 배리(Barry 1989)의 정의도 같은 맥락에서
이해할 만하다. "정치적 힘이란, 어떤 결정과정의 결과를 그렇지 않았더라면 그
냥 진행되었을 상황으로부터 특정 개인이나 집단이 원하는 방향으로 바꿀 수
있는 집단의 능력인데, 이로써 이루어진 결정은 어떤 집단에 구속력을 갖게 된
다(political power is the ability of a group to change the outcomes of
some decision-making process from what they would otherwise have
been in the direction by the person or group, where decision made are
binding on some collectivity)." 이 양자의 정의(定義)를 검토해 보면, "그렇
지 않았더라면 하지 않았을 일," 혹은 "그렇지 않았더라면 그냥 진행되었을 상
황"이라는 표현에서 알 수 있듯이, 이른바 '반(反)사실성(counterfactuality)의
명제를 상정하고 있다는 점이 두드러진다. "행위자 A에게 힘이 있다"고 진술할
경우, B의 행동이나 혹은 행동의 결여가 B가 원하지 않은 결과, 즉 A가 개입하
지 않았더라면 야기되었을 결과를 A가 원하는 방향으로 전환시킴으로 사태의
추이를 바꿀 수 있는 어떤 가능한 세계가 있음을 상정하는 것이다. A가 힘을
가지고 있다면, 그러한 차이를 만들 수 있는 결정적 능력을 갖고 있는 셈이다.

이 능력은 구체적으로 어떻게 실현되는가? 이에 관한 한, 베버(M. Weber
1992, 152)의 통찰을 떠올릴 필요가 있다. "힘이란 사회관계에서 행위자가 저항
에도 불구하고 자기자신의 뜻을 실현할 수 있는 위치에 놓일 확률이다." 배리
(Barry 1989, 308)는 이 점에 있어 더욱 명시적이다. "A가 힘을 가지고 있다는
것은 항거나 반대를 극복할 수 있는 능력(ability to overcome resistance or
opposition)"을 지니고 있음을 시사하는데, 이 경우 A의 힘이란 A의 주도적 역
량에 의해서 타인 B로부터 반대나 항거를 극복할 수 있다는 사실, 즉 원인론
(casuality)의 차원에서 입증되는 셈이다.

그러나 이러한 접근이 문제가 없는 것은 아니다. 이와 관련하여 "B가 그렇
지 않았더라면 하지 않았을 일을 하도록 A가 만들 수 있다면, A는 그 정도로

B에 대하여 힘이 있다"고 규정한 다알의 정의를 상기해 보자. 다알의 힘에 대한 개념 정의와 관련하여 우선 떠오르는 의문은 첫째로 "B가 하지 않았을 일을 한다"는 명제를 어떻게 받아들여야 하는가에 관한 문제이다. 그것은 B가 하는 행동 뿐 아니라, B가 문제의 행동을 하는 방식까지도 포함해서 말하는 것인가? A는 B에게 비행기를 타고 미국에 가기를 요구한다. 그런데 B가 배를 타고 미국에 갔다면, 그것도 힘이 행사된 사례라고 할 수 있는지는 의문이다. 루크스(S. Lukes)는 이 점을 질문하고 있다. 이 질문은 물론 타당한 질문임에 틀림없지만, 다알의 정의에 치명타를 안길 만큼, 심각한 질문이라고는 단언하기 어렵다. 다알은 이 문제에 있어 자신의 분석적 틀을 훼손하지 않은 채, 전형적인 힘의 사례라고 대답할 수 있을 것이기 때문이다.

그런가 하면 또 다른 문제 제기도 가능하다. B는 독일에 유학을 가려고 했는데, A가 설득력을 발휘하여 미국으로 유학가도록 했다면, A는 B의 행동을 바꾼 셈이고, 따라서 B가 하지 않았을 어떤 일을 하도록 만든 것이다. 그러면 이 경우 A는 B에 대하여 힘을 발휘한 셈인가? 루크스는 '설득'과 '권력'을 구분하지 못한다는 점이야말로 다알의 정의에 내포된 약점이라고 주장한다. 실상 다알은 '이해관계의 상충현상'을 전형적인 권력관계로 보았고, 따라서 양자의 이해관계가 상충되었을 경우를 권력개념이 통용될 수 있는 범주로 파악하고 있다. 그런데 이 두 번째 기준에 의하면, 래즈(J. Raz)가 말하는 '실천적 추론(practical reasoning)'이 사용된 것이고, 따라서 만일 A가 B에게 좋은 충고를 했다면, 이해관계의 상충현상이 없으므로 힘의 행사로 간주하기 어려울 듯하다. 그러나 그럼에도 불구하고 일상생활에서 힘이 행사되고 있는 경우를 보면, '실천적 이유'가 제시되고 있는 사례가 적지 않다. 회사에서 상급자 A가 하급자 B에게 야근을 하라고 요구하면서 납품기일을 맞추어야 한다는 등 '실천적 이유'를 제시하는 경우는 얼마나 많은가! 따라서 '실천적 이유'를 제시하는 경우를 힘의 행사에서 빼놓을 수 없다면, 다알이 '실천적 추론'의 경우를 제외하지 않은 것은 오히려 타당하다고 평가할 수 있을 것이다.

결국 다알의 '힘'에 관한 정의의 문제점이라면, '힘'에 관해서 아무런 유의미한 접근을 하지 못했다는 점에 있는 것이 아니라, 불충분하며 불완전한 접근을 했다는 사실에 있다. 이와 관련하여 바크라크와 배러츠(P. Bachrach and M. S. Baratz 1970)가 제기한 비판은 다알의 접근방식이 지나치게 행위자 중심적이고 결정환경을 경시하고 있다는 점으로 요약된다. B의 결정과정에서 B가 자율적으로 선택했다면 y를 선택했을텐데도 불구하고 y보다 x를 선택했다면, 힘의 행사의 결과로 보는 것이 다알의 입장이다. 즉 다알은 B가 '하지 않았을 일'을 한다고 설명하는 부분에서 너무나 외형상으로 드러난 결정에만 치중하고 있다는 것이 바크라크와 배러츠의 불만이다. 바로 이러한 이유로 인하여 다알의 분석은 일차원적이고 결정론적 성향으로 경도되었다고 말할 수 있다. 그러나 엄밀한 의미에서 A가 B의 선택의제에서 z를 제외시킬 수 있어 z가 B의 고려사항에 포함되지 않았다면, 이 경우에도 힘의 행사가 이루어졌다고 볼 수 있지 않겠는가? 이러한 힘의 접근 방식은 '이차원적 접근방식'이라고 할 수 있겠는데, 당사자 B가 '그렇지 않았다면 하지 않았을 일'을 하는 데 있어 '결정(decision)'이나 '비결정(nondecision)'의 범주가 모두 포함된다는 특성을 갖는다. 문제의 현상은 특히 공공영역에서 빈번하게 일어나는 사례이기도 하다. 특히 바크라크와 배러츠는 미국 인디애나주의 게리 지역에 대한 연구에서 이 문제를 파헤쳤는데, 철강회사 유에스 스틸(U.S. Steel)이 군림하는 상황에서 환경문제는 게리 지역 주민들의 의제상정에서 거론조차 되지 않았던 것이다. 이러한 바크라크와 배러츠의 접근방식은 '비결정주의(nondecisonism)'라고 지칭되어 왔다.

　루크스는 바크라크와 배러츠의 비결정주의보다 한 걸음 더 나아가 '권력'의 맥락적 차원을 넓히고 있다. 권력, 즉 '힘'은 단순히 사람들로 하여금 자신들이 가진 욕구와 선호에 입각하여 선택했을 행동들을 선택하지 못하도록 만드는 데만 작용하고 있는 것이 아니다. 또한 외부의 은밀한 간섭에 의하여 특정한 욕구나 선호가 집단적인 선택과정에서 의제로 부상하지 못하도록 하는 비결정주의적 범주에서 비로소 힘이 행사된다고 말할 수도 없다. 루크스에 의하면, 첫번째와 두 번째 힘의 차원 이외에도 사람들의 욕구나 선호가 형성되는 과정에 영향을 끼치는 힘, 따라서 사람들이 자신들의 이익을 이해하는 방식에 일정한 영향력을 행사할 수 있는 능력을 상정하는 것이 가능한데, 이것이 바로 힘의 세 번째 범주이다. 예를 들어 B가 y보다 x를 선택하기로 결정을 했다고 생각해 보자. 그런데 B가 x를 선택하겠다는 선호에 대해서 A가 영향을 끼쳤다는 사실이 가능할 수 있다. 이 경우는 단순히 A가 구체적인 장소와 시간 속에서 B로 하여금 개입이 없었더라면 하지 않았을 일을 선택하도록 함으로 y보다 x를 선택하게 하였다는 차원의 문제가 아니다. 그것은 또한 B로 하여금 선택과정에서 w와

z가 의제에 포함되지 않도록 영향력을 행사했다는 차원의 문제도 상회한다. 오히려 A는 B로 하여금 x를 좋아하게끔 유도함으로 자연적으로 x가 선택되는 사태가 야기되도록 했다는 점에서 '제 3 차원적 힘'의 특성이 드러난다.

물론 루크스의 힘에 대한 세 번째 차원의 분석도 완벽한 것은 결코 아니다. 만일 개인이 지니게 되는 선호에 대하여 모두 '사전에' 행사되는 힘이 있는 것으로 상정한다면, 그러한 현실적 선호 대신에 존재해야 하는 '진정한 선호'란 과연 어떤 것일까? 여기서 루크스는 '진정한 이익(genuine interest)'을 염두에 두고 있는 것 같다. 그러나 문제는 '진정한 이익'을 어떻게 규정할 것인가 하는 점이다. 알코올 중독자에게 있어 '진정한 이익'이 무엇인가를 개념화하기란 그다지 어렵지 않다. 술을 절제해야 한다는 점은 본인을 포함하여 누구에게나 명백하기 때문이다. 그러나 정상적인 생활을 하고 있는 다수의 일반 사람들에 관한 한, '진정한 이익'을 정의하기란 어려운 일이 아닐 수 없다. 시장 사회에 살고 있는 노동자들에게 있어 '진정한 이익'이란 사회주의 사회를 건설하는 데 있는 것인가? 사회주의자들은 이에 수긍할 것이나,[3] 자유주의자들은 단호히 이를 거부할 것이다.

'진정한 이익'의 개념을 규명하기 위해서는 인간에게 필요한 '일차적 재화(primary goods)'나 기본욕구(basic needs)가 무엇이며,[4] 인간의 '좋은 삶(good life)'이 무엇인가 하는 문제가 먼저 규정되어야 할 것이다. 그러나 이러한 문제점에도 불구하고 국가가 교육을 통하여 이데올로기적 기능을 수행한다는 점이 비교적 확실하다면, 루크스가 시도한 제 3 차원적 힘의 비전은 적어도 부분적으로나마 유의미한 것으로 평가해야 하겠다. 그러므로 국가의 권력이라고 할 경우, 단순히 '1차원적 힘'의 개념뿐 아니라, '2차원적 힘' 및 '3차원적 힘'의 개념까지 포괄적으로 내포하고 있는 것으로 받아들여야 할 것이다.

결국 '권력'이나 '힘'의 현상과 관련하여 중요한 사실은 A자신의 주도적 역량에 의하여 타인 B에 의한 항거나 반대를 극복한다는, 원인론적 접근에 의한

---

3) 이와 관련하여 쉐보르스키와 슈프라그(A. Przeworski and J. Sprague 1985)의 '전환의 계곡(valley of transition)'의 개념은 매우 흥미롭다. 그들에 의하면, 자본주의 사회의 노동자들의 진정한 이익은 사회주의 건설에 있으나, 그 목표가 장기적이고 또한 선거과정을 거쳐야 함으로 단기적 비용을 회피하려는 노동자들의 이기주의적 경향 때문에 사회주의 건설이 어렵다고 주장한다.

4) '일차적 재화'라는 표현은 롤즈(J. Rawls)가 사용하고 있으며, 일반적으로 'basic needs'로 지칭되는 '기본 욕구'나 '기본 필요'의 개념이 많이 통용되고 있다

힘의 비전은 일단 야기된 항거나 반대를 '사후에(ex post)' 효율적으로 대처한다는 차원으로 이해되고 있지만, 이보다 더욱 적극적으로 나아갈 여지도 있다는 사실이다. 혹시 항거나 반대를 '사전에(ex ante)' 무산시킬 수 있다면, 그것은 훨씬 더 강력한 A의 능력을 과시한 셈이 되지 않겠는가? 바크라크(Bachrach)나 배러츠(Baratz)가 말한 '비결정(nondecision)'이나 루크스(Lukes 1974)의 '제3의 얼굴로서의 힘'에 대한 통찰의 의미는 일단 야기된 항거나 반대에 대해서 사후에 대처한다는 차원보다 그 이전에 항거나 반대가 일어날 수 없도록 조처하는 힘이라면, 원인의 범주에서 작용하는 A의 힘의 위력은 훨씬 효과적이며 단연 돋보일 수 있다는 점이다.

이처럼 '사전'이나 '사후'에 타인으로부터 기인하는 항거나 반대를 제압하고 행위자 자신의 뜻을 이룰 수 있는 능력으로 힘을 조망하면서, 원인론적 범주에 의거하여 힘을 효율적으로 구사할 수 있는 현저한 방안이 있다면, 그것은 행위자가 일정한 자원(resources)을 확보하는 경우이다. 자원이라고 지칭할 때, 건강한 육체나 슬기로움, 타고난 특출한 재질 등의 '내적 자원(internal resources)'을 들 수 있는가 하면, 돈이나 재산, 총칼 등의 무기, 혹은 투표권 등의 '외적 자원(external resources)'이 포함될 수 있다.

하지만 한편으로 행위자가 일정한 자원, 특히 남보다 우월한 자원을 보유했기 때문에 타자의 저항을 물리치고 뜻한 바를 이룰 수 있었다는 원인론적 접근은 민주사회에서 운위되는 정치·사회적 힘을 적절하게 조망하는데, 일정한 한계를 노정하는 측면이 있다. 민주사회에서 각 시민들이 동등한 힘을 갖고 있음은 주지의 사실이다. 각 시민은 '1인 1표'로 특징지어지는 동등한 자원을 소유하고 있기 때문이다. 그럼에도 불구하고 어떤 유권자들은 '승자 연합(winning coalition)'에 편입되어 자신의 소망과 기대를 성취할 수 있는 반면, 일부 유권자들은 '패자 연합(losing coalition)'으로 전락하여 뜻하는 결과를 성취할 수 없는 것이 현실이다. 이러한 경우, 각 시민이 일정한 자원, 즉 투표권을 행사할 수 있는 힘을 평등하게 지니고 있다는 사실이 무슨 각별한 의미를 갖겠는가?

그러나 그럼에도 불구하고 '원인으로서 힘'의 개념을 비교적 온전하게 옹호할 수 있는 여지가 없는 것은 아니다. 배리(B. Barry 1980)의 통찰을 원용하면, '정치적 힘'과 '성공에 대한 전망'으로 구분하는 것이 가능하기 때문이다.

다음과 같은 사례를 가정해 보자. A, B, C 세 사람으로 구성된 위원회에서 각 사람은 한 표씩 행사할 수 있으며, 또한 모든 사안이 다수결에 의하여 결정되는 상황이다. 결정되는 모든 사안의 90% 영역에서 A와 B는 상호연합하여 C에 대항한다. 이 상황이라면 A, B, C가 동등한 힘을 보유하고 있다고 단언할 만하다. 구성원 각자가 한 표 이상이나 한 표 이하도 아닌, 오로지 한 표만을 행사하고 있기 때문이다. 그러나 다른 측면에서 보면 C는 A와 B에 비하여 소기의 목적을 이루지 못하는 경우가 거의 90%나 된다. 이 경우 C는 A와 B보다 힘을 적게 갖고 있다고 규정해도 무방하다. 그러나 원인의 범주에서 힘을 조망하려는 입장에서 보면, 전자가 본의적 의미에서 '힘'의 범주에 속하는 반면, 후자에 관한 한, '힘'이라고 규정하는 데 주저하게 된다. 후자는 일종의 성공이나 실패의 확률로서 힘과는 구분된다고 볼 수 있기 때문이다.

특히 이 경우 원인론적 범주의 힘이 비전을 고수한다면, C는 힘을 적게 가지고 있는 것이 아니라, 다만 '성공의 전망(prospect of success)'을 적게 갖고 있는 것에 불과하다고 볼 수 있다. 타자로부터 저항을 물리칠 수 있는 자원의 범주에서 힘은 위원회의 3인에게 균등하게 배분되고 있기 때문이다. 그러므로 힘의 현상과 관련하여 원인의 범주로 접근하는 비전이 분석적 수준에서 한계점을 지니고 있다는 점에 주목하면서도, 한편으로 그러한 힘의 비전이 정치·사회적으로 관심이 되고 있는 국가권력의 현상을 비교적 유의미하게 조망하고 있다는 사실을 인정하는 데 인색할 필요는 없다.

III. 권위의 본질

'권위(權威)'는 '권력(權力)'과 다르다. 셰익스피어의 『리어왕』을 보면, 켄트는 리어왕에게 "당신은 당신의 용모에서 내가 주인이라고 부를 수 있는 그 어떤 것을 가지고 있습니다"라고 고백한다. "그것이 무엇인가" 하고 리어왕이 묻자, "권위"라는 것이 켄트의 답변이었다. 그런가 하면, 로마시대에도 권위의 개념은 널리 알려져 있었다. 신약성서(루가 7:8)에서 백부장은 "나는 권위를 갖고 있는 사람으로 내 권하에 부하들이 있습니다. 내가 이 사람에게 가라하면 그는 갑니다" 하고 언급하고 있다. 그러나 물론 권위를 갖고 있던 백부장도 자기

자신의 문제를 가지고 있었던 것이 분명하다.[5] 본 맥락에서 우리는 백부장이 직면했던 신상문제와는 달리, 권위에 관한 개념상의 문제에 봉착하고 있다고 할 것이다.

'권위'란 무엇인가? 라틴어 auctoritas, 영어 authority로 지칭되는 권위는 권력과는 달리 규범성을 전제로 하고 있다. 라틴어의 '아욱토리타스(auctoritas)'의 어원은 "점진적으로 자라난다"는 augere에서 유래한 것으로, 보다 직접적으로는 '저자(著者)'를 의미하는 '아욱토르(auctor)'에서 나온 것이다. 도시, 가족, 혹은 책이나 사상의 창시자, 혹은 설립자로서, 영어 author의 어원이 되는데, 결국 가족숭배, 조상숭배와 관련이 있는 규범적 힘을 시사하고 있다. 역사적으로 보아도 '아욱토리타스'는 황제보다는 원로원(senatus)의 권한을 지칭했다. 즉 원로원의 결정은 황제(imperator)가 가지고 있었던 '포테스타스(potestas)'의 결정처럼, 물리적 강제력이 수반되기보다는 단순한 권고나 조언 등의 성격이 짙었는데, 그럼에도 불구하고 황제는 물론, 공적 업무를 담당하는 관리들도 원로원의 결정을 경시할 수 없었다.

물론 오늘날 '권위'를 논의하면서 원로원이 행사한 유형의 권위에 전적으로 의존할 수는 없겠으나, 그렇다고 하더라도 권위는 권력과는 달리 도덕적 특성을 지니고 있다는 사실을 부정하기 어렵다. 우리는 특히 권위의 성격과 관련하여 피터스(R. S. Peters 1967, 86-87)의 통찰을 원용하여 분석적 차원에서 세 가지로 나누어 점검해 볼 수 있다. 첫째로 권위는 전문지식을 지칭하고, 둘째는 단순한 영향력을 의미하기도 하며, 세 번째는 명령을 내릴 수 있는 권한을 의미한다. 국가권위나 정치권위에 관심을 갖고 있는 본 연구의 관점에서는 세 번째의 용례에 주목할 수밖에 없을 것이나, 그럼에도 국가권위는 적어도 간접적으로는 첫번째의 용례나 두 번째의 용례도 내포하고 있다는 점을 강조할 필요가 있다.

권위의 세 가지 범주는 비교적 뚜렷이 구분된다. 첫째로 A가 x에 권위를 갖고 있다고 말할 경우, A가 x에 정통한 경우를 의미한다. A가 고고학에 권위를 갖고 있다고 할 경우, 사람들이 최근 발굴된 선사시대의 유물들에 대하여 묻는다면, A는 자신 있게 설명할 수 있을 것이다. 여기서 권위에 대한 관건은 '지식'이다. 물론 '지식'이 정치권위의 근거가 된다고 주장하는 견해가 없는 것은

---

5) 루가복음에 나오는 백부장은 병에 걸린 자신의 부하를 고쳐 달라고 예수그리스도에게 간청하고 있었다.

아니며, 특히 플라톤의 비전이 이와 깊은 연관을 맺고 있지만(김용민 1999), 국가권위에 대한 본질적 특성을 감안할 때, 그러한 지식의 비전은 그다지 유의미한 것은 아니다. A가 정치적 권위를 갖고 있다고 말할 경우, A가 정치분야에 전문지식과 탁월한 식견을 갖고 있음을 의미하는 것은 아니기 때문이다. '지식으로서의 권위'는 대학에서 정치학개론을 가르치는 대학교수에 해당될 뿐, 대통령이나 국회의원의 정치권위를 설명할 때는 대단히 미흡하다.

　두 번째로 권위는 영향력을 의미하기도 하는데, 때때로 '실질적인 권위(de facto authority)'와 동일시된다. A가 어떤 일 x를 수행하는 데 있어 B로부터 조언을 구하고 B의 말을 듣는다면, B야말로 A가 경청하는 믿음직스러운 사람인 셈이다. 이 경우 A는 B가 아닌 다른 사람의 말에 대해서는 그다지 주의를 기울이지 않을 정도로, B의 말이 요긴하다고 생각할텐데, A에 대한 B의 영향력은 현저하다고 할 수 있다. A가 대학에 진학하는 데 있어 아버지나 어머니보다 담임선생님인 B의 조언을 경청한다면, B의 권위는 현저한 셈이다. 혹은 시민단체들이 작성한 국회의원 낙천·낙선자 명단이 유권자들에게 큰 영향을 미쳤다면, 시민단체들의 권위는 대단하다. 중요한 것은 이러한 의미의 권위란 '실질적 권위'라고 부를 수 있는 것으로 단지 '영향력'이며, 그것도 '우연적인 영향력'에 불과하다는 사실이다. 시민단체들이 시민단체내 일부 지도층 인사의 스캔들로 인하여 유권자들에게 인기를 잃는다면, 시민단체들이 공표한 낙천·낙선자명단은 별로 커다란 영향력을 발휘할 수 없을 것이다. 결국 '실질적 권위(de facto authority)'로서의 영향력은 정치권위의 본질적 특성에 속하는 복종을 요구할 수 있는 '요구권(claim rights)', 즉 '고유권한(entitlement)'의 속성을 결여하고 있는 셈이다.

　마지막으로 권위의 세 번째 의미는 바로 사람들에게 복종을 요구할 수 있는 '요구권'에 관한 것이다. 만일 A가 복종에 관한 '요구권'을 갖고 있다면, A는 일정한 결정을 내릴 수 있는 권한을 갖고 있는 셈이며, 다른 일정 범주의 사람들은 이에 복종할 일정한 이유가 있다고 할 수 있다. 이 권한은 '명령을 내릴 수 있는 권한(entitlement to command)', 혹은 '다스릴 수 있는 권리(right to rule)'로서, 문제의 권한이야말로 정치적 권위나 국가의 권위에 내재한 본질적 특성이다. 달리 말하면 공적 영역에서 불거지는 사안과 관련하여 정책적 선택을 할 수 있는 권한이다. 이를 일반적으로 '법적인 권위(de jure authority)'

로 지칭하는데, 본 맥락에서 권위는 하나의 권리로서 명령할 수 있는 권리임을
강조하고자 한다.

보다 분석적 차원에서 명령할 수 있는 권리로서 권위의 본질을 조명하기
위하여 다음과 같은 명제를 제안한다. "A가 B에게 x를 이행하기를 요구한다는
사실이 ① B에게 x를 이행해야 할 일정한 규범적 이유를 제공하고, 이와 아울러
② x가 아닌 y를 이행해야 할 일정한 이유를 제외한다면, 바로 그 경우에 한하
여, A는 B에 대하여 정치적 권위를 갖고 있다고 말할 수 있다."[6] 이 개념 규정
에 대하여 좀더 부연 설명해 보자.

우선 지적해야 할 점은 규범적 이유라고 할 때, 문제의 개념은 법적이고 실
용적이며, 윤리적 이유의 범주들을 모두 포함하고 있다는 사실이다. 만일 A가
"나는 왜 세금을 납부해야 하는가" 하는 의문을 제기했을 때 "세금을 납부하지
않는 것은 법을 어기는 행위"라고 답변한다면, 자유민주주의 체제하에서 충분히
순리적인 규범적 이유를 제공하는 셈이다. 또한 "세금을 내지 않으면 제재를 받
게 될 것"이라고 대답한다면, 이 경우는 실용적 이유라고 말할 수 있다. 제재가
가해지기 때문이 아니라, 제재를 피하기 위한 방편으로 세금을 낼 이유가 개진
되었기 때문이다.

그러나 이번 연구에서 가장 관심을 가지고 있는 부분이라면, '윤리적인' 이
유이다. 규범적 이유가 도덕적 이유가 되는 경우가 바로 그것이다. 예를 들어
"도덕적으로 나는 왜 세금을 내야 하는가" 하는 질문을 한다면, 바로 도덕적 이
유를 묻고 있는 셈이다. 중요한 사실은 권위를 말할 때 어떠한 경우든, 일정 수
준의 규범적 요소가 결여되어 있다면, 명령을 내릴 수 있는 권한의 정당성 논리
가 부재한다는 것이다. 규범적 요소가 결핍되어 있을 경우, 우리는 일반적으로
기껏해야 '권위'가 아닌 '권력'의 현상에 노출되어 있다고 보아도 무방하다.

그런가 하면 두 번째로 규범적 이유를 '일정한 이유'라고 규정한 점에 유
의해 보자. 문제의 표현에서 '최종적인' 이유를 의미하는 것은 아니라는 점이
중요하다. 국가에 복종할 규범적 이유가 있다고 해서, 그것이 '절대적' 성격을
띠고 있는 것으로 반드시 받아들일 필요는 없는 셈이다. '일정한' 규범적 이유
라고 할 경우, 다른 더 절박한 이유들에 의해서 도전을 받을 수 있고, 때때로 다

---

6) 이러한 권위에 대한 개념규정은 래즈(J. Raz 1979, 1986)의 개념을 약간 수정한 형태로
   원용한 것이다.

른 더 소중한 가치에 양보해야 할 경우도 없지 않다. 그러나 한편 '일정한 이
유'라고 했을 때, 그 중대성과 가치는 일정 수준 담보된다고 할 수 있다. 즉 '일
정한 이유'는 단순히 일상적인 이유로 다른 가치와 수시로 호환될 수 있는 사
소한 이유는 아니며, "다른 조건이 동일하다면(ceteris paribus)," 다른 규범적
이유보다 선행하는 이유라고 하겠다. 예를 들어 부모에 대한 복종과 국가에 대
한 복종이 충돌할 때, "다른 조건이 동일하다면," 국가에 대한 복종이 우선한다
는 의미에서 받아들일 수 있는 선행성(先行性)이다. 그러나 국가 맹종주의자의
경우처럼, "모든 사안들을 고려해 보았을 때," 국가의 명령이 복종행위에 대한
'절대적인' 규범적 이유를 구성한다고는 말할 수 없다.

세 번째로 정치권위는 특정한 공공 범주의 사람들에게 해당된다는 점을 강
조할 필요가 있다. 정치권위는 적어도 일정 영토 안에 살고 있는 특정 사람들을
대상으로 하고 있는 것이지, 세계에서 보편적으로 통용되는 것은 아니다. 즉 위
싱톤에서 통용되는 정치권위는 서울에서 통용되는 정치권위와 같은 것이 아니
며, 따라서 정치권위는 구체성을 띠고 있다. 이러한 의미에서 정치권위는 자연
법과 같은 구속성을 지니고 있다고 할 수는 없으며, 단순히 구체적인 실정법으
로서의 한계를 감내할 수밖에 없다. 예를 들어 x국가에서 운전자 좌측통행의 교
통법을 시행하는 반면, y국가에서는 운전자 우측통행의 교통법을 시행할 수 있
다. 또한 각 국가에서 발견되는 법의 차이야말로 정치권위의 구체성을 웅변하고
있다고 하겠다.

네 번째로 규범적이며 도덕적인 이유라고 했을 때, 모든 사람들에게 일률적
으로 통용되는 동일한 형태의 도덕적 이유를 상정할 필요는 없다. 사람들에게는
x를 해야 한다고 느끼는 일정한 규범적 이유만 있으면 충분한 것이며, 모든 사
람들에게 x를 해야 한다고 느끼는 동일한 규범적 이유를 개진할 필요는 없다는
의미이다. 물론 앞으로 국가에 복종해야 할 규범적 이유를 제시하고 비판적으로
논의하는 과정에서 자연스럽게 부각되겠지만, 국가에 복종해야 할 이유는 단일
적인 것이 아니라 복합적이다. 또한 이들 규범적 이유들은 상호간에 경합적이기
조차 하다. 개인주의자들이라면, 공공재 공여나 협력적 행위의 필요성에서 혹은
개인 자신이 동의했다는 점에서 국가권위에 복종할 규범적 이유를 찾을 수 있
을 듯하다. 그러나 공동체주의자들이라면, 국가공동체의 탁월성과 도덕적 가치
에서 국가에 복종해야 할 규범적 이유를 추구할 수 있다. 따라서 유의해야 할

점은 A가 공공재 공여의 필요성 때문에, 혹은 B가 자기자신이 동의했다는 사실로 인하여 국가복종에 대하여 규범적 이유를 발견하는 것은 충분히 논리적으로 가능한 일이라는 사실이다. 결국 상기의 개념규정에서 규범적 이유라고 할 때, 그 규범적 이유가 모든 사람들에게 동일하게 해당되는 규범적 이유가 되어야 한다고 주장하는 것이 아님을 강조하고자 한다.

마지막으로 국가권위에 대하여 지적하고 싶은 요소라면, 상기의 권위에 대한 정의 자체에서 형식적이며 '내용중립적(content-neutral)', 혹은 '내용독립적(content-independent)'인 요소가 강하다는 사실이다. 만일 A가 B에 대하여 권위를 가지고 있다면, A가 B에게 x를 이행하기를 요구하고 있다는 단순한 사실이 B에게 x를 이행할 일정한 이유를 제공하고, x를 이행하지 않을 이유 중 일부를 제외시키게 된다. 그러나 만일 B의 입장에서 A가 자신에게 요구하는 사항에 대하여 그 내용을 곰곰이 심사숙고하고, 그 후에 비로소 A의 요구에 대해서 따를 것인가 말 것인가를 결정하게 된다면, A와 B의 관계는 결코 '권위에 입각한 관계'라고 말할 수 없다. 이 경우, A가 B에게 x를 이행하기를 요구하고 있다는 사실은 '정의'의 규범에 의하여 설명할 수 있을지언정, '권위'의 범주에 의하여 설명할 수 있는 것은 아니기 때문이다. B는 결국 독자적인 결정자이며 선택자로 남아 있는 셈이다.

국가권위에서 나타나는 특징적인 사실은 내용 중립적인 명령의 성격으로서 '최고의 권위(summa auctoritas)'의 성격을 지니고 있다는 점이다. 국가의 권위와 다른 권위들이 충돌할 때, 국가는 언제나 우선성을 주장하고 있다. 이것은 흔히 '주권(sovereignty)'의 개념으로 지칭되는데, 국가의 최고권위야말로 국가의 내용 중립적인 명령을 매우 돋보이게 만드는 요소가 아닐 수 없다.

물론 국가권위에 핵심적인 '내용중립적인' 요소는 쟁점이 될 수 있다. B가 국가의 명령에 대하여 무조건적으로 복종한다면, B는 아마도 '국가복종자'보다는 '국가맹종자'가 되는 셈이기 때문이다. 이 문제는 시민불복종문제와 연계되어 있어 본 맥락에서 간단하게 설명될 수 있는 사안이 아니다. 국가는 때때로 자신의 명령에 대한 정당한 이유를 제시하기도 하고 B는 이에 대하여 '실천적인 추론(practical reasoning)'을 하기도 한다. 그러나 그럼에도 불구하고 강조하고자 하는 것은 '권위의 문제'는 '도덕의 문제'나 '정의의 문제'와는 다른 범주의 문제로서, 만일 국가의 요구에 대하여 B가 정의의 관점이나 도덕의 관점에서 항상 시시비비를 가려서 복종과 불복종문제를 결정하고자 한다면, 그것은 '권위관계'가 아니라는 사실이다.

이제 마지막으로 강조의 차원에서 권위와 권력에 대한 차이점을 부각시켜 보자. 권력에 관한 한, '권위'에 관한 상기의 명제를 변형시켜 접근할 수 있을 듯하다. 즉 "A가 B에게 제재를 가하는 강제력을 행사할 수 있는 힘을 가지고 있다"는 사실이 ① B에게 x를 이행할 일정한 이유를 제공하고 ② x가 아닌 y를 이행할 일정한 이유를 제외하게 된다면, '권력'에 대한 명제로 자리매김할 수 있다고 생각된다. 이 명제에서 규범적 이유가 삭제되어 있다는 사실에 유의할 필요가 있다. 결국 '권위'의 개념과 연계 없이 '권력'의 개념을 설명할 수 있다는 점이 중요한 셈이다.

Ⅳ. 권위와 권력의 관계

이상의 논의를 통하여 권위(權威)와 권력(權力)의 개념을 개별적으로 설명하였다. 이 두 가지 개념은 각기 다른 현상들을 지칭하고 있음이 분명하지만, 한편으로는 상호간에 공존하거나 보완적으로 사용되는 측면이 엄존하기 때문에, 이 둘 사이의 관계가 무엇인가 하는 점에 있어, 불확실성의 요소가 있는 것이 사실이다.

'권위관계(authority relation)'라는 용어를 사용할 때, 정당성이나 법적 절차 등, 규범성을 함의하고 있는데 반하여, '권력관계(power relation)'라고 말할 경우에는 한 사람이나 한 집단의 사람들이 다른 사람들의 행위에 영향을 미치게 되는 '인과적 요소'를 내포하고 있는 것으로 지적한 바 있으며, 실제로 일반적 언어 관행에서도 그 차이를 엿볼 수 있다. 예를 들어 부모의 '권위'나 스승의 '권위'라고 할 때, 거기에는 도덕적 힘이 내포되어 있는 반면, A가 '권력'을 휘두르고 있다고 할 때, A의 뜻대로 사람들이 움직인다는 의미를 갖는다. 그러나 물론 이러한 용법(用法)이 절대적인 것은 아니다. 언론에서는 정부의 행위를 설명할 때, '권력'의 개념으로 충분한 경우에도, 사법부의 '권위', 혹은 정부의 '권위'라는 개념을 사용한다. 정부가 매매춘이나 원조교제를 금지한다고 했을 때, 이 조치가 사람들의 행동에 인과적 영향을 미치는 것은 사실이나, 정부의

'권한'이나 '권위'라는 용어를 사용하고 있지 않은가! 그런가 하면 사회과학도들이 '지역사회의 권력(community power)' 구조를 말할 때, 인과적 관계에 초점을 맞추고 있음이 확연하지만, 그렇다고 해도 조직 폭력배들이 휘두르는 힘, 즉 완력을 의미하는 것은 아니다. 이처럼 일반 언어생활에서 관찰할 때, '권위'와 '권력'은 호환적으로 사용되는 경우가 적지 않기 때문에, 양자는 자주 개인의 자율이나 자유에 대한 위협으로 투영되고 있다.

그렇지만 분석적 논의의 목적상, 국가 권위의 특성을 설명하고자 할 때, 양자는 일단 분리하는 편이 온당하다. '권위'와 '권력'을 구분할 경우의 한 기준이라면, '권위'는 규범적 개념으로, '권력'은 실증적 개념으로 접근하는 방안이다. 본질적으로 '권위'를 갖고 있는 개인 A에 대하여 문제를 제기한다면, A가 일련의 규칙의 테두리 내에서 명령을 내리고 결정이나 제안을 할 권한을 지니고 있는가 하는 등의 규범적 질문을 하는 셈이다. 물론 특별한 규칙과 절차를 거론하지 않더라도 '권위'에 관한 개념을 사용하는 것이 불가능하지는 않다. 사회에 영향력이 있는 재야의 한 원로가 국가가 직면한 난국타개에 대하여 의견을 밝히면, 그 의견은 국민들에게 영향력을 가질 수 있다. 따라서 '권위'를 묘사할 때의 용어는 전적으로 '규정성(prescriptivity)'을 지닌다고 하겠다.

물론 '권위'가 소기의 효력을 발생하고자 한다면, 혹은 '권위적인 법'들이 시민들에게 복종을 요구한다면, 일정한 조건의 충족이 선행되어야 할 것이다. 명령할 '권한'은 있으나, 이를 시행할 수 있는 효과적인 힘이 없을 경우, 정치적으로는 별로 의미가 없다. 그것은 이름뿐인 유명무실한 '권위'가 되기 때문이다. 그러나 '권위'에 관한 정당한 주장을 하기 위해서는 단순히 효율성(efficiency)이나, '효능성(efficacy)'의 기준만을 충족시킬 것이 아니라, 정당성(legitimacy)의 기준을 충족시켜야 한다는 점을 강조할 필요가 있다. 특정 개인 A가 '권위'를 갖고 있느냐의 여부는 단순히 A가 스스로 원하는 목적을 이루는 데 성공했느냐 하는 점만을 고려해서 결정할 수는 없는 노릇이다. 그러나 한편으로 이러한 '권위'에 대한 규범적 개념 규정이 보편적인 것이라고는 단언할 수 없으며, '권위'의 개념도 실증적 개념에 속하는 이상, '권위'와 '권력'은 질적 차이라기보다는 정도의 차이에 불과하다고 주장하는 견해들도 없지는 않다.

그러나 권위관계를 규범적 개념으로, 권력관계는 실증적 개념으로 간주하고자 하는 것이 본 연구의 입장이다. 특히 권력관계에 대하여 말할 때, 인과적(因

果的) 설명에 부합하는, 미래 행동에 관한 예측적 성격을 함의한다고 보여지기 때문이다. 즉 '권력'에 대해서 언급할 경우에는 '규칙'에 관해서 언급하는 경우와는 달리, 정치·사회적 결정 상황에서 어떤 개인, 혹은 어떤 집단이 우세할 것인가를 예측하는 데 초점을 맞추는 등 인과론에 의존하고 있다. 예를 들어 사회에서 "누가 권력을 행사하고 있는가," 혹은 "한국 사회는 누가 지배하고 있는가" 하는 문제를 조명하고자 한다면, 가치중립적 차원에서 정치·사회적 결정에 관한 실증적이며 경험적인 접근 방식을 원용하는 것이지, 규범적인 접근을 하는 것은 아니다. 혹은 '권력 엘리트(power elite)'라고 표현할 경우에도 마찬가지의 함의를 지니고 있다고 할 수 있다.

　　그런데 권력을 순수 실증적 관점으로 접근하는 방식에 있어 봉착하는 문제는 이미 전항에서 지적한 바와 같이 권력이 무엇을 의미하고 있는지에 대하여 합의가 이루어져 있는 상황이 아니라는 점이다. 코널리(W. Connolly 1983)와 루크스(S. Lukes 1974)는 '권력'이 "본질적으로 쟁점이 되는 개념"이라고 주장한 바 있거니와, 충분할 정도로 설명력과 예측성을 지닌 '권력'의 개념이 있다면, 이 개념을 원용하는 데 커다란 어려움은 없을 것이다. 그렇지만 실증적인 사회과학에서 문제가 되는 것은 바로 권력의 개념을 어떻게 '조작화(operationalization)'할 것인가 하는 문제이다. '결정'과 '비결정', 그리고 '구조적 힘(structural power)'으로 불리는 권력의 '제2얼굴' 및 '제3얼굴' 등이야말로 권력의 정의에 따르는 어려움을 반증하는 셈이다.

　　그러나 한편으로 '권력'의 개념을 인과관계나 예측성에 의하여 이해하고 '권위'에 관한 '규정적(prescriptive)' 용법과 대비시킨다고 해도, '권력'의 행사가 비교적 규범적 차원에서 정당화될 수 있는 가능성을 부인하는 것은 아니라는 점을 각별히 강조할 필요가 있다. 일반 시민들은 경찰의 '권위(權威)'에 순응하지만, 범죄자는 경찰이 '공권력(公權力)'을 행사할 때 비로소 제압될 수 있지 않겠는가! 또한 한국사회에서 '제왕적 대통령(Caesarian president)'이라고 지칭할 정도로 대통령의 권한이 너무 비대하다고 할 때, 혹은 야당 국회의원이나 무소속 국회의원을 끌어올 정도로 정부·여당의 힘이 막강하다고 할 때, 문제의 권한이나 힘의 개념은 정치 지도자나 관료들의 행위가 사법부나 입법부의 독립성을 위축시키고 개인들의 자율적 선택을 과도하게 제약한다는 의미에서 사용되지만, 비록 그러한 힘이 인과적이라고 해도 은행강도의 '힘'과 비교될 수 있는 것은 아니며, 일정한 적법성(適法性)을 충족시키는 측면을 부정하기 어렵다. 그러나 엄밀한 의미에서 볼 때 정치 지도자나 은행 강도는 그들이 사용할 수 있는 '강제력'이 있기 때문에 사람들을 자신들이 원하는 방식으로 행동하게끔 만드는 것이 사실이다.

그런가 하면, '권위'에도 부정적 측면이 있음에 유의해야 할 것이다. 정치를 '가치의 권위적 배분(authoritative allocation of values)'이라고 표현한 이스튼(D. Easton)의 통찰을 존중한다면, 정치에 강제적 성격의 권력의 요소가 내포되어 있음을 부정할 수 없기 때문이다. 또한 홉스도 국가 권위의 상징을 '말(word)'이 아니라 '칼(sword)'로 표현하지 않았던가. 바로 이 사실 때문에 '권력'과 '권위'는 상이성에도 불구하고 우리에게 친숙한 사회·정치 상황에서 부정적 측면을 공유하는 특성을 지니고 있다고 하겠다. 예를 들어 사형수에게 사형을 집행하는 상황에서 정부의 '공권력'이나 '강제력'을 말할 수 있을 뿐, 정부의 '권위'는 말하기 어렵다. 사형을 집행하려는 정부의 '권위'를 '순순히' 받아들일 사형수가 어디 있겠는가. 물론 조선시대의 양반이 사약을 받을 때 임금이 계신 곳을 향하여 세 번 절하고 '순순히' 사약을 받는 것이 우리 유교 사회의 전통이었다. 그러나 이러한 사례가 교도관들이 사형수를 완력으로 사형집행장으로 끌고 가는 경우와 다른 것은 분명하나, 이러한 경우에도 집행관이나 감시인이 있어 문제된 죄인이 사약 마시는 행위를 머뭇거리거나 지체할 때 재촉하는 역할을 맡지 않았던가. 하지만 사사(賜死)의 경우처럼, 국가에 의한 죽음을 순순히 받아들이는 경우는 일반적 사례보다는 예외적 사례라고 할 수 있을 것이다.

뿐만 아니라, 특정 국가를 '권위주의 국가(authoritarian state)', 혹은 '관료적 권위주의 국가(bureaucratic authoritarian state)'라고 부를 때,[7] '권위'의 부정적 측면, 혹은 강제적 측면이 '권력'의 부정적 측면 못지않게 두드러지고 있다. 개인의 자유 선택이나 양심의 자유, 혹은 표현의 자유가 권위 당국자들의 자의적 명령과 정책에 의하여 심각할 정도로 통제되는 국가, 즉 개인의 사적

---

7) '관료적 권위주의국가'는 라틴아메리카에서 출현한 일련의 특성을 지니고 있는 비민주적 국가를 지칭하고 있었다. 즉 첫번째 단계의 산업화에 성공한 후, 심화단계로의 발전을 추진하고자할 때 노정하게 되는 정치·사회적 특성으로, 특히 일반시민들의 정치적 참여 배제(political exclusion)와 노동자들의 경제적 참여 배제(economic exclusion)를 특징으로 하고 있었다. 이와 관련하여 오도넬(G. O'Donnell 1967)의 논의를 참조할 것.

영역에 대하여 인과적 차원에서 상당수준 영향을 미치고 있는 국가야말로 '권위주의 국가'인 셈이다. 물론 '권위주의 국가'보다 더할 정도로 거의 완벽하게 개인의 자유와 사적 영역을 억압하는 국가라면 '전체주의 국가(totalitarian state)'[8]라고 지칭해야 할 것이다. 어쨌든 '권위주의 국가'에서 나타나는 부정적 이미지야말로 '권위'의 야누스적인 측면이 아닐 수 없다.

특히 권위관계의 강제적 특성을 조명하기 위하여 '권위관계(authority relations)'는 '시장관계(market relations)'나 '교환관계(exchange relations)'와 다르다는 점을 강조할 필요가 있다. 일찍이 배리(B. Barry 1976)는 권위관계나 권력관계를 교환의 개념으로 설명하고자 시도한 바 있다. A가 B에 대하여 힘을 가지고 있다고 할 때, 즉 위협에 의하여 B의 행동에 영향력을 행사할 수 있다고 할 때, 그 관계는 교환관계로 간주할 수 있는 여지가 있다는 것이 배리의 의견이다. B는 '기술적 의미에서' A의 지시와는 다르게 행동할 수 있는 가능성이 전적으로 닫혀 있는 것은 아니기 때문이다. 제재를 받을까봐 두려워 복종하는 사람도 나름대로 일종의 선택을 하고 있는 셈이기 때문에, 이러한 권력관계를 경제학에서 사용되고 있는 교환의 논리와 똑같이 취급하는 것이 논리적으로 불가능한 발상은 아닐 것이다.

배리의 주장과 관련하여 '권위관계'가 '교환관계'와 공유하는 측면이 있음을 인정하는 데 인색할 필요는 없다고 생각된다. 대통령이나 국회의원은 일부 사회집단으로부터 지지를 받는 대가로 그 집단에 유리한 특정공약을 제시하는 것이 현실이다. 그러나 한편 이러한 방식으로 권위와 교환을 동일시하려는 발상은 양자 사이의 중요한 구분을 은폐하는 결과를 가져오리라고 우려된다. 실상 대통령이나 국회의원이 특정 이익집단과 상호거래를 할 수 있다는 것은 이미 대통령이나 국회의원이 교환 이전에 권위를 가지고 있다는 사실에서 설명가능한 일이 아니겠는가! 이 경우에 교환이 가능한 것은 권위적인 결정을 내릴 수 있는 권한이 이미 전제되어 있기 때문이며, 이 점에서 권위가 전제되지 않은 단순한 시장의 교환과는 구분될 필요가 있다.

---

8) '전체주의 국가'는 일당독재와 조직적 테러 등을 작동양식으로 삼고 있는 국가사회주의 국가의 특성으로 칼 프리드리히(Carl Friedrich 1954)와 부르진스키(Z. Brzezinski 1956)가 규정한 용어이다. 전체주의 국가는 시민들의 자유와 권리, 및 사적 영역을 원천적으로 봉쇄한다는 점에서 부분적으로 사적 영역을 통제하는 '권위주의 국가'보다 훨씬 더 '닫힌 사회'라고 하겠다.

그런가 하면 배리에 대한 보다 직접적인 반론도 가능하다. 자신의 선택의 자유가 B의 제재의 위협에 의하여 제한을 받는 사람 A는 그만큼 자신의 의사가 다른 사람 B에 의해서 영향을 받았다고 할 수 있다. 그러나 그러한 위협 없이 다른 사람 D와의 교환 관계에 들어가는 사람 C는 자신의 의사를 자율적으로 행사하는 셈이 아니겠는가! 권위관계나 권력관계의 특성이 일반적으로 자유의 제한이나 자유의 감소를 의미한다는 점을 부인할 수 없다면, 교환관계에 관한 한, 자유의 감소가 수반된다고 단언할 수는 없는 노릇이다.[9] 물론 이미 지적한 바와 같이 교환이 권위를 전제로 하여 이루어지는 한, 자유와 권위는 공존이 불가능하지는 않을 것이다. 그러므로 선거의 경우, 유권자나 정당 혹은 이익단체와 정당 사이에서 이루어지는 정치적 거래나 '주고받기(quid pro quo)'에서 권위는 자유와 공존 가능하겠지만, 다른 유형의 권위 관계는 개인의 자유와 공존하기 어려운 측면이 엄존한다. 정당한 방식으로 집권한 권위 당국자들의 경우에도 재산권 규제나 개발 규제 등으로 개인의 자유를 훼손하는 경우가 적지 않다고 할 수 있고, 특히 이러한 관점에서 털록(G. Tullock)이나 부캐넌(J. Buchanan)이 제안하는 '헌법 민주주의(constitutional democracy)'는 '선거 민주주의'의 자유훼손 사태를 방지하기 위한 정치적 형태라고 말할 수 있을 것이다. 또한 자유주의자들이 국가의 재산권 규제를 반대하는 것도 그것이 교환의 자유를 훼손하고 개인의 자율을 제한하기 때문이 아니겠는가!

이에 비하면 '권력'의 용어 사용에는 '권위'와는 비교하기 어려울 정도로 강한 비하적인 의미가 내포되어 있음을 부인하기 어렵다. 정치학의 담론에서 '권력 관계(power relation)'는 현실주의적 접근 방식을 함유하고 있는 전형적 관계로 상정되어 온 것이다. 정치 행위자의 행동이 규칙에 의하여 제한될 수 없다는 사상은 근대 마키아벨리의 『군주론(the Prince)』에서 확연하다. '권력'의 기술적 측면에 대하여 집중적으로 다루고 있는 것이 『군주론』이다. 『군주론』에서 조망되고 있는 군주는 때로는 '사자'의 얼굴로, 때로는 '여우'의 얼굴로 투영되는데, 마치 지킬 박사와 하이드의 이중적 속성을 방불케 하는 논리로 도덕성과 관계없는 적나라한 권력의 '효율성'만을 의미한다. 이 개념이야말로 권력

---

9) 일반적으로 시장의 교환행위는 '파레토 최적(Pareto-optimal)'이나 '파레토 우위(Pareto-superior)'의 상황으로 간주되고 있다. 이것은 달리 표현하자면 당사자가 원하는 한에 있어서 교환이 가능하다는 의미로서 자유가 최대한 보장되는 상황이라고 말할 수 있다.

이 라틴어로 '포테스타스(potestas)' 못지않게 '포텐시아(potentia)로 표현되는 이유이기도 하다. 권력에 관한 마키아벨리의 비전은 중세 그리스도교의 공동체가 통치자의 권위에 기반이 되는 신법(divine law) 체계, 또한 모든 사람의 행동에 도덕적 제한성을 부과하는 자연법 체계(natural law)에 의하여 운용되고 있다는 명제를 반증하는 의미로 판독할 수 있을 것이다. 이러한 관점에서 정치를 '권력의 추구'로 간주하고 국제질서를 전적으로 도덕성을 찾아보기 어려운, 국가의 이해관계(national interest)의 산물로 간주하는 모르겐소우(H. Morgenthau) 등 현대의 현실주의자들이야말로 마키아벨리의 전통을 이어받고 있는 후계자라고 지칭할 수 있지 않겠는가! 그러나 그럼에도 불구하고 권위와 정통성에 의하여 유지되는 문민(文民)정부가 총칼에 의하여 유지되는 군부(軍部)정권에 대하여 향유하고 있는 도덕적 우위는 부인될 수 없는 일이다. 또한 군부의 목소리보다 의회의 목소리가 큰 정치사회야말로 더욱 더 확고하게 정치적 정통성을 향유하고 있는 사회가 아니겠는가.

그러므로 권력의 강제적 속성을 감안할 때, 국가의 권력 사용에서 각별히 도덕적 정당성을 요구하는 것은 당연한 일이다. 개인 A나 집단 *α*가 명령에 대한 규범적 이유를 제시할 수 있다면, 일반적으로 A나 *α*의 힘은 증가되게 마련이다. 권력의 사용에 있어 도덕적 정당성을 요구하는 것은 어떤 목적을 인과적으로 성취할 수 있는 '능력'으로서의 권력이란 결국 일부 사람들이 또 다른 사람들의 '이익'을 제약하는 현상과 직접적으로 연계되기 때문이다. 그러나 물론 그렇다고 권력의 개념을 '군림하는' 범주로 언제나 부정적 차원에서 접근할 필요는 없다고 생각된다. 권력은 일정한 능력을 의미하는 것으로 '중립적' 의미에서 사용될 수도 있고 특히 권력이 어떻게 사용되느냐에 따라서 긍정적으로 혹은 부정적으로 평가될 수도 있다. 유비적(類比的)으로 표현하자면, 권력은 '불'이나 '칼'과 유사하다고 할 수 있다. 따라서 권력 없는 사회가 가능하다는 명제는 '불 없는 사회'나 '칼 없는 사회'의 비전처럼 수용하기 어렵다고 생각된다. '불 없는 사회'가 프로메테우스가 인간에게 불을 전해 주기 이전의 열악한 사회였다면, 국가권력 혹은 정치권력이 없는 사회는 홉스의 자연 상태처럼 열악한 상태가 아니겠는가! 개인들 사이의 이해관계의 다양성, 혹은 '우선승차(優先乘車)' 행위보다 '무임승차(無賃乘車)' 행위를 선호하는 인간의 약한 동기 등을 고려할 때, '국가가 사라진다'는 명제에서 음미할 수 있는 것처럼, 권력

현상이 전적으로 부재한 상황으로의 목표 설정은 별로 유의미하지 않다고 판단되기 때문이다.

그러나 그럼에도 불구하고 사회 구성원들간의 협력이나 사회질서가 배타적으로 '권력'의 개념에 의해서만 설명될 수는 없다는 것이 본 연구의 의견이다. 사회협력이나 사회질서를 가능케 하는 것은 사회적 가치와 규칙에 대한 구성원들간의 최소한의 합의로서, 집단적 사안을 결정할 수 있는 타당한 방식과 권위적 절차가 존재한다는 사실이 아니겠는가? 일반적으로 사람들은 모든 집단적 사안에 있어서 합의를 이룰 수 없기 때문에 구속력 있는 결정을 내려야 할 권위적 존재에 대한 필요가 성립된다는 피니스(J. M. Finnis 1980)의 입장에 전적으로 동의하는 것은 아니지만, 그럼에도 불구하고 이 사실은 적어도 공감할 수 있는 사회적 절차, 즉 사회적 목적이 아닌 사회적 절차에 대한 최소한의 합의가 요청된다는 점을 시사하고 있다. 물론 혁명적 상황이라면, 특정 범주의 개인들이 자신의 뜻대로 권력을 휘두르거나 전횡할 수 있는 상황이 불가능하지는 않을 것이다. 그러나 권력이 '어지럽게 춤출 수 있는' 기간이란 잠정적인 기간에 불과하다.

결국 사회 질서가 순조롭게 유지되기 위해서는 '권력'은 '권위'로 바뀌어야 할 필요가 있다. 이러한 전환은 특히 자원을 절약하기 위해서도 요구된다. 사회질서와 관련된 모든 사안에서 경찰과 군대 등이 나설 수는 없는 노릇이다. 횡단보도를 건너는 경우나, 교차로의 신호를 지키는 등, 교통질서 유지에도 교통경찰이 일일이 나서서 감시해야 한다면, 질서 유지비용은 얼마나 클 것인가. 그러므로 사회질서가 위협이나 노골적인 무력에 의하여 이루어질 경우에도 일정수준 정당성의 조건이 충족되어야 한다는 점이 중요하다. 적어도 시민들에게 총칼에 의한 위협적인 무력시위를 하는 군인들이라고 하더라도 내면적으로 상사에게는 충성을 바쳐야 하지 않겠는가!

충성이란 적어도 상관의 '권위'에 대하여 도덕적으로 승복한다는 사실을 함의하는 셈이다. 상사가 자신의 신변 안전을 위해 권총 이상의 대포 등으로 중무장할 수는 없는 일이며, 자신의 부하들에게까지 무력으로 복종을 강요할 수는 없는 노릇이다. 당연히 한 사회에서 '권위'가 붕괴되었다는 조짐은 '권력'이 더 많이 사용되기에 이르렀다는 점을 의미한다. 결국 권위 현상이 사회의 규칙적 행동을 설명하는 데 있어 행동 내적 요소를 강조하고 있다면, 권력 현상은 외적 측면에 초점을 맞추고 있다고 하겠다.

V. 국가권위의 특성 : 법적 권위

지난 항목에서 국가권위에 초점을 맞추어 권위와 권력관계의 차이점과 공통점을 조망하였다. 이번에는 국가권위의 고유한 본질을 부각시키기 위하여 세 가지 항목으로 나누어 논의에 임하고자 한다.

1. 법적 권위와 실질적 권위

국가권위가 도덕적으로 정당화될 수 있는 중요한 근거 가운데 하나는 국가가 가진 독점권에 기인하고 있다. 일반적으로 국가가 독점권을 갖고 있다는 사실은 다른 경쟁자가 없다는 의미이다. 그러나 한편으로 이 사실은 국가권위의 도덕적 힘을 평가하는 데 있어 중요한 강점도 되지만, 이에 못지않게 하나의 한계라고 말할 수 있다. 국가권위의 도덕적 힘을 유의미하게 보여 주기 위해서는 적어도 경쟁자와의 경쟁에서 경쟁자의 논리를 이길 만큼 도덕적인 설득력을 갖고 있어야 하기 때문이다. 그러나 도덕적 대안을 내세울 수 있는 경쟁자가 원천적으로 봉쇄된 상황에서, 즉 국가의 주장에 대해 도덕적으로 도전을 할 수 없는 상황에서 국가의 주장은 곧 도덕적인 주장이 될 수밖에 없다.

예를 들어 보자. 국가에 의한 감청(監聽)과 심부름 센터에 의한 도청(盜聽)은 어떤 차이가 있는가? 국가에 의한 감청은 타당하고 도덕적인 반면, 심부름 센터에 의한 도청이 부당하고 부도덕하다고 할 수 있는 근거는 특별한 독립적인 도덕적 기준에 의한 판정이라고 하기 어렵다. 도덕적 잣대는 국가만이 감청권을 독점하고 있다는 실증적 사실에서 기인하는 것이 아니겠는가! 그런가 하면 국가가 사회의 저임금노동자 해소를 위하여 최저임금제를 실시한다면, '차등의 원리(difference principle)'나 '적극적 권리(positive rights)'의 관점에서는 정당화될 수 있겠지만, 시장주의자들이나 '소극적 권리'와 '소극적 자유'를 주장하는 자유주의자들의 '정의감'에는 부합하지 않는다. 그럼에도 어려운 사람들의 생활의 질 제고의 필요성을 강변하여 최저임금제를 실시한다면, 나름대로 국가가 설정한 도덕적 기준에 부합하는 이상, 정당화될 수 있다. 그러나 이러한 방식의 도덕적 정당화란 결국 권위 독점주의에 비롯되는 현상으로, 도덕과 권위는 하나의 '순환현상'을 이룬다고 말할 수 있다.

　법원의 사례에서도 마찬가지 현상을 목격한다. 정치인 A가 표적 사정의 대상이 된 상황에서 "왜 나에게만 유죄 판결을 내리는가" 하며 검찰과 법원에 아무리 억울함을 호소해도 A는 죄인이 될 수밖에 없다. 그 이유는 기소 독점주의에 의하여 변호사협회 등 다른 기관들은 관련자의 유·무죄를 독립적으로 판정할 수 있는 권위를 갖고 있지 못하기 때문이다.

　그러므로 이처럼 국가권위의 특성이 도덕적이라는 명제도 따지고 보면, 매우 빈약하다. 국가의 도덕성이나 순리성을 가늠하기 위해서는 제3의 '비판적 이성(critical reason)'이 작동할 필요가 있겠는데, 국가와 또 다른 개인, 국가나 또 다른 이익집단 사이에 쟁점이 벌어졌을 때, 문제의 도덕성이나 순리성, 정당성 판정을 누가 할 수 있겠는가. 일반적으로 민주국가에서는 법원이 하게 마련이다. 그러나 대법원이 하건, 혹은 헌법 재판소가 하건, 혹은 일반 재판소가 하건, 국가가 스스로의 판단을 도덕적인 것으로 일방적으로 제시하고 있는 셈이 아니겠는가! 대법원의 판단과 상이한 일반 시민들의 판단은 아무리 상식과 사리에 부합한다고 하더라도 권위를 갖고 있지 못하기 때문이다. 다시 말해서 '도덕적 국가'에는 국가 중심주의적 사고가 배어 있다. 따라서 국가권위가 "도덕적"이라고 말하는 것은 인간이 '만물의 영장'이라고 인간 스스로 자부하는 것과 유사하다. '인간이 만물의 영장'이라는 명제에는 인간 중심주의가 들어 있다. 극단적으로 표현하자면, 원숭이도 원숭이의 기준을 설정할 경우, 털 달린 원숭이가 만물의 영장이라고 강변할 수 있지 않겠는가.

　따라서 문제의 현상은 하나의 '순환(循環)'이다. 정부가 취하는 정책과 행동에는 경합이 있을 수 없고 하나밖에 없으니, 그것이 바로 도덕적 혹은 순리적인 범주가 된다. 특정 정책이 도덕성을 함유하고 있기 때문에 정부가 취하는 것이 아니라, 정부가 취한 정책이므로 도덕적인 것이 된다는 논리이다. 국가권위의 논리가 독점권에 있다는 사실이야말로 정치적 권위가 다른 유형의 권위와는 상이한 요소이다. 교사의 '권위', 의사의 '권위', 부모의 '권위'에도 나름대로 독점권이 있으나, 그 독점권은 비교적 상대적이다. 의사 A의 권위는 여러 의사들과 경합하는 중에서 나오게 된다. 환자가 여러 의사를 만나 보고 난 다음, 특정

의사 A의 권위가 성립할 수 있는 것이 아니겠는가. 교사의 권위도 마찬가지이다. A 교사의 '권위'와 B 교사의 '권위'는 동일한 것이 아니며 구분되는 기준은 경합적이라는 사실에 있다. 뿐만 아니라 부모의 '권위'는 교사의 '권위'에 의하여 제한되며, 역도 마찬가지이다. 부모 A가 자녀에게 의사가 되라고 권해도, 교사 B가 그 자녀의 적성이 화가라고 판단한다면, 적어도 두 개의 권위가 공존하기는 어렵기 때문에, 자녀에게 선택권이 있다고 보아야 할 것이다. 그러나 한 나라 안에 국가가 여럿일 수는 없는 노릇이다. 비록 지방 자치단체는 여럿이지만, 국가는 하나이다. 즉 비교의 대상이 없다. 다른 나라와 비교함으로 도덕성을 점검하려고 해도 조건과 상황들이 너무나 판이하다. 절대빈곤에 허덕이는 아프리카 국가와 라틴 아메리카 국가, 혹은 유럽 국가 등은 문화·역사적 배경도 같지 않고 또한 경제 발전의 수준도 다르다. 따라서 "워싱턴에서 옳은 것이 싱가포르에서 옳다"고 할 수 없고, "파리에서 옳은 것이 북경에서 옳다"고 하기 어렵다.

그렇다면 독점권에서 나오는 국가의 권위에는 임의성이 개재될 수밖에 없고, 결국 국가의 도덕성이나 순리성, 혹은 타당성이 자명하거나 완벽할 수 없다는 사실을 시사한다. '국가의 정의'와 '사회의 정의'는 같지 않다. 국가가 내세우는 정의에 '강자(強者)의 정의'가 포함되어 있는 반면, 사회의 정의에는 적어도 '약자(弱者)의 정의'가 배제될 수 없기 때문이다. 물론 국가 권위에 임의성이 개재되어 있다고 해서 그 임의성이 범죄집단 두목이 내리는 명령의 임의성과 비교될 수는 없으며, 또한 "내 수수께끼를 풀면 나라의 반을 주고 딸을 주겠다"는 우화에 나오는 왕의 명령의 임의성과 동일시될 수는 없겠으나, 자기 정당화의 논리를 갖는다는 점에 있어서는 공통점이 있다. 그것은 "내가 했기 때문에 옳고 네가 했기 때문에 옳지 않다"는 논리이다.

일찍이 헤로데 왕은 자신의 생일 잔치 때 딸에게 춤을 추면 나라의 반도 떼어 주겠다고 호기 있게 큰소리쳤다. 결국 살로메는 나라의 반 대신, 요한의 목숨을 원했고 그 소원은 즉각 받아들여졌다. 그런가 하면 솔로몬 왕은 진짜 엄마와 가짜 엄마를 가리기 위해 살아 있는 아이를 둘로 나누라는 반인륜적 명령을 내리지 않았던가. 혹은 『신데렐라』에 나오는 왕처럼, 구두 한 짝을 찾기 위하여 관리들을 동원하고, 『심청전』에 나오는 왕처럼, 환생한 심청의 아버지를 찾기 위하여 모든 맹인을 초대하고 있다. 『심청전』의 왕처럼, 효를 행하는 것은 도덕적 행위임에 틀림없겠으나, 다른 사람의 아버지가 아니라 자신의 왕비의 아버지를 찾아주는 일이라면 임의성을 배제하기 어렵다. 하지만 일반 시민들로서는 '임의적인 효도'에서 임의성을 빼고 효성스러운 왕의 행위를 국가의 도덕적 권위로 칭송할 수밖에 없는 일이다.

결국 국가권위의 특성은 비록 도덕성을 강조한다고 해도, 그것만으로는 부족하고 '법적 권위'의 성격을 지니고 있다는 사실에서 찾아볼 수 있는 셈이다. '실질적 권위(de facto authority)'와는 달리 '법적인 권위(de jure authority)'가 국가권위의 본질이라고 단언할 수 있는 소이가 여기에 있다. 현대에 와서 권위에 대한 본격적 논의는 막스 베버(M. Weber 1947, 324-29)에 의한 세 가지 권위 유형에 대한 분류와 더불어 시작된 바 있다. 베버는 세 가지 유형의 권위를 구분하였는데, '합리적·법적 권위(rational-legal authority)', '전통적 권위(traditional authority)' 그리고 '카리스마적 권위(charismatic authority)'가 그것이다. 합리적·법적 권위는 현대 산업사회의 관료 국가의 특성으로 명령을 내리고 결정을 하는 사람들의 권한은 비인격적인 규칙에 의한 것으로, 그러한 권위는 비교적 합리적 근거에 의하여 정당화될 수 있다. 이에 비하여 전통적 권위에서는 불문율의 성격을 지니면서도 내적으로 구속력을 지니고 있는 규칙들이 현저한데, 이들 권위의 근거는 합리적이기보다는 역사적인 것이라고 할 수 있다. 예를 들어 족장의 권위, 혹은 추장의 권위는 바로 이러한 권위의 범주에 속한다. 그런가 하면 카리스마적 권위는 일단 규칙과는 관련이 없는 권위이다. 다른 사람에게 복종을 요구할 수 있게 만드는 요소는 개인 A의 개인적 특성이라고 할 수 있기 때문이다. 카리스마적 권위의 대표적 사례라면, 역사적으로 뛰어난 영웅이나 호걸들을 들 수 있을 것 같다.

베버에 의하면, 이와 같은 세 가지 유형의 권위는 '이상형(ideal type)'이다. 현실 사회를 정확하게 기술하는 측면보다는 현실 사회를 조망할 수 있는 기준의 성격이 두드러지기 때문이다. 대부분의 사회는 이 세 가지 유형의 권위를 부분적으로 내포하고 있다. 물론 그 가운데 특정 유형이 지배적이라고 할 수는 있겠지만, 한편으로 혼합적 성격을 빼놓을 수 없는 노릇이다. 예를 들어 한국사회를 보면, 합리적·법적 권위 구조를 가지고 있지만, 때때로 전통적 권위의 요소도 다수 함유하고 있다고 할 수 있다. 민주화가 된 이후에도 '제왕적 대통령'의 이미지가 강하게 남아 있는 현상도 바로 전통적인 가부장적 권위의 영향력이라고 할 수 있지 않겠는가.

베버가 지적한 권위의 형태는 다양한 '규칙 지배적' 권위의 범주로 조명될 수 있다고 생각된다. 특히 '카리스마적 권위'를 제외한다면, 그러한 개념규정이 가능하다. '전통적인 권위'나 '합리적인 권위'를 '법적인 권위'라고 할 수 있다면, '카리스마적 권위'는 '실질적인 권위'라고 할 수 있는 셈이다. 하지만 엄밀한 의미에서 보면, 카리스마의 개념도 한 개인에게 권위를 부여하는 일련의 규칙 밖에서는 무의미하다고 판단될 수 있는 소지가 있다. 명령을 내리는 과정에서 카리스마적 지도자가 할 수 있는 일에 관한 한, 아무런 제약 없이 자유로운 것은 아니며, 나름대로 카리스마적 지도자가 취하는 행동과 선택에 대한 합리적 비판의 근거를 제공하는 일련의 규칙들의 존재를 인정할 수 있기 때문이다. 지도자 A가 아무리 카리스마를 가졌다고 해도, 배타적으로 자기 자신의 탁월한 재능에 의해서만 권위를 행사할 수 있을지는 의문이다. A의 카리스마적 권위가 성공적이었다면, 그것은 일련의 역사적 규칙과 관행, 즉 나름대로 '게임의 규칙' 하에서 비로소 설명 가능한 현상이라고 할 수 있겠는데, 가부장적 군주의 이미지와 연계되었다고 말하는 등의 사례가 그것이다. 물론 그러한 '카리스마적 권위'를 행사하는 과정에서 기존의 규칙으로부터 일탈하는 측면을 지니고 있다는 점은 배제할 수 없으며, 또한 그 점이 '카리스마적 권위'의 현저한 특성임에 틀림없다. 그러나 그렇다고 하더라도 카리스마적 지도자의 권위를 평가하고자 한다면, 일정한 기준을 설정할 수밖에 없고, 이 과정에서 카리스마적 지도자의 개인적 특성과는 독립적인 적절한 행동 기준과 규범, 규칙들이 준거로 작용하게 마련이다.

결국 여기서 중요한 점은 '실질적 권위'와 '법적 권위'로 구분할 경우, 국가의 권위는 '실질적 권위'보다 '법적 권위'로 특징지어진다는 사실이다. 양자의 차이는 일단 분명하다. '법적 권위'에 관한 한, 특정 개인 A가 규칙에 의하여 사람들에게 복종을 요구할 수 있는 입장에 서게 되는 현상을 의미한다면, '실질적 권위'는 특정 개인 A가 특별한 법적 근거나 자격은 없지만, 그렇다고 해서 불이익의 위협을 가하지도 않으면서, 영향력을 행사했을 때, 성립한다고 할 수 있다. 때때로 나라가 혼란할 때 민족 지도자나 종교 지도자들이 나서서 이러한 유형의 권리를 행사하기도 한다. 3·1 운동의 주역인 민족지도자 33인의 권위는 대표적이다.

그러나, 한편에서 보면, '실질적 권위'의 개념을 이해하는 데 있어서도 역시 '자격(資格)'이나 '근거(根據)'의 개념을 전적으로 무시할 수는 없을 것으로 생각된다. 물론 이 경우, 근거나 자격을 반드시 '법적인 자격'이라고 못박을 필요는 없을 것이다. 예를 들어 보자. 극장에서 불이 났을 때 관객들을 향하여 다급하게 대피하라고 소리치는 사람 A가 있다면, A의 경우를 어떻게 평가해야 하겠는가. A도 '권위'를 갖고 있다고 말할 수 있겠는가? 엄밀한 의미에서 그의 권위를 인정하기는 어려울 것으로 생각된다. 물론 이 상황에서 관객들은 A의 지시에 복종은 하겠지만, 그렇다고 하더라도 그의 '권위'는 민족 지도자로 추앙받는 김구 선생의 '권위'와는 질적으로 다르다고 보는 편이 온당하다. 그렇다면 그 차이는 과연 무엇이겠는가. '실질적 권위'의 개념이 유의미하려면, 잠정적이거나 순간적인 위기 상황보다는 비교적 영속성을 갖는 상황, 혹은 '규칙 지배적인' 상황을 설정할 필요가 있다.

본 맥락에서 조금 부자연스럽기는 하지만, 일단의 부하들을 거느리고 있는 조직 폭력배의 두목 B의 경우를 관찰해 보자. B는 자신의 부하들에게 비교적 지속적으로 '권위'를 행사하고 있으며, 따라서 두목으로서 B의 위치는 그 부하들의 암묵적인 합의에 근거하고 있는 셈이다. 그러나 문제의 현상은 순수한 '실질적 권위 관계'와는 거리가 있는 것 같다. 조폭 두목 B가 성공적일수록, B는 부하들로부터 복종을 받을 만한 '소정(所定)의' 자격을 획득한 존재가 되기 때문이다. 이러한 경우 조폭 두목 B가 행사하는 '권위'는 나름대로 조폭 사회에서 통용되는 일련의 규칙에 의한 '준규칙적' 성격을 지니고 있다고 말해도 지나친 주장은 아닐 것이다. 이러한 의미에서 '실질적 권위'는 '법적 권위'를 지향하고 있다고 말할 수 있다. 다시 말해서, 규칙의 테두리 밖에서 권위의 개념이 유용하게 사용될 수 있는 여지가 있기는 하지만, 구체적으로 그 사례를 제시하기란 쉽지 않으며, 또한 국가권위가 한 사회의 질서 유지에 있어 수행하는 역할을 이해하는 데 크게 도움이 되지는 않을 것으로 생각된다.

결국 우리가 '실질적 권위'와 '법적 권위'를 나눌 수 있다고 하더라도, '법적 권위'가 '실질적 권위'의 모형이 될 수밖에 없다면, '법적 권위'는 분석적 차원에서 우월하다. 그러므로 앞으로의 논의 과정에서 국가의 권위를 접근할 때 전제하고 있는 권위의 개념도 '실질적 권위'가 아니라 '법적인 권위'가 될 것이다. 국가의 관료들이 어떻게 해서 '권위'를 갖는가. 왜 판사의 판결이 '권위'를 갖게 되는가. 문제의 현상들은 단도직입적으로 말해서 헌법이나 하위법에서 규정된 절차에 의한 것이다. 정치인이나 관료들이 선거에서 낙선하거나 정년 퇴임했을 경우, '국가의 권위'를 행사할 수 없음은 주지의 사실이다.

2. 법적 권위와 이론적 권위

이제 국가의 권위에서 현저한 '법적 권위'의 특성을 '이론적 권위'와 비교하여 조명해 보자. 이와 관련하여 '권위를 가진 사람'과 전문지식의 '권위자'를 구분할 수 있다는 지난 항목 Ⅲ의 지적을 다시 한번 상기할 필요가 있다. 특정인 A가 '권위'를 가진 위치에 있다고 할 때, A는 사람들에게 명령을 내릴 수 있고 복종을 요구할 권리를 가진 것으로 볼 수 있다. A가 복종을 요구할 권리를 가진 것은 그의 행동이나 그의 말이 아니라, 일정한 규칙이나 절차에 의해 확보된, A의 '권위적 위치'에서 추적할 수 있다는 사실이다. 즉 "위치가 권위"라는 명제는 의사나 교사의 경우에 어렵지 않게 확인된다. 그러나 B를 '권위자'라고 할 경우에는 다르다. B가 어떤 (법적) 위치를 차지하고 있는가에 의해서가 아니라, B가 가진 특별한 기술이나 지식 때문에 복종을 요구할 권리를 갖게 되며, 따라서 B의 권위를 결정하는 요소는 그가 언급하는 내용이다. 이 점에서 "아는 것이 힘(scientia est potestas)"이라는 명제가 성립한다. 그러나 이러한 의미의 '권위'란 이론적 영역에서의 권위일 뿐이다. 전문지식을 가진 '권위자'라고 해서 다른 사람들이 항상 그의 충고나 말을 듣는 것은 아니다. 사람들이 '권위자'의 의견에 따르거나 혹은 따르지 않는 것은 자신들의 선택에 달려 있다. 물론 이러한 의미에서 볼 때, 즉 "아는 것이 힘"이라는 명제에 입각하여 현대 국가는 '권위자'의 위치를 확보했다고 할 수 있는 부분이 전혀 없는 것은 아니며, 특히 베버의 지적처럼 관료제의 도입으로 말미암아 더욱 더 이러한 주장이 설득력을 얻고 있다고 할 수 있다.

그러나 본 맥락에서 관심의 초점은 "아는 것은 힘(knowledge is power)"이 아니라, "아는 것은 권위(knowledge is authority)"라는 명제가 과연 성립할 수 있겠는가 하는 점에 있다. 주지하는 바와 같이 정치 영역에서 전문지식이 필요한가 하는 문제는 플라톤 이래로 종종 논란의 대상이 되어 왔다. 특히 현대 민주주의 국가에서 선거로 뽑히는 대통령이나 국회의원들을 보면 경제・사회・

문화·기술·환경 등의 문제에서 전문가라기보다는 비전문가가 일반적이다. 또한 정책현안에 대한 대통령의 '말씀'과 '지시'에서도 전문성이 결여되어 있는 경우는 얼마나 많은가! 따라서 정치가 전문지식이 필요한 영역인지는 확실치 않다. 그러나 플라톤은 '철인왕(哲人王)'을 상정하면서 그의 정치적 권위의 정당성을 '독사'가 아니라, 이데아 세계의 '에피스테메'를 접근할 수 있다는 점에서 찾았다

이와 관련하여 플라톤의 입장을 조명해 보기로 하자. 탁월한 지식과 지혜에 근거하여 국가권위를 정당화하려는 가장 야심적이고 인상적인 시도라면, 『공화국』에서 나타나는 플라톤이다. 플라톤의 기본상정은 간단하다. 모든 체계적인 인간의 활동에는 전문성과 숙련이 요구되는데, 이 전문성과 숙련도도 각기 사람에 따라 다른 정도로 내재되어 있고, 따라서 연마되고, 계발될 수 있는 가능성도 다르다. 정치도 이점에서 예외가 아니다. 이에 관한 가장 유명한 예화(例話)는 항해하는 '배'에 관한 이야기이다. 플라톤은 『공화국』 6권에서 '배'에 관한 예화를 소개하고 있는데, 우리에게 배를 타고 항해하고 있다고 상정해 볼 것을 권한다. 배가 항해할 경우, 배의 승객들은 틀림없이 항해에 숙련된 선장의 기술을 필요로 하게 될 것이다. 그러나 플라톤은 오히려 이와는 반대상황이 야기되는 이상스러운 항해과정을 그리고 있다. 이 상황에서 선장은 우유부단한 존재로 묘사되는데, 항해에 대해 특별한 기술이 요구된다고 생각하지 않는 사람들에게 항해권을 양도하도록 설득당하거나 강요받기도 한다. 그 결과, 일정한 항로 없이 바다를 헤매며 정처 없이 떠다니는 배로 전락하고, 사이비 선장들은 자신들의 욕심만을 채운다. 이것이야말로 플라톤에게 있어 '민주정치'의 상징이다. 평범한 시민들이 선장노릇을 하고, 정치인들은 권력에만 탐닉하는 사기꾼으로 전락하는 정치가 민주정치이기 때문이다. 결국 플라톤의 메시지는 분명하다. 우리는 항해하기 위해 '지식'을 필요로 한다는 점이다. 그러나 플라톤의 접근방식에 대해 근본적인 질문이 야기되는 것은 어쩔 수 없는 일이다. '항해술(navigation)'과 '정치(politics)'는 같은 것인가? 정치를 항해술과 유비적 관계에 있는 것으로 간주함으로써 국가권위를 정당화시키는 플라톤의 접근방식은 타당한가?

정치권위를 전문기술과 지식의 영역으로 간주하는 플라톤의 접근방식에서 매력이 묻어나고 있다는 사실은 일단 부정하기 어렵다. 많은 정치체제, 특히 '대의제'의 요소를 지니고 있는 정치체제에서 정치권위의 근거로 지식을 삼고 있

다는 사실은 비교적 보편적이다. 대통령이나 국회의원 선거, 혹은 지자체장 선거를 할 때, 유권자들은 대표를 선출하는 과정에서 자신들보다 정치·경제·사회적 영역에서 뛰어난 분석력을 갖고 탁월한 정책판단을 할 수 있는 사람들을 선호하고 있는 경향이 엿보인다. 대통령이나 국회의원은 필부필녀(匹夫匹女)에게 해당되는 보통 자리가 아니다. 탁월한 정치적 식견이나 정책판단 능력을 갖고 있는 사람들이 차지해야 할 특별한 자리가 아니겠는가! 또한 이처럼 정치적 식견이나 정책적 판단이 뛰어난 사람을 뽑을 때, 비로소 일반시민들은 정치적 사안에서 한 발짝 떨어져서 생업에 전념할 수 있을 것이다.[10)

그러나 그렇다고 하더라도 한편으로 '항해술'과 '정치'와의 질적 차이는 너무나 자명하기 때문에 플라톤이 어떻게 이 현격한 차이를 묵과할 수 있었는지는 의문이 아닐 수 없다. 선장에게는 주어진 목적이 있다. 항해의 목적지는 선장 자신이 선정하지 않은 목적지로서, 선장은 다만 목적지까지 배를 안전하게 항해하는 기술만을 발휘할 뿐이다. 따라서 선장이란 단지 항해술에 익숙한 '기술자'에 불과할 뿐, 최고의 '결정권자'는 아니다. 이러한 플라톤의 비전에서 정치를 바라볼 때, 민주사회의 전문적 정치가도 똑같이 일종의 '기술자'라고 지칭할 수 있는 측면이 없는 것은 아니다. 즉 민주사회에서 정치가의 역할은 자신의 뜻을 펴기보다 시민들의 뜻을 시행하는 데 있다. 그러나 그렇다고 해도 문제는 정치에 관한 시민들의 뜻이 결코 단일적이 아니라는 데 있다고 보여지기 때문이다. 시민 A와 시민 B가 추구하는 것은 서로 다를 뿐 아니라, 때로는 상충적인 관계까지 노정한다.

그렇다면 정치는 주어진 목적에 대한 수단적 차원의 문제라기보다는 목적을 결정하는 문제와 관련된 것이 아닐까? 이에 대하여 플라톤은 답변을 가지고 있다. 정치의 목적은 넓게 볼 때, 다툼이 없고 합의되어 있는 가치라는 비전이 그것이다. 정치의 목적은 사람들끼리 함께 공유하는 사회적 삶의 조건하에서 '좋은 삶', 즉 '에우다이모니아(eudaimonia)'를 성취하는 데 있다. 그러므로 항

---

10) 이러한 개념은 중세와 영국의 보수주의자들로부터 상당한 지지를 얻었다. 특히 중세기에는 공동체의 '더 나은 부분(valentior pars)'으로 간주되는 사람들을 상정하는 '자연적 지도자(natural leader)' 비전에 매료되고 있었다. 또한 미국의 대통령선거인단(electoral college) 제도도 바로 이러한 '자연적 지도자'와 '가상적 대의제(virtual democracy)'에 입각한 제도라고 할 수 있다. 결국 이러한 비전은 일종의 '플라톤적 엘리트주의(Platonic elitism)'로서 '보통사람'에 대한 불신(不信)을 전제로 하는 정치비전이며, 정치제도이다. 이와 관련하여 박효종(2001)의 논의를 참조할 것.

해술에 대한 플라톤의 비전을 거부하고자 한다면, 사람들이 인간으로서 '좋은 삶'을 살아가기를 원하고 있다는 사실부터 거부해야 할 것이다. 강조하자면 직업정치인이 정치적 목적을 설정할 필요가 없는 것은 선장이 배가 항해하는 목적지를 설정할 필요가 없는 이치와 같다. 즉 정치적 목적과 항해하는 선박의 행선지는 이미 결정되어 있다는 것이 플라톤의 생각이다. 또한 이러한 비전이야말로 '목적론적 정치인식'의 전형인 셈이다.

결국 플라톤의 정치비전에서 '선(善)의 이데아(idea of the good)'는 인간이 추구해야 할 '에우다이모니아'의 핵심으로 인간사회에서 이루어져야 할 목적이며, 그럼에도 불구하고 '선의 이데아'에 대한 접근은 소수의 사람들, 즉 '철인왕'과 '수호자 집단'에게만 국한된다. 여기서 강조해야 할 사실은 '선의 이데아'에 관한 지식은 경험적인 지식과 다르다는 점이다. 이 점에서 전자는 '에피스테메(episteme)', 후자는 '독사(doxa)'로 지칭된다. 즉 플라톤은 지식에 대한 경험적인 검증절차를 받아들이지 않는다. 경험적인 지식이나 감각에 의한 지식은 진리를 담보할 수 없기 때문이다. 따라서 진정한 지식을 얻기 위해서는 '선의 이데아'에 대한 명상과 탐구로 이루어진 철학적인 삶이 요구된다. 이 철학적인 삶은 '수호자집단' 등, 소수의 사람들에게만 열려진 삶으로서, 특별한 소수의 사람들만이 정치적 권위를 향유할 수 있는 셈이다. 그렇다면 보편적인 '선의 이데아'에 대한 비전과 이에 접근할 수 있는 소수의 철인왕과 수호자집단에 입각한 국가의 권위는 어느 정도로 적실성이 있는 것일까? 이와 관련하여 세 가지 문제를 지적할 수 있을 듯하다.

첫째로 플라톤의 선의 이데아는 '보편적으로는' 모든 것을 설명하면서도 '구체적으로' 아무것도 설명하지 못한다는 역설을 지니고 있다는 점이다. 이 점은 아리스토텔레스의 플라톤에 대한 비판에서 암시되어 있다. 플라톤의 이데아 세계에서 존재하는 것은 '보편(universal)'이다. '보편적인 인간', '보편적인 꽃,' 및 '보편적인 말' 등이다. 그러나 경험적인 세계에서 우리가 만나게 되는 것은 구체적인 사물들뿐이다. 구체적인 '철수'와 '영희', '관악산에 핀 민들레'와 '진달래', 말경주에서 일등한 '우리세대' 등이다. 그렇다면 구체적인 사물들의 특성을 설명하는 데 있어 보편적인 개념은 얼마나 유용할까? 전혀 관계가 없다고는 할 수 없겠으나, 그 유용성은 제한될 수밖에 없다. 이러한 사실은 정치·사회영역에서 수없이 봉착하게 되는 현상이다. 예를 들어 한국사회에서 문제가 되고 있는 의약분업은 바람직한 목표이고 플라톤의 이데아세계에서나 있을 법한 보편적 이상이다. 따라서 사람들은 의약분업에 대해서 원칙적으로 찬성이다. 그러나 의약분업의 구체적 안에 관한 한, 의사 와 약사가 대립하고 또한 정부는 또 다른 의견을 가지고 있으며, 환자들도 불 편을 호소하고 있는 것이 현실이다. 즉 의사들의 경우에는 의약분업의 '이상 적' 안(案)에 대해서는 찬성하고 의약분업의 '구체적' 안(案)에 대해서는 반 대하는데, 이러한 현상은 예외적이기보다는 보편적이다. 즉 일반적으로 '총론 (總論)'에 대해서는 찬성하고 '각론(各論)'에 대해서 반대하는 경우가 많은 이유는 플라톤이 전제하는 것과 같이 '이론적 비전'과 '실천적 통찰'은 무리 없이 순조롭게 연계될 수 있는 것은 아니라는 반증인 셈이다.

두 번째로 '선에 대한 이데아'는 소수의 사람들에게만 접근 가능하다는 것이 플라톤의 입장이다. '선에 대한 이데아'는 사회의 모든 사람들에게 열려 있는 공동의 자산은 아닌 셈이다. 이 경우, 문제가 야기된다. 『공화국』의 '수 호자들'이나 '철인왕'만이 선에 대한 이데아를 체험한 사람들이라고 할 때, 그들은 어떻게 일반 사람들에게 그 사실을 입증하거나 설득시킬 수 있겠는 가? 일반 생산자나 시민들은 '선의 이데아'를 체험한 사람들이 아니므로, 시 민들로서는 '철인왕'이나 '수호자 집단'이 제시하는 '좋은 삶'에 대한 지식 이 타당한 것인지의 여부를 판별하기가 쉽지 않다. 그러므로 시민들이 철인왕 이나 수호자 집단이 제시하는 '에피스테메'에 대한 주장을 받아들이기 위해 서는 그들 스스로 '선에 대한 이데아'를 체험해야 할텐데, 만일 그러한 경우 라면, '철인왕'이나 '수호자 집단'의 존재 이유는 무색해질 것이다. 이 점이 야말로 분명히 딜레마의 상황이다.

플라톤은 이와 관련하여 '시민들의 동의'를 조작함으로 이 난관을 돌파하 고자 시도하고 있다. 따라서 플라톤의 『공화국』에 있어 동의는 '철인왕'과 '수 호자 집단'이 통치할 수 있는 권한의 토대가 되는 것은 아니지만, 중요한 정치 적 자산이 되고 있다. 대부분의 시민들로서는 철인왕이나 수호자 집단이 '선의 이데아'에 대한 지식을 가지고 있는지, 혹은 그렇지 않은지의 여부를 알 수 없 어 특별한 방식으로 철인왕과 수호자들에 의한 통치의 정당성을 수용하도록 하 는 방안이 강구될 필요가 있겠는데, 그 방안은 '신화'의 창출이다. 공화국의 신 화는 '형식적으로는' 허위이나, '내용적으로' 참인 것으로, 이른바 '참말인 거짓말'인 셈이다. 즉 '금의 정신(gold spirit)'의 자녀들은 통치하도록 태어나고 '동의 정신(copper spirit)'의 자녀들은 그 통치에 승복하도록 태어난다는 점이 핵심적 내용으로서, 플라톤은 이를 '고상한 거짓말(royal lie, noble lie)', 즉 '겐나이온 프세우도스(gennaion pseudos)'로 지칭한 바 있다. 결국 플라톤의 『공화국』은 '금본위의 정치(politics of the gold standard)'로 특징지울 수 있는 셈이다.

그러나 '고상한 거짓말'과 관련하여 우선 지적할 수 있는 사항은 국가의 권위가 '고상한 거짓말', 혹은 신화에 의하여 정당화된다면, 비신화화의 시대에 살고 있는 시민들에게 그 정당화의 논리를 받아들이기를 기대할 수는 없을 것이라는 점이다. 뿐만 아니라 시민들에게 복종을 요구할 수 있는 국가권위를 정당화시킬 수 있는 근거로서, 철인왕의 지식에 입각한 비전은 일정 수준 부분적으로 의미는 있겠지만, 밀(J. S. Mill)이 주장한 것처럼, 다수의 시민들이 참여하는 정치, 즉 '참여 민주주의(participatory democracy)'로부터 결과되어 나오는 지적·도덕적 발전도 '좋은 삶', 즉 '에우다이모니아'의 구성요소로 볼 수 있지 않겠는가! 물론 '참여 민주주의'가 '철인왕'의 통치에 미치지 못할 가능성이 없지는 않겠지만, 그렇다고 해도 플라톤의 '철인왕'의 통치가 '참여 민주주의'보다 못할 가능성, 또한 열어 놓아야 할 것이다.

세 번째로 보다 현실주의적 관점에서 플라톤의 지식론은 비판의 여지가 있다. 한국사회를 비롯한 일반사회에서 학자들이 대거 정부관리로 변신하는 상황도 플라톤이 지적한 '이론적 권위'의 적실성의 한 단면을 말해주고 있기는 하지만, "철인이 왕"이 되거나, "왕이 철인"이 되는 상황은 현실적 상황보다 초현실적 상황이라고 할 수 있을 것이다. 전문 지식이 정치영역에서 중요하고 선정(善政), 즉 '좋은 정치'와 밀접한 관련이 있으며, 타당한 정책 결정에 있어 핵심적 요소라고 해도, 현대국가의 관료 조직이 대학이나 기업, 혹은 사설 연구소보다 더 훌륭한 인재나 전문가들을 보유하고 있는가 하는 점은 의문이다.

물론 정부관료들이 일반 사람들보다 더 나은 전문지식과 혜안을 가지고 있는 분야들이 없지는 않을 것이다. 그러나 설령 그렇다고 해도 국가의 '권위'를 탁월한 지식과 동일시하는 것은 정당화되기 어려우며, 또한 국가의 '권위'를 이해하는 데 도움이 된다고 말할 수도 없다. 탁월한 지식은 '믿음'에 대한 이유를 제공할 뿐, '행동'에 대한 이유를 제공하는 것은 아니다. 특정

분야에 권위가 있는 사람은 그 전문분야에 대한 판단이 믿음직스러운 사람이
지, 그의 지시나 언명(言明)이 복종을 요구하는 사람은 아니다. 때때로 사계
의 '권위자'는 일반사람들로부터 존경과 찬사를 받는다. 하지만 그렇다고 해
서 일반 사람들이 '권위자'의 말에 따라야 할 '의무'가 있는 것은 아니다. 뿐
만 아니라 존경을 받게 되는 것은 문제의 박식한 '지식의 소유자'일 뿐, 그
'지식' 자체는 아님을 강조할 필요가 있다.

　　결국 플라톤의 정치비전을 조망·비판하고 난 후 강조하고자 하는 것은
본 연구에서 다루는 국가의 권위는 '정치적 권위(political authority)'로서,
'이론적 권위(theoretical authority)'보다는 '법적 권위(legal authority)'라
는 점이다. '법적 권위'를 가진 사람들의 현저한 사례라면, 법적 체계에 의하
여 결정을 내릴 수 있는 사람들의 경우이다. 즉 이러한 유형의 권위란 대통령
이나 국회의원을 비롯하여 경찰이나 검찰, 판사, 장·차관, 관료들이 행사하는
권위이다. 물론 이들은 규칙에 의하여 권위를 가진 사람들이며, 혹은 규칙에
의하여 권위를 부여받은 사람들이다. 관직(官職)을 가진 사람들의 권위, 즉
국가 권위에 관한 한, 일반 시민들은 복종할 의무를 갖는다. 혹은 적어도 복
종에 대한 요구는 국가의 입장에서 줄기차게 해온 주장이다. 정치적 복종은
'내용중립적' 복종의 성격을 갖는다. 국가의 부름이나 명령에 일일이 이유를
묻는다면, 그것은 본의적 의미에서 정치적 복종의 태도는 아니다. 따라서 국
가가 요구하는 '내용중립적' 복종의 성격이 규명되어야 할 것이다. 이 문제야
말로 다음 항목의 주제이다.

3. 국가권위에 대한 복종

　　일반적으로 '권위'와 '권력' 사이에 중요한 차이가 있다는 점을 상기해 보
자. 또한 국가의 권위가 규칙에 의존하거나 혹은 순리성(reasonableness)과 타
당성(rightfulness) 및 합리성(rationality)의 범주에 의존하고 있으며, 복종에
관한 한, 강제력으로 상징되는 외적 관계보다 규범성으로 상징되는 내적 관계의
특성을 갖고 있다는 점에 유의해 보자. 권위관계란 단순한 '명령과 복종'의 관
계가 아니라, 합리성과 순리성 및 한 걸음 더 나아가 하버마스가 말하는 '해방
적 이익(emancipatory interests)'의 개념까지 내포하는 규범적 관계로 파악할

수 있다. 그러나 그럼에도 불구하고, 국가권위의 핵심적인 특징은 복종을 요구하고 있다는 점에 있다. 그것도 단순한 복종이나 시시비비를 가리는 '이유 있는' 복종이 아니라 '이유 없는' 복종, 즉 시시비비를 가리지 않는 '내용중립적(content-neutral)' 복종을 요구하고 있다는 데 있다. 정치 권위는 때때로 개인에게 '수단적 이성(instrumental reason)'은 물론, '비판적 이성(critical reason)'까지 정지할 것을 요구하고, 또한 개인의 자율성을 유보하기를 강요한다. 이 경우 정치 권위에 대한 복종은 '이성적 판단'과 양립하기 어렵다는 점이 쟁점이 될 수밖에 없다. 이 명제에 대하여 천착해 보기로 하자.

일단 이와 관련하여 두 가지 입장이 가능하다. 권위와 자율은 양립 불가능하다는 입장이 그 하나이고, 또 하나는 양자가 양립 가능하다는 입장이다. 우선 국가권위에 대한 수용이 개인의 이성적 판단을 포기해야 하는 결과를 초래할 수 있다는 사실은 쉽게 간과할 수 없다. 피터스(R. S. Peters 1967, 94-95)에 의하면, '권위관계'란 과학적 관계나 도덕적 관계와 다르다. '권위관계'란 이성과 논증에 입각해 성립되는 관계가 아니기 때문이다. 정치적 결정이나 정책적 결정을 내릴 수 있는 자격을 가진 사람의 명령이란 도덕적 이론이나 과학적 이론을 정립할 때 흔히 사용되는 방식처럼, 이성적 정당화의 대상은 아니다. 같은 맥락에서, 권위에 의하여 영향을 받는 개인의 생활 영역이 크면 클수록, 개인이 누릴 수 있는 자유의 범위도 줄어들게 마련이다. 따라서 자유와 권위는 반비례한다는 명제가 충분히 가능하다. 이러한 관점에서 볼 때, 국가권위의 개념은 긍정적 함의와 부정적 함의를 동시에 지니고 있는 것으로 사료된다. 즉 '권력'의 개념과는 반대로 순리성이나 타당성 혹은 정당성을 표방하고 있는 반면, 또 한편으로 자유의 훼손을 함의하는 것은 불가피하기 때문이다.

그렇지만 이와는 달리 국가권위가 작용한다고 해서 개인의 자율성이나 이성이 반드시 위축되는 것은 아니라는 반론도 불가능한 것은 아니다. 권위는 단순히 명령을 내리는 권한만을 의미하는 것이 아니라, 근거나 이유가 제시될 수 있는 명령과 지시를 내릴 수 있는 권한을 포함하고 있다는 주장이 그것이다. 예를 들어 프리드리히(C. J. Friedrich)는 권위란 추리행위(reasoning)와 연계되어 있는 현상이라고 주장한다. 물론 이 경우의 추리는 수학이나 논리학의 추리와는 다르다. 그것은 "행동을 의견이나 신념과 연계시키고 의견과 신념을 가치와 연계시키는 추리이기 때문이다(1972, 172)." 그에 의하면, 어떠한 사회 체계도 가치와 신념의 소통을 포함하고 있으며, 이러한 가치와 신념은 권위의 기초를 형성하고 있다. 이 점에서 권위에 관한 한, 래즈(J. Raz)가 말하는 '실천적 추리행위(practical reasoning)'가 가능하다고 해야 할 것 같다. 그러므로 권위에 의한 현상은 합리적 평가의 대상이 된다. 물론 이때 합리성이나 순리성이 절대적 성격의 잣대라고는 할 수 없겠지만, 적어도 상대적 의미에서 합리성과 순리성은 유의미한 기준이 되는 셈이다. '권위(權威)'와 '이성(理性)'을 분리시키는 사람은 '권위'와 '전체주의(totalitarianism)'를 혼동하는 어리석음을 범한다는 것이 프리드리히의 지적이다.

그러나 '권위'와 '이성'을 밀접하게 연계시킬 경우, '권력(權力)'의 속성을 일부 내포하고 있는 '권위(權威)'의 개념을 일단 순치시킨다는 차원에서 그 시도는 매우 환영할 만한 것이긴 하지만, 이미 논의한 바 있는 '정치적 권위'와 '이론적 권위', 혹은 '법적 권위'와 '실질적 권위'를 혼동하는 결과가 야기되지 않겠는가 하는 것이 본 연구에서 우려하는 문제점이다. 때때로 현대 국가의 정책이나 행위를 보면, 비교적 하버마스(J. Habermas)의 '이상적인 의사소통상황(ideal speech situation)'을 상기시킬 만한 '이성적 담론'에 의하여 충분히 지지를 받을 수 있는 측면이 없는 것은 아니나, 그렇다고 하더라도 다른 유형의 권위와는 매우 특이한 방식으로 사람들의 생활에 중대한 영향을 끼치고 있다고 할 수 있다. 일반적으로 국가나 국가의 관리들이 조세와 징병, 혹은 재산권 규제를 할 수 있는 일련의 적극적 권한을 갖고 있음은 주지의 사실이다. 그러나 국가의 권한행사는 프리드리히나 래즈의 주장처럼, '실천적인 추리행위'의 범주와는 판이한 경우가 적지 않다. 국가는 조세를 포탈하는 사람, 징병 기피자들에 대하여 무조건 제재를 할 수 있는 권한을 가지고 있기 때문이다. 예를 들어 A가 자신이 믿는 종교 때문에 군대에 갈 수 없다고 고집을 부린다면, 그 이유를 가릴 것 없이 형사처벌을 받게 되지 않겠는가! 심지어는 "왕의 영역에 살면 왕의 종교를 믿어야 한다(cujus regio, ejus religio)"는 준칙에 의거하여 일부사람들은 국교를 믿지 않는다는 이유로 이단자로 몰리거나 처벌대상이 되기도 하였다. 그러므로 국가권위의 핵심적 특성이라고 한다면, 국가의 법이나 정책을 위배하는 사람들에게 강제나 제재를 사용할 수 있다는 점으로서, 신부의 '권위'나, 종교 지도자의 '권위'와 구분되는 소이이기도 하다.

특정인 A가 우리 사회에서 '실질적 권위'를 가지고 있는 정신적 지도자라고 할 때, 문제의 권위에는 강제력이나 제재력까지 포함하고 있는 것은 아니다. 이른바, 재야(在野)에 묻혀 있는 A의 의견이 권위를 갖게 되는 것은 그의 의견이 자유로운 의사소통 상황이나 혹은 '무지의 베일'을 쓴 상황에서 도출될 수 있을 만큼, 공정하고 혹은 "인간을 목적으로 대우하라"는 칸트의 정언명법에 비교적 어긋남이 없기 때문이다. 이 사실에 더욱 더 천착해 보면, 제재의 공포로 인하여 국가의 행위에 복종하는 사람은 '권위'보다는 '권력'에 복종하는 존재라고 규정할 수 있을 것이다. 문제의 상황은 경찰에 의해 체포된 범죄자 A가 국가의 '권위'보다는 '권력'에 의하여 복종을 하게 된다고 말할 수밖에 없는 이치와 같다. 인질범 A가 경찰관의 설득에 의하여 인질을 풀어주고 체포에 응한다고 해도, 실은 경찰의 논리에 설득되었다기보다는 마지못해, 즉 "강약(强弱)이 부동"이므로 승복하는 측면이 크다. 결국 국가도 강제력에 의해서 행동하는 기제인 이상, 순리성이나 도덕적 타당성을 결여하고 있을 가능성을 인정해야 할 것이다. 뿐만 아니라 사람들이 '국가권력(國家權力)'이 아니라 '국가권위(國家權威)'에 복종하는 경우라고 해도, 자발성이 반드시 전제되었다고는 볼 수 없다. 즉 국가의 영역 안에 산다고 해서, 혹은 국가의 법률에 승복하고 산다고 해서, 국가의 권위를 자발적으로 받아들이고 있음을 뜻한다고 단언할 수 없는 이유는 마지못해 사는 사람, 이민을 가지 못해 사는 많은 사람들을 배제할 수 없기 때문이다.

　이와 같은 관점에서 볼 때, 국가의 정책이나 부름은 적지 않은 경우, 개인의 자유에 대한 상실이나 제약을 의미하기도 한다. '복지 국가'는 적어도 일부 부유한 시민들의 뜻에 반하여 시민들에게 더 많은 세금을 강요하고 있지 않은가. '정치 권위'에 관한 질문은 '정치 권력'에 대한 질문과 같은 것은 아니라고 해도, '정치 권위'는 개인의 자유를 심대하게 제약한다는 점에서, 학생에 관한 교사의 권위 등 다른 유형의 권위와 다르다는 점이 강조되어야 한다. 사람들은 사회 전체가 추구해야 할 목적에 대하여 합의할 수 없으므로 개인들의 목적이나 가치가 상충할 때 불가피하게 집단선택(collective choice)을 하기 위하여, 혹은 '우선승차자'보다는 '무임승차자'로 행동하고자 하는 등, 인간의 동기가 약하기 때문에 '강제승차자'가 되도록 하기 위하여 권위 당국자나 정치권위가 필요하다고 주장할 수 있으며, 본 연구에서도 이에 동의한다. 이것은 정치권위의 존재이유를 설명하는 하나의 현저한 방식이다. 그러나 이 명제를 받아들일수록, 정치 권위가 개인의 자율성을 훼손한다는 사실이 확연해지지 않는가?

특히 정치권위는 부모의 권위나 스승의 권위, 종교 지도자의 권위와 달리 필연적으로 그리고 심대하게 ——비록 정당하다고 하더라도—— 개인의 자유를 제약한다는 특성을 지니고 있음에 유의할 필요가 있다. 어떤 의미에서 보면, 현대 사회에서 '일반 사람들의 권위'가 실종되었기 때문에 국가의 권위나 국가의 강제력이 돋보이게 되었다고 단언할 수 있는 측면이 없는 것도 아니다. 권위의 실종이란 전통적으로 권위를 행사해 왔던 교회나 부모, 스승의 권위가 실추된 사실을 반증하는데, 이러한 권위의 실추로 사회질서의 원활한 가동이 어렵게 되자, 국가의 권위가 이를 대체하게 된 것이다. 혹은 억압적인 국가가 등장한 것이다. 이와 관련하여 아렌트(H. Arendt 1961)는 현대 사회에서 권위가 무너졌기 때문에 전체주의가 도래했다고 주장한다. 따라서 그녀의 견해에 의하면, 권위는 자유와 충돌하는 것이 아니며, 권위의 실종이 자유의 증가로 이어진 것은 아니다. 이러한 관점에서 '권위주의'는 냉소적, 부정적 의미로 해석되어서는 안 되며, '권위주의' 국가로 분류된 정부는 실제로는 '전체주의' 국가로 분류되어야 한다는 것이 아렌트의 입장이다.

결국 정치 권위에 관하여 복종한다는 것은 '내용중립적' 명령에 복종한다는 뜻이다. 그렇다면 이것이 정당화될 수 있겠는가? 이 문제는 국가가 시민들에게 정치적 복종을 요구하는 합리적·이성적 이유를 확보할 수 있는가에 관한 문제이며, 한편, 시민들이 '왜' 정치 권위에 대하여 복종해야 하느냐 하는 규범적 이유에 관한 문제인 셈이다. 우선 정치 권위에 대하여 일정 수준 이성적 설명이나 합리적·순리적 접근을 하는 것이 불가능하지는 않다는 것이 본 연구의 입장이다. 국가가 '이성적' 권위에 의하여 움직인다고 말할 수 있는 측면을 원천적으로 배제할 필요는 없다. 즉 '권위'와 '복종'이 순리적으로 연계될 수 있는 방안이 부재한다고는 단언할 수 없다. 그러나 그렇다고 해도 비교적 완벽한 의미의 이성적 이유나, 합리적 이유 및 규범적 이유를 제시할 수는 없다고 생각된다.

엄밀한 의미에서 보면, 사람들에게 '내용중립적인' 복종을 요구하는 국가의 권위는 독특하기는 하나, 결코 유일무이한 것은 아니다. 목사나 종교가의 권위, 혹은 의사의 권위, 교사의 권위를 점검해 본다면, 여기에도 일정 수준의 내용중립적 복종의 요소는 엄존하기 때문이다. 목사가 "권위 있다"고 할 때, 신도들의 입장에서는 목사의 '말이기 때문에' 복종하는 것이지, 목사의 '말이 타당하기 때문에' 복종하는 것은 아니다. 또한 의사의 경우도 마찬가지이다. 의사의 권위를 말할 때, 의사가 '지시했기 때문'이지, 의사가 '올바른 진단과 처방을 하기 때문'은 아니다.

그러나 그렇다고 해도 유의해야 할 점이 있다. 목사의 말이기 때문에 복종하는 행위와 목사의 말이 옳기 때문에 복종하는 행위 사이의 구분이 반드시 확고하다고 단언할 수 없는 부분이 있다는 사실이다. 의사의 '말이기 때문에' 복종하는 환자도 실은 의사의 진단과 처방이 '옳았기 때문에' 복종하게 되는 경우도 허다하다. 어떤 의미에 있어 의사의 '진정한 권위'는 그가 이제까지 비교적 올바른 진단과 처방을 했기 때문에 가능한 것이며, 단순히 그가 의사자격을 적법한 절차에 의하여 획득했다는 것만으로는 충분치 않다. '히포크라테스의 선서'를 준수하며, 끊임없이 연구에 정진함으로 오진의 가능성을 최소화하는 의사에 한하여 의사의 권위가 성립하는 것이며, 이러한 의사에 한하여 비로소 '의사가 말했기 때문에' 환자들이 복종하게 되는 현상이 가능한 셈이다.

여기서 강조하고자 하는 것은 '옳다'라는 판단이 그 자체만으로 권위를 지니게 되는 경우가 적지 않다는 사실이다. 회의석상에서 갑론을박으로 난장판이 되었을 때, 비록 의장이 아닌 사람 A가 일어나서 "원칙을 지킵시다." 혹은 "절차를 지킵시다"라고 발언한다면, 그의 말은 '권위'를 지니게 된다. 비록 A의 위치가 보잘 것 없더라도, 그가 옳은 말을 하면 권위를 갖게 된다. 권위가 우리에게 복종을 요구한다고 했을 때, 권위를 가진 사람의 말이기 때문에 구속력을 가질 수 있고 혹은 그가 옳은 말을 했기 때문에 권위를 가질 수도 있다. 예를 들어 목사 B가 일단 권위를 가지고 있지만, 그가 사기꾼과 같은 행위와 말을 하게 되면 차차 B는 권위를 잃게 될 가능성이 크다. 사이비 종교가의 운명이란 그런 것이 아니겠는가. 같은 맥락에서 왕의 권위는 그 자체로 복종을 요구하지만, 사리에 맞는 판단과 행위에서 계속해서 일탈하게 되면 '벌거벗은 임금님'과 같은 신세로 전락하고 만다는 점을 강조할 필요가 있다. 따라서 권위와 이성성, 도덕성 사이에는 깊은 연계가 있다. 처음에 사령관의 말이기 때문에 복종을 하는 병사들도 그의 명령이 계속해서 상식과 사리에 어긋나면, 불복종하게 되는 경우도 적지 않다. 즉 부도덕하며 비이성적인 권위도 복종을 요구할 수 있는 것인지는 확실치 않다. 그러므로 양자 사이의 관계와 갈등을 볼 때 이성과 도덕에 무게를 실어 줄 수도 있다.

그러나 이 사실을 충분히 강조한 다음, 엄밀한 의미에서 '내용중립적인' 국가의 명령에 대하여 어느 정도로 타당하고 설득력 있는 '실천적 사고'가 힘을 발휘할 수 있을지는 의문이 아닐 수 없다. 국가의 요구가 모든 사람들의 수단적 이성이나 자기이익 추구의 합리성, 혹은 양식 있는 사람들의 순리적 사고나 정의감을 비교적 충족시킬 가능성보다 그렇지 못할 가능성이 크다고 생각되기 때문이다. 여기에 일말의 불확실성이 있다. 권위를 가진 국가의 요구에 대하여 적어도 이를 정당화시킬 수 있는 완벽한 '실천적 추리행위'가 쉽지 않다는 점이다. 국가의 요구와 부름 가운데 '무지의 베일'을 쓴 사람들이 수용할 만큼 정의로운 요구들이 과연 얼마나 있을 것인가? 혹은 국가가 제정한 법들 가운데 스캔론(T. M. Scanlon 1982)이 강조한 바와 같이 '순리적 거부(reasonable rejection)'의 잣대에 부합하는 공정한 법들이 얼마나 있겠는가. 그것도 아니라면, 합리적 선택론자들이 주장해 온 바와 같이, 자기이익의 합리성의 준거를 충족시킬 만한 합리적인 법률이 얼마나 있겠는가? 혹은 공동체주의자들이 선호하는 시민유대에 관한 열망을 얼마나 유의미하게 충족시킬 수 있을 것인가? 우리는 물론 국가의 법의 정당성이나 도덕성과 관련하여 누구나 동의할 수 있어야 한다는 털록(G. Tullock)과 부캐넌(J. Buchanan)의 '헌법 민주주의(constitutional democracy)'가 요구하는 만장일치의 규범에 호소할 의도는 없지만, '무지의 베일'이나 '순리적 거부'의 원리는 비교적 유의미하게 원용될 수 있다고 믿는다. 그러나 국가의 법이나 명령 가운데 '무지의 베일'이나 '순리적 거부'의 기준에 합격할 수 없는 부분들이 많다면, 그것은 불의한 법이나 불공정한 정책인 셈이다. 이 경우 우리의 대안은 무엇인가? 시민불복종운동을 벌여야 할 것인가, 혹은 자연상태로 돌아가야 할 것인가.

그러나 그럼에도 불구하고 분명히 해야 할 점이 있다. 우리가 권위에 대하여 복종한다고 할 때, 국가의 명령이 옳기 때문에 복종하는 것이 아니라, 그것이 국가의 명령이기 때문에 복종한다는 사실이다. 명령이기 때문에 복종한다는 것이 권위관계의 본질이다. 이미 상기의 논의를 통하여 권위관계를 정의하면서 A가 B에게 x를 이행하도록 명령한다는 사실이 B가 x를 이행할 일정한 규범적 이유가 되고 또한 y를 이행하지 않을 일정한 이유를 제공한다고 규정한 바 있는데, 이것이 권위관계의 본질이다. 명령을 규범적으로 받아들이는 '권위관계'

는 인간의 상호작용 가운데 독특한 것이긴 하나, 또한 없어서는 안 될 소중한 관계 가운데 하나이다. 결국 '권위관계'는 '정의로운 관계'나 '자유로운 관계' 못지않게 가치 있는 관계이다.

물론 권위관계를 이렇게 정의해도 문제는 남는다. 국가에 관한 복종에는 일말의 불확실성이 있기 때문이다. 본 연구에서는 국가권위에 대한 복종의 문제에서 일말의 불확실성 상황을 받아들여야 한다고 믿는다. 그것은 달리 말하면 올바른 법이나 올바른 명령에 대해서도 반드시 복종해야 할 의무가 있다고 단언하기 어려울뿐더러, 한편 옳지 못하다고 판단되는 법에 대하여도 때때로 복종해야 할 의무가 성립한다는 사실이다. 그러나 여기서 강조하려는 것은 권위의 특성에 유의할 때, 국가에 대한 복종은 '정의의 여신'에 대한 복종이나 혹은 '자유의 여신'에 대한 복종과는 다르다는 사실이다. '권위'에 대한 존경심은 '정의의 여신'에 대한 존경심이나 '자유의 여신'에 대한 존경심과 같지 않기 때문이다.

때때로 국가는 '정의의 여신상'을 세우고 혹은 '자유의 여신상'을 가졌다고 자랑하고 자부하지만, 현실은 엄연히 그 괴리를 고발하고 있다. 국가가 자행하는 부정의, 국가가 강요하는 자유의 억압은 우리에게 비교적 친숙한 현상이다. 이처럼 '국가의 수호신'과 '정의의 여신', '국가의 수호신'과 '자유의 여신'이 다르다면, 국가에 복종하는 행위와 '정의의 여신'이나 '자유의 여신'에 복종하는 행위는 다를 수밖에 없다. '정의의 여신'에 복종하는 것은 정의의 가치가 소중하기 때문이며, '자유의 여신'에 복종하는 것은 자유의 가치가 귀중하기 때문이다. 이에 비하여 국가에 복종하는 것은 권위관계가 소중한 가치를 지닌다고 인정하기 때문이다. 물론 국가의 권위가 국가관리들이나 통치자들이 강변하는 것처럼, 완벽한가 하는 것은 별개의 문제이다. 국가가 주장하는 권위의 근거나 시민들이 '내용중립적으로' 복종할 이유에 관한 한, 액면 그대로 받아들일 수 없고, 오히려 흠결이 많다고 생각된다. 국가는 불완전한 기제일 뿐 아니라, 국가가 요구하는 일반적인 복종이란 시민들이 수긍할 수 있는 자기이익의 '수단적 합리성'의 범주를 훨씬 넘어가는 행위이기 때문이다. 한편 그렇다고 해서 '비판적 이성'을 충족시킬 수 있는 것도 아니다. 그러나 그럼에도 불구하고 국가에 대한 복종행위에서는 정의나 자유의 가치가 아닌, 권위의 가치를 받아들인다는 의지가 요구된다는 점을 상기해야 할 것이다.

VI. 민주사회와 국가의 권위

이제까지 우리는 일반적인 국가권위의 특성을 조명하는 데 초점을 맞추었다. 논의의 과정에서 '권력'과는 상이한 '권위'의 본질을 규명했으며, 특히 국가권위의 특성인 '법적인 권위'를 '실질적 권위' 및 '이론적 권위'와 대비시키면서 그 본질적 측면을 부각시킨 바 있다. 그러나 본 연구의 대상은 일반국가보다는 제한된 범주로서 민주국가의 권위임을 상기할 필요가 있다. 즉 민주사회에 살고 있는 시민들이 국가권위에 복종할 의무가 있는가에 관한 문제이다. 따라서 민주국가의 권위문제야말로 관심의 초점이다. 물론 민주국가는 그 작동양식(modus operandi)에서 절대국가나 권위주의 국가와는 다르다. 그러나 일부의 차이점에도 불구하고 국가의 최고권위는 절대국가나 권위주의국가 못지않게 민주국가에서도 객관적 사실이라는 점을 강조할 예정이다.

1. 보댕과 홉스의 국가주권론

국가에 대하여 가장 특징적인 사실은 '최고의 권위'를 보유하고 있는 실체라는 점이다. 문제의 특성은 흔히 '주권(sovereignty)'의 개념으로 지칭된다. 이 사실을 반영하듯, 영어의 'sovereignty'는 고대 불어에서 '최고(最高)'를 의미하는 'soverain'에서 기인하고 있다. 주권을 가진 국가의 특성은 국내적으로는 물론, 국제사회에서도 보편적으로 인정받아 왔다. 국제사회에서 미국과 같은 초강대국이 있다고 해도 약소국 쿠바와 같은 국가의 주권은 엄연히 존중받고 있으며, 또한 UN도 국가의 주권 위에 군림하는 초국가(superstate)가 아니라, 주권을 가진 국가들의 연합에 불과하다. 국가의 주권은 신성불가침의 국가의 최고 권위로 간주되어 왔는데, 국가가 지니고 있는 '최고의 권위'는 두 가지 요소로 규정될 수 있다. 하나는 법적인 권위이고 또 하나는 최고의 강제력이다.

역사적으로 볼 때, 국가의 최고 권위를 정당화하는 데 있어 가장 중요한 기여를 한 인물로 장 보댕(Jean Bodin 1530-96)과 토마스 홉스(Thomas Hobbes 1588-1679)를 꼽을 수 있다. 보댕은 국가가 지니고 있는 최고의 권위에 대하여 처음으로 이론을 정립한 사람이다. 그러나 국가가 지닌 최고의 권위에 대한 표현은 보댕 이전에 실제적으로 통용되고 있었음에 유의할 필요가 있다. 이미 아리스토텔레스는 『정치학』에서 '토 퀴리온(to kurion)'이라는 그리스 용어를 사용한 바 있고, 로마인들도 '마욜 포테스타스(major potestas)'라는 라틴어 표현에 익숙해져 있었다. 이 모든 개념들은 물론 상호간에 의미가 똑같지 않으나, 국가가 누리고 있는 최고의 권위, 즉 주권을 표현하는 공통점을 지니고 있다고 하겠다.

국가의 최고 권위, 즉 주권을 설명하는 홉스와 보댕의 접근방식을 비교한다면, 홉스가 근대적 사고에 의하여 국가의 최고 주권을 개념화한 반면, 보댕은 전근대적 접근방식에 의하여 국가의 주권을 설명했다고 할 수 있다. 따라서 양자의 차이는 확연하다. 보댕은 국가의 최고 주권을 설명하는 데 있어 왕권신수설에 의존하고 있기 때문이다. 국가의 주권은 신에 의하여 '기름부음을 받았다(anointed)'는 사실에 근거하고 있다. 신에 의하여 '기름부음을 받은' 왕들은 그 통치권을 신적인 권한에 의하여 부여받은 것이다. 이에 비하여 홉스가 다른 형태의 정부보다 일인통치제인 군주제(monarchy)를 선호한 것은 일인지배가 국가의 통치에 있어 분열의 위험을 최소화시킨다고 판단하였기 때문이다. 또 하나 지적할 수 있는 홉스의 특이점은 주권의 개념을 무조건적 범주로 격상시키고 있다는 사실이다. 탁월한 힘으로 법을 만들고 법을 집행할 수 있는 최고의 능력을 지니고 있다는 사실로부터 홉스는 국가의 최고 권위에 관한 한, 어떠한 제약도 부과하기를 거부한다. 즉 주권자인 국가야말로 법의 원천으로서, 법 위에 군림하는 존재인 셈이다.

물론 이에 대하여 아리스토텔레스(Politics Ⅲ, 16)의 입장은 다르다. "우리는 인간이 아니라 이성적 원칙이 지배하도록 허용해야 한다. 왜냐하면 인간은 자기자신의 이익에 의하여 행동함으로 폭력자가 될 가능성이 크기 때문이다." 역시 보댕은 홉스와 달리 주권자라도 법적으로 훼손할 수 없는 일련의 기본적인 규칙이 있음을 인정한다. 예를 들면 그러한 규칙 가운데 하나가 남성만이 왕위를 계승할 수 있다는 규칙이다. 같은 맥락에서 루소도 홉스의 '주권자'와 달리 국가 권위의 한계를 인정하고 있다. 루소에 의하면, 주권자는 법 위에 군림할수 없다. 법 이외에 어떤 존재도 집단에 구속력을 행사할 수 없기 때문이다. 법이란 일종의 '집단적인 주권자'로서 '일반의사'의 형태로 표출된 것이 아니겠는가!

그러므로 결국 홉스는 국가의 최고 주권 가운데 빼놓을 수 없는 하나의 중요한 특성을 이론적으로 개발한 셈이다. 법 위에 군림하며 자기자신의 결정을 집행하는 데 방해를 받지 않고, 필요하다면 다른 사람들의 반대를 막기 위하여 완벽한 강제력을 행사할 수 있는 단일적 존재가 '주권자'이다. '주권자'는 최고의 강제력을 가진 존재로 반대파를 잠재우고 시민들로부터 복종을 이끌어 내기 위하여 '1차원적 힘'뿐 아니라, 바라크나 배러츠가 개념화한 '2차원적 힘', 혹은 루크스가 정립한 '3차원적 힘'을 행사하는 존재라고 하겠다.

주지하는 바와 같이 절대권력을 가진 주권자에 대한 홉스의 정당화의 논리는 인간의 본성에 관한 독특한 상정과 밀접한 관계가 있다. 인간의 사악한 본성을 감안할 때, 폭력과 무질서의 열악한 상황인 자연상태와 '주권자'의 정치 사이에는 완충지대가 존재할 수 없으며, 오직 '주권자'의 정치만이 평화를 보장할 수 있다는 것이 홉스의 생각이었다. 홉스가 국가의 주권을 일단 최고의 강제력으로 파악하고 있지만, 한편으로 법적인 권위도 인정하는데 주저함이 없다. 즉 '주권자'는 명령을 내릴 (합)법적 권한을 갖고 있는 존재이기 때문이다. 이것이 바로 국가의 주권에 관한 두 번째 요소라고 하겠다. 홉스는 리바이어던의 권력으로 상징되는 국가의 권위가 실은 계약자들 사이의 합의의 결과, 즉 사회계약의 결과로 출현하게 된다고 주장하고 있다. 홉스에 있어 동의야말로 국가의 최고 권위를 가능케 하는 규범적인 요소인 셈이다.

2. 국가의 최고 권위

본 연구에서는 물론 국가가 최고 권위를 가지고 있다는 사실을 인정하면서도, 그 정당성의 논리와 관련하여 홉스의 비전에 전적으로 의존할 의사는 없다. 홉스의 비전에서 부각되는 '리바이어던(Leviathan)'의 권위는 절대왕정국가의 권위일지언정, 민주국가에서 통용될 수 있는 정치적 권위는 아니기 때문이다. 뿐만 아니라 국가의 주권개념은 현재 빠른 속도로 진행되고 있는 '세계화'와 '정보화'의 흐름속에서 도전을 받는 측면이 있다.[11] 따라서 국가주권의 개념이

---

11) 이 문제에 관해서는 임혁백(2000, 63-98)의 논의를 참조할 것. 여기서는 세계화시대의 거버넌스(governance)라는 주제하에 현대를 '포스트베스트팔리아' 시대로 규정하고 국가주권의

유의미하기 위해서는 두 가지 문제가 규명되어야 하리라고 생각한다. 하나는 민주국가(民主國家)의 문제이며, 또 하나는 세계화(世界化)와 정보화(情報化)의 문제이다. 하지만 한편으로 국가의 경우에 국가가 아닌 다른 어떤 조직이나 공동체에서는 발견될 수 없는 최고의 권위를 지니고 있다는 사실은 너무나 명명백백한 경험적 사실로서, 세계화시대의 민주국가의 경우에도 비교적 예외 없이 통용되는 일반적 사실임을 강조하고자 한다.

물론 민주국가에서 국가의 주권, 국가의 최고 권위는 홉스의 리바이어던에 비하여 상당히 약화된 느낌을 주고 있음을 부인할 수 없다. 민주국가에서는 '권력집중(權力集中)'보다는 '권력분산(權力分散)'이 특징이다. 특히 권력의 삼권분립이나 지방자치제에서 홉스나 보댕이 개념화했던 단일적인 최고 권력주체의 모습은 찾아보기 어렵다. 행정부는 입법부에 의해서 통제되고 행정부와 입법부는 사법부에 의하여 통제된다. 그 밖에 대법원이나 헌법재판소 등이 '사법심사(judicial review)'를 하는 상황에서 의회와 행정부의 권력은 제한된다. 뿐만 아니라 대통령 등도 임기제이며, 때로는 중임(重任)도 금지되고 있어 통치권의 효과적 사용은 자주 난관에 부딪친다. 그런가 하면 이익집단정치(interest group politics)를 강조하는 다원주의자들은 민주사회의 특성이 권력의 분산(diffusion of power)에 있다고 주장한다. 국가만이 권력을 갖고 있는 것이 아니라 시민사회에 포진하고 있는 각종 사회집단들, 종교단체, 기업 등이 권력을 나누어 갖고 있다는 것이 그 내용이다. 그러므로 린드블럼(C. Lindblom)은 바로 사회 각 집단의 힘이 동등할 때 '다두제(polyarchy)'가 성립할 수 있다고 역설한다.[12]

그러나 삼권분립(三權分立)이 확연한 민주국가에서도 국가의 최고 권위는 비교적 온전하다는 점이 매우 흥미롭다. '연성국가(soft state)'와 '강성국가(hard state)'를 따질 필요 없이, 혹은 내각제와 대통령제, 혹은 정·부통령제

무력화 문제를 다루고 있다. 본 논의에서는 이러한 경향을 일부 인정하면서도 국가의 주권은 아직도 명백한 현상으로 남아있다는 점을 강조할 예정이다.

12) 혹은 이와는 다른 관점이지만, '국가의 주권(state sovereignty)'보다는 '시민의 주권(citizen sovereignty)'에 강렬한 관심을 보이는 번하임(John Burnheim 1985)은 '통계적 민주주의(statistical democracy)'를 주창한다. 혹은 부캐넌(J. Buchanan 1965)은 '클럽이론(theory of club)', 타이부(C. Tiebout 1956)는 "발로 투표하는 모델(voting with one's feet)"을 민주주의 모델로 주창하고 있다. 이들은 모두 권력의 분산을 전제로 하는 민주주의 비전에 속한다고 하겠다.

를 막론하고 국가의 주권은 객관적 사실이기 때문이다. 민주사회에서의 대통령이나 혹은 총리의 '통치권(統治權)'에서 국가의 최고권위를 엿볼 수 있다. 특히 대통령제를 실시하는 나라에서 대통령은 '주권자(主權者)'의 상징으로 나타난다. 흔히 대통령은 법에 구애받지 않는 행동을 이른바, '통치권'이라고 하여 정당화시키고 때때로 초법적인 권한을 행사하고 있기 때문이다. 또한 사면권 등을 행사함으로 법원의 '4심제'의 역할을 수행하기도 한다. 그 밖에 행정부의 권력은 입법부와 사법부와의 권력분점에도 불구하고, 최고의 권위를 유감없이 발휘하는 경우가 적지 않다. 그렇다면 국가의 최고권위는 민주시민 누구에게도 비교적 엄연한 경험적 사실이다. 결국 권력이 제한되고 분산된 민주국가라도 시민들의 생명, 자유, 재산권을 포함한 '핵심적 이익(vital interests)'에 대하여 최종적인 통제권을 행사하고 있다는 사실은 부정하기 어렵다.

국가가 지닌 최고 통치권에 대한 또 다른 도전은 국제화와 정보화로부터 비롯된다. 유럽연합(EU)과 같은 국가 통합의 공동체가 출현했으며, 인터넷 시대의 도래에서 국가의 최고 통치권은 유명무실화되고 있지 않은가 하는 의구심이 제기되기도 하기 때문이다. 또한 국제적인 비정부기구(NGO)의 출현, 국제무역 등의 증가 등은 국가의 최고 통치권에 대한 도전으로 받아들일 만한 현상이다. 하지만 전세계적으로 국제화와 정보화가 급속도로 진행되고 있는 것은 사실이나, 그럼에도 국가의 최고 통치권이 현저하게 약화되고 있다는 증거는 찾아보기 어렵다. 인터넷 시대에도 국가는 '네티즌들'의 행동을 통제하려는 부단한 시도를 거듭하고 있으며, 국가의 통제력이 완벽하지는 못하지만, 적지 않은 위력을 보이고 있다. 뿐만 아니라 과연 유럽연합이 국가의 주권문제를 어떻게 해결할는지는 하나의 과제이다. 또한 유럽연합이 성공한다고 해도, 그것이 바로 '국가의 주권시대'를 마감한다는 결정적 징표로 받아들이기 쉽지 않다. 고전적 마르크시스트들도 공산주의 사회가 도래하면, 국가가 사라진다고 했으나, '국가사회주의(state socialism)'에서 국가는 오히려 더욱 더 강화되는 조짐을 보이지 않았던가! 그러므로 국제화와 정보화가 중요한 시대정신인 것은 부인할 수 없으나, 그렇다고 하더라도 국가의 주권, 국가의 최고권위의 붕괴와 필연적으로 연계시킬 수는 없다고 생각된다.

3. 연구대상으로서의 민주국가

합법적인 권위와 최고의 강제력이야말로 민주국가의 최고 권위를 구성하는 두 가지 요소가 아닐 수 없다. 합법적인 권위라고 할 때, 명령을 내릴 수 있는 권한을 의미하는데, '명령을 내릴 수 있는 권한(entitlement)'은 허펠드(W. N. Hohfeld 1919)가 개념화한 '요구권(claim right)'의 성격을 지니고 있음을 상기할 필요가 있다. 명령을 내릴 수 있는 권한, 즉 요구권이 성립할 경우, 사람들은 이에 복종할 '일정한' 의무를 갖고 있다고 할 것이다.

본 맥락에서 강조하고자 하는 것은 명령을 내릴 수 있는 권한을 갖고 있는 국가의 경우, 명령에 대해서 그 내용을 평가하는 것이 아니라는 점은 민주국가에서도 예외가 아니라는 사실이다. 물론 민주국가에서는 절대왕정국가나 권위주의 국가에 비하여 시민들에게 단순히 명령을 내리기보다 명령에 대한 이유를 '실천적인 추론(practical reasoning)'의 형태로 제시하는 경우가 많다. 그것은 민주국가의 작동양식이 시민들의 동의의 형태로 이루어지며, 또한 정기적으로 선거가 실시되어 '책임정치'를 가능한 것으로 만들기 때문이다. 예를 들어 국가는 금융실명제를 실시하면서, 혹은 한약분업을 실시하면서 타당한 이유를 들어 국민들을 설득할 수 있다. 검은 돈을 차단하고 부정축재를 원천적으로 방지하며, 혹은 약의 오·남용을 막겠다는 명분을 제시하는 경우가 그것이다. 국민들은 그 논리와 이유에 매료되어 불편함을 참고 금융실명제나 의약분업을 받아들일 수 있다. 그러나 중요한 사실은 민주국가라고 하더라도 '실천적 추론' 제시는 어디까지나 부수적인 요소일 뿐, 시민들이 국가의 권위에 복종하는 주된 이유가 되는 것은 아니라는 점이다. 국가의 '실천적 이유 제시'가 미흡하다고 해도, 혹은 정부의 설명에서 설득력이 떨어진다고 해도, '법적인 권위'가 일단 성립한다면, 국민에게 복종을 요구하게 마련이다. 그러므로 국가의 권위행사에 있어, 민주국가가 절대국가나 권위주의 국가보다 느슨한 면이 있는 것은 사실이나, 그럼에도 불구하고 그 차이는 정도의 차이일 뿐, 질적인 차이는 아니라고 생각된다.

두 번째로 민주국가의 권위에서도, 비록 리바이어던의 강제력에 비길 수는 없겠지만, 최고의 강제력이 돋보인다는 점을 상기해 보자. 또한 민주국가의 권위는 시민들의 동의에 기반하고 있는 만큼, 민주국가의 '법적인 권위'에 관한 한, 특히 도덕적 성격이 묻어 난다는 점을 지적할 필요가 있다. 그러나 민주국가라 하더라도 국가권위는 '법적 권위'만으로는 부족하다는 점에 유의해야 할 것이다. 민주국가의 권위는 '도덕적'이며 '합법적'일 뿐 아니라, '정치적으로도 효과적'이어야 하기 때문이다. 민주국가가 명령을 내릴 수 있는 합법적인 권한을 확보하고 있다고 하여 시민들이 자동적으로 복종하는 것은 아니다. 따라서 민주국가는 자기자신의 명령이 시행될 수 있는 효과적인 수단을 보유하고 있어야 할 것이다. 이것이야말로 국가 강제력의 존재이유이다. 민주국가로서는 자신의 명령에 불복종하는 시민들을 물리적으로 제재할 수 있는 효과적인 수단을 갖고 있어야 한다. 도덕성을 확보하고는 있으나, 강제력을 보유하고 있지 못한 민주국가는 '본의적 의미에서' 국가의 권위를 행사하고 있다고 할 수 없다. 오히려 도덕적 힘은 없어도 강제력이 충분한 국가가 국가의 권위를 행사하고 있는 것으로 간주되는 경우가 많다.

물론 강제력을 갖고 있는 것은 국가만의 특성은 아니다. 일반회사도 경비원을 두고 무단출입자를 통제한다. 그러나 국가의 강제력은 다른 어떤 조직의 강제력과 비교할 수 없을 만큼, 압도적인 것이 특징이다. 이러한 국가의 강제력은 당연히 '권력'의 개념으로 파악할 필요가 있다. 하지만 이미 지적한 바와 같이 국가가 가진 권력의 개념은 결코 간단명료하지 않다. 물론 경찰이 강도를 제압하고 살인자를 체포하는 행위에서 국가가 가진 물리적 강제력과 권력의 속성이 적나라하게 드러나지만, 외부적으로 드러나는 것만이 국가권력의 전부는 아니다. 국가권력의 복합적 성격을 조명하기 위하여 권력에 관한 일반적 논의, 즉 권력의 1차원적, 2차원적 및 3차원적 비전과 연계시켜야 할 것이다.

일반적으로 국가가 행사하는 강제력에 관한 한, 비교적 단순하게 접근하고자 하는 경향이 있음을 지적할 필요가 있다. 이것은 주로 국가권력을 '1차원적 힘'의 비전으로 파악하는 방식이다. 특히 우리에게 친숙한 『춘향전』에서 변사또는 춘향이에게 수청을 들라고 강요하며, 이를 거부하는 춘향이를 하옥시킨다. 그러나 국가권력은 항상 외현상으로 볼 수 있을 정도로 단순한 것은 아니다. 이미 권력현상과 관련하여 설명한 것처럼, 제2차원적 권력이나 제3차원적 권력의 범주도 얼마든지 가능한 이상, 국가의 강제력도 역시 이러한 다차원적 성격으로 파악하는 것이 타당하다.

일부 정교한 네오·마르크시스트들은 단순히 국가의 물리적 힘에 치중하기보다 구조적 힘을 개념화한 바 있는데, 알튀세(L. Althusser)는 강제적 국가기구 못지않게 이데올로기적 국가기구(ISA)를 부각시킨 바 있고, 그람시(A. Gramsci)도 '헤게모니(hegemony)'의 개념을 강조하고 있다. 이것은 일반 국민들로 하여금 기존의 가치를 받아들여 내면화할 수 있게 만드는 힘을 의미한다. 그 밖에도 신자유주의자라고 할 수 있는 린드블럼(C. Lindblom 1977)이나 로위(T. Lowi 1964) 등도 역시 단순한 '행태적 힘(behavioral power)'을 넘어서는 '구조적 힘(structural power)'에 주목한다.

따라서 우리는 국가의 최고 강제력이라고 할 때, 단순히 '물리적으로' 시민 A로 하여금 외부의 개입이 없었더라면 하지 않았을 x를 이행하게 만드는 힘 못지않게, 시민 A로 하여금 '자진해서' x를 이행하게 만드는 힘도 내포되어 있음을 상정할 필요가 있다. 예를 들어 시민 A에게 강제로 병역의 의무를 시행하게끔 하는 민주국가도 있지만, 정교한 시민교육과 적절한 이벤트성 캠페인을 통하여 애국심을 북돋우고, 이로써 시민들로 하여금 자발적으로 병역의 의무에 임하게 한다면, 그것도 탁월한 국가의 힘이라고 간주해야 할 것이다. 결국 민주국가의 최고 강제력은 제1차원적 힘 못지않게, 2차원적 힘, 3차원적 힘에 의하여 행사된다는 점을 다시 한 번 강조하고자 한다.

마지막으로 민주국가의 합법적 권위의 문제를 점검해 볼 필요가 있다. 민주국가의 최고 통치권을 '합법적인 권위'로 보았을 때, 그 합법적인 권위가 어느 정도로 유효한가 하는 문제이다. 여기서 국가의 최고 통치권은 단순한 '권력'의 개념과 연계된 것이 아니라는 사실이 중요하다. 즉 국가의 통치권에서 권력의 개념이 배제될 수는 없으나, 그것은 합법적인 권위, 즉 명령을 내릴 수 있는 합법적인 권한과 연계되어 있어야 한다는 점이다. '권위'와 '권력'이 연계될 때, 비로소 국가의 최고 통치권을 유의미하게 설명할 수 있다는 사실을 상기해 보자. 그러나 이 사실을 강조한 다음, 봉착하게 되는 문제는 '합법적인 권위'를 결여한 국가들이 적지 않다는 현실에 있다. 쿠데타로 집권한 정부, 혹은 강압적 수단에 의한 통치가 두드러지는 국가, 언론과 국민의 기본권을 통제한 채 운영되고 있는 권위주의 국가, 혹은 인구의 다수를 점하고 있는 흑인을 무시하고 소수의 백인 위주의 통치가 이루어지는 인종차별 국가, 혹은 소수부족 학살이나 인종청소를 공언하는 국가 등이 종종 뉴스의 초점이 되고 있기 때문이다.

그렇다면 이러한 독재국가나 폭압국가들도 '합법적인 권위'를 지니고 있다고 할 것인가. 물론 국가의 기본적인 존재이유를 비교적 순리적으로 만족시키는 데 실패하는 국가, 적절한 도덕적 목표를 추구하는 데 실패하거나 국가통치의 적절한 한계를 준수하는 데 실패하는 국가 등은 국가권위에 관한 논의대상에서 제외될 예정이다. 그것은 앞으로의 논의과정에서 분석의 대상으로 삼는 국가는 민주국가나 민주화가 이루어지고 있는 국가라는 의미가 될 것이다. 민주국가야말로 '시민들의 동의'라는 비교적 합법적인 절차를 통하여 집권한 정부로서, 적어도 일정한 '절차적 정의(procedural justice)'를 충족시키는 '합법적 권위'를 지니고 있는 것으로 판단되기 때문이다.

제 4 장

자율과 국가

제 4 장 자율과 국가

I. 예비적 고찰

　지난 3장에서 다룬 관심사가 국가권위의 본질에 관한 일반적 수준의 논의였다면, 이제부터는 국가의 권위를 정당화시키거나 무력화시키는 일련의 비전들과 구체적으로 조우할 필요가 있다. 이번 제 4장에서는 국가의 권위를 정당화시키는 문제와 관련하여 제일 먼저 부정적 입장을 취하는 견해를 비판적으로 섭렵하고자 한다. 두말 할 나위 없이 국가의 권위와 시민의 복종에 대하여 가장 부정적 입장을 취하는 사람들은 '철학적 무정부주의자(philosophical anarchist)'들이다. '철학적 무정부주의자들'은 국가야말로 개인들의 자율성을 침해하는 실체로서, 국가는 '필요악(necessary evil)'의 수준이 아니라, '적극적 악(positive evil)'이라는 입장을 개진한다.

　우리는 '철학적 무정부주의자들'의 견해가 이미 제 2장에서 개괄적으로 지적한 바와 같이 많은 문학작품들의 주제임을 상기할 필요가 있겠는데, 여기서는 '절대적인 개인주의'와 '극단적인 자율성'이 두드러진다. 특히 국가에 대한 복종행위는 개인의 '자율성'을 필연적으로 침해한다는 것이 이들의 일관된 주장이다. 이제 일련의 절대적인 개인주의자들 가운데 가장 탁월한 논리를 전개하고 있는 볼프(R. P. Wolff)의 견해를 비판적으로 점검하고자 하는 것이 본 4장의 목표이다.

　볼프가 정의하는 매우 독특한 '자율성(自律性)'의 개념을 감안할 때, 구성원들의 만장일치에 입각한 직접 민주주의만이 개인의 '자율성'과 공존할 수 있을 뿐, '다수결 민주주의(majoritarian democracy)'를 포함하여 그 밖의 어떠한 정치제도도 개인의 '자율성'과 공존할 수 없다는 결론에 이르게 된다. 물론 이러한 볼프의 입장이 타당성을 지니는 측면이 없는 것은 아니지만, 그렇다고 하더라도 일련의 관점에서 의문을 제기할 필요가 있다. 무엇보다도 볼프의 권위 개념에서 '정치적 권위(political authority)'와 '이론적 권위(theoretical authority)'에 대한 구분이 불분명하다는 점이야말로 제3장에서 이미 설정한 기본상정에 입각하여 주목하고자 하는 문제점이다. 그런가 하면 볼프의 '자율성'의 개념을 액면 그대로 받아들일 경우, 우리의 삶에서 어떠한 형태의 유의미한 헌신(獻身)행위나 투신(投身)행위도 받아들일 수 없는, '뜬구름' 같은 불모적 상태가 야기될 가능성을 우려하지 않을 수 없다. 또한 '자율성'의 개념이 소중하다는 그의 주장에 동의한다고 하더라도, 삶의 수많은 소중한 가치들을 희생하고 '자율성'만을 외곬으로 고집할 경우, '지혜로운 자율성'보다는 '지혜롭지 못한' 미련한 자율성의 개념으로 경도될 가능성이 크다는 사실에 유의하여 반론을 제기하고자 한다. 뿐만 아니라 볼프가 개념화하고 있는 자율성은 로빈슨 크루소가 향유한 자율성처럼, 우리가 일반적으로 받아들이고 있는 인간의 사회성을 고려하지 않은, 극단적 개인주의의 자율성에 불과하다는 사실도 지적할 예정이다.

이번 논의에서는 '자율성'에 관한 볼프의 주장에 반론을 제기함으로 국가의 권위와 정치적 복종이 개인의 자율과 양립할 수 있다는 명제를 구축할 수 있기를 기대한다. 특히 볼프의 자율성 논리에 대한 반론제기가 성공해야 할 중요한 이유는 무엇보다도 무정부주의에 대한 정당성의 논리가 일정 수준에서 부정될 때, 비로소 국가의 권위를 정당화시키고 시민의 정치적 복종의 규범성을 긍정할 수 있는 논리의 전개가 가능하리라고 생각되기 때문이다. 따라서 4장의 논의를 통하여 볼프의 자율성 비전에 입각한 '철학적 무정부주의' 논리를 '완벽한 수준'에서 반박할 수는 없겠지만, 비교적 '만족스러운 수준'에서 반증(反證)함으로, 제5장부터 진행될 국가권위와 정치적 복종의 정당성 논리들에 대한 사전 정지작업이 순조롭게 이루어지기를 희망한다.

Ⅱ. 볼프의 '철학적 무정부주의'

우리가 몸담고 있는 많은 기관과 조직, 단체들은 개인들에게 '명령을 내릴 수 있는' 권위(authority)를 가지고 있으나, 이러한 권위조직 가운데 가장 지배적 조직이 국가이다. 어떠한 나라에서도 국가의 법을 지키는 문제를 개인의 선택의 문제로 간주하는 경우는 없다. 예를 들어 금융실명제 법이 제정되면, 누구나 금융거래를 할 때 실명(實名)을 사용해야지, 가명(假名)이나 차명(借名)을 사용할 수는 없는 일이다. 당연히 명령에 대한 복종의 의무를 부과시킨다는 차원에서 '권위' 가운데 가장 강력한 유형에 속하는 '국가권위'는 문제를 야기시킬 공산이 크다. 관심의 초점은 국가권위가 요구하는 내용과 개인양심이나 개인적 판단이 요구하는 내용 사이에 갈등이 발생할 가능성이 농후하다는 점에 있다.

예를 들어 보자. 전쟁중이다. x국가에 y국가가 침입해 들어 왔다. y국가의 진격속도가 빨라 y국가의 군대의 진출을 늦추기 위해서는 x' 교량을 폭파할 수밖에 없다는 결론에 이르렀다. x국가 지휘관들은 회의결과 x' 교량을 폭파하기로 결정하고 그 시각을 ○○일 새벽 3시로 정하였다. 그런데 그 시간에도 피난민 행렬과 차량들은 끊임없이 문제의 교량을 건너고 있었다. 이때 x' 교량 폭파의 책임을 맡은 군인들은 "3시 폭파"라는 상부의 명령을 지킬 것인가 하는 문제에 봉착하게 된다. 일부 군인들은 3시 폭파의 경우 많은 민간인들의 희생이 우려되어 이 폭파 명령에 불복하기로 결심한다. 개인의 양심상, 도저히 이 폭파 명령을 지킬 수 없을 것으로 판단했기 때문이다. 상기의 사례는 권위의 요구가 개인의 양심이나 사적 판단과 어떻게 갈등관계를 야기하는지에 대한 하나의 가상적 사례이다. 물론 여기서 해당 지휘관들이 x'에 교량 폭파에 대해 내린 결정이 올바른 결정이었는지에 대한 문제가 제기될 수 있겠으나, 본 맥락에서 이 문제는 차치하고, '정치적 권위의 요구'와 '개인적 양심의 요구'를 동시에 무리 없이 수용할 수 있는 방안이 가능한가에 주목해 보자.

국가의 권위와 관련된 문제에서 국가가 주장하는 권위에 절대적인 비중(absolute weight)을 부여하려는 사람들이 많다. 특히 위기상황이라면, 혹은 전쟁중이라면, 국가 권위에 대한 의구심이나 정치 지도자나 정부가 내린 결정들에 대한 비판은 위험하다. 어떤 의미에서 본다면, 이 상황에서 시민들의 입장은 배를 탄 승객들의 입장과 유사하다고 할 수 있기 때문이다. 만일 배가 침몰할 위기상황에서 선장이 내린 명령의 내용에 대하여 일일이 따지는 승객들이 있다면, 배의 운명은 어떻게 되겠는가. 하지만 엄밀한 의미에서 본다면, '무조건 복종'의 상황은 위기시에만 일어나는 것은 아니다. 법원의 결정이나 헌법 재판소의 위헌

결정은 이에 대한 전형적 사례이다. 만일 공무원시험에서 군 제대자에게 주었던 가산점 제도를 위헌(違憲)이라고 판정했다면, 문제의 법원의 결정이나 헌법 재판소의 결정은 문제의 결정이 옳기 때문에 구속력을 갖는 것이 아니라, 법원의 결정이기 때문에 구속력을 갖는다. 만일 법원의 판단이 아니라 변호사 협회의 판단이었다면, 비록 판단 자체의 내용이 옳더라도 구속력을 갖는 것은 아니다.

물론 모든 사람들이 이러한 입장에 동조하고 있는 것은 아니다. 국가의 권위에 절대적 무게를 실어줄 이유가 없다고 주장하는 사람들도 다수 있기 때문이다. 서로우(H. D. Thoreau)는 이에 대한 대표적 존재이다. 그는 미국의 멕시코 전쟁을 충당하기 위한 세금을 납부하기보다 세금 납부를 거절하고 투옥되는 운명을 감수했던 것이다. 그에게 있어 시민으로서 세금 납부의 법적인 의무를 지니고 있다는 것이 복종해야 할 이유로서는 불충분한 것으로 판단되었기 때문이다. 즉 "악법은 법"이 아니며, 국가의 '실정법'이 마땅히 지켜야 할 개인의 '양심'과 차이를 보일 경우, 실정법은 지킬 필요가 없다고 주장한다.

결국 국가에 의한 권위의 주장과 개인의 양심과 자율성 사이에는 심각한 긴장관계가 존재할 뿐만 아니라 이 두 가지 가치의 갈등의 의미는 결코 사소한 것이 아니다. 만일 양자간의 갈등이 실제적이라면, '나'로서는 중차대한 선택과 결단을 할 필요가 있기 때문이다. 국가권위의 요구에 압도된다면, 시민인 '나'로서는 개인의 양심과 상식의 요구를 무시하거나, 독립적이고 비판적인 이성의 판단을 억제해야 할 것이다. 그 결과는 자명하다. 그것은 유대인을 무자비하게 학살한 나치스의 아이히만과 같은 맹목적인 복종주의자들의 등장이 아니겠는가! 물론 이러한 상황은 무질서한 상태와 충분히 비견될 수 있는 참담한 상황일 것이다. '양심법(良心法)'은 물론, 자연법(自然法)이나 인권에 위배되는 반인권적 법학이기 때문이다.

그러나 한편으로 개인의 판단과 양심에 절대적 가치를 부여한다면, 집단선택이나 정치적 결정으로부터 향유할 수 있는 모든 편익과 장점들은 포기할 수밖에 없을 것이다. 개인들간의 협력은 물론, 공공재(public goods)의 산출도 기대하기 어렵고, 교통질서조차 준수되기 쉽지 않을 듯하다. 오히려 무질서와 혼돈, 그리고 공공악(public bad)이 횡행하게 될 가능성이 농후하다. 그것은 결국 이른바 '좋은 질서를 가진 사회(a well-ordered society)'를 지향하겠다는 목표를 포기해야 한다는 결론으로 이어지지 않겠는가. 그러나 "질서는 아름답다"

는 명제가 통용되는 한, 질서의 붕괴는 '좋은 질서를 가진 사회'의 구축을 무망한 것으로 만드는 또다른 재앙이 아닐 수 없다.

국가 권위와 개인의 자율성이 공존할 수 없다는 명제에 관한 한, 볼프(R. P. Wolff 1970)의 통찰이 인상적이다. 권위(authority)와 자율(autonomy)의 의미를 분석할 때, 양자는 공존 불가능하다는 것이 볼프의 주장이다. 권위가 절대적 특성을 갖고 있는 반면, 개인의 자율성은 절대적 권위를 인정할 수 없는 속성을 지니고 있다는 그의 견해에 유의한다면, 개인의 자율성은 어떠한 정치권위도 인정할 수 없다는 결론이 나오기 때문이다. 볼프(1970, 14)는 칸트와 마찬가지로 어떤 개인 A가 도덕적 입장을 취할 때, A는 '입법자(legislator)'로서 행동하게 된다고 강조한다. 즉 입법자로서 개인의 자리매김은 "한 개인이 자기자신에게 부과한 법에 대한 승복행위(it is a submission to laws which one has made for oneself)"를 말하는 것으로써, A는 자기자신이 어떤 규칙과 법에 입각하여 행동에 임해야 하는지를 결정한다. 칸트가 주장한 바와 같이, 도덕적 자율성이란 '자유'와 '책임'의 복합체이다. 달리 말한다면, 개인 A는 자신의 개인적 도덕적 판단을 다른 사람들에게 위임할 수 없다는 의미이다. 물론 A가 자신의 신상과 관련된 중차대한 사안들에서 다른 사람 B의 충고를 받아들이기로 결정할 수 있는 상황이 전무한 것은 아니다. 예를 들어 오랜 동안 암과 투병하고 있는 상황이라면, 의학분야에 전문지식이 없는 환자 A의 입장에서 의사 C의 견해나 충고는 얼마나 고맙고 중요한 일인가.

그러나 '도덕적 행위자(moral agent)'로 행동하는 한, B와 C의 충고가 좋은 충고인지, 혹은 따를 만한 충고인지를 결정하는 것은 전적으로 개인 A의 몫이다. 결국 자율적 존재라는 사실은 개인이 스스로 수행해야 할 일에 대하여 최종적인 결정을 내려야 하는 존재라는 사실을 의미하는 것으로, A가 이러한 '자율성'을 행사하는 데 실패한다면, A는 '자율성에 관한 일차적 의무(primary obligation of autonomy)'를 이행하는 데 실패하는 셈이다. 이에 비하면, '권위'란 "명령을 내릴 수 있는 권한, 즉 복종을 요구할 수 있는 권한(the right to command, and correlatively the right to be obeyed)"이라는 것이 볼프(1970, 4)의 의견이다. 여기서 볼프는 주장한다. "국가의 지배적 특징은 권위, 즉 통치할 수 있는 권리이다. 이에 비해 인간의 일차적 의무는 자율, 즉 통치 받기를 거부할 수 있는 권리이다. 그렇다면 자율성과 국가의 특정한 권위 사이의

갈등에 관한 해결은 있을 수 없다." 따라서 볼프(1970, 18)는 "무정부주의야말
로 자율성의 덕목과 부합할 수 있는 유일한 정치 비전"이라고 결론을 내린다.

　물론 이 '자율성에 대한 일차적 의무'와 국가에 대한 복종이라는 정치적
의무가 공존할 수 있는 정치적 상황이 불가능한 것은 아니다. 만장일치의 직접
민주주의 상황이야말로 개인의 자율성과 국가에 대한 복종이 공존가능한 유일
한 해법이라고 하겠다. 만장일치의 직접 민주주의 상황에서 각 개인은 법을 만
들 때 직접 참여함으로 모든 법이 구속력을 갖는다는 사실에 동의하게 된다. 이
경우 직접 민주주의는 각 개인의 자율성을 근거로 작동하는 결과가 되기 때문
에, 개인의 자율성은 침해받는 것이 아니라 존중받는 셈이다. 즉 직접 민주주의
국가나 루소의 공화정에서는 국가에 복종하는 것이 '나' 스스로에게 복종하는
것이며, 반대로 '나' 스스로에게 복종하는 행위가 국가에 복종하는 행위가 된다.
현대에 와서도 만장일치에 의한 통치를 강조하는 부캐넌과 털록(J. Buchanan
and G. Tullock 1962)의 '헌법 민주주의(constitutional democracy)'를 생각
해 보자. 각 시민은 국가의 모든 제안에 대하여 투표하고 또한 각 시민이 어떠
한 정책에 대하여도 거부권을 행사할 수 있는 '헌법 민주주의' 사회라면, 자율
과 권위는 충돌한다고 말할 수 없다. 여기서는 국가에 의하여 집행되는 어떠한
법이나 정책에 있어서도 예외 없이 모든 시민의 동의가 전제되기 때문이다.

　그러나 현실적으로 만장일치제에 의하여 작동되는 직접 민주주의 국가는
존재하지 않는다. 실제의 민주주의 국가는 대의제와 과반수결제에 의하여 움직
이고 있지 않은가. 심지어 '과반수결제(majority rule)'보다 '단순다수결제
(plurality rule)'에 의하여 작동되는 민주주의 국가들이 다수이다. 또한 만장일
치제의 민주주의를 가동시키기 위해서는 막대한 거래비용(transaction cost)이
요구된다. 모든 정책적 사안에 대하여 시민들의 선호를 취합하는 것은 정보화
사회나 '전자 민주주의' 시대에도 결코 쉬운 일이 아니다.[1] 뿐만 아니라 정책적
사안들의 내용이 점점 복잡해짐에 따라 이러한 문제들에 전적으로 헌신할, 이른
바 '정치꾼'들이 요구되는 셈이다. 이들이야말로 바로 국민의 대표자들로서, 적
어도 '이론적으로는' 생업(生業)에 종사하고 있는 일반 시민들보다 집중적으로
심도 있게 정치·사회적 문제에 천착할 의지를 갖고 있는 존재이다. 이 경우 다
수결에 의한 대의제가 대안이 된다.

---

1) 이에 관한 한, 박효종(1998)과 맥리안(I. Mclean 1989)의 지적을 참고할 것.

그런가 하면 만장일치제가 가능하다고 해도, 단 한 사람의 한 표의 거부권에 의해서 법이 통과되지 못하고 정책들이 실시되지 못한다면, 화합과 조화의 정치의 표본이라기보다는 비능률과 식물(植物)정치의 전형으로 전락하는 셈이다. 뿐만 아니라 만장일치의 직접 민주주의의 특성과 관련하여 볼프가 간과하고 있는 점이 있다. 그것은 일부 사람들이 자기자신의 최소한의 권리를 보호하기 위한 '방어적(防禦的)' 논리에서만 거부권을 행사하는 것이 아니라, 자기자신의 더 많은 몫을 차지하기 위한 '공세적(攻勢的)' 논리에서 거부권을 행사할 수 있다는 사실이다. 이러한 상황은 만장일치제가 가능한 소규모 집단에서 종종 벌어지는 일이기도 한데, 이 경우 집단결정을 원활히 하기 위하여 순리와 상식을 존중하는 다른 많은 사람들이 소수의 고집에 양보해야 한다면, 오히려 '소수의 횡포(tyranny of the minority)'를 방불케 하는 사회가 될 것이다.

물론 볼프의 상정을 존중한다면, 사람들이 방어적 의미에서만 거부권을 행사하는 만장일치의 직접 민주주의에서 각 개인의 자율성은 보존될 수 있을 것이다. 그러나 문제의 조건들이 '이론적으로' 불가능한 것은 아니나, '실제적으로는' 불가능하다는 것이 볼프의 진단이다. 그러므로 절대주의나 권위주의 국가는 물론, 일반적인 대의 민주주의(representative democracy)하에서도 개인의 자율성과 정치적 권위가 공존할 수 있는 가능성은 전무하다는 결론이 나오게 된다. 이러한 상황에서, 즉 만장일치의 직접 민주주의가 아닌 상황에서, 정치적 권위를 갖고 있는 특정인이 '나'에게 명령을 내릴 권리가 있다는 점을 인정하게 되면, '나'로서는 다른 사람이 '나'의 생활을 지배하게끔 허용하는 셈이며, 그것은 결국 자율적으로 행동해야 할 '나'의 기본적 의무를 포기하는 결과를 가져온다. 그러므로 자율성에 관한 이 기본적 의무를 이행하기 위해서 '나'는 '나'에게 정치적 권위를 가지고 있다고 주장하는 사람들의 명령에 복종해야 할 의무를 가지고 있다는 사실을 거부해야 할 것이다.

그러나 한편, 볼프가 복종의 의무에 관한 불인정의 논리를 두 가지 방식으로 제한하고 있다는 점이 매우 흥미롭다. 첫째로 자율적인 인간이라고 해서, 권위를 갖고 있는 사람의 명령에 무조건 불복종해야 할 의무가 있는 것은 아니라는 사실이다. 개인 A는 권위를 갖고 있다고 주장하는 사람 B가 자신에게 어떤 일 x를 이행하라고 명령했을 때, x를 이행할 수 있는 '현명한 이유'를 갖고 있다고 자위할 수 있다. 이 경우는 A가 권위에 대한 복종과는 관계 없는, 독립적인 이유를 확보할 수 있는 상황으로서, A는 B로부터 명령받은 일, 즉 x를 이행해야 할 것이다. 그러나 x에 대하여 B로부터 명령을 받았다는 이유로 x를 이행하지 않는 한, 혹은 x가 그 자체로 올바른 일이라는 판단이 섰기 때문에 x를 이행한다면, 개인 A는 자율적인 존재로 남아 있게 된다. 예를 들어 자율적인 시민 A는 번잡한 사거리에서 교통정리를 하고 있는 교통경찰 B의 명령에 복종할 수 있다. 그러나 이 경우 시민 A의 자율성이 온전하기 위해서는 경찰 B의 명령이기 때문에 복종한다는 태도를 지니거나, 혹은 경찰이 운전자에 대하여 권위를 가지고 있다고 믿기 때문에 복종한다는 태도를 취해서는 안 된다. 다만 교통이 복잡한 어려운 상황에서 교통경찰의 권위에 복종함으로 정체상황이 풀릴 수 있다는 독자적인 판단 때문에 복종할 경우에 시민 A의 자율성은 보존될 수 있다.

그런가 하면 볼프가 제시하는 복종의 의무 불인정 논리의 두 번째 제한점은 개인 자신의 자율을 포기하는 것이 상식과 순리(順理)에 부합할 경우가 존재한다는 사실이다. 예를 들어 의사 B의 치료를 받고 있는 환자 A는 의사 B의 명령에 복종하게 되는데, 이 경우 환자 A는 자율성을 포기한다. 환자 A는 자신의 판단을 정지시키고 처방과 투약지시를 내리는 의사 B의 권위를 받아들이기 때문이다. 이와 같은 사태가 야기될 때, 개인 A가 적어도 제한된 정도로나마 자기 자신의 자율을 포기하게 된다는 점은 명백하다. 그런데 볼프에 의하면, 개인의 자율을 포기하는 것이 사리에 맞고 '순리적'이라고 평가받기 위해서는 두 가지 특별조건이 충족되어야 한다. 첫째로 환자의 경우에서 관찰할 수 있는 바와 같이, 개인 생활의 '전체적' 영역이 아니라 '제한된' 영역에서 자율성의 포기를 의미하며, 두 번째로 자율성의 포기는 환자가 갖고 있지 못한 전문적인 기술을 상대방이 갖고 있는 경우로 제한된다.

볼프의 논거 전체를 점검해 볼 때, 이 두 가지 조건 이외에 개인의 자율성을 포기할 수 있는 다른 조건들도 볼프가 인정하고 있는지는 불분명하다. 그러나 확실한 것은 이 두 가지 조건 중 어떤 조건을 택하더라도, 국가나 최고의 권위를 가지고 있다고 주장하는 공직자들에 대한 복종의 정당화 논리가 적용될 수 없다는 사실이다. 이러한 관점에서 개인들은 국가나 국가 관리들의 명령에 복종할 '현명한 이유'는 확보하고 있을지 모르나, 복종할 '의무'는 갖고 있지 못하다고 단정적으로 말할 수 있다. 볼프(1970, 15)는 단언한다. "한 개인이 자기자신의 결정의 주인이 되어야 할 의무를 충족시키는 한, 국가가 자기 자신에 대하여 권위를 가지고 있다는 주장을 거부해야 한다. 즉 국가의 법이 법이기 때문에 복종해야 할 의무를 지니고 있다는 사실을 부인하게 될 것이다."

결국 볼프의 주장이 타당하다면, 만장일치의 직접 민주주의가 아닌 정치사회에서, 국가와 국가의 법에 복종할 시민의 '일반적 의무(general obligation)'는 성립할 수 없게 된다. 그러나 정치적 복종의 의무를 '원천적으로' 부정하는 볼프의 주장이 옳은가 하는 점은 비판과 평가의 대상이다. 특히 정치권위나 개인의 자율성에 대한 그의 개념규정과 관련하여, 이론을 제기할 만한 여지가 많기 때문이다. 다음 항목으로부터 이러한 문제점들을 점검해 나가기로 하자.

Ⅲ. 정치적 복종과 개인의 자율성

볼프의 '철학적인 무정부주의'로부터 우리가 판독할 수 있는 가장 중요한 긍정적 메시지가 있다면, 국가에 대한 맹목적 복종이나 묵종(默從)은 개인의 자율을 침해하는 행위로서 부당하다는 점이다. 실제로 우리는 국가의 부당한 명령에도 복종하는 맹목적 복종주의자, 혹은 묵종주의자들을 다수 목격하고 있다. 국가의 이름으로 행해지는 수많은 불의와 비리, 반인륜적·반인권적 행위는 맹목적 복종주의자들의 자아상실과 타율적 판단의 결과이다.

이미 고대 유데아의 왕 헤로데는 예수 그리스도의 탄생소식을 듣고, 찾아온 삼왕들의 출현에 놀라워하면서 결국 자기자신의 왕권에 도전하는 경쟁자를 물리치기 위하여 베들레헴에서 세 살 이하의 아이들을 살해하라는 명령을 내렸다. 혹은 로마의 황제 네로는 자기자신의 시심(詩心)을 북돋우기 위하여 로마를 불태우라는 명령을 내렸고, 진시황은 분서갱유(焚書坑儒)를 명령했으며, 히틀러도 패전이 가까워지자 파리를 불태울 것을 명령했다.

이러한 명령들은 분명히 '용인할 만한 불의의 수준(tolerable injustice)'을 넘는 것이며, 따라서 이러한 명령에 대하여 명령권자가 '법적인 권위'를 가지고 있다고 해서 복종한다면, 복종하는 개인은 볼프가 주장하는 자율성을 심각하게 훼손하는 존재이다. 이러한 상황에 직면한 사람들이야말로 국가에 복종할 의무보다는 국가에 불복종함으로써 자기자신의 자율성을 보존해야 할 의무에 각별히 주목해야 할 사람들이 아니겠는가! 이 경우 국가에 복종함으로 타율적 인간이 되기보다는 양심법이나 자연법에 복종하는 자율적 인간이 되는 것이 도덕적 의무로 보여지기 때문이다. 이러한 관점에서 볼 때, 볼프의 통찰은 '실천적 무정부주의자들' 보다는 '시민불복종주의자들'에게 매우 중요한 논리를 제공했다고 할 수 있다. 즉 안티고네나, 간디, 서로우, 마틴 루터 킹 등이 취했던 시민불복종 행위의 논리에는 볼프가 설파한 자율성의 개념, 즉 "개인의 일차적 의무는 자율적 존재가 되는 데 있다"는 명제가 자리잡고 있다고 생각된다. 그러므로 후술할 예정이나, 볼프의 자율성에 관한 개념규정에 문제가 있다고 하더라도, 시민 개인의 일차적 의무가 자율적 존재가 되는 데 있다는 주장 자체를 정면으로 거부할 수는 없을 것이다. 명령을 내릴 수 있는 국가의 권위를 정당화시키기 위하여 개인의 자율성에 대한 의무를 전적으로 포기한다면, "나무를 보되, 숲을 보지 못하는" 논리로서, 볼프의 입장과는 또 다른 극단이 아닐 수 없다. 결국 볼프의 관점과는 정반대의 이러한 입장 선회는 심각한 문제를 야기시키게 될 것으로 우려된다.

인간 개인이 자율적 존재가 되는 의무를 전적으로 포기하게 될 경우, 권위와 자율 사이의 공존 불가능성 문제를 넘어서서 권위와 타율이 연계되는 사태가 벌어지게 될 것이기 때문이다. 자율을 포기한 개인의 삶이란 문제의 개인에게 있어 노예와 종살이를 연상시킬 만큼 참담하다. 이 경우 국가의 권위는 확고하게 정당화될 수 있을지언정, 개인의 자율과 양심의 자유를 유린하는 '국가의 수호자'에게 반론을 제기할 만한 정당화의 논리는 소진되기 때문이다. 그러므로 볼프나 철학적 무정부주의자들의 자율성에 관한 비전에 전적으로 동의하는 것은 아니라고 하더라도, 홉스주의자나 혹은 절대국가론자들이 주장해 온 국가지상주의에 대한 반론을 위해서는 볼프가 정립한 개인의 자율성 개념을, 비록 "수정할 것은 수정한 형태로(mutatis mutandis)"나마 인정하면서, 그러한 자율성의 기반 위에서 국가와 정치권위를 인정하는 방안을 강구해야 한다는 것이 본 연구의 입장이다.

이러한 관점에서 볼 때, 소크라테스야말로 국가의 권위와 개인의 자율성을 양립시킨 전형적 존재라고 판단된다. 소크라테스가 취한 선택은 자기자신을 사형에 처한 불의한 아테네의 법에 대한 묵종(默從)이나 맹목적인 복종이 아니었다. 소크라테스는 자기자신을 사형으로 몰고 간 법이 불의한 법이라는 사실을 잘 알고 있었다. 그러나 그럼에도 불구하고 그는 '법의 권위'에 순응하여, 혹은

'법과의 약속'을 지키고자 목숨을 바친 것이다. 소크라테스의 경우, 법의 권위에 승복하면서도 자기자신의 자율성을 온전한 형태로 보존할 수 있었다. 법이 부당하다는 것을 알면서도 부당한 방식으로 부당한 법에 저항하기를 거부하는 결단을 자율적으로 내렸기 때문이다. 소크라테스의 방식은 물론, 개인의 자율성을 온전하게 보존하기 위하여 국가권위 자체를 부정하는 볼프의 입장과 다르다. 그러나 그것은 국가권위에 복종하면서도 개인의 자율성 향유가 가능하다는 하나의 중요한 시사 —— 비록 불복종주의자들의 주장과는 다른 시사이지만 —— 가 아닐 수 없다.

모름지기 자율성이란 시민 개인이 자기자신의 판단력을 사용하여 어떤 대안을 선택할 것인가를 고민하면서 결정하는 데서 성립한다. 그렇다면 시민 스스로 국가의 권위를 받아들이기로 결단할 수도 있지 않겠는가! 달리 표현하자면, 각 개인이 자율적 존재가 되어야 할 의무는 추상적이며 원천적 의무로서, 어떤 특정한 방식으로 결정해야 할 구체적 의무를 지칭하는 것은 아니라는 점이다. 개인의 자율성이란 특정한 결정 내용을 의미하는 것이 아니라, 다만 결정을 내릴 수 있는 능력을 의미하는 것이다. 그러므로 국가의 권위를 자율적으로 받아들일 수 있는 가능성을 '원천적(a priori)'으로 배제하는 것은 아니라는 점을 강조할 필요가 있다. 시민 개인이 자율적으로 국가의 권위를 받아들여 행동할 충분한 이유가 있다고 결정하고 그대로 행동한다면, 국가가 명령하는 바를 수행하고 국가의 부름에 응해야 할 의무를 자율적으로 수임할 수 있다. 따라서 '나'의 입장에서 국가권위를 자율적으로 수용할 수 있는 소지가 열려 있는 만큼, 이 두 가지 요소가 처음부터 공존 불가능한 것이라고 단언하는 것은 온당치 않다.

IV. '정치적 권위'와 '이론적 권위'는 같은가

이미 지난 3장의 논의를 통하여 '정치적 권위'와 '이론적 권위'가 동일하지 않다는 점을 지적한 바 있거니와, 볼프의 자율성에 관한 개념 정의에서 우선적으로 지적될 수 있는 오류라면, 양자를 혼동하고 있다는 점이다. '이론적 권위(theoretical authority)'가 행위자 본인이 가지고 있는 지식에 의해서 가능한 권위라면, '정치적 권위(political authority)'는 행위자 본인이 확보한 법적 위치에 의해서 가능한 권위이다. 따라서 상기의 구분에 유의한다면, 의사들이 환자에 대해서 지니고 있는 권위와 국가의 수호자들이 시민들에 대해서 지니고 있는 권위는 '질적으로' 다르다는 점을 인정할 수밖에 없다.

이러한 관점에서 볼 때, 볼프의 커다란 개념상의 오류는 '정치적 권위'의 정당성을 논의하는 과정에서 '이론적 권위'에 관한 논리를 원용하고 있다는 사실이다. 그러나 '이론적 권위'를 정당화시키는 논리와 '정치적 권위'를 정당화시키는 논리가 상이한 만큼, '이론적 권위'를 정당화시키는 데 성공했다고 해서, 그것이 '정치적 권위'를 정당화시키는 데 역시 성공했다고는 말할 수 없으며, 그 역도 마찬가지이다. 의사나 전문가의 권위를 정당화시키는 논리와 국가권리의 권위를 정당화시키는 논리는 '범주적으로' 다를 수밖에 없기 때문이다.

그러나 두 번째로 볼프가 파악하는 '이론적 권위'의 특성은 비교적 정확하다. '이론적 권위'에 대하여 사람들은 비교적 상당한 자율성을 향유한다. 즉 의사나 전문가 A가 환자 B에게 x를 이행하도록 명령했다고 해서 B로서는 x를 이행할 수 있는 '좋은 이유'나 혹은 '현명한 이유'를 확보할 수 있을지언정, 반드시 x를 이행해야 할 '절대적 이유'나 '절대적 의무'를 수용할 필요는 없다. 또한 의사나 전문가 A의 조언이나 혹은 명령을 의무로 받아들인다고 해도, 개인 B의 생활에서 제한된 형태로 구속력을 갖는 것일 뿐, 보편적이며 전인적 형태로 구속력을 갖는 것은 아니다. 예를 들어 의사 A가 당뇨병을 앓고 있는 B에게 당분이 든 음식물을 먹지 말라고 했을 때, A의 조언이나 충고는 B의 식생활에 한해서 구속력을 가질 뿐, B의 재산권에 이르는 문제까지 구속력을 행사하는 것은 아니다. 이 사실은 다시 말해서 '이론적 권위'에 관한 한, 개인은 상당 수준의 자율성을 누리고 있음을 시사하는 대목이다. 즉 환자 B가 당분을 포함하고 있는 음식물을 먹지 말라는 의사 A의 처방을 지킬 것인가의 여부는 B의 판단과 구체적 선택에 달려 있기 때문이다. 때로는 의사 A도 피로와 착각으로 잘못된 처방을 할 수 있으며, 이 경우 자신의 지병에 대한 상당한 안목과 지식을 갖고 있는 환자 B는 의심스러운 의사 A의 처방에 대하여 독립적 입장에서 평가한 후 그 처방을 거부할 수 있다.

물론 볼프가 설정하고 있는 자율성의 개념은 매우 경직된 범주여서, 이처럼 '이론적 권위'에 승복하는 경우에도 개인은 자율성을 침해당한 것으로 단정하고 있다는 점이 이채롭다. 그렇지만 한편, 볼프는 이러한 경우의 자율성 침해에 한하여 '정당화될 수 있는' 자율성 침해의 사례로 판정하고 있다는 점에 주목할 필요가 있다. 하지만 후술하겠으나, 본 연구에서는 개인이 의사나 교사 등의 '이론적 권위'에 승복할 때, 이것은 '자율성의 침해'보다는 '자율성의 증진'의 상황으로 간주해야 한다는 입장이다. 예를 들어 환자가 오래된 천식으로 고생하고 "낫 놓고 기역자도 모르는" 무학자(無學者)가 지식에 대한 갈증으로 목말라하고 있을 때, 의사의 처방이나 교사의 가르침은 환자나 무학자의 부족한 자율성을 도와주는 결과를 가져오기 때문에 환자나 무학자는 이 과정을 통하여 자율성을 침해받기보다 스스로 부족한 자율성을 보충하는 셈이라고 보아야 하지 않겠는가!

그러나 '정치적 권위'는 '이론적 권위'와 달리, '법적인 권위(de jure authority)'를 갖고 있는 사람의 '명령할 수 있는 권리'를 구속력 있는 것으로 받아들일 수 있는가에 관한 문제이다. 이 '정치적 권위'는 개인생활의 핵심적 이익(vital interest)에 대하여 '전반적으로' 그리고 '일반적으로' 구속력을 행사하고 있다는 점이 특색이다. 그렇다면 볼프의 주장대로 개인이 자율성에 대하여 '일차적 의무'를 갖고 있다고 할 때, 그 대상은 '이론적 권위'가 아니라 '정치적 권위'가 되어야 할 것이다. 특히 정치적 권위는 '내용중립적인' 복종을 요구하고 있어 양자가 충돌할 가능성은 실제적이기 때문이다. 우리는 이미 '정치적 권위'를 받아들이는 행위는 정의나 도덕의 가치를 받아들이는 것과는 다른, 독립적 가치를 지닌 행위로 간주한 바 있다. 이에 비하여 정치적 권위와 개인의 자율성은 공존하기가 불가능하다는 것이 볼프의 입장이다. 그러나 이러한 주장 차이를 감안한다고 하더라도, '정치적 권위'는 '이론적 권위'와는 질적으로 다른 특성을 지니고 있는 이상, 양자를 유비적 관계로 보아, 권위라면 '이론적 권위'나 '정치적 권위'를 가리지 않고, 개인의 자율성을 똑같이 침해하는 심각한 현상으로 단정하려는 입장은 잘못된 것이라고 생각된다.

V. 자율의 의미 1: 추상적 자율과 구체적 자율

이번에는 볼프가 개념화하고 있는 '자율성'의 의미에 천착해 보자. 물론 원론적 차원에서 개인이 '자율성에 관한 일차적 의무'를 지니고 있다는 볼프의 주장에 이의를 제기할 의도는 없다. 그러나 볼프가 정립한 자율성의 의미가 '구체적인 자율'보다는 '추상적인 자율'의 개념에 입각해 있는 비전이라는 점에 유의할 필요가 있다. 볼프의 자율성에 관한 비전에 의하면, 개인은 '제한된 의미'에서 '부분적으로' 구체적 상황에서 권위에 복종하고 헌신할 수는 있으나, 일반적 의미에서 '전인적으로' 권위에 복종할 수는 없다. 이 경우 흥미로운 것은 개인이 어떠한 사람이나 현상에 전적으로 매어 있지 않거나 헌신하지 않을 때, 비로소 자율성을 견지할 수 있다는 함의가 암암리에 배어 있다는 사실이다. 그러나 본 항목에서는 '내'가 어떤 사람이나 대상에 구속되어 있다거나, 헌신(獻身)이나 투신(投身)의 태도를 보일 경우에도, '나'의 자율성은 조금도 훼손되지 않을 뿐 아니라, 오히려 어떤 사람이나 대상에 헌신이나 투신할 경우, '나'의 자율성은 더욱 더 극대화될 가능성이 있다고 주장하고자 한다.

　일단 논의의 단초로서, 자율성(自律性)과 권위(權威) 사이의 관계에서 공존 가능성을 인정하는 논리가 형식적 의미에서나마 볼프로부터 불가능하지 않다는 사실을 지적할 필요가 있다. '나'의 자율성이란 결정을 내릴 수 있는 능력을 의미하는 만큼, '내'가 자율적으로 국가의 권위를 받아들일 수 있는 가능성은 충분히 존재하기 때문이다. 그러나 이와 같은 논리에 의하여 자율과 권위의 공존 관계를 설명하는 방식은 볼프의 자율성에 대한 '실질적 기준'을 감안할 경우, 대단히 불충분하다고 생각된다. 왜냐하면 '내'가 국가의 권위를 받아들인 다음에도, '내'가 '나' 자신의 양심과 판단에 의하여 결정을 내릴 수 있는 여지가 보장되어야 한다는 것이 볼프의 입장이기 때문이다.

　실제로 시민 개인이 자율적으로 국가의 권위에 승복하겠다고 결정했다고 하더라도, 그러한 결정을 한 다음 개인의 자율성이 보존될 수 있다는 결론이 '자동적으로' 도출되지는 않는다. 예를 들어 스스로 노예가 되겠다고 자유선택에 의하여 결정하는 경우처럼, 시민 A는 국가에 대하여 무조건 맹목적으로 복종하겠다고 동의할 수 있다. 그러나 그 후에 문제의 개인 A가 자율적 존재로 행동하고 있다고 말하기란 어려운 일이다. 즉 자발적 의사에 의하여 노예가 되었다고 해도, 노예란 어디까지나 '노예'일 뿐, '자유인'은 아니지 않겠는가. 또 다른 예를 괴테의 『파우스트』에서 들어 보자. 파우스트는 자율적으로 자신의 젊음을 보존하기 위하여 악마 메피스테펠레스와 계약을 맺었으나, 일단 영혼을 팔기로 한 계약 이후로 파우스트는 자율적 존재가 되기를 그친 셈이 아니겠는가!

이와 마찬가지로 시민 A가 자진해서 국가에 '노예처럼' 무조건 복종하며 시민
된 도리와 의무를 수행하기로 결정했다고 해도, 문제의 시민은 더 이상 자율적
존재라고 규정하기 어려울 듯하다. 결국 개인이 국가의 명령과 법을 '권위적인
것'으로 간주하는 등, 자율적으로 국가의 권위에 동의할 수 있음을 받아들인다
고 하더라도, 그러한 결정이 이루어진 후, 개인의 자율성이 온전하게 보존될 수
있을 것인가 하는 문제는 의문으로 남아 있는 셈이다.

이 사실은 국가권위에 대한 동의론자들의 입장과 일맥 상통하는 문제점이
아닐 수 없다. 일반적으로 동의론자들은 개인이 자신의 자유의사에 의해 국가권
위에 복종하기로 동의했다면, 바로 그 사실로 인하여 국가에 대한 복종의 의무
를 지게 된다고 주장해 왔다. 자유의사(自由意思)에 의해서 국가권위에 동의를
표시하는 것은 개인의 자율성의 핵심이다. 그러나 그럼에도 불구하고 우리는 개
인의 자율성의 전형적 표출현상인 동의행위에 대해서 제약점을 발견할 수 있다.
이 점은 제 5 장에서 본격적으로 거론하겠거니와, 그 요점은 개인의 자율적인 동
의행위가 국가권위에 대한 복종을 정당화하는 데 '필요조건'이나 '충분조건'으
로 작동하기 어렵다는 문제를 갖고 있다는 사실이다. 예를 들어 개인이 동의한
내용이 매춘을 하겠다는 내용처럼, 부도덕하다면, 동의를 했다고 해도 문제의
개인은 동의한 내용을 실천하는 것이 부당하다. 같은 맥락에서 '나'의 자율적인
동의가 부도덕하고 반인륜적인 국가권위에 복종하는 데 '충분조건'이 될 수는
없는 일이다. 그런가 하면 국가의 명령이나 법이 정의의 실현을 지향하고 있다
면, "다른 조건이 똑같을 경우(ceteris paribus)," 비록 '나' 자신이 국가의 권
위에 동의하지 않았다고 하더라도, 국가권위에 복종해야 할 의무가 있다고 할
것이다. 따라서 자율적 동의가 국가권위의 '필요조건'이라고 하기 어렵다. 그러
므로 국가권위에 동의하는 '나' 자신의 자율적 행위가 모든 문제를 해결해 줄
수는 없는 일이며, 적어도 정의와 도덕의 문제와 연계될 수밖에 없다는 사실을
받아들여야 할 것이다.

그러나 본 맥락에서는 정치권위란 정의의 문제나 도덕의 문제와는 상이한
문제의 영역임을 강조할 필요가 있다. 정치권위의 문제란 정의의 문제나 도덕의
문제보다 '형식적인(formal)' 개념이다. 다시 말해서 정치권위의 문제란 A가
B에게 x를 이행할 것을 요구한다는 사실이 B에게 x를 이행할 규범적 이유를
제공하는 반면, y의 이행을 배제할 일정한 이유를 제공한다는 사실이 어떻게 가

능한지를 점검하는 문제라고 하겠다. 권위와 복종의 문제란 인간들 사이에 이루어지는 매우 독특한 관계이다. 이러한 독특한 인간관계의 기초를 정당화하는 데 있어 자율적 동의가 아닌 다른 개념으로 어떻게 설명할 수 있는지 짐작하기 어렵다.

일반적으로 '자율적 인간'이라고 할 때, 신념과 행위에 있어 일정한 최소한의 '이성성(理性性)의 조건'을 충족시킬 수 있는 인간을 뜻한다.[2] 이 점에 있어 볼프도 긍정적 입장을 보이리라고 판단되는데, 즉 일정한 이유와 근거에 의하여 자신의 신념과 목적을 점검해 보고, 그러한 신념과 목적에 의하여 적절한 결정을 내리며, 문제의 결정과 선택에 입각하여 현실세계에 영향력을 행사하고자 행동할 수 있는 능력을 가진 인간이 자율적 인간이다. 결국 자율적 인간이란 자기결단을 할 수 있는 인간이 아니겠는가! 이러한 자율적 개인의 권리는 자신의 결혼 상대자를 선택하는 일부터 시작하여 직장을 선택하고 정치권위를 인정하는 사안에 이르기까지, 독자적으로 결정을 내릴 수 있는 권리를 포함한다고 하겠다. 자율적 인간에게 이러한 권리가 있다는 것은 본인 이외에 다른 사람이 '나' 자신을 대신해서 '나' 자신의 정치적 관계를 결정할 수 있는 권리를 갖고 있지 못함을 의미한다. 결국 국가권위야말로 개인의 자율성을 전제로 했을 때, 비로소 가능한 관계임을 반증하는 셈이다.

이러한 관점에서 볼 때, 국가권위에 복종한다는 것은 개인이 국가의 명령과 법의 권위를 자율적으로 받아들이면서, "다른 조건이 동일할 때(ceteris paribus)" 구속력을 지니고 있는 현상으로 간주할 수 있다. 즉 달리 고려해야 할 중차대한 요인이 없는 상황에서 국가의 명령이 비로소 구속력을 행사한다는 의미이다. 물론 여기서 국가의 명령을 전적으로 개인의 선택 영역으로 간주하는 것은 아니라는 사실이 중요하다. 그러나 한편 그렇다고 해도 문제는 없지 않다. 국가권위에 대한 승복이 국가에 대한 '맹목적인' 복종을 의미하는 것은 아니라고 해도, 즉 '실천적 사고(practical reasoning)'에 입각한 정당화의 이유를 개인의 차원이나 집단의 차원에서 제시할 수 있다고 하더라도, 개인은 특정 사안에서 복종과 불복종 문제를 가늠함에 있어 국가의 명령에 일단 '우선적으로' 무게를 실

---

2) 여기서 '합리성(合理性)'보다 '이성성(理性性)'의 개념을 사용한 것은 본 연구의 논의과정에서 합리성(合理性)은 주로 자기이익추구의 '수단적 합리성(instrumental rationality)'을 의미하기 때문이다. 이에 비하여 '이성성'은 인간을 '이성적 동물(zoon logikon)'로 규정한 아리스토텔레스의 접근방식에서 알 수 있듯이, 사유능력과 판단능력을 의미한다고 하겠다.

어야 한다는 사실은 남아 있기 때문이다. 그렇다면 '직견적(prima facie)'으로
나마, 국가의 부름과 명령, 혹은 국가의 법을 먼저 고려해야 한다는 사실은 개인
의 판단과 자율을 포기해야 한다는 사실을 시사하고 있는 셈이 아니겠는가!

물론 '사전에(ex ante)', 혹은 '직견적으로' 구체적 상황에서 국가권위와
명령에 비중을 두기로 결정을 하고 그러한 결정을 따르기로 했다면, 모든 개별
적 상황에서 그 결정은 통용되어야 할 것이다. '내'가 '원칙적인 차원'에서 국
가의 권위를 받아들이겠다는 의사를 표명한 반면, '구체적인 차원'에서 이를 실
천하지 않는다면, 이른바 수미일관(首尾一貫)의 태도는 아니다. 즉 원칙적 차원
에서 국가의 권위를 받아들였다면, 구체적 차원에서도 국가의 권위를 받아들일
수밖에 없는 셈인데, 원칙적으로 국가권위를 받아들였다고 해도 구체적 차원에
서 계속적으로 자율성을 행사하지 못한다면, 개인의 자율성이 견지되는 것은 아
니라는 것이 볼프의 입장이다. 구체적 상황에서 개인이 국가의 명령을 따를 때
결국 개인의 자율성은 무의미한 범주로 전락할 수밖에 없다는 의구심을 볼프는
표명하고 있기 때문이다.

그러나 이러한 의미에서 개인의 자율성이 훼손된다고 주장한다면, 볼프가
개념화하고 있는 자율성이란 매우 사소한 의미의 자율성에 불과할 뿐이라는 것
이 본 연구의 소견이다. 예를 들어 책을 읽는 데 있어 '나'는 다독(多讀)보다는
정독(精讀)을 독서의 기준으로 삼았다고 가정해 보자. 다독보다는 정독의 기준
을 세운 '나'로서는 접하게 되는 많은 책들 가운데 하나 하나를 정성스럽게, 때
로는 밑줄을 치면서 읽고, 때로는 반복해서 읽을 것이다. 따라서 '나'의 독서태
도는 '정독의 원리'에 의하여 구속되게 마련이다. 그러나 이 경우 의도적이든
우발적이든 간에 '정독'을 독서의 기준으로 삼는다는 사실 자체가 '나' 자신의
자율성을 훼손한 것으로 볼 수는 없지 않겠는가. 자율성이란 이른바, '진공상태
에서(in vacuo)' 작동하는 것은 아니다. 볼프는 개인의 자율성과 관련하여 '사
전에(ex ante)' 어떠한 현상이나 가치에 대한 헌신이나 투신의 정신 없이 결정
하는 태도를 그 이상(理想)으로 삼고 있어, 구속력 있는 헌신이나 투신의 태도
가 감지되면, 자율성에서 벗어나는 태도로 간주하는 듯하다. 그러나 이러한 의
미의 자율성이란 이른바 '누메나(noumena)'의 세계에서나 볼 수 있는 '추상
적인 자유'와 비교될 수 있는 것으로서, 개인이 살아가는 데 있어 별로 가치가
있는 현상이라고는 생각되지 않는다.

일반적으로 각 개인들은 롤즈의 표현대로 '삶의 계획(life plan)'을 구축하면서 나름대로 미리 일정한 이상(理想)을 정하고 이에 대한 헌신을 결심하게 마련이다. A가 자신의 꿈을 피아니스트로 정하고 이를 위하여 부단히 시간과 노력을 투여한다면, 자율성을 훼손했다기보다 오히려 자율성을 고양시킨 행위로 보아야 할 것이다. 뿐만 아니라 A가 피아니스트가 되기로 뜻을 정했다면, 야구선수가 되겠다는 뜻을 접을 수밖에 없으며, 피아니스트가 되는 데 전적으로 헌신하는 것이 당연하다. 피아니스트가 되기로 뜻을 정했으면서도, 피아니스트가 되는 일에 전적으로 매진하지 않을뿐더러, 오히려 야구선수에 대한 꿈도 열어 놓았다면, 문제의 행동은 자율적 행동이라기보다는 무소신의 행동이며, 혹은 "양다리 걸치기"로 표현될 만큼, 우유부단함의 극치일 것이다. 물론 의사면서 시인인 경우도 있고, 공무원이면서 음악가인 경우 등, 겸업(兼業)이나 겸직(兼職)의 경우가 없는 것은 아니며, 한 걸음 더 나아가, 모든 일에 능한 '팔방미인(八方美人)'도 있긴 하지만, 이는 정상적 상황이라기보다는 예외적 상황으로 보아야 할 것이다.

혹은 결혼생활에서 부부간의 상호헌신(相互獻身)도 같은 맥락에서 이해할 수 있다. 결혼한 부부는 서로간에 결혼서약을 통하여 원칙적으로 상대방에 대하여 구속되기를 약속했을 뿐 아니라, 동고동락하면서 직면하는 모든 문제에서 상대방을 배려하고 존중하면서 살아가는 것이 결혼생활이다. 따라서 결혼을 통하여 상대방에 대한 배려의 의무를 충실히 지키며 상대방에 얽매인 존재로 살아가는 사람을 자율적인 인격체가 아니라고 매도할 수는 없는 일이다. 오히려 결혼한 남편인 '내'가 결혼하지 않은 총각이나 독신자처럼 처신하면서, 결혼한 아내에 스스로 구속되며 헌신하기보다 여자친구나 새 애인을 사귀는 등의 행동을 한다면, '자유로운 인간'이기보다는 '무책임한 인간'으로 비난받아 마땅하다. 이처럼 자율적으로 결혼서약을 받아들이는 경우, 헌신적 행위는 자율적 행위와 양립할 수 있지 않겠는가.[3]

따라서 국가의 명령을 따르되, 맹목적으로나 기계적으로 따르지 않으며, 혹은 도덕적으로 심각한 사안이 발생했을 경우에 한하여 국가의 명령에 불복종하

---

3) 이 점에 있어 서병훈(2000, 38)의 지적은 적절하다. "인간의 삶은 선의의 간섭으로 점철되어 있다. 부모와 자식, 선생과 학생, 친구와 친구, 그 어떤 관계이든 엄격한 의미의 가치방임은 생각할 수가 없다."

기로 결정했다면, 또한 국가의 권위를 인정하는 데 '실천적 사고'에 입각한 이유들이 존재한다는 사실을 이해하고 받아들인다면, 국가의 권위와 개인의 자율성은 충분히 공존한다고 말할 수 있을 것이다. 국가의 권위를 수용하는 데 있어국가의 명령을 '맹목적'으로나 '무조건적으로' 따르겠다는 맹목적 태도나 묵종적 태도를 전제할 필요는 없다. 맹목적 헌신은 책임 있고 양식 있는 시민의 모습에 부합되지 않는다. 오히려 시민으로서 '내'가 할 수 있는 일이란 경합하는두 가지 특정한 사안에 대한 고려 이전에, 즉 부모를 공양해야 할 것인가 혹은국토방위에 임해야 할 것인가 하는 문제를 심사숙고하기 이전에, 국가의 부름과명령에 특별한 비중을 두기로 결정하는 데 있다. 이것이야말로 본 연구에서 개인의 자율성을 해치지 않는 범위 내에서 국가에 대한 헌신적 행위가 가능하다고 판단하는 이유이다. 그러므로 국가의 권위를 인정하는 사람과 국가의 권위를거부하는 사람의 차이는 '맹목적인 복종'과 '자유분방한 행위', 혹은 '묵종의태도'와 '독립적인 판단력의 행사'의 차이가 아니다. 문제의 차이는 헌신할 만한 선택의 대안을 결정하는 데 있어 무엇을 고려해야 할 것인가에 관한 가치관과 인생관의 차이라고 하겠다. 국가의 권위를 인정하는 사람은 국가의 명령이적어도 '직견적으로' 구속력이 있다는 사실을 인정하는 사람이며, 국가의 권위를 거부하는 사람은 그러한 '직견적 의무'가 존재한다는 사실 자체를 거부하는사람이다.

강조하자면, 정치권위를 이와 같은 관점에서 접근할 때, 볼프가 개념화한 개인의 자율성 문제에 대하여 좀더 비판적으로 음미할 필요가 있다. 자율성 문제에있어 구속력을 갖는 약속과 헌신의 행위조차 모두 자율성을 훼손하는 행위로 치부한다면, 자율적 행위란 아무런 의미 있는 일도 하지 않는, 이른바 '무위(無爲)의 자유'거나, 혹은 '추상적 의미의 자유'에 불과할 것이다. 그렇지만 우리 모두자유를 갈망하는 이유가 있다면, 그 자유를 통하여 무엇인가 의미 있는 일을 성취하겠다는 목적의식이 있기 때문이다. 그 과정에서 어떤 유의미한 목적과 가치및 이상을 위하여 자유가 제약되는 현상은 불가피한 일이다. 이 점이야말로 독신으로 살기를 원하는 사람 못지않게, 결혼을 통하여 상대방에게 구속되기를 원하는 사람도 똑같이 '자유인(自由人)'으로 부를 수 있는 이유가 된다고 하겠다. 같은 맥락에서 국가의 권위를 부분적으로 부정하는 불복종주의자, 혹은 국가의 권위를 전적으로 부정하는 무정부주의자 못지않게, 국가의 권위를 인정하고 복종하는 복종주의자를 '자유인'으로 간주할 수 있는 이유도 성립된다.

이처럼 자율성을 '소극적 자유(negative freedom)' 보다 '적극적 자유(positive freedom)' 의 범주4)로 접근하고 유의미한 인간의 이상으로 치부한다면, 즉 중요한 인생의 계획을 결정하고 실현하려는 힘, 혹은 다른 사람들과 가치 있는 관계를 구축하려는 역량으로서의 자율성이란, 일정한 목적에 스스로를 구속시키고 문제의 이상에 헌신하거나 투신할 수 있는 능력을 요구한다. 자율성을 순전히 소극적 의미의 자유나 무위의 범주로 접근하는 것은 롤즈의 주장처럼, "인생의 계획(life plan)을 추구할 수 있는 능력"으로 개념화된 자율성의 개념과도 공존할 수 있는 것이 아니다. 인생의 계획 추진이나, 혹은 유의미한 인간관계의 설정이란 모두 추상적인 자유에 일련의 제약과 구속을 부과할 수 있는 역량을 요구한다. 그러므로 인생의 계획이나 인간관계의 유지 등, 소중한 인생의 가치들을 무화(無化)시키는 결과를 가져오는 도덕적 이상으로서의 자율성을 고집한다면, 그러한 자율성은 '속빈 강정' 처럼, 내용이 없는 순수 형식적 개념으로, 별로 의미 있는 현상이 아닐 것이다. 국가의 권위를 수용하는 태도는 맹목적인 승복이나 묵종의 태도와 구분될 필요가 있다. 국가권위의 인정은 '내' 가 추구해야 할 삶의 가치가 무엇인가를 점검하는 개인의 결단과정에서 비롯되는 선택행위이기 때문이다.

결국 본 연구에서는 볼프의 주장과는 달리, 개인이 자율성을 향유하면서도 국가의 권위에 자기자신을 승복시키는 자발적인 헌신과 자의적 투신의 가능성을 열어 놓아야 한다고 생각한다. 그것은 다시 말해서 국가권위에 대한 승복을 단순히 맹종이나 묵종의 범주로 간주하는 것은 잘못이며, 또한 맹종(盲從) 아니면 자율(自律)이라는 조야한 이분법도 타당하지 않다는 의미가 될 것이다.

Ⅵ. 자율의 의미 2: 어리석은 자율과 현명한 자율

정치권위와 개인의 자율이 공존할 수 없다고 주장하는 볼프의 의견에 동의하기 어려운 또 다른 이유가 있다. 그것은 단도직입적으로 말해서 '자율성' 그

---

4) '소극적 자유' 와 '적극적 자유' 에 관한 한, 고전적 모델이 된 벌린(I. Berlin 1969)의 개념구분을 참고할 것.

자체를 무조건 최고의 가치로 인정하는 문제가 핵심적 사안이라기보다는 '자율성'을 구체적으로 추구하는 과정에서 분별력이 요구된다는 점이 강조되어야 하기 때문이다. 볼프에 의하면, '내'가 의사의 명령을 따를 때, 혹은 변호사나 기술자, 혹은 교사 등 '나'에게 중요한 의미를 지니고 있는 영역에서 전문지식의 소유자인 사람의 지시를 따를 때, '나'는 일정한 범위 내에서 현명한 이유로 '나'의 자율을 포기하게 된다. 이때 이러한 사안들에서 권위를 갖고 일정한 지시를 내리거나 제안을 하는 사람들에게 '나'의 이익을 맡기는 것은 사리와 상식에 입각한 판단으로 정당화될 수 있는 행위이기는 하나, 일단 '자율성의 훼손'이라는 측면은 불가피하다는 것이 볼프의 의견이다.

하지만 또 다른 관점에서 볼 때, 이처럼 특정 분야에서 권위자의 말을 듣고 따르는 경우조차 '나' 자신의 자율성의 포기사례로 간주하는 것은 자율성의 개념을 공허한 개념으로 만드는 결과를 초래하지 않을까 우려된다. 오히려 '나' 자신에게 매우 중요하지만, 한편으로 '나' 자신이 잘 알고 있지 못한 영역에서 권위자의 말을 듣고 그의 의견대로 따른다면, 그것은 자율성의 포기가 아니라 자율성의 확대로 간주해야 할 것으로 보여지기 때문이다.

이 사실은 또한 우리의 일상생활에서도 어렵지 않게 확인이 된다. 전문가의 조언이나 도움 없이 사는 삶은 '자율적인 삶'이긴 하나, '불모의 자율적인 삶'일 가능성이 농후하다. 만일 볼프의 견해대로 환자가 본의적 의미에서 자기자신의 자율성을 고수하고자 한다면, 그 방법은 비교적 자명하다. 그것은 의사에게 가서 진찰을 받고 의사의 처방대로 약을 복용하기보다는 자기자신이 의대에 가서 전공의 과정을 밟아 스스로 자기자신의 병을 진단하고 처방할 수 있는 능력을 확보하는 방안이 아니겠는가! 혹은 환자가 약국에 가서 약사의 말을 듣고 약을 사기보다는 스스로 약대생이나 혹은 한의대생이 되어 약의 성분에 관한 전문지식을 쌓은 다음, 약사의 도움 없이 스스로 필요한 약을 선택해야 하지 않겠는가! 만일 이러한 상황이 벌어진다면, '나' 자신의 건강에 대하여 완벽한 통제력을 확보하고자 하는 탁월하고도 획기적인 시도로 볼 수 있는 측면이 없는 것은 아니겠지만, 그러한 시도가 인간의 제한된 삶 속에서 과연 해볼 만한 가치가 있는 시도인지에 관해 의구심이 앞선다. 물론 그렇기 때문에 볼프도 이와 같이 무리한 방식으로 자율성을 견지하려고 하는 삶의 방식은 순리에 어긋난다고 주장하고자 할 것이다.

그러나 본 맥락에서는 볼프의 견해보다 훨씬 적극적인 그러한 방식으로 자기자신의 몸에 대한 통제권을 확보하려고 하는 시도는 의사나 약사의 소견을 따름으로써 어쩔 수 없이 자율성을 포기하는 경우보다 훨씬 더 심각한 수준의 자율성 침해를 초래하리라고 판단된다. 자율성을 '나' 자신의 판단에 제약을 가하는 현상으로부터 자유로워질 수 있는 '소극적' 능력보다 자아실현에 목표를 둔 자제능력이라고 '적극적'으로 규정하는 한, '나' 자신의 육체적 건강에 대하여 완벽한 통제력을 확보하려는 시도는 불가피하게 '나'의 중요한 또 다른 가치나 이익들을 간과하게 만들고 때로는 '나' 자신에게 심각한 부담을 강요하는 나머지, 자율성을 상실하게 만드는 의외의 결과를 초래할 가능성이 크다고 보여지기 때문이다. 물론 의학의 문외한인 개인 A가 자기자신의 건강에 대한 통제권과 주도권을 확보하기 위하여 늦게나마 시간과 비용, 노력을 들여 의학공부나 한의학 공부에 전념하는 것은 불가능한 일이 아니며, 이 경우는 가끔 뉴스거리가 된다. 때때로 우리 주위에는 젊었을 때, 생활형편이 어려워 초등학교나 중등학교를 중퇴할 수밖에 없었다는 사실에 회한을 느끼고 50세나 60세의 초로의 나이에 초등학교나 중·고등학교 혹은 대학에 입학해서 어린 학생들과 더불어 공부하는 경우가 있다. 두말 할 나위 없이 이러한 태도는 지식에 관한 한, 다른 사람에 대한 의존성으로부터 벗어나려는 획기적인 시도로서 언론에 의해서 대서특필되고, 대단한 의지의 소유자로 각광을 받기도 한다. 이들은 '만학도(晚學徒)'나 '늦깎이'로 불리기도 하는데, 오히려 관련영역에서 두각을 나타내는 사례도 없지는 않다.

하지만 이러한 경우는 정상적인 경우보다는 예외적인 경우로서, "다른 조건이 동일하다면," 현명한 선택으로 평가하기 어렵다. 일반적으로 늦은 나이에 검정고시를 치고 의과대학을 다니며 의사가 되기보다는 건강에 관한 분야는 의사나 약사에게 맡기고 자기 자신이 탁월한 소질을 보이며 능력을 발휘했던 특정 영역에서 역량을 집중적으로 쏟아 붓는 태도야말로 자아실현을 위한 진지한 노력이며, 효과적이고 슬기로운 자율성의 행사가 아니겠는가! 또한 이러한 방식의 삶을 추구할 때, 전문가가 될 수 있으며, 이 경우 "우물을 파도 한 우물을 파야 한다"는 준칙의 의미를 되새길 수 있을 것이다.

결국 볼프에 있어서 오류는 타자에 의한 간섭이 없는 자율에 지나치게 집착하는 나머지, 다른 사람의 도움 없이 자기자신이 모든 일을 관장할 수 있는,

이른바 '팔방미인'으로서 능력의 성취를 '이상적인 삶'으로 간주하고 있다는 점에 있다. 그러나 이러한 의미의 자율성 쟁취가 개인에게 있어 불가능한 것이라고 말할 수는 없겠으나, 사려깊은 선택이나 현명한 방안이 아니며, 오히려 진정한 의미의 자율을 훼손하는 결과를 가져올 수 있다는 점이 우려된다. 이와 관련하여 개인과의 유비적 관계에서 다른 국가의 도움 없이 자율을 성취하려는 나라들을 관찰해 보자. 일부 제3세계 국가나 국가사회주의 국가들은 경공업에서부터 중공업에 이르기까지 외부의 도움 없이 스스로 자급자족하는 경제를 건설하려는 꿈을 가지고 있었다.[5] 또한 프랭크(A. G. Frank 1978) 등 '종속론자들'도 자율적 발전전략을 강력히 선호하고 있었다. 그러나 자력으로 자급자족(自給自足), 즉 '오타키(autarchy)'를 추구하는 나라가 교역을 통하여 상호의존하고 있는 나라들에 비하여 '생활의 질'적 측면에서 더 자율적이라고 볼 수 있는 증거는 없다. 오히려 '비교우위(comparative advantage)'에 의하여 스스로 생산성이 뛰어난 영역에서 상품을 만들어 수출하고 비교우위가 없는 영역에서 재화를 수입하는 나라가 자급자족국가보다 자율성을 누리고 있는 부분이 크다고 말할 수 있지 않겠는가?

이와 마찬가지로 볼프도 자율성을 자급자족의 형태로만 간주할 뿐, 상호의존(interdependence)이나 상호협력, 혹은 역할분담 등 자급자족 이외의 형태는 모두 자율성을 훼손하는 행위로 단정한다. 이러한 상정에 입각하여 자율을 훼손하는 일부 특정한 삶의 방식은 정당화될 수 있는가 하면, 자율을 훼손하는 또 다른 특정한 삶의 방식은 정당화될 수 없다고 판정한다. 그러나 이러한 경직적인 분류방식은 자율에 관한 불모적 접근방식이 아닐 수 없다. 자율성을 불간섭과 동의어로 간주하는 것은 자율의 소극적 의미에 불과할 뿐이다. 본 연구에서는 자급자족의 경우뿐 아니라, 다른 사람에게 의존하는 경우에도 개인의 자율성이 확보될 수 있는 가능성은 충분히 있다고 믿는다. 오히려 지나치게 자립이나 자급자족의 방식을 추구할 때, 비록 자율성은 성취하겠지만, 비효율적이고 의미가 별로 없는 자율로 전락할 것으로 우려된다.

---

5) 이 점에서 북한의 '주체사상'도 비슷한 함의를 가지고 있는 사상이 아닐 수 없다. 어떠한 기회비용을 치루고서라도 '자력갱생'을 이루겠다는 것은 국가차원의 자율성확보에 대한 강렬한 집념의 표현이라고 볼 수 있겠지만, 국가의 목표가 자율성뿐만 아니라 국민의 복지를 전반적으로 제고시키는 데 있다는 점을 감안하면, 과연 현명한 국가발전전략인지 의문이 앞선다.

Ⅶ. 자율의 의미 3: 복종과 맹종

볼프는 자율에 대한 정의를 기반으로 해서 국가권위와 정치복종에 대한 의무를 거부한다. 볼프에 의하면, 자율적인 인간은 법에 복종할 수 있다. 그러나 국가의 법이기 때문에 법에 복종해야 할 의무를 지니고 있다고 판단한다면, 자율적 인간은 될 수 없다.

이러한 볼프의 입장에서 매력적인 요소가 있다면, '무조건적 복종', 즉 볼프의 표현에 의하면 "그것이 법이기 때문에" 법에 복종해야 한다는 신념으로 복종하는 태도는 맹목적 복종으로서, 인간의 자율과 양립하기 어렵다는 사실이다. 그러나 볼프의 견해와는 달리, 국가권위를 인정한다는 것은 반드시 맹목적인 복종, 즉 맹종(盲從)이나 묵종(默從)과 같은 것은 아니라고 생각된다. 이미 권위에 대한 논의 부분에서도 강조한 바 있거니와, 어떤 사람이나 어떤 현상이 우리에게 권위를 가지고 있음을 인정하는 것은 반드시 그 권위를 가진 사람이 명하는 것을 이행해야 할 '절대적 이유'나 '불가항력적인 이유'가 있음을 인정하는 것은 아니다. 다만 본 맥락에서 특정한 사람이 '내게 무엇인가 명령했을 때, 그것이 문제의 명령에 복종할 '일정한' 규범적 이유를 제공한다는 사실이 권위의 특성임을 지적한 바 있음을 상기해 보자. 달리 말하면, "다른 조건이 동일할 때," 권위를 가진 사람에게 복종해야 할 규범적 이유가 있다고 할 것이다. 그러므로 진정한 의미에서 "다른 조건이 동일한지" 혹은 그렇지 않으면 '나'에게 불복종하기를 허용하거나, 혹은 한 걸음 더 나아가 불복종하기를 '요구'하는 특별한 상황이 존재하는지를 예의 점검하는 것은 '나' 개인의 몫이며, 책임이 아닐 수 없다.

이러한 사실을 감안할 때, 다음과 같은 명제가 성립할 수 있으리라고 제안한다. 첫째, 국가가 '나'에게 권위를 가지고 있다. 둘째, '나'는 국가에 복종할 일정한 규범적 이유를 가지고 있다. 셋째, 하지만 다른 더 중요한 고려사항으로 인하여 '나'는 국가에 대하여 불복종할 수 있다. 이 경우 '나'는 국가의 권위를 인정한 셈이긴 하나, 그렇다고 해서 '나'의 자율적 판단을 완전히 포기한 것은 아니다. 여기서 다른 더 중요한 고려사항이라면, 부모에 대한 효도일 수 있고,

혹은 종교에 대한 헌신일 수도 있다. 즉, '나'는 늙은 부모를 공양하기 위하여, 혹은 총을 들지 말라는 종교의 가르침을 준수하기 위하여 국가의 권위를 인정하면서도 국가가 명하는 병역의 의무를 기피할 수 있다. 문제의 사례들은 국가의 명령이 도덕이나 인륜에 벗어나지 않는 정당한 것이라고 하더라도, '나'의 입장에서 국가의 명령에 불복할 만한 규범적 이유가 성립한다는 반증이 아닐 수 없다.

그런가 하면 상황을 바꾸어, 국가의 법이 불의할 경우, '나'는 어떤 행동을 해야 자율성을 보존할 수 있겠는가? 다시 말해서 국가의 법이나 명령이 불의하다고 판단될 경우에 '나'는 법에 복종할 수 있는가? 국가의 법이나 명령이 불의한 경우에도 불구하고 '내'가 복종했다면, '나'는 '나' 자신의 자율적 판단을 포기한 셈이 아니겠는가? 그러나 본 연구에서는 이 경우에라도 '나' 자신의 자율적 판단을 포기한 것이라고 반드시 단정지을 필요는 없다고 주장한다. '나'는 법과 국가의 권위가 사회생활에서 매우 중요한 역할을 수행한다고 판단한 후, 자율적으로 '불의한' 법에 대하여 복종할 수 있기 때문이다. 만일 법을 지키지 않는다면, 치안이나 교통질서와 같이 시민생활에 중요하고도 일상적인 일들이 순조롭게 이루어지지 못하리라는 실용적인 이유 때문에, 혹은 맑은 물이나 푸른 산과 같은 공공재가 생산되지 못하리라는 이유 때문에, 혹은 '내'가 일단 국가의 법을 지키기로 동의하였다는 이유 때문에, 혹은 법 불복종의 경우, 국가 공동체로부터 가능한 시민유대(市民紐帶)와 같은 소중한 가치들을 향유할 수 없다는 이유 때문에, 혹은 사람들과의 협력행위를 하기가 쉽지 않을 것이라는 이유 때문에 법을 지키기로 했다면, '나'의 복종행위는 '나'의 자율성을 훼손한 것이 아니다. 뿐만 아니라 '나' 자신의 편견과 아집으로 인하여 '나' 자신의 판단이 틀릴 수도 있을 것이라는 상정하에 '불의한' 법, 혹은 '불의한 것으로 판단되는 법'을 지키기로 했다면, '나'의 자율성은 보존된 것이다. 이러한 일련의 고려사항들로 인하여 문제의 법이 국가의 '법이기 때문에', 다소 문제가 있더라도 심각한 하자가 없을 때 법을 지키기로 했다면, '나'는 국가와 법의 권위를 인정하는 과정에서 자율적으로 행동한 셈이다.

그러므로 상기의 지적들이 타당하다면, 국가권위와 양심의 자유가 충돌할 수밖에 없을 만큼 볼프가 엄격하게 설정한 매우 제한된 상황하에서도, 개인의 자율과 국가권위가 공존할 수 있는 가능성이 없는 것은 아니다. 개인이 자율적으로 판단하면서도 불의한 법을 포함한 국가의 법에 대하여 복종할 수 있는 길은 열려져 있는 셈이다.

Ⅷ. 자율의 의미 4: 자율의 사회적 차원

지난 항목의 논의를 통하여 볼프가 개념화하고 있는 자율성의 개념은 여하한 개인의 헌신행위와도 공존할 수 없는 추상적 의미의 자율이며, 또한 가능하면 '이론적 권위'에 대해서도 의존하기를 꺼려하는, 자급자족에 비견될 만큼 비생산적이고 비효율적인 자율의 개념을 포함하고 있다는 사실을 지적한 바 있다. 그러나 그 밖에도 볼프가 상정하는 자율성 개념에 결함을 가진 부분이 있다면, '이론적 권위'에 의존하는 행위를 삼가야 한다는 점을 넘어서서, 다른 사람이 '나'의 자율성을 도와줄 수 있다는 가능성 자체를 원천적으로 봉쇄하고 있다는 사실이다.

이것은 볼프가 자율성의 '사회적 범주'를 간과하고 있다는 의미가 될 것이다. 볼프에 의하면, 자율이란 개인의 능력으로서, 각 개인이 행사할 의무를 가진 그 어떤 역량(力量)이다. 뿐만 아니라 각 개인은 "가능한 최고의 자율을 성취할 지속적 의무를 가지고 있다"는 것이 볼프의 주장이다. 그러나 그럼에도 불구하고 볼프는 개인이 최고의 자율성을 성취하려면 다만 스스로의 노력에 의존하는 방법밖에 없다고 상정하고 있다. 물론 자율성이란 인간의 다른 능력과 마찬가지로 관련된 당사자의 입장에서 일정한 노력이 없으면, 행사될 수 없고 계발될 수 없는 것으로 규정하는 볼프의 의견은 상당한 설득력을 지니고 있다고 판단된다. 하지만 그렇다고 하더라도 다른 사람들로부터의 도움이나 협력 없이, 한 개인이 오로지 독자적인 자구노력(自救努力)에 의하여 자율적 존재가 된다는 것은 무모하거나, 거의 불가능한 일임을 강조할 필요가 있다.

우선 자율성의 계발과 행사에 있어서 한 개인은 가정의 부모나 학교의 교사로부터 필수적인 도움을 받게 마련이다. 가정이나 학교, 혹은 친구 없이, 마치 로빈슨 크루소처럼 자란 개인이 있다면, 그로부터 자율성을 기대하기란 쉽지 않은 일이다. 그 경우는 '늑대소년'의 사례에서 비교적 설득력 있게 나타난다. 또한 '사회화 과정(socialization)'이야말로 개인이 자율성을 획득하는 데 다른 사람의 도움을 절실히 필요로 하고 있다는 반증이 아닐 수 없다. 개인이 선의(善意)에도 불구하고, 혹은 편견으로 인하여 잘못된 판단이나 오도된 판단에서 빠져 나오지 못할 때, 부모나 친구 혹은 주위사람들은 깨우쳐 줄 수 있기 때문이다. 혹은 보다 구체적으로 개인 A가 머리가 너무나 아파서 어떠한 선택이나 결정도 할 수 없을 경우, 의사나 약사는 그의 두통을 고쳐주어 그로 하여금 자율적 판단이 가능하도록 도와주고 있지 않은가? 혹은 개인 B가 집중력이 떨어져 공부를 잘 할 수 없을 때, 다른 친구나 과외교사가 도와줄 수 있는 일이다. 이러한 경우는 다른 사람의 도움과 협조가 '나'의 자율성에 걸림돌이 아니라 디딤돌이 될 수 있다는 중요한 반증이다. 따라서 여기서 강조하고자 하는 내용은 자율성의 문제에 있어서도 개인은 다른 사람들의 도움을 받아 자율성을 계발하고 행사하는, 이른바 '사회적 동물(social animal)'이라는 사실이다. 물론 우리는 자율성에 대한 도움에서 부모나 교사, 의사나 약사, 과외교사 등만을 특별히 규정할 필요가 없을 것이다. 협력과 도움의 범위는 사회전반에 걸쳐 있을 만큼 광범위하기 때문이다. 만일 교통법규가 잘 정비되어 있지 못하다면, 보행자인 '나'는 자율적으로 길을 갈 수도 없고 횡단보도를 건널 수도 없을 것이다. 운전자인 '나'의 경우도 마찬가지이다. 혹은 폭설이 내렸음에도 불구하고 제설작업이 효율적으로 진행되지 못했다면, 보행자나 운전자나 자율적 행동을 하는 데 막대한 지장을 받을 것이다.

또한 모든 자동차들이 좌측통행도 하고 우측통행도 한다면, '나'를 포함한 어떠한 운전자도 길을 자율적으로 갈 수 없을 것이며, 아무나 거리낌없이 강물에 오염물질을 방류한다면, 그 누구도 자율적으로 식수를 마실 수 없을 것이다. 따라서 우리 각자는 일상적 사회생활을 통하여 자율적으로 결정과 행동을 하고 자율적인 선택을 한다고 하더라도, 다른 사람들로부터, 유형 무형의 도움에 의존하고 있는 경우가 거의 대부분이다. 다른 사람들이 '나'에 대한 별다른 고려 없이, 강물에 오염물질을 방류하는 행위를 자제한다고 하더라도, 그것은 '내'가 마음놓고 물을 마실 수 있는 '자율적' 능력의 행사에 기여하는 결과를 초래하는 셈이다. 혹은 폭설이 내렸을 때 습관적으로 자기 집 앞의 눈을 치우는 C의 행위가 그 집 앞을 우연히 지나는 '나'에 대한 특별한 고려 없이 이루어졌다고 해도, '나'의 자율적 보행에 소중한 도움을 준 것은 사실이다. 이 점이야말로 자율성의 사회적 측면이 아니겠는가?

　이처럼 '내'가 '나'의 자율성 행사에서 다른 사람들로부터 유형무형의 도움을 받는다면, '나'로서도 다른 사람들의 자율성 행사에 기여할 의무가 있다. 이것이야말로 혜택의 상호성으로부터 나오는 '자연적 의무'라고 하겠다. 물론 '내'가 다른 사람들로부터 구체적으로 어떠한 도움을 받고 있으며, 또한 '내'가 다른 사람들에게 구체적으로 어떠한 빚을 지고 있는지를 정확하게 산출해 내기는 어렵겠지만, 또한 이 관계는 상황에 따라 다를 수 있어 '내'가 다른 사람들로부터 도움을 받는 것보다 '내'가 다른 사람들에게 도움을 베푸는 것이 더 많은 경우도 있겠지만, 어쨌든 이 모든 상황은 '상호성의 원리(principle of reciprocity)'에 의해 지배를 받는다고 할 수 있다. 특히 '규칙 지배적인(rule-governed)' 행동을 하는 공동체의 구성원들과 함께 살면서 그들의 행동을 통하여 '나'의 선택의 폭을 넓힌다면, '나'도 '공정성의 원리(principle of fairness)'에 의하여 그들에게 협력해야 할 의무가 있다. 그것이 또한 '나'의 자율성이 온전하게 계발될 수 있는 계기가 된다. 실상 볼프는 각 개인은 자율성을 성취하기를 소망해야 한다고 강조할 뿐 아니라, 한 걸음 더 나아가 자율성은 개인의 '일차적 의무'라고 주장한다. 그러므로 볼프의 이러한 견해를 받아들인다면, '나'로 하여금 가능한 한 최고의 자율성을 성취해야 할 지속적인 의무를 이행하는 데 유형무형의 도움과 협력을 아끼지 않는 사람들에게 '나'는 일정한 빚을 지고 있는 셈이다.

　이처럼 자율성이 고립적이며 밀폐된 개념이 아니라 '열린' 개념이며, 사회성을 함유하고 있는 개념이라면, 개인으로서는 국가의 권위나 법에 복종할 일정한 규범적 이유를 확보할 수 있다. 국가란 제6장에서 논의하게 될 '공정한 협력론자들'의 주장처럼, 시민들 사이의 협력의 구도로 볼 수 있지 않겠는가! 다시 말해서 '내'가 법과 법을 지키는 다수의 시민들이 '나'의 자율을 증진시키고 보호해 주는 국가공동체의 한 시민이라면, '나'는 '상호성의 원리'나 '공정성의 원리'에 의하여 법에 복종해야 할 일정한 이유를 확보하고 있다. '나'는 '나'의 자율성을 도와주는 사람들에게 보답해야 할 일정한 의무를 지고 있기 때문이다. 이 보답이란 이미 지적한 바와 같이 '상호성의 원리'에서 나온다고 하겠다. 물론 '나'의 자율성을 도와주는 사람들에게 헌신해야 할 일정할 이유가 성립한다고 해서, 혹은 국가의 권위나 법에 복종해야 할 일정한 이유가 있다고 해서, 국가나 법이 요구하는 것은 무엇이든지 이행해야 할 '절대적 이유'나, '절대적 의무'가 성립한다고 말할 수는 없는 일이다. 만일 절대적 이유가 있다고 한다면, 그것은 볼프가 경계해 마지않는 '맹목적 복종'과 유사한 현상으로서, 자율성과 반대되는 현상일 것이다. 그러나 그렇다고 해도 상호주의는 '나'에게 국가의 권위에 복종해야 할 '일정한' 규범적 이유는 제공한다고 볼 수 있다.

결국 이제까지의 논의가 설득력을 지닌다면, '철학적 무정부주의'를 외치는 볼프의 주장은 유의미하게 반박될 수 있다. 즉 '내'가 볼프가 역설하는 것처럼, 자율성의 가치에 헌신한다고 해서, 반드시 '철학적 무정부주의자'나 혹은 만장일치의 '직접 민주주의자'가 되어야 하는 것은 아니다. 국가의 권위에 복종하면서도 '내'가 자율성을 고수하고 계발하며 행사할 수 있는 가능성은 충분히 열려 있다. 물론 볼프가 강조한 자율성의 개념이 의미가 없는 것은 아니다. 개인에게 자율성을 성취할 '일차적 의무'가 있다는 그의 주장에 유의할 때, 국가에 대한 맹목적인 복종의 태도는 결코 정당화될 수 없다. 또한 불의한 법에 대한 맹목적 복종이나 묵종행위에서 노정되는 타율적 태도의 문제점이야말로 시민불복종주의자들이 불복종운동에 나서는 소이(所以)일 것이다. 이처럼 볼프의 자율성의 개념이 소중한 것이 사실이나, 그럼에도 불구하고 개인에 관한 한, 타자에 대한 일체의 헌신적 태도나 사회성을 인정하지 않을 정도로 추상적이고 지극히 극단적인 개인주의적 범주로 편향되어 있다는 점이 문제이다. 인간과 자율에 대하여 극단적인 개인주의의 범주를 벗어나서 다른 사람과 더불어 사는 삶에 일정한 가치를 적절히 부여할 때, 특히 자율의 '사회적 범주'에 유의할 때, 만장일치의 직접 민주주의보다 훨씬 완화된 형태의 민주주의 제도하에서도, 예를 들면 다수결의 대의 민주주의 사회라고 해도, 자율성을 훼손하지 않은 채 국가권위에 복종할 수 있는 일정한 규범적 이유는 성립될 수 있을 것으로 보여진다.

물론, 볼프의 '철학적 무정부주의'가 실패한다고 해서, 국가권위에 대한 복종에 이의를 제기하는 모든 정치적 비전이 실패한다고는 단언하기 어렵다. 그러나 적어도 국가권위를 정당화시킬 수 있는 논의의 실마리는 풀렸다고 생각해도 무방할 것이다. 이제부터 국가권위를 정당화시키는 논리, 즉 국가권위에 복종해야 할 일정한 규범적 이유를 제공할 수 있는 정치비전에 유의해 보기로 하자.

제 5 장

동의와 국가

제5장 동의와 국가

I. 예비적 고찰

지난 4장의 논의에서 개인의 자율과 국가의 권위가 공존할 수 있다는 논리가 개진되었다면, 이번 제5장부터는 시민들에게 복종을 요구하는 국가권위를 정당화시키는 논리에 주목해 보기로 한다. 국가의 최고권위를 정당화시키는 논리와 관련하여 '의무론적 접근방식'도 가능하고 또한 '결과론적 접근방식'도 가능하다. '의무론적 접근방식'이라면, 개인이 국가에 복종하는 것은 '그 자체로 옳기 때문에' 의무사항이 된다는 논리이다. 이에 대하여 '결과론적 접근방식'이라면, 국가가 개인에게 수단적·물질적 혜택이나 비수단적·비물질적 혜택을 공여하는 등, '좋은 결과'를 산출하기 때문에 국가에 복종해야 한다는 주장이다. 우선 제5장, 제6장, 제7장에서는 의무론적 논리에 입각한 국가권위 정당화의 논리에 천착할 예정인데, 의무론적 논리에는 '주의주의적(主意主義的)' 범주와 '비주의주의적(非主意主義的)' 범주로 나누어 볼 수 있다. 이번 제5장에서는 주의주의적 입장에서 "내가 국가에 복종하기로 동의했기 때문에 복종하는 것이 옳다"는 동의론(同意論)의 명제와 내용을 검토하고자 한다.

국가의 권위가 정치공동체 구성원들의 동의에 기반을 두고 있다는 명제는 17세기 이후로 서구사회에서 일반화되기 시작하여 이제는 누구에게나 친숙한, 진부하기 짝이 없는 명제가 되었다. 정치적 의무와 관련하여 동의의 개념이 중요한 것으로 부각되는 이유는 그것이 민주주의 정치체제에서 차지하는 심대한 비중 때문이기도 하지만, 보다 근본적으로 동의의 행위는 일상생활에서 행위자 자신을 구속하는 일반화되고 전형적인 형태이기 때문이다. 일반적으로 A가 x를 이행하겠다고 동의를 하면, 그로 인하여 의무를 수임(受任)하게 된다. x를 이행하기로 A가 약속했기 때문에 약속한 내용 x는 그 자체로 A에게 의무가 되게 마련이다. 마찬가지로 동의를 통하여 정치적 의무가 성립할 경우, 행위자가 자 발적으로 국가의 권위에 승복한다는 의미가 돋보일 수 있다. 즉 동의 행위는 행 위자가 자신을 국가의 명령과 법에 구속시킬 수 있는 타당한 방식으로 간주될 수 있다고 하겠다. 물론 '내'가 동의하지 않아도 국가에 복종하는 것이 의무이 기 때문에 복종해야 한다는 비주의주의적 논리도 가능한데, 이 문제는 제 6 장과 제 7 장에서 다룰 예정이다.

동의론의 강점은 비교적 자명하다. 자유로운 의사와 자율성에 입각한 '나' 의 동의행위는 '나'로 하여금 국가의 권위에 복종하도록 구속력을 행사하는데 비교적 완벽한 규범적 근거를 제공할 수 있을 것이기 때문이다. 뿐만 아니라 동 의의 개념이야말로 지난 4장에서 주목한 바 있는 볼프(R. P. Wolff)는 반대하 겠지만, '나'의 자율성을 훼손하지 않고 권위에 복종할 수 있게 만드는 매우 매 력적인 개념이 아닐 수 없다. 개인의 자율과 국가권위에 대한 복종행위의 공존 가능성이야말로 개인주의자들이나 자유주의자들이 동의의 개념에 매료되는 이 유의 일단(一端)이기 때문이다.

한편 그렇다고 하더라도 동의론에 내재하고 있는 일련의 약점들을 간과할 수는 없는 일이다. 무엇보다도 정치적 복종의 의무가 동의의 개념에 의하여 정 당화될 수 있는 부분이 있다는 점을 인정하는 데 인색할 필요는 없겠지만, 어느 정도로 유의미한지는 확실치 않다. '나'의 자유의사에 의하여, 그리고 비교적 완 전한 정보에 입각하여 동의가 이루어질 때, 비로소 진정한 의미의 동의가 된다 는 사실은 아무리 강조해도 지나치지 않다. 그러나 자유롭고, 이른바 '허위의식 (false consciousness)'에 물들지 않은 진정한 동의가 실제생활에서 어느 정도 로 성립할 수 있는지도 분명치 않거니와, 국가의 권위에 동의하는 과정에서도 이 문제가 불거져 나올 가능성은 엄존한다. 또한 시민들이 국가에 대하여 명시 적 동의를 하는 경우도 그다지 흔치 않다는 점도 문제이다. 혹은 자발적 동의의 진정한 의미를 살린다면, 단순히 '국가 복종주의자(statist)'만을 염두에 두지 말고 '무정부주의자(anarchist)'가 출현할 가능성도 열어 두어야 할 것이다. 무 정부주의자에 대한 문을 봉쇄하고 국가 복종주의자에게만 편향된 동의라면 엄 밀한 의미에서 동의라고 하기 어렵다. 뿐만 아니라 동의의 개념이 유의미하려 면, 재협상이나 동의가 철회될 수 있는 가능성도 아울러 허용되어야 하지 않겠는가? 국가에 대한 복종의 문제처럼, 단 한번의 동의로 '나'의 삶의 방식 (modus vivendi)이 영구적으로 결정되는 경우가 있다면, 그러한 동의는 매우 특이한 범주의 행위일 것이다.

이러한 사실들을 감안할 때, 동의의 개념이 정치적 의무에 있어 '필요조건' 이 될 수 있는지, 혹은 '충분조건'이 될 수 있는지 하는 문제는 검토의 대상이다. 그러나 본 장에서 제기하려는 가장 근본적인 문제는 일반적 동의의 개념을 기초로 하여 정치적 의무를 유의미하게 설명할 수 있는가 하는 문제이다. 일단 동의의 개념이 의무를 유발시킨다는 명제를 받아들일 때, 그것이 함의하는 의무는 엄격한 의무와 도덕적 의무 및 자발적인 의무의 유형이다. '내'가 x를 이행하기로 동의함으로 성립하는 x에 대한 의무는 x에 대한 약속을 이행해야 하는 경우에서 전형적으로 나타나는 바와 같이, 매우 엄격하며 도덕성(morality)을 띠고 있고 자발성을 배태하고 있다. 하지만 '정치적 의무'를 전적으로 엄격한 의무와 도덕적 의무 및 자발적 의무의 범주로 간주할 수 있는가 하는 점은 결코 사소한 문제가 아니다.

엄밀한 의미에서 국가권위에 복종해야 할 '나'의 의무에 관한 문제에서 약속을 이행해야 할 '자연적 의무'처럼, 도덕적인 범주로, 혹은 엄격한 정언명법에 해당하는 것으로 받아들여야 하는지는 의문이다. 특히 '도덕적(道德的) 의무'는 '정치적(政治的) 의무'와 대립되는 경우가 적지 않다. 일반적으로 다른 사람을 죽이거나 위해를 끼치는 행위는 일반 도덕의 영역에서는 결코 허용되지 않으나, 국가는 전쟁시에 자국의 군인들에게 적군에 대하여 살상 행위를 할 것을 요구하고 있다. 이처럼 일반 도덕에서는 허용되지 않는 행위유형이 정치적 의무의 내용이 되는 경우가 적지 않을 뿐만 아니라, 납세의 의무, 병역의 의무, 선거에 참여할 의무 등은 도덕적 의무의 범주에 속한다고 단언하기 어렵다. 일부의 시민 불복종행위자들은 자신들의 국가가 다른 나라에 대하여 벌이는 침략전쟁에 항의하기 위하여 납세나 병역을 거부할 수도 있고, 혹은 야당 탄압에 항의하기 위하여 선거불참을 선언할 수 있다고 확신하고 있기 때문이다. 그러므로 '약속을 지킬 의무'나 '계약을 준수할 의무'처럼, 비정치적 영역에서 기인하는 규범적 명제에 근거하여 직접적으로 정치영역의 의무를 도출해낼 수 있는가 하는 문제는 주의 깊게 살펴보아야 할 사안이 아닐 수 없다.

이 문제는 정치영역과 비정치영역이 동질적인가 혹은 이질적인가 하는 문제와 맞물려 있다. 정치영역이 비정치영역과 동질적이 아니라고 한다면, 비정치적 영역에서 통용되는 규범적 원리를 정치영역에서 아무런 제약이나 부담 없이 사용하기는 어려울 것이다. 주지하는 바와 같이 정치영역이나 국가영역의 본질적 특성이라면, '권위관계'가 지배적이라는 사실이다. '권위관계'에서는 A가 명령을 내리고 B가 복종한다는 의미가 두드러지는데, 비정치적 사회영역에서 그러한 엄격한 상하관계는 별로 두드러지지 않는다. A가 B에게 약속을 하더라도 어디까지나 대등한 관계를 전제로 하는 약속이 아니겠는가! 그렇다면 비정치적 영역의 규범적 원리를 정치영역에서 그대로 원용하는 데는 난관이 도사리고 있다고 할 수 있다.

마지막으로 앞으로의 논의를 통하여 다루게 되는 동의의 범주를 명시하고자 한다. 두말 할 나위 없이 동의론이 포함하는 범위는 대단히 넓다. 그러므로 논의의 범위를 제한할 필요가 있겠는데, 이번 5장에서 검토하게 되는 동의의 개념은 엄격한 의무론적 범주로서, 동의행위에 의하여 의무가 발생되는 직접적인 경우이다. 동의론자들 가운데에도 광의(廣義)의 동의론을 주장하는 경우도 적지 않은데, 동의행위에 의하여 비로소 의무가 야기된다는 엄격한 입장뿐 아니라, 동의가 의무의 발생에 있어 부차적인 역할을 하는 경우에도 동의론의 범주에 포함시키는 경우가 그것이다. 예를 들면 왕권신수론자들의 주장처럼, 신의 통치권이 '독립변수'가 되고, 시민들의 동의행위가 '매개변수'가 되는 경우에 주목해 보자. 신이 국가에 복종하도록 명령했기 때문에 시민들이 국가에 대한 복종의 의무를 지닌다고 주장한다면, 이 경우는 신의 명령에 대한 증거로 시민들의 동의를 점검해 보려는 시도라고 할 수 있다. 혹은 '효용(utility)'이 주요 기준이 되고 동의행위가 매개변수가 되는 상황도 가능하다. 즉 국가가 '최대다수의 최대행복(greatest happiness of the greatest number)'을 증진시킬 경우, 그 경우에 한하여, 국가에 대한 복종의 의무가 야기된다고 공리주의자들은 역설할 수 있겠는데, 국가가 '최대다수의 최대행복'을 증진시키고 있다는 증거로 시민들의 동의에 주목하는 경우이다. 이러한 경우는 본의적 의미의 의무론적 범주의 동의론보다는 제9장에서 설명할 결과론적 범주의 '목적인적(目的因的) 논거'에 속한다고 볼 수 있다. 그러나 제5장의 논의는 시민들의 동의행위에 의하여 정치적 의무가 직접적으로 발생하는 '능동인적(能動因的) 범주'의 논거들에만 국한될 것이다.

의무론적 범주로서 동의에 대한 강조는 결국 동의행위가 정치적 복종의 의무발생에 있어 매개변수나 제약조건으로만 작용하는 경우는 논의과정에서 제외된다는 점을 의미한다. 국가권위에 대한 결과론적 논거에서도 동의개념이 원용될 수 있으나, 결과론적 범주의 동의 개념에 관한 한, 의무를 유발시키는 데 있어 '나'의 동의는 단순히 여러 개의 '필요조건' 가운데 하나에 불과하기 때문이다. 이번 논의에서는 동의가 의무발생에 있어 '충분조건'뿐 아니라 '필요조건'으로 작용하는 경우에만 천착할 것이다. 따라서 '묵시적 동의(tacit consent)'나 '함축된 동의(implied consent)', 혹은 '가상적 동의(hypothetical consent)'의 범주도 배제될 것이다. '묵시적 동의'나 '가상적 동의' 개념은 의무유발에 본질적인 '실질적 동의'의 핵심적 조건을 충족시키고 있지 않아 의무론적 동의의 개념에 적합치 않기 때문이다.

II. 동의와 의무

사람들은 동의행위에 의하여 때때로 의무를 수용하게 된다. 특히 국가권위가 시민들의 동의에 의하여 정당화된다고 말할 때, 정치적 복종의 의무를 자의로 받아들인다는 뜻을 내포하고 있다. 그러나 엄밀한 의미에서 볼 때, 동의행위에 의하여 의무가 유발되는 현상은 동의의 일반적 용례라고 단언하기 어렵다. 개인의 동의행위는 의무를 유발시키는 경우보다는 다른 중차대한 규범적 함의를 지니고 있을 때가 더 많기 때문이다. 예를 들어 특정 개인 A는 자신의 권리를 B에게 양도하거나 포기하고자 할 때, 동의의 행위를 표시할 수 있다. 구약성서에서 보면, 사냥에서 돌아와 배가 몹시 고팠던 에사우는 죽 한 그릇에 '장자권(長子權, birthright)'을 동생인 야곱에게 팔기로 동의한다. 혹은 파우스트는 악마 메피스토펠레스에게 젊음을 대가로 자신의 영혼을 팔기로 동의한다. 이 경우의 동의행위는 권리포기(權利抛棄)를 함의한다.

그런가 하면 동의행위는 신뢰나 애정을 표시할 수 있다. 이 경우는 물론 규범적 함의를 지니고 있지 않은 사례이다. 부모가 자신은 원하지 않지만 자녀가 원하는 피자집에서 외식을 하기로 동의했다면, 피자집에 대한 선호보다는 자녀에 대한 각별한 애정을 표시하는 셈이다. 혹은 상사가 부하직원의 제안에 동의했다면, 제안 자체의 타당성보다 부하의 판단에 대한 신뢰의 표시일 가능성이 크고, 피고가 변호사의 제안에 동의했다면 제안의 타당성보다 변호사에 대한 신뢰(信賴)의 표시이며, 혹은 환자가 의사의 수술제안에 동의했다면 자신의 권리 포기보다 의사에 대한 신뢰가 두드러진다. 강조하거니와, 동의행위가 의무를 유발시키게 되는 경우는 동의의 전형적 사례는 아니다.

그런가 하면 동의는 동의한 사람에게 반드시 의무를 야기하는 것도 아니다. 부모의 동의에서 이러한 경우가 적지 않다. 우리사회의 전통적 풍습에서 흔히 볼 수 있듯이, 자녀가 어렸을 때 부모끼리 혼인을 약속했을 경우가 그것이다. 하지만 혼인약속을 이행할 당사자는 부모가 아니라, 자녀가 아니겠는가! 혹은 자녀에 대한 교사의 체벌권(體罰權)에 동의한 부모도 마찬가지이다. 체벌의 대상자는 자신이 아니라 자녀이기 때문이다. 또한 동의의 행위가 어떠한 의무를 수반하지 않는 경우도 드물지 않다. 예를 들어 A가 B에게 집을 팔기로 '구두'로 동의하고서도 계약단계에서 계약서를 쓰지 않았다면, 설사 집을 팔기로 한 원래의 의사를 번복하더라도 위약금을 물어야 할 의무는 없다. 혹은 A가 B에게 결혼하기로 동의하고도 결혼식을 올리기 전에 마음을 바꾸었다면, B에 대한 의무는 없는 셈이다.

뿐만 아니라 동의와 의무의 관계를 모호하게 만드는 또 다른 사례는 행위자 자신이 동의를 하지 않아도 수행해야 할 의무가 존재한다는 사실이다. A가 거짓말을 하지 않기로 명시적으로 동의하지 않았다고 해서 거짓말을 해도 좋은 것은 아니다. 혹은 B가 살인하지 않기로 공식적으로 동의하지 않았다고 해서 살인을 해도 무방한 것은 아니다. 그 밖에 물에 빠져 도움을 요청하는 사람을 도와줄 의무는 동의 여부와 상관없이 마침 현장에 있던 C에게 있으며, 길가에 쓰러져 있는 중상자를 병원에 옮길 의무는 현장에 있던 D에게 있다. 즉 '착한 사마리아인(good Samaritan)'처럼, 고통을 호소하는 희생자를 도울 의무가 마침 그 현장을 지나던 개인에게 있는 셈이다. 이와 같은 의무들은 정의롭게 행동해야 할 '자연적 의무(natural duty)'로 간주해야 할 것이다.

그렇다면 '자연적 의무'는 어디에서 비롯되는가? 자연적 의무는 한 행위자 A가 처하게 되는 '역할(役割)'에서 비롯된다고 볼 수 있다. 물론 이 '역할'은 항상 자발적으로 수임했다고 말할 수는 없으며, 때로는 비자발적으로 갖게 된 '역할'도 적지 않다. 예를 들어 죽어가는 사람 D를 목격한 행인 F는 목격자의

'역할'을 자발적으로 수임한 것은 아니나, 죽어가는 사람 D를 도와야 할 의무는 있다. 이처럼 행위자 자신이 동의하지 않았더라도, 혹은 자발적 역할 수임이 아니더라도 의무가 야기된다는 점이 확실하다면, 동의와 도덕적 의무간의 관계는 결코 '필연적' 관계는 아니다. 양자가 연계된다면, 오히려 '우연적' 관계라고 말할 수 있을 것이다. 즉 의무가 독립적인 '규범'이라면, 동의는 의무가 야기되는 하나의 특정한 '방식'에 불과하다.

무엇보다도 의무(obligation)는 일차적으로 도덕적 개념이며 규범적 개념이다. 그러한 의미에서 '의무(義務)'와 '이익(利益)'은 동일한 범주가 아님을 각별히 강조하고자 한다. 어떤 행위가 '이롭기'보다는 '옳은 일'이기 때문에 문제의 행위를 수행해야 한다는 의미가 묻어나기 때문이다. '나'에게 어떤 일 x를 이행해야 할 의무가 있다고 말하는 것은 '내'가 원하든 원하지 않든, x는 '내'가 마땅히 이행해야 할 일임을 시사한다. 때로는 x를 이행하는 것이 '나'에게 이익이 되지 않을 수도 있다. 하지만 x가 '나'에게 의무로 다가온다면, 이익이 되는가의 여부는 그다지 중요하지 않다. 의무와 이익은 때때로 충돌하기도 하고 때때로 합치하기도 한다. 양자가 충돌하는 경우라면, '내'가 경찰로서의 의무를 수행하는 과정에서 범법자인 자신의 절친한 친구 B를 체포하게 되는 경우이다. '내'가 경찰로서 임무를 충실히 수행함으로 승진도 하고 진급도 하는 경우에는 '의무'와 '이익'이 합치한다고 할 수 있다. 그렇지만 '의무'와 '이익'은 범주적으로 구분된다는 점에 주목할 필요가 있다.

두 번째로 지적해야 할 점은 의무 가운데 일부는 행위자 자신이 스스로 수임하게 되는 경우가 있다는 점이다. 예를 들어 약속을 지켜야 할 '나'의 의무는 약속자인 '내'가 스스로에게 부과한 것이다. 물론 약속을 하는 행위 자체는 자유로우나, 일단 약속을 했으면, 약속한 사람은 약속을 하는 자발적 행위에 의하여 스스로 의무를 지게 된다. 이 경우는 물론 동의와 의무가 연계되는 경우이다.

세 번째로 모든 의무가 의무자가 자발적으로 수임했기 때문에 발생하는 것은 아니며, 따라서 자발적 동의에 의해서 의무를 수임하지 않는 이상, 의무를 갖고 있지 않다고 말하는 것은 온당치 않다. 정직하고 정의로워야 할 당위(當爲)는 의무이지만, 동의행위에 의해서 개인이 스스로에게 부과한 의무는 아니다. 흔히 '내'가 스스로 수임한 의무만을 지켜야 할 의무로 간주한다면, "의무란 무엇인가" 하는 문제와 "내가 어떻게 의무를 지게 되느냐" 하는 문제를 혼동하기 때문이다.

양자를 구분하기 위하여 "A는 B에게 100,000원을 지불할 의무가 있다"는 명제에 주목해 보자. 의무는 여러 가지 방식으로 발생할 수 있다. 우선 A가 B에게 100,000원을 선물하기로 약속을 했을 가능성이 그 하나이다. 두 번째로 A는 B에게 책을 샀기 때문에 책값으로 100,000원을 지불하기로 계약을 했을 수도 있다. 세 번째로 A는 부모로서 어린 자녀 B의 한달간 점심 급식비로 100,000원을 계산해 주는 경우도 가능하다. 네 번째로 A는 B를 우발적으로 구타하여 전치 3일의 상처를 입혔으므로 그 치료비로 100,000원을 내야 하는 경우도 생각해 볼 수 있다. 상기의 네 가지 상황에서 A가 B에게 100,000원을 지불할 의무를 지고 있는 것은 분명하지만, 의무의 유발조건은 다르다. 첫번째와 두 번째 경우는 전형적으로 개인의 동의행위로부터 비롯되는 의무이다. 이에 비하여 세 번째는 부모의 '동의'보다는 부모의 '역할'에 기인한 의무라고 할 수 있으며, 네 번째도 가해자(加害者)의 동의보다는 '보상적 정의(retributive justice)'에 입각한 의무라고 할 수 있다. 강조하자면 세 번째와 네 번째의 의무는 동의행위에서 발생한 의무가 아니다.

이제 의무란 무엇인가에 대하여 구체적으로 답변을 시도해 보자. 의무는 두 가지로 이해할 수 있다. '무조건적 의무'와 '직견적 의무'가 그것이다. 무엇보다 의무와 관련하여 전통적인 칸트의 표현을 원용하면, 무조건적 명령(unconditional imperative)이며, 혹은 정언명법(categorical imperative)에 속한다. 즉 어떤 방식으로 의무를 지게 되었던 간에 상관없이 그로부터 자유로울 수 없는 명령이며, 보다 엄밀하게 말한다면, 이 명령에 순응할 때 비로소 개인은 자유로워진다고 말할 수 있다. 물론 우리는 의무와 관련하여 칸트의 비전만을 철저히 고수할 필요는 없다. 무조건적 의무보다 직견적 의무(prima facie obligation)를 주장할 수 있기 때문이다. 무조건적 의무가 행위자 A에게 특정 행동을 하거나 특정 행동을 하지 않을 '배타적 이유(exclusionary reason)'나 혹은 '최종적 이유(conclusive reason)'를 제시한다면, 직견적 의무는 행동을 결정하는 데 있어 하나의 중요한 이유로 작용하기는 하나, 이와 관련된 보다 절박한 다른 이유들에 의해서 압도될 수 있다는 특성을 갖는다. 진실을 말해야 할 의무가 있지만, 때때로 다른 더 절박한 이유에 의해서 압도되어 거짓말을 할 수 있다면, 진실을 말해야 할 의무는 '직견적 의무'라고 할 수 있다.

본 맥락에서 의무를 일차적 중요성을 가진 윤리적 개념으로 강조하게 되면 '성인들(saints)'과 '영웅들(heroes)'의 도덕적 성취를 설명할 수 없다는 의견이 엄슨(J. O. Urmson 1958)에 의해서 제기된 바 있음에 유의하자. '성성(聖性, sainthood)'과 '영웅주의(heroism)'는 의무의 범주를 넘어가는 행위에서 목격되기 때문이다. 그러나 분석적 의미에서 볼 때, 의무를 초월하는 행동을 설명하기 위해서는 먼저 의무의 개념이 정립되어야 할 것이다. '성성'과 '영웅성'이 의무의 개념을 전제로 하고 있음은 주지의 사실이다. 물론 '성인들'과 '영웅들'은 도덕적으로 요구되는 것 이상의 행동을 수행하는 사람들이다. 그러나 그들이 수행하고 있는 탁월한 업적을 이해하기 위해서는 그들의 의무가 무엇인가 하는 문제가 먼저 규정되어야 할 것이다. 따라서 '의무'의 개념이 중요하다고 해서, '권리'의 개념이나 혹은 '덕목'의 개념을 부인하려는 것은 아니다. 다만 '의무'의 개념은 이러한 개념들에 비하여 논리적으로 선행하고 또한 전제되어 있으며, '의무'의 개념에 비추어 '덕목'이나 '권리'의 개념을 설명할 수 있다는 입장을 개진한 셈이다.

이상의 논의를 통하여 동의(同意)와 의무(義務)의 관계에 대한 특성을 지적하였다. 특히 동의와 의무는 '필연적' 관계가 아니라는 사실이 주된 관심사였다. 동의행위에서 언제나 의무가 발생하는 것은 아니며, 또한 의무는 동의가 아닌 다른 범주에서 발생하기도 하기 때문이다. 물론 동의에 입각한 정치적 복종의 의무가 돋보이는 것은 "내가 동의를 했기 때문에 국가권위에 복종할 의무를 가진다"는 명제가 "내가 동의를 하지 않았다고 해도 국가권위에 복종할 의무를 가진다"는 명제보다 훨씬 더 설득력을 지닌다는 점을 부인할 수는 없다. 그러나 엄밀한 의미에서 "동의행위에서 비로소 의무가 발생한다"는 명제는 일반적 의미보다는 제한적 의미로 받아들여야 할 것이다. 의무의 '본질' 문제와 의무가 발생하는 '조건'은 구분되어야 하기 때문이다. 동의 행위는 의무의 본질 문제와 관련이 있다기보다는 의무가 발생하는 조건과 관련이 있다. 따라서 동의와 의무의 관계가 '우연적' 관계라는 사실은 동의론자들의 주장, 즉 동의를 통하여 비로소 정치적 복종의 의무가 발생한다는 주장에 대하여 보다 면밀하게 비판적으로 검토해야 할 필요성을 제기하고 있다고 하겠다.

Ⅲ. 명시적 동의와 가상적 동의

정치영역에서 동의 개념을 논의할 때, 우리가 우선 부딪치게 되는 가장 일반적이며 까다로운 문제는 일단 시민들이 국가의 권위에 대하여 명시적으로 동의한 경우가 별로 없다는 사실이다. 물론 국가는 시민들에게 정치적 복종을 요구한다. 그런데 정치적 복종의 의무에서 개인의 동의행위의 비중이 절대적이라는 동의론자들의 주장을 감안할 때, 동의행위 부재현상은 당혹스럽기 짝이 없는 현상이다. 그것은 정치적 복종의 의무가 있다는 사실보다는 정치적 복종의 의무가 없다는 사실을 반증(反證)하고 있는 셈이 아니겠는가. 바로 이러한 역설적 현상이 본 항목의 관심사항일 뿐 아니라, 시몬즈(A. J. Simmons 1979)가 지적한 문제점이기도 하다.

정치적 의무의 문제는 어떻게 한 개인이 특정 국가에 대하여 특별한 규범적 관계에 있을 수 있는가, 혹은 한 개인이 그 국가의 시민이 되며, 또한 다른 국가가 아니라 바로 문제의 국가에 독특한 방식으로 구속되는가 하는 문제를 설명하는데 있다. 시몬즈는 개인의 동의행위만이 국가에 대한 구속성을 정당화시킨다고 주장한다. 하지만 과거나 현재를 막론하고 개별적으로 국가에 동의한 사람이 거의 없기 때문에 정치적 복종의 의무를 지고 있는 사람도 소수에 불과하다는 결론이 나올 수밖에 없다. 그러나 그럼에도 불구하고 시민 모두는 '정의로운 법'에 복종하고 '정의로운 국가'를 지지해야 할 의무를 가지고 있다는 것이 시몬즈의 판단이다. 정의로운 국가에 대한 의무는 정의롭게 행동하게 할 '자연적 의무'에서 기인하기 때문이다.

하지만 엄밀한 의미에서 볼 때, 시몬즈의 대답이 만족스러운 것은 결코 아니다. 정의로운 국가에 복종해야 할 개인의 의무에서 작용하는 요소는 무엇일까? 개인의 정치적 복종의 의무는 국가가 정당하게 행동하는가의 여부에 대한 개인의 판단에 의해서 결정되는 것은 아니다. 만일 그러한 상황이 발생한다면, 국가가 가진 최고의 주권은 속절없이 부정되는 결과를 야기할 것이기 때문이다. 최고의 주권을 행사하지 않는다면, 국가는 '자발적 조직'이나 '임의단체(association)'에 불과할 뿐, '정치적 권위'를 가진 국가라고는 할 수 없다. 그러므로 국가에 대한 의무라고 할 때, 정의에 대한 자연적 의무와는 다른 성격을 지니고 있음이 확실하다. 국가에 대한 복종은 '나'의 입장에서 '나' 자신의 판단을 일정 수준 유보하거나 정지시켜야 한다는 점을 함의하고 있기 때문이다.

물론 그렇다고 해서 국가에 복종해야 할 정치적 의무에 한계가 전혀 있을 수 없다는 점을 주장하고자 하는 것은 아니다. 다만 그 한계는 국가가 가진 최고 결정권에 치명적으로 흠집이 나는 결과를 초래하는 것이 되어서는 안 된다는 것이다. 결국 여기서 강조하고자 하는 점은 국가에 대한 의무는 '정의에 대한 의무'와 같은 것이 아니며, 양자 사이에 공통점이 전혀 없다고는 말할 수 없겠으나, 상이점이 현저하다는 사실이다.

이러한 점을 감안할 때, 정치적 복종의 의무가 유의미하게 성립될 수 있는 방식과 관련하여 "개인의 동의행위로부터 기인한다"는 동의론의 명제는 각별히 음미할 필요가 있다. 개인의 동의라고 할 때, 개인 A가 일정한 영토 안에서 사실상의 지배자로 군림하는 국가조직에게 강약이 부동하여 굴복할 수밖에 없다는 사실을 자포자기식으로 받아들였다는 것이 아니라, 자발적 의사와 비강제적인 행위에 의해서 국가권위를 받아들였다는 점을 의미한다. 즉 국가의 권위를 거부하고자 하는 사람은 자유롭게 그 입장을 밝히라는 의견이 있었을 때, A가 이에 침묵했다고 하더라도, A의 침묵은 자유로운 동의의 표시로 간주할 수 있을 것이라는 의미에서(ex silentio) '실질적인 동의'를 지칭한다고 하겠다. 이러한 경우나 이와 비슷한 경우라면, 개인 A가 정치적 결정을 내릴 수 있는 국가의 권위를 승인했다는 것을 의미한다고 간주해도 무방할 듯하다.

본 연구에서는 이러한 범주의 동의를 '명시적 동의(express consent)'로 지칭하기로 한다. '명시적 동의'의 본질적인 조건은 행위자가 자신의 자유의사를 표출하면서 —— 때로는 상황에 따라 침묵할 수도 있겠지만, '굴종의 침묵'이 아니라는 조건하에서 ——, 행위자가 스스로를 의무 속에 구속시킨다는 점에 있다. 여기서 각별히 강조해야 할 점이 있다. 자발적 동의의 개념을 전제로 할 때, 국가가 보장하는 법과 질서로부터 비롯되는 혜택을 받아들이는 행위를 '명시적 동의'의 범주로 간주할 수는 없다는 점이다. 물론 개인 A가 국가에 의한 혜택을 향유할 때, 문제의 사실이 '수익자부담(受益者負擔)' 원칙에 의하여 행위자 A에게 일정한 의무를 부과할 수는 있을 것이다. 하지만 혜택향유 현상 자체를 명시적 동의의 행위라고 단정하기는 어렵다. 그것은 오히려 '공정성의 원리

(principle of fairness)'로부터 기인하는 의무라고 해야 온당할 것이기 때문이다. 혹은 '동의'라는 개념의 범주를 유의미하게 사용할 수 있다면, 이러한 유형의 의무는 '가상적 동의(hypothetical consent)'의 형태로 정당화될 수 있을 것으로 생각된다. 가상적인 계약자들이 이른바 '원초적 상태(original position)'에서 법과 질서의 혜택을 산출하는 협력의 구도에 표명할 것으로 '추정되는 동의'가 그것이다. 그러나 그럼에도 불구하고 '가상적 동의'가 '명시적 동의'와 다르다는 사실은 다시 한번 짚고 넘어갈 필요가 있다.

이 사실에 대하여 제6장에서 본격적으로 논의하겠지만, 본 맥락에서 좀더 부연 설명하기 위하여 예를 들어 보자. A는 국가의 권위에 대하여 '명시적으로' 동의하지 않았지만, '암암리에' 국가의 작동에 의한 혜택을 누리고 있다. 법과 질서, 푸른 산, 맑은 물, 혹은 국방 등의 공공재가 그것이다. 즉 강물이 오염되지 않는 등 양질의 환경재가 산출되고 있다면, 그것은 주로 국가의 권위에 의하여 설명될 수 있을 것인바, 국가의 주요 기능 가운데 하나는 '시장의 실패(market failure)'로 인하여 산출될 수 없는 공공재를 그 특유의 권위에 의하여 산출한다는 점이다. 그러나 공공재를 산출하는 과정에서 국가는 각 시민들에게 일정한 몫을 기여할 것을 명령한다고 할 수 있다.

그렇다면 이 경우 A는 국가의 권위에 명시적으로 동의하지 않았다고 해서, 어떠한 의무도 지지 않는다고 말할 수 있는가? 그렇지는 않다고 생각된다. 비록 국가권위에 동의하지 않았다고 해도, A가 누리는 혜택에 대하여 상응하는 의무가 발생한다고 보아야 하기 때문이다. 다시 말해서 A는 세금도 내야 하고 병역의 의무도 필해야 한다. 이 문제는 그가 동의하지 않았더라도 정의의 원리에 의하여 정당화될 수 있는 의무라고 하겠다. "각자에게 그의 몫(suum cuique)"으로 표현되는 정의의 원리에 주목할 때, A는 혜택에 상응하는 자신의 몫을 다해야 할 의무를 지닌다고 하겠다. 이것은 분명히 '공정성으로서의 정의(justice as fairness)'의 범주에 해당된다. 그런가 하면 혜택을 받았을 때 자신의 몫을 수행해야 할 의무는 '감사의 원리(principle of gratitude)'에 의해서도 정당화된다. '내'가 다른 사람들로부터 커다란 혜택을 받았을 때, 그러한 혜택에 대하여 고마워하지 않는다면, 배은망덕하거나 무례한 사람이 된다. 이때 고마움을 표시하는 행위란 '나'의 일정한 본분(本分)을 다하는 일이 아니겠는가.

그렇다면 국가에 대한 A나 '나'의 정치적 복종의 의무를 '정의의 원리'나

'감사의 원리' 이외에, 동의의 개념에 의하여 설명할 수 있는 가능성은 없는 것일까? 물론 '명시적 동의'의 범주로 설명할 수는 없겠지만, '가상적 동의'의 범주로 접근이 가능하다. 즉 가상적 계약상황을 상정하면 각 계약자들은 상호협력 구도구축에 일익을 담당하자는, 지극히 합리적이고 공정한 제안에 동의할 것이라는 비전을 설정할 수 있기 때문이다. 실제로 현대의 사회계약론자들은 이러한 가상적 계약방식을 선호하고 있으며, 문제의 방식에 의하여 동의의 개념을 활성화시키고 있다.

그러나 '가상적(假想的) 동의'는 '명시적(明示的) 동의'와 질적으로 다르다는 점에 각별히 주목해 보자. 또한 동의론자들의 주장이 유의미하려면, 국가권위에 대한 동의는 '명시적 동의'이어야 한다는 점도 전제될 필요가 있다. 이에 관한 한, 몇 가지 논리가 가능하다. 가상적 상황을 설정했을 때, 일단 두 가지 범주의 답변이 가능하다. 하나는 '예측적(豫測的) 답변'이며, 또 하나는 '규범적(規範的) 답변'이다. "어떤 업자가 당신에게 뇌물을 준다면, 당신은 어떻게 할 것인가" 하는 질문을 제시해 보자. 우선 공무원인 A는 "나는 받게 될 것"이라고 답변할 수 있겠는데, 이러한 '예측적 답변'에 관한 한, A는 이른바 '비판적 이성(critical reason)'을 갖고 답변하는 것은 아니다. 그러나 A가 "나는 한사코 받지 않을 것"이라고 한다면, 이는 '규범적 답변'의 전형이다.[1] 이 맥락에서 '자발성'을 말한다면, 후자보다는 전자의 답변과 연계되어야 하리라고 생각한다. 또 다른 사례로서 "만일 1930년대의 독일에서 유태인이 당신에게 피난처를 요청했으면 어떻게 했을 것인가" 하는 가상적 질문을 설정해 보자. 이에 대하여 B는 "유태인을 숨겨주었을 것"이라고 답변할 것이다. 그러나 B의 가상적 답변이 과연 실질적 함의를 지닐 수 있겠는가? 물론 그럴 가능성도 있겠지만, 반드시 그렇다고는 단언하기 어렵다. 문제의 B의 답변에서는 억울한 희생자를 구해주어야 한다는 규범성이 진하게 묻어나는 것이지, 예측성이나 자발성, 실현성 등의 의미가 두드러지는 것은 아니기 때문이다.

물론 때때로 가상적 상황에서도 예측성이 나올 수 있다. A에게 "복권을 탄다면 어떻게 사용할 것인가" 하는 가상적 질문에서 A는 "집을 사겠다"는 대답

---

1) 물론 '예측성'과 '규범성'은 같이 갈 수 있다. 청백리(淸白吏)라면, 뇌물수수에 대한 가상적 질문에서 "뇌물을 받지 않겠다"는 답변을 통하여 규범성 못지않게 예측성을 충족시킬 수 있다. 그러나 일반적으로 "다른 조건이 동일하다면(ceteris paribus)," 양자는 갈라질 가능성이 농후하다.

을 할 수 있고, 그 대답은 예측성을 지닐 수 있다. 또한 예측성이 강하다면, 자발성(自發性)도 충족될 수 있을 것이다. 그러나 규범성과 예측성은 항상 같이 가는 것은 아니며, 오히려 규범성이 강할수록 예측성이 떨어지는 경우도 적지 않다.

이러한 상황은 가상적 동의상황에서도 그대로 재현되리라고 생각된다. 첫째로 '가상적 동의'는 단순한 '규범성'을 함의할 뿐, 그것이 행위자의 자발적인 의무수임의 전제가 되는 '자발성'을 보장하는 것은 아니다. 동의의 특성은 바로 그 자발성(voluntariness)에 있는데, 가상적 동의에서는 '규범성'만이 두드러질 뿐, '자발성'을 결여하는 경우가 허다하기 때문에 예측성은 별로 찾아볼 수 없다. 일반적으로 자발성은 실제의 구체적인 상황에서 비로소 가능한 것이지, 추상적·가상적 상황에서는 불가능하기 때문이다. 즉 하이데거(M. Heidegger 1962) 등 실존주의자들이 즐겨 사용했던 표현처럼, "지금 그리고 여기서(here and now)" '나'에게 "국가라는 조직에 가입해야 할 것인가" 하는 문제가 제기되었을 때 자발적 의사표출이 중요한 것이지, 가상성이 짙게 묻어나는 상황에서는 규범적 의사표시만이 두드러진다. 그러나 '규범적 명제'에서 '사실적 명제'를 이끌어내기 어려운 것처럼, "나는 x를 이행해야 한다"는 규범적 명제에서 "나는 x를 이행하고 싶다"는 욕구적 명제를 도출할 수는 없는 노릇이다.

본 맥락에서 가상적 세계에서의 행동과 실제 세계에서의 행동은 상이할 가능성이 농후하다는 점을 강조해 보자. 비록 가상세계에서는 다른 사람을 돕고 비인간적인 행동을 자제하겠다고 공언한 사람도 실제세계에서는 비인간적인 행동을 하는 등, 괴리를 보이는 경우가 적지 않다. 밀그램(S. Milgram 1974)의 고문에 대한 실험이야말로 양자의 괴리를 조명하는 데 매우 인상적인 시사를 하고 있다.[2] 이와 같은 괴리는 가상적 상황이 결국 행위자의 자발성을 담보하지 못한다는 점을 입증하고 있는 셈이다. 결국 밀그램의 사례뿐 아니라, 우리 주변에서 자주 일어나는 말과 행동의 불일치 사례들은 가상적 세계가 실제세계 행위자의 자발적 의사를 담보하고 있지 못하다는 점을 보여 주고 있다.

두 번째로 가상성은 실제성의 모델이 되는 데 한계를 갖는다. 일반적으로

---

2) 밀그램은 실험 참여자들에게 고문에 관한 실험을 시작하기 전에 전기고문 등, 인간에게 치명적인 고문을 실시하겠는가 하는 질문을 하였다. 모든 응답자들이 반인권적 고문에 반대하였다. 그러나 실험과정에서 반인권적 고문행위가 매우 현저하게 발생했다는 점이 흥미롭다.

가상적 세계를 유의미하게 구축하기 위하여 경험적으로 가능한 조건들을 정교하게 설정할 필요가 있다. 그러나 아무리 경험적으로 유의미한 조건들을 정교하게 설정해도 실제세계와는 동일할 수 없기 때문에, 가상세계로부터 나오는 행위자의 선택 유형이 실제 세계와 유사한 행동 유형이 되리라는 보장이 없을뿐더러, 오히려 실제 세계와는 상이한 결과가 나올 가능성이 크다. 이 점에서 무지의 베일을 쓴 계약자가 '원초적 상황'에서 최소극대화라는 '맥시민(maximin)' 전략을 사용하게 될 것이라는 롤즈의 단정적 추정이야말로 하사니(J. Harsanyi)를 비롯한 많은 합리적 선택론자들로부터 신랄한 비판에 직면한 이유이기도 했다. '맥시민'은 극도의 보수적 전략으로서 실제의 일상생활에서는 "돌다리도 두드리면서 건너 가거나" 혹은 "꺼진 불도 다시 보는" 등 모험을 극도로 회피하는 사람들만이 사용하는 전략이기 때문이다. 뿐만 아니라 가상적 상황 설정이 객관성을 지니기도 어렵다. 흔히 가상적 상황을 설정하는 사람의 주관과 편견, 및 가치관이 작용하여 그가 원하는 결론을 도출하기 위한 편의주의적 구도로 전락하는 경우가 적지 않기 때문이다.

그러므로 마지막으로, 진부하지만, 가상적 세계는 가상적 세계로 머무른다는 점을 지적하지 않을 수 없다. 이 점에서 롤즈의 '순수절차적 정의(pure procedural justice)'에 관한 비전은 매우 흥미롭다. '순수절차적 정의'는 특별한 기준 없이 절차가 공정하면, 결과도 공정한 것으로 평가받는 경우에 성립한다. 그러나 아무리 '순수절차적 정의'를 강조해도 현실에서 실현되지 않는 가상적 상황에서의 '순수절차적 정의'는 별로 의미가 없다고 생각된다. 롤즈의 지적처럼, 노름이나 추첨이 '순수절차적 정의'의 현저한 사례가 될 수는 있겠으나, 노름이 공정하려면 노름이 현실에서 이루어져 일정한 무작위적(無作爲的) 결과를 내었을 때, 비로소 '순수절차적 정의'의 범주에 부합하는 것이지, 구체적으로 무작위적인 결과 없이 이론적으로나 추상적 관점에서 조망했을 때 절차가 공정한 것으로 판단된다고 해서 '순수절차적 정의'가 이루어질 수 있는 것은 아니다.[3] 이와 마찬가지로 개인의 자발적 동의도 결국 현실세계에서 이루어졌을 때 자발성을 충족시키는 것이지, 단순히 개인이 일정한 조건과 상정하에서 '합리적으로' 혹은 '규범적으로' 동의할 것이라는 전제를 설정하여 자발성을 추정하는

---

3) 이 경우 구체적 결과라면, 모든 참여자가 '무작위로' 돈을 따게 되었거나 당첨되었다는 결과가 나와야 한다는 점이다.

것은 자발성의 내재적 조건을 어기는 것이라고 판단된다. 물론 개인이 동의할 수 있는 합리적 기준이나 규범적 기준설정이 무의미한 것은 아니다. 그러나 문제의 가상적 절차가 아무리 합리적이고 공정하다고 하더라도, 그것은 '동의의 배경조건'일지언정, '동의행위'라고 말할 수는 없는 일이다.

상기의 통찰들이 유의미하다면, 정치적 복종의 의무와 관련하여 '내'가 자발적으로 수임한다는 의미가 적절히 부각되기 위해서는 '명시적 동의' 이외에 '가상적 동의'와 같은 대안들을 제외시킬 수밖에 없다. 같은 맥락에서 '가상적 동의'를 거부한다면, '묵시적 동의'도 역시 포기할 수밖에 없다. '묵시적 동의'란 '명시적 동의' 이외의 행위들을 동의의 행위로 추정하는 것뿐인데, 그 범위가 모호하고 불확실하기 때문이다. 특히 행위자가 다른 목적과 의도를 갖고 하는 행동을 동의의 행위로 착각할 수 있다는 점이야말로 간과할 수 없는 '묵시적 동의'의 문제점이다.

Ⅳ. 국가에 대한 동의행위

지난 항목의 논의에서는 국가의 권위에 관한 한 '가상적 동의'보다 '명시적 동의'가 요구되고 있음을 밝혔지만, 한편으로 국가에 대한 동의는 일상생활에서 이루어지는 일반적 동의의 관행에서는 볼 수 없을 정도의 특수성이 있음을 강조할 필요가 있다.

첫째로 국가에 대한 동의에는 본의적 의미의 선택권이 없다는 점이다. 사실 국가에 대한 동의가 특이하다는 것은 국가에 대한 동의를 하지 않을 경우의 대안이 그다지 마땅치 않다는 점에 있다. 국가권위에 대하여 동의를 하지 않을 경우, 논리적으로 예상할 수 있는 대안은 두 가지이다. 하나는 '무정부상태 (anarchy)'이며, 또 하나는 다른 국가에 대한 선택이다. 하지만 동의를 거부하는 사람에게 '자연상태(state of nature)'와 유사한 '무정부상태'가 보장될 수 있는 가능성은 전혀 없다. 그런가 하면 다른 국가에로의 이민 가능성이 전적으로 봉쇄되어 있는 것은 아니지만, 그래도 그 가능성 역시 매우 희박한 편이다. 신천지(新天地)를 찾아보기 어려운 현대 국제 사회에서 어떤 국가든지 무한정 이민을 받아들이기를 꺼리고 있기 때문이다.

이처럼 국가에 대한 동의에서 선택의 대안이 별로 없다는 점을 감안한다면, 본의적 의미에서 동의 행위라고 지칭하기 어렵다. 일반적으로 일상생활에서 사람들이 직면하게 되는 동의의 문제에서는 언제나 대안이 복수(複數)로 존재한다. '내'가 스포츠 센터의 회원 등, 자발적 조직에 가입하고자 할 때, 적어도 가입하지 않아도 되는 자유, 혹은 x스포츠 센터가 아닌 y스포츠 센터를 선택할 수 있는 자유가 보장되게 마련이다. 허쉬만(A. Hirschman)이 말하는 이러한 '퇴거권(exit)'의 자유가 보장되지 않는 상황이라면, 동의의 근거가 될 수 있는 비용계산이나 편익의 비교산출이 불가능하지 않겠는가! 그러나 극도로 제한된 상황에서 동의를 표출해야 하는 것이 국가권위에 대한 동의이다.

둘째로 국가에 대한 동의는 복종에 대한 동의라는 점이 특이하다. 국가에 대한 동의행위에서는 국가가 명령할 수 있는 권리를 인정하며, 개인의 입장에서는 복종할 의무를 인정한다는 점이 두드러진다. 국가와 개인 사이에 권위관계(authority relation)가 성립한다는 사실을 받아들인다는 의미이다. 이러한 동의의 특수성은 권위관계를 전제로 하지 않는 시장영역에서의 동의와 다르다. 시장행위자의 동의에서도 의무가 야기되나, 그것은 재화를 판매한다거나 혹은 재화를 구매하는 등 동등한 행위자들 사이의 거래와 교환 행위에서 지켜야 할 상호의무를 지칭한다. 혹은 개인은 특정 클럽에 입회하는 데 동의할 수 있으나, 클럽에 대한 동의를 했다고 해서 클럽이 일방적으로 명령할 수 있는 권리를 인정하여 '무조건적인 복종'이나 '직견적 복종'의 의무를 전제하는 것은 아니다. 다만 클럽 안에서 자신의 자아 실현이나 원만한 취미 생활이 가능하다는 판단이 설 때, 제한적 의미에서의 복종이 가능하다. 그러나 국가는 때때로 개인에게 목숨을 바치라고 요구하는 등 무조건적인 복종조차 요구하기를 서슴지 않는다.

세 번째로 국가에 대한 동의는 일회적이며 영속적인 동의이다. 국가에 대한 동의에 관한 한, 동의를 철회한다거나 재협상을 하며 동의를 갱신한다는 사실은 그다지 현저하지 않다. 물론 개인 A는 국가가 아닌 다른 단체, 예를 들어 정당이나 회사, 클럽, 종교 단체 등의 입회에 동의할 수 있다. 하지만 그러한 동의는 결코 영구적인 동의가 아니며, 개인의 의사가 변하면 재협상을 하거나 동의를 철회하고 탈퇴할 수 있다. 그러나 국가에 관한 한, 일단 동의를 했다면 이를 철회할 수 없다. 이 사실은 한편으로 국가가 '임의적인 조직(voluntary organization)'

이나 '임의적인 협회(voluntary association)'가 아니라는 사실을 반증하는 것이며, 혹은 국가권위는 개인에게 재협상의 대상이 되거나 동의를 철회할 수 없을 만큼, 개인에게 필수불가결한 조직이며, 혹은 '필요악(necessary evil)'이거나 '적극적 선(positive good)'이라는 점을 암암리에 시사하는 셈이기도 하다. 하지만 무정부주의자라면, 왜 국가가 필수조직이며 또한 국가에 대한 동의가 철회될 수 없는 것인지, 의문을 가질 만하지 않겠는가? 이러한 의문제기조차 허용되지 않는다면, 온전한 의미에서 자발적 동의라고 지칭할 수 있는 것은 아니다.

네 번째로 국가에 대한 동의에서는 정치적 의무(political obligation)가 도출될 뿐, 도덕적 의무(moral obligation)가 야기되는 것은 아니다. 이 사실을 강조해야 하는 이유는 정치(政治)와 도덕(道德)이 갖는 괴리와 차이점 때문이다. 정치와 도덕의 차이점은 여러 가지 범주로 논의될 수 있겠으나, 적어도 두 가지 점에서 그 현저한 차이를 지적할 수 있다. 특히 도덕의 요구 수준은 내면적인 마음의 복종까지 요구할 만큼 높은 반면, 법이 요구하는 수준은 외적 행위로 충분하기 때문에 최소한의 도덕 수준이라고 말할 수 있다. 그것은 달리 표현하면 의무론(deontology)과 결과론(consequentialism)의 차이로 볼 수 있겠는데, '도덕적 의무'라고 할 때 의무론으로 지칭될 만큼 도덕성이 갖는 의미는 매우 엄중하다. 즉 다른 사람에게 위해를 가하지 않는다는 행태적 수준을 넘어서서 위해를 가할 마음까지 통제해야 할 것이다. 그러나 '정치적 의무'에서는 의무론이 요구하는 것과 같은 엄격성을 갖는 것은 아니다. 마음으로부터 진정으로 승복하는 수준까지 요구하는 것은 아니기 때문이다. 예를 들어 개인 A의 입장에서 자신이 원하지 않는 다수결 결정에 대하여 마음으로부터 승복해야 할 의무는 없다고 할 수 있다. 이 점에서 '민주주의의 역설(paradox of democracy)'로 지칭되는 볼하임(R. Wollheim 1962)의 문제제기는 그다지 설득력이 없다고 판단된다. 즉 '내'가 옳다고 생각하지 않는 의견이 다수의 의견으로 결정되었을 때, 다수의 의견에 '외부적으로' 승복하는 것으로 충분할 뿐, '마음속으로까지' 다수의 의견을 받아들여야 하는 것은 아니다. 이처럼 정치적 의무에서는 결과론이 중요하다. 즉 마음으로 내키지 않더라도 외현적으로 병역의 의무를 수행하고 납세의 의무를 수행하면 그것만으로 충분하다. 다른 사람들의 눈총을 의식하며 병역의 의무를 수행한다고 해도, 훌륭하게 정치적 의무를 수행한 셈이다.

그런가 하면 자연인 개인의 의무와 정치적 의무도 동일한 것이 아니다. 도덕적 의무가 모든 사람의 관점에서 정당화되어야 하는 범주라는 점을 감안할 때, 병역과 납세가 자연인 개인의 의무라고 하기는 어렵겠지만, 시민으로서의 의무가 되는 것은 당연한 일이다. 일반적으로 자연인 개인은 정의에 관한 의무, 정직에 관한 의무, 혹은 자기 자신을 실현해야 할 의무를 지닌다고 하겠다. 이에 비하여 나라를 지킬 의무, 납세의 의무, 혹은 선거에 참여할 의무는 시민으로서의 개인에게 해당된다. 이처럼 양자가 다른 이유는 정치 공동체가 지니고 있는 특성 때문이다. 그 결과 때때로 개인의 도덕적 의무와 정치적 의무는 충돌할 수 있다. 나라를 위하여 거짓말을 할 수 있고 나라를 위하여 싸우는 과정에서 다른 사람을 죽일 수도 있다. 예를 들어 조국을 위한 전쟁에서 많은 적군을 사살하는 등, 혁혁한 전과를 세운 사람은 '전쟁영웅'이 되지만, 일상생활에서 사람들을 죽인 사람은 '살인마'로 단죄되고 있지 않은가.

마지막으로 상기의 논리와 연장선상에서 국가에 대한 동의에서 야기되는 의무는 '약한 의미'의 의무(obligation)라고 부르는 것이 타당하며, '강한 의미'의 의무(duty)라고 지칭하기 어렵다. 이 차이는 단순히 용어상의 문제가 아니다. 여기서 '듀티'라고 말할 때는 흔히 최종성(finality)을 전제로 한다. 즉 '듀티'일 경우, 이를 완화시킬 수 있는 다른 고려사항의 여지는 별로 없고, 따라서 예외가 허용되지 않는 셈이다. 그러나 "예외 없는 규칙은 없다"는 준칙이 시사하는 바와 같이, 국가에 대한 동의에서 부과되는 '오블리게이션'은 때때로 '무조건적 의무'에 미치지 못하는 약한 의무의 범주를 지칭한다. 거짓말을 하지 말아야 할 도덕적 의무가 쟁점이 되는 경우는 별로 많지 않지만, 국가의 명령이나 국가의 법에 관한 한, 정당성 여부의 문제는 자주 야기된다. 비록 국가에 대한 동의를 명시적으로 한 개인 A의 경우에도 국가의 명령이나 법이 심히 부당하다고 판단될 경우, 불복종행위를 할 수 있다고 생각할 공산이 크기 때문이다. 물론 시민불복종행위의 범주를 어떻게 규정해야 하는가 하는 문제는 쟁점이다. 국가의 법과 명령을 무조건 따르는 경우, 소크라테스처럼 때때로 칭송의 대상이 되기도 하지만, 나치스의 아이히만처럼 비난의 대상이 되는 경우도 적지 않다. 따라서 국가의 명령과 법에 대하여 매번 시시비비를 따지며 복종의 여부를 결정해야 하는 것은 아니겠으나, 그럼에도 불구하고 국가의 명령과 법의 무조건성을 따른다면, 그것은 민주국가의 '시민(citizen)'보다는 독재자에 대한 개인숭배도 마다하지 않는 전체주의 국가의 '신민(subject)'의 범주에 부합하는 행위라고 하겠다.

그러므로 국가에 대한 동의에서 비롯되는 '오블리게이션'은 '직견적 의무'라고 지칭하는 편이 온당하다. 마치 "거짓말을 해서는 안 된다"는 준칙을 '직견적' 의무로 받아들일 때 거짓말을 할 수 있는 여지가 허용되지만 그럼에도 "거짓말을 해서는 안 된다"는 준칙의 무게가 엄존하는 것처럼, 국가에 대한 복종이 '직견적' 의무라고 할 때 때때로 국가 불복종 행위가 허용되면서도 복종의 엄중성은 비교적 그대로 남아 있다고 해야 할 것이다. 동의를 했다고 해서 전적으로 국가에 판단을 맡긴다면 시민으로서의 '나' 자신은 이성과 판단이 없는 존재로 전락하고 국가도 이른바 '무오류주의자(無誤謬主義者)'로 자처하는 등 도덕적 해이에 빠져 정의보다는 불의를 저지르게 될 공산이 크다. 또한 '내'가 시민으로서 감시와 비판기능을 정지하고 모든 것을 국가에 맡기는 상황에서는 정의롭지 못한 정책과 불의한 법이 판치는 불의한 국가로 전락할 가능성이 실재한다. 예를 들어 국토방위의무를 이행하겠다는 개인의 '무조건적' 동의는 자칫하면 '침략전쟁'과 '소수민족박해' 혹은 '민족청소' 등의 만행을 부추길 수도 있지 않겠는가. 이러한 사태가 야기된다면, 법에 복종하겠다는 개인의 '무조건적' 동의는 수단적 차원에서 보더라도 혜택보다 손실을 끼칠 가능성이 있다고 하겠다.

V. 동의행위의 결과론적 가치와 의무론적 가치

국가권위에 대한 개인의 동의행위가 지니는 가치는 무엇인가? 일단 개인의 동의 행위는 결과론의 관점에서 그 가치를 인정할 수 있다. 동의행위는 동의행위와는 독립적인 특정 목적을 달성하는 데 있어 수단적 역할을 수행한다. 예를 들면 의사가 수술을 하기 전에 환자의 동의가 필요하다. 이 경우 의사의 명령에 환자가 따른다는 의미는 아니다. 오히려 의사보다 환자가 자신의 복지에 대한 최종적 판단자임을 새삼 확인함으로써 환자의 주권을 강조하고 혹은 자유권에 대한 가치의 중요성을 환기시키는 셈이다. 즉 동의의 관행은 환자의 주권을 인정하고 환자의 복지를 보장하는 안전판 기능을 수행하고 있다. 특히 환자의 동의는 환자 자신이 주인이고 의사는 환자의 의사를 시행한다는 점에서 현저하고, 또한 그렇기 때문에 환자 자신의 이익과 복지를 제고하는 데 있어 효과적이다. 개인 본인의 동의를 받지 않고 이루어지는 행위가 무효로 인정받는 이유도 바로 이 때문이다.

그러나 정치적 동의는 국가에 복종할 의무를 전제로 하기 때문에 적어도 직접적 의미나 단기적 관점에서는 시민의 주인의식의 보루가 될 수는 없다. 물론 법에 복종하겠다고 시민 A가 약속했을 때, 그것은 A가 구체적 상황에서 해야 할 일을 결정하는 데 있어 시간과 노력을 절약해 줄 수도 있다. 이것은 마치 피고나 원고가 변호사를 선임하는데 동의하여 그의 판단에 모든 것을 맡기는 경우와 흡사하다. 하지만 변호사가 이러한 의뢰인의 신뢰를 악용하는 사례가 적지 않은 것처럼, 비교적 정의로운 국가라고 해도 오판과 도덕적 해이의 가능성은 있다. 이것은 보다 본질적으로 '주인과 대리인의 관계(principal-agent relationship)'에서 나타나는 전형적 문제이기도 하다. 실제로 주인의 동기와 대리인의 동기가 다르기 때문에 대리인이 주인의 뜻을 위배하는 경우는 얼마나 많은가!

그렇다면 보다 구체적으로 명시적 동의 행위를 통하여 개인이 국가로부터 얻을 수 있는 혜택을 결과론적 관점에서 적시할 수 있는가? 시민 개인이 국가에 대하여 일방적으로 동의의 행위를 표시함으로 얻을 수 있는 혜택을 거론하는 것이 전혀 불가능한 것은 아닌데, 특히 세 가지의 사례가 유용하다. 첫째로 준법서약서에 서명하는 비전향 장기복역수를 생각해 보자. 장기복역수 A가 법에 복종하기로 약속하는 대가로 석방과 자유를 얻을 수 있다면, 동의의 수단적 혜택은 현저하다. 따라서 법을 어기는 사람들에게 요구할 수 있는 최소의 조건이라면, 그러한 법에 대한 공적 헌신을 표명하는 행위를 요구하는 데 있다. 둘째로 대통령은 헌법에 대한 준수를 국민들 앞에 명시적으로 약속함으로 비로소 대통령직을 수행할 수 있다. 헌법준수를 약속하지 않는다면, 대통령직을 수행할 수 없다. 셋째로 외국인은 귀화하면서 명시적 동의를 함으로 내국인으로 시민권을 갖고 시민권에 따르는 혜택을 향유할 수 있다. 이러한 사실에서 국가에 대한 동의가 갖는 결과론적 혜택이 엄존한다는 사실을 인정할 수 있다.

하지만 유의해야 할 점이 있다. 국가와의 계약이나 서약이 합법적으로 맺어질 수 있다는 것은 이미 국가권위가 존재하고 있음을 명시적으로 '전제'하는 셈이다. 또한 그러한 명시적 계약이나 서약이 요구되는 대상이 누구인가 하는 문제도 이미 정치권위자들에 의해서 결정되었음을 뜻하고 있지 않은가. 즉 비전향 장기복역수에 대한 준법서약서나 대통령, 국회의원, 외국인 귀화자들은 명시적 동의를 해야 한다고 규정한 것도 이미 국가권위에 의한 것이다. 그러나 우리가 동의론을 통하여 추구하고자 하는 목표는 동의를 통하여 국가의 권위를 구축하고자 하는 데 있는 것이지, 이미 존재하는 국가로부터 동의를 통하여 무엇을 얻겠다는 비전은 아니다. 국가에 대한 일방적 동의의 개념에 집착하게 되면, 동의의 본의적 의미는 퇴색할 수밖에 없다. 이것이야말로 동의론의 수단적 가치가 직면하게 되는 딜레마라고 할 수 있다.

그러나 그렇다고 해서 국가에 대한 일방적 동의 대신에 시민들간의 상호동의에 중점을 둔다고 해서 문제가 없는 것은 아니다. 즉 상호 협력적 구도의 구축이라는 상호적 동의의 결과론적 가치에 집착하게 되면, 복종을 요구하는 국가의 권위가 반드시 요구되는 것은 아니기 때문이다. 왜냐하면 국가의 권위에 동의하지 않더라도 공정성의 원리에 의하여 시민들로서는 상호간에 협력의 몫을 수행할 수밖에 없기 때문이다. 다시 말해서 협력적 구도의 구축에 중점을 두는 상호동의의 경우에는 국가의 권위 없이도 협력적 구도는 가능하다. 그런가 하면 일방적 동의의 수단적 혜택을 강조하게 되면, 그것은 국가의 권위가 존재한 다음에 비로소 가능한 혜택을 의미하기 때문에 동의론이 원래 지니고 있었던 목적과 배치된다. 동의론의 목적은 동의를 통하여 국가를 구축하는 것이기 때문이다.

그러므로 국가권위에 대한 동의의 행위로부터 나오는 결과론적 가치가 미흡하다면, 다른 대안을 찾아보는 수밖에 없다. 그것은 비수단적 가치 창출의 논리, 즉 의무론의 논리이다. 이 점에 있어 약속은 전형적 사례이다. 일반적으로 약속은 '수단적' 기능 못지않게 의무론적 기능, '표현적' 기능을 수행하게 된다. 약속은 일정한 시간과 장소에서 누구를 만나게 되는 등의 편의성을 보장한다. 하지만 편익의 차원을 뛰어넘어 일정한 가치와 계획에 대한 행위자의 헌신을 표현하는 하나의 현저한 방식이 또한 약속이기도 하다. 우리가 약속을 지키지 않는 사람 A에 대하여 약속을 어긴 구체적 행동만을 비난할 뿐 아니라, '믿음직스럽지 못한 사람', 혹은 '실없는 사람' 등으로 전인적(全人的) 표현을 사용하면서 비난한다면, 약속이 의무론적 기능을 지니고 있음을 반증하는 셈이다. 우정도 마찬가지이다. 우정을 통하여 A와 B는 상호간에 외로움도 달래고 때로는 서로 돈을 빌리는 등 결과론적 가치를 향유할 수 있으나, 그에 못지않게 A와 B의 상호간의 헌신과 신뢰를 전제로 하는 것이 우정이다. 이러한 관점에서 볼 때, 동의의 역할은 일상생활에서 자발적 약속의 행위가 수행하는 역할과 유사하다. 즉 동의행위가 일상생활에서 수행하고 있는 중요한 기능이라면, 새로운 인간관계의 창조적 측면이다. 우정이나 결혼의 경우, 관련 당사자는 동의행위를 통하여 상대방에게 헌신하겠다고 약속함으로, 가치 있는 새로운 인간관계를 구축해 나가고 있지 않은가.

　　헌혈을 하겠다고 동의한 C의 경우를 생각해 보자. 헌혈을 하겠다는 동의행위의 수단적 가치는 피를 제공하는 데 있다. 그러나 헌혈행위를 면밀히 관찰해 보면, 수단적 가치 못지않게 시민적 유대와 결속의 의미가 배어 있지 않은가! 물론 이 상황에서도 동의는 결과론적 혜택에 주목하는 것이 사실이며, 동의를 하는 당사자는 자기 이익에 관한 최선의 판관이 된다. D는 결혼을 결정하고 F와의 결혼에 동의하면서 "나는 행복해질 수 있는가" 혹은 "F가 내게 맞는 최선의 배우자인가" 하는 점을 점검하게 된다. 그러나 이 부분을 넘어서면, 동의는 전인적 관계를 창출하는 데 있어 '구성적' 역할을 수행할 수 있다. 즉 결혼에 있어 동의적 요소는 단순히 '나' 자신의 관점에서 매력적인 최고의 배우자를 선택하기 위한 안전장치일 뿐 아니라, 이른바 일심동체(一心同體)로 특징지어지는 새로운 인간관계를 이루는 본질적인 요소가 된다. 결혼을 통하여 두 사람은 하나가 되는 것이 아닌가. 만일 D가 결혼을 하고서도 계속해서 "배우자 F와 더불어 사는 것이 내게 얼마나 이득이 되는가" 하는 문제를 타산적으로 따진다면, 결혼의 전인적 관계를 잘못 이해하고 있는 셈이다. 결혼을 통하여 이루어지는 관계는 수단적 관계를 넘어선 상호헌신의 전인적 관계라고 할 수 있다.

　　한편 이처럼 동의의 행위가 결과론적 가치를 넘어 의무론적 가치를 지니고 있음을 인정한다고 해도, 문제는 이러한 전인적이며 의무론적인 가치의 논리가 얼마나 유의미하게 정치의 영역이나 국가의 권위에까지 확장될 수 있는가 하는 점이다. 그것은 정치생활이 전인적 가치를 갖는 인간 본연의 생활인가 하는 물음과 깊이 연계되어 있기 때문이다. 물론 아리스토텔레스나 루소는 정치생활의 전인적이며 비수단적 특성에 천착한 바 있다. 특히 정치의 최종적 가치와 관련하여 "인간은 태어나면서 정치적 동물"이라는 명제가 돋보인다. 그러나 흥미로운 것은 정작 동의의 가치를 각별히 강조하는 사회계약론자들에게 있어 정치는 목적의 의미를 갖는 자연적인 현상이 아니며, 오히려 후천적이며 인위적 현상이라는 데 있다. 개인 각자에게는 태어나면서부터 누구에게도 양여할 수 없는 권리, 이른바 '자연적 권리(natural rights)'로 불리는 일련의 권리가 있으며, 이를 보호하기 위해 국가나 정치가 요청된다는 것이 그들의 기본 입장이기 때문이다. 이처럼 공공재를 산출하거나, 혹은 '불안정한 평화'를 '안정된 평화'로 바꾸는 한에 있어 정치가 가치 있는 것으로 평가된다면, 정치나 국가는 수단적 가치의 범주를 크게 벗어날 수 있는 것이 아니다.

그것은 유비적으로 말하자면, '내'가 '나' 자신의 생존을 유지하고 안락함을 보장받기 위하여 혼자 독신으로 살기보다 결혼해서 배우자와 더불어 살겠다는 발상과 유사하다. 물론 우리는 그러한 결혼관을 부도덕하거나 천박하다고 평가절하하거나 매도하고 싶은 마음은 없다. 다만 배우자와 더불어 전적으로 새롭고 가치 있는 인간관계를 추구하겠다는 순애보(殉愛譜)의 주인공이나 로미오와 줄리엣의 결심과 다르다는 점을 강조할 뿐이다. 어쨌든 여기서 중요한 사실은 결혼을 위한 동의나 우정을 위한 동의가 수단적 가치 못지않게 비수단적 가치를 내포하고 있다는 점을 인정하는 데 그다지 큰 어려움은 없다는 점이다.

그러나 국가에 관한 한, 문제는 훨씬 까다롭다. 국가의 권위에 대한 동의가 의무론적 입장에서 전인적이며 비수단적 가치를 창출한다는 점을 주장하기 위해서는 '결혼 공동체'처럼, 동의를 통하여 이전과는 다른 유형의 인간관계, 즉 새로운 정치 공동체, 올드필드(A. Oldfield 1990, 6)의 표현대로 "대부분의 개인들이 희망할 수 있는 인간 공동체의 최고형태(the highest form of human living-together that most individuals can aspire to)," 혹은 시민들간에 굳건한 유대와 결속이 넘쳐흐르는 국가 공동체가 이루어져야 한다는 점이 입증되어야 할 것이다. 물론 이 명제는 그리스의 '폴리스(polis)'에 집착해 온 공동체주의자들이나 공화주의자들이 집요하게 강조하는 규범적 내용이기는 하다. 그러나 정작 동의론을 주장해 온 로크 등, 개인주의자들에 관한 한, 국가에 대한 동의행위를 통하여 결과론적 관점에서 이익과 편익이 창출된다는 데 역점이 두어지고 있는 것이지, 동의에 의해 자연인 개인이 '전인적으로' 공화정의 시민으로 변하며, 결속력 있는 정치 공동체가 창출될 수 있다는 가능성에는 별로 매력을 느끼고 있지 못하다. 뿐만 아니라 '공적 영역'보다는 '사적 영역'을 중시하며 정치참여보다는 직장생활이나 여가생활에 더욱 매료되고 있는 것이 오늘날 민주사회에 살고 있는 시민들의 일반적 경향이다. 그 밖에 정치생활보다 가정생활에 전념하고 있는 사람들도 많다. 루소만이 의무론적 성향의 사회계약을 통하여 도덕적 자유를 가진 개인과 '일반 의사(general will)'가 통용되는 새로운 공동체를 만드는 프로젝트에 관심을 표명하고 있을 뿐이다.

더욱이 심각한 문제는 후술하겠거니와, 동의행위를 통해 이루어지는 정치 공동체가 결과론적 가치에 집착하는 공동체가 아니라 전인적 성향의 의무론적 공동체로서 유의미한 대안으로 인정받는다고 해도, 종교집단이나 민족집단, 향토공동체 등과 경합적인 관계를 이루고 있다는 사실이다. 특히 지역 정서나 향토애가 배타성과 불관용성을 띠지 않는다면, 가치 있는 소중한 정서와 현상으로 평가받을 수도 있으나, 그렇지 않을 때 국가에 대한 헌신과 심각한 갈등관계를 초래할 수밖에 없다. 그런데 이 경우에라도 국가는 최상주권을 고집하게 마련인데, 이러한 국가의 주장이 과연 어느 정도로 설득력을 가질 수 있을 것인가? '나'의 입장에서는 국가보다는 종교집단, 국가보다는 가족 공동체가 헌신과 복종을 바칠 만한 공동체라고 판단할 수 있다. 이러한 상황에서 동의의 주체가 어디까지나 '나'라는 자율적 개인임을 상기한다면, 국가보다 더 유의미한 공동체로 종교와 가족을 꼽고 있는 '나'의 판단과 선택은 존중되어야 하지 않겠는가!

Ⅵ. 노직과 동의

이제 '명시적 동의'에 의하여 국가의 권위가 유의미하게 구축될 수 있는가 하는 문제에 천착해 보자. 상기의 논의를 통하여 '명시적 동의'가 '가상적 동의'와는 질적으로 구분되어야 할 필요가 있다는 점을 강조한 바 있거니와, 이번에는 '명시적 동의'는 '묵시적 동의'의 개념과 다르다는 점을 지적함으로 논의의 실마리를 열고자 한다. 일반적으로 시민들에게 있어 명시적 동의의 행위가 그다지 현저하지 않다면, 로크(J. Locke)가 시사한 바와 같이, '묵시적 동의'의 범주에서 활로를 개척할 수 있는 여지가 없는 것도 아니다. 실제로 소규모의 자발적 조직에서는 '명시적 동의'가 없더라도 '묵시적 동의'가 그 역할을 대신하는 경우가 많다. 정식 결혼 서약을 하지 않았어도 동거생활에 들어갔다면, A와 B는 상호간에 결혼에 관한 동의를 한 것으로 볼 수 있다. 혹은 부녀회나 청년회 등 자발적 조직에 정식으로 입회하지 않았더라도 그 조직의 활동에 적극적이고 열성적인 사람이 있다면, 문제의 조직 입회에 동의한 것으로 볼 수 있다. 정식회원이 아니더라도 조직의 각종 행사에 열성적으로 참여했다면, 이미 준회원이나 명예회원직을 획득한 것으로 간주해도 무방하지 않겠는가!

그러나 국가에 관한 한, 다르다. 아무리 열성적인 참여 민주주의자라고 해도, 그의 적극적 정치참여 행위가 국가에 대한 헌신을 자발적으로 약속했기 때문이라고 간주하기란 쉽지 않다. 국가 공동체에 참여하지 않았을 경우의 대안이 뚜렷하지 않은 상황에서, 열성적 참여는 유일한 선택대안이 될 수밖에 없을 가능성이 크기 때문이다. 이 점에서 『선녀와 나무꾼』의 우화는 매우 시사적이다. 선녀는 자신의 옷을 잃어버린 후, 나무꾼과 부부의 인연을 맺어 자녀도 낳고 금슬 좋게 살았으나, 그러한 부부의 인연은 결코 자발적인 것은 아니었다. 결국 하늘나라로 돌아갈 수 있는 옷이 발견되자 선녀는 결연히 나무꾼의 간절한 소망을 뿌리치고 하늘로 올라가지 않았던가! 같은 맥락에서 국가 공동체에 대한 참여는 클럽 조직의 참여와 다르다. 국가야말로 개인의 진퇴가 자유롭지 못한 강제조직이기 때문이다. 따라서 일반 자발조직에서의 '묵시적 동의' 개념이 유의미하게 통용될 수 있다고 해도, 국가에 대한 '묵시적 동의' 개념으로 쉽게 전이하기 어렵다면, 국가권위를 받아들이는 문제에 있어, '묵시적 동의'보다 '명시적 동의'의 개념이 타당하다고 생각된다.[4]

그렇다면 '명시적 동의'의 개념은 국가권위에 있어 어느 정도로 유의미한가? 물론 때때로 개인은 국가에 대한 '명시적 동의'를 거부할 수 있다. 이 경우 개인이 선택할 수 있는 대안은 이민을 가는 데 있다. 그러나 이러한 유형의 대안은 한 국가와 다른 국가 사이의 선택의 문제에 불과하다. 만일 국가의 권위 자체를 금기시하거나 국가에 싫증이 난 무정부주의자 A의 경우라면, A의 선택이 어떠할지는 명약관화하다. 무정부주의자의 선택을 보장하기 위해서는 무정부 상태나 '자연상태'의 상황이 보장되어야 하지 않겠는가! 그런가 하면 두 번째

---

4) 묵시적 동의의 문제점과 관련하여 김주성(1994, 81-83)은 또 다른 관점에서 묵시적 동의의 개념을 원용하는 한, 정당한 정부와 정당치 못한 정부를 구분할 수 없고, 묵시적 반대의 여지를 남겨놓고 있지 못하다는 점을 지적하고 있다.

로 이민의 비용은 매우 높다. 이민을 가고자 해도 상대방 국가에서 항상 받아들여 주는 것도 아니다. 인권개념이 발달된 현대국가에서도 '정치적 난민'의 자격을 획득하기란 대단히 어려운 일이다.

그러나 이러한 문제들도 심각하지만, 정작 쟁점의 핵심은 다른 데 있다. 왜 동의를 거부하는 시민은 문제의 국가를 떠나야 할까? 설사 개인이 국가에 대한 동의를 거부했다고 해도, 개인에게 국가를 떠나라는 요구는 온당치 않다고 생각된다. 이와 관련하여 "무거운 절보다 가벼운 중이 떠나라"는 준칙을 떠올릴 수 있겠으나, 그것은 어디까지나 '국가 편의주의'나 '국가 기득권주의'에 입각한 준칙일 뿐이다. 특히 "절이 무겁고 중이 가볍다"는 상정에는 편견이 들어 있다. "중보다는 절이 더 중요하다"는 논리가 그것이다. 그러나 엄밀한 의미에서 동의론자들이 동의론의 기초가 되는 개인주의에 충실하다면, "중이 모여 절이 된다"는 반론을 제기할 가능성이 농후하다.

특히 "국가를 원하지 않는 개인은 국가의 지역을 떠나라"는 요구가 성립하려면, 국가의 주권이 개인의 권리보다 우월하다는 논리가 성립해야 하며, 뿐만 아니라 동의하지 않는 개인의 행위가 이른바 '무정부주의자(anarchist)'의 선택보다는 '분리주의자(separatist)'나 '국가파괴주의자(rebel)', 혹은 '혁명주의자(revolutionary)'의 선택과 같은 것으로 치부되어야 할 것이다. 그러나 개인에게 '국가의 상태'와 '무정부상태' 가운데 택일을 요구할 경우, 문제의 개인은 순진무구한 중립적 개인으로 간주되는 것이 온당하며, 기존의 국가에 파괴적인 '폭도'나 '분리주의자'로 상정되는 것은 부당하다. 또한 설사 문제의 개인이 '혁명주의자'라고 해도, 이른바 '저항권(抵抗權)'을 인정한다면, 개인의 선택은 존중되어야 할 것이다. 결국 문제의 핵심은 국가의 주권과 개인의 권리 가운데 무엇이 더 중요한가에 있다. 그러나 만일 국가가 개인보다 우월한 권리를 주장한다면, 그것은 이미 권위를 가진 국가가 출현했다는 점을 전제하고 있다. 하지만 엄밀한 의미에서 볼 때, 그러한 국가의 권위적 주장은 결국 개인의 동의행위의 결과에 의하여 성립하는 것이 아니겠는가?

물론 국가의 존재를 '사전에(ex ante)' 전제하지 않을 수도 있다. 이 경우 특정 지역에 살고 있는 다수의 사람들에 의하여 국가가 구축되어 소수의 사람들에게도 영향을 미치는 법을 제정할 수 있다는 논리가 성립할 수 있을 것 같다. 하지만 이 경우는 동의론의 기본상정과 근본적으로 배치되는 셈이다. 동의

행위란 '집단의 권리'가 아니라 '개인의 권리'로 간주하는 것이 온당하다. 즉 소수의 입장에 있는 사람들이 다수의 지배하에 놓이게 된다면, 소수의 동의행위는 무용지물(無用之物)이 되는 결과를 초래한다고 할 수 있기 때문이다. 뿐만 아니라 로크의 통찰을 원용하여 개인의 재산권을 '자연권(自然權)'으로 간주할 때, 개인이 동의하지 않는다고 해서 다른 지역으로 갈 이유는 없다는 점을 감안한다면, 다수지배의 논리는 무색해질 수밖에 없다.

그러나 만일 개인이 국가나 정치공동체와 독립적으로, 즉 '자연상태'에서는 재산권을 갖고 있지 못하다고 상정한다면, 국가에 대하여 재산권 침해를 주장할 수는 없을 것이다. 하지만 이 경우에도 다른 반론이 가능하다. 로크의 또 다른 통찰에 주목할 때, 개인의 자연적 권리가 오로지 '자유에 대한 권리'라고 주장할 수 있는 가능성이 열려 있기 때문이다. 자유권을 자연권으로 간주할 경우, 어떤 결과가 야기될 것인가? 문제의 핵심은 만일 개인에 대한 국가의 모든 권위가 개인의 동의행위에서 비롯되는 것으로 본다면, 정치공동체나 국가와 같은 집단 체제가 개인의 동의에 의하지 않고서는 그 구성원에 대한 재산권을 박탈할 수 없으리라는 점이다. 그렇다면 국가의 권위를 거부하는 반대자는 국가의 주장을 받아들일 의무가 없다. 즉 동의를 거부한다고 해서 자신이 살고 있는 지역을 떠날 이유는 없다.

그러나 한편 국가가 개인의 주장을 받아들일 의무가 없고 우월한 권력체로서 개인을 추방할 수 있다는 명제가 전혀 성립 불가능한 것은 아니다. 하지만 이 경우 개인이 우월한 권력조직에 의하여 위협을 받고 있기 때문에 국가 공동체 안에 남아 있기 위하여 부득이 동의를 할 수밖에 없다면, 문제의 개인이 '진정한 의미'에서 국가에 대한 복종의 의무를 지고 있는지는 의문이 될 수밖에 없다. 국가는 문제의 개인을 의무를 지고 있는 존재로 취급할 것이나, 문제의 개인은 자신을 자발적인 동의자로 생각지 않을 것이며, 결국 어떠한 입장을 취하든 쟁점이 계속되는 상황에서 설득력 있는 객관적인 해결책이 나왔다고 단언할 수는 없을 것이다.

여기서 지역의 개념을 강조하는 막스 베버(Max Weber)의 통찰을 상기해 보자. 일정한 지역 안의 다수가 명백히 동의함으로 성립하는 정치적 조직이 나머지 사람들에게 강제로 법을 준수하도록 한다면, 우리는 국가를 갖게 되는 셈이다. 물론 다수의 의사를 결정하기 위하여 어떤 지역을 차지해야 하는가 하는 문제는 원칙적으로 해결 불가능하지만, 그 문제를 차치하고 결과되어 나오는 조직은 그 지역에 살고 있는 사람들에 대하여 권위를 행사할 수 있다고 주장할 것이다. 국가권위에 대하여 다수 구성원의 동의의 정당성을 인정한다면, 구성원 개개인이 동의하거나 혹은 동의하지 않았거나 상관없다. 그러나 이러한 논리는 엄밀한 의미에서 개인의 동의행위의 본질적 의미를 철저하게 추구하지 못하는 방만한 결과를 초래할 뿐이다. 다시 말해서 '과반수결(majority rule)'을 주장하게 된다면, 동의론자들이 선호해 온 개인의 동의행위는 그다지 유의미하지 않을 것이기 때문이다.

그러나 한편 우리가 동의론의 기본 정신에 입각하여 '과반수결'의 개념을 포기한다면, 또 다른 딜레마에 봉착하게 된다. 그 결과 나타나는 조직은 모든 구성원들에게 복종을 요구하는 국가가 아니라 자발적인 보호조직이나 협회일 가능성이 농후하기 때문이다. 이 조직은 '자발적인 클럽'처럼, 그 기능에 동의한 사람들에 대해서만 권위를 행사할 권리를 가질 것이다. 하지만 국가야말로 자발적인 조직과는 본질적으로 상이한 강제조직이 아니겠는가. 뿐만 아니라 개인이 그러한 자발적 조직에 대하여 한 동의가 한 개인의 인생에 있어서 한 번밖에 없다고 단정짓는 일도 불합리하다. 부도덕한 사안이라면, 아무리 자발적 동의를 했다고 하더라도 무효라는 주장 등 자발적 동의로부터 기인하는 의무에 대한 한계를 허용한다면, 개인은 국가가 정의로운 통치의 약속을 깨트렸든 그렇지 않든, 나중에 재협상이나 문제의 동의를 철회할 수 있음을 명시할 수도 있지 않겠는가. 왜 개인은 미리 동의를 철회할 수 있음을 밝힐 수 있는 권리도 포기하고, 또한 때에 따라서 동의를 철회할 수 있는 권리를 보유하고 있다는 사실조차 부인해야 하겠는가.

동의행위가 개인의 입장에서 단 한 번의 행위로 제한되어야 한다는 상정에는 국가나 혹은 국가와 비슷한 조직이야말로 필수불가결한 조직이며, 따라서 국가의 구성원이 되는 것이 모든 개인들에게 손실보다 이득이 된다는 전형적인 '정치적 쾌락주의(political hedonism)'의 상정에 입각해 있는 셈이다. 그러나 이러한 입장을 취하게 되면, 그것은 제9장에서 설명할 '목적인적(目的因的) 논거'가 되어 개인의 동의행위는 불필요한 범주로 전락한다. 국가가 공공재를 공여하는 유일한 정치조직으로, 개인으로서 받아들일 수밖에 없거나 거부할 수 없는 조직이라면, '국가의 상태'와 '무정부 상태' 사이를 가늠하는, 이른바 '합리적 선택(rational choice)'은 존재할 여지조차 없는 셈이다. 물론 그래도 한편으로 보면, '합리적 선택'이 전적으로 무용지물이 된다고 속단할 필요는 없다. 이 국가에 속하느냐 혹은 저 국가에 속하느냐 하는 문제에서, 개인이 '합리적 선택'을 할 수 있는 여지는 남아 있기 때문이다. 그러나 그렇다고 하더라도 국가의 정당성이 개인의 진정한 동의행위에 기반을 두어야 한다면, 이러한 선택이 '정치사회'와 '자연상태' 사이의 선택이 아니라, 한 국가와 다른 국가 사이의 선택이라는 매우 제한된 범주에 불과한 이상, 무정부상태의 대안까지 염두에 둔 유의미한 선택이라고 평가할 수 없다는 점은 남아 있다.

노직(R. Nozick 1974)의 "최소국가론"은 바로 이러한 관점에서 개인주의 성향의 동의론자들에게 활로를 열어주는 대안으로 평가될 수 있다. 구성원들에게 정의를 강요하는 자발적인 보호협회가 특정 지역에서 지배적 조직이 될 수 있고, 그 지역에 살고 있는 조직의 비구성원들에게 그들의 권리를 침해하지 않은 채, 그 조직의 정의를 받아들이도록 강제할 수 있다는 것이 그의 입장이다. 특정 지역에서 강제적인 보호조직이 됨으로써 문제의 자발적 조직은 국가로 변신할 수 있을 것이다. 이 과정에서 출현하는 국가의 특성은 두 가지이다. 우선 이 조직은 다수의 자발적인 동의에 기초해서 이러한 위치를 확보했으며, 두 번째로 소수의 권리를 명백히 침해하지 않은 채, 소수에게 은연중 압력을 가하고 있는 이른바 '자발적인' 강제조직이다. 노직이 주목하는 기본적인 권리는 '자유에 대한 권리'로서 일차적으로 강제력에 의하여 복종하는 것이 아니므로, 국가는 어떠한 개인의 의사도 억압하지 않은 채 구축될 수 있을 것이다. 이러한 논리는 이율배반적인 것으로 생각되기는 하나, 노직의 입장은 확고하다. 어떤 특정 지역에서 지배적인 보호조직에 참여하기를 거부하는 무소속이나 독립주의자들이 자신들의 권리를 행사할 수 있는 권리가 지배적 보호조직에 의해서 금지되는 것은 정당하다. 왜냐하면 개인의 권리를 행사하기 위해 신뢰성이 없는 절차를 사용하는 것은 권리가 아니기 때문이다. 그러므로 무소속이나 독립주의자들의 행위를 금지한다고 해서 어떠한 권리도 침해한 것은 아니다.

하지만 노직의 견해에서 문제를 삼을 수 있는 첫번째 부분이라면, 각 개인이 자신의 권리를 행사할 권리를 갖고 있으나, 문제의 개인이 권리 행사를 할 수 있는 일정한 절차를 사용할 권리를 갖고 있지 않다면, 그 권리는 무용지물에 불과하다는 점에 있다. 그러므로 이러한 사태를 피하기 위해서는 독립적인 개인에게 가능한 어떠한 절차라도 더 커다란 자원을 갖고 있는 전문적인 조직이나 협회가 제공할 수 있는 절차 못지않게 신뢰성이 있다고 판단할 수 있어야 할 것이다. 그러한 조직이 출현하기 전에 개인들은 스스로 자신들의 권리를 행사할 수 있는 절차에 관한 권리를 갖고 있어야 하겠는데, 노직의 구도에서 보면, 문제의 권리는 보다 우위에 있는 조직이 가동될 경우 그 실효성이 의문시되는 권리인 셈이다.

그러나 정작 심각한 두 번째의 문제는 개인들이 만족스럽지 못한 절차에 의해서 자신들의 권리를 독립적으로 행사할 수 있는 권한을 갖고 있지 못하다는 점에서 한 걸음 더 나아가, 우월한 대안이 존재한다면, 문제의 개인들은 우월한 대안을 자발적으로 수용하게 될 공산이 농후하며, 그렇지 않을 경우, 정의의 효율적 실현을 위하여 특정 조직이나 협회에 강제로 동화될 수밖에 없다는 주장이다. 그러나 문제의 노직의 논리는 개인의 기본적 자유권에 대한 부정이라고 볼 수밖에 없다. 노직의 주장은 엄밀한 의미에서 개인들은 '혼자 살기'보다는 '함께 사는 것'이 유리하다는 발상으로서, 노직 자신이 부당하다고 생각하는 '권리의 공리주의적 근거'에 의존할 수밖에 없기 때문이다. 독립된 개인들로 하여금 국가의 조직에 들어가도록 강요함으로 독립된 개인들의 권리를 포함하여 모든 개인들의 권리가 보다 더 효율적으로 보호될 수 있으리라는 견해가 그것이다. 강조하자면 개인 A가 살고 있는 지역에서 최소국가의 구축에 동의하는 편이 A에게 이익이 된다는 판단에 근거하고 있으며, 보다 근본적으로 최소국가에 동의하는 것이 개인에게 이익과 혜택이 됨으로 동의하지 않을 수 없다는 논리이다. 그렇다면 결국 국가에 대한 자발적 동의의 중요성은 이차적 범주나 부수적 범주로 전락하는 셈이다. '효용'이나 '혜택', '권리보호'가 '동의'의 행위보다 훨씬 더 중요한 가치로 부상하기 때문이다.

이러한 관점에서 볼 때, 노직의 동의론은 정치적 의무를 정당화시키는 유의미한 논거로서 개인의 명시적이고 자발적 동의에 입각한 정치비전이라고 규정하기 어렵다. 그것은 기껏해야 제 9 장에서 개진할 예정인 '목적인적' 공공재 공여의 논리와 마찬가지로 '가상적인 동의론'의 한 범주에 불과하다. 각 개인이 합리적으로 자기자신의 이익을 조망하게 되면, 정의의 추구문제에서 일정한 절차적 권리를 따르는 최소국가에 동의할 수밖에 없을 것이라는 필연적 결론이 바로 그 내용이기 때문이다. 따라서 개인의 명시적·자발적 동의가 정치적 의무에 대한 유의미한 근거가 된다는 주장은 그것이 국가권위의 강제적·독점적 성격과 양립하기 어렵다는 점을 감안할 때, 해답보다는 의문들을 더 많이 제기하고 있는 견해로 평가할 수밖에 없을 것이다.

Ⅶ. 동의는 정치적 의무에 있어 필요조건인가

　이제까지의 논의가 설득력을 지닌다면, 동의행위는 정치적 의무 산출에 있어 일정한 근거, 혹은 일정한 근거 중의 하나로 자리매김할 수는 있겠으나, 필요조건이라고 단언하기는 어렵다. 그 이유에 관한 한, 몇 가지의 논거를 축약·개진할 수 있으리라고 생각된다.

　무엇보다 개인의 명시적 동의가 없더라도 개인이 국가에 대하여 의무를 지고 있다고 말할 수 있는 여지가 있다는 점에 유의해 보자. 실상 이것은 홉스의 논리이며, 흄의 논리이기도 하다. 국가가 공공재를 제공하는 등, 국가가 부재한 상태에 비하여 개인들에게 많은 혜택을 베푼다면, 개인의 동의행위는 부차적인 역할에 불과하다. 우리가 이 논리를 '공리주의적 논거'라고 하든지, '목적인적 논거'라고 하든지, 혹은 '가상적 동의의 논거'라고 하든지, 그 명칭이 중요한 것은 아니다. 중요한 사실은 행위자의 명시적 동의 없이도 국가에 대한 복종의 의무가 성립할 수 있다는 점이다. 물론 그렇다고 해서 명시적 동의행위가 의미가 전혀 없는 무위(無爲)의 행위라고 단언할 필요는 없다. 동의의 행위로 말미암아 비로소 전혀 새로운 범주의 의무가 발생한다는 측면보다는 기존에 성립한 의무의 정당성을 추인하며 확인한다는 뜻으로 판독할 수 있기 때문이다.

　두 번째로 개인의 동의행위 없이 도덕적 의무가 발생하는 경우도 적지 않다. 이미 지적한 바와 같이 정직해야 할 의무, 도둑질하지 말아야 할 의무, 혹은 남에게 위해를 삼가야 할 의무, 혹은 절박한 상황에 있는 사람을 도와줄 의무는 개인의 명시적 동의 없이도 성립하는 의무이다. 그런가 하면 자신이 받은 혜택에 대하여 감사해야 할 의무도 같은 범주에 속한다. 문제의 의무를 일부 사람들은 '자연적 의무(natural duty)'라고 지칭한 바 있거니와, 중요한 사실은 이러한 의무들에 관한 한, 개인의 동의는 필요조건이 아니라는 점이다. 이러한 '자연적 의무'의 개념을 확장해 볼 때, 법정에서 위증하지 말아야 할 의무, 혹은 남의 재산이나 생명을 훼손하지 않아야 할 의무, 혹은 한 걸음 더 나아가 이러한 사항을 규정하고 있는 국가의 법, 특히 형법을 지켜야 할 의무에 관한 한, 반드시 개인의 '명시적 동의' 행위에서 도출된다고 볼 수는 없다. 물론 개인이 '자연인'으로서 지켜야 할 의무와 개인이 '시민'으로서 지켜야 할 의무가 동일한 것은 아니며, 양자 사이에 괴리가 있다고 해도, 개인이 '자연인(自然人)'으로서 지켜야 할 자연적 의무를 국가의 법이 상당수 포함하고 있다는 점을 감안하면, 개인의 명시적 동의로 말미암아 비로소 정치적 의무가 발생한다는 주장은 약화될 수밖에 없다.

세 번째로 특히 개인의 동의행위의 목표 가운데 하나가 협력적 구도의 구축에 있다고 한다면, 이러한 동의행위는 중복적 행위에 불과하다. 이미 협력적 구도에서 자신의 몫을 다해야 한다는 것은 '정의에 대한 자연적 의무', 혹은 '감사에 대한 자연적 의무'에서 도출된다고 보아야 하기 때문이다. 즉 협력적 구도에서 개인 A가 혜택을 보고 있다면, 그 혜택에 대하여 나름대로의 기여를 해야 한다는 점은 '정의의 원리'나 '감사의 원리'에서 충분히 정당화될 수 있어 반드시 동의를 전제로 할 필요는 없다. 이와 같은 사실은 국가 공동체를 협력적 구도의 틀로 간주하려는 현대 사회계약론자들의 시도를 감안하면 더욱 설득력을 지닌다고 하겠다.

네 번째로 자연적 의무는 흔히 개인의 '동의'보다는 개인의 '역할'에서 기인하는 것으로 볼 수 있으며, 이 점에서 제10장에서 논의하게 될 공동체주의자들의 통찰에 주목할 필요가 있다. 부모가 어린 자녀를 돌보아야 할 의무는 부모의 '동의'보다는 부모의 '역할'에서 기인하며, 학생이 열심히 공부해야 할 의무는 학생의 '동의'보다는 학생의 '역할'에서 비롯된다. 우리의 일상을 보더라도, 아들 A는 맏아들로 태어났다는 이유 하나만으로 부모의 노후를 책임져야 할 의무를 지고 있는 것처럼, '역할'에 입각하여 의무가 발생한다는 사실은 결코 낯설지 않다. 물론 역할 가운데 일부는 개인의 동의하에 맡게 되는 역할이 있는가 하면, 혹은 개인이 원하지 않더라도 맡게 되는 역할이 있다. 전자가 공직자나 직장인의 경우라면. 후자는 부모와 자녀 등, 혈연적 관계에서 두드러진다.

문제는 국가에 대한 정치적 의무를 구성하는 요건을 보면, 개인의 동의 이전에 개인이 특정 지역에 태어났다는 사실이 훨씬 현저하다는 사실이다. 즉 B는 한국에 태어났기 때문에 '한국 국민'이 된 것이며, 미국에 태어났더라면 '미국 국민'이 되었을 것이라는 가정이 적절하다. 물론 이 경우 B가 한국에서 태어났건 혹은 미국에서 태어났건, 그것은 B의 선택과 동의사항이 아닌 것으로, 롤즈의 표현을 원용한다면, '하늘의 추첨상황(heavenly lottery system)'의 결과라고 할 수 있다. 그러나 이처럼 비자발적으로 수임하게 된 역할이라고 해도 일정한 정치적 의무를 부과하는 것으로 받아들이는 것이 정치현실이 아니겠는가! 이때의 역할 수임은 '선택'이라기보다는 '운명'으로 간주해야 할 것이다. 결국 '역할'에서 일정한 의무가 발생한다는 사실을 받아들이게 되면, '동의'에 의하여 정치적 의무가 발생한다는 명제는 더욱 더 위축될 수밖에 없을 것으로 판단된다.

다섯 번째로 동의론의 아킬레스건은 이미 지적한 바 있거니와, 실제로 시민들이 국가에 대하여 명시적으로 동의하는 경우가 별로 많지 않다는 데 있다. 귀화하는 외국인, 대통령이나 국회의원 등 특정 범주의 공직자 및 준법 서약서를 작성해야 하는 사람들을 제외하고 '명시적 동의'에 대하여 진지하게 심사숙고하는 사람은 소수에 불과하다. 그렇다면 이 점이야말로 '명시적 동의론'의 근본적 한계가 아닐 수 없다. 물론 일부 동의론자들은 이 문제를 해결하기 위하여 명시적 동의와 호환적으로 사용할 수 있는 동의의 범주를 개발하고자 적지 않은 노력을 경주해 온 것이 사실이나, 본 연구에서는 이미 '명시적 동의'가 아닌 동의라면, 그것이 '가상적 동의'건 혹은 '암묵적 동의'건, '명시적 동의'의 원래의 의미를 훼손시킬 가능성이 크다는 점을 각별히 강조한 바 있다. 결국 '명시적 동의'가 실제로 통용되는 경우가 희박하다는 점이야말로 '명시적 동의'가 정치적 의무의 필요조건으로 자리매김하기 어렵다는 가장 강력한 반증이 될 것이다.

여섯 번째로 설사 사람들이 동의를 한다고 해도 그 동의가 의미를 갖기 위해서는 자유로우며, 확실하고 완전한 정보에 입각한 선택의 행동이 되어야 할 것이다. 또한 그러한 동의만이 명시적 동의의 본질적인 요건에 부합하는 행동이다. 그러나 일상생활에서 자주 목격되는 것처럼 보험에 가입하면서 정확하게 그 조건들을 꼼꼼히 챙기는 보험가입자들은 얼마나 적은가. 국가에 대한 동의에서도 이러한 문제가 발생할 가능성이 농후한 것은 두말 할 나위가 없다. 그러나 정작 더욱 심각한 문제는 국가에 대한 동의에서 확실하고 신뢰할 만한 정보를 확보할 가능성이 많지 않다는 점에 있다. 이미 만들어진 기존의 법에 대해서 악법인지의 여부를 점검하는 작업도 결코 용이한 일이 아니거니와, 앞으로 만들어질 법에 대해서는 더욱 속수무책일 수밖에 없겠는데, 그러한 엄중한 불확실성 상황에서도 동의 여부를 결정해야 하는 것이 개인의 입장이 아니겠는가.

마지막으로 동의론이 본의적 의미를 가지려면, 복종주의자 못지않게 무정부주의자들이 탄생할 가능성이 농후하다는 점을 받아들여야 할 것이다. 전통적으로 동의론자들은 동의의 가치를 강조하는 데 있어 일정한 편견을 지니고 있었다. 개인들의 동의행위는 결국 국가 존재의 이유를 부인하기보다는 확인하게 될 것이라는 믿음이 바로 그것이다. 그러나 동의행위가 자유로운 인간 행위라는 점을 감안할 때, 동의는 반드시 국가의 구축에 찬성하는, 이른바 슈트라우스(L. Strauss)가 말하는 '정치적 쾌락주의자(political hedonist)'의 선택만을 전제로 하는 것은 아니다. 이에 못지않게 국가의 필요성을 거부하는 무정부주의자들이 출현할 가능성에 문을 열어 놓아야 할 것이다.

그러나 과연 동의론자들이 무정부주의자들의 존재를 인정할 만한 여유를 가질 수 있는가 혹은 무정부주의자들이 주장하는 '자발적 조직'이나 '협회'로서 작동하는 국가를 인정할 만한 여지가 있는가 하는 점은 하나의 의문이다. 흥미로운 것은 어떠한 동의론자들도 '국가복종주의자'로 남아 있을 뿐, '무정부주의자'는 없다는 사실이다. 즉 동의행위를 정치적 의무의 필요조건으로 삼게 되면, 모든 사람들이 국가의 권위에 동의하리라고 단정해 온 것이 동의론자들의 지배적 추세로서, 동의 문제가 등장할 때 '자연상태'나 '무정부 상태'의 대안은 결코 우세하지 못하리라는 상정에 안주하고 있었다. 그러나 동의행위는 '국가주의'와 '무정부주의' 사이에 중립적일 때 비로소 의미를 갖는 행위로서, 특히 일단의 무정부주의자들과 시민불복종행위자들이 현재도 속출하고 있다는 사실을 상기하면, 무정부 상태의 대안을 봉쇄하는 것은 불공정행위가 아닐 수 없다. 하지만 정작 동의에 대하여 양 방향의 길을 열어 놓을 때, 동의는 국가권위의 필요성을 확인하기보다는 무정부 상태의 정당성을 상당 수준 옹호하는 결과를 가져오지 않겠는가 하는 점이 본 연구에서 우려하는 바이기도 하다.

Ⅷ. 동의는 정치적 의무에 있어 충분조건인가

지난 항목의 논의에서는 개인들의 명시적 동의가 정치적 의무 발생에 있어서 필요조건이 되기 어렵다는 점을 개진한 바 있다. 이번에는 명시적 동의가 정치적 의무 발생에 있어 충분조건이 되는 것도 용이하지 않다는 사실을 주장하고자 한다. 이와 관련하여 중요한 논의의 단초는 동의란 '순수절차적 정의(pure procedural justice)'의 성격만을 지니고 있는 것이 아니라, '완전절차적 정의(perfect procedural justice)'의 성격도 아울러 내포하고 있다는 사실이다. 즉 동의는 의무를 발생시키는 데 있어 그 자체로 충분한 것이 아니라, 다른 소중한 도덕적인 가치를 외부로 표출하는 성격을 지닌다는 데 있다.

첫째로 동의행위에 의해서 비로소 의무가 발생하는 것이 아닌 경우가 적지 않다는 사실을 이미 지적한 바 있거니와, 오히려 동의라고 해도 정당한 의무를 발생시키는 데 걸림돌이 되는 경우가 많다는 역설적 사실에 유의할 필요가 있다. 일단의 문학 작품에서 목격하는바, 샤일록과 안토니오의 계약, 공양미 삼백석에 자신의 몸을 제물로 바치겠다는 심청이의 계약, 혹은 노름현장에서 노름꾼들끼리 노름빚을 갚겠다는 의사표시 등은 모두 개인의 자유의사에 입각한 온전한 동의라고 해도 정당한 의무를 발생시킬 수 없음을 시사하는 셈이다. 물론 자발적인 동의가 의무수임에 있어 차지하는 역할이 심대한 것은 부인할 수 없지만, 자발적인 동의라고 해도 언제나 구속력 있는 의무를 발생시키는 것은 아니다. 실제로 이에 대한 사례는 적지 않다. 안토니오가 샤일록과의 계약에서 빚을 정한 기일 내에 갚지 못할 때 가슴부위에서 살 한 파운드를 떼어내겠다는 조건에 동의한 것이 사실이나, 그러한 동의는 그 내용이 인간의 기본적 권리에 반하는 것이기 때문에 구속력을 지닌다고 말하기 어렵다. 또한 공양미 삼백석에 자신의 몸을 제물로 바치기로 한 심청이의 동의도 역시 인간의 기본권에 반하기 때문에 오늘날 인본주의 시대의 관점에서는 구속력 있는 것으로 받아들이기 어렵다. 그런가 하면 개인의 동의가 실제로 있었다고 해도 부도덕한 것으로 단죄하는 경향도 지적할 만하다. 오늘날 대부분의 정부는 마약거래를 불법적인 것으로 단정하고 마약거래자들을 엄격히 사법처리 하는 한편, 암표상도 단속한다.

이와 같은 사실들은 비강제적인 동의가 관련자들 사이에 이루어진다고 해도 정당한 의무를 발생시키는 것이 당연한 현상이 아니라는 사실을 시사하는 셈이다.

이러한 관점에서 볼 때, 의무를 발생시키는 요소는 단순히 동의했다는 '사실'보다 동의의 대상이 되는 '내용'이 적어도 '도덕적으로 허용될 만한(morally permissible)' 내용이 되어야 한다는 점이 강조될 필요가 있다. 가장 대표적 동의론자인 로크(J. Locke)를 보더라도 이 점은 현저하다. 로크의 계약자들이 자연상태를 떠나 정부수립에 동의하는 것은 그 동의의 내용이 자연법(jus naturale)에 부합하는 범주가 되기 때문이다. 다시 말해서 로크의 계약자들이 정부에 대해서 의무를 지게 되는 이유는 단순히 '동의했다'는 사실보다 '동의한' 내용이 자연권 보호라는 도덕적으로 정당화될 수 있는 내용이 되기 때문이다. 이러한 점을 감안한다면, 개인이 민주국가가 아닌 독재국가나 전제국가에 동의했다고 해도, 그 동의가 구속력을 지닌다고 판단하기 어렵다. 독재국가나 전제국가는 이미 도덕적으로 정당화될 수 있는 통치형태가 아니기 때문이다.

둘째로 상기의 논의를 통하여 동의를 했다고 해도 그 동의의 내용이 도덕적인 요구와 배치되는 내용일 경우, 동의행위는 구속력을 지니지 못한다는 점을 지적했지만, 이번에는 그러한 조건을 일부 완화하는 수준에서 동의의 구속력을 약화시키는 논거가 가능하다. 즉 동의한 내용이 비록 도덕적으로 정당화될 수 있다고 해도, 그것이 또 다른 도덕적 고려에 의하여 압도될 수 있는 상황이 존재하기 때문이다. 이 경우 동의를 했다고 해서 문제의 의무가 항상 우선권을 갖게 되는 것이 아니다. 다시 말해서 동의를 했다고 해도 더 중대한 도덕적 사유에 의하여 의무가 면제되는 일이 가능한데, 일상생활에서 이와 같은 사례들은 우리에게 비교적 친숙하다. A는 B와 점심약속을 하고 차로 오는 도중 교통사고를 당해 절박하게 도움을 호소하는 사람 C를 목격하게 되었다. A가 어려운 상황에 빠진 C를 병원에 옮기기 위하여 피치 못하게 B와의 약속을 지키지 못했다면, 약속의 의무는 면제될 수 있지 않겠는가. 혹은 거짓말을 하지 않기로 약속을 했다고 해도 진실한 내용 공표가 국가 공동체에 심각한 해악이 되는 것이 확실하다면, 거짓말을 한다고 해도 도덕적 책임이 면제될 수 있을 것이다. 이러한 맥락에서 이순신 장군은 임진왜란의 마지막 해전에서 왜군의 총탄을 맞아 숨을 거두면서 "자신의 죽음을 알리지 말라"고 유언하였다. 이것은 군인들의 사기에 미칠 파장을 우려한 거짓말로서, 그 도덕적 책임을 물을 수 없다.

이러한 의무감면의 논리는 국가에 대한 복종의 의무에서도 통용될 수 있다고 생각된다. 즉 A는 국가에 대하여 복종하기로 명백한 서약을 했고 국가에 병역의 의무를 수행해야 할 상황이지만, 개인 A의 입장에서 자신의 늙은 어머니를 돌보지 않으면 죽게 되는 상황에서 병역의 의무 이행을 포기하고 늙은 어머니를 봉양한다면, 그의 병역 기피가 정당화될 수 있는 소지가 전혀 없는 것도 아니다. 혹은 병역 기피자로 몰려 처벌을 받는다고 해도 다른 일반적인 병역 기피자와는 구분되어 정상이 참작되는 약한 처벌을 받을 것으로 기대된다. 문제는 이러한 상황이 인정되면 인정될수록, 동의가 정치적 의무 발생에 있어 충분조건으로 작동하기가 어렵다는 사실이다.

세 번째로 '완전절차적 정의'의 관점에서 볼 때 개인의 동의는 비로소 비교적 정의로운 국가에 대해서만 온전하게 성립할 수 있는 것으로 생각된다. 즉 불의한 법, 불의한 국가가 그 자체로 도덕적으로 정당화될 수 있는 현상이 아니라면, 동의를 했다고 해도 그 동의는 무효라고 할 수 있다. 그러나 문제는 이처럼 정의로운 법과 정의로운 국가에 대해서만 동의할 가치가 있다고 할 때, 동의의 대상이 될 수 있는 국가는 그다지 많지 않을 것으로 보여진다는 점이다. 물론 명백히 '불의한 법'과 '불의한 국가'에 대하여 동의의 행위가 효력을 발휘하기 어렵다는 사실에 수긍하기란 그다지 어렵지 않다. 그러나 딜레마는 현실적으로 많은 경우에 정의로운 법과 불의한 법들이 혼재되어 있는 경우가 적지 않다는 사실에서 발생한다. 혹은 헌법은 도덕적으로 허용될 만한 조항들을 다수 포함하고 있는 데 반하여, 하위법, 즉 형법이나 민법에서 도덕적으로 금지될 만한 조항, 예를 들어 여성 차별적인 법 조항들이 발견되는 경우가 그것이다. 이러한 경우 개인 A의 동의행위가 유효한지 혹은 무효인지에 대해서는 쟁점이 아닐 수 없다. 그러나 적어도 상당한 분별력을 지닌 시민 C의 입장에서 자신의 동의가 이 경우에는 해당이 되지 않는다고 판단할 때, 정치적 의무는 당연하다기보다는 적어도 쟁점이 되는 셈이다. 물론 절대 다수가 악법이 아니라고 간주할 경우, 정치적 의무는 유효하다고 볼 수 있겠지만, 동의에 내재한 개인주의적 의미를 살린다면, 소수의 시민들이 제기하는 의문도 심각한 것으로 받아들여야 할 것이다.

이상의 지적들은 결국 동의의 행위가 '순수절차적 정의'의 성격뿐 아니라,

'완전절차적 정의'의 속성을 지닐 수밖에 없음에 초점을 맞춘 것이다. 하지만 '완전절차적 정의'의 속성에 유의할 때, 동의의 행위는 정치적 의무를 산출하는 데 '충분조건'이 아님이 명백하다고 하겠다.

IX. 동의론적 접근의 근본 문제

정치적 의무의 동의론적 접근의 의무론적 특성은 어디에 있는가? 일반적으로 동의론의 핵심은 비정치영역에서 통용되는 규범적 가치들을 근거로 정치영역에서 국가권위에 대한 복종의 문제를 설명하고자 하는 데 있다. 정치적 의무는 도덕적 의무에 '기생적(parasitic)' 개념인 셈이다. 주지하는 바와 같이 그 핵심은 약속과 계약 등에서 발견되고 있는 구속력이다. 그러나 정치적 의무가 도덕적 의무에 대하여 기생적 관계를 맺고 있다는 사실은 동의론의 강점이면서 동시에 아킬레스건이라는 것이 본 연구의 소견이다. '내'가 약속을 했다면, '나'는 약속을 지킬 의무를 갖는 것이고, '내'가 계약을 맺었다면 '나'는 계약을 이행할 의무를 갖는다고 할 수 있다. 이 경우 약속과 계약을 지켜야 할 의무는 물론 '나' 자신이 스스로에게 부과한 도덕적 의무이다.

하지만 약속에 대한 도덕적 의무는 어느 정도로 자명한가? 이 점에 있어 흄의 주장은 시사하는 바가 크다. 흄(D. Hume 1978, 477-84; D. Miller 1981, 60-61)은 '자연적 덕목(natural virtue)'과 '인위적 덕목(artificial virtue)'으로 나누어 접근한다. 자녀를 돌보는 행위나 어려운 이웃을 도와주는 '착한 사마리아인(good Samaritan)'의 행위는 '자연적 덕목'이다. 그러나 사유재산 보호나 약속 지키기에는 그러한 자연적 성향을 찾아 볼 수 없다. 물론 그렇다고 해서 이러한 사유재산 존중이나 약속이행이 바람직하지 않다는 것은 아니다. 다만 이들은 사회생활의 '우연적 장치'에 불과하다는 점을 강조할 뿐이다. 사유재산 존중이나 약속이행은 사회적 신뢰의 일반조건들이 존재할 때 비로소 가능한 도덕의 한 부분인 셈이다. 그렇다면 흄의 입장은 분명하다. 국가의 존재가 약속을 도덕적 관습으로 만드는 데 필요조건이라면, 즉 국가의 역할이 약속이행의 효용을 산출하는 사회적 신뢰의 일반조건들을 만드는 데 있다면, 국가 자체가 제정한 제도에 의하여 국가에 복종해야 할 의무의 근거를 제시할 수는 없는 일이다.

물론 이에 관한 반론도 존재한다. 자연법을 존중하는 로크는 흄의 견해, 즉 약속이란 '사회적 관습(social convention)'이라는 흄의 견해를 받아들이는 것은 아니다. 로크에 의하면, 약속을 지켜야 할 도덕적 이유는 인간의 이성(理性)에 의하여 확인할 수 있다. 즉 약속이행은 흄의 주장과 같이 일종의 '사회적 관습'은 아니다. 여기서 흄과 로크의 견해 중, 누구의 견해가 타당한지에 대해서는 결론을 내릴 필요가 없다고 생각한다. 다만 강조하고자 하는 것은 흄의 견해를 받아들일만한 충분한 이유가 있다고 판단하고, 따라서 약속 지키기를 국가의 존재에 의해서 비로소 실현가능한 '사회적 관습'으로 받아들이는 한, 약속 지키기가 자명한 자연적 의무인지에 대하여 불확실성이 엄존하고 있다는 의미이다.

그런가 하면 약속 지키기가 '자연적 의무'로 성립할 수 있다고 가정해 보자. 이 경우 약속 지키기는 도덕적 의무가 되는 셈이다. 관심의 초점은 도덕적 의무에서부터 정치적 의무, 법적인 의무를 추출하는 접근방식이 적절한가에 있다. '정치적 의무'를 '도덕적 의무'와 유비적 관계로 간주하고 '정치적 의무'를 '도덕적 의무'에서 도출하려고 하는 시도는 정치 영역의 고유성을 평가절하하는 결과를 가져올 가능성이 있다는 점에 주목하고자 한다.

진부한 지적이긴 하나, 정치적 관계는 비정치적 관계와 공통점을 가지고 있지만, 이미 이스튼도 정치를 '가치의 권위적 배분'이라고 규정할 만큼 차이점도 가지고 있다. 정치적 관계는 '권위관계'로서 명령과 복종관계가 두드러진다. 그러나 비정치적 관계에서는 정치영역에서처럼 명령과 복종의 개념이 두드러지는 것은 아니며, 비교적 평등한 관계가 지배적이다. 뿐만 아니라 한 개인에 관한 한, '인간'이라는 측면과 '시민'이라는 측면은 공통점에도 불구하고 상이한 함의를 지니고 있다. "거짓말을 하지 말라," "살인을 하지 말라"는 등 모세의 십계명에서 나타나는 도덕적 의무는 비정치적 영역에서 흔히 받아들여지고 있는 정언적 명제이다. 하지만 정치영역에서는 사형도 집행하며, 때로는 다른 나라와 전쟁도 벌인다. 혹은 클라우제비츠(K. Clausewitz)는 전쟁이란 또 다른 형태의 정치 행위라고 설파하지 않았던가! 물론 정치영역에서도 위증하는 행위나 살인하는 행위를 불법적 행동으로 규정하고 엄격하게 처벌하고 있는 것은 일반적 사실로서 비정치적 영역의 규범과 공통점을 가지고 있다. 그러나 국익을 위하여 다른 나라에 대한 간첩 행위를 고무하고 찬양하는 것이 국가의 규범이 아니겠는가. 따라서 이러한 정치의 비전은 '윤리'와 '정치'는 다르다고 주장하며,[5] '국가이익(national interests)'과 '권력정치(power politics)'를 강조하는 현실주의자들의 견해를 반드시 받아들이지 않더라도, 일반적으로 통용되는 규범이다.

정치적 관계가 비정치적 관계와 동일하지 않다는 점을 감안하면, 국가권위에 복종해야 할 정치적 의무를 도덕적 의무로 접근하려는 발상에는 한계가 있다고 생각된다. 이미 지적한 바와 같이, 도덕적 의무에는 '정언명법'과 같은 절대적 의무도 있고 혹은 '직견적 의무'와 같이 비교적 엄격성이 완화된 의무도 있다. 예를 들어 거짓말을 하지 말라는 준칙을 정언명법으로 접근하여 칸트처럼 어떤 경우에도 거짓말을 해서는 안 된다는 '지상명령'으로 이해할 수도 있는가 하면, 혹은 '직견적 의무'로 해석하여 때로 의사가 암에 걸린 환자에게 거짓말을 할 수 있는 권한으로 해석할 수도 있다. 그러나 명시적 동의로부터 기인하는 국가에 대한 복종의무를 약속을 지켜야 한다는 정언명법이나 '직견적 의무'의 범주로 해석하기에는 걸림돌이 적지 않다. 설사 개인 A가 국가의 법을 지키겠다고 명시적 동의나 준법서약을 했다고 해서, 일상생활에서 자신이 한 약속을 지키는 수준으로 엄격하게 지켜야 한다고 단언하기란 어려운 일이다. 법을 지키겠다고 '명시적 동의'를 한 개인 A도 때에 따라서는 법불복종운동이나, 시민불복종운동에 참여할 수 있지 않겠는가. 혹은 정치인이 공약을 지키는 행위와 사적 시민들이 상호간에 약속을 지키는 행위는 다른 행위로 평가되고 있는 것이 현실이다.[6]

물론 본 연구에서는 국가권위에 대한 복종에 관한 한, 정치적 의무로 접근한다면, 적어도 '직견적 의무'의 성격이 현저하다고 상정하지만, 그렇다고 해도 "약속은 지켜져야 한다"는 준칙에서 기인하는 '직견적 의무'와는 성격이 다르다. 개인 A의 정치적 의무를 '배타적으로' 국가 권위에 대해서 명시적으로 동의했다는 사실에서 추출하기는 어렵기 때문이다. 정치적 복종의 '직견적 의무'가 성립할 수 있다는 주장을 옹호하려면, 동의행위 이외에도 출생사실, 혹은 공

---

5) 물론 공자는 "정치정야(政治正也)"라고 설파하면서, 정치에는 철두철미 윤리가 근본이 되어야 한다는 점을 강조한다. 그러나 이것은 이상(理想)으로서의 정치라는 측면이 강한 것이지, 우리에게 친숙한 정치의 작동양식과는 괴리가 있다.

6) 시민들은 상호간의 위약행위를 매우 엄격하게 단죄하고 비난한다. 그러나 공약을 지키지 않거나 약속을 파기하는 정치인들의 행위에 관한 한, 비교적 관대하다. 이것은 도덕적 의무와 정치적 의무의 차이를 설명해 주는 하나의 경험적 현상이 아닐 수 없다.

공재 혜택, 혹은 시민으로서의 역할 등, 여러 범주에서 나오는 요인들을 복합적으로 고려해야 하기 때문이다. 즉 정치적 의무가 직견적 의무라고 해도, '내'가 동의를 했다는 단일적 사실보다는 "내가 이 땅에 태어났다"는 사실, "내가 협력적 구도로부터 혜택을 향유하고 있다"는 사실, 혹은 "정치 공동체의 구성원으로 살아오고 있다"는 사실 등 다양한 요인에서 근거하는 것으로 간주해야 할 필요가 있다. 이러한 복합적 접근방식은 일찍이 소크라테스가 『크리톤』에서 명시한 입장이기도 하다. 그러므로 정치적 의무를 '내'가 약속을 했기 때문에 지켜야 한다는 도덕적 의무와 연장선상에서 접근하거나, 양자를 동일시하기란 곤란하다고 판단된다.

뿐만 아니라 도덕적 의무와 관련하여 우리는 흔히 보편적인 속성을 떠올린다. 약속을 지켜야 한다는 도덕적 의무를 논의할 때, 문제의 의무는 모든 사람들에게 어느 때나 예외 없이 적용된다는 함의를 갖고 있다. 모세의 십계명은 지역이나 시간을 초월한 보편성을 전제로 하고 있지 않은가? 또한 '자연법'에 대하여 세네카(Seneca)는 '아테네나 로마를 가리지 않고 통용될 수 있는 법'으로 지칭한 바 있는데, 도덕적 의무는 비교적 "영원의 빛 아래에서(sub specie aeternitatis)" 정당화될 수 있는 것으로, 바로 자연법과 같은 성격을 함유하고 있다고 할 것이다. 그러나 정치적 의무는 모든 나라에 일사불란하게 통용되기보다는 구체적인 나라에 특수한 방식으로 통용되는 것이다. 나라마다 법이 다르고 정책이 다르다면, 정치적 의무는 구체적인 국가에 대한 의무를 함의한다. 시민 A가 조국 x에 병역의 의무와 준법의 의무를 지고 있다고 해서, A가 다른 나라 y에 여행할 경우에 같은 강도로 y에 의무를 지고 있는 것은 아니다.

예를 들어 이슬람 국가의 여성들이 차도르를 입고 있다고 해서 이슬람 국가로 여행하는 관광객 여성들이 반드시 차도르를 입어야 하는 것은 아니며, 또한 코란의 가르침을 신봉해야 하는 것도 아니다. 혹은 자유주의자 B가 쿠바를 여행하면서 반드시 국가사회주의 이데올로기를 받아들이며 자유주의자보다 사회주의자로서 걸맞는 행동을 해야 하는 것은 아니다. 이와 같이 정치적 의무가 보편성보다 구체성을 띠고 있음이 분명하다면, 도덕적 의무의 보편성이 그 적절한 모델이 될 수는 없는 일이다. 결국 정치적 의무의 구체성은 국가마다 독특한 법과 정치구조 및 정책들을 지니고 있다는 사실에서 기인하는 만큼, 보편적인 세계국가나 초국가(super-state), 혹은 세계시민을 유의미하게 상정할 수 없는 상황에서 보편적 도덕규범으로 자리잡을 수 없다. 특히 x국가에 대한 의무이행은 적대적 관계에 있는 y국가에 있어서는 반역의 의미를 가지는 경우가 일반적이다. 그러므로 이러한 정치적 의무의 구체성(具體性)과 상충성(相衝性)이야말로 정치적 의무를 도덕적 의무와 호환적으로 접근하는 방식이 온당치 않다는 두 번째의 논거가 될 수 있을 것이다.

그런가 하면 자신이 한 약속을 지키는 의무와 명시적 동의를 통한 정치적 의무를 동일시할 때, 그 의무는 거의 절대적 의무나 혹은 최종적 의무 등, 엄격한 의무가 되게 마련이다. 그러나 정치적 의무를 행위자 자신이 스스로 한 약속을 지키는 의무처럼 엄격하게 받아들인다는 것은 거의 불가능하다. 일반적으로 정치적 의무의 범위와 조건 등은 너무나 포괄적이어서 불명확하다. 실상 국가의 권위에 복종하기로 '명시적 동의'를 했다고 해도 정의로운 법에 대한 복종 행위만을 의미하는지, 혹은 부분적으로 불의한 법도 포함되는지 석연치 않다. 뿐만 아니라 법 준수 이외에도 선거에의 참여, 납세, 혹은 병역의 의무 등까지 포함되는지, 불명확한 점이 너무나 많다. 또한 법에 대한 동의라도 법을 만드는 과정에서의 동의인지, 법의 효력에 대한 동의인지, 혹은 법을 제정하는 입법자에 대한 동의인지도 불명확하다. 이에 비하면 일상생활에서 개인이 한 약속은 비교적 그 조건과 내용이 단순 명료하다. A가 B를 3시에 커피숍에서 만나기로 했다면, 그 조건과 범위는 A와 B가 모두 오해 없이 이해할 수 있을 만큼, 자명하다. 따라서 약속내용에 대한 유권적(有權的) 해석이 필요 없다. 물론 때때로 A가 B에게 한 턱 내기로 한 약속이 1차의 식사대와 음료대접인지, 혹은 3차까지의 술 대접을 포함하는지 불명확하여 법원에서 판단을 구해야 할 경우가 없는 것은 아니겠지만, 이러한 경우는 드문 사례라고 할 수 있다.

이러한 관점에서 볼 때, 국가의 권위에 대한 동의는 결혼에서의 서약과 유사한 측면을 지니고 있다고 하겠다. 결혼에서의 서약은 슬플 때나 기쁠 때나 동고동락(同苦同樂)하겠다는 등 구체적이기보다는 포괄적이며, 다수의 불확실성의 요소들을 포함하고 있기 때문이다. 따라서 결혼생활을 하는 과정에서 서약의 정신과 관련하여 양 당사자 사이에 다툼이 일어나는 일이 빈번하다. 그럼에도 한편으로 국가에 대한 동의와 결혼의미에 대한 동의의 차이는 크다. 즉 때때로 결혼에서 약속과 동의를 취소할 수 있는데, 성격 차이 등이 그 이유가 된다. 이혼이 그것이다. 그러나 국가에 대한 동의에서 동의를 철회한다는 것은 불가능하

다. 동의를 철회한 후 가능한 대안은 무정부주의자가 되거나 아니면 다른 국가
로 이민을 가는 방안인데, 이미 지적한 바와 같이 양자 공히 실현가능한 대안이
아니기 때문이다. 따라서 비교적 그 의미가 구체적이고 자명한 약속의 의무가
그 의미가 포괄적이고 불명확한 정치적 의무의 모델이 된다고 주장하기란 결코
쉬운 일이 아니라고 생각된다.

　그런가 하면 동의론의 장점은 흔히 자발적 의사의 표출에 있다고 지적되어
왔다. 그러나 이러한 동의론의 장점은 엄밀한 의미에서 국가보다는 자발적인 조
직에 해당된다고 하겠다. 자발적 조직에서 개인은 자유로운 존재로 행동하고 참
여한다. 개인의 자유의사는 언제나 존중된다. 원하지 않으면 언제나 탈퇴할 수
있기 때문이다. 이에 반하여 국가의 권위는 강제적 성격이나 최종적 성격을 갖
고 있다. 이러한 국가의 강제적 성격이나 최종적 성격이 두드러지게 나타나는
경우가 형벌권이나 제재권이다. 그러나 국가가 행사하는 형벌권이나 제재권의
핵심은 그것이 관련되는 행위자의 의사에 반한다는 데 있다. 범법자나 무임승차
자의 경우, 국가의 형벌에 동의하고 이를 자발적으로 받아들이는 경우는 별로
없다. 경찰의 체포에 물리적으로 저항하는 범법자의 모습을 우리는 TV나 신문
에서 자주 목격하고 있지 않은가? 그러나 설사 일부 범법자가 개과천선하여 국
가의 제재나 형벌을 기꺼이 받아들일 경우, 그는 형벌에 '동의'했다고 할 수 있
을 것인가. 실상 개인이 형벌에 동의하는 행위란 그 자체로 모순적 행위가 아닐
수 없다. 왜냐하면 형벌이란 개인의 뜻에 반하여 강제되는 것으로서 형벌을 자
발적으로 받아들이는 사람이 있다면, 그것은 엄밀한 의미에서 문제의 개인에게
형벌이 될 수 없기 때문이다. 이 사실은 형벌 가운데 최고의 형벌인 사형제도에
도 통용된다. 자기자신의 사형에 자발적으로 동의할 수 있는 수인(囚人)은 존재
하지 않는다. 생명 유지는 인간이 가진 본능적 요소이기 때문이다. 그러므로 사
형은 항상 개인의 '삶의 의지'에 반하여 혹은 개인의 자유 의지에 반하여 이루
어진다.

　그러나 엄밀한 의미에서 보면 개인의 자유의지에 반하여 이루어지는 것은
비단 사형뿐 아니라, 국가의 모든 처벌과 제재가 이에 해당된다고 볼 수 있겠는
데, 국가의 제재내용과 방식은 형법에 포함되게 마련이다. 결국 상기의 논리가
설득력이 있다면, 법 체계 가운데 형법에 대한 동의는 성립할 수 없거나, 혹은
이른바 '모순어법(oxymoron)'이라는 함의가 노정되는 셈이다. 물론 자발적 조

직에서도 징벌이나 제재는 존재한다. 이 경우 문제의 개인이 자발적 조직의 징벌에 수긍하지 않을 때, 탈퇴하면 그만이다. 즉 회원권 정지 등의 제재를 내릴 때 문제의 개인은 이를 자발적으로 수용할 수도 있고 수용하지 않을 수도 있다. 수용하지 않을 경우, 문제의 자발적 조직을 탈퇴하면 그것으로 그만이다. 그러나 국가의 징벌에 관한 한, 수용하지 않을 재량권이 개인에게 있는 것은 아니다. 결국 동의론에 근거하여 정치적 의무를 정당화할 때, 다른 법조항들에 대한 승복은 수용할 수 있는 여지가 부분적으로 있다고 해도, 형벌을 규정하는 형법에 대한 승복은 거의 불가능하다고 판단된다.

마지막으로 명시적 동의를 통한 의무의 수임(受任)은 자발성을 강조한다. 물론 자발적인 의무의 수임이 일상생활에서 도덕적 의미를 지닐 만큼 유의미한 것이 사실이나, 자발적인 의무의 수임 자체가 일상생활에서 한계점에 부딪치는 경우가 많다. 동의하지 않았다고 해서 물에 빠져 살려달라고 절규하는 사람의 구조 요청을 외면할 수는 없는 것처럼, 비자발적인 의무수임이 비정치적 현실에서 자주 일어난다는 사실을 부인할 수는 없는 일이다. 이에 비하면 정치적 의무는 일반적으로 비자발적인 역할 수임의 성격이 현저하다고 해야 할 것이다. 이미 지적한 바와 같이 국가권위를 받아들이겠다고 명시적 동의를 하는 사람들은 귀화하는 소수의 외국인들이나 혹은 국법준수를 약속하는 대통령 등에 불과하다. 때때로 석방을 원하는 수감자들 정도가 준법서약서에 서명하는 실정이다. 그이외의 대부분의 시민들에게 명시적 동의는 실천 가능한 행위는 아니다. 오히려 일반적으로 정치적 의무는 일정한 영토에서 태어났다는 이유로 부과되고 있다. 이러한 현상은 볼린(S. Wolin 1986)의 견해를 따라 '출생권(birthright)'이라고 규정해야 온당할 듯하다. 특히 미국의 경우처럼 '속지주의(jus solis)'에 따라 시민권을 부여하는 나라도 있다.

그러나 '속지주의(屬地主義, jus solis)'이건 '속인주의(屬人主義, jus sanguinis)'이건, 개인의 동의행위 없이 시민의 정치적 의무가 규정된다면, '선택'보다 '운명'의 의미가 강하다. 이처럼 자신의 뜻과는 관계없이 특정 국가의 지역에 태어나서 시민이 되고 또한 시민으로서의 정치적 의무를 갖는다면, 동의론이 정치적 의무와 관련하여 설명할 수 있는 여지는 결코 큰 것은 아니다. 또한 그것이 현실이다. 대부분의 시민들이 명시적 동의를 하지 않는 상황에서, 약속의 경우처럼 동의를 했기 때문에 정치적 복종의 의무를 수임한다는 주장은 설득력을 지니기 어렵다. 약속을 했기 때문에 약속을 지켜야 한다는 도덕적 명제가 자연적 의무인지에 대해서도 쟁점이다. 또한 약속 지키기를 도덕적 의무로 받아들인다고 해도 정치적 의무의 문제로 전이되기 어렵거니와, 또한 동의를 하지 않는 대부분의 시민들을 감안할 때, 동의론은 '거짓말'의 범주에 가깝다. 그러나 그럼에도 불구하고 동의의 개념은 '거짓말'이기는 하나, '매력적인 거짓말'임을 부인하기는 어렵다.

그렇다면 약속이라는 도덕적 의무에서 정치적 의무를 유추하는 접근방식의 흠결이 적지 않고 또한 그 동의행위조차 별로 이루어지지 않은 현실에서 왜 동의론은 매력적인 것으로 다가오는 것일까?

Ⅹ. 동의행위의 제한된 가치

이제까지의 논의를 통하여 약속의 도덕적 규범이 정치적 의무로 유의미하게 전이될 수 있는가 하는 문제에 강한 의구심을 표명했지만, 동의론은 다른 어떤 이론보다 국가의 권위를 정당화하는 데 강점을 지니고 있다는 사실을 부정하기 어렵다. 일반적으로 동의행위는 정당한 국가권위와 정치적 정당성의 원천이다. 그러나 현대 국가의 시민들이 국가의 권위에 복종할 것을 명시적 동의를 통하여 표시하기란 예외적 경우에 해당될 만큼 현실성이 결여되어 있다. 이처럼 동의행위가 정치권위의 중요한 정당성의 원리로 평가되는 반면, 그 현실적 타당성에 대한 적절한 물증이 없다는 역설(逆說)은 명시적 동의 행위가 정치적 권위에 대한 정당한 근거가 될 수 없다는 점을 반증하는 것이기도 하다. 동의를 하지 않는 시민들이 다수 있을 뿐 아니라, 설령 동의를 한다고 해도 제대로 적법요건을 갖춘 동의는 별로 찾아볼 수 없다. 그러므로 동의의 적용범위는 예상보다 좁다고 할 수 있다.

이러한 점을 감안할 때, 민주주의론자들이 '동의에 의한 정부'에 변함 없는 지지와 열렬한 성원을 보내고 있는 현상은 당혹스러운 현상이 아닐 수 없다. 그렇다면 이러한 지적 경향은 잘못된 것인가? 그렇지는 않다고 생각된다. 동의론에 입각한 국가권위가 온전하게 정당화되기 어렵다고 해서 '시민들의 동의로 이루어진 정부'가 '시민들의 동의 없이 이루어진 정부'보다 더 나을 것이 없다고 강변할 의도는 없다. 시민 개인의 동의행위는 국가권위를 정당화시키는 기능 보다, 혹은 그에 못지않게 중차대한 다른 기능들을 수행하고 있다고 보여지기 때문이다.

이 맥락에서 『농부와 세 아들의 보물찾기』 우화를 상기해 보자. 늙은 농부 는 죽어 가면서 밭에 보물이 있으니, 파서 나누어 가지라고 유언하고 숨을 거둔 다. 농부가 죽은 후 아들들은 보물을 찾기 위하여 사방을 판다. 물론 아들들은 보물을 발견하지 못했다. 그러나 아들들의 지칠 줄 모르는 노동은 결국 지력(地 力)을 증대시켜 이들에게 비교적 윤택한 생활을 보장하게 되었다. 문제의 우화 에서 보물은 시민들의 동의를 상징하는 것으로 볼 수 있다. 시민들의 동의는 아 무리 신중하게 찾아보아도 발견되지 않는 보물이다. 그러나 동의라는 보물찾기 를 계속함으로, 우리는 민주주의에 좋은 결과를 가져오게 되는 일을 부지불식간 에 성취할 수 있는 셈이다.

그렇다면 동의행위가 민주주의에 기여할 수 있는 요소란 무엇일까? 시민들 의 동의는 '민주주의의 질(quality of democracy)'을 제고하는 데 매우 요긴 하다고 생각된다. 이와 관련하여 두 가지 요소를 들 수 있다. 시민들의 동의행위 에서 우선 의사소통기능을 확인할 수 있다. 동의를 통하여 시민들은 자신들이 원하고 있는 바를 정부에 알려준다. 이에 대하여 정부는 자원이 허용하는 한, 정 의의 원리에 위배되지 않는 한, 그리고 도덕성과 합리성에 배치되지 않는 한, 시 민들이 표출하는 욕구와 선호를 충족시킬 의무를 갖고 있다고 말할 수 있다. 이 점에서 우리는 '배부른 돼지'보다 '배부른 소크라테스'가 낫다고 할 수 있으나, 한편 '배고픈 소크라테스'보다는 '배부른 소크라테스'가 낫다는 준칙을 존중할 필요가 있다. 그런가 하면 동의행위는 교육적 기능도 아울러 수행하게 마련이 다. 시민들은 동의하기 전에 관련된 사안들에 대하여 심사숙고할 수밖에 없다. 또한 여러 가지 대안들을 고찰하는 과정에서 상호간에 토론도 하고 판단력을 사용하게 된다. 이러한 토론과 심의활동이 이루어질 때, '심의 민주주의 (deliberative democracy)'는 본격적으로 발전하게 마련이다.

물론 동의의 교육적 기능이나 의사소통적 기능은 한 개인과 다른 사람 사 이에 의무와 헌신, 및 구속의 관계를 만들어 내는 수단으로서 동의의 범주에 '기생적(寄生的)'이라고 할 수 있다. 그 자체로만 놓고 볼 때 이들 기능들은 동 의의 가치를 적절하고 충분하게 설명할 수는 없기 때문이다. 즉 의사소통이나 교육적 기능은 동의행위 이외에 다른 방식으로 충족될 수 있기 때문이다. 예를 들면 밀(J. S. Mill)이 주장했던 '참여 민주주의(participatory democracy)'는 의사소통기능이나 교육적 기능을 보다 원활하게 수행할 수 있을 것이다(서병훈 1995). 혹은 '대의 민주주의(representative democracy)'보다 '직접 민주주의(direct democracy)', '결집 민주주의(aggregative democracy)'보다 '심의 민주주의(deliberative democracy)'가 구체화될 때, 혹은 '다수결 민주주의(majoritarian democracy)'보다 '헌법 민주주의(constitutional democracy)'가 이루어질 때, 혹은 '풀뿌리 민주주의(grassroots democracy)'가 활성화될 때, 상기의 기능들은 보다 온전한 형태로 충족될 수 있을 것이다. 그러나 그럼에도 불구하고 '동의에 의한 정부'가 입헌민주정부를 운영하는 바람직한 방식이라는 점에 있어 그 의미는 결코 과소평가될 수 없다. '동의에 의한 정부'는 단순히 동의행위를 통하여 시민들이 국가의 권위나 정부정책에 복종한다는 의미를 뛰어넘어 시민들의 의사가 정부에 효율적으로 전달되고, 때에 따라서는 정부의 정책에 반론이나 이의도 제기하는 '반론권 보장의 민주주의(contestatory democracy)'를 담보하며,[7] 혹은 시민들이 정치적 사안에 대하여 천착하거나 심사숙고하는 '심의 민주정치'의 가능성을 열어 주기 때문이다.

따라서 동의행위의 핵심적인 규범적 기능, 즉 정치적 복종의 의무를 창출하는 기능에만 배타적으로 천착한다면, 동의론이 발산하고 있는 매력을 충분히 음미할 수는 없을 것이다. 시민 개인의 동의행위를 통하여 구현될 수 있는 기능이 정부 관리들로 하여금 일정한 방식으로 법을 제정하고 정책을 수행할 수 있는 정당한 권한을 부여하는 데 있다면, 더 적은 동의보다 더 많은 동의를 받은 정부, 혹은 유명무실(有名無實)한 동의보다 명실상부(名實相符)한 동의를 확보한 정부야말로 시민들로부터 더 많은 권한을 위임받은 정부라고 할 수 있을 것이다. 그러나 중요한 사실은 권위를 더 많이 가지고 있다고 하여, 그 자체로 바람직한 가치를 창출하는 요소가 된다고 단언할 수 없다는 점이다.

일반적으로 사람들은 경찰이 사설경비원보다 더 많은 '권한'과 '권위'를 갖고 있다고 하여 그 사실 자체만으로 경찰의 활동이 사설경비원의 활동보다

---

7) '반론권 보장의 민주주의(contestatory democracy)'는 '다수결 민주주의(majoritarian democracy)'와 '헌법 민주주의(constitutional democracy)' 사이에 자리매김할 수 있는 민주주의 비전으로, 이에 관한 한, 프티트(P. Pettit 1999)의 논의를 참조할 것.

더욱 더 가치 있다고 평가하지 않는다. 오히려 더 많은 '권한'을 가진 만큼 부패나 비리의 가능성도 클 것으로 우려하는 것이 현실이다. 혹은 경찰청장이 일선 교통경찰보다 더 많은 '권한'을 갖고 있다고 하여, 전자가 후자보다 더 가치 있는 판단과 활동을 한다고 말할 수 없다. 같은 맥락에서 대법원이 하급법원보다 더 많은 '권한'을 갖고 있고 더 커다란 구속력을 갖고 있다고 하여 더 정의로운 판결을 내린다고 단언할 수도 없다. 만일 그렇게 생각한다면, 그것은 지극히 '권위주의적인 발상'에 다름 아닐 것이다. '권한을 적게 가진' 일선 파출소 순경이 '권한을 많이 가진' 경찰청장보다 국리민복(國利民福)과 공익(公益)에 충실히 임할 가능성이나, '권한을 적게 가진' 지방법원이 '권한을 많이 가진' 상급법원보다 훨씬 정의로운, 이른바 '솔로몬의 판결'을 내릴 가능성은 언제나 있다.

특히 '권위주의 국가'의 문제란 '민주국가'보다 훨씬 많은 '권한'을 통치엘리트들이 장악하고 행사하고 있다는 사실에서 기인하는 것이다. 민주국가의 통치자들은 권위주의 국가의 통치자들보다 훨씬 더 적은 권한을 행사하면서도 시민들로부터 더 많은 정당성을 향유하고 있다. 권한을 많이 가진 사람들의 권한 남용 가능성이 크다는 점을 감안한다면, 그 결과 민주주의는 권한을 집중하기보다 권한을 분산하는 삼권분립이나 양원제, 혹은 지방자치제를 채택하고 있다는 사실에 주목한다면, 더 많은 권위의 확보는 결코 능사(能事)가 아니다. 더 많은 권한의 확보가 '다다익선(多多益善)'의 경우처럼, 민주사회에서 절대선이 아니라면, 정치권위의 근거가 되는 시민들의 동의가 불완전하고 부실하다고 해서 동의론의 무효화를 주장할 이유는 없다.

오히려 그보다는 동의의 기능을 평가하는 데 있어 '민주주의의 질(quality of democracy)'에 초점을 맞추는 동의의 이차적 역할에 주목할 필요가 있다. 물론 동의의 일차적 역할이 정치적 권위에 대한 정당화임은 두말 할 나위가 없다. 그러나 일차적 역할에서 동의론이 실패한다고 하더라도, 이차적 역할에서, 즉 '심의 민주주의'나 '반론권 보장의 민주주의' 등 '민주주의의 질'을 제고시키는 문제에서 동의론의 가치가 현저하다면, 분명 동의론은 유의미한 이론임에 틀림없고, 따라서 '동의에 의한 정부'가 '동의에 의하지 않은 정부'보다 가치 있는 정부라는 점도 자명해지리라고 믿어 의심치 않는다.

제 6 장

협력과 국가

제 6 장 협력과 국가

Ⅰ. 예비적 고찰

이번 6장에서는 동의론에 이어, 동의론과는 다르게 비주의주의적 성향을 노정함으로써 개인에게 동의행위를 요구하지 않고 정치적 복종의 의무를 정당화시키는, 의무론적 정당화의 또 다른 유형인 '공정한 협력론(theories of fair play)'에 주목하고자 한다. 공정한 협력론자들은 국가 공동체를 '협력의 자발적 구도'로 간주한다. 그러므로 한 개인이 국가로부터 일정한 혜택을 향유한다면, 다른 시민들이 자발적으로 협력한 결과이므로, 문제의 개인으로서는 자기자신의 몫을 다할 필요가 있다는 명제가 두드러진다. '공정한 협력론'의 커다란 강점은 정치적 복종의 대상이 '위계적(位階的) 실체'로서의 국가가 아니라, '수평적(水平的) 실체'로서 같은 동료 시민들에 대하여 의무를 지고 있다는 점을 부각시키고 있다는 점에 있다. 그러면서도 개인의 동의와 같은 까다로운 절차를 요구하지 않는다는 점이 또 다른 강점이다. 그러므로 국가에 대한 복종행위는 약자의 입장인 '내'가 절대국가에 대하여 지니고 있는 상명하복(上命下服)의 의무라기보다는 동료시민들에 대한 협력의 의무로서, 평등한 민주시민이라면, 충분히 받아들일 만한 '정치적 의무'의 성격으로 전환된다.

그러나 그럼에도 불구하고 '공정한 협력의 원리'가 정치적 의무를 정당화시키는 완벽한 논리로 작용할 수 있는지에 관한 한, 적지 않은 의구심이 존재한다. 적어도 국가로부터 받는 혜택이 '나'에게 상응하는 '의무'를 부과하려면 시몬즈(A. J. Simmons 1979)가 적절하게 지적하고 있는 바와 같이, '내'가 협력적 구도에 자발적으로 참여하거나, 혹은 국가로부터의 혜택을 '수동적으로' 받고 향유하기보다는 '능동적으로' 받아들일 수 있어야 할 것이다. 엄밀한 의미에서 볼 때, 이러한 조건들은 동의론자들이 주장해 온 동의의 요소와 크게 다를 바 없다. 따라서 '내'가 혜택을 '자발적으로' 그리고 '의식적으로' 받아들여야 한다는 사실이 정치적 복종의 의무를 유발시키는 데 있어 '필요조건'이라는 사실을 원칙적으로 인정하는 데 큰 어려움은 없다고 생각한다.

하지만 작은 협력 집단이 아니라, 국가 공동체와 같이 거대한 협력 집단에서 받게 되는 혜택은 '나'를 포함한 모든 사람들에게 개방되게 마련이어서, '수동적으로 받는 행위'와 '능동적으로 받는 행위'를 구분하는 것이 거의 불가능하다. 뿐만 아니라 자기자신은 기여하지 않으면서 국가의 혜택만 보려고 하는 '전략적 비협력자들(strategic noncooperators)'과, 국가의 혜택 자체가 싫어 협력하지 않으려고 하는 '양심적 비협력자들(nonstrategic noncooperators)'을 구분하기란 쉽지 않은 일이다. 또한 자발적으로 기여하려는 '비전략적 협력자들(nonstrategic cooperators)'과 남의 눈총을 의식하면서 기여하려는 '전략적 협력자들(strategic cooperators)'도 분간하기가 거의 불가능하다.

그러나 무엇보다도 가장 중요한 사실은 국가로부터 기인하는 혜택을 '의식적으로' 그리고 '자발적으로' 받아들인다고 하더라도, 그 대가로 국가에 대한 복종처럼, 전인적(全人的)이며 일반적인 복종행위가 요구되는지 의문이 아닐 수 없다는 점이다. 또한 협력적 구도에 기여할 의무를 받아들인다고 하더라도, 그것이 '무조건적'이나 혹은 '직견적으로' 국가에 복종을 하는 행위로 표출되어야 하는지는 불분명하다. 일반적으로 사회에서 작동하고 있는 협력구도에서는 '조건적 협력(conditional cooperation)'이나 '상호적 협력(reciprocal cooperation)'만으로 충분하다. 예를 들어 시장은 하나의 협력적 구도이다. 생산자와 소비자, 판매자와 구매자로 이루어진 협력 공동체라고 할 수 있기 때문이다. 그러나 시장에서 재화를 구매하는 구매자의 경우, 비록 판매자로부터 일정한 혜택과 효용을 얻는 것이 사실이지만, 그렇다고 해서 판매자에 대하여 국가에 대한 복종과 유사한 형태의 복종을 하는 것은 아니지 않은가!

이번 6장에서는 '공정한 협력의 원리'에 대한 일련의 반론(反論)들을 조심스럽게 검토한 다음, '공정한 협력의 원리'를 받아들일 때 구체적인 국가의 법이나 정책에 있어서 구체적인 복종의 의무를 수용하는 데 큰 어려움은 없겠지만, 국가의 법 전체에 대한 '일반적 의무'는 성립하기 어렵다는 점을 강조하고자 한다.

II. 공정한 협력의 기본원리

국가복종에 대한 비주의주의적 성격의 의무론적 논리는 특히 '공정한 협력론'에서 음미할 수 있다. '공정한 협력론자들'이 주목하는 복종의 대상은 비인격적인 실체로서의 국가가 아니라, 동료 시민들이다. 정치적 복종의 의무의 대상이 국가가 아니라, 같은 시민 동료라는 사실은 매력적인 명제가 아닐 수 없다. 실상 '내'가 시민으로서 국가에 복종해야 한다는 것은, 달리 말하면 동료 시민들에게 복종해야 한다는 함의와 불가분하게 연계되어 있다. 국가의 권위란 시민들이 상호간에 동의한 규칙의 구속력에서 기인하는 것이며, 국가란 시민 전체의 협력을 대표하는 기제에 불과하다고 볼 수 있기 때문이다. 왜 '나'는 고속버스표를 사고 영화표를 사는 데 있어 줄을 서고 새치기를 하면 안 되는가. 그것은 경찰이 지키고 있기 때문이 아니라, 같은 동료시민들이 이미 줄을 서서 순번을 기다리고 있기 때문이다. 따라서 시민동료에 대한 복종의 의무는 '공정성의 원리(principle of fairness)'에서 추출해 낼 수 있다. 이와 관련하여 하트(H. Hart)나 롤즈(J. Rawls 1964), 드워킨(R. Dworkin 1978)의 통찰들이 인상적이다. '공정성의 원리'에 의하면, 협력적 구도 안에서 '내'가 일정한 혜택을 받고 있다는 사실은 그 자체로 복종의 의무를 야기하는 데 충분하다. 특히 하트(1955, 131)의 주장을 인용할 필요가 있다.

"다수의 사람들이 일정한 규칙에 의하여 특정한 공동 사업을 수행하면서 자신들의 자유를 제한할 때, 규칙의 요구에 의하여 자유를 제약당한 사람들은 이 '규칙'에 의하여 혜택을 본 사람들에게 이와 비슷한 규칙에 대한 승복을 요구할 권리를 갖고 있다. 법이나 규칙을 보면, 국가의 관리들이 일반시민들에게 복종을 요구할 수 있는 권위를 갖고 있는 것으로 간주할 수도 있다. … 그러나 그러한 상황이라고 하더라도 규칙과 법에 복종해야 할 도덕적 의무는 사회의 협력적 구성원들에게 있는 것이며, 이 사람들이야말로 복종에 상응하는 도덕적 권리를 갖고 있다고 하겠다."

하트는 시민인 '내'가 다른 사람들과 명시적으로나 묵시적으로 협력하기로 동의를 했건 하지 않았건, 시민들의 합의로부터 혜택을 받는다면, 바로 그 사실로 인하여 시민들의 합의에 승복할 의무를 지고 있다고 강조한다. 즉 '내'가 시민 공동체의 협력적 행위로부터 혜택을 받았다는 사실은 '나'에게 시민들의 법과 규칙에 복종하여 '나' 자신의 '공정한 몫'을 수행해야 할 의무를 창출하게 되는 것으로 볼 수 있다. 또한 공동의 사업에서 협력했던 다른 사람들은 '나'에게 '나' 자신의 몫을 이행하라고 요구할 수 있는 정당한 권리를 갖고 있다. 즉 다른 시민들은 '나'의 자유를 제한할 도덕적 정당성을 가지고 있다고 주장할 수 있는 셈이다.

결국 '공정한 협력론'에 의하면, 협력적 구도에 참여하여 그 혜택을 향유하는 사람은 비록 그의 기여가 혜택의 산출에 직접 영향을 끼치지 않는다고 하더라도, 혜택의 생산에 기여해야 한다. 이 원리는 물론 국가에만 적용되는 것이 아니라 작은 규모의 협력적 구도에도 적용된다. 그러나 문제의 원리가 국가에 적용될 경우 '나'는 국가의 권위와 법에 복종할 의무를 갖게 되는 셈인데, 법 복종의 의무는 '나'의 동료 시민들과 정치사회의 다른 구성원들에 대한 의무에서 정당화된다. 동료 시민들과 정치 공동체의 구성원들이 '나'에게 법 복종의무를 부과할 수 있는 것은 자신들의 복종행위를 통하여 '나'로 하여금 정치적 질서의 혜택을 향유하도록 보장해주기 때문이다. 따라서 그들도 '나'에게 복종을 요구하고, '나'도 그들에게 복종을 요구할 수 있는 권리를 보유하게 되는데, 문제의 상호요구는 정치 공동체가 비교적 유의미한 협력적 구도로 간주될 수 있는 한, 유효하다고 하겠다.

그러나 만일 '내'가 살고 있는 정치 공동체가 비교적 의미 있는 협력적 구도로 간주되지 못한다면, 어떻게 될 것인가. 이 경우 '공정한 협력의 원리'는 '나'에게 법 전체에 복종해야 한다는 '일반적 의무'를 부과할 수 없을 것이다. 즉 특정한 법에 복종해야 할 특정한 의무는 정당화될 수 있겠지만, 정치적 복종의 '일반적 의무'는 성립하기 어렵다.

이러한 관점에서 볼 때, '공정한 협력론'이 지니고 있는 매력이란 어떤 것일까? 아마도 세 가지 측면에서 그 강점을 지적할 수 있을 것 같다. 첫째로, 동의론자들의 주장처럼 정치적 의무를 정당화시키는 데 있어 개인의 동의행위가 요구되는 것이 아니라, 정치제도 혹은 정치 공동체 자체의 성격이 공정한지를 점검해야 할 필요가 있다. 이 점에서 '공정한 협력론'은 동의문제를 둘러싼 많은 쟁점들을 해소시킬 수 있는 강점을 갖는다. 따라서 피트킨(H. Pitkin 1972)

이 착안한 '가상적 동의'의 속성을 상기시키는 측면이 있다. 즉 정부나 정치 공동체가 공정하고 정의로우면 개인으로서는 실제로 동의를 하지 않았다고 하더라도 "동의를 해야 한다"는 명제가 성립할 수 있다는 점에서, '명시적 동의'의 조건을 우회해 나간 것이 피트킨의 효과적인 전략이었다면, 공정한 협력론자들도 역시 공정한 협력적 구도를 강조함으로 개인의 명시적 의사 표시의 부담을 피해 나갈 수 있다는 점이다.

두 번째로, '공정한 협력론'은 '내'가 국가에 대한 복종의 의무를 '국가'라고 불리우는 비인격적 실체가 아니라, 정치사회에 더불어 살고 있으며, 협력적 행동을 하고 있는 인격적 존재로서 동료 시민들과 구성원들에 대하여 지니고 있다는 사실을 분명히 하고 있다. 이것은 수직적인 '위계적 조직(hierarchical organization)'으로서 국가에 대한 의무보다, '수평적 조직(horizontal organization)'으로서 국가에 대한 의무를 지칭하는 것으로, 민주사회가 전제하는 평등주의적 가치에 전적으로 부합하는 복종의 개념이라고 할 수 있다. 이러한 특성은 지난 제 5 장에서 주목한 바와 같이, 동의론자들이 주창한 동의론의 강점과 비교될 만한 것으로서, 자유로운 개인이 자신의 자율성을 보존하면서 타자에 대한 구속을 받아들일 수 있는 가장 민주적인 방법이 개인의 동의행위라는 점을 상기할 필요가 있다. 이와 마찬가지로 '공정한 협력론'에서도 동료 시민들 사이의 상호 복종의 의무를 강조함으로 '리바이어던(Leviathan)'과 같은 '위엄(majesty)'을 갖춘 비인격적 존재에 대한 승복이 아니라, 동료 시민들 사이에 암묵적으로 이루어진 상호 약속과 같은 성격을 부각시키고 있다. 따라서 동료 시민들에 대한 의무야말로 민주 공동체에 살고 있는 민주 시민으로서의 '내'가 가질 수 있는 의무의 범주에 적절하게 부합한다고 할 수 있다.

마지막으로 공정한 협력론자들이 개념화하고 있는 정치적 의무는 '공정성'에 대한 가치에 의존하고 있다는 점이다. 물론 공정성에 대한 문제는 다음 제 7 장에서 보다 본격적으로 다루고자 할 내용이다. 하지만 각 개인은 '정의감(sense of justice)'을 지니고 있다는 롤즈(J. Rawls)의 지적을 구태여 상기하지 않더라도, 공정성에 관한 호소는 협력의 의무에 대해 가장 설득력 있고 광범위한 공감(共感)을 불러일으킬 수 있는 가치라고 하겠다. 따라서 국가에 대한 복종행위를 공정성의 원리에 대한 복종행위로 치환할 때, 그 매력은 아무도 저항할 수 없을 만큼, 강력한 규범적 가치가 된다고 할 수 있을 것이다.

Ⅲ. 노직에 의한 반론: 자발적 참여

공정한 협력론자들이 개진하는 협력의 의무에 대한 정당화 논리는 사람들에게 상당한 공감을 불러일으키고 있으나, 그렇다고 해서 이에 대한 비판적 시각이 없는 것은 아니다. '공정한 협력의 원리'에 대한 가장 직접적인 반론은 노직(R. Nozick 1974)으로부터 제기되고 있다. 노직이 파악하는 바에 의하면, 공정한 협력에 대한 원리는 개인에게 일련의 혜택이 공여되었을 때 이 사실로 인하여 개인에게 의무관계가 부과될 수 있다는 단순논리에 입각해 있다. 즉 다른 사람들이 개인 A에게 유형무형의 일련의 혜택을 공여함으로 의무를 강제로 부과할 수 있다는 것이다. 그러나 문제의 원리는 일반적으로 인식되고 있는 의무의 개념과는 다르다는 것이 노직의 입장이다. 노직(1974, 95)은 지적한다. "어떤 사람이 내게 일정한 금액을 그냥 주기로 작정할 수 있다. … 그러나 내가 그 돈을 다른 더 좋은 데 쓸 수 없다고 할지라도, 나로 하여금 특정한 용도에 지불하도록 강요할 수는 없는 일이다."

본 연구에서는 상기 노직의 통찰이야말로 원칙적으로 타당하다고 판단한다. 그러나 '공정한 협력론'을 평가하는 구체적인 맥락에서 노직의 비판이 적절한지는 확실치 않다. '공정한 협력의 원리'는 어떤 사람이 '나'에게 혜택에 해당되는 특정한 일을 해 주었다고 해서, 그 때마다 이에 부응하는 상호적인 행위를 할 것을 '나'에게 요구하는 것은 아니다. 예를 들어 일상생활에서 가끔 목격할 수 있는 바와 같이, 시장상황에서도 강매(強買)상황이 벌어진다. 강매상황이란 위협적인 언사로 일정한 상품을 강제로 팔면서 소비자에게 지불하기를 강요하는 수법으로, 때로는 시내 버스 안에서 시민들이 당하는 일이다. 이 경우 강제로 상품을 떠 안게 된 사람에게 그 물건값을 지불해야 할 '의무'가 발생한다고 볼 수는 없는 일이다. 그러므로 '공정한 협력의 원리'에서 강조하는 협력은 구체적이며 미시적인 '협력적 행위'보다는 거시적인 '협력적 실천'에서 기인하는 혜택이다. 그러나 시장에서의 강매와 같은 상황이 정치영역에서도 일어나고 있다는 것이 노직(1974, 93)의 주장이다. 정치영역에서 산출되는 혜택은 비배제적이고, 따라서 문제의 혜택으로부터 회피하는 것이 불가능하기 때문이다.

"예를 들어 당신과 364명이 살고 있는 어느 마을에서 몇몇 사람들이 공공마이크와 음성장치를 발견하고 마을을 위한 공공 오락프로그램을 운영하기로 결정했다고 생각해 보자. 이들은 매일 한 사람씩 당번을 정하여 이름을 붙여 놓았는데, 당신의 이름도 그 안에 포함되어 있다. 각 개인은 정해진 날에 (물론 날짜는 다른 사람과 쉽게 바꿀 수 있음) 공용 마이크를 사용하여 음반을 돌리고 뉴스도 방송하여 그 동안 자기 자신이 들었던 재미있는 이야기들도 들려주는 등, 여러 가지 오락프로를 운영하게 되어 있다. 이제 각 개인이 이와 같은 일을 한 지 138일이 지나 당신의 차례가 되었다. 그렇다면 당신은 당신의 차례를 지켜 공용 마을방송을 운영할 의무를 지닌다고 생각하는가."

물론 이에 대한 노직의 대답은 단호한 "아니오"인데, 이와 같은 노직의 의견에 대해서 이의를 달기 어렵다. 그러나 노직의 사례를 보면, 하트나 롤즈 등, 공정한 협력의 원리에 매료되어 있는 사람은 이 문제에 대하여 긍정적으로 답변할 수밖에 없다는 점을 강력하게 시사하고 있는 듯하다. 그러나 이상하게 들릴런지 모르지만 공정한 협력론자들도 이 상황에서는 노직과 같은 의견을 가지고 있으리라고 생각된다. '공정한 협력의 원리'를 주장하고 있는 사람들도 이 상황에서 '나'에게 방송 아나운서로서의 몫을 순번에 의해 수행해야 할 의무가 있다고 강변하지는 않을 것이기 때문이다. 물론 어떤 의미에서 보면, 노직이 상기의 사례를 통하여 암시하고 있는 바가 롤즈(J. Rawls 1964)가 '공정한 협력'에 관하여 지적한 내용과 유사한 측면이 없지 않다. "이 원칙은 일정한 사람들이 일련의 규칙에 입각하여 정의롭고 상호간에 유익한 일에 참여하면서 모든 사람들을 위한 이득을 산출하는 데 요구되는 정도로 자신들의 자유를 절제할 때, 이러한 제한에 스스로를 구속시킨 사람들은 그러한 구속으로부터 혜택을 받는 사람들에 대하여 이와 비슷한 구속과 승복을 요구할 권리가 있다. 따라서 이러한 원칙에 의하면 (비록 관련된 개인이 협력을 하겠다는 명시적이고 묵시적인 의사표시를 하지 않았다고 하더라도), 혜택을 받고 있다는 사실이 개인에게 구속력을 행사하는 데 충분하다."

확실히 노직의 주장에서 롤즈가 공정한 협력의 조건으로 제시한 범주에 부합하는 내용이 있음을 일부 인정할 수밖에 없다. 그러나 여기서 관심의 초점은 누가 이 협력의 구도에 자발적으로 참여했는가 하는 문제이다. 두말 할 나위 없이 문제의 방송 기계를 설치하고 방송을 시작한 사람들이야말로 그러한 사업에

'자발적으로' 그리고 '능동적으로' 참여했다고 할 수 있다. 하지만 그들 이외에 누구도 '자발적으로' 참여한 것은 아니며, 따라서 이들 중 누구도 적극적으로 참여하지 않은 다른 사람들에게 순번을 배정할 권리를 갖고 있다고 말할 수 없다.

본 맥락에서 상기의 사례를 우리 농촌 사회에서 이루어지고 있는 '품앗이'나 '두레'와 비교해 보자. '품앗이'나 '두레 공동체'에서 농촌 사람들은 명시적으로, 혹은 암묵적으로나마 상호봉사라는 협력적 구도에 참여할 것에 동의하고 또한 이 구도에서 통용되는 규칙도 받아들이겠다고 수긍한다. 이러한 경우라면 협력의 의무가 성립할 수 있고 또한 당사자인 농민 개인의 의무는 '공정한 협력의 원리'에 부합하는 의무라고 할 수 있을 것이다. 즉 '내'가 다른 이웃 사람들로부터 '나'의 논에 모내기하는 데 도움을 받았다면, '나'도 다른 이웃들이 모내기를 할 때 도와주어야 한다. 그러나 노직의 사례에서처럼, '나'는 마을의 공영방송체제에 명시적으로나 묵시적으로 동의한 것이 아닌데도 불구하고, '내'가 일방적으로 의무를 이행하도록 강요받는다면, 그것은 결코 공정한 일이 아니다.

그러나 그렇다고 해도 노직의 접근방식에 문제가 없는 것은 아니다. 그것은 노직이 공정한 협력론자들의 상정보다 혜택의 향유현상을 훨씬 넓은 의미로 받아들이고 있기 때문이다. 단순히 개인이 어떤 제도의 혜택을 받아들이고 있다는 사실, 혹은 이 혜택을 피할 가능성조차 없는 경우가 있다는 사실 자체가 그 제도의 규칙을 받아들여야 할 의무가 있음을 정당화시키는 것은 아니다. 그보다는 관련된 개인이 어떠한 형식이든 '자발적으로' 참여한다는 의미가 두드러져야 할 것이다. 상기의 공영방송체제에서 그러한 조건이 결여되었다면, '품앗이'나 '두레 공동체'는 바로 그러한 조건들을 충족시키고 있다. 이처럼 자발적 참여가 전제되는 상황에 한하여 '나'는 '나' 자신의 몫을 다할 의무가 있다는 명제가 성립한다고 말할 수 있다. 그렇지 않고 혜택이 '비배제적으로' 주어진다는 사실만으로 '나'에게 협력의 의무가 있다고 강변(強辯)할 수는 없는 일이다. 그러므로 공정한 협력론자들이 의도하고 있는 내용은 '내'가 혜택을 향유하게 되는 어떤 상황에 봉착했을 경우 또한 공공재의 사례처럼 문제의 재화의 혜택으로부터 회피하는 방안이 쉽지 않을 경우, 무조건 이에 기여할 의무나 '나' 자신의 일정한 몫을 수행해야 할 의무를 받아들여야 한다는 점이 아니라, 어떠한 형식이든 '나' 자신의 자발적 참여가 전제될 때, 비로소 협력의 의무가 발생한다는 사실에 있다는 점을 강조하고자 한다.

Ⅳ. 스미스에 의한 반론: 결과론에 입각한 공정성

스미스(M. B. E. Smith 1973)가 '공정한 협력의 원리'에 대하여 제기하는 반론은 혜택의 비배제성에 대한 노직의 견해와는 달리, 공정성의 개념을 보다 적절하게 규정할 것을 주문하는 데 있다. 그의 주장의 핵심은 "한 개인이 복종하는 문제에 따라 혜택이나 손실이 야기되면, 바로 그 경우에 한하여 공정한 협력의 의무가 발생한다"는 점에 있다. 스미스에 의하면, 공정한 협력의 원리는 문제의 협력적 구도의 규모가 작은 나머지 어떤 한 사람이 협력의 규칙에 승복하지 않을 경우, 부정적 결과가 현저하게 나타나는 경우에 적용된다. 그런데 문제의 부정적 결과란 문제의 개인의 무임승차행위가 성공함으로써 다른 구성원들의 신뢰를 저하시키고 따라서 신뢰를 쌓기 위하여 노력하는 다른 구성원들의 선의와 열망을 훼손하게 되는 경우이다. 이러한 경우가 아니라면, 공정한 협력의 원리가 개인에게 적용되지 않는다는 것이 스미스의 견해이다.

이 과정에서 스미스는 혜택과 의무 사이의 일 대 일의 관계를 느슨하게 함으로 '공정성'의 개념을 재정립하고자 시도하고 있다. 하지만 스미스의 논리를 원용할 경우, 시민들의 정치적 의무는 정당화되기 어렵다는 것이 문제이다. 어떤 한 사람의 규칙불복종행위가 자행되었다고 해도 다른 사람들에게 혜택을 박탈하는 것이 아니며, 또한 협력구도를 눈에 띄게 훼손하는 것은 아니라는 논리가 충분히 성립할 수 있기 때문인데, 바로 이러한 상황이야말로 대규모 구성원들로 이루어진 정치 공동체에서 흔히 일어나는 현실이다. 정치 공동체의 대규모 협력상황에서 몇몇 사람의 비협력행위나 무임승차행위는, 마치 구우일모(九牛一毛)의 상황처럼, 전체의 협력구도에 커다란 파장을 일으키는 것은 아니기 때문이다. 이 경우, 스미스의 공정성에 관한 개념을 받아들인다면, 우리는 단순히 공정한 협력론자들의 핵심적 주장을 거부한다는 차원을 넘어서서, 원칙적으로 국가의 법에 복종할 '일반적 의무(general obligation)'를 받아들이기 어렵게 된다. 국가의 법에 복종해야 할 시민의 의무를 인정하게 될 때, 각 개인에게는 전체 공동체에 미치는 파장과 관계 없이 자신의 협력의 몫을 수행해야 할 것이 요구되기 때문이다.

스미스는 이와 관련하여 세 가지의 가상적 상황을 설정한다. 첫째로 A가 규칙을 준수할 때, 그것은 A가 B로부터 받은 혜택에 거의 엇비슷할 정도로 B에게 혜택을 공여하는 결과를 가져오는 상황이 있다. 둘째로 A가 규칙을 준수하지 않을 때 협력의 구도를 훼손함으로써 간접적으로 B에게 해악(害惡)을 끼치는 상황이 가능하다. 다시 말해서 이 상황에서는 B의 중요한 이익이 달려 있는 제도의 효율적인 작동이나 존속을 위협하는 사태가 벌어지기 때문이다. 스미스는 상기의 두 가지 경우에 관한 한, '공정성의 원리'는 A에게 규칙을 준수할 것을 요구한다고 주장한다. 그러나 세 번째의 경우는 A의 규칙일탈행위가 공동체의 협력구도를 훼손하지 않는 경우로서 이러한 공정성의 원리가 적용되지 않는다는 것이 스미스의 견해이다. 즉 이 경우는 A가 단순한 무임승차자로 행동하는 경우이다. A가 특정한 규칙을 준수한다고 해서 B를 특별히 이롭게 하는 것이 아니며, 또한 A가 문제의 규칙을 준수하지 않는다고 해도 정치 공동체의 온전성이 훼손되지는 않을 것이기 때문에, 이 경우에는 '공정성의 원리'가 A에게 규칙에 복종할 것을 요구하는 것은 아니다. 즉 B의 규칙 복종행위로부터 A가 이득을 보았다고 해도, A의 비협력행위로 말미암아 B의 이득이 영향을 받지 않는 상황이라면, A에게 복종을 요구할 권리가 B에게 있다고 말할 수 없다는 것이 스미스의 입장이다.

그러나 이 경우에 있어서 관심의 초점은 스미스의 '공정성'에 대한 개념이 지나치게 '결과론(結果論)'으로 흐르는 나머지 '의무론(義務論)'의 사고를 경시하고 있다는 데 있다. 스미스는 한 개인의 비협력행위가 직접적으로나 간접적으로 다른 사람의 이해관계에 영향을 미치지 않는 한, 불공정하다고 단죄할 수 없음을 암시하고 있기 때문이다. 그러나 이러한 방식으로 '공정성'에 대한 개념화를 시도하는 한, 일반적으로 세금 포탈자 C에 대하여 불공정하다고 비난할 이유가 없고, 병역 기피자 D에 대하여 그의 불공정 행위를 비난할 근거가 없다고 생각된다. 또한 줄서기에 새치기하는 사람 E도 비난할 수 없다. 왜냐하면 이러한 일부 무임승차자들의 비협력 행위에도 불구하고, 조세제도나 병역제도, 혹은 줄서기 관행은 여전히 굳건하게 유지되고 있기 때문이다.

그러나 현실은 스미스의 '공정성'에 대한 개념과는 다르게 움직이고 있다고 보아야 할 것이다. 일반적으로 사람들은 세금 포탈자 C가 국가경제 전체에 미치는 영향이 별로 없거나, 혹은 심각하지 않다고 해도, 그의 세금 포탈 행위에 관한 한, '그 자체로(ipso facto)' 불공정하다고 비난하고 있으며, 병역 기피자 D의 몰염치한 행위를 규탄하고 공직자 F의 병역 기피 행위에 대하여 통탄해 마지않는다. 혹은 새치기하는 사람 E에 대하여 격렬한 성토가 뒤따르는 것이 현실이다. 그러나 스미스의 공정성에 관한 '결과론적' 정의를 받아들이는 한, 개인의 세금포탈 행위는 그것이 국가부도 사태 등과 같이 국가경제에 심각하고 현저한 영향을 미치는 한에 있어서 불공정한 것이며, 그렇지 않다면 불공정하다고 말하기 어렵다. 혹은 병역기피 행위도 사회 전반적으로 퍼져 나가지 않는 한, 너그럽게 처리할 수밖에 없다. 그러나 이러한 행위들은 일반 시민들이 가지고 있는 '정의감(sense of justice)'에 위배되고 있다는 사실이 분명하지 않은가. 시민들은 문제의 무임승차자들을 그 사회적 파급효과(spill-over effect)와 관계없이 '얌체'라고 부르고, 그들의 행위를 '얌체 짓'으로 비하하고 있다.

여기서 스미스가 간과하고 있는 중요한 점은 사람들이 일정한 협력구도에 참여하고 있다면 각 개인은 똑같은 품위를 지닌 목적적 존재로 취급받아야 한다는 '의무론적' 명제가 공정성의 개념 자체에서 나오고 있다는 사실이다. 문제의 '의무론적 공정성'은 특정 개인의 무임승차행위와 관련하여 '나'를 포함한 다수 사람들의 이익이 직접적으로나 간접적으로 영향을 받지 않을 경우에도 해당이 된다고 할 수 있다. 왜냐하면 '나'는 특정 개인의 비협력행위로 말미암아 직접적인 손실을 보지 않거나, 혹시 비협력행위 사실 자체를 모른다고 해도, 결국 부당하게 취급된 셈이기 때문이며, '목적(目的)'보다 '수단(手段)'으로 취급되었기 때문이다.

예를 들어 보자. 백화점에서 가격이 매우 비싼 특정 상품에 대한 선전을 하기 위하여 아침 7시까지 백화점에 온 고객 가운데 선착순으로 다섯 명을 골라 무료로 문제의 상품을 나누어주기로 했다. 이 소식을 듣고 고객 몇천 명이 모여들었다. 그런데 백화점에서는 세 명은 미리 빼돌리고 두 명에게만 상품을 주었다. 그리고 나서 두 명뿐 아니라 다른 모든 사람들에게 이미 상품은 선착순으로 분배되었다고 발표한다. 이 경우 세 명 이외의 몇천 명의 고객들은 그 사실을 모른 채, "내가 늦게 왔나 보다" 하고 포기하면서 아쉬운 발길을 돌린다. 물론 백화점의 불공정 행위는 그 많은 사람들에게 큰 손해를 끼친 것은 아니다. 어차피 선착순 다섯 명밖에 상품을 받을 수 없기 때문이다. 그러나 그럼에도 불구하고 백화점의 세 명을 빼돌린 행위는 '그 자체로' 비열한 불공정행위로 지탄받아 마땅하지 않은가.

엄밀한 의미에서 일정한 혜택을 받으면서 문제의 협력구도에 협력하기를 거부하는 사람들은 경제학도들이 말하는 '외부효과(externality)'의 유무와 관계 없이 '그 자체로(ipso facto)' 불공정하게 행동하는 것이며, 또한 무임승차 행위를 자행한다는 사실자체가 협력적 행동을 하는 다른 시민들을 부당하게 취급하는 것이다. 무임승차자들은 협력의 구도에서 부당한 특혜를 취하며 스스로를 예외로 만들고 있는 사람들이다. 무임승차자들도 물론 다른 사람들은 협력하기를 원하며, 협력의 제도가 유지되기를 원한다. 그렇지만 이들은 스스로 협력의 비용을 부담하고자 하지 않는 사람들이다. 이러한 의미에서 문제의 비협력자들이야말로 센(A. Sen)이 말한 '고립의 역설(isolation paradox)'에 함몰된 사람들이라고 할 수 있다. 무임승차자들은 스스로 특별한 대우를 원할 뿐, 다른 사람들의 협력을 이용함으로 다른 사람들에 대하여 품위와 존엄성을 인정하기를 거부한다. 부버(M. Buber)의 용어를 원용한다면, 이들은 '나와 너와의 만남(I-Thou encounter)'이 이루어야 하는 상황에서도 '나와 그것과의 만남(I-It encounter)'을 강요하고 있기 때문이다.

한편 '의무론적 가치'를 간과하고 있는 스미스의 공정성에 대한 개념에만 문제가 있는 것이 아니다. 개인의 협력과 비협력을 '결과론'의 관점에서 바라보는 스미스의 비전을 일정 수준 받아들일 수 있다고 하더라도, 그의 결과론적 통찰에는 문제가 있다고 보여지기 때문이다. 스미스는 국가에 의해 구체화되는 대규모의 협력적 구도에서는 각 개인의 협력과 비협력 행위를 사소한 것으로 치부한다. 일단 대규모 협력 공동체에서 개인의 협력과 비협력 행위가 사소하다는 스미스의 암묵적 통찰은 받아들일 수 있다. 일반적 상황에서 공동체 전체의 협력에 대한 한 사람의 기여는 사소하게 '보이기' 때문이다. 강조하자면, 이 점은 스미스의 관찰이 비교적 타당하다고 평가받을 수 있는 대목이 아닐 수 없다. 그러나 의문이 있다. 협력 공동체에 대한 개인의 기여가 사소하다면, 어떻게 그러한 기여적 행위들이 모여 커다란 협력적 구도가 이루어질 수 있겠는가? 우리는 "공든 탑도 조그마한 돌로 이루어진 것"임을 알고 있다. 혹은 "티끌모아 태산"이라는 준칙을 상기하고 있으며, "형설(螢雪)의 공(功)"이라는 준칙도 음미하고 있다. 이들 준칙들은 결국 "태산도 티끌로 모아진 것"이고, "다수의 반딧불이 모여 하나의 빛을 이루고" 있음을 시사한다. 뿐만 아니라 각 개인의 협력 공동체에 대한 기여가 사소하다고 해도, 이른바 '드레쉬홀드(threshold)'를 넘는 어느 시점에서는 중요한 기여가 될 수 있다. 예를 들어, 시냇물을 건너는 다리를 만들 때, 아무리 돌을 쌓아놓아도 처음에는 돌무더기에 불과하겠지만, 어느 시점부터 갑자기 버젓한 다리가 우뚝 솟는다.[1]

따라서 스미스가 주장하는 '결과론'에 입각하더라도, 협력 공동체에 대한 각 개인의 기여는 사소한 것처럼 '보이지만', 실제로는 사소한 것이 아니다. 다만 사람들이 중요하고 현저한 현상으로 깨닫고 있지 못할 뿐이다. 바로 이 점이야말로 일부 무임승차자들의 비협력 행위가 협력 공동체 구축에 있어 별 영향이 없다고 너그럽게 용인하기 어려운 부분이다.

결국 '의무론'을 간과하고 있는 공정성의 개념과 '결과론'에 대한 스미스의 편협한 비전을 받아들이면, 대규모의 협력적 구도는 붕괴될 수 없다. 그러나 이 점은 사실이 아니다. 거대한 댐도 조그마한 개미구멍으로 붕괴될 수 있다는 사실을 상기하면, 각 개인이 협력의 구도에 기여할 의무가 있다는 '공정한 협력의 원리'는 유의미하다. 이 점에서 공정한 협력론자들의 주장은 스미스의 반론을 충분히 극복할 만큼 설득력이 있다고 생각된다.

V. 시몬즈에 의한 반론: 의무론에 입각한 공정성

이제까지의 논의를 통하여 '공정한 협력론'에 대한 노직의 비판과 스미스의 비판을 '비판적으로' 다루었다. 그 결과 공정한 협력론자들은 노직의 반론과 스미스의 반론을 비교적 쉽게 극복할 수 있으리라고 보여진다. 이에 비하여 '공정한 협력론'에 대한 시몬즈(A. J. Simmons)의 반론은 보다 근본적인 비판으로서, 경청해야 할 요소들을 다수 내포하고 있다. 이제부터 시몬즈의 입장과 그것이 갖고 있는 매력을 음미해 보자.

무엇보다도 시몬즈는 사회협력론자들이 제시하는 '공정성의 원리'에 의한 복종의 의무가 타당하다는 점을 받아들인다. 그러나 '공정성의 원리'가 정치영역에 원용될 수 있는가 하는 점에서는 회의적이다. 이와 관련하여 시몬즈는 중

---

1) 같은 논리로 커피에 설탕을 타면, 처음에 소량의 설탕은 별로 효과가 없다. 그러나 어느 시점부터 들어가는 설탕은 갑자기 '단 커피'의 효과를 발휘한다.

요한 개념적 구분을 시도함으로써 매우 설득력 있게 반론을 제시하고 있다. 그의 『도덕원리와 정치적 의무(Moral Principles and Political Obligation)』에서 시몬즈는 협력적 구도에서 혜택을 '의식적으로 받아들이는 행위(accepting)'와 별다른 '의식 없이 받아들이는 행위(receiving)'를 구분하고 있다. 시몬즈에 의하면, "협력적 구도의 혜택을 의식적으로 받아들이는 사람은 협력할 의무를 지닌다." 그러나 협력적 구도에서 나오는 혜택을 별다른 의식 없이 '내' 가 받아들인다면, '나'는 '나' 자신의 몫을 수행해야 할 의무를 지고 있는 것은 아니다. 물론 '내'가 자신의 몫을 수행하기로 약속했다면, 경우는 다르겠지만, 그렇지 않다면, '내'가 의무를 지고 있다고 말하기 어렵다. 그렇다면 혜택을 '의식적으로' 받아들인 행위와 '별다른 의식 없이' 혜택을 받아들인 행위와의 차이는 과연 무엇인가?

시몬즈에 의하면, '내'가 국가로부터의 혜택을 '의식적으로' 받아들였다고 말할 수 있다면, 첫째로 그 혜택을 얻기 위해서 노력을 경주한 나머지 결국 문제의 혜택을 얻는 데 성공한 경우와, 둘째로 그 혜택을 '자원해서(willingly)' 그리고 '의식적으로(knowingly)' 받아들였을 경우에 해당된다. 그 전형적 사례로 시몬즈는 두 가지 유형의 경찰보호의 범주를 구분하고 있다. 먼저 첫번째 유형과 관련하여 경찰이 도로를 순찰하며 '범죄와의 전쟁'을 벌이는 과정에서 시민인 '내'가 혜택을 향유한다면, 문제의 혜택은 '열린(open)' 혜택이라고 지칭할 수 있다. 이러한 유형의 혜택을 사양할 수 있는 방법은 경찰 병력이 보호하고 있는 지역을 일부러 떠나는 것이다. 그러나 두 번째 혜택의 유형이라면, 시민인 '내'가 '내' 집을 비울 때 경찰에게 순찰을 철저히 돌고 감시해 줄 것을 요청하는 등 특별한 경찰보호를 요청한다면, 문제의 혜택은 '나'의 '자유의사가 들어 있는(readily available)' 혜택인 셈이다. 그러한 혜택의 경우, '내'가 원하지 않는다면, 경찰보호 요청을 하지 않는 것으로 충분하기 때문에 문제의 혜택의 포기는 용이한 셈이다. 그렇다면 '나'의 '자유의사가 들어 있는' 혜택을 향유할 수 있기 위해서는 문제의 혜택을 얻기 위한 특별한 노력이 요구된다. 또한 '나'는 문제의 혜택이 협력적 구도의 산물이라는 사실을 인식할 필요가 있다.

따라서 '공정성의 원리'는 시민들이 그들의 '자유의사가 들어 있는' 혜택을 얻게 될 때 비로소 적용된다고 생각해 볼 수 있다. 다시 말해서 특별한 경찰보호를 요청한 사람은 그 혜택을 향유하는 과정에서 문제의 혜택을 '기꺼이'

그리고 '의식적으로' 받아들인다. 그러나 이러한 현상은 '열린' 혜택이라고 할수 있는 정상적인 경찰의 치안활동 분야에서는 그다지 명백하지 않다. 경찰의치안활동은 '내'가 원하건, 원하지 않건, 모든 시민들에게 영향이 미치기 때문에, '나'로서는 문제의 혜택을 향유하고자 특별히 '노력'했다고 말할 수 있는부분이 별로 없기 때문이다. 물론 다른 '열린' 혜택의 경우도 마찬가지이다. 뿐만 아니라 '열린' 혜택이 협력적 구도에 의해서 제공된다는 사실을 인지하는데 '내'가 실패하거나, 혹은 혜택을 인지했다고 하더라도 문제의 혜택이 '나'자신이 지불한 비용에 상응할 만큼의 가치는 없다고 판단했을 경우, '내'가 국가의 혜택을 '기꺼이' 그리고 '의식적으로' 받아들였다고 단정할 수는 없는 노릇이다. 따라서 하트의 논거와는 달리, '열린' 혜택을 산출하는 협력적 구도에참여하는 시민들이 자신들의 협력 행위로부터 혜택을 보는 다른 시민들에게 혜택에 상응하는 비용과 부담을 요구할 권리가 항상 있다고 주장할 수는 없다는것이 시몬즈의 입장이다.

그렇다면 정치 공동체처럼 대규모의 사회협력적 구도의 문제에 봉착했을때, 동료 시민들에 대한 도덕적인 복종의 의무가 성립하는가 하는 것이 관심의초점이다. 일단 '공정성의 원리'에 주목할 때, 작은 규모의 협력 구도와 마찬가지로 대규모의 협력 구도에서 시민들은 자신의 몫을 다하고 무임승차자로 행동할 것을 자제해야 한다고 할 수 있다. 정치 공동체에 관한 한, '공정성의 원리'는 협력의 구도에 속하는 행위 범주에 해당되는 모든 사안들과 관련되기 때문이다. 그러나 엄밀한 의미에서 볼 때, 시민들은 비록 정치 공동체 안에서 '태어나지만', 그들이 시몬즈가 강조하는 의식적 범주에서 이 '공동체의 명실상부한참여자'인지는 분명치 않다. 실제로 특정 협력적 구도나 제도의 참여자들이나구성원들은 문제의 협력적 구도로부터 혜택을 '의식적'으로 향유하는 사람들이라는 시몬즈의 기준을 적용하면, 시민들 가운데 과연 어느 정도의 사람들이 '참여자'로서의 자격을 갖추고 있는지 가늠하기 어렵기 때문이다.

일반적으로 대부분의 시민들은 법적·정치적 제도가 작동함으로 비롯되어나오는 다수의 혜택들을 별다른 의식 없이 향유하고 있다. 이들 혜택들은 결국'공공재'의 혜택이기 때문이다. 시민들 가운데 누가 포장된 국도를 운전해 가면서 그 국도가 시민들의 세금으로 이루어진 협력적 구도의 산물임을 깨닫겠는가! 시민들 가운데 누가 수돗물을 쓰거나, 나무가 우거진 산에 오르거나 혹은 1

급수의 강물을 보면서, 혹은 깨끗한 공중화장실을 사용하면서, 이것이 시민들이 일구어낸 협력의 결과라고 인지하겠는가! 오히려 국가의 선심성 공약의 결과라거나, 힘있는 지역구 국회의원이 중앙부처에서 예산을 따온 결과, 혹은 공익요원들이 철저하게 강이나 산림을 감시한 결과라고 치부하는 것이 보편적 경향이다.

공공재의 상황에서 시민들이 공공재의 혜택을 의식적으로 받아들였다고 단언하기란 힘들다. 일반적으로 공공재의 사용은 이른바 '경제재(economic goods)'보다는 '무상재(free goods)'로 인식되고 있기 때문에, 시민들로서는 '의식적으로' 향유하고 있는 것은 아니다. 따라서 법의 지배나, 치안유지, 고속도로, 맑은 강물, 푸른 산 등, 민주 국가에서 향유할 수 있는 상당수의 유의미한 재화들이 '열린' 범주에 속하는 혜택이 아니겠는가! 공공재의 '열린 혜택'을 의도적으로 받아들였다는 명제가 성립하기 위해서는 시민들로서는 자기자신들이 향유하는 편익과 혜택에 대하여 각별한 태도와 신념을 가져야 할 것이 요구된다. 이것은 마치 우리가 밥을 먹을 때, 쌀 한 톨, 한 톨에 농민들의 피와 땀이 배어 있다는 사실을 깨달아야 한다는 점과 유사하다. 혹은 농민들이 농사일을 하지 않으면, 도시민들은 굶어 죽을 수밖에 없다는 사실을 깨달아야 한다. 그러나 이른바 '밥상머리 교육'이 실종된 상황에서, 우리가 매일 먹는 쌀밥과 농민들의 노고를 연계시키는 발상(發想)이란 얼마나 힘든 일인가?

이러한 관점에서 한 사회에서 순조롭게 작동되고 있는 많은 제도들은 정부로부터 일방적으로 주어진 것이 아니라, 시민들 사이의 협력의 구도임을 보다 적절하게 조명할 필요가 있다. 의료보험제도나 연금보험제도는 정부의 선심성 복지제도의 결과가 아니라, 시민들 사이에 이루어진 협력적 구도(cooperative venture)의 산물이다. 또한 위천공단 문제가 해결된다면, 대구 시민과 부산 시민들이 상호 양보 정신에 입각하여 일구어 낸 협력의 결실이다. 확실히 의료보험제도나 연금보험제도, 혹은 위천공단의 경우를 볼 때, 시민들이 문제의 혜택을 '의식적으로' 향유하기 위해서는 그 혜택이 공짜로 주어지기보다 협력적 구도의 결과로 나타난 것으로 간주하는 것이 온당하다. 뿐만 아니라 '의식적으로' 받아들인 편익(便益)이나 혜택(惠澤)이 되려면, 문제의 혜택을 위해 지불한 비용의 가치와 비교적 부합한다는 판단이 이루어져야 할 것이다. 그것은 다시 말해 문제의 혜택을 향유할 것인가, 말 것인가 하는 선택이 주어졌다면, 문제의 혜택을 향유하는 과정에서 불가피하게 따르는 비용과 부담도 아울러 받아들일 수 있어야 한다는 점을 의미한다. 그러나 다수의 시민들이 공공재의 혜택과 관련하여 그것이 협력적 구도의 산물이라는 사실을 직시하지 못한 나머지, 자기자신의 몫을 다해야 하겠다는 결의를 다지고 있지 못한 것이 현실이다. 특히 의약분쟁이나 한의학분쟁 혹은 위천공단 분쟁처럼 당사자들의 이해관계가 첨예하게 대립하여 정치·사회적 쟁점으로 비화하지 않는 한, 시민들로서는 자기자신들이 향유하는 많은 재화를 국가에 의해 일방적으로 공여되는 '공짜' 재화로 치부할 뿐, 시민들 사이의 협력의 결과임을 인식하기도 쉽지 않은 일이다.

　같은 맥락에서 많은 저소득층 시민들은 자기자신들이 받는 복지제도나 사회 안전망의 혜택이 고소득층이나 중산층의 협력적 기여로 말미암아 가능해진다는 사실을 깨닫고 있지 못하는 실정이다. 이것은 때때로 도시 사람들이 밥을 먹을 때 쌀 한 톨에도 농민들의 노고가 깃들여져 있다는 사실을 망각하고 자신의 경제적 능력으로 밥을 먹게 되었다고 치부하고 있는 사실과 더불어 유감스러운 일이 아닐 수 없다. 뿐만 아니라 자주 발생하는 공무원들의 비리와 직무유기, 부정부패를 목격하면서 자기 자신이 받는 혜택이 자신이 지불한 세금이나 노력에 비하여 현저하게 떨어진다고 생각하는 시민들도 적지 않다. 이처럼 '나'의 입장에서 '나' 자신이 받는 혜택이 정부로부터 받는 것에 불과할 뿐, 일반 동료 시민들의 협력과 기여에 의해서 가능하다는 사실을 깨닫기 어려운 현상의 이면에는 국가의 귀책사유(歸責事由)도 적지 않다. 특히 선거 때가 가까워 정부가 유권자의 표를 의식하여 한꺼번에 쏟아내는 엄청난 선심성 공약을 보면, 정책적 혜택은 일반 동료 시민들의 헌신과 기여로부터 비롯된다기보다 '정부로부터 받는 시혜'라는 사고방식에 함몰되기가 너무나 쉽기 때문이다.

　이러한 사실에 주목할 때, 적지 않은 시민들이 시몬즈가 분류한 두 가지 범주 가운데 하나의 범주에 해당된다는 점을 인정하지 않을 수 없다. 한 부류의 시민들은 자기자신들에게 주어지는 편익과 혜택에 부담과 책임이 따른다는 사실을 인식하지 못한 채 혜택을 향유하고 있기 때문에 국가의 '혜택'을 '의도적으로' 받아들이고 있지 못한 셈이며, 또 다른 부류의 시민들은 국가의 혜택을 시민들 사이의 협력적 구도의 결과로 인식하고 있지 못하기 때문에 국가의 '혜택'을 '의도적으로' 받아들이고 있지 못한 셈이다. 따라서 시민들의 일반적 태도에 관한 이러한 시몬즈의 관찰이 크게 잘못되었다고 지적할 만한 근거가 별로 없다면, 대부분의 시민들이 협력적 구도 구축에 따르는 공정성의 원리에 의해 도덕적 의무를 지고 있다는 하트나 롤즈의 견해는 설득력을 지니고 있다고 평가하기 어렵다. 강조하자면, 협력적 구도 하에서 시민들이 또 다른 시민들에 대하여 의무를 지고 있다는 사실은 대부분의 시민들이 협력의 과실을 별다른 의식 없이 향유하고 있다는 점을 감안할 때, 불확실성을 내포하고 있는 셈이다.

Ⅵ. 시몬즈의 반론에 대한 반론: 의무론과 결과론을 내포 한 공정성

전 항의 논의에서 지적한 바와 같이, 시몬즈는 '공정한 협력의 원리' 자체 를 거부하는 것은 아니다. 시몬즈는 스미스처럼, '공정한 협력의 원리' 자체는 받아들이나, 그 원리가 정치적 맥락에서 유의미하게 원용될 수 있는가 하는 점 에 의구심을 표명하고 있다. 그러나 우리는 시몬즈의 접근방식에 대하여 일정 수준 설득력이 있음을 인정하면서도, 그에 못지않게 약점을 지니고 있다는 점에 주목할 필요가 있다. 시몬즈의 문제 제기에 관한 한, 경험적 차원과 개념적 차원 에서 하자가 있다고 판단되기 때문이다. 경험적 차원에서 볼 때, 사람들이 오히 려 시몬즈가 제시한 두 가지 조건들 가운데 적어도 한 가지 조건이라도 충족시 키는 경우가 적지 않다는 점을 강조할 여지는 생각보다 넓다. 개념적 차원에서 는 "의식적으로 받는다(accept)"와 "무의식적으로 받는다(receive)"는 표현에 서 나타나는 것처럼, '의식성(意識性)'을 '자발성(自發性)'과 연계시키려는 시 몬즈의 시도가 의미 없는 것은 아니나, '자발성'이나 '책임성(責任性)'은 '의식 성'이나 '의도성(意圖性)'을 넘어, 의식치 못한 결과에 대해서까지 원용될 수 있 다는 점을 지적하고자 한다. 이것은 인간의 '자발성'이나 '책임성'의 개념이 유 의미하려면, 동기에 주력하는 '의무론'뿐만 아니라 결과를 중시하는 '결과론'까 지 포함해야 한다는 함의를 지니고 있음을 의미한다고 하겠다.

무엇보다도 시몬즈는 혜택을 받아들이는 데 있어 두 가지 조건 가운데 적 어도 하나를 충족시키는 데 대부분의 시민들이 실패하고 있는 것이 현실이라고 주장한다. 그러나 이에 대하여 본 연구에서는 시몬즈가 주장하는 것보다 훨씬 더 많은 사람들이 그가 제시한 두 가지 조건 중에 하나를 받아들이거나, 혹은 두 가지 모두를 받아들이고 있는 것이 현실임을 강조하고자 한다. 우리 한국사회에 주목해 보자. 한국이 권위주의 시대를 지나 민주화가 된 이후, 법치국가(法治國家)를 지향하고 있는 상황에서 하트나 시몬즈가 정의한 '협력적인 정치질서'에 비교적 부합된다고 평가한다면, 그다지 잘못된 평가는 아닐 것이다. 그런데 이 상황에서 많은 사람들이 법치국가에 의해 공여되는 가능한 혜택을 '의식적으로' 얻으려고 노력하고 있고, 또한 그 노력에서 일정한 성과를 거두는 사람들이 적지 않다고 할 수 있다. 예를 들면 민사나 형사 사건을 막론하고 자기자신의 신상이나 재산에 관련된 문제들을 법원에 호소함으로 법원으로부터 심리를 받는 사람들은 말할 것도 없고, 정부가 발주하는 각종 공사나 사업에 참여하는 업체들, 혹은 국가가 발급하는 KS 마크나 혹은 각종 인증서를 따고자 노력하는 사람은 얼마나 많은가! 뿐만 아니라 결혼신고를 하는 사람들, 혹은 사망신고를 하는 사람들을 비롯하여 취학아동 자녀를 초등학교에 들여보내겠다고 절차를 밟는 학부모들, 혹은 정부가 인정하는 학점 인증제를 통하여 학사 자격을 따려고 하는 사람들, 혹은 정부가 운영하는 직업 훈련원에 참여하는 사람들은 모두 국가의 혜택을 '의식적으로' 향유하고자 노력하는 사람들이다. 그 밖에 헌법소원을 내는 개인이나 단체, 혹은 인권보호법이나 부정부패방지법 제정을 청원하는 시민 단체들이나 이에 가두서명하는 시민들도 모두 이 범주에 속한다. 혹은 동성동본 금혼이나 남성위주의 호주제도에 반대하여 법원의 판단을 구하는 여성단체들이나, 장애인특별법 제정을 호소하는 장애인 집단도 마찬가지이다.

이러한 현상들이 경험적으로 부인할 수 없는 사실이라면, 시몬즈가 믿고 있는 것보다 훨씬 많은 수의 사람들이 법치국가로부터 기인하는 혜택을 받아들이는 과정에서 그 두 가지 조건을 충족시키고 있는 것으로 볼 수 있다. 물론 시민들이 언제나 국가로부터 기인하는 혜택을 '의식적으로' 향유하고 있는 것은 아니며, 이 점에서 '의식 없이' 혹은 '무의식적으로' 국가의 혜택을 향유하는 경우도 적지 않다. 따라서 이러한 상황을 감안할 때, 다만 본 연구의 주장은 국가의 혜택을 '의식적으로' 향유하는 시민들의 경우가 '무의식적으로' 국가의 혜택을 받는 경우 못지않게 많다는 사실을 지적하는 데 그 목적이 있다. 물론 이에 대하여 시몬즈는 문제의 사례들은 자기 자신이 제시한 사례에 해당되지 않는다고 반론을 제기할 가능성도 없지 않다. 왜냐하면 시몬즈는 협력적 행위에 대한 논의 과정에서 "믿음과 태도"에 대해 상당한 주안점을 두고 있기 때문이다.

"협력에 대한 의식이 존재하지 않는 상황에서 어떠한 공동계획이나 공동목표, 혹은 협력적 구도도 존재하지 않는다. 우리 중에 많은 사람들이 우리의 정치생활을 우리 공동의 운명을 개선하고자 하는 목표를 위하여 협동을 하며 희생을 하는 과정으로 간주하고 있다는 점을 솔직하게 말할 수 없을 것이다. 정부의 중앙집중적 성격과 외현상의 독립성이야말로 정치 생활을 이러한 방식으로 간주하는 것을 불가능하게끔 만들고 있기 때문이다."

그러나 상기 시몬즈의 주장을 치밀하게 검토해 보면, 타당한 점도 있고 부당한 점도 발견된다. 물론 정치 공동체의 많은 구성원들이 자기 자신을 협력적인 정치 구도에 적극적으로 참여하는 참여자로 체감(體感)하고 있다고는 말할 수 없다. 이 점에서 시몬즈의 지적은 타당하다. 그러나 참여자의 위상을 체감하고 있지 못하다고 해서 시민들이 정치 공동체의 협력적 구도에 참여하고 있는 것은 아니라는 단정적 주장은 온당치 않다고 생각된다. 물론 '내'가 참여하는 집단의 규모가 조그마하다면, 예를 들어 몇 사람들이 친목계를 만들어 운영하고 있는 상황이라면, '나' 자신이 협력 구도에 참여하고 있다는 사실을 모른 채, 혜택을 누린다고 말할 수는 없을 것이다. 혹은 조그마한 대학의 바둑 동아리 모임의 회원이라면, '나' 자신이 동아리 모임의 구성원이라는 사실을 자주 자각하며 참여할 것이다.

그러나 참여하고 있는 집단이 작은 규모가 아니라면, 어떻게 될 것인가? 협력적 집단의 규모가 크면 클수록, 협력의 규칙은 개인적으로 체감하는 규칙이 되기보다는 형식적인 것이 되고 구성원들은 상호간에 친밀감을 만끽하지 못하게 될 가능성이 농후하다. 이것은 작은 협력 집단과 큰 협력 집단의 차이로서, 대학생 개인의 입장에서 자기 자신이 속한 학과와 학년에서 비교적 친밀감을 느끼는 반면, 대학 내의 다른 학과와 학년들 사이에서 비교적 형식적인 관계를 유지하게 되는 현상과 유사하다. 결국 협력집단의 규모가 크면, 협력이 이루어지고 있음을 체감하거나 관찰하기는 힘들다. 또한 이 사실은 다수의 사회학도나 인지 심리학도들이 주장해 온 내용이기도 하다.

그러나 그렇다고 해서, 즉 개인이 참여사실을 속속들이 느끼지 못한다고 해서, 협력에 문제가 생겼다고 단언할 필요는 없다. 실상 대규모의 협력집단이라면 —— 그것이 기업이건, 학교이건, 혹은 도시이건 —— 많은 사람들이 자기 자신이 하고 있는 일이 무엇인지 모르면서도 상호간에 공동협력 프로젝트에 참여하고 있는 경우가 허다하다. 이 점에서 아담 스미스의 '보이지 않는 손(invisible hand)'에 대한 지적은 타당하다. 즉 빵 가게의 주인은 돈을 벌기 위하여 빵을 팔면서 그 과정에서 배가 고파하는 사람의 기본 욕구를 충족시킨다. 그러나 그럼에도 불구하고 빵 가게 주인은 그 사실을 인식하고 있지 못하다. 하지만 이 상황이 상호협력의 시장상황임은 분명하지 않은가!

그런가 하면 시몬즈가 제시한 두 번째 조건은 어떠한가? 시몬즈에 의하면, 시민들이 소정의 혜택을 인지하면서 '자의적으로' 받아들여야 한다는 것이 공정한 협력의 조건이다. 그러나 이 조건도 시몬즈가 주장하는 것처럼, 그렇게 의미 있는 것은 아니라고 생각된다. 물론 전항에서 지적한 바와 같이 사람들은 살아가면서 자기자신이 체험하는 편익들이 다른 사람들과의 협력에서 나오는 혜택인지 모르고 받아들이고 있는 경우가 적지 않다. 예를 들면 자동차를 운전하면서 다른 사람들이 도로나 신호등, 가로수 혹은 보도블록 등을 만들고 유지하는 데 도움을 주고 있는지를 망각하고 있는 경우가 그와 같은 경우이다. 혹은 환경미화원 아저씨들의 노고를 의식하지 못한 경우도 같은 경우이며, 그 이외에도 전 항목에서 논의한 많은 사례들은 이에 해당한다.

하지만 '내'가 이 사실들이나 이 혜택들에 대하여 곰곰이 생각하거나 깨닫고 있지 못하다고 하여, 문제의 혜택들을 '자발적으로' 받아들이고 있는 것이 아니라는 반증이 성립된다고는 볼 수 없다. 즉 혜택을 '무의식적으로' 받아들이고 있다고 하여 이 혜택들을 그냥 향유하는 것일 뿐, '자의적으로' 받아들이고 있는 것은 아니라고 단언할 이유는 없다. 또한 더욱 중요한 사실은 '무의식적으로' 혜택을 받아들인다고 하여 의무가 생기지 않다고 말할 수 없다는 점이다. 이 점에 있어 클로스코(G. Klosko 1992)의 반론은 매우 시사적이다. 개인자신이 받는 혜택에 대한 의무에 관한 한, 의식적인 접수나 향유가 반드시 필요한 것은 아니라는 것이 그의 의견이다. 정치질서를 포함하여 일정한 조건하에서 "혜택을 단순히 받는 것만으로 정치적 의무가 부과될 수 있기 때문이다." 클로스코에 의하면, 비배제적 협력의 구도가 첫째로 재화들을 생산하는 데 있어 수혜자들의 노력에 상응하는 재화들을 생산하거나, 둘째로 사람들에게 혜택을 줄 것으로 추정되는 재화를 생산하고, 세 번째로 혜택과 부담이 공정하게 배분되는 재화를 생산했다면, 공정성의 원리는 비배제적 협력의 구도에 기여할 강력한 의무를 야기할 수 있다. 특히 여기서 클로스코가 안출해 낸 '추정적 혜택(presumptive benefits)'의 개념에 유의하면, 법질서나 안보와 같은 재화는 모든 사람이 원할 수밖에 없는 재화로서, 만일 그러한 것을 '의식적으로' 받아들일 수 있는 방안이 존재한다면, 사람들이 받아들일 만한 재화라고 말할 수 있는 셈이다. 그러므로 이러한 재화들에 있어 반드시 수혜자들의 자의식(自意識)이 요구되는 것은 아니다.[2]

그러나 물론 시몬즈에 대한 클로스코의 반론이 완전한 것은 아니다. 예를 들어 '안보재'와 같이 모든 사람들이 원할 수밖에 없는 재화라고 해도, 엄밀한 의미에서 사람들이 과연 '현재의 가격'으로 문제의 재화를 원하고 있는지, 혹은 반드시 국가로부터 공여되는 혜택을 원하고 있는지 의문을 제기할 수 있다. 특히 이러한 재화를 제공할 수 있는 것이 국가뿐 아니라 시장 메커니즘이나 자경단(自警團)처럼, 자발적 조직인 경우, 이러한 질문은 유의미하고, 또한 이 경우 사람들이 '합리적 선택(rational choice)'을 할 수 있는 방안이 보장되어야 할 것이다.

이처럼 시몬즈의 접근방식이 일정 수준에서 의미를 가질 수 있음이 분명하지만, 본 맥락에서 문제를 삼고자 하는 부분은 사람들이 '의식적으로' 혜택을 받아들여야 비로소 책임과 의무가 발생하며, '무의식적으로' 혜택을 향유한다면, 책임과 의무가 야기되지 않는다는 주장이다. 특히 시몬즈는 혜택을 받기를 거부하거나 회피할 수 있는 방안이 없었다면, 혜택을 '자발적으로' 그리고 '의식적으로' 받아들일 수 없었음을 반증한다고 주장한다. 그러나 여기서 '자의성'이나 '자발성'과 관련하여 혜택을 거부하거나 회피할 수 없었다는 사실은 그다지 명쾌한 기준은 아니라고 판단된다. 어떤 혜택에 대해서 피할 수 없었다고 하여 그 혜택을 '비자발적으로(unwillingly)' 혹은 '억지로(involuntarily)' 받았다고 치부할 수는 없기 때문이다. 문제의 기준은 사회생활에서 일상적으로 통용되고 있는 관행(慣行)에도 맞지 않을뿐더러, 또한 정치 공동체로부터 기인하는 혜택의 성격을 적절하게 파악하는 데 걸림돌이 된다.

무엇보다 우리는 '비자발적으로' 혹은 '억지로'의 표현과 의미를 해석하는 데 신중해야 할 필요가 있다. '나'는 친구의 집에 갔을 때 친구의 어머니로부터

---

2) 이러한 범주에 속하는 재화들은 '안보재'뿐만 아니라 '복지재'도 포함될 수 있다고 생각된다. 결식아동에 관한 점심제공 혹은 청소년학생들에 대한 의무교육 등이 그러하다.

밥을 먹으라는 '강권(强勸)'을 받는다. '내'가 친구 어머니의 밥 먹으라는 성화에 못 이겨 밥을 먹었다면, 그것은 '억지로' 먹은 것인가? 이 경우 '나'는 내심으로 배가 고팠던 차라 쾌재를 부르며 강권을 못 이기는 척하고 밥을 먹을 수 있다. 이 경우에는 "불감청(不敢請)일지언정, 고소원(固所願)"이라는 준칙이 적합할 듯하다.

그러나 정작 심각한 문제는 '나'는 배가 불러 밥이 전혀 먹고 싶지 않았는데, 친구 어머니의 강권에 못 이기어 밥을 먹고 배탈이 난 경우이다. 이 경우의 책임소재는 누구에게 있는가? '나'의 책임인가 혹은 '친구 어머니'의 책임인가. 이러한 상황이라면, '나'의 책임이 분명하다고 할 수 있다. 실상 책임과 의무 문제에 관한 한, 자발성과 비자발성은 명백히 대비되는 개념은 아니다. 그것은 유비적으로 표현하여 사랑의 반대가 '미움'이 아니라, '무관심'이라는 점과 비교될 수 있다. 사람들이 수행하고 있는 행위와 관련하여 자발성과 비자발성의 이분법적 개념에 지나치게 의존한다면, 책임과 의무의 개념을 유의미하게 논의하기 어렵다. 이른바 "자의반(自意半), 타의반(他意半)"이라는 표현에도 불구하고 혹은 '억지 춘향'이라는 준칙에도 불구하고, 일단 자기 자신이 한 일이라면, 알았던, 몰랐던, 책임을 져야 할 일들이 우리 주변에 적지 않기 때문이다. 직장에서 상사는 부하직원이 직권 남용 등 커다란 잘못을 저질렀을 때, 자신이 몰랐고 자신의 자의적 잘못이 없음에도 불구하고 사직하는 등, 도의적 '책임'을 지는 경우가 일반적 관행이 아니겠는가!

그러므로 자발적으로 의무를 수행하는 사람은 반드시 "이 일을 하면서 나는 의무를 수행하고 있다"는 의식을 가져야 하는 것은 아니다. 만일 '자발성(自發性)'이라는 의미를 시몬즈의 주장처럼 행위자의 완전한 의도와 목적의식을 전제로 한다면, "무지(無知)는 죄악(罪惡)이 아니다." 혹은 "모르는 게 약"이라는 준칙이 성립될 수 있을 것이다. 그러나 "무지는 죄악이 아니며," "모르는 게 약"이라는 준칙을 받아들이는 한, '내'가 실질적 의도를 갖지 않고 저지른 행위에도 책임을 묻는 많은 사회적 관행들을 이해하지 못하는 결과를 가져온다고 하겠다.

주지하는 바와 같이 법당국은 성희롱이나 복사본 판매 등의 행위에 대하여 당사자들에게 책임을 묻는다. 비록 당사자들이 성희롱이나 복사본 판매 등의 행위가 법에 저촉되는지를 몰랐다고 실토해도, 면책되는 것은 아니다. 혹은 결혼한 후에 바람을 핀다는 사실이 이혼의 사유가 된다는 사실을 몰랐다고 해도, 남편이나 아내가 바람을 피웠다면 이에 대한 책임으로부터 자유롭지 못하다. 혹은 의사가 본의 아니게 심각한 의료사고를 냈다면, 환자를 경시하고자 하는 의도도 없었고 또한 결과의 심각성을 몰랐다고 해도, 책임을 질 수밖에 없다. 혹은 인터넷에 자살사이트나 폭탄사이트를 개설하여 청소년들의 자살행위와 테러행위를 부추겼다면, 비록 자살사이트나 폭탄사이트 개설자들의 의도와 달랐다고 하더라도 이에 응분의 책임을 져야 할 것이다. 강조하자면 이 많은 사안들에서 당사자가 몰랐다고 해서, 즉 의도를 갖고 있지 않았다고 하여 자기자신이 한 행동으로부터 면책(免責)받을 수 있는 것은 아니다.

물론 의무나 책임에 있어 본인이 한 동의나 약속계약 등의 내용으로 국한함으로 본인의 의무나 책임의 범위를 제한하는 일이 불가능한 것은 아니다. 이것은 전형적으로 ‘무한 책임’과 대비되는 ‘유한 책임’의 사례이다. 때때로 보험회사는 가입자의 보험청구에 대하여 이러한 방식을 사용한다. 약관에 정해진 내용에 한해서만 보상해 줄 수 있다는 것이다. 또한 그것이야말로 시몬즈가 국가에 대한 ‘나’의 의무와 관련하여 제한하는 방식이기도 하다. 그러나 일반적으로 이러한 방식으로 의무와 책임을 제한하는 것은 우리가 익숙해져 있는 ‘자발성’의 범주와 거리가 있고 또한 일상생활에서 흔히 사용되고 있는 용례(用例)에도 부합하지 않는다.[3]

엄밀한 의미에서 자발성이란 의식했든, 의식하지 못했든, 개인의 비강제적인 행위라는 점만으로 충분하다. 반드시 문제의 개인이 충분히 알고 일정한 의도를 갖고 동의했어야 한다는 점을 뜻하지 않는다. 사태를 잘 알지 못했어도, 그 결과가 심각하면 문제의 개인은 그 결과에 대한 책임을 지게 마련이다. 무면허운전이나 음주운전이 얼마나 가혹한 제재에 해당하는지를 잘 알지 못했다고 해도, 무면허운전이나 음주운전을 한 사람은 그 결과로 인하여 책임을 질 수밖에 없다. 따라서 이러한 유형의 행동은 당연히 ‘자발적(voluntary)’ 행동이라고 해야 하지 않겠는가? 결국 개인에게 책임을 물을 수 있다면 혹은 귀책사유를 따질 수 있다면, 그것은 개인에서 ‘비롯된’ 행동이었다는 점만으로 충분한 것이지,

---

3) 일반 보험 가입자들이 보험회사의 횡포에 대하여 많은 불만을 가지고 있는 것도 가입자가 알려고 하지 않으며, 또한 알 수도 없는 수많은 약관(約款)들이 있고, 이들 약관들이 가입자의 인지 여부와 관계 없이 효력을 발휘하기 때문이다. 또한 항의하는 가입자들에게 보험회사는 문제의 약관을 알아야 하는 것은 가입자의 책임이라고 주장하고 있는 것이 현실이다.

그가 의도를 가졌는지, 가지지 않았는지의 문제는 부차적이다.

이 점에서 '내'가 '나' 자신의 행동에 대하여 의무를 갖고 혹은 책임을 지게 되는 논리는 '의무론(deontology)'과 '결과론(consequentialism)'으로 설명할 수 있다. '의무론'에서는 동기가 중요하며, 따라서 '나' 자신이 문제의 행동을 '의식적으로' 수행했는가 하는 문제가 중요하다. 개인 A가 살의(殺意)나 해악(害惡)의 마음을 굳게 먹고 특정 행인 B를 자동차로 치었으면, 물론 이에 대한 책임을 져야 한다. 이 점에서 A가 앙심을 먹고 저지른 행동은 그의 '자발적' 행위라고 할 수 있다. 그러나 이와는 달리 개인 A가 별 의도 없이 운전부주의로 인하여 지나가는 행인 B를 차로 치었으면 어떻게 되는가? A에 관한 한, 별 의도가 없었던 불의(不意)의 사고이긴 하지만, B의 부상에 대하여 책임을 져야 할 의무가 있다. 이것이야말로 바로 '결과론적인 논리'이다. 따라서 B의 부상이 있다면, A는 의도와 관계 없이 그의 행위가 물리적 강제에 의한 것이 아닌 한,[4] 자기자신의 부주의한 행위에 책임을 져야 한다는 점에서, A의 행위는 '자발적 행위'로 간주되어야 한다. 결국 인간의 자발적 행위와 관련하여 의무론적 논리와 결과론적 논리가 다같이 유의미하게 통용되고, 또한 이 사실을 받아들이는 것이 우리의 현실이라고 한다면, '내'가 의식적으로 알면서 했다는 점에만 배타적으로 초점을 맞추는 시몬즈의 의무론적 논리만으로는 인간의 자발적 행위를 설명하는 데 있어서 한계를 가진다고 지적하지 않을 수 없다.

Ⅶ. 국가로부터 기인하는 혜택의 의식적 향유와 무의식적 향유의 연계

지난 항목에서는 의무론적 사고와 결과론적 사고를 원용함으로써 시몬즈가 주장하는 인간의 '자발성'에 관한 개념을 비판하였다. 이번 항목에서는 시몬즈

---

4) 물론 우리가 인간의 행위가 '자발적'이라고 했을 때의 중요한 판별기준은 행위자가 강제에 의해서 문제의 행위를 했는가에 있다. 예를 들어 죽이겠다는 위협에 못 견디어 남의 돈을 소매치기한 경우, 그의 행위는 '자발적'이라고 보기 어렵다. 또한 판단력이 없는 미성년자에게 어른이 어떤 행위를 지시한 후 미성년자가 문제의 행위를 했다면, 그의 행위는 '자발적인' 것은 아니다. 그러나 일반적으로 판단력이 있다고 생각되는 성인의 경우, 강제력이 없는 상황에서 이루어진 행위에 대해서는 결과의 중대성에 대한 인지 여부와 관계 없이 책임을 진다고 보아야 한다.

가 강조하는바, 국가로부터 기인하는 혜택의 의식적 향유의 개념을 받아들이는 경우에도, 혜택의 '의식적 향유'는 혜택의 '무의식적 향유'와 불가분의 관계를 맺을 수밖에 없음을 역설하고자 한다. 상기의 논의를 통하여 시민들이 국가로부터의 혜택을 '의식적으로' 받아들이는 경우가 적지 않다는 점을 지적했지만, 그럼에도 불구하고 혜택을 '무의식적으로' 받아들이는 경우도 많다는 사실에 주목하지 않을 수 없다. 결국 국가로부터 비롯되는 혜택에 관한 무의식적 향유를 어떻게 해석해야 할 것인가? 이와 관련하여 무의식적 혜택의 향유가 의식적 혜택향유의 예비단계로 간주할 수 있는 소지가 충분하다는 점에 유의해 보자.

일단 일반 시민들이 국가로부터의 혜택을 무의식적으로 향유하고 있는 현상을 설명할 수 있는 주요 원인이라면, 귀화하는 소수의 외국인들을 제외하고 대부분의 시민들은 '정치 공동체를 선택하는 것'이 아니라, '정치 공동체 속으로 태어나고 있다'는 사실에서 찾아볼 수 있다. 시민들은 사회계약론자들이 주장해 온 것처럼, 자연상태에서 의식적으로 정치 공동체의 필요성을 느껴 정치 공동체를 만들거나 선택하는 것이 아니다. 오히려 아리스토텔레스의 지적과 같이, 시민들은 처음부터 국가 안에서 태어나고 있는 '정치적 동물(political animal)'인 셈이다.

그렇다면 사람들은 처음부터 정치 공동체로부터 기인하는 혜택을 받아들이거나 받아들이지 않는다는 이분법적 상황에 직면하고 있는 것은 아니라는 명제가 성립하게 된다. 실제로 시민들은 태어나면서부터 국가로부터 많은 혜택을 받고 있다. 이러한 혜택은 시몬즈가 표현한 것처럼, 부지불식간에 그냥 받은 것이다. 초등학교교육에 대한 혜택, 국방재의 혜택, 환경재의 혜택, 복지재의 혜택 혹은 치안과 질서 등이 그들로서, 우리는 문제의 혜택을 국가 공동체 구성원들의 협력의 결과로 받아들이기보다는 하늘에서 저절로 내려온 '만나'나, 제비가 물어다 준 '박씨' 정도로 치부하게 마련이다. 그러나 차차 시간이 지나면서, 사람들은 그냥 받았던 혜택들에도 비용이 들어 있다는 사실을 깨닫고, 이 혜택들을 '의식적으로' 받아들이게 된다. 세금도 내고 혹은 병역의 의무도 수행하면서 국방의 혜택이나 수도물의 혜택이 공짜가 아니라, 결국 '나' 자신이 기여한 바에 따라 받게 되는 혜택임을 알게 된다. 또한 세금 포탈자가 많고 병역기피자가 많으면, 그러한 혜택이 축소될 수 있다는 사실도 깨닫게 된다. 또한 특정 공공재에 관한 한, 세금의 낭비라고 비판하면서 그 철회를 요청하게 된다. 동강댐 건설이나 혹은 새만금간척사업 문제를 계기로 환경문제에 관심을 갖게 된 '나'는 자연보호와 생태계 파괴 등을 이유로 댐건설 백지화를 요청하게 된다. 특히 이와 같은 경우를 통하여 '나'는 정치 공동체 구성원으로서 의식을 갖게 되는 셈인데, 유비적으로 표현하자면, '즉자존재(an sich)'에서 '대자존재(für sich)'로 전이되는 셈이다. 대부분의 시민들에게 있어 '즉자존재'에서 '대자존재'로의 전환은 자연스러운 과정으로 보여진다. 즉 우리는 사회화(socialization)과정과 역사회화(counter-socialization)과정을 거치면서 비판적 사고가 전제된 진정한 의미의 '시민의식(citizenship)'을 갖게 되는 셈이다.

이러한 사실들을 감안하면, 무의식적인 향유인 '리시브(receive)'와 의식적 향유인 '억셉트(accept)'는 질적으로 상이한 범주라기보다는, 연속적인 범주로 간주하는 편이 온당하다. 즉 처음에는 국가로부터의 혜택을 '무의식적으로' 받다가 나중에는 '의식적으로' 받아들이게 되는 경우가 많기 때문이다. 이것은 개인에 있어서도 건강할 때는 건강의 의미를 모르다가 병이 났을 때 비로소 건강의 의미를 되새기게 되는 사례와 유사하다. 그러므로 이러한 사실들이 우리에게 친숙한 경험적 사실이라면, 시몬즈의 엄격한 이분법은 그다지 타당하지 않다. 이와 관련하여 가정생활에서 부모와 자식간의 관계를 보자. 자녀들은 부모가 베풀어주는 혜택과 편의들을 처음에는 그냥 받아들인다. 용돈도 무조건 달라고 하며, 혹은 부모의 재산도 그냥 '내'것으로 생각하는 경우도 일반적이다. 그러나 이것은 '철모를 때'의 상황이 아니겠는가! 결국 시간이 지나면서 부모로부터 오는 혜택이 공짜가 아니라는 사실을 깨닫게 된다. 그 사실을 깨달으면서, 부모로부터 오는 혜택을 '의식적으로' 받아들이거나 혹은 받아들이기를 거부하게 된다. 그 때부터 '나'의 '의식적 선택'이 시작되는 셈이다. 예를 들어 '나'의 결혼에 관한 부모의 선호가 '나'의 선호와 다르다는 사실을 알게 되면, '나'는 부모로부터의 혜택을 포기하고 집을 나가기도 하며 혹은 부모의 승락 없이 결혼을 강행하는 등, 부모의 뜻과는 다른 독자적인 삶의 방식을 고집하게 된다. 국가에 대한 개인의 관계에서 이와 유사한 일들이 야기된다면, 이는 매우 자연스러운 추세가 아닐 수 없다.

이러한 맥락에서 노직이 예시한 바 있는 동네에서 이루어진 '공영방송체제'를 다시 한번 상기해 보자. 마을의 일단의 동호인들이 마이크나 확성기도 구하여 마을에 공영방송체제를 설립하고 마을의 모든 구성원들이 일년에 한번씩

아나운서로서 봉사하는 제도를 만들었다. 물론 이러한 제도를 만드는 과정에서 '나'를 포함한 마을의 모든 사람들이 흔쾌히 동의했는지는 확실하지 않다. 노직은 이와 같은 상황에서 '내'가 마을의 공영방송을 하루동안 책임져야 한다는 의무는 성립하지 않는다고 주장한다. 그러나 만일 '내'가 태어나기 이전, 이와 같은 공영방송체제가 비교적 순조롭게 운영되고 있었다면, 그래서 '내'가 자라면서 방송을 듣고 얻는 바가 많았다면, '나'를 포함한 모든 사람은 적어도 일년 중 하루를 방송프로그램에 바칠 만한 의무가 있다는 사실을 인정하게 될 듯하다. 물론 동네사람들 가운데 누구나 이러한 방송체제의 문제점에 주목하여 수정안을 내는 등 '발언권(voice)'을 행사할 수 있고 또한 그 의견이 받아들여지지 않으면, '퇴거(exit)'의 대안을 선택하여 이웃마을로 이사할 수도 있는 일이다.[5]

그런데 '내'가 성인이 된 후에도 계속해서 이 마을에 산다면, 일년 중 하루를 바쳐 마을의 공영방송을 운영할 의무가 있다고 할 수 있지 않겠는가! 혹시 '내'가 태어나기 전부터 운영되던 방송시스템에 습관이 되어, 시몬즈의 표현대로 그 혜택을 '의식적으로' 받아들이지 않았다고 하더라도, 마을 공영방송체제의 모든 내용을 깨닫게 된 다음에는, 자연스럽게 '나'는 '합리적 선택(rational choice)'을 할 수 있다. 혹시 '내'가 이 모든 사실을 알고 이 마을에 머무르기로 한다면, 공영방송에 '나'의 하루를 기여할 의무를 받아들인 셈이다. 물론 이 의무는 절대적인 것이 아니며, 때때로 '내'가 중병에 걸렸다든지, 혹은 장기간 출타를 해야 할 경우 등 더 절박한 사유로 면제될 수도 있을 것이다. 또한 그 공영방송제도나 마을 자체가 구성원들 상호간에 정의롭고 유익한 제도로 간주되는 한, 협력이 가능하다. 따라서 비록 공영방송에 대한 혜택은 '내'가 무의식적으로 받아들인 것으로 시작되었지만, 성인이 된 후 그 마을에 계속 머문다면, 공영방송에 대한 기여는 '나'에게 하나의 의무라고 할 수 있을 것 같다.

---

5) 물론 여기서 '내'가 공영방송체제를 싫어한다고 하여 왜 '내'가 다른 마을로 이사가야 하는가 하는 문제가 쟁점이 될 수 있을 것이다. 다른 마을로 이사가야 한다면, '나'의 재산권이나 거주의 자유를 침해받는 측면이 있기 때문이다. 따라서 이 사실을 감안하면, '내'가 떠나지 않고 마을의 공영방송체제가 폐지되는 경우를 상정할 수 있을 것이다. 이 점에서 상기의 논리는 확실히 제한적이다. 다만 여기서는 마을의 '다수'의 사람들이 공영방송체제를 좋아하는 반면, '내'가 문제의 방송을 좋아하지 않는 '소수'에 속하는 상황을 암묵적으로 설정했을 뿐이다.

Ⅷ. 공정한 협력의 원리와 국가에 대한 일반적 복종의 의무

이상의 논의를 통하여 '공정한 협력론'의 내용을 음미하고, 또한 '공정한 협력론'에 대한 노직과 스미스 그리고 시몬즈의 반론도 점검하였다. 그 결과 하트나 롤즈의 '공정한 협력론'이 노직과 스미스 및 시몬즈의 비판을 극복할 수 있는 여지는 일단 일정 수준에서 존재한다고 판단된다. 그러나 그럼에도 불구하고 공정한 협력론의 기본상정을 받아들일 경우, 특정한 법에 복종할 구체적 의무는 적시할 수 있겠으나, 모든 법에 복종할 '일반적 의무'를 성립시키기가 쉽지 않음을 실토할 수밖에 없다. 특히 네 가지 점에서 그 한계를 지적할 수 있을 듯하다.

첫째로 시민들이 국가로부터 얻게 되는 혜택에 관하여 의식할 필요가 없고, 혹은 시민들이 의식 없이 국가로부터 혜택을 향유해도 이 혜택에 대하여 의무를 갖게 된다는 점을 인정한다고 해도, 의도적인 선택의 부분이 없는 것은 아니다. 즉 문제의 혜택을 반드시 국가로부터 향유해야 하는지 혹은 국가에 대한 '일반적 복종'의 의무와 맞바꾸면서 향유해야 하는가 하는 점은 의문이 아닐 수 없기 때문이다. 예를 들어 사람들은 안보의 혜택에 관한 한, 국가가 아니더라도 자발적인 방위조직이나 혹은 시장메커니즘에 의하여 향유할 수 있다. 자경단이나 자원소방대 등은 이를 뒷받침할 수 있는 좋은 사례이고, 반드시 구성원들 사이의 자발적 조직이 아니더라도, 용병(傭兵) 등 시장메커니즘으로 충당이 가능하다. 또한 시장메커니즘에 의존하는 경우, 국가에 의한 혜택보다 더욱 더 확실하고 적절하게 혜택을 향유할 수 있다는 판단이 불가능한 것도 아니다. 따라서 시몬즈의 견해와 달리, 혜택의 의식성을 강조하지 않는다고 해도 국가 이외의 대안으로부터 혜택이 가능하다면, 상호비교를 할 수 있고 그 결과에 대하여 선택이 가능하다고 간주해야 할 것이다.

그런가 하면 국가로부터 기인하는 혜택이 다른 대안으로부터 기인하는 혜택보다 양질의 혜택이라고 해도, 이에 대한 대가로 국가에 대한 전인적이며 일반적 복종은 이른바 '바가지'를 쓰는 행위에 비견될 수 있을 정도로 너무나 비싼 대가임을 지적할 필요가 있다. 그것은 자발적인 방위조직에서의 상호협력이나 우리사회에서 친숙했던 '두레'나 '품앗이'의 협력보다도 훨씬 강도가 크기 때문이다. 품앗이나 두레 공동체에서 상정되는 협력에 대한 의무는 부분적이며 구체적이다. 그러나 국가에 대한 복종은 '수단적 합리성(instrumental rationality)'의 수준을 상회하는 전인적 행위가 아닐 수 없다. 국가로부터 오는 혜택이 실은 동료시민들 사이에 이루어지는 협력의 결과이며 따라서 상호주의 원리에 의하여 자신의 몫을 다할 의무가 있다고 해도, 국가에 대한 복종의 의무는 혜택에 대한 자기자신의 몫을 넘어가는 경우가 너무나 많다.

당연히 혜택과 부담의 관계에 주목하거나 수익자부담 원칙에 유의할 때 개인자신에게 혜택을 주는 구체적인 국가의 법과 정책에 복종한다는 정도의 구체적 의무만으로 충분하다. 그러나 국가는 시민 개인에게 모든 법, 모든 정책에 대해 유불리(有不利)를 차치하고 복종할 것을 요구하고 있지 않은가! 그것은 다시 말해서 법이나 정책에 의해서 개인이 혜택을 향유하든 혹은 손실을 감내하든 상관 없이 국가의 권위에 '무조건적으로'나 혹은 적어도 '직견적으로' 복종해야 한다는 함의를 지니고 있기 때문이다. 이 경우 국가에 대한 복종행위를 통하여 '나' 자신이 누리는 혜택에 대한 응분의 몫을 이행한다는 명제는 성립하기 어려울 듯하다.

두 번째로 다른 시민들의 협력에 대해서 대응적 노력을 해야 한다는 명제에 주목해 보자. 본 연구에서는 협력에 대한 상호주의 노력의 의무가 일반적으로 성립한다고 해도, 그것이 반드시 '나'의 의무가 된다고는 할 수 없다고 주장한다. 이 문제는 이미 전 항에서 지적한 '가상적 동의'의 문제점과 같은 측면을 지니고 있다고 할 수 있기 때문이다. 즉 '내'가 다른 사람의 협력에 응분의 기여를 해야 한다는 점을 인정한다고 해서, 그것이 바로 '나'의 의무가 된다고 단정할 수는 없다. '내'가 동의하는 한, 비로소 그 경우에 한하여 '나'에게 의무가 된다고 하는 '명시적 동의론'의 함의(含意)가 여기서 중요하다. 예를 들어 결혼을 했을 경우, 남편과 아내 사이에는 일정한 의무가 성립한다고 할 수 있다. 그러나 갓 결혼한 남편 A와 아내 B는 이 사실을 인정하면서도, 그것이 왜 남편으로서 '나'의 의무나 아내로서의 '나'의 의무가 되어야 하는가 하는 자문을 할 수 있다. 즉 '내'가 남편이나 아내로서 '명시적 서약'을 했으면 모를까, '명시적 서약'을 하지 않은 이상 일반적 의미에서 '남편의 의무'나 '아내의 의무'라고 말할 수는 있겠으나, 구체적 의미에서 남편으로서 혹은 아내로서 '나'의 의무라고는 말하기 어렵다.

이 점이야말로 '공정한 협력론'이 '명시적 동의'를 필요로 하고 있지 않다는 점에서 매력이기도 하나, 한편으로 동의를 요구하고 있지 않다는 점이 약점으로 작용하는 부분이기도 하다. 일반적으로 "어떤 일 x를 이행해야 한다"는 당위적 성격의 명제와 "내가 어떤 일 x를 이행해야 한다"는 '나'에 관련된 당위적 성격의 명제는 다르다. 이러한 차원에서 혜택을 받으면 이에 상응하는 의무를 수행해야 한다는 명제는 '내'가 혜택을 받았을 때 이에 상응하는 의무를 수행해야 한다는 명제와 반드시 동일한 것은 아니다. 결국 '나'의 의무를 유의미하게 정당화시키기 위해서는 일정 수준 시몬즈가 강조하는 '수동적 향유(receive)'와 '능동적 향유(accept)'의 구분을 받아들여 '능동적 향유'의 관점에서 접근해야 할 것이다. 이 두 가지 혜택의 향유를 구분하지 않는 한, 또한 '능동적 향유'의 절차를 명시하지 않는 한, 공정한 협력론자들은 '추상적 의무'는 말할 수 있겠으나 '나'의 '구체적' 의무는 말할 수 없을 것이다.

세 번째로 공정한 협력이 가능하려면 협력의 구도가 공정해야 한다는 것이 공정한 협력론자들의 주장이다. 각 구성원의 경우, 혜택과 부담의 관계가 비교적 엇비슷할 때 공정한 협력의 구도가 정착되었다고 말할 수 있다. 그것은 '품앗이'나 '두레'의 경우에 개인들에게 있어 협력의 의무가 성립하는 경우와 같다. 그러나 기존 국가 공동체의 소득의 분배나 구조나 계층구조 등 다른 유관한 사항들을 관찰할 때, 과연 '내'가 참여하는 협력의 구도가 공정한지에 관한 한, 의문이 적지 않다. '품앗이'나 '두레'의 구도에서 각 개인에게 혜택과 비용의 분배는 비교적 균등·공정하게 이루어지고 있으며, 이것이 '두레 공동체'가 오늘날까지 건재하는 이유이다.

그러나 협력의 공동체의 규모가 커지면 커질수록 각 개인에게 돌아가는 혜택과 협력의 비용이 상호간에 비례할 가능성은 그다지 높지 않다. 즉 어떤 구성원들은 협력의 기여를 많이 하고 높은 비용을 부담하면서도 혜택은 별로 누리지 못하는 억울한 경우가 있는가 하면, 반대로 불로소득자(不勞所得者)처럼 비용은 거의 부담하지 않으면서 혜택을 많이 누리는 사람들이 다수 존재할 가능성이 실재한다. 이러한 전형적인 구도야말로 소득의 불평등 구조상황이라고 해야 하겠다. 그러나 일반적으로 국가 공동체의 경우, 소득불평등구조가 정착되었을 가능성이 높을 수밖에 없겠는데, 이 경우 공정한 협력론자들이 전제하는 공정한 협력의 구도는 부재하는 셈이다. 결국 협력의 구도가 공정치 못한 상황에서 '내'가 협력의 몫을 이행해야 할 의무는 성립하기 어렵지 않겠는가!

　마지막으로 개인이 싫어하는 공공재에 대한 혜택에 주목해 보자. 사람들은 국가가 공여하는 혜택이라고 해서 무조건 다 좋아하는 것은 아니다. 사람들마다 선호와 욕구가 다르다면, 사적 재화에 대한 선호가 다르듯이, 공공 재화에 대한 선호도 다를 수밖에 없다. 이 점은 앞으로 제9장에서 다룰 예정이나, 국가에 의한 공공재 공여가 제기하는 문제들 가운데 하나는 특유의 '혜택의 비배제성' 때문에 특정 공공재를 싫어하는 사람도, 일단 특정 공공재가 산출되면, 그 혜택으로부터 회피할 수 없다는 점에 있다. 그리고 물론 공정한 협력의 원리에 의하면 개인 A는 특정 공공재를 향유하기 때문에 이에 대한 기여, 즉 세금을 내야 할 것이다. 그러나 문제의 개인 A로서는 문제의 공공재에 대하여 '울며 겨자 먹기'의 준칙을 방불케 하는 심정으로 공공재에 기여할 수밖에 없다.

　그런데 이러한 상황들은 뜻밖에도 우리 주변에 허다하다. 환경주의자 A는 동강댐 개발에 대하여 격렬히 반대하는데도, 정부가 동강댐 개발을 강행하면, 어쩔 수 없이 그 가격을 지불할 수밖에 없다. 또한 부산에 살고 있는 시민 B가 대구에 조성될 위천공단에 대하여 낙동강 오염가능성 때문에 반대하지만, 일단 위천공단이 강행되면, 자신이 낸 세금 중의 일부가 공단 조성용으로 전용되는 사태를 막을 길 없다. 이러한 사태가 야기되는 것은 주로 국가로부터 기인하는 혜택일 경우가 대부분이다. 국가는 시장에서 산출하지 못하는 공공재를 산출하게 마련인데, 이 경우 공공재는 혜택의 비배제성을 지니고 있기 때문이다. 이처럼 원하지 않는 공공재를 소비하면서 비용을 물어야 한다면, "왜 울면서 겨자를 먹어야 하는가" 하는 의문을 억누르기 어려울 것이다.

　따라서 국가 공동체를 협력의 구도로 간주하고 협력의 혜택에 대하여 기여할 의무가 있다는 점을 인정한다고 해도, '억지 춘향'처럼 원하지 않는 혜택에 대해서까지 기여할 의무가 존재한다고 강변할 수는 없는 일이다. 이미 지적한 노직의 동네공영방송의 사례에서 '내'가 그러한 마을방송에 대하여 듣기조차 싫어하는 입장이라면, 설사 '나' 이외의 364명이 전적으로 찬성해서 자발적으로 방송체제를 만들었다고 하더라도, 결국 '나'에게 있어서는 소음(騷音)이며, '공공악(public bad)'에 불과할 뿐이다. 이 경우 '나'에게 공영방송에 참여해야 할 의무는 성립하지 않는다. 이러한 상황은 특히 '내'가 문제의 동네를 떠나지 않는 경우라고 해도 마찬가지로 통용된다. 공영방송체제를 싫어한다고 해서 '내' 가 문제의 동네를 떠나야 할 의무는 없다. '나' 자신의 이주의 자유나 재산권 훼손을 감수하면서까지 문제의 마을을 떠나야 하는지도 분명치 않거니와, 마을에 그냥 머문다고 해서 원하지 않는 소음을 '울며 겨자 먹기'의 준칙처럼 참고 견딜 필요는 없지 않겠는가!

결국 상기의 지적들이 의미가 있다면, 공정한 협력과 관련하여 특정한 법에 복종할 '구체적 의무' 는 적시할 수 있겠으나, 모든 법에 복종할 '일반적 의무' 를 성립시키기가 어렵다는 사실을 자인할 수밖에 없다. 본 연구에서는 물론 이러한 주장을 하는 과정에서 '공정한 협력론'의 기본상정에 대한 불필요하고 불공정한 비판과 공격에 관하여 분석적으로 점검하였다. 우선 공정한 협력의 구도에 있어 노직의 이해와는 달리 혜택의 의미를 보다 유의미한 범주로 제한할 것을 주장하였다. 즉 '내' 가 유의미하게 참여하는 구도에서의 혜택이 중요한 것이지, '내' 가 자발적으로 참여하지 않는 구도에서의 혜택은 논의의 대상이 될 수 없기 때문이다.

그런가 하면, 스미스에 반대하여 공정성의 개념을 '결과론'의 범주보다 넓혀 '의무론'의 범주를 포함시킬 것을 강조하였다. 공정성의 개념이 유의미하려면, 반드시 '나'의 작위적 행동이나 무위의 행동으로 인하여 다른 사람이 이득을 본다든지 혹은 손해를 본다든지 하는 점을 넘어서서, '나' 는 다른 사람과 평등한 개인으로서 '그 자체로' '나'의 몫을 다해야 한다는 점으로 이해해야 한다는 것이 그 논거였다. 또한 시몬즈에 대해서는 '수동적인 혜택의 향유 (receive)'와 '능동적인 혜택의 향유(accept)'의 구분에 원칙적으로 찬성하면서도, '자발적' 이라는 의미와 능동적인 혜택의 향유를 연계시키는 과정에서 '결과론적 사고'를 포함시킬 것을 주장하였다. 즉 '내' 가 의도한 것만을 대상으로 자발적이라는 표현을 사용하면, 우리의 일상생활에서 '자발적' 이라는 용어에서 나오는 결과론적 함의를 경시하게 된다는 것이 관심의 대상이었다. 뿐만 아니라 규모가 작은 협력구도와 국가처럼 규모가 큰 협력구도에서 '의식적' 이라는 표현은 달리 사용될 수 있는 가능성이 있음에 유의하였다.

그러나 이처럼 공정한 협력론의 중요한 상정이 일정 수준 의미 있고 소중한 것으로 방어될 수 있다는 사실을 부인하지 않으면서도, 한편으로 공정한 협력론자들의 주장만으로는 국가에 대한 일반적 복종을 정당화하는 데 한계가 있음을 인정하지 않을 수 없다. 우리가 아무리 '수동적 혜택'과는 다른 '능동적 혜택'의 의미를 받아들이고 혹은 공정성의 개념에 대해서 '의무론'과 '결과론'을 포함시킨다고 해도, '내'가 향유하는 혜택에 대하여 국가에 대한 전인적 복종이나 일반적 복종, 무조건적 복종이나 직견적 복종의 의무를 상정한다는 것은 과도한 것이다. 의식적이며 능동적인 혜택향유는 '수단적 합리성'의 대상인 데 반하여, 국가에 대한 일반적 복종은 '수단적 합리성'을 넘어가는 행위이기 때문이다.

　뿐만 아니라 국가로부터 기인하는 혜택을 '무의식적으로' 받으면서도 이에 대한 협력의 의무가 성립될 수 있는 상황이 존재한다고 해도, 국가로부터의 혜택이란 적어도 누구에게나 일정한 경우, '강매(强買)'와 같은 상황을 방불케 할 수밖에 없다. 국가가 반드시 '내'가 원하는 재화를 공여한다고 할 수 없을뿐더러, 설령 원하는 재화라고 해도 '내'가 원하는 가격에 원하는 재화를 공여한다고 할 수 없고 '내'가 원하는 재화의 질(質)을 보장한다고 말할 수 없기 때문이다. 또한 일반적으로 협력해야 할 당위(當爲)가 성립한다고 해서 '내'가 협력하겠다고 직접적으로 약속한 것과 의미가 동일한 것은 아니다. 그리고 또한 '내'가 협력할 수 있는 국가의 구도가 공정한 구도인지에 관하여도 언제나 의구심이 있다.

　이와 같은 의구심과 불확실성, 그리고 강제적인 요소가 존재하는 한, 동료 시민들의 협력에 대하여 보답할 '일정한 의무'는 성립한다고 할 수 있겠지만, 정치적 복종의 의무와 같은 '일반적 의무'는 성립한다고 보기 어렵다는 것이 이번 제 6 장 논의의 결론이다.

제 7 장

정의와 국가

제 7 장   정의와 국가

I. 예비적 고찰

　이제까지의 논의에서는 시민들에게 복종을 요구할 수 있는 국가의 권위를 정당화시킬 수 있는 두 가지 의무론적 논리와 그 실패에 주목하였다. 이번에는 복종을 요구하는 국가의 권위를 정당화시킬 수 있는 마지막 의무론적 논리, 즉 국가와 정의(正義)의 문제에 천착하기로 하자. "정의야말로 사회제도의 제 일차적 덕목"이라고 설파한 롤즈(J. Rawls 1971)의 통찰을 구태여 상기하지 않더라도, 국가의 권위를 유의미하게 만드는 충분조건이라면, 정의의 규범을 충족시켜야 한다는 점을 들 수 있다. 개인이 동의를 했다고 하더라도, 정의롭지 못한 국가에 대한 복종의 의무는 성립할 수 없는 것이 아니겠는가!

　이러한 맥락에서 의무론자들이 국가권위와 관련하여 '정의로운 국가', 혹은 '좋은 질서를 지닌 국가 공동체' 혹은 '정의로운 사회질서'를 거론하게 됨은 자연스러운 일이다. 물론 정의의 개념은 일의적이지 않다. '배분적 정의(distributive justice)'도 있고 '보상적 정의(retributive justice)'도 있으며, '교정적 정의(rectificatory justice)' 등 '실질적 정의(substantive justice)'의 범주도 논의할 수 있는가 하면, 절차적 정의(procedural justice)의 범주도 중요하다. 그러나 어떠한 정의의 범주를 거론하든, 최종적으로는 국가의 권위와 연계될 수밖에 없다. 배분적 정의를 언급할 경우에도 주안점은 국가에 있다. 시장이 배분적 정의를 실현할 수 있는 유의미한 메커니즘은 아니지 않은가. 혹은 보상적 정의를 언급할 때도 결국 주역은 국가이다. 형벌권이나 사형권을 행사할 수 있는 주체는 국가 이외에 존재하지 않기 때문이다. 개인이 억울한 일을 당했다고 하여, 이른바 '자연법 집행권'을 방불케 하는 형벌권을 스스로 행사할 수는 없는 일이

다. 만일 개인 A가 자신의 아버지의 원수를 갚고자 B를 납치하여 상해를 입힌
다면, A는 국가권력에 의하여 처벌될 수밖에 없기 때문에 A로서는 B로부터 피
해를 보상받고자 하는 '보상적 정의'의 실현을 국가에 요구하거나 기대하게 된
다. 물론 한 걸음 더 나아가 정의로운 국가는 자연법(jus naturale)에 의한 기
준을 충족시켜야 한다고 생각하는 경향도 강하다. 보편적인 자연법을 어기는 국
가는 반인권 국가로 국제사회에서 낙인찍히고 있는 것이 현실이다.

이번 제7장에서는 여러 범주의 정의 가운데 '절차적 정의(procedural
justice)'에 해당하는 범주에 논의를 집중하고자 한다. 국가가 충족시켜야 하는
'절차적 정의'에는 무엇이 있으며, 과연 이러한 절차적 정의를 충족시키는 국가
가 출현 내지 작동할 수 있는가 하는 문제가 관심사이다. 두말 할 나위 없이
'절차적 정의'에 관한 한, 롤즈(J. Rawls)나 스캔론(T. M. Scanlon 1982), 배리
(B. Barry 1989), 에이커맨(B. A. Ackerman 1980), 거워스(A. Gewirth 1978)
및 하버마스(J. Habermas) 등 유력한 정의론자들을 거론할 만하나, 이번 논의
에서는 범위를 국한시켜 롤즈와 하버마스의 비전에 주목할 예정이다.

롤즈와 하버마스가 개념화하고 있는 '절차적 정의'는 유의미하며, 정치·사
회영역에서 직면하고 있는 많은 절차적 문제에 있어 중요한 지침이 될 수 있다
고 판단된다. 특히 '초월적 정의론자들'이 구축한 추상적인 정의관에 비추어 볼
때, '절차적 정의'는 현실세계에 보다 강한 적실성을 지니고 있는 것으로 평가
될 수 있다. 뿐만 아니라 '실질적 정의론자들'의 비전이 자주 쟁점의 대상이 되
고 있다는 사실을 감안하면, '절차적 정의'의 비전은 사람들 사이에 공감대를
형성하기가 비교적 쉽다는 강점을 지닌다.

그러나 그럼에도 불구하고 '절차적 정의론'에 몇 가지 문제점이 있다는 사
실에 주목할 필요가 있다. 무엇보다도 롤즈가 안출한 바 있는 '무지의 베일(veil
of ignorance)'을 쓴 단독계약자로서 선택의 구도가 롤즈 자신이 주장해 온 사
회계약론적 전통에 부합하고 있는가 하는 문제는 차치하더라도, '무지의 베일'
을 쓴 '원초적 상태(original position)'에서 맥시민(maximin)에 의한 '차등의
원리(difference principle)'가 무리 없이 자연스럽게 도출될 수 있는가 하는 점
은 의문의 대상이다. 만일 그렇지 못하다고 한다면, '차등의 원리'는 롤즈가 주
장하는 '순수절차적 정의(pure procedural justice)'의 범주에 속한다고 말하기
어려울 것이다. 그런가 하면 '이상적 언어소통상황(ideal speech situation)'은

'이성적 합의(rational consensus)'에 있어 필수적이라는 하버마스의 견해를 받아들인다고 하더라도, '대칭성의 조건(symmetry condition)'이나, '집단적 합의(collective consensus)' 등의 상황에서 과연 바람직한 정의의 원리가 출현할 수 있겠는가 하는 점도 의문이다. 즉 '대칭성의 조건'이 이성적 담론에 왜 필요조건이 되어야 하며, 정의의 원리 추출에 개인의 심층적인 '단독 심의'가 아닌, '집단적 합의'가 왜 반드시 요구되는가 하는 점에 관하여 보다 적절한 해명이 요구된다고 하겠다.

뿐만 아니라 롤즈와 하버마스가 구축한 절차가 논리적으로나 도덕적으로 하자가 없다고 하더라도, 문제의 절차들이 현실적으로 '실현가능한' 절차인가 하는 문제가 남아 있다. 물론 롤즈의 '무지의 베일'이나 하버마스의 '이상적 언어소통상황'을 구성하는 일련의 절차들이 현실에서 부재하고 있다는 사실은 구태여 강조할 필요조차 없을 정도로 명백한 사실이다. 그러나 정작 문제의 핵심은 우리가 진지하고 성실하게 노력하면, 롤즈나 하버마스가 제안한 절차적 상황들이 현실세계에서 이루어질 수 있는가 하는 점에 있다. 롤즈가 말하는 '무지의 베일' 문제만 하더라도, 사람들이 과연 현실세계에서 어느 정도로 유의미하게 '무지의 베일'을 쓸 수 있는가 하는 문제가 불거져 나온다. 롤즈가 주문하는 대로 '두터운' 무지의 베일(thick veil of ignorance)을 쓰기란 결코 쉬운 일이 아니다. 또한 '두터운' 무지의 베일을 쓴다고 해도, 현실과 관련 없는 초현실적인 '정의의 원리'가 도출될 가능성이 크다. 따라서 '얇은' 무지의 베일(thin veil of ignorance)을 쓸 가능성이 일반적이라는 점을 감안해야 할 것이다. 문제는 이 경우, '정의의 원리(principle of justice)'보다는 '보험의 원리(principle of insurance)'가 도출될 가능성이 농후하다는 점이다.

그런가 하면 하버마스의 경우에 어떻게 '대칭성의 조건'을 현실적으로 충족시킬 수 있을 것인가 하는 점도 의문사항이다. 개인에 따라 능력의 차이가 있는 것이 현실이라면, 담론 참석자들의 육체적 역량도 엇비슷해지고 '설득력(說得力)'이나 '언어 표현력(表現力)'처럼, 담론에 중대한 영향을 미치는 요소들이 평등하게 배분되는 상황이 어떻게 현실적으로 보장될 수 있을 것인가? 또한 하버마스의 '이성적 합의'에는 집단선택의 측면이 큰데, 관심의 초점은 모든 참석자들이 전원협력하여 성실한 태도로 담론에 참여할 것인가 하는 점이다. 우리에게 친숙한 현실에서는 일반적으로 이러한 경우, '나' 자신은 무관심한 반면, 다른 사람의 협력을 기대하는 공공재 문제가 야기될 가능성이 농후하다. 따라서 하버마스의 구도에서는 이러한 담론의 공공재 문제가 어떻게 해결될 수 있을 것인가 하는 문제가 논의의 초점이 될 수밖에 없다.

물론 이번 7장에서의 관심사는 롤즈나 하버마스가 개념화한 '절차적 정의'의 개념문제 못지않게, '국가의 정의' 문제이다. 국가에 관한 한, '절차적 정의'가 어느 정도로 유의미하게 충족될 수 있을까 하는 문제라고 하겠다. 무엇보다도 우리는 경험적 국가가 절차적 정의론자들이 규범적으로 안출해 낸 '절차적 정의'의 기준을 준수하기가 쉽지 않다는 사실에 주목할 필요가 있다. 뿐만 아니라 현실적 국가는 절차적 정의론자들이 주장하는 규범적인 절차적 정의문제는 차치하더라도, 그보다 한 수준 낮추어진, 헌법이나 실정법에서 규정된 최소한의 절차조차도 준수하지 않는 경우가 허다하다는 점도 간과할 수 없는 문제이다.

마지막으로 '규범적 절차'이든, 혹은 '실증적 절차'이든, 국가의 정의문제를 다루는 데 있어서는 '절차적 정의'만으로 접근하기가 어렵다는 점도 지적할 수밖에 없다. '절차적(節次的) 정의' 문제를 다루다 보면, 결국 직접적으로나 간접적으로 '실질적 정의'의 문제와 부딪치게 마련인데, '실질적 정의' 문제에 천착하게 되면, 국가의 정의문제는 훨씬 까다로워진다는 점이 관심사항이다. '실질적(實質的) 정의'에 관한 한, 시민개인들마다 공통된 비전보다 상이한 비전을 지니고 있을 가능성이 농후하기 때문이다.

결국 7장에서 주력할 논의의 초점은 '실질적 정의' 문제는 차치하고 '절차적 정의'의 유의미한 범주를 추출할 수 있다고 해도, '절차적 정의'를 비교적 유의미한 수준에서나마 충족시킬 수 있는 국가가 출현 내지 작동하기 어렵다는 점에 있다. 그 이유란 단도직입적으로 말해서 국가의 관료들이나 정치인, 입법자들이 '절차적 정의'를 충족시키고자 하는 동기가 매우 약하다는 사실에 있다. 국가의 관리들이나 정치인들은 정의의 규범보다는 자기이익(self-interest)의 범주에 의해서 행동하고 있는 경우가 일반적이다. 법을 만들거나 정책을 고안·집행하는 과정에서 나타나는 입법자들이나 권위당국자들의 행태는 자기이익의 범주와 비교적 엄정하게 차단되기 어렵다.

국가의 수호자들이 자기이익에 의하여 행동하는 경향을 노정하고 있다는 점은 국가의 규범이 정의라는 점을 고려할 때 심각한 문제가 아닐 수 없다. 시장에서 경제행위자들이 이익과 이윤의 동기에 의하여 행동하는 것은 당연한 일이며, 이 경우 효율이 달성되지만, 국가의 정치인들이 이익과 이윤의 동기에 의하여 행동할 때는 부정의가 노정되게 마련이다. 따라서 부정의한 국가가 시민들에게 어떻게 복종의 의무를 요구할 수 있을지는 의문이 아닐 수 없다. 부정의한 국가에 관한 한, 시민들은 복종보다는 불복종으로 대응해야 하는 것이 아니겠는가. 앞으로 '절차적 정의'에 대한 담론을 중심으로 국가의 권위를 평가하고자 한다.

Ⅱ. 정의로운 '사회질서'와 '정의로운' 사회질서

일단 사회질서가 인간의 사회생활에 있어 필요하다는 상정은 수용할 만하다. 인간이 프라이데이가 도착하기 전, 무인도의 로빈슨 크루소처럼 산다면, 물론 질서는 필요하지 않을 것이다. 개인 A가 스스로 하고 싶은 일을 하고 싶을 때 하고, 하기 싫은 일이면 하지 않아도 되기 때문이다. 그러나 프라이데이가 도착한 다음 로빈슨 크루소의 생활은 달라질 수밖에 없었다. 좁은 샘에서 물을 마시고자 할 경우, 프라이데이와 로빈슨 크루소의 갈증이 동시에 야기된다면, 양자 가운데 누구라도 먼저 물을 마실 수 있는 권리를 동시에 행사할 수는 없는 일이기 때문이다. 물론 문제는 두 사람이 아니라 다수의 사람들이 살아갈 때 협력이 필요하고 질서가 요구된다는 사실이다.

인간 개인의 약한 동기를 감안할 때, 자율적 협력에 의한 사회질서보다는 국가권위에 의한 질서가 요구된다는 주장은 일정 수준 옹호될 수 있을 것이다. 그러나 물론 국가권위에 의한 질서가 필요하다는 사실에 동의할 사람은 많겠지만, 국가권위에 의한 질서의 필요가 '자명한' 것인지는 확실치 않다. 본 맥락에서는 적어도 홉스나 로크 등을 포함한 사회계약론자들이 국가권위에 의한 질서가 존재하지 않는 '자연상태'가 얼마나 열악하고 불편하며, 불안한 상태인지에 대하여 설득력 있게 기술한 바 있음을 상기해 보자. 이들의 논거가 모든 '아나키스트들'을 설득시킬 수 있을 만큼 논리 정연한 것은 아니나, 그럼에도 수많은 시민들에게 호소력을 지니고 있음을 부인할 수는 없는 노릇이다. 다수의 시민들이 세금을 내고 국토방위를 위하여 군대를 가는 것도 국가권위의 정당성에 수긍하고 있기 때문이 아니겠는가. 물론 국민의 세금(稅金)이 아닌, 국민의 성금(誠

金)으로 헬기를 살 수 있고 복지국가의 제도가 아닌, 구세군의 불우이웃돕기 성금으로 어려운 사람들을 도울 수 있는 방안이 불가능한 것은 아니겠지만, 그 규모는 너무나 빈약하다. 그러므로 국가의 권위란 하딘(G. Hardin)의 통찰을 원용한다면, '상호합의에 의한 상호 강제(mutual coercion, mutually consented)'의 기제로 접근될 수 있다.

그러나 그럼에도 불구하고 국가권위에 의하여 사회질서가 유지되는 방식은 다양하다는 사실이 강조될 필요가 있다. 자연상태와는 구분될 수 있는 정치사회의 질(質)은 여러 가지이기 때문이다. 문제의 질과 관련하여 두 가지 극단적 상황을 상정할 수 있다. 하나는 오로지 물리적 강제와 공포에 의하여 유지되는 국가질서로서, 이러한 사회에서 작동하고 있는 국가는 칼을 들고 있는 '리바이어던(Leviathan)'에 비교될 수 있다고 하겠다. 리바이어던이 너무나 고전적이라면, 조지 오웰(G. Orwell)의 '빅브라더(big brother)'나 푸코의 '팬옵티콘(panopticon)'과 같은 투명한 감옥을 상기할 수 있다. 모든 시민들의 생활이 예외 없이 감시되고, 시민들의 통화는 낱낱이 감청되며, 시민의 은행거래나 입출금내역도 낱낱이 계좌추적이 되고 있는 상황이 그것이다. 그러나 물론 이것이 전부는 아니다. 또 하나의 반대되는 극단이라면 철두철미 도덕과 정의에 의하여 유지되는 국가질서이다. 여기서 국가는 강제력의 소유자보다 '공리주의적 관찰자(utilitarian observer)'나 혹은 '가상적 계약의 집행자'의 성격이 현저하다.[1] 물론 도덕과 정의의 범주가 결코 자명한 것은 아니며, 도덕과 정의의 원리라고 해도, '최대다수의 최대행복'이나 '고통의 극소화', 혹은 최소수혜자들에 대한 배려, 혹은 자유와 복지에 대한 보장 등, 다양한 범주로 나타날 수 있겠으나, 일단 정의로운 사회라면 시민들이 지니고 있는 '정의감(sense of justice)'이나 '도덕감(sense of morality)'에 비교적 부합하는 사회질서임에는 틀림없는 셈이다.

물론 많은 사람들은 도덕적 원리나 정의의 원리에 의하여 질서가 이루어지는 사회가 공포와 위협에 의하여 기능하는 사회보다 낫다고 판단할 것으로 생각되는데, 이러한 사회를 '정의로운 질서(just order)', 혹은 '좋은 질서를 가진

---

1) 이 점과 관련하여 석덴(R. Sugden 1989)의 논의를 참조할 것. 공리주의적 관찰자가 '집합적 정의(aggregate justice)'의 비전을 선호한다면, 계약주의적 집행자는 '배분적 정의(distributive justice)'의 비전을 선호한다.

사회(a well-ordered society)'라고 지칭할 수 있을 것이다. 보다 정의롭고 보다 자유로우며 보다 평등하고 보다 공정한 사회가 보다 불의하고 보다 부자유스럽고 보다 불평등하며 보다 불공정한 사회보다 낫다는 점은 자명한 사실이다.

이러한 점을 감안할 때, 하나의 중요한 명제를 설정할 수 있을 듯하다. 인간은 '질서(order)'뿐만 아니라, '정의(justice)'를 동시에 원하고 있다는 명제이다. 정의와 질서가 공존하는 상황은 선거의 상황과 비교하여 유비적으로 설명할 수 있다. 주지하는 바와 같이 왕권정치하에서는 '시민주권'의 개념이 없었고, 따라서 투표권도 존재하지 않았다. 그러나 민주사회가 되면서 보통선거가 가능하게 되었고 모든 시민들이 투표권을 행사할 수 있게 된 것이다. 이것이 바로 민주사회의 선거제도이다. 그러나 선거라고 해도 공명성과 선거가 명실공히 연계되는 '공명선거'가 의미가 있지 않겠는가? 그렇지 않고 금권(金權)과 관권(官權)이 판치는 '부정선거'라면, 선거의 존재이유를 어떻게 찾을 수 있겠는가. 금권선거나 관권선거하에서 시민들의 주권이 존중될 수 없다는 점을 감안해 보면, '부정선거'란 어떤 의미에서 보면, 선거가 없었던 상황에 비추어 더 열악한 상황이라고 평가할 만하다.

같은 맥락에서 '정의'와 '질서'의 연계를 평가할 수 있다. 사회계약론자들의 주장처럼, 사람들이 '자연상태'를 종결짓고 국가권위에 의한 사회질서를 만들었는데도 불구하고, 그 사회질서가 부정의(不正義)로 점철됨으로써 강자가 약자를 억압하고 부자가 빈자를 억압하는 등 루소가 지적한 잘못된 사회계약상황을 방불케 한다면, 정치사회가 자연상태에 비하여 얼마나 비교우위를 갖겠는가? 그러므로 사회질서를 말할 경우, '단순한 사회질서'보다는 '정의로운 사회질서'의 개념에 주목할 필요가 있으며, 양자는 구분될 여지가 있다. '정의'보다 '사회질서'를 강조하는 입장이라면, 사회질서가 '자연상태'보다 나으면, 일단 정당성을 확보할 것이다. 이에 비하여 정의를 강조하는 입장에서는 사회질서가 가능한 상태 가운데에서도 최고로 양질의 상태, 즉 '파레토 최적(Pareto-optimal)'의 사회질서 구축을 목표로 하고 있는 셈이다.

이러한 관점에서 본다면, 홉스 등 고전적 계약론자들은 '정의'보다는 '질서'를 선호하고 있음이 분명하다. 물론 그렇다고 해서 고전적 계약론들이 정의의 개념을 완전히 포기하고 있는 것은 아니다. 그들이 상정한 '자연상태'야말로

정의도 별로 없고 질서도 거의 찾아볼 수 없는 무법천지(state of lawlessness)
가 아니겠는가. 그러나 그렇다고 해도 홉스나 로크의 계약자들은 '정의론자' 보
다 '질서주의자'로 자리매김할 필요가 있다. 특히 홉스의 계약자들은 자연상태
를 종식시키는 조건으로 그들 각자가 들고 있었던 '칼'을 포기하는 것이지, 그
들이 지니고 있었던 '쟁기'까지 포기하는 것은 아니기 때문이다. 홉스의 계약자
들은 국가를 만들면서 스스로 무장해제를 하는 것에 불과할 뿐, 자신들의 기본
필요(basic needs)를 보장할 수 있는 '복지국가'나 사회안전망(safety net)을
전제로 하는 사회보험국가를 구축하고자 하는 것은 아니기 때문이다.[2] 결국 고
전적 계약론자들에 관한 한, '질서'냐 '무질서'냐 하는 문제가 초미의 관심사이
었을 뿐, '정의로운 질서'냐 '정의롭지 못한 질서'냐의 문제에 관심을 가질 여
유는 없었던 것으로 생각된다.

　　그러나 현대의 사회계약론자들은 고전적 사회계약론자들과는 다르게, 혹은
다른 강도로 질서와 정의의 연계를 요구하고 있다. 정의로운 사회질서, 혹은 좋
은 사회질서의 구축이 이들의 화두(話頭)이며 목표이다. 현대의 사회계약론자들
에 있어 바람직한 사회질서의 준거는 롤즈의 표현을 원용하자면, '자연상태'가
아니라 '원초적 상황(original position)'이다. 물론 질서와 정의의 연계, 즉 정
의로운 사회질서의 구축은 다만 사회계약론자들의 배타적 관심사는 아니다. 비
판이론가인 하버마스 등도 역시 '정의로운' 사회질서 구축에 지대한 관심을 표
명하고 있기 때문이다.

　　한 걸음 더 나아가 이들이 요구하는 정의는 플라톤이나 그린, 헤겔 등이 관
심을 가졌던 초월적 범주의 '실질적 정의'는 아니다. 현대 사회계약론자들이 천
착하고 있는 정의의 비전은 현실사회에 살고 있으며 정의감과 도덕감을 갖고
있는 사람들이 충분히 납득할 만하고 이성적으로 동의할 만한 정의의 원리이다.
물론 현대 사회계약론자들이 주장하는 정의의 범주는 동일하지 않지만, 각기 구
축한 정의의 원리가 '절차적 정의'의 범주에 포함될 만큼, 모두 최소한의 논리
성(論理性)과 규범성(規範性)을 충족시키고 있다는 점은 명백하다. 한편 현대
사회계약론자나 비판이론가들이 사회질서에 정의를 요구하고 있다는 사실은 이

---

2) 이러한 견해는 제9장에서 논의할 레빈(M. Levin 1982)의 기본입장이기도 하다. 즉 가난
　한 사람들의 필요를 배려하는 '정의로운' 복지국가는 홉스의 리바이어던에서 찾아볼 수 없
　다는 것이 레빈의 견해이다.

론적 관심의 대상을 넘어간다고 하겠다. 실제로 시민들이 단순한 사회질서나 단순한 법이 아니라 '정의로운 사회질서'나 '정의로운 법'을 요구하고 있는 경향은 오늘날의 현실에서 부인할 수 없는 시대정신이기도 하다. 오늘날 어떠한 질서주의자도 히틀러의 나치스나 남아프리카의 인종차별에 의한 법질서를 자연상태보다 낫다고 평가하거나 정당화시키지는 않을 것이다. 불의한 국가와 불의한 법에는 시민복종의 행위보다 시민불복종 행위를 해야 한다는 공감대가 현저하다.

또한 국가가 벌이는 전쟁에도 시민들이 무조건 참여해야 한다는 명제보다 '정의로운 전쟁'과 '불의한 전쟁'을 구분하여 불의한 전쟁에는 항명과 불복종 행위를 감행해야 한다는 명제가 더 설득력이 있다. 뿐만 아니라 국가권위에 의한 사회질서와 법에 정의가 있어야 한다는 사실은 비단 국내시민들의 차원이 아니라 국제적으로도 중요한 평가기준이 되고 있다. 인종청소를 자행하는 코소보 사태에 대한 나토의 개입은 그러한 기준, 즉 정의와 인권의 강력한 규범성을 나타내 주는 사례라고 하겠다. 그러나 여기서 강조할 것은 단순한 법질서나 사회질서보다 정의로운 국가와 정의로운 법을 요구할 경우, 정치적 복종에 대한 기준은 동의에 입각한 국가나, 협력을 보장하는 국가보다 높을 수밖에 없다는 사실이다. 그 이유는 국가가 단순히 시민들간의 협력을 보장하는 업무를 넘어서서 정의로운 법을 제정하고 정의로운 정책들을 수행해야 할 업무를 맡게 될 것으로 기대하기 때문이다.

그렇다면 관심의 초점은 국가나 혹은 국가의 권위에 의한 질서가 단순히 국민의 생명·자유·재산의 보호를 넘어서서 정의의 기준에 부합할 가능성이 얼마나 되는가에 있다. 물론 앞으로 논의할 예정이나, 롤즈의 정의의 비전과 스캔론의 정의의 비전, 혹은 하버마스의 정의로운 질서의 비전은 결코 똑같지 않다. 하지만 그렇다고 해도 이들의 비전에는 국가의 권위란 독립적인 정의의 관점에서 평가할 수 있어야 한다는 당위(當爲)로 표현될 만큼, 강한 규범성이 묻어난다. 결국 문제는 현실적인 국가들이 절차적 정의론자들에 의해서 구축된 '절차적 정의'의 범주에 부합할 가능성이 얼마나 되는가 하는 점이다. 뿐만 아니라 더욱 곤혹스러운 상황은 현실적인 국가의 정책이 절차적 정의의 잣대에 전적으로 부합하거나, 혹은 전적으로 부합하지 않는다는 흑백논리적 성격의 문제를 노정하기보다 일부는 정의의 잣대에 부합하는 반면, 또 다른 일부는 정의

의 잣대에 부합하고 있지 못할 때, 이를 어떻게 평가해야 하는가 하는 문제에서
불거져 나온다.

본 연구에서는 물론, 절차적 정의론자들이 안출해 낸 '절차적 정의'의 비전
이 완벽하다거나 자명하다고 판단하지 않는다. 이들 절차적 정의의 비전에도 불
완전성이 내재해 있음은 명백하다. 하지만 이들 정의 비전의 강점은 일반적으로
사람들이 가지고 있는 '정의감(sense of justice)'에 부합한다는 사실에 있다.
이 점을 감안할 때, 현실적인 국가가 이들 절차적 정의의 비전으로부터 합치되
기보다 일탈하고 있다면, 심각한 문제가 아닐 수 없으며, 특히 일탈하고 있는 상
황에서 정치적 복종의 문제를 어떻게 접근해야 할 것인가는 당혹스러운 과제가
된다고 해야 할 것이다.

Ⅲ. 정의로운 국가와 동의

정의로운 국가를 주장하는 절차적 정의론자들에게 있어 공통된 부분을 추
출한다면, 국가에 대한 동의행위의 접근이 독특하다는 데 있다. 그들의 관심은
이미 제5장에서 다룬 시민들의 '실제적 동의(factual consent)'나 '경험적인
동의(empirical consent)', 혹은 '선택적인 동의(optional consent)'에 있다기
보다 오히려 '도덕적인 동의(moral consent)'나 '이성적인 동의(rational
consent)'에 있다. 즉 실제로 동의하는 행위보다는 이성적으로 '동의할 만해야'
한다는 점을 강조하고 있다. 현대의 동의론자들과 고전적 사회계약론자들이 중
요시한 시민들의 실제적이며 경험적인 동의의 의미가 평가절하되는 이유는 무
엇인가? 이와 관련하여 크게 두 가지 이유를 제시할 만하다. 무엇보다 먼저 국
가에 관하여 시민들이 하는 실제적 동의에 관한 한, '다수의 동의'나 '만장일치
의 합의'이든, '도덕적 다수(moral majority)'의 동의나 '도덕적 합의(moral
consensus)'와는 다르기 때문이다.

일반적으로 민주사회에서 나타나는 다수 시민들의 견해나 만장일치의 합의
는 도덕적 성격보다 부도덕하거나 비도덕적 성격을 노정하는 경우가 적지 않다.
장애자 복지시설 등 혐오시설 설치나 쓰레기처리장 설치를 거부하는 다수 시민
들의 견해나 만장일치의 견해를 도덕적인 견해라고 평가할 수는 없는 일이다.

문제의 결정들은 오히려 소수의 권리를 침해하는 '다수의 횡포'를 방불케 하지 않는가? 시민들이 표출하는 '실제적 동의'는 시민들의 이기주의와 자기중심주의, 자기이익추구 행위와 밀접하게 연계될 수밖에 없고, 이 점에서 도덕성에 부합하기보다 도덕성을 결여할 가능성이 크다. '도덕적 합의'를 가능케 하기 위해서는 실제의 동의보다 '무지의 베일'을 쓰는 원초적 상황(original position)하에서의 동의나, 혹은 '이상적인 언어소통'이 보장되는 상황에서의 동의가 될 필요가 있다.

뿐만 아니라 국가에 대한 동의는 일반 사회결사조직에 대한 동의와 다를 수밖에 없다는 사실을 직시해야 할 것이다. 주지하는 바와 같이 일반 사회결사조직에 대한 동의에는 항상 경합적인 대안들이 존재한다. 이른바 '퇴거권(exit)'을 행사할 수 있는 방안이 열려 있는 셈이다. 직업으로 선택한 특정 기업 w가 싫다면, 다른 기업 z로 갈 수 있는 여지가 있지 않은가? 일반 사회결사조직에 관한 한, 얼마든지 타이부(M. Tiebout 1956)의 견해대로 "발로 투표할 수 있는" 가능성이 존재한다. x스포츠센터가 마음에 들지 않으면 y스포츠센터로 옮길 수 있고, x당이 마음에 들지 않으면 y당으로 옮길 수 있다. 그러나 국가에 관한 한, 동의의 범주는 독특하다. 이미 제5장에서 강조한 바와 같이, 국가에 대한 동의는 여러 대안들을 두고 자유롭게 선택할 수 있다는 의미에서의 일반적 동의와 다르다. 허쉬만이 적절하게 지적한 것처럼, 여러 국가들 가운데 하나를 선택할 수 있는 선택권이 없고, 다만 한 국가 내에서 비판적 의견을 개진할 수 있는 '발언권(voice)'만으로 만족해야 하기 때문이다.

하지만 그럼에도 불구하고 전통적인 동의론자들은 국가에 대한 동의가 마치 일반 사회단체에 대한 동의와 동일한 것으로 접근해 왔다. 따라서 동의론자들이 던지는 질문도 동의를 하지 않았을 때의 선택적 대안이 존재하는 경우의 질문과 크게 다르지 않다는 점이 문제이다. 즉 국가나 정부가 존재해야 하는지 혹은 존재하지 말아야 하는지를 묻는가 하면, 헌법이 필요한지 필요하지 않은지, 필요하다면, 무슨 종류의 헌법이어야 하는지를 묻는 식이다. 그런가 하면 법이 존재해야 하는지 혹은 존재하지 말아야 하는지의 여부, 그리고 법이 있어야 한다면, 어떤 종류의 법이 있어야 하는지에 관한 질문도 그 가운데 하나이다. 뿐만 아니라 정부관리들을 임명하기 위한 기본적인 절차가 어떻게 되어야 하는지에 관하여 동의여부를 표시해야 한다는 질문 등도 주류를 이루고 있다.

전통적인 동의론자들은 시민들은 자발적으로 자유의사(自由意思)에 의해서 정치체제와 법, 국가에 동의했을 경우, 복종할 의무가 있다고 주장해 온 것이다. 그러나 시민들의 동의에 대한 이러한 방식의 접근은 국가권위의 특성을 고려할 때 별로 의미가 없다는 것이 절차적 정의론자들의 비판이다. 일반적으로 국가는 자발적인 조직과는 달리 동의를 하지 않았을 때의 대안이 부재한다. 즉 '퇴거권'은 봉쇄되고 '발언권'만이 허용된다는 자명한 사실을 간과한 결과, 전통적 동의론자들은 국가에 살고 있다는 사실 자체만으로 '묵시적 동의'로 간주하는 잘못을 범하기도 한다. 그러나 시민들 가운데 국가를 좋아해서가 아니라, 마지 못해 사는 사람들은 얼마나 많은가? 이러한 관찰과 지적이 유의미하다면 '실제적 동의'나 '선택적 동의'보다 '이성적 동의'나 '도덕적 동의'에 각별한 관심을 표명하고 있는 절차적 정의론자들의 접근방식은 상당한 설득력을 지니고 있다고 평가할 수 있다. '도덕적 동의'라면 비교적 절차적 공정성을 담보하는 조건 하에서 가상적 계약자들이 동의할 수 있는 가능성 여부를 점검하는 방식이다. 물론 '도덕적 계약'이나 '가상적 계약'을 구체화하고자 할 때 직면하게 되는 문제는 공정성을 담보할 수 있는 일련의 절차를 구축하는 일이다. 당연히 공정한 일련의 절차를 구축하는 일은 결코 쉬운 작업은 아니다. 그것은 적어도 일정 수준의 논리성과 동기성, 그리고 규범성을 충족시켜야 하기 때문이다.

이를 충족시키기 위하여 롤즈는 '무지의 베일'을 쓴 상황에서 심사숙고한 선택의 방식을, 하버마스는 '이상적 언어소통상황'에서 담론(談論)의 방식을 원용하고 있다. 물론 '도덕적 계약'에서 규범의 당위성은 말할 나위도 없거니와, 특히 규범이 아무리 타당해도 사람들이 좋아하지 않는다면, 무슨 소용이 있겠는가. 따라서 '도덕적 계약'에서는 동기(動機)의 문제를 해결할 수 있을 정도의 논리성을 충족시켜야 할 것이다. 도덕성을 확보한 '규범적 동의'와 동기를 유발시킬 수 있는 '실제적 동의'의 범주에서 최적의 균형을 취할 수 있는 대안이란 '논리성'과 '규범성'을 골고루 충족시킬 수 있는 가상적 상황의 설정이다. 즉 가상적인 사람들이 정의로운 사회를 지배할 일련의 도덕적 원리를 선택하게 되는 가상적 상황을 설정하는 것이다. 따라서 '가상적 동의'는 엄밀한 의미에서 '도덕적 동의'가 되는 셈이다. 특히 동기의 문제와 관련하여 짚고 넘어가야 할 점이 있다. 도덕적 동기는 자기이익(self-interest)의 범주와 연계될 수 있다는 사실이다. 롤즈는 자기이익을 추구하는 계약자들을 상정하고 있지 않은가! 그러나 그렇다고 해도, 극단적 범주나 단기적 의미의 자기이익은 가상적 계약이나 이상적 언어소통상황에서 사라지고, 그 대신 장기적 의미의 자기이익이나 '개화된 자기이익(enlightened self-interest)'이 두드러질 수밖에 없다. 롤즈에 있어 자기이익이 '무지의 베일'을 통하여 순화된다고 한다면, 하버마스에 있어서는 각자가 자신의 의견을 말할 수 있는 평등한 기회가 보장되어야 한다는 '대칭성의 조건(symmetry condition)' 하에서 퇴색된다.

주지하는 바와 같이 전통적인 동의론에서는 좁은 의미의 자기이익의 범주가 현저했다. 협소하게 정의된 이기주의적인 '나'의 입장에서 국가의 권위에 동의할 수 있어야 한다는 점에 집착하고 있었기 때문이다. 그 결과 '나의 진정성(眞正性, authenticity)'에 대한 강조, 혹은 시민 개인에게 즐거움과 혜택, 보상을 공여하는 요소들에게 배타적으로 주목하려는 경향이 주류를 이루었고, 이러한 고려사항들에 입각하여 국가에 대한 복종의 의무와 의무의 한계를 규정하려는 태도를 보여온 것이다. 그러나 이러한 관점에서 국가에 대한 동의와 복종의 문제를 접근하는 것은 가능한 일도 아닐 뿐 아니라, 바람직하지도 않다는 것이 절차적 정의론자들의 판단이다. 절차적 정의론자들은 당연히 정치적 복종의 논리와 관련하여 '이기주의적 나'의 이익과 즐거움, 혹은 보상을 강조하는 것이 아니라 '도덕적인 나'의 의무와 권리를 중시하고 있다. 따라서 정의로운 국가권위가 작동하고 국가권위가 도덕적으로 정당화 될 때, 비로소 국가는 시민들에게 자신의 명령과 부름에 복종하도록 도덕적 의무(moral obligation)를 부과할 수 있다는 의미이다. 정의로운 국가는 자신의 이익을 추구하는 '이기주의적 시민' 보다는 정의감을 지니고 있는 '도덕적 시민'에게 호소력을 갖게 마련이다. 바꾸어 말하면 시민은 정의로운 국가에 대하여 복종할 도덕적 의무를 지니게 되는 셈이다.

정치적 복종의 도덕적 의무란 구체적으로 무엇인가? 도덕적 의무는 무엇보다 다른 범주의 복종의 의무와 차별화될 수 있다는 차원에서 일단 소극적 의미에서 정당화될 수 있다. 정의로운 국가의 권위는 그 권위가 정당하다고 믿는 시민들의 신념(belief)에 의하여 정당화되는 것도 아니고, 샤아(J. Schaar 1970)가 주장하는 것처럼 국가 이외에 그리고 국가 위에 군림하는 관습이나 헌법에 의한 권위의 원천에 의존하는 것도 아니며, 혹은 시민들의 '묵시적 동의'나 '명시적 동의', 혹은 '자발적 동의'에 의해서 정당화되는 것도 아니다. 또한 민주선

거를 통해서 다수의 시민들로부터 지지를 받았다는 차원에서 정당화되는 것도
아니며, 다른 정부가 정당하다고 인정했기 때문에 정당화되는 권위도 아니다.
같은 논리적 맥락에서 국가에 복종해야 할 도덕적 의무는 시민들이 국가와 맺
는 실제적 계약에서, 혹은 그 이외에 다른 형태의 가능한 동의, 혹은 피트킨(H.
Pitkin 1966)의 주장처럼, 사람들이 왜 국가에 복종하느냐 하는 질문을 받았을
때 답변하는 과정에서 나오는 '가상적 동의', 혹은 일련의 공리주의적 고려에
의해서 정당화되는 것도 아니다. 상기의 논리에 입각하여 국가의 권위에 복종한
다면, 도덕적인 복종이라고 말할 수 없다.

    이에 비하여 복종의 도덕적 의무를 적극적으로 규정한다면, 행위자 자신이
구축한 도덕률에 대한 복종의 의무에서 추출될 수 있다고 하겠다. 우선 국가권
위가 도덕적으로 정당화될 때, 즉 '내'가 특정한 도덕적 원리 구축에 적극 참여
함으로 문제의 원리가 추출되었으며, 문제의 도덕적 원리를 준수하며 작동하는
국가가 존재한다고 할 때 국가권위에 복종하지 않거나 복종의 의무를 받아들이
지 않는다면, 그러한 행위는 모순이 될 수밖에 없다. 그것은 바로 '내'가 한 행
위의 정당성과 자발성을 스스로 부정하는 결과가 되지 않겠는가? 뿐만 아니라
정의로운 국가에 대한 복종은 마치 정의의 원리나 도덕적 규범에 복종하는 행
위가 도덕적 의무가 되는 이치와 동일하다. 만일 모세의 십계명(十誡命)의 도덕
률이 타당하다면, 혹은 칸트의 정언명법이 타당하다면, 이에 복종하는 행위야말
로 도덕적 의무가 아니겠는가! 정의의 규범에 복종하지 않는 사람이라면 불의
한 사람이 되는 것이며, "인간을 목적으로 대우하라"는 칸트의 정언명법에 복종
하지 않고 "인간을 수단으로 대우하는" 사람이 있다면, 인종 청소주의자나 인종
차별주의자, 혹은 고문기술자가 될 듯하다.

    결국 정의로운 국가에 복종하는 행위는 정의의 규범에 복종하는 행위이다.
롤즈의 무지의 베일 속에서 도출된 정의의 원리를 구현하고 있는 국가에 복종
하는 것은 이미 도덕적인 복종이며, 하버마스의 이상적인 언어소통상황에서 나
온 원리들을 구현하고 있는 국가에 복종하는 것도 역시 도덕적 복종이 아닐 수
없다. 도덕적인 복종에서는 '내'가 국가에 복종함으로 어떠한 혜택이나 이득, 보
상을 향유할 수 있는지에 관해서는 별로 관심이 없다. 이것이야말로 의무론적
논리의 전형이 아닐 수 없다.

    두말 할 나위 없이 시민의 의무에 주목하는 복종주의자들 가운데 유독 '도

덕적 의무'를 강조하는 경향이야말로 절차적 정의론자들의 특징이다. 정의로운 국가에 대한 복종은 정의에 대한 복종과 마찬가지로 자명한 측면이 있다. 그러나 물론 그 역풍도 심각하다는 점이 문제이다. 만일 좋은 질서를 갖지 못한 사회의 국가 혹은 왜곡된 의사소통상황에서 나온 법이나 정책들에 복종하는 것은 불의한 일이 아니겠는가! 하지만 현실적으로 작동하는 국가가 정의로운 국가에서 일탈하는 정도가 심각하다면, 정치적 복종보다 정치적 불복종이 도덕적 의무가 되는 셈이다.

Ⅳ. 롤즈와 차등의 원리

롤즈의 『정의론(A Theory of Justice 1971)』은 정의의 원리에 대한 문제와 더불어 사회계약론적 사고에 대한 관심을 고조시키는 계기가 되어 왔다. 홉스나 로크, 루소 등 고전적 사회계약론자들의 사회계약적 발상이 정부의 본질과 성격을 규명하는 데 초점이 맞추어졌다면, 롤즈의 가상적(假想的) 사회계약은 정의의 원리를 도출하는 데 원용되었다. 롤즈의 제안은 간단하다. 정의의 원리를 도출하기 위해서는 우리와 함께 생활하게 될 사람들과 합의를 이루어야 하는 계약적 상황에 위치하고 있다고 가정해 보자는 것이다. 이러한 가상적 합의 상황에서 구체화되어 나오는 정의의 원리라면, 당연히 우리에게 가능한 경합적인 정의의 원리들 가운데 가장 명쾌하게 방어될 수 있는 정의의 원리가 될 것이라는 것이 롤즈의 생각이다. 문제의 정의관은 그가 규정한 '순수절차적 정의(pure procedural justice)'의 범주에 전적으로 부합한다고 하겠다.

롤즈가 원용하고 있는 사회계약론적 발상은 고전적 사회계약론자들의 전통보다는 칸트의 계약론적 입장과 보다 직접적으로 연계될 수 있겠는데, 『정의의 형이상학적 요소(The Metaphysical Elements of Justice)』에서 나타나는 칸트의 통찰이 롤즈에게 심대한 영향을 끼친 것은 주지의 사실이다. 칸트가 사회계약을 언급하는 것은 고전적 사회계약론자들처럼 정치적 권위의 본질과 존재 이유를 설명하기 위한 것이 아니라 '이성의 개념(idea of reason)'에 의하여 정의로운 입법의 형식과 내용을 결정하고 평가하는 데 그 목적이 있다. 특히 칸트는 '원초적 계약(original contract)'의 개념이야말로 특정 정책이 사회를 위하여 정의로운지의 여부를 판별하는 데 원용될 수 있음을 밝히고 있다. 칸트 (1970, 79)는 단도직입적으로 사람들이 과연 어떤 법안에 합의할 수 있겠는가를 질문함으로써, 이러한 질문이 도덕적으로 유의미한 '사고 실험(思考實驗, thought experiment)'을 구성할 수 있다고 주장한다.

"우리는 올바른 입법을 위한 목적으로 공동의 공적인 의사를 형성하기 위한 공동체에서 모든 사적인 개인들의 의사의 연합에 기반을 둔 이 계약, 즉 원초적 계약(contractus originarius) 혹은 사회계약(pactum sociale)이 실제로 하나의 사실로 존재한다고 상정할 필요가 없다. 왜냐하면 그러한 일은 불가능하기 때문이다. 그것은 오히려 이성의 개념(idea of reason)으로 의심할 바 없는 실천적 현실성을 갖고 있다. 왜냐하면 계약의 개념은 모든 입법자로 하여금 법을 만들 때 문제의 법이 전체 공동체의 일치된 의사에 의해서 산출될 수 있을 것으로 생각하고 각 시민이 시민권을 주장할 수 있는 한 일반의사 안에서 동의한 것처럼 각 시민들을 간주하도록 구속력을 행사할 수 있기 때문이다. 이것이 바로 모든 공법이 정의로운지를 검증할 수 있는 절차이다. 만일 어떤 법이 전체의 구성원들의 입장에서 그에 가상적으로 동의할 수 없을 정도의 법이라면 문제의 법은 불의한 셈이다."

상기 통찰의 의미는 명백하다. 칸트에 있어 사회구성원들이 특정 법에 가상적으로 동의할 것인가를 면밀히 검토해 본다면, 문제의 법이 정의로운지를 어느 정도 가늠할 수 있다. 예를 들어 노예제를 허용하여 일부 사람들을 노예주로 만드는 법이 있다면, 노예가 될 사람들의 입장에서는 문제의 법을 거부할 것이 확실하지 않은가! 반대로 모든 개인에게 평등한 자격을 인정하는 정책이나 법들에 관한 한, 모든 구성원들은 순순히 동의할 것인바, 가상적 동의는 이러한 정책이나 법들이 정의롭다는 반증이 될 것이다. 그러므로 가상적 상황에서 사람들이 어떠한 내용의 정책이나 법에 합의할 것인가 하는 문제에 대하여 심사숙고할 수 있다면, 정부가 채택하는 법이나 정책의 도덕적 적실성을 검증할 수 있는 중요한 기준이 될 수 있을 것이다. 다시 말해서 사회계약에 관한 사상은 '도덕적 검증 절차(moral proof procedure)'라고 규정할 수 있는 셈이다.

보다 근본적으로 사회계약의 비전이 법이나 정책의 도덕적 적실성과 관련하여 검증 방안이 될 수 있는 근거는 무엇인가? 사회계약적 비전을 원용할 때 사람들은 단순히 '수단(means)'이 아니라 그 자체로 '목적(end)'으로 대우받을 수 있다는 것이 칸트(1964, 제 2 장)의 주장이다. 만일 모든 사람들이 단순히 다른 사람의 목적에 대한 수단이 아니라 내적으로 가치 있는 존재로 간주된다면, 각 개인의 중요성과 이익은 다른 모든 사람들에 의해서 인정되고 제도적으로 보호될 것이다. 법이나 정책에 대한 사회계약적 검증절차야말로 문제의 법이나 정책이 사회구성원 각자의 이익과 생활전망을 존중하는 정책인지 아닌지를 판별할 수 있게 만드는 준거적 절차가 되는 셈이다.

칸트의 비전을 이어받는 논리적 맥락에서 롤즈도 사회계약의 검증절차는 공리주의와는 대조적으로 개인을 진지하게 고려하는 절차라고 상정한다. 롤즈에 의하면, 공리주의적 계산 방식에서 개인들간의 경계선은 함몰되어 무분별하게 통합되어 버리는데, 그 과정에서 각 개인들에게 도덕적으로 중요한 범주, 즉 각 개인들의 복리도 한꺼번에 뒤섞여 버리고 만다. 결국 공리주의적 계산에서 중요한 것은 본의적 의미에서 '개인의 복리'라기보다는 이 '혼합된 개인복리들'의 범주에 불과하다. 다시 말해서 공리주의는 문제의 총체적 복리가 개인들에게 어떻게 배분되고 있는지 관심이 없으며, 심지어는 총체적 복리가 극대화되는 한, 사회구성원들 사이에 매우 불평등한 자원의 배분도 허용하는 결과를 야기하게 된다. 그러나 엄정한 정의의 원리라면, 단순히 사회 총체적 복리를 넘어서서 각 개인의 개별적인 복리 문제에 관심을 표명해야 한다는 것이 롤즈의 입장이다. 강조하자면, 롤즈(1971, 29)는 개인들을 사회라는 단일 범주에 무분별하게 함몰시키는 도덕적 사고의 절차를 지지하기보다는 '개인의 개별성(separateness of persons)'을 존중하고 이를 보존하는 정의의 원리가 구축될 필요가 있다고 강조한다.

"일반적으로 공리주의는 개인주의적 성향을 지니고 있는 것으로 생각해 왔으며 또한 이렇게 생각할 만한 타당한 이유도 있다. 공리주의자들은 사상의 자유에 대한 강력한 옹호자였으며 사회의 선은 개인들이 향유하고 있는 이득에 의하여 구성된다고 주장하고 있다. 그러나 공리주의는 보다 자연적 반성의 과정을 통하여 생각해 보면 개인주의적 성향을 지닌 것이 아님이 분명한데, 모든 욕구체계를 뒤섞어 놓음으로 한 사람을 위한 선택의 원리를 사회에 적용하고 있기 때문이다."

즉 공리주의적 사고의 절차는 하나의 커다란 객체의 한 부분으로 사회에서 살고 있는 사람들에 의해서 체험되고 있는 복지를 고려하고 있으나, 사회란 여

러 사람들로 구성되어 있는 실체이니만큼, 각 개인들은 각기 자기자신의 복리를
위한 관심과 존중을 요구할 만한 존재로 대우받아야 하지 않겠는가! 이와는 대
조적으로 합의나 계약에 관련된 사고절차는 각 개인의 존엄성을 보장하는 방식
으로 개인의 개별성을 존중하게 될 것인바, 이러한 개인의 개별성 존중이야말로
정의의 원리에 부합하는 상정이라고 하겠다. 계약주의 논리의 강점은 정의의 원
리를 안출하는 데 있어 각 개인의 입장과 요구를 중시하게 된다는 점에 있다.
다시 말해서 사회의 다수가 이득이나 혜택을 향유하기 위하여 소수의 사람들에
게 일방적 희생을 강요하는 원리란, 계약이나 합의 절차를 원용한다면 합의의
대상이 되지 못하리라는 점이 명백하지 않은가? 따라서 정의에 관한 계약론적
사고야말로 정의로운 국가가 채택하고 시행해야 할 공공정책들과 법들이 무엇
인지를 가늠해 줄 수 있을 정도로 정의의 본질을 비교적 완벽하게 규정할 것인
바, 문제의 정의의 원리란 각 사람의 '도덕적 요구(moral claim)'에 입각한 내
용이 될 것이다. 그리고 이러한 정의의 원리야말로 일반 사람들이 직관적으로
생각하는 정의의 범주에 부합하리라는 것이 롤즈의 의견이다.

　한 걸음 더 나아가, 롤즈는 계약론적 절차는 구체적인 법이나 정책들보다는
대규모의 비교적 추상적인 정의의 개념들을 검증할 수 있을 것이라고 주장한다.
정의의 원리가 도출되었을 때, 그것은 구체적인 법이나 정책들을 검증함으로 정
의로운 입법행위를 점진적으로 증진시키기 위한 기준으로 작용하기보다는 '좋
은 질서를 가진 사회(well-ordered society)'에 대한 일종의 '마그나 칼타
(magna carta)', 즉 대헌장으로 기능하게 되는 셈이다. '좋은 질서를 가진 사
회'를 구축하는 데 있어 점진적 방식보다 전체론적 방식이 요구되는 이유는 개
인들이 대규모의 사회제도에 의하여 상당한 영향을 받고 있기 때문이다. 거시적
인 사회제도들이 전반적으로 정의의 원리의 관점에서 평가되고 교정될 경우, 비
로소 각 개인을 존중하는 방식으로 이들 제도가 작동되리라고 기대할 수 있다.
하지만 정의의 원리는 거시적 차원에서 사회제도, 경제적 틀, 혹은 정치제도의
구조적 특성을 평가하고 구축하는 데 원용될 수 있을 뿐 아니라, 보다 구체적인
법안이나 정부의 정책을 평가하는 유용한 준거도 될 수 있다는 것이 본 연구의
판단이다.

　롤즈는 그러한 정의의 원리를 구축하기 위하여 우리에게 '사고의 실험'을
시도할 것을 요구한다. '사고의 실험'을 통해서 사람들은 특히 두 가지 정의의

원리, 즉 공리주의적 정의 원리와 롤즈 자신이 구축하고자 하는 계약주의적 정의 원리 가운데 하나의 원리를 선택할 수 있을 것이다. 이와 관련하여 계약을 맺는 당사자들이 합의할 만한 정의의 원리는 최선의 대안이 구축될 때까지 그리고 그 이상 더 나은 양질의 대안이 출현할 수 없을 때까지 정의의 개념을 가장 설득력 있게 구체화할 수 있는 원리일 것이라는 것이 롤즈의 의견이다. 보다 구체적으로 그러한 정의의 원리는 다음과 같은 두 가지 형태로 나타난다.

제 1 원리: 각자는 모든 사람의 유사한 자유체계와 양립 가능한 평등한 기본적 자유의 가장 광범한 전 체계에 대한 평등한 권리를 가져야 한다(평등한 자유의 원리).

제 2 원리: 사회적·경제적 불평등은 다음 두 가지, 즉 (1) 그것이 정의로운 저축원리와 양립하면서 최소 수혜자에게 최대 이득이 되고(차등의 원리), (2) 공정한 기회균등의 조건 아래 모든 사람에게 개방된 직책과 지위에 결부되도록 배정되어야 한다(기회균등의 원칙).

롤즈는 상기 정의의 두 가지 원리 가운데 '우선성의 규칙(priority rule)'을 주장한다. 제 1 우선성의 규칙은 자유의 우선성을 의미하는데, 정의 원리들의 순위는 축차적 서열(lexical order)로 되어야 하며, 따라서 자유는 오직 자유를 위해서만 제한될 수 있다고 규정하고 있다. 자유의 평등 가운데 두 가지 경우가 관심사항인데, (1) 덜 광범위한 자유는 모든 이가 공유하는 자유의 전 체계를 강화할 경우에, (2) 덜 평등한 자유는 자유를 작게 가진 자들에게 용납될 수 있을 경우에 한하여 허용될 수 있다.

그런가 하면 제 2 우선성의 규칙은 효율성과 복지에 대한 정의의 우선성을 말하는 것으로, 정의의 제 2 원리는 서열상 효율성의 원리나 이득 총량의 극대화 원리에 우선적이며, 따라서 차등의 원리는 공정한 기회에 우선해야 한다. 여기에는 두 가지 경우가 현저한데, (1) 과도한 저축률은 결국 이러한 노고를 치르는 자들의 부담을 경감시키는 경우에, (2) 기회의 불균등은 적은 기회를 가진 자의 기회를 증대해 줄 경우에 허용될 수 있다.

롤즈는 우선성의 규칙을 통하여 정의의 제 1 원리가 제 2 원리보다 선행함으로 자유의 평등이 사회·경제적 자원의 배분보다 선행한다는 점을 지적하고 있다. 그 이유는 일정한 경제발전 수준을 감안할 때, 경제적 이득을 위하여 투표권을 희생하는 것은 합리적이지 않기 때문이다. 그런가 하면 제 2 원리 가운데 (2)

의 기회균등의 원리가 (1)의 차등의 원리보다 '기술적 의미'에서는 우선하나, '규범적 차원'에서는 차등의 원리가 기회균등의 원리보다 우선한다. 최소수혜자들에 대한 관심을 강조하고 있다는 점이 차등의 원리의 특성이다.

차등의 원리의 기본사상은 간단명료하다. '일차적 재화(primary goods)'는 그것의 불균등한 분배가 최소수혜자에게 이득이 되지 않는 한, 균등하게 분배되어야 한다는 것이다. 이러한 의미에서 차등의 원리에는 강력한 평등주의적 요소가 내재해 있다고 할 수 있다. 하지만 그렇다고 롤즈가 불평등 자체를 반대하고 있는 것은 아니다. 물론 자유의 불균등한 분배는 결코 바람직하지 못하나, 자원의 불균등한 분배는 일부 사람들에게 더 많은 재화가 공여됨으로 생산성이 높아져 사회전체의 '파이(pie)'가 커질 수 있다면, 최소수혜자에게 이로운 것이며, 더 나아가 모든 사람에게 이로운 것이다. 일부 사람들에게 더 많은 재화를 공여함으로 사회의 생산성이 높아져 모든 사람들의 복지가 제고될 수 있는 데도 불구하고 자원의 불균등 분배를 허용하지 않는다면, 그것은 비합리적인 '질투(envy)'에 불과하다. 이러한 관점에서 볼 때, '차등의 원리'는 엄격한 평등주의적 원리가 아닌 것이 분명하다. 그러나 한편 자원 소유의 불평등 정도가 극심하다면 '이유 있는 질투(reasonable envy)'가 정당화될 수 있다고 판단할 수 있겠는데, 극단적 형태의 불평등은 일부 사람들의 자존감(self-respect)에 부정적으로 작용할 수 있기 때문이다. 강조하자면, '차등의 원리'는 일차적 재화 가운데 하나인 자존감이 수용할 만한 불평등에 제약요소로 작용할 수 있다는 사실을 받아들이고 있다.

롤즈는 자신이 구축한 정의의 원리가 사람들에게 받아들여질 것이라는 주장을 개진하는 데 있어 단순히 일반적 직관(intuition)에 호소하는 것은 아니다. '공정성으로서의 정의'가 직관의 수준을 넘어서서 객관적으로 '순수절차적 정의'의 범주에 완벽하게 부합하다는 점을 입증하기 위해서 정의의 원리 도출과정을 매우 상세하게 기술하고 있기 때문이다. 뿐만 아니라 합의의 상황을 구체화하는 설명방식에서 계약주의적 '도덕적 검증 절차(moral proof procedure)'를 활용하고 있는데, 정의의 본질을 이해하는 데 있어 어떠한 도덕적 사상이 그 기조가 되어야 하는가 하는 점도 중요하지만, 이에 못지않게 사고의 과정을 도덕적으로 왜곡시킬 수 있는 외생적 요인들을 배제하고자 하는 것이 그 목적이다.

이와 관련하여 롤즈는 사람들이 합의과정에서 직면하게 되는 사회계약의

상황을 구체적으로 그리고 매우 정교하게 기술하고 있다는 점을 강조할 필요가
있다. 롤즈는 계약자들이 정의의 원리들을 구축하는 과정에서 무엇을 진지하게
고려하고 있는지 혹은 무엇을 고려사항에서 제외시키고 있는지를 명시한다. 특
히 이 상황은 '원초적 상태(original position)' 라고 지칭된다. 롤즈가 원초적
상태라고 부르는 상황에서 가장 중요한 특성은 사람들이 '무지의 베일(veil of
ignorance)' 을 쓴다는 사실이다. 자기자신들의 편견과 아집, 혹은 그 밖에 정의
의 원리에 대한 선호를 도덕적으로 왜곡시킬 수 있는 모든 요소들로부터 자유
롭게 되기 위하여 무지의 베일을 쓴 사람들은 사회적 위치와 자기자신의 타고
난 자질로부터 차단된다. 즉, 무지의 베일의 구도에 의하여 계약자들은 객관적
이고 불편 부당한 방식으로 정의에 대한 선호를 형성할 수 있는 상황에 직면하
게 되는 셈이다. 롤즈(1971, 18-19)는 다음과 같이 강조한다.

"여기서의 목적은 우리 자신들에게 정의의 원리들의 논증 그러므로 정의의
원리 그 자체에 부과하는 것이 순리적인 그러한 제약점들을 명백하게 만드는
데 있다. 그러므로 누구도 원리의 선택에서 자연적 행운이나 혹은 사회적 환경
에 의하여 특혜를 받거나 불이익을 받는 일이 없어야 한다는 것은 당연한 일이
다. … 사람들을 당황하게 만들고 편견에 의하여 인도되는 것을 허용할 수 있는
우연적 요소들에 대한 정보를 차단할 수 있게 된다. 이러한 방식으로 무지의 베
일은 자연스럽게 도달하게 된다."

이처럼 우발적 요소들(contingencies)에 대한 정보가 차단된 후 계약상황
에 봉착하게 되는 사람들은 일종의 '도덕적인 인격체(moral personalities)' 로
전환되는 셈이다. 원초적 입장에 위치한 계약자들의 선호가 '도덕적으로 임의적
인 일련의 요소들(morally arbitrary factors)' 에 의하여 왜곡되거나 편향되지
않는 한, 도덕적 권위를 향유하게 된다고 말할 수 있기 때문이다. 무지의 베일을
쓴 계약자들은 합리적 행위자 모델(rational agent model)에 부합될 수 있는
자기이익추구의 개인들로서, 질투심이 없고 남의 사정에 대하여 무관심하고 정
상적인 모험심을 가지며, 또한 자기자신들에게 좋다고 생각되는 목표를 성취하
기 위한 계획을 추진할 수 있는 능력과 정의감(sense of justice)을 갖고 있는
개인들이다.

한편 롤즈는 원초적 상황에서 무지의 베일을 통하여 다수의 임의적 요소들
을 차단했으나, 그럼에도 불구하고 계약당사자들이 고려해야 할 일련의 사항들

이 존재하고 있음을 강조하고 있음은 흥미로운 일이다. 따라서 이러한 사항들에 유의하면서 롤즈의 계약 당사자들은 정의의 원리를 선택하게 되는데, 그 사항들은 다음과 같다.

첫째로 계약당사자들은 '정의의 상황(circumstances of justice)'이 자기 자신들의 사회에 적용이 된다는 사실을 알아야 한다. 이와 관련하여 특히 두 가지 점이 중요한데, 우선 재화는 적절한 희소성의 상태(moderate scarcity)를 유지하고 있어야 한다는 점이다. 재화가 너무 부족하다면 정의의 원리는 불가능하며 재화가 너무나 풍요한 상태라면 정의의 원리는 필요 없을 것이다. 그러므로 재화가 비교적 적정수준의 희소성을 유지할 때 비로소 정의 원리의 필요성이 입증될 것이다. 그런가 하면 인간은 온건한 형태의 이기주의적 성향(moderate egoism)을 띠고 있어야 한다는 조건이 요구된다. 만일 인간이 홉스의 인간처럼 지나치게 이기주의적 성향을 노정한다면, 정의의 원리는 존중될 수 없을 것이다. 이와는 반대로 인간이 너무나 이타적 존재라면, 역시 정의의 원리는 작동할 필요조차 없을 것이다. 계약당사자들은 자기자신들의 이해관계는 냉정히 따지는 존재이기는 하나, 상대방의 이해관계에는 비교적 무관심한 '상호무관심성(mutual disinterestedness)'을 지니고 있어야 한다.

두 번째로 계약당사자들은 자기자신들이 원하고 있는 내용에 대해서 확실히 인지하고 있어야 한다. 원초적 입장의 계약자들은 무지의 베일을 쓴 이상, 자기자신들이 가지게 될 욕구의 구체적인 내용들은 알 수 없으나, 일단 '일차적 재화(primary goods)'를 가능한 한 많이 원할 것이라는 점은 분명하다. 일차적 재화에는 재산, 수입, 권력, 자유, 기호, 자존감 등이 포함되는데, 이들 재화는 개인들이 자기자신의 삶의 계획(life plan)을 실현하는 데 수단이 되는 등 수단적으로 가치 있는 재화들이라고 하겠다. 또한 롤즈는 계약당사자들을 단순한 고립적 개인보다는 일종의 '가부장(heads of families)'으로 설정한다. 가부장(家父長)으로서 계약자들은 문제의 일차적 재화들과 관련하여 자기자신들뿐만 아니라 자신들의 후손을 위해서도 보장될 수 있기를 원하지 않겠는가! 정의의 원리는 현세대뿐만 아니라 후세대를 위해서도 작동할 수 있도록 설계되어 있는 셈이다.

세 번째로 계약당사자들은 자기자신들의 계약과 결정이 '정의 개념의 제약적 요소(constraints of the concept of right)'에 의하여 지배되는 것으로 이

해해야 한다. 문제의 제약적 요소란 어떠한 정의의 원리라도 시민들 사이에 경
합하는 요구들을 효과적으로 평가하고 선별하는 데 적절한 원리로 작동하기 위
해서 만족시켜야 하는 요소들이다. 즉 모든 원리들은 그 표현에 있어 일반적
(general)이어야 하고, 그 적용에 있어 보편적(universal)이어야 한다. 뿐만 아
니라 모든 계약당사자들이 스스로 공공적 정의관을 위한 원리들을 선택하고 있
음을 알아야 한다는 공지성(publicity)이 요구되며, 또한 정의관을 구성하는 원
리들 간에는 서열(ordering)이 존재하므로 이로 인해 상충하는 요구들 사이에
서열이 정해진다는 사실을 알아야 한다. 마지막으로 계약 당사자들은 제 원리의
체계를 실생활의 판단에 있어 최종적 법령으로 평가하게 된다는 최종성
(finality)의 조건도 중요하다.

　　네 번째로 계약당사자들은 맥시민(maximin) 규칙을 사용하여 정의의 원리
를 선택해야 한다. 맥시민 규칙이란 계약당사자들이 자기자신들의 최소의 생활
전망을 극대화하는 전략이다. 이 전략은 불확실성 상황에서 사람들이 결과에 대
한 확률을 예측할 수 없을 때 사용하는 행동규칙이라고 하겠다. 롤즈는 무지의
베일을 쓴 상태야말로 자신이 부자인지 가난한지 혹은 능력이 있는지 없는지
확률을 짐작조차 할 수 없는, 엄혹스럽게 불확실한 상황이라고 규정한다. 그러
므로 계약당사자들은 자기자신들이 최소수혜자의 상태로 추락할 사태에 대비해
서 방어적으로 선택을 하게 된다. ‘안전제일’의 맥시민 전략이야말로 불확실성
의 상황에서 극단적으로 안정을 추구하는 전략이 되기 때문이다.

　　그러므로 이 모든 제약조건들을 감안할 때, 롤즈의 계약자들은 다음과 같은
사고의 과정을 거치는 것으로 요약될 수 있다. 우선 무지의 베일을 쓰고 다음에
자신과 가족을 위해 최대의 일차적 재화를 추구한다. 다음 단계에서 무지의 베
일을 썼기 때문에 계약당사자들은 각기 사회의 어떠한 입장의 개인이라도 될
수 있다고 판단한다. 마지막으로 사회의 최소수혜자가 될 가능성이 있음을 알고
도덕적 원리에 따르는 형식적 제약을 만족시키면서 문제의 정의의 원리를 선택
한다.

　　롤즈는 이러한 일련의 절차에 의존하면서, 잘못된 직관이나 근거 없는 직관
에 의존하지 않은 채 견고한 기초 위에서 ‘공정성으로서의 정의’를 구축했다고
확신한다. 그러나 그럼에도 불구하고 직관이 ‘공정성으로서의 정의’를 정당화시
키는 과정에서 유용하게 작용하고 있음에는 의문의 여지가 없다. 원초적 입장의

구성요소들이 온당한지를 판별하기 위해서 롤즈는 직관의 사용을 주장하고 있기 때문이다. 논증 자체가 비교적 옹호될 수 있어도 결론이 상식에 어긋날 만큼 특이한 내용으로 나온다면, 그 이론은 성공하지 못한 것으로 판단해야 하며, 따라서 논증을 수정하지 않으면 안 된다는 것이 롤즈의 주장이다. 결국 '반성적 균형(reflective equilibrium)'의 중요성이 부각되는 셈인데, 적절하게 검토되고 심의의 과정을 거친 일반인들의 직관, 혹은 롤즈 자신이 '심사숙고한 확신(considered conviction)'이라고 부르는 요소들이 그 스스로 설정한 정의의 비전과 부합된다는 것이 또한 롤즈의 최종결론이라고 하겠다.

V. 하버마스와 이상적 의사소통상황

하버마스는 본의적 의미에서 국가권위의 정당성이나 정통성의 문제보다는 그것이 자본주의 사회에서 야기되고 있는 위기 가운데 하나와 연계되어 있기 때문에 관심을 갖는다. 이 점에서 로크나 홉스, 및 루소의 관심사와는 다르다. 이들은 원론적 의미에서 국가권위의 정당성 문제에 착안하고 있기 때문이다. 그러나 그렇다고 하더라도 하버마스의 자본주의 사회에서의 정당성의 위기가 일반적 의미에서 국가권위의 정당성에 깊은 함의를 지니고 있다는 점은 부인할 수 없다. 하버마스는 『정당성의 위기』에서 생활세계(Lebenswelt)가 행태적인 규범위주로 조직되어 있다고 주장한다. 행태적 규범은 그 이성적 정당화로부터 최종권위를 부여받고 있다. 실천이성과 의사소통적 실천 및 상호작용의 영역에서 사회체계의 존속을 위해 필요한 개인의 동기들이 생산되기 때문이다. 이 점이야말로 규범을 근거지워야 할 필요성을 제기하는 셈인데, 이와 관련하여 하버마스는 "규범적 타당성 주장의 담론적 구속"이라는 표현을 사용한다.

하버마스에 있어 규범은 이성적인 논증을 통하여 정당화될 수 있다는 확신을 갖고 있다. 가치상대주의자들이나 '이모티비스트들(emotivists)'과는 달리 도덕규범과 가치들은 합리적인 정당화가 가능하다는 것이 하버마스의 입장이다. 정치문제와 실천문제(즉 도덕문제)들은 참이나 거짓이 될 수 있다. 다시 말해서 "진술의 참은 결국 선하고 참된 생활의 의도와 연계된다(1978, 317)." 여러 가지 규범들의 타당성 주장을 평가하기 위한 적절한 모델이라면 실천적 담론의 참여자로서 규범의 타당성 주장을 검증하며 적절한 이유를 갖고, 이들 주장을 받아들이는 한, 주어진 상황에서 제안된 규범들이 옳다는 확신에 도달하게 되는 사람들의 의사소통 공동체(communication community)이다. 하버마스에 의하면, 규범들이 '일반화될 수 있는 이익(generalizable interests)'을 표출하는 한, 이성적 합의(rational consensus)에 기초하고 있다. 혹은 실천적 담론이 진행된다면, 그러한 합의를 발견할 수 있을 것이라는 의미가 된다.

하버마스에 의해 고안된 이 '이성적 합의'의 개념은 '실천적 합의(pragmatic consensus)'와 '규범적 합의(normative consensus)'라는 널리 일반화된 이분법적 구분과는 차별화될 수 있는 제 3 의 대안이라고 할 수 있다. 무엇보다도 시민들이 정치질서를 정당한 것으로 받아들인다면, 일반적으로 기존의 정치질서에 대한 대안이 존재하지 않거나, 혹은 기존의 정치질서를 지지하지 않으면 위험을 감수할 수밖에 없다는 점에서 그 이유를 찾을 수 있다. 이러한 의미의 복종과 합의라면 '실천적 합의'라고 할 수 있다. 이에 비하여 '규범적 합의'에서 시민들은 정치적 질서에 속하는 공유된 규범적 기준을 받아들이면서 이를 내면화한다. 이때의 내면화된 규범은 항상 옳은 것도 아니며, 또한 자발적인 것도 아니다. 이러한 실천적 합의와 규범적 합의는 강제성을 띠고 있기 때문에 제 3 의 합의의 형태를 도입할 필요가 있다는 것이 하버마스의 의견이다. 이 제 3 의 범주야말로 진리에 대한 정당성의 문제를 다루는 합의의 범주로서 '이성적 합의'라고 할 수 있다. '이성적 합의'는 자유롭고 평등한 사람들에 의해서 도달된 합의인 셈이다. 하버마스는 정당성 문제에 있어 시민들의 '신념(belief)'을 바탕으로, 혹은 국가의 결정이 적법한 절차에 의존하고 있다는 사실에 근거하여 국가의 결정들을 권위적인 것으로 간주하려는 견해에 대하여 반대한다. 물론 시민들의 복종은 습관이나 강제, 불충분한 지식 혹은 이해의 부족의 결과일 수 있다. 이 점을 감안하여 잘못된 신념의 내면화, 혹은 불복종의 결과에 대한 두려움과, 한편으로 문제의 특정 규범적 기준이나 기대들을 '상호주관적으로(intersubjectively)' 받아들일 만한 정당성의 '당위'를 구분하기 위한 이성적 기초를 놓으려고 하는 것이 하버마스의 의도이다.

결국 하버마스에 있어 정당한 권위란 원칙적으로 '이성적으로 정당화될 수 있는 권위(rationally justifiable authority)'인 셈이다. 이 경우 우리가 봉착하는 문제는 이성적으로 정당화될 수 있는 규범에 대하여 선택을 할 수 있는 근거가 무엇인가 하는 점이다. 하버마스는 비트겐슈타인(L. Wittgenstein), 오스틴(Austin) 그리고 서얼(Searle)의 연구 결과에 주목하면서, 모든 언어적인 의사소통은 배경적 합의를 전제로 하고 있다고 주장한다. 여기에는 네 가지 상이한 유형의 타당성 주장을 발견할 수 있겠는데, 발설(發說)이나 명제의 진(truth), 인정된 규범적 맥락의 관계에 대한 발설의 타당성(correctness), 진술자의 진실성(veracity), 그리고 발설이나 명제의 언어적 내용의 이해가능성(comprehensibility)이 그들이다(1976, 161). 일반적으로 의사소통행위가 정상적으로 이루어지는 상황에서 이 네 가지 주장들은 의문시되지 않는다. 즉, 정상적인 의사소통 행위에서는 배경적 합의가 존재하기 때문이다.

그러나 이러한 배경적 합의가 붕괴되거나 혹은 존재하지 않는 경우에 하버마스가 '담론(discourse)'이라고 부르는 상황이 야기된다.[3] 담론의 상황에서는 의사소통행위에서 당연한 것으로 받아들여져 왔던 규범과 견해들이 문제시되는데, 단순하게 받아들여져 왔던 규범과 견해의 타당성은 담론을 통하여 합의적 차원에서 그 의미가 확실해질 수 있다. 담론의 결과는 문제가 있는 타당성 주장을 인정하거나 혹은 거부하는 형식으로 이루어진다. 그러한 담론의 목적이야말로 '단순히 받아들여지고 있는 합의(accepted consensus)', 따라서 의문시되고 있고 도전을 받고 있는 합의와 '이성적인 합의(rational consensus)'를 구분하는 데 있다. 결국 담론의 전제와 절차는 진술의 참과 규범의 타당성을 구축하는 기초가 된다는 것이 하버마스의 견해이다.

그러나 합의의 이성성에 대한 결정이 논증에 있다면, 논증 자체의 기준이 무엇인가에 관한 의문이 제기되게 마련이다. 즉 논증은 합의를 전제로 하는 이상, 어떻게 '좋은 논증'과 '나쁜 논증', 혹은 '건전한 논증'과 '부실한 논증'을 구분할 수 있겠는가? 여기에는 끝없는 회귀(regress)의 가능성이 있지 않겠는가? 하버마스는 이러한 문제들에 대하여 심사숙고하며 해결책을 강구하고 있다. 하버마스(1975, 107)에 의하면, 해결책은 '이상적인 의사소통상황(ideal speech situation)'에서 발견된다. "담론은 경험과 행동의 맥락에서 제외된 의사소통의 형태로 담론의 구조는 우리에게 다음과 같은 사실을 확인시켜 준다. 즉, 괄호가 쳐진 주장과 추천 혹은 경고의 타당성 주장은 토론의 배타적 목표가 된다."

담론의 참여자들이 제기하는 주제와 견해들은 문제의 타당성 주장을 검증

---

3) 하버마스(1973, 168)에 의하면, 담론(談論)에서는 논증(論證)만이 나오게 된다.

하는 목적과 관련된 것이라면, 제한되지 않는다. 더 나은 논증의 힘 이외에는 어떠한 힘도 사용될 수 없다. 그 결과 진리를 향한 협력적 탐구 이외의 어떠한 동기들도 담론에서 배제된다고 하겠다.

하버마스에 의하면, 문제의 담론 상황이야말로 모든 주관성과 상호 주관성(intersubjectivity)에 기초로서 작용하고 있는 이상적 상황이 아닐 수 없다. 이상적인 언어소통상황에서 합의는 규제되지 않는 보편적인 담론에서 이루어진다. 일정한 근거를 가진 이성적 합의는 모든 내적·외적 구속여건에서 완전히 자유로운 언어소통상황, 즉 전적으로 양질의 논증의 힘만이 작용하는 언어소통상황에서 성취된다는 의미이다. 합의과정에서 규제가 없어야 한다는 조건은 합의가 모든 사람의 욕구, 즉 '공동의 이익(common interest)'을 표출하게 된다는 점을 보장한다. '이상적인 언어소통상황'은 이상적인 공동체의 존재를 요구하게 마련이다. 그러한 조건하에서 비로소 의사소통능력의 평등성이 보장되고 진리에 대한 협력적인 탐구 이외에 모든 동기들이 배제될 수 있기 때문이다. 물론 '이상적인 언어소통상황'이 하나의 이상을 반영하는 것은 틀림없지만, 그 의미는 보다 광범위하다.

"이상적인 의사소통상황은 경험적인 현상이나 단순한 구성물이 아니며, 담론에서 피할 수 없는 상호주의에 입각한 가상적 상황이다. 문제의 가상적 상황은 반사실적 상황이 될 수 있으나, 언제나 그럴 필요가 있는 것은 아니다. 그러나 반사실적 상황이라고 하더라도, 그것은 의사소통에 있어 효과적으로 작용할 수 있는 허구라고 할 수 있다. 그러므로 이상적 언어소통상황으로부터 기대되고 있는 바는 크다. … 이러한 상황이야말로 우리로 하여금 실제 이루어진 합의가 이성적 합의라는 주장을 할 수 있도록 허용하는 보장책이 되기 때문이다. 동시에 이상적 의사소통상황은 실제로 이루어진 합의를 검토하고 검증할 수 있는 비판적 기준이 된다(1973, 258)."

이상적인 언어소통상황에서 도달된 '이성적 합의'는 모든 규범의 타당성에 대한 최종 기준이 되기 때문에, 다시 말해서 정당한 권위를 위한 규범도 이성적 합의에 의해서 도달되어야 한다는 점을 의미한다. 물론 그러한 이성적 합의는 정치 영역에서 부재하게 마련이다. 그러므로 하버마스는 허위의식의 형태로 비담론적인 법들을 제정하는 의회정치를 비판한다. 이러한 의회 민주정치의 문제점들이란 '잠재적으로 일반화될 수 있는 이익들(potentially generalizable interest)'을 억압하고 있다는 사실에서 지적될 수 있다. 하버마스(1975, 113)는 이익의 개념과 관련하여 "전통에 의하여 뒷받침을 받고 있는 공유된 가치들의 범주로부터 멀어져 주관적이 된 필요(needs)"를 지칭하고 있다. 이러한 이익들 가운데 일부는 "잠재적으로 일반화될 수 있는" 이익들이다. 즉 실천적인 담론의 조건하에서 '공동의 이익(common interest)'이 될 수 있는 이익인 셈이다. 하버마스(1975, 108)에 의하면, "이익이 공동적인 범주가 될 수 있는 이유는 제약이 없는 합의야말로 모든 사람이 원할 수 있는 것만을 허용하기 때문이다. 문제의 공동이익에는 속임수가 존재하지 않는다. 왜냐하면 각 개인이 자신이 원하는 것을 인식할 수 있어야 하는 필요에 대한 해석도 담론적인 의지형성의 대상이 되기 때문이다."

이익의 일반화 가능성을 타진하는 데는 '실천적 담론'이 필요하다. '실천적 담론', 즉 이성적인 의사형성을 목표로 하는 논증에 사람들이 참여하는 방식은 그러한 담론에 요구되는 물질적 조건들이 구체적으로 실현되었을 때, 비로소 가능하다. 반대로 이러한 조건들이 결여되었을 때, 혹은 공유된 필요들을 배제하는 타협이 이루어졌을 때, 우리는 '일반화될 가능성이 있는 이익'들이 억압되었다고 말할 수 있다. 그러한 경우에 비판이론가는 실제적인 정치적 담론에 참여해야 할 이유를 발견하는 셈인데, 참여방식은 기존의 규범적 구조의 이상적인 형태, 즉 '실천적 담론'이 실제로 일어났더라면 가능했을 이상적 구조를 대비시키는 형식으로 나타난다. 이러한 대비와 비교를 통하여 '일반화될 수 있는 이익'들이 상당 수준 억압되고 있다는 사실이 입증된다면, '이성적 합의'가 부재하고 있다는 증거가 될 것이다.

결국 하버마스의 최대 관심사는 사회·정치 생활의 질(質)을 이성적으로 평가할 수 있는 기준, 즉 규범적 기준을 구축하는 데 있다. 특히 하버마스는 자유의 가치를 인정한다. 이것은 '완력(force)'이 아닌, 사람들의 '의사(will)'가 정부의 기초가 되어야 한다는 신념의 표현이다. 또한 정의의 가치를 인정하는데, '힘(might)'이 아니라 '옳음(right)'이 모든 정치사회의 근간이 되어야 한다는 주장이 그 핵심을 이루고 있다. 하버마스는 '실천적 담론', 즉 무제한적이고 비억압적인 의사소통이 구체적으로 실현될 수 있는 사회의 구축을 위한 노력의 필요성을 강조하고 있다. 물론 이러한 이상(理想)이 어떻게 성취될 수 있는지에 대하여 구체적으로 의견을 밝히고 있지는 않으나, 이상 그 자체는 기존의 사회구조를 평가할 수 있는 비교의 기준으로 유의미하게 원용될 수 있을 것으로 생각된다. 어떤 의미에서 본다면, 하버마스는 규범의 타당성에 대한 '실천적 합의(practical consensus)'에 도달할 수 있는 방법들을 제시하고 있는 것으로 볼 수 있다. 보다 일반적으로 규칙과 행위를 정당화시킬 수 있는 최종 근거가 가능하며, 정당화의 형식적 조건들이 정당화될 수 있는 방안이 가능하다고 주장하기 때문이다.

Ⅵ. 롤즈와 하버마스의 공통점과 차이점

상기의 논의에 유의할 때, '이상적인 언어소통상황'에서 도달되는 합의에 대한 하버마스의 비전과 '무지의 베일'을 쓴 사람들이 자신들의 행위를 규제하기 위한 기본 원리들을 선택하는 조건, 즉 원초적 상황에 관한 롤즈의 구도 사이에는 공통점이 있다. 모든 내적·외적의 제약여건으로부터 전적으로 자유로워진 언어소통상황에서 비로소 도덕적이고 이성적인 합의가 도출될 수 있다는 것이 하버마스의 의견이라면, 가상적인 원초적 상황에서 '무지의 베일'을 쓰고 정의의 원리를 선택함으로 도덕적 합의가 이루어질 수 있다는 것이 롤즈의 관점이다. 즉 롤즈와 하버마스는 도덕적이며 이성적인 합의가 이루어지는 '이상적' 상황의 구축에 관심을 지니고 있다는 점이 첫번째 공통점이다. 롤즈가 가상적인 원초적 입장에서 도달될 수 있는 정의의 원리의 관점에서 사회적 합의를 접근한다면, 하버마스는 어떠한 도덕적 원리라도 정당화되기 위해서는 구체화되어야 할 공식적 조건들에 대하여 초점을 맞추고 있다.

두 번째로 롤즈와 하버마스는 공히 롤즈가 표현한 바 있는 '절차적 정의(procedural justice)'의 개념을 원용하고 있다. 절차에 비중을 두게 됨에 따라, 정의로운 것은 일정하게 규정된 조건하에서 이루어지는 사람들 사이의 합의의 결과로 간주되고 있다. 롤즈와 하버마스는 특정한 도덕적 원리들과 가치들에 대한 정당성의 논리가 일정한 형태의 합의에서 출발해야 한다고 주장하고 있는데, 여기서 중요한 것은 정당성 논리의 본질이다. 도덕적 원리를 정당화시키는 논증의 힘은 사람들 사이에 이루어지는 합의의 특성에 달려 있다는 것이 롤즈와 하버마스의 입장이기 때문이다. 롤즈가 '원초적 상황'과 '무지의 베일'을 설정하고, 하버마스가 '이성적 합의'가 순조롭게 실현될 수 있는 일련의 조건들에 주목하는 이유도 관련되는 모든 사람들이 일정한 조건, 즉 자유, 합리성, 평등, 지식 등이 보장되는 이상적(理想的) 조건하에서 합의를 이룰 수 있다면, 바로 그 경우에 한하여 합의된 도덕적 원리나 정의의 원리가 정당성을 갖고 있다고 생각하기 때문이다. 즉 일정한 조건하에서 공식적인 합의가 이루어진 도덕적 원리들만이 타당한 도덕적 원리가 되는 셈이다. 결국 정의의 원리추출에 있어 롤즈와 하버마스의 공통점이라면, '실질적 정의'가 아니라 '절차적 정의'를 추구하고 있다는 점이라고 하겠다.

물론 차이점도 존재한다. 이와 관련하여 세 가지 요소를 거론할 만하다. 우선 롤즈는 '무지의 베일'을 쓴 원초적 상황에서 구체적인 정의의 원리를 도출하고 있는 데 비하여, 하버마스는 '이상적인 의사소통상황'만을 강조할 뿐, 구체적인 도덕적 원리에 대해서는 언급을 회피하고 있다. 특히 하버마스는 구체적인 도덕적 원리를 제시하기 전에 먼저 이상적인 의사소통상황에서 무엇이 일어나고 있는지를 점검해 보자는 입장인데, 이러한 양자의 차이를 보면, 롤즈는 비록 '순수절차적 정의'에 초점을 맞추고 있으나, '완전절차적 정의'의 비전에도 관심이 없는 것은 아니기 때문에, 진정한 의미에서 '순수절차적 정의'의 구조를 원용하고 있는 입장은 하버마스라는 평가가 가능하다. 특히 롤즈에 있어 '무지의 베일' 속에서 도출되어 나오는 맥시민(maximin)에 의한 '차등의 원리(difference principle)'가 실은 불확실성 상황하에서의 매우 보수적인 선택으로 간주되고 있으며, '평균효용 극대화(average utility maximization)'의 원리나 혹은 '재앙회피의 원리(principle of disaster-avoidance)', 혹은 맥시맥스(maximax) 등, 여러 가지 대안적 전략들이 경합하는 상황에서 모험을 기피하는 극도의 '모험회피자(risk-avoider)'들이 선호한 하나의 선택에 불과할 뿐이라는 평가를 감안할 때, 롤즈의 '차등의 원리'는 '순수절차적 정의'보다는 '완전절차적 정의'에 가까운 원리로 이해할 필요가 있다. 즉 '차등의 원리'는 '무지의 베일'을 쓴 행위자들이 만장일치로 선택했기 때문에 도출되어 나온다는 측면보다는, '차등의 원리'가 공정하고 유의미한 원리로 판단되었기 때문에 '무지의 베일'을 쓴 행위자들이 선택한 원리에 불과한 셈이다. 이에 비하면, 하버마스는 담론의 게임규칙(rule of the game)에만 관심을 가질 뿐, 어떠한 구체적인 정의의 원리를 제시하고 있는 것이 아니기 때문에, 마치 롤즈가 예시한 '노름'이나 '추첨의 상황'에 비견될 만큼, '순수 절차적 정의론자'라고 평가할 수 있을 듯하다.

두 번째로 지적할 수 있는 부분은 절차적 정의에서 전제되고 있는 모델의 차이로서 '선택(選擇)'이냐 '토론(討論)'이냐의 문제이다. 롤즈에 있어서 정의 의 원리를 도출하는 원초적 상황은 계약의 상황으로 간주된다. 롤즈 자신도 정 의의 원리 도출과정에서 사회계약적 구도를 원용하고 있음을 분명히 밝히고 있 다. 이 경우 사회계약이란 그 본의적 의미에 있어 서로 다른 이해관계를 가지고 있는 행위자들 사이에 협의를 하고 협상을 하며, 상호 주고받기(quid pro quo) 나 양보의 과정에 의하여 일정한 합의에 도달하게 되는 구도가 아니겠는가. 하 지만 정작 롤즈에 관한 한, 양보와 협상, 이견조정 등의 절차와 과정은 발견되지 않는다. 그 이유는 무엇인가? 롤즈의 원초적 상황에서 등장하는 계약자들은 다 양한 이해관계, 혹은 상충하는 이해관계를 갖고 있는 행위자들은 아니기 때문이 다. 엄밀한 의미에서 롤즈의 계약자는 '다수'가 아니라 '하나'인 셈이다. 모든 계약자들이 '무지의 베일'을 썼기 때문이다. '무지의 베일'을 씀으로 행위자들 이 자신의 타고난 자질과 사회적 위치에 대한 정보에서 완전히 차단됨으로 결 국 다수의 계약자들은 다양성을 상실하고 한 사람의 모습으로 환원된다. 그러나 계약자가 한 사람이라면, 본의적 의미의 계약자라고는 할 수 없고, 오히려 롤즈 가 비판해 마지않는 '공리주의적 관망자(utilitarian observer)'와 비슷한 존재 로 전환된다는 것이 하나의 역설(逆說)이다(김형철 1996). 다시 말해서 롤즈의 구도가 합의의 구도라고는 하지만, 롤즈의 계약자들이 달성하는 '도덕적 합의' 나 '합리적 합의'의 과정은 사회계약적 전통과는 차이가 있는 것이며, 이 점에 서 '협상자(協商者)'보다는 '단독 심의자(審議者)', 혹은 '계약자(契約者)'보다 는 '단독 선택자(選擇者)'의 모습이 두드러진다. 하지만 '단독 선택자'의 모습 이 롤즈가 공언한 사회계약과 어떠한 관계가 있는지 의문이 아닐 수 없다.

하버마스에 있어서는 그 반대의 상황이 야기된다. 하버마스는 명실공히 '이 상적 의사소통상황'에서 관련된 사람들과 또한 앞으로 관련될 공산이 농후한 사람들 사이에 진행되는 토론과 담론에 의한 '이성적 합의'를 주장하고 있기 때문이다. 따라서 담론에 참여하는 각 개인들은 다른 사람과의 대칭적 관계를 전제로, 혹은 자신의 내면적 감정까지도 다른 사람들에게 스스럼없이 표출하기 도 한다. 그러나 담론적 논증을 통하여 특정 도덕적 명제가 선택되려면, 합의과정에서 모든 것을 문제삼을 수 있는 질의응답 및 탐문과정이 성공적으로 진행되어야 하겠는데, 관심의 초점은 근본적인 도덕적 진리의 탐구과정에는 반드시 상호간에 토론을 하는 다수의 사람들이 필요한 것인가 하는 점이다. 혹은 롤즈의 방식대로, 개인 스스로 한 문제에 대하여 깊이 천착하는, 이른바 '심사숙고한 판단(considered judgment)'의 과정을 통하여 유의미한 도덕적 명제를 도출할 수 있는 방안은 불가능한 것일까.

본 연구에서는 물론 토론의 의미와 유용성에 주목하고, 그것이 도덕적 진리의 탐구과정에서 유의미하게 작용한다는 사실을 충분히 인정할 용의가 있지만, 그렇다고 해도 모든 사람들이 토론에 참여하는 방식을 통하여 비로소 유의미한 담론이 이루어지리라고 단정할 필요는 없다고 생각한다. 여기서 롤즈와 하버마스의 접근방식의 차이는 현저하다. 롤즈가 사회계약적 전통을 표방하면서도 결국 '모노로그(monologue)'의 방식으로 선회했다면, 하버마스는 '이상적 언어소통상황'을 상정하면서 '다이어로그(dialogue)' 방식을 선택하기에 이르렀기 때문이다.

특히 이 차이는 정의의 원리의 성격 추출에 있어 상당히 중요한 함의를 가진다고 판단된다. 그것은 '배분적 정의(distributive justice)'와 '결집적 정의(aggregative justice)'의 차이이며, 혹은 '배분적 합의(distributive consensus)'와 '집단적 합의(collective consensus)'의 차이라고 할 수 있기 때문이다. 롤즈에 있어 '결집적 정의'와 대비되는 '배분적 정의'의 의미는 명백하다. 이미 롤즈는 '결집적 정의'의 부당성을 지적하기 위하여 공리주의의 문제점에 착안했기 때문이다. 공리주의의 결함이란 '개인내부의 정의(intra-personal justice)' 문제를 '개인상호간의 정의(inter-personal justice)' 문제로 확대하는데 있다는 것이 롤즈의 평가이다. 한 개인 안에서 고통과 즐거움의 상쇄는 마치 젊을 때 일하고 늙어서 안락(安樂)을 누리는 경우처럼, 정당성을 지닌다. 그러나 서로 다른 개인들 사이의 고통과 즐거움의 상쇄는 정당화되기 어렵다. A가 고통을 받고 있는 상황에서, 그 대신 B가 즐거움을 누린다고 해서 양자 사이에 즐거움과 고통이 상쇄될 수 있는 것은 아니지 않겠는가! 이 점에서 롤즈는 관련되는 각 개인의 참여와 동의하에 이루어지는 합의야말로 '합리적 합의'인 동시에 '도덕적 합의'가 될 수 있다고 굳게 믿고 있는 것이다. 물론 개인의 참여와 동의를 보장하는 과정에서 롤즈는 일정한 대가를 치를 수밖에 없었다. 이미 지적한 바와 같이 전형적인 사회계약론적 방식을 포기했기 때문이다.

반대로 하버마스는 '배분적 합의'보다 '집단적 합의'를 선호한다. 물론 '집단적 합의'의 문제점을 최소화하고 '집단적 이성(collective reason)'의 실패를 방지하기 위하여 각 개인에게 심문(審問)하는 공간을 보장하는 최소한의 조건들을 설정한다. 특히 '대칭성의 조건'이야말로 개인의 평등한 참여를 보장하는 '이상적 언어소통 상황'을 구현할 수 있는 전형적인 조건이 아니겠는가? 그러나 엄밀한 의미에서 본다면, 정의의 원리나 규범적 원리를 도출해 내는 데 있어 반드시 '집단적 합의'를 전제로 해야 하는 것은 아니라고 생각된다. '집단적 합의'를 위해서는 각 개인의 입장에서 전체적 합의를 이성적으로 이끌어 낼 수 있는 원리나 규범을 선호해야 한다. 하지만 '배분적 합의'의 경우에는 그러한 부담은 없고, '나' 자신의 관점에서 이성적으로 판단되는 원리들을 선택하는 것만으로 충분하다. 이 경우 '나'는 다른 사람들도 '나' 자신과 같은 방식과 이성에 의하여 특정 원리와 규범을 선택할 것으로 단정하면 그만이다. 또한 그러한 방식으로 선택된 문제의 특정 원리와 규범이야말로 정의로운 규범이 되는 셈이다. 그러나 '집단적 합의'의 경우에는 바로 이 점에서 예측할 수 없는 부분이 있다. '집단적 합의'는 '배분적 합의'에 비하여 상당히 많은 의문과 쟁점들을 야기하기 때문이다.[4]

예를 들면, 토론 참여자들 가운데 '집단적 합의'가 이루어졌다고 선언할 사람은 누구인가. 문제의 토론종식을 선언하는 대표자는 '나'의 의견과 어떤 관계에 있는가. 혹은 '집단적 합의'의 결과는 '배분적 합의'의 결과와 동일할 수도 있는가 하면, 상이할 수도 있다. 그러나 문제는 '집단적 합의'가 이루어지기 전까지 개인으로서의 '내'가 정의로운 사회의 원리를 정립하고자 심사숙고나 고심을 한다고 해도 이들 노력과 시도는 별다른 의미를 가질 수 없다는 점일 것이다. 더구나 '논증'의 측면뿐 아니라, 전략적 차원에서도 '집단적 합의'는 '배분적 합의'보다 우월하다고 보기 어렵다. 다른 사람들이 성실하고 진지하게 토론하는 경우, '나'는 다른 관심사나 사적인 사안에 몰두하는 등, 무임승차적 사고와 행동이 가능하기 때문이다. 이러한 현상은 '집단적 합의'가 '공공재의 문제'를 내포하고 있기 때문에 발생하는 현상이다.

이를 감안할 때, 문제의 딜레마는 롤즈의 약점을 하버마스가 보완하고 있는

---

4) 이 점과 관련하여 프티트(P. Pettit 1986)의 논의를 참조할 것.

측면이 있으나, 또한 하버마스의 방식도 일정한 약점을 노정하고 있다는 사실에 있다. 이것은 결국 롤즈와 하버마스의 '절차적 정의'의 개념에는 불완전성이 내재해 있다는 반증이 아닐 수 없다. 그러나 그렇다고 하더라도 강조해야 할 점은 '정의로운 국가'라면, 적어도 이러한 수준의 절차적 정의의 기준을 충족시킬 수 있어야 한다는 점에는 의문의 여지가 없다는 사실이다. 물론 롤즈의 무지의 베일이나 하버마스의 이상적 언어소통에 의한 기준을 충족시킨다고 해서, 정의로운 국가가 되는 데 요구되는 충분조건을 충족시킨다고 말할 수는 없을 것이다. 그러나 적어도 정의로운 국가의 필요조건은 충족시킬 수 있을 것으로 생각된다.

Ⅶ. 절차적 정의의 문제

롤즈와 하버마스가 구축한 '절차적 정의'의 근본적인 문제는 무엇인가? 무엇보다도 롤즈와 하버마스의 가상적 선택상황은 현실에서 이루어지고 있지 않을 뿐 아니라, 현실에서 "이루어질 수도 없는" 모델이라는 점이 지적되어야 할 것 같다. 주지하는 바와 같이 가상적 상황의 특성은 그것이 내재하고 있는 '반(反)사실적(counter-factual) 상황'에 있다. 그렇다면 현실로부터 일정 수준 차단되어 있는 허구(虛構)인데도 불구하고, 그러한 '반사실적 상황'에서 도출된 정의의 원리가 어떻게 현실세계에서 구속력을 지닐 수 있는가 하는 문제가 관심사가 될 수밖에 없다. 물론 현실을 비판하고 평가하기 위하여 '반사실적 상황' 설정은 정당화될 수 있겠으나, 정당화의 최소한의 조건이라면, 현실에서 반드시 이루어지지는 않더라도, 적어도 현실에서 "이루어질 만"해야 한다는 점에 있다.

이러한 문제제기는 롤즈와 하버마스에게 똑같이 해당된다. 롤즈의 '원초적 상황'과 하버마스가 주장하는 '이상적인 언어소통 상황'은 현실세계에서 실현될 가능성이 그다지 크지 않기 때문이다. 이미 5장에서 논의한 바와 같이, 우리는 때때로 가상적 상황을 설정함으로 규범성을 추출해 낼 수 있다. 그러나 추출된 규범성의 문제는 규범성의 일정조건을 충족시킬 수 있을지언정, 그 규범성은 현실과 상관 없는 비예측적이며 초현실적인 범주로 전락할 가능성이 적지 않다는 점에 있다. 예를 들어 선거 때 "당신은 투표를 하시겠습니까" 하고 물으면,

응답자 가운데 거의 절대 다수가 "투표를 하겠다"고 응답한다. 그러나 실제의 기권율은 얼마나 높은가. 혹은 "만약 복권에 당첨되어 1억 원이 생기면 어떻게 하겠습니까" 하는 질문을 하면, "1000만원은 불우이웃 돕기에 내겠다"고 답변을 하는 A가 실제로 복권에 당첨되었을 때, 과연 1000만원을 불우이웃 돕기에 낼 것인가 하는 점은 의문이 아닐 수 없다.

이러한 사실들은 가상적 상황에서의 선택과 실제적 선택이 판이할 가능성이 크며, 가상적 선택은 '그림의 떡'에 불과할 뿐, 현실세계에 대한 적실성이 부족한 수밖에 없다는 점을 입증한다. 왜 이러한 차이가 발생하는 것일까? 가상적 상황에서는 언제나 "다른 조건이 동일하다면(ceteris paribus)"이라는 조건이 붙는다. 즉 "다른 아무 일이 없다면," 투표일에 투표할 것인가, 혹은 "다른 아무 일이 없다면," 당첨금을 불우이웃 돕기에 쓸 것인가 하는 질문의 성격이 현저하다.

그러나 문제는 "다른 조건들이 동일한" 그러한 현실은 존재하지 않는다는 사실에 있다. 모처럼만의 투표일은 공휴일이므로, 그 동안 누적된 피로도 풀 겸 아침 일찍부터 등산을 가야 하지 않겠는가? 혹은 당첨되었을 때 집을 옮겨야 할 절박한 사정이 생겼으므로 불우이웃 돕기에 쓰기보다는 아파트 한 채를 사는 데 돈을 보태야 하지 않겠는가? 이처럼 가상적 상황과 현실적 상황이 질적으로 다르다면, 가상적 상황의 선택이 현실적 상황의 선택에서 지침이 되기는 어려운 일이다. 물론 논리적이며 도덕적인 가상적 상황의 설정이 규범성을 도출해 내는 데 유용하다는 점은 부인할 수 없으나, 현실에 대한 적실성이 없다면, 이른바 '초월적 세계(transcendental world)'를 상정해온 정의의 원리나 도덕의 원리와 다를 바 없는 셈이 아니겠는가?

이러한 측면에서 관심의 초점은 '무지의 베일'과 '이상적 의사소통상황'이 현실적으로 가능할까 하는 문제이다. 무엇보다 사람들은 과연 자기자신이 점유하고 있는 사회적 위치나 타고난 자질에서 완전히 차단될 수 있는가 하는 문제에 부딪힌다. 물론 개인의 입장에서는 부분적으로 차단될 수 있겠지만, 완전히 차단되기는 어렵다. 뿐만 아니라 부분적으로 차단될 경우, '얇은' 무지의 베일(thin veil of ignorance)을 쓴다고 말할 수 있고, 거의 완벽하게 차단될 경우, '두터운' 무지의 베일(thick veil of ignorance)을 쓴다고 말할 수 있다. 그러나 '얇은' 무지의 베일을 쓸 경우, 일반적으로 행위자들은 '보험의 원리

(principle of insurance)'를 도출해 내는 것이지, '정의의 원리(principle of justice)'를 도출해 내는 것은 아니다. 즉 '내'가 한국사회에서 최소수혜자가 될 수 있을 가능성을 고려할 때, 국내에서 벌어지는 불우이웃돕기 운동에 동참할 수는 있겠지만, 이디오피아의 최소수혜자가 될 수 있는 가능성이 없다고 믿는다면, 세계 빈민구호 기금조성에 동참할 이유는 없다. 그러나 이러한 선택의 원리는 '보험의 원리'라고 지칭할 수 있을지언정, '정의의 원리'와는 다르다. '보험의 원리'는 결국 '나'의 이기주의적 이익 ──비록 장기적 관점의 이기주의적 이익이겠지만── 에서 정당화될 수 있지 않겠는가. 그러나 '두터운' 무지의 베일을 쓸 경우, '나'는 '보험의 원리'보다 '정의의 원리'를 선택하겠지만, 그것은 현실과는 전혀 무관한 선택이 될 가능성도 농후하다. 뿐만 아니라 '무지의 베일'을 썼을 때, 반드시 맥시민 원리를 선택할 것인가 하는 문제에도 쟁점의 소지가 있다. 맥시민보다 '불충분한 이유의 원리(principle of insufficient reason)'를 선택할 가능성도 배제할 수 없기 때문이다.

이 문제는 하버마스에 있어서도 마찬가지이다. 담론(談論)이 '이상적 언어소통 상황'에서 이루어져 유의미한 심문과정이 가능하기 위해서는 일련의 조건들이 충족되어야 한다. 하버마스는 이를 '대칭성의 조건(symmetry requirement)'으로 규정한 바 있다. 즉 참여자들은 발언할 공정한 기회와 어떠한 토의도 자유롭게 할 수 있는 평등한 기회가 보장되어야 하며, 어떠한 주장이나 어떠한 문제제기도 부담 없이 할 수 있어야 할 것이다. 또한 상호간에 요구를 하고 상호간에 도움을 줄 수 있는 자유롭고 평등한 기회가 주어져야 한다는 점도 주지의 사실이다.

그러나 문제는 현실에서 이러한 '대칭성의 조건'이 과연 만족스러운 수준으로 충족될 수 있는가에 있다. 또한 '대칭성의 조건'이 설사 충족될 수 있다고 해도, 문제의 조건이 반드시 대화에 있어 날카로운 심문의 공간을 보장하는 것이라고 단언하기 어렵다. 만일 일부 사람들이 무관심한 태도를 보인다면, 하버마스의 기대대로, 담론은 철저하게 원래의 목적을 달성하기 어려울 것이기 때문이다. 또한 '이상적 언어소통 상황'에서 참여자들은 논증의 힘에 의해서만 설득되고 영향을 받는다고 해도, 일정한 의견을 '설득력 있게' 개진할 수 있는 논증능력이 참여자들 사이에 어떻게 공평하게 분배될 수 있는지는 의문이 아닐 수 없다. 이 점에 있어 우리나라의 대입논술고사는 중요한 반증의 사례이다. 수험자들 사이에 변별력(辨別力)을 높이기 위하여 실시하는 것이 대입논술고사이기 때문이다.

뿐만 아니라 '대칭성의 조건'이 반드시 '말꼬리잡기' 등의 악습이 배제된 양질의 담론과 수준높은 논증을 산출할는지도 불확실하다. 공익정신(公益精神)에 투철한 사람이야말로 그렇지 못한 사람보다 더 강력한 발언권을 행사할 수 있어야 하지 않겠는가? 그런가 하면 수준 이하의 부실한 담론이나 논증에 비하여 격조 있는 담론이나 논증의 '질'을 누가 어떻게 판단할 수 있을까 하는 점도 중요한 의문 가운데 하나이다. 두말 할 나위 없이 '이상적인 언어소통 상황' 설정만으로 이러한 심각한 의문점들이 해소될 수는 없는 일이다.

이러한 점들을 감안하면, 롤즈나 하버마스의 모델은 우리 사회의 현장에서 실현되지 않고 있을 뿐 아니라, "실현될 수도 없는" 모델이라는 다소 비관적인 결론을 내리지 않을 수 없다. 즉 롤즈의 '무지의 베일' 하에서의 합의이론이나, 하버마스가 말하는 '이상적 의사소통 상황' 하에서의 합의이론을 보면, 정의로운 사회구도야말로 '이성적 합의'를 이끌어 낼 만한 구도로 규정되면서, 정의에 대한 절차적 기준을 제공하고 있다. 그러나 우리는 '무지의 베일'의 조건이나 '이상적인 언어소통상황'의 조건들이 현실화될 수 없는 불완전한 사회, '불완전 절차적 정의', 혹은 더욱 강하게 표현하면, '절차적 부정의'의 세계에 살고 있기 때문에, 이러한 정의의 기준은 적용되기 어렵다고 생각된다.

그런가 하면 보다 구체적으로 정의의 원리를 구축하기 위한 절차에서 많은 문제점을 발견할 수 있다는 사실도 강조할 필요가 있다. 롤즈의 '무지의 베일'은 물론 정보를 차단함으로 기득권(旣得權)을 제어할 수 있다는 강점을 지니고 있으나, 정보차단은 공정성을 기할 수 있는 '필요조건'은 될 수 있겠지만, '충분조건'이 될 수 있는지 확실치 않다. '절박한 필요(urgent needs)'를 갖고 있는 사람, 예를 들면 장애자의 필요를 충족시키기 위해서는 장애자에 대한 정보가 차단되기보다는 오히려 공개되는 것이 공정성의 원리에 부합되지 않겠는가.

뿐만 아니라 하버마스의 이상적 언어소통 상황에서도 '힘(power)'의 개념이 빠져 있다는 사실에 주목할 필요가 있다. 과연 담론과 토론의 참여자들이 논증만으로 설득될 수 있겠는가? 혹은 '대칭성'의 개념이 동등한 힘의 범주까지 보장할 수 있는 것은 아니라는 데 문제의 심각성이 있다. 담론의 참여자들과 관련하여 '의사와 환자'의 경우처럼 비대칭적 힘의 관계를 전제로 하지 않고 비교적 평등한 관계를 전제로 한다고 해도, 말을 청산유수처럼 잘하는 사람과 어눌하게 하는 사람 사이에는 '설득력(persuasive power)'에 있어 차이가 있을 수밖에 없다. 또한 하버마스는 주장한다. "규범의 선택을 위하여 제시되는 실천적 문제들은 관련된 모든 행위자들과 앞으로 관련될 모든 행위자들 사이에 합의에 의해서 비로소 결정될 수 있다." 다시 말해서, 규범의 선택과정에서 관련된 행위자들과 앞으로 관련될 사람들의 합의가 필요하다는 것이 하버마스의 입장이다. 그러나 합의의 중요성을 강조하는 이러한 주장은 스스로 정의로운 사회를 지배할 수 있는 원리들을 제정하려는 개인들의 노력을 상당히 위축시키는 결과를 야기할 것이다. 왜냐하면 구체적으로 정의의 원리들을 구축하기보다는 '의사소통의 이상적 상황'에서 어떠한 결과가 나올 것인지 기다려 보자는 것이 하버마스의 생각이기 때문이다. 그의 견해에 의하면, 개인들 사이에 이루어지는 '집단적 판단'이 신뢰할 만한 상태가 되는 이상적 조건들을 제시할 수는 있겠지만, 개개인의 판단 자체는 신뢰할 수 없다. 따라서 하버마스는 정의로운 사회에 관한 한, 어떤 특정한 입장을 취하고 있지 않음이 분명한데, 이러한 입장이 '순수절차적 정의'의 기준에는 부합하겠지만, 실제적 메시지를 함유하는 규범은 제시하고 있지 못한 셈이다.

　뿐만 아니라 또 다른 측면에서 '가상적 계약'이 규범성을 보장한다는 차원에서 일정한 가치를 가진다고 하더라도, '실제적 동의'가 내포하고 있는 매력과 마력을 완전히 소진시킬 수는 없는 일이다.[5] 민주사회에 살고 있는 시민들은 실제적인 다수의 동의에 많은 문제점이 있다는 사실을 알면서도 대통령을 뽑고 국회의원을 뽑는 과정에서 실제적인 다수의 동의절차를 고수하고 있지 않은가. 물론 특정인을 대통령으로 뽑아 놓고도 그 사람이 다수의 동의를 받을 만한 자격이 있는 사람인가, 혹은 이상적 언어소통 상황에서 이루어진 치열한 토론과 담론의 결과 도달할 수 있는 인물인가 하는 문제를 두고 적지 않은 논란이 있을 수 있겠지만, 결국 다수의 동의를 '받을 만한 사람'이 아니라 다수의 동의를 '받은 사람'이 대통령의 직무를 수행하고 있다는 사실은 결코 가볍게 치부될 사안이 아니다.

　결국 이처럼 '가상적 상황'보다 '실제적 상황'에서의 계약과 합의가 중요한 것으로 평가되어야 하는 이유는 무엇인가. 그것은 특히 '순수절차적 정의'를

---

　5) 이미 이 문제는 제5장에서 '명시적 동의개념'의 강점을 설명하면서 지적한 사항이다.

강조할 때, 그 '순수절차적 정의'의 관건은 실제로 규정된 '절차적 정의'의 조건들이 시행되는 데 있는 것이지, 시행되지 않은 가상적 상태에서의 '순수절차적 정의'란 별로 의미가 없기 때문이다. 예를 들어 추첨제도가 특유의 무작위성(無作爲性)으로 인하여 공정하다고 주장할 경우, 문제의 공정성은 실제로 추첨제도가 시행되어 당첨된 사람들이 무작위로 나왔을 때 확인될 수 있는 것이지, 순전히 이론적으로 각 사람이 당첨될 똑같은 확률만 가지고 있다는 가상적 추정에 의해서 정당화될 수 있는 것은 아니기 때문이다. 가상적 절차에서는 공정한 것으로 평가받는 제도가 실제로 현실화되었을 때 불공정한 결과로 나타나는 당혹스러운 사례는 얼마나 많은가. 가상적 상황에서는 최고의 연구능력과 교수능력을 가진 사람을 교수로 뽑기 위해 논문심사, 면접, 시강, 혹은 그 이외의 서너 단계에 걸친 정교하고 까다로운 절차를 만들어 내도, 실제적으로 문제의 제도를 운용하는 과정에서는 학연이나 지연에 의해서 교수가 채용되는 경우가 허다하다. 이러한 사실들을 감안하면, 현실세계에서 실현되지 못한 '순수절차적 정의'는 본의적 의미의 공정한 절차와는 거리가 있다는 주장이 성립하는 셈이다.

Ⅷ. 절차적 정의의 강점

상기의 논의를 통해 '절차적 정의'의 원리들로부터 파생되는 적지 않은 문제점들을 지적하였다. 그러나 그럼에도 불구하고 '절차적 정의'의 비전들의 강점은 어디에 있는가? 두 가지 범주를 거론할 수 있을 것 같다. 무엇보다도 사회질서, 즉 국가권위에 의한 사회질서는 그 자체로 일정수준의 정의를 요구하고 있다는 사실이다. 정의로운 국가의 명제는 플라톤에 의해서 개진된 이래, 그 의미는 오랫동안 퇴색되었다. 또한 그 명제가 설득력을 지닌다고 해도, 헤겔이나 그린 등, 초월적인 국가론자들에 의한 관심사에 머무르는 데 불과했던 셈이다. 그러나 롤즈나 스캔론, 배리, 에커만, 하버마스 등, 절차적 정의론자들의 통찰을 계기로 정의와 도덕적 규범은 국가권위에 있어 중요한 준거로 등장하기에 이르렀다. 이들 비전의 중요성은 국가에 의한 질서는 단순히 '자연상태'나 혹은 '무정부상태'에 비하여 낮다는 정도로는 정당성 확보에 있어 부족하다는 점에 있다. 홉스나 로크의 계약자들에 관한 한, 정치질서는 '자연상태'에 비하여 이른바 '파레토 우위(Pareto superior)'의 대안이 될 수만 있다면, 충분한 것으로 판단 되었다. 그러나 롤즈와 하버마스에 있어 국가권위의 기준과 출발점은 '자연상 태'가 아니라 '원초적 상태(original position)', 혹은 '이상적인 언어소통 상황 (ideal speech situation)'이다. 본 맥락에서는 이러한 상황의 조건들이 현실적 으로 가능한가의 여부를 떠나 국가와 정의가 밀접하게 연계되었다는 사실에 주 목하는 것이다.

이와 관련하여 국가의 권위와 기능에서 정의의 규범을 빼놓을 수 없다는 사실이 각별히 강조될 필요가 있다. 물론 정의의 기준을 낮출 수는 있다. 이러한 관점에서 롤즈나 하버마스도 '수단적 합리성'이나 '자기이익'의 개념을 전적으 로 부정하지 않고 있다는 사실을 짚고 넘어가야 할 것이다. 물론 이들이 국가에 의한 질서에서 '도덕적 합의(moral consensus)'를 추구하는 것은 분명하다. 하 지만 자기이익에 입각한 '합리적 합의(rational consensus)'가 '도덕적 합의'와 연계될 수 있다는 것이 이들의 입장이다. 즉 롤즈는 '무지의 베일'하에서 대안 을 선택할 경우, 각 개인은 최대한도로 자신의 이익을 추구하고자 노력을 경주 하리라고 생각한다. 하버마스도 일반화될 수 있는 이익의 범주가 개인의 필요에 서 나온다는 사실을 인정한다. 물론 개인이 '분별력 있게(prudentially)' 행동 하는 것이 반드시 도덕적 합의를 가지는 것은 아니라는 구딘(R. E. Goodin 1976)의 반론도 있으나, 고티에(D. Gauthier 1986)는 『합의 도덕론(Morals by Agreements)』에서 수단적 합리성(instrumental rationality)과 도덕성 (morality)이 연계될 수 있음을 비교적 설득력 있게 제시하지 않았던가.

이러한 관점에 주목하면, 자기이익을 추구하는 정치인들이나 관료, 입법자 들의 사익지향적 성향을 무조건 냉소적인 것으로 비판하고, 이른바 멸사봉공(滅 私奉公)이나 선공후사(先公後私)만을 강조하기보다 적절하게 공공선(common good)의 개념과 연계시킬 수 있는 현실적 방안을 찾는 방안이 현명하다. 예를 들면 일반시민이나 시민단체들이 관료들의 정책수행능력을 공개적으로 평가하 고 의정활동을 감시하며 의원들의 의정활동에 대해 점수를 매기는 방식도 그 하나이며, 혹은 청백리상과 같은 보상제도를 신설하는 것도 공직자들에 있어 자 기이익과 공공성을 연계시키는 또 다른 효과적인 방안이다. 이러한 제도들이 시 행될 때, 정치인들이나 관료들도 자기이익을 건실하고 순리적 방식으로 추구하면, 공익을 달성할 수 있는 가능성이 높아질 것으로 기대할 만하다.

그러나 그럼에도 불구하고 문제는 국가의 권위에서 정의의 기준은 낮출 수는 있으나, 완전히 삭제할 수는 없다는 사실에 있다. 일반적으로 '정의롭지 못한 시장', '정의롭지 못한 술집', 혹은 '정의롭지 못한 조직폭력배 집단'에 대해서는 별다른 부담 없이 말할 수 있겠으나, '정의롭지 못한 국가'나 불공정한 공직자에 관한 한, 상상하기조차 어렵다. 때때로 조직폭력배는 반대편을 제압하기 위하여 살인과 폭력행위를 자행한다. 물론 이들의 행위는 부도덕한 것이긴 하나, 조직폭력배 사회에서는 나름대로의 게임규칙으로 인정되고 있지 않은가. 또한 일반시민들도 "조직폭력배들은 으레 그러려니" 하고 치부하게 마련이다. 그러나 국가는 다르다. 인종청소를 하는 국가, 특정 부족을 학살하고 양민을 학살하는 국가, 혹은 일부종족을 차별하는 국가, 혹은 노예제를 인정하는 국가 혹은 테러를 자행하는 국가의 행위는 결코 정당성(legitimacy)을 확보할 수 없으며, 국제사회에서도 이들 국가들을 반인권 국가나 깡패국가(rogue state)로 낙인찍게 마련이다. 또한 이러한 행위를 자행하는 국가의 행태를 평가하기 위하여 자연법의 잣대가 통용되어 온 것이 현실이다. 물론 롤즈나 스캔론, 하버마스 접근방식의 특이성은 자연법보다는 '원초적 상황'이나 혹은 '이상적 의사소통상황'에서 도출한 절차적 정의의 잣대를 들이대고 있다는 점에서 발견된다.

그러나 흔히 정의문제의 핵심은 국가가 내세우는 정의와 진정한 사회정의와는 상이할 가능성이 농후하다는 점에 있다. 물론 일반적으로 국가는 '정의의 화신(化身)'을 자부하고 있다. 그러나 국가의 정의비전에는 '철인성(哲人性)'보다 '아전인수성(我田引水性)'이 내재해 있다는 점이 문제이다. 이 점에서 롤즈와 하버마스의 기여는 주목할 만하다. 정의로운 사회질서는 각종 내적, 외적의 제약이 없는 상황에서 사람들이 합의한 규범에 의하여 정당화되는 사회질서라는 것이 하버마스의 의견이다. 정당한 사회질서에 대한 합의가 이루어질 때, 국가는 순조롭게 작동할 수 있다. 이 과정에서 하버마스는 '합리성(rationality)'의 개념과 '해방(emancipation)'의 개념을 유의미하게 연계시킴으로 '이성적 담론'에 필요한 심문적 공간이 보장되는 조건들을 구체화하고 있다는 점에서 그의 이상적 언어소통 상황은 바람직하다. 롤즈는 '원초적 상황'과 '무지의 베일' 하에서 사람들이 합의한 도덕적 원리에 의하여 정당화될 때 정의로운 사회질서가 가능하다고 주장하고 있다. 즉 이들의 모델은 기존의 합의나 담론의 조건들을 평가할 수 있는 독립적이며 이상적인 기준으로, '이성적 담론'을 금지하고 왜곡하며, '무지의 베일' 하의 선택과 상치되는 국가의 법이나 정책들에 대하여 경계해 마지않을 것을 강조하고 있다.

그렇다면 국가의 법이나 명령이란 '이상적인 의사소통 상황'에서 나오는 이성적 합의나, '무지의 베일' 혹은 '원초적 상황'에서 나오는 계약자들의 합의와 부합할 때, 비로소 그 경우에 한하여 정당한 명령이나 법이 될 수 있다. 국가의 법이나 명령이란 그것이 법이나 명령이기 때문에 정당하고 타당한 것이 아니라, '이성적 정당화(rational justification)'의 요건을 충족시키는 한에서 정당하고 타당한 셈이다. 즉 롤즈와 하버마스의 모델에서는 국가가 일방적으로 내세우는 권위와는 다른, 정당한 사회질서의 기초를 제공할 수 있는 일련의 도덕적 원리가 도출되고 있지 않은가! 그러므로 만일 국가의 권위나 국가의 법이 이러한 기준에 부합하지 않으면, 시민들로서는 법에 복종할 직접적 의무를 가지고 있지 못하다는 함의를 지니게 되는 셈이다. 즉 시민들의 정치적 의무는 국가 자체가 이들 절차적 정의론자들이 설정한 '절차적 정의'의 기준에 얼마나 부합하느냐에 달려 있다.

특히 국가의 '절차적 정의' 문제와 관련하여 심각한 문제가 있다. 국가는 아무리 노력해도 '정의'의 원리를 완전히 구현할 수는 없다는 사실이다. 정부의 관료도 시장행위자와 다를 바 없다는 공공선택론자들의 주장을 상기하지 않더라도, 사적 이익추구의 현상이 국가의 관료나 입법자들에게 있어 예외가 된다고 단언하기 힘들기 때문이다. 과연 국가가 추진하는 일련의 정책들과 국가가 제정하는 일련의 법안들 가운데 롤즈가 말하는 '무지의 베일'이나 스캔론의 '순리적인 거부(reasonable rejection)', 하버마스의 '이상적인 의사소통 상황', 혹은 '이성적 합의'의 기준들에 부합할 수 있는 법안들이나 정책들이 얼마나 되는가? 적지 않은 정책의 입안자들이나 입법자들은 '무지의 베일'을 쓰기보다는 벗고, 혹은 '이상적인 언어소통 상황'보다는 '왜곡된 언어소통 상황'에서 입법행위를 하고 정책 결정을 좌지우지하는 실정이라는 현실이 유감스러울 따름이다.

IX. '정의로운 국가'의 문제점 : 불복종의 도덕적 의무

'절차적 정의'의 규범을 국가권위의 기준으로 설정했을 때, 강점은 무엇인가? 그것은 시민개인들이 '실질적인 정의' 문제에 지나치게 관심을 표명함으로 파생될 수 있는 문제점을 회피할 수 있다는 점이다. 실질적 정의론자들의 주장을 받아들이게 되면, 불의한 국가에는 불복종 행위를 하는 수밖에 없다. 또한 한 걸음 더 나아가 불의한 국가에 대한 불복종은 도덕적 의무가 된다. 물론 시민들이 실질적 정의의 관점에서 불의한 법과 불의한 국가에 대하여 불복종할 수 있다는 사실은 적어도 시민불복종운동가들에게 있어서는 당연한 선택처럼 보인다. 서로우는 정부가 정의와 양심에 어긋나는 정책을 취할 때 불복종할 권리와 의무를 지닌다고 갈파한 바 있다. 서로우 자신도 노예제도 폐지론을 옹호하는 한편, 미국의 멕시코와의 전쟁에 반대하면서 정의롭지 못한 정부에 세금을 내느니, 차라리 감옥에 갇히는 길을 택했다. 하지만 이러한 서로우의 불복종 입장이 소크라테스의 복종의 입장과 상반되는 것은 두말 할 나위가 없다. 친구 크리톤이 찾아와 탈옥준비가 되어 있다고 했을 때, 소크라테스는 "자신이 스스로 받아들인 법 체제 아래서는 비록 법 당국이 잘못이라고 하더라도 이를 납득시키지 못하는 한, 그 결정에 복종하는 것이 의무"라고 설파한다.

그러나 그럼에도 불구하고 '실질적 정의'의 잣대를 들이댔을 경우, 국가의 법이 완벽하게 옳거나 완벽하게 부당할 경우, 국가복종주의자와 국가불복종주의자 사이의 논쟁은 비교적 쉽게 종결될 수 있으리라고 생각된다. 하지만 정작 시민들이 어려움을 겪는 것은 현존하는 많은 법들이 도덕적으로 옳으냐, 그르냐 하는 이분법적 판단기준에 비추어볼 때, 어느 한 범주에 명백히 귀속되기보다는 부분적으로 옳고 부분적으로 옳지 않은 법들이 적지 않다는 점에 있다. 예를 들어 선거법을 보더라도 일부 조항들은 민주주의 기본정신에 부합하는 반면, 또 다른 조항들은 민주주의의 핵심적 가치를 위배하고 있다. 또한 어떤 법은 총론의 관점에서는 타당한데, 각론에서 부당한 법도 있고, 어떤 법은 총론은 부당한데 각론은 타당한 것들이 있다.

이 경우 우리의 대안은 무엇인가? 부분적으로 타당한 법에 대해서는 복종하고 부당한 법에 대해서는 불복할 것인가? 그러나 유감스럽게도 국가의 권위 체계나 법체계는 그와 같은 선별적인 복종을 허용하지 않는다는 특성을 지니고 있다. 예를 들면 '내'가 낸 세금은 정직하고 도덕적이며 청렴한 관리나 경찰의 봉급으로만 지출되고, 불의하고 뇌물받는 공무원 혹은 고문경관에게는 가지 않 도록 되어 있는 것이 아니다. 또한 '내'가 국가의 부름에 응하여 병역의 의무를 수행하면 정의로운 방어전쟁에만 참여하는 것이 아니라, 방어적 성격의 공격전 쟁에도 참여하게 된다. 또한 '내'가 공군조종사로 적군을 공습할 경우, 무고한 일반시민들을 피하고 적의 군사기지만 가려내어 폭격할 수 있는 방법은 현실적 으로 존재하지 않는다. 뿐만 아니라 전쟁에 동원되면 '내'가 아무리 살생(殺生) 을 거부하는 불교신도라고 해도 적군을 사살해야 하는 일선에 배치될 가능성이 큰 것이지, 부상병을 치료하는 위생병만으로 근무할 도리는 없다. 결국 국가에 대한 복종은 선별적이 아니라 포괄적인 성격을 띠게 된다. 그렇다면 포괄적인 복종행위를 할 경우, 정의로운 법뿐 아니라 불의한 법에 대해서도 복종하게 되 는 경우는 불가피한 일이 아니겠는가.

이처럼 '실질적 정의'가 쟁점화되는 상황에서, 그리고 전인적이며 포괄적 복종을 요구하는 국가권위의 성격을 감안할 때, 롤즈나 하버마스가 안출해 낸 '절차적 정의'는 실질적 문제가 쟁점이 되는 상황에서 현저한 해결책이 될 수 있다. '절차적 정의'의 방식은 문제가 되는 정책의 내용과 독립적으로 절차의 공정성의 범위를 구체화하는 방안이다. 강조하자면, '용인되는 불의'의 범위가 실질적인 정책이나 법 문제에 대한 평가와 연계되어 결정된다고 한다면, 즉 '절 차적 정의'보다 '실질적 정의'의 기준을 대입할 경우, 무엇보다도 부분적으로 타당하고 부분적으로 불의한 법에 대한 복종문제는 언제나 쟁점이 된다. 뿐만 아니라 '실질적 정의'의 잣대는 국가 공동체에 대한 시민들의 '정의감(sense of justice)'에 조건적이 된다는 의미를 내포하게 된다. 그러나 시민들이 가지고 있 는 '정의감'은 엄밀한 의미에서 동일한 것이 아니다. 정의감을 가진 시민 A는 국민기초생활보장법이 혜택받는 사람의 도덕적 해이(moral hazard)를 부추킨 다는 이유로 불의하다고 판단하는 반면, 시민 B는 어려운 사람들의 최저생활을 보장한다는 이유로 정의롭다고 판단할 가능성이 농후하기 때문이다. 따라서 특 히 국민기초생활보장법이 국회에서 통과되었을 경우 정의감에 위배되는 부당한 법이라고 판단한 사람들의 경우에는 불복하게 된다.

그러나 정치 공동체에 대한 복종행위는 이러한 식으로 사안에 따라 쟁점이 되어서는 곤란하다고 판단된다. 사안에 따라 쟁점이 된다면, 정치적 복종행위란 그 특성을 상실할 것이기 때문이다. 그러므로 정치적 복종행위가 유의미한 권위 승복행위가 되기 위해서는, 법의 내용이나 정책현안 등, 실질적 문제를 다루기 보다 절차의 문제에 천착할 이유가 있다. 즉 절차가 공정하다면 결과도 공정하다고 간주하고 결과를 받아들이는 경우가 그것이다. 그것은 다시 말해 민주시민 이라면, '완전절차적 정의'보다는 '순수절차적 정의'를 추구하는 입장이 되어야 한다는 함의를 갖는 셈이다.

그런가 하면 한 걸음 더 나아가 절차적 정의의 수준을 낮추는 것도 가능하다. 롤즈와 하버마스 등, 절차적 정의론자들은 정의로운 법과 정의로운 국가의 권위를 가늠하기 위하여 '원초적 상황'이나 '이상적 언어소통 상황' 등 가상적 상황에서 나오는 '순수절차적 정의'의 범주에 의존했지만, 반드시 여기에 배타적으로 의존할 필요는 없지 않겠는가? 그보다 더 낮은 수준의 '절차적 정의'의 규범설정도 불가능한 것은 아니기 때문이다. 다시 말해서 실제상황에서의 법 제정 절차와 정책 추진절차가 밀실이 아닌 공론(公論)의 장에서 투명하게, 혹은 '적법절차'에 따라 이루어졌는가 하는 점에 초점을 맞출 수도 있다. 여기서 '규범적 의미'의 절차보다 '실증적 의미'의 절차를 각별히 강조할 필요가 있다. 무지의 베일이나 담론의 조건 등, '규범적 의미'의 절차가 실현되기에 현실적인 난관이 적지 않다고 할 수 있다면, '실증적 의미'의 절차는 비교적 실현가능한 것이기 때문이다.

그렇다면 물론 의문이 제기된다. 왜 법의 내용보다 법이 제정되는 절차에 관심을 갖는가? 다시 한번 강조하자면, 그 이유는 법의 내용이 타당한가 혹은 부당한가 하는 문제를 실질적으로 심사숙고하는 과정에서 '나'의 가치관과 '나'의 '이익', '나'의 편견이 작용할 가능성이 적지 않고, 따라서 불공정하게 '나'의 편견에 따라 법의 타당성을 가늠할 공산이 크기 때문이다. 이러한 문제를 피하기 위한 최선의 방식이라면, 법의 내용보다 법의 제정절차에 주목하는 절차주의방식이다. 이러한 관점에서 보았을 때, 법의 제정 과정에서 절차상의 문제를 노정하고 있는 법이나 정책들이 불복종행위의 대상이 된다. 예를 들면 날치기 통과나 변칙 통과된 법들이 그 사례이다.

그러나 보다 근본적으로 실증적 의미에서 절차적 정의를 가늠하는 가장 중요한 기준이라면, 헌법(憲法)의 기본정신에 부합하는가 하는 문제일 것이다. 특정법률에 위헌(違憲)요소가 있을 때, 우리는 문제의 법률이 적어도 '완전절차적 정의'에 어긋난다고 주장할 수 있다. 또한 위헌요소가 있는 법률이나 정책들이 방치될 경우, '불완전절차적 정의'의 상황을 감수해야 하는 셈이다. 그러나 절차주의를 고수할 경우, 개인스스로의 판단보다는 헌법재판소에서 위헌여부를 판정할 때까지 참고 기다려야 하며, 또한 '내'가 위헌이라고 확신하고 있는 법을 헌법재판소에서 위헌이 아니라고 판정한다면, 이에 승복할 수밖에 없다.

　　그러나 한편으로는 규범적 의미나 실증적 의미의 절차적 정의의 개념을 수용한다고 해도, '순수절차적 정의'를 정치적 복종행위의 준거로 삼는 데 딜레마가 있다는 점을 자인하지 않을 수 없다. 때때로 '용인될 수 있는' 불의(不義)의 범위를 비교적 엄정하게 결정하기 위해 실질적인 문제를 판단해야 하는 경우가 엄존하기 때문이다. 예를 들어 특정 정책이나 법으로 말미암아 한 사람이나 한 집단에 너무나 심각한 위해(危害)가 가해지는 경우, 우리는 절차상의 문제를 떠나 실질적인 문제에 관심을 가질 수밖에 없다. 즉 민주절차가 이른바 '다수의 횡포' 현상을 야기하는 경우, 절차가 비교적 온당하다고 해서 잘못된 결과를 수용하기란 어렵지 않겠는가? 일반적으로 의회청문회에서 증인들이 거짓말을 하지 않겠다는 절차상의 서약을 하고도 실제적으로는 거짓말하는 경우가 많은 것처럼, 적법한 절차를 거쳤다고 해서 모든 것이 공익과 국익에 부합한다는 정부의 말을 그대로 믿을 수 없는 경우가 적지 않다.

　　실제로 한국의 정치 공동체가 직면하고 있는 심각한 문제들은 '절차상의 정의' 문제를 넘어 '실질적인 정의'의 문제가 아닐 수 없다. 한국의 역대 정부는 남북한간의 이산가족 상봉에는 신경을 쓰면서 왜 국군포로는 그렇게 오랫동안 방치해 왔는가? 조창호 소위가 천신만고 끝에 집안 친척들의 도움으로 탈북할 때까지 정부가 해준 것은 전혀 없었다. 우리 국가 공동체의 이러한 냉담한 태도는 전사자를 찾아 심지어는 재정적 비용까지 부담하면서 죽은 군인들의 유해를 발굴하려는 미국 정부의 시도와 얼마나 현격한 대조를 이루고 있는가? 미국은 지금도 베트남과 북한에서 전사자 유해발굴 작업에 몰두하고 있다. 한국 정부는 또한 월남에 파병되어 싸우다가 희생당한 고엽제 피해자들을 그토록 오랫동안 방치해 왔다. 혹은 조국을 위해 군사정보를 빼낸 혐의를 받고 미국의 형무소에서 9년형을 복역하고 있는 로버트 김을 정부는 모른 체하고 있다.

그런가 하면 독립운동가의 후손이나 국가유공자에 대한 예우가 국제대회에서 금메달을 딴 체육선수들의 대우에 비하여 너무나 열악하다. 금메달을 딴 선수들은 '분할가능한' 혜택과 명예를 누리고 있는데도 불구하고 매달 체육연금을 타고 있는 반면, 평생동안 몸바쳐 '분할불가능한' 공공선과 조국을 위해 일하면서 자신과 가족까지 희생한 국가유공자에 대한 예우에는 왜 그렇게 인색한가? 또한 군대에 간 청년들의 불확실한 자살소식들은 왜 그리 많은가? 뿐만 아니라 공직자들의 병역의무 면제율은 일반 시민들의 그것보다 높다. 병역면제를 받은 공직자들은 적법한 절차를 통하여 면제를 받았다고 주장하나, 공직자의 병역면제를 바라보는 국민의 심정은 참담하다. 병역의 의무조차 이행하지 않으면서 어떻게 몸바쳐 국가에 대하여 봉사하겠다고 나설 수 있는가 하는 의구심이 그 요체가 아니겠는가? 혹은 정부관리들은 당연하게 행정서비스를 해주지 못하고 왜 민원인들에게 금품을 요구하고 지대(地代)추구행위(rent-seeking)를 자행하는가? 그 결과 건축업자들은 시청이나 구청직원에 상납을 하고 건축허가를 따낸다. 또한 우리 정부는 왜 항상 "우는 아이에게 젖준다"는 준칙을 상기시키는 방식으로 행정과 정책을 펼치는가? 가만히 있고 조용히 있으면 민원이 해결되는 기미가 없고 데모나 농성 등 극한 투쟁을 해야 비로소 관료들과 정치인들은 진지하게 검토를 하며, 그것도 선거가 가까워서야 관심을 보인다. 그러므로 여의도 국회의사당이나 세종로 종합청사 앞에는 항상 띠를 두르고 구호를 외치는 사람들로 북새통이다.[6] 이들 문제들은 결국 '절차적 정의'의 문제라기보다는 '실질적 정의'의 문제들이다.

이상에서 지적된 논의의 핵심은 무엇인가? 본 연구에서는 정치적 복종행위가 유의미한 행위가 되기 위해서는 정치적 쟁점이 되는 사안들 자체에 대한 평가보다는 비교적 절차의 문제에 중점을 두어야 할 필요성을 강조하였다. 그것이 롤즈나 하버마스의 절차적 정의론의 핵심이기도 하다. 그러나 한편, '용인될 수 있는' 불의를 평가하기 위해서는, '실질적 정의' 문제에도 관심을 가져야 할 불가피성이 있음을 자인할 수밖에 없었다. 결국 우리는 '순수 절차적 정의'를 주장하면서도, '실질적 정의'의 기준의 도입을 적어도 부분적으로나마 인정할 수밖에 없는 딜레마에 빠진 셈이다. 이 딜레마를 어떻게 해결할 것인가? 내용상의

---

6) 그 이외에도 한국의 국가 공동체가 직면한 많은 문제들에 관하여 김경동(2000)의 논의는 적지 않은 시사점을 주고 있다고 생각된다.

정의문제보다 절차상의 정의문제에 천착한다고 해도, 실질적 정의문제를 도외시
할 수는 없다는 현실이 절차적 정의론의 한계이다. 만일 소정의 적법한 절차에
의해 통과된 법이라도, 혹은 여야합의에 의해 통과된 법이라도, 내용상 심각하
게 소수의 권리를 침해한다든지 혹은 남녀간의 차별을 정당화한다든지, 혹은 장
애인 차별을 정당화하는 인권침해 법안도 충분히 제정가능한 일이기 때문이다.
이러한 경우에는 결국 시민개인이 가지고 있는 정의감(sense of justice)에 의
거, 실질적인 기준을 대입할 수밖에 없지 않겠는가.

　문제는 또 있다. '실질적 정의' 기준을 원용하여 심각한 불의가 내포된 것
으로 판단되는 법의 경우에는 어떻게 할 것인가? 무조건 불복할 것인가? 이 경
우 시민들은 '하나의 악'과 '또 다른 악' 가운데의 선택상황에 직면하는 셈이
다. 즉 악법을 지키는 것도 악이고, 시민들의 불복종행위로 사회질서가 흔들리
는 것도 악이다. 이 경우에는 '더 작은 악'을 선택하는 것이 현명한 판단이 아
닐 수 없다. '더 작은 악'을 선택하는 한가지 방법이라면, 그 불의의 범위가 어
느 정도인가를 가늠하는 방식일 듯하다. 즉 불의와 관련하여 '참을 만한' 불의
와 '참지 못할' 불의를 구분하는 일이 아니겠는가! 국가의 명령이나 법이 '참을
만한' 불의를 내포하고 있다면 복종을 하고, '참지 못할' 불의라면 불복종하는
방식이다.

　그러나 정작 문제는 양자를 어떻게 구분할 수 있는가 하는 점이다. 역시
'참을 만한' 불의거나 혹은 '참지 못할' 불의건 간에 상관 없이 불의는 불의가
아니겠는가!『열린 사회와 그 적들』에서 선과 악의 문제와 관련하여 임신한 여
자를 사례로 들고 있는 포퍼(K. Popper)의 비유는 이 맥락에서 적절하다. 1개
월 임신이든 8개월 임신이든, 일단 임신을 했다면, 임산부임에 틀림없으며, 임신
달수가 적다고 해서, 임산부가 아닌 것은 아니다. 또한 "바늘도둑이 소도둑이 된
다"는 준칙처럼, 작은 불의라도 큰 불의로 발전할 가능성은 있다. 작은 불의를
참아주면 큰 불의를 저지를 가능성도 적지 않다. 그렇다면 '참을 만한' 불의와
'참지 못할' 불의를 구분하는 것 자체가 구차스러운 일이 아니겠는가! 작은 불
의를 허용하면, 큰 불의를 허용할 수밖에 없기 때문이다.

　결국 이상적이며 가상적 상황에서 추출된 '규범적인 절차적 정의'의 잣대
를 원용하거나, 혹은 그보다 한 수준 낮은 '실증적인 절차적 정의'의 잣대를
원용하건 간에, 국가는 '절차적 정의'의 기준을 충족시키기 어려운 것이 현실

이다. 뿐만 아니라 '실질적 정의'의 기준을 적용했을 경우, 국가의 정책과 법이 부적격 판정을 받을 가능성이 충분히 존재한다면, 시민들로서는 복종행위보다 불복종행위에 관심을 가질 수밖에 없다. 더구나 이 경우의 불복종행위는 '정의의 이름'으로 이루어지는 만큼, 시민들에게 있어서는 하나의 도덕적 의무로 부각되는 셈이다. 결국 '정의로운 국가'의 비전을 받아들일 때, 정의의 기준을 아무리 낮추어도, 현실적인 국가가 절차적 의미나 실질적 의미에서 '정의로운 국가'로부터 일탈할 가능성이 농후한 만큼, '무조건적 복종'의 의무는 물론, '직견적 복종'의 의무조차 성립되기 어려울 것으로 판단된다.

관행과 국가

제 8 장 관행과 국가

I. 예비적 고찰

이제까지 제 5 장, 제 6 장, 제 7 장에 걸쳐 의무론적 접근방식에 입각하여 국가권위를 정당화시키는 논리를 비판적으로 검토하였다면, 이번 제 8 장부터는 결과론적 접근방식에 입각하여 국가권위를 정당화시키는 논리를 평가해 보기로 한다. 국가의 최고 권위를 정당화시킬 수 있는 결과론적 논리, 즉 국가가 공여하는 혜택의 논리와 관련하여 수단주의적 접근방식도 가능하고, 또한 목적론적 접근방식도 가능하다. 수단주의적 접근방식이라면, 개인 각자에게 국가는 수단적 차원에서 요긴한 조직이라는 점에 초점을 맞추고 있다. 국가는 '나'에게 일정한 편익을 공여하기 때문에 '나' 자신의 삶의 계획(life-plan)을 추구해 나가는 데 있어 필수적이라는 입장이다. 이에 대하여 목적론적 접근방식이라면, 국가는 '나' 개인에게 있어 그 자체로 소중한 목적이 될 수 있을 만큼, 가치 있는 최고의 선(summum bonum)을 보장하는 정치조직이라는 상정을 하고 있다. 앞으로의 논의를 통하여 국가권위를 정당화시킬 수 있는 세 가지의 결과론적 논리에 주목하고자 하는바, 특히 8장과 9장에서는 국가권위를 정당화시키는 수단주의적 접근방식이 분석의 대상이 될 것이다. 수단주의적 접근방식은 당연히 개인주의적 비전과 밀접히 연계되어 있다. 즉 국가가 공여하는 수단적 혜택은 '나'에게 매우 유용하며 혹은 '나'에게 필수적이므로 국가에 복종해야 할 이유로 충분하다는 논리가 암암리에 전제되어 있기 때문이다.

이번 제 8 장에서는 국가가 개인에게 수단적 의미에서 유용한 필수적 조직이라는 명제를 음미하기 위하여 '관행적 규범의 창시자'와 '관행적 규범의 개정자'로서 국가의 역할에 주목하고자 한다. 우리는 관행주의자들의 지적에 특별히 경청하지 않더라도, 살아가면서 수많은 관행(慣行)에 익숙해 있다. 길을 갈 때, 오른쪽으로 갈 것인가, 왼쪽으로 갈 것인가? 혹은 연호에서 서기를 쓸 것인가, 단기를 쓸 것인가 등등의 사안에서 특정 대안을 선택해야 한다는 문제에 부딪힌다. 이러한 문제들은 결코 사소한 문제가 아니다. 만일 '내'가 왼쪽으로 주행하는데 다른 운전자는 오른쪽으로 주행한다면, 교통사고가 일어날 가능성이 실제적이다. 운전자가 왼쪽으로 가든, 오른쪽으로 가든, 그 선택이 중요한 것은 아니나, 모든 운전자들의 주행 방향이 한 방향으로 통일되어야 한다는 점은 대단히 중요하다. 자동차 주행 방향의 선택에서 국가의 역할은 돋보인다. 국가가 운전자 우측 통행을 선포하면, 그 이유를 물을 필요 없이 국가의 결정과 권위는 절대적으로 존중되어야 할 것이다. 즉 국가가 왼쪽으로 정하든, 혹은 오른쪽으로 정하든 상관 없이, 국가의 결정은 '무조건적으로' 따를 만한 이유가 있다. 이를 지키지 않으면, 모든 운전자들의 안전이 위험에 처하기 때문이다. 관행 제정자로서 국가의 위상이야말로 시민들에게 복종을 요구하는데 최고의 권위를 자부할 수 있는 현저한 요소라고 하겠다.

제8장의 논의에서는 이러한 사실과 관련하여 관행주의자들의 주장을 면밀히 점검하고자 한다. 비단 관행적 규범의 제정자로서 국가의 위상뿐 아니라, 관행적 규범의 변혁자로서 국가의 위상도 논의의 대상이 될 것이다. 관행적 규범의 성격을 유의미하게 조명하기 위하여 합리적 선택론에 입각한 게임의 논리를 원용하고자 하는바, 분석적 차원에서 특히 조정게임 상황(coordination game situation)에 주목할 것이다. 그러나 한편으로 관행적 규범의 제정자로서, 혹은 조정게임 해결사로서 국가의 역할과 기능을 일정 수준 인정하면서도, 그 사실이 왜 시민들이 무조건 복종해야 하는 최고의 절대적 권위가 되어야 하는지, 혹은 적어도 시민들이 '직견적으로' 복종해야 하는 중차대한 권위가 되어야 하는지에 대한 충분한 설명이 될 수 없다고 생각한다. 오히려 관행적 규범의 제정자로서 '나'에게 수단적 혜택을 공여하는 국가의 기능과 역할에 상당 부분 수긍한다고 해도, 그 문제는 '나'에 대한 국가의 절대적 권위, 혹은 '직견적' 권위를 인정해야 하는 문제와는 구분되어 취급되어야 한다는 것이 본 연구의 주장이다. 관행적 규범의 제정자로서 국가의 역할에 대한 인정이 '나'에게 절대적 의무나 혹은 최소한 직견적 의무를 요구하기에는 불충분하며 불완전하다고 판단되기 때문이다. 따라서 사회 관행적 규범의 제정과 수정에 있어 국가는 필요조건도

아니고 충분조건도 아니라는 사실이 각별히 강조될 예정이다.

II. 관행 공동체란 어떤 공동체인가

국가의 권위가 '관행적 현상'이라는 사실은 비교적 자명하다. 이러한 명제
는 왕권신수설(王權神授說)이나 신정주의(神政主義), 혹은 국가를 '신화
(myth)'로 파악했던 카시러(E. Cassirer)의 비전이나 정치적 관계가 자연적
관계라는 아리스토텔레스의 정치적 자연주의(political naturalism) 명제를 거
부하는 한, 명백하다. 과연 오늘날 정치질서를 신이 부여한 것으로 믿고 있는 사
람이 얼마나 있겠는가? 이미 로크는 정치질서를 신에 의해 부여된 것으로 치부
했던 필머(Sir Filmer)의 견해에 대하여 통렬히 반박하면서, 『시민 정부론 1권』
을 집필한 바 있다.[1] 그러나 그렇다고 해서 국가권위의 모든 문제가 해결된 것
은 아니다. 왕권신수설을 거부했다고 해서, 국가권위가 '합리적 현상'이나 '투명
한 현상'으로 부각된 것은 아니기 때문이다. 신정주의 비판이나 왕권신수설의

---

1) 왕권신수설에 관한 한, 일반적으로 로버트 필머경(Sir Robert Filmer)의 왕권신수설은 로크
가 『제 1 정부론』에서 논박한 내용에 의해서 널리 알려져 있다. 그러나 왕권신수설은 보다 보
편적이었고 필머의 '가부장제(patriarchy)' 뿐만 아니라, 중세기의 적지 않은 저서에서 옹호
된 내용이기도 하다. 또한 주권론의 창시자인 보댕(J. Bodin)도 왕권신수설자에 속한다는 사
실을 특기할 필요가 있다. 왕권신수설의 핵심은 비교적 단순하다. 왕권은 신에 의해 세워진
제도이며, 왕위세습권은 자명하여 이를 가진 사람들로부터 왕권을 박탈할 수 없고, 군주는
신이 아닌 어떤 사람에게도 책임을 지지 않는다는 내용으로 이루어져 있다. 이 가운데 특히
군주가 일반시민들에 대하여 책임을 지지 않는다는 원칙은 '법의 통치'에 관한 비전과 배치
될 수밖에 없었다. 그러나 군주가 법의 지배를 받아야 한다는 것은 왕권신수설 옹호자들에게
있어서는 받아들이기 어려운 명제였다. 뿐만 아니라 왕권신수설에 의하면, 국가권위의 복종
에 대한 규범적 이유는 최종적인 이유로서 다른 어떠한 도덕적 논리도 압도할 수 있는 논리
였다.

성경에 입각한 왕권신수설은 필머에 의해 명확하게 개진되고 있다. 필머에 의하면, "모든
왕들은 무엇보다도 모든 사람의 자연적 조상이었던 사람들이며, 그 원리에 의해 최고의 권위
를 이어 받았던 사람들의 다음 후계자이거나 후계자로 인정받아야 한다." 다시 말해서 아담
이 최고의 관할권을 가진 첫번째 왕이었고, 따라서 다른 왕들도 아담의 후계자로 간주되어야
한다는 논리이다.

그러나 루소나 로크가 지적한 바와 같이 '아담왕'으로부터 시작한다면, 현재의 왕까지 계
보를 연결시키기가 쉽지 않다는 점이 걸림돌이다. 왜냐하면 현재의 왕은 전임 왕들의 직접적
인 후계자에 불과할 뿐, 그 이상으로 계보를 거슬러 올라가기가 쉽지 않기 때문이다. 뿐만
아니라 이러한 의미의 왕권신수설은 "왕후장상에 씨가 없다"는 현대사회의 일반화된 준칙을
받아들이는 한, 설득력을 지니기 어렵다고 생각된다. 물론 왕권신수설을 옹호하는 사람들이
수세적 입장에만 있는 것은 아니다. 시민사회에 이성이나 적절한 도덕적 의지가 결여되어 있
다는 것이 왕권신수설의 정당성을 옹호하는 데 강점이 될 수 있기 때문이다. 뿐만 아니라 왕

거부는 정치적 인본주의(political humanism)의 수용을 의미할 뿐이다. 즉 정치 공동체는 인간이 만들고 인간의 뜻에 의해서 영위되고 있다는 사실을 의미하는 것으로서, 국가의 권위는 인간의 의지와 이성에 의하여 정당화되어야 한다는 평범한 명제에 불과하다. 그러나 고대 그리스에서도 사회질서가 이른바 '휘시스(physis)'인지, '노모스(nomos)'인지에 관한 논쟁이 야기되었던 것처럼, 국가의 권위도 인간에 의한 인위적 산물이라는 사실 자체만으로 정당화될 수는 없고, 나름대로 정당성의 평가를 받아야 할 것이다. 인간이 만들어 낸 정치질서, 혹은 국가의 권위도 '애물단지'처럼 매우 불완전하거나 불필요한 악(unnecessary evil)일 수 있고, 혹은 필요악(necessary evil)일 수도 있으며, 혹은 '보물단지'처럼 인간에게 절대적으로 필요한, 적극적 선(positive good)일 수도 있지 않겠는가?

　이번 항목의 논의에서는 국가권위가 신에 의해서 부여된 것이 아니며, 인간에 의해서 만들어진 것이라는 정치적 인본주의를 전제하면서도, 인간에 의해서 만들어진 가운데 독특한 수단적 혜택을 공여하기 위하여 만들어졌다는 사실에 주목하고자 한다. 일단 수단적 혜택이라면, 인간의 규칙적이고 안정된 행위로 이루어지는 '관행적 규범(conventional norm)'의 차원에서 찾을 수 있을 것이다. 공동체에서 이루어지고 있는 일련의 규칙적이고 안정된 행위, 그러면서 가치 있고 유의미하지만, 동시에 '임의성(任意性)'을 띠고 있는 행위가 관행적 행위이다. 물론 '임의적'이라고 해서, 의미를 전혀 찾을 수 없을 만큼, 부조리하며 불합리한 행위라는 뜻은 아니다. 우리 사회에서 통용되고 있는 교통 규칙은 전

권신수설이 무도한 군주의 통치권까지 보장하는 것은 아니었다는 점에 유의할 필요가 있다. 왕은 인간에게 책임을 질 필요는 없어도 신에게는 책임이 있었기 때문이다. 이것은 달리 말한다면, 왕은 정의를 실현할 책임을 지고 있다는 의미가 될 것이다. 신에 의한 선택으로 이른바 '기름부음'을 받음으로써 신에 대해 책임을 지고 있는 존재라는 이미지가 강하다. 왕권신수의 전형적 사례라고 볼 수 있는 이스라엘의 다윗왕도 부하장군 우리아의 아내를 탐낸 나머지 우리아를 격전지에 보내 전사시키고 그 아내를 차지하는 전횡을 부리자, 나탄 선지자는 이에 대하여 신의 이름으로 준엄하게 책망하지 않았던가! 이러한 사례들은 인간이 아닌, 신에 의존하는 정치권위도 결국 공동선(common good)의 증진을 요체로 할 수밖에 없다는 점을 시사하고 있다고 할 것이다.

　그러나 오늘날 세속화된 사회에서 왕권신수에 의한 국가권위의 정당성은 더 이상 유의미한 정당성의 원리는 아니다. 아마도 왕권신수설을 강변했던 마지막 왕은 러시아의 황제인 니콜라스 2세(1868-1918)였다. 현대 민주사회의 어떠한 통치자도 자기자신의 정치적 권위와 관련하여 "권력은 국민으로부터 나온다"는 국민주권론을 받아들일지언정, "권력이 신으로부터 나온다"는 신주권론을 받아들이지는 않을 것이기 때문에, 국가권위의 근거로서 왕권신수설은 더 이상 유의미한 논의의 대상은 아니다.

형적 사례이다. 운전자들이 도로에서 신속하고 안전하게 주행하려면, 우측통행
을 해야 할까 혹은 좌측통행을 해야 할까? 이 상황에서 우측이든 좌측이든, 방
향의 결정이 그렇게 중요한 것은 아니다. 다만 모든 운전자들이 같은 방향으로
주행해야 한다는 사실이 중요할 뿐이다. 그러므로 운전자 좌측통행이든 우측통
행이든, 어느 쪽으로 결정이 되더라도 임의성을 내포할 수밖에 없으나, 한 번 방
향이 결정되면, 사람들은 그로부터 일탈하려고 하지 않는다. 정해진 통행대안에
서 일탈하면, '나' 자신의 목숨조차 위험해지기 때문이다. 혹은 소방서의 자동차
에 관한 예를 들어 보자. 소방서의 자동차는 비록 물을 가득 실었지만 '물자동
차'보다 '불자동차'로 불려지고 있다. 물론 '불자동차'에는 '물'만 있을 뿐,
'불'은 없다. 이처럼 '불자동차'의 이름에는 임의성이 있으나, 사람들이 화재가
났을 때는 119로 반드시 '물자동차'가 아니라 '불자동차'를 부른다는 점에서
'불자동차'는 의미 있는 이름이다.

　　이러한 관점에서, 관행적 행위란 공동의 이익에 기반을 둔 가치 있고 안정
되며 임의적인 규칙적 행동이라고 정의할 수 있겠다. 관행이나 관습을 말할 때
특별히 강조해야 할 점은 명시적인 합의나 동의의 결과와는 구분되어야 한다는
사실이다. 본 맥락에서 산 속에 난 오솔길을 생각해 보자. 일단 누군가 산 속에
서 걸어가 길이 나면, 다른 사람들은 그냥 그 길로 다닐 뿐이다. 물론 산 속의
오솔길은 산길을 다니는 사람들이 상호간에 합의한 결과라고는 볼 수 없지만
문제의 길은 편리하며, 다른 길을 개척하기가 힘들기 때문에 유지되고 있다. 그
러나 산 속의 문제의 길이 '반드시 나야 할 길'이라고는 단언할 수는 없는 노릇
이다. 다른 길도 생길 수 있었지만, 우연히 처음에 길을 간 사람이 문제의 길로
갔기 때문에 생겼다는 측면이 강하다. 이 점에서 '임의성'이 현저하다. 혹은 지
리산의 '뱀사골'도 마찬가지이다. 만일 사람들이 모여서 토의과정을 통하여 마
을의 이름을 지었다면, 뱀이 중복되는 부조리한 이름을 붙였을 리 만무하다. 그
러나 한두 사람이 '뱀사골'로 부르고 다른 사람들도 따라 불렀기 때문에 오늘
날까지 '잘못된' 이름이지만, '유의미한' 마을이름으로 정착되어 있다.

　　일반 시민들이 몸담아 살고 있는 공동체는 이와 같은 범주의 관행 공동체
적 성격을 지니고 있다고 할 수 있다. 우리는 예로부터 내려오는 많은 관행적
규범 속에서 살고 있다. 설날이나 추석 때는 다수의 사람들이 성묘와 제사를 위
해 고향을 다녀옴으로 다른 사회에서는 볼 수 없을 정도의 '민족대이동'을 연

출하고 있다. 그런가 하면 한국 사회에서는 말고기나 고양이고기는 먹지 않지만, 개고기는 먹고 있다. 또한 인사를 할 때는 고개를 숙여 인사한다. 혹은 개인의 성을 붙일 때는 부모의 성을 같이 쓰는 것도 아니며, 어머니의 성보다 아버지의 성을 따르고 있다. 그 외에도 수많은 사회적 규범들은 한국 사회의 절대다수의 사람들이 공통된 관행적 규범을 준수하고 있음을 시사하고 있다.

이제 '관행(慣行) 공동체'는 '계약(契約) 공동체'와 다르다는 점을 강조해보자. 계약 공동체가 성립하기 위해서는 자신의 권리와 의무에 대하여 명시적으로 혹은 적어도 묵시적으로 의사를 표시하는 개인의 동의 행위가 필요하다. 회사는 '계약 공동체'의 전형적 사례이다. 권리와 의무, 보수, 근로조건 등에 관하여 당사자 개인이 이를 확실히 이해하고 참여하기로 명시적으로 혹은 묵시적으로 동의를 함으로 성립할 수 있기 때문이다. 이에 비하여 언어 공동체, 예절 공동체, 향리 공동체 등은 대표적 관행 공동체라고 할 수 있다. 관행 공동체가 작동하는데는 개인의 동의가 필요하지 않다. 관행적 규범을 따르지 않으면, 개인으로서는 불편하고 불리하며, 혹은 "무례하다"는 비판을 받을 뿐이다. 왜 우리는 지역 사투리보다 표준어를 사용하는가? 왜 시장의 거래에서 평이나 야드보다 미터법을 사용하는가? 왜 단기보다 서기의 연호를 사용하는가? 왜 자녀는 부모의 성을 같이 쓰지 못하고 아버지의 성을 따라야 하는가? 왜 섭씨보다 화씨를 사용하는가? "강아지"로 불러야 할까, "개새끼"로 불러야 할까? 자녀의 입장에서 '어머니'로 불러야 할까, '어머님'으로 불러야 할까? 며느리나 사위의 입장에서 '아버지'로 부를까, '아버님'으로 불러야 할까, '장인어른'으로 불러야 할까? 이처럼 언어, 단위, 용어 등의 사용은 물론, 친척들간의 호칭, 지칭, 혹은 경칭, 존칭 문제에서 나오는 예법 등은 모두 다 관행적 규범에 속한다.

'관행 공동체'에서 사람들은 흔히 다른 사람들이 하는 대로 따라 하면 된다. 빵에 '붕어'가 없어도 누군가 "붕어빵"이라고 하면 따라 부르고, 국수에 '칼'이 없어도 누군가 "칼국수"라고 부르면 덩달아 부르면 된다. 여기서 구성원들간의 합의는 필요없다. 혹은 우리에게 친숙한 수많은 예법·예절은 관행적 규범의 속성을 말해 준다. 한국 사회에서 예전에는 식사할 때 말을 하지 않았다. 말 없이 식사하는 것이 예법이었기 때문에, '나'는 어려서부터 이러한 예법을 배우고 익혔을 뿐이다. 혹은 전통적으로 복잡하기 짝이 없는 관혼상제(冠婚喪祭)의 예법도 모두 관행적 규범의 결과이다. 현대에 살고 있는 선남선녀들은 왜 결혼식을 예식장에서 올리는가? 이에 관하여 예비신랑과 신부들 사이에 공식적인 합의가 있었던 것은 아니며, 또한 그러한 합의는 있을 수도 없다. 다만 다른 많은 신랑·신부들이 예식장에서 결혼식을 거행하기 때문에 '나'도 따라 하고 있을 뿐이다. 그러나 앞으로 일부 사람들이 야외 잔디밭에서 결혼식을 올리고 이를 따르는 사람들이 많아지면, 야외 결혼식이 예식장 결혼식보다 결혼식 관행으로 굳어질 가능성도 배제할 수 없다.

이처럼 계약과 관행이 다르다면, 관행과 계약은 분석적으로 구분될 필요가 있다. 관행을 의미하는 영어의 convention이나 계약을 의미하는 contract은 공히 어원적으로 보면, "협력하다"는 뜻을 가진 용어이다. 영어의 convention은 라틴어의 con + venire에서 나온 것으로 "같이 오다" 혹은 "협력하다"의 뜻을 가졌으며, 역시 영어의 contract는 라틴어의 con + trahere에서 나온 것으로 "같이 끌다"의 뜻을 가지고 있다. 그러므로 18세기 서구의 정치·사회학도들도 이 두 가지 개념을 명확히 구분하지는 않았다. 이러한 용어상의 혼란은 오늘날도 계속되고 있는데, 국제 협력을 의미할 경우에 convention이라는 표현을 쓰는 경우가 적지 않기 때문이다. 예를 들어 리우에서 이루어진 국제환경협약은 convention으로 지칭되고 있다. 이처럼 관행과 계약은 같이 혼재하여 사용되고 있는 것이 일반적 추세이기는 하나, 관행 공동체의 성격을 분명히 하기 위해서는 양자의 차이점에 주목해야 할 것이다.

관행과 계약은 구성원들 사이에 상호협력을 진작시키고, 사회적 질서를 창출한다는 점에서 공통점을 가지고 있으나 '동기적 구조'에서는 판이하다. 관행은 조정 상황의 문제로서 공통의 이해관계를 지니고 있는 당사자들 사이에서 '정보의 문제'로 말미암아 협력적 행위의 도출에서 장애에 봉착하는 경우, 대두되는 해법이다. 이에 비하여 계약은 부분적으로는 공통된 이해관계와 부분적으로는 상충된 이해관계를 지니고 있는 당사자들 사이에서 '동기의 문제'로 말미암아 협력의 문제에서 난관에 직면하는 경우의 해법이라고 하겠다.

예를 들면 A와 B 운전자가 빨간 신호등에서 서고 푸른 신호등에서 갈까 하는 문제는 조정의 문제로서, 양자가 의논하여 빨간 신호등 정지, 푸른 신호등 통과에 합의했다면, 합의의 결과는 자연스럽게 관행적 규범이 된다. 이 경우 A와 B 사이에 의사소통이 허용된다면, 조정의 문제는 쉽게 해결될 수 있다. 그러나 계약의 문제는 다르다. A와 B는 각기 자택의 소유주이며 구매자이다. A와

B는 상호합의하여 일정한 가격에 자택을 사고 팔기로 계약을 했다고 하더라도, 그 약속이 지켜질는지는 의문이다. 소유주 A에게 B가 부른 값의 두 배를 지불하겠다는 C가 나타날 때, A는 B와의 약속을 일방적으로 파기할 공산이 크기 때문이다. 따라서 주택 매매의 계약의 상황은 신호등의 신호를 지키자는 운전자간의 약속과는 동기적 차원에서 커다란 괴리가 있으며, 구속력도 약할 수밖에 없다.

본 맥락에서 강조해야 할 점이 있다. 관행적 기준이나 규범은 A와 B 상호간의 이익을 제고시키기는 하지만, 항상 파레토 최적의 상황을 반영한다고는 말할 수 없다는 점이다. 기존에 통용되고 있는 x가 아닌 y의 대안에서 A와 B는 더욱 더 편익을 제고시킬 수 있을 가능성이 엄존하기 때문이다. 따라서 기존에 통용되고 있는 특정 관행적 기준이 관련된 당사자들의 효용을 극대화하고 있음을 담보하는 것은 아니다.

결국 관행의 특징은 '안정적'이라는 점에 있다. 관행의 속성을 감안할 때, 개인 혼자서 문제의 관행에서 일탈해 보아야 이득이 될 것이 없기 때문이다. 이 상황은 모두 꼬리를 자른 원숭이들 속에서 꼬리를 자르지 않은 원숭이 A가 버텨 봐야 '왕따'로 전락할 수밖에 없는 이치와 비슷하다. 다른 사람들이 대부분 머리를 깎았는데 '나' 혼자서 상투를 맨다면, 역시 다른 사람들로부터 눈총을 받고 소외를 느끼지 않겠는가. 혹은 다른 사람들이 "알레르기"라는 독일식 용어를 쓰는데, '나'만 "엘러지"라는 미국식 표현을 쓰면 촌스럽다는 비난을 받을 것이다. 바로 이 사실이야말로 A와 B의 협력이 상호간에 이득을 주지만, 그럼에도 불구하고 단독으로 일탈하여 무임승차자가 되고자 하는 유혹에 함몰될 가능성이 농후한 계약적 상황과 관행적 상황이 차별화되는 소이이다. 특히 관행적 행동은 다른 사람들의 행위에 부합되지 않는 행위보다 부합되는 행위를 선호하며, 따라서 부합된다는 보장만 있으면, 어느 특정한 방안에 애착을 갖고 있지 않은 행동이다. 실제로 우리가 살아가면서 이러한 관행적 규범에 많이 익숙해 있다면, '관행의 문제'는 집단행동이나 공공재의 문제 등 '계약의 문제'보다도 기본적으로 먼저 분석적 조명을 받아야 할 행동의 범주로 생각된다. 물론 홉스는 자연상태에서 사람들이 전적으로 심각한 집단행동(collective action problem)이나 공공재의 문제(public goods problem)에 봉착할 것으로 단정한 바 있다. 본 연구에서도 물론 '공공재의 문제'로 특징지어지는 '계약의 문제'가 '조정의

문제' 못지않게 중요한 것으로 판단하며, 역시 다음 제 9 장에서 계약주의적 사고와 관련하여 다룰 예정이다.

그러나 여기서 강조하고자 하는 것은 '관행적 행위'와 '계약적 행위'를 구분하려는 지적 전통이 그다지 확고하지는 않다는 사실이다. 실제로는 관행적 행위의 성격을 가지고 있음에도 불구하고, 계약적 행위나 규범으로 간주되는 사례가 얼마나 많은가. '내'가 교통규칙을 지키는 행위는 엄밀한 의미에서 관행적 범주의 행동이나, 교통경찰의 존재가 암시하는 바와 같이, 계약적 규범 혹은 강제적 범주의 행동으로 간주하려는 경향이 지배적이다. 그러나 '관행적 행위'와 '계약적 행위'를 분석적으로 구분하는 것은 중요하다는 것이 본 연구의 소견이다. 특히 관행적 행위와 관행적 규범의 문제는 국가권위의 정당성에 관한 논의에서 중요한 비중을 차지할 뿐 아니라, 결과론적 관점에서 국가권위를 정당화시킬 수 있는 가장 간단하고도 용이한 접근 방식이기도 하다. 또 다른 결과론적 정당화의 논리인 사회계약에 관한 한, 계약의 시행 문제(enforcement problem)가 부각되게 마련이다. A와 B 두 사람이 계약을 맺었다면, 그 계약을 실제로 이행하는 지에 관한 감시 체제와 모니터 비용이 필요하지 않겠는가! 그러나 관행적 행위에서는 그러한 비용 부담은 거의 찾아볼 수 없다. 모든 관련 당사자들이 관행적 규범을 준수할 충분한 '동기'를 갖고 있기 때문이다. 그러므로 수단적 혜택 공여의 차원에서 국가권위의 본질을 이해하는 데 있어 관행문제의 특성과 해결 필요성은 비교적 자명하고 설득력을 가진 국가의 존재 이유가 된다.

한 걸음 더 나아가, 관행 공동체는 계약과 동의에 입각한 정치 공동체와 구분될 필요가 있다. 동의론에 의하면, 시민들이 정부에 구속되기로 동의했을 때, 비로소 그 경우에 한하여 정부나 국가의 요구는 시민들을 구속하게 마련이다. 그러나 동의론의 문제는 어떻게 동의가 이루어졌는지, 또한 왜 동의의 행위가 구속력을 갖고 있는지, 혹은 동의의 효력이 어떻게 계승되는지 하는 점에 있다. 동의론에 관한 가장 고전적 회의주의자인 흄(D. Hume)이 의문을 제기한 이래, 동의의 개념은 시민들의 정치적 복종의 의무를 가장 자율적이며 민주적인 방식으로 해결하는 매력을 지니고 있음에도 불구하고 유감스럽게도 그 타당한 근거를 확보할 수 없었다. 설사 국가에 명시적 동의를 하는 사람이 있다고 해도, 그것은 지극히 소수에 불과하다는 사실이 이미 지적된 바 있다. 관행 공동체의 비

전은 동의 공동체의 이러한 문제들을 자연스럽게 우회해 나갈 수 있다는 점이
장점이다. 관행 공동체의 성립에 관한 한, 계약자들도 필요없을뿐더러, 당사자들
간의 명시적 합의도 요구되지 않는다. 다만 사람들이 일정한 배경적 조건하에서
규칙적이고 합리적 행위를 한다는 상정만으로 충분하다. 뿐만 아니라 동의론자
들 사이에 쟁점으로 되어 있는 '묵시적 동의(tacit consent)'나 '가상적 동의
(hypothetical consent)' 문제도 사회관행주의자들은 무난히 해결할 수 있다.
이미 제5장에서 주장한 바와 같이, 일부 동의론자들이 선호하는 '묵시적 동의'
나 '가상적 동의'는 본의적 의미의 동의론, 즉 '명시적 동의론'의 틀 안에서 정
당화시키기 쉽지 않다는 것이 본 연구의 입장이었지만, '묵시적 동의'에 비견될
만한 '묵시적 관행'은 충분히 성립할 수 있는 개념이기 때문이다. 실제로 햄튼
(J. Hampton 1998, 112-113)은 '관행적 동의(convention consent)'의 개념을
주장하고 있다. 햄튼에 의하면, 국가의 권위란 통치의 관행(governing
convention)이며, 국가의 권위에 대한 개인의 동의도 관행적 동의이다.

물론 '관행 공동체'와 '계약 공동체'는 상호간에 연계되어 있다. 관행 공동
체에도 계약 공동체의 경우와 마찬가지로, 무임승차자의 문제가 존재하기 때문
이다. 그러나 그렇다고 해도 '관행 공동체'에서 발생하는 무임승차자의 문제는
'계약 공동체'에서의 무임승차자의 문제보다 훨씬 심각성이 덜하다. 따라서 이
처럼 관행과 계약, 관행적 행위와 계약적 행위, '관행적 규범'과 '계약적 규범'
이 구분될 수 있다면, 일단 '계약적 규범'이 아닌 '관행적 규범'의 도출 필요성
에서 국가의 권위를 정당화시킬 수 있을 것이다. 이제 관행적 규범이 추출될 수
있는 상황을 조명하는 다음 항목의 논의 과정에서, 합리적 행위자 모델에 기초
한 게임 이론을 원용하고자 하는바, 조정게임 상황이 그 대상이 될 것이다.

Ⅲ. 조정의 문제와 규범

일반적으로 관행주의자들이 착안하는 관행적 규범 도출의 논리적 구조는
쉘링(T. C. Schelling 1963)과 루이스(D. Lewis 1969), 그리고 울만 마가리트
(E. Ullmann-Margalit 1977)에 의하여 개발된 '조정게임상황(coordination
game situation)'에 의하여 조명될 수 있다. 조정게임의 논리적 구조는 비교적

단순하고 쉽게 이해될 만한 것이다. 행위자 A와 B는 적어도 비슷한 두 개의 대안들 가운데 하나를 선택함으로써 행동통일을 하고자 한다. 그러나 A와 B는 상호간에 의사소통이 불가능한 상황에서 두 가지 대안 a_1과 a_2 혹은 b_1과 b_2 가운데 어느 것을 선택해야 할는지 당혹스러워한다. 물론 A는 B가 b_1을 선택한다는 사실을 알면, a_1을 선택할 것이다. 또한 B도 A가 a_1을 선택한다는 사실을 안다면, b_2를 선택할 것이다. 그러나 A와 B는 상호간에 의사소통이 되지 않는 상황에서, 상대방의 선택대안을 알 수 없기 때문에, 난관에 봉착하게 마련이다.

이제 상기 상황을 구체화하기 위하여 죄수들이 직면하게 되는 조정게임 상황을 가상적으로 설정해 보자. 검찰은 두 죄수 A와 B를 특정한 죄를 저지른 공범의 혐의로 체포하였다. 죄수 A와 B는 각기 독방에 갇혀 상호간에 의사소통을 할 수 없다. 검찰은 이들 죄수들을 기소할 만한 충분한 물증을 확보하지 못한 상태이며, 죄수 A와 B도 이 사실을 알고 있다. 검찰은 이들로부터 자백을 받아내기 위하여 '고전적인 죄수의 딜레마 상황'과는 다른 제안을 하고 있다.[2] '만일 A가 자백을 하고 B가 자백을 하지 않으면, 저지른 죄의 무게와 양 죄수의 표리부동한 죄목을 추가하여 A와 B에게 공히 5년 징역형을 구형할 것이다. 그러나 둘 다 자백을 하면, A와 B에 대한 형량을 대폭 줄인다. 즉 자신들의 죄를 뉘우쳤다는 정상을 참작하여 2년형을 구형한다. A와 B 둘 다 자백을 하지 않으면, 죄를 뉘우치지 않은 것으로 알고 양 죄수가 자백할 때보다 다소 무거운 형량인 3년형을 구형한다. 이 사실 역시 A와 B가 모두 알고 있다. 이 경우 검사는 죄수의 자백을 받아 내기 위하여 지혜로운 전략을 구사하고 있는 것인가? 혹은

〈표 8-1〉 죄수들의 조정게임상황

죄수 B

		침묵 b_1	자백 b_2
죄수 A	침묵 a_1	-3 / -3	-5 / -5
	자백 a_2	-5 / -5	-2 / -2

---

2) '죄수의 조정문제'와 상이한 고전적인 '죄수의 딜레마(prisoner's dilemma)' 상황은 제 9 장에서 논의할 예정임.

단순히 시간을 낭비하고 있는 셈인가? 문제의 상황이라면, '죄수의 조정문제 (prisoner's coordination problem)'라고 명명할 수 있겠는데, 양 죄수가 직면한 기수적 효용을 수치로 표시하면 〈표 8-1〉로 나타난다.

〈표 8-1〉에서 나타나는 죄수들간의 조정문제는 사소한 것처럼 보이나, 실은 그렇지 않다. 이 죄수의 조정게임 상황에서 '이익의 상충(conflict of interests)' 현상은 존재하지 않는다. 어떤 대안이 선택되든지 간에, A와 B는 동일한 형량을 받게 될 것이기 때문이다. 하지만 A와 B는 특히 5년형이라는 최악의 상황을 피하기 위하여 자신들의 전략을 조정해야 할 필요가 있다. A와 B가 자신들의 전략을 조정하는 방법에는 두 가지가 있다. 하나는 둘 다 같이 자백함으로 2년형을 받는 방안이며, 또 하나는 둘 다 같이 침묵함으로 3년형을 받는 방안이다. 그러나 문제는 A와 B가 상호간에 의사소통을 하지 못하는 상황에서 A와 B가 a_1b_1 혹은 a_2b_2를 선택하는 것이 쉽지 않다는 사실이다. 이 경우 A와 B는 "우리의 소원은 통일"이라는 준칙의 진가를 확인할 듯하다.

주지하는 바와 같이 이와 같은 문제는 사람들이 일상적으로 체험하는 문제이기도 하다. 오 헨리(O. Henri)의 『크리스마스 선물』에서 두 젊은 부부는 크리스마스를 맞았으나, 가난한 나머지 상대방에게 선물할 여력이 없었다. 그래서 여자 A는 머리털을 팔아 시계 줄을 샀고, 남자 B는 시계를 팔아 여자에게 줄 머리핀을 샀다. 그러나 막상 선물을 교환하면서 여자 A와 남자 B는 당혹스러울 수밖에 없었다. "머리털이 없는 머리핀"과 "시계 없는 시계 줄"이 그 결과였기 때문이다.

같은 맥락에서 『뷔리당(Buridan)의 당나귀』의 우화를 상기해 보자. 두 개의 먹음직스러운 건초더미를 앞에 놓고 선택의 딜레마에 봉착한 '뷔리당의 당나귀'의 당혹스러운 상황이 그것이다. 뷔리당의 당나귀는 두 개의 먹음직스러운 건초더미를 놓고 어느 것을 먹을까 고민하다가 첫날 아무것도 먹지 못했다. 이튿날에도 한 건초더미를 먹으려다 보니, 또 다른 편의 건초더미가 생각나고 …. 이렇게 망설이다 굶었다. 결국 일주일 동안 고민하다가 '뷔리당의 당나귀'는 굶어 죽고 말았다. '뷔리당의 당나귀'가 직면한 상황은 또 다른 당나귀의 선택과 연계된 전략적 상황은 아니며, '건초와 당나귀의 만남' 정도로 특징지어질 수 있을 만큼, '자연과의 게임(game against nature)' 상황이라고 할 수 있을 것이다. 그러나 그럼에도 선택의 딜레마에 봉착한다는 점에서는 똑같다.

물론 『뷔리당의 당나귀』처럼, 자신이 가지고 있는 똑같은 두 개의 우표 가운데 어느 우표를 편지에 붙일까 노심초사한 나머지, 결국 어떠한 우표도 사용하지 못하는 사람이 있다면, 혹은 세수할 때 세면대에 놓여 있는 똑같은 두 개의 '도우브' 상표의 비누 가운데 어떤 것을 사용할 것인가 하는 문제를 가지고 고민한 끝에 어떤 비누도 사용하지 못한 채, 이른바 '고양이 세수'로 끝낼 정도로 쩔쩔매는 사람이 있다면, 혹은 시험칠 때, 가지고 있는 똑같은 두 개의 볼펜 가운데 어떤 볼펜을 사용할까 당황하는 나머지, 답안지작성을 못하거나, 차라리 연필을 사용하는 사람이라면, 이는 정신분열증 환자의 징후일 뿐, 본 연구에서 분석적 관심을 가질 만한 조정 문제(coordination problem)의 전형은 아니다. 그러나 출판업자 A와 B가 한줄 세로쓰기와 가로쓰기 가운데 어떤 방식으로 책을 내야 하는지에 대하여 불확실한 상황이 조성된다면, 혹은 A와 B가 시장에서 주택매매를 하는 데 있어 평과 m² 가운데 어떠한 척도를 사용할 것인가에 대하여 통일된 대안이 없다면, 혹은 '게놈'과 '지놈' 가운데, 혹은 섭씨와 화씨 가운데 어떤 용어와 척도를 써야 할 것인가에 대하여 우왕좌왕한다면, A의 입장에서 B를 비롯한 다른 사람들이 어떠한 선택을 할는지가 불확실한 조정상황이 야기되는 셈이며, 문제의 상황들은 사소한 문제가 아니라 심각한 조정의 문제로 부각된다고 하겠다. 이제 조정의 문제를 보다 분석적으로 조명하기 위하여 합리적 행위자 모델에 입각하여 게임이론의 틀을 원용해 보기로 하자.

1. 순수조정상황

조정게임 상황(coordination game situation)의 논리적 구조는 다음과 같다. A와 B는 '합리적 행위자'로서 적어도 두 개의 대안들 가운데 하나를 선택해야 하는 상황에 직면하는데, 결정된 대안의 직접적인 효용은 당사자 자신의 선택과 상대방의 선택에 달려 있다. 합리적 선택론자들의 기본상정처럼, A와 B는 각기 두 개의 대안들 가운데 '완벽하고', '일관되게' 선호서열에 의하여 최선의 대안을 선택한다.[3] 게임의 결과는 이처럼 당사자 개인의 선호서열로부터 직접적으로 도출되지만, A의 전략적 선택은 B의 선택에 대한 기대에 조건적이며, A와 B는 모두 이러한 사실을 인지하고 있는 입장이다. 그런데 조정상황에

---

3) 합리적 행위자의 기본상정에 관한 한, 제 9 장의 논의를 참조할 것.

서 문제가 발생한다면, 적어도 두 개의 '조정 균형점(coordination equilibria)
이 경합함으로, 최종대안의 결정에 관한 한, 행위자 A와 B의 '합리적 선택
(rational choice)'이 크게 위협을 받는다는 점에 있다.

이와 관련하여 일상생활에서 친숙한 예를 들어 보자. A와 B는 긴급한 내용
을 전화로 통화하다가 우발적인 사태로 인하여 일시 통화가 중단되었다. 이제
이들에게는 어떻게 통화를 재개해야 하는가 하는 과제가 부과되는 셈이다. 상기
상황은 전형적인 조정의 문제를 반영한다고 하겠는데, 각 행위자의 효용을 기수
로 표시하면 〈표 8-2〉와 같이 나타난다.

〈표 8-2〉 **전화통화의 순수조정게임상황**

		B 다이얼을 돌린다 (b_1)	B 기다린다 (b_2)
A	다이얼을 돌린다 (a_1)	0 / 0	2 / 2
A	기다린다 (a_2)	2 / 2	0 / 0

〈표 8-2〉에서처럼 전화통화 재개문제에 직면한 A와 B의 선택대안은 비교
적 자명하다. 통화자 A와 B가 합리적이라면, 각기 상대방과 상이한 방향으로
대안을 선택하기를 원한다. 즉 상대방 B가 다이얼을 돌리면 A자신은 기다리고,
상대방 B가 기다리면 A자신은 다이얼을 돌리기를 원한다. 이 상황은 일단 두
개의 내쉬균형점을 함유하고 있는 것으로 판단되는데, 상기 두 개 내쉬균형점은
'순수전략(pure strategy)'에 의한 균형점이라고 하겠다. 그러나 세 번째의 균
형점도 생각해 볼 수 있겠는데, '혼합전략(mixed strategy)'에 의한 균형이 바
로 그것이다. 혼합전략이란 무작위 확률에 의한 것으로 동전던지기나 시계 초침
의 일정한 움직임에 따라 무작위로 선택하는 방안이다. A가 0.6의 확률로 기다
리고 0.4의 확률로 다이얼을 돌리면, B가 0.4의 확률로 다이얼을 돌리고 0.6의 확
률로 기다리는 전략이 바로 혼합전략이라고 하겠다.

우선 우리는 '순수전략'과 관련하여 이 게임이 대칭적이라는 사실을 확인
하게 된다. 즉 A가 기다리고 B가 다이얼을 돌리는 내쉬균형이나 A가 다이얼을
돌리고 B가 기다리는 내쉬균형은 '유일하게 합리적인(uniquely rational)' 선
택이 아니라는 사실이 드러나는 셈이다. 물론 B가 b_2를 선택하리라는 사실이 확

실하다면, 혹은 그것이 A와 B의 공유된 기대사항이라면, A가 a_1을 선택하는 방안이 기대효용극대화에 의한 합리적 전략이다. 그러나 B가 b_2를 선택하리라는 사실이 확실한 정보가 될 수 있는 가능성은 희박하다. B가 합리적 존재라고 해서 b_2를 선택하는 방안만이 합리적 대안이 되는 것은 아니기 때문이다. b_1 역시 합리적 대안으로 손색이 없다. 따라서 A가 다이얼을 돌리면, 통화중이라는 발신음만 들리고, 혹은 A가 B로부터의 전화를 기다리면 "오지 않는 버스를 기다릴 때"의 상황처럼, 무료한 상황에 직면할 가능성이 농후하다.

이번에는 '혼합전략'에 주목해 보자. 문제의 혼합전략은 확률을 사용하여 두 개의 대안을 적절히 배합하는 방안인데, 상기 상황에서 '유일하게 합리적인' 전략이 될 수 있는가? 예를 들어 A는 0.6의 확률로 기다리고 0.4의 확률로 다이얼을 돌릴 수 있다. 그러나 분석의 초점은 합리적 행위자의 합리성은 A에게 0.6의 확률로 기다리고, 0.4의 확률로 다이얼을 돌릴 것을 지시할 수 있는가에 있다. A는 B의 합리적 선택에 대한 기대를 고려하면서 최대의 기대효용을 산출하는 대안을 선택해야 한다. 두말 할 나위 없이 A가 0.6과 0.4의 혼합전략을 사용하는 방안이 합리적인 경우는 B가 0.4와 0.6의 혼합전략을 구사하는 경우이다. 그런데 A의 0.6과 0.4의 혼합전략을 '유일하게 합리적 대안'으로 만들 수 있는 B에 대한 A의 기대는 성립하기 어렵다는 것이 관심의 초점이다. B가 0.4와 0.6의 혼합전략을 사용할 경우, 비로소 A의 0.6과 0.4의 혼합전략이 유일하게 합리적 대안이 된다. 그러나 B의 입장에서는 0.4와 0.6 이외에 0.5와 0.5, 0.6과 0.4, 0.4와 0.3 등, 어떠한 혼합전략도 기대효용을 극대화하게 마련이다.[4] 다시 말해서 B의 입장에서 0.4와 0.6 이외에 수많은 합리적인 혼합전략을 갖고 있고, 이 모든 것에 대하여 '무차별적(indifferent)'이라면, A는 이에 정확하게 대응할 만한 기대를 가질 수 없고, 따라서 '유일하게 합리적인' 대안은 성립하기 어려운 셈이다.

한 걸음 더 나아가, A와 B가 순수전략과 혼합전략에 대하여 무차별적이라는 사실도 짐작하기 어렵지 않다. 결국 문제의 조정상황에서 합리적 통화자의 합리성에 집착할 경우, 합리적 선택은 존재하지 않는다. 그것은 내쉬균형이 세

---

[4] 하사니(J. Harsanyi 1977)는 0.5와 0.5의 혼합전략이 유일하게 합리적 대안이 될 수 있다고 주장한다. 이는 0.5의 혼합전략이 신중한 선택의 결과라기보다는 무의식적으로 떠오르는 현저한 메커니즘이라는 사실을 시사하는 셈이다. 그러나 다른 확률에 비해서 0.5가 유일하게 현저한 확률인지에 관한 한, 본 연구에서는 의구심을 표명하는 입장이다.

개나 되어 어느 것도 '유일하게 합리적인' 대안은 아니기 때문이다.

2. 비순수조정상황: 성의 대결 상황

이제 전항의 통화재개의 문제에서 구도를 약간 수정하여 전화 도수료가 부과되는 상황에 유의해 보기로 한다. 또한 문제의 사실을 A와 B가 알고 있다면, 이를 감안할 경우, 보상구도는 〈표 8-3〉과 같이 달라질 듯하다.

〈표 8-3〉　전화통화의 비순수조정게임상황

		B	
		다이알을 돌린다	기다린다
		b₁	b₂
다이알을 돌린다 a₁	0 / 0		3 / 2
기다린다 a₂		2 / 3	0 / 0

※ 숫자가 많은 것이 높은 효용임

〈표 8-3〉의 상황은 '성의 대결 상황(battle of the sexes)'으로 특징지울 수 있고, 전기한 상황과 마찬가지로 세 개의 균형점을 갖는다. (다이알을 돌린다, 기다린다), (기다린다, 다이알을 돌린다)의 순수전략과 혼합전략의 균형이 그것이다. 따라서 '유일하게 합리적인' 전략은 존재하지 않는다.

문제는 이러한 '성의 대결 상황'의 특색이라면, 순수조정상황과 달리 A와 B 양자간에 부분적인 이익의 갈등이 내재해 있다는 점이다. 도수료 문제로 인하여 '기다리는 방안'이 '다이알을 돌리는 방안'보다 통화자에게 이익이 되기 때문이다. 즉, 통화자로서는 두 가지의 균형 가운데 더욱 더 선호하는 균형에 애착을 갖게 마련이다. 결국 이 상황에서는 행위자 자신에게 유리한 대안으로 합의를 이끌어내기 위하여 마치 그람시(A. Gramsci)가 말한 '진지전(war of position)'이나 혹은 비겁자 게임(chicken game)을 방불케 하는 상황이 야기된다. 그러나 문제의 핵심은 이러한 불균형적 효용 분포가 상호간에 대칭적이라는 사실에 있다. A가 a₂b₁을 선호하고 B가 a₁b₂를 선호하는 것이 확실한 이상, A와 B 양자가 자신의 선호에 의거해서 대안을 선택하는 경우, 조정문제의 해결은 요원하다. 그러므로 문제의 '통화재개상황'에서 A가 합리적 통화자라면, '이익의 상충문제'에서 발생하는 난관을 타개하기 위하여 가장 선호하는 대안보다 덜 선호하는 대안을 선택할 이유가 있다고 할 수 있을 것이다. 그것은 바로 '맥시민(maximin)' 전략이다. 맥시민이란 '최악의 결과 중 가장 나은 최악의 결과를 선택하는 전략(maximum minimourm)'으로서, 이 경우에는 전화를 거는 대안이다. 하지만 맥시민 전략도 양 통화자에게 대칭적인 이상, 역시 '유일하게 합리적인' 전략으로 단언할 수는 없는 일이다.

그러나 우리 가운데 다수는 실제로 이 상황에서 해결책을 갖고 있지 않은가? 그것은 먼저 통화한 사람이 전화가 불통되었을 경우, 전화를 거는 방식이다. 이 방식은 적어도 한국 사회에서 널리 통용되고 있는 해법이라고 하겠다. 이러한 해법은 어디에서 기인하는가? 그것은 두말 할 나위 없이 쉘링(T. C. Schelling)이 규정한 바 있는 '돌출성(prominence)'의 범주로 이해할 만하다. 돌출성의 개념은 실제상황에서 유용하게 원용되기는 하나, 후술할 '비타인본위적 돌출성'의 범주로서, 전략적 상황에 위치한 합리적 행위자로부터 상정되는 '수단적 합리성'의 범주로는 설명하기 어려운 '비정상적인 현상(anomaly)'임을 지적할 필요가 있다. 오히려 문제의 해법과 관련하여 많은 사람들은 '사회화(socialization)' 과정에 주의를 환기시키고 있는데, 즉 부모님으로부터, 혹은 친구나 학교의 선생님으로부터 들었다는 등의 답변이 주류를 이루고 있기 때문이다. 하지만 이러한 해법이야말로 호모 에코노미쿠스(homo economicus)보다 호모 소치올로지쿠스(homo sociologicus)에 부합하는 설명방식이라고 생각된다.

물론 통화가 재개되었을 경우, 즉 먼저 통화한 사람이 전화를 걸어 통화가 가능해졌다면, 합리적 통화자에 적합한 '순리적(reasonable)' 이유를 제시할 만하다. 그것은 전화를 건 사람이 용건을 갖고 있음이 확실한 이상, 통화를 먼저 시도하는 것은 '목마른 사람이 샘 파는' 형국이며, 혹은 전화를 건 사람이 전화번호를 알고 있기 때문일 수도 있고, 그 이외에도 전화를 건 사람의 위치가 공중전화 등, 분명하지 않을 경우, 최초에 전화를 받은 사람의 입장에서는 속수무책이기 때문이다.

그러나 이러한 논리와 설명은 '임기응변적 설명(ad hoc explanation)'에 불과하거나, 혹은 '사후의 설명(ex post facto explanation)'일 뿐이다. 결국 경합하는 두 가지 대안, 즉 '기다린다'와 '다이알을 돌린다'는 대안은 조정의 대안으로서 전혀 손색이 없는, 뚜렷이 구분되는 비대칭적 대안이라기보다는 엇비슷한 대칭적 대안이기 때문이다. 따라서 많은 사람들은 전화를 먼저 건 사람이 다이알을 돌리는 방안이 합리적이라는 사실을 스스로 깨닫고 있는 것은 아니다. 뿐만 아니라 경험적 상황은 최초의 통화자의 다이알을 돌리기가 '유일하게 합리적인 대안'이라고 단정하기 어려울 만큼 다양하다. 외지에 살고 있는 자녀로부터 전화를 받는 부모의 경우처럼, 전화를 받는 사람이 전화를 건 사람 못지 않게 절박한 상황에 있을 가능성도 적지 않다. 그런가 하면 사람들은 실제적으로 일상생활을 통하여 전화가 불통된 후 전화를 먼저 건 사람이 통화재개를 시도하다가 발신음만을 듣게 되거나, 혹은 "고도(Godot)를 기다리는" 형국에 비견될 만큼, 무한정 기다리게 되는 당혹스러운 경우를 적지 않게 경험하게 된다. 이러한 사례들이야말로 상기의 이유에도 불구하고 먼저 통화한 사람이 통화불통시 다이얼을 돌리는 방안이 '유일하게 합리적인' 방안이 아니라는 사실을 반증하는 셈이다.

   마지막으로 우연의 선택에 의하여 통화가 재개될 여지도 있다. 혹시 이 상황에서 통화를 먼저 한 사람이 불통시 다이알을 돌리고 우연히 전화를 받은 사람이 기다리게 되어 통화가 재개되었다면, 엘스터(J. Elster 1989)의 표현대로 '일상적인 칼뱅주의(everyday Calvinism)'의 시현이라고 간주할 수 있을는지 모른다. 하지만 우리는 선통화자가 통화를 먼저 시도하면서 수화자가 기다릴 것이라는 막연한 기대에 의거, '일상적인 칼뱅주의'를 실천하는 데 관심을 갖기보다는, 두 통화자가 아무리 합리성의 기본원리에 의거하여 일관되게 대안을 선택하더라도, 이 상황에서는 합리적 통화자의 '합리적 선택'이 불가능하게 된다는 사실에 유의하게 되는 것이다.

Ⅳ. 현저한 대안

   조정상황에 봉착한 합리적 행위자는 '현저함(prominence)'이나 '돌출성(salience)'의 범주에 의존하여 조정의 문제를 해결한다는 사실이 일단의 관행주의자들로부터 지적된 바 있다. 현저함의 개념은 특히 쉘링으로부터 기인한다. '현저함'이란 각 행위자들에게 자연스럽게 돌출하는 대안으로 각 행위자들은 문제의 대안을 그들의 기대가 수렴될 수 있는 '초점'(focal point)으로 간주하는 셈이다. 쉘링은 '돌출성'에 관하여 매우 흥미롭고 유의미한 다수의 사례를 제시하고 있는데, 쉘링의 사례에서는 순수조정 상황이 주류를 이루고 있다. 예를 들면 학생들에게 약속시간과 장소를 정해주지 않고 만나도록 한 경우, 뉴욕에서의 중앙역(Grand Central Station)이 '초점(focal point)'으로 떠오른다. 쉘링은 상기와 같은 문제에 대한 해법을 분석하는 과정에서 사람들은 '배경적 지식(background knowledge)'에 의거하여 대안의 선택을 조정할 수 있으며, 그 방식은 '현저한 대안'을 선택함으로 가능하다고 주장한다.

그러나 쉘링의 접근방식에 의하여 '현저한 대안'을 규정하는 경우, 그 귀중한 통찰과 시사점에도 불구하고, 조정상황의 해법으로서 '현저한 대안'의 위상에 혼란을 조성하는 결과가 초래되지 않을까 하고 우려한다. 실제로 쉘링은 '현저한 대안'을 설명하는 데 있어 분석적인 조정의 '논리'보다는 사람들의 '상상력'에 초점을 맞추는 예화를 다수 사용하고 있다. '현저한 대안'에 관한 한, 여러 가지의 범주가 혼재하고 있으며, 따라서 상이하고 다양한 범주들을 보다 분석적으로 엄격하게 구분할 필요가 있다는 것이 본 연구의 견해이다. 그 가운데 어떤 범주는 개인주의적 합리성과 충분히 공존할 수 있는가 하면, 그렇지 않은 경우도 있으며, 또 한편으로 '두 사람간의 게임상황(two person game)'에서 해결책으로 작용할 수 있는 '현저한 대안'이 있는가 하면, 혹은 '자연과의 게임(game against nature)' 상황에서 해결책으로 간주될 수 있는 '현저한 대안'도 존재한다. 따라서 '돌출성'의 범주에 대하여 보다 정교한 접근을 할 필요가 있겠는데, '비타인본위적 돌출성(nontuistic salience)'보다는 '타인본위적 돌출성(tuistic salience)'이야말로 조정게임 상황이 요구하는 적절한 해결책에 부합된다는 점을 강조할 것이다.

1. 관행과 타인본위적 돌출성

일단 두 행위자에게 있어 한 게임에서의 결과가 다른 결과보다 양호하다면, 그 결과는 더 양호하다는 점에 의하여 '현저하다'는 표현을 사용할 수 있다. 그러한 결과는 다른 결과에 비해 '눈에 띄게 두드러져' 각 행위자는 그러한 현저성을 인정하게 되고 다른 사람도 현저성을 인정하기를 기대하게 된다. 따라서 조정상황에서 행위자들은 자기자신들의 선택을 조정하는 데 있어서 필요한 단서를 발견하게 된다. 이러한 관점에서 볼 때, 이미 제시한 바 있는 '죄수의 조정문제'에서 죄수들은 침묵보다 자백의 대안에서 현저성을 발견하게 된다.

쉘링의 게임 사례에서도 보면, 두 행위자들은 상호간에 의사소통을 할 수 없게 된 상황에서 특정한 선택의 문제를 해결하도록 요청받고 있다. 즉 상호 의사 소통이 불가능한 상황에서 두 사람이 정확하게 동일한 방식으로 대답하면 보상을 받는 형식이 그것이다.[5] 쉘링은 소수의 사람들에 대하여 실시한 실험을 근거로 사람들은 때때로 이러한 유형의 문제를 성공적으로 해결하고 있음을 관찰한 후, 그 해결의 단서는 현저한 해법을 선택하는 데 있다고 주장한다.

그러나 분석적 차원에서 현저성은 두 가지 범주로 구분될 수 있다고 생각된다. 첫째는 '자연과의 게임상황'에서 매우 유효하게 기능하는 '비타인본위적 돌출성(nontuistic salience)'으로, 합리적 행위자로부터 상정되는 합리성에 의하여 해명이 가능한 범주이며, 둘째는 조정문제 해결에 유효한 '타인본위적 돌출성(tuistic salience)'으로 합리적 행위자로부터 기대되는 합리적 선택과 양립하기 어려운 범주이다. 첫번째 범주의 돌출성의 특성을 간단히 지적한 다음, 두번째 범주의 돌출성에 대하여 집중적으로 분석하고 조정문제의 해결은 타인본위적 돌출성의 출현에 있음을 강조하고자 한다.

우선 비타인본위적 돌출성이 관심사이다. 문제의 현상을 '자연적 돌출성(natural salience)'으로 규정할 만하며, 본 논의의 목적상, '비타인적본위적 돌출성(nontuistic salience)'으로 지칭하고자 한다. '비타인본위적 돌출성'의 주요 속성이라면, 다른 행위자들의 선택과 유기적으로 연계될 필요없이 특정 대안이 독립적으로 문제 행위자의 인식체계에 특출나게 각인된다는 의미에서 돌출성을 노정하고 있다는 점이다. 다시 말해서 특정 대안을 선택하면서 다른 사람의 선택과 연계됨으로 효용을 극대화한다는 논리는 성립하지 않는 셈이다. 실제로 이와 같은 상황은 우리에게 매우 친숙하다. 생각나는 대로 우리 나라의 산을 불러 보라는 요구를 받으면, A는 서슴지 않고 금강산을 꼽는다. 혹은 B는 백두산을, C는 한라산을 꼽게 마련이다. 혹은 냉면집을 내면, '함흥냉면' 혹은 '평양

---

5) 예를 들어 쉘링은 두 사람이 의논하지 않은 채 100불을 나누는 방식을 물어 보기도 하고 혹은 개인이 다른 사람들과 의사소통 없이 다른 사람들이 원하는 금액과 같은 금액을 제시할 수 있는지를 물어 본다.

냉면'으로 이름을 붙인다. 혹은 중국집을 개업하면, '북경반점'이나 '양자강' 등
으로 이름을 정하게 된다. 소비자 A가 슈퍼마켓에 진열된 수많은 동일 가격의
다양한 라면제품 가운데 하나를 선택할 경우를 가정해 보자. 수많은 라면 가운
데 맛을 본 경험이 없음에도 불구하고 '농심' 라면을 현저한 대안으로 택한다
면, 그것은 신문이나 TV를 통하여 '귀에 못이 박힐 정도로' 자주 들었을 상표
일 가능성이 크다. 혹은 예금주가 통장을 개설할 때 0부터 9까지의 수많은 번
호의 조합 가운데 네 글자의 비밀번호를 선정하는 과정에서 별로 망설이지 않
고, 자신의 주민등록번호나 자동차번호, 혹은 전화번호를 현저한 대안으로 선
택하게 마련이다. 혹은 저자가 책을 출판하게 되면 매력적인 책의 제목과 관련
하여 현 시점에서는 "…있다," "…없다"든지 혹은 "…죽이기," "…살리기" 혹은
"ＯＯ가지 이야기" 등으로 제목을 붙이는 방안을 현저한 대안으로 삼을 공산
이 농후하다.

　　일단 이와 같이 '현저한 대안'이 자연스럽게 출현한다면, 다른 사람의 선택
을 고려하지 않는 '자연과의 게임'이나 '일인게임'의 상황을 방불케 한다고 할
수 있다. 그런데 자연과의 게임이나 일인게임 상황에서 무차별적 일련의 대안들
가운데 돌출성에 의하여 특정 대안을 선택하게 된다면, 합리적 선택론자들이 강
조하는 개인주의적 합리성보다는 심리학도들이 말하는 '스키마(schema)' 개념
에 의하여 옹호될 수 있는 가능성이 농후하다. 혹은 일련의 비슷한 대안들 가운
데 현저한 대안의 선택은 '확실한 일의 원리(sure thing principle)'에 의하여
도출될 가능성도 적지 않다. 이러한 사실은 특히 트벨스키와 카네만(A.
Tversky and D. Kahneman 1973)의 실험에 의하여 입증된 바 있다. 이것은
문제의 대안을 선택함으로써 어떤 이익이 발생한다는 계산의 차원보다는 즉흥
적으로 머리에 떠오른다는 의미에서의 현저한 대안이다. 즉 중국집을 개업할
때, '양자강'이라는 이름을 붙인다면, 그것은 단순히 개업주의 인식에 인지적으
로 각인되었다는 점이 중요할 뿐, '양자강' 선택에 대한 논리적 이유는 없다.

　　물론 자연과의 게임이나 일인게임 상황에서 출현하는 돌출성은 행위자의
'비전략적(nonstrategic)' 선택이나 '불변적 선택(parametric)'의 영역뿐 아니
라, 다른 사람들과의 '전략적 상호작용(strategic interaction)'에서도 소정의
역할을 수행할 수 있다는 점을 인정하는 데 인색할 이유는 없다. 즉 뉴욕의 '중
앙역'은 비타인본위적 돌출성의 대안일 가능성이 농후하지만, 쉘링의 실험에 의

하여 전략적 상호작용의 전형적 현상인 조정문제의 해법으로도 성가를 발휘한 바 있다. 하지만, '비타인본위적 돌출성'과 '타인본위적 돌출성'은 질적으로 구분될 필요가 있다. 비타인본위적 돌출성은 '그 자체로는(ipso facto) 본의적 의미의 조정문제의 해법으로 부적절하다는 것이 본 연구의 견해이다. 루이스(D. Lewis)의 지적에 주목할 때, 관련 당사자들의 입장에서 다른 대안의 선택에 대한 더 강력한 이유가 없을 때, 최종선택으로 현저한 대안을 선택하는 것에 불과하기 때문이다. 그러나 한편으로 다른 사람들도 문제의 현저한 대안을 선택할 것으로 기대하면서, 선택하는 경우도 있다. 이러한 경우야말로 '자연적 돌출성'과는 다른 '타인본위적 돌출성'이라고 할 수 있다.

조정문제의 해법과 관련하여 관심의 초점은 '반성적 돌출성(reflective salience)', 혹은 '타인본위적 돌출성(tuistic salience)'에 있다. 순수조정 상황에서 행위자 A와 B는 각기 두 가지 대안에 대하여 무차별적 선호를 표출하고 있는데, 유독 특정 대안을 선택할 합리적 이유는 찾아볼 수 없으며, 각기 상대방이 선택할 것이라는 상정에 기대를 걸고 선택하게 된다. 이 점을 명백히 하기 위하여, 즉 비타인본위적 돌출성과 타인본위적 돌출성의 차이를 부각시키고자 두 가지 유형의 미인 선발대회에 주목해 보자. 우선 일정 수의 미녀들을 두고 임석한 모든 심사자들이 각자 가장 예쁘다고 평가하는 미인을 '미스 진'으로 선발하는 경우이다. 이 경우에는 각 심사자가 스스로 독립적으로 예쁘다고 판정한 미녀에 한 표를 던져 가장 많은 표를 얻은 미녀가 '미스 진'으로 선발된다. 이와 같은 방식으로 선발된 '미스 진'은 다수의 심사자들의 평가에서 '자연적 돌출성'이나, '비타인본위적 돌출성'의 대안으로 부각된 결과라고 할 수 있다. 이에 비하여 케인즈(J. M. Keynes)가 소개하는 미인선발대회의 절차는 특이하다. 여기서 심사자 A는 다수 심사자들의 선택에 유의하여 '다수의 심사자들로부터 가장 아름답다고 평가를 받을 수 있는 미녀가 누구일까' 하는 질문을 던지게 된다. "각 심사자는 자기 자신이 가장 예쁘다고 판단하는 미인의 얼굴보다 다른 심사자들이 예쁘다고 판단할 얼굴이 누구일까를 곰곰이 생각하면서 선택해야 한다"는 것이 케인즈(Keynes 1936, 156)의 주문이다.

그렇다면 이 두 가지 유형의 미인선발대회의 차이는 무엇인가? '미스 진'으로 선발되는 논리가 판이하다는 점이 관심의 초점이다. 첫번째 유형의 미인선발대회에서는 특정 미녀가 여러 후보자들 가운데 '가장 예쁘기 때문에' 심사자들로부

터 가장 많은 표를 획득한 반면, 두 번째 유형의 미인선발대회에서는 특정 후보자
들 가운데 '가장 많은 심사자들의 표를 획득했기 때문에' 가장 예쁜 미녀가 된 것
이다. 즉 후자의 상황에서 각 심사자는 다른 심사자와 선택을 조정함으로 효용을
극대화하는 입장이라면, 전자의 상황에서 각 심사자는 다른 심사자의 선택에 대하
여 전혀 개의할 필요없이 독립적으로 효용을 극대화하는 형국이다. 바로 이 점이
야말로 비타인본위적 돌출성과 타인본위적 돌출성의 차이라고 하겠다.

한 걸음 더 나아가 쉘링(T. C. Schelling 1963, 94)의 지적은 주목할 만
하다.

"많은 사람들한테 숫자를 하나 선정하라고 한다면, 3, 7, 13, 100과 1 등을 선
정할 것이다. 그러나 다른 사람들이 똑같은 숫자를 선정하는 데 관심이 있어 다
른 사람들이 선정하는 것과 똑같은 숫자를 선정하라는 요구를 하면, 동기는 달
라진다. 대부분의 선택은 1이 될 것이다. 그리고 여기에는 타당한 논리가 있다.
즉 개인의 입장에서 유일하게 선호하는 숫자는 없기 때문이다. 3, 7 등과 같은
숫자는 당혹스러울 정도로 많기 때문에 가장 선호하는 숫자를 선정할 가능성은
없다. 그러므로 모든 숫자 가운데 어떤 숫자가 가장 유일한 숫자라고 묻는다면,
혹은 어떤 선택 규칙이 명백한 결과를 산출할 것인가 하고 묻는다면, 모든 숫자
의 세계는 첫번째의 숫자 혹은 가장 작은 숫자를 가지고 있다는 사실에 놀라워
할 것이다."

여기서 중요한 점은 1이 선정된다면, 그것은 1이 자연적으로 사람의 머릿속
에 떠오르는 숫자라는 사실 때문이 아니라, 다른 사람들과 연계된 선택이 중요
할 때 다른 사람들이 선택할 것이라는 기대에 입각하여 선택되는 숫자라는 사
실에 있다. 즉 즉흥적으로 사람들의 머릿속에 떠오르는 숫자라면, 1뿐만 아니라,
3, 7 등, 수많은 숫자들이 있겠지만, 다른 모든 사람들과 선택을 맞추어야 할 필
요가 있는 조정게임 상황에서는 단순히 머릿속에 떠오른다는 의미를 넘어서서
다른 사람의 기대를 고려한다는 의미에서 타인본위적 돌출성이 되는 셈이다.

본 맥락에서 우리 한국사회에서 타인본위적 돌출성의 전형적 사례로 자리
잡은 명동성당의 사례에 주목해 보기로 하자.

"서울 소재의 특정 작업장에서 일하는 일단의 노동자들이 거듭된 노사협상
에도 불구하고 사업주의 무성의한 태도로 말미암아 노사합의가 불가능하다고
판단하였다. 그 결과 농성을 하기로 결정하였으나 작업장은 사정상 농성을 하기

에 적합하지 않다. 따라서 사업장 이외의 장소를 농성장으로 물색하기로 결정하였는데, 농성장 선정에 관한 협의에서는 상당한 논란과 시간이 걸릴 것으로 예상되었다. 서울에서 농성을 할 수 있는 장소는 대단히 많기 때문에 어느 한 장소를 결정한다는 것은 쉬운 일이 아니기 때문이다. 그러나 뜻밖에도 협의를 한 지 몇 분도 안 되어 농성장소가 전격적으로 결정되었는데, 바로 명동성당이었다. 노동자들은 곧 명동성당으로 가서 천막을 치고 농성을 시작하였다."

상기의 상황에 주목할 때, 농성장소의 선택이 문제의 노동자들에게 조정의 문제를 야기하고 있다는 사실을 알 수 있다. 서울에서 작업장 이외에 농성을 할 수 있는 장소가 대단히 많다면, 내쉬균형점이 무수히 많은 셈이다. 이처럼 많은 후보지에도 불구하고 유독 명동성당이 농성장소로 만장일치로 선정된 이유는 명동성당이 현저한 대안이나 '쉘링점(Schelling point)'으로 인식되었기 때문이다. 이 경우 명동성당은 어떻게 관련 농성자들에게 현저한 대안으로 인식되었는가? 문제의 노동자들 각자는 자기자신들 이외에도 많은 노동자들과 학생들이 집단행동의 문제가 생겼을 때 명동성당에 와서 농성을 했었다는 경험적 사실에 유의했을 듯하다. 또한 명동성당에서 농성을 하면 언론이나 여론으로부터 각별한 주목을 받게 된다는 '이전의 사례'(prior) 역시 중요한 고려사항이 아닐 수 없다. 따라서 엄밀한 의미에서 농성장소에 관한 한, 수많은 내쉬균형점 가운데 적당한 곳 하나를 결정하기 위한 협의나 협상은 특별한 의미를 지니고 있지 못한다고 하겠다. 명동성당은 협의 이전에 '유일한 내쉬균형'으로서 관련 개인들의 인식 속에 각인되어 있었기 때문이다.

그러나 그렇다고 하더라도 명동성당이 농성장으로 돌출하는 이유는 그것만으로 충분하지는 않다. 명동성당은 단순히 '자연적 현저성'을 넘어서서, 농성하고자 하는 사람들이 상호간에 선택을 조정할 만한 대안으로 판단하고 있기 때문이다. 단순히 농성장으로 말한다면, 명동성당 이외에도 후보지가 많다. 마치 현저한 숫자에 관한 한, 1과 3, 7 등 무수한 숫자가 가능하다는 논리와 같기 때문이다. 그러나 자기자신뿐만 아니라 다른 사람들에게도 현저한 대안이 되어야 한다는 사실을 감안하면서 선택하는 '타인본위적 현저성'이야말로 명동성당의 선택에 있어 핵심이다. 따라서 강조하고자 하는 것은 조정문제의 해법으로의 현저성은 '자연적 현저성'이 아니라 '타인본위적 현저성'이라는 점이다.

2. 조정문제의 해법으로서 관행적 규범

전항에서 조정문제의 해법으로 타인본위적 돌출성을 조명했다면, 이번에는 관행적 규범과 관련하여 루이스(D. Lewis 1969)가 개발한 보다 공식적인 규정에 유의해 보기로 하자. P(Popularion)의 규모의 사회에서 성원들이 반복적으로 야기되는 상황 S(Situation)에 위치한 행위자일 때, 그들의 행동으로부터 규칙적으로 일어나는 현상 R(Regularity)은 만일 P의 성원들 가운데 S의 어떠한 상황하에서도 다음과 같은 사실이 참이고, 또한 P의 사회에서 공통된 인식으로 회자된다면, 바로 그 경우에 한하여 관행(Convention)이 된다고 하겠다.

(1) 모든 사람이 R을 준수한다.
(2) 모든 사람은 자기자신 이외의 모든 사람이 R을 준수하기를 기대한다.
(3) 모든 사람은 모든 사람이 R을 준수한다는 조건하에서 어떠한 사람이라도 R을 준수하기를 원하고 있다. 왜냐하면 S는 조정의 문제이며 R에 대한 승복은 S에 있어 조정 균형점(coordination equilibrium)이 되기 때문이다.

일단 상기 루이스의 공식적 규정으로부터 두 가지 사항을 짚고 넘어갈 필요가 있다. 무엇보다 루이스는 (1)에서 대두되는 R에 대한 일반적 승복에 대한 조건으로 2)로부터 나타나는 기대(expectation)와 (3)으로부터 나타나는 선호(preference)를 들고 있다. 분석적 측면에서 (2)와 (3)의 명제가 (1)에 대한 주요 필요조건으로 성립한다는 사실에는 의문의 여지가 없지만, 허다한 경험적 실제 상황에서도 (2)와 (3)을 (1)의 필요조건으로 반드시 간주해야 하는가 하는 문제에는 의구심이 앞선다. (2)와 (3)이 충족되지 않아도 (1)이 성립하는 상황을 예절을 지키는 문제 등 일상생활에서 어렵지 않게 확인하게 되는 까닭이다.

두 번째의 사항은 루이스의 명제를 구성하는 '모든 사람(everyone)'이나 '어떠한 사람(anyone)이라도'의 범주는 너무나 엄격하여 역시 경험적으로 비현실적이라는 점이다. 오히려 '모든 사람'이나 '어떠한 사람'의 표현을 '거의 모든 사람(almost everyone)' 혹은 '거의 어떠한 사람(almost anyone)'의 용어로 바꾸거나, 혹은 '충분한 숫자의 사람들'로 대체해도 무방할 듯하다. 예를 들어 몇몇 사람들이 '엘러지'로 불러도 다수 사람들이 '알레르기'로 부르면 '알레르기'는 언어적 관행이 된다. 혹은 크리스마스 전야에 모든 사람이 선물교환을 하는 것은 아니더라도 충분한 숫자의 사람들이 선물교환을 하면, 크리스마스 선물교환은 관행이 된다. 발렌타인데이나 화이트데이도 마찬가지이다. 그러므로 관행적 규범에서 모든 사람이 준수한다는 조건은 너무나 엄격하고, 일반적으로 관행준수의 일정한 '문턱수준(threshold point)'만 넘는다면, 관행의 성립은 가능한 것으로 보여지기 때문에, '모든 사람'을 '충분한 숫자의 사람들'로 대처하는 방안이 더욱 더 설득력이 있다고 하겠다.

이처럼 "일련의 사항을 적절히 수정한다면(mutatis mutandis)," 루이스의 정의(定義)는 받아들일 만하며, 유전자염색체와 관련하여 '지놈'보다 '게놈'의 언어관행이 구축되었다면, 이는 루이스의 조건을 훌륭히 충족시킬 수 있는 셈이다. 즉 '충분한 숫자'의 언론인들이 '지놈'보다 '게놈'의 용어를 사용한다면, 이는 각 언론인이 자신 이외에 '충분한 숫자'의 언론인들이 '게놈'의 용어를 사용하기로 기대하기 때문이며, 충분한 숫자의 언론인들이 '지놈'보다 '게놈'의 용어를 사용한다는 조건하에서 각 언론인은 '게놈'의 용어를 사용하기 원하는 까닭이다.

이러한 관점에서 볼 때, '타인본위적 돌출성'이 관행의 출현에 중요한 역할을 한다는 사실을 강조할 필요가 있다. 관행의 출현에 관한 한, '타인본위적 돌출성'의 역할은 자명하기 때문이다. 다시 말해서 다수의 사람들이 동일한 행동을 하리라는 기대를 가지는 데 있어 '타인본위적 돌출성'처럼 확실한 요소는 존재하지 않기 때문이다. 실상 우리는 타인본위적 돌출성으로 설명 가능한 일련의 관행에 친숙하다. 한국 사회에서 4의 숫자는 '죽을 사(死)'를 연상시킴으로 병실을 만들 때 4호실을 피한다. 또는 4층 대신에 F층으로 표시해 놓기도 한다. 또한 사람의 이름을 적을 때는 붉은 글자로 적지 않는다. 이러한 현상들은 모두 4자나 붉은 글자가 한국 사람들에게 좋지 않은 것을 나타내는 관행으로 정착되어 있음을 시사해 준다. 당연히 이러한 '타인본위적 돌출성'은 사회에 따라 다르다. 미국사회에서는 4자가 아니라 13이 금기시되는 숫자이며, 빨간 볼펜으로 사람의 이름을 적어도 문제가 되지 않는다. 또한 미국 사람들은 사진을 찍을 때 '치즈'라고 소리치지만, 한국 사람들은 '김치'를 선호한다.

그렇다면 어떻게 관행 공동체가 유지될 수 있는 것일까? 일단 관행적 규범이 성립되면 관행에 대한 준수를 보장하기 위한 외적인 동기나 유인이 필요하지 않다. 관행적 규범에 관한 한, 시행에 따르는 문제는 존재하지 않는 셈이다. 그러나 그렇다고 해서 관행적 규범을 정립하는 데 전혀 문제가 없다는 것을 의미하지는 않는다. 만일 사람들이 공동이익을 공유하고 있다는 것만으로 충분하다면, 조정문제의 해결은 사소하고 자동적인 사안이 될 것이다. 그리고 관행적 규범의 도출에 있어 국가의 역할을 거론할 필요조차 없을 것이다. 그렇지만 공동의 이익을 공유하고 있다고 해도, 정보의 부족으로 인하여 사람들은 조정문제에서 난관에 부딪칠 수 있다. 특히 다수의 사람들이 연루될 경우, '정보의 공유문제'는 '이익의 공유문제'와는 독립적으로 해결되어야 할 난제가 되는 셈이다. 오 헨리(O. Henry)의 『크리스마스 선물』에 나오는 젊은 부부도 정보의 차단으로 인하여 크리스마스 이브에 서로 어긋나는 선물을 준비한 것을 깨닫고 몹시 당황하지 않았던가? 선물의 교환은 그 자체로 관련된 개인들에게 있어 정보의 공유를 차단하는 효과를 지니고 있거니와, 한편으로 다수의 공동체에서 익명의 구성원들 사이에 정보의 공유는 결코 쉬운 일이 아니다.

　뿐만 아니라, 관행적 규범 자체가 가능한 최적의 규범인지에 관한 한, 의문이 있다. 조정상황에서 경합하는 두 가지의 가능한 대안들 가운데 하나가 '관행적 규범'으로 고정된다고 할 때, 관행적 규범이 되지 못하여 사라질 수밖에 없었던 다른 대안이 보다 효율적인 관행이 되었을 가능성은 배제할 수 없다. 그러므로 상기의 논의에서 공동이익이 관행적 규범의 출현에 있어 중요하다고 했을 때, 그것은 일단 관행이 성립되었을 때의 '안정성'을 의미하는 것일 뿐, 관행적 규범을 정착시키기가 쉽다든지, 혹은 기존에 통용되고 있는 관행적 규범이 그렇지 않은 대안에 대하여 정의의 관점이나 효율성의 관점에서 비교우위를 지닌다는 사실을 함의하는 것은 아니다. 특히 이 두 가지 문제는 결과론적 관점에서 관행적 규범에 관한 정부의 역할을 정당화시키는 데 있어 중요한 단초를 제공한다고 하겠다.

V. 국가의 권위와 관행적 규범

　주지하는 바와 같이 사회에는 다수의 조정문제들이 존재한다. 비협력적 인

간의 상호작용이 당사자들의 정보교환의 어려움으로 말미암아 발생한다는 내쉬
(J. F. Nash)의 견해를 받아들인다면, 사회의 비협력 상황이 정보의 불충분한
공유로 인하여 발생할 가능성이 농후하다. 예를 들어 다수의 사람들이 서로 다
른 지역에 살고 있는 상황에서 정보의 소통 문제는 심각할 수 있다. 그러나 이
러한 정보의 문제는 비단 정치사회에만 국한된 문제가 아니라, 사회계약론자들
의 표현을 원용하면, 자연상태에도 다수의 조정문제들이 존재하는 셈이다. 이
점과 관련하여 로크(J. Locke)는 자연상태에서 심각한 조정의 문제가 발생한다
는 점에 주목하고, 조정문제의 해결자로서 정부의 역할을 강조하고 있는 유일한
사회계약론자임을 상기할 필요가 있다.

　　로크의 자연상태는 홉스의 그것과는 달리 '전쟁의 상태(state of war)'가
아니라 '평화의 상태(state of peace)'이다. 로크의 자연상태에서 사람들은 자
신의 이성으로 알 수 있는 자연법을 지키며, 비교적 상호간에 생명, 자유, 재산
권을 침해하지 않기 때문이다. 그러나 그럼에도 불구하고 로크의 자연상태에서
문제가 발생한다면, 그 경우는 자연권을 침해하는 상황이 야기되는 경우로서,
사람들은 모두 각자가 자신의 방식대로 '자연법 집행권'을 행사하게 된다. 따라
서 남의 물건을 훔친 사람에 대해서 어느 정도로 보복할 수 있는가 하는 문제
는 피해자의 재량권에 속하기 때문에, 관련 당사자들 사이에 쟁점과 다툼이 야
기될 수 있다. 예를 들어 자신의 물건을 훔친 사람 A에 대하여 B는 용서해 줄
수 있고, C는 A의 팔을 자를 수도 있지 않겠는가!

　　결국 자연법 집행권의 임의성 문제 때문에, 즉 각자가 자연법 집행권을 자
의적 방식으로 행사함으로 야기되는 혼란을 막기 위하여 사회계약을 맺게 된다
는 것이 로크의 견해이다. 따라서 정부는 사람들로부터 '자연법 집행권'을 회수
함으로써 범법자에 대한 벌칙의 관행(convention)을 제정하고 집행하는 역할을
한다. 이처럼 벌칙에 관한 통일성의 필요로 인하여 자연법 집행권만을 독점하는
로크의 정부는 개인에 대하여 전권을 지니고 있는 홉스의 리바이어던과는 비교할
수 없을 정도로 약한 정부가 될 수밖에 없다. '신탁으로서의 정부(government
as a trust)'가 그것이다. 물론 로크는 이러한 자연법 집행권을 독점적으로 행
사하기 위하여 출현하는 국가의 존재이유를 '관행적 규범'이라기보다는 '계약
적 규범'의 차원에서 접근하고 있는 것이 사실이나, 엄밀한 의미에서 로크가
파악하는 국가권위의 본질은 조정문제 해법의 성격을 암암리에 노정하고 있다

고 말할 수 있다.

　그러나 국가권위에 대한 관행주의 접근방식에 관한 한, 가장 본의적이고 고전적인 논리는 흄(D. Hume)에 의해서 제시되고 있다. 주지하는 바와 같이, 흄은 사회계약론적 비전에 의하여 국가의 권위를 정립하려는 사회계약론자들의 논거를 신랄하게 비판해 왔다. 즉 국가의 권위란 국가에 복종하겠다는 계약자들의 약속에 의하여 성립하는 것이 아니라, 일종의 관행과 관습에 의하여 성립한다는 것이 흄의 입장이다. 실제로 흄은 도덕과 정치비전에 관한 한, 관행주의자였으며, 따라서 정치권위의 존재이유에 대한 정당성의 논리도 관행주의자들의 견해와 부합한다. 왜 사람들은 약속을 지키는가? 약속은 '나' 자신을 구속하는 행위이다. 그렇다면 약속은 왜 '나' 자신을 구속하는가? 흄은 이와 관련하여 사회계약론자들의 주장과는 달리, 동의의 구속성이나 자연법 개념에 의존하지 않는다. 오히려 약속을 지키는 이유는 '내'가 약속을 지키기로 '동의'했기 때문이 아니라, 약속을 지킴으로 '나'와 '너'는 상호간에 '혜택'을 누릴 수 있기 때문이라는 것이 흄의 견해이다. '정의의 규칙(rule of justice)'도 이와 마찬가지이다. '정의의 규칙'은 일단의 계약자들 사이에 이루어진 합의의 결과가 아니라, 사람들에게 돌아가는 일정한 공동의 이익이 엄존한다는 점에서 출현한 것이다. 물론 이 때의 공동의 이익이란 적어도 장기적 관점에서의 공동이익이라고 할 수 있다.

　강조하자면, 흄에 있어 사회의 중요한 규칙들은 인간의 욕구나 사회의 존속과는 관계 없는 직관이나 자연법, 혹은 추상적인 형이상학적 원리에 기초하고 있는 것이 아니다. 오히려 규칙들이란 특정 개인들의 계획이나 의도의 산물이라기보다는, 거의 자연발생적으로 출현하고 발전되어 온 현상으로서, 일반적으로 사람들은 자신들의 이익을 충족시키며, 따라서 유용한 것으로 입증된 규칙들을 채택하게 마련이다. 그러므로 '정의의 규칙'들도 사회계약이라는 추상적 범주에서 이성적으로 그 타당성이 입증될 수 있는 것은 아니고, 다만 개인들로 하여금 자신들의 상호관계를 예측적으로 만들 수 있는 장치로 대두된 것에 불과하다. 그러므로 정치적 충성이나 다른 '인위적 덕목(artificial virtue)'들을 정당화시키고 설명하는 관행들도 사회의 모든 사람들에게 이익이 되기 때문에 출현한 일반규칙인 셈이다.

　결국 흄은 가치 있고 안정되며 임의성과 규칙성을 내포한 인간 행동을 가능케 하는 관행적 규범에는 '공동의 이익'이라는 개념이 자리잡고 있다고 주장하고 있다. 따라서 관행적 규범이 명시적인 동의의 행위나 합의의 결과라는 점은 거부하고 있으며, 이 점에서 국가권위에 대한 흄의 접근방식은 고전적 사회계약론자들과 현격한 차이를 보인다고 할 수 있다.

같은 맥락에서 햄톤(J. Hampton 1998)이나 래즈(J. Raz 1975) 등도 현대의 대표적인 관행주의자임에 틀림없다. 특히 래즈(1975, 64)에 의하면, 사회에서 살고 있는 많은 사람들의 행동을 조정해야 할 필요성에서 국가권위의 존재이유가 설명될 수 있다.

"만일 권위가 조정의 조건에 의하여 정당화된다면, 우리는 권위적 언명이야말로 다른 것들을 제외시킬 수 있는 이유(exclusionary reason)로 간주해야 한다. 이에 대한 증명은 권위에 대한 고전적 분석에 포함되어 있다. 관련된 개인들이 그 권위의 판단에 승복하며 여러 가지 이유들을 종합적으로 고려하여 행동하지 않고 권위의 지시에 의하여 행동할 때, 조정을 보장할 수 있다. 이러한 태도는 모든 사람들이 한 행위에 참여하게 되며, 그 결과 그 행위가 조정될 것이라는 것을 보장하는 것이다. 그러나 이를 위해서는 사람들이 권위적 언명을 다른 것들을 제외시킬 수 있는 이유로, 혹은 균형된 이유에 의하여 행동하지 않을 이유로(비록 그것이 옳다고 해도) 간주해야 할 필요가 있다. 이러한 논리에 입각하여 권위를 받아들이는 것은 비합리적으로나 임의적으로 행동하는 것은 아니다. 권위에 대한 필요성은 이성에 근거를 두고 있다고 말할 수 있다. 그러나 이때 이유란 특별한 유형의 것이다. 이 이유들은 권위적 언명을 다른 것들을 제외시킬 수 있는 이유로 간주할 필요성을 정립하는 셈이다."

두말 할 나위 없이 래즈가 조명하는 정치권위의 기능은 조정문제의 해결자로서의 기능을 의미하고 있다. 따라서 래즈(1975, 159)는 "천사들의 사회라도 조정을 보장하기 위하여 입법적 권위를 필요로 할지 모른다"고 강조하고 있다. 이와 관련하여 국가에 의한 제재도 법에 복종해야 할 배타적 이유를 제공하지 못한다는 것이 래즈의 견해이다. 사람들의 행동을 유도하는 데 있어 법이 강제와 제재에 의존하고 있다면, 법을 권위적 현상이라고 말할 수 없다는 것이 그 내용이다. 권위란 충고와 강제에 의존하지 않고, 사람들의 행위를 조정하는 전형적인 방식이기 때문이다.

특히 래즈는 플라톤의 정치비전이 함의하는 바와 같이, 사람들이 행동할 때 지켜야 할 일정한 진리가 있고, 국가권위는 이러한 진리를 사람들에게 일방적으로 제시하는 데 있다는 견해를 반대한다. 지식론에 입각하여 국가권위의 개념을 설명하면, 조정문제의 해결에서 수행하는 국가권위의 역할을 충분히 이해할 수 없기 때문이다. 조정의 문제란 집단구성원들의 이해가 합치하는 영역에서 나타나는데, 이때 집단의 구성원들은 여러 가지 대안들 가운데 다른 많은 사람들이 따르는 대안들을 선호하게 된다. 조정문제의 이러한 특성을 고려할 때, "현자가 내게 특정 세트에 속하는 대안들이 무엇인지 말해 줄 수는 있겠으나, 다른 많은 사람들이 어떤 선택을 할 것인가를 알기 전에는 그 세트 중 어떤 것을 선택해야 한다고 말할 수는 없다"는 것이 래즈(1981, 108)의 의견이다.

　　이러한 관점에서 볼 때, 국가의 권위는 모든 사람들, 혹은 다수의 사람들의 선택에 대하여 예측과 기대를 할 수 있는 중요한 단서를 제공하는 데 있다고 할 수 있다. 실제로 운전자들은 좌측통행을 할까 우측통행을 할까 하는 조정의 문제에서 당혹스럽기만 하다. 다른 많은 운전자들의 선택에 따르는 것이 '나'에게 유리하지만, 다른 많은 운전자들이 어떠한 대안을 선택할는지 알 수 없기 때문이다. 이때에 국가가 나서서 특정 대안을 결정하면, 그것이야말로 '나'에게 다른 많은 사람들이 그 특정 대안을 선택하리라는 충분한 기대를 줄 수 있지 않겠는가? 이러한 방식으로 조정의 문제에 개입한다면, 국가는 조정문제들에 대한 해결책을 제시하는 셈이며, 이 점에서 조정문제 해결자로서 국가의 권위는 시민에게 복종을 요구할 수 있을 것이다.

Ⅵ. 무정부 상황과 관행적 규범

　　무정부 상태에서는 규범과 규칙이 출현할 수 없는가? 즉 정부가 없는 상황에서는 구속력을 지닌 규범과 규칙이 만들어질 수 없는가? 일반적으로 대부분의 사람들은 '무정부 상황(anarchy)'을 '무법 상황(lawlessness)'과 동일시하고 있다. 이 점에 있어 홉스도 예외는 아니다. 홉스의 자연상태는 무질서와 무법상태의 전형이기 때문이다. 물론 이러한 경향은 어원적으로 보면 타당하다. 주지하는 바와 같이 '아나키(anarchy)'란 "지배나 다스림이 없는 상황"을 지칭하기 때문이다. 그러나 보다 엄밀하게 조망한다면, 두 가지 상황은 결코 동일한 것이 아니다. 왜냐하면 무법상태란 어떠한 규범이나 규칙 혹은 어떠한 질서도 찾아볼 수 없는 상황을 떠올리기 때문이다. 하지만 국가권위를 가진 지배자나 통치자가 존재하지 않는다고 해서 반드시 폭력이 난무하는 난장판이 벌어지거나, 혹은 무질서가 범람하리라고 단정할 필요는 없다.

문제의 상황은 우리 일상 생활의 한 단면에서 확인할 수 있다. 약수터에서 물을 마시려는 사람들의 줄이나 혹은 버스를 탈 때 정거장에서 승객들이 줄서는 경우를 관찰해 보자. 약수터에서는 물을 마시러 오는 사람, 혹은 물을 길러 오는 사람들은 온 순서대로 줄을 선다. 혹은 버스정거장 앞에서도 마찬가지이다. 물론 사람들이 '줄서기'의 규칙을 예의 준수하는지를 경찰이 감시하는 것은 아니다. 혹은 공익요원이 새치기하는 사람들을 가려내어 벌주는 것도 아니다. 만일 새치기하는 사람이 있다면, 줄서 있는 여러 사람들의 눈총이 그의 무임승차행위를 비난할 뿐이다. 따라서 버스의 줄이나 약수터의 줄은 무정부상태에서 가능한 관행적 규칙이라고 할 수 있다.

그렇다면 이러한 무정부상태의 규칙은 어떻게 출현하는가? 그것은 '진화적으로 안정된(evolutionarily stable)' 규칙이라고 할 수 있다. 약수터나 버스정거장, 혹은 지하철 정거장에서 줄을 서지 않으면, 모든 사람들이 불편하고 불안하다. 어떤 사람도 마음놓고 편하게 약수를 마시거나 버스에 올라탈 수 없다. 그러므로 특정 개인 A가 줄을 서기 시작하면, 그것이 어느새 '현저한 대안'이 되어 다른 사람들도 따라서 줄을 서게 마련이다. 이러한 경우의 질서는 자연발생적인 것으로 어떤 선구자나 현인들이 가르쳐 준 것이 아니며, 혹은 선생님이나 부모님이 가르쳐 준 것도 아니다. 그것은 우리 경험으로 말미암아 시행착오를 거쳐 자발적으로 학습된 것이다. 줄을 서는데는 특별한 이타주의, 즉 남을 배려하는 마음이 반드시 필요한 것이 아니며, 최소한도로 '나'에게 이익이 된다는 사실을 이해할 때, 가능하다.

그런가 하면 우리가 매일 경험하는 무정부상태의 관행적 규범이라면, 동료들끼리 식사할 때 비용에 관한 일괄지불 규칙이다. 회사에 다니는 일단의 동료들이 점심식사를 하기 위해 인근 음식점에 가게 되었다. 점심식사가 끝난 다음 어떻게 음식값을 계산할 것인가 하는 문제가 암암리에 대두된다. 그런데 식사가 끝난 다음, A는 얼른 계산대에 가서 일괄해서 비용을 지불하였다. 그는 이제까지 다른 동료들의 신세를 졌다고 생각한다. 이 광경을 보고 다른 동료들은 "덕분에 식사를 잘했다"고 사의를 표한 후, 각자의 사무실로 들어간다.

문제의 상황에서 어떤 방식으로 음식값을 지불하는가 하는 문제는 조정상 황을 조성한다. 논의의 초점은 이 상황에서 A가 자신의 점심 값만을 지불하지 않고 동료들의 점심식사 값을 일괄 지불하게 되는 방식에 있다. 점심식사를 함 께 한 모든 동료들이 자신의 식사 값을 각자 지불하는 방식도 역시 '내쉬균형 점(Nash equilibrium)'으로 간주될 만한 소지가 충분한데도 불구하고, 무슨 까 닭에 A 혼자 일괄계산을 하는 방안이 '현저한 대안'으로 가시화되었는가? 문제 의 '현저한 대안'의 돌출에는 A의 경험세계가 그 단초를 이룬다고 하겠다. A는 이전에도 친구들과 어울려 혹은 선배들과 더불어 음식점에서 식사를 하면서 음 식값이 어떻게 지불되는지 자주 자연스럽게 관찰해 왔다. 그 모든 경우에 동석 자 가운데 한 사람이 대표해서 음식값을 지불하게 되는 현상을 경험적으로 확 인한 것이다. 즉, A는 사회생활을 통하여 식사 값의 일괄지불 방식을 학습한 셈 이다. 따라서 A로서는 한국사회의 어떠한 식사모임에서도 한 사람이 일괄 지불 할 것이라는 기대를 하게 되고, 이 기대에 따라 행동하는 것이 합리적이라고 판 단한다. A는 이와 같은 기대에 근거해서 이전의 식사모임에서 자신이 아닌 또 다른 동료가 일괄 지불한 사실을 당연한 것으로 치부하고, 이번의 모임에서도 자신의 음식값뿐만 아니라 동석한 다른 모든 동료들의 음식값을 자연스럽게 지 불하게 된 것이다. 결국 한국 사회에서 한 사람에 의한 식사 값 일괄지불 방식 은 '현저한 대안'으로 부각되어 '자기 지속적(self-sustaining)' 관행적 규범으 로 정착된 셈이다.

본 맥락에서의 관심은 왜 '일괄지불 방식'이 '개별지불 방식'보다 '현저한 대안'으로 한국 사회에서 관행적 규범으로 정착되었는가 하는 점에 있다. '일괄 지불 방식'이 '개별지불 방식'보다 현저한 대안으로 부상한 이유에 관한 한, 엄 밀한 의미에서 행위자들의 개인주의적 합리성은 단서가 되기 어렵다. 효용극대 화의 측면에서 일괄지불 방식이 개별지불 방식보다 '파레토 최적'이라고 단정 할 수는 없기 때문이다. 양자는 '뷔리당의 당나귀'를 괴롭힌 두 개의 건초더미 와 같이 동일한 합리성을 가진 두 개의 내쉬균형점인 셈이다. 그러므로 이러한 상황에서 일괄지불 방식이 관행적 규범으로 굳어진 이유는 개인주의적 합리성 의 범주보다 진화론적 범주에서 적절히 찾아질 수 있을 것 같다. 즉 일괄지불 방식은 '유일하게 합리적인 해결책(uniquely rational solution)'이나 유일한

'내쉬균형(Nash equilibrium)'은 아니지만, '진화적으로 안정된 균형점 (evolutionarily stable equilibrium)'으로 간주할 수 있기 때문이다. '진화적으로 안정된 균형점'은 사회생물학도들이 동물의 협력적 행동의 유전적 진화를 설명하는 과정에서 안출된 개념이긴 하나, 인간 행위자들 사이에 나타나는 관행을 설명하는 데에도 충분히 원용될 만하다. '진화적으로 안정된 전략'이란 액셀로드(R. Axelrod, 1984)에 의하면, 다른 대안에 의한 침투를 효과적으로 막아낼 수 있을 정도로 안정성을 유지할 수 있는 대안이며, 전략이다. 따라서 일괄지불 방식을 '진화적으로 안정된 균형점'으로 규정하고자 한다면, 역사와 경험을 공유하고 있는 공동체를 고려할 경우, 비로소 가능하다. 일괄지불 방식이 진화적으로 안정된 균형점이 되면서 회식자 가운데 한 사람이 자신의 음식값만 지불하게 되는 경우가 발생한다면, 문제의 개인은 문제의 공동체에서 '치사한 사람', 즉 일탈행동을 하는 사람으로 낙인찍힐 공산이 크기 때문이다.

이처럼 정부가 존재하지 않아도, 혹은 정부가 개입하지 않더라도 관습 공동체, 혹은 관행 공동체는 존속할 수 있다. 물론 약수터나 버스·전철역에서의 줄서기, 혹은 식사의 일괄지불관행은 일부의 관련되는 사람들에게 해당되는 문제이겠으나, 이러한 현상이 사회에 널리 확산되어 약수터, 버스, 전철역, 공중화장실 앞에서는 언제나 줄을 서야 한다는 사회적 관행이나, 동료들끼리 식사할 때 어느 한 사람이 일괄 지불해야 한다는 관행적 규범이 정착된다면, 국가의 개입 없이도 자생적 질서가 가능한 셈이다. 실제로 하이예크(F. A. Hayek)는 시장을 국가의 개입이 필요없는 '자생적 질서(spontaneous order)'로 규정한 바 있다. 이러한 사실을 감안할 때, 리바이어던이 존재하지 않으면, 무질서가 횡행할 것이라고 상정했던 홉스의 자연상태에 대한 묘사는 지나치게 비관적이라는 점을 강조할 필요가 있다. 정부가 없어도 일정 수준의 질서, 즉 관행적 규범에 의한 질서는 가능하다고 보여지기 때문이다. 한국 사회에서도 장유유서(長幼有序), 즉 나이 많은 사람에게 자리를 양보하는 미풍양속은 관행적 규범인 셈이다.

그러나 마지막으로 관행적 규범에서 무임승차자의 문제가 발생할 수 있다는 점에 유의할 필요가 있다. 즉 줄서기에서 새치기하는 사람이나, 혹은 동료회식에서 언제나 돈을 내지 않고 다른 사람에게 얻어먹는 '얌체'가 발생할 수 있다. 하지만 그렇다고 해도 조정게임상황의 특성이 공동이익에 기반하고 있다는 점을 감안할 때, 조정게임상황에서 무임승차자의 문제는 심각하지 않으며, 비교적 사소하다. 일부의 새치기에도 불구하고, 대부분의 사람들은 줄을 서며, 지하철에서 일부의 몰지각한 사람들 이외에 대부분의 사람들은 전동차 안의 승객들이 내린 다음에 승차하고 있다. 그렇지만 유의해야 할 사항은 '모든' 조정상황에서 무임승차자의 문제가 사소하다고 할 수 없다는 점이다. 일부 특정 범주의 조정상황에서 무임승차자의 문제는 심각하다. 예를 들어 교통법규의 준수문제는 조정의 문제임에 틀림없으나, 교통법규의 준수를 감시하기 위하여 교통경찰이 필요하다. 교통법규의 위반은 모든 운전자, 모든 보행자의 안전을 위협할 수 있기 때문이다. 바로 이 사실이야말로 관습 공동체가 자연 발생적인 규칙만으로 충분히 작동하기 어려운 이유이며, 국가개입의 필요성을 입증하는 대목이다. 약수터나 버스, 지하철에서 줄을 서는 것만큼, 혹은 식사비 일괄지불 상황처럼, 운전자 교통규칙이 자발적으로 지켜지고 있지 못한 것이 현실이다. 운전자들은 흔히 과속으로 질주함으로 제한 속도를 어기며, 빨간 불이 켜졌을 경우에도 '빨리 빨리' 횡단보도를 지나간다. 그뿐만이 아니다. 음주운전이 위험하다는 사실은 공지의 사실인데도 불구하고, 항상 적지 않은 수의 음주운전자들이 경찰의 단속에 적발되고 있다. 또한 보행자 앞에서 일단 멈추어 서는 자동차들도 별로 찾아볼 수 없다.

그러므로 네거리에서 신호등조작을 하는 교통경찰, 과속 운전자에게 스티커를 발부하는 경찰, 및 음주운전을 단속하는 경찰로부터 조정문제의 해결자로서 국가권위의 존재이유와 기능이 반증되는 셈이다. 강조하거니와, 교통법규의 문제는 전형적인 조정의 문제이다. 차량이 시속 몇 km로 달리며, 교통신호를 지키고 혹은 음주운전을 하지 말아야 한다는 규정은 공히 조정문제의 해결책으로 관행적 규범(conventional norm)이라고 할 수 있다. 그러나 그럼에도 교통법규 준수문제에 경찰과 국가가 개입해야 하는 이유는 무엇인가? 그것은 단도직입적으로 말해 무임승차 행위의 유혹이 크고, 또한 그 결과가 결코 사소하지 않기 때문이다. 즉 단기적인 자기 이익과 공동의 이익 사이에 괴리가 크기 때문에 무임승차 행위에 대한 유혹에 저항하기 힘들며 한편으로 교통규칙을 어기는 행위는 자칫하면 대형참사로 이어질 가능성이 있기 때문이다.

물론 이러한 상황은 관행의 규범적 문제가 '공공재적 성격'의 문제로 전이되고 있는 상황이라고 하겠다. 시민들의 일상생활을 보면, 이러한 사례, 즉 원래는 '관행적 규범'의 문제인데도 불구하고, '공공재적 성격'의 문제로 전이되고 있는 경우는 적지 않다. 시장에서 고기를 팔면서 저울을 속이는 문제, 주유소에서 기름을 팔면서 눈금을 속이는 문제 등등은 모두 '시장의 실패' 현상으로서, 조정상황에서의 무임승차행위의 문제가 사소하지 않은 사례라고 하겠다.

결국 조정상황이라고 하더라도 무임승차행위의 유혹과 결과가 사소하지 않을 경우, 무임승차행위자를 색출하고 처벌하는 차원에서 국가의 권위는 돋보이는 셈이다.

Ⅶ. 관행적 규범 제정자로서의 국가

지난 항목의 마지막 부분에서 조정문제의 해결책인 관행적 규범에서 발생하는 무임승차자의 척결 문제에서 국가의 존재이유와 국가권위의 정당성논리를 제시했다면, 이번에는 관행적 규범의 창시자로서 국가의 권위에 주목해 보자. 조정문제의 해결책이 무정부상태에서 자발적으로 나올 수 있다고 하더라도, 관행적 규칙이 출현하는 자연발생적인 진화론적 과정은 적지 않은 시간과 비용 및 시행착오의 과정을 요구하게 마련이다. 또한 이에 관련되는 사람들은 불특정 다수가 아니겠는가? 그러므로 조정문제 해결책의 시급성 때문에 정부의 직접 개입이 효율적인 경우가 적지 않다. 예를 들어 운전자 좌측통행이나 운전자 우측통행 가운데 어느 하나를 정하는 데 있어 자연발생적으로 특정 규칙이 출현할 수 있을 때까지 기다릴 수 있겠지만, 그 과정에는 불필요할 정도의 지나친 비용과 시간, 사고 및 시행착오가 거듭되게 마련이다. 이 경우, 정부가 나서서 운전자 우측통행을 선포한다면, 얼마나 효율적으로 운전자 통행 규칙이 정해지겠는가! 혹은 에스컬레이터 이용자들이 양쪽에 서 있기보다 오른쪽에만 서 있고 왼쪽 편을 비워 놓게 한다면, 빨리 가려는 사람은 왼쪽 편을 이용할 수 있지 않겠는가! 이 경우, 정부는 에스컬레이터 왼쪽 비워 놓기를 선언하는 것으로 관행적 규칙이 정해질 듯하다.

혹은 도량형의 문제, 즉 근과 kg 가운데 혹은 미터나 야드, 평 가운데 정부는 어느 한 척도를 선택할 수 있을 것이다. 그 밖에 규격이나 운영체계 등의 문제에서 정부는 특정 대안을 표준규격이나 표준운영 체계로 정할 수 있다. 결국 정부의 선언행위 자체로 결정되는 문제의 대안은 '현저한 대안(prominent solution)'으로 부상하는 셈이다. 즉 시장의 행위자들은 정부의 일방적 선언에 의하여 특정 척도나 특정 규격을 교환의 기준으로 사용하게 될 것이다. 이미 지적한 바와 같이, '현저한 대안'이란 의미는 똑같은 합리성을 가진 경합적 대안들 가운데 특정 대안을 돋보이게 만드는 효과를 지니고 있음을 상기할 필요가 있다.

그러나 물론 모든 관행적 규범이 정부의 선언행위로 말미암아 '무의 상태에서부터' 비로소 '현저한 대안'이 된다고 이해할 필요는 없다. 어떤 대안은 이미 정부가 선언하기 이전에 다수의 사람들이 이미 '현저한 대안'으로 받아들이고 있는 경우도 적지 않기 때문이다. 이러한 상황이라면, 정부의 선언행위는 문제의 '현저한 대안'을 추인하는 결과를 가져오는 것으로 간주해야 할 것이다. 예를 들어 일반적으로 사람들이 한문보다 한글을 많이 사용할 경우, 정부는 공문서의 한글 전용규정을 제정할 수 있을 것이다. 혹은 표준어제정이나 우리말의 로마자표기에서 국가는 기존에 통용되던 언어나 기존의 로마자 표기법을 표준안으로 확정할 수 있다. 일단 국가가 특정 용어를 표준어로 규정하거나, 혹은 로마자 표기의 일정한 규칙을 추인한다면, 사람들은 이에 따를 수밖에 없다. 그렇지 않을 경우, 언어소통에 있어 혼란은 이른바 '바벨탑의 상황'을 방불케 할 만큼, 가중될 것이기 때문이다. 다시 말해서 국가는 관행을 '무의 상태로부터(ex nihilo)' 제정할 수도 있고, 혹은 기존의 관행을 추인할 수도 있으며, 혹은 기존의 관행을 바꿀 수도 있을 것이다. 어떠한 경우든, 중요한 것은 다른 어떤 기관보다 정부의 권위적 선언에 의하여 특정 대안이 현저해지고, 혹은 현저해진 것으로 추인 받음으로써 관행적 규범이 되는 경우가 일반적이라는 사실이다.

Ⅷ. 이해관계 조정자로서의 국가

이번에는 전항에서 논의된 관행의 제정자로서의 역할과 비교하여 더욱 돋보이는 국가의 조정자 역할에 주목해 보자. 조정의 문제에서는 흔히 어느 편으로 해결책이 나와도 A와 B에게 공히 똑같은 이득을 보장하기 때문에 대안의 선택에 대하여 A와 B가 별로 개의치 않는 상황만이 존재하는 것이 아니다. 때때로 '성의 대결 상황'처럼, 관련되는 당사자들 사이에 이해관계가 상충하는 상황도 야기되기 때문이다. 이 경우 정부는 이해의 조정자역할을 자임할 수밖에 없을 것이다.

예를 들어 보자. 여러 개의 지역언어나 사투리가 통용되고 있는 가운데 어떤 언어를 표준으로 정할 것인가 하는 문제가 대두되었다. 여러 개의 언어가 경합하고 있다면, 관행 공동체로서 정치 공동체는 특정 언어를 표준어로 정함으로써 후세대의 교육용으로 쓰는 한편, 공용어로 사용해야 할 듯하다. 이 경우 어떤 지역 공동체의 구성원이든지 자신들의 언어가 표준어로 관행적 규범이 되기를 원할 것이므로 그 조정이 쉽지 않다. 이러한 조정의 문제에서는 이해의 상충요소가 엄존하기 때문에, 단순히 당사자들의 의사소통에 의해서만 조정의 문제가 해결되지는 않는다는 특성을 지니게 된다. 또한 한 나라의 수도를 정하는 문제도 마찬가지이다. 어떤 유력한 도시들도 수도로 결정되는 영광을 갖고자 하지 않겠는가? 또한 광역시로 하는 문제도 마찬가지이다. 이러한 상황에서 정부가 특정 대안을 선택했다면, 이것은 지난 항목의 경우처럼, 단순히 동일한 가치의 두 가지 대안들 가운데 어느 하나를 선정함으로 현저한 대안으로 만드는 행위와는 상이한 함의를 지니는 상황인 셈이다.

이와 관련하여 흥미로운 것은 홉스에 있어서도 리바이어던을 뽑는 상황에서 이와 같은 '성의 대결 상황'을 암암리에 상정하고 있다는 사실이다. 즉 자연상태에서 홉스의 계약자들은 사회계약을 맺으면서 그들 가운데 어느 한 사람을 리바이어던으로 선출하고자 한다. 물론 계약자 각자는 스스로 리바이어던이 되기를 원한다. A로서는 B가 리바이어던이 되기보다는, 자기자신이 리바이어던이 되는 편이 유리하기 때문이다. 그러나 그럼에도 불구하고 A와 B는 리바이어던이 없는 상황보다 리바이어던이 군림하는 상황을 원하고 있어 문제의 상황은 죄수의 딜레마 상황보다 조정상황의 범주에 속한다고 할 수 있다.[6] 그러나 이 맥락에서 쉐보르스키(A. Przeworski 1991, 84)가 의문을 표시하고 있음에 유의할 필요가 있다. 즉 이러한 부분적인 이해상충의 상황이라고 해도 해결책이 쉽게 나오는 것은 결코 아니기 때문이다. 다리를 서로 먼저 건너려다가 둘 다 물에 빠진 염소들의 우화, 혹은 신혼첫날밤 서로 먼저 샤워를 하려고 다투다가 이혼소송으로 번진 신혼부부들의 이야기, 혹은 서로 좋아하는 TV프로를 보려고 다투다

---

6) 이에 관한 한, 카브카(G. S. Kavka 1986)의 논의를 참고할 것. 카브카는 홉스의 자연상태에서 리바이어던이 출현하는 과정을 두 단계로 보고 있는데, 하나는 계약자들이 리바이어던의 존재이유에 합의하는 과정이고 또 하나는 특정인을 리바이어던으로 선출하는 과정이다. 이 가운데 카브카는 특정인을 리바이어던으로 뽑는 과정을 성의 대결 상황으로 간주한다.

가 결국 집안싸움으로 번지는 어머니와 자녀들의 이야기는 우리에게 친숙하다. 뿐만 아니라 6·29 선언 이후 우리 대통령 선거에서도 김영삼 씨와 김대중 씨가 상호간에 대통령 후보를 고집하다가 후보 단일화에 실패하고 둘 다 출마함으로 노태우 씨의 승리로 끝난 기억을 지니고 있다. 이러한 사례들은 모두 이해관계가 당사자들 사이에 부분적으로 상충되는 조정게임상황에서 해결책의 출현은 이익이 합치되는 조정게임상황보다 훨씬 어렵다는 사실을 입증하는 셈이다.

그런데 이 '성의 대결 상황'에서 정부의 역할과 관련하여 짚고 넘어가야 할 사항이 있다. 만일 '성의 대결 상황'에서 이해관계의 상충이 심하다고 할 경우, 조정문제의 해결자로서 정부의 역할은 한계에 부딪힌다고 말할 수 있다는 사실이다. 이해 당사자들의 입장에서 자신의 심각한 이해 관계가 걸려 있는 상황에서 정부의 일방적인 해결책을 받아들일지는 의문이 아닐 수 없기 때문이다. 예를 들어 어느 지역에 쓰레기 소각장 후보지를 선정하는 문제는 일단 조정문제라고 볼 수 있다. 모든 지역주민들이 쓰레기 소각장이 없는 경우보다 쓰레기 소각장이 설치되는 것을 원하고 있기 때문이다. 그런데 수많은 곳들 가운데 왜 하필 자신들의 지역이 쓰레기 소각장으로 지정되어야 하는지에 수긍할 수 없는 x지역주민들로서는 반대운동을 벌이게 마련이다. 땅값이나 주택 값이 내려감으로 주민들은 불이익을 감수해야 하기 때문이다. 그러므로 이러한 경우 정부로서는 이에 대한 일정한 보상책을 고려하지 않을 수 없다. 즉 혐오시설을 설치하는 대신, 또 다른 선호시설 설치를 약속하든지, 혹은 경제적 보상을 제시하는 방안이다. 혹은 그린벨트 설치문제도 마찬가지이다. 결국 정부가 이러한 '성의 대결 구도'를 방불케 하는 상황에서 특정 대안을 선택한다면 단순히 '현저성'을 창출해 내는 조정자 역할을 뛰어넘어 이해중재자로서의 역할을 수행하고 있는 셈이다. 한·의학 분쟁에서 정부의 역할, 노·사 분쟁에서 정부의 역할은 모두 이해관계 조정자의 기능에 속한다고 볼 수 있지 않겠는가.

IX. 관행적 규범 교정자로서의 국가

이제까지의 논의가 관행적 규범을 제정하는 데 있어서 국가의 역할을 강조했다면, 이번에는 관행을 변경하는 데 있어서 국가의 역할에 주목할 필요가 있

〈표 8-4〉 현저한 비대칭성을 지닌 조정의 상황

	B	
	b_1	b_2
A a_1	100 / 100	0 / 0
A a_2	0 / 0	1 / 1

다. 단도직입적으로 말해서 왜 관행적 규범의 교정적 역할이 필요한가? 본 맥락에서 관행적 규범의 기본적 특성을 다시 한번 상기해 보자. 관행적 규범은 적어도 두 사람 A와 B의 이익이 맞아떨어지면 성립하는 것이므로 일단 이루어진 관행적 규범은 안정성을 갖게 된다. 즉 성립된 관행적 규범으로부터 일탈하면 손해이므로, 당사자 가운데 누구도 일탈할 동기를 갖지 않게 된다. 그러나 문제는 이 과정에서 성립된 기존의 관행적 규범이 효율적인지 혹은 정의로운지에 관하여 평가를 하기 어렵다는 점에 있다. 다시 말해서 관행의 특성은 안정성에 있으므로 '비효율적인' 안정된 관행이나 혹은 '정의롭지 못한' 안정된 관행들이 상당수 존재할 가능성은 충분히 있으며, 그것이 또한 현실이다. 관행적 규범의 효율성과 공정성 문제를 설명하기 위하여 〈표 8-4〉와 같이 현저한 비대칭적 효용을 갖는 조정문제 상황을 설정해 보자.

〈표 8-4〉의 상황에서 A와 B는 a_1b_1과 a_2b_2 가운데 어느 편을 선택해도 무방하다고 할 만큼 무차별적이라고는 말할 수 없다. A와 B는 a_2b_2보다 a_1b_1을 선호하고 있기 때문이다. 이 경우, A와 B의 a_1b_1에 대한 선호는 너무나 강렬하여 조정문제의 해결책이 a_2b_2로 가시화될 수 있는 가능성은 상상하기조차 어렵다. 그렇다면 a_1b_1은 너무나 당연하고 확실한 대안이기 때문에 일말의 임의성도 찾아볼 수 없어, 결국 a_1b_1은 관행적 규범의 대안이라고 규정하기 어렵다는 결론에 이를 수도 있다. 그러나 엄밀한 관점에서 조망할 때, a_1b_1은 게임이론적 용어로 표현할 경우, '지배적 대안(dominant choice)'은 될 수 없다. 지배적 대안이 상대방의 선택과 관계 없이 선택할 수 있는 대안이라면, a_1b_1은 상대방의 어떠한 선택과 관계 없이 무조건 선택할 수 있는 대안은 아니기 때문이다. 즉 A로서는 상대방 B가 b_1을 선택하는 한에 있어서 a_1이 최상의 대안이 되며, B로서도 상대방 A가 a_1을 선택하는 한에 있어서 b_1이 최상의 대안이 되는 셈이다.

그러나 그럼에도 불구하고 a_1b_1이 '타인본위적 현저성'의 대안이 된다는 사실은 부인할 수 없을 듯하다. 과연 a_2b_2가 조정문제의 해결책으로 부상할 가능성을 상상이라도 할 수 있겠는가? 그것은 거의 불가능하다고 보여진다. 그러나 현실적으로 a_2b_2가 해결책으로 출현할 가능성을 배제할 수 없다는 점에 문제가 있다. 예를 들어 a_2b_2가 이전의 조정문제에서 해결책으로 부상해 왔다든지, 혹은 a_1b_1으로 바꿀 수 있는 상황이 매우 불확실할 때, 혹은 옛날에 a_1b_1의 효용이 A와 B에게 0과 0이었다면, 아무리 a_1b_1이 A와 B에게 현저한 대안으로 부각된다고 해도, a_2b_2가 해결책으로 출현할 가능성이 있다.

실제로 이러한 사례는 적지 않다. 자동차가 x도로에서 y도로로 진입할 경우, 어떤 순서로 진입하는 것이 순리적인가? 한국사회에서는 x도로의 차들이 대기하고 있다가 y도로의 차들이 양보하면 계속해서 진입한다. 그 결과 양보했던 y도로의 운전자들은 일정 시간이 지난 다음 짜증을 내고 위협적으로 x도로의 차들의 진입을 막고 스스로의 주행을 시도한다. 이러한 무리한 관행보다는 x도로의 차가 한대 진입하면 y도로의 차가 한대 통과하는 등, x도로의 차와 y도로의 차가 한대씩 진입과 양보를 교대로 한다면 보다 효율적이고 공정한 관행이 이루어질 듯하다.

혹은 공중화장실이나 공중전화기 앞에서 줄을 서는 경우, 한국 사회에서의 관행은 독특하다. 일단 공중화장실이나 공중전화가 여러 개가 있는 가운데 각 개인은 개별적으로 화장실 안에 들어가 특정 화장실 앞에 서거나 특정 공중전화부스 앞에 줄을 서기 때문이다. 이 경우 어느 줄을 섰느냐에 따라 용무를 빨리 볼 수 있어, 이른바 '머피의 법칙'이나 '샐리의 법칙'에 의해 지배될 가능성이 크다. 그러나 만일 모든 사람들이 화장실 밖에서, 혹은 개별 전화부스로부터 일정 거리를 두고 한 줄로 선다면, 늦게 온 사람이 먼저 용무를 보는 경우가 불가능해 훨씬 더 공정한 양질의 규칙이 될 수 있을 것이다. 그러나 전체가 한줄로 서는 사회를 본 적이 없어 전체적으로 줄을 서는 방안을 상상조차 할 수 없다면, a_2b_1에도 불구하고 a_2b_2가 관행적 규범이 될 수밖에 없다.

혹은 길가에서 행인이 물건을 주웠을 때 경찰서에 맡기는 것이 좋은가? 그 자리에 그대로 놓아두는 것이 좋은가? 물건을 잃어버린 사람이 찾으러 올 것을 생각하면, 그 자리에 그대로 놓아두는 편이 매우 효율적인 방안으로서, 〈표 8-4〉에서 본다면, a_1b_1의 대안이 된다. 그러나 그럼에도 불구하고 한국 사회에서는 경찰서에 맡기는 비효율적 대안이 사회적 관행으로 정착되고 있다. 이러한 관점에서 우리는 "실재하는 것은 합리적(the real is rational)"이라는 헤겔의 특정한 준칙을 거부하고 "합리적인 것이 실재해야 한다(the rational is real)"는 헤겔의 또 다른 준칙의 적실성을 음미할 여지가 있다. 결국 이러한 경우, a_2b_2를 a_1b_1으로 바꾸려는 시도는 그 어려움에도 불구하고 시도할 만한 가치가 있지 않겠는가. 관행적 규범교정의 역할이야말로 국가가 주도할 수밖에 없을 것이다. 국가는 특히 효율성과 공정성의 기준을 중심으로 기존의 관행을 평가할 이유와 능력이 있다. 즉 차량통행 방향 선정 문제에서는 왼쪽이든 오른쪽이든, 특정 방향의 해결책이 관행으로 정착되어도 문제가 되지 않겠지만, 다수의 사회적 관행들에 관한 한, 효율성과 공정성의 차원에서 쟁점의 소지가 적지 않은 것이 사실이다.

　우선 관행 공동체에서 유효하게 기능하고 있는 관행적 규범에 관한 한, 건전한 양식을 지닌 사람들의 '정의감(sense of justice)'에 위배되는 관행도 적지 않다. 전통사회에서 이루어졌던, 살아 있는 사람을 죽은 사람과 더불어 무덤에 넣는 순장이나 고려장의 관행, 축첩의 관행, 씨받이 · 씨내림의 관행 등은 모두 불의한 관행이라고 할 수 있다. 또한 뇌물을 주는 사람은 그 대가로 보다 커다란 이득을 취하고 뇌물을 받는 사람은 자신의 직무를 수행하면서 과외로 잇속을 챙기는 뇌물수수의 관행이나, 혹은 '성취적(achievement) 가치'보다 혈연 · 학연 · 지연 등의 '귀속적 가치(ascriptive)'에 집착하는 연고주의 관행들도 도덕적으로 정당화되기 어려운 관행들이다. 뿐만 아니라 "책도둑은 도둑이 아니다"라는 관행, 지적 소유권을 인정하지 않으려는 관행, 남성호주제 등 남녀차별의 관행, 혹은 장애자 홀대의 관행, 동성동본불혼의 관행도 모두 불공정성이나 부도덕성을 내포한 부도덕한 관행이 아닐 수 없으며, 사법부 일각에서 이루어지는 전관예우의 관행 등도 〈표 8-4〉에서 a_2b_2의 성격을 지니고 있는 관행인 셈이다.

　문제의 관행들이 일반 시민들의 정의감이나 도덕감과 상치된다는 사실은 롤즈(J. Rawls)의 충고대로 개인 행위자가 '무지의 베일(veil of ignorance)'을 쓰고 자기자신이 어떠한 자질을 갖고 태어났는지 혹은 사회적 위치를 차지했는지조차 모르고 선택할 경우를 '가상적으로' 혹은 '반사실적으로(counterfactually)' 반추해 보면, 확연히 드러난다. 자기자신이 여자인지 남자인지 모르는 상황에서,

여자에게 불리한 칠거지악(七去之惡)의 제도를 선택하거나, 남성위주의 호주제, 혹은 여성의 사회참여제한의 관행을 받아들일 이유는 만무하기 때문이다. 혹은 자기자신이 장애자인지 알 수 없는 상황에서 도로와 건물을 만든다면, 어떤 도로와 건물을 만들 것인가? 그 답변은 자명하다. 그렇다면 국가야말로 특유의 권위에 의하여 이러한 잘못된 관행을 고칠 수 있는 가장 전략적인 입장에 위치하고 있는 셈이다. 따라서 남녀차별 금지법을 만들고, 장애자 우대법을 만들며, 혹은 부정부패금지법, 혹은 돈세탁금지법 등을 제정함으로써, 사회의 불의한 관행을 수정하려는 노력이 국가로부터 기대된다.

그런가 하면 효율성의 기준에 의거하여 오래된 관행을 바꾸려는 국가의 노력도 평가할 필요가 있다. 우리 주변에는 불의한 관행뿐만 아니라, 비효율적인 관행들도 꽤 있기 때문이다. '신체발부수지부모(身體髮膚受之父母)'에 의거한 상투 기르기, 혹은 '남녀칠세부동석(男女七歲不同席)'에 의한 지나친 남녀구분, 혹은 '봉제사접빈객(奉祭祀接賓客)'에 의한 과도한 손님접대 등등이 그것이다. 이러한 관행들의 개혁에 관한 한, 국가의 주도적 역할이 돋보인다. 같은 맥락에서 호화분묘의 비효율이나 금수강산에서 '묘지강산'으로의 전락을 방지하기 위하여 화장을 장려하고 묘지평수를 제한하며, 혹은 허례허식이나 지나친 혼수비용을 줄이고자 가정의례준칙 등을 제정하는 일은 국가의 업무이다. 모름지기 관행적 규범의 교정자로 기능하는 국가는 정의의 원리와 효율성의 원리에 의하여 행동하는 만큼, 관행 교정자로서의 국가권위는 시민들에게 복종을 요구하는 데 큰 문제가 없는 것처럼 보인다.

이상의 논의를 통하여 관행 공동체에서 필요한 관행적 규칙이나 관행적 규범을 만들고, 혹은 관행적 규범의 무임승차자들을 제재하며, 이해의 상충을 조정하고 정의나 효율성의 관점에서 잘못된 관행을 교정한다는 점에서, 정부의 역할과 국가권위의 위상을 점검하였다. 관행적 규범의 무임승차자를 처벌하고, 사회에 필요한 관행적 규범을 제정하며, 이해관계를 중재하고 잘못된 관행을 교정하는 국가에 대해서 일반 시민들의 입장에서 복종과 헌신의 의무를 지닌다는 주장은 일단 설득력이 있다고 생각된다. 국가의 권위가 존재하지 않는다면, 효율적이며 정의로운 관행들은 만들어지지 못하고, 혹은 관행적 규칙들을 위반하는 무임승차자들도 처벌할 수 없을 것이다. 그 결과 교통표지판도 통일되지 않아 자동차는 안전하게 주행하기 힘들고 원하는 목적지에 도달하기 쉽지 않을 것이다. 혹은 지방어만 있을 뿐, 통일된 표준어가 없어 모든 시민들은 '바벨탑의 상황'에 비견될 만큼 불편함을 겪을 것이며, 같은 맥락에서 님비(Nimby)현상으로 인하여 온 지역이 쓰레기로 넘쳐나 악취를 풍길 것이다. 결국 관행적 규범의 창출과 유지에 있어 국가의 권위는 필요·충분조건인 것처럼 보인다. 하지만 그럼에도 불구하고 엄밀한 의미에서 관행적 규범 창출과 유지에 관한 한, 국가의 권위는 필요조건이며 충분조건일까 하는 점은 의구심의 대상이 아닐 수 없다

X. 국가권위는 조정문제해결과 관행적 규범출현의 필요조건인가

전항의 논의에서는 국가가 조정문제에 개입하여 특정 대안을 법으로 정함으로 다른 모든 가능한 대안들을 배제하고, 특정 대안을 '현저한 대안'으로 만드는 역할을 수행한다는 점에 초점을 맞추었다. 실제로 조정문제에서 이처럼 '타인본위적 현저성'을 창출하는 국가의 역할을 다수 목격할 수 있다. 그러나 그렇다고 하더라도, 한편 국가의 권위 없이 조정문제에서 자율적인 해결책이 나오는 경우가 적지 않다는 사실을 인정하지 않는다면, 비현실적인 발상일 것이다.

흔히 일반 시민들이 이용하는 시내버스에서 운전기사는 조정문제의 해결사 노릇을 톡톡히 하고 있다. 시내버스에는 문이 앞뒤로 두 개 있는데, 앞문에서는 승객이 타고 뒷문으로 승객이 내린다. 이때 흥미로운 사실은 운전기사가 강제력이나 특별한 법적 권위를 행사하는 것도 아닌데, 승객들은 운전기사에게 복종한다는 점이다. 물론 운전기사는 뒷문으로 올라타려는 승객들에게 문을 열어 주지 않는 등, 기계적 조작을 하고 있으나, 그러한 사실이 문제의 핵심은 아니다. 어쨌든, 승객들은 버스 승하차과정에서 운전기사에게 복종하고 있기 때문이다. 두 번째로 운전기사는 조정문제의 해결사로 기능하기는 하나, 정부와 같은 '절대적 권위'를 행사하고 있지는 못하다. 예를 들어 승객들은 출구와 입구에 관한 운전기사의 지시에는 복종하나, 버스 안에서 "조용히 해 달라"거나 "휴대폰 사용을 자제해 달라"는 주문에는 대부분 불복하기 때문이다. 세 번째로 이 상황에서 가

능한 대안은 세 가지가 있다. 즉 앞문에서 타고 뒷문에서 내리며, 앞문에서 내리고 뒷문에서 타며, 혹은 앞뒷문에서 모두 내리고, 탈 수 있게 하는 대안으로서, 이 세 가지는 유용하고 안정된 대안이지만, 모두 '임의적' 대안이다. 따라서 운전기사가 어떠한 대안을 선택해도, 그 결정은 '임의적'이라고 할 수 있다.

이제 상기의 논리를 구체화하기 위하여 상황에 변화를 주어 보자. 버스 출입문의 방향에 대한 제도화가 이루어지지 않은 상태에서 운전기사 A는 앞문을 내리는 문, 뒷문을 타는 문으로 정하고 자신의 '언명'을 통하여 다른 두 가지 대안을 제외시키고 있는 상황이다. 이 상황에서는 운전기사가 수행하는 조정자의 역할이 확연하게 드러난다. 즉 운전기사 A는 앞문은 내리는 문, 뒷문은 타는 문이라고 승객들에게 언명함으로 세 가지 대안 가운데 어느 한 가지 대안을 '현저한 대안'으로 만들었기 때문이다. 다시 말해서 출입문에 대한 공유된 기대가 있다는 사실이 대부분의 승객, 혹은 모든 승객들에 의해서 선택될 만한 대안을 만든 셈이다. 이 상황에서 운전기사의 언명과 같은 단초는 필요했다고 할 수 있다. 왜냐하면 이제까지 출입구에 대한 선례가 없었으며, 또한 승객들 사이에서 약속이나 합의가 이루어질 수 있는 여지가 별로 없기 때문이다. 특히 수시로 내리고 타는 익명의 승객들 사이에 토의를 통하여 합의를 일구어 낼 수 있는 공론의 장은 존재하지 않는다. 그러나 그러한 명령을 내림으로써 운전기사는 자연적으로 이루어질 수 있었던 균형을 바꾼 셈이다. 즉 하나의 대안에 따를 것이라는 공유된 기대가 존재한다고 할 때, 승객들이 운전기사가 말한 문 이외의 다른 문으로 들어오고 나갈 이유는 별로 없다. 만일 그렇게 한다면, 마치 "강을 거슬러 헤엄쳐 올라가는 연어"와 같은 힘든 상황이 되기 때문이다. 승객들은 다른 행동을 취할 동기도 없고 혹은 관심도 없다.

그러나 여기서 강조해야 할 것은 선택되지 않은 다른 대안들은 흔적도 없이 사라져 버렸다는 사실이다. 승객 가운데 누구도 사라진 대안들을 아쉬워하지 않으며, 이미 사라진 대안들은 어떤 관점에서도 매력을 지니고 있지 못하다. 관행적 규범을 위한 균형을 만드는 과정에서 운전기사인 특정 개인은 기존의 선례가 없다고 해도, 하나의 대안에 대한 일정한 이유를 제시함으로써 조정의 문제를 해결할 수 있다. 혹시 운전기사가 아닌 다른 승객들이 이 대안을 따르도록 제안하거나 충고하며 혹은 설득하고 위협할 수도 있다. 이때 승객들은 여러 가지 대안 가운데 문제의 대안에 대하여 다른 모든 사람들이 따르게 될 확률과 개연성을 계산함으로 합리적으로 행동할 것이다. 즉 특정 대안을 선택해야 할 특별한 이유가 없는 상황에서 우선적으로 대안 x를 따르라는 지시나 암시가 주어진다면, 대안 x를 따를 이유가 있으며, 대안 y나 대안 z를 선택할 이유는 없다. 결국 대안 y나 z가 제외된다면, 대안 x는 일반적으로 준수되는 대안으로 부상하는 셈이다. 강조하자면, 국가의 권위 없이도 조정문제의 해결은 가능하다고 할 수 있다.

조정문제의 해결자로서 운전자의 역할은 운동경기에서 심판의 역할과 유의미하게 비교될 수 있다. 운동경기에서 심판은 규칙을 집행하며, 반칙자를 가려내고 규칙을 해석한다. 선수들은 야구나 농구, 축구 경기에서 심판에게 복종해야 한다. 심지어 사소한 규칙위반을 이유로 심판이 가혹한 퇴장명령을 내린다고 해도 복종할 수밖에 없다. 그러나 그럼에도 불구하고 선수들은 심판의 권위에 '전적으로' 그리고 '무조건적으로' 복종할 이유는 없다. 만일 심판의 판정이 심히 부당하다고 판단되면 항의할 수도 있는 일이며, 혹은 선수가 단순히 불복하는 단계를 넘어 심판을 구타하는 불미스러운 사례도 발생한다. 그런가 하면 경기가 끝나자마자, 심판의 권위는 퇴색하게 마련이다. 이러한 사실이야말로 심판에 대한 선수의 복종이 선별적이고, 한시적이며, 부분적이라는 점을 시사하는 셈이다.

그러나 국가는 다르다. 국가의 권위는 '최고의 권위(summa auctoritas)'가 아니겠는가! 국가는 재산권이나 자유권 등, 개인의 주요 이익과 권리를 통제하며, 때로는 목숨까지도 요구한다. 두말 할 나위 없이 국가의 권위는 포괄적이다. 시민들의 입장에서 정부의 요구에 대하여 선별해서 취사선택하기란 거의 불가능하다. 새차나 오래된 중고차를 가리지 않고 똑같은 세액을 부과하는 자동차세가 비합리적이라고 하여 자동차세는 내지 않고, 교육세만 납부할 수는 없는 일이다. 이러한 절대적인 국가권위가 조정문제 해결에 있어 과연 필요한가? 버스운전기사나 심판의 경우처럼, 절대적인 국가권위 없이도 조정문제가 해결될 수 있고 관행적 규범의 출현이 가능하다면, '내'가 구태여 국가권위에 '무조건적'으로, 혹은 적어도 '직견적으로' 승복해야 할 이유가 어디 있겠는가?

물론 이에 대한 답변이 불가능한 것은 아니다. 일단 누구에 의해서든, 제안된 해결책을 구속력 있는 대안으로 간주하는 것이 일반 사람들에게 문제의 해결책이 최종 해결책으로 정착되리라는 기대감과 신뢰감을 높일 수 있는 것과 마찬가지로, 국가에 의한 권위적 규범과 언명은 구속력이 없는 관행적 규범에 비해 '진화적 우위(evolutionary advantage)'를 담보하게 될 것이라고 관행주의자들은 주장할 수 있다. 국가에 의한 선택은 어떤 주어진 조정상황에서도 '눈에 띄는 대안'으로 성공할 가능성이 농후하기에, '전례(precedent)'가 될 가능성, 혹은 '현저성(salience)'으로 인하여 다음 번에도 사람들은 따르게 될 것이며, 결국 유사한 상황에서 지배적 대안으로 부상하게 될 것이다. 결국 국가가 특유의 정치적 권위로 특정 대안을 선택한다면, 명실상부한 관행적 규범으로 정착될 가능성이 농후하다는 점을 시사한다.

그러나 한편, 관행주의자들에 의한 이러한 상정의 타당성을 일부 인정하면서도, 세 가지 관점에서 반론제기가 가능하다고 보여진다. 우선 일반 사람들의 입장에서 조정상황의 여러 대안들을 면밀히 평가해 보겠다는 마음이 국가권위의 개입에 의하여 사라질 것이라는 주장은 얼마나 타당성이 있는가? 본 연구에서는 아무리 국가가 개입해서 특정 대안을 권위 있는 대안으로 만들었다고 해도, "왜 처음부터 다른 대안은 제외해 버렸는가" 하는 의구심은 사람들의 마음속에 남아 있을 수 있다고 생각한다. 이 점에서 "금단의 열매는 더욱 달다"는 준칙이 통용될 수 있는 여지가 농후하다. 혹은 "금지된 장난이 더 재미있다"든지, 혹은 "이웃사람의 아내가 더 아름답다"는 준칙도 의미가 있다. 즉 '금지된 대안'은 금지되었다는 바로 그 이유로 인하여 더욱 더 매력적인 대안이 되는 셈이 아니겠는가? 금서목록이 암암리에 베스트셀러가 되는 이유도 여기에 있다.

그러므로 조정의 해결책으로 특정 대안 이외에 다른 대안들이 제외된 이유가 석연치 못하다면, 다른 사람들의 행동에 대한 기대가 견고하지 못하다는 사실을 의미하게 될 것이다. 한글 가로쓰기와 세로쓰기를 예로 들어 보자. 만일 정부가 한글 가로쓰기를 '권위적으로' 정한다면, 모든 사람들이 따를 것인가? 아마도 일부 사람들은 정부가 막았다는 사실 자체로 인하여 한글 세로쓰기에 더 커다란 관심을 가질 가능성이 있다. 혹은 정부가 한글 전용보다 국한문 혼용을 권위적으로 정했다고 하자. 그래도 젊은 세대들은 인터넷상이나 혹은 일반적 글쓰기에서 한글을 전용할 가능성이 크다고 생각된다. 혹은 뇌사를 인정하지 않고 심장사만 인정한다면, 역시 일부 의사들은 그 정당성에 의문을 제기할 것이다. 이것은 결국 정부가 제외한 대안들이 더욱 더 매력적인 대안으로 부상할 가능성이 있음을 반증하는 셈이며, 이러한 현상이 야기될 경우, 관행적 규범의 제정자로서 국가의 역할은 퇴색되게 마련이다.

두 번째로 경합하는 여러 가지 조정의 대안들 가운데 어떠한 대안에도 특별한 '현저성'이 존재하지 않기 때문에 국가의 권위가 요청된다는 관행주의자들의 논거에 주목해 보자. 그렇다면 이 경우, 국가의 선택에서 제외되는 대안들은 어떤 논리에 의해 제외되는 것인가? 실제로 이 상황에서 특정 대안이 선택되거나 배제되어야 할 '직견적 이유', 혹은 '절대적 이유'라고 단언할 수 있는 것은 아무것도 없다. 복수의 조정 대안들이 경합한다고 할 때, 그 중 어떠한 대안도 눈여겨 볼 만한 현저성을 결여한 것으로 전제되고 있기 때문이다. 그러나 이처럼 누구라도 일정한 방식으로 행동해야 할 '절대적 이유'나 '직견적 이유' 혹은 일정한 방식으로 행동하지 말아야 할 '절대적 이유'나 '직견적 이유'가 없다면, 특정 대안에 대한 특별한 복종과 헌신이 요구된다고 볼 수는 없는 셈이다. 시민들에게 최고의 구속력을 행사하는 복종과 헌신의 대상이라면, 특정 방향으로 행동해야 할 특별한 사유가 있을 때, 혹은 반대로 특정 방향으로 행동하지 말아야 할 중차대한 사유가 있을 때, 비로소 요청되는 것이 아니겠는가! 더구나 국가에 의해 결정되는 특정한 '권위적 규범'이 다른 대안들에 비하여 '진화적으로 안정된 대안(evolutionarily stable alternative)'이 될 것으로 단언할 수 없는 상황에서, 국가에 의해 정해지는 권위적 대안도 임의성과 우연성을 벗어날 수는 없는 일이다. 국가에 의해 권위적 규범이 정해졌다고 해서, 진화적 관점에서 볼 때, 적자 생존하는 데 특별히 유리한 환경적 요인이 조성되는 것은 아니기 때문이다.

오히려 국가에 의한 현저한 대안의 선택이 '진화적 관점에서' 적자생존을 하지 못하는 사례는 많다. 정부가 과거에 비해 간소화된 가정의례준칙을 제정했으나, 그것이 한국 사회에서 '진화적 우위'를 누리고 있는 것은 아니다. 혹은 정부는 이중 과세를 없애고 하나의 설날을 제정하려고 안간힘을 썼으나, 결국은 실패할 수밖에 없었다. 혹은 정부가 고심 끝에 로마자 표기 표준안을 마련했으나, 오히려 외국인들과 상당수 한국인들은 정부가 정한 전자법(轉字法) 로마자 표기 표준안보다 맥큔-라이샤워(McCune-Reischauer) 방식을 더 선호하고 있다.[7] 뿐만 아니라 정부는 건전한 청소년 문화를 조성하기 위하여 긴 스커트와

---

7) 라이샤워(E. O. Reischauer)는 1937년 맥큔-라이샤워 한글 로마자 표기법을 고안하였다. 1948년 정부도 최초로 MR 방식을 공식적으로 한글의 로마자 표기법으로 채택하였다. 그 후

짧은 두발을 권위적으로 정했다. 그래도 통기타와 생맥주 문화는 짧은 스커트와 긴 두발을 유행시키지 않았는가! 또한 정부가 일본 만화나 일본 음반수입을 금지해도 암암리에 일본만화나 일본음반은 인기 상한가를 누리고 있다.

특히 이러한 현상들은 국가가 기존의 관행을 바꾸려고 할 때, 여실히 확인된다. 일반적으로 관행을 바꿀 수 있는 국가권위의 한계가 노정되는 경우가 적지 않기 때문이다. 수많은 아이들이 해외 입양됨으로 고아 수출국이라는 오명을 쓰고 있는 상황에서 국가가 아무리 국내 입양을 '현저한 대안'으로 만들고자 해도, 뿌리깊은 혈연주의 관행에 의하여 난관에 부딪히고 있는 실정이다. 그런가 하면 묘지의 범람에 의하여 침식되는 국토난을 해소하기 위하여 매장제도를 화장제도로 바꾸고자 국가가 시책을 펴도, 뿌리깊은 매장의 관행은 화장의 관행으로 바뀔 줄 모른다. 혹은 표준어 제정에도 불구하고 인터넷상에는 국적 불명의 용어들이 범람하고 있다. "어쏴요(어서 와요)," "방가(반가워요)," "아찌(아저씨)" 등의 용어들이 국내 네티즌 사이에 의사소통수단으로 버젓이 통용되고 있지 않은가?

뿐만 아니라 애국가에 나오는 "하느님이 보우하사…"의 가사에 주목해 보자. 국가가 정한 표준어는 '하느님'이다. 국어사전(민중서림 4판, 1998)을 찾아보면, '하느님'은 우주를 창조하고 주재한다고 믿어지는 초자연적인 절대자를 가리킨다고 되어 있다. 그럼에도 개신교 신자들은 '하나님'으로 부르고, 따라서 애국가도 "하나님이 보우하사…"로 부른다. 실은 애국가의 '하느님'은 하늘(天)을 뜻하는 것이고 '하나님'은 개신교들의 신앙적인 용어다. 이처럼 개신교 신자들이 신앙상의 이유로 '하나님'을 고집하는 상황에서 정부가 아무리 '하느님'으로 정해봐야 그 효과가 무력할 뿐이다. 촌지관행도 이와 유사하다. 정부가 부정부패를 근절하고자 하는 결의를 다지며, 공직자들에게 촌지를 받지 말라고 공직자 행동강령을 제정해 봐야 그 효과가 별무이다. 이처럼 국가에 의한 권위적 대안이 다른 대안들에 비하여 '진화적 우위'를 누리고 있지 못하다면, 시민들로서도 국가에 의해 선택된 대안에 '무조건적 헌신'이나 '직견적 헌신'을 할 이유를

1959년 당시 문교부는 소리와 관계 없이 글자대로 표기하는 전자법을 채택하여 한국 사회는 공식적으로 MR 방식과 함께 두 가지 방식이 혼용되어 이름과 지명이 뒤죽박죽되는 혼란의 시대를 맞이하였다. 그 후 1984년 정부는 올림픽을 치르기 위하여 다시 MR 방식을 채택하게 되었다. 그 후 이번에는 2002년 월드컵을 앞두고 다시 전자법을 기본으로 한 새 표기법을 발표하였다.

확보하기가 쉽지 않은 일이다.

　마지막으로 때때로 '조정의 문제'는 관행주의자들의 주장과는 달리, '협상의 문제'의 성격을 띠고 있을 가능성이 크다는 점을 지적할 필요가 있다. 조정의 문제에서 양 당사자들 사이에 행동의 일치는 요구되나, 일치에 대한 절대적 이유는 성립하지 않는 상황이 관심의 대상이다. 즉 조정의 문제가 제시하는 다양한 해결책 가운데 행위자 A와 B, C 등은 각기 다른 선호를 가질 수 있기 때문이다. 이 경우, 국가는 어느 특정 대안을 선택함으로 당사자들 간의 이해관계의 상충을 조정하고 다른 대안들을 제외시키는 방안이 바람직하다는 것이 관행주의자들의 입장이다. 그러나 이러한 주장에는 문제가 있다. 만일 당사자들 사이에 이해관계가 상충하여 반대되고 상충되는 선호가 합의에 관한 선호를 압도할 정도라면, 이 상황은 전형적인 조정상황, 혹은 엄밀한 의미에서 '순수조정상황(pure coordination)'이라고 간주할 수 없으며, 기껏해야 '비순수조정상황(impure coordination)' 혹은 '성의 대결 상황(battle of the sexes)'이라고 지칭해야 할 것이다. 혹은 그보다는 오히려 '협상 상황(bargaining situation)'으로 간주해야 할 것이다. 특히 협상 상황일 경우, 당사자들 사이에 내쉬(J. I. Nash 1950)가 말하는 상호이득(mutual advantage)의 원리, 혹은 차점분할론자들이 주장하는 '상대적 최대 양보 최소화의 원리(principle of minimax relative concession)'에 의해 그 해법이 나타나는 것이 온당하다. 문제는 '조정 상황'이 '협상 상황'으로 전이될 경우, '조정자'로서의 국가의 권위는 한계에 다다른다는 점이다. 왜냐하면 협상 상황에서의 조정자는 결국 '내쉬해(Nash solution)'[8]나 '차점분할의 원리(principle of spilitting the difference)'[9]를 존중할 수밖에 없기 때문이다.[10] 노·사가 첨예하게 대치하고 있는 상황에서 정부주도의 노사정 위원회가 무력해지고 공전을 거듭하고 있는 까닭도 바로 여기에 있다. 노조전임자에 대한 임금지급 문제는 정부가 일방적으로 결정한다고 해서 해결될 문제가 아니라, 노사간의 협상으로 해결될 문제가 아니겠는가! 그런

---

　8) 내쉬해의 조건은 네 가지로서, 파레토 전위점(Pareto frontier)의 조건, 대칭성(symmetry)의 조건, 불변성(invariance)의 조건, 및 비관련 대안으로부터의 독립성(independence of irrelevant alternatives) 등이다.

　9) 차점분할의 원리는 내쉬해의 네 가지 조건 중 '비관련 대안으로부터의 독립성'의 조건을 '단조성(monotonicity)'의 조건으로 대체하고 있다.

　10) 이 점에 관한 한, 배리(B. Barry 1989)와 엘스터(J. Elster 1989)의 지적을 참고할 것.

가 하면 한·의학 분업에서 한·의사간의 갈등이나 혹은 의·약분업에서 의사·약사 갈등문제도 '조정상황'이라기보다는 '협상상황'으로 조명될 필요가 있다. 이 상황에서 정부의 역할이라면, '조정자(coordinator)'라기보다는 '중재자(arbitrator)'의 역할에 부합한다고 이해하는 편이 온당하기 때문이다.

그 이외에도 위천공단 조성문제 등, 적지 않은 문제들이 한국 사회에서 해묵은 쟁점으로 등장하고 있는 이유는 정부가 아무리 당사자들의 분쟁에 개입해서 조정의 해결책을 이끌어 내려고 해도, 양 당사자들 간의 이해관계의 대립으로 인하여 그 한계를 자인할 수밖에 없기 때문이다. 특히 선거가 가까워 올수록 이해집단의 힘은 커지며, 정부는 눈치를 볼 수밖에 없다. 물론 당사자들 사이에 이해 상충현상이 합의의 열망보다 약하다고 한다면, 그것은 '조정의 문제'로 보아야 할 것이다. 그러나 그렇다면 정부의 권위에 의한 개입 없이도 양 당사자간에 문제가 풀릴 수 있는 가능성은 존재하는 셈이다. 하지만 그렇지 않을 경우, '협상의 문제'가 되는 셈인데, '협상의 문제'에서 국가의 역할은 제한될 수밖에 없다. 국가도 결국 '내쉬해'나 '상대적 최대 양보 최소화의 원리'에 주목할 수밖에 없기 때문이다. 달리 표현한다면, 정부의 개입여부와 관계없이 양 이해당사자간에 해결해야 하는 것이 협상문제의 특성이 아니겠는가. 그러므로 관련 개인이나 집단 사이에 이해관계가 상충한다고 하여, 조정자로서 국가의 권위나 개입이유가 정당화될 수 있는 것은 아니다.

결국 상기의 논의가 유의미하다면, 조정문제의 해결에서 국가의 권위와 국가에 의한 관행적 규범이 필요조건이 아니라는 사실이 반증되는 셈이다.

XI. 국가권위는 조정문제해결과 관행적 규범출현의 충분 조건인가

지난 항목에서 조정문제의 해결자로서 국가의 권위가 '필요조건'이 되기에 미흡하다는 점을 지적했지만, 그렇다고 해서 국가의 권위가 무의미하다고 평가절하할 수는 없는 일이다. 비록 정치권위나 국가의 권위가 조정의 문제를 해결하는 데 있어 '필요조건'이라고 단언할 수는 없어도, '충분조건'은 될 수 있을 것이기 때문이다. 즉 국가가 제시하는 조정상황에서의 특정 해결책이 '진화적으로 안정된 대안'이 되리라고 확신할 수 없고, 혹은 공정성과 효율성을 충족시키는 최적의 대안이라고 평가할 수는 없어도, 국가에 의한 해결책은 비교적 상식에 부합하는 '순리적인 대안', 혹은 적어도 '허용 가능한 대안'이라고 간주할 수 있지 않겠는가!

그러나 문제는 그러한 논리가 순전히 형식논리에 불과할 뿐, 관행제정이나 관행개혁 문제에서 국가의 권위에 의존하는 것이 상식에 부합할 만큼, '순리적 선택'이라는 점을 보장하는 데 충분치 못하다는 점에 있다. 단도직입적으로 말해서 조정문제의 해결에 관한 한, 국가권위에 대한 의존과 헌신은 관행주의자들이 개인주의자로서 주장해 온 '수단적 합리성'에 부합하지 않는, 필요 이상의 '지나친 헌신'이라고 말할 수 있기 때문이다. 즉 어떤 일에 지나치게 헌신하거나 투신하는 사람의 문제는 여러 모로 사리에 맞지 않는 대상을 섬기는 과정에서의 잘못을 말하기도 하지만, 그보다는 일반적이고 상식적인 의미의 복종 행위를 넘어서서 도에 지나칠 만큼, 문제의 사람이나 대상에 집착한다는 점에 있다. 예를 들어 광신자(狂信者)의 경우[11]를 보자. 광신자는 근거 없는 미신이나 사이비 종교를 믿기 때문에 발생하는 문제이기도 하지만, 그보다는 비록 정상적인 종교를 믿어도 특정 신앙에 지나치게 몰입한 나머지, 병이 나도 병원에 가지 않고 신앙에 의하여 낫기를 바라거나, 아예 가정을 버리고 산속 기도원에서 생활하는 등, '과잉 믿음'에서 발생하는 문제라고 하겠다. 같은 맥락에서 조정문제에 직면한 사람은 조정문제의 해결자에게 요구되는 수단적 성격의 선별적 복종과 부분적 헌신의 행위로 족한 것이지, 국가권위에 대한 복종처럼, '무조건적 복종'이나 '직견적 헌신'의 행위를 해야 할 필요는 없지 않겠는가? 실상 정부나 국가는 언제나 어디서나, 어떤 조건하에서도 시민들에게 자신의 명령과 법에 복종하기를 요구하고 있다.

강조하자면, 조정의 문제에서 해결책의 핵심은 개인주의적이며 수단주의적 성격에 있다. 즉 조정문제에 직면한 사람은 다른 사람들의 행동에 대한 기대에 입각하여 최선을 다하는 것으로 충분하기 때문에, 국가에 대한 복종과 헌신의 행위처럼, 무조건적이며 혹은 직견적인 헌신을 하지 않더라도, 기대하는 바를 비교적 어렵지 않게 달성할 수 있다. 이미 버스운전자에 대한 사례에서 확인한

---

11) 국어사전(민중서림 4판, 1998, 281)에 의하면, 광신(狂信)의 행위는 종교나 미신 또는 주의·사상 등을 미칠 정도로 지나치게 믿는 행위이다.

것처럼, 버스운전자에게 무조건적이며 혹은 직견적인 복종과 헌신의 태도 없이도, 승객들은 그의 말과 그의 지시를 따름으로써 충분히 편익을 도모할 수 있다. 또한 버스 운전자의 지시를 따르면서도, 언제나 전인적으로 그에게 충성해야 하겠다는 마음가짐은 요구되지 않는다. 즉 '개인숭배행위'를 방불케 할 만큼, '과잉(過剩)헌신행위'는 필요없는 셈이다. 같은 맥락에서 도로를 주행하는 승용차 운전자는 교통순경의 지시에도 따르지만, 교통정리를 하는 어머니회의 자원봉사자 혹은 운전기사 자원봉사자의 지시에도 역시 따르지 않는가? 이러한 관점에서 볼 때, 시민들에게 절대적이거나 직견적인 복종과 헌신을 요구하는 국가권위는 조정해결책에 있어 필요조건이 아니라는 점을 다시 한번 강조할 필요가 있다.

그러나 보다 근본적으로 조정문제의 해결책이나 관행의 기준설정을 '권위적'으로 접근할 때, 관행적 규범에 대한 헌신과 승복, 혹은 관행적 규범을 제정하는 사람들을 복종의 대상인 '권위 당국자'로 간주할 경우, 이들에 대한 복종행위는 필요조건이 아니라는 문제를 넘어서서, 보다 심각한 일련의 사태를 초래하게 된다는 점이 문제이다. 그 이유는 무엇인가? 아마도 극장에서 불이 났을 때의 경우처럼, '일회적으로 야기되는 조정상황(one-shot coordination game)'이라면, "앞문으로 빠져 나가라"고 소리치는 조정문제 해결자로서 극장종업원에 대한 헌신의 행위는 비록 '과잉헌신'과 '과잉충성'의 성격을 띤다고 하더라도, 지나친 역효과는 없다고 할 수 있다. 불난 호프집에서 빠져 나올 경우, 경비원의 말에 무조건 따른다고 해서, 혹은 심지어 경비원의 말을 '임금님의 말씀'이나 '대통령의 말씀'으로 받아들인다고 해서 "믿져야 본전"이라는 준칙에 걸맞게, 전혀 문제 될 게 없을 뿐 아니라, 오히려 안전한 선택이 아니겠는가. 그러나 반복되는 조정상황에서 과잉헌신의 문제는 심각하다. 반복되는 조정상황이라면, 일정한 전례(前例)가 존재하게 마련이며, 그 결과 해결책에 대한 단서가 충분히 제공되는 상황인데, 왜 구태여 국가권위에 전적으로 승복해야 하겠는가? 국가권위에 '무조건' 혹은 '직견적으로' 승복한다면, '개인숭배'의 경우처럼 그 부정적 효과는 매우 심대하다고 할 수 있다. 특정인 A의 권위적 언명의 결과로 조정문제의 해결책을 받아들이는 행위는 그에게 필요 이상으로 얽매이는 것이며, 계속되는 조정상황에서 이러한 태도는 불필요의 단계를 넘어서서 역효과와 경직성을 초래할 공산이 농후하다.

오히려 주변환경이 변함에 따라 일단 정해진 관행적 규범도 융통성 있게 변해야 하지 않겠는가. 남녀칠세부동석(男女七歲不同席), 봉제사접빈객(奉祭祀接賓客), 부모님께 아침저녁으로 안부를 물어 살피는 혼정신성(昏定晨省) 등, 유교사회를 지배했던 관행적 규범은 사회가 개화되고, 근대화되어 감에 따라 변해야 될 관행적 규범임이 분명하다. 시대가 변해 남녀공학이 일반화된 상황에서 남녀칠세부동석의 관행을 고집하는 것은 얼마나 온당치 못한 태도인가? 서구의 규범에 맞게 자유로운 남녀간의 교류와 교제를 허용해야 할 것이다. 또한 만일 여러 이웃나라에서 운전자 좌측통행을 지키고 있다면, 그와 인접한 A 국가에서는 기존의 운전자 우측통행을 운전자 좌측통행으로 기민하게 바꾸는 편이 현명하다. 그것은 국내외 여행자들의 혼란을 최소화시키고 안전을 도모하기 위한 것이다. 또한 B 국가에서는 온도계의 단위로 섭씨를 사용하고 있으나, 다른 모든 나라에서 화씨를 사용하고 있는 상황이라면, 역시 화씨로 바꿔야 할 듯하다. 혹은 대부분의 나라에서 태어나면서부터 0살로 계산하는 서구식 나이 계산법을 쓴다면, 낳은 해를 1살로 포함해서 나이를 계산하는 한국식 나이 계산 관행은 바뀌어야 한다. 혹은 외국인들이 '맥큔-라이샤워(MR)' 한글 로마자 표기법을 선호하면, 정부는 한국인 중심의 주체성에 의거한 전자법(轉字法)에 의한 새 로마자 표기법을 강행할 것이 아니라, MR 방식을 인정할 필요가 있다. 혹은 사이버 공간을 가능케 한 인터넷 시대에 재산권 개념이나 절도의 개념도 수정되어야 하지 않겠는가. 토지나 건물에 대한 소유권과 지적 소유권은 그 성격이 다르기 때문이다. 혹은 '아날로그'에서 '디지털'로 시스템이 바뀐다면, 관련된 관행적 규범도 신속히 바뀌어야 할 것이다. 이처럼 국제화 추세와 시대정신에 능동적으로 대처하여 신속히 바뀌어져야 할 관행적 규범들에 대하여 국가가 개입하여 '권위적으로' 구속력 있는 대안으로 만든다면, 더구나 '일몰법(sunset law)'과 같은 조치도 강구되지 않아 영구적 성격의 법으로 고착되는 상황에서, 외부적 변화에 능동적으로 대처하는 데 적지 않은 문제가 파생할 것이다.

물론 그렇다고 해서 사회의 모든 관행적 규칙들이 매순간 재협상의 대상이 된다고 생각할 수는 없는 일이다. 만일 그렇다면, 소기의 안정성의 목적을 달성할 수 없을 것이기 때문이다. 교통규칙을 수시로 바꿀 경우, 한 사회에는 효율과 안전보다 혼란만 가중되게 마련이다. 그러나 그렇다고 해도 이들 규칙들이 환경의 변화에 따라 비교적 기민하게 바뀌어야 할 필요성은 엄존한다. 정보화사회가 도래했다면, 정보화사회에 적합한 새로운 관행이 정착되어야 할 듯하다. 새로운 관행들이 각 사람의 필요를 충족시키는 관행이라면, 사회의 안정성은 제고될 것이다. 관행이란 사회적 환경에 적응함으로써 사람들 사이에 협력적 행동을 진작시키는 데 목적이 있는 것이지, 고정적인 행태로 변화를 가로막는 작용을 하는 것은 아니기 때문이다. 만일 변화를 막거나, 혹은 새로운 환경에 적응하는 데 무력하다면, 이들 규칙들은 '낡은' 관행일지언정, 더 이상 '효율적' 관행이라고 말할 수 없을 것이기 때문이다.

이러한 관점에서 볼 때, 관행적 규범의 창출을 국가권위의 원천으로 간주하려는 관행주의자들의 접근방식은 관행적 규범의 특성과 국가권위의 특성을 부분적으로 잘못 이해하고 있는 셈이다. 오히려 국가권위의 기능이란 조정문제에서 해법을 제시하는 데 있는 것이 아니라, 조정문제의 해결책이 경직된 형태로 공고화되지 못하도록 영향력을 발휘하는 데 있으며, 혹은 비관행적인 해결책을 강행하는 데 있다고 해야 할 것이다. 예를 들면, 시장거래에서 생산자들 사이의 가격 담합의 관행을 깨기 위하여 정부가 개입해야 하지 않겠는가? 혹은 태아를 감별함으로 여아를 낙태시키는 남아선호의 부도덕한 관행을 깨기 위하여 정부는 태아 감별행위를 불법행위로 선언해야 할 것이다. 혹은 아파트 구조 변경 관행을 막기 위하여 정부는 간섭할 필요가 있다. 혹은 금융차명제의 관행을 붕괴시켜 금융실명제로 바꾸어야 할 것이다. 혹은 '무당'을 '무속인'으로, '식모'를 '가정부'로 언어관행을 바꾸는 것이 필요하며, 삼천포 시민들을 격분시키는 "잘 나가다가 삼천포로 빠진다"는 언어관행을 금지해야 할 것이다. 결국 효율성과 정의의 원리에 의거하여 기존의 관행을 깨는 것이 국가의 임무라고 할 수 있다.

그러나 문제는 관행파괴의 기능을 인정한다고 해도, 국가권위의 성격 자체에서 '비판적 이성'보다는 관행적 요소의 성격이 농후하며, 또 한편 국가권위의 형식도 객관적인 도덕률이나 합리성에 의해서만 결정될 수 없다는 사실이다. 즉 국가권위의 성격과 형식에서 관행적 요소와 인습적 요소는 남아 있을 수밖에 없다는 점을 강조할 필요가 있다. 모름지기 도덕적 성격을 지니는 사안이 사회적 쟁점으로 불거졌을 때, 이 문제를 유권적으로 판정할 수 있는 최종적인 권한의 소재지가 국가의 어디엔가 있어야 할 것이다. 그러나 그 최종적 권한의 위치는 부분적으로 임의성을 띠게 마련이다. 주지하는 바와 같이, 우리 한국 사회에서는 주로 법원이 이러한 사안들에 대하여 최종적으로 결정한다. 예를 들어 동성동본 금혼 문제를 어떻게 평가해야 하는가 하는 문제에서 헌법재판소가 위헌의 요소가 있다고 판정하면, 그것으로 그만이다. 그러나 물론 종교지도자들이 이러한 문제를 결정하는 사회도 있다. 이슬람사회, 혹은 종교적 근본주의자들의 사회에서는 종교지도자들의 최종적 결정권이 두드러진다. 이슬람사회에서 여성들은 '차도르'라는 특별한 옷을 입어 가족이 아닌 사람들에게는 자신의 얼굴을 보이지 않는다. 근대화를 이룩한 이슬람사회에서도 얼굴을 보이는 모습이 허용되지 않는 것은 바로 그 때문이다. 이에 비하여 세속화된 민주사회에서는 대법원이나 헌법재판소가 최종권한을 갖는다. 그러나 최종권한이 종교지도자에게 있든, 혹은 대법원이나 헌법재판소에 있든, 국가의 최종권위의 위치는 부분적으로 '임의적'이라는 사실을 인정할 수밖에 없다.

뿐만 아니라 법원에서 할머니 A가 제기한 황혼이혼소송을 기각했을 때, 그 정당성은 어디서 찾아볼 수 있을 것인가? 일부 단체와 여성주의자들이 할머니의 행복추구권을 거론하며 법원의 판단에 이의를 제기하고, 또한 그러한 행복추구권에 대한 주장이 할머니의 기본 인권의 관점에서 설득력을 지닌다고 해도, "할머니가 결혼했을 당시의 가치관은 유교적 가치관인 백년해로(百年偕老)였다"는 점을 강변하며 이혼을 불허하는 법원의 결정 앞에는 무력할 뿐이다. 법원의 결정은 서구사회에서 발달된 행복추구권의 규범보다는 유교사회에서 정착된 '백년해로'라는 전통적 규범에 의존하고 있는 것으로 보아 자의성을 띠고 있음이 분명하나, 할머니 A로서는 받아들일 수밖에 없다. 혹은 인간배아 복제문제나 사형제도의 존속문제도 마찬가지이다. 이러한 상황들은 결국 관행적 규범을 만들고 기존의 관행적 규범을 개혁하는 과정에서 기대되는 국가의 역할과 능력에 관한 한, 언제나 한계와 임의성이 도사리고 있을 수밖에 없다는 점을 시사한다. 아무리 효율적이며 정의로운 관행적 규범을 제정하려고 해도, 혹은 문제가 있는 기존의 관행을 효율성과 정의의 원리에 입각하여 교정하려고 해도, 국가의 최종기준은 결국 다수의 사람들이 지니고 있었던 가치관에 의존할 수밖에 없다. 물론 판사들의 판단도 이에서 예외가 아니다. 즉 법원의 판사들도 결국 "한번 결혼하면 머리가 파뿌리 되도록 살아야 한다"는 기존의 관행과 인습의 포로이기를 거부할 수 없으며, 이에 의존해서 사안을 판단하는 한, 문제의 결정은 관행적 판단에 불과하며, 비판적 이성(critical reason)과는 거리가 먼 임의적인 기준에 불과할 뿐이다.

조정문제 해결자로서 국가권위의 임의성은 상징적으로 공공시설 이름 붙이기에서 엿볼 수 있다. 서울 지하철의 각 노선은 1, 2, 3, 4, …호선으로 아라비아 숫자로 표시된 반면, 한강의 다리는 반포대교, 성수대교, 동호대교 등, 고유명사로 가시화되었다. 한 관행 공동체에서 이처럼 상이한 유형의 명칭적 관행이 표출되고 있다는 사실은 분석력을 가진 서울 시민들을 어리둥절하게 만들 정도로 일관성을 결여하고 있는 만큼, 관행적 규범 제정자로서 국가의 역할과 권위가 임의적이라는 반증이 아닐 수 없다. 또한 도로라고 해도 서울 강북에는 '종로 1가', '을지로 1가', '충무로 1가' 등 숫자로 되어 있는가 하면, 강남의 도로는 '테헤란로', '강남대로', '언주로' 등의 고유명사로 되어 있다. 그렇다면 앞으로 서울에서 새로운 도로를 만들어 명칭을 부여하고자 할 경우, 숫자를 사용할 것인지 고유명사를 사용할 것인지는 서울시 당국의 자의적 판단에 달린 셈이다. 혹은 지하철역에 대학이름을 붙이는 문제도 역시 지하철 본부의 임의적 판단에 해당된다고 하겠다.

한 걸음 더 나아가, 심각한 문제는 정부의 운영양식이나 국가권위의 작동양태(modus operandi)도 관행의 범주에서 크게 벗어날 수 없다는 점에 있다. 한국 사회는 엄연히 삼권이 분립되는 민주사회인데도 불구하고, 왜 대통령의 '말씀'이 중요하고 '법치'보다 '인치'에 의하여 통치하는 '제왕적 대통령제(Caesarian president)'가 통용되고 있는가? 왜 대통령이 정책사안에서 한마디를 해야 비로소 관료들이 움직이는가? 그것은 대통령의 권위가 국민주권의 민주주의 비전보다 왕정사회의 가부장적 관행의 맥락에서 이해되어 왔기 때문이라고 생각된다. 아버지가 가장으로서 한 가정에서 차지하는 위상과 유사하게, 왕정사회에서 행사되는 군주의 권위와 유사하게, 대통령의 권위를 받아들이고 있기 때문이다. 당연히 그러한 태도는 국민주권의 정신에 부합하지 않을뿐더러, 민주주의 신봉자들이 조망해 왔던 국가권위의 개념과도 상이하다. 그 결과 대통령의 잘못된 정책판단에 대하여도 이를 비판하거나 항명하는 총리와 장관들이 없다. 이러한 현상은 권위주의 시대뿐 아니라 민주화가 된 이후에도 변함이 없는 현상으로서, 민주사회의 대통령이 왕정시대의 군주처럼 군림한다면, 국가권위 자체가 관행의 산물이라는 점을 강하게 노정하는 셈이 아니겠는가?

결국 국가의 권위 자체가 '관행적으로' 조직되어 있다면, 국가가 적어도 '비판적 이성(critical reason)'의 관점에서 관행적 규범을 만든다거나 잘못된 관행을 바로잡는다는 주장은 성립하기 어렵다. 관행적 규범의 결과인 국가권위가 사회에서 통용되고 있는 비합리적 혹은 불공정한 관행적 규범을 수정한다는 것은 "소경이 또 다른 소경을 인도하는" 형국과 그다지 다르지 않기 때문이다. 강조하자면, 국가의 권위가 관행의 산물이라면, 일반적으로 관행의 특성과 관련하여 지적되었던 문제, 즉 파레토 최적의 효율성이나 '비판적 이성'에 의하여 가늠할 만한 정의와 공정성을 내포하고 있는 것이 아니라, 단순한 안정성이나 혹은 임의성을 지니고 있어, 베버의 표현대로 관습에 의한 '전통적 권위 (traditional authority)'에 불과한 셈이다. 따라서 '합리적' 성격을 상당부분 결여하고 있는 국가권위, 즉 '비판적 이성'은 물론, '수단적 이성'에 의하여도 정당화될 수 없는 '전통적인 권위'에 대하여 민주사회의 시민들은 어떻게 복종과 헌신의 의무를 지니고 있다고 확신할 수 있겠는가?

XII. 관행주의와 국가의 권위

8장의 논의를 통하여 관행적 규범의 제정이 결과론적 관점에서 국가의 권위를 정당화하는 데 불충분하다는 사실을 지적하였다. 관행적 규범의 제정이 국가권위 정당화에서 필요조건이나 충분조건이 되기는 어렵다. 물론 그렇다고 해서, 관행 공동체에서 국가의 권위가 개인의 '수단적 합리성'을 충족시키는 측면을 경시하거나 과소 평가할 의도는 없다. 실제로 정부가 수행하고 있는 기능에 주목해 본다면, 관행주의자들의 주장처럼, 다수 시민들의 행동을 조정하는 업무에서 중차대한 역할을 수행하고 있음을 인정할 수밖에 없다. 국가가 수행하는 기능 중 적지 않은 부분이 관행적 규범의 제정이다. 이처럼 국가의 권위가 소정의 영역에서 일정한 효력을 발휘하고 있는 것은 사실이나, 그렇다고 해서 국가의 조정능력이 시민들에게 무조건적 복종의 의무나 직견적 복종의 의무를 요구할 만큼, 완전한 것이 아니라는 사실도 강조할 필요가 있다.

이에 관한 이유는 단순하고 자명하다. 관행 공동체에서는 관행과 일치되는 행위가 언제나 '조건적'이라는 점을 전제로 하기 때문이다. '게놈'이 옳은지 '지놈'이 옳은지, 혹은 '알레르기'가 옳은지 '엘러지'가 옳은지, 혹은 섭씨가 타당한지 화씨가 타당한지 하는 질문은 관행 공동체에서는 무의미하다. 혹은 '붕어빵'에 '붕어'가 있는지, 칼국수에 '칼'이 있는지, 혹은 '역전 앞'이나 '뱀사골'이 중복성이 없는 올바른 명칭인지에 관한 질문도 관행 공동체에서는 부질없는 질문일 뿐이다. 또한 왜 자녀의 성에는 아버지의 성만 쓰고 어머니의 성은 쓰지 않는가 하는 질문도 어리석다. 혹은 왜 한국인의 성씨는 중국식으로 되어 있고 순한글이나 기독교의 세례명으로 짓는 경우가 희박한가 하는 물음도 제기할 필요가 없다. 사람들이 많이 부르는 명칭과 이름은 비록 임의적이지만, 다수의 사람들이 따르고 있다는 사실 자체만으로 유의미하고 통용될 이유가 성립되기 때문이다.

각 개인은 다른 사람이 같은 행동을 할 것으로 알고 기대하는 한, 바로 그 경우에 한하여 승복한다. '나'는 특정 대안을 다수 사람들이 선택할 것으로 알고 기대하는 한, 특정 대안과는 다른 대안을 선택하고 다른 행동을 할 이유는 없다. 그것은 마치 유행을 따르는 행위와 유사하다. 다른 사람들이 PC방에 드나들면 '나'도 드나들고, 다른 사람들이 이스트팩 가방을 메고 다니면 '나'도 그러하며, 또한 다른 사람이 휴대폰을 사용하면 '나'도 덩달아 휴대폰을 사용하게 된다. 유행에 따르지 않으면, '나'는 '왕따'가 되기 때문이다. 이처럼 다수 사람들의 행위가 만물의 척도가 되는 관행적 규범의 속성 때문에 정부가 제정한 가정의례 준칙은 지켜지고 있지 않으며, 한글전용방침도 실패했고, 이중과세 폐지정책도 유야무야가 된 나머지, 오히려 '설날'로 정하여 법제화를 추진할 수밖에 없었다. 문제의 현상들은 새로운 관행을 제정하거나 기존관행을 바꾸고자 하는 국가권위의 한계를 적나라하게 노정한 셈이다.

그러나 일반 시민들이 이해하고 있거나 체험하고 있는 국가의 권위는 관행적 규범의 효력과 달리, '조건적'이 아니다. 국가의 권위로 탈세범을 처벌하겠다고 법을 제정하면, 아무리 탈세범이 많더라도 처벌할 수밖에 없다. A가 탈세범으로 기소된 후, 다른 많은 사람들도 탈세를 했는데, 왜 유독 '나'만 잡아넣느냐고 정부에 대하여 항의하고, 표적사정이라고 항변을 해보아도 효과는 없다. 물론 이 상황에서 형평성의 문제가 불거져 나오리라는 점까지 부인하려고 하는 것은 아니다. 아마도 형평성의 문제는 심각한 정치적 쟁점이 될 공산이 크다. 그러나 그렇다고 하더라도 국가의 권위가 관련되는 사람들의 숫자의 다과에 따라 '조건적으로' 행사되는 것이 아니라는 점이 중요하다. 국가는 편의주의보다 도덕성과 합리성의 관점에서 그 권위를 정당화시키고 있다. 이처럼 국가의 권위가 무조건적이나 혹은 직견적 성격의 권위라면, 정부나 국가에 대한 복종과 헌신도 결코 조건적이 아니라는 함의를 지니는 셈이다.

따라서 간과할 수 없는 사실은 국가에 대한 복종행위는 '수단적 합리성'에 입각한 조건적이며 타산적 성격의 행위와 구분된다는 점이다. 외적이 침입하여 국토방위를 위하여 싸울 때, '내'가 우리편이 이길 만하면 싸우고 그렇지 않으면 도망을 간다거나 징병을 기피한다면, 그러한 기회주의적 태도는 국가에 대한 복종행위나 헌신행위와는 거리가 멀다. 오히려 국가는 아무런 조건 없이, 혹은 '직견적으로' 국민들에게 복종하는 태도를 보여주기를 요구한다. 국가의 요구는 적어도 다른 조직의 요구에 대해서 '우선성'과 '직견성'을 가진다. 이 점을 감안할 때, 관행적 규범의 창시자나 관행적 규범의 개혁자로서 투영되는 국가의 권위는 한계를 가질 수밖에 없다. 관행이란 결국 얼마나 많은 사람들이 따르는가에 초점을 맞추는 조건성과 실용주의 및 기회주의에서 그 본연의 속성을 찾을 수 있기 때문에, 관행적 규범에 대한 복종은 결코 무조건적이나 직견적 의무라는 규범성을 띨 수는 없는 일이다.

물론 원론적 수준에서 강조하거니와, 정치권위나 국가권위의 본질에 관한 한, 관행주의나 관습주의(conventionalism)의 요소를 전면적으로 부인하려는 시도는 온당치 못하다. 정치생활이란 '천사의 행위'나 '동물의 행위'가 아닌, '인간의 행위'이며 인간실천의 현저한 영역으로서, 천자(天子)의 개념으로 설명할 수 있는 현상이 아니며, 왕권 신수론자들이나 플라토니스트들의 주장처럼, 신이나 이데아 세계로부터 부여받은 생활의 범주도 아님은 주지의 사실이다. 더군다나 헤겔의 주장처럼, '절대정신'의 구현으로서 초월성이 함의된 생활로 간주할 필요도 없다. 오히려 국가의 권위나 정치권위는 인간이 스스로 만든 조형물로서 작위적인 것이며, 인간의 선택과 의도, 선호에 따른 '주의주의적 현상(voluntaristic phenomenon)'의 전형이다. 여기서 '데우스 크레안스(deus creans)'보다는 '호모 파벨(homo faber)'의 비전이 새삼스럽게 확인된다. 즉 정치생활은 일종의 인습(因習)의 산물이며, '휴머니즘(humanism)'에 기초한 산물이 아니겠는가. 뿐만 아니라, 신정주의(神政主義)나 초월주의보다 세속주의나 인본주의, 및 관행주의에 입각하여 국가권위를 이해하고 조망하는 접근방식이야말로 국민주권의 개념에 합치되고 민주사회에 살고 있는 시민들의 위상에 부합하는, 건전하고 바람직한 정치비전이라고 하겠다.

그러나 한편으로 '호모 파벨'에 입각한 주의주의적 정치비전의 강점을 고려한다고 하더라도, 국가권위에 대한 관행주의적 접근방식은 시민들이 체험하고 있는 국가권위를 정당화시키는 결과론적 논리로는 대단히 미흡하고 불충분하다는 점을 지적하지 않을 수 없다. 따라서 국가권위의 본질적 특성, 즉 '나'에게 전인적이고 전면적이며, 무조건적이나 직견적 복종과 헌신을 요구할 만큼 구속력을 지니고 있으며, 때에 따라서는 재산과 생명까지도 서슴지 않고 요구하는 국가권위의 본질에 대하여 보다 엄정하고 치밀하게 접근하려면, 국가가 공여하는 수단적 혜택의 성격을 적시한다는 차원에서 일정 수준 설득력을 지니고는 있으나, '수단적 합리성'을 넘어가는 행위에 대한 요구를 해명하지 못하는 관행주의적 접근방식을 한 단계 초월할 필요가 있다. 국가의 명령과 법을 '권위적 현상'으로 접근하는 시민들에게 있어, 법이나 국가의 명령은 단순히 관행적 규범이나 인습적 현상으로 다가오고 있지 않은 것이 현실이다. 즉 시민들은 단순히 편의주의나 실용주의 및 기회주의적 태도에 의해 법을 지키는 것은 아니며, "아니해서는 안되는 일"이라는 차원에서 의무의 대상으로서 법을 지키고 있다. 그러므로 국가의 명령이나 법을 관행주의의 관점에서 이해하고자 할 때, 법의 '권위적' 성격이나 국가권위의 무조건적 속성, 혹은 직견적 속성을 간과하거나 무력화시키는 결과를 초래하게 될 것이다. 결국 국가의 '권위(auctoritas)'와 '권능(potestas)'이 조건성과 실용성을 전제로 하는 관행적 규범에 기초할 수 없다면, 관행적 규범의 창시자와 관행적 규범의 개혁자로서 기능하는 국가권위에 집착하는 한, 시민들로부터 복종의 의무를 요구하기에는 턱없이 미흡하다는 점을 강조하지 않을 수 없다.

제 9 장

계약과 국가

제 9 장   계약과 국가

I. 예비적 고찰

지난 8 장에서는 개인들 간에 사회협력을 촉진시킬 수 있는 국가권위의 역할에 주목하면서 결과론적 논리와 개인주의적 논리를 상정하고 있는 관행주의적 접근방식에 천착하였다. 그러나 개인의 수단적 이익을 제고시킨다는 점에서 국가권위를 정당화시키는 데 초점을 맞추는 결과론적 논리와 개인주의적 논리에 있어 관행주의(conventionalism)가 유일한 것은 아니며, 계약주의(contractualism)를 꼽을 수 있다. 따라서 시민들에게 복종을 요구할 수 있는 국가의 권위가 결과론적 관점과 개인주의적 관점에서 정당화될 수 있는 두 번째의 논거라면, 국가가 시민들에게 공공재를 공여한다는 점에서 성립될 수 있다고 하겠다. 즉 국가권위는 '합리적 행위자'들이 공공재 생산에서 야기되는 '집단행동의 문제(collective action problem)'를 해결하기 위해서 상호간에 합의할 수 있는 현상이라는 것이 계약주의자들의 주장이다. 이 공공재 공여의 논리는 전통적으로 사회계약의 접근방식을 통하여 구체화되어 왔다. 그러나 물론 공공재 공여의 논거가 사회계약의 전체라고는 말할 수 없다. 공공재 공여의 논거와는 '독립적으로' 사람들의 '동의'에 의해서 국가의 권위가 성립한다는 발상도 가능하며, 실제로 이러한 접근방식도 사회계약론의 주요 범주이기 때문이다. 이처럼 사회계약론을 두 가지의 분석적 범주로 나누어 볼 때, 공공재 공여 자체에 초점을 맞추는 사회계약론적 접근방식이 홉스(T. Hobbes)의 입장이라면, 계약자들의 동의행위로부터 국가의 존재 이유를 설명하는 사회계약론적 접근방식은 로크(J. Locke)의 입장이라고 하겠다. 물론 양 접근방식에서 공통된 요소를 찾는 것이 일반적이기는 하나, 양자가 구분될 수 있다는 것이 본 연구의 입장으로서, 아리스토텔레스의 용어를 원용할 때, '능동인적(能動因的)' 계약론을 상징하는 로크의 입장에 대한 문제는 이미 제5장에서 다룬 바 있으며, 이번 제9장에서는 '목적인적(目的因的)' 계약론의 범주를 대변하는 홉스의 입장에 대하여 비판적 접근을 할 예정이다.

홉스의 비전에 입각한 사회계약론에 주목할 때, 자연상태의 사람들은 '공공재 문제(public goods problem)'에 직면하게 되고, 이 공공재 문제의 해결자로서 국가의 권위는 정당화된다. 공공재 문제의 해결자로서 국가의 자리매김은 상당히 고전적인 정치비전으로, 특히 홉스의 자연상태와 현저하게 대비되는 상태가 국가의 상태라는 점이 특기할 만하다. 즉 평화는 홉스의 자연상태에서 매우 부족하게 산출되는 가치로서, 홉스의 협상자들은 평화를 구축하기 위하여 '리바이어던(Leviathan)'을 만들게 된다. 왜 평화는 자연상태에서 부족하게 산출되는가? 자연상태의 사람들이 가지고 있던 '칼'을 버림으로 산출될 수 있는 평화는 전형적인 공공재문제이기 때문이다. 평화가 공공재가 되는 이유는 '내'가 '칼'을 버림으로 평화에 대한 기여로 얻게 되는 혜택은 다른 다수의 사람들이 '칼'을 버릴 때 비로소 성립할 수 있으므로 대단히 불확실하며, 혹은 다른 다수의 사람들이 '칼'을 버리지 않았을 때 '나' 혼자 '칼'을 버린다면, '나'는 심각한 위험과 불이익에 직면하게 되기 때문이다. 그러므로 '나'는 '칼'을 버리기보다 버리지 않는 편이 합리적이다.

이와 관련하여 루스와 라이파(Luce and Raiffa 1957) 등, 합리적 선택론자들에 의한 통찰을 원용하면, 다른 사람들이 비협력함으로 '칼'이나 '칼'에 대한 비용을 지출하면, '나'로서도 '칼'이나 '칼'에 대한 비용을 포기할 이유가 없다. 또한 다른 사람들이 협력하더라도 '나'의 입장에서 비협력하는 편이 나은 이유는 '내'가 우월한 입장에 서기 때문이다. 그러므로 상호간의 협력이 집단 전체에 좋으나, '나'로서는 다른 사람이 어떠한 선택을 하더라도 협력보다는 비협력을 함으로 이득을 얻게 되는 죄수의 딜레마 상황에 봉착하게 된다. 이러한 유인구조야말로 국토방위와 같은 공공재가 시장에 의하여 부족하게 생산되는 이유이기도 한데, 홉스에 있어서는 자연상태를 특징짓는 구조로서, 홉스의 협상자들은 '평화'라는 공공재의 공여자로서, '리바이어던'을 만들기로 합의하게 된다.

공공재 공여에 의한 계약주의적 논거는 협력에 대한 '나' 자신의 약한 동기를 감안할 때, 일단 설득력이 있어 보인다. 국가의 권위는 '나' 자신에 내재한 무임승차적 사고와 행동을 통제하는 데 효율적이기 때문이다. 그러나 그렇다고 하더라도 한편 공공재를 공여한다고 해서 국가가 '나'에 대하여 무조건적 복종이나, 혹은 적어도 직견적 복종을 요구할 수 있는가 하는 점은 석연치 않다. 이와 관련하여 공공재를 공여하는 데 있어 과연 국가의 권위가 '필요조건'과 '충분조건'이 될 수 있는가 하는 점을 면밀히 점검해 볼 예정이다. 만일 국가에 의한 공여 이외에 자발적인 시민들의 협력에 의한 공공재 산출이나, 시장 메커니즘에 의한 공공재 산출의 가능성이 상당 수준 입증될 수 있다면, 공공재 공여의 '필요조건'으로서 국가의 권위는 약화될 수밖에 없을 것이다. 그런가 하면 국가에 의한 공여보다 국가보다 낮은 수준의 소규모 집단에 의한 공공재 공여가 더욱 더 효과적이라면, 공공재 공여의 '충분조건'으로서 국가의 권위도 손상될 것이다. 이번 제 9 장의 논의에서는 공공재 공여의 필요·충분조건으로서 정당화되어 온 국가의 권위에 일련의 비판적 논거를 개진함으로 시민들에게 무조건적 복종이나 '직견적' 복종을 요구해 온 국가의 논리가 궁색하다는 점을 강조하고자 한다.

II. 계약주의의 특징과 상정

사회계약적 모델은 역사적 전통으로 보나, 최근의 지적 추세로 볼 때, 상당한 매력을 발산하고 있는 모델이긴 하나, 홉스와 로크, 루소, 칸트, 롤즈 등 다양한 사회계약론자들이 있을 뿐, 단일적 모델은 찾아볼 수 없다. 또한 루소의 사회계약에서 볼 수 있는 바와 같이, 사회계약적 모델이 전적으로 개인주의적이며 수단주의적 사고에 기초하고 있는 것도 아닐뿐더러, 국가권위의 정당화에 배타적으로 초점을 맞추고 있는 것도 아니다. 롤즈나 스캔론(T. M. Scanlon 1982), 혹은 배리(B. Barry 1989) 경우처럼, 정의의 원리 도출에서도 사회계약적 접근은 매우 유효하기 때문이다. 제 9 장의 논의에서는 개인주의적이며 수단주의적 비전을 투영하고 있으며, 국가권위의 정당화에 관심을 가지고 있는 계약주의에 대한 조명을 목표로 할 것인바, 홉스의 계약주의 모델이 그 대상이 될 것이다. 따라서 홉스가 전제하는 자연상태와 이를 해결하고자 하는 '리바이어던'의 권위의 성격과 기능에 대하여 각별히 주목하고자 한다.

계약론적인 접근방식은 자연상태라는 '최초의 상태'에 위치한 합리적 행위자들에 의해서 국가권위는 합의될 것이라는 사실을 입증하는 데 주력하고 있다. 이러한 최초 상황의 설정은 계약문제의 상황이 조정문제의 상황과 일정한 유사성을 공유하고 있음을 시사하고 있으나, 그렇다고 해도 '계약상황'과 '조정상황'은 범주적으로 동일한 것은 아니다. 계약상황은 조정상황처럼, A와 B의 협력적 행위가 양자에게 혜택을 제공하는 특성을 지니고 있다. 그러나 조정문제 상황과는 달리 A와 B의 협력적 행위는 안정적이거나 견고하지 않고, 내면적으로 취약하고 불안하다는 것이 계약상황의 특성이다. 즉 계약상황에서 가능한 균형은 A와 B에게 공히 유리한 '양질의 균형'이 아니라, A와 B에게 공히 불리한 '저급의 균형'이다. 따라서 계약주의자는 '양질의 균형'을 성취하기 위한 방안으로, 혹은 '저급의 균형'을 '양질의 균형'으로 대체하기 위한 방안으로, 국가의 권위를 정당화시키고자 시도한다. 실상 조정의 문제는 '정보의 문제'로 간주할 수 있어 어떠한 대안을 '현저한 대안(prominent)'으로 만드는 단초를 제공하는 데서 그 해결책을 찾을 수 있다면, 계약의 문제는 '동기의 문제'에서 비롯된다는 데, 그 특성이 있다. 계약상황에 직면한 당사자 A와 B는 어떤 행위가 상호간에 유리하고 어떤 행위가 상호간에 불리한지 알고 있으나, 그럼에도 불구하고 상호간에 유리한 대안을 선택할 수 있는 동기가 부족하다.

이러한 관점에서 보았을 때, 협력의 문제와 관련하여 계약주의자는 이해관계의 갈등이 없는 상태로 조정문제를 접근하는 관행주의자의 분석적 약점을 유의미하게 보완할 수 있는 셈이다. 즉 조정상황에서도 엄밀하게 보면, 언제나 '균등한' 공동이익(common interest)의 실현이 가능한 것은 아니다. 이른바 '성의 대결 상황(battle of the sexes)'이나, 혹은 '비순수 조정상황(impure coordination game situation)'에서 목격되는 것처럼, 관련되는 A와 B 당사자 사이에는 이해관계의 상충이 엄연한 경우가 있다. 그러므로 조정상황에서도 동기의 문제가 도사리고 있어 공동의 해결책이 쉽게 대두되고 있지 않은 것이 현실이다. 실상 계약주의자가 특유의 분석적 틀을 통하여 발견할 수 있다고 기대하는 것은 특정 형태의 이해관계의 상충이다. 아무리 공동의 협력적 행위가 A와 B 당사자에게 혜택을 공여한다고 해도, A가 B의 협력을 이용한 자신의 비협력을 통하여 더 커다란 혜택을 볼 수 있는 가능성이 열려 있는 한, 혹은 그 역도 B에게 가능한 한, '상호협력'보다 '상호비협력'이 나타날 가능성은 현저하기 때문이다.

물론 계약론적 사고는 롤즈의 적절한 지적처럼, 행위자 각자에게 일정한 혜택을 보장함으로 '개인의 개별성(separateness of persons)'을 보장하는 효과가 있다. A와 B 상호간에 이득이 있을 경우, 바로 그 경우에 합하여 비로소 계약체결이 가능하지 않겠는가. '최대다수의 최대행복'에 역점을 두는 공리주의자는 특정한 대안이 사회 모든 사람들에게 혜택의 합을 극대화하는 대안인가에 관심을 갖는다. 이 과정에서 특정 개인 A는 불이익을 당하더라도 A의 희생은 전체의 '집합적 혜택'에 의하여 정당화된다. 이에 대하여 롤즈의 계약주의적 입장은 그 대안이 공동체 구성원 각자에게 혜택을 주느냐에 있다. 즉 문제의 핵심은 '집합적' 방식이 아니라, '분배적' 접근방식이라는 데 있다. 그러나 A와 B 상호간에 이득을 확보할 수 있는, 이른바 '상호이득(mutual advantage)'에 의한 이러한 접근은 계약론적 사고에 있어 '필요조건'에 불과하다고 생각된다. 롤즈의 이 방식에 주목할 때, 계약주의와 공리주의의 차이가 적절하게 부각될 수 있겠으나, 계약주의와 관행주의를 구분하기는 어렵기 때문이다. 다시 말해서 A와 B, 각 개인이 혜택을 누린다고 해도, A와 B가 누릴 수 있는 혜택이 결코 동일하지 않을 가능성은 엄존하기 때문이다. 물론 관행주의에서 A와 B는 일반적으로 동일한 혜택을 누리고 있는 것으로 상정되나, 계약주의 모델에 의하면, 적어도 부분적으로 영화게임적 이해관계의 상충이 야기될 가능성은 실제적이다.

이번 9장에서는 계약주의적 접근을 논의하는 과정에서 합리적 행위자 모델이 전제하고 있는 일련의 상정들을 원용하고자 한다. 즉 홉스의 자연상태(Hobbesian state of nature)에는 '집단행동(collective action)'의 문제가 도사리고 있으며, 행위자들은 자기 이익을 추구하고 있다는 의미에서 수단적 합리성(instrumental rationality)을 구사하고 있는 존재로 상정된다. 이러한 합리적 행위자(rational agent)로서 사람들이 가지고 있는 동기가 계약주의적 접근방식에 있어 핵심적 문제이므로, 이 문제에 대하여 좀더 자세하게 논의할 필요가 있다.

자기 이익을 추구하는 합리적 행위적 모델에 관한 일반적 문제는 '자기 이익(self-interest)'을 어떻게 해석하는가 하는 문제에 달려 있다. 모름지기 모든 이익은 어떤 자아든, 자아에 속하는 이익이기 때문에 특정 행위가 자기 이익적 측면을 지니고 있다고 규정한다면, 당연히 진부한 상정이라고 할 수 있다. 그러나 합리적 선택론자들은 '자기 이익'의 개념에 일정한 내용을 부여함으로 합리적 행위자 모델은 탁월한 설명력을 지니게 되었다. 사람들은 일반적으로 자신의 개인적 부나 명성을 추구한다. 롤즈도 개인은 일차적 재화(primary goods)를 추구한다고 상정한 바 있다. 하지만 이러한 이기주의적 함의를 지니는 모델이 탁월한 설명력을 지니게 되었다는 것은 놀라운 일이 아닐 수 없다. 물론 합리적 행위자 모델이 설명력 있는 이론으로서 결함이 없는 것은 아니며, 정치·사회 현상에 대한 설명은 물론, 규범적 이론의 기초로서도 완벽한 호소력을 지니고 있다고 평가하기 어렵다. 왜냐하면 시장에서 관찰되는 시장행위자들의 경제적 행위를 설명할 수 있는 요소는 수단방법을 가리지 않고 자신만의 이익을 배타적으로 추구한다는 '심리적인 이기주의(psychological egoism)'라기보다는 남의 이익에 별로 개의치 않는다는 '비타인본위주의(non-tuism)'라고 간주할 수 있기 때문이다. 따라서 '심리적인 이기주의'보다는 '방법론적인 이기주의(methodological egoism)'가 합리적 행위자 모델에 부합한다고 볼 수 있다. 방법론적 이기주의에서는 이기주의가 '분석적으로' 이타주의보다 선행한다는 점만을 상정할 뿐이다.

그렇다면 '방법론적 이기주의'에 입각하여 합리성의 개념을 이해할 때, 자기 자신의 이익에 반하여, 즉 이타주의적 방식으로 행동하는 사람들을 비합리적(irrational) 행위자라고 간주할 수 있는 것은 아니며, 다만 이들 이타주의자들의 행위를 일정한 범주의 합리성의 개념으로 포용하는 것이 가능하다. 즉 이타주의자들이라도 자신의 이타주의적 목적을 위하여 나름대로 '수단적 합리성'을 구사한다는 의미이다. 예를 들어 이타주의자라도 '성공할 승산이 없는' 이타적 캠페인보다는 '성공할 승산이 있는' 이타적 캠페인에 참여할 동기를 지니고 있다는 점이다. 그러므로 우리는 '수단적 합리성'의 개념을 엘스터(J. Elster)의 표현을 따라, '얇은 합리성 이론(thin theory of rationality)'으로 간주할 필요가 있다. 일정한 목적을 전제로 하여 효율성(efficiency)과 일관성(consistency)의 조건을 충족시킬 수 있다면, 이러한 '얇은 합리성'의 개념이 성립될 수 있는 셈이다. 즉 여기에는 이타주의적 목적과 이기주의적 목적이 가능하다. 각 개인은 일정한 주관적 욕구를 지니고 있을 뿐 아니라, 그 욕구를 가장 효율적 방식으로 충족시키고자 하는 존재로 상정되는데, 그 주관적 욕구에는 어떠한 내용도 포함될 수 있다. 이것이야말로 현대의 효용이론이 기술하고 측정하려는 효용의 개념이다.

효용의 개념은 한 개인이 다른 대안에 비해서 특정 대안을 더욱 선호하고 있다는 점에서 출발한다.[1] 이 점에서 '전이성(transitivity)'과 '완결성(completeness)'의 조건이 설정된다. 즉 전이성이란 행위자의 선호에서 최소한의 논리성을 담보하려는 조건으로, 여러 가지 대안들 가운데 일관된 선호서열이 가능할 경우 성립한다. 이에 대하여 완결성이란 대안들 사이에 일정한 선호서열을 표시할 수 있을 때 성립한다. 물론 선호서열에 기초를 이루는 것은 '서수적 선호'이지만, '서수적 선호' 이외에, '기수적 선호'의 산출도 불가능한 것은 아니다. 기수적 선호에 관한 한, 효용의 양적 측정에 관심을 둔 벤담(J. Bentham)의 방식을 사용할 수 있고, 혹은 폰노이만 모르겐스턴(Von Neumann and Morgenstern)의 경우처럼, 추첨상황을 통한 선택에서 산출하기도 한다. 그 결과는 선호강도, 즉 효용에 진짜 숫자가 부여된 질서 있는 대안과 연관된 함수이다. 이러한 척도를 '효용함수(utility function)'라고 한다. 선호의 대상이 되는 대안은 보다 높은 선호의 숫자를 가진 대안이다. 높은 효용을 가지고 있기 때문에 선호의 대상이 되는 것이 아니라, 선호의 대상이 되기 때문에 보다 높은 효용을 지닌 대안이 되는 것이다.

합리적 행위자 모델에서는 효용의 이러한 가치개념에 '극대화(maximization)'의 개념을 첨가하게 된다. 개인이 합리적으로 행동한다는 것은 자신의 효용을 극대화하는 행동을 선택한다는 사실을 의미하는데, 문제의 선택은 물론 비용에 입각한 일정한 제한요소를 감안한 극대화이다. 따라서 합리적 행위자라면, 적은 것보다 많은 것을 선호한다.[2] 결과가 확실할 경우, 더 적은 효용의 대안보다 더 많은 효용의 대안을 선택한다. 결과가 불확실할 경우 '위험부담(risk)'의 상황과 '불확실성(uncertainty)'의 상황으로 나누어 볼 수 있다. 확률이 객관적인 위험부담의 상황이라면, 더 높은 기대효용을 지닌 대안을 선택하고, 객관적 확률이 불가능하고 주관적 확률만이 가능한 불확실성 상황에서는 최소효용을 극대화하는 선택도 가능하며, 평균효용을 극대화하는 선택도 가능하다.

그렇다면 합리적 행위자 모델에서는 공동의 이익에 대하여 어떻게 이해할

---

1) 이 부분에 관한 한, 박효종(1994, I)의 논의를 참조할 것.
2) 그러나 물론 합리적 선택의 역설상황들이 존재한다. 이 점에 관한 한, 레스닉(M. D. Resnik 1987, 101-108)의 논의를 참조할 것.

수 있을까? 공동의 이익(mutual interest)이라면, 원론적 차원에서 모든 사람에게 혜택과 이익을 보장한다는 의미로 판독할 수 있다. 이에 대하여 두 가지 입장이 가능하다. 공리주의자라면, '최대다수의 최대행복'의 논리에 의하여 행동하기 때문에 전체의 이익이 전체의 손실을 압도하는 대안을 선호할 것이다. 이와는 반대로 계약주의에서 상정되는 합리적 행위자는 자신의 처지를 악화시키는 어떠한 대안에도 찬성하지 않는 존재로 간주되기 때문에, 전체의 이익과는 관계없이 자신의 이익이 제고될 때, 바로 그 경우에 한하여, 문제의 대안을 찬성하게 된다. 보다 약한 의미로 상기의 명제를 바꾼다면, 합리적 행위자들인 계약자들이 '질투'에 의하여 동기유발을 받지 않는다면, 자신들의 상황이 악화될 경우에만 비로소 거부권을 행사할 것이다. 예를 들어 만일 특정 상황으로부터의 변화가 적어도 한 사람의 처지를 악화시키는 한, 문제의 특정 상황을 '파레토하위(Pareto-inferior)'라고 할 수 있겠는데, 문제의 개인은 이를 받아들일 수 없다. 이것이야말로 각자가 자신에게 불리한 집단선택에 대하여 거부권을 가지는 것으로 볼 수 있다는 계약주의적 발상을 전제하고 있다고 이해해야 할 것이다. 문제의 합리적 행위자 모델의 상정을 고려할 때, 홉스의 계약주의는 전반적인 정치·사회적 관계가 계약주의적 논리에 의하여 설명될 수 있다는 입장이며, 로크는 계약주의적 논거를 정치적 관계에만 한정시키고 있다.

　마지막으로 합리적 행위자 모델이 우리의 도덕적 개념과 판단에 대하여 적절한 설명을 할 수 있는가에 대한 의문이 있다. 예를 들어 고티에(D. Gauthier 1986)는 합리적 선택론이 도덕적 개념과 판단에 대하여 적절하게 분석할 수 있다고 주장한다. 그러나 이 점에 대해서는 확실히 단언하기 어려우며 다만 도덕적 영역에서 합리적 행위자 모델이 원용된다면, 적어도 평가적 기능을 수행할 수 있지 않을까 하는 것이 본 연구의 판단이다. 즉 외현상 이타주의나 도덕적 행동이라도 실제로는 이기주의적 행동의 또 다른 형태일 가능성이 크다는 점을 판별할 수 있다는 의미이다. 그러나 보다 본질적 차원에서 합리성과 도덕성의 연계문제에 관한 한, 보다 정교한 논의가 요구된다고 하겠다. 모든 도덕적 원리들이 합리적 행위자들의 상호이익(mutual advantage)을 충족시킬 수 있는지, 그렇지 않다면 도덕성(morality)이 어떻게 신중성(prudence)의 정교한 형태와 다른지, 또 다른 논의가 필요하며, 혹은 다르지 않다면 왜 다르지 않다고 믿고 있지 않은지 등등의 문제가 설명되어야 할 것이다. 롤즈나 고티에, 혹은 스캔론

(T. M. Scanlon), 배리(B. Barry),[3] 혹은 에이커만(B. Ackerman 1980)처럼, 계약주의를 일종의 도덕적 이론으로 받아들인 사람들은[4] 특히 상호이익에 관한 비전을 도덕적 논증으로 간주할 것이다. 그러나 윤리학도가 아닌 정치・사회학도들은 계약주의의 다른 기능에 주목할 수 있을 것인데, 국가권위를 정당화시킬 수 있는 일반적이고 추상적인 경제학적 접근방식으로 이해할 소지가 크기 때문이다. 물론 계약주의를 도덕이론이나 정치이론 가운데 어떤 범주로 접근하든지 간에, 본 논의의 목표에는 상관없다. 이번 제 9 장의 관심사는 계약주의 접근 방식이 국가가 '나'에 대하여 주장하고 있는 권위의 유형을 정당화시킬 수 있는가에 있기 때문이다. 국가가 '나'에게 구속력을 가진 무조건적 복종, 혹은 적어도 직견적 복종을 요구하고 있음을 감안할 때, 사회계약주의적 국가권위의 비전이 이러한 요구를 정당화시킬 수 있을 것인가 하는 점이 논의의 초점이 될 것이다.

Ⅲ. 홉스의 계약주의

국가의 권위 없이도 사회는 자율적으로 작동할 수 있는가? 적어도 고전경제학도들은 이 문제에 있어서 비교적 긍정적이다. 사실상 고전경제학도들이 안출해 낸 '경제적 합리성(economic rationality)'은 '바람직한' 사회상태에 도달하는 데 있어서 왜 정치권위가 필요 없는지를 설명하는 데 있어 놀라운 성공을 가져왔다. 각 개인이 자기 이익을 추구하면, 오히려 갈등이 증폭되고 사회의 공동 이익을 구현할 수 없다는 일반화된 상정에서 벗어나, 고전경제학도들은 각 개인들이 자기 이익에 의하여 행동할 경우에도 파괴적인 최악의 상황이 대두되지 않을 것임을, 이른바 '보이지 않는 손(invisible hand)'에 대한 신뢰나, "공급이 수요를 창출한다"는 '세이의 법칙(Say's law)'에 대한 신뢰에 입각하여

---

3) 배리가 '상호이득(mutual advantage)'으로서의 정의와 '불편부당성(impartiality)'으로서의 정의를 구분하고 있다면, 스캔론은 '합의의 동기(agreement motive)' 문제를 강조하고 있다.

4) 계약주의를 도덕이론과 접목시킨 최초의 시도는 플라톤의 『공화국』에서 나타나는 글라우콘과 아데이만투스라고 볼 수 있다. 글라우콘은 이른바 '기게스의 반지(Gyges' ring)'의 문제를 제기하면서 보상 없이도 선행이나 정의로운 일을 하는 것이 가능한가를 소크라테스에게 반문하고 있기 때문이다.

확신하고 있었다. 뿐만 아니라, 이에 관한 일련의 주요 조건들을 제시하기도 하였다. 이것이 바로 경합적인 자유 시장(pure competitive market)의 개념으로서, 불특정 다수의 생산자와 구매자가 있어야 하며, 재산권이 확립되어 교환에 따르는 거래비용이 높지 않아야 하고 동질적인 재화와 완전정보를 갖고 행동하는 시장 행위자들이 전제되어야 한다는 등등의 조건들로 이루어져 있다.

따라서 호모 에코노미쿠스(homo economicus)가 독립적으로 그리고 정치적 권위의 개입 없이 행동할 때 사회적으로 최적의 상태가 되어, 마치 구성원들 모두가 합의한 것과 같은 상황이 실현되리라는 것이 고전경제학도들의 주장이다. 이 사실은 적어도 아담 스미스의 비전을 따르는 시장주의자들에게는 자명한 명제였다. 그러나 문제는 시장의 효율을 강조하는 시장주의자들의 상정에도 불구하고, "시장은 실패할 수 있다"는 사실에 있다. 특히 시장행위자들의 자기이익 지향의 선택으로부터 시장의 힘에 의하여 이루어지고 있는 사회적 조화는 공공재(public goods)를 생산하는 문제에 직면할 때 너무나 취약한 것으로 판명되었기 때문이다.

바로 이 점에서 정부의 역할을 발견할 수 있다. 올슨(M. Olson 1965, 15)에 의하면 "국가란 무엇보다도 그 구성원인 시민들에게 공공재를 공여하는 조직이다(A state is first of all an organization that provides public goods for its members, the citizen)." 공공재란 집단행동에 의해서만 산출될 수 있는 재화이나, 일단 산출되면 각 개인이 문제의 재화의 생산에 기여했는지와 관계 없이 모든 사람들에게 혜택을 공여하는 재화이다. 그러므로 공공재를 공여하는 데 필요한 집단행동은 직접적인 의미에서 '집단적으로 합리적(collectively rational)'이라고 할 수 있다. 그러나 그렇다고 하더라도 집단적으로 합리적인 결과를 산출하기 위하여 각 개인들이 자발적으로 기여하는 것은 '개인적으로 합리적(individually rational)'이지는 않다. 각 개인들은 일반적으로 개인적으로 합리적인 대안에만 몰두한다는 점을 감안할 때, 공공재를 강제로 공여하는 국가의 권위는 정당화될 수 있다.

다시 말해서 우리 모두는 공공재를 원하고 있다. 그러나 우리들 가운데 다수가 공공재의 산출에 자발적으로 기여하지 않으리라는 사실도 잘 알고 있다. 그러므로 우리 각자로 하여금 자신의 몫을 강제로 기여하도록 만드는 국가의 권위는 우리 스스로 할 수 없는 일을 대신 담당한다는 점에서 정당화될 수 있다. 보다 정확하게 말한다면 개인 각자는 개별적으로 행동하기를 원할 수도 있으나, 개별적 행동의 결과가 부실한 까닭에, 집단적으로 행동하기를 선택한 셈이다.

그러므로 이러한 국가의 권위는 '온정적'이라고 할 수 있겠는데, 국가가 우리로 하여금 달성하도록 강요하는 목적은 우리 모두에게 좋을 뿐 아니라, 우리 자신이 실제로 원하는 목적이기도 하다. 사람들은 모두 정부가 각 개인들로 하여금 강제로 자신의 몫을 기여하도록 함으로써 자신들 모두의 상황을 더 나은 상황으로 만들어 주기를 기대하고 있다. '각 개인'은 정부가 자신의 돈을 빼앗아 가기를 원치 않으나, '모든 사람'은 정부가 모든 사람의 돈을 가져가기를 원하고 있는 셈이다. 이 점에 있어 테일러(M. Taylor 1987, 1)의 지적은 정곡을 찌르고 있다. "국가에 대한 가장 설득력 있는 정당화의 논리는 국가 없이는 사람들이 공동의 이익을 실현하는 데 성공적으로 협력할 수 없고 특히 일정한 공공재를 향유할 수 없다는 점에 있다."

그러나 공공재 공여가 국가의 권위를 정당화시킨다는 계약주의적 논거와 관련하여 각별히 고려해야 할 사항이 있다. 직설적으로 말해, 두 가지 유형의 계약주의가 가능하기 때문이다. 우리는 이를 '실제적 동의(actual consent)'와 '가상적 동의(hypothetical consent)'와 유사한 형태로 나눌 수 있다. '실제적 동의'는 관련 당사자들이 명시적으로나 묵시적으로 동의를 함으로 이루어지는 계약상황이며, '가상적 동의'는 관련 당사자들이 실제로 동의를 하지 않았더라도 그 내용을 감안할 때 충분히 동의할 만한 결과가 이루어졌다면 수용 가능한 계약상황이다. 이 두 가지 계약의 상황을 대비시키는 데 있어 아리스토텔레스의 4대 원인론 가운데 특히 '목적인'과 '능동인'의 개념은 유용하다.[5] '목적인(目的因, final cause)'이란 한 사물의 원인을 그 사물의 목적에서 추적하는 방식이다. 예를 들어 "안중근 의사의 동상이 무엇을 위하여 만들어졌는가" 하는 질문을 한다면, "문제의 동상은 그의 민족정신을 기리고 본받기 위함"이라고 대답할 수 있다. '목적인적 정당화'는 일정한 목표를 설정하고 이 목적에 대한 충족여부에 관심을 갖는다. 따라서 '목적인적 계약주의'는 문제의 계약이 왜 체결되

---

5) 아리스토텔레스의 4대 원인은 형이상학적 원리로서 질료인(質料因, material cause)과 형상인(形狀因, formal cause), 능동인(能動因, efficient cause)과 목적인(目的因, final cause)으로 구분된다. 물론 아리스토텔레스의 4대 원인론은 형이상학적 원리이나(정의채 1981), 본 연구에서는 사회·정치현상을 조망하는 데 유용한 분석적 틀이 될 수 있다고 판단한다.

었느냐에 대한 답변으로서, 공공재를 공여하기 위한 것이 사회계약 본연의 목적
이라면, 어려움 없이 충족되는 셈이다. 이와는 반대로 능동인(能動因, efficient
cause)은 한 사물의 원인을 그 사물이 이루어진 직접적인 행위나 계기에서 찾
는다. 이러한 의미에서 '능동인적 정당화'는 "누가 안중근 의사의 동상을 만들
었는가" 하는 물음에 대한 답변에서 가능하다. 즉 안중근 의사의 동상을 만든
사람들은 특정한 설계사, 건축가 및 인부들이다. 이와 마찬가지의 논리로 국가
가 존재하는 소이(所以)가 계약자들의 실제적 동의의 결과라고 한다면, '능동인
적 계약주의'가 성립할 수 있는 셈이다.

　　예를 들어 보자. 홉스의 견해를 따라 자연상태에서 "만인의 만인에 대한 투
쟁(bellum omnium contra omnes)"을 피할 수 없다면, 리바이어던을 옹립하
는 것이 '목적인적으로' 정당화될 수 있다고 평가할 수 있다. 그런가 하면 이와
는 달리, 자연상태에서 사람들이 합의함으로 비로소 리바이어던이 '능동인적으
로' 만들어졌다고 주장할 수도 있다. 이 경우 우리는 사람들의 합의가 '명시적
(明示的) 합의'인가 혹은 '묵시적(默示的) 합의'인가에 대하여 논의할 수 있다.
'목적인적 계약주의'에서 국가는 이른바 '보이지 않는 손'의 작용에 의해서 출
현한다면, '능동인적 계약주의'에서 국가는 본의적 의미의 계약과정, 즉 명시적
동의의 행위로부터 출현하는 셈이다. 즉 전자에서 국가는 스스로의 의지를 리바
이어던에 개별적으로 귀속시키는 선택을 하는 사람들의 행위들로부터, 비의도적
으로, 혹은 예상치 않은 결과로 출현한 것이라면, 후자에서 사람들은 명시적인
집단합의에 의해서 스스로를 구속하는 셈이다. 결국 국가가 실제로 사람들의 동
의에 의해 출현했다고 하면, '매우 강한 형태의 능동인적 계약주의'가 되는 셈
이다. 하지만 국가가 이러한 방식에 의하여 출현한 것이 아니라, 단순히 사람들
의 필요와 소망에 따라 만들어졌다고 한다면, '목적인적 계약주의'라고 해야 할
것이다.

　　그러나 노직(R. Nozick 1974)이 강조하는 바와 같이, 국가가 사람들의 권
리를 침해하지 않고 출현했다는 논리가 성립할 수 있다면, '약한 형태의 능동인
적 계약주의'라고 지칭할 수 있을 것이다. 특히 목적인적 계약주의는 고티에(D.
Gauthier)의 주장처럼, 개인들간의 상호이익(mutual advantage)을 제고시키
는 모든 논거를 포함할 수 있다. 예를 들어 '파레토 우위(Pareto-superior)'나
'파레토 무차별(Pareto-indifferent)' 등 파레토 기준(Pareto criterion)을 충족

시키는 대안이 있다면, '목적론적 계약주의'에 부합하는 결과라고 할 수 있다. 파레토 기준도 상호이익에 기반을 두고 있기 때문이다. 이러한 관점에서 보면, 흄도 계약주의자라는 고티에의 견해에 동의할 수 있다고 생각된다. 여기서 강조점은 당사자들의 실제적인 동의 없이도 당사자들의 이익을 제고시킬 수 있다면, 계약주의의 범주에 귀속시키는 것이 가능하다는 의미가 될 것이다.

주지하는 바와 같이 국가의 법이나 여러 제도들은 '목적인적 논거'와 '능동인적 논거'에 의해 정당화될 수 있다. 예를 들어 군대는 대표적인 국가 방위의 공공재라고 강조함으로 상비군을 만든다면, '목적인적 접근 방식'에 해당된다. 그러나 군대의 창설이 의회의 적절한 입법행위와 행정부의 구체적인 창군조치에 의해 만들어졌다면, 그것은 '능동인적 논거'에 적합하다고 하겠다. 물론 그렇다고 해서 목적인적 모델과 능동인적 모델이 각기 자족적인 것은 아니다. 목적인적 접근방식이 특정 목적의 정당성 즉 국가의 존재이유를 명시한다면, 능동인적 접근방식은 국가가 출현하는 과정에 적용되어야 하는 일련의 타당한 조건들을 설정한다. 이처럼 원론적 차원에서 '목적인적 논거'와 '능동인적 논거'를 구분한 후, 홉스의 계약주의적 명제를 분석해 보자. 일단 홉스의 명제는 "국가만이 자연상태에서 산출될 수 없는 (평화에 대한) 공공재를 적절하게 공여할 수 있다면, 합리적 협상자들은 국가에 동의할 것이다"는 형식으로 진술될 수 있을 것이다. 그런데 홉스의 이 명제는 다음과 같은 두 가지의 하위 명제로 세분할 수 있다.

(1) 국가만이 공공재를 적절하게 공여할 수 있다.
(2) 합리적 협상자들은 국가에 동의한다.

(1)의 명제가 전형적으로 '목적인적 명제'라면, (2)의 명제는 '능동인적 명제'이다. (1)의 명제를 보면, 국가권위의 정당화는 국가가 공공재를 공여함으로 적어도 모든 사람들의 상황을 자연상태보다 개선시킬 수 있다는 점에서 성립한다. (2)의 명제는 국가권위의 정당성이 협상자들의 동의에 의해서 이루어지고 있음을 상정한다. 일찍이 흄은 사회계약론에 대하여 그 실재성을 문제삼은 바 있다. "언제 계약을 맺었는가," "누가 계약을 맺었는가," 혹은 "어떤 내용으로 계약을 맺었는가" 하는 질문들이 그것이다. 이러한 흄의 질문들은 (1)의 명제보다는 (2)의 명제를 직접적으로 겨냥하고 있는 질문이라고 하겠다.

그러나 (1)의 명제는 계약 상황에 대한 '목적인적 논거'로서, (1)의 명제에 관한 한, 흄의 반론이 무력화된다는 사실을 알 수 있다. 명제 (1)의 핵심은 국가 출현의 실제적인 역사를 설명하기보다 '국가의 상태'를 '자연상태'와 비교하는 데 있기 때문이다. 즉 국가의 상태가 자연상태보다 '파레토 우위'의 상황이라면, 그것은 '목적인의 관점'에서 정당화된다. 두말 할 나위 없이 홉스의 계약주의의 핵심은 (1)에 있다. 일단 (1)의 명제에 수긍하면, (2)의 명제로부터 새로운 내용을 추가할 수는 없기 때문이다. 그러나 물론 그렇다고 해서 (2)의 명제가 (1)의 명제에 비하여 무의미한 것은 아니다. 사람들의 명시적 동의행위는 국가에 스스로의 의지를 복속시키는 대안이 공공재 없이 살아가는 자연상태의 대안보다 더 나은 상태라는 점을 입증하는 '현저한 증표'일 수 있기 때문이다. 즉 협상자들의 동의행위는 정부가 '목적인적으로' 정당화될 수 있다는 '외적 증표'인 셈이다. 그것은 마치 두 남녀가 결혼하면서 결혼반지나 결혼예물을 교환하는 것과 유사한 논리이다. 결혼반지나 결혼예물은 '내'가 상대방을 인생의 반려자로 맞아들인다는 외적 표시가 아니겠는가! 이러한 맥락에서 (2)의 명제는 사람들이 동의할 만한 타당한 이유가 있다는 것을 의미하고 있다. 그러나 (2)의 명제의 아킬레스건은 전략적 행위의 문제로 인하여 사람들의 동의가 실질적으로 이루어지지 않거나 연기될 가능성이 있다는 점이다. 예를 들면 일부 사람들은 다른 사람들로부터 현저한 양보를 얻어내고자 명제 (1)을 부인하고자 시도하는 전략을 구사할 수 있다. 혹은 특별한 혜택이 보장되지 않는 한, 국가를 세우는 일에 동의할 수 없다고 버티는 방안도 가능하다.

그러나 (1)의 명제에 내재한 '목적인적 논거'에 관한 한, 집단행동 (collective action)의 문제점이나 전략적 사고를 포함한 논리들에 주목할 필요는 없으며, 이 점이야말로 또한 '목적인적 논거'가 지니고 있는 강점이 아닐 수 없다. 명제 (1)의 정당성이 확보된다면, 명제 (2)는 중복적이라는 사실에 주목할 필요가 있다. 하지만 이러한 주장을 (2)의 명제가 중요하지 않다는 의미로 단정해서는 안 된다는 점은 아무리 강조해도 지나치지 않는다. 이미 제5장에서 충분히 논의한 바와 같이, 실제적 동의는 어떤 의미에 있어서는 '목적인적 계약론'이 상정하고 있는 가상적 동의보다 더 정당성을 지닐 수 있다. 개인들이 자유롭게 명시적으로 한 동의행위야말로 국가권위에 대한 내적인 정당성의 표증이 아니겠는가! 실제적이며 명시적인 동의의 행위를 통하여 '나'는 명실공히

'나'의 자율성을 견지하면서, 국가에 대한 복종과 헌신의 행위를 이행할 수 있을 것이다. 그러나 홉스의 계약은 다르다. 국가에 대한 '나'의 명시적 동의를 확보하는 것이 홉스 계약주의의 핵심은 아니기 때문이다. 홉스의 '목적인적 계약주의'는 국가로 말미암아 공공재가 산출되고, 따라서 자연상태보다 더 나은 상황이 담보될 수 있다는 논리가 성립되면, 가능하다. 즉 홉스의 사회계약은 실제로 사람들이 동의를 표시하지 않더라도, 동의할 만한 타당한 이유를 가지고 있으면, 충분히 성립될 수 있는 셈이다.

Ⅳ. 공공재로서의 평화

홉스의 자연상태를 보면, '평화의 상태'가 아닌 '전쟁의 상태'이다. 그러므로 홉스의 계약자들에 있어 가장 심각한 도전은 전쟁상태를 종결짓고 평화라는 공공재를 구축하는 일이다. 평화의 공공재는 어떻게 구축될 수 있을까? 평화 공공재 구축에 대한 홉스의 비전에 관한 한, 레빈(M. Levin 1982)의 설명이 인상적이다. 또 한편 레빈의 설명에서 최소 국가에 대한 노직 유형의 결론을 확인할 수 있다는 점이 흥미롭다. 무엇보다 사람들은 국가에 '쟁기(plow)'가 아니라 '칼(sword)'을 반납하는 것이 합리적 대안임을 깨닫게 된다는 것이 레빈의 주장이다. 여기서 쟁기란 식량과 같은 사적 재화를 생산하기 위한 노동권을 의미한다면, '칼'은 상대방의 공격에 대하여 제재권을 행사하며 자위를 위한 선제공격을 할 수 있는 방어권을 의미한다. 레빈에 의하면, "이 중요한 차이는 전쟁 문제에 고유한 '승수효과(multiplier effect)'에 의하여 정당화된다." 승수효과는 다음과 같은 논리로 이루어진다. "나의 칼을 위한 나의 필요와 그것을 간직하고자 하는 유인은 나의 신념과 의도에 대한 나의 신념에 의하여 이루어진다. 만일 그대가 나를 상대할 그대의 칼이 필요하다고 생각하지 않는다면, 나도 그대를 상대할 나의 칼이 필요 없다고 생각할 것이다(1982, 345)."

자위(自衛)를 위한 제재권 행사가 점진적으로 감소되는 이 과정을 레빈이 '승수효과(乘數效果)'로 지칭하는 이유는 문제의 과정이 스스로 증폭되는 효과를 가지고 있기 때문이다. 예를 들어 '네'가 '나'를 공격하고자 할 때 정부가 '나'를 보호한다면, 그 사실이 '너'에 대하여 약간의 우위를 시사하는 셈이 될 것이다. 이 사실을 알게 되면, '나'는 약간 마음을 놓을 수 있고 '내'가 마음을 놓는 것을 보며, '너'는 마음을 더 놓을 수 있다. '네'가 마음을 놓는 것을 보며, '나'는 더 마음을 놓게 되고 이 과정은 더욱 더 증폭된다. 이러한 승수효과는 '내'가 '내' 자신을 보호할 힘이 많지 않아도, 더욱 더 안전함을 느낄 수 있음을 의미한다(1982, 347)." 다시 말해서, 국가가 '나'를 보호하게 됨에 따라 '나'는 방위 비용을 더욱 더 절감하고 공격태세에서 방어태세로 전환하게 된다. '내'가 방어비용을 절감함에 따라, '너'도 방어 비용을 절감할 이유를 확보하게 된다. 그러므로 "내가 안전함을 느낄수록 '너'도 '나'로부터의 선제공격을 두려워하지 않게 되고, 따라서 '나'도 '너'의 선제공격을 두려워할 필요가 없어 더 안전하다고 느낌에 따라 실제적으로도 더욱 더 안전하게 된다(1982, 348)"는 것이 레빈의 결론이다.

그렇다면 국가가 무기 이외에, 시민들에게 쟁기를 사용할 수 있는 자유를 포기할 수 있는, 이와 유사한 명분이 성립될 수 있는가? 레빈은 불가능하다고 주장한다. 국가가 사람들에게 식량을 공급하겠다는 약속을 지킬 수 있는 유일한 방법이라면, 바로 사람들에게 농사를 지으라고 허용하거나 명령할 수 있는 방법밖에 없기 때문이다. 따라서 '승수효과'는 '나'에게 무기를 반납하라는 이유와 논리를 제공하지만, 농사짓는 일을 포기하라는 이유와 논리를 제공할 수는 없다. 즉 '승수효과'는 사람들에게 상호간의 공격행위로부터 보호받기 위한 '자위권'을 국가에 양도할 이유를 제공하지만, 그렇다고 해서 사람들에게 쟁기를 내려놓아도 좋다는, 이른바 '복지권'을 보장하는 것은 아니다.

두말 할 나위 없이 '승수효과'란 분석적으로 매우 흥미로운 개념이 아닐 수 없다. 실제로 이 개념은 국제 정치에서 군비경쟁의 논리를 효과적으로 설명해 주고 있다. A 국가가 군비를 증강하게 되면, B 국가는 적어도 방어적 목적을 위하여 군비를 증강하지 않을 수 없게 되고, 그 결과 A 국가는 또다시 군비를 증강하게 되어, A와 B는 군비경쟁을 할 수밖에 없겠는데, 이 상황이야말로 '안보 딜레마(security dilemma)'가 되는 셈이다. 인도가 '힌두 핵폭탄'을 실험하고 파키스탄이 '이슬람 핵폭탄'을 실험하게 되는 이치도 전형적인 '승수효과'라고 할 수 있다. 그러므로 '승수효과'가 레빈이 예측하고 있는 방향으로 작용할 소지는 분명히 있다고 하겠다. '승수효과'에 관한 한, 폭력의 악순환과 증폭효과를 유의미하게 조명할 수 있을 만큼, 설득력 있는 논리임을 부정할 수는 없다.

　　그러나 그렇다고 하더라도 '승수효과'에 의해서 최소국가를 설명할 수 있다는 레빈의 주장은 몇 가지 점에서 문제가 있다고 생각된다. 무엇보다 승수효과의 논리적 구조에 유의할 때, 계약자들이 최소국가에 한하여 동의하리라고 단정하는 것은 '나무'를 보되, '숲'을 보지 못하는 입장이 아닐 수 없다. 오히려 엄밀한 의미에서 볼 때, 승수효과는 '작은 국가'보다 '큰 국가'를 정당화시키는 논리로 간주해야 하기 때문이다. 주지하는 바와 같이, 이 세상에는 '칼'과 '쟁기'만이 존재하는 것이 아니다. 일반적으로 사람들은 맑은 공기, 맑은 물을 갈구한다. 그러므로 공기나 강을 오염시킬 수 있는 자유를 국가에 양도하게 된다면, 맑은 공기나 맑은 물의 공공재가 생산되지 않겠는가? 사람들이 폭력을 방지하고 오염사태를 피하는 방안을 강구하는 것은 그렇게 함으로 기대효용이 극대화되기 때문이다. 각 개인은 비협력하는 행위를 중단했을 경우 더 좋은 상황에 위치하게 된다. 그러나 '내'가 혼자서 협력행위를 이행한다면, 손해만 보게 되지 않겠는가? 바로 이러한 논리야말로 국가가 개입하게 되는 이유이다. 즉 폭력을 행사하거나, 혹은 비협력적 대안을 선택하려는 개인의 일련의 자유들로 인하여 '공공악(public bad)'이 야기된다는 점을 감안할 때, 개인들이 상호간에 비협력할 수 있는 자유를 포기한다면, 상호간에 이익이 될 것이다. 따라서 문제의 상황은 '상호협력'이 '상호비협력'보다 낫다는 논리에 입각하여 성립된다. 우리 개인 각자가 스스로 가지고 있는 '칼'을 포기한다면, 레빈의 표현대로 우리는 분쟁이 그치기를 기대할 수 있고, 자위를 위한 '칼'이 필요없게 될 것이다. 그러나 문제의 승수효과는 비단 폭력의 문제뿐 아니라, 다른 많은 범주의 공공재 문제에도 해당된다고 보아야 하기 때문에, 이 모든 공공재 문제를 해결하기 위하여 개인들이 자유를 반납하게 된다면, '작은 국가'나 '최소국가'보다는 '큰 국가'가 그 결과로 나타날 공산이 크다.

　　그러나 보다 중요한 의미에서 '승수효과'의 개념은 최소 '국가'의 권위에 대한 정당화에서 문제가 있다. 그 이유는 단적으로 말해 폭력으로부터의 보호는 일차원적인 선(善), 혹은 단일적 선(善)이나 재화가 아니라, 다차원적인 선이나 '재화다발'로 간주하는 편이 온당하기 때문이다. 따라서 폭력에 대한 위협으로부터 해방되는 경우를 다차원적으로 볼 때, 시장메커니즘이 일정한 기여를 할 수 있는 가능성이 있음에 주목해 보자. 시장은 안보에 관한 '재화다발'을 전량 제공할 수는 없겠지만, 상당 부분을 제공할 수 있다. 물론 국토방위와 같은 거시적 사안에서 시장은 '부분적으로만' 기여할 수 있을 뿐이다. 지원제나 혹은 용병제를 통해서 시장 메커니즘이 산출할 수 있는 안보재화는 제한될 수밖에 없기 때문이다. 그러나 소규모 집단에서 구성원들에게 안전을 제공하는 문제라면, 시장메커니즘은 매우 효과적이라고 생각된다. 사설경호단체 등을 통하여 소규모 집단구성원들의 안전은 보다 유효 적절하게 보장될 수 있기 때문이다. 이와 같은 시장메커니즘의 역할을 감안할 때, '승수효과'는 안보영역에 있어 국가의 독점적 권위를 정당화시킬 수 있는 것은 아니다.

뿐만 아니라 외부의 적에 대한 방위를 목표로 하는 국방재에 관한 한, 사람들은 무기를 내려놓기보다는 오히려 무기를 만들고 무기를 사용하는 법을 적극 배워야 하지 않겠는가? 즉 폭력에 대한 위협은 국내에 살고 있는 사람들로부터 비롯되는 측면도 있지만, 외부의 적들로부터 기인하는 부분도 심각하기 때문이다. 그러므로 국내 치안이 아닌, 외부의 적들을 격퇴하기 위한 국토방위의 목적에 관한 한, 무기를 포기하게 되는 '승수효과'가 특별한 동기가 될 수는 없을 것이다. 이러한 맥락에서 홉스의 계약자들이 리바이어던을 만들면서 리바이어던에 우선적으로 위임하는 사안이 있다면, '승수효과'를 찾아볼 수 없는, 이른바 외부의 적들로부터 조국을 보호하기 위한 국토방위의 임무일 가능성이 농후하지 않겠는가. 결국 '승수효과'는 안보재에 관한 국가의 독점적 공여를 정당화하는 데 '필요조건'이 아닐 뿐 아니라, '충분조건'도 될 수 없다.

분명히 '승수효과'는 외부의 적들에 의한 침입보다 가까운 이웃 사람들의 침입에 대한 방위의 성격이 짙다. '나'의 이웃들이 무기를 들고 다니는 것을 포기한다면, '나'도 '나'의 무기를 포기할 만한 이유를 확보하리라는 것이 핵심적 논리이기 때문이다. 그러나 여기서 짚고 넘어가야 할 점이 있다. '내'가 '나'의 무기를 국가에 반납하기보다는 그 예산의 일부로 무장경호원을 고용한다면, '나'와 '나'의 가족은 보다 안전한 생활을 보장받을 수 있지 않겠는가! 또한 '나'뿐만 아니라 '나'의 이웃 일부도 '나'와 같이 힘을 합쳐 민병대(民兵隊)와 같은 조직이 생겨난다면, '나'나 '나'의 이웃들이 각기 무장을 위하여 지불해야 하는 비용은 현저하게 감소될 수 있을 것이다. 따라서 공동으로 무기를 구매하고 이웃들간에 집단안보를 형성한다면, '내'가 위험에 노출될 가능성은 훨씬 축소될 것이다. 그렇다면, 리바이어던을 만들지 않아도 '승수효과'의 혜택을 충분히 향유할 수 있는 셈이 아니겠는가!

상기의 논의가 설득력이 있다면, 레빈의 주장과는 달리 '승수효과'는 리바이어던의 권위를 정당화하는 데 있어 '필요조건'도 아니며 '충분조건'도 되기 어렵다. 그러므로 '승수효과'가 사회계약을 맺는 데 '필요분조건'도 아니고 '충분조건'도 될 수 없다면, 최소 '국가'의 권위를 유의미하게 정당화하기 위하여 레빈의 설명방식과는 다른 고려 사항과 논리가 요구되는 셈이다. 단도직입적으로 말해, 공공재의 논리가 바로 그것이라고 해야 하겠다. 홉스가 주장한 대로 평화가 자연상태에서 적정수준 이하로 산출되는 재화라면, 협상자들은 평화를 보존하기 위하여 리바이어던을 구축할 수 있을 것이다. 평화가 적정수준 이하로 산출되는 이유는 '칼'을 반납하는 문제가 공공재 문제이기 때문이다. 만일 평화가 공공재의 문제라면 '나'는 칼을 포기할 수 없다. '내'가 '칼'을 포기해도 다른 사람들이 '칼'을 포기하지 않으면, '나'는 대단히 불리하며, 또한 다른 사람들이 '칼'을 포기할 때 '내'가 '칼'을 포기하지 않으면 대단히 유리하다. 따라서 우리 모두 '칼'을 버리면 양질의 평화상태가 도래하겠지만, 상기의 보장문제나 혹은 무임승차자 문제가 도사리고 있는 한, '나'로서는 '칼'을 내려놓을 '합리적' 이유가 없다. 이제 이 문제를 합리적 선택론자들의 조명방식에 입각하여 접근해 보자.

V. 죄수의 딜레마와 공공재

정부로 하여금 시민들에게 조세를 강요함으로 국토방위의 기금을 조성할 수 있는 이른바 징세권(徵稅權)은 어디에서 나오는 것인가? 이에 대한 일반적 답변이라면, 국방의 공공재를 제공하는 것은 매우 중요한 일이며, 국가권위에 의한 조세방식에 의하지 않고는 필요한 자금을 갹출할 수 있는 방안이 없다는 점이다. 이 점에서 올슨(M. Olson 1965, 14)의 통찰은 의미가 있다. "정부의 비용에 대한 부담을 자발적으로 부담하지 않는 사람들에게 병역이나 경찰 및 법원에 의하여 공여되는 보호를 거부하는 것은 가능하다고 하더라도 현실적 대안이라고 할 수 없다. 따라서 강제적 조세제도가 필요하다." 논거의 핵심은 국가에 의한 공공재 공여는 '목적인'의 관점에서 정당화될 수 있다는 점에 있다. 그러나 국방을 위한 자금이 자발적 성금에 의해서 모아질 수 없는 이유는 무엇일까? 이 질문에 대한 답변이라면, 다수의 경제학도들과 국가주의자들이 주장하는 것처럼 국방재는 공공재이기 때문이다.

　　공공재(公共財) 문제를 규명하기 위하여 일단 '집합재(collective good)'의 개념부터 규정해 보자. 어떤 재화가 소비의 비경합성(nonrivalry of consumption)을 지니고 있다면 집합재(集合財)이다. 이 경우, 한 사람이 문제의 재화를 사용한다고 해서 다른 사람이 사용하는 데 지장이 없다. 예를 들면 '동네북'은 집합재이다. '내'가 '동네북'을 친다고 해서 '네'가 동네북을 치는데 지장이 있는 것은 아니다. 혹은 한 걸음 뒤늦게 도착한 C가 와서 '뒷북'을 치는 일도 가능한 이유는 '동네북'이 소비의 비경합성을 노정하고 있기 때문이다. 또한 집합재는 공급의 공동성(jointness of supply)을 지닌다. 즉 집합재는 구성원들에게 한꺼번에 주어지든지, 아니면 주어지지 않든지 하는 이분법적 성격을 지니는 것이지, 일부 사람들에게 더 많이 주어지거나 더 적게 주어지는 성격을 갖고 있지는 않다.

　　집합재 가운데 그 혜택이 비배제적일 때, 공공재가 된다. 예를 들어 재화의 혜택이 한 사람에게 가능하면 그 재화를 산출하는 데 기여하지 않는 사람을 포함해서 모든 사람들에게 혜택이 돌아갈 경우 공공재라고 할 수 있다. 이러한 관점에서 볼 때, 현대 국가가 수행하고 있는 적지 않은 활동들은 공공재를 공여하려는 시도로 간주할 수 있다. 다시 국방의 문제를 사례로 들면, 한 시민이 국방 체제에 의해서 혜택을 본다고 해서 다른 사람들이 누리고 있는 국방의 혜택은 조금도 감소하지 않는 혜택의 비배제성을 갖고 있다. 또한 외부의 침입을 성공적으로 격퇴한 국가는 이에 참여한 시민들 못지않게 이에 참여하지 않은 시민들도 보호하게 되는 혜택의 비배제성을 노정한다. 같은 맥락에서 맑은 공기나 맑은 물 등 국가에 의해 공여되는 환경재도 비경합성과 비배제성을 띠고 있다. 특정 환경재가 산출되면, 시민 A는 시민 B와 같은 환경재를 향유하게 되며, 문제의 환경재 산출에 기여하지 않는 사람들까지 혜택을 누리고 있다. 물론 완벽한 의미의 '공공성(publicness)'은 아니더라도 정도에 있어 차이가 있는 공공재도 거론할 만하다. 경찰보호나 도로 등이 그렇다. 이 경우 공원이 공공재임에 틀림없으나, 너무 많은 사람들이 공원에 들어가면 소비의 경합성이 나타난다. 즉 늦게 들어간 사람들은 공원의 쾌적함을 앞서 들어간 사람에 비하여 향유할 수 없기 때문이다. 이러한 재화들은 '과밀(過密)에의 취약성(susceptibility to crowding)'을 지니고 있는 공공재인 셈이다. 그런가 하면 특허권이나 지적소유권 보호 등의 국가 활동은 국가의 개입이 없었더라면 공공재가 되었을 재화들을 사유화하는 기능을 수행하는 셈이다. 그 결과 이러한 사유재의 생산활동은 장려된다.

국가는 물론 특유의 권위에 의하여 공공재를 생산한다. 그러나 분석적 목적을 위하여 새삼스럽게 이 맥락에서 국가에 의한 권위는 왜 필요한가 하는 질문을 해 보자. 국가권위의 필요성과 관련하여 두 가지 이유를 제시할 수 있을 듯하다. 첫째로 재화의 혜택이 비배제적이라면, '나'는 '나'의 도움 없이도 충분히 많은 사람들이 재화를 생산하는 데 협력할 것이라고 생각할 수 있다. 이 경우 '나'는 재화를 무료로 향유할 수 있기 때문에 기여하지 않기로 결정할 수 있다. 이 문제는 '공세적 비협력자(offensive noncooperator)'의 문제로서, 무임승차자의 문제(free rider problem)라고 할 수 있다. 두 번째로 '내'가 공공재에 기여하지 않으려는 것은 문제의 재화가 산출될 가능성이 별로 없기 때문에 '내'가 기여해봤자 쓸데없는 일이 되지 않을까 하는 우려에서 협력하기를 포기하게 된다. 예를 들어 기금모금에서 다른 많은 사람들이 기부하리라는 확신이 서지 않는 경우, 기금조성의 취지에 동감하더라도 '나'는 기금조성에 기여하기를 포기할 수 있다. 이것은 바로 '방어적 비협력자(defensive noncooperator)'의 문제로 '보장의 문제(assurance problem)'로 간주하고자 한다. 이 맥락에서 강조해야 할 점은 합리적 행위자들이 자기 이익 추구의 존재라는 점을 반드시 전제할 필요는 없다는 점이다. 완벽한 이타주의자라도 자신의 헌금이 유용하게 사용되리라는 보장이 없다면, 이웃돕기 기금조성에 비협력할 가능성은 실제적이기 때문이다. 이러한 두 가지 성격을 지니고 있는 공공재의 문제야말로 '죄수의 딜레마(prisoner's dilemma) 모델'로 명확하게 조명될 수 있으리라고 생각한다.

실제로 사람들이 집단행위에 의해서 공공재를 산출하고자 할 때 직면하는 궁경은 '죄수의 딜레마 상황'으로 특징지어져 왔다. 이와 관련하여 "집단행위문제와 죄수의 딜레마 문제는 본질적으로 같은 문제"라고까지 주장한 하딘(R. Hardin 1982)의 의견은 특기할 만하다. 물론 본 연구에서는 공공재의 문제가 배타적으로 '죄수의 딜레마 구도'에 의해서만 조명될 수 있는 것은 아니라고 상정한다. '비겁자게임(chicken game)'이나 '보장게임(assurance game)'의 성격을 갖고 있는 공공재도 적지 않기 때문이다.[6] 그러나 그렇다고 하더라도 공

---

6) 공공재의 문제가 죄수의 딜레마뿐 아니라, 비겁자게임이나 보장게임 등 다차원적 게임구도로 조명될 수 있다는 논의에 관한 한, 박효종(1994, b)을 참조할 것.

공재 문제의 특성은 죄수의 딜레마 구도에 의하여 가장 현저하게 부각될 수 있을 것이다.

죄수의 딜레마 구도는 지난 제8장에서 설명한 '죄수의 조정게임상황'과는 상이한 다음과 같은 선택의 문제를 야기하고 있다. '나'와 A는 죄를 진 혐의로 체포되어 재판을 기다리고 있다. '나'는 침묵할 것인지, 혹은 A에 대하여 증거를 제출할 것인지를 결정해야 한다. A도 역시 같은 상황에 처해 있다. '나'는 검찰로부터 다음과 같은 제안을 받았기 때문이다. A가 묵비권을 행사할 동안, '내'가 이에 대하여 증언하면 '나'는 석방된다. 그러나 '내'가 A와 같이 묵비권을 행사하면, 1년형을 구형 받는다. 이 상황을 도표로 표시하면 〈표 9-1〉과 같다.

〈표 9-1〉 죄수의 딜레마

A

	침묵	자백
침묵	-1 / -1	0 / -10
자백	-10 / 0	-8 / -8

〈표 9-1〉에서 '나'와 A가 둘 다 자백하면, 둘 다 8년형을 받는다. '나'의 형량이 이 게임 상황에서 가장 중요한 관심사안이 되는 한, '나'의 '지배전략(dominant strategy)'은 자백하는 데 있다. 지배전략이란 상대방의 어떤 전략에 대해서도 적어도 같은 효과를 갖고 있거나, 때때로 더 나은 효과를 산출하는 선택을 의미한다. 이 상황에서 A가 어떠한 선택을 해도 '나'로서는 침묵보다 자백하는 쪽이 유리하다. 이 상황은 A에게 있어서도 마찬가지이다. 그러므로 '나'와 A가 자기이익을 위하여 대안을 선택한다면, 지배전략에 입각한 대안을 선택하게 될 것이고, 그 결과 둘 다 자백하게 될 것이다.

〈표 9-1〉의 상황이 딜레마로 부각되는 이유는 '나'와 A가 스스로에게 최선의 결과로 생각되는 대안을 선택하여 자백을 하면 8년형을 구형받게 되고, 만일 둘 다 침묵을 지키면, 둘 다 1년형을 살게 된다는 점에 있다. 이 상황에서 '나'와 A가 자백을 했다면 '개인적으로' 볼 때 '나'와 A는 비교적 최선을 다한 셈이다. 왜냐하면 '내'가 침묵을 지켰을 때 A가 자백을 했더라면 '나'는 10년형을

구형 받았을 것이기 때문이다. 그러나 그럼에도 불구하고 '나'와 A가 한 마음이 되어 침묵의 대안을 선택했더라면, '나'와 A의 상황은 훨씬 호전되었으리라는 추정이 가능하므로 양자자백은 유감스러운 일이 아닐 수 없다. 이러한 관점에서 우리는 "칼을 쓰는 자는 칼로 망한다(He who lives by the sword shall die by the sword)"는 성서의 준칙에 따라 "합리성을 쓰는 자는 합리성으로 망한다(He who lives by rationality shall die by rationality)"는 준칙을 상기할 수 있고, '합리적인 개인(rational individual)'과 '비합리적인 사회(irrational society)'를 대비시킬 수 있으며, 혹은 '겉똑똑이'나 '합리적 바보(rational fool)'의 모습을 반추할 수 있다. 결국 본 맥락에서 '나는 좋은 대안을 보고 이를 확인하나 나쁜 대안을 따른다(video merliora proboque deteriora sequor)'는 준칙의 의미를 음미하게 되는 셈이다.

상기의 지적이 죄수의 딜레마에 대한 공식적인 분석이다. 그러나 본 연구에서는 이러한 공식적인 모델과 달리, 죄수의 딜레마는 두 부분으로 나누어 설명할 수 있다고 생각한다.[7] 그것은 이미 공공재 문제에서 지적한 '방어적인 비협력자'와 '공세적인 비협력자'의 문제이다. 이와 관련하여 방어적 비협력자의 문제를 '나'의 관점에서 조명해 보자. 이것은 〈표 9-1〉의 죄수의 딜레마에서 오른쪽 행렬에 관한 것으로 〈표 9-2〉로 표시될 수 있다.

〈표 9-2〉의 상황에서 문제의 핵심은 A가 자백할 가능성에 있다. A가 자백

〈표 9-2〉 죄수의 딜레마와 방어적 비협력의 문제

		A
		자백
나	침묵	-10
	자백	-8

---

7) 죄수의 딜레마에 대한 설명은 다른 많은 저서에서도 시도되고 있다. 그러나 대부분의 저서에서는 죄수의 딜레마상황이 배타적으로 무임승차자의 문제 때문에 야기되는 것으로 설명되고 있다. 그러나 이러한 설명방식은 죄수의 딜레마의 복합적 성격을 간과하는 약점을 갖고 있다고 생각된다. 죄수의 딜레마 상황은 단순히 '무임승차자의 문제'뿐만 아니라 '보장의 문제'가 어우러져 발생하는 문제이기 때문이다.

할 경우, '나'의 침묵과 '나'의 자백의 효용 차이를 감안한다면, '나'의 최선의
대안은 자백하는 데 있다. 물론 여기서 A가 자백을 하지 않는다는 보장이 있다
면, '나'는 침묵할 수도 있다. 그러나 그러한 보장이 없기 때문에 '나'는 침묵할
수 없고 따라서 불가피하게 자백의 대안을 선택한다. 이때 자백의 대안은 A의
자백에 대한 '방어 전략'의 성격을 갖는다. 따라서 이 문제는 '방어적 비협력'
의 문제이며, '보장의 문제(assurance problem)'라고 하겠다. 보장의 문제가
해결되면, 협력의 대안은 가능하다. 그러나 〈표 9-1〉의 죄수의 딜레마 상황의 왼
쪽 부분은 그 유인구조가 다르다. 이 상황은 〈표 9-3〉에서 나타난다.

〈표 9-3〉 **죄수의 딜레마와 공세적 비협력의 문제**

A

		침묵
나	침묵	-1
	자백	0

〈표 9-3〉의 상황에서 '나'는 A가 침묵할 것을 기대하고 있다. 하지만 A의
침묵에 대한 '나'의 최선의 대안은 침묵이 아니라, 자백이라는 점이 흥미롭다.
'나'의 침묵과 '나'의 자백의 효용의 차이가 바로 이를 말해주고 있다. 문제의
효용 차이는 '내'가 A의 협력을 이용하겠다는 점에서 성립하는 것이므로, '공
세적 비협력'이며 '무임승차자'의 문제라고 할 수 있다.

공세적 비협력자나 무임승차자의 문제는 보장의 메커니즘보다는 제재 메커
니즘에 의해서 해결될 수 있다고 생각한다. 일반적으로 공식적인 죄수의 딜레마
모델에 관한 설명에서는 '방어적 비협력'의 논리가 실종되고 '공세적 비협력'
혹은 '무임승차자의 문제'만이 부각되어 왔다. 그러나 이러한 접근 방식은 죄수
의 딜레마 문제의 본질을 왜곡시킬 뿐만 아니라, 그 해법에 있어서도 상당한 경
직성을 초래할 우려가 있다는 것이 본 연구의 주장이다. '방어적 비협력'의 문
제는 '공세적 비협력'의 문제와는 다르기 때문에, 특히 '방어적 비협력' 문제
해결에 있어 반드시 리바이어던의 강제력이 필수 조건인지는 확실치 않다. 즉
'보장의 문제'라면, 리바이어던에 의한 보장이 아니더라도 구성원들 사이의 상
호보장(mutual assurance)이 가능한 대안이 될 수 있다고 보여지기 때문이다.

그런가 하면 공식적인 죄수의 딜레마 모델과 관련하여 좀더 짚고 넘어가야 할 점이 있다. 죄수의 딜레마 모델에서 형기는 죄수들이 관심을 갖는 유일한 재화로 전제되어 있으나, 반드시 그러한 상정을 할 필요가 있겠는가 하는 의문을 가질 수 있기 때문이다. '내'가 형기에 부여하는 부정적 효용이 '나'의 선택에서 가장 중요한 요인이 된다는 점은 "다른 조건이 동일하다면(ceteris paribus)," 수긍할 수 있다. 그러나 "다른 조건이 항상 동일한 것"은 아니며, 따라서 숫자로 나타나는 효용가치 말고도 '나'나 A가 관심을 갖는 요소들이 있을 수 있음은 물론이다. 예를 들면, '나'와 A는 밀고(密告)하는 것은 바람직하지 못한 행동이라는 소신을 가질 수도 있다. 혹은 '나'는 긴 형기보다 짧은 형기를 선호하지만, A에 대한 의리(義理)를 배반하는 것을 선택대안으로 고려하지 않을 수 있다. 혹은 '나'는 검사의 제안에 앞서 스스로의 죄에 대하여 참회하는 나머지, 자백할 결심을 할 수도 있지 않겠는가?

그런데 이러한 요소들은 공식적인 죄수의 딜레마 모델의 효용에 의해서는 표시되지 않는다. 상기에서 지적된 가치들은 '내'가 할 수 있는 선택 대안들 가운데 자백하는 대안을 완전히 압도할 정도로, 자백하는 대안의 매력을 전략적 의미에서 앗아가는 것은 아니라고 전제되고 있기 때문이다. 물론 현실상황을 반영하는 비교적 적실성을 갖는 적절한 죄수의 딜레마라면, 행위자들이 고려할 수 있는 모든 요소를 포함해야 한다고 주장하는 사람이 있을 수 있다. 그러나 행위자들의 고려란 너무나 다양하여 프로이트(Freud)가 말한 '무의식적인 요소'까지 포함해야 한다면, 그러한 요구조건을 충족시키기란 거의 불가능하다. 그러므로 쉐보르스키(A. Przeworski 1982)의 표현을 원용하여 죄수인 '내'가 형기 최소화에 관심을 갖는 것은 이른바 "삼손의 머리털을 깎는" 행위와 비교할 수 있다. "머리털을 깎인 삼손"이 "힘있는 삼손"의 관점에서 별로 의미가 없는 것처럼, 형기에 관심을 갖지 않는 죄수도 '합리적 죄수'의 관점에서 별로 의미가 없다. 이러한 제약 요소들을 감안할 때, 죄수의 딜레마 모델에 나오는 숫자는 '선호(preference)'보다는 '이익(interest)'을 대변하는 것으로 이해해야 할 것이다.[8] 즉 행위자들의 형량에 대한 주관적 가치보다는 화폐적 가치나 형기 등, 실제적인 가치를 대변하고 있는 것으로 간주할 필요가 있다는 의미이다. 이러한

---

8) 물론 이 경우의 이익이라면, '주관적 이익(subjective interest)'이 아니라 '객관적 이익(objective interest)'을 말한다.

입장은 '자원주의(resourcism)' 관점이라고 지칭할 수 있다.

그러나 '선호'와 '이익'은 다르다. 1000원이라는 객관적 가치를 갖는 화폐가 있다고 해도, 가난한 사람의 효용과 부자의 효용은 다르다. 폰 노이만과 모르겐스턴의 '후생주의(welfarism)'에 의하면, 가난한 사람은 1000원에 대해 5000원의 가치를 부여하는 반면, 부자는 1000원의 가치만을 부여할 수 있다. 이러한 효용은 추첨상황에서 추출될 수 있다. 그런가 하면 10만원짜리 음악회 표가 있다고 해도, 음악에 전연 관심이 없는 사람의 입장에서 보면 무용지물이 아닐 수 없다. 즉 액면가가 10만원이라고 해도, 그것의 효용은 0인 셈이다.

따라서 '후생주의(welfarism)'의 관점에 유의할 때, '형량'보다 '의리'에 관심을 갖는 죄수들이 10년형보다 8년형을 더 선호할는지는 알 수 없으나, 일단 상기 상황에서 죄수들은 딜레마 상황에 봉착하고 있는 것으로 상정된다. 따라서 숫자는 주관적인 복지나 효용보다는 객관적인 자원을 표시하는 것으로 이해해야 할 것이다. 그러나 이처럼 '후생주의'보다 '자원주의'를 표방할 때, 그러한 상황에 있는 죄수들이 형기를 극소화하고자 하는 이익 이외에 다른 이익을 가지고 있을 수 있다는 점을 추정하는 것이 불가능한 일은 아니라는 사실을 지적할 필요가 있다.

마지막으로 이 맥락에서 각별히 강조하려는 또 다른 부분은 형량의 크기에 관계 없이 자백할 수 있는 죄수들이 있을 수 있다는 점이다. 대표적인 사례라면, 자신의 죄를 '진정으로' 뉘우치는 참회하는 죄수의 경우일 것이다. 바이블에 나오는 '돌아온 탕아(prodigal son)'처럼, 회한에 겨워 자신의 죄를 고백하는 죄수들은 '방어적 비협력자'나 '공세적 비협력자' 등, '전략적 행위자'와는 구분되는 '비전략적 비협력자(nonstrategic noncooperator)'라고 할 수 있겠는데, 공식적인 죄수의 딜레마 모델에서는 이러한 '비전략적 비협력자'의 존재를 허용할 만한 공간이 없다는 점이 유감스럽다. 그러나 논리적이면서 가상적 모델이 아닌 현실세계에서 그러한 죄수는 충분히 존재할 수 있다고 생각하며, 이 문제는 공공재의 상황에서 반드시 짚고 넘어가야 할 만큼, 중요한 사안이다. 특히 '비전략적 비협력자'의 존재는 공공재의 상황에서 분석적으로나 경험적으로 반드시 조명을 받아야 할 존재로 사료된다. 사회에 살고 있는 사람들의 선호가 다양하다면, 공공재에 대한 선호도 다양할 수밖에 없다. 예를 들어 휴대폰을 가지고 있는 사람들에게 공중전화라는 공공재에 대한 선호는 별로 존재하지 않는다.

혹은 자택에 샤워시설을 갖추고 있는 사람에게 공중목욕탕에 대한 가치는 별로 없다. 또한 국방이라는 공공재와 관련하여 작고 강한 군대의 공공재를 원하는 사람이 있는가 하면, 대규모 핵무기를 가진 군대의 공공재를 원할 수 있다. 이러한 사례들이 수없이 많다면, 어떤 재화가 소비의 비경합성과 혜택의 비배제성을 가지고 있다고 해서, 모든 사람들이 문제의 재화에 대하여 적극적인 관심을 갖고 있다고 단언할 수는 없는 일이다.

결국 특정한 공공재에 관련하여 그것을 가치 있는 재화로 인정하지 못하는 사람들이 언제나 있게 마련이다. 이러한 사람들이 공공재 문제에서 협력을 하지 않는다면, 그것은 '무임승차자의 문제'나 '보장의 문제' 때문이 아니라, 문제의 공공재에 관한 한, 산출보다 무산출을 원하고 있는 '비전략적 비협력자'이기 때문이다.

물론 시장의 상황에서 재화를 원하지 않은 사람은 재화를 구매하지 않으면 그만이다. 재화를 원하는 사람만 구매하는 방안이 열려 있기 때문이다. 그러나 국가가 공여하는 재화는 비배제성을 지니고 있어 개인들로서는 문제의 재화를 원하지 않더라도 향유할 수밖에 없고, 따라서 강제로 기여할 수밖에 없다는 점이 문제이다. 바로 이러한 문제로 인하여 '비전략적 비협력자(nonstrategic noncooperator)'가 대두되고, 따라서 '시민불복종주의자', 혹은 '법불복종주의자'가 출현하게 된다. 전쟁에 대한 협력을 전략적 차원에서 기피하려는 사람과 전쟁 자체를 '최대의 악(summum malum)'으로 규정하는 나머지, 협력을 거부하는 사람은 구분되어야 하지 않겠는가!

VI. 시장의 실패와 국가의 권위

오늘날 우리가 국가권위를 정당화시키는 데 있어 홉스의 자연상태를 준거로 삼을 수는 없다. 그러나 홉스의 자연상태와 유의미하게 비교될 수 있는 현실적 상황이 있다면, 자유방임적 시장상황이다. 이 시장상황에서 사유재는 산출되나, 공공재는 적어도 적정 수준으로 산출될 수 없다. 이 점에서 시장은 평화의 공공재를 산출할 수 없는 홉스의 자연상태와 비교된다. 또한 리바이어던이야말로 공공재를 산출할 수 없는 '시장의 실패(market failure)'로부터 국가권위를

정당화시키는 모델이 될 수 있다. 즉 시장실패를 교정하는 문제에서 국가권위의
필수적 역할을 추출해 내려는 논리가 관심사이다.

공공재 산출의 시장실패에서 국가권위를 '목적인적 계약주의'에서 정당화
할 수 있는 논리는 다음과 같다.

(1) 사회가 필요로 하는 상당수의 공공재가 있다.
(2) 시장은 이들 공공재의 상당수를 공급하는 데 실패하거나, 혹은 적정량
으로 공급하는 데 실패한다.
(3) 국가는 강제조세를 통하여 이들 공공재를 공급할 수 있다.
(4) 따라서 원초적 상황에 있는 사람들은 국가권위에 대하여 동의할
것이다.

우리는 물론 커다란 부담 없이 명제 (1)의 정당성을 인정할 수 있다. 사회
에는 국방재나 환경재를 포함한 다양한 공공재가 산출될 필요가 있기 때문이다.
그러나 명제 (2)로부터 나오는 시장실패의 개념은 매우 제한적 의미를 갖는다.
시장실패는 시장행위자들의 교환과 최적상태에 관한 일반적 연계가 성립되고
있지 않음을 의미한다. 시장행위자들 사이의 경쟁이 상호 이익을 증진시키는 것
을 보장할 수 없음을 시사하고 있기 때문이다. 따라서 시장의 경쟁이 상호이익
을 증진시키는 부분이 있음은 인정되어야 할 것이나, 시장실패와 시민들에게 구
속력을 갖는 국가권위의 연계는 결코 간단하지 않다는 점도 지적되어야 한다.
국가는 시장실패의 상황에서만 권위를 행사하는 것은 아니며, 또한 시장이 실패
한다고 해서 무조건 개입할 수 있는 것도 아니다. 뿐만 아니라 시장의 실패를
교정하기 위하여 개입하는 국가가 나름대로 '국가의 실패(government
failure)'를 지니고 있다는 점도 간과할 수 없는 부분이다. 따라서 네 가지 관점
에서 시장실패와 국가권위의 연계가 불완전하다는 점을 강조하고자 한다.

무엇보다 국가의 권위적 행동이 정당화되기 위하여 반드시 시장실패가 있
어야 하는 것은 아니라는 점을 강조할 필요가 있다. 오히려 시장이 '성공'할 경
우에도, 국가의 권위적 행위가 정당화되는 경우는 적지 않다. 시장이 성공할 경
우 효율적인 결과가 산출되게 마련이다. 그러나 시장의 효율적 결과는 때때로
우리의 정의감(sense of justice)에 부합되지 않는 경우가 있다. 예를 암표거래
는 파는 사람과 사는 사람 사이에 파레토 최적(Pareto-optimality)의 교환이기

는 하나, 공정한 교환으로 인정받지 못한다. 따라서 경찰이 개입하게 마련이다. 뿐만 아니라 시장의 교환은 '분배적 정의(distributive justice)'에 대하여 중립적이다. 때때로 부익부·빈익빈 현상이 야기될 수 있기 때문이다. '내'가 사회의 모든 부를 소유한 상태나, 다른 사람 A가 사회의 모든 부를 소유한 상태도 모두 파레토 최적의 상태라고 말할 수 있다. 왜냐하면, 이 상태를 변화시키기 위해서는 적어도 '나'의 상황이나 혹은 A의 상황이 악화되어야 하기 때문이다. 그러나 일인이나 소수에 의한 부의 독점 상황이 야기되었을 때, 우리 모두는 누가 재산을 어느 정도로 소유해야 하는지에 대한 분배 문제에 무관심할 수는 없는 노릇이며, 만일 한두 사람이 사회의 재산과 부동산을 독점하고 있다면, '분배적 정의'의 문제는 매우 심각한 사회·정치적 쟁점으로 등장하게 될 것이다. 이러한 상황이 발생했다면, 소득재분배를 위한 국가의 개입을 요청하는 목소리가 높아질 듯하다. 결국 국가의 권위는 시장실패가 발생하지 않는 경우에도 요청된다고 볼 수 있겠는데, 즉 '효율'의 관점보다는 '정의'의 관점에서 국가 개입이 정당화된다고 생각하는 사람들이 많기 때문이다. 즉 시장의 성공상황에서도 국가 개입의 필요성이 요청된다면, 사회의 안전망 구축이나 최소수혜자에 대한 배려, 절대빈곤의 척결, 혹은 소득분배 불균형의 시정 등이 그 목적이라고 할 수 있겠는데, 이러한 상황은 전통적 의미의 공공재나 시장실패의 상황과는 괴리가 있다.

두 번째로 시장이 실패한다고 하여 즉각적인 국가의 개입이 정당화될 수 없는 또 다른 이유는 시장의 실패현상은 국가개입보다 사람들의 '이타주의(altruism)'에 의하여 교정될 수 있는 재화의 영역이 존재하기 때문이다. 문제의 사안에 관한 한, 다음 항목에서 후술할 예정이나, 피의 공급이나 장기이식 등의 문제는 바로 이러한 유형의 재화라고 하겠다. 즉 피의 공급이나 장기이식 등의 문제에서 시장의 교환과 거래는 양질의 재화보다 저질의 재화를 공급하게 마련이다. 하지만 그렇다고 해서 국가가 시민들에게 헌혈이나 장기이식을 강요할 수 있는 것도 아니다. 그러므로 양질의 피나 양질의 장기이식을 위해서는 국가의 권위보다 이타주의적 해법이 요청된다고 하겠다. 이처럼 시장의 실패교정에서 이타주의적 해법이 요청되는 한, 국가의 개입은 불필요한 범주로 전락한다는 사실에 유의할 필요가 있다.

그런가 하면 세 번째로 시장실패는 외부효과로 인한 국가의 권위적 개입을 보장하는 데 '필요조건'은 될 수 있겠지만, '충분조건'이 될 수 있는 것은 아니다. 소비에 있어 외부효과는 공공재 문제에서 흔히 목격되는 현상이다. 특정 개인이 배꼽티를 입었을 경우, 혹은 노란색으로 머리를 염색했을 경우, 혹은 쌍꺼풀 수술을 했을 경우, 혹은 뚱뚱한 몸매를 유지할 경우, 주위 사람들에게 일정한 외부효과를 노정하게 마련이다. 따라서 다른 사람들이 어떻게 행동해야 하고 어떤 가치관을 가지며 어떤 방식으로 자신들의 생활을 영위해야 하는지에 관하여, 우리는 때때로 '간섭적 선호(meddlesome preference)'를 지니고 있어 "남의 잔칫상에 배 놓아라, 감 놓아라" 하는 상황을 방불케 할 만큼, 간섭하기도 한다.

  예를 들어 A는 '소도둑놈'처럼 얼굴이 험상궂게 생겼다. 따라서 그의 얼굴을 보는 모든 사람이 불쾌한 느낌을 지울 수 없다. 이때 '소도둑놈'처럼 생긴 A의 얼굴은 혜택의 배제성을 지니고 있지 않을뿐더러, 또한 소비의 경합성도 찾아볼 수 없다. 따라서 A의 얼굴이 주변사람들에게 미치는 부정적 외부효과를 감안할 때, A의 '못생긴' 얼굴은 공공재(public good)이며, 혹은 보다 정확하게 표현한다면, '공공악(public bad)'이 되는 셈이다. 물론 주위사람들은 A에게 문제의 얼굴을 성형수술하라고 설득할 수도 있고, 혹은 성형수술을 하도록 계모임을 만들고 자금을 지원하는 등, 돈으로 매수할 수도 있다. 그러나 이러한 방식으로 시도해도 시장이 실패한다고 해서, 즉 A가 수술을 거부했다고 하여, 국가의 권위가 개입하여 그 부정적 외부효과를 최소화시키고자 A에게 성형수술을 하도록 강요할 수는 없는 노릇이다. 이러한 문제는 문신 새기기나 귀뚫기, 코뚫기, 배꼽뚫기, 치아교정 등에서도 나타난다. 물론 표면적으로 보았을 때, 성형수술 상황의 논리는 시장실패에 전형적인 외부효과에 관한 논리와 차이가 없어 보인다. 그러나 치밀하게 관찰해 보면, 질적 차이를 인정할 수밖에 없다. 그것은 개인 A의 자유를 '심각하게' 제약하는 문제이기 때문이다.

  강조하거니와, 여기서 간과할 수 없는 요소가 있다면, 공공악 해결의 문제가 자유의 가치와 현저하게 경합하고 있다는 사실이다. 다른 주변사람들이 A의 얼굴에 대하여 느끼는 불쾌감과 A의 사적 영역의 자유, 즉 성형수술을 거부할 수 있는 권리가 충돌하고 있고, 혹은 '나'의 문신을 새길 권리와 다른 사람들의 문신에 대한 거부감이 상충하고 있기 때문이다. 양자가 경합하는 상황이라면, 어떠한 요소가 우세할까? 이 점에서 우리는 센(A. Sen 1970)이 안출한 바 있는 '파레토 자유주의자의 역설(Paretian Liberal's paradox)' 상황을 실감하고 있는 셈이다. 주지하는 바와 같이 센의 역설은 『채털리부인의 사랑』을 읽는 문제로 예시되고 있다. 야한 소설로 알려져 있는 『채털리부인의 사랑』을 읽는 문제와 관련하여 정숙한 A와 호색한 B가 각기 '타인본위적 선호'를 표출한 상황이다. 다시 말해서 정숙한 A는 문제의 책을 호색한 B가 읽음으로 더욱 더 타락할까봐 자신이 읽겠다는 입장이고, 호색한 B로서는 정숙한 A를 타락시키고자하는 의도에서 자신보다는 정숙한 A가 읽기를 원한다는 선호를 외부로 표출했다. 그 결과, 정숙한 A가 내심으로는 읽기 싫은 『채털리부인의 사랑』을 억지로 읽어야 하는 반면, 호색한 B는 내심으로 읽고 싶어하는 문제의 『채털리부인의 사랑』을 읽지 못하게 되는 상황이 벌어진다.[9] 문제의 핵심은 이러한 결과가 야기되는 경우, 개인의 권리는 훼손된다는 점이다.

같은 맥락에서 개인 A가 무슨 책을 읽어야 하는가 하는 문제는 A가 자신의 얼굴에 대하여 성형수술을 해야 할 것인가, 혹은 '넉넉한' 몸매라서 다이어트를 해야 하는가를 결정하는 문제처럼, 혹은 문신새기기나 귀뚫기의 상황처럼 개인의 사적 영역이며, 이 점에서 개인선택의 권리가 부정적 외부효과 최소화의 논리보다 우선하는 것이 아니겠는가. 또한 드워킨(R. Dworkin 1978)이 주장하는 바와 같이, 자유에 대한 '일반적 권리'를 인정하기 어렵다고 해도, 표현의 자

---

9) 센(A. Sen)은 '파레토 자유주의자의 역설'을 통하여 파레토 원리와 개인의 자유가 상충할 수 있음을 지적하였다. 파레토주의(Paretianism)란 사회의 모든 사람이 y보다 x를 좋아하면 적어도 y로 결정되지 않거나 혹은 x로 결정되어야 한다는 점을 의미한다. 이에 비하여 자유주의란 어떻게 결정되어야 하는 문제에 있어 개인이 결정권을 행사해야 하는 영역이 있음을 규정하고 있다. 양자의 충돌상황을 조명하기 위해서 『채털리부인의 사랑』을 읽는 문제에 직면한 개인 A와 B를 상정해 보자. 이때 A는 정숙한 반면 B는 호색한으로, A는 호색한 B가 문제의 책을 읽고 타락할 것을 우려해 먼저 읽으려고 하며, 호색한 B는 정숙한 A로 하여금 음란물에 빠지는 상황을 즐기는 나머지, 자신보다 정숙한 A가 먼저 읽을 것을 원한다. 이 경우 네 가지 대안이 존재하는바, w: A와 B 둘 다 책을 읽는다. x: A가 책을 읽는다. y: B가 책을 읽는다. z: A와 B 가운데 누구도 책을 읽지 않는다. 이 경우 A와 B의 선호 서열은 다음과 같이 나타난다.

     A: $\langle$z, x, y, w$\rangle$

     B: $\langle$w, x, y, z$\rangle$

이 경우, 파레토주의에 의하면 y보다 x가 결정되어야 한다. 왜냐하면 A와 B는 타자지향적 선호(other-regarding preferences)로 y보다 x를 더 좋아한다고 선호를 표출했기 때문이다. 그러나 한편으로 자유주의에 의하면 x보다 y로 결정되어야 한다. 왜냐하면 A와 B가 실상 진정으로 선호하는 대안을 중심으로 결정한다면 x보다 y가 선행하는 것이 분명하다. 정숙한 A는 문제의 책을 읽기를 원하지 않을 것이며 호색한 B는 문제의 책을 읽기를 원하지 않겠는가? 그렇다면 이와 같은 파레토 자유주의자의 역설의 함의는 자명하다. 그것은 각 개인이나 각 집단에게 고유한 사안은 문제의 개인이나 집단이 결정하도록 권한이 주어져야 하며, 그 이외의 다른 사람들은 관여해서는 안 된다는 것을 의미한다.

유나 독서의 자유, 행복추구권 등, 특정한 자유에 대한 권리는 단순히 시장이 실패한다고 하여 국가개입이 자연적으로 정당화될 수 있을 만큼, 자명한 공적 영역이 아니며, 오히려 개인의 사적 영역으로 국가의 개입이 금지되어야 할 영역이 아닐 수 없다. 그러므로 '공공악'으로 특징지어질 만큼, 부정적 외부효과의 문제가 발생한다고 하여, 국가개입이 자동적으로 '목적인적' 관점에서 정당화된다고 속단(速斷)하기 어렵다.

마지막으로 국가의 권위적 개입으로 말미암아 일정한 공공재가 산출될 수 있고, 또한 그 과정에서 개인의 자유와 같은 특정한 독립적인 가치들이 훼손될 위험을 별로 걱정할 필요가 없는 비교적 무난한 상황이 존재한다고 상정해 보자. 이러한 상황이라면 '시장실패'를 교정하는 국가권위의 정당성이 돋보일 것이다. 그러나 한편 이 경우에도 국가권위에 대한 정당성이 어느 정도로 완벽하게 옹호될 수 있을는지는 의문이다. 그것은 '시장의 실패'를 교정할 수 있는 국가의 능력이 어느 정도 완벽한가 하는 문제에 있어서 우리는 쉽게 신뢰할 수 없기 때문이다.

이와 관련하여 '시장실패'와 대칭적으로 '정부실패(government failure)'의 사태가 발생한다는 공공선택론자들의 주장에 특별히 경청하지 않더라도, 정부의 실패현상은 비교적 친숙한 현상이다. '정부의 실패'는 국가의 권위가 성취할 것으로 기대되는 공익적 성격의 목적들을 성취하지 못할 때 야기되는 현상이다. '정부실패'의 가장 현저한 현상은 정부의 관료나 정치인들도 시장행위자와 마찬가지로 공익추구의 행위자보다 사적 이익 극대화의 존재로 행동한다는 사실에서 확인되는데, '득표극대화 존재(vote-maximizer)'로서의 정치인과 '예산극대화의 존재(budget-maximizer)'로 행동하는 관료들이 문제의 핵심이다. 공공재의 문제가 시장행위자들의 자기 이익극대화의 성향 때문에 발생한다면, 이를 교정하는 역할을 맡은 정부의 관료들 역시 사익극대화의 존재로 행동할 때 공공재문제 해결은 요원한 셈이다.

그런가 하면 조세 방식에 의하여 특정 공공재를 최적으로 산출하려면, 문제의 재화에 대한 정확한 수요가 측정되어야 할 것이다. 일반적으로 공공재에 대한 개인들의 수요를 측정하고자 할 경우, 선거나 여론조사의 방식이 사용된다. 예를 들어 안보재를 상기해 보자. 안보재는 소비의 비경향성과 혜택의 비배제성을 지니고 있어 시장에서 산출될 수 없고 따라서 사람들은 안보재를 위하여 비용을 부담할 동기가 충분치 못하다. 그러나 사람들이 안보재의 가치를 어떻게 평가하고 있는가 하는 선호의 분포문제를 알기 위해서는 쟁점이 되고 있는 안보재의 양에 관하여 투표를 하거나, 안보재를 위한 기금조성에 기여할 용의 표명에 대한 여론조사가 실시되는 것이 필요하다. 적절한 선호결집의 절차 없이 공공재 산출을 결정한다면, 그것은 '시장의 실패' 못지않은 무모한 공공재 산출 방식일 것이다. 그러나 이 상황에서 사람들의 선호를 유의미하게 결집하는 일이 불가능하며, 뿐만 아니라 사람들은 자신들의 수요를 일부러 잘못 표출하거나, 혹은 전략적으로 투표할 인센티브를 갖고 있다는 사실이 지적될 필요가 있다. 즉 '투표의 역설' 현상에서 적나라하게 목격되는 '다수의 순환' 현상은 사회선택론자인 애로우(K. Arrow 1963)가 정립한 '불가능성 정리(Impossibility theorem)'에 의해 이론적으로 정립된 바 있거니와, 한편으로 애로우의 정리를 기반으로 해서 기발드(A. Gibbard 1971)나 새터세이트(M. Satterthwaite 1975)에 의해 도출된 '전략적 선호 방지 불가능성 정리'도 시민들의 선호를 대상으로 한, 유의미한 선호결집의 문제가 해결불가능이라는 사실을 입증하고 있다. 뿐만 아니라 공공재수요에 대한 결정과정에서도 과반수결(majority rule)보다는 단순 다수결(plurality rule)이 통용되고 있어 공공재 반대자보다 적은 수의 공공재 찬성자에 의해 공공재의 종류와 양이 결정되는 경우도 적지 않다.

그 이외에도 공공재를 제공하는 데 있어 '정부의 실패'를 나타내는 현상들은 부지기수다. 장기적 프로젝트를 성안하고 그 결과를 예측하며, 이들 프로젝트를 일관되게 추진할 수 있는 관료들의 안목과 의지도 문제가 아닐 수 없다. 또한 공공재를 제공하는 국가의 관료들조차 '재정적 환상(fiscal illusion)'에 빠지고, 도덕적 해이(moral hazard)를 노정하는 경우도 적지 않다. '재정적 환상'이란 공공재 산출에 있어 혜택에 비하여 비용을 평가절하하고자 하는 경향으로, 적정량의 공공재를 산출하는 데 있어 커다란 걸림돌이 된다. 이러한 현상들을 통하여 우리는 국가의 관료들이 플라톤의 '철인왕(philosopher-king)'이나 수호자(guardian)와 같은 비범한 존재가 아니라 '생산자'와 유사한 평범한 범주에 속한다는 사실을 확인하게 된다.

결국 우리 주변에서 끊임없이 발생하고 있는 '정부의 실패'에 관한 일련의 사례들은 '시장의 실패' 현상인 공공재문제를 해결하는 데 있어 정부의 권위가 그다지 성공적이지 못하다는 사실을 반증하고 있는 셈이다.

Ⅶ. 국가권위는 공공재 공여의 필요조건인가

이제 좁은 의미의 '시장실패' 현상을 넘어서서, 비교적 넓은 의미의 공공재 문제에 주목해 보자. 넓은 의미의 공공재라면, 외부효과의 문제나 '공적재(merit goods)' 등을 포함한다고 하겠다. 예를 들어, 교육이나 의료, 주택 등의 재화를 본의적 의미에서 '혜택이 분할 불가능한 비분할재(indivisible goods)'라고는 할 수 없을 것이다. 이들은 모두 그 혜택이 당사자 개인에게 돌아가는 '분할 가능한 분할재(divisible goods)'로 사유재의 속성을 지니고 있기 때문이다. 그러나 그렇다고 하더라도 교육이나 의료, 주택 등의 재화는 그 긍정적 외부효과가 심대하기 때문에, 정부는 이에 개입하여 무상의무교육을 제공하고 의료보험을 실시하며, 주택건설과 공급에 직접 개입하게 마련이다. 뿐만 아니라, "가난은 나라도 해결할 수는 없다"는 고전적 준칙에 야심적으로 도전하는 현대국가가 속출하면서 수많은 복지재(福祉財)도 공공재(公共財)로 간주되고 있는 것이 오늘날의 현실이다. 이처럼 넓은 의미의 공공재의 공여자로서 국가의 권위는 정당화될 수 있는가? 공공재 공여에 있어 국가의 권위는 '필요조건'인가 하는 문제가 관심사이다. 여기서 '필요조건'이라고 할 때, 국가의 권위가 존재하지 않는다면, 공공재는 공여될 수 없다는 함의를 지니게 되는 셈이다. 이 점과 관련하여 첫째로 공공재를 사유재로 만드는 '사유화(privatization)'의 문제와, 둘째로 공공재의 속성을 그대로 보존하는 상태에서 공공재가 자발적으로 산출될 가능성에 주목하게 된다.

무엇보다 공공재를 사유화한다면, 공공재 공여자로서 국가의 필요조건은 상당히 퇴색될 수 있다. 이 문제에서 공공재의 본질적 성격을 다시 한번 상기할 필요가 있다. 공공재는 '소비의 비경합성'과 '혜택의 비배제성'을 내포하고 있으나, 이 속성은 절대적이라기보다는 상대적 범주로 보아야 할 것이다. 공공재라도 소비의 경합성을 띨 수 있으며, 배타적 재화로 만드는 일이 가능한 경우가 적지 않기 때문이다. 이러한 의미에서 어떤 재화가 '공공성(publicity)'을 띠고 있는 정도는 다양하며, 또한 '공공성'에 대한 이유도 다양하다. 적지 않은 재화들은 본질적으로 '공공성'을 배태하고 있다기보다는, '기술적' 의미에서만 공공성을 띠고 있다. 즉 생산이나 소비과정에서 노정되는 우연적 특성으로 말미암아 외부효과가 발생하는 경우가 적지 않기 때문이다. 예를 들어 화장실 물 내려가는 소리는 부실시공을 한 아파트에서는 '공공재', 혹은 보다 엄밀한 의미에서 '공공악(public bad)'이지만, 완벽시공을 한 아파트에서는 '공공악'이 아니다. 혹은 버스 안에서 버스운전기사가 크게 트는 라디오 소리는 고요함을 원하는 승객들에게는 소음의 '공공악'이지만, 귀마개를 가지고 있는 승객에게는 '공공악'이 아니다. 따라서 공공재라도 이를 '사유화(privatization)'함으로 '혜택이 분할 가능한 분할재(divisible good)'로 만들 수 있다. 맑은 공기를 순수공공재(pure public goods)로 간주하는 경향이 일반적이긴 하나, 공기오염이 심각한 지역에서는 산소마스크나 산소방을 만들어 이에 비용을 지불하는 사람들에게 혜택을 공여하는 방안이 가능하다.

한 걸음 더 나아가, 사유재산권 인정은 '공동목초지의 비극(tragedy of the commons)'을 예방할 수 있는 사유화의 방안으로 간주할 수 있다. 주인이 없는 무주공산(無主空山)의 공유지에 많은 소들을 방목함으로써 목초지가 파괴될 경우, 목초지에 일부사람들이 울타리를 쳐서 배타적 재산권을 구축하게 되면, '목초지의 비극'은 예방될 수 있다.[10] 실상 우리에게 열려진 목초지들은 적지 않다. 바다, 호수, 남극, 대기 등, 수많은 범주의 영역들이 '무주공산(無主空山)'으로 남아 있어 자원이 고갈되고 환경오염이 가속화되고 있지 않은가. 이러한 상황에서 재산권(財産權)인정은 공공악 예방의 중요한 대안이 될 수 있다. 특히 사유화의 제안과 관련하여 코우즈(R. Coase 1960)의 통찰이 주목할 만하다. 거래비용이 크지 않고 소득분배 구조에 심대한 부정적 영향을 미치지 않을 경우, 사유화는 공공재 문제해결에 중요한 단서가 될 수 있기 때문이다. 물론 코우즈가 제시한 이러한 조건들을 충족시킬 수 있는 현실적 상황이 어느 정도로 가능한가 하는 문제는 쟁점사안이긴 하지만, 한편으로 동구나 러시아 등 과거 국가 사회주의를 표방했던 국가에서 일어나고 있는 사유화 과정을 긍정적으로 평가할 수 있다면, 공공재의 사유화는 어느 정도 방어될 수 있을 만한 대안임을 평가하는 데 인색할 이유는 없다. 모든 공장이 모든 사람의 소유가 되는 과정에서 공공재의 문제가 발생하여 공장의 효율이 떨어지고 질이 좋지 않은 제품들

---

10) 이 문제와 관련하여 하딘(G. Hardin 1968)과 박효종(1994 b), 및 오스트롬(E. Ostrom 1990)의 논의를 참조할 것.

이 생산되는 결과가 초래되었던 것이 사회주의 경제의 아킬레스건이었기 때문이다. 문제의 공유지로서 공장의 비효율은 사유화로 인하여 상당 부분 치유될 수 있지 않았던가!

물론 사유화가 만병통치약(deus ex machina)은 아니다. 때때로 작은 농토를 가진 농민들이 지나치게 비료를 사용하는 경우와 같이, 자기자신의 사유재산이라도 이를 착취하여 못쓰게 만드는 경우도 있다. 또한 '유동 자원(mobile resources)'을 포함한 일정한 재화보존에 관한 한, 사유화는 별로 효과가 없다. 예를 들어 물고기 등, 바다나 강의 수자원 보호에는 재산권 인정보다 어획량 할당제도인 '쿼타 시스팀(quota system)' 운영이 적절하다. 뿐만 아니라 사막의 오아시스 같은 유일무이한 재화를 사유화할 수는 없는 일이다. 이러한 점에서 북한산이나 한강 등을 사유화하는 방안은 상상조차하기 어렵다. 그러나 이러한 문제점에도 불구하고 공유지에 재산권이 도입되어 '공유지의 비극'이 예방된 사례가 비교적 현저하기 때문에, 공유지에서 재산권 도입문제는 공공재 문제해결에서 국가이외의 주요대안으로 평가될 만하다. 오히려 '주인 없는 은행'보다 '주인 있는 은행'의 효율이 높은 것처럼, 자산이 어떤 특정 주체에 의해서 관리되면, 그것에 책임을 지는 주체가 존재하기 때문이다. 이 경우 국가의 개입 없이도 외부효과가 내면화되는 방안이 실현될 수 있을 것이다.

이번에는 논의의 방향을 바꾸어, 공공재의 범주를 그대로 인정한다고 하더라도, 국가의 권위적인 개입 없이도 자율적으로 공공재의 산출이 가능하다는 사실에 주목해 보자. 일반적으로 대부분의 공공재 산출에는 일정한 문턱, 즉 '드레쉬홀드(threshold)'가 있어 일부 무임승차자들의 비협력 행위를 견뎌낼 수 있다. 즉 강물에 일부 사람들이 오염물질을 방류한다고 해서, 문제의 강물이 순식간에 3급수나 4급수로 전락하는 것은 아니다. 강은 자정능력이 있으므로, 다수에 의한 다량의 오염물질 방류행위가 아니라면, 소수의 오염물질 방류행위로 말미암아 맑은 강의 공공재가 무산되는 것은 아니다.

물론 공공재들 가운데에는 구성원들의 전원참여가 요구되는 재화가 있다. 한 사람의 비협력행위라도 공공재를 붕괴시키는 경우가 바로 그것이다. "다섯 손가락이 모두 뭉쳐야 주먹이 되는" 상황처럼, 혹은 참여자 한 사람의 비협력행위도 허용되지 않는 매스게임의 상황처럼, 좁은 버스공간 안에서 차내의 맑은 공기 유지나, 혹은 음악회나 도서실의 상황에서 모든 구성원들의 정숙행위는 전원협력의 공공재라고 할 수 있다. 승객 한 사람의 흡연행위로 차내의 맑은 공기의 공공재는 무산될 수밖에 없으며, 휴대폰 소리 하나로 음악회는 엉망이 되고 도서실의 분위기는 흐려지게 마련이다.

뿐만 아니라 공공재가 '죄수의 딜레마(prisoner's dilemma)' 보다 '비겁자 게임(chicken game)' 의 성격을 지닐 때, 개인들의 자발적 기여가능성은 비교적 높다고 할 수 있다. 예를 들어 마을의 공공재인 샘을 파는 상황에서 각 개인이 기여할 것인가 하는 문제에 부딪히면, 각 개인은 단독비협력 〉상호협력 〉상호비협력 〉단독협력의 선호서열보다는, 단독비협력 〉상호협력 〉단독협력 〉상호비협력의 선호서열을 표출하게 마련이다. 왜냐하면 '너'도 샘을 파지 않고 '나'도 파지 않는 상호비협력의 상황이 되면, 재앙의 상황이 되어 '너'나 '나'나 갈증으로 죽을 수밖에 없기 때문이다. 그러므로 여기서 제 3 선호와 제 4 선호가 뒤바뀔 수 있다는 사실은 비협력이 지배전략이 되는 '죄수의 딜레마' 보다 '비겁자 게임상황'에서 자발적 협력의 강도가 높다는 사실을 시사하는 셈이다. 즉 "목마른 사람이 샘 파는" 형국이라면 공공재의 자발적 산출 가능성이 '죄수들의 비협력' 상황에 비하여 높다고 할 수 있다.

그러나 한편 상기의 상황들은 '분석적으로'는 흥미가 있으나, 불특정 다수의 시민들을 대상으로 하며, 정치·사회적으로 의미를 갖는 많은 공공재에 대하여 직접적인 함의를 갖는다고는 말할 수 없다. 세금을 납부하지 않거나 불성실하게 신고하는 사람들, 비가 왔을 때 강물에 몰래 오염물질을 방류하는 사람들, 온갖 이유와 핑계를 대며 병역을 기피하는 사람들이 적지 않아 사회적으로 물의를 빚게 되는 상황에서, 안보재(安保財)나 환경재(環境財)는 일반적으로 '전원협력의 공공재'나 '비겁자 게임의 공공재'가 아니라는 사실이 반증되기 때문이다.

그런가 하면 공공재 문제를 접근하는 데 있어 〈표 9-1〉에서 묘사된 죄수의 딜레마 모델의 부분적 한계를 지적할 필요가 있다. 그것은 '일회적인 죄수의 딜레마(one shot prisoner's dilemma)' 상황이기 때문이다. 그러나 현실생활에서 공공재 기여문제에 관한 대부분의 결정들은 그 혜택이 단 한번 이루어지는 상황을 대상으로 하고 있는 것은 아니며, 일단 이루어진 결정의 결과가 지속되고 있다. 다시 말해서 사람들은 다른 사람의 안전을 위협하게 되는 일을 자제할 것인가, 세금을 낼 것인가, 혹은 환경을 깨끗이 할 것인가 등의 문제에서 단 한

번의 고립된 결정상황에 직면하고 있는 것은 아니다. 결국 사회생활은 반복적인 상호작용과 상호 의존적 게임 상황의 연속이라고 보아야 하지 않겠는가! 사람들은 경험상 고립되고 일회적으로 이루어지는 상호작용 상황에서 행동할 경우와 계속적이고 반복되는 상호작용 상황에서 행동할 때, 다른 유형의 행동을 보인다는 사실을 스스로 깨닫고 있다. 우리사회에서 길가에서 단 한번 우연히 부딪치는 사람에게 "죄송하다"는 표현을 하는 일은 거의 없으나, 회사에서 동료와 부딪쳤을 때는 "미안하다"는 표현을 수없이 반복하고 있다. 계속적이고 반복되는 상황이 일회적 상황보다 우리에게 중요하게 다가오는 이유는 무엇인가? '나'의 입장에서 볼 때, 고려해야 할 '평판'과 '체면'이 있으며, 다른 사람들의 '나'에 대한 태도는 '나'와의 이전 상호작용과 상호관계에 의하여 영향을 받을 가능성이 크기 때문이다.

상기의 통찰이 유의미하다면, 반복적인 죄수딜레마 '속성'의 공공재 상황에서 행위자들은 자신의 선택대안을 결정하는 문제에서 이러한 정보를 이용할 것이며, 따라서 조건적이고 암중모색하는 제한된 방식으로나마 상호이익을 위하여 협력하기를 '학습'할 수 있을 것이다. 문제의 '학습효과'는 테일러(M. Taylor 1976)나 액셀로드(R. Axelrod 1984) 등이 입증하고 있는 바와 같이, 비록 상당히 제한된 상황이긴 하지만, 실효성이 있는 것으로 나타났다. 즉 반복적인 게임상황에서는 행위자들이 자신의 미래의 행동을 상대방의 현재의 행동과 연계시킬 수 있는 전략적 선택이 가능하다. 예를 들어 '나'는 처음에 상대방 A와 만났을 때 비협력하고, 그 다음 A가 비협력할 때까지 협력하며, 만일 A가 비협력했을 경우에는 비협력으로 제재할 수 있다. 뿐만 아니라 상대방 A의 비협력을 한번 용서해 줄 수 있는가 하면, 두 번 용서해 줄 수도 있다. 혹은 상대방 A에 대한 대응방식 결정에서 A의 과거행적을 점검해 보는 일도 가능하다. 그 결과 A가 '일관된 비협력자'라면 '나'도 그에 대하여 일관되게 비협력하며, A가 '조건적 협력자'라면 '나'도 그에게 조건적으로 협력할 수 있다. 이처럼 양자간의 상호작용이 지속될 때 사용할 수 있는 가능한 전략이란 가히 천문학적 숫자에 달한다고 할 수 있다.

그러나 물론 상당수의 전략이 논리적으로 가능하지만, 실제적으로 모두 유의미한 것은 아니다. 이 가운데 논리적으로나 실제적으로 유의미한 대표적 전략이 있다면, 라포포트(A. Rapoport)가 처음 시도한 '장군멍군(tit for tat)' 게임을 들 수 있다.[11] 그것은 먼저 협력으로 시작하여 상대방의 선택에 조건적으로 대응하는 전략으로, 그 실효성이 입증된 바 있다. 이처럼 선택된 일부의 전략들이 협력적 행위를 산출할 수 있고 안정된 균형을 달성할 수 있다면, 합리적 행위자들의 입장에서 비록 시간은 걸리겠지만, 일정한 공공재를 자발적으로 산출할 수 있는 방법을 터득하는 일이 불가능하지는 않을 것이다.

물론 그렇다고 해서 모든 공공재를 '장군멍군전략'과 같은 방식에 의해서 산출할 수 있다고 기대할 수는 없는 노릇이다. 예를 들어 '최종게임효과(endgame effect)'에 주목해 보자. 유한하게 지속되는 게임에서 마지막게임이라면 '나'와 A는 상호간에 협력할 '합리적' 이유가 없다. 미래의 이득과 현재의 비용을 상쇄하는 것이 조건적 협력게임의 특성이라면, 마지막 게임에서는 이러한 가능성이 전혀 없기 때문이다. 따라서 마지막 게임은 일회의 게임과 동일한 상황에 놓이는데, 이를 역으로 추적해 올라가면, 첫번째 게임부터 협력할 인센티브가 성립하지 않는다는 의미가 된다. 그러므로 유한한 게임이라면, 상호 비협력의 가능성은 언제나 열려 있게 마련이다.

그렇다면 이러한 외현상의 역설을 해결할 수 있는 방안이 존재하는가? 이와 관련하여 두 가지 방안이 효과적이다. 즉 계속되는 게임의 숫자가 많아서 관련되는 개인들의 입장에서 그것이 언제 끝날지 모를 때 최종게임효과는 발생하기 어렵고, 또한 미래의 혜택이 현재의 가치로 할인되어 돌아오는 상황에서 미래혜택의 할인율이 높지 않을 때 최종게임효과는 현저하게 완화될 수 있을 것이다. 결국 이러한 통찰들은 조건적인 협력이 일련의 조건들하에서 합리적 대안이라는 점을 입증하고 있는 셈이다. 즉, 비협력이 질서 있게 일어난다면, 혹은 비협력 행위가 쉽게 모니터된다면, 혹은 미래의 혜택에 대한 할인율이 그다지 높지 않다면, 혹은 할인율이 관련 행위자들에 따라 큰 차이가 없는 경우라면, 대체로 '조건적 협력'은 합리적이다.

그러나 이미 지적한 바와 같이 문제의 조건들과 상황들이 제한적이라는 사실은 부인할 수 없다. 그러므로 소규모 공동체가 아닌 대규모 공동체에서 자발적 상호협력에 대한 전망은 그다지 낙관적이지 않다. 비협력자를 색출하는 방안

---

11) 물론 '티포태(tit for tat)'로 불려지는 장군멍군게임은 액셀로드에 의해 공식적으로 알려지게 되었으나, 액셀로드가 조직한 토나멘트에서 이 전략을 개발한 사람은 라포포트이다. 이 전략의 특성에 관한 설명은 제11장을 참조할 것.

은 너무나 비용이 많이 들어 제재의 실효성을 기대할 수 있는 가능성이 크지 않기 때문이다. 뿐만 아니라, 너무 멀리 있는 혜택, 즉 미래의 세대를 위해 개발을 유보한 채, 환경을 보존하기에는 그 할인율이 너무나 커서 현세대 주민들에게 협력적 행위에 대한 유인책을 이끌어 내기 어렵다. 이러한 상황에서 국가의 개입을 정당화시키는 많은 공공재들에 관한 한, 자율적 방식으로 생산되기를 기대하기는 어렵고, 자율적 방식을 원용하는 한, 부족한 양으로만 생산될 것이다.

문제의 결론은 결국 소공동체의 필요와 국가 공동체의 불필요라는 두 가지 함의를 지닐 수 있을 것으로 생각된다. 우선 소공동체 사회에 대한 갈구(渴求)이다. 국가 공동체가 익명의 거대한 공동체로서 구성원들 사이에서 유의미한 관계를 찾아보기 어렵다면, '공동선'이 중요하다는 인식조차 공유하기 쉽지 않다. 그렇다면 구성원들 사이의 관계가 밀접한 소공동체로 분할함으로써 관련 공공재를 생산하는 방안이 바람직하다고 할 수 있다. 그러나 이와 같은 방식은 결국 무정부적인 공공재 공여의 논리로서, 엄밀한 의미에서 보면 무정부적인 공공재 공여는 국가권위를 정당화시키기보다 무력화시키는 논리가 아니겠는가? 이제까지 논의해 온 관심사는 가족이나 작은 부족집단이 아니라, 시민들에게 무조건적 복종이나 혹은 적어도 직견적 복종을 요구할 수 있는 실체로 국가와 같은 대규모의, 익명의 개인들로 이루어진 정치 공동체에 있는데, 소규모 집단에 의한 공공재 산출을 강조한다면, 결국 공공재 생산자로서 국가의 존재이유를 부정하는 결과를 초래할 것이기 때문이다.

이제 이러한 지적과는 독립적으로 강조하고자 하는 마지막 사항이 있다. 공공재의 무정부적 공여가능성이 비록 게임구도의 형식에서 상호주의 원리에 의거, 논리적으로 타진되었지만, 한편으로 보다 실제적 상황에서 자발적인 공공재 산출의 논리는 다른 중요한 범주의 공공재로 확대될 수 있다는 점이다. 이와 관련하여 한 사회가 필요로 하는 공공재에는 병역, 조세뿐 아니라, 다양한 범주의 재화가 포함된다는 사실에 주목해 보자. 그 가운데 특히 피의 공급문제는 대표적 사례이다. 일반적으로 시장메커니즘에 의하여 공급되는 피, 즉 매혈(賣血)은 그 질이 좋지 않아 '시장실패'의 전형적 현상을 노정한다. 매혈을 하는 사람은 돈을 필요로 하는 사람이므로 건강치 못한 몸과 따라서 건강치 못한 피를 갖고 있는 사람일 가능성이 농후하기 때문이다.[12] 피공급의 시장실패를 교정하기 위

---

12) 이 문제에 관한 가장 고전적 연구는 티트머스(R. M. Titmuss 1970)의 연구이다. 그의

해서는 국가에 의한 개입보다 자발적인 헌혈(獻血)이 효과적이다. 특히 피의 공급에 있어 국가의 개입이 효과적이지 못한 이유는 두 가지이다. 첫째로 자발적인 공공재 산출 메커니즘이 실패할 때, 국가의 강제 메커니즘도 실패할 수밖에 없기 때문이다. 즉 헌혈로 개인들로부터 피를 공급받지 못할 때, 국가가 강제할 수 있는 여지는 크지 않다. 두 번째로 국가가 개인들에게 공공재의 이름으로 헌혈을 강요하면, 이미 논의한 바 있는 '파레토 자유주의자의 역설'처럼, 개인의 자유를 심각하게 훼손하는 상황이 초래될 것이다. 헌혈을 할 것인가 말 것인가의 여부는 어디까지나 '나'의 소중한 선택사항이 아니겠는가?

물론 국가는 시민개인들에게 헌혈의 의무를 부과할 수는 없지만, 병역이나 조세의 의무는 부과할 수 있다. 병역이나 조세의 의무는 개인의 자유를 훼손하지만, 공공선을 위하여 사적 자유의 훼손이 정당화될 수 있기 때문이다. 그러나 헌혈 강요의 문제는 다르다. 피의 공급이라는 공공선이 존재하는 것은 사실이지만, 그것이 개인의 자유를 제한할 수 있을 만큼, 중요한 것인지에 대하여 이견이 가능하며, 또한 과연 '강제헌혈'이 얼마나 효과적일 것인지에 대해서도 의문이 크기 때문이다.

그러나 본 연구의 관점에서 강조하고자 하는 것은 공공재에는 병역이나 조세문제 못지않게 헌혈의 성격을 띠고 있는 재화가 꽤 있다는 사실이다. 헌혈 이외에도 고아입양, 연로한 부모 부양문제 등이 그들이다. 이들 재화의 영역에서 시장은 실패한다. 돈이 있다고 해서 고아를 입양하게 된다면, 노예노동이나 인신매매를 방불케 하는 상황이 야기될 것이며, 늙은 부모의 부양문제도 시장메커니즘으로 해결하기 어렵다. 이들 재화의 특성은 '시장실패'의 성격을 지니면서도, 한편으로는 국가의 권위나 개입에 의하여 해결될 수 있는 문제가 아니라는 점에 있다. 문제의 재화들은 결국 일종의 이타주의(altruism)에 의하여 공급될 수 있는 재화이기 때문이다.[13] 물론 여기서 헌혈이나 고아입양, 혹은 연로한 부모를 부양하는 문제에서 요구되는 이타주의가 '순수 이타주의(pure altruism)'

연구에서는 매혈보다 헌혈이 정신적으로뿐만 아니라 물질적으로도 피의 품질을 보증한다는 사실이 입증되고 있다.

13) 우리 유교사회에서 연로한 부모부양에 관한 문제를 자녀들의 효도(孝道)의 관점에서 접근해 왔다는 사실이나, 서구사회에서 고아문제는 국가보조나 국가감독을 받는 고아원이나 보육원 시설보다 고아의 입양을 원하는 부모의 자발적 행위로 해결하고 있다는 사실은 '국가'와 '시장' 이외에 이타주의 영역이 엄존함을 실증하고 있다고 생각된다.

인지, 혹은 '조건적 이타주의(conditional altruism)'인지, 혹은 '상호적 이타주의(reciprocal altruism)'인지에 관해서 정의를 내리고자 할 의도는 없다. 주목할 점은 시장에 의해서도 적절하게 공급될 수 없으며, 국가에 의해서도 적정량이 공급될 수 없고, 오직 이타주의에 의해서만 공급될 수 있는 소중한 공공재의 영역이 존재한다는 점이다. 이처럼 피의 공급이나 고아입양, 부모부양 등의 공공재 산출이 조세나 병역의 문제 못지않게 중요한 것은 '좋은 질서를 가진 사회'의 현저한 특성이 되기 때문이다. 결국 시장도 아니며, 국가도 아닌, 제3의 범주, 즉 이타주의에 의해 산출을 기대할 수밖에 없는 공공재들이 다수 존재하는 한, 이러한 재화산출에 있어 국가권위는 필요조건이 아니라는 점을 인정할 수밖에 없을 것이다.

Ⅷ. 국가권위는 공공재 공여의 충분조건인가

이번에는 국가에 의한 공공재 공여의 필요성에 수긍한다고 하더라도, 과연 국가가 개인들이 원하는 공공재를 비교적 유의미한 수준에서 산출하리라고 기대할 만한 충분한 이유가 있는지를 조명해 보자. 다시 말해서 국가권위가 공공재를 공여하는데 있어 '필요조건'이 될 수 없다고 해도 '충분조건'이 될 수 있는지가 관심사항이다. 이번 항목에서는 공공재 공여에 있어 국가권위가 충분조건이 되기 어렵다는 일련의 논리를 제시하고자 한다.

무엇보다도 일반적으로 공공재는 사회의 모든 구성원들에게 필요한 재화로 인식되고 있으나, 엄밀한 의미에서 보면 반드시 그런 것은 아니다. 사유재(私有財)에 대한 각 개인들의 선호가 다르다면, 공공재(公共財)에 대한 각 개인들의 선호도 다양한 것으로 보아야 하기 때문이다. 이 점에서 사람들의 선호가 왜 상이한가 하는 질문에 봉착하면, 우리는 "선호에 대해서는 왈가왈부할 수 없다(de gustibus non est disputandum)"는 고전적 준칙을 상기할 수밖에 없다. 여기서 재화에 대한 개인들의 선호가 다르다는 사실은 시장메커니즘 작동에 있어 약점보다 강점으로 투영된다는 사실에 주목해 보자. 시장행위자 A와 B는 상호간에 재화에 대한 선호가 다르기 때문에 교환을 할 수 있고, 또한 교환을 통하여, '파레토 우위(Pareto-superior)'의 상황에 도달하는 일이 가능하다. 모든 사람이 금만을 좋아한다면, 너나 할 것 없이 금을 캐기 위한 광산노동자가 될 것이며, 쌀 농사를 짓는 농민은 찾아볼 수 없을 것이다. 그러나 사람들마다 선호가 다르기 때문에 다양한 제품이 생산되고 효율적인 재화교환이 이루어진다.

그러나 공공재 영역에 관한 한, 각 개인들의 선호가 상이하다는 점은 강점이라기보다는 약점이다. 국가에 의한 공공재 공여는 일률성을 띠기 때문이다. 이러한 상황에서 자신들이 믿고 있는 종교가 국교(國敎)가 되기를 바라는 종교인들이 있는가 하면, 사회의 안전망이 완비되기를 바라는 사회민주주의자들도 있다. 혹은 자유주의자들은 정부의 규제가 최소화되는 시장을 원하고 있다. 또한 국가에 의한 단군상 건립을 반대하는 사람들이 있는가 하면 찬성하는 사람도 있고, 박정희 기념관 건립을 반대하는 사람이 있는가 하면, 찬성하는 사람도 있다. 결국 이러한 다양한 선호가 경합하는 상황에서, 국가가 권위적으로 공여하는 공공재의 문제는 '협상의 문제(bargaining problem)'로 부각될 수밖에 없다. A집단이 원하는 공공재가 다르고 B집단이 원하는 공공재가 다르다면, A와 B 집단의 선호를 공히 충족시킬 수 있는, 이른바 '최대 공약수'의 공공재를 찾을 수밖에 없겠는데, 그 결과는 과다한 공공재 패키지이다. 즉 A집단은 군비증강을 원하기 때문에 B집단이 주장하는 국민연금제도를 반대하나, 자신이 원하는 군비증강을 관철하기 위하여 B집단이 선호하는 국민연금제도에 찬성하는 방안이 그것으로, B집단의 경우도 마찬가지이다. 중요한 사실은 특정 공공재를 싫어하는 사람에게도 강제로 세금을 받아내며 공공재를 공여하게 된다는 점이다. 이 경우, 문제의 공공재를 원하지 않는 '나'의 입장에서는 "울며 겨자 먹기"의 상황이 재현되는 셈이다.

이 맥락에서 국가에 의하여 공여되는 공공재 자체를 싫어하는 사람에게 주목해야 하는 이유는 어디에 있는가? 그것은 단도직입적으로 말해서 개인의 자유를 심각하게 침해할 가능성이 있기 때문이다. 국가가 제공하는 공공재의 문제는 일단 국가가 자신의 권위에 의해서 제공하면 이를 반대하는 개인의 입장에서 속수무책이라는 점에 있다. '나'는 청주공항 건립을 원하지 않으나, 정부가 이를 선거공약 사항이라고 하여 강행하게 되면, 받아들이는 수밖에 없다. 그러나 이 경우 문제의 공공재를 원하지 않는 '나'의 입장에서는 국가권위에 의한 공공재 제공이 없었더라면, 세금도 훨씬 덜 내고 혹은 그 돈으로 '내'가 원하는 사적 재화를 구매할 수 있었을 상황이었음에도 불구하고, 국가에 의한 권위적 개입으로 말미암아 훨씬 더 열악한 상황에 처하게 된 셈이다. 따라서 원하지 않는 공공재의 강제공여 상황이 심각하다고 판단될 경우, '나'는 조세 저항도 하나의 심각한 대안으로 고려할 듯하다.

뿐만 아니라, 경제적 비용부담의 문제보다 더욱 심각한 문제는 국가에 의한 공공재 공여로 말미암아 양심의 판단과 상충되는 국면이 조성될 수 있다는 사실이다. 예를 들어 무력 사용을 반대하는 종교주의자나 평화주의자는 원하지 않는 '불의한' 전쟁을 하는 조국에 대하여 마지못해 '복종주의자'가 되기보다는 양심상 '불복종주의자'가 될 수밖에 없다. 여기서 문제의 시민불복종주의자는 '죄수의 딜레마' 상황에 봉착한 사람 가운데 '비전략적' 차원에서 자신의 죄를 뉘우치며 진정한 마음으로 자백하는 '비전략적 비협력자(nonstrategic non-cooperator)'와 유사하다는 사실을 각별히 강조할 필요가 있다. '비전략적 비협력자'의 비협력은 문제의 재화를 내심으로 원하면서도 다른 시민들의 선택을 감안하여 기여하지 않는 '전략적 비협력자'의 비협력 행위와는 다르다. 이러한 '비전략적 비협력자'는 전적으로 국가가 공공재를 정치적 권위에 의하여 공여한다는 사실에 의해서 파생된다는 점을 강조할 필요가 있다.

세 번째로 '비전략적 비협력자'의 문제는 한 사회가 비교적 '좋은 질서를 가진(well-ordered)' 정의로운 사회인가, 혹은 그렇지 못한 부정의한 사회인가에 따라 다르다. '좋은 질서를 가진 사회'에서도 환경주의자와 개발주의자가 원하는 공공재는 다르게 마련이다. 환경주의자라면, 가능한 한, 개발을 억제하고 환경재를 많이 생산해야 한다고 주장할 것이며, 개발주의자라면, 가능한 한 환경재를 억제하고 성장위주의 개발재를 선호할 것이다. 그러나 부정의한 사회라면, 개인의 정의감에 위반되는 사례가 다수 발생하는 사회로서 공공재 산출에 대한 쟁점은 훨씬 심각하게 불거지게 마련이다. 의사나 변호사 등, 소득이 높은 전문인들이 높은 수익을 올리면서도 탈세를 일삼고, 혹은 자영업자들이 매출액을 속여 세금을 적게 내는 사회에서 꼬박꼬박 봉급의 일정액을 세금으로 내는 일반 직장인들은 자신들의 조세부담률에 대하여 불만이 팽배할 수밖에 없다. 국가의 재정을 자신들이 불균형적으로 많이 부담하고 있는 현실에 반발하게 되기 때문이다. 또한 지역주의가 팽배한 상황에서는 왜 '내'가 사는 낙후된 지역을 제치고 가뜩이나 발전된 특정 지역에 첨단공업단지가 조성되고 국도가 뚫리고 포장되는지 의아스럽게 생각하게 마련이다. 혹은 수요도 없는 특정 지역에 공항이 건설되는 문제에 대하여도 불만을 토로할 수밖에 없다. 이 모든 것이 선심성 행정의 결과라면, '나'는 세금을 납부할 이유보다 거부할 이유를 지니게 되는 셈이다.

네 번째로, 국가가 제공하는 공공재의 혜택이 과연 비슷한 유형의 사유재의 혜택에 비하여 과연 우위에 있는가 하는 점도 의문이 아닐 수 없다. 주지하는 바와 같이, 국가가 제공하는 대표적인 공공재는 '법과 질서'이다. 그러나 과연 국가만이 '법과 질서'의 독점적인 공급자로서 충분한 자격을 갖추고 있는지, 혹은 국가가 제공하는 '법과 질서'가 대안적 기제에 의한 '법과 질서'보다 양질의 공공재인지에 관한 한, 석연치 못한 점이 적지 않다. 단도직입적으로 말해서, 시장 메커니즘도 일정 수준 매우 효과적으로 '법과 질서'를 공급할 수 있기 때문이다. 실제로 많은 회사나 혹은 가정에서는 국가가 제공하는 '법과 질서'의 공공재가 미덥지 못하다고 판단하여 따로 사설 경비원을 고용하거나, 경비견을 두고 야간순찰 등을 자체적으로 실시하고 있는 실정이다.[14] 또한 그것도 모자라 보안을 전담하는 회사들과 계약을 맺어 사적인 비용을 부담함으로 국가에 의해 공여되는 법과 질서의 불완전함을 보완하고 있다. 그렇다면 자영업에 종사하는 개인들이나 회사의 경우, 안전과 보안을 위하여 국가에 대한 세금과 사적 보안 비용 등, 이중으로 돈을 지출하고 있는 셈이 아니겠는가?

다섯 번째로, 이와 유사한 맥락에서 개인의 입장에서도 국가와 경찰이 있다고 하여 범죄자들로부터 완벽한 보호를 받고 있는 것은 아니다. 범죄로부터 피해를 예방하기 위해서는 국가가 제공하는 법과 질서의 공공재에 의존하기보다 스스로 자구책을 강구하고 '자중자애'하는 편이 현명하다. 스스로 밤에 외출을 삼가고 외딴 곳에 가기를 피하며, 태권도 등, 호신술을 익히는 것도 한 방안이다. 혹은 사설 경호원이나 사설 탐정이라도 고용하는 편이 더 효과적이다. 뿐만 아니라 범죄인이나 가해자들이 경찰과 결탁하여 피해자를 가해자로 둔갑시키는 등, 국가로 인한 피해도 상당하고, 경제적 평등의 공공재를 제공한다는 명분으로 개인의 재산권을 침해하는 경우도 적지 않다. 또한 국가의 관료들이나 공무원들도 자기이익을 추구하는 시장의 경제적 행위자들과 다를 바 없어 영업을 하는 업주의 입장에서는 매달마다 경찰이나 구청직원에 일정액을 상납할 수밖

---

14) 얼마전 반에서 왕따를 당하는 자녀를 보호하기 위하여 사설경비업체의 경호원을 고용한 학부모가 언론의 주목을 받은 것도 같은 맥락에 속한다.

에 없다. 차라리 경찰이나 구청이 없었더라면, 위생검사나 소방검사 등의 단속
무마조로 돈이 나갈 이유가 없지 않겠는가. 경찰이나 법 집행기관들이 규제권을
남용하여 '지대추구(rent-seeking)' 행위를 자행하는 경우는 얼마나 많은가.

　여섯 번째로 과연 국가는 공공재만을 생산하는 기관인가 하는 의문에 봉착
하게 된다. 국가가 '공공재'를 산출하기보다 오히려 '공공악'을 산출하는 경우
를 적시할 만하다. 환경재를 산출해야 할 국가가 오히려 앞장서서 기름을 유출
하는 등, 강을 오염시키고 아름드리 소나무를 베어 환경을 파괴하는 경우가 실
제적이다. 특히 개발에 혈안이 된 국가는 앞장서서 환경파괴의 주범으로 전락하
고 있다. "등잔 밑이 어둡다"는 준칙처럼, 일반회사에 대하여 소방기구를 갖추라
고 명령하는 정부가 막상 자신의 건물 안에는 소방기구를 갖추고 있지 못하여
정부청사 안에서 화재가 발생했을 경우 속수무책이며, 일반시민들에 대하여 수
돗물이 안전하다고 공언하면서도 관료들과 공무원들은 생수를 사먹고 있는 것
이 현실이다.

　결국 정부기관의 공직자(公職者)조차 단견에 함몰되고 공익에 관하여 무지
한 상태에서 국가권위에 대하여 일반시민들이 지불해야 하는 비용이 상당하다
는 점을 지적할 수밖에 없다. '공짜점심(free lunch)'이 존재할 수 없는 것과
마찬가지로, '공짜정부(free government)'도 존재할 수 없다는 점이 확실하기
때문이다. 국가권위의 부정적 외부효과가 크다면, 효율적이지 못한 국가권위에
대하여 지불해야 하는 비용은 그 자체로 낭비되는 비용인 셈이며, 차라리 국가
가 공공재를 제공하기보다는 개인이 원하는 사유재를 자기자신이 원하는 가격
으로 구매하는 등, 시장 메커니즘을 이용하는 편이 유리하다. 문제의 상황은 국
가가 제공하는 공교육이 부실하여 과외를 하거나 학원을 다니면서 실력을 쌓는
편이 더 나으며, 혹은 국가가 국민들로부터 세금을 거두어 제공하는 수돗물의
공공재가 부실하여 비용을 들여 생수를 사먹는 편이 낫다는 논리와 유사하다.
혹은 국가가 제공하는 교육재의 내용이 부실하여 자녀교육 때문에 이민을 하는
등, 다수의 현대판 '맹모'들이 출현하는 현상이야말로 국가가 공공재 공여의 충
분조건이 되기 어렵다는 것을 반증하는 셈이다.

　마지막으로 국가는 거대한 조직이라는 점을 상기해 보자. 이제까지의 논의
가 의미가 있다면, 소공동체에서 각 개인들은 훨씬 유의미하게 공공재 생산에
참여할 수 있고, 또한 효과적으로 공공재 혜택을 향유할 수 있다. 소규모 단체에

서 사람들은 '장군멍군게임전략'으로 충분히 상호간에 협력을 할 수 있고 유효적절한 보장메커니즘을 구축하는 것이 가능하다. 예를 들어 상조계(相助契)와 같은 조직을 통하여 공공재를 산출하고 향유하는 편이 훨씬 더 실익이 있다고 판단된다. 그렇다면 무엇 때문에 상당한 비용과 불이익을 감수하면서까지 그 효과가 의문시되고 비효율성을 산출할 가능성이 농후한 국가를 만들어, 그의 권위에 복종해야 하겠는가. 만일 그러한 개인이 있다면, 그것은 '정치적 매조키스트(political masochist)'의 태도일지언정, '정치적 헤도니스트(political hedonist)'의 태도라고 지칭하기 어렵다. 국가가 공여하는 공공재가 소공동체에서 제공하는 공공재에 비하여 부실하고 비효율적이며 또한 국가 자체가 공공악을 산출하기도 하고, 국가에 의하여 공여되는 공공재를 거부하는 환경주의자나 시민불복종행위자가 속출하는 상황에서, 공공재를 공여한다는 '목적인적(目的因的) 계약주의'에 의거한 국가권위의 정당화 논리는 성공보다는 실패가능성이 높다고 보아야 하지 않겠는가!

IX. 공공재로서의 국가권위

이제까지의 논의에서는 국가의 권위를 공공재 공여의 관점에서 정당화시키는 논리를 비판적으로 점검해 보았다. 하지만 이번에는 마지막으로 국가권위의 본질에 대해서 검토해야 할 시점에 이르렀다고 생각된다. 법으로 상징되는 국가의 권위는 '그 자체로' 공공재가 아니겠는가! 법으로 상징되는 국가의 권위를 공공재로 간주할 때, 국가권위에 대한 정당성의 문제는 더욱 심각한 도전에 직면하고 있다는 것이 본 연구의 소견이다.

주지하는 바와 같이 법은 일반적으로 보편성을 지닌다. 특정 법이 유사한 성격의 사안들에서 어느 한 사안에만 통용되고 어느 한 사안에는 통용되지 않는다면 편파적이라는 비판을 듣게 될 것이다. 따라서 법 적용의 보편성에 관한 한, 의문의 여지가 없다. 그러나 법 적용의 보편성이 문제가 되는 것은 특정한 구체적 사례에서 적실성을 지니지 못할 가능성이 농후하다는 사실에 있다. 심장사가 적법한 죽음으로 규정되는 상황에서 심장이식은 불가능하며, 따라서 뇌사가 적법한 죽음으로 규정되었더라면 혜택을 받을 수 있었던 '나'는 인공심장으로 만족하거나, 속절없이 불필요한 고통을 받을 수밖에 없다. 혹은 과외를 불법으로 규정하면, 모자라는 실력을 보충하기 위해 과외를 할 수밖에 없는 '나'는 불이익을 감수하게 마련이다. 이 점이야말로 공공재로서 법이 갖는 한계이다. 법의 규정과 반대되는 상황은 '자동적으로' 불법으로 규정되어 제재와 처벌이 따르기 때문이다. 이 경우 구체적 현실속의 삶을 살아가는 '나'는 법으로 말미암아 불이익을 받을 가능성이 크다.

그런가 하면 법을 공공재로 간주할 경우, '전원일치'의 공공재라고는 단언하기 어렵다는 점에 주목해 보자. 문제의 현상은 결국 법이란 '나'의 선택이나 선호 및 행동과 무관할 수 있다는 의미가 될 것이다. 특히 두 가지 차원에서 법과 '나'와의 연계성이 모호하고 묘연하다는 점이 지적될 필요가 있다. 우선 법을 만들 때 '나'의 참여는 필요조건이 아니며, 또한 법을 개정할 때 '나'의 목소리는 중요하지 않다. 이 상황은 '나'를 충실히 대변하는 국회의원의 경우도 마찬가지이다. 국회의원 A가 '나'를 대변한다고 해도, 국회에서의 특별법 제정에 있어서 A의 참여나 동의는 필요조건이 아니다. 뿐만 아니라 '내'가 법을 지키지 않더라도 법은 존속할 수 있다. 물론 다수의 시민들이 법을 준수하지 않으면 문제의 법이 존속하기 어렵겠지만, 일정수 이하의 시민들이 법을 준수하지 않는다고 해도, 법은 존속할 수 있다. 법은 일정한 '문턱효과'를 갖는 공공재이기 때문이다.

그렇다면 법제정에 관한 한, '나'의 목소리도 사소하고, 법에 대한 '나'의 불복종행위도 법의 존속이나 국가권위의 존속에 있어 그다지 중대한 사태는 아닌 셈이다. 이 사실은 다시 말해 '내'가 법을 반드시 지켜야 할, '수단적 합리성'에 입각한 '경제적 이유'가 성립하지 않는다는 반증이 될 것이다. 법에 대한 '나'의 복종행위가 별로 유의미하지 않다면, '나'는 왜 무조건적으로, 혹은 직견적으로 '법과의 약속'을 지키고 법의 요구에 따라야 할 것인가? '나'로서는 국가권위의 필요성을 인정해도, '내'가 반드시 '법복종주의자'가 되어야 할 '합리적' 이유는 없으며, 오히려 '법불복종주의자'가 되는 편이 합리적이다.

세 번째로 이미 지적한 바와 같이 공공재에 관한 사람들의 선호는 여러 가지이며, 또한 공공재에 대한 선호가 어느 정도로 상충하고 상이할는지에 대해서는 상당한 불확실성이 엄존하고 있는 것이 현실이다. 그렇다면 이 문제는 국가권위에 대한 영역에도 여과 없이 해당된다고 하겠다. 어떤 사람들은 국가권위가

크게 확장되어 전통적 의미의 '시장의 실패(market failure)'뿐만 아니라, 소득
재분배문제 등 '시장의 결함(market defects)'문제까지 관장해 주기를 갈망하
고 있다.[15] 이와는 반대로 작은 국가를 선호하는 사람들도 적지 않다. 이처럼 선
호의 다양성 상황이 실재한다면, 국가가 행사하는 권위 자체의 정당성이 의문시
될 가능성이 적지 않다. 즉 '작은 국가'를 선호하는 시민의 입장에서는 시장과
금융에 광범위하게 개입하여 시장진입과 퇴출을 규제하는 국가의 행위를 관치
금융이라며 국가의 권위에 승복하기를 주저할 수밖에 없지 않겠는가. 혹은 반대
의 입장이라면, 국가가 가난의 척결이나 경제적 불평등 문제에 소극적으로 대처
한다며 반발할 가능성도 배제할 수 없다. 결국 국가권위의 범위에 대한 '양적'
쟁점은 결국 국가권위가 왜 필요한가 하는 '질적' 쟁점으로 전이될 여지가 농
후하다.

마지막으로 현대국가는 대규모의 공동체라는 사실에 유의해 보자. 또한 익
명의 공동체라는 점도 국가의 특색이기도 하다. 따라서 시민들 사이의 유대관계
는 면대면(面對面) 관계에 입각한 '두터운' 관계라기보다 거래와 필요에 따른
'얄팍한' 관계라고 할 수밖에 없겠는데, 이러한 상황에서 '공익(public
interest)'이나 '공동선(bonum commune)'[16]에 대한 관심이 수렴되기란 힘들
다. 즉 국가권위가 공동선을 대변한다는 인식은 소공동체의 상황과 비교할 때
견지하는 것이 쉽지 않은 도전이다. 이 경우 '나'는 체감할 수도 없는 공익이나
공동선에 대하여 왜 승복해야 하는가 하는 의구심에 사로잡히게 될 듯하다. 두
말 할 나위 없이, 이러한 문제는 국가나 법 자체가 공공재라는 사실에서 파생되
는 전형적인 문제라고 하겠다. 국가의 권위 자체가 공공재라면, 개인 A의 입장
에서 특별히 국가의 권위에 승복할 이유도 없고 또한 승복하지 않는다고 하여
그 파장이 심각한 것도 아니다. 국가권위가 공공재로 투영되는 한, '내'가 국가
권위에 '무조건적으로' 혹은 '직견적으로' 승복할 이유를 확보하기란 거의 불

---

15) 전통적으로 '시장실패'는 공공재문제로 간주되어 왔다. 그러나 소득불평등의 문제, 혹은 공
적 투자의 왜소화문제도 시장사회가 안고 있는 문제가 아닐 수 없다. 이러한 관점에서 후자
의 문제를 '시장실패(market failure)'와는 구분되는 '시장결함(market defects)'으로 지
칭할 필요가 있다. 이와 관련하여 박효종(1998)의 논의를 참조할 것.

16) 공동선의 개념은 두 가지 관점에서 접근할 수 있다. 하나는 결집적 범주이며, 또 하나는 유기
체적 범주, 혹은 초월적 범주이다. 결집적 범주의 공동선은 공공이익(public interest)으로
지칭되기도 하며, 개인주의자들의 선호하는 개념이라면, 유기체적 범주나 초월적 범주의 공
공선은 공동체주의자들이 즐겨 사용하는 개념이다.

가능한 셈이다.

물론 국가의 권위를 공공재로 간주하는 경우, 국가의 권위에 '내'가 승복해야 할 '일정한' 이유를 도출해 내는 것이 전혀 불가능한 것은 아니다. 그것은 이미 공공재의 문제에 대한 일련의 기여의 논리가 성립할 수 있다는 점을 상기해 보면, 쉽게 이해할 수 있다. "티끌 모아 태산"이라는 준칙의 의미나, '나'의 협력이 공공재 산출의 문턱효과(threshold effect)를 낼 수 있으리라는 가능성, 혹은 '나'의 비협력으로 인하여 공공재 산출이 무산될지도 모른다는 '맥시민(maximin)' 사고(思考) 등은 모두 공공재로서 법에 복종해야 할 '일정한' 규범적 이유의 범주에 속할 수 있는 것들이기 때문이다.

그러나 그렇다고 해도 상기의 이유들은 모두 법에 복종해야 할 '일정한' 이유일 뿐, '절대적' 이유라고는 단언하기 어렵다. 문턱효과나 맥시민 사고든, 모두 불확실성이 깔려 있기 때문이다. 그것은 결국 법에 대한 직견적 복종의 논리가 '나'의 비용과 편익에 기초를 둔 합리적 계산방식에서는 도출될 수 없음을 보여주는 셈이다.

Ⅹ. 국가권위와 개인주의적 성향의 결과론적 정당화 논리의 한계

관행주의자들과 계약주의자들은 결과론적 관점에서 국가권위를 정당화시키고 있으며, 이 과정에서 개인주의적이고 수단주의적 정치비전을 공유하고 있는 것이 특색이다. 그러나 국가가 제공하는 혜택에 주목하는 결과론적 관점의 정당화를 받아들이더라도 개인주의적 철학과 수단주의적 정치관에 안주하는 한, 국가의 명령과 법을 무조건적 승복이나 직견적 승복의 대상, 혹은 권위를 지닌 현상으로 간주할 수 있는 정당성의 논리를 확보하기가 어렵다는 것이 본 연구의 소견이다. 물론 국가의 요구와 법을 반드시 권위적 현상으로 간주해야 할 이유는 없는지 모른다. 국가의 요구와 법에 복종해야 할 필요성을 '좋은 이유'나 '현명한 이유'로 간주할 수 있는 방안도 가능하지 않겠는가.

그러나 문제는 국가의 요구와 법에 복종해야 할 필요성을 '좋은 이유'나 '현명한 이유'로 간주하는 한, 국가가 주장하는 '최고의 권위'는 정당화되기 어렵다는 점에 있다. '좋은 이유'나 '현명한 이유'는 어디까지나 '수단적 합리성'에 부합하는 규범적 이유일 뿐, '나' 자신의 전적인 헌신이나 복종을 정당화할 수 있는 이유는 아니다. 그러나 국가의 권위는 '수단적 합리성'을 넘어 전인적이며 포괄적인 복종의 행위를 요구한다. 개인주의자들이 집착하는 자기이익과 수단적 합리성의 성격을 감안할 때, 국가의 권위와 요구를 적어도 복종에 대한 '직견적' 이유로 받아들이는 행위는 국가숭배의 행위나 과공(過恭)의 행위로 치부될지언정, 개인주의 철학이나 수단주의 가치와 부합하는 태도라고는 할 수 없다. 따라서 본의적 의미의 개인주의나 수단적 합리성에 입각한 결과론자라면, '과잉(過剩)충성'과 '과잉(過剩)헌신'으로 생각되는 국가에 대한 복종의 의무를 받아들일 수 없음은 당연한 일이다. 다시 말해서 국가의 권위를 구속력 있는 것으로 받아들이는 한, 그는 이미 '합리적 행위자 모델'에서 전제되는 개인주의나 수단주의, 혹은 결과론의 범주로부터 이탈한 셈이다.

상기의 지적이 국가권위와 개인주의적 합리성이 '규범적으로' 공존할 수 없다는 점에 초점이 맞추어져 있었다면, 이번에는 '사실적 차원'에서도 국가는 관행주의적 현상이나 계약주의적 현상이라고 단언하기 어렵다는 점을 강조해보자. 관행주의자들과 계약주의자들은 나름대로 가치 있으면서도 임의적 성격이 불가피한 '관행적 규범'을 만들고 혹은 '계약적 규범'을 만들 수 있는 힘이 국가권위를 정당화시킬 수 있는 요소가 된다고 상정하고 있다. 그러나 국가의 권위 없이도 관행과 계약이 만들어질 수 있고, 특히 비교적 보편성을 갖는 관행적 규범, 혹은 자율적인 공공재 생산이 가능하다면, 국가권위와 관행적 규범, 혹은 국가권위와 계약적 규범이 '직접적으로' 그리고 '필연적으로' 연계될 수 있는 것은 아니다.

그렇다면 관행주의와 계약주의가 사실적 차원에서 근본적으로 노정하고 있는 문제점은 무엇일까? 관행주의자들과 계약주의자들은 '나' 자신의 이익을 위하여 일관되게 선택하는 합리적 행위자의 행위를 '나'의 모형으로 설정하고 있다. 자기이익추구의 비전은 '나'에 관한 일차원적 비전이지만, 이른바 "삼손의 머리털을 깎는다"는 상징적 표현에 부합할 정도로, 합리적 행위자 모델의 매력과 강력함을 나타내주는 비전이기도 하다. 그러나 이 비전은 '내' 안에서 '착한 사람'과 '악한 사람'이 싸우고 있다는 성 바오로(St. Paul)의 비전이나, '나'의 영혼이 세 부분으로 나누어져 있다는 플라톤의 비전, 혹은 '나'는 '에고(ego)'

와 '이드(id)'로 나누어져 있다는 프로이트의 주장과는 달리, '나'를 '완벽하게 조화된 영혼(a well-ordered soul)'으로 상정하는 인간관이다. 즉 자기이익이라는 동기 하나에 집중되어 있는 만큼, '나'는 '내'안에서 깊은 내적 갈등도 없고 긴장과 억압도 없으며 정신분열 현상도 찾아볼 수 없는 존재로 상정되는 셈이다. 결국 '나'에게 있어 '의무'와 '욕구'는 동전이라는 하나의 현상의 앞뒷면과 유사한 것으로 전제된다. 이러한 합리적 행위자 모델의 단순성과 단일성이 매력을 갖고 있는 것은 사실이나, 복잡하기 짝이 없는 정치·사회현상을 설명하는 데 있어 현실성을 결여하는 흠결도 노정하는 한 원인이 된다는 점을 지적하지 않을 수 없다.

　강조하자면, 국가권위의 본질적 특성을 설명하는 데 있어서 합리적 행위자 모델이 지니는 제한점이라면, 합리적 행위자들이 '수단적 합리성'에 겨우 부합하거나, 혹은 '수단적 합리성'에도 훨씬 못미치는 현상임에도 불구하고 원래의 가치보다 과대포장하여 훨씬 더 많은 효용과 가치를 억지로 부여할 때, 비로소 국가는 서술적 의미에서 '계약적 현상'이나 '관행적 현상'으로 간주될 수 있다는 사실이다. 합리적 행위자의 모델에 부합하는 수단주의적 행동기준들은 기껏해야 '신중성의 원리'나 장기이익의 범주에 불과한데도 불구하고, 이들 기준들을 의무적(mandatory) 규칙이나 정언적(categorical) 규칙의 범주로 상정하는 것은 "절에 가서 젓국을 찾는다"거나 "나무로부터 고기를 구하려는" 연목구어(緣木求魚)의 상황을 방불케 할 만큼, 잘못된 적용사례가 아닐 수 없다. 그러나 일반적으로 '수단적 합리성'의 근본적인 한계를 인정하기를 꺼리는 합리적 행위자 모델의 속성을 감안할 때, 합리적 행위자들은 근본적으로 자신들의 이익과 손실을 잘못 계산하는 존재는 아니다. 그러므로 결국 합리적 행위자 모델에서 시도하는, 시민들에게 적어도 직견적 복종의 의무를 부과하는 국가권위에 대한 설명은 "비합리적이며 신비스러운 현상"으로 남게 되는 셈이다.

　물론 어찌 국가권위에 대한 현상만이 신비스럽겠는가? 합리적 행위자 모델은 시민 개인들의 투표행위에 대하여도 만족스럽게 설명할 수 없다. 민주사회에서 투표행위는 공공재의 문제이다. 유권자 A로서는 투표에 참여하기보다 기권하는 방안이 합리적이다. 다른 많은 사람들이 투표한다면, A는 투표에 참여하지 않아도 되고 다른 많은 사람들이 기권할 경우에 투표할 이유를 갖는 비겁자 게임의 속성을 지닌 공공재이다. 그뿐만 아니라 투표에 있어 부담해야 하는 비용은 결코 사소하지 않지만, 혜택은 사소하기 짝이 없다. 비용이라면 정보비용, 기회비용 등을 포함하여 상당하며, 혜택은 유권자의 수로 나누어야 하는 등, 지극히 미미하다. 그러나 그렇다고 해도 투표일에 많은 사람들이 투표에 참여하는 것이 현실인 점을 감안하면, 다수의 투표자들이야말로 합리적 행위자모델에서는 이득보다 손실을 감내하는 '비합리적 행위자'로 간주되어야 할 것이다. 그렇다면 결국 시민들의 투표행위는 개인주의적이고 극대화성향의 수단주의자들의 입장에서는 설명할 수 없는 '수수께끼'와 같은 현상으로 간주하는 편이 온당하다.

국가의 권위도 이와 마찬가지라고 생각된다. 국가권위의 구속성, 국가권위가 요구하는 무조건적 의무나 '직견적' 의무는 '나'의 수단적 혜택과 비용의 타산적(打算的) 범주에 배타적으로 의존하는 한, 완전하게 파악되기 어려운 신비스러운 현상이 아닐 수 없다. 이러한 현상을 구태여 '합리성'의 개념으로 설명할 수 있다면, '수단적 합리성(instrumental rationality)'보다는 '표현적 합리성(expressive rationality)'이라는 표현이 더 적합할 듯하다. 그러나 '표현적 합리성'은 합리적 행위자모델에서는 생소한 개념이 아닐 수 없다.

뿐만 아니라, 한 사회에서 일정한 규칙이 출현할 수 있다는 논리와 그 일정한 규칙이 구속력을 지니고 있다는 논리는 엄격히 구분될 필요가 있다. 한 사회에서 일정한 규칙이 나타날 수 있다는 사실은 얼마든지 구성원들의 상호이익(mutual interest)의 개념에 호소하여 설명가능하다. 그러나 구성원들의 상호이익의 개념에 입각하여 문제의 규칙에서 발견될 수 있는 자기이익의 합리성을 충분히 설명할 수 있다면, 구태여 사회적으로 규칙의 승복행위에 대하여 칭찬하고 규칙의 위배행위에 대하여 도덕적으로 비난하는 등의 유인체제(incentive system)가 작동할 필요는 없는 셈이다. 만일 규칙승복 행위에 대하여 칭찬하고 규칙위배 행위에 대하여 비난하는 제도가 존재한다면, 문제의 규칙 자체에 내재한 '수단적 합리성'을 고려할 때, '덧칠하는' 행위나 '사족(蛇足)'의 행위처럼, 중복적인 범주가 될 것이다. 문제의 규칙에 내재한 자기이익의 합리성이 충분하다면, 사람들이 규칙을 당연히 지킬 것이며, 지키지 않는 사람들은 바보가 될 텐데, 무엇 때문에 규칙승복 여부에 따라 칭찬과 비난을 해야 하겠는가.

공부나 독서의 문제도 마찬가지이다. 공부나 독서를 열심히 하는 행위는 이른바 "공부해서 남주나" 하는 반어적(反語的) 준칙이 시사하는 것처럼, 학습자나 독서자 자신에게 이득이 되는 일인데, 공부나 독서를 열심히 하는 행위에 대하여 구태여 학교나 사회단체에서 우등상이나 독서상을 주고 장려하는 이유는 무엇인가? 그 이유라면 "x는 나의 이익을 극대화시킨다"는 명제에 기반을 둔 수단적 '합리성'과 "나는 x를 이행해야 한다"는 명제에 기반을 둔 '규범성'은 일정 수준 연계는 될 수 있겠으나, 결코 동일한 것은 아니라는 사실에 있다. 이러한 지적이 유의미하다면, 특정 규칙이 사람들에게 이득을 주는, 수단적 합리성에 부합한다는 사실과 그 규칙이 구속력을 지닌다는 사실이 구분되어 조명되어야 한다는 점은 아무리 강조해도 지나침이 없다.

물론 사회적으로 유용한 규칙이 존재할 수 있고, 사회질서도 '수단적 합리성'이나, 유용성의 기준에 의하여 설명될 수 있는 부분이 적지 않다. 또한 이러한 설명방식은 다만 합리적 선택론자들뿐 아니라, 다수의 사회철학자, 공리주의자들에게도 저항하기 어려운 매력적 방식이었다. 특히 흄(D. Hume)을 비롯한 '규칙공리주의자(rule utilitarian)'들은 유용성과 효용의 원리에 입각하여 진실을 말하는 행위와 약속을 지키는 행위의 규범, 혹은 정의의 규칙들을 설명하고자 시도하였다. 이익에 기초한 수단적 합리성과 구속력을 가진 규범성의 연계는 얼마나 매력적인가. 사회적 규칙과 규범은 모든 구성원들에게 이득이 되기 때문에 '진화적으로 안정된 전략'이 될 수 있었다고 말할 수 있을 것이다. 또한 사람들은 수단적 혜택으로 인하여 상호간에 협력하는 법도 배우고 이타주의도 배우며, 자기자신의 욕구를 자제하는 법도 학습하게 된다는 주장도 유의미하다. 한 걸음 더 나아가, 사회는 자기이익과 수단적 혜택에 기초한 '협력적 구도(cooperative scheme)'의 산물이라고 할 수 있다.

그러나 국가권위는 다르다. 국가권위는 단순히 개인의 수단적 혜택이나 효용의 범주에 의해서만 해명될 수 있는 현상은 아니기 때문이다. 합리적 선택론자들은 물론, 규칙공리주의자들도 '나'에게 무조건적 의미나 적어도 직견적 의미의 복종을 요구하는 국가권위의 특성을 설명하는 대목에 이르러서는 당혹스러워할 수밖에 없다. 국가의 권위는 단순히 개인적 차원의 혜택이나 편익, 혹은 효용을 극대화시킨다는 수단적 합리성의 범주를 넘어서서, 무조건적이나 혹은 직견적으로 구속력을 지닌 현상으로 다가오고 있기 때문이다. 계약주의자들과 관행주의자들의 약점이라면, 국가권위를 구성하는 '주변적(marginal)' 요소인 수단적 합리성을 비교적 무난하게 설명할 수 있으되, 국가권위의 본질적 특성인 전인적 구속성이나 정치적 복종과 헌신의 규범적 의무는 유의미하게 설명할 수 없다는 점에 있다.

결국 계약주의는 관행주의와 마찬가지로, 국가가 주장하고 있는 독특한 정치적 권위를 부분적으로 해명할 수 있겠지만, 온전한 방식으로는 접근하기 어렵다. 계약주의와 관행주의는 일정한 형태의 사회질서, 즉 '상호혜택(mutual advantage)'에 입각한 사회질서만을 정당화시킬 수 있을 뿐, 국가권위에 의하여 대변되고 있는 독특한 위계적 사회질서를 충분히 설명할 수는 없다고 생각된다. 국가권위에 의한 사회질서는 무조건적 복종, 혹은 적어도 '직견적 복종'을 시민들에게 요구하는 사회질서가 아니겠는가.

이러한 관점에서 볼 때, 계약주의와 관행주의는 공히 국가권위에 의해 이루어지는 사회질서를 조명하되, 부적절하고 불충분하며, 불완전하게 조명하는 비전인 셈이다. 계약주의자들과 관행주의자들은 개인들에게 국가에 대한 복종행위를 '의무적인 행동'으로 치부하고 혹은 구체적인 법 혹은 국가명령과 관련하여 때때로 국가에 대한 복종의 의무를 요구하기도 하지만, 그 과정에서 제시하는 규범적 이유는 논리적으로 '필연적'이라기보다는 '우연적'인 것이다. 개인주의와 수단주의 및 결과주의를 전제하는 합리적 행위자 모델에 의존하는 한, 특정한 법에 대한 복종이 아니라, 모든 법에 대한 복종, 때로는 행위자의 목숨까지도 서슴지 않고 요구하는 국가권위를 정당화시킬 수는 없기 때문이다. 강조하거니와, 관행주의와 계약주의는 관행적 규범의 유용성과 공공재 산출을 위한 강제적 협력의 유용성을 '부분적'으로 입증할 수는 있다. 그러나 권위(權威)와 강제(强制)는 다르며, 권위(權威)와 관행(慣行)도 같지 않다는 점을 상기할 필요가 있다. 따라서 관행주의자들과 계약주의자들은 관행적 규범과 공공재 산출의 필요성만을 입증하는 것일 뿐, 이와는 반드시 같다고만은 할 수 없는 복종의 논리, 즉 '수단적 합리성'을 상회하는 전인적, 일반적 복종을 요구하는 국가권위의 필요성을 입증하는 것은 아니다. 이러한 문제는 관행주의나 계약주의 모델과 직접적으로나 간접적으로 연계되어 있는 어떠한 국가이론에 있어서도 공통적으로 발견되는 아킬레스건이라고 하겠다.

마지막으로 강조해야 할 점은 사회질서에는 한가지 유형만 존재하는 것이 아니라, 여러 가지가 가능하다는 사실이다. '관행 공동체'라고 해도 국가가 없는 관행 공동체가 가능하며, '계약 공동체'라고 해도 국가의 권위가 없는 계약 공동체가 가능하기 때문이다. 따라서 관행 공동체와 계약 공동체를 유의미하게 거론할 수는 있겠지만, 그 안에서 국가가 필요조건이나 충분조건이 되기에는 미흡하다. 이러한 의미에서 국가권위의 유무에 따라 관행 공동체와 비관행 공동체를 구분하는 관행주의자들이나, 국가권위의 유무에 따라 계약 공동체와 비계약 공동체를 구분하는 계약주의자들의 접근방식은 지나치게 단순하다고 하겠다. 즉 '국가가 있는 질서'냐, 혹은 '국가가 없는 혼란'이냐의 경직된 이분법보다, 질서의 여러 형태들 사이에 존재하는 차이에 주목할 필요가 있다는 사실은 '헌혈 공동체'나 '입양 공동체'의 존재가 입증하고 있다.

물론 이 가운데 국가에 의한 사회질서에 관한 한, 국가가 수많은 사람들에게 전인적 복종행위를 요구하고 있다는 점에서 독특한 점을 지니고 있는 것이 확실하다. 그러나 관행주의와 계약주의에 의하여 대변되는 수단주의적이며 일차원적인 개인주의와 편의주의, 및 쾌락주의는 적어도 직견적 복종을 전제하는 그러한 국가권위에 의한 사회질서를 요청하며 정당화시키기보다는, 오히려 국가권위에 의한 사회질서를 거부하며 무력화시키는 경향을 노정하고 있다는 점이 하나의 역설이다. 결국 관행주의자들과 계약주의자들의 비전에서 '수단적 합리성'의 범주를 상회하는 어떠한 헌신이나 복종의 행위도, 불필요하고 무의미한 '과잉헌신'이나 '과잉복종'의 범주로 치부되는 만큼, 개인들이 관행적 규범의 제정자나 공공재의 공여자로서 국가의 권위에 무조적으로 혹은 직견적으로 복종할 의무를 지니고 있다는 명제는 방어되기 어렵다고 하겠다.

제 10 장

공동체와 국가

제10장 공동체와 국가

Ⅰ. 예비적 고찰

　　지난 제 8 장과 제 9 장에 걸쳐 개인주의에 입각한 국가권위 정당화의 결과론적 논거를 다루었다면, 이번 제10장에서는 결과론적 접근방식을 취하면서도 관행주의와 계약주의와는 다른 철학을 지닌 공동체주의자(共同體主義者)들의 관점에 주목해 보자. 공동체주의자들은 플라톤, 아리스토텔레스, 헤겔 그리고 비트겐슈타인으로부터 지적 전통을 이어받아 개인의 삶의 계획과 목표, 개인의 가치 등, 개인 정체성의 본질적 요소들이 언어 공동체, 사회 공동체, 그리고 정치 공동체 안에서 수행하고 있는 개인의 역할에 의하여 구성된다고 주장한다. "인간은 본질적으로 사회적 동물"이며, 따라서 '나'의 정치적 복종의 의무는 '사회적으로 구성된 인간(a socially constituted person)'으로서, 개인 정체성(正體性)으로부터 기인하는 자연스러운 기능으로 간주된다. 그러므로 공동체주의자들의 입장에서 볼 때, 개인주의자들의 견해처럼, 국가에 대한 '나'의 규범적 관계가 '선택적'이거나 '우연적'이라고 단정하는 것은 잘못이다. '나'와 국가는 주의주의자들(voluntarist)이나 계약주의자들이 상정해온 바와 같이, 시장의 경제적 거래에서 상호간에 아무런 연고 없이 교환 행위에 연루되는 계약자들과 같은 입장이 아니다.

　　그런가 하면 '나'의 정치적 의무는 의무론적 성향의 비주의주의자(non-voluntarist)들이 강조하는 것처럼, '나' 자신의 외적 요소에서 기인한 의무로부터 도출되는 것도 아니다. '공정성에 대한 의무'나 '고마움에 대한 의무' 등의 범주로부터 '나'의 정치적 의무를 정당화하기는 어렵다는 것이 공동체주의자들의 입장이다. '내'가 공동체의 규칙에 복종해야 할 의무를 지니고 있다면, 그것은 바로 '내'가 공동체의 구성원이 된다는 사실로부터 자연적으로 파생되는 규범적 현상이라고 할 수 있다. '내'가 위치하고 있는 사회적 맥락을 고려할 때, 비로소 '내'가 어떠한 의무를 지니고 있는가 하는 문제가 자명해지는 셈이다. 그러므로 '내'가 공동체의 구성원이 된다는 사실을 도외시한 채, 혹은 그 이상으로, 정치적 복종에 관한 의무의 정당성문제를 규명하고자 한다면, 그것은 물어서는 안 되는 질문, 즉 우문(愚問)을 하는 셈이며, 혹은 논리적으로 대답할 수 없는 질문, 이른바 '자명(自明)한' 질문을 제기하는 것에 불과하다. 정치적 복종의 의무에 관한 질문은 마치 "인간이 동물과는 달리 왜 도덕적인 생활을 해야 하는가" 하는 물음이나, 혹은 "인간이 왜 인간답게 살아야 하는가" 하는 물음을 던지는 행위와 유사하다고 해야 할 것이다. 강조하자면, 정치적 복종의 의무에 대한 적절한 접근이라면, 개인의 의무를 정당화시키는 내생적 논리를 추구해야지, 외생적 정당화의 논리를 시도해서는 안 된다는 것이 공동체주의자들의 관점이다.

물론 그렇다고 해서 정치적 복종의 의무에 관한 공동체주의자들의 견해가 동일한 것은 아니다. 다양한 공동체주의자들의 견해는 크게 두 범주로 나눌 수 있다. 하나는 비트겐슈타인의 성향을 따르는 공동체주의자들로서, 정치적 의무는 특정 정치 사회에서 구성원의 자격과 '개념적으로(conceptually)' 연계되어 있는 이상, 시민 구성원의 자격은 자발적이거나 선택적인 범주가 아니며, 혹은 외생적 정당화의 논리와는 관계 없다는 입장을 취하고 있다. 또 다른 부류의 공동체주의자들은 아리스토텔레스의 비전을 따르고 있는데, 그렇다고 해서 비트겐슈타인의 입장과 대비되거나 상반된다고 하기보다는, 전자를 보충한다거나 부연 설명한다는 측면이 강하다. 아리스토텔리안들에 의하면, 정치 공동체는 인간의 자아 실현에 필수적이며, 자율성이나 자아, 가치관 형성과 같은 인간의 도덕적 능력의 계발에 본질적이다. 이처럼 국가 공동체는 정치적 존재로서 '나'의 정체성에 본질적인 기여를 하는 특성을 지니고 있기 때문에 자유롭게 선택된 것이 아니며, 혹은 '나'의 정치적 역할과는 독립적으로 구속력을 지니는 도덕적 원리나 도덕적 의무에서 기인하는 것은 아니라는 점에서, 비트겐슈타이니언들과 공통점을 공유하고 있다고 할 수 있다.

10장의 논의에서는 공동체주의자들의 통찰에서 드러나는 강점을 조명하면서, 그 취약점에 대해서도 주목할 것이다. 특히 문제점에 관한 한, 두 가지 사항을 부각시킬 예정인데, 무엇보다도 공동체 안에서의 '나'의 역할이 '나'의 정체

성을 규정하게 된다는 공동체주의자들의 기본 상정을 상당 수준 수용한다고 하
더라도, '사회적 역할'이 아닌 '정치적 역할'이 '나'의 정체성을 규정한다고 단
언하기란 쉽지 않다고 생각된다. 이와 관련하여 아리스토텔리안들의 비전과는
달리, "인간은 사회적 동물"이라는 명제로 표현될 수 있는 '호모 치비쿠스
(homo civicus)'와 "인간은 정치적 동물"이라는 명제로 표현될 수 있는 '호모
폴리티쿠스(homo politicus)'를 범주적으로 구분할 필요가 있다.[1] '사회적 동
물'이라고 할 경우, "인간은 외로운 섬이 아니다"라는 명제로 표현될 수 있는
'비유아성(nonsolipsism)', 비고립성과 결속, 유대, 협동적 관계의 필요성이 현
저하게 부각되지만, '정치적 동물'이라고 할 경우, '권위'와 '복종'의 관계가 두
드러진다고 사료된다. 문제는 권위와 복종 관계를 축으로 하는 '호모 폴리티쿠
스'가 '나'의 정체성의 유의미한 구성요소가 될 수 있을까 하는 점이다. 또한
다민족이 하나의 국가를 이루는 경우도 있고, 한 민족이 여러 국가를 이루는 경
우가 있다는 사실에 주목해 보면, '사회적 동물'과 '정치적 동물'은 동일한 내
포와 동일한 외연을 지니고 있는 개념이 아니라는 사실이 확연해질 듯하다.

한편, 두 번째로 공동체의 중요성을 인정하고 공동체의 정체성 규정의 역할
에 수긍한다고 해도, 개인의 정체성을 규정하는 공동체가 단수(單數)가 아니라
복수(複數)라는 사실은 흥미롭다. 국가 공동체는 유아독존의 형태로 군림하는
것이 아니라, 교회 공동체, 가정 공동체, 향토 공동체, 혹은 '사이버 공동체'등
과 더불어 존재하는 것이 현실이며, 이들 다양한 공동체들은 각기 '나'에게 공
동체의 목적에 부합하는 일정한 규범적 행위를 요구하고 있다. 이러한 상황에서
각 공동체들끼리 '나'한 개인의 헌신과 충성도를 두고 경합을 벌인다는 사실
이 각별히 지적될 필요가 있다. 이 점을 감안할 때, 국가 공동체에 대한 의무가
다른 공동체에 대한 의무보다 우선한다는 명제가 성립하기 위해서는, 국가 공동
체가 다른 공동체와는 비교할 수 없을 정도로 탁월한 결과를 산출하는 '최상의
공동체'나, 혹은 다른 모든 공동체의 주춧돌이 되는 '기본 공동체'라는 명제가

[1] '사회적 동물'과 '정치적 동물'은 일단 '시민(市民)'과 '국민(國民)'의 범주에 부합될 수 있
다고 생각된다. 물론 시민은 어원상 중세기의 도시국가를 지칭하는 라틴어의 civitas에서 나
온 개념으로 오늘날 널리 통용되고 있는 시민사회(civil society)보다는 독립적인 정치체
(polity)의 구성원으로 간주될 수도 있다. 그러나 '시민'의 개념은 그 자체로 정치성보다는
국가와 분리되는 사적 영역이나 자발적 집단의 범주를 의미하고 있다는 차원에서 '시민'과
'국민'은 분석적으로 구분될 수 있을 것이다. 그렇지만 이 구분은 절대적인 것은 아니며 본
논의에서 '시민'과 '국민'은 같은 의미로 사용되기도 할 것이다.

정당화될 수 있어야 할 것이다. 그러나 국가 공동체의 특성이 그 거대함과 익명성에 있다면, 보다 작은 공동체에서 음미할 수 있는 내밀성과 친근함은 부족하거나 부재할 수밖에 없다. 이처럼 내밀성과 친근함이 부재한 국가 공동체라면, 다른 소공동체에 비하여 정신적 우월성이나 도덕적 탁월성을 자부하기 힘들다고 단언할 수 있는 여지가 크며, 최고 선(summum bonum)으로서 국가권위의 결과론적 정당화를 시도하는 공동체주의의 아킬레스건이 아닐 수 없다.

결국 이번 제10장에서는 주의주의적 성향의 의무론자들이나 개인주의자들과는 달리, 정치 영역은 인간생활에 있어 선택적이며 비본질적 요소라는 명제를 거부하며, 정치적 복종의 의무를 정당화시키고자 하는 공동체주의자들의 접근 방식에서 묻어나는 매력을 음미하면서도, 국가 공동체가 '나'에게 적어도 직견적 복종과 헌신을 요구할 만큼, '최상의 공동체', 혹은 '기초 공동체'의 위상을 지니고 있는가 하는 문제에 관한 의구심이 엄존한다는 사실에 논의의 초점을 맞출 예정이다.

Ⅱ. 국가 공동체와 부부 공동체

지난 제8장과 제9장에서 지적한 바와 같이, 정치적 복종의 의무를 정당화 시키는 결과론적 논리로서 관행주의와 계약주의가 많은 흠결을 지니고 있음에도 불구하고, '내'가 시민으로서 국가 공동체의 권위를 존중하고 헌신할 의무를 지니고 있다고 말할 수 있는가? 이와 관련하여 한가지 답변이 가능하다면, 국가 공동체는 '이익 공동체'보다는 '정체성의 공동체', 혹은 '사익추구의 협회'보다는 '공공선의 공동체'의 성격을 지니고 있다는 점이다. 국가 공동체는 개인의 정체성을 규정해 주며 혹은 공공선(公共善)을 실현하는 장으로서 유의미한 공동체이기 때문에, 구성원으로서의 '내'가 정치적 헌신과 충성을 바쳐야 할 의무를 지니게 됨은 자명한 일이다. 국가 공동체가 시민으로서 '나'의 정체성을 구성한다는 사실은 '내'가 시민으로서 정치 공동체 안에서 비로소 자아실현을 하게 된다는 함의를 담고 있으며, 이 점은 특히 공동체주의자들이 천착해 마지않는 명제이기도 하다. 국가 공동체는 단순히 개인들이 자신들의 이익을 '수단적 차원에서' 추구하는 장(場)이 아니다. 여기서 우리는 "인간은 빵만 먹고 사는 존재가 아니다"라는 준칙을 음미할 필요가 있다. 오히려 보다 적극적으로 "인간은 형제를 돌보는 존재"라는 준칙이 돋보인다. 즉 국가 공동체는 '나'와 '네'가 공익과 공공선을 추구하고 상호간에 유대와 결속을 도모하며, 도덕적 완성을 실현하는 영역이라는 것이 공동체주의자들의 주장이다.

국가 공동체가 도덕적 탁월성(moral superiority)이나 '도덕적 우위(moral priority)'를 자부하고 있다면, 시민인 '나'로서는 수단적 합리성에 입각한 이해관계를 떠나 당연히 정치적 헌신과 충성을 바쳐야 할 의무가 있음을 인정할 수 있을 것이다. 민족혼과 시민 유대감을 불러일으키는 '도덕 공동체'로서의 국가 공동체는 일상적으로 다수결방식에 의하여 집단결정을 내리고 공공재를 공여하는, 이른바 수단주의적이며 편의주의적 발상이 두드러지는 '민주 공동체'와 구분될 필요가 있다. 시민들은 때때로 다수결 공동체의 결정방식과 결정내용에 대하여 시시비비를 가리고 반대와 저항도 하지만, 도덕 공동체로서의 국가 공동체에 관한 한, 신성한 것으로 간주하고 전적으로 승복해야 할 의무가 있다고 단정하는 경향이 짙다.

도덕 공동체로서 국가 공동체를 바라보는 정치적 비전과 관련하여 주목해야 할 기본적 관점이 있다. 무엇보다도 정치는 그 자체로 하나의 숭고한 목적을 가진 공적 영역으로 간주되어야 하며, 따라서 정치생활을 순전히 타산적인 '수단적 합리성'의 영역으로 이해하거나, 혹은 근본적으로 사적 목적을 달성하기 위한 공적 수단으로 접근하는 것은 잘못이라는 입장이다. 바로 이 점이 계약주의자들이나 관행주의자들의 정치비전은 물론, 지난 제5장에서 논의한 동의론자들의 정치관에 대하여 국가 공동체주의자들이 냉소적으로 평가 절하하는 이유이기도 하다. 우리가 관행주의자들이나 사회계약론자들의 비전과 달리, 아리스토텔레스나 루소의 정치비전, 혹은 볼린(S. Wolin)이나 아렌트(H. Arendt)의 통찰에 천착한다면, 정치생활은 '수단적 가치'보다는 '내면적 가치'를 지니고 있는 현상이라는 국가 공동체주의자들의 견해도 충분히 음미할 만한 명제라고 사료된다.

그런가 하면 관행주의자나 계약주의자 그리고 동의론자들은 정치생활의 구성 요건인 국가와 '나'의 규범적 관계를 구축하는 데 있어 공동체의 전통을 간과한 채, 개인의 자유의사와 선택, 동의 및 계약 등의 가치와 비중에 지나치게 의존하고 있는 느낌을 주고 있다는 것이 국가 공동체주의자들의 또 다른 불만이다. 특히 동의론자들과 사회계약론자들에게 있어 국가와 정치생활은 자연상태에 있던 사람들의 계약과 동의 및 합의에 의해서 비로소 '인위적으로' 만들어지는 셈이 아니겠는가! 그런데 엄밀한 의미에서 본다면, 사회계약론이나 동의론에서 발견되는 이 두 가지 흠결은 결코 우연적 현상이 아니다. 사회계약론자들은 바로 국가 공동체나 정치 공동체에서 이루어지는 생활과, 한편으로 자발적이며 임의적인 범주의 공동체에서 이루어지는 생활 사이에 존재하는 질적 차이를 적절하게 구분하지 못하고 있기 때문이다. 이 차이는 정치적 헌신이나 복종의 의무와, 한편으로 비정치적 헌신이나 복종의 의무를 구분하는 데 매우 중요하다. 규범적으로 조망했을 때, 순전히 자발적인 협회나 결사조직에 적합한 충성이나 헌신은 국가 공동체에 필요한 충성이나 헌신과 범주적으로 다르다. '내'가 테니스 클럽이나 헬스클럽에 속했을 때의 느낌과 의미는 '내'가 국가 공동체에 속했을 때 가지고 체험하게 되는 느낌과 충성, 및 헌신과는 상이할 수밖에 없기 때문이다. 그것은 '내'가 국가(國歌)와 교가(校歌)를 들었을 때, 혹은 국가(國歌)와 회사의 사가(社歌)를 들었을 때, 혹은 태극기(太極旗)와 회사의 로고를 보았을 때, 각기 상이한 느낌에 직면하게 되는 현상과 유사하다고 하겠다.

본 항목에서는 개인주의자들과 공동체주의자들의 정치비전에 관한 차이를 유의미하게 부각시키기 위하여 유비적 관점에서 결혼 공동체를 사례로 설명을 시도하고자 한다. 결혼 공동체란 무엇인가? 결혼 공동체에서 남편과 아내의 의무는 어떻게 정당화될 수 있는가? 결혼 공동체와 관련하여 전통주의자들은 하늘이 맺어준 인연을 강조해 왔다. 그러나 오늘날 대부분의 사람들은 하늘에 의한 인연보다 인간 사이에 맺어진 계약으로 결혼을 접근하고 있다. 이 점에서 오늘날 결혼 공동체는 하늘의 인연이나 신의 뜻과는 다른, 관행주의(conventionalism)에 의해서 정당화되고 있는 셈이다. 본 연구에서도 결혼과 관련하여 운명론이나 하늘의 인연보다는 관행주의를 받아들이는 편이 온당하다고 판단한다. 그러나 한편 결혼을 인간의 뜻의 결합으로 이해하는 관행주의의 타당성을 인정하면서도, '부모의 뜻'보다는 '당사자의 뜻'이 중시된다는 점도 강조할 필요가 있다. 그렇다면 부부의 상호의무는 어떻게 발생하는가? 이 점에 있어 주의주의적 의무론자나 개인주의적 결과론자의 입장은 다르며, 또한 개인주의적 결과론자의 입장 가운데에도 관행주의자와 계약주의자의 관점은 구별된다.

물론 주의주의적 의무론자인 동의론자는 부부의 상호의무 발생에 있어 '명시적 동의'가 핵심이라고 주장한다. 명시적 동의에 의해서 비로소 남편과 아내의 의무가 발생하며, 부부가 각기 명시적 동의를 하기 전에는 남편과 아내의 의무가 생기는 것이 아니라는 입장이다. 이러한 관점에서 결혼식장에서 주례와 만장한 하객 앞에서 이루어지는 신랑·신부의 공식적 서약행위는 중요하다. 신랑 신부의 공식서약이야말로 부부의 상호의무 발생에 있어 필요·충분조건이기 때문이다.

그러나 관행주의자들의 견해는 다르다. 관행주의자들은 비록 부부 상호간의 명시적 동의가 없어도 부부간 의무는 성립할 수 있으며, 한편 명시적 동의가 있어도 반드시 의무가 성립하는 것은 아니라고 역설한다. 즉 부부가 공식적으로 예식장에서 결혼식을 거행하지 않았어도, 혹은 두 사람이 증인 없이 냉수를 떠놓고 서로의 장래를 맹세했어도 결혼은 성사된 것이며, 상호의무도 성립된 것이다. 혹은 결혼식을 거행하지 않고 동거생활을 했어도, 실질적으로 법적 부부와 다름이 없고 상호간에 의무를 지게 된다는 입장이다. 그런가 하면 두 남녀가 서로 사랑하는 나머지 명시적으로 서약을 했다고 해도, 그 두 남녀가 동성동본에 해당되는 신랑·신부거나, 혹은 동성애자라면, 결혼은 성립하지 않고 의무도 성립하지 않는다는 것이 관행주의자의 입장이다. 또한 결혼의 의무에 있어서도 동의보다 관행적 규범이 중시된다. 특히 여자의 경우는 그 행위가 칠거지악에 해당되었으면 이혼 사유가 되고 혹은 여자가 아이를 낳지 못해 소박을 맞았다고 해도, 혹은 남편이 외도를 하는 등, 남편의 잘못이 명백하다고 해도, "여자는 시집가면 시집의 귀신이 되어야 한다"는 준칙에 의해서 남편을 하늘처럼 섬기고 사는 것이 여자의 도리이며 의무이다.

이러한 관점에서 볼 때, 관행주의자는 명시적 동의론자와 입장이 다를 수밖에 없으나, 묵시적 동의론자나 가상적 동의론자와는 유사한 입장이라고 할 수 있다. 묵시적 동의론자는 명시적 동의행위가 없어도 남녀가 동거를 했다면, 동의를 한 것으로 간주하며, 가상적 동의론자는 명시적 동의행위가 없어도, 남편과 아내가 각기 상호간에 합리적이며 순리적인 요구를 한다면, 그 요구에 응할 의무가 있다고 주장할 것이기 때문이다.

결국 여기서 강조하고자 하는 것은 관행주의자들은 명시적 동의가 '무의 상태에서부터(ex nihilo)' 비로소 모든 의무를 창출하는 것으로 보지는 않는다는 사실이다. 의무는 반드시 당사자의 명시적 동의에 의해서만 발생하는 것이 아니다. 즉 약속을 지킬 의무는 반드시 약속의 행위에서 나온다고 단언할 수 없듯이, 의무는 당사자의 동의 이전에 존재하는 하나의 규범으로 간주해야 한다는 것이 관행주의자들의 입장이다. 같은 맥락에서 당사자가 동의를 했다고 해도, 그것이 사회의 관행적 규범에 저촉이 된다면, 동의행위에서 의무를 추출할 수는 없는 일이다. 즉 청춘남녀가 서로 사랑할 때 사용하는 상징적 의미의 '사랑의 노예'라면 몰라도, 실제로 자원해서 어느 특정 남자의 노예가 되겠다는 의사표시나, 혹은 부모의 빚을 갚겠다고 채무자의 후처나 첩으로 들어가겠다는 동의는 무효로서, 부부간의 의무는 성립할 수 없다.

이에 반하여 관행주의자와는 또 다른 입장의 개인주의적 결과론자인 계약주의자는 결혼의 상호의무를 어떻게 도출해 내는가? 계약주의자의 기준은 결혼생활이 남편인 '나'에게, 혹은 아내인 '나'에게 과연 얼마나 실익이 있는가 하는 점이다. 비록 남녀간에 결혼식을 통하여 상호간 명시적 동의를 표시했다고 해도, 혹은 혼수교환 등, 사회적 관행을 지키며 결혼식을 올렸다고 해도, 남편이 매일 아내를 구타한다면, 혹은 남편이 무위도식하는 무능력자라면, 혹은 남편이 중병에 걸렸다면, 혹은 남편이 중죄를 지어 교도소에 갔다면, 아내로서는 결혼생활에서 얻을 수 있는 수단적 혜택은 별로 없는 셈이다. 이 경우 아내인 '나'는 "남보다 호강하기를 바라고 시집온 것은 아니지만, 끊임없이 계속되는 남편 뒤치다꺼리는 참을 수 없다"며, 아내의 본분을 유기할 수 있다. 물론 역으로 병든 아내는 남편에게 멍에가 될 수도 있을 것이다. 이 경우 홉스적 계약주의자라면, 실익이 없거나, 수단적 혜택이 없는 상황에서, 혹은 수단적 합리성을 충족시킬 수 없는 결혼생활에서 부부의 상호의무는 성립할 수 없다고 주장할 것이다.

그러나 관행주의자나 계약주의자들에 비하여 공동체주의자들의 입장은 특이하다. 두 남녀가 일단 어떤 방식으로든 부부의 인연을 맺었으면, 남편과 아내의 도리를 지켜야 한다는 것이 공동체주의자들의 견해이다. 남편과 아내의 도리나 의무는 이미 '남편의 역할'과 '아내의 역할'에 의해서 규정되는 것이기 때문이다. 공동체주의자들은 남편의 아내에 대한 도리나, 아내의 남편에 대한 도리가 어떻게 정당화될 수 있는가 하는 질문을 던질 수는 없다고 생각한다. 부부생활을 하고 있는 남편과 아내는 '그 자체로(ipso facto)' 각기 아내와 남편에 대하여 복종과 헌신의 의무를 지니고 있는 존재이기 때문에, 굳이 남편에게 어떻게 해서 아내에 대한 복종과 헌신의 의무를 지니게 되었는가 하고 묻는 것은 묻지 말아야 할 것을 묻는 것과 같은 어리석은 행위이며, 부조리한 질문이 아닐 수 없다.

당연히 남편된 자는 아내된 자에 대하여 복종하고 사랑하며 존중해야 하며, 모름지기 아내된 자도 남편된 자에 대하여 복종하고 사랑하며 존경해야 하는 것은 물을 필요가 없을 정도로 자명한 일이다. 결국 '남편의 역할'에서 '남편의 도리'가 비롯되고 '아내의 역할'에서 '아내의 도리'가 파생되기 때문에, 부부 공동체에서는 굳이 동의의 문제나 실익(實益), 혹은 수단적 혜택의 문제를 따질 필요가 없다. 비록 남편이 무능력자라고 해도 아내된 입장에서는 남편을 보살펴야 하고 아내가 죽을 병에 걸렸어도 남편된 입장에서는 정성을 다해 돌보는 것이 남편의 도리라는 것이 공동체주의자들의 주장이다.

그러나 개인주의자들은 이러한 공동체주의자들의 결혼관, 부부관에 관하여 부부의 역할을 맡기 이전의 '나'는 무엇인가 하는 의문을 가질 수 있을 것이다. 즉 '아내'로서의 역할과 의무, '며느리'로서의 역할과 의무 및 '어머니'로서의 역할과 의무만을 강조하게 되면, '아내'와 '며느리' 및 '어머니'로서의 역할 이전에 개인으로서 '나'는 무가치한 존재인가 하는 질문을 할 수 있지 않겠는가? 혹은 아내와 며느리, 어머니로서의 역할과 의무가 '나'에 있어 필연적 관계인가 하는 의구심에 사로잡힐 수 있을 것이다. 만일 필연적 관계가 아니라고 한다면, "왜 아내로서의 의무나 며느리로서의 의무가 '나'의 의무가 되어야 하는가?" 하는 의문을 가질 수 있을 것이다. 이러한 의문들은 특히 아내의 역할이나 며느리의 역할이 억압적이거나 불공정하다고 느껴질 때 제기할 수 있는 질문이 아니겠는가!

이제까지 유비적 관점에서 부부의 의무에 대하여 의무론자와 결과론자, 및 개인주의자와 공동체주의자들의 견해를 점검해 보았거니와, 문제의 논리들이 국가에 대해서도 별 무리 없이 적용될 수 있으리라고 생각한다. 동의론자나 관행주의자 및 계약주의자들은 공동체주의자들의 입장과는 달리, 개인주의적 논리를 통하여 복종의 의무를 근거지우고 있는 것으로 보인다. 하지만 '나'의 가장 중요한 의무라고 볼 수 있는 국가 공동체에 대한 헌신의 의무를 주의주의적 의무론자들의 주장처럼, 단순히 '나' 자신의 자유의사에 대한 결과로만 이해하는 것은 온당치 못하다. 왜냐하면 동의의 형태와 결과에 내재하고 있는 사회적 측면을 경시하고 있기 때문이다.

뿐만 아니라 '내'가 국가로부터 받는 수단적 혜택에만 중점을 두는 것도 잘못이다. 국가 공동체에 헌신하는 '좋은 시민'이 되어야 할 의무가 있다면, 그 것은 바로 정치 공동체에서 시민자격이나 시민정신, 혹은 '시민된 도리'를 구성 하고 있는 요소들이다. 여기에서 한 걸음 뒤로 물러서서 국가 공동체가 존재하 지 않는 무정부상태나 자연상태를 상정한 후, 이로부터 질문을 던지며, '내'가 국가 공동체에 대한 헌신의 의무를 가지고 있는가 하고 묻는 것은 우문(愚問) 이며, 다시 말해서, 묻지 말아야 할 내용을 질문하는 것에 불과하다. 그것은 이 미 지적한 바와 같이, 부부생활을 하고 있는 남편 A에게 어떻게 해서 아내 B에 대한 헌신의 의무를 지니게 되었는가 하고 묻는 것처럼, 우스꽝스러운 질문이기 때문이다. 국가 공동체에 대한 헌신과 복종의 의무는 시민으로서 '나'의 정체성 에 해당하는 것이며, 이러한 의미에서 '내'가 직면하고 있는 '나'의 구체적인 상황과 조건들에 선행하는 것이다. 그렇다면 정치적 복종의 의무는 동의론자들 이나 관행주의자, 계약주의자들이 이해하고 있는 것보다 훨씬 더 포괄적인 성격 을 띠게 되어 한 정치 공동체에 시민이 되었다는 사실, 혹은 '시민의 역할'을 별다른 이의 없이 받아들이는 사람들에게 해당된다고 하겠다. 즉 시민이 되었다 는 사실에 근거하여 시민역할에 부합하는 가치를 부각시킨다면, 동의의 행위나 관행적 규범제정, 및 공공재 문제해결 등, 수단적 혜택에 의존하지 않고도 정치 공동체에 대한 헌신의 의무를 설명할 수 있는 셈이다.

그러나 그럼에도 불구하고 정당화의 문제가 깨끗하게 해결되었다고 볼 수 는 없다. '시민으로서의 의무'가 어떻게 해서 '나의 의무'가 되는가 하는 문제 가 남아 있기 때문이다. 그것은 다시 말해서 시민으로서의 의무가 성립되는 시 민의 역할을 '내'가 어떻게 해서 맡게 되었는가 하는 문제로서, 일반적으로 결 혼한 부부가 상호의무를 갖는다고 해도, 그 의무가 왜 갓 결혼한 신랑인 '내'게 도 의무가 되는가 하는 문제로 비유될 수 있을 것이다.

Ⅲ. 사회적 역할과 의무

현대의 공동체주의자들은 시민으로서의 역할이 '나'의 정체성(正體性)을 규정한다고 주장한다. 이 명제가 정치적 복종의 의무와 관련하여 매우 강력한 근거를 제공하고 있다는 사실은 관행주의자나 계약주의자들의 입장과 비교할 때 확연해진다. '국민된 도리'나 정치적 복종의 문제를 선택의 범주로 접근하는 것이 동의론자 등, 주지주의적 의무론자들이나, 관행주의와 계약주의 등, 개인주의적 결과론자들의 기본 관점이기 때문이다. 이에 대하여 공동체주의자들은 동의론자들이나 사회계약론자들의 견해와는 달리, '국민된 도리'나 정치적 헌신을 '선택 가능한' 범주로 간주하지 않는다. 혹은 보다 엄밀한 의미에서 정치적 의무가 선택적이 아니라는 표현도 적절치 않다. 공동체주의자들의 입장을 감안할 때, 정치적 복종과 헌신의 정당화 문제를 거론하는 것 자체가 정의로운 국가 공동체 안에서 생활하고 있는 '내'가 정치적 복종과 헌신의 의무로부터 자유로워질 수 있다는 가능성을 열어 두고 있기 때문이다. 그러므로 이러한 가능성을 원천적으로 봉쇄하고자 하는 철저한 공동체주의자들은 공동체 구성원의 자격을 국민의식이나 시민의식으로 규정하는 이상, 국가 공동체에 대한 헌신과 충성은 비선택적 가치가 될 수밖에 없다고 강조한다.

공동체주의자들에 의하면, '나'의 정체성은 '나' 자신이 맡고 있는 역할에 의하여 구성된다. 시민으로서 '나'의 정체성은 정치사회에 있어 구성원자격(membership)에 의하여 구성되는데, '나'의 정치적 의무는 이러한 역할과 '개념적으로' 혹은 '실제적으로' 연계되어 있어 '역할'에서 '의무'가 도출되게 마련이다. 다시 말해서 시민의 역할은 '제도적 역할(institutional role)'이라고 할 수 있다. 한 걸음 더 나아가, '시민의 역할'에서 '시민의 의무'를 도출해 내는 문제의 접근방식은 시민 개인이 본질적으로 '정치적 동물'임을 전제하고 있다. 또한 이러한 입장은 부분적으로나마, 플라톤의 『크리톤』에서 음미할 수 있겠는데, 소크라테스는 국가의 명령에 복종할 이유와 관련하여 "국가에 속한다는 사실이 오늘날의 소크라테스를 만든 요소"라고 갈파하고 있기 때문이다.

이 맥락에서 정치적 의무를 비선택적 가치로 상정하는 공동체주의자들이 천착하는 가장 중요한 명제가 "인간은 사회적 동물"이라는 점을 강조해 보자. 이것은 본질적으로 아리스토텔레스적인 명제를 상기시키지만, 한편으로 단순한 사회성의 명제를 뛰어넘어, 루소의 '일반의지'에 입각해 살고 있는 공화정의 시민들을 방불케 한다고 하겠다. 즉 '인간은 섬'이 아니며, 로빈슨 크루소처럼 살 수 있는 존재가 아니라는 함의를 한 단계 상회하여, 인간은 '정치사회(political society)'의 일원으로 생활할 때, 비로소 '최고의 선(summum bonum)'을 성취한다고 주장하고 있는 셈이다.

　'나'는 사회적 존재로서 특정한 정체성을 갖는데, 이 정체성은 역할에서 기인한다. 또한 '나'는 때때로 다수의 상충하는 역할을 갖게 된다. 물론 '나'의 역할이란 대체 가능한 것이며, 사회적 관계를 가능한 것으로 만드는 요소이다.[2] 이러한 관점에서 볼 때, 공동체주의자들에게 있어 "나는 누구인가(Who am I)" 하는 질문은 "나는 무엇인가(What am I)" 하는 질문과 필수불가결하게 연계되어 있고, 특히 "나는 무엇인가" 하는 질문은 "나는 누구인가" 하는 질문보다 선행한다. 실제로 "나는 무엇인가" 하는 질문에 대해서는 거의 무한대의 정체성으로 답변할 수 있다. '나'는 운동선수이고 음악애호가이며 또한 동물보호주의자이고 독서를 좋아하는 사람이다. 그런가 하면 '나'는 중산층에 속하는 40대의 남성이며, 대학 교육을 받은 사람이고 서울이 고향인 사람이다.

　그러나 물론 '내'가 맡게 되는 이 모든 역할과 정체성이 '나' 개인에 있어서나 국가 공동체에 있어 등가의 중요성을 갖는 것은 아니다. 어떤 정체성은 시간의 흐름과 더불어 덧없이 지나가 버리는 것이 있는가 하면, 지속적인 성격을 갖는 정체성도 있다. 예를 들어 '나'는 육식주의자였지만, 세월이 가면서 어느덧 채식주의자로 바뀌었다. 그런가 하면 '내'가 남자라는 사실은 성전환수술을 하기 전에는 그렇게 쉽게 바뀔 수 있는 정체성이 아니다. 그렇다면 우리는 작고 사소한 역할이나 수시로 변하는 무상하기 짝이 없는 역할보다는 크고 중요한 역할, 혹은 지속성을 갖는 역할과 정체성에 관심을 가질 필요가 있다. 순간순간 변하는 '나'의 정체성은 국가와의 관계에서 '내'게 별로 의미가 없기 때문이다. '내'가 개고기를 좋아한다고 해서 국가가 개고기 식용판매를 법으로 금지하지 않는 한, 그것이 국가에 대한 '나'의 규범적 관계에서 별로 유의미한 함의를 갖는 것은 아니다. 그렇다면 국가와의 규범적 관계에서 중요한 함의를 지니는 '나'의 정체성과 역할은 무엇일까. 이에 대하여 공동체주의자들은 '내'가 시민으로서 정치 공동체의 구성원이 되었다는 사실에 주목한다. '나'는 단순히 가정 공동체의 구성원이나 교회 공동체의 구성원의 범주를 넘어서서, '정치사회'의 구성원이 되었으며, 국가 공동체 구성원의 역할에서 정치적 의무가 기인한다고

---

2) 이 점에서 공동체주의자들의 입장은 파슨즈(T. Parsons) 등, 구조 기능주의자들의 입장과 유사하다. 구조 기능주의자들은 사회를 '사람들의 집합'이라기보다는 '역할의 집합'으로 간주하고 있기 때문이다.

주장한다.

이 맥락에서 우리는 중요한 질문에 봉착한다. '역할'에서 '의무'가 파생될수 있는가? 이 질문과 관련하여 일단 유교의 정명(正名)사상은 매우 시사적이다. 공자는 이미 『논어』의 안연편에서 "임금은 임금다워야 하고 신하는 신하다워야 하며, 부모는 부모다워야 하고 자식은 자식다워야 한다(君君臣臣父父子子)"고 설파함으로써 '역할'에서 '의무'를 정당화시키고 있다. 유학도들의 정명사상이야말로 '역할'과 '의무'를 연계시키는 공동체주의자들의 비전에 부합한다고 하겠다. 공동체주의자들이 개인의 정체성과 역할을 강조하고 있는 이유는 그것이 의무와 직결된다고 믿고 있기 때문이다. 즉 부모로서의 정체성에서 자녀에 대한 의무가 나오며, 학생의 정체성에서 공부를 해야 할 의무가 나오는 셈이 아니겠는가. 그러나 본 맥락에서 짚고 넘어가야 할 사실이 있다. 정체성이나 역할은 하나의 '사실'에 불과하며, 의무는 실천해야 할 '규범'이라고 규정할 수있다는 점이다. 이미 흄(D. Hume)은 '사실적 명제'에서 '규범적 명제'가 나올수 없음을 명백히 지적한 바 있다. '내'가 담배를 좋아한다는 사실에서 담배를 좋아해야 할 재화로 간주할 수 없으며, 많은 사람들이 거짓말을 하고 부정부패를 저지른다고 해서, 거짓말을 하고 부정 행위를 저지르는 것이 정당화될 수는 없는 일이다. 이러한 흄의 명제를 받아들일 때, 문제가 되는 것은 '내'가 특정한 역할을 맡고 있다고 해서, 그로부터 규범적 성격의 의무나 직무를 도출하거나 규정하기 어렵다는 사실이다. 즉 '내'가 '부모'라고 해서 왜 '자녀'를 돌보아야 하는지, 혹은 '며느리'라고 해서 왜 '시어머니'에 대하여 공손한 태도를 보여야 하는지, 부모로서의 의무나 며느리로서의 의무를 정당화시키기란 쉽지 않은 일이다.

이 문제와 관련하여 서얼(J. Searle 1964)의 해법은 인상적이다. 서얼은 '사실'과 관련하여 두 가지로 구분하고 있다. 하나는 '조야한 사실(brute fact)'이며, 또 하나는 '제도적인 사실(institutional fact)'이다. '조야한 사실'이라면, '내'가 사탕을 좋아하고 '나'는 대머리이고 혹은 '나'는 빨간 색을 좋아한다는 점에서 드러난다. 이러한 사실들로부터는 의무의 개념이 나올 수 없다. '내'가 대머리라는 사실로부터, '내'가 '대머리 협회'에 가입해야 할 의무를 추출할 수는 없는 일이다. 그러나 '제도적 사실'은 다르다. '내'가 특정한 사회적 역할을 맡고 있다는 점에서 그에 상응하는 책임과 의무가 따른다고 할 수 있다. 혹은 안스코움(G. E. M. Anscombe 1958)의 통찰도 유용하다. '내'가 식품점에서 물건을 사고 값을 지불하지 않았다는 '사실'은 '내'가 식품점 주인에게 빚을 지고 있음을 의미한다. 따라서 '나'는 빚을 갚아야 할 의무가 있다. 이러한 주장들이 설득력을 가진다면 '사실'에서 '당위'가 나올 수 있다. 그러므로 일단 비트겐슈타인의 관점에 주목할 때, 어떤 역할을 맡았다는 사실에서 일정한 의무를 도출해 낼 수 있다고 하겠다. 그러나 이것이 문제의 종결은 아니다. 왜냐하면 개인이 역할을 수임한 경우, 어느 정도의 의무를 지게 되는가 하는 문제는 쟁점이 될 수 있기 때문이다. 따라서 앞으로 주목하고자 하는 점은 특히 역할 수임이 비자발적인 경우, 과연 어느 정도의 의무를 역할 수임자가 감당할 수 있는가 하는 점이다.

이와 관련하여 공동체의 구성원이 되었다는 사실, 혹은 공동체 구성원의 역할을 수임했다는 사실이 어떠한 의미를 갖는지 반추해 볼 필요가 있다. 여기서는 특정 역할과 그 역할에 따른 도리나 의무와의 관계가 관심의 대상이다. 일단 우리는 비트겐슈타인 통찰에 매료된 공동체주의자들의 주장에 따라 어떤 사회적 역할은 개인이 비록 '자발적으로' 받아들이지 않았다고 하더라도 의무를 유발시킨다고 생각해 볼 수 있다. 물론 주어진 역할을 받아들였다고 해서, '어느 정도'로 자발적인 것인지는 쟁점이다. 전쟁시 결사대에 자원하는 것은 자발적이다. 그러나 일단 자발적으로 역할을 수임했다면, 그 역할에 따르는 의무는 반드시 수행해야 할 것이다. 그렇지만 한편으로 그렇지 않은 비자발적 역할도 있다. 징집된 군인과 같은 사회적 역할이 그 사례이다. 시민 A는 군인이 되기를 자원한 것은 아니었으나, 국가비상사태에 직면하여 혹은 병역의 의무를 이행하기 위하여 자신의 뜻에 반하여 군인이 되어야 했다. 그러나 그 경우에도 A는 수행해야 할 의무가 있다고 말할 수 있지 않겠는가! A는 군인의 의무와 본분을 충실히 준수해야 할 것이다.

물론 징집된 군인 A의 경우와는 상이한 비자발적 역할의 경우도 있다. 공직자 B의 경우를 보자. 공직자가 된 B는 '노블리스 오블리지(noblesse oblige)'로서 일반 시민들보다 더 엄중한 도덕적 의무를 지니고 있다고 하겠다. 어려운 일에 보다 솔선수범하고 공익과 공동선을 앞세우며 자기 희생을 마다하지 않는 정신이 필요하다. 또한 대 일본 축구전에서 활약이 대단하여 일약 '청소년들의 우상'으로 떠오른 운동선수 C는 어떤가? C는 비록 자발적으로 '청소년들의 우상'이라는 역할을 맡은 것은 아니나, 그렇다 하더라도 우상이 된 이상, 말과 행동을 통하여 청소년들에게 좋은 모범을 보여야 할 의무를 갖고 있다고 하겠다. 이와 유사한 경우는 적지 않다. 강간을 당해 강제로 아이를 임신한 여자 D의 경우, 본인의 뜻에 반하여 '원하지 않은 어머니'가 된 것은 사실이나, 수태한 자식에 대한 도리와 의무를 가지고 있다고 할 것이다. 혹은 미혼모 E의 경우나 피임을 했음에도 원하지 않는 임신을 한 부인 F의 경우도 마찬가지이다.

여기서 중요한 것은 비자발적 역할 수임의 경우에도 의무를 갖게 되는 것은 그 역할 자체를 수임했다는 사실에서 비롯된 것은 아니라는 점이다. 물론 그러한 역할을 수임하게 된 사람들의 입장에서 보면, 역할수임이 어떠한 의무를 수반하는가를 알려주는 '지시적' 기능을 수행하기는 하겠지만, 그럼에도 불구하고 그러한 의무와 도리의 근거가 무엇인가 하는 점을 설명한다는 의미에서 정당화의 기능은 수행하기 어렵다. 다시 말해서 역할에 입각한 의무와 관련하여, 왜 문제의 의무가 구속력을 가지는가 하는 의문이 제기되면, 역할과 독립적인 설명을 시도하는 것이 가능하기 때문이다. 그러나 문제의 설명은 그 역할 수임이 자발적으로 이루어졌는가 하는 점에 기초하고 있는 것은 아니다. 『콩쥐팥쥐』의 우화에서 나타나는 것처럼, 팥쥐의 엄마가 콩쥐의 의붓엄마가 된 것은 자발적인 선택은 아니다. 팥쥐의 엄마는 콩쥐의 아버지를 좋아했기 때문에 결혼한 것이지, 콩쥐의 의붓엄마가 되기 위해 콩쥐 아버지와 결혼한 것은 아니기 때문이다. 그러나 그렇다고 하더라도 팥쥐의 엄마는 콩쥐를 친딸처럼 대우할 의무가 있지 않은가?

그러나 실상 비자발적으로 수임한 역할이 어느 정도의 의무를 부과하는가 하는 문제와 그 정당성의 근거가 무엇인가 하는 점은 쟁점이 아닐 수 없다. 비자발적으로 수임한 역할이 어느 정도의 의무를 부과할 수 있는가 하는 문제와 그 정당성의 근거에 대하여 그린(L. Green 1988, 211-12)의 지적에 따라 두 가지로 접근할 수 있다. 우선 관련된 의무가 너무 과중한 것이 아니어야 한다는 점이다. 이 점에서 자발적 역할에서 기인하는 의무와 비교해 보자. 119구조대의 일원이 되어 산 정상에서 조난당한 사람을 구조해야 한다고 할 때, 태풍이 사납게 몰아치는 상황에서 목숨을 무릅쓰고 헬기를 타고 구조해야 할 의무까지 지고 있는 것은 아니다. 적어도 태풍이 가라앉을 때까지 기다리는 편이 온당하다. 자발적으로 수임한 역할에서도 이처럼 목숨을 거는 과중한 의무를 부과할 수 없다면, 비자발적으로 수임한 역할에 대해서는 더 말할 나위가 없다. 바이블에서 '착한 사마리아인(good Samaritan)'은 강도를 당한 사람을 부축하여 병원에 데리고 가 모든 비용을 부담했을 뿐 아니라, 추가비용조차 지불할 용의까지 표명했지만, 일반적으로 사고를 당한 사람을 병원으로 데리고 갈 의무는 있으나, 치료비용까지 부담할 의무는 없다. 누구든지 자원해서 삼촌이나 고모가 되는 경우는 드물다. 그래도 때때로 조카를 보살피고 귀여워해 줄 작은 의무, 혹은 조카의 생일날 생일선물을 사주고 영화구경을 시켜 줄 정도의 의무만으로 충분하다. 조카의 부모가 불의의 사고로 사망했다고 해서, 조카를 자신의 자식처럼 맡아 양육할 의무가 있다고 주장할 수는 없는 일이다.

그런가 하면 두 번째로 역할 그 자체에 비자발적으로 의존하고 있는 사람들에게 매우 커다란 혜택을 줄 수 있는 경우에 일정한 의무가 성립한다고 말할 수 있다. 예를 들어 H.O.T.나 오빠부대의 우상이 된 인기 있는 농구선수는 청소년들에게 미치는 영향을 고려하여 다른 어떤 사람보다도 마약이나 대마초를 멀리해야 할 의무가 있다. 혹은 유명 탤런트라면 일반 시청자들에게 미치는 영향을 감안하여, 자동차운전면허증을 브로커를 통하기보다는 정식으로 딸 필요가 있다. 혹은 공직자의 부인들이라면 일반 시민들에 미칠 파장을 고려하여 다른 가정주부들보다도 과소비를 자제하고 검소한 생활을 해야 할 의무가 있다. 따라서 이 두 가지 고려사항들을 종합해 보면, 의무가 그다지 과중하지 않고 역할수행에 따르는 파급효과가 심대할 때, 비자발적인 역할이라고 하더라도 역할에 입각한 의무가 부과된다고 볼 수 있을 것이다.

관심의 초점은 이 같은 논리가 민주시민으로서 '나'의 사회적 역할에 적용될 수 있을까 하는 점이다. 무엇보다 '내'가 시민이나 국민이 됨으로써 초래되는 국가 공동체에 대한 헌신의 의무와 도리는 결코 사소하다고 말하기 어렵다는 점이 문제이다. 국가 공동체는 '나'에게 생사의 문제처럼, 중차대한 신상문제라도 이를 압도할 만한 최종결정권을 가지고 있다고 주장하고 있기 때문이다. 적어도 국가 공동체의 시민이라면, '나'나 혹은 누구를 막론하고 과세와 병역에 관한 의무를 가지게 마련이다. 실상 이 두 가지 의무만으로도 국가는 '나'와 관련된 매우 중대한 사안에서 상당한 희생을 요구한다고 하겠다. 시민 A가 프로운동선수로서 막대한 돈을 벌고 인기를 누릴 수 있는데, 왜 군대에 가서 '금쪽같은' 2년을 낭비해야 하겠는가! 혹은 기업가 B는 피땀어린 노력으로 돈을 벌었는데, 왜 상당액을 세금으로 국가에 바쳐야 하겠는가! 뿐만 아니라 국가 공동체는 특정 지역을 그린벨트나 상수원 보호지역, 혹은 문화재 보호구역으로 지정함으로 시민 C의 재산권도 때때로 심각하게 제한하고 있다. 물론 이 경우 국가 공동체가 부과하는 그러한 의무와 요구를 시민의 입장에서 비록 비자발적으로나마 수용함으로써 얻어지는 이득이 크다고 정당화시킬 수 있다. 그러나 중요한 점은 시민의 역할을 수임한 사람들이 문제의 국가 공동체의 요구를 '의무'라고 생각하지 않는 한, 납세나 병역의 행위가 이루어지리라고 기대할 수 없다는 사실이다. 즉, 국가 공동체에서 한 개인의 무임승차행위는 충분히 정당화될 수 있기 때문이다. 다른 시민들이 세금을 잘 내고 군대를 잘 간다면, 시민 A는 세금을 포탈하거나 병역을 기피해도 무방하다. 어차피 시민 A의 기여나 협력에 의하여 국가 공동체의 공공재가 필연적으로 산출되는 것은 아니기 때문이다. 공공재의 산출은 '나' 자신의 기여보다는 오히려 다른 시민들의 기여나 협력에 달려 있지 않은가! 이것이 바로 전형적인 집단행위의 문제(collective action problem)이며, 공공재의 문제이다. 즉 "아홉 마리의 소로부터 털 하나를 빼내는," 이른바 구우일모(九牛一毛)의 상황처럼, '나' 혼자가 병역의무를 기피한다고 해서 그 파장은 큰 것이 아니다.

결국 시민이 되었다거나 국민이 되었다는 사실, 즉 시민의 역할이나 국민의 역할에서 정치적 헌신에 대한 의무의 개념을 추출하기가 어렵다면, 정치적 헌신의 국민된 도리를 구성하는 정당한 조건과 관련하여 공동체주의자들은 예를 들면 제5장에서 논의한 바 있는 동의론자들로부터 도움을 받아야 할 것이다. 즉 국가에 대한 복종의 의무는 엄중한 만큼, 시민자격(citizenship)보다 동의의 행위에서 나올 수밖에 없다는 뜻이다. 하지만 공동체주의자들은 동의론자들에게 구원을 요청하거나 동의론자의 입장으로 선회하기보다, 본질적으로 역할을 수임하는 도덕적 행위자(moral agent)의 문제를 규명하고자 한다. "국가에 복종의 의무를 지고 있는 사람은 과연 누구인가" 하는 질문이 그것이다. 문제의 핵심은 이미 지적한 바와 같이 더 이상 나누어질 수 없는 개체성(individuality)의 소유자로서, '내'가 중요한가, 그렇지 않으면 특정한 사회적 역할을 맡고 있는 정체성(identity)의 소유자로서 '내'가 중요한가 하는 문제이다. 이것은 다시 말해서 "내가 누구인가(Who am I?)" 하는 물음과 "내가 무엇인가(What am I?)" 하는 물음 가운데, 어떤 것이 더 중요한 물음인가에 관한 문제이기도 하다.

이 문제와 관련하여 롤즈(J. Rawls)에 대한 샌델(M. Sandel)의 비판을 상기할 필요가 있다. 샌델에 의하면, 현대 자유주의자들이나 사회계약론자들이 상정하고 있는 개인주의는 '자아'를 우연히 갖게 된 '목적'보다 선행하는 것으로 간주한다는 점에서 문제가 있다. 즉 사회계약론자들은 국가 공동체에 대한 정치적 헌신의 의무를 논의하면서, 실은 '공동체에 부담 없는 자아(unencumbered self)'를 상정하고 있는 셈이다. 개인 A는 일단 사회와 유리된 상태에서 협력의 국가 공동체를 만드는 프로젝트에 동의할 것인가 말 것인가를 예의 고려하고 있기 때문이다. 그러나 이처럼 '부담 없는 자아'를 주장하는 것은 사회와 공동체에 무책임한 개인을 전제하는 것으로서, 바람직하지 못한 개인주의를 조장할 위험조차 배제할 수 없다는 것이 샌델의 의견이다.

엄밀한 의미에서 개인은 '공동체에 대해서 부담을 갖는 자아(encumbered self)', 혹은 '일정한 공동체에 속하게 된 자아(situated self)'를 소유하고 있다. 한국 사회에서 통용되는 이름을 보면 반드시 김씨, 이씨, 박씨, 등 성(姓)씨가 붙게 마련이다. 문제의 현상은 단도직입적으로 말해 개인이 김씨, 이씨, 박씨 가문(家門)에 '부담을 갖는다'는 의미가 아니겠는가! 뿐만 아니라, '나'는 한 남자의 아내이고, 두 자녀의 어머니이며, 또한 시어머니를 모시는 며느리이다. 이러한 다양한 역할의 '나'에게는 공동체 안에서의 역할과 그 역할에 수반된 의무를 수행해야 한다는 의미가 담겨 있는 셈이다. 그럼에도 '부담 없는 자아'를 주장한다면, 풍요한 공동체적 특성, 비록 우연적으로 갖게 된 특성이긴 하지만, '나'와는 떼래야 뗄 수 없는 소중한 '나'의 삶의 편린들, 혹은 '또 다른 나', 즉 '알텔 에고(alter ego, another I)'라고 할 수 있는 요소들을 평가절하하는 결과를 가져오게 마련이다. 그러나 이러한 샌델의 개인주의에 대한 비판이 어느 정도로 적절한지에 관한 한, 의문이 없지 않다.

롤즈의 입장에서는 샌델의 비판에 대하여 답변할 수 있는 여지가 충분하기 때문이다. 사회계약을 체결하는 과정에서 상대방에 대한 무관심, 즉 '상호무관심(mutual disinterestedness)'을 상정한다고 해서, '나'는 다른 사람들에 대한 선을 배려하지 않은 채, 오로지 '나' 자신의 삶의 계획(life plan)을 배타적으로 그리고 공격적으로 수행해 나가는 열악한 이기주의자로 행동하면서 실제 사회생활을 홉스의 자연상태로 추락시키는 것은 결코 아니기 때문이다. 롤즈의 자유주의 성향의 개인주의 사회에서도 사람들이 각기 향유하거나 부담하는 혜택과 희생을 '정의의 원리'에 의해 상호간에 분담하는, 이른바 '좋은 질서를 가진 사회(a well-ordered society)'는 충분히 성립 가능하다. 오히려 롤즈의 관점에서 볼 때, 사회적 역할이나 정체성이란 '도덕적으로 임의적인 요소(morally arbitrary factors)'에 불과할 뿐이다. '내'가 남자가 아닌 여자로 태어나야 할 필연적 이유가 있는 것은 아니며, 혹은 '내' 고향이 대구가 아닌 광주가 되어야 할 필연적 이유가 있는 것도 아니기 때문이다.

한편, 샌델은 롤즈의 이러한 반론이 문제의 핵심을 벗어났다고 반격한다. 물론 롤즈가 상정하는 '추상적 자아'는 비록 완벽한 형태는 아니지만 불완전한 형태로나마, 공동체 생활에 적응할 수 있을 것이다. 그러나 '추상적 자아'가 적응할 수 없는 것은 자아 자체를 구성하는 공동체의 형태라는 것이 샌델의 입장이다. 즉 롤즈의 공동체는 기껏해야 '수단적 공동체(instrumental community)'일 뿐, '구성적 공동체(constitutive community)'는 아니다. 따라서 샌델에 의하면, '나'에게는 "내가 무엇인가" 하는 물음이 "나는 누구인가" 하는 물음보다 중요하며, 단순한 '나'의 존재보다 '철수 엄마'나 '영희 아빠'로서의 입장이 더 중요하다. 두말 할 나위 없이 이러한 샌델의 공동체주의 철학은 '개별성(個別性)'보다 '관계(關係)'를 중시하는 유교적 입장과도 밀접하게 연계될 수 있다고 하겠다. 유교사회에서 삼강오륜(三綱五倫)은 '개체성(個體性)'보다는 '정체성(正體性)'에 역점을 두고 있기 때문이다. 임금과 신하의 관계, 아버지와 아들의 관계, 남편과 아내의 관계, 형과 동생의 관계, 나이 많은 사람과 나이 적은 사람과의 관계 등은 모두 '내'가 공동체 안에서 차지하는 일정한 역할에 입각한 관계의 범주로서, 그 역할과 유리된, 이른바 '무지의 베일(veil of ignorance)'을 쓴 순수한 '나'는 존재하지 않을뿐더러, 설사 존재한다고 해도 별다른 도덕적 의미를 찾아볼 수 있는 것은 아니다.

이러한 관점에서 볼 때 롤즈의 입장은 '이익의 정치(politics of interests)'에 부합할지언정, '정체성의 정치(politics of identities)'와는 상당한 괴리가 있는 비전이다. 동일한 논리가 정치 공동체의 시민에 대해서도 적용될 수 있을 것이다. '시민된 도리'나 '시민의 의무'의 내용에 관해서는 말하면서도, 그 '시민된 도리'나 '시민의 의무'가 어떻게 비롯되었는지, 즉 그 기원과 원천에 대하여 설명하지 않고 있으며, 개인의 자아는 이러한 시민의 도리나 의무에 대하여 동의를 하거나 동의를 철회할 수 있다는 것이 롤즈의 입장이다. 그러나 공동체주의자들이나 유교적 관점에서 볼 때, 롤즈의 이와 같은 접근은 정치 공동체에 대한 헌신이나 복종행위가 국민의 자격이나 시민자격의 구성요소일 뿐 아니라, '시민의 정체성'에 대해서 구성요소가 된다는 사실을 간과하고 있는 셈이다. 그것은 다시 말해서 헤겔과 그린, 그리고 그 밖에 공동체를 강조하는 유력한 공동체주의자들의 기본상정을 거부하고 있다는 의미가 된다.

결국 개인주의와 계약주의를 비판하는 공동체주의자들은 '내'가 '정치사회(political society)'의 구성원이 되었다는 사실이나, 시민으로서 '나'의 역할이 정치적 복종의 의무를 도출한다고 믿고 있다. 그러나 엄밀한 의미에서 '시민의 역할(citizenship)'로부터 정치적 복종의 의무를 추출하려는 공동체주의자들의 시도와 관련하여 두 부류로 나눌 수 있다. 하나는 비트겐슈타인의 전통을 이어받아 '언어게임'에 천착하고 있는 사람들로서, 정치적 복종의 의무는 정치 공동체 구성원의 역할과 '개념적으로' 혹은 '문법적으로' 연계되어 있다고 강조하는 입장이다. 또 하나는 아리스토텔레스적 비전에 입각하여 정치 공동체를 '최고의 공동체'로 간주하고 있는 사람들로서, 정치 공동체는 개인의 잠재적 능력의 만개(滿開)와 자아실현에 본질적이며, 자율성과 같은 인간의 도덕적 품성을 계발하는 데 필수적이라고 상정한다. 이제부터 이 두 가지 비전을 섭렵하고 조명해 보자.

Ⅳ. 공동체주의 1: 비트겐슈타인

비트겐슈타인의 통찰을 따르고 있는 공동체주의자들은 단도직입적으로 정치적 의무는 정치 공동체의 구성원이라는 사실과 '개념적으로', 혹은 '문법적으로' 연계되어 있다고 생각한다. 또한 정치 공동체 구성원의 자격은 자발적이거나 선택적 사안이 아니며, 또한 어떤 외생적 논리에 의하여 정당화될 수 있는 것도 아니다. 그러므로 정치적 의무가 정치 공동체의 구성원 자격과 '개념적'으로 연계되어 있는 이상, 구성원 자격으로부터 정치적 의무가 도출되는 것은 당연하며, 어떤 의미에서 보면 진부한 사실이라고 할 수 있다.

주지하는 바와 같이 비트겐슈타인은 '언어게임(language game)'을 통하여 우리 인간은 '규칙을 따르는 행위자'임을 전제로 하고 있다. 언어를 사용하는 과정에서 개인들은 각기 개성이 짙은 고유한 용어를 사용하지만, 그럼에도 한편으로는 일정한 언어의 규칙을 준수하고 있다. 이러한 의미에서 인간은 '호모 그라마티쿠스(homo grammaticus)'라고 할 수 있다. '호모 그라마티쿠스', 즉 '문법적 인간'을 전제하는 언어게임에서 '문법점(point of grammar)'은 중요하다.

비트겐슈타인의 통찰을 국가의 영역에 원용할 때, 그 의미는 비교적 명백하다.[3] 이미 '정당한 권위'란 언어게임의 관점에서 볼 때 사람들이 마땅히 복종해야 하고 또한 사람들이 마땅히 동의를 표시해야 할 권위로서, 당연히 '문법상' 사람들로부터 복종과 동의를 요구할 자격이 있는 권위인 셈이다. 또한 이성적 인간들이 관련된 모든 사실과 쟁점들을 고려했을 때 동의를 표시할 만한 권위인 동시에, 사람들이 동의를 표시했을 때 정당성을 부여받을 수 있는 권위이다. 즉 '호모 그라마티쿠스'의 언어 체계를 감안할 때, '권위'와 '법률' 등의 개념들은 '동의'와 '복종' 등과 같은 개념과 불가분의 상관성을 지니고 있다. 그러므로 어떤 현상을 '정당한 권위'로 부르고 있다는 사실은 일반적으로 이미 그 권위에 대하여 사람들이 복종해야 한다는 의미를 내포하고 있다.

이러한 관점에서 볼 때, '정치적 의무'와 '가족의 의무'는 유사하다. 가족에 관한 한, 다른 가족 구성원에 대하여 이행해야 할 '나'의 의무를 동의 행위로부터 추출할 수는 없는 일이다. 가족에 대한 의무는 선택사항이 아니기 때문이다. 만일 가족의 구성원인 '나'에게 왜 가족에 대하여 일정한 의무를 느끼는가 하고 묻는다면, 묻지 말아야 할 것을 묻는 질문처럼, 어리석기 짝이 없는 질문이다. 가족이 되었다는 사실은 그 자체에서부터 '개념적으로' 가족 상호간의 의무를 함의하고 있기 때문이다. 즉 아버지, 어머니의 역할은 이미 '개념적으로' 어린 자녀를 부양해야 할 의무를 전제하고 있으며, 어린 자녀라는 사실은 역시 '개념적으로' 부모의 뜻에 순종해야 할 의무를 상정하고 있다고 볼 수 있다. 그런가 하면 친구나 직장 동료에 대한 의무도 국가에 대한 의무와 유비적 방식으로 설명할 수 있다. 직장 동료는 흔히 '내'가 '선택(choose)'하는 것이 아니라 '취득(aquire)'하는 그 어떤 것이다. 또한 '내'가 한 직장에 머무르는 한, 직장 동료들이 싫어졌다고 해도 직장 동료와 더불어 살아갈 수밖에 없다. 따라서 직

---

3) 오늘날 가장 대표적인 비트겐슈타이니언은 물론 피트킨(H. Pitkin)이다. 피트킨(1972)은 정치적 복종의 의무의 정당성과 관련하여 '문법점'의 개념을 사용하고 있다.

장 동료와의 우정도 선택적이거나 자발적인 것은 아니다.

그렇다면 개인의 정체성이 역할에 의해서 구성되고, 개인의 정치적 의무도 시민의 역할과 '문법적으로' 연계되어 있다는 비트겐슈타인의 전통을 따르는 공동체주의자들의 주장은 어느 정도로 설득력을 지니고 있는가? 피트킨(H. Pitkin)의 통찰을 따른다면, "내가 왜 클럽회원으로서 클럽의 규칙을 따라야 하는가" 하는 질문은 무의미한 질문이다. 클럽의 규칙을 받아들인다는 것은 '내'가 클럽회원이 된다는 사실에서 이미 전제되어 있기 때문이다. 이와 마찬가지로 "내가 왜 정부에 복종해야 하는가" 하는 질문도 어리석은 질문이다. 만일 정치적 복종의 의무를 시민으로 살아가는 '내'가 아직 체득하지 않은 어떤 규범으로 이해하거나, 혹은 시민으로서 '나'의 위치와 관계 없이 정당화되어야 할 어떤 독립적인 가치로 상정했다면, '나'는 정치사회의 구성원이 되었다는 사실의 진의를 올바로 파악하지 못한 셈이다.

그러나 한편 이러한 '호모 그라마티쿠스'를 전제로 하는 '문법적 접근'이나 '언어적 접근'이 매력적이기는 하나, 문제가 없는 것은 아니다. 무엇보다 정치권위를 정당화시키는 문제에서 '내'가 국가와 같은 조직의 구성원이 되는 것이 정당한지에 관한 물음을 제기할 수 있는 여지는 충분히 존재한다고 판단되기 때문이다. '나'는 국가권위가 정치적 의무를 수반하고 있다는 사실을 깨닫고 있으면서도, 보다 '원천적으로' '나'는 왜 국가 공동체의 구성원이 되어야 하는지 의문을 제기할 수 있지 않겠는가! 그것은 마치 해병대에 입대하려는 청년 A가 해병대에 입대하면 해병대 요원으로서 엄격한 의무를 수행해야 한다는 사실을 충분히 알면서도, "나는 왜 해병대에 입대해야 하는가" 하는 물음을 제기할 수 있는 이치와 같다. 또한 출가하여 중이 되려는 사람 B가 중이 되면 해탈(解脫)에 정진하고 살생을 피하며 고기를 먹지 말아야 한다는 것을 충분히 인식하면서도, 사전에 "나는 왜 중이 되어야 하는가" 하는 질문을 진지하게 할 수 있는 것이 아니겠는가!

그런데 유독 '내'가 정치 공동체의 시민이 된다는 사실만이 이러한 의문 제기에서 예외라고 강변할 수는 없는 일이다. 오히려 '나'는 "왜 시민이 되어야 하는가" 하는 질문을 당당히 제기할 수 있다. 그러므로 정치적 권위와 관련하여 우리가 아리스토텔레스처럼 "인간은 본질적으로 정치적 동물(zoon politikon)"이라는 명제를 받아들이는 한, 피트킨의 '문법적 접근'은 의미가 있겠지만, 정치

사회 이전의 자연상태를 전제한 사회계약론자들처럼, "인간은 태어나면서부터 정치적 동물"이 아니라, "정치적 동물이 되기를 선택한 존재"라는 명제를 받아들인다면, 역시 해병대에 입대할 것을 고려하는 사람이나, 출가하여 중이 되려고 하는 사람이 봉착하는 질문과 유사한 질문을 할 수 있을 것이다. 그리고 그 질문은 결코 어리석은 질문이 아니며, 반드시 개인의 선택과 결단 이전에 제기되어야 할 질문이다. 본 맥락에서는 정치현상이 선택적 현상이라는 사회계약론자들의 정치비전이 반드시 타당하다고 고집할 의도는 없다. 다만 "인간은 본질적으로 정치적 동물"이라는 명제는 자명한 명제가 아니라, 쟁점의 소지가 농후한 명제라는 점을 강조할 뿐이다.

그런가 하면 민주사회에 살고 있는, 양식을 지닌 시민들이 직면하는 문제는 단순히 국가권위를 받아들이든지 혹은 반란이나 혁명에 나서든지 하는 이분법적 성격의 문제가 아니다. '나' 자신의 복종이 반드시 '요구'되지는 않더라도, '나'는 그냥 국가에 복종하기로 '선택'할 수 있다. 국가의 구성원이 되지 않더라도 국가 공동체에 복종하는 행위는 가능하며, 또한 정치적 복종의 의무 없이도 복종하는 행위는 가능하다. 이 사실은 일반 사회조직에서 통용되고 있는 준회원이나 명예회원, 혹은 후보회원의 경우에 쉽게 목격된다. 어떤 조직의 후보회원은 비록 정회원이 아니어서 조직의 규칙을 지킬 의무가 있는 것은 아니나, 그럼에도 애써 조직의 규칙을 지키기도 한다. 뿐만 아니라 세속과 인연을 끊은 수녀가 아니더라도, 혹은 출가한 중이 아니더라도, '수녀처럼' 혹은 '스님처럼' 가난하고 깨끗한 정신으로 사는 사람이 우리 주변에 적지 않다. 이것은 다시 말해 일정한 조직의 회원이 되지 않아 조직의 규칙을 지킬 의무가 없어도 규칙을 지키는 일이 가능하다는 점을 시사하는 셈이다.

뿐만 아니라 법을 지키는 행위와 시민의 구성요건이 언제나 일치하는 것은 아니다. 다른 나라를 관광하는 외국인의 경우를 보자. 자기 자신의 국가에서는 운전자 좌측통행이지만 여행하는 국가에서 운전자 우측통행이 실시되고 있다면, 외국인 관광객은 차를 임대했을 경우, 관광하는 국가의 우측통행을 지켜야 할 것이다. 이것은 "로마에 가면 로마인처럼 행동하라"는 준칙을 상기시킨다. 혹은 시민권을 갖지 않은 영주권 소유자나 단기 체류자도 해당 국가의 법을 충실히 지켜야 하지 않겠는가! 그러므로 법을 지켜야 하는 문제는 반드시 소속국가의 '시민'이기 때문에 지켜야 하는 것은 아니다. 외국 관광객도 교통법이나 그 밖에 여행하는 국가의 법을 지켜야 한다. 우리는 때때로 학생이 아닌 사람도 학교에 가면 학교의 면학분위기를 해치는 행동을 해서는 안 된다는 사실을 알고 있다. 잡상인들이 학교구성원이 아니라고 하여 학교 운동장에서 확성기로 물건을 사라고 떠들 수 있는 것은 아니다.

그러므로 상기의 지적들이 설득력이 있다면, '좋은 시민'의 구성요건이나 정치적 복종과 같은 규범적 문제는 롤즈가 설정한 바 있는 가치의 '축차적 서열(lexicographic order)'이나 매슬로우에 의한 '가치 위계질서(hierarchy of values)', 혹은 한 걸음 더 나아가, 비트겐슈타인의 '문법적 접근'에 의하여 '기계적으로', 혹은 '자동적으로' 해결되는 것은 아니다. 예를 들어 국가에 대한 복종이 부모에 대한 복종보다 우선하는 것은 가치의 축차적 서열이나 가치의 위계질서에 의해 정당화된다고 주장하는 사람이 있다고 하자. 그러나 효를 '만행(萬行)의 근본'으로 믿고 있는 사람의 입장에서는 문제의 '축차적 서열'이나 '위계적 질서'를 받아들이는 데 난색을 표명할 수밖에 없을 것이다. 왜냐하면 여기서 쟁점이 되는 것은 '효(孝)'보다 '충(忠)'이 우선한다는 서열적 가치가 어떻게 정당화될 수 있는가 하는 문제이기 때문이다. 이와 같은 맥락에서 국가에 대한 복종행위도 쟁점 사안이 된다. 비트겐슈타인이나 신비트겐슈타이니언들은 '시민'이라는 용어 자체에서 정치적 복종의 의무를 도출한다. 물론 엄밀한 의미에서 시민은 정치 '공동체'의 구성원, 혹은 국가 '조직'의 구성원으로 환원될 수 있을 것이다. 그러나 일반 조직의 구성원과 정치 공동체의 구성원은 동일한 용어는 아니라는 점을 강조할 필요가 있다. 스포츠 센터의 회원과 정치 공동체의 회원은 결코 동일하지 않기 때문이다.

특히 정치권위에 대한 국가의 주장에 찬성하는 사람과 반대하는 사람 사이에 정치적 쟁점이 되어 있는 문제도, 바로 그 문제의 용어, 즉 '회원(會員)'과 '시민(市民)'이 각기 의미하는 바가 다르다는 점에 있다. 한 조직의 회원은 스포츠센터 회원이나 골프회원처럼 일반적으로 탈퇴나 진입이 자유롭다. 그러나 시민의 경우는 그렇지 않다. 뿐만 아니라 공동체 구성원 가운데 '회원'과 '시민' 등, 어떤 용어를 선택하든지 간에 복종할 의무가 있음을 보편적으로 시사하는 용어가 있다고 생각해 보자. 그러나 우리는 그 경우에라도 사실과 현상 자체는 그대로 둔 채, 문제의 '언어게임'을 거부할 수 있지 않겠는가? 실제로 이와 같은 사례는 많다. 과거에 '야단법석(野壇法席)'은 임금님이 참석하는 야외 법회로서 장중함과 엄숙함의 대명사였다. 그러나 오늘날 '야단법석'은 혼란과 무질서를 함의하는 용어가 되었다. 과거에는 장인, 장모를 사위는 "장인어른," "장모님"으로 불렀으나, 지금은 "아버님," "어머님"으로 부른다. 또한 과거에는 시어머니와 시아버지를 시부모로 불렀으나, "어머니," "아버지"로 부르는 며느리도 많다. 혹은 과거에 "자기"는 자기자신을 일컫는 말이었으나, 지금은 애인 사이나 부부 사이의 호칭으로 널리 쓰이고 있다. 장인과 사위, 시어머니와 며느리의 관계는 예전과 변함없지만, 그 관계의 엄숙함은 우리세대가 유교사회와는 다른 새로운 언어게임을 주도함으로 완화되었다. 장인과 시어머니도 친가처럼 생각하는 언어게임이 시작된 셈이다. 혹은 "오빠"도 과거에는 친족간의 용어였으나, 이제는 젊은 아내가 남편을 부르는 말로 변화되고 있다.

이러한 언어게임의 변화 현상은 '시민'의 경우에도 마찬가지이다. 민주주의를 지칭하는 데모크라시(democracy)에서 '데모스(demos)'는 고대 그리스 사회에서 '가난한 계층의 사람들'을 의미했고, 따라서 데모크라시는 '가난한 민중'에 의한 통치형태로서, 보편적 의미의 시민에 의한 통치가 아니었다. 그러나 시대가 변하면서 '데모스'의 내포는 넓어져 가난한 사람뿐만 아니라, 모든 계층의 사람들을 포괄적으로 지칭하게 되었다. 그런가 하면 그리스에서 '시민'은 남자와 자유인만을 의미했고, 여자와 노예들은 제외되었다. 또한 근대 유럽에서도 투표권을 가진 시민은 재산권을 가진 사람만을 의미했다. 그러나 오늘날 우리는 '시민'에 관한 한, 그리스적 언어게임을 거부하고 정치사회의 모든 성인들을 포함하는 민주적 언어게임을 시작하게 되었다. 근대에 들어오면서 투표권은 재산을 갖고 있지 않은 노동자들에게 확대되었던 것이다. 마찬가지의 논리에서 오늘날 네오 · 비트겐슈타이니언들이 주장하는 것처럼, '시민(citizen)', 혹은 '시민성(citizenship)'의 개념 자체가 국가권위에 관련된 모든 문제를 해결해 주는 것은 아니다. 아나키스트들도 존재하고 시민불복종운동가들도 목소리를 높이고 있는 상황에서 '시민성'이 무엇을 의미하고 '좋은 시민(good citizen)'은 무엇이며, 혹은 '정당한 정치권위'는 무엇인지 불확실하고, 혹은 '본질적으로 경합적인 개념(essentially contested concept)'으로 변모하였다. 중세기만 해도 정당한 정치권위는 '왕권신수설'에 기초해 있지 않았던가! 그러나 지금은 적어도 사람들의 동의의 개념이 내포된 개념으로 정착되기에 이르렀다.

그러므로 '좋은 시민의 역할(good citizenship)'이 무엇을 의미하는가 하는 문제가 복잡한 쟁점으로 남아 있는 한, 언어게임은 바뀔 수 있다는 점을 강조할 필요가 있다. 결국 '좋은 시민'이란 국가에 복종하는 시민인가, 혹은 국가에 불복종하는 시민인가, 혹은 불의한 법률에 대하여도 복종하는 시민인가, 혹은 무조건 국가의 권위를 부인하는 시민인가 하는 문제가 초미의 관심사가 된 상황에서, 국가권위의 정당성문제와 관련하여 '좋은 시민'에 관한 '문법적 접근'이나 '개념적 접근'만으로는 한계가 있다는 사실이 명백해진 셈이다. 그러나 그럼에도 불구하고 이러한 접근방식에 천착한다면, 오히려 쟁점의 해결을 지연시키는 결과를 초래할 것으로 우려된다.

Ⅴ. 공동체주의 2: 아리스토텔레스

정치적 복종의 의무를 접근하는 데 있어 국가권위와 시민에 대한 문법적 접근이나 개념적 접근이 미흡하다면, 형식논리를 떠나 보다 실질적인 차원에서 '시민'이란 과연 무엇을 의미하는지 반추할 필요가 있다. 시민의 본위적 위상을 감안할 때, 정치 공동체나 시민의 용어 자체에서 '개념적으로' 정치적 의무가 자동적으로 파생되어 나온다는 발상보다는 정치 공동체 자체가 지니고 있는 고유한 수월성, 혹은 탁월한 속성으로 인하여 시민들은 정치 공동체에 헌신할 이유를 확보하게 된다는 논리가 보다 설득력이 있다고 보여진다. 여기서 정치 공동체는 단순히 '나'의 사적 이익을 효율적으로 실현시킬 수 있다는 차원이 아니라, '나' 자신의 잠재력과 가능성을 실현시킬 수 있다는 차원에서 혹은 자아실현의 장으로서, 그 존재 의미가 부각되는 셈이다.

주지하는 바와 같이 우리가 몸담고 살아가고 있는 국가 공동체는 한시적인 공동체와는 달리 비교적 항구적인 것이며, 보다 영속적인 것이다. 이러한 의미에서 국가 공동체는 '뿌리가 얇은 갈대'보다는 '뿌리가 깊은 나무'에 비교될 수 있으며, 공동체 구성원들의 모임도 가벼운 모임이나 우연한 만남 이상의 어떤 것이다. 다시 말해서 국가 공동체에는 토플러(A. Toffler)가 지적한 '애드하크라시(adhocracy)' 특성과는 질적으로 다른 헌신과 유대관계가 진하게 묻어 난다. '애드하크라시' 현상은 항구적인 삶의 안식처를 정하지 않은 채 편익에 따라 철새처럼 모였다가 흩어지는 우연적 인간관계에서 나타나며, 혹은 친구 사이의 깊은 우정이 교환되기보다 이해관계에 따라 가벼운 대화와 사귐이 주류를 이루는 일시적 칵테일 파티에서 현저하게 드러난다. 하지만 국가 공동체란 철원 민통선부근에서 이루어지고 있는 철새들의 모임이나 칵테일 파티에 모인 손님들의 만남과는 질적으로 다른 것이며, 시민적 유대(solidarity)와 공감(sympathy), 형제애, 혹은 아리스토텔레스가 즐겨 표현하고 있는 '시민적 우정(philia politike)' 등이 넘쳐나는 곳이다. 철새 도래지와 칵테일 파티에서 철새들과 손님들은 떠나가면 그만이지만, 국가 공동체는 개인들의 진퇴와 관계 없이 영구적으로 존속하고 번영해야 할 공동체이기 때문이다.

그렇다면 바람직한 공적 영역으로서, 혹은 가치 있는 행위 영역으로서 국가 공동체의 특성을 부각시키기 위하여 지난 9장에서 논의한 공공재의 문제를 다시 한번 상기해 보자. 개인주의자들의 견해에 입각할 때, 시민들에게 정치 공동체가 필요한 이유는 무엇인가? 공공재란 소비의 비경합성과 공급의 공공성, 그리고 혜택의 비배제성을 내포하고 있어, 사유재와는 달리 시장에서 불완전하게 공급될 뿐이다. 따라서 공공재 과소 공급이나 무공급 사태를 방지하기 위하여 사람들은 국가 공동체의 존재 이유와 작동 양식에 적어도 묵시적으로나 가상적으로 동의하게 된다. 그러나 그럼에도 불구하고 여기서 문제를 삼고자 하는 부분은 '공공재(公共財)'라고 지칭할 때 암암리에 함의되고 있는, 이른바 재화의 '공공성(publicness, 公共性)'은 가치 있고 소중한 그 어떤 현상이 아니라, 극복되고 소진되어야 할 장애물이나 아킬레스건으로 부각된다는 사실에 있다. 일반적으로도 '공공재 문제(public goods problem)'라고 지칭될 만큼, '공공재'의 개념규정에서 부정적 성격은 짙게 나타난다. 사적 화장실의 청결함과 대비되는 공중 화장실의 불결함은 공공재문제의 현주소가 아닐 수 없다. 그 결과 '공공재 문제'를 해결하기 위해서는 '공공재'를 아예 '사유재(私有財)'로 전환시켜야 한다는 의견이 코우즈(R. Coase 1960)나 뎀세츠(H. Demsetz 1967)를 비롯한 자유주의자들에 의하여 강력하게 제시되기도 하였다. 그것은 거래비용이 크지 않고 소득분배 구조를 심각하게 악화시키지 않는 한, 푸른 산이나 맑은 강의 재화를 산출하기 위해서는 산이나 강을 개인들에게 불하함으로써 사유화(privatization)해야 한다는 의견이다. 이처럼 재화의 공공성은 개인들에게 이른바 '우선승차행위(first riding)'보다 '무임승차행위(free riding)'의 유혹을 촉발시키는 속성으로 이해되고 있어, 가능하면 '공공성'을 없애거나 최소화시키는 방안이 그 해법으로 대두되고 있다.

하지만 좀더 면밀하게 관찰해 보면, 공공재의 성격을 가진 모든 재화가 다 이와 같은 부정적 의미의 재화라고 단정할 필요는 없을 것이다. 예를 들어 친구들끼리의 우정(友情)을 관찰해 보자. 우정이 이른바 사유재나 '분할가능한 재화(divisible good)'가 아니라는 점은 분명하다. 우정의 특성은 '분할 불가능성(indivisibility)'을 지니고 있어 배타성을 갖고 있지 않기 때문이다. 다시 말해서 우정이란 한 사람이 단독으로 향유할 수는 없고, 적어도 두 사람이 더불어 향유하는, 그 어떤 가치 있는 것이다. 그러나 그럼에도 불구하고 우정의 외부효과라고 할 수 있는 현상들, 즉 상호주의나 상호존경, 및 신뢰의 현상은 단순히 우정을 방해하는 외부성(externality)이 아니라 우정에 본질적인 소중한 내적 요소라고 할 수 있다. 따라서 우정은 '분할가능한 분할재'라기보다는 '분할불가능한 비분할재'이기는 하나, 전통적인 의미의 '공공재'와는 다르다고 할 수 있다. 이러한 범주의 분할불가능한 비분할재라면 매킨타이어(A. MacIntyre 1981)나 룸(D. Reaume 1988)의 통찰을 따라 '공유재(shared goods)'라고 지칭하는 편이 온당하다. 공동체 생활의 형태에서만 그러한 재화가 생산되기 때문이다. 사랑도 마찬가지로 공유재이다. '짝사랑'이 아닌 정상적 사랑이라면, 두 사람이 공동으로 향유할 수 있는 분할 불가능한 재화로서, 연인들 사이의 상호신뢰는 외부성보다 내부적인 핵심적 요소가 아니겠는가?

실상 이러한 의미의 국가 공동체, 즉 공유재를 제공하는 국가 공동체를 조망하기 위해서는 보다 독특한 정치 비전을 상정할 필요가 있다. 이와 관련하여 정치에 관하여 대비되는 두 가지 비전을 짚어 보자. 한편으로는 사람들 사이의 공적 관심사의 공유나 공동의 프로젝트에 참여하여 무엇인가를 일구어 낸다는 발상이 돋보인다. 그러나 또 한편으로는 위계질서(hierarchy)와 조직, 또한 권위와 권력을 강조하는 정치비전도 있다. 공적인 정신보다 권력과 이해의 상충을 중시하고, 협상과 선전과 선동, 조작 등에 의하여 이루어지는 인간들의 상호작용에 주안점을 두는 비전이 그것이다. 공유재를 강조하는 정치비전이라면, 전자로서, 아리스토텔레스가 대표적이며, 현대정치 비전에서도 아리스토텔레스의 통찰로부터 이어지는 입장들이 다수 발견된다. 아렌트(H. Arendt)나 볼린(S. Wolin), 보에글린(E. Voegelin) 그리고 슈트라우스(L. Strauss) 등이 그들로서, 정치라는 현상의 특성은 그 공적인 성격, 즉 사적이며 개인적인 관심사를 초월하는 데 있다는 것이 이들의 견해이다. 이에 관한 한, 특히 볼린의 지적이 인상적이다. 볼린(1960)에 의하면 "공적(public), 공동의(common), 일반적(general) 등의 개념들은 정치적이라는 개념과 동의어로 사용되어 왔다. … 바로 그리스로부터 시작된 서구의 정치적 전통은 사회의 모든 구성원들이 일정한 관심을 가지고 있는 문제들을 다루기 위하여 만들어진 공동의 질서로 정치적 질서를 간주해 왔다." 볼린의 지적이 아니더라도, 영어에서 '정치'를 뜻하는 '폴리티칼(political)'의 어원은 그리스의 '폴리스(polis)', 즉 작은, 자급자족의 도시 국가에서 기인하고 있다. 그러므로 정치적 현상은 원래 '폴리스'와 관련되어 있는 현상을 의미했다. 그러나 '폴리스'적 현상이란 단순히 어느 한 지역에 살고 있는 일단의 사람들로부터 발생하는 일련의 우발적인 현상을 지칭하는 것은 아니었다. 즉 일단의 군집생활을 하고 있는 사람들의 우연한 모임이 '폴리스'는 아니라는 점이 강조될 필요가 있다. '폴리스'는 일반 인간 조직이나 집단과는 달리 자유롭고 자율적인 방식으로 이루어지는 공동체로서, 그 구성원들이 공적인 업무(res publica)에 참여하는 조직이다. 따라서 볼린은 주장한다. "문제의 모임이 정치적 모임이 된 것은 공동의 관심사를 다루었기 때문이고, 또한 모든 구성원들이 공동 생활에 참여했기 때문이다."

아렌트(1958)의 의견도 이와 유사하다. 아렌트에 의하면, 고대 그리스인들의 정치생활, 즉 '폴리스'의 생활은 사람들 사이에서 사람들에 의하여 조성된 공적 장소에서 진행되었으며, 시민들 스스로 구성원이 되어 공동체의 공적 사안에 관심을 표명하는 생활의 연속이었다. 따라서 정치는 더불어 행동하는 과정에서 일어나는 '행위'의 영역이었다. '행위', 즉 '액션(action)'이란 물론 물건을 만드는 장인이 물리적 대상을 만드는 현상, 즉 '패브리케이션(fabrication)'과 결코 같지 않다. 오히려 '행위'는 사물로 끝나지 않고 이벤트와 관계, 및 제도의 구축 등으로 가시화된다. 또한 인간들에서만 비로소 가능한 것이 '행위'이다. 부족 중심의 사회에서 도시 국가가 부상하고 정부의 특별한 형태를 지니게 된 것은 사람들이 자기 자신의 사적 생활을 넘어서서 제2의 삶, 즉 '정치적 삶(bios politikos)'을 받아들이게 되었기 때문이다. 그 결과 모든 시민은 두 가지 형태의 존재 양식에 속하게 된다. 자기 자신의 생활, 즉 '이디온(idion)'과 공동적인 생활, 즉 '코이논(koinon)'이 그것인데, 실상 양자 사이에는 엄격한 구분이 있다. 다시 말해서 인간이 살아가는 데 필요한 생물학적 의미의 필수품, 의식주를 충족시켜야 할 필요성은 첫번째 범주, 즉 '가사의 범주(oikonnos)'에 속한다고 하겠다. 그러나 정치생활은 자유의 영역으로 물질적 필요의 문제가 다른 영역에서 충족되었기 때문에 비로소 가능한 생활이다. 모름지기 정치적 행위는 여가를 전제하는 행위였다. 따라서 정치적 생활은 노예들의 존재를 요구했다. 노예들은 시민은 아니고 다른 사람들이 시민성을 계발하는 것을 가능케 하는 역할을 수행할 뿐이다. 그러므로 '폴리스'는 매우 특별하고 자유롭게 선택된 인간 조직으로, 다른 권력구조나 사회와는 다르며 동등한 존재로서 구성원 시민들의 참여에 의하여 특징지어진다. 동등한 시민들의 자율적 공동체로서 모든 사람이 공유된 공적 생활에 참여하도록 되어 있던 곳이 '폴리스'였다.

물론 볼린이나 아렌트의 통찰에서 드러나는 정치비전은 정치를 '가치의 권위적 배분'으로 접근하는 이스튼(D. Easton)이나, 또한 "권력과 통치, 권위를 포함하는 인간관계의 지속적 유형"으로 간주하는 다알(R. Dahl)의 접근 방식과 달리, 이상적 측면에 초점을 맞추고 있어 비현실성이 눈에 띈다. 이스튼과 다알의 정치비전은 권력 지향적 비전이나 혹은 이익 지향적 정치의 범주라고 할 수 있으며, 따라서 우리에게 친숙한 현대 정치의 작동 양식을 비교적 적나라하게 조명하고 있다고 볼 수 있다. 또한 볼린이나 아렌트 자신도 이와 같은 공적 영역, 공적 현상으로서의 정치가 현대에 와서 사라졌거나 왜소화되었다는 점을 인정한다. 뿐만 아니라 그리스 정치에 대한 어원적 고찰이 오늘날 정치생활에 있어 실천적 함의를 지니고 있다고 단언하기란 쉽지 않은 일이다. 그러나 그럼에도 불구하고 현실주의적 관점보다 이상적 관점에서 정치를 조망하고 그 실천적 함의를 추출하려는 시도는 현재까지도 지속되고 있을 만큼, 매력적이고 끈질긴 시도임에 주목할 필요가 있으며, 문제의 이상적 정치비전을 주장하는 사람들에게 있어, 정치 공동체는 단순히 사익 추구나 권력 추구의 범주를 넘어, 공공의 장과 공적 영역으로 부각되고 있다는 점에 유의해야 할 것이다.

이러한 관점에서 볼 때, 국가 공동체 안에서의 시민생활은 '공유재'라고 할 수 있다. 즉 일반적으로 정치생활은 공유재라는 명제가 진의 명제라고 강변할 수는 없겠지만, 볼린이나 아렌트는 말할 필요도 없고, 적어도 '일반의사(general will)'에 입각한 정치비전을 주장하는 루소나 '참여 민주주의(participatory democracy)'를 선호하는 페이트먼(C. Pateman), '강한 민주주의(strong democracy)'를 주창하는 바버(B. Barber) 등에 의하여 강력하게 옹호되고 있는 공유재로서의 정치비전은 과소평가되어서도 곤란하다. 뿐만 아니라 비교적 정의로운 국가 공동체에서 시민으로 살아간다는 것은 공공생활을 통하여 나타나는 시민유대를 전제하면서 살아간다는 것을 의미하기 때문에, 정치생활이 가치 있는 '공유재'라는 주장이 설득력이 없는 것은 아니다. 또한 사회적 유대 자체를 가치 있는 것으로 평가하는 참여 민주주의자나 '강한 민주주의자들'의 의견개진이 아니더라도, 특히 '시민적 유대'야말로 시민이 되었다는 사실 이외에는 아무런 공통점이 없는 사람들을 하나로 연결시키는 핵심적 고리에 해당되는 가치라고 간주할 만하다. 가족도 아니고 동문도 아니며 동향도 아닌 사람들 사이에서 특히 상호간에 낯선 사람들끼리 유대와 신뢰를 기대할 수 있다면, 그 근거는 시민성과 시민정신을 공유하고 있다는 점이 아니겠는가!

따라서 시민성(citizenship)이나 시민이 되는 요건은 '나'의 정치적 헌신의 의무에 의하여 구성되는 것이라고 말할 수 있다. 강조하자면 시민성을 받아들이는 문제는 피트킨의 주장처럼, '문법점(point of grammar)'과 같은 개념적 속성의 문제가 아니다. 뿐만 아니라 공공재를 향유하는 데 있어 요구되는 수단적인 요소가 아니라 내면적으로 가치 있는 요소로서 국가 공동체에 대한 정치적 헌신과 복종의 의무를 받아들일 때, 비로소 '나'는 시민이 된다고 할 수 있다. 다시 말해서 '내'가 국가 공동체에 헌신을 하겠다고 동의를 표시했다면, 특정한 정치 조직에 입회하기로 혹은 스스로를 국가 공동체에 복속시키고자 하는 의사를 표현했다기보다는 공유재로 간주될 수 있는 모임과 만남 및 결사의 형태를 구체화한다는 의미가 강하다.

이와 관련하여 개인 A가 친목계에 드는 경우를 상정해 보자. 친목계에 관한 한, 돈을 모으겠다는 경제적 이익보다는 계를 통하여 스스로를 구속함으로 구성원들과 더불어 유대와 우정, 및 담소를 나누겠다는 의미가 진하게 배어 있지 않은가! 물론 우리는 때때로 '공공재'와 '공유재'를 같은 범주로 취급하기도 하고, 혹은 별개의 재화로 구분하기도 한다. 계에는 친목계뿐만 아니라 경제적 의미의 계도 있다. 경제적 의미의 계의 경우, 계원들끼리 만나 결속을 다지기보다 목돈을 만들겠다는 의미가 두드러진다. 그래도 매달 돈을 불입하는 과정에서 계원들끼리 정기적으로 만나다 보면, 돈독한 우정과 유대감이 싹틀 수 있는 가능성도 배제하기 어렵다. 그런가 하면 푸른 숲과 맑은 강은 '공공재'로 간주할 수 있기도 하고 '공유재'로 볼 수도 있다. 푸른 숲이나 산이 보호되어야 하는 것은 여름에 홍수를 막기 위한 수단적 이유도 있지만, 또 한편으로 '그 자체로' 자연의 미를 보존하기 위한 것이기도 하다. 강조하자면, 푸른 산과 맑은 강은 그것이 인간생활에 경제적 혜택을 공여한다는 측면 이외에, 존재한다는 사실 자체로 '자연의 선물'이라고 할 수 있지 않겠는가?

이미 지적한 바와 같이 정치생활을 공유재로 간주하는 것은 아리스토텔레스를 비롯하여 루소, 페이트먼, 바버, 볼린, 아렌트, 보에글린 등, 유기체론자들이나 공화주의자 혹은 참여 민주주의자들이나 '강한 민주주의자들'의 입장이기도 하였다. 아리스토텔레스는 정치생활의 특성을 '시민적 우정(philia politike, civic friendship)'으로 파악했고, 루소는 일종의 건전한 '자기애(self-love)'에 근거한 시민종교(civic religion)의 범주로 간주하였다. 혹은 볼린과 아렌트는 시민들 사이에 공동 관심사를 논의하는 공적 영역으로 파악했다. 따라서 이러한 '공유재'의 탁월성에 주목할 때, 국가 공동체에서 나타나는 정치적 관계란 정치적 헌신에 관한 의무를 부과하는 관계로 볼 수 있다. 즉 국가 공동체는 일종의 '시민적 친목계'인 셈이다. 물론 시민적 우정이 다른 범주의 헌신이나 충성심과 상충할 가능성이나, '시민적 친목계'가 사적 친목계와 충돌할 가능성은 배제할 수 없다. 그러나 '시민적 친목계'가 만개할 수 있는 곳에서 시민적 우정은 가치 있고 소중한 것이며, 시민적 헌신에 대한 규범이 구속력을 가진 것으로 보여지기 때문에 살아남을 수 있다고 생각된다. 국가 공동체의 헌신에 대한 규범은 공유재를 위한 공동의 틀이나 구도를 제공하는 셈이다. 바로 이러한 공유재를 제공하는 국가 공동체의 특성으로 말미암아, 특히 루소의 통찰에 의한다면, 우리는 직장의 계약이나 시장의 계약을 포함한 다른 사적인 계약적 장치보다 시민들의 사회계약을 더욱 더 중시할 이유를 갖게 되는 셈이다. 사회계약만이 시민적 유대를 표현하기 때문이다.

하지만 마지막으로 강조해야 할 점이 있다. 시민적 유대가 가치 있다고 해서, 우리는 반드시 이러한 공동체주의적 방식으로 정치생활을 바라보아야 하는 것은 아니라는 점이다. '공유재'로서의 정치, 혹은 '공유재'를 제공하는 실체로서 국가 공동체를 조망하는 것이 필연적인 것은 아니며, 혹은 공유재로서 정치 비전을 거부한다고 해서 사악하고 편협한 이기주의자의 단견이라고 매도할 필요는 없다. 정치생활을 통하여 비로소 인간유대의 최고 정수가 꽃필 수 있다는 아리스토텔레스나 루소, 혹은 볼린이나 아렌트의 비전은 전형적인 공화주의

(republicanism)적 발상으로서, 사적 영역을 중시하는 자유주의나 개인주의, 혹은 홉스나 로크의 사회계약론적 비전에 의하여 도전받을 여지는 충분하기 때문이다.

문제의 공동체주의적 공화주의 정치비전은 오늘날 안락한 생활의 모델로 사적 영역을 꼽고 있는 많은 사람들의 생활철학과 상반된다. 오늘날 다수의 사람들은 정치생활보다는 가족생활, 직장생활, 종교생활, 혹은 여가생활에서 이른바 '최대의 행복(greatest happiness)'을 만끽하고 있다. 정치생활이나 정치참여는 그 자체로 가치 있고 보람 있는 상시적이며 일상적인 생활이라기보다 국가가 과연 시민들의 기본권이나 행복추구권을 보호하고 있는지를 감시하기 위한 활동으로 부담스럽고 비용이 들며 간헐적인 생활로 비추어질 뿐이다. 실제로 정치란 사적 생활을 보호하기 위한 수단이며 장치라는 비전은 매우 강력한 매력을 가진 정치철학임을 강조할 필요가 있다.

물론 다수의 사람들이 정치생활보다 가족과 직장생활의 즐거움을 만끽하고 있는 현실은 고대 '폴리스' 시민들의 능동적이며 적극적인 정치생활과 비교할 때 공적 영역의 왜소화를 기정사실화하고 있는 느낌을 주고 있다. 현대국가에서 이루어지는 정치토론과 정치참여는 중요한 의미를 갖지 못하고 사람들은 정치참여의 효능감(效能感)도 느끼지 못한다. 그렇지만 또 다른 측면에서 볼 때, 공적 영역의 왜소화는 사적 영역의 풍요성을 반증하는 현상이기도 하다. 연인들 간에 이루어지는 로맨틱한 사랑, 호동왕자와 낙랑공주, 김유신과 천관녀, 은행나무침대, 및 러브스토리 등에서 나타나는 애틋한 사랑과 순애보(殉愛譜), 핵가족 현상, 절대적 빈곤의 탈피와 개인생활의 풍요, 직장근무의 성실성 등은 그 자체로 아름답고 바람직한 현상이 아니겠는가. 이 점에서 공적 생활은 사적 생활의 강력한 매력과 경합할 수밖에 없을 것이다.

플라톤의 『공화국』에서 수호자 집단은 가정의 안락함까지도 포기한 채, 모든 것을 공유함으로 국가에 대한 헌신과 정치적 유대의 가치를 웅변하고 있으나, 자유주의자인 포퍼(K. Popper 1962)로부터 '닫힌 사회(closed society)'의 전형으로 낙인찍힌 바 있고, 같은 맥락에서 사적 영역의 왜소화와 정치 이벤트에 대한 전적인 투신, 및 정치참여의 우선적 가치에 대한 지나친 강조가 시민들로부터 불만과 원성의 대상이 된 것은 동구나 소련의 국가사회주의가 입증하고 있지 않은가! 뿐만 아니라 하버마스(J. Habermas)의 지적을 상기할 필요없이,

최근 공적 영역의 쇠퇴는 널리 알려져 있다. 또한 시민유대를 위한 사회보험제도나 의료보험제도가 시민적 유대의 확인보다는 도덕적 해이나 무임승차행위를 부추기는 불공정하고 무책임한 제도라는 비난을 자유주의자들로부터 받고 있는 현실도 감안될 필요가 있다. 다만 이번 항목의 논의에서는 아리스토텔레스나 루소의 공화주의적 비전, 혹은 볼린이나 아렌트의 공공영역에 대한 비전에 입각하여 공유재로서 시민유대에 천착하는 것이 가능하며, 이들 공동체주의자들의 비전에 수긍하는 한, 국가 공동체에 대한 헌신과 복종의 정당성의 근거를 부분적으로나마 제시하는 것이 가능하다는 견해를 피력한 것에 불과하다.

Ⅵ. 시민의 역할에서 정치적 의무가 나올 수 있는가

이제까지의 논의에서는 공동체주의자들의 정치적 의무에 대한 비전과 관련하여 비트겐슈타인과 아리스토텔레스를 따르는 공동체주의자들의 입장을 조명해 보았다. 논의의 과정에서 비판의 관점도 부분적으로 개진되기도 하였다. 그러나 이제 보다 체계적으로 시민의 역할과 정체성으로부터 정치적 복종의 의무를 도출해 낼 수 있는가 하는 문제를 비판적으로 검토해 보자.

일단 두 가지 차원에서 시민 정체성과 시민의 역할, 그리고 정치적 의무 사이의 연계문제에 대하여 의문을 제기할 수 있다고 생각된다. 첫째로 정체성과 역할에서 의무가 파생되어 나올 수 있다는 점을 인정한다고 해도, 개인의 정체성과 역할이 일원적이 아니라 다원적이며, 또한 '다원적 정체성(multiple identities)' 사이에서 갈등관계가 형성될 수 있다는 점이다. 둘째로 '사회적 정체성(social identity)'이 인정된다고 해도, '정치적 정체성(political identity)'의 개념까지 유의미하게 성립할 수 있을까 하는 문제이다.

무엇보다 개인의 정체성이 사회적으로 구성되었다는 샌델을 비롯한 공동체주의자들의 주장은 어느 정도로 설득력이 있는가? 이미 지적한 바 있거니와, 개인 A의 모든 역할과 인생계획, 및 자질구레한 사회적 특성이 개인 A의 정체성의 구성요소가 된다고는 단언하기 어렵다. 예를 들어 개인 A가 아파트 경비원을 한다고 해서, 혹은 과외 아르바이트를 한다고 해서, 문제의 사실이 A의 정체성의 유의미한 구성요소가 된다고 강변할 수는 없는 일이다. '나' 자신이 맡게 되는 모든 '우연적' 역할들이 본의적 의미에서 '나' 개인의 정체성을 구성한다고 말할 수는 없기 때문이다. 그러나 그럼에도 불구하고 일반적으로 많은 사람들의 경우, 단순히 롤즈가 '도덕적으로 임의적인 요소'라고 규정했던 범주들, 즉 성이나 종교, 출생지역과 가문 등의 요소들과 차단되어 자신들의 정체성을 개념화할 수는 없는 일이다. 그러므로 "불효자는 웁니다," 혹은 "고향이 그리워도 못 가는 신세," 혹은 "나의 살던 고향은 꽃피는 산골" 등의 노래가 '나'의 마음에 진한 여운과 감동을 일으키는 것은 비록 고향의 개념이 우연적으로 이루어진 것이라고 해도, 그것이 '나'의 정체성의 일부가 되어 있기 때문이다.

그렇지만 한편으로는 정체성을 구성하는 '안정된 범주'로 간주되어 왔던 요소들이 시간이 감에 따라 변하기 시작했다는 사실도 각별히 유의할 필요가 있다. 멀리 볼 것 없이 유교나 유교적 가치관만 보아도 그렇다. 유교에서는 삼강오륜을 전제로 인간의 도리를 규정했고 이에 입각한 삶을 조선시대의 우리 선조들은 치열하고 철저하게 살아 왔으나, "공자가 죽어야 나라가 산다"는 책도 나올 만큼, 유교적 가치관이 느슨해진 현 한국의 다원주의사회에서, 삼강오륜이 오늘을 살고 있는 '나'의 정체성을 구성한다고 주장하기란 어렵다. 뿐만 아니라 오늘날 여성주의자들에게 있어 '부위부강(夫爲婦綱)' 혹은 '여필종부(女必從夫)' 등으로 표출되는 남성우월주의, 혹은 가부장주의는 더 이상 정체성의 원천은 아니다.

오늘날 일부 현대국가에서 나타나는 종족과 민족문제도 정체성의 분열 효과를 발휘한다. 또한 우리 나라에서 이데올로기도 같은 기능을 수행하는 셈이라고 하겠다. 보수주의자들이나 자유주의자들은 반공이데올로기나 자유에 대한 가치로 정체성을 삼은 반면, 사회주의자들은 친북한 성향이나 주체이데올로기를 정체성의 기조로 삼기도 하고, 혹은 평등의 가치나 복지국가의 구축을 정체성의 근거로 삼지 않았던가? 따라서 이러한 현실을 직시할수록, 샌델과 롤즈의 논쟁처럼 '이익의 정치'와 '정체성의 정치' 가운데 어떤 것을 받아들여야 하는가 하는 문제는 그다지 중요한 문제가 아니다. 중요한 것은 사회 공동체가 개인의 정체성을 구성한다는 공동체주의자들의 정치비전을 받아들인다고 해도, 혹은 개인은 '공동체에 부담을 갖고 있는 존재(encumbered self)'나 '공동체 속에 뿌리를 박은 존재(situated self)'라는 샌델의 명제를 받아들인다고 해도, '사회적 정체성'의 개념은 일의적이 아니고 다의적이며, 또한 경합적이기까지 하다는 사실이다. 단군을 민족의 시조로 추앙하고 단군상을 세우는 사람들은 단군 숭배를 우상숭배로 단죄하는 기독교 신자들과 정체성의 갈등을 빚게 마련이다. 또한 조선 말기 부모에게 제사를 지내지 않는다는 것을 빌미로 국가가 가톨릭 신자들에 대한 박해를 한 것도 '이익에 관한 갈등(conflicts among interests)' 보다 '정체성에 관한 갈등(conflicts among identities)' 때문이었다. 유교를 버리고 가톨릭을 믿는다는 것은 짐승만도 못한 짓으로 단죄 받지 않았던가! 조상을 모시는 위패를 불사르는 행위는 자기 자신의 진정한 인격을 팔아먹는 것과 같은 행위로 매도되었기 때문이다. 그러나 종교의 자유가 헌법적으로 보장받는 현 상태에서 가톨릭 신자에게 있어서 가톨릭 신앙은 '사회적 정체성'의 일부가 되었다고 할 수 있다.

그런가 하면 두 번째로 '사회적 정체성'의 문제가 일정 수준 해결되었다고 해도, 그것이 '정치적 정체성'의 문제로 전이될 수 있는지는 의문이다. 남녀간의 역할에 대하여 생각해 보자. 남자 A는 남자제일을 주장하는 '쇼비니스트'이고 여자 B는 여자제일을 주장하는 '페미니스트'이다. 따라서 남자 A와 여자 B는 데이트를 하면서, 결혼을 하고 나면 누가 밥과 빨래를 하고 시장을 볼 것인가 등등의 문제를 논의하면서, 상호간의 정체성에 대하여 갈등을 빚게 마련이다. 그러나 남녀가 상호간의 정체성에 대하여 갈등과 마찰을 빚더라도, 일정한 선에서 상호간의 정체성을 인정하기로 합의를 했다면, 상호간에 의무를 창출할 수 있는 셈이다. 즉 남자는 장을 보고 여자는 밥을 하기로 했다면, 남자는 '남자의 본분', 여자는 '여자의 본분'을 지켜야 할 것이다. 이처럼 '사회적 정체성'은 의무를 수반할 수 있다. 그러므로 본 연구에서는 "인간은 사회적 동물"이라는 준칙 자체에 거부감을 지니고 있는 것이 아님을 밝히고자 한다.

같은 맥락에서 우리는 성묘를 하며 조상들에게 차례를 지내는 등 설날이나 정월대보름, 추석을 뜻깊게 지내며 씨름과 연날리기, 그네타기, 제기차기, 윷놀이를 즐기기도 한다. 혹은 설날이나 추석에는 민족의 대이동이 벌어지지 않는가! 즉 명절은 우리 민족이 나라의 풍습에 따라 뜻깊은 날로 정하고 함께 즐기는 날이다. 다시 말해 명절은 우리가 한민족에 속한다는 '뿌리'를 찾고 확인하는 날인 셈이다. 그러나 '나'는 '나'의 정체성이 한민족 뿌리라는 것을 깨닫고, 혹은 민족 공동체 구성원으로서의 '나'의 역할을 수용한다고 하더라도, 또한 그 사실에서부터 '성묘의 의무'나 '제사의 의무'를 추출할 수는 있겠지만, 직접적으로 국가 공동체에 대한 헌신과 복종의 의무까지 추출해 낼 수 있는 것은 아니다. 민족 공동체의 구성원이라는 사실, 혹은 사회 공동체의 구성원이라는 사실은 '내'가 '너'와 좋은 이웃으로서 동고동락(同苦同樂)하며 일정한 관행적 규범을 지킬 의무가 있다는 사실만을 의미할 뿐, 때때로 목숨도 서슴지 않고 바쳐야 할 의무까지 함의하는 것은 아니다.[4] 일반적으로 사람들은 지역 연고 야구팀을 열렬히 응원할지언정, 야구팀을 위하여 목숨을 바칠 이유가 있다고 생각하지는 않는다. 또한 설날과 추석의 명절(名節)은 국경일(國慶日)과 그 규범적 의미가 다르다. 명절에는 성묘와 제사를 지내지만, 현충일과 광복절에는 태극기를 달게 되지 않는가? 이처럼 국가 공동체나 정치 공동체는 민족 공동체나 사회 공동체와 동일한 내포와 외연을 갖고 있는 것은 아니다. 사회 공동체가 '나'에게 목숨을 요구하지는 않지만, 국가 공동체는 '나'에게 목숨과 재산까지도 요구하기 때문이다.

그러한 차이는 어디에서 기인하는가? 이러한 차이를 해명하기 위해서는 "인간은 사회적 동물"[5]이라는 명제를 한 차원 넘어서서, "인간은 정치적 동물"이라는 명제가 유의미하게 방어될 수 있어야 할 것이다. 그렇다면 문제는 '내'가 '본질적으로' 사회 공동체의 구성원이라는 사실과는 별개로 '내'가 '본질적으로' 국가 공동체의 구성원이라는 사실을 어떻게 정당화시킬 수 있는가 하는 점이다. 이 점은 '호모 치비쿠스(homo civicus)'와 '호모 폴리티쿠스(homo politicus)'의 차이로서, 관심의 초점은 사회 공동체의 구성원이라는 사회성(社會性)의 차원과는 독립적으로 국가 공동체의 구성원이라는 국민성(國民性) 혹은 시민성(市民性)이 '나'의 정체성을 구성할 수 있을까 하는 문제이다.

---

4) 물론 고대 공동체의 사회적 규범을 보면, 인간의 목숨을 요구하는 경우가 없는 것은 아니었다. 강이나 바다의 신에게 혹은 풍요를 위하여 처녀를 제물로 바치는 경우는 많은 신화와 설화에서 나타난다. 그러나 이것은 특정하게 뽑힌 개인에게 국한된 의무였을 뿐, 모든 개인들에게 해당되는 일반적 의무는 아니었다.

5) '사회적 동물'과 '정치적 동물'이 동일하다는 명제는 쟁점이 아닐 수 없다. 일반적으로 아리스토텔레스에게 있어 '사회적 동물'은 곧 '정치적 동물'이었고 '정치적 동물'은 곧 '사회적 동물'이었다. 그러나 사회계약론자들에게 있어 일반적으로 '정치적 동물'과 '사회적 동물'은 구분된다. 특히 로크에 있어 이 구분은 뚜렷하다. 사람들은 자연상태에서 '사회적 동물'로 비교적 잘 살고 있으며, 시장사회까지 구축하고 있다. 그러나 '정치적 동물'로 살아가고 있는 것은 아니다. 정부는 만들어지지 않았고 사법기관도 존재하지 않기 때문이다. '정치적 동물'과 '사회적 동물'을 같은 범주로 보기보다 질적으로 구분하는 본 연구에서는 로크의 지적 전통을 따르고 있다고 하겠다.

주지하는 바와 같이 정치적 헌신과 복종의 의무는 '호모 폴리티쿠스'에 관한 문제로서, 동고동락하는 이웃이나 동료들 사이의 평등한 관계와는 달리, '군신지간(君臣之間)'의 개념에서 상징적으로 표출되는 바와 같이 상하간에 성립하는 권위관계를 받아들이는 문제와 관련이 있다. '나'에 대한 국가 공동체의 요구가 도덕적 의무를 창출한다는 사실을 받아들여야 한다는 점이다. 이 경우 국가 공동체에 속한다는 사실이 '나' 자신에게 정체성을 구성하는 요소가 될 수 있을 것인가? 물론 특정 종교나 특정 부족, 혹은 특정 가문에 속한다는 사실이 구성원으로서 '나'의 정체성을 구성한다는 주장이 성립될 수 있다면, 국가 공동체에 속한다는 사실이 국민이나 시민의 정체성을 구성한다는 주장도 불가능한 것은 아닐 것이다. 일반적으로 부자지간(父子之間)이나 부부지간(夫婦之間) 및 형제지간(兄弟之間)이 '나'의 정체성을 구성한다고 말할 수 있다. 그것은 '자연적 관계'라고 할 수 있을 만큼, 자명한 혈연적 관계이기 때문이다. 그러나 같은 맥락에서 군신지간(君臣之間)이 '나'의 정체성을 구성한다고 말할 수 있을까? 물론 봉건국가나 왕정국가에서는 충분히 가능한 일이다. 왕권신수설은 이를 정당화했고 유교국가에서도 이를 받아들이고 있기 때문이다. 하지만 군신관계가 자연적 관계가 아니라면, 어떻게 '나'의 정체성의 핵심적 요소가 될 수 있겠는가! 뿐만 아니라 민주사회에서 군신지간의 기조가 되는 '군위신강(君爲臣綱)'의 규범을 수용하기란 거의 불가능하다. 민주사회에서 '군신지간'의 규범은 존재할 수 없다. 모든 사람들이 평등한 존재이기 때문이다.

한편 '군신지간'의 규범은 받아들이지 않아도, 국가 공동체에 속한다는 사실이 시민 개인의 정체성을 구성할 수 있다고 상정해 보자. 그러나 중요한 점은 설령 국가 공동체가 시민으로서 '나'의 정체성을 구성한다는 사실을 받아들인다고 해도, '나'의 입장에서 국가 공동체가 요구하는 권위를 받아들여야 하는가 하는 문제는 여전히 하나의 의문으로 남는다는 사실이다. 왜냐하면 시민으로서 '나'는 국가 공동체의 시시비비를 평가할 수 있으며, 그 평가에 따라 '나'의 정치적 복종의 의무는 달라질 수 있기 때문이다. 예를 들어 정의로운 국가 공동체가 아닌, 악법들을 조직적으로 제정하는 불의한 국가 공동체, 즉 유태인을 말살해야 한다는 정책을 공공연히 선언하는 나치국가, 혹은 개인의 인권을 심각하게 침해하는 반인권적 국가 공동체, 혹은 선량한 시민들을 대상으로 테러를 자행하는 전체주의 국가라면, 시민으로서 '나'는 정치적 헌신행위를 하기보다는 시민불복종 행위 등, 항쟁에 나서야 하지 않겠는가? 불의한 정치 공동체에 대하여 공동체의 구성원이 되었다는 이유만으로 그 불의와 불법에 복종한다면, 문제의 복종 행위는 '맹종(盲從)'이나 '묵종(默從)'의 행위일 뿐, 양식 있는 시민의 분별력 있는 행위라고 평가하기 어렵다. 뿐만 아니라 국가 공동체에 대한 헌신의 태도는 국가가 아닌, 다른 공동체에 대한 헌신행위와 충돌할 수도 있다.

이러한 관점에서 시민유대를 강조하는 현대 공동체주의자들에 대하여 제기할 수 있는 문제라면, '내'가 속해 있으며 '나'의 정체성을 구성하는 국가 공동체를 '비판적 이성'에 의하여 평가하고, 또한 '내'가 소속된 여러 가지 공동체에 대하여 느끼는 경합적인 충성심에 대해서 평가해야 한다는 사실을 소홀히 하고 있다는 점일 것이다. 강조하자면, '나'는 '내'가 소속되어 있는 국가 공동체가 과연 도덕 공동체인가 혹은 '좋은 질서를 가진' 공동체인가 하는 등등의 시시비비를 따지는 비판적 물음을 제기해야 하지 않겠는가! 물론 이와 관련하여 '자유의 왕국(kingdom of freedom)'이나 '국가의 이념(idea of the state)', 혹은 '인간의 완벽성(perfection of man)' 등의 기준을 설정하고 이에 의하여 기존의 공동체를 양호하다거나 혹은 미흡하다는 판단을 내리는 초월적 공동체주의자 혹은 관념적 공동체주의자들이 없는 것은 아니다. 실제로 문제의 방식은 헤겔이나 그린(T. H. Green)이 시도해 온 전형적인 접근방식이기도 하다. 하지만 적어도 왈저(Walzer)나 바버(Barber), 매킨타이어(A. MacIntyre), 샌델(Sandel) 등, 유력한 현대 공동체주의자들에 관한 한, '관념적 공동체(ideal community)'의 접근방식은 별로 호소력을 갖고 있지 못하다. 왜냐하면 '관념론적 공동체'에는 공동체 특유의 따뜻함과 향토성, 및 지역성이 결여되어 있기 때문이다.

두말 할 나위 없이, 국가 공동체에는 흔히 가족 공동체에서 발견되는 배려와 따뜻함이 결여되어 있다. 99마리의 양을 버려 두고 한 마리의 잃어버린 양을 찾기 위해 헤매는 목자의 모습을 국가 공동체에서 찾아보기 어려울뿐더러, 자동차 차선을 양보하지 않는다고 욕설을 퍼붓고 혹은 "내 구역에 주차를 했다"고 남의 차에 흠집을 내며, 보행인들조차 자동차를 상전처럼 위하면서 길을 조심조심 다녀야 하는 처량한 신세가 되었다면, 국가 공동체는 차가운 공동체가 아닐 수 없다. 또한 나라를 위해 싸우다가 포로가 되어 수십 년 고초를 당해도 거들떠보지도 않는 국가 공동체가 있다면, 이는 무정한 공동체이다. 바로 이 점이 현대 공동체주의자들이 관념적 공동체주의자들과 달리 국가 공동체보다 작은 공동체를 선호하는 이유이고, 또한 한편으로 따뜻한 정을 찾아보기 어려운 '관념적 공동체(ideal community)'를 타박하는 요인이기도 하다.

그러나 관념적 공동체주의의 강점이 있다면, 경험적인 국가 공동체의 부정의나, 현존하는 국가 공동체의 비리와 하자를 비판하는 기능을 지니고 있다는 점이다. '관념적 공동체'가 내세우는 초월적 가치인 '자유'와 '정의'는 현존하는 국가 공동체의 불완전성을 고발하고 비판하는 준거가 된다. 하지만 국가 공동체의 권위 관계가 '나' 개인의 정체성을 구성하는 요소가 된다고 한다면, 기존의 국가 공동체에 대한 비판과 평가가 쉽지 않다는 것이 문제이다. 국가 공동체의 열악성 때문에, 혹은 조직적인 부정의 때문에 국가 공동체를 개혁하거나 변혁시키려는 어떠한 시도도, '나'에게 있어 시민으로서 '나' 자신의 정체성을 확인하거나 발견하려는 시도라기보다, '나' 자신의 정체성을 말살하거나 포기하는 행위가 될 것이기 때문이다. 국가 공동체의 불의를 고발하기 위하여 병역의 의무를 수행하기보다는 징집통지서를 공개적으로 불태우고 납세거부의사를 공공연히 선언하는 불복종주의자로서 행동하는 시민 A의 경우, 그 정체성을 어디서 찾을 수 있을 것인가? 혹은 나라를 위해 싸우다 고엽제의 피해를 본 상이군인 B가 정부의 무관심과 무정함을 탓하며 고속도로를 점거하고 세종로 정부청사 앞에서 농성을 하는 과정에서, 어떻게 국가에 대한 복종의 의무가 자기정체성의 원천이 된다는 사실을 실감할 수 있을 것인가? 이 문제는 또한 자신의 국가를 사랑하는 마음과 자신의 국가를 공개적으로 비난하는 행위 사이에 고민하는 반체제주의자들의 딜레마이기도 하였다. 그러므로 많은 공동체주의자들이 국가 공동체의 불의와 비정함 및 무정함에 실망한 나머지, 이상적인 사회질서를 비권위주의적 사회로 설정하고, 심지어 '아나키즘'으로 기울어진 것은 우연한 일이 아니다.

그러나 초월적 혹은 관념적 공동체주의자나 불의한 현실 공동체 비판을 강조하는 공동체주의자들은 시민의 의무와 도리를 본질적으로 잘못 이해하고 있다고 말할 수도 있다. '좋은' 공동체와 '나쁜' 공동체를 구분하는 일은 정치적 복종에 관한 시민의 의무 문제에 있어 필요조건이 아닐 수도 있기 때문이다. '좋은' 부모와 '나쁜' 부모를 구분한다고 해서, 자녀인 '나'의 입장에서 부모에 대한 효도의 의무가 소진되는 것이 아닌 것처럼, 도덕적으로 좋은 공동체와 도덕적으로 나쁜 공동체를 구분한다고 해서, 국가 공동체에 대한 시민으로서 '나'

의 정치적 헌신과 충성에 대한 의무 문제가 해소되는 것은 아니기 때문이다. 미우나 고우나, 부모는 어디까지나 '나'의 부모인 것처럼, 싫으나 좋으나, 조국(祖國)이나 모국(母國)이라는 실체는 잘잘못을 떠나서 정치적 헌신과 충성을 바쳐야 하는 '나'의 국가가 아니겠는가!

물론 국가권력을 심히 부당하게 사용한다면, 국가 공동체는 시민인 '나'에게 정당한 권위를 주장할 수 없을 것이라는 사실은 남아 있다. 그러나 반대로 설사 정의로운 통치자나 철인왕, 혹은 정의로운 제도들이 존재한다고 해도, 반드시 '나'에게 복종을 요구할 만큼, 정당한 권위를 주장할 수 있는 것은 아니라는 점을 다시 한번 상기할 필요가 있다. 그 이유는 보다 근본적으로 정치적인 권위 관계는 '나' 개인의 정체성을 구성한다고 단언하기 어렵기 때문이다. 같은 맥락에서 우리는 노예주와의 주종관계가 노예의 정체성을 이룬다고 말할 수 없고, 또한 남존여비(男尊女卑)의 사회처럼, 남자에 대한 일방적 복종이 여자의 정체성을 이룬다고 말할 수 없다. 그러므로 일반적으로 '나'의 역할과 정체성에서 일정 수준 '나'의 의무의 범주를 도출해 낼 수는 있겠으나, 정치적 복종의 의무를 도출해 낼 수는 없고, '사회적 역할'이 '나'의 정체성을 구성한다고 말할 수 있으나, '정치적 역할'이 '나'의 정체성을 구성한다고 단언하기 어렵다는 사실을 강조하고자 한다.

Ⅶ. 정치 공동체는 최고의 공동체인가

이번에는 정치 공동체에 대한 시민의 의무가 정치 공동체가 지니고 있는 최고의 품격에서 기인한다는 아리스토텔레스의 비전, 혹은 아렌트나 볼린 등, 네오·아리스토텔레스안들의 견해에 대하여 비판적으로 점검해 보기로 하자. 주지하는 바와 같이 아리스토텔레스에 있어 인간의 생활은 '활동적 삶(vita activa)'과 '명상적 삶(vita contemplativa)'으로 나눌 수 있는데, 명상적 삶이 철학적 삶이라면, 활동적 삶 가운데 가장 고귀한 것이 정치생활이다. 따라서 정치생활은 단순히 개인의 이익을 추구하는 수단적 영역이기보다는 인간의 자아실현에 필수적인 공공의 장이라고 할 수 있다. 정치 공동체, 즉 '폴리스'란 단순히 같은 공간에 모여 사는 인간의 삶이나 동물적 생존이 아니라 '잘 살고 행복하고 훌륭하게 사는 삶', 즉 '에우다이모니아(eudaimonia)'에 기여하기 위한 것이다. 결국 '좋은 삶'을 위한 공동체, 개인이 완전하고 자족적인 삶을 영위하기 위해 모인 가족들과 종족들의 공동체가 바로 정치 공동체이다.[6] 이러한 정치 비전은 이른바 '정치적 도구주의(political instrumentalism)'와는 대비되는 비전으로, 현대 공동체주의자들의 다수가 받아들이고 있는 비전이다. 아리스토텔레스로부터 기원을 갖는 이 비전에서 '폴리스(polis)'는 '공동체 가운데 공동체'로 투영되고 있다. '폴리스'는 유일하게 자족적인 공동체이기 때문에 인간발전에 대한 최고의 장이며 영역이다. 두말 할 나위 없이 아리스토텔레스가 상정하는 목적으로서 정치비전은 사회계약론자들의 정치비전, 즉 공공재를 제공하는 수단으로서, 혹은 공공재 산출에 방해가 되는 '무임승차행위(free riding)'를 제재하고 '강제승차행위(forced riding)'를 가능케 하는 수단으로 간주되는 정치의 비전과 사뭇 대조적이다.

이와 같이 정치 생활이 그 자체로 중요한 '목적적 삶'으로서 비수단적 가치를 함유한다면, 정치 공동체의 시민이 되고 시민으로 살아간다는 사실에도 내적 가치가 배어 있는 셈이다. 물론 그렇다고 해서 정치 공동체로서 국가에 대하여 묘사하고 있는 아리스토텔레스의 표현, 즉 "국가는 자족적"이라는 명제를 자구적으로 받아들일 필요는 없을 것이다. 현대의 어떤 국가에서도 완벽한 자족적인 특성을 찾아볼 수는 없기 때문이다. 부국(富國)이며 강대국(强大國)이라고 하더라도, 혹은 부국일수록 오히려 다른 나라와의 상호의존(interdependence)과 상호교역이 필요한 것이 현실이다. 비교우위가 있는 부문에서는 재화를 수출하고 비교우위가 결여된 부분에서는 재화를 수입하는 등, '오타키(autarchy)', 즉 완전한 자급자족국가는 존재하지 않는다. 그런가 하면 보다 엄밀한 의미에서 '폴리스'가 다른 공동체와 달리, '최고선(highest good)'을 추구하고 있다는 아리스토텔레스의 통찰도 쟁점사안이라고 생각된다. '최고선(summum bonum)'은 아마도 '공동선(bonum commune)' 정도로 환치시키는 편이 온당할 듯하다. '최고의 선'에 대한 개념은 구성원이나 사회조직에 따라 달라질 수 있으므로 오히려 다양한 구성원들이 선호하는 다양한 선 가운데 최소공배수(最小公倍數)에 해당하는 공동선을 추구한다는 표현이 적합하리라고 보여지기 때문이다.

---

6) 이 점과 관련하여 남경희(1997, 193-5)의 논의를 참조할 것.

이 점이야말로 본 연구에서 국가 공동체의 특성과 관련하여 '최고선'보다 '공동선'의 개념을 선호하는 이유이기도 하다. 그러나 그럼에도 불구하고 아리스토텔레스나 네오 아리스토텔레리안들의 정치비전에서는 루소의 정치비전과 마찬가지로 '정치적 도구주의'에 대한 거부 메시지는 확고한 것으로 보인다. 하지만 정치적 도구주의를 거부한다고 해서, 국가 공동체를 공동선을 추구하기 위한 유일하고 현저한 최고의 도덕 공동체로 받아들일 필요가 있는 것은 아니라는 점을 강조할 필요가 있다.

아리스토텔레스의 비전과 관련하여 특히 네 가지 관점에서 반론을 제기할 만하다고 생각된다. 무엇보다도 도덕적 국가의 전형으로 일컬어지는 그리스의 도시국가인 '폴리스'에 대한 간략한 평가를 함으로써 최고 공동체로서 국가의 위상에 의구심을 표출하고자 한다. 주지하는 바와 같이 '폴리스(polis)'는 다만 고전적인 그리스의 전형적 현상은 아니었다. '폴리스'의 복수인 '폴레이스(poleis)'는 헬레니즘과 로마제국시대에도 상당 수준의 자율성을 가지고 존재해왔다. '폴리스'가 오늘날의 의미에서 '국가'인가에 대해서는 쟁점 사항이다. '폴리스'는 시민들이 집단 결정에 직접적으로 참여할 수 있을 정도로 주민들 숫자가 작은, 전적으로 자율적인 공동체였다. 사실 아리스토텔레스가 아시리아 초강대국의 한 속국인 바빌론을 '폴리스'로 지칭하기를 거부한 이유는 바빌론은 시민들이 한 번 회동하기도 어려울 정도로 방대한 곳이었기 때문이다. 뿐만 아니라 '폴리스'에 관한 한, 국가와 시민사회에 대한 일반적인 구분도 적용되기 어려운 것으로 보인다.

일반적으로 '에크레시아(ekklesia)'로 일컬어지고 있는 '공회(公會)'에서 이루어지고 있는 집단결정의 제도도 시민들과는 상이한 대표자들이 자리를 차지하고 있는 오늘날의 의회와는 달리 대의조직이 아니었다.[7] 시민들이 스스로 그 자리를 차지하고 운영하고 있었기 때문이다. 또한 도덕과 정치는 상호 융합되어 있었다. 도덕적 덕목은 시민들의 책임 완수에서 필수 불가결한 요소로 간주되었기 때문이다. 이와 마찬가지로 종교와 도덕도 밀접하게 연계되었다. 종교는 시민종교였고 신들은 동시에 '폴리스'의 신이었고, 그리스의 시민들이 사적

---

7) 공회 이외에도 평의회(boule)와 법원(dikasteria)이 폴리스의 주요 정치제도이다. 그러나 이 세 가지 제도는 오늘날 민주국가에서 작동하고 있는 것과는 상이한 역할과 기능을 수행하고 있었다. 이와 관련하여 앤드류스(A. Andrews 1974)를 참조할 것.

으로 신앙생활을 영위해 나가는 경우는 없었다. 신앙은 어디까지나 공적 신앙이었다.

이러한 관점에서 '폴리스'의 특성에 대한 토마스 팽글(Thomas Pangle 1988, 512)의 지적은 핵심을 찌르고 있다. "폴리스는 현대적 의미에서 도시는 아니다. 그것은 자족적이고 독립적인 정치 공동체이다. 그러나 그렇다고 해서 국가나 도시국가도 아니다. '국가'라는 용어는 폴리스라는 그리스어를 번역할 때 사용될 수 없다. 왜냐하면 현대 용어에서 국가와 사회의 구분을 전제로 하고 있는데, 그것은 일반적으로 그리스의 사고방식과는 거리가 먼 비전이기 때문이다. 오늘날 국가라는 용어를 사용할 때는 정당한 폭력을 독점적으로 사용하는 정부나 정치권위를 일컫는다." 팽글의 지적은 본 논의의 맥락에서 보면, 현대 국가가 결여하고 있는 도덕적 특성을 '폴리스'가 지니고 있었던 것으로 파악할 만하다.

그런가 하면 디킨슨(L. Dickinson 1962, 49)의 설명에서도 '폴리스'의 도덕적 특성은 현저하다. "그리스인들의 사고방식에서 폴리스의 시민이 된다는 것은 단순히 세금을 납부한다든지, 투표권을 행사할 수 있음을 의미하는 것은 아니었다. 그것은 시민생활과 군대조직의 모든 기능에 직접적이며 능동적인 협력을 의미하는 것이었다. 시민은 일반적으로 군인이고 판관이며 의회의 구성원이다. 시민의 공적인 의무는 대표를 통하여 이루어지는 것이 아니라 직접 수행하는 데 있었다."

그 밖에도 '폴리스'의 도덕적인 특성을 부각시키는 논의들은 적지 않다. 물론 오늘날에도 아렌트(H. Arendt)나 보에글린(E. Voeglin), 볼린(S. Wolin) 등은 폴리스의 생활을 정치생활의 바람직한 원형으로 삼고 있다. 따라서 '폴리스'의 생활이 국가의 도덕적인 특성을 비교적 생생하게 반영하고 있다는 평가에 대하여 인색할 필요는 없을 듯하다. 그러나 그럼에도 불구하고 '폴리스'의 도덕적인 특성에 미흡하다고 판단되는 두 가지 측면을 지적할 수밖에 없다고 생각된다. 첫째로 그리스의 '폴리스'에서 시민들은 매우 적은 부분만을 차지하고 있었다는 사실이다. 여자와 노예 및 외국인들은 모두 정치생활에서 배제되어 있었다. 이것은 마치 근대 사회에서 노동자들이 재산이 없다는 이유로 투표할 권리를 박탈당하고 있다는 사실과 유의미하게 비교될 만하다. 시민의 자격으로부터 배제되어 있던 사람들의 입장에서 보면, '폴리스'의 집단선택 제도는 오늘날 불완전한 대의 민주주의제도나 혹은 불완전한 민주국가처럼, 그들의 의사와 는 관계없이 운영되고 있었다. 실상 보편적인 선거권은 그리스의 '폴리스'의 산 물이 아니라, 현대 민주주의의 산물이 아니겠는가!

두 번째로 아리스토텔리안 공동체주의자들이 '폴리스'와 현대의 국가를 구 분함으로 고대 '폴리스'의 도덕적인 성격을 강조하고 있으나, '폴리스'의 도덕 적인 성격이 과대평가되어서는 곤란하다고 판단된다. 즉 '폴리스'는 오늘날의 국가와는 '질적으로' 달리 운영되었기 때문에 '폴리스'에 대한 시민들의 태도 에서는 현대 국가에 대한 시민들의 부정적인 태도, 즉 국가로부터의 소외감이나 정치적 무관심을 찾아보기 어렵다는 지적에 수긍하기는 어렵기 때문이다. 이 점 에 있어 소크라테스는 산 증인이 아닐 수 없다. 오늘날 국가의 부도덕성에 항거 하여 시민불복종운동을 벌인 대표적인 사람들로 서로우나 간디, 마틴 루터킹을 꼽고 있다. 그러나 그리스의 '폴리스'에서도 소크라테스는 비록 복종주의자이기 는 하나, 자신의 상식과 양심(daimon)으로는 수긍할 수 없었던 법이 엄존하고 있음을 목숨을 바쳐 가며 입증하고 있다. 물론 소크라테스는 법에 복종하기로 결정했으나, 그 이유는 여러 가지로서, 분명한 점은 아테네의 법이 정의로웠기 때문만은 아니었다는 사실이다. 그러므로 "아테네의 등애"로 자처할 만큼, 비판 적 사고에 입각한 행동을 하다 처형당한 소크라테스의 운명을 감안해 보면, 그 리스의 '폴리스'가 오늘날의 강압적이며 부도덕한 국가와는 달리 비교적 완벽 한 도덕적 실체였다는 주장은 후대에 살고 있는 사람들이 과장하고 있는 미화 의 결과일는지 모른다.

세 번째로 '폴리스'로 상징되는 국가 공동체가 최고의 도덕 공동체(moral community)인가 하는 문제는 가정을 최고의 도덕 공동체로 설정해 왔던 유교 적 정치비전에 의하여 도전받을 필요가 있다. 특히 오랫동안 한국 사회에서 생 활규범이며 정치이념으로 정착되어 왔던 유교에서 이상적인 공동체모델은 국가 보다는 가정이다. 따라서 우리에게 '가화만사성(家和萬事成)'이나, '수신제가치 국평천하(修身齊家治國平天下)'의 준칙은 결코 생소하지 않다. 효(孝)는 충(忠) 의 원형이며 연장으로서, 그 역은 가능하지 않다. 즉 '효자(孝子)'에서 '충신(忠 臣)'이 나는 것이지, '충신(忠臣)'에서 '효자(孝子)'가 나는 것은 아니다. 또한 두 아버지를 섬길 수 없는 것처럼, 두 임금을 섬길 수 없다는 것이 충신이 되어 야 할 논리적 근거이며 유비적 표현이었다. 이처럼 '효'가 '충'보다 선행하며

'국가'보다는 '가족'을 공동체의 원형으로 간주해 온 지적 경향은 전통의 범주
에 머무르지 않고 오늘날 우리 한국 사회에서 매우 중요한 가치규범으로 정착
되고 있다.[8] 시장사회에서 이윤을 추구하는 회사도 가족을 이상으로 삼아 '삼성
왕국'이나 '현대왕국'보다 '삼성가족' 혹은 '현대가족'으로 스스로를 지칭하고
있지 않은가? 혹은 올림픽에서 금을 많이 따는 경기종목도 '충신종목'이 아니
라 '효자종목'이며, 수출이 잘되는 상품은 '충신상품'이 아니라 '효자상품'이다.
이러한 표현들은 수사학적 표현을 넘어서서 '폴리스(polis)'보다 '오이코스
(oikos)'가 개인에게 더 중요한 헌신과 복종의 의무를 요구한다는 함의를 지닐
수 있는 공동체주의 가능성이 실재하고 있음을 웅변하는 셈이다.

　　마지막으로 보다 실제적 차원에서 관찰해 본다면, 오늘날 중차대한 의미를
지니고 있는 공동결사의 형태는 국가 공동체보다는 가족이나 동아리, 동호인 그
룹, 노동조합 혹은 종교집단처럼 규모가 작은 공동체, 혹은 '소공동체'로 좁혀져
있는 것이 현실이다. 이와 관련하여 우리는 슈마허(F. Schumacher)가 설파한
"작은 것이 아름답다(small is beautiful)"는 준칙을 새삼 상기하게 된다. 또한
이러한 소공동체들도 국가 공동체 못지않게 개인의 정체성을 구성하거나 제공
하며, 그 성원들에게 일정한 의무를 부과하고 있음은 주지의 사실이다. '부모된
도리', '자녀된 도리', 혹은 '종교인의 의무와 사명', 혹은 '직업윤리' 등이 유의
미하게 거론되고 있음은 바로 그 때문이 아니겠는가! 특히 국가 공동체가 너무
나 방대하고 외형적이며 익명적이어서 내실 있는 공동체보다 유명무실한 공동
체로 전락하고 있는 현대사회에서, 소공동체의 중요성은 더욱 더 커지고 있으
며, 때때로 국가 공동체와 경합적 관계로까지 발전하는 나머지, 이른바 '역할갈
등(role conflict)'과 '의무갈등(obligation conflict)'까지 야기되는 실정이다.
이익 공동체 구성원으로서의 헌신과 국가 공동체 구성원으로서의 헌신 사이에
갈등이 불거져 나오는 현상은 신문지상에서 자주 목격하게 되는 사안이다.

　　그런가 하면 집안 일을 거들고 가계를 이어가며 부모를 공양하는 데 수반
되는 '자녀된 도리'와 국가를 위한 병역임무수행이라는 '국민된 도리'가 상충
하는 경우도 드물지 않다. 물론 '오이코스'에 대한 의무와 '폴리스'에 대한 의

---

8) 시인 김수영(1988, 20)은 가정의 고귀성과 관련하여 "누구 한 사람의 입김이 아니라 모든
　가족의 입김이 합치어진 곳 … 유순한 가족들이 모여서 죄없는 말을 주고받는 … 한없이 순
　하고 아득한 바람과 물결"로 노래한 바 있다.

무가 합치하는 사례가 전혀 없는 것은 아니다. 우리 역사에서도 화랑 관창은 황산벌 전투에서 조국을 위해 목숨을 바침으로 '충'과 '효'의 의무를 동시에 수행할 수 있었다. 관창의 아버지 품일 장군은 황산벌 싸움에서 계백 장군의 배려로 살아 돌아온 관창을 재촉하여 목숨을 바치도록 요구하지 않았던가. 그러나 이러한 역사적 고사가 아름다운 이야기로 전해 내려온다는 사실 자체가 '충'과 '효'의 공존이 일상적이기보다는 예외적 현상임을 반증한다. 그런데 양자가 경합하는 상황이라면, 어떤 규범과 도리가 더 우세할 것인가? 여기서 사르트르는 어떤 대안을 선택해도 무방하다는 입장을 밝힌 바 있거니와, 이러한 입장이 한낱 실존주의자의 입장이라고만 치부할 수 있겠는가? 다시 말해서 효(孝)와 충(忠)이 충돌하는 상황에서, 혹은 '폴리스'와 '오이코스'가 상충하는 상황에서, 국가 공동체에 대한 의무나 시민된 도리가 언제나 우세한 규범으로 결말이 나리라는 전망은 가능하지 않다. 실제로 실존주의자들뿐만 아니라 다원주의자들도 이 상황에서 개인들에게 선택의 자유를 인정하려는 경향이 강하다. 즉 국가를 포함한 어떤 공동체도 개인의 복종과 헌신을 '독점적으로' 그리고 '우선적으로' 요구할 정도로, 절대적 도덕성을 갖추고 있지는 못하다고 판단하기 때문이다.

실제로 현대 사회의 개인들은 여러 가지 유형의 소공동체에 중첩적으로 가입하고 있다. 동호인 클럽, 이익집단, 시민단체, 교회집단, 동문·동향 집단 등이 그들이 아니겠는가! 여기서 의무가 상충한다면, 예를 들어 범죄를 저지른 아버지를 알고 있는 자식의 경우, 경찰에 이를 신고해야 할 것인가? 아버지의 죄를 알고도 신고하지 않는 것이 '자식된 도리'라면, 아버지를 신고하는 것은 '시민된 도리'이다. 물론 때때로 부부관계일 경우, 법정에서 상대방에 대하여 불리한 증언을 할 의무는 없다는 사실을 인정하는 국가 공동체도 없지는 않다. 혹은 '여호와의 증인'을 믿는 독실한 신도라면, 종교적 신념 때문에 총과 무기를 들 수 없다며, '국민된 도리'인 병역의 의무를 거부하게 마련이다. 이 경우 다원주의자라면, 실존주의자처럼 개인의 양심과 판단을 따라야 하며, 국가는 개인의 양심과 판단을 따르는 행위를 처벌해서는 안 된다고 주장하지 않겠는가! 혹은 자녀의 교육문제 때문에 조국을 떠나 미국이나 오스트레일리아로 이민을 갈까 궁리하는, 이른바 현대판 맹모(孟母)를 자처하는 부모의 딜레마도 마찬가지이다. 자녀에 대한 헌신이 국가에 관한 헌신보다 우선한다고 판단해서 이민을 결행하는 경우도 적지 않은 것이 우리의 현실이다.

우리에게는 4대 국경일이 있다. 국경일은 나라에 큰 경사가 있었던 날을 전 국민이 함께 기리며 기념하기 위한 날이다. 그러나 개인에게 있어 생일이나 돌잔치, 결혼기념일이 삼일절, 제헌절, 개천절, 광복절 등, 국경일보다 더욱 더 즐겁게 느껴진다면, 혹은 '동창회 모임'이나 '반창회 모임'이 '반상회'나 '구민의 모임'보다 더 정겹게 느껴진다면, 국가 공동체가 도덕적으로나 정서적으로 '최고의 공동체'라고 하는 공동체주의자들의 명제는 어떻게 경험적으로 검증될 수 있겠는가! 혹은 애국가의 4절은 기억하지 못하는 사람이 자신의 가계 족보를 정확하게 기억하는 경우도 드물지 않다.

물론 그렇다고 해서 국가 공동체에 대한 '국민된 도리'가 '나' 개인에 있어 일차적 헌신과 충성의 자리를 차지해야 한다는 견해가 전혀 근거가 없고 비합리적이라는 주장을 하려는 것은 아니다. 국가 공동체와 그로부터 가능한 '시민적 유대(philia politike)'가 일차적 충성심의 자리를 점유해야 한다는 것을 정당화시키는 '필연적' 논리를 개발할 수는 없겠지만, 그렇다고 해도 한편으로 국가 공동체에 대한 헌신을 정당화시킬 수 있는 경험적 요소나 개연성 있는 논리들을 적시하는 것이 불가능한 일은 아닐 것이다. 예를 들어 '나'는 보편적이며 초월적 의미를 갖는 '자유의 왕국(kingdom of freedom)'이나 '목적의 왕국(kingdom of ends)', 즉 자신이 믿는 종교나 자신이 속한 민족, 혹은 집단의 요구를 초월하는 '목적의 왕국'이나 '인류 공동체'의 범주까지는 아니더라도, 그보다는 다소 작은, 국가 공동체를 선호할 수 있고, 혹은 너무나 좁은 의미의 공동체, 즉 우리 주변에 올망졸망한 형태로 존재하는 작디작은 결사조직이나 집단들보다는 한층 넓은, 국가 공동체에 대하여 끌리는 마음을 가지고 있을 법하다. 외국에서 KAL이나 삼성 광고를 보았을 경우보다 태극기를 보았을 경우, 더 가슴뭉클하고 반가운 느낌을 갖게 되었다면, 이러한 정서의 일단이 실재함을 입증하는 셈이다.

강조하자면, 국가 공동체의 '국민된 도리'나 '시민의 도리'는 매우 추상적이며 보편적인 완벽한 이상 공동체나 인류 공동체 구성원의 도리, 혹은 '세계 시민'의 도리보다는 보다 쉽게 인식할 수 있고, 또한 개인의 입장에서도 비교적 큰 어려움 없이 내면화할 수 있을 듯하다. 혹은 특정한 종교 공동체의 종교적 신념 때문에 중병에 걸린 자녀에 대한 치료를 거부함으로써 죽어 가도록 방치하고 있는 비인륜적인 부모에게 종교적 맹신에 대한 위험을 강제로 깨우쳐 줄 수 있는 유일한 조직이 국가 공동체이다. 혹은 가족조차 돌보지 못하는 가난하고 어려운 사람에게 최종적인 피난처와 사회적 안전망을 제공할 수 있는 곳도 국가 공동체이다.

뿐만 아니라 '내'가 결단과 선택의 문제에 직면했을 때 그 지침과 관련하여 추상적인 '도덕법(moral law)'에 순종하기보다는 구체적인 '실정법(positive law)'에 순종하는 편이 한결 용이하다. 예를 들어 외국과의 전쟁이 발생했을 때, 그것이 '방어전쟁'인지 '침략전쟁'인지, 혹은 '성전(聖戰)'인지조차 불분명할 경우, 개인 A가 이에 참여할 것인가의 여부를 결정해야 할 경우, 혹은 개인 B의 조국이 이웃나라에 강점된 현실에서 독립운동에 가담하여 살인행위라도 마다하지 않는 비밀 조직의 조직원으로 활동해야 할 것인가의 여부를 놓고 망설일 때, 지극히 추상적이고 보편적이며 초현실적인 도덕적 명령이나 정언명법보다 '조국의 부름'은 매우 가시적이며 현저한 지침이 될 수 있지 않겠는가! 실정법의 요구는 도덕법보다 비교적 분명하고 따라서 국가 공동체 내에서 공적으로 인정된 열망과 기대수준을 어느 정도 유의미하게 반영하게 마련이다. 그리고 또한 비교적 정의로운 국가 공동체에서 이들 실정법들은 도덕적 요구와 합치될 공산이 크며, 실정법을 지키는 국민된 도리를 다함으로써 보편적인 도덕법의 준수라는 비교적 유사한 목적을 달성하는 것이 가능하다. 본 맥락에서 그린(T. H. Green)의 통찰도 매우 유용하다. 모름지기 인류에 대한 보편적 사랑이 본의적 의미를 가지려면 보다 구체적 상황에서 인류애(人類愛)가 구체화될 필요가 있을 것이다. 추상적으로 인류를 사랑한다고 하면서 구체적인 이웃사람의 어려운 처지를 외면한다면, 위선의 문제나 언행의 불일치 문제가 불거져 나올 듯하다. 바로 그러한 사랑이 실천될 수 있는 구체적 장(場)을 제공하는 것이 국가 공동체의 구성원들간의 유대관계라고 할 수 있을 것이다.

그러나 그럼에도 불구하고, 즉 이러한 일련의 결과론적 통찰들이 유의미하다고 해도, 분명히 해야 할 점이 있다. '내'가 일차적 헌신과 충성의 대상으로 국가 공동체를 삼아야 한다는 주장은 확실한 명제라기보다는 불확실한 명제라는 사실이다. 국가 공동체 생활을 통하여 나타나는 '공유재'가 다른 소공동체 생활을 통하여 산출되는 '공유재'에 비하여 반드시 더 질적으로 우월하다는 것을 논리적으로나 실천적으로 입증해 줄 수는 없기 때문이다. 오히려 야구장에서 롯데를 응원하는 관중과 삼성을 응원하는 관중들 사이에 충돌이 일어나고 오물

투척소동까지 벌어지는 이유는 국가가 공여하는 '공유재'의 소중함보다 지역 공동체로부터 산출되는 '공유재'를 중시한 결과이다. 혹은 지역경제활성화를 위해 위천공단건설을 요구하는 대구주민들과 더 이상의 강물오염은 받아들일 수 없다는 부산·경남지역주민들 사이의 긴장과 갈등은 국가 공동체에서 생산되는 '공유재'나 '공공재'의 도덕적 우위가 도전받고 있다는 전형적 사례가 아닐 수 없다. 그런가 하면 금슬 좋은 부부가 더 나은 삶을 위하여 국법을 어기면서 돈을 해외로 빼돌리겠다는 유혹에 함몰되는 경우, 국가 공동체 생활의 탁월성을 음미하면서 이 유혹을 극복하기란 어려운 일이다. 혹은 종말론이나 휴거를 믿는 신자 공동체에서 구현되는 '종교적 유대'가 문제의 신도들에게는 국가 공동체 구성원들이 향유하는 '시민적 유대'보다 훨씬 값질 수 있다.

　물론 국가 공동체의 가치가 다른 소공동체의 가치보다 더 소중하고 우월한 것으로 투영된 역사적 사례가 없는 것은 아니다. 관흠 장군은 황산벌 싸움에서 자신의 아들인 관창을 희생시켰고 계백 장군은 황산벌싸움에 나서기 전에 자신의 가족들의 목을 손수 베지 않았던가! 혹은 "나라가 위기에 처했을 때 목숨을 바치는 것은 군인의 본분"이라고 설파한 안중근 의사는 조국독립을 위하여 이토우 히로부미를 사살하고 목숨을 바쳤다. 그 이외에도 민영환 의사는 한일합방에 격분하여 유서를 남기고 자결하였고 적지 않은 독립투사들이 민족과 나라를 위하여 가정을 버리고 고귀한 목숨을 초개처럼 바쳤다. 혹은 "울면서 마속의 목을 베는" 제갈공명의 읍참마속(泣斬馬謖)에 관한 삼국지의 고사도 있다. 그러나 국가 공동체를 위한 고귀한 희생과 숭고한 정신에도 불구하고, 이러한 행동들은 일반적 사례보다는 예외적 사례가 아닐 수 없으며, 평범한 보통 국민보다 영웅이나 초인(Übermensch)에 어울리는 행동이라는 것이 유감스러운 일이다. 오늘날 목숨이 달려 있는 전쟁터도 아닌 일상적인 군부대에서 아들의 2년간의 군복무를 회피하기 위하여 병무 브로커와 결탁하는 부모들을 보면, 오히려 소공동체의 공유재가 국가 공동체의 공유재보다 훨씬 우위에 있는 것으로 평가되고 있다는 사실이 반증되는 셈이다. 혹은 친목계의 매달회비는 꼬박꼬박 내면서 왜 무자료 거래를 통하여 국가에 대한 조세는 포탈하고자 하는가! 애국가보다 H.O.T.의 노래가 더 정답게 들리고 청소년들이 더욱 더 열광을 하는 것이 현실이다. 서태지 노래를 들으면서 기절하는 아이들은 속출해도, 애국가를 들으면서 혼절하는 청소년들은 아직까지 없었다.

그러므로 상기의 지적이 설득력을 지닌다면, 즉 국가 공동체 생활을 통한 공유재 향유에 관한 결과론적 논의가 함의하는 바가 있다면, 공유재를 산출하는 국가 공동체에 대한 충성과 헌신이 '일정 수준' 의미가 있고, 국민된 도리나 시민된 도리의 이행이 '최소한의 수준'에서 정당화될 수 있다는 점을 보여줄 뿐, 그 이상으로 시민으로서 '내'가 국가 공동체에 무조건적 헌신이나 직견적 복종의 의무를 갖고 있다는 사실을 완전무결하게 입증하는 것은 아니다. 다시 말해서 '국민된 도리'나 '시민된 도리'가 '자녀된 도리'나 '부모된 도리'를 압도하고 국가 공동체가 다른 모든 소공동체 위에 명실공히 군림하는, 이른바 '구성적 인간결사조직(architectonic human association)'으로서 국가 공동체의 위상은 결과론적 관점에서 구축되기 어렵다는 의미이다.

결국 정치 공동체가 비록 '유의미한 공동체'임에는 틀림없으나, 다른 경합하는 공동체들의 가치를 압도할 만큼, 양질의 결과를 산출하는 '최고의 공동체'나 다른 공동체들의 머릿돌 역할을 하는 '기초 공동체'라는 명제는 쟁점의 소지가 큰 명제이다. 같은 맥락에서 국가 공동체에 대한 정치적 의무가 다른 소공동체에 대한 의무보다 우선한다는 논리도 방어되기 어려운 셈이다.

Ⅷ. 정치 공동체와 불충분한 복종의 논리

공동체주의자들의 주장처럼, 우리는 분자적 개인으로만 살아가는 것은 아니다. '사회적 동물'로서 공동체를 이루면서 살아가는 것이 인간이다. 개인 A와 개인 B는 종교단체에 가입했고 향우회에도 가입하는 등, 여러 자발적인 결사 조직에 가입하고 있다. 또한 그것이 개인의 정체성을 구성하고 있다. 그러나 이 가운데에도 A와 B는 사회 공동체의 구성원이나 국가 공동체의 구성원으로 살아간다는 점을 자주 실감하게 된다는 점에 주목할 만하다.

일상생활에서 사회 공동체 혹은 민족 공동체의 실체를 확인하기란 그다지 어렵지 않다. 우리는 해외에서 박찬호 선수나 박세리 선수가 승리했을 때, 마치 '우리의 경사'인 것처럼 좋아하고, 월드컵예선전 축구경기에서 일본과 맞붙었을 때 응원전에서 '붉은 악마'와 일심동체(一心同體)가 되어 목이 터져라 응원한다. 또한 얼마 전 미국으로 입양되어 해군사관학교까지 진학한 성덕 바우만이

골수이식수술을 받지 못하여 고통스러워할 때 적지 않은 국민들이 같이 애를 태웠으며, 혹은 로버트 김이 한국정부에 정보를 제공한 혐의로 체포·기소되어 9년형을 복역하고 있다는 사실을 듣고 안타까워한다. 이러한 일련의 사안들에서 가슴 뭉클한 그 무엇을 느낀다는 사실은 우리에게 '공감(empathy)'이나 '대리만족(vicarious satisfaction)'이 존재한다는 증거로서, 모두 한민족 공동체의 구성원임을 확인하는 계기가 된다. 그런가 하면 해외에서 태극기를 보았을 때, 애국가가 연주되는 것을 들었을 때, 우리는 얼마나 감격스러운가! 또한 백의민족(白衣民族)이라는 표현이나 향약, 품앗이, 두레 등의 풍속 등도 모두 우리 민족에게 고유하며 공통적인 어떤 가치가 있음을 입증한다.

　이처럼 '내'가 사회 공동체나 민족 공동체에 속한다는 사실이 자명하며, 또한 그것이 '부담 있는 자아(situated self)'로서 개인의 정체성을 구성한다는 사실이 확연하지만, 문제의 사실이 '나'에게 정치적 헌신과 복종의 의무를 유발할 수 있는지는 확실치 않다. 즉 "인간은 사회적 동물"이라는 명제에서 나타나는 것처럼, '내'가 사회 공동체나 민족 공동체의 일원이라고 할 때, 좋은 이웃과 좋은 동료로 동고동락한다는 점에서 기인하는 일련적 관행적 규범에 대한 승복의 의무가 두드러질 뿐, 권위에 대한 복종의 의무가 현저해지는 것은 아니기 때문이다. 그렇다면 "인간은 정치적 동물"이라는 명제가 시사하는 바와 같이, '내'가 국가 공동체에 속한다는 사실로부터 국가에 대한 충성과 헌신을 해야 할 의무가 도출될 수 있는가? 이와 관련하여 공동체주의자들은 국가의 권위는 '개념적으로' 혹은 '실제적으로' '나'에게 복종을 요구한다고 주장해 왔다. 그러나 국가의 권위가 시민의 의무와 '개념적'으로나 '문법적'으로 연계되어 있다는 네오·비트겐슈타이니언들의 주장은 우리가 그러한 '언어게임(language game)'의 적실성을 받아들인다고 해도, 언어게임을 성립시키는 요소에 관한, 보다 근본적인 질문을 할 수 있다는 사실을 적시함으로 반론이 가능하다. 즉 국가권위와 시민의 의무가 '개념적으로' 연계되어 있다고 해도, 보다 실질적인 문제에 관하여 질문을 할 수 있는 여지는 얼마든지 열려 있기 때문이다. 가톨릭의 수녀란 장상에 대한 순명 등, 수녀원의 규칙을 지켜야 하는 존재임이 분명하지만, 그럼에도 여성 A는 "나는 왜 수녀가 되어야 하는가" 하는 질문을 스스로 할 수 있는 것처럼 시민 B도 "왜 나는 국가의 명령에 복종하는 시민이 되어야 하는가" 하는 질문을 할 수 있을 것이다.

그런가 하면 '언어게임' 자체가 고정불변의 것이 아니라 변화무쌍하다는 사실을 상기하면, 가치의 '축차적 질서'나 '위계적 질서' 혹은 '언어게임'을 일방적으로 설정하는 것만으로 정치적 복종의 문제를 풀어나가기에는, 문제 자체가 너무나 격렬한 쟁점의 대상이 되어 왔다는 사실에 유의할 필요가 있다. 예를 들어 롤즈는 경제적 평등보다 자유가 우선한다는 축차적 질서를 설정한 바 있으나, 그러한 '축차적 질서'를 거부하는 사회주의자나 평등주의자에게 자유우선의 원칙은 별로 의미가 없으며, '충'보다 '효'의 가치를 중시하는 유학자에게 국가의 규범이 가정의 규범보다 우선한다는 '가치의 위계질서'는 도전받게 마련이다. 그러므로 '축차적 질서'나 '개념적 접근' 자체가 의문시되는 상황에서, 정치적 의무에 대한 '문법적 접근'은 그다지 유용한 것이 아니다.

한편 국가 공동체 안에서의 생활이 개인의 발전에 있어 유의미하고 국가 공동체 안에서 이루어지는 시민 연대와 결속, 시민 우정이 가치 있는 현상이라고 해도, 그것이 최고의 선(summum bonum)이며, 따라서 국가와 민족의 부름과 명령에 응하는 것이 국가 공동체 구성원들의 지고(至高)의 의무인지, 혹은 적어도 '직견적 의무(prima facie obligation)'인지, 의구심이 존재하게 마련이다. '폴리스'로 상징되어 온 국가 공동체가 '도덕적'으로나 '물리적' 차원에서 완벽한 공동체인지의 여부가 불투명하다. 또한 국가 공동체 이외에도 '나'의 헌신과 충성을 요구하는 하위의 소공동체들이 다수 경합하고 있다. 가정, 학교, 종교, 회사, 향토 공동체 등이 그들이 아니겠는가! 이러한 다수의 소공동체들의 존재가 '나'에게 제기하는 도전이라면, 개인이 소공동체의 참여와 헌신을 통하여 최선아(最善我) 실현이나 자아(自我)실현을 할 수 있는 가능성이 충분히 열려 있음에도 불구하고, 왜 국가 공동체만이 '나'에게 최고의 헌신이나 우선적 복종의 자리를 독점해야 하는가에 있다. 국가 공동체가 아닌 사적 영역에서도 일반 개인들은 매킨타이어(A. MacIntyre)가 말하는 '탁월성(excellence)'을 추구하고 성취할 수 있다. 바둑의 '천재'나 '양궁의 달인'으로 불려지고 있는 이창호나 김수녕 등이 그 사례가 아니겠는가? 그런데 국가 공동체가 '나'의 정치적 헌신에 대해 적어도 '직견적 의무'로 요구한다면, 국가 공동체를 통하여 개인의 자아실현이 최고로 가능하다는 명제가 성립해야 할 것이다. 그러나 아리스토텔레스나 루소, 혹은 아렌트나 볼린, 혹은 참여민주주의자나 공화주의자들이 소중하게 간직해 온 이와 같은 비전을 따르지 않는 자유주의자의 입장에서 왜 "국가 공동체가 최고의 공동체"라는 명제를 받아들여야 하겠는가?

뿐만 아니라 '내'가 국가 공동체의 구성원이라고 해도 그 구성원 자격이 다른 회원자격들과 경합하고 있는 상황에서, 왜 하필 국가 공동체의 구성원 자격만이 '현저하게' 부각되어야 하는 것인가? 그것은 국가 공동체 구성원들에게만 열려 있는 공통적인 시민유대와 같은 소중한 공유재(共有財)가 존재하기 때문인가? 그렇지 않다면, 국가 공동체의 구성원이라는 사실 자체가 '나'의 정체성(正體性)을 구성하고 있기 때문인가? 그 밖에 일반적으로 국가 공동체에 헌신과 충성을 다하는 것이 '국민된' 도리나 '시민된' 도리임을 받아들인다고 해도, 때때로 소수의 인권을 침해하는 등, 정의롭지 못한 국가 공동체에 대해서는 복종행위보다 시민불복종이나 항거의 행위를 취해야 하는 것은 아닌가? 불의한 법이나 정책에 대하여 불복종 행위를 벌이는 시민으로서의 '나'의 경우, 국가 공동체가 '나'의 정체성을 구성한다는 명제는 당혹스럽기 짝이 없다. 불복종행위는 시민인 '나'의 정체성을 강화시키기보다 약화시킬 것이 분명하기 때문이다.

이번 10장의 논의에서는 공동체주의자들의 정치적 복종의 정당화 논리에 관한 한, 관행주의자들과 계약주의자들의 논리적 약점을 보완하는 강점이 있음에도 불구하고 그 자체 내에 아킬레스건이 있다는 점을 강조하였다. 특히 국가 공동체가 적어도 다른 소공동체에 대하여 도덕적 우위를 자부할 수 없다면, 국가 공동체와 복종의 의무 사이에는 엄격한 상관관계보다는 일종의 느슨한 끈이 존재하고 있다고 보아야 할 것이다. 이 점이야말로 국가 공동체에 대한 헌신과 충성이 '우선적' 정치적 의무로 성립하기 어려운 요소라고 하겠다. 물론 그렇다고 해서, 국가 공동체의 존재가 무의미하다는 것은 아니며, 또한 정치적 복종의 의무가 부조리한 의무에 불과하다는 비관적 결론을 내리고자 하는 것도 아니다. 다만 국가 공동체의 실체가 시민인 '나'에게 '무조건적' 복종의 의무나, 혹은 적어도 '직견적' 복종의 의무를 요구할 만큼, 유일한 가치나 최상의 결과를 산출하는 존재는 아니라는 점을 지적했을 뿐이다.

이제 국가권위 정당화의 논거에 관한 한, 같은 결과론적 입장에 속하는 관행주의와 계약주의와 비교하여 공동체주의의 강점과 약점을 요약해 보자. 개인주의적 입장에서 출발하고 있는 관행주의자들이나 계약주의자들과는 달리, 시민 정체성에 중점을 두는 공동체주의자들은 국가 공동체에 대한 헌신의 문제와 관련하여 '국민의 도리'나 '시민의 도리'를 설명하려는 시도에서 부분적으로는 설득력이 있지만, 전체적으로 볼 때는 불완전하고 불충분한 정당성의 논거를 개진하고 있는 데 불과하다. 물론 정치적 의무에 관한 한, '누구에게 이익이 되는가(cui bono?)' 하는 문제에 지나치게 천착함으로써, 공공재 '문제'(public goods problem)에 과도하게 초점을 맞추는 나머지, 시민유대와 결속 등, '내적으로 가치가 있는' 비분할재(indivisible goods)가 존재하고 있다는 사실을 경시하고 있는 관행주의자들과 계약주의자들의 오류에 주의를 환기시키고 있음은 공동체주의자들의 공헌이다. 하지만 시민적 역할이나 사회적 정체성이 '나'로 하여금 국가 공동체의 지시와 명령을 권위적인 것으로 수용하도록 요구하고 있다는 공동체주의자들의 주장에는 무리가 있다. 특히 국가 공동체에서 나타나는 권위관계(authority relations)가 부분적으로 시민으로서 '나'의 정체성을 구성하고 '국민된 도리'를 규정한다고 강변한다면, 이는 주인의 명령에 복종한다는 점에서 노예의 정체성을 규정하고 남자의 명령에 복종한다는 점에서 여자의 정체성을 규정하려는 시도처럼, 민주적인 정치비전에 부합되기 어려운 전근대적인 정치 비전이라고 생각되기 때문이다.

제 11 장

정치적 복종의 의무와 불확실성

제11장 정치적 복종의 의무와 불확실성

I. 예비적 고찰

이제까지의 논의에서는 의무론(義務論)과 결과론(結果論)의 관점에 의거, 여섯 가지 범주에 걸쳐 시민들에게 정치적 복종을 요구할 수 있는 국가권위의 정당성문제에 대하여 천착해 왔다. 이로부터 비롯되는 하나의 중요한 결론이라면, 국가권위는 시민들에게 정치적 복종에 대한 '의무'를 정당화시키는 데 있어 상당한 난관에 봉착한다는 점이다. 그것은 다시 말해서 시민들의 입장에서는 국가에 대한 정치적 복종의 의무를 지고 있다는 점을 받아들이기 어렵다는 사실을 의미할 것이다. 제11장에서는 이 문제를 중심으로 하여 이제까지의 논의를 축약·보완한다는 차원에서, 정치적 복종의무의 정당화에는 심각한 불확실성(不確實性)과 걸림돌이 가로놓여 있다는 점을 다시 한번 강조하고자 한다. 명시적 동의에 입각한 의무론적 관점이나, 수단적·비수단적 혜택, 즉 직접공리주의나 간접공리주의 관점을 원용하고 있는 결과론적 논리에서 조망해 볼 때, 국가의 권위에 복종해야 할 '나'의 의무는 필요조건이나 충분조건의 차원에서 정당화되기 어렵다. '나'의 입장에서 동의를 했다는 점도 '사실적으로' 불투명할 뿐만 아니라, 국가로부터 받는 혜택의 문제도 불확실하기 짝이 없다. 또한 '내'가 국가로부터 일정한 수단적·비수단적 혜택을 향유한다고 해도, 문제의 혜택들이 국가가 아닌 다른 조직으로부터 향유하기란 불가능하고, 오직 국가만이 줄 수 있는 '유일한' 혜택이며, 혹은 국가의 혜택이 다른 조직이 공여하는 혜택에 비해 '최상'의 혜택인지에 관한 한, 의문의 여지가 크다.

그러나 한편으로 국가의 권위에서 도덕적 불확실성 문제나 규범적 불확실성문제가 제기된다고 하더라도, 국가의 권위에 복종해야 할 '일정한' 이유, 즉

'좋은' 이유나 '현명한' 이유는 확보할 수 있을 것으로 생각된다. 뿐만 아니라 복종의 의무를 정당화하는 데 있어 의무론적 논리나 결과론적 논리가 완벽한 것은 아니지만, '일정 수준' 정치 공동체에 대한 협력의 필요성이나, 복종의 당위성에 대하여 조명할 수 있는 시사점을 제공하는 부분이 있다고 할 수 있다. 그런가 하면 국가권위의 정당성에 대한 불확실성 문제는 비단 정치영역이나 국가 분야에만 해당되는 것이 아니다. 공적 영역이 아닌 사적 영역에서도 사실적 불확실성이 적지 않고 가치의 세계에서도 규범적 불확실성이 심각하며, 그 밖에 절차적 불확실성도 만만치 않다.

그러나 그럼에도 불구하고 일련의 불확실성을 감수하면서 시장행위자들은 활동하고 있는가 하면, 가치의 불확실성 세계에서도 '윤리적 상대주의자' 보다 '소신 있는 원칙주의자'로 살아가는 사람들이 우리 주변에 많다. 한편 절차 민주주의(procedural democracy)도 불확실성의 요소를 지니고 있지만, 시민들은 불완전한 선거제도를 통하여 대표자를 뽑고 집단선택을 결정하고 있지 않은가! 따라서 사실적 불확실성이나 규범적 불확실성이 존재한다고 하여, '내'가 특정한 방식으로 행동하는 데 있어 지침이 될 만한 일정한 규범적 이유를 확보할 수 없다고 단언할 수는 없다. 오히려 불확실성 상황에서 '나'는 모험을 감수하고 '내' 소신과 의지대로 결단을 내리며, 행동방향을 결정하는 경우도 적지 않기 때문이다.

물론 사실적 불확실성 상황이나 규범적 불확실성 상황에서 결단을 내릴 수 있다는 이러한 주장이 완벽한 것은 아니다. 국가권위의 정당성에 관한 불확실성 상황에서도 결단을 내릴 수 있다는 명제가 완벽하다면, 무정부주의자들이나 불복종주의자들은 존재하지 않을 것이기 때문이다. 하지만 국가권위의 정당성이 완벽하게 입증될 수는 없을지라도, 일정한 순리성(reasonableness)은 충족시킬 수 있을 것으로 사료되며, 국가가 개인의 수단적 합리성은 완벽하게 충족시킬 수 없다고 해도, 수긍할 만한 일정한 규범적 이유를 개인에게 제공할 수 있을 것으로 기대된다.

그렇다면, 국가의 권위와 시민의 정치적 복종 사이에 존재하고 있는 불확실성의 성격은 무엇인가? 혹은 사실적 불확실성이나 규범적 불확실성이 엄습하고 있음에도 불구하고, 시민 개인이 국가에 복종할 만한 이유나 근거를 확보할 수 있다면, 어느 정도로 확보할 수 있겠는가? 국가의 권위와 '나'의 정치적 복종

사이에 인과론(因果論)에서 상정하는 원인과 결과의 연계에 비견될 만한 확실한 관계를 추출하는 일이 불가능하다고 하더라도, 혹은 시민의 복종행위를 정당화시킬 만큼 국가의 권위가 '도덕적으로'나 '합리성'의 차원에서 완벽하리라는 보장이 없더라도, '내'가 정치적 복종의 의무를 이행한다면, 엘스터(J. Elster 1989)가 규정한 바 있는 '일상적 칼뱅주의(everyday Calvinism)'를 실천하고 있는 존재와 유사한 입장이 될 수 있으리라고 생각된다. '일상적인 칼뱅주의'란 '나' 자신의 선택의 결과가 완전하게 보장이 되지 않는, 상당한 불확실성이 엄습하고 있는 상황에서도, 일정한 위험을 무릅쓰고 확고한 신념과 철학에 의해 대안을 선택하는 행위로서, 뉴코움(W. Newcomb)의 모델에 의하여 유의미하게 조명될 수 있을 것이다.

결국 시민 개인이 국가권위에 복종하는 것은 뉴코움의 모델에서 행위자가 선택하는 '한 상자 선택'의 논리에 비견된다는 사실을 강조하고자 하는 것이 이번 11장 논의의 목표이다. 시민의 정치적 복종행위는 그것에 대한 '절대적인' 이유는 물론, '직견적인' 이유조차 확보될 수 없는 무모한 행위의 성격을 갖는 것이 사실이지만, 그럼에도 나름대로의 소신과 가치관에 의하여 선택하는 결단(決斷)의 행위로서, 가치 있는 행위이다. 즉 의무론자들이 주장하는바, 동의의 행위가 유효하다거나, 혹은 결과론자들이 천착하는바, 국가로부터 기인하는 수단적·비수단적 혜택이 '내'게 확실히 가치 있는 혜택이라는 보장은 주어질 수 없겠지만, 유의미하며 가치가 있을 것이라는 '믿음'과 '기대'에 의하여 정당화될 수 있는 행위가 정치적 복종행위임을 천명할 예정이다.

II. 정치적 의무의 불확실성

이제까지의 논의들을 조망해 볼 때, 국가권위에 대한 복종의 의무를 정당화하는 의무론적 논리와 결과론적 논리는 실패하고 있음이 자명하다. 본 항목에서는 의무론적 논리와 결과론적 논리에 내재되어 있는 불투명성의 성격, 즉 사실적 불확실성과 규범적 불확실성을 확인의 차원에서 짚어보고자 한다.

1. 의무론적 논리의 불확실성

정치적 복종을 정당화하는 의무론적 논리 가운데 대표적인 동의론의 실패는 현저하다. '나'의 정치적 의무는 '내'가 한 약속을 지켜야 한다는 일반적 도덕적 의무에서 기인하고 있다는 사실을 동의론자들은 강력하게 주장해 왔으나, 5장에서는 이미 계약과 동의 행위자체로부터 의무가 성립한다는 사실을 받아들이는데 있어 적지 않은 장애가 도사리고 있음을 강조한 바 있다. 의무란 동의 이전에 존재하는 그 어떤 가치에서 나오는 것이지, 동의 이전에는 전혀 아무런 의무도 없다가 동의 이후에, 마치 '무의 상태로부터(ex nihilo)' 의무가 갑자기 야기되는 것으로 보아서는 온당치 않다는 사실을 '결혼의 의무'에서 사례로 들기도 하였다. 뿐만 아니라 '나'의 동의가 없다고 하더라도 도덕적 의무를 지는 경우도 적지 않다. 예를 들어 다른 사람의 생명과 재물을 해치지 말아야 한다거나 거짓말을 해서는 안 된다는 도덕적 규범은 '내'가 반드시 동의를 했기 때문에 구속력을 가지는 것은 아니다. '나'는 '나'의 동의와 관계없이 남을 해치거나 재물을 빼앗아서는 안 된다. 그러나 물론 동의가 의무 산출에 있어 중요한 역할을 한다는 사실을 부인할 수는 없다. 그것은 약속으로부터 의무가 야기되는 것과 유사한 측면을 지니고 있다고 할 수 있기 때문이다.

따라서 제한된 의미에서나마, 동의의 행위로부터 의무가 발생된다는 점에 수긍할 수 있다고 하더라도, 동의론자들이 직면하는 가장 커다란 문제는 '나'를 포함한 많은 시민들이 실제적으로 국가에 동의의 행위를 하는 경우가 별로 없다는 사실이다. 외국인들이 귀화하는 경우를 제외하고 내국인들 가운데 정치적 복종의 서약을 하는 경우는 없다. 일반 근로자들이 회사에 입사할 때 이와 비슷한 서약을 할지언정, 대부분 시민들의 경우, 법을 지키겠다는 약속과 유사한 '준법 서약'을 하는 경우도 찾아보기 어렵다. 혹시 사상범들에게 있어 준법 서약서를 받는 경우는 있으나, '예외적 사례'일지언정, '일반적 사례'는 아니다. 그렇다면 약속이란 구속되기를 명백하게 밝히는 의사에 의하여 이루어지게 마련인데, '나'는 왜 하지도 않은 약속을 지켜야 하는가 하는 반문이 제기될 수밖에 없을 것이다.

그런가 하면 공정한 협력론자들이 지적하는 바와 같이, '내'가 받는 혜택에 대해 응분의 의무가 성립한다는 점을 받아들일 수 있다고 해도, '나'는 국가로부터의 혜택을 의식적으로 받아들이기보다 선택의 여지 없이 무의식적으로 받아들이고 있다는 점에 문제가 있다. 뿐만 아니라, 특히 '나'는 정부로부터 받는 혜택과 관련하여 동료시민들 사이에 이루어지는 협력의 구도에서 기인되는 결과로 받아들이지 못하고 있다. 또한 절차적 정의론자들의 주장처럼, 절차적 문제에서 '나'를 비롯한 시민들이 합의할 수 있다고 하더라도, 정의문제에 대한 '나'의 관심은 절차적 정의를 넘어가는 실질적 정의의 문제로 이어지는 경우가 적지 않다. 특정 사안이 절차상 하자가 없는 과반수결로 통과되었다고 해서, 문제의 대안을 정의로운 대안으로 확신할 수는 없다. 물론 그 이외에도 '절차적 정의'를 구축하는 방안이 얼마나 실효성이 있겠는가 하는 문제도 간과할 수 없는 관심사이다.

물론 상기의 문제점들을 치유하기 위하여 대두된 일련의 해법(解法)들이 전혀 무의미한 것은 아니다. 일단 '나'를 비롯한 많은 시민들이 동의를 하고 있지 않다는 사실, 즉 동의론의 단점을 보충하기 위하여 '암묵적 동의'나 '가상적 동의'의 개념을 도입하는 방안이 그것이다. 하지만 '암묵적 동의'나 '가상적 동의'로 동의행위의 불확실성을 걷어내는 데는 한계가 있다. '암묵적 동의'나 '가상적 동의'는 아무리 유의미한 범주로 구성된다고 하더라도 '실제적 동의'의 배경조건일 뿐, '실제적 동의'와 같은 효과를 갖고 있는 것은 아니기 때문이다. 그런가 하면 또 다른 차원에서 '내'가 정부로부터 주어지는 혜택을 '무의식적으로' 받아들이고 있음이 사실이라고 하더라도, '나'는 이에 대한 의무와 책임을 질 수밖에 없다는 사실을 행위의 결과론적 논리를 가지고 정당화시킬 수 있을 듯하다. '내'가 몰랐다고 해서 '내' 행위에 대한 책임으로부터 전적으로 면제받는 것은 아니기 때문이다. 그러나 그렇다고 해도 '공정한 협력론'의 불확실성이 완전히 제거되는 것은 아니라는 데 문제가 있다. 국가가 제공하는 혜택이 다른 기제가 제공하는 혜택, 혹은 엄밀한 의미에서 제공할 수 있는 혜택에 비하여 싼 값의, 양질의 혜택인지에 관한 한, 의구심이 남아 있기 때문이다. 또한 적지 않은 경우, 국가는 '내'가 원하지 않는 재화를 이른바 '억지춘향'의 경우를 방불케 할 정도로 강요할 뿐 아니라, 최종적으로 국가 공동체가 공정한 협력의 구도로 작동하고 있는가 하는 점에 있어서 '나'로서는 반신반의(半信半疑)할 수밖에 없기 때문이다.

마지막으로 '절차적 정의'의 한계점을 극복하기 위하여 '실질적 정의'의 문제를 도입하게 되면, 정의에 관한 지평은 넓어지나, 절차적 정의의 영역은 위축될 수밖에 없다. 이 경우 사람들은 '실질적 정의'의 문제에 합의하기보다 '절차적 정의'의 문제에 합의하기가 비교적 용이하다는 사실을 상기하면, 사람들이 합의할 수 있는 정의의 영역은 거의 소진되어 버리는 셈이다.

결국 이러한 지적들이 유의미하다면, 우리는 국가권위를 정당화시키는 의무론적 논리에 불확실성 요인이 엄존하고 있다는 점을 다시 한번 확인할 수밖에 없다.

2. 결과론적 논리의 불확실성

국가가 공여하는 수단적 · 비수단적 혜택들로 인하여 시민이 국가에 복종한다는 결과론적 논리에는 공리주의적인 발상이 내재해 있다고 하겠다. 그러나 공리주의적 사고가 단독으로만 작용하는 것은 아니고, 사회계약론과 연계되어 정치적 의무를 구성하는 경우가 일반적이다. 즉 국가가 공여하는 혜택으로 인하여 시민들이 상호간에 국가의 권위에 복종하기로 계약을 맺고 약속하는 경우라면, 공리주의와 계약론적 사고가 유기적으로 배합되어 있다고 할 수 있을 듯하다. 이러한 논리는 이미 『크리톤』에서 나타나고 있을 뿐 아니라, 또한 사회계약론자들의 비전에서도 충분히 음미할 수 있다.

그러나 일단 결과론적 접근방식의 보다 순수한 형태인 공리주의적 논리에 입각하여 정치적 복종의 개념을 상정해 보자. 시민들은 '고통의 최소화'와 '즐거움의 극대화'에 대한 쾌락주의적 계산법(hedonistic calculus)의 관점에서 국가의 정책이나 법이 가장 유리한 결과를 산출하기 때문에 국가에 복종하게 된다는 논거가 그것이다. 그러나 문제는 '고통의 최소화'와 '즐거움의 극대화' 혹은 '최대다수의 최대행복'을 말할 때, 계산되는 고통과 즐거움이 '누구의' 즐거움과 '누구의' 고통인가에 있다. 이 고통과 즐거움은 '나'의 고통과 즐거움일 수 있고, 또한 '나'를 제외한 사회 다수 시민들의 고통과 즐거움일 수 있다. 그러나 문제의 고통과 즐거움이 '일부' 시민들의 것이든, 혹은 '다수' 시민들의 것이든, '모든' 시민들의 고통과 즐거움이 아니라면, '나'의 고통이나 즐거움과는 괴리가 있는 셈이며, 결국 '나'를 포함한 '모든' 개인들이 정치적 복종의 의무를 지닌다는 명제는 성립하기 어렵다. 만일 '내'가 문제의 법이 '나' 자신에게 가장 이득이 될 때 복종해야 할 의무가 있다고 한다면, 문제의 법이 '나'의 개인적 복리를 제고시킨다고 판단되지 않는다면, 정치적 복종의 의무는 사라진다고 보아야 할 것이다. 그러나 반대로 법이나 정책의 결과가 '최대다수의 최대행복'의 관점에서 유효할 때, 시민들에게 정치적 복종의 의무가 있다고 한다면, 복종의 의무는 다수의 행복을 증진시키기 때문에 정당화된다고 할 수 있다. 그러나 '나'의 입장에서 왜 이러한 '배분적(distributive) 기준'이 아닌 '결집적(aggregative) 기준'을 받아들여야 하겠는가?

물론 결집적 기준에 대한 정당화의 논리는 공동체의 관점에서 성립할 수 있다. 일반적으로 공동선(common good)이나 공공이익(public interest)의 개념이란, 그것이 특정 개인이나 특정 집단보다 전체 공동체에 유익한 범주와 연계되어 있다는 점에서 결집적 원리에 부합하는 가치가 아니겠는가. 최대다수의 선을 성취하기 위해 공동선은 일부 개인들로부터 희생을 요구할 수 있다. 그러나 이 경우 '나'의 입장에서 정치적 복종의 의무가 정당화될 수 있는가 하는 문제는 의문이 아닐 수 없다. 이 점은 단순히 '나'의 '수단적 합리성'에 관한 문제가 아니라, 기본권(基本權)에 관한 문제일 가능성이 있기 때문에 심각하다. 예를 들어 다수의 행복을 증진한다는 명목으로 소수의 권리를 제한할 수도 있고, 소수 집단의 종교를 금지할 수도 있다. 그러나 이처럼 박해받고 불이익을 감수해야 하는 소수집단의 구성원들이라면, 롤즈가 강조해온 '개인의 개별성(separateness of persons)' 명제를 구태여 거론하지 않더라도, 정치적 복종의 의무를 가진다고 말할 수는 없지 않겠는가! 결국 공리주의자들은 '최대다수의 행복'이나, 혹은 공공복리의 관점에서 정치적 의무를 정당화시키고자 시도해 왔으나, 개인의 기본권을 제한할 수 있는 소지를 가진 공리주의 국가나 공리주의 입법자들(utilitarian legislators)의 법률 체계 아래서 도덕적 의무가 정당화된다고 말할 수는 없는 일이다.

그런가 하면 '최대다수의 최대행복'을 목표로 삼고 있는 직접 공리주의보다 관행주의(conventionalism)나 계약주의(contractualism)와 밀접하게 연계되어 있는 간접 공리주의 논리에 유의할 수도 있다. 국가는 명령과 법을 통하여 관행을 제정하고 법과 질서, 혹은 국방의 공공재를 제공함으로 시민들에게 자연상태나 혹은 시장의 상황에서는 불가능한 공공재 혜택을 제공한다는 점에서 정치적 의무를 정당화시킬 수 있기 때문이다. 이러한 간접 공리주의적 혜택의 논리는 관행주의자들은 물론, 사회계약론자들에게서 널리 찾아볼 수 있는 전형적인 정치적 복종 정당화의 논리이기도 하였다.

그러나 한편 관행의 제정이나 법과 질서의 공공재 논리는 물론 정치적 복종의 의무와 관련하여 매우 유용하고 매력적이라는 점을 부인할 수 없으나, 이의 아킬레스건은 공리주의 문제와 마찬가지로 '나'의 이익과 구체적으로 결부될 수 없다는 점에 있다. 국가가 서울말을 표준말로 정하면, 대부분의 시민들은 의사소통이나 상거래에 있어서 편리하나, 제주도에 태어나 제주도 말에 익숙한 '나'에게는 불편하기 짝이 없다. 혹은 국가가 kg을 표준 도량형으로 정하면, 척관에 익숙했던 사람들로서는 매우 불편하다. 같은 맥락에서 법과 경찰, 군대가 '시민'의 생명, 자유, 재산을 보호할지언정, 정작 '나'의 생명, 자유, 재산을 보호할 수는 없다. 예를 들어 국가의 공권력(公權力)이 '시퍼렇게' 살아 있어 경찰이 우범지대를 정기적으로 순찰하고 있더라도, '내'가 소매치기나 폭력배, 혹은 납치범이나 인신매매범, 성폭행범의 희생자가 될 수 있는 가능성은 언제나 열려 있게 마련이다. 신문이나 TV에서 매일 보도되고 있는 범죄의 피해자가 된 수많은 무고한 시민들·개인들의 사례야말로 이러한 사실의 증인이 아닐 수 없다.

그러므로 '내'가 범죄행위의 피해자가 되지 않은 것은 국가가 존재하고 법과 질서의 공공재를 완벽하게 제공해서가 아니라, '내'가 스스로 조심하고 자중자애(自重自愛)한 결과이기도 하며, 혹은 '샐리의 법칙'처럼 운이 좋았기 때문이다. 그것은 다시 말해 '나'의 생명, 자유, 재산 보호는 국가보다는 행운에 달려 있다는 사실을 반증하는 셈이다. 만일 '머피의 법칙'이 지배했다면, '나'는 영락없이 범죄자들이나 조직 폭력배의 희생자가 되었을 것이다. 물론 때때로 '나'에게 해악을 가한 범죄자들이 잡혀 형을 받게 되는 일도 있다. 그러나 '나'에게 해악을 가한 범죄자들이 체포되어 법의 심판을 받는다고 해도, 그 사실이 무고한 희생자인 '나'의 상처를 치유해 주는 것은 아니다. 일생동안 '나'는 성범죄자나 폭력배로부터 받은 상처와 멍에를 지고 살아가며, 때로는 가정 파괴와 이혼의 아픔까지 겪을 수밖에 없다.

결국 '나'의 생명과 자유, 재산을 보호해 주겠다는 국가의 약속을 철석같이 믿고 국가에 복종하겠다는 계약을 맺은 결과가 허망해진다면, 정치적 복종의 정당성은 어디서 찾을 수 있겠는가. 더욱이 국가의 부름에 응하여 전쟁에 나갔다가 포로가 된 '나'를 보살피기보다 무관심으로 일관하는 국가의 경우, 그러한 국가가 어떻게 '내'게 복종을 요구할 수 있겠는가. 또한 억울한 시민으로서 '내'가 국가에 애로사항을 하소연하고 신문고(申聞鼓)를 울리고자 해도 국가는 너무나 멀리 있다. '내'가 당한 범죄사실을 신고하고 도움을 받고자 해도, 그 절차가 힘에 부칠 만큼 복잡하고 까다롭기 때문이다. 당사자의 호소만으로는 부족하고 제3의 증인이 있어야 하며, 또한 의사의 진단서도 첨부되어야 한다. 그것이 '증거 제일주의', 혹은 '물증주의'의 실체이다. 한편, 그것만으로는 부족하다. '내'게 동정적이며 온정적인 경찰이나 검찰이 있어야 하며, 반대로 가해자와 은밀히 내통하거나 평소에 뇌물을 받아 교분을 쌓은 경찰이나 검찰이 있으면 곤란하다. 또한 변호사를 '살 수 있는' 경제적 여력도 필수적이다. 즉 '나'를 둘러싼 객관적 조건들이 미비하거나, '너'의 경제적 조건이 불리하면, 뺑소니 교통사고의 희생자인 '나'와 도둑맞고 강도당한 '너'만 억울할 뿐, 어디 가서 호소할 수 있는 곳도 마땅치 않다. 경찰이나 검찰, 판사가 비록 '나'에게 선의를 갖고 대하고자 하지만, 그 일상업무가 얼마나 바쁜가! 하루에도 수백 건의 사건을 맡아 처리해야 하는 이들로서는 '나'의 억울함을 세심하게 경청할 만한 시간적 여유조차 있을 수 없다.

이처럼 국가의 권위와 '나' 사이의 괴리가 엄존한다면, 국가에 의한 '시민'의 혜택과 '나'의 혜택 사이의 연계고리는 매우 엷다는 점을 인정할 수밖에 없다. 이러한 상황에서 사회조정상황의 해결책으로, 혹은 공공재 상황의 해결책으로 국가의 역할을 인정한다고 해도, 그 수단적 혜택이 '나'의 혜택으로 직결될 가능성이 그다지 현저하지 않다면, 국가에 대한 복종행위는 '과잉(過剩)복종행위'이다. 그것은 개인주의적 입장에서 볼 때, 법에 대한 일반적 복종행위가 '수단적 합리성'을 넘어가는 행위임을 시사한다.

한편, 공동체주의자들의 경우는 어떠한가? 관행주의자들이나 계약주의자들과는 상이한 범주의 공동체주의자들은 계약과 동의, 절차적 정의와 혜택과 협력 등의 범주에 집착하는 과정에서 방법론적 개체주의(methodological individualism)를 선호하는 개인주의자들과는 달리, '공공재(public goods)'보다 '공유재(shared goods)'를 중시하며, 국가를 통하여 구체화되는 시민결속과 시민유대의 가치를 소중히 여기고 있다. 개인의 이익보다 시민 결속을 중시하는 공동체주의적 입장은 이미 아리스토텔레스나 루소로부터 현저하게 드러나고 있거니와, 샌델(M. Sandel)이나 월저(M. Walzer) 등 현대의 공동체주의자들은 개인의 정체성(正體性)에 공동체의 범주가 내재해 있다고 생각하고 있다. 특히 샌델의 표현을 원용하면 '나'는 '공동체에 부담이 없는 자아(unencumbered self)'가 아니라, '공동체에 부담이 있는 자아(encumbered self)', 혹은 '공동체에 연루된 자아(situated self)'인 셈이다. 그러므로 시민 개인이 공동체에 부담을 지니는 자아를 지니고 있다면, 국가 공동체에 복종해야 할 도덕적 의무를 지니고 있다는 것이 공동체주의자들의 입장이다.

그러나 문제는 국가 공동체의 소중함이나 공유재의 중요성에 동의한다고 해도, 그것이 적어도 국가의 권위에 대한 '직견적 의무(prima facie obligation)' 조차 정당화시킨다고 단언하기 어렵다는 점에 있다. 우선 사적 영역의 현저성이 공적 영역보다 현대인들의 마음을 사로잡고 있다. '나'를 비롯한 다수의 시민들은 살아가면서 연인과의 애틋한 사랑, 내 집 마련, 안정된 좋은 직장갖기, 직장내의 '왕따' 면하기 등에 관심을 가질 뿐, 투표에 참여하거나 정치토론에 참여하는 데 각별한 관심을 갖는 것은 아니다. 또한 "스타크래프트" 등 PC게임에 열광할 뿐, 정치개혁입법이나 인권법, 부정부패방지법 제정에 열광하는 것은 아니다. 이처럼 사적 선과 사적 영역이 개인의 '최대행복'의 원천이라면, 어떻게 시민유대에 집착하는 국가 공동체가 시민개인에게 복종을 요구할 수 있을 것인가!

뿐만 아니라 국가 공동체가 비교적 유의미한 공동체임이 틀림없다고 해도, 국가 공동체가 '공동체 가운데 공동체'라고 할 수 있을 만큼 '최고의 공동체'로 평가받을 수 있을 것인지, 혹은 모든 공동체들의 원형(原型)이나 이상형(理想型)으로 부각될 만큼, 기본적인 '기초 공동체'인지는 명쾌하지 않다는 점이 지적될 필요가 있다. 두말 할 나위 없이 이 점에서 경쟁관계에 있는 공동체는 가족 공동체이다. 적어도 가족 공동체가 국가 공동체보다 더 기본적이며 원천적이라는 사실은 우리사회의 전통인 유교적인 가치관에서 충분히 정당화될 수 있을 뿐 아니라, '가족해체'를 가장 중대한 불행과 재앙으로 생각하는 현대의 많은 사람들의 정서에서 확인된다. 가족의 신성성이 강조될수록, 혹은 가족들 사이의 끈끈한 정이 "소 닭보듯" 하는 동사무소직원과 주민들의 관계를 압도할수록, 국가 공동체의 우선성과 원형성은 크게 도전을 받을 수밖에 없다.

그런가 하면 국가 공동체는 규모가 가장 큰 공동체로서, 불특정다수의 익명

(匿名)의 시민들의 공동체이다. 이에 비하여 가정이나 학교, 교회, 회사 등의 공동체는 소공동체로서 친밀함과 편안함이 비교적 보장될 수 있는 따뜻한 공동체이다. 공동체 생활의 가치와 관련하여 친밀성과 편안함을 중요시하는 현대 공동체주의자들의 비전을 감안할 때, 국가 공동체로 특징지어지는 '차가운' 대공동체보다 규모가 작은 '친밀한' 소공동체의 중요성이 부각되는 셈이다. 이처럼 우리가 국가 공동체와 다른 공동체들을 그 완전성이나 친밀성 등의 관점에서 평가하게 되는 이유는 국가 공동체에 대한 의무와 소공동체에 대한 의무가 공존하기보다는 상충하는 경우가 적지 않기 때문이다. 충신(忠臣)과 효자(孝子)는 양립하기 어려울 만큼, 충(忠)과 효(孝)는 언제나 같이 가는 것이 아니라 경합하는 경우가 일반적이라는 사실은 우리 사회에서 팽배하고 있는 수많은 병무비리가 이를 입증한다. 이 경우 국가 공동체에 대한 의무가 우선한다고 말하기 위해서는 국가 공동체의 가치가 다른 모든 소공동체의 가치를 압도할 수 있을 만큼, '최고 공동체', '기초 공동체', 및 '아늑하고 편안한 공동체'라고 판단할 수 있어야 할텐데, 그러한 판단이나 평가가 불확실하다는 것이 관심의 초점이다.

마지막으로 우리가 개인주의자들이 상정하는 '부담 없는 자아'를 포기하고 공동체주의자들이 상정하는 '부담 있는 자아'의 명제를 받아들인다고 생각해 보자. 이 경우 사회 공동체 내의 '사회적 역할', 즉 '사회적 정체성(social identity)'을 받아들인다는 것을 의미할 뿐, 그것이 반드시 국가 공동체 내에서의 '정치적 역할', 즉 '정치적 정체성(political identity)'까지 받아들인다는 것을 의미하는 것은 아니다. '정치적 동물(homo politicus)'로서의 인간과 '사회적 동물(homo civicus)'로서의 인간은 구분될 필요가 있다. 주지하는 바와 같이 국가 공동체 내에서의 역할이란 복종을 요구하는 권위관계(authority relations)로 특징지어지며, '붕우관계'나 '부부관계'가 아니라 임금과 신하의 '군신관계', 혹은 민주사회라면, 일반 시민과 정부의 '민관(民官)관계'가 전형적이다. 그러나 일반적으로 사회 공동체의 일원으로 살아갈 때는 생산자와 소비자의 경우처럼, 비권위적 관계로 규정되게 마련이다. 그러므로 공동체주의자들의 '부담 있는 자아', 혹은 '사회에 연관된 자아'의 비전을 받아들인다고 하더라도, 권위관계가 시민 개인의 정체성을 구성한다고 단언할 수 있는 것은 아니다.

물론 그렇다고 해서 시민결속 등 국가에 의한 공유재가 소중하지 않거나 의미가 없다는 것은 아니며, 또한 국가 공동체가 구성원들의 공동의 가치를 대변하거나 상징하지 못한다는 것은 아니다. IMF 구제금융체제하에서 벌어진 '금 모으기 운동'은 국가 공동체의 구성원으로 살고 있는 우리 자신에게 얼마나 소 중하고 감동스러운 이벤트였던가! 따라서 이러한 이벤트에 공감할 수 있다면, 국가 공동체에 대한 복종의 의무가 가치 있는 행위라고 말할 수 있을 것이다. 그러나 그렇다고 해도 국가 공동체에 대한 의무가 다른 소공동체에 대한 의무 를 제치고, '무조건적 의무'나, 아니면 적어도 '직견적 의무'로 간주되어야 하는 지에 대해서는 의문이 아닐 수 없다. 특히 국가 공동체가 불완전하고 차갑다는 사실을 감안한다면, 국가 공동체에 대한 충성이 적어도 직견적 의무나 우선적 의무의 자리를 차지해야 한다는 필연적 논리가 성립하는 것은 아니다.

마지막으로 "인간은 태어나면서부터 정치적 동물"이라는 명제에 입각한 정 치적 자연주의(political naturalism)를 받아들인다고 해도, 혹은 '정치적 정체 성'에 입각한 시민정신(citizenship)이나 시민적 탁월성(civic excellence)을 인 정한다고 해도, 왜 불복종행위보다 복종의 행위가 국가 공동체에 필수적인 것인 지는 이해하기 어렵다. 정의로운 국가 공동체를 원한다면, 혹은 시민유대를 제 고시키기 위해서는 국가의 법이나 정책에 복종하기보다는 용감하게 도전하는 불복종행위가 가치 있는 경우도 적지 않다. 또한 그것이 유수한 불복종주의자들 의 소신이며 철학이기도 하였다. 뿐만 아니라 역사적으로 보더라도 불복종주의 자는 개인주의자들에 한정된 것이 아니라, 공동체주의자들을 망라해 있다. 이 점이야말로 '부담 있는 자아'를 받아들이든, '정치적 자연주의'를 받아들이든, 정치적 복종의 문제는 해결된 문제가 아니라 도전적 문제임을 반증하는 셈이다.

결국 국가권위를 정당화시키는 의무론적 논거와 결과론적 논거가 실패한다 면, 결론은 무엇인가? 결론은 간단하다. 국가권위는 규범적으로 온전하게 정당 화될 수 없다. 혹은 플래트먼(R. E. Flathman 1995, 143)과 더불어 "국가권위 란 원칙적으로 의심스럽고, 원칙적으로 이의를 제기할 만한 것(authority is on principle suspect, on principle objectionable)"이라고 주장할 수밖에 없다.

Ⅲ. 정치적 복종행위의 순리성

지난 항목에서의 논의가 유의미하다면, 정치적 복종행위의 규범성에 불확실성이 엄존하고 있음에는 의문의 여지가 없다. 정치적 복종행위는 개인의 입장에서 일단 한 약속은 지켜야 한다는 의미에서의 '의무'와 같다고 할 수 없으며, 또한 '수단적 합리성'을 충족시키는 행위도 아니다. 또한 '시민의 역할'에 유의한다고 해도, 정치적 복종행위는 '좋은 시민상(good citizenship)'이나 '책임 있는 시민상(responsible citizenship)'에 전적으로 부합하거나, 시민으로서 탁월성을 충족시키는 행위도 아니다. 그렇다면 정치적 복종행위를 정당화시킬 수 있는 논리는 부재하는가?

이와 관련하여 정치적 복종행위는 '수단적 합리성'이나 의무의 요건, 혹은 시민적 탁월성(civic excellence)에 전적으로 부합하지는 않으나, 그렇다고 해서 부조리하거나 무모한 행위는 아니다. 정치적 복종행위에서 일정한 순리성(reasonableness)과 가치를 발견할 수 있기 때문이다. 세 가지 항목으로 나누어 이에 관한 논의를 전개해 보자.

1. 정치적 의무의 규범성

정치적 복종에 대한 의무는 논리적으로 불확실할 뿐 아니라, 실제적으로 불확실한 것으로 느끼는 시민들이 많지만, 전적으로 불확실하다고는 말하기 어렵다. 비록 정치적 복종의 의무가 논리적으로 불확실하다고 하더라도, 국가에 복종해야 할 '좋은 이유', 즉 '도덕적' 이유나 '현명한' 이유는 성립될 수 있을 것으로 보여지기 때문이다. 다시 말해서 국가에 복종해야 할 '일반적 의무'나 '절대적 의무', 혹은 '직견적 의무'는 성립하지 않지만, '나'로서는 구체적으로 이법이나 저 법에 복종할 의무는 진다고 말할 수 있다.

이와 관련하여 이미 제2장에서 지적한 바와 같이 "나는 국가에 왜 복종해야 하는가" 하는 문제는 "나는 왜 헌혈(獻血)을 해야 하는가" 하는 문제와 유사하다고 생각한다. '나'는 언제나 어디서나 헌혈을 해야 할 의무는 없다. '내'가 몸이 약하다면, 반드시 헌혈을 해야 하는 것은 아니며, 또한 돈을 받고 피를 파는 매혈을 할 수도 있는 일이다. 그러나 그럼에도 불구하고 '내'가 헌혈하기로 동의한 경우, 혹은 '내'가 수술할 때 피가 모자라 다른 헌혈자로부터 혜택을 받았을 경우, 응당 이에 보답해야 한다는 점에서 '의무'로 성립할 수 있다. 혹은 순수 이타주의 정신에 입각하여 '내'가 건강할 때 어려운 이웃을 돕겠다는 마음이 들어 헌혈을 해야 한다고 결심할 수 있고, 혹은 시민의식에 충만한 나머지 피를 필요로 하는 익명의 동료 시민의 어려움을 덜어주고자 하는 충정에서 헌혈을 해야 한다고 생각할 수도 있다. 강조하거니와, 동의를 하지 않았거나 혜택을 받지 않은 사람, 혹은 헌혈을 시민의식의 발로로 평가하지 않는 사람에게 있어 헌혈에 대한 도덕적 의무가 있다고 말할 수는 없다. 하지만 '나'의 입장에서 피를 헌혈할 수 있는 일정한 이유는 확보할 수 있다. 그 결과 헌혈하는 사람들이 다수가 되어 한 사회가 필요로 하는 피의 수요를 충족시킨다면, 그 사회는 '좋은 질서를 가진 공동체'라고 할 수 있다. 이 점은 특히 돈을 받고 피를 파는 '매혈 공동체'와 비교할 때 현저하다. 매혈된 피는 금전적 필요성 때문에 공급된 혈액이므로 그 질이 헌혈된 피보다 현격하게 떨어진다는 것이 현실이고 또한 티트머스(R. Titmuss 1970)의 연구결과였다. 매혈을 하는 사람은 돈을 필요로 하는 사람이기 때문에 마약중독자 등, 오염된 피를 가진 사람일 경우가 많기 때문이다. 따라서 '헌혈(獻血) 공동체'는 그 이타주의 정신에 있어 '매혈(賣血) 공동체'보다 양질의 공동체일 뿐 아니라, 피의 질에 있어서도 '매혈 공동체'보다 양질의 공동체라고 할 수 있다.

따라서 '헌혈 공동체'가 성립할 수 있다면, '나'의 입장에서 헌혈해야 할 의무는 없어도, 헌혈해야 할 일정한 규범적 이유는 확보하고 있는 사람들이 많다는 의미가 될 것이다. 이와 마찬가지 이유로 본 연구에서도 의무론이나 결과론에 의거하여 정치적 복종의 의무를 정당화시키는 데 실패하고 있음을 자인(自認)하면서도, 국가에 복종해야 할 규범적 이유가 전적으로 소진되었다는 것을 의미하는 것은 아니라는 점을 강조하고자 한다. 국가의 권위나 법에 복종할 절대적인 이유는 아니더라도, 일정한 규범적 이유는 존재하며, 이러한 일정한 규범적 이유로 국가에 복종하는 시민들이 많아지면, 그 공동체는 '좋은 질서를 가진 공동체'가 될 것이다. 그렇다면 국가에 복종해야 할 규범적 이유는 어떻게 확보될 수 있을 것인가?

첫째로 국가에 복종할 규범적 이유라고 했을 때, '나'를 포함한 모든 사람은 아니더라도, 동의를 실제로 한 일부사람들에게 적용될 수 있고, 공정한 협력론은 국가로부터 의식적으로 혜택을 받은 사람들에게 적용될 수 있다. 혹은 공동체주의자들은 공공재 문제보다는 공유재의 소중함으로 인하여 국가에 복종할 규범적 이유를 발견할 수 있다. 뿐만 아니라 '나'는 한 논리가 아니라 여러 가지 논리에 주목함으로 국가에 복종할 규범적 이유를 확보할 수 있다. 이 점은 이미 『크리톤』에서 소크라테스가 시도한 방식이기도 하다. 그러므로 전통적인 국가론자들처럼, 동의나 공정한 협력, 혹은 공공재 공여 등 단일적인 비전에 의하여 시민들이 국가에 복종할 규범적 이유를 확보해야 한다고 주장할 필요는 없다. 따라서 포괄적인 규범적 이론의 불필요성을 감안할 때, 각 시민은 자신의 가치관에 입각하여 얼마든지 독특한 규범적 이유를 발견할 수 있을 것으로 기대된다.

두 번째로 상기의 지적과 연계된 논리적 맥락에서 정치적 복종에 대한 어느 한 정당화의 논리가 실패했을 때, 다른 규범적 이론으로 보충될 수 있는 가능성을 갖는다고 하겠다. 즉 주의주의적 관점의 동의론이 실패했을 때, 비주의주의적 관점의 공정성의 원리나 혹은 감사에 대한 자연적 의무를 보완의 논리로 생각해 볼 수 있다. 혹은 정치와 개인간의 연계가 우연적이며 정치생활이 인간의 생활에 있어 비본질적이라는 개인주의적 성향의 사회관행주의나, 사회계약주의가 실패했을 때, 시민의 역할에 강조점을 두는 공동체주의가 이를 보충할 수 있다. 혹은 '정치적 자연주의(political naturalism)'나 '공동체에 부담이 있는 자아'에 불만을 느끼는 개인주의자는 '정치적 쾌락주의(political hedonism)'에 매료되어 국가에 대하여 복종할 규범적 이유를 확보할 수 있을 것이다.

세 번째로 이제까지 논의된 의무론이나 결과론이 비록 완전하지 않고 적지 않은 결함을 배태하고 있다고 하더라도, 국가와 정치 및 시민의 역할을 고찰하는 데 있어 매우 중요한 시사점을 던져주고 있음을 유념할 필요가 있다. 아리스토텔레스의 '정치적 자연주의'를 전적으로 받아들이지 않더라도 '나'는 자연인 '나'의 범주를 넘어서서 시민의 역할과 책임을 지니고 있다는 사실에 주목할 수 있다. 혹은 공동체주의자들의 논리가 완벽하지 않더라도, 시민은 '태어나는 것'이 아니라 '만들어지는 것'이라는 사실을 음미할 수 있다. 혹은 정치영역이 인간생활에 있어 우연적이거나 비본질적 영역이며, 혹은 선택되지 않은 사회·정치적 역할이 '나'의 도덕적 의무를 규정할 수 없다는 동의론자들의 주장에서 적지 않은 문제가 내재해 있다고 하더라도, '시민들의 동의가 있는 정부'가 '시민들의 동의가 없는 정부'보다 더 낫다는 사실을 인정할 수 있다. 결국 정치생활이나 국가는 "장님들이 만지는 코끼리"에 비견될 수 있을 만큼, 그 본질이 난해한 것이므로 한 장님이 만지면서 언급한 진술이 코끼리의 전부는 될 수 없겠으나, 코끼리의 유의미한 일부는 될 수 있다고 판단된다. 마찬가지로 상기의 의무론이나 결과론은 비록 온전치는 못하다고 하더라도, 부분적으로 우리의 정치생활의 특성을 유의미하게 조명해 준다고 해야 할 것이다.

　　마지막으로 이처럼 정치적 복종의 의무가 논리적으로 성립되기 어려움에도 불구하고 '내'가 국가의 권위나 법에 복종한다면, 정부는 적어도 '나'의 '명시적 동의'는 아니더라도 '나'의 '묵시적 동의'나 혹은 '가상적 동의'에 합당한 법을 제정하고 정책을 집행하고자 하는 노력을 하지 않을까 하는 기대를 가질 수 있다. 혹은 국가 공동체를 '가정 공동체'나 '향토 공동체'보다도 더 나은 '최상의 공동체'로 간주하는 시민들이 많아진다면, 국가관리들은 이에 부합하는 비교적 '좋은 질서를 가진 공동체'를 구축하는 데 혼신의 힘을 쏟을 것이라는 바램을 가질 수 있다. 물론 기대충족이나 소원성취에 대한 완벽한 보장은 존재하지 않는다. '내'가 국가의 권위와 법에 무조건 헌신해도, 국가가 '나'의 정의감(sense of justice)과 합리성에 어긋나는 정책과 법을 제정·시행할 공산이 농후하기 때문이다.

　　한편 이러한 논리는 정치적 복종의 선(先)과 후(後)를 바꾸어 놓는 사고가 아닐 수 없다. 즉 국가가 정의롭고, 국가의 법이 공정하기 때문에 '나'는 국가에 동의하는 것이지, '내'가 동의했기 때문에 국가가 공정하게 법과 정책을 집행하는 것은 아니기 때문이다. 그러나 선(先)과 후(後)가 뒤바뀌었다고 해도, 이러한 전도(顚倒)된 논리의 실효성은 우리주변에서 적지 않게 발견된다. 부모나 선생님은 자녀나 학생이 착한 행동을 하고 좋은 성적을 올렸기 때문에 칭찬을 하고 상을 준다. 이것이야말로 논리적으로나 실제적으로 올바른 순서이다. 하지만 반대로 부모나 선생님으로부터 칭찬을 받았기 때문에 모범적인 행동과 학업의 성취를 이루는 자녀나 학생의 경우도 적지 않다. 또한 우리는 슬프기 때문에 울기도 하지만, 울음이 나오기 때문에 더욱 더 슬픔을 느끼기도 하지 않는가? 이러한 지적이 유의미하다면, 지나치게 경직된 단선형의 인과론(因果論)에 집착할 필요가 없다. 결국 정치적 복종의 논리에는 '피드포워드(feedforward)'뿐 아니라, '피드백(feedback)'의 논리도 유효할 수 있다고 생각한다.

2. 정치적 의무의 현실성

정치적 복종의 문제는 논리(論理)의 문제만은 아니다. 그것은 동시에 실천적인 문제이기도 하다. 이러한 관점에서 볼 때, 흥미로운 점은 '나'를 포함한 시민들은 일련의 불확실성에도 불구하고 정치적 복종의 의무가 "존재하는 것처럼" 행동하고 있다는 점이다.

물론 이처럼 행동하는 것이 정치적 복종에 대한 올바른 인식과 깨달음에서 나온 것인가 하는 문제에는 의문이 많다. 이 점에 있어 시몬즈의 지적은 매우 시사적이다. 시몬즈는 다수의 시민들이 정치적 복종의 의무의 성격을 잘못 이해하고 있다고 주장한다. 실제로 시몬즈(A. J. Simmons 1979, 139)가 제기하고 있는 문제점은 심각하다.

"많은 사람들은 정부로부터 혜택을 협력적 구도의 산물로 파악하지 못하고 있다. 왜냐하면 민주 공동체에서도 이러한 혜택은 동료시민들의 협력적 노력의 결과라기보다는 중앙정부로부터 구매하는 것으로 간주되고 있기 때문이다."

이미 제6장에서는 시민들이 정부나 동료시민들과의 관계를 잘못 이해하고 있다고 해서, 그것이 법에 복종할 의무가 없다는 사실을 입증하는 것은 아니라고 주장한 바 있다. 시민 A의 입장에서 자기자신이 취하는 행동의 중요성을 인지하고 있지 못한다고 하더라도, 의무와 책임을 져야 할 영역들은 너무나 많고, 정치적 복종의 문제도 이러한 영역에 포함된다고 생각되기 때문이다. 그러나 그렇다고 해서 시민들의 무지나 오해가 전혀 문제가 되지 않는 것은 아니다. 실상 정치 공동체에 본질적인 협력적 관계를 잘못 이해하고 있는 사람들은 정치적 복종의 의무가 존재한다는 사실이나, 정치적 복종행위의 본질에 대하여 오해하고 있는 것으로 보아야 할 것이다. 또한 이러한 오해가 널리 확산되어 있는 것도 사실이다. 따라서 이들은 정치 공동체의 협력구도에서 참여자로 스스로를 인지하지 않기 때문에, 협력에 관한 일정한 짐을 지고 있다는 사실 자체를 인정하기를 거부한다.

이 점이야말로 현대국가에서 시민들이 직면하고 있는 전형적 문제이다. 중앙정부는 차치하고, 지방자치정부나 동사무소라고 해도 '나'에게는 너무나 멀리 떨어져 있다. 이러한 상황에서 정부야말로 개인을 굽어보는 존재로 투영되며,

또한 '내'가 우연히 만나게 되는 많은 시민들을 '나'의 동료시민으로 간주하는 데 실패하게 되는 요인이 된다.

그러나 이처럼 시민들이 정치적 복종의 의무를 잘못 파악하고 있고 정치적 의무의 성격과 본질에 대하여 많은 오해가 빚어지고 있다는 시몬즈의 주장에 수긍하면서도, 한편으로 다수의 시민들이 정치적 의무를 가지고 '있는 것처럼', 행동하는 경우가 적지 않다는 점도 부인하기 어려운 사실이다. 일상생활에서 목격되바, 시민들의 정치적 복종행위에 내재해 있는 현실주의(realism)의 근거는 무엇일까. 몇 가지 이유가 가능하다.

첫째로, 법적인 제재의 구속력이 유효하다고 보여진다. "나는 왜 헌혈을 해야 하는가" 하는 문제에서 매혈이 법으로 금지되었다는 것은 헌혈을 하는 중요한 규범적 이유가 될 수 있다. 혹은 "나는 왜 군대에 가는가" 하는 문제에서 "군대에 가지 않으면 처벌받기 때문에" 군대를 간다고 대답을 하는 경우도 적지 않다. 적어도 여기에는 제재의 위협이 구속력을 발휘하는 셈이다. 벌칙제도는 자발적으로 법에 승복하는 사람이 승복하지 않는 사람들에 의해 손해를 보는 일이 없도록 하기 위하여 만들어진 것이다. 벌칙제도가 작동하고 있다면, '나'는 법이나 국가에 복종할 규범적 이유를 갖게 된다. 물론 벌칙의 위협에 의하여 복종하는 행위는 성숙된 '시민의식'에 의하여 복종하는 행위와는 다르며, 혹은 자율적이며 자발적인 이유에 의하여 복종하는 행위와 같지 않다. 그러나 한편 벌칙제도에 의한 복종의 행위가 계속되면, '의무처럼' 지켜질 수 있다고 생각된다.

예를 들어 보자. 교통 신호등 앞에 선 운전자는 왜 빨간불 정지의 교통규칙을 지키는가? 이 경우는 사회적 조정상황이고 또한 사회적 조정상황에서 규정된 신호를 지키는 것이 '나'에게 이익이 된다는 '수단적 합리성'에 입각한 사고를 운전자가 의식적으로 하는 것이라고는 볼 수 없다. 다만 빨간불 정지신호를 지키지 않으면, 교통경찰에 의하여 적발되어 벌금을 물까 두려워 교통규칙을 지키고 있을 뿐이다. 하지만 벌칙제도에 의하여 교통규칙을 지키는 사례가 반복되면, 교통규칙을 지키는 것을 의무로 받아들이게 된다.

둘째로, '나'는 국가의 권위나 법 때문에 복종하는 것은 아니더라도, 그것이 가져오는 유익성이나 편리함 때문에 복종할 수 있다. 이러한 논리는 "염불보다는 잿밥"에 관심을 갖는 태도라고 규정할 수 있거니와, 이미 논의를 통하여 이 문제를 특히 사회조정 상황의 해법자로서 기능하는 국가권위의 한 속성으로 간주한 바 있다. 경합하는 대안이 복수로 나타나는 사회조정상황에서 국가는 특유의 명령으로 특정 대안을 법으로 공포함으로 '현저한 대안'으로 만들 수 있다. 이러한 국가의 능력은 일정 수준 우리가 가지고 있는 '수단적 합리성'을 충족시킨다. 물론 국가의 모든 명령이 조정상황의 해법으로만 작용하는 것은 아니다. '나'에게 전쟁터에 출전할 것을 지시하는 국가의 명령에서, 로마자표기 규정 결정이나 운전자 좌측통행 결정과 같은 편익성(便益性)을 음미할 수 있는 것은 아니기 때문이다. 그러나 그렇다고 하더라도 사회적 조정상황이 광범위하다면, 국법의 준수에서 편익성은 중요한 규범적 이유가 될 것이다. 우리 가운데 누가 서울시가 붙인 한강다리나 전철역 이름을 거부하고, 혹은 서기가 고유한 우리연호가 아니라고 하여, 단기로 고쳐 부르겠는가!

셋째로, 특정법이 그 자체로 나쁘더라도 최악의 경우를 피하기 위하여 복종할 수 있다. 이것은 대개 '차선(次善)의 원리'나 혹은 '차악(次惡)의 원리'에 의하여 정당화한다. 특정법이 불공정하다고 하더라도, 문제의 법에서 발생할 수 있는 악이나 불의에 비하여 그 법이 무너짐으로 초래될 수 있는 악이나 불의가 훨씬 심각할 때, 불의한 법이라도 복종하는 방식이다. 예를 들면 특정 국가가 쿠데타에 의하여 집권한 경우라도, 외부의 적으로부터의 침략에 노출되어 있는 경우, '나'로서는 불의한 정부에 복종할 수 있다.

이러한 상황은 국가복종에 관한 문제가 아니더라도, 일상생활에서 '내'가 선택의 상황에 직면했을 때 고려하는 중요한 논리가 된다. 예를 들어 '내'가 국회의원선거나 대통령선거에서 투표에 임할 때, 제일 좋아하는 후보자가 당선가능성이 없을 때, 제일 싫어하는 후보자가 당선되는 사태를 방지하기 위하여 첫번째 선호의 후보자를 포기하고 당선가능성이 있는 두 번째 선호의 후보자에게 투표를 하지 않는가! "강을 건너는 도중 말이 마음에 들지 않는다고 하여 말을 바꿀 수 없다"는 준칙이 유의미하다면, 특정법이나 정책이 불의하다고 해도, 이에 복종할 규범적 이유를 확보하게 된다.

넷째로, 상기와의 논리적 맥락에서 볼 때, 시민들은 특정법이 나쁘더라도 전체 법체계의 온전성 때문에 복종하기도 한다. 비록 특정법에 문제가 있다고 하더라도, 그 법을 무시할 때 다른 법에까지 영향을 미쳐 법체계 전체가 무너지고 혹은 일반적으로 시민들 사이에 법준수의식이 실종될 것을 두려워하여 지키게 된다. 실상 하나의 불의한 법에 대한 불복종운동이 강력하게 전개되면, 다른 온전한 법에 대해서도 지켜야 한다는 '의무감(sense of obligation)'이 약해지게 마련이다. 따라서 조그만한 개미 구멍으로 전체 저수지 둑이 붕괴되는 사태를 방지하기 위하여 나쁜 법이나 비효율적인 법에도 복종할 수 있다.

마지막으로, 이제까지의 이유가 법준수에 대한 의식적(意識的)인 이유였다면, 이번에는 무의식적(無意識的)으로 법을 지키는 경우를 적시할 필요가 있다. '내'가 법을 지킬 경우, 법이라면, 그 적실성 여부를 따지지 않고 지키기로 '습관(習慣)'이 되어 있기 때문이다. 또한 대부분의 시민들의 경우, 이러한 상황이 일반적이라고 생각되는데, 법이란 지켜야 할 것으로 어려서부터 배워 왔고 사회화된 결과이다. 물론 무의식적으로 법을 지키는 태도는 마치 무의식적으로 휴지를 버리고 혹은 무의식적으로 침을 뱉는 행동처럼, 이른바 '타성에 젖은 행동'과 같이 평가절하될 수도 있다. 잘못된 법이나 낡은 관행에 관한 한, 그 적실성과 상관 없이 단순히 오래되었다는 이유만으로 지켜지고 있는 경우가 얼마나 많은가!

그러나 그럼에도 불구하고 본 연구에서는 무의식적으로, 혹은 습관적으로 법을 지키는 행위를 결코 사소한 것으로 평가해서는 온당치 않다고 주장한다. 습관에는 '좋은' 습관도 있고 '나쁜' 습관도 있는 것처럼, 내재화된 가치에 의하여 취해지는 행동은 '타성에 젖은 행동'일 수도 있고, 혹은 '덕스러운 행동'일 수도 있기 때문이다. 후술하겠거니와, '시민적 덕목(civic virtue)'을 말할 때 간과할 수 없는 한 가지 속성은 습관성을 지니고 있다는 점이다. 따라서 다수의 시민들에 관한 한, 법 준수의 습관화된 태도, 혹은 내재화된 태도를 가지고 있다는 점은 주목할 만한 현상인 셈이다.

결국 우리는 정치적 복종의 행동이 논리적 관점에서 보면, '의무'로 되기에는 미흡하지만, 현실적으로 '의무처럼' 받아들여지고 있다는 사실을 확인하게 된다. 물론 그 이유는 상이하고, 대부분의 시민들의 경우, 의식적인 이유조차 찾아보기 어려운 무의식적인 행위이다. 문제의 현상은 엄밀한 의미에서 '이론'과 '실제'의 차이이기도 하다. 문제의 이론과 실제의 차이, 즉 이론에서는 의무의 위상을 확보하는 데 실패하는 반면, 실제에서는 의무처럼 지켜지는, 문제의 현상을 어떻게 해석해야 하겠는가? 문제의 괴리현상이야말로 정치적 복종의 행위가 국가권위의 정당성에 대해서 반드시 '조건적으로' 이루어지고 있는 것이 아님을 보여주고 있는 단적인 사례가 아닐 수 없다. 그것은 다시 말해서 국가권위의 정당성 문제가 실패해도, '나'의 복종행위는 독립적인 관점에서 독립적인 논리에 의해 이루어지고 있음을 반증하는 것이라고 할 수 있다.

3. 국가권위와 정치적 복종의 독자적 논리: 실제적 동의와 가상적 동의

상기의 지적들이 타당하다면, 즉 국가권위를 정당화시키는 논리의 불완전성에도 불구하고 국가의 법에 복종할 일정한 규범적 이유가 성립하고 또한 많은 시민들이 정치적 복종의 행위를 의무인 것처럼 간주하고 있다면, 국가의 권위와 정치적 복종은 같은 논리가 아니며, 혹은 정치적 복종의 형식적 논리와 실제적 논리는 상이하다는 명제가 성립하는 셈이다. 이미 제1장에서는 국가의 권위를 근거지우는 논리와 정치적 복종을 근거지우는 논리가 다르다는 점을 상정한 바 있다. 이 사실을 확인하기 위하여 '실제적 동의'와 '가상적 동의'의 차이를 새삼 반추(反芻)할 필요가 있다.

이미 지적한 바와 같이 '실제적 동의'는 행위자가 명시적으로 동의의 행위를 취했을 때 성립한다. 그러나 국가의 권위문제에서 실제적 동의 행위를 취하는 시민들이 많지 않기 때문에 '가상적 동의'가 그 대안으로 등장하였다. '가상적 동의'는 국가가 도덕적으로 행동하기 때문에 '나'는 이러한 국가에 동의할 수밖에 없다고 판단할 때, 혹은 국가가 '나'의 '수단적 합리성'을 충족시키기 때문에 '나'는 이러한 국가에 동의하는 것이 합리적이라고 판단할 경우, 성립한다. 그러므로 가상적 동의론자들은 국가의 권위나 법이 도덕적인 행위자나 합리적인 행위자들로부터 동의를 받을 정도로 도덕적이고 정의로우며, 혹은 수단적·비수단적 혜택을 극대화하고 있는지 묻는다. 여기서 강조되는 것은 결국 개인의 선택이나 동의가 아니라, 정부의 본질과 성격이다. 정부가 정의롭거나 혹은 혜택을 극대화한다면, '가상적 동의'의 대상이 되는 셈이다.

그러나 '가상적 동의'의 문제는 도덕성이나 합리성에 의하여 가늠되는 '정부의 질(質)'에 천착하는 한, '나'의 선택의 문제는 퇴색된다는 사실이다. 정부가 일정한 도덕성과 합리성을 충족시키는 한, '나'의 동의는 필요없을 정도로 당연하며, '나'에게 정치적 복종을 요구할 수 있다. 하지만 '내'가 알고 있는 여러 정부들이 모두 일정 수준의 도덕성과 합리성을 충족시킨다면, '나'는 왜

'저' 정부가 아닌 '이' 정부, 혹은 미국정부가 아닌 한국정부에 정치적 복종의 의무를 갖는가 하는 점은 설명할 수 없다.

결국 이 문제야말로 '실제적 동의'가 '가상적 동의'와 다른 점이 어디에 있는가를 여실히 보여주고 있는 사례이다. '가상적 동의'가 정부의 도덕성과 합리성에 조건적이라면, '실제적 동의'는 정부의 도덕성과 합리성에 반드시 조건적인 것은 아니다. 정부가 일정한 도덕성과 합리성을 충족시키지 못해도, '나'는 동의의 행위를 취할 수 있다는 것이 '실제적 동의'의 현저한 특징이다. 이와 유비적 맥락에서 '나'의 결혼배우자의 조건을 생각해 보자. '나'는 결혼대상자로 능력도 탁월하고 인격도 원만한 사람을 원하고 있다. 혹은 키가 큰 사람을 원한다. 이 경우 가상적 동의론자라면 이 세 가지 조건을 충족시킨 배우자에 한하여 비로소 동의가 가능하다고 주장할 것이다. 능력과 성격, 외모 가운데 하나라도 빠지면, 동의가 불가능하다고 할 정도로 조건적이다.

그러나 여기에는 두 가지 문제가 있다. 우선 이 세 가지 조건을 충족시키는 사람들이 많다면, 이들은 모두 '내'가 결혼할 만한 사람들인가? 그렇지는 않다. 이들 중에서 '내'가 결혼상대자로 고를 사람은 하나에 불과하다. 따라서 특정 배우자에 대한 선택은 실제적 동의로 나타나야 할 것이다. 한편 또 다른 차원에서 '내'가 실제로 결혼한 사람은 성격만 좋을 뿐, 능력도 그다지 뛰어나지 못하고 키가 작은 사람이다. 그럼에도 '내'가 능력도 탁월하지 않고 키가 작은 그 사람을 인생의 반려자로 받아들이기로 실제로 동의했다면, '나'는 이상주의자(理想主義者)보다는 현실주의자(現實主義者)가 된 셈이며, 따라서 '나'의 '눈높이 선택'은 그 사람의 능력이나 외모와 관계 없이 독립적으로 이루어졌다는 의미를 갖는 셈이 아니겠는가.

결국 동의론의 관점을 취할 경우, 정치적 복종의 논리는 '가상적 동의'보다 '실제적 동의'의 논리에 기초하고 있다고 주장할 수밖에 없다. 국가의 도덕성이나 합리성이 나름대로 중요하며 의미가 있으나, 그것은 정부의 권위를 정당화시키는 논리일 뿐, '내'가 국가에 복종해야 한다는 논리와는 다르다. 국가의 도덕성이나 합리성이 미흡하다는 판단이 서도, '나'는 '나'의 눈 높이에 맞춰 '나'의 결단과 선택에 의하여 국가에 복종하기로 결정할 수 있기 때문이다. 이제 국가의 권위와는 별도로, '내'가 국가에 복종해야 할 이유를 확보할 수 있는가 하는 문제에 주목하기로 하자.

Ⅳ. 불확실성 영역에서의 선택가능성

전 항에서 정치적 복종의 의무의 불확실성에 대해서 지적했으나, 불확실성문제는 비단 정치적 복종의 영역에서만 발생하는 것은 아니다. 공적 영역뿐 아니라 사적 영역에서도 불확실성은 엄존하고 있고, 혹은 사실적 불확실성과 규범적 불확실성 상황도 존재하며, 또한 절차적 불확실성의 문제도 실제적이다.[1] 그러나 그렇다고 하더라도 '나'는 이러한 불확실성 상황에서도 유의미한 대안을 선택할 수 있음을 강조할 필요가 있다. 이번 항목에서는 정치적 영역이외의 불확실성 상황에서 행동하는 '나'의 선택의 논리가 유의미하게 성립할 수 있다는 사실을 역설할 예정이다.

1. 사적 영역에서의 불확실성

불확실성은 국가와 정치 등, 공적 영역에만 엄습하고 있는 것은 아니다. 사적 영역에도 상당한 불확실성이 내재하고 있다. 사적 영역 가운데 시장영역과 가정영역에 주목해 보자. 전통적으로 시장주의자들은 완전시장을 상정해 왔고, 완전시장은 아담 스미스의 '보이지 않는 손(invisible hand)'이나 "공급은 수요를 창출한다"는 세이의 법칙(Say's law)에 의하여 입증되고 있다고 주장해 왔다. 특히 일정한 조건하에서 완전시장이 작동할 수 있다고 강조한 바 있는데, 불특정다수의 생산자와 소비자, 완전정보, 동질적인 재화, 재산권 확립 등의 요소가 그 조건들이다.

그러나 실제로 '내'가 시장의 소비자로서 시장에서 재화를 구매할 때, 문제의 재화가 가장 싼값의, 양질의 재화인지에 관하여 알 수 없는 입장이다. 때때로 '나'는 "소비자는 왕"이라는 소비자 주권의 준칙보다 "소비자는 조심하라(caveat emptor)"는 방어적 준칙에 의하여 선택한다. 결국 '내'가 일반적으로

---

1) 실상 엄밀한 의미에서 불확실성문제는 보편적 현상이라고 해야 할 것이다. 또한 이 문제는 사회과학분야 못지않게 자연과학에서도 주목하고 있는 영역이다. 이 점과 관련하여 이용필(1999, 77-81)은 '혼돈이론(chaos theory)'에서 정치사회의 역동적 체계를 이해해야 할 당위와 필요성을 강조하고 있다.

체험하는 시장은 불완전시장이다. 특히 '나'는 비대칭정보(asymmetrical information)에 의하여 중국산 나물을 국산 나물로, 수입쇠고기를 한우로, 농약 친 콩나물을 무공해 콩나물로 잘못 알고 사는 등, 이른바 "눈뜬 장님"이 되어 값싼 재화를 비싸게 사고 혹은 가짜상품을 진짜상품으로 속아 사기 일쑤이다. 그렇다면, 이러한 불완전한 시장에서 소비자인 '나'의 재화선택은 아무런 의미를 갖지 못하는가? 그러나 이러한 상황에서도, 즉 질적인 차원과 양적인 차원에서 비대칭 정보가 난무하고 혹은 '작은 결정의 횡포(tyranny of small decisions)'가 횡행하고 있는 불완전 시장에서도 소비자인 '나'는 '합리적 소비자(rational consumer)'로 살아갈 수 있다. 비교적 여러 곳을 다니며 값과 재화의 질을 비교함으로 혹은 수입쇠고기와 국산고기, 혹은 수입쇠고기와 한우를 구분하는 법을 스스로 터득함으로 양질의 재화를 살 수 있다. 이 경우 '내'가 산 재화가 객관적 의미의 양질의 재화인지는 알 수 없으나, 적어도 주관적 의미에서는 양질의 재화임을 확신할 수 있다. 혹은 농민들이 채소를 재배할 때 동일 품종을 재배함으로 수확 철이 되면 공급과잉이 되어 채소값이 폭락하는 경우가 적지 않다. 이 경우 농민인 '나'는 업종전환을 고려해 볼 수 있다. 그래도 한편 "송충이는 솔잎을 먹고 살아야 한다"는 준칙을 새기면서 농사를 짓고 있는 농민들은 얼마나 많은가! 시장의 불확실성 상황에서도, 혹은 불완전 시장이라고 하더라도, 생산자 A와 소비자 B는 나름대로의 철학과 가치관에 의하여 '합리적 생산자'와 '합리적 소비자'로 살아가기로 자신의 삶을 설계할 수 있다.

　　그런가 하면 가정영역에서의 불확실성은 무엇인가? 일반적으로 '내'가 자녀로서 부모에 대하여 가질 수 있는 최대의 의문은 과연 '나'의 어머니, 아버지가 '나'를 낳아준 진짜 어머니, 아버지인가 하는 점이다. 때때로 부모님은 '나'에게 "다리 밑에서 주워 왔다"고 농담삼아 말한다. 그러나 그럼에도 불구하고 '나'로서는 '내'가 알고 있는 어머니와 아버지가 '나'를 낳아준 진짜 어머니와 아버지인지, 확실하게 알 수 있는 객관적 방안이 없다. 다만 어머니와 아버지의 말씀을 믿을 뿐이다. 그러나 이러한 불확실성에도 불구하고, '나'는 어머니, 아버지에게 정성껏 효도를 할 수 있다. 설사 현재 '나'를 기르고 있는 어머니, 아버지가 '나'를 낳아준 진짜 어머니와 아버지가 아니더라도, '내'가 현재의 부모님께 드리는 효도는 가치 있고 의미 있는 행위이다. 따라서 자녀로서 '나'의 효도가 유의미하기 위해서 반드시 '나'의 부모님으로부터의 출생사실이 완벽하게 확증되어야 하는 것은 아니다. 그 두 가지 사실은 동일하지 않은, 별개의 사실로서, 효도의 문제는 생물학적으로 확실한 부모에 대해서만 성립하는 조건적인 관계는 아니기 때문이다.

마지막으로 '나'의 의문은 또 있다. '나'의 생일은 확실한가? 물론 '나'는 '나'의 생일을 갖고 있고 매년 생일을 지내고 있지만, '내'가 알고 지내는 '나'의 생일이 원래 정확하게 '내'가 태어난 날인지는 확실치 않다. 일반적으로 부모님이 '내'게 말씀해 준 날짜가 '내' 생일로 되어 있다. 그러나 때로 '나'의 부모님은 '나'의 생일 일진이 그다지 좋지 못하다고 하여, 다른 날짜로 바꾸었을 가능성도 없지 않다. 그러나 그럼에도 불구하고, 즉 '내'가 알고 있는 생일과 '내'가 진짜로 태어난 생일 사이의 괴리 가능성에도 불구하고, '나'는 '나'의 생일을 즐겁게 지낼 수 있고 친구들로부터 축하를 받을 수 있다. 물론 '내'가 이 세상에 태어난 날의 논리와 '내'가 '나'의 생일을 기리는 논리는 같은 것은 아니다. 하지만 '내'가 '나'의 생일을 기리는 논리가 '내'가 이 세상에 태어난 날과 동일하다는 보장이 없을지라도, '나'의 생일 축하모임은 그 자체로 유의미하다.

2. 사실적 불확실성

사적 영역의 경우와 같이 사회적 문제에서 우리가 직면하게 되는 문제는 많은 경우, '사실적 불확실성(factual uncertainty)'의 문제이다. '사실적 불확실성'은 대부분 '인과관계의 불확실성'에서 기인한다. 인과관계(causal relation)가 필연적 관계나 객관적 관계가 아니라는 명제는 이미 흄(D. Hume)이나 칸트(I. Kant)에 의해서 비교적 설득력 있게 제시된 바 있다. 흄이 적절하게 지적한 바와 같이, 우리는 인과관계로 알고 있는 사례에서 '오비이락(烏飛梨落)'의 경우가 시사하는 것처럼, "이것 다음에 그러므로 이것 때문에(post hoc ergo propter hoc)"의 명제로 특징지어지는 시간적 선후관계만을 확인할 뿐이다. 혹은 칸트에게 있어, 인과관계는 인간의 내재적이며 주관적 현상일 뿐, '사물자체(Ding an sich)'에서 발견될 수 있는 객관적 현상은 아니다.

물론 이러한 인과관계의 불확실성은 다만 이론적인 문제일 뿐 아니라, 실제적인 문제이기도 하다. 산성비는 왜 오는가? 혹은 핵발전소와 기형 소와는 어떤 관계인가? 온난화 현상의 주범은 무엇인가? 환경호르몬은 인체에 유해한가? 유전자 조작식품은 인체에 해로운가? 암의 발생요인은 무엇인가? 혹은 가난의 원인은 무엇인가? 부패의 원인은 무엇인가? 아시아 국가의 경제발전은 아시아적 가치와 어느 정도로 연계가 있는가?

이러한 문제들과 혹은 다른 많은 문제들에 있어서, 우리는 명확한 '인과관계(因果關係)'를 규명하지 못한 채, '느슨한 상관관계(相關關係)'로 만족할 뿐이다. 혹은 '단일 인과(monocasuality)'보다 선순환(virtuous circle)이나 악순환(vicious circle) 등, '순환(循環)'의 개념으로 접근할 뿐이다. 그나마 그것조차 확실치 못하다. 이처럼 원인을 밝혀내는 데 많은 불확실성에 직면하고 있지만, 그럼에도 불구하고 사람들은 일정한 행동과 대안을 선택한다. 가난의 원인이 행위자의 도덕적 해이의 결과인지 혹은 사회구조의 결과인지, 혹은 이 둘의 종합적 산물인지 명백하게 알 수 없어도, 혹은 가난한 사람에게 고기를 주는 것이 좋은지, 혹은 고기잡는 기술을 가르쳐주는 것이 더 효과적인지 확실치 않지만, 그렇다고 하더라도 우리는 가난한 이웃들에게 물질적 도움을 베풀고 있다. 그것은 직업재훈련의 형태로 나타나기도 하고, 구세군의 자선냄비로 나타나며, 혹은 공익사업의 형태로 구체화되기도 한다.

혹은 청소년들 사이에 늘어가는 범죄율의 증가의 원인이 무엇인지는 명백하게 밝혀진 것이 없다. 그것은 가정문제일 수도 있고, 사회의 환락구조일 수도 있으며, 혹은 교우관계인지 혹은 유전적 요인인지 분명치 않다. 그러나 그 원인이 확실하게 밝혀지지 않아도, 청소년들이 들어갈 수 없는 출입통제 구역을 설치하고 술·담배 판매를 금지할 수 있다. 물론 통제구역을 설치하고 술과 담배를 금지한다고 해서 청소년 범죄가 현저하게 줄어들 것이라는 확실한 근거가 있는 것은 아니다. 그러나 범죄율이 줄어든다는 확실한 보장은 없어도 범죄율이 줄어들 확률을 기대하면서 이러한 정책을 추진하고 있는 것이 사회적 현실이다.

그뿐만 아니다. 우리는 일반적으로 우리가 알고 있는 많은 인문사회분야의 법칙들이 그다지 확고한 것은 아니라는 사실을 알고 있다. '한계효용체감(decreasing marginal utility)의 원리'나 '인지 부조화(cognitive dissonance)의 원리' 등은 그 단적인 사례이다. 한계효용체감의 원리가 확실하다면, 『흥부전』에서 나오는 이야기처럼, 왜 부유한 놀부가 가난한 흥부에 대해서 그토록 인색했는지가 의문이며, 왜 "부자들이 더 한다"는 이야기가 인구에 회자되고 있는지가 궁금하다. 혹은 '인지부조화의 원리'가 타당하다면, 겉과 속이 다르고 말과 행동이 다른 위선자가 왜 그렇게 우리 주변에 많은지 해명이 되지 않는다. 그러나 그럼에도 불구하고 경제학도들은 합리적 소비자의 형태를 예측할 때는 '무차별 곡선(indifference curve)'을 상정하며, 인지심리학도들은 태도의 변화를 꾀할 경우 '인지부조화의 원리'를 원용할 수 있다. 또한 합리적 협상론자들은 가난한 사람과 부유한 사람이 협상을 할 때 한계효용체감원리에 의하여 부자가 더 커다란 협상력을 가지리라는 점을 추정할 수 있다.

　마지막으로 사실적 불확실성 상황에 처했을 경우에도 '내'가 일정한 행동과 선택을 할 수 있다는 사실에 대하여 합리적 행위자 모델은 '발견적 가치(heuristic value)'를 가지는 귀중한 통찰을 제공하고 있다. 합리적 행위자 이론에 의하면, 불확실성 상황하에서 행위자는 일정한 원리에 의하여 행동을 선택할 수 있다. 어떤 사람은 맥시민(maximin) 원리에 의하여 "돌다리도 두드리고 건널" 만큼, 매우 안전한 선택을 하기도 한다. 혹은 같은 불확실성 상황하에서 '불충분한 이유의 원리(principle of insufficient reason)'에 의하여 평균효용 극대화(average utility maximization)의 대안을 선택하기도 하고, 혹은 '맥시맥스(maximax)'의 원리에 의하여 가장 모험적인 선택을 하는 사람들도 적지 않다. 이들 사례들이야말로 사실적 불확실성의 상황하에서도 각 개인은 나름대로 자신의 생활철학과 논리에 의하여 대안을 선택하고 있음을 입증하고 있다. 그러므로 객관적 사실에 대하여, 혹은 칸트의 표현대로 '사물자체(Ding an sich)'에 대하여 '나'는 확실히 알 수 없고, 혹은 데카르트(R. Descartes)처럼, '나'는 생각한다는 사실 이외에 모든 것을 의심한다 해도, '나'는 '나'의 소신대로 혹은 주관적으로 행동할 수 있고, 또한 그러한 주관적 행동은 '내'게 책임을 불러일으킬 만큼, 가치 있는 행동이다.

3. 규범적 불확실성

　사람들은 물론 사실적 불확실성 세계에서만 살고 있는 것이 아니다. '사실적 불확실성'보다 더욱 심각한 문제는 '규범적 불확실성'의 문제이다. 주지하는 바와 같이, 우리가 살고 있는 사회는 여러 가지 가치가 경합할 뿐 아니라, 서로 첨예하게 충돌하고 있는 사회이다. 예를 들면 사형제도는 존치되어야 하는가 폐지되어야 하는가? 혹은 심장사 못지않게, 뇌사를 인정해야 하는가? 안락사는 허용되어야 하는가? 혹은 임신중절은 허용되어야 하는가, 혹은 태아의 살 권리가 중요한가? 인간의 배아복제는 금지되어야 하는가? 혹은 복권제도는 허용되어야 하는가? 포르노 영화나 엽색소설은 판금되어야 하는가? 카지노는 개설되어도 무방한가? 이 많은 문제들에서 사람들은 가치관에 따라 서로 상이한 목소리를 내게 마련이다. 또한 의견이 대립되는 사람들 사이에서는 쟁점이 불거져 나오게 마련이다.

　　그렇다면 이러한 상황에서 우리는 규범적 가치의 불확실성을 어떻게 받아들여야 하겠는가? 우선 네 가지 입장을 들 수 있다. 첫째로 다양한 상충하는 가치들이 각기 나름대로 유의미하므로 존중되어야 한다고 믿는다면, 가치다원주의자(pluralist)의 입장이다. "여종의 의견도 옳고 하인의 의견도 옳으며 아내의 의견도 역시 옳다"는 황희 정승의 입장을 방불케 하는 가치 다원주의자라면, 사형제도의 존치를 주장하는 의견이나, 사형제도의 폐지를 주장하는 의견이 모두 타당하고 일리 있다는 판단을 할 것이다. 두 번째로 사람들은 자유나 경제적 평등의 문제, 혹은 자유와 복지의 문제, 혹은 인권과 안보의 문제에서 '우선 규칙(priority rule)'을 적용하거나, 혹은 '축차적 질서(lexical order)'를 상정할 수도 있다. 이러한 상황이라면, 경제적 평등보다 자유가 중요하고, 혹은 안보보다 인권이 중요하므로, 자유가 보장된 후에 비로소 경제적 평등을, 혹은 인권이 보장된 상황에서 비로소 안보를 추구해야 한다는 입장을 강조하는 경우이며, 이러한 입장을 가진 사람들이라면, 롤즈(J. Rawls)의 축차적 질서나 매슬로(A. Maslow)의 가치의 위계질서(hierarchy of value)의 개념을 따른다고 할 수 있다. 주지하는 바와 같이 축차적 질서란 영어사전에서 a로 시작되는 단어가 b로 시작하는 단어보다 앞서 나오듯이, 기본적인 가치가 충족된 다음에 덜 기본적인 가치가 충족되어야 한다는 입장이다. 같은 맥락에서 종교적 근본주의자라면 종교적 가치가 충족된 다음, 비로소 세속적 가치가 허용되어야 한다고 주장할 것이다.

　　세 번째로 배리(B. Barry 1965)가 강조한 바와 같이 가치들 사이에 '무차별 곡선(indifference curve)'을 상정하는 입장도 가능하다. 무차별 곡선은 합리적 소비자의 소비행태를 특징짓는 현상으로 경제학에서 주로 원용되고 있는 개념이다. 효용극대화의 합리적 주부들은 시장에서 재화를 구입할 때 두부를 좋아한다고 해서 두부만 구입하는 것이 아니라, 돼지고기도 구입한다. 이러한 현상은 '한계효용체감(decreasing marginal utility)' 현상에 의하여 어느 한 재화를 집중 구매하기보다는 여러 가지 재화를 골고루 구입할 때 효용의 극대화(utility maximization)를 성취할 수 있다는 상정에 의하여 설명 가능하다. 같은 맥락에서 자유와 평등, 인권과 안보, 혹은 종교적 가치와 세속적 가치 가운데 특정 가치만을 절대적으로 추구하기보다, 양자를 비교적 조화롭게 추구할 수 있다. 즉 재산권 보호를 주장하면서도 사회안전망 구축을 강조하고, 인권을 중시하면서도 안보 문제를 소홀히 하지 않는다면, 가치의 무차별 곡선주의자라고 규정할 수 있을 듯하다.

마지막으로 일원주의자(monist)의 경우도 있다. 일원주의자의 입장이란 특정 가치를 최종적 절대적 가치로 상정하고 다른 모든 가치를 이 최종적 가치의 잣대를 통하여 가늠하려는 입장이다. 전형적 일원주의자라면, 자유지상주의자(libertarian)나 마르크시스트 혹은 절대적 인권주의자, 절대적 안보주의자 혹은 종교적 근본주의자 등을 거론할 수 있을 것이다. 모든 정책이나 법을 자유의 관점에서 조망하는 것은 자유지상주의자의 입장이며, 모든 정책을 계급투쟁의 관점에서 접근하는 것은 마르크시스트 입장이다. 혹은 법이나 정책은 물론, 술이나 담배 등, 모든 기호품 향유의 타당성 문제조차 종교의 입장에서 본다면, 종교적 근본주의자라고 규정할 수 있겠다. 결국 이처럼 가치에 관한 다양한 입장이 존재하는 것이 현실이라면, '내'가 직면하는 가치의 세계가 불확실성의 세계임을 반증한다고 보아야 하지 않겠는가! 이러한 상황에서 '나'는 가치다원주의자나 윤리상대주의자로 살아갈 수도 있고 혹은 일원주의자나 축차적 질서주의자로 살아갈 수도 있다. 같은 맥락에서 '나'는 사형폐지론자로 살아갈 수 있는가 하면, 사형존치론자로 살아갈 수도 있다. 혹은 자유주의자로 처신할 수도 있고, 경제적 평등주의자로 처신할 수 있다.

여기서 '내'가 경제적 평등주의자로 살아가기보다 자유주의자로 살아간다면, 그것은 자유의 가치가 평등의 가치보다 우선한다는 축차적 원리나 가치의 위계질서의 확실성을 보장받았기 때문이 아니라, '내'가 '나'의 가치관과 논리를 가지고 선택했다는 점이 현저하다. 혹은 '내'가 비관용주의자보다 관용주의자로, 혹은 근본주의자보다 다원주의자로 살아간다면, 모든 가치가 엇비슷한 등가(等價)의 가치를 지니고 있다는 가치상대주의가 확실하다는 보장을 받았기 때문이라기보다는 '나'와는 다른 가치를 지니고 있는 사람도 '나'와 같은 존엄성과 품위를 가진 존재라는 점을 신봉하고 있기 때문이다.

결국 규범적 가치의 불확실성세계에서도, '나'는 '나'의 소신과 가치관에 따라 일정한 입장을 취하면서 '나'와는 다른 사람의 입장도 존중하는 입장을 취할 수 있다. 그것은 반드시 '내'가 '이모티비즘(emotivism)'이나 가치상대주의(value relativism)가 절대적으로 타당하다고 믿어서가 아니라, 지적 겸손함(intelligent humility)이나 인간의 품위를 존중해야 한다는 소신의 결과일 수 있다.

4. 절차의 불확실성

우리는 정치·사회생활에서 많은 집단선택(collective choice)의 문제에 봉착한다. 이 경우 집단선택을 하기 위해서 일정한 절차를 택할 수밖에 없다. 그러나 그 과정에서 절차의 완전성을 향유하기보다는 절차의 불확실성에 봉착한다는 점이 관심의 대상이다. 절차의 불확실성에 관한 한, 롤즈의 통찰이 고전적이다.

주지하는 바와 같이 불완전 절차적 정의(imperfect procedural justice)란 절차와는 구분되는 독립적인 기준과 규범을 구체화할 수 있는 '완전 절차적 정의(perfect procedural justice)'와는 달리, 독립적인 기준과 규범을 구체화할 수 없는 절차를 지니고 있을 경우에 해당된다. 롤즈가 든 사례에 의하면, 빵을 참석자들에게 공평하게 분배해야 한다는 기준이 있을 때 빵을 자르는 사람이 마지막에 가져가는 절차를 채택했을 경우에 완전 절차적 정의가 성립한다. 하지만 집단선택절차에는 완전 절차적 정의보다는 불완전 절차적 정의가 팽배한다는 사실에 우리는 친숙하지 않은가? 이미 롤즈는 불완전 절차적 정의의 사례로 재판을 들고 있다. 아무리 공정한 재판을 하더라도 솔로몬과 같은 '철인왕'이 존재하지 않는 한, 오판의 가능성은 엄존한다. 아무리 엄정한 법 체계를 확립해도 언제나 억울하게 처벌받고 억울한 누명을 쓰는 사람이 나올 가능성, 혹은 운동경기에서 아무리 심판이 최선을 다해도 오심(誤審)의 가능성은 존재한다.

또한 국가가 아무리 최소수혜자들을 위한 복지 정책을 시행해도 일부 최소수혜자들은 혜택에서 제외되는 반면, 일부 중산층 이상의 시민들이 무임승차자로 혜택을 향유하게 되는 사태가 야기된다. 또한 병무비리를 뿌리뽑기 위하여 군의관 대신 민간의사들로 하여금 입영대상자의 신체검사를 담당시킨다고 해도, 부정한 사례가 발생할 소지는 언제나 있다. 같은 맥락에서 국가의 관료들이 아무리 '무지의 베일'을 쓴 상황에서 도출된 '차등의 원리(difference principle)'를 정책으로 구현하고, 하버마스의 제안대로 의회의 입법자들이 '이상적인 언어소통' 상황에서 진행되는 담론의 형식을 통하여 법안을 제정하려고 해도, 남녀 불평등법과 같은 차별법이나 인권을 침해하는 악법이 제정될 수 있는 여지는 열려 있다.

한 걸음 더 나아가 원천적으로 '절차적 정의(procedural justice)' 자체가 존재하지 않는 상황에 주목해 보자. 예를 들면 평등한 분배가 그 기준이지만, 이를 구현할 수 있는 절차 자체가 원천적으로 부재한 경우이다. 재판의 불완전 절차적 정의와 비교할 때 절차적 정의의 원천적 부재가 더욱 심각한 상황이 되는 이유는 재판에서는 죄 없는 사람이 유죄 판결되는 사례도 있지만, 죄 있는 사람이 유죄판결 받는 경우도 적지 않다는 점을 인정할 수밖에 없기 때문이다. 따라서 재판의 절차에는 완전 절차적 정의와 불완전 절차적 정의가 혼재되어 있다고 할 수 있다. 그러나 어떠한 절차라도 불의한 절차가 될 수밖에 없는 상황은 이보다 훨씬 심각한 '절차적 부정의(procedural injustice)'의 상황이 되는 셈이다. 문제의 사례를 게임이론을 원용한 '성의 대결 상황(battle of the sexes)'에서 확인해 볼 수 있다.

〈표 11-1〉의 '성의 대결 상황'에서 남자 A와 여자 B는 데이트를 하고자 한다. 데이트 코스는 두 군데이다. 하나는 권투시합장이고 또 하나는 발레단 공연장이다. 일반적으로 남자가 발레보다 권투를 좋아하고 또한 여자가 권투보다 발

〈표 11-1〉 성의 대결 상황

여자 B

남자 A		권투	발레
권투		3 / 2	0 / 0
발레		0 / 0	2 / 3

※ 숫자가 많은 것이 높은 효용임

레를 좋아한다고 생각하면, 남자 A는 데이트 코스로 권투를, 여자 B는 발레를 선택하게 된다. 그러나 물론 남자 A와 여자 B는 상호간에 취미가 다르더라도 데이트를 하지 않기보다는 데이트를 하기를 원하기 때문에 〈표 11-1〉과 같은 효용이 성립한다고 보여진다. 유의해야 할 점은 이러한 유형의 '성의 대결 상황'에서는 어떠한 방향으로 최종 대안이 구체화되든지 불공정한 결과로 낙인찍을 수밖에 없다는 사실이다. 즉 결과는 남자 A에게 1만큼 유리한 대안이나 혹은 여자 B에게 1만큼 유리한 대안 등, 둘 중의 하나인데, 그 어느 것도 공정한 대안이라고는 말할 수 없기 때문이다.

그러나 그럼에도 불구하고 우리의 관심사는 이러한 상황에서 A와 B의 협력이 불발로 끝나는 경우 못지않게 무난히 이루어지고 있는 경우도 허다하다는 점에 있다. 상시상황에서 데이트가 비교적 순조롭게 이루어지고 있다면, 남자나 여자는 자신보다 상대방이 원하는 곳으로 가고자 하는 선호를 표출하고 있기 때문이다. 물론 이러한 경우는 데이트 상황에 한정되는 것이 아니다. 집에서 온 식구가 모여 TV를 볼 때, 일반적으로 '성의 대결 상황'이 재현되어 불화가 발생하기도 하지만, 그럼에도 별 무리 없이 TV시청이 이루어지는 사례도 적지 않다. 이와 마찬가지로 불완전절차의 문제가 심각하고 절차적 정의가 부재한 경우에도, 재판제도는 운영되고 있고 공무원 시험제도도 실시되고 있으며, 심판제도도 존속되고 있다. 혹은 국회에서는 불의한 법이나 불공정한 법 제정의 가능성에도 불구하고 법을 만들고 있다. 같은 맥락에서 '성의 대결 구도'를 반영하는 님비(Nimby)형의 문제에서도 해결책이 나름대로 강구되고 있다. 그 결과 특정 지역에 쓰레기 소각장이나 화장장 등 혐오시설이 설치되고 있지 않은가?

이러한 일련의 사실들은 절차적 불확실성이 엄존하는 상황에서도 사람들이 불확실성의 조건과 한계를 받아들이면서 행동과 대안을 선택하는 일이 가능하다는 점을 시사해 준다고 하겠다.

V. 국가보장에 대한 불확실성

지난 항목의 논의를 통하여 불확실성 상황에서도 '나'는 소신 있게 행동할 수 있다는 사실을 여러 범주로 나누어 지적한 바 있다. 이번 항목에서는 정치적 복종의 문제와 관련하여 직면하게 되는 불확실성을 협력의 문제의 불확실성으로 치환하여 조명해 보기로 하자.

일반적으로 협력의 불확실성 문제는 유혹에 약하고 부패하기 쉬우며 이기주의적 방식으로 행동하는 인간의 약한 동기와 의지박약(意志薄弱)에서 기인한다고 생각된다. 주지하는 바와 같이 인간은 루소의 자연상태의 인간처럼 혼자 살지 않고 '사회적 동물'로 살면서 상호간에 협력을 필요로 하는 존재가 되었다. 문제의 협력과 관련하여 공동체주의자들의 기대처럼, 시민적 유대와 결속이 전제된 공유재 산출을 위한 '두터운' 협력(thick cooperation)으로 보건, 혹은 개인주의자들에 의한 주장처럼, 공공재를 산출하기 위한 '얇은' 협력(thin cooperation)으로 보건, 공동의 협력이 필요하다는 점을 부인하기 어렵다. 그 협력의 기본 정신은 적어도 개인 A의 입장에서 자기 자신의 몫을 수행해야 한다는 점이며, 특히 누리는 혜택 못지않게 책임감을 갖고 비용을 부담해야 한다는 것이다. 누구든지 혜택만 향유하고 비용을 부담하지 않으려 한다면, 정치 공동체의 협력의 구도는 순조롭게 작동할 수 없다. 하지만 문제의 핵심은 이 협력의 구도가 자발적 형태로 작동될 수 있는가에 있다. 일단 협력의 자발적 구도가 인간의 이기주의와 단견 등을 감안할 때 어렵다는 사실은 죄수의 딜레마 상황에 대한 설명을 통하여 충분히 입증된 바 있다고 생각된다. 그러나 물론 죄수의 딜레마 상황 자체가 자발적 협력 구도의 비관적 전망을 강요하는 것으로 받아들여질 이유는 없다. 행위자들이 '일회적인 죄수의 딜레마(one shot prisoners' dilemma)' 상황이 아니라 '반복적인 죄수의 딜레마(iterated prisoners' dilemma)' 상황에 직면할 때, 협력의 가능성, 적어도 조건적 협력의 가능성은 충분히 열려 있기 때문이다.

이러한 가능성과 관련하여 9장에서 지적한 바와 같이 액셀로드(R. Axelord, 1984)의 실험과 통찰은 인상적이다. 액셀로드는 두 번에 걸친 토나멘트 실험 결과, 반복된 죄수의 딜레마 상황에서 '한 번 비협력, 한 번 보복(tit for tat)'이라는 장군멍군 전략의 우수성을 입증한 바 있다. 장군멍군 게임의 규칙은 처음에는 '신사적으로(nice)', 즉 상대방에 대한 협력으로 시작하고 다음에는 상대방의 비협력에 대하여 비협력으로 보복하며(provocable), 세 번째는 상대방이 비협력했다고 해도 협력을 하면 자신도 협력을 함으로 용서해 주고(forgiving), 이상의 특성을 지니고 있기에 '명쾌한(clear)' 전략이라고 할 수 있다. 결국 장군멍군 전략의 특성은 '조건적 협력(conditional cooperation)'에 있다. 즉 상대방이 협력하면 '나' 자신도 협력하고, 상대방이 비협력하면 역시 '나' 자신도 비협력함으로 응징하는 방안이 핵심이다. 엄밀한 의미에서 보면, 장군멍군 전략은 그다지 자비로운 전략은 아니다. 처음에 먼저 협력할 뿐, 그 이후에는 상대방의 비협력에 대하여 단 한번도 용서하지 않는 전략이기 때문이다. 그러나 이 전략의 강점(强點)은 결국 협력에 대한 인간의 약한 동기를 보충해 준다는 점에서 찾아볼 수 있다. 개인 A가 한번이라도 비협력하면 반드시 상대방 B로부터 보복을 각오해야 하기 때문이다.

실상 개인에 있어 협력에 대한 동기가 약하다는 사실은 장군멍군 전략보다 한 수준 자비로운 전략이 협력의 구도에서 성공하지 못했다는 점에서 웅변적으로 입증된다고 하겠다. 장군멍군 전략보다 한층 더 자비로운 전략이라면, '두 번 잘못, 한 번 보복(tit for two tats)'으로 상대방의 비협력에 대하여 적어도 한 번은 용서해주는 전략이다. 이 전략은 액셀로드의 제1차 토나멘트에서 사용되어 일단 상위권에 진입한 바 있으나, 유감스럽게도 두 번째 토나멘트에서는 낮은 점수로 말미암아 하위로 추락하는 결과를 초래했다. 그 이유는 문제의 '두 번 잘못, 한 번 보복' 전략에 내포되어 있는 아량과 선의를 조직적으로 역이용하는 비협력자가 나타났기 때문이다. 결국 '두 번 잘못, 한 번 보복'의 전략이 적자생존(適者生存)의 관점에서 '진화적으로 안정된 전략(Evolutionarily Stable Strategy)'으로 부각되지 못한 이유는 이를 이용하고 착취하고자 하는 이기주의적 개인들이 언제나 포진하고 있기 때문이다. 우리 주위에서도 깍쟁이보다 마음씨 좋은 선량한 사람이 그 선의와 동정심을 이용하는 사기꾼에 의해서 자주 피해를 보고 있다는 사실이 확인되고 있지 않은가. 이 점을 감안할 때, '한 번 잘못, 한 번 보복'의 전략의 성공이나, '두 번 잘못, 한 번 보복' 전략의 실패는 모두 유혹에 약하고 '무임승차'적 사고와 행동에 기울어지는 인간의 나약한 본성과 동기를 입증하는 셈이다.

물론 '한 번 잘못, 한 번 보복' 전략의 성공으로 말미암아 자발적 협력구도가 출현할 수 있다는 점에 유의할 때, 이 전략이 유의미하게 원용될 수 있는 환경은 소규모의 공동체이다. 소규모의 공동체에서는 참여자들의 숫자가 한정되어 있어 비협력자를 가려내어 그를 이른바 '왕따'로 만듦으로써 자연 도태시키기란 비교적 쉬운 일이다. 여기에는 감시비용이나 모니터 비용이 그다지 크지 않기 때문이다.

그러나 문제는 대규모의 공동체이다. 대규모의 공동체에는 불특정 다수의 익명의 행위자들이 활동하고 있다. 이들 가운데 비협력자에 대하여 '한 번 비협력, 한 번 보복'의 전략을 원용하는 것은 거의 불가능하다. 장군멍군 전략의 성공을 위해서는 엄청난 감시 비용과 제재 비용이 소요되기 때문이다. 그러므로 이러한 대규모 공동체에서 '한 번 비협력, 한 번 보복'의 전략은 한계에 다다를 수밖에 없고 자발적 협력의 구도가 작동하기 어렵다. '내'가 '나' 자신의 협력에 대하여 '우선승차자(first rider)'보다는 '무임승차자(free rider)'가 되고 '무조건적 협력자(unconditional cooperator)'보다는 '조건적 협력자(conditional cooperator)'가 되려는 성향이 있고 또한 '나' 자신의 협력의 가치를 담보해 주는 확실한 보증인(保證人)을 선호하는 성향을 감안할 때, 국가에 의한 보장은 요구될 수밖에 없다. 물론 국가에 의한 보장이 어느 정도여야 하는가 하는 점에 있어 쟁점의 소지가 있지만, 일단 개인들간의 '상호보장(mutual assurance)'만으로는 부족하고 '국가에 의한 보장(assurance by the state)'이 필요하다는 명제는 성립하는 셈이다. 국가는 무임승차자를 처벌하고 "다른 사람은 비협력하는데 나만 협력하면 바보가 되지 않을까" 우려하며 협력하기를 망설이는 '방어적 비협력자(defensive noncooperator)'에게 보장의 역할을 한다. 이러한 관점에서 시민들에게 바로 이러한 보장자로서 국가에 복종해야 할 의무는 정당화될 수 있다고 볼 수 있지 않겠는가. 당연히 국가에 대한 복종은 또한 단순히 국가에 대한 복종이 아니라, 동료 시민들에 대한 협력의 의무이행이라고 할 수 있다. 결국 국가야말로 "상호합의에 의한 상호강제기제(mutual coercion, mutually consented)"라는 하딘(G. Hardin 1968)의 통찰은 설득력을 가진 주장이다.

그러나 그렇다고 해도 문제는 남는다. 국가의 보장에 의한 협력의 구도의 정당성을 원론적(原論的) 수준에서 인정해도, '나'로서는 일말의 의구심을 지울 수는 없는 일이다. '내'가 국가에 복종하여 협력의 몫을 한다고 해도 '나'의 몫의 이행을 통하여 공동협력이 이루어진다고 단언할 수는 없기 때문이다. '나'의 복종행위가 국가에 의한 공공재 산출에 중요한 기여가 될는지는 의문이 아닐 수 없다. 이 점이야말로 국가가 보장하는 사회에 살면서도 '내'가 협력의 문제에 있어 직면하는 또 다른 딜레마의 본질이다. 홉스는 '리바이어던'만 작동하면 공공재 문제가 해결된다고 주장했으나, 그것은 우리가 체험하는 사실과 다르다. 국가가 존재하고 작동해도 공공재 문제는 계속해서 발생하기 때문이다.

이제 공공재 문제의 보편성에 대하여 눈을 돌릴 필요가 있다. '내'가 국가 권위의 필요성에 동의한 상황이다. 물론 문제의 동의가 반드시 명시적 동의일 필요는 없다. 따라서 명시적 동의는 하지 않았지만 국가에 의한 질서의 타당성을 인정하고, 또한 국가에 의한 정의가 완전하지는 않지만 적어도 불완전 절차적 정의의 성격을 지니고 있다고 상정하며, 또한 국가에 의한 혜택이 완전하지는 않지만 불완전한 형태로나마 확률적 의미에서 받아들이고, 혹은 국가 공동체를 통하여 이루어질 수 있는 가치의 소중함, 혹은 시민유대와 결속의 중요성에 부분적으로 수긍한 나머지, 국가에 대한 복종의 의무를 받아들일 수 있다. 혹은 이 모든 사안들의 가치를 복합적으로 고려한 나머지, 정치적 복종의 의무를 원칙적 수준에서 받아들였다고 가정해 보자. 그 경우, '나'는 복종의 의무를 수행하는 과정에서 아무런 의구심 없이 행동할 수 있을 것인가.

본 맥락에서는 그러한 상황이라도 '나'는 또 다른 유형의 불확실성에 직면하리라고 생각된다. 그것은 '나' 자신의 복종의 행위로 인하여 국가에 의한 협력구도가 더 한층 완벽해질 것인가, 혹은 국가 공동체가 따뜻해지고 국가의 정의가 온전해질 것이며, 국가의 권위가 빛날 것인가에 관한 불확실성문제 때문이다. 이 점에 있어 '나'는 역시 강한 의지의 소유자보다는 '나' 자신의 복종의 행위에 대한 보장을 원하는 약한 동기를 가진 개인으로 행동할 가능성이 크다. 즉 '내'가 국가의 부름에 응하여 전선(戰線)에 나갔다고 하더라도, '나' 혼자 출정한다면, 무슨 소용이 있겠는가? 다른 다수의 시민들도 국가의 부름에 응하여 전선에 나갔을 때, 비로소 시민인 '나'의 복종의 의무 수행은 의미가 있는 것이며, 혹은 다른 대부분의 자영업자들이 무자료 거래를 통하여 세금을 포탈하는 상황에서 자영업자인 '내'가 혼자 정직하게 세금을 낸다고 해서, 그것이 국가재정확충에 어떤 의미를 갖겠는가. '내'가 시민으로서 혹은 자영업자로서 정치적 복종의 의무를 수행한다고 해도, 인간의 약한 동기를 감안할 때, 결국 또 다른 수준의 공공재 문제로 귀착되는 셈이다. 즉 "우리가 공부할 교실이니까 깨끗이 청소해야 한다"는 선생님의 말씀과 권위에 수긍하여 청소를 하려는 학생 C도 결국 다수의 학생들이 청소를 안하고 도망가 버린다면, 자신의 복종행위가 무슨 가치가 있을까 하며 반신반의하지 않겠는가.

결국 문제의 본질은 '내'가 공공재에 부딪쳤을 때 직면하는 불확실성이다. 물론 '나'는 국가복종의 의무를 수행하면서 다른 사람들도 '나'와 같이 행동하리라는 확신이 서지 않더라도, 나름대로 '나' 자신의 기여의 의미를 정당화시킬 수 있다. 또한 공공재 기여와 관련하여 "티끌 모아 태산"의 준칙도 상기하면서 '나' 자신의 기여가 결코 사소하거나 무의미한 것은 아니라고 자위하며, 스스로에게 확신을 불어넣을 수 있다. 이 점에서 시민인 '나'는 배리(B. Barry 1970, 32)의 인상적인 질문, 즉 "각 개인의 기여가 사소하다면, 어떻게 그러한 기여가 모여 의미 있는 공공재를 산출하겠는가" 하는 질문을 새삼스럽게 상기하며, 국가의 부름에 응할 동기를 확보할 수 있다. 혹은 "내 자신이 기여하지 않아서 혹시 국방의 공공재가 산출되지 않으면 어떻게 하나"하고 우려하는 나머지, '최대유감 최소화(principle of minimax regret)'의 사고를 할 수도 있다. 페레존(J. Ferejohn)과 피오리나(M. Fiorina)는 유권자들이 투표의 상황에서 이러한 사고에 의하여 투표 행위에 참여할 수 있는 동기를 개발할 수 있음을 강조한 바 있다. 그러나 물론 "적진성산(積塵成山)"의 준칙과 '최대유감 최소화'의 판단에 의하여 복종의 행위를 한다면, 칭송할 만한 것이고 아름다운 행위이기는 하지만, 결코 필연적인 것은 아니다. 정치적 복종의 의무에 있어서도 유혹에 약한 '내'가 센(A. Sen 1967)이 말하는 '고립의 역설(isolation paradox)'에 빠질 가능성은 엄존하기 때문이다. 주지하는 바와 같이 '고립의 역설'에서 '나'는 다른 사람의 행동과 관계 없이 자신은 비협력하며, 또한 다른 사람들은 협력적 행동을 했으면 하고 바라게 된다. 즉 '나'는 국방의 의무를 인정해도, '나' 자신은 '멋대로' 그 의무 수행을 기피하면서 다른 사람들은 '법대로' 군복무의 의무를 수행하기를 바라는 것이 아니겠는가.

이러한 지적이 유의미하다면, 시민들의 복종의 의무가 정당화될 수 있는가 하는 문제와는 독립적으로, 혹은 복종의 의무의 정당성 문제에 부가하여 복종의 의무 수행에 관한 한, 마지막 불확실성이 엄존하고 있는 셈이다. '내'가 국가에 대한 복종의 의무를 수행하기로 결심을 하고 국가의 부름에 응한다고 해서, 정치 공동체의 협력의 구도나 사회질서가 순조롭게 이루어지고 혹은 시민유대와 결속이 강화되고 국가의 정의가 빛나게 되리라는 점은 결코 보장될 수 없다. '내'가 아무리 "티끌 모아 태산"의 준칙에 주목하고 최대유감 최소화의 준칙이나 맥시민을 원용해도 무임승차적 사고나 '고립의 역설'에 빠지는 시민들이나 다른 사람의 협력을 이용하려는 '얌체' 족속들이 포진하고 있는 한, '나'의 협력적 사고와 행동이 법과 질서 등, 협력적 공공재에 유의미한 기여가 되리라는 확실한 보장은 주어지지 않기 때문이다.

그렇다면 국가가 존재하는 상황에서도 복종의 행위에 관련하여 '내'가 직면하게 되는 불확실성을 어떻게 평가해야 할 것인가. 다음 항목에서는 복종의 행위와 관련된 불확실성의 문제를 뉴코움의 문제로 조명하고자 한다.

Ⅵ. 예견자의 역설

정치적 복종행위에 관련된 복합적인 불확실성을 조망하기 위하여 '뉴코움의 문제'[2]로 명명되는 『예견자의 역설(predictor paradox)』 문제에 천착하기로 하자. 뉴코움의 문제는 비교적 단순하다. '내' 앞에 두 개의 상자가 놓여 있다. 빨간 색깔의 한 상자는 투명하고 그 안에 $1,000이 들어 있다. 또한 푸른 색깔의 상자는 불투명한데, 현재로서는 비어 있다. '내'가 이 사실을 알고 난 다음 문제의 방을 떠나갔다가 돌아왔을 때 역시 전처럼 두 개의 상자가 그대로 놓여 있고, $1,000의 상자도 그대로 목격되지만, 푸른 색깔 상자의 내용이 결정되었다는 말을 듣게 된다. 이제 '나'는 두 개의 대안 중 하나를 선택해야 한다. 푸른 상자를 하나 선택하든지, 혹은 빨간 상자와 푸른 상자 두 개를 선택하는 방안이 그것이다. 하지만 함정이 있다. 불투명한 푸른 상자의 내용여부는 '예견자

〈표 11-2〉 **뉴코움의 선택상황**

	푸른 상자 비어 있음	푸른 상자 비어 있지 않음
푸른 상자 선택	0	$ 1,000,000
두 상자 선택	$ 1,000	$ 1,000,000 +$ 1,000

---

[2] 이 문제는 최초로 17세기 물리학자인 뉴코움(William Newcomb)에 의해서 제기되었다. 그 후 70년대에 이르러 노직(R. Nozick 1969)에 의해서 새롭게 조명되면서 분석적 관심의 대상이 되기에 이르렀다. 이 문제에 대한 포괄적인 논의와 토론에 관한 한, 캠벨과 소우덴(R. Campbell and L. Sowden 1985)을 참조할 것.

(predictor)'라고 불리는 탁월한 존재에 의하여 결정되기 때문이다. 예견자는 '나'의 선택에 대한 예견능력이 뛰어난 존재이다. 예견자는 불투명한 푸른 상자 안에 $1,000,000의 내용물을 넣을 것인가의 여부를 결정하기 이전에 '나'의 선택유형을 점검하게 된다. 만일 '내'가 푸른 상자 하나만 선택하리라고 예견하는 경우, $1,000,000을 넣는다. 그러나 '내'가 상자 모두를 선택하리라고 예견한다면, 푸른 상자 속에 아무것도 집어넣지 않는다. 이 상황은 〈표 11-2〉에 의하여 나타난다.

한편, '나'는 이미 이전에 많은 사람들이 이 실험에 참여했다는 사실을 알고 있다. 그들 중 일부는 푸른 상자 하나만을 열었고, 그 결과 100만 불을 얻었다. 또 다른 사람들은 두 개의 상자를 열었는데, 푸른 상자 속에는 100만 불이 없었다. 이러한 결과를 두고 보았을 때, '나'는 예견자가 매우 정확하게 사람들의 선택을 예측하고 있다는 결론을 내리게 된다. 이 경우 '나'는 어떠한 선택을 할 것인가?

이제 '나'의 선택의 문제를 보다 구체적으로 하기 위하여 확률적(確率的) 상황을 상정해 보자. 예견자는 물론 예견 능력이 뛰어난 존재이기는 하지만, 약간의 오류를 범할 수 있기 때문이다. 그러므로 다음과 같은 확률을 부여할 수 있다고 생각된다. 만일 '내'가 푸른 상자를 선택한다면, 예견자가 '내'가 푸른 상자를 선택하리라는 점을 알고 그 상자 안에 1백만 불을 넣을 확률이 90%가 된다. 이것은 달리 말하면 예견자가 잘못 예견하여 푸른 상자를 비울 확률이 10% 된다는 의미가 된다. 같은 논리로 '내'가 두 상자를 선택하면 예견자가 이 점을 예측하여 푸른 상자를 비워 둘 확률이 90%가 된다. 그렇다면 이 경우 '나'는 상기의 확률을 감안할 때 푸른 상자 하나만을 선택함으로 기대효용을 극대화할 수 있을 것이다. 따라서 '나'는 푸른 상자 하나만을 선택함으로써 부

〈표 11-3〉 **확률이 부여된 뉴코움의 선택상황**

	푸른 상자 비어 있음		푸른 상자 비어 있지 않음	
푸른 상자 선택	0	0.1	$1,000,000	0.9
두 상자 선택	$1,000	0.9	$1,000,000 +$1,000	0.1

자가 된 친구들을 상기하며 푸른 상자 하나만을 선택하고자 하는 마음을 가질
수 있다.

이 경우 예상되는 효용은 〈표 11-3〉에서 나타난다. '나'는 이 상황에서 선택
의 기로에 선다. 기대효용을 극대화하는 선택이 한 상자를 선택하는 것이라면,[3]
지배선택(dominant choice)은 두 상자를 선택하는 것이다.[4] 그렇다면 '기대효
용 극대화의 선택'과 '지배선택' 가운데 어떤 대안이 유리한가?

우선 '내'가 상기의 확률적 상황을 전제할 때 확률적 계산에 의하여 기대
효용 극대화의 원리가 지배선택의 원리보다 우위에 있다는 사실을 깨닫게 될
것이다. 그러나 한편으로 '나'는 다르게 생각할 수도 있다. 이미 1백만 불은 푸
른 상자 안에 있거나 있지 않거나, 둘 중 하나이다. '내'가 선택한다고 해서 선
택의 행위가 기정 사실 자체를 바꿀 수 있는 것은 아니지 않겠는가. 따라서 푸
른 상자 안에 이미 1백만 불이 들어 있다면, 두 상자를 선택함으로 $1,001,000
을 갖는 편이 푸른 상자 하나만을 선택해서 $1,000,000만 갖는 방안보다 낫다.
또한 만일 $1,000,000이 들어 있지 않다면 두 상자를 선택함으로 적어도
$1,000을 가질 수 있지 않겠는가. 따라서 아무것도 못 갖는 경우보다는 $1,000
이라도 갖는 편이 낫다. 따라서 '나'로서는 두 상자를 선택하는 편이 어떠한 경
우에도 유리하다.

그러나 그럼에도 불구하고 '나'는 이처럼 '지배전략' 위주로 계산하여 선
택한 친구들이 가난하게 살고 있는 반면, 푸른 상자 하나만 선택한 사람들이 부
유하게 살고 있다는 사실을 기억하게 된다. 물론 그렇다고 해서 그 사실이 그렇
게 절대적인 것은 아니다. 예견자는 이른바 '마인드 컨트롤'을 함으로써 '나'의
선택에 영향을 주어 자신의 예측이 사실로 드러날 수 있도록 할 것인가? 그러
나 예견자는 어떻게 '마인드 컨트롤'을 할 수 있겠는가. 예견자는 '나'에게 자
신이 예측하는 바가 무엇인지 힌트조차 주지 않았다. 그렇지 않다면 '나' 자신의

---

3) 기대효용극대화의 전략을 사용할 경우, 한 상자선택이 우세한 이유는 한 상자 선택시 기대효
용은 (0×0.1)+(1,000,000×0.9)=900,000이 되는 반면, 두 상자 선택시 기대효용은 (1,000×
0.9)+(1,001,000×0.1)=101,000이 되기 때문이다.

4) 지배선택이나 지배전략이란 첫째, 다른 사람의 선택에 대하여 똑같은 효과를 얻을 수 있고
둘째, 다른 사람의 선택에 대하여 한결 나은 효과를 얻을 수 있는 '나'의 선택이다. 예를 들
어 죄수의 딜레마 상황에서 '나'의 지배선택은 자백하는 데 있다. '나'의 자백은 상대방의
자백에 대해서 똑같은 효과를 보장하고 또한 상대방의 침묵에 대해서 더 나은 효과를 산출
할 수 있기 때문이다.

선택이 예견자의 예측에 영향을 줄 수 있겠는가? 그러나 그 점도 확실치 않다. 예견자가 자신의 예측에 입각한 선택을 한 다음, 비로소 '나'는 선택을 하기 때문이다.

결국 딜레마의 본질은 간단하다. '내'가 선택하는데 '지배전략'을 따른다면, 두 상자를 선택하는 데 이르는 모든 경험적인 수치와 정보, 확률을 무시해야 한다. 그러나 '내'가 정보나 확률 등을 챙기고 기대효용 극대화의 논리를 따른다면, 왜 정보나 확률 등이 유의미한 것인지 설명하는 데 당혹감을 느끼지 않을 수 없다. 그렇다면 '나'는 어떤 선택을 해야 할까. 여기서 '내'가 어떻게 하면 좋을지 몰라서 망설인다면, 그래도 하나의 위안거리가 있다. 다른 모든 사람들도 역시 망설인다는 점이다. 두 상자를 선택해야 한다고 주장하는 사람들이 있는가 하면, 또 다른 사람들은 푸른 상자 하나만을 선택해야 한다고 충고하고 있기 때문이다.

이것이 바로 '뉴코움의 문제'로서, 일찍이 뉴코움(W. Newcomb)이 제기한 바 있고, 노직(R. Nozick 1969)에 의해서 조명된 문제이다. 이 문제는 매우 흥미롭다. 왜냐하면 이 상황에서 두 가지의 다른 사고(思考)를 할 수 있기 때문이다. 일부 사람들은 두 상자 선택의 논리가 타당하다고 주장한다. 여기에는 두 가지 관련되는 상황이 있다. 푸른 색깔의 불투명한 상자 안에는 100만 불이 들어 있는 상황도 가능하고 100만 불이 들어 있지 않은 상황도 가능하다. 푸른 상자선택이 이 두 가지 가운데 어떠한 결과로 끝나더라도 두 상자 선택 행위는 한 상자 선택 행위보다 더 나은 결과를 보장한다. 그러므로 지배전략의 논리에 의하면, 두 상자를 선택해야 할 것이다. 잘하면 백만 천불, 잘 안 되도 천불은 건질 수 있다. 그러나 이와는 반대로 한 상자 선택 논리에 매료되는 사람들도 있다. 그 논거는 무엇인가. 예견자는 '내'가 무엇을 선택할 것인지에 대하여 확실하게 예측할 것이라고 추정해 볼 수 있다. 그러므로 '내'가 한 상자를 선택한다는 조건하에서 푸른 상자 안에 100만 불이 들어 있을 확률은 1에 가깝다고 할 수 있다. 같은 논리로 '내'가 두 상자를 선택하는 조건하에서 푸른 상자에 100만 불이 들어 있을 확률은 거의 영에 가깝다. 그러므로 두 상자를 선택하면 '내'가 1000불만을 얻게 될 확률이 거의 1에 가깝다. 이 두 가지 확률분포를 놓고 보면 한 상자 선택이 더 바람직하다. 그러므로 '나'는 한 상자만을 선택해야 할 것이다.

이 문제에 관심을 가지고 있는 사람들 가운데 호간(T. Horgan 1981)은 한 상자 논리를 지지한 바 있다. 그러나 이러한 입장은 비교적 소수이며, 두 상자 논리에 매료되어 있는 사람들이 대부분으로서 한 상자 선택에 관한 한, 논리에 하자가 있다고 비판한다. 이러한 입장은 특히 노직(R. Nozick 1969)과 기발드와 하퍼(A. Gibbard and W. L. Harper 1978), 그리고 루이스(D. K. Lewis 1979) 등에서 엿볼 수 있다.

일단 두 상자를 주장하는 논리는 비교적 설득력이 있다. 푸른 상자 안에 100만 불이 들어 있는 상황과 푸른 상자 안에 100만 불이 없는 상황이 ‘나’에게 선택의 상황으로 부각되는 것은 타당하며, 여기서 지배전략의 선택은 수단적 합리성의 원리이기도 하다. 따라서 두 상자 선택의 논리가 타당하다. 만일 ‘내’가 이러한 사실을 직시할 수 있을 정도로 합리적이라면, ‘나’는 두 상자를 선택할 것이다. 이 맥락에서 예견자는 실험이 시작되기 전에 ‘내’가 얼마나 영악한 존재인지를 알아 맞추는 데 숙달되어 있는 존재라는 점을 상기해 보자. 예견자는 ‘내’가 두 상자 선택의 논리의 타당성을 인정할 정도로 합리적 존재라는 사실을 확실히 예측한다면, 푸른 상자 안을 비워두게 될 것이다. 그러므로 ‘내’가 두 상자 선택의 논리의 타당성을 충분히 인정한다면, 예견자는 그 사실을 알고 있을 것이기 때문에 푸른 상자 안에는 아무것도 넣지 않을 것이다. 이것은 다시 말해서 ‘내’가 한 상자만을 선택했을 경우, 아무것도 얻지 못하게 되리라는 사실을 시사한다. 물론 한 상자 선택은 ‘반사실적 명제’이다. 왜냐하면 ‘내’가 한 상자 선택의 행위를 취할 것은 아니기 때문이다. 한 상자 선택의 상황은 다만 가능한 세계의 상황을 서술하는 것에 불과하다. 또한 한 상자 선택의 논리를 추론함으로써 결국 ‘나’는 두 상자 선택의 행위를 선택하게 된다. 즉 한 상자 선택행위를 선택할 경우, ‘내’가 100만 불을 얻게 될 것이라는 점은 사실이 아니다. 그러므로 한 상자 선택 행위는 타당하지 않다.

그러나 한편으로 이 두 상자 선택의 논리가 타당하다고 해도, 문제의 논리가 항상 타당한 것은 아니지 않겠는가 하는 의문을 지울 길 없다. 영악하고 욕심 많은 A와 우직한 B가 이 실험에 참여했다. 영악하고 욕심 많은 A는 두 상자를 선택했고 우직하고 어수룩한 B는 한 상자를 선택했다. 그런데 우직한 B는 한 상자를 선택하여 100만 불을 얻게 된 반면, 영악한 A는 1000불만을 벌게 되었다. 이때 영악한 A는 우직한 B에게 왜 두 상자를 열지 않았는지를 묻는다. 결국 우직한 B는 아까운 1000불을 그냥 내버린 셈이 되지 않았는가. 하지만 B는 영악한 A에게 반문한다. "네가 그렇게 똑똑하다면, 왜 부자가 되지 못했는가?"

실제로 우리에게 친근한 『정직한 나무꾼』의 우화에서도 이 이야기는 반복된다. 정직하고 우직한 나무꾼 B가 산에서 나무를 베다가, 자신의 도끼를 연못 속에 빠트렸다. 이 때 산신령이 금도끼를 들고 나타나 묻는다. "이 도끼가 네 것이냐?" 하는 물음에 우직한 나무꾼 B는 아니라고 답변한다. 그러자 산신령은 다시 한번 연못 속에 들어가 은도끼를 가지고 나타나, "이것이 네 것이냐?" 하고 묻자, 이번에도 우직한 나무꾼 B는 아니라고 대답한다. 마지막으로 산신령은 쇠도끼를 들고 나타난다. 이때 B는 비로소 그 쇠도끼가 자신의 것이라고 대답한다. 그 후 산신령은 금도끼, 은도끼, 쇠도끼 모두를 정직한 나무꾼 B에게 상으로 주기에 이른다. 만일 나무꾼 B가 이 경우 '지배전략'을 사용했다면, 그리하여 금도끼를 자신의 것이라고 강변했더라면, 어떻게 되었을까? 그 결과를 짐작하기란 그다지 어려운 일이 아니다. 이 이야기를 전해 들은 또 다른 나무꾼 A는 일부러 산에 가서 나무를 하다가 연못 속에 도끼를 빠트린다. 그러자 이번에도 산신령은 금도끼를 들고 나타난다. 나무꾼 A는 '지배전략'을 사용하여 자신의 것이라고 주장한다. 그러나 영악한 나무꾼 A의 '지배전략'은 금도끼는 물론, 자기 자신의 쇠도끼까지 빼앗기는 참담한 결과를 자초하지 않았던가.

Ⅶ. 정치적 의무와 일상적인 칼뱅주의

『예견자의 역설』 및 『정직한 나무꾼』의 우화와 더불어 정치적 복종의 성격에 대한 함의를 제공하는 것이 '일상적인 칼뱅주의'이다. 우선 '일상적인 칼뱅주의'의 문제를 조명해 보자. 17세기 칼뱅주의자들은 칼뱅 특유의 '예정론(prearrangement theory)'에 사로잡혀 있었다. 원래 칼뱅의 주장에 의하면, 신은 전지전능한 존재이기 때문에 인간이 태어날 때부터 그 인간이 죽은 다음에 천당과 지옥 가운데 어느 한 범주로 가게 된다는 사실을 알고 있다. 즉 인간사후의 운명은 신에 의해 미리 예정되어 있는 셈이다. 따라서 "신의 영광을 위하여(sola gloria Dei)" 태어나는 사람이 있는가 하면, "신의 실패를 위하여(sola fiasco Dei)" 태어나는 사람도 있다. 이 경우, 인간개인의 입장에서는 생전에 착한 생활을 영위하는 것이 좋은가, 혹은 악한 생활로 일관하는 것이 좋은가. 이 문제는 칼뱅주의자 모두가 직면할 수밖에 없었던 실존적 문제였다. 칼뱅주의자로서 '내'가 '지배전략'을 원용하는 경우, 타락된 삶을 선택하는 편이 합리적이다. 만일 '내'가 사후에 천국으로 예정되어 있다면, '내'가 이 지상에서 악한 생활을 해도 천국으로 가게 될 것이며, 또 한편으로 만일 '내'가 지옥으로 예정되어 있다면, 경건한 삶을 살고자 최선을 다해도 결국 지옥으로 갈 수밖에 없기 때문에, 이 세상에서나마 쾌락을 누리는 편이 나을 것이기 때문이다. 이처럼 '지배선택'에 의하면, 방탕한 삶을 살아가는 것이 합리적이지만, 무엇보다도 그러한 태도는 신앙인의 바람직한 태도에 부합한다고 규정하기 어렵다. 모름지기 신앙인(信仰人)이라면, 혹은 신을 믿는 종교인이라면, 신을 믿지 않는 일반 세속인(世俗人)보다 훨씬 절제된 극기와 자기희생의 태도를 지니고 경건한 삶을 살아야 하지 않겠는가.

그런가 하면 보다 엄밀한 의미에서 인간인 '나'의 입장에서는 전지전능한 신의 계획을 인지할 수 있는 능력을 지니고 있다고 단언하기 어렵다. 신이 '나' 자신에 대하여 천당과 지옥 가운데 어느 쪽으로 예정을 했는지 어떻게 알 수 있겠는가. 그것은 불가능한 일이다. 그러나 그렇다고 하더라도, 신의 계획을 다소나마 짐작할 수 있는 간접적인 단초가 불가능한 것은 아니겠는데, '나' 자신의 행위에 따라 추정하는 방안일 것이다. 따라서 '나' 자신이 이 세상에서 착하게 살면 천국으로 예정되어 있을 가능성이 농후하고, 반대로 이 세상에서 악하게 산다면 지옥으로 예정되어 있을 가능성이 높다고 할 수 있다. 물론 '내'가 경건한 삶을 산다고 해서 천국으로 예정되어 있을 것이라는 확고한 '인과관계(causality)'는 성립하기 어렵지만, 그 '개연성(likelihood)'은 충분하다고 생각된다. 즉 "지성(至誠)이면 감천(感天)"이라는 준칙이나, "하늘은 스스로 돕는 자를 돕는다(heaven helps those who help themselves)"는 준칙이 바로 이러한 사실을 암암리에 시사하는 셈이 아니겠는가.

이러한 "진인사대천명(盡人事待天命)"의 준칙에 의하여 생활하는 사람이라면, 엘스터(J. Elster 1989)가 명명한 바 있는 '일상적인 칼뱅주의(everyday Calvinism)'에 의하여 사는 존재이다. 우리는 '일상적인 칼뱅주의자'의 태도를 우화에 나오는 『정직한 나무꾼』의 마음가짐과 동일한 것으로 규정할 필요가 있다. 실상 엄밀한 의미에서 본다면, 정직한 나무꾼의 '정직성 때문에' 산신령이 금도끼를 준 것은 아니다. 금도끼의 공여는 나무꾼의 '정직성 때문'이 아니라, 오로지 산신령의 '선한 의도 때문'이다. 나무꾼이 정직하다고 해도, 왜 그 대가로 금도끼를 받아야 하겠는가. 쇠도끼 둘이나 쇠도끼와 은도끼 한 개씩 받을 수도 있지 않겠는가. 그렇지만 나무꾼의 정직성으로 말미암아 금도끼를 받을 개연성(蓋然性)이 커진 것이 사실이라는 점은 부인하기 어렵다.

두말 할 나위 없이 예견자의 역설이나 '일상적인 칼뱅주의자', 혹은 '정직한 나무꾼'의 사례는 두 현상 사이에 '인과관계(因果關係)'는 없지만, 높은 '상관관계(相關關係)'가 있을 수 있다는 점을 상기시킨다. 지하철 전동차와 지하철 신호등의 관계는 이 점에 있어 현저한 사례가 될 수 있다고 생각된다. 지하철 신호등에 빨간불이 들어와 있는 상황이다. 그러나 문제가 있다. 지하철 전동차가 들어오니까 지하철 신호등에 빨간불이 들어오는 것일까. 그렇지 않으면 지하철 신호등에 빨간불이 들어오니까 지하철 전동차가 들어오는 것일까. 여기서 인과관계는 분명하다. 지하철 전동차가 들어오기 '때문에' 지하철 신호등에 빨간불이 들어오고 있는 것일 뿐, 지하철 신호등에 빨간불이 들어오기 '때문에' 지하철 전동차가 들어오는 것은 아니다. 그러나 한편으로 다음과 같은 개연성의 추론이 불가능한 것은 아니다. 지하철 신호등에 빨간불이 들어오면 지하철 전동차가 들어올 가능성은 높다고 할 수 있다. 물론 이것은 필연적 관계는 아니다. 지하철 신호등에 빨간불이 들어와도 지하철 전동차가 들어오지 않을 가능성은 있기 때문이다. 그것은 지하철 신호등이 고장이 났을 경우가 아니겠는가? 그러나 일반적으로 "다른 조건이 동일하다면(ceteris paribus)," 지하철 신호등에 빨간불이 들어오면 지하철 전동차가 들어올 개연성은 높다고 하겠다.

이와 마찬가지의 논리에서 한 상자를 선택하는 사람은 욕심을 덜 부렸기 때문에 백만 불을 받은 것은 아니다. 한 상자를 선택하기 전에 예견자는 이미 선택을 했기 때문이다. 혹은 『정직한 나무꾼』도 정직하게 쇠도끼를 자신의 것으로 인지했기 때문에 금도끼를 받은 것은 아니다. 정직한 나무꾼은 정직한 선택을 했을 뿐, 산신령의 의도를 알 수 없었다. 일상적 칼뱅주의자는 경건한 삶을 살았기 때문에 천국에 가는 것은 아니다. 물론 칼뱅주의자는 자신이 신에 의해 선택된 사람들 가운데 있다는 사실을 모른다. 그러나 그렇다고 하더라도, 한 상자를 선택한 사람이나 '일상적인 칼뱅주의자' 및 '정직한 나무꾼'은 인과관계와 상관 없이 자신의 이기주의적 욕구를 절제하는 선택, 즉 고티에(D.

Gauthier)의 표현을 빌면, '절제된 극대화(constrained maximization)'의 대안을 선택한 것이다. 그런데 뜻밖에도 문제의 '절제된 극대화'는 각 당사자들에게 기대 이상의 보상을 가져온 셈이 아니겠는가.

본 연구에서는 정치적 복종행위의 문제도 이와 마찬가지라고 주장한다. 한 상자를 선택하는 사람이나 정직한 나무꾼, 혹은 '일상적 칼뱅주의'를 실천하는 사람처럼, 정치적 복종행위에 임하는 시민은 자신의 복종의 행위로 말미암아 공공재가 산출되고 혹은 정의가 실현되며 시민적 유대와 결속이 증진될는지는 알 수 없다. 그러나 그러한 행위를 한다면, 한 상자 선택이나 일상적 칼뱅주의 및 정직한 나무꾼의 선택처럼, 그 확률은 일정 수준 존재하나, 결과에 대한 보장은 없다고 할 수 있을 것인데, 확실치 않은 보장상황에서도 헌신하는 사람이 있다면, 존경받을 만한 사람이며, 칭송받을 만한 행위를 하는 사람이다. 국가에 복종하는 시민의 입장에서는 혜택의 확실성도 없고, 자신이 복종했기 때문에 국가가 정의로운 법을 제정하고 공정한 정책을 추진할 것이라는 확실한 보장을 담보받을 수 있는 것은 아니지만, 혹은 자신의 복종의 행위가 사소한 범주로 끝날 가능성도 없지 않지만, 그럼에도 불구하고 복종행위를 한다면, 문제의 복종행위는 '의무'라고 말할 수 없고, 오히려 '의무 이상의 행위'를 실천하는 사람이라고 규정해야 온당하다.

이제 마지막으로 요약과 강조의 차원에서 중복성의 위험에도 불구하고 네 가지 사실을 확인하고자 한다. 첫째로 국가권위의 논리와 정치적 복종의 논리는 다르다는 사실이다. 전통적인 국가복종주의자들은 일반적으로 국가와 계약을 맺었고, 국가에 동의했으며, 혹은 국가가 일련의 수단적·비수단적 혜택을 공여하고, 국가가 정의를 실천하며, 혹은 국가가 공공재와 공유재를 제공하기 때문에 바로 이러한 이유들로 인하여 시민들은 국가에 복종해야 한다는 '의무의 논리'를 개발해 왔다. 의무론과 결과론에 입각한 논리정연한 이들 비전들은 결국 도덕성의 관점이나 합리성의 관점에서 국가의 타당한 권위 때문에 시민들이 복종하게 된다는 인과율(causality)의 논리에 입각해 있는 셈이다. 그러나 『뉴코움의 문제』나 일상적인 칼뱅주의 및 『정직한 나무꾼』의 우화가 정치적 복종에 대하여 지니는 함의가 있다면, 국가의 권위와 복종의 의무는 밀접한 인과관계가 아닌, 별개의 선택의 범주라는 사실이다. 즉 뉴코움에 있어 '내'가 푸른 상자 하나나 두 상자를 선택하는 행위는 '나'의 선택의 행위일 뿐, 예견자의 선택에 대하여 영향을 미치는 것은 아니다. 이미 예견자는 '나'의 선택이 시작되기 전에 선택을 하지 않았던가! 그러므로 예견자의 선택과 '나'의 선택은 인과적으로 연계된 것은 아니다. 마찬가지로 일상적인 칼뱅주의에서 '신의 선택'과 '나의 선택'은 인과적으로 연계된 것은 아니다. 신이 '나'를 구원으로 선택했는지 지옥으로 선택했는지의 문제는 '신의 문제'일 뿐, '나의 문제'는 아니다. 따라서 신이 '나'를 구원으로 선택했기 때문에 '내'가 경건하게 살아야 한다는 논거는 도출될 수 없다. '신의 선택'과 '나의 선택'은 각각 상이한 정당성의 논리를 필요로 하는 별개의 행위의 범주일 뿐이다.

같은 맥락에서 국가가 수행하는 일련의 업무들과 '나'의 복종의 문제는 상호 독립적인 문제가 아닐 수 없다. 국가가 특정한 일, 즉 정의를 실현하고, 공유재나 공공재를 제공하는 등, 혜택을 제공하기 때문에 '내'가 복종해야 한다는 인과율(因果律)의 논리는 한계에 부딪힌다. 이미 국가는 '나'의 선택과 무관하게 어떤 특정한 일이나 정책을 집행하고 법을 만들고 있다. 따라서 국가가 하는 일이 '내' 마음에 들 수도 있고 그렇지 않을 수도 있지만, '나'의 선택과는 별개의 차원이다. 국가의 행위는 나름대로 '나'의 동의나 혜택, 혹은 시민으로서 '나'의 역할이 아닌, 다른 차원에서 정당화될 필요가 있다. 예를 들면 자연법이나 정의의 원리 혹은 자유의 원리 등에 의하여 국가는 권위의 정당성을 확보할 필요가 있다. 그렇다면 '나'의 복종의 의무도 국가 권위의 정당성의 논리와는 다른, 독립적 차원의 정당성의 원리에 의하여 정당화되어야 할 것이다. 아마도 수단적·비수단적 혜택의 논리나 동의의 논리와는 다른, 자기 이익 절제의 논리나 자기 중심주의 극복의 논리가 이에 관한 유력한 대안이 될 수 있지 않을까. 어쨌든 중요한 사실은 도덕성과 합리성의 차원에서 국가권위의 정당성이 확보되었다고 해서, '나'의 복종의 의무가 정당화되었다고 이해하기보다는, 국가권위 정당성의 논리와 '나'의 복종의 행위 정당성의 논리는 별개의 문제라는 점이다.

두 번째로 국가의 논리와 정치적 복종의 논리가 다르다면, 즉 국가에 대한 정당성 논리에서부터 시민 복종의 논리를 연역해 낼 수 없다면, 시민 복종의 행위는 어떻게 정당화될 수 있는 것일까? 이 점에서 『예견자의 역설』에서 나오는 두 상자 선택보다 한 상자 선택의 논리에 다시 한번 주목할 필요가 있다고 생각한다. 한 상자 선택의 논리는 일상적인 칼뱅주의자의 논리와 마찬가지로, 혹은 금도끼보다 쇠도끼를 '자신의 도끼'로 인지한 정직한 나무꾼의 논리와 마찬가지로 자제의 논리를 담고 있으며, 자기극복의 철학이 현저하다. 지나친 이기주의에 함몰되기를 거부하고 자기 자신의 욕심을 자제하겠다는 메시지가 두드러지기 때문이다. '내'가 욕심을 자제한다면, 절제된 선택의 논리는 자기극복과 자기희생의 논리일지언정, '나'의 선택을 통하여 보상을 극대화하겠다든지, 혹은 혜택을 극대화하겠다든지, 혹은 타자의 선택과 철저하게 연계된 타산적인 대안을 선택하겠다는 의미는 찾아볼 수 없다. 따라서 한 상자 선택의 논리나, 일상적인 칼뱅주의를 실천하는 사람, 혹은 정직한 나무꾼의 행동은 일정한 보장을 전제로 하는 행동이 아닌, 자기극복의 성격이 강한 이상, '수단적 합리성'에 부합하는 자기이익의 범주로 환원시킬 수 없는 행동의 범주로 규정할 필요가 있다. 한 상자 선택이나 일상적인 칼뱅주의 혹은 정직한 나무꾼의 행동은 그 자체로 보면 일정한 인과관계에 입각한 행동이 아니라, 상당한 불확실성과 모험을 전제로 한 행동이기 때문이다.

　　같은 맥락에서 국가에 대한 복종 행위도 국가의 정당한 행태를 전제로 한 인과관계에 입각한 선택이 아니라 일정한 불확실성을 전제로 하고 있는 선택이며, 이 행위에 관한 한, 국가의 정당성보다 '나' 자신의 이기주의적 욕구의 자제라는 차원에서 본연의 의미를 판독할 수 있다. 즉 국가에 대한 복종은 국가권위의 정당성이 성립될 수 있는가 하는 문제와는 별도로 협력에 대한 약한 동기를 갖고 있는 '나', 예를 들면 남의 지역주의적 행동은 '지역감정'의 표출로 비난하며 '나'의 지역주의적 행동은 '애향심'의 표출이라고 두둔할 만큼, 자기 중심적 사고에 젖어 있을 뿐 아니라, '고립의 역설(isolation paradox)'에 함몰될 가능성이 농후한 '나'의 절제 없는 행동을 통제하기 위한 것이다. 이처럼 인과관계를 뛰어넘어 '나' 자신의 이기주의적 성향을 다스리려는 노력의 일환으로 정치적 복종문제를 접근할 때, 그것은 '의무적인 행동'이라기보다는 '의무이상의 행동', 혹은 '덕스러운 행동'의 범주로 간주해야 하는 것은 아닐까?

　　세 번째로 『예견자의 역설』에서 한 상자 선택이나 '일상적인 칼뱅주의자'의 선택, 혹은 '정직한 나무꾼'의 선택은 불확실성 상황하에서의 선택이라는 점을 각별히 강조하고자 한다. 이들의 선택은 예견자나 신, 혹은 산신령의 선택이나 결정을 알지 못하는 상황에서 이루어지는 선택이기 때문이다. 이 사실은 전적으로 국가에 대한 시민의 복종행위의 성격과 부합한다. 이미 논의를 통하여 지적한 것처럼, 국가가 사회계약에 의한 혜택을 공여할 것인지, 최대다수의 최대행복을 실현할 수 있을 것인지, 혹은 공공재와 공유재를 산출할 수 있을 것인지, 정의를 실현할 것인지 하는 문제는 불확실하기 짝이 없는 문제일 뿐 아니라, 설사 국가가 그러한 일련의 수단적·비수단적 혜택을 공여한다고 해도, 과연 '나'에게 문제의 혜택이 돌아올 것인지는 더 더욱 불확실하다. 그러므로 국가에 대한 복종은 결국 이러한 불확실성 상황하에서 이루어지는 결단의 행동이다.

물론 이러한 결단의 성격은 비단 국가에 대한 복종에서만 나타나는 것은 아니다. 부모에 대한 복종, 의사에 대한 복종, 약사에 대한 복종, 선생님에 대한 복종 행위도 정도의 차이가 있지만, 일정한 불확실성을 내포한 선택이다. 의사가 처방한 약이나 약사가 꺼내주는 약이 반드시 환자인 '나'에게 특효일는지는 의문이 있다. 의사가 처방한 약이나 약사가 꺼내주는 약이 잘못되어 의료사고가 날 가능성이 있으며, 실제로 그러한 사례는 적지 않다. 그럼에도 환자인 '나'는 일정한 불확실성을 받아들이면서, 의사의 권위나 약사의 지시에 복종하고 있다. 하지만 국가에 대한 복종행위에서 이 불확실성은 가장 두텁다고 해야 할 것이다. 국가는 '내'게 때때로 목숨까지 요구하고 있는 존재이기 때문이다.

마지막으로 국가의 선택과 '나'의 복종 사이에 인과관계가 성립할 수 없다면, 즉 '나'는 두터운 불확실성 상황하에서 복종의 행위를 수행해야 한다면, 결국 '나'의 복종행위는 아무런 의미가 없는 것일까. 이와 관련하여 '예견자의 선택'이나 '일상적인 칼뱅주의', 및 '정직한 나무꾼'의 우화에서 '나'의 선택은 무위(無爲)의 선택이 아니라 일정 수준의 소중한 의미를 지닌다는 점을 또한 분명히 하고 있다는 점이 인상적이다. 마치 온도계가 30도를 가리키게 되면, 그 온도계 때문에 더운 날씨가 왔다고 말할 수는 없겠지만, 적어도 날씨가 더울 일정한 개연성이 있다고 말할 수 있는 것과 마찬가지로, 혹은 '내' 시계가 3시를 가리키고 있으면 그 사실에 의하여 지금이 3시라고 확실하게 말할 수는 없겠지만, 적어도 지금이 3시일 개연성이 있다고 말할 수 있는 것처럼, 한 상자 선택에서 1백만 불을 얻게 될 개연성은 존재한다. 같은 맥락에서 "진인사대천명(盡人事待天命)"의 자세로 노력하는 일상적인 칼뱅주의자는 "지성이면 감천"이라는 준칙에 따라 구원으로 예정되었을 개연성을 배제할 수 없으며, '정직한 나무꾼'이 '영악한 나무꾼'보다 금도끼를 얻을 개연성도 엄존한다. 이와 마찬가지로 '나'의 복종행위로 말미암아, 혹은 '나'의 복종행위 때문에, 국가가 반드시 공공재나 공유재를 산출하는 것은 아니며, 또한 반드시 정의를 구현하는 것은 아니나, 그렇다고 하더라도 '나'의 복종행위로 말미암아 아마도 국가가 공공재나 공유재를 산출하고 절차적 정의를 실현할 개연성이 높아진다는 점을 배제할 수 없다. 즉 '나'의 복종행위로 국가 공동체에서 유의미한 공공재나 공유재가 산출되리라는 사실이 보장될 수 있는 것은 아니나, 적어도 그러한 개연성에 대한 믿음의 표지는 되는 셈이다. 그러므로 '내'가 국가의 권위에 흔연히 복종하여 법을 준수하고 정책에 순응할 때, 국가는 보다 신중한 태도로 법을 만들고 공정하게 정책을 집행할 동기를 갖게 되지 않겠는가? 만일 소크라테스처럼, '법과의 약속'을 강조하며 '악법도 법'이라고 하면서 흔연히 사형을 감수한다면, 입법자들은 훨씬 더 열과 성의를 다하고 심사숙고하는 태도를 보이면서, 보다 공정한 법, 보다 정의로운 법을 만들고자 노력할 개연성이 있다고 할 수 있다.

상기의 논의를 통하여 『예견자의 역설』과 『일상적인 칼뱅주의』 그리고 『정직한 나무꾼』의 이야기에서 국가와 정치적 복종의 관계를 유추해내었다. 중요한 사실은 전통적인 복종주의자들이 주장해 온 것처럼, 국가의 행위와 '나'의 복종행위 사이에 일정한 상관관계를 추정할지언정, 확실한 인과관계를 도출해 낼 수 없다는 점이다. 양자는 각기 다른 논리에 의하여 정당화되어야 할 만큼, 독립적인 행위의 범주이다. 국가의 권위가 도덕성이나 합리성의 관점에서 정당화되기 위해서는 단순한 실정법의 차원을 넘어서서 자연법이나 정의의 원리 등의 일정한 조건들을 충족시킬 필요가 있다. 또한 '나'의 복종행위가 정당화되기 위해서는 국가의 정당한 권위보다는 '나'의 자기 중심주의에 대한 통제와 절제의 논리 등이 요구되는 셈이다. 그러므로 양자 사이에 존재하는 것은 '인과관계'보다는 '상관관계' 혹은 '개연적 관계'로 지칭하는 편이 타당하다. 이 사실은 다시 말해서 '나'의 정치적 복종행위란 국가의 정당한 권위에서 연역적으로 도출되는 의무라기보다는 독특한(sui generis) 가치를 가진 독립적인 행위로 접근해야 할 필요성을 강하게 시사하는 셈이다.

이러한 행동의 범주를 '의무' 이상의 '초과(超過)의무'의 범주, 혹은 '칭송받을 만한 행위'의 범주로 파악하고자 하는 것이 이번 연구의 주된 관심사로서, 다음 장에서 이 문제에 대하여 논의해 보기로 하자.

정치적 복종과 시민적 덕목

제12장 정치적 복종과 시민적 덕목

Ⅰ. 예비적 고찰

국가 공동체에 대한 '나'의 관계는 '자연적 관계'가 아니라 '규범적 관계'로서 국가의 요구에 대한 승복과 헌신의 행위로 나타난다. 그러나 동의의 불확실성, 공정한 협력의 불확실성, 절차적 정의의 불확실성, 수단적 혜택의 불확실성, 국가 공동체의 공유재 탁월성에 대한 불확실성 등 다양한 범주의 불확실성을 감안할 때, 국가에 복종하고 헌신해야 할, 절대적 이유나 적어도 '직견적' 이유를 발견하기 어렵다면, 정치적 헌신과 충성의 태도를 '시민적 의무'라고 단언하기 어렵다. 예를 들어 선거에 의해서 집권한 민주정부가 나름대로 시민들로부터 권한(mandate)을 합법적으로 위임받았다고 주장하며, 시민들에게 정치적 복종과 헌신을 요구한다고 해서, 모든 시민들이 일사불란하게 문제의 민주정부에 복종할 '의무'가 있다고 단언할 수는 없는 일이다. 유권자들로부터 절대적 위임을 받았다고 하기에는, 표의 비등가성(非等價性)문제나 단순다수결 문제 등 많은 불확실성의 요인이 도사리고 있지 않은가! 이와 마찬가지로, 국가가 스스로 정당한 법적 권위를 주장한다고 해서, 시민들이 국가를 헌신과 복종의 대상으로 받아들여야 할 '의무'가 있다고 강변할 수는 없는 노릇이다.

그러나 한편으로는 그렇다고 하더라도, 국가 공동체가 지속되고 순조롭게 작동하기 위해서는 시민들의 정치적 헌신과 복종이 요구된다는 점 또한 부인할 수 없다. 구성원들 사이에 정치적 헌신의 태도를 찾아볼 수 없는 국가 공동체가 어떻게 존속하며 번영을 구가할 수 있겠는가. 시민된 '나'의 입장에서 정치적 헌신과 복종행위를 "시민으로서 아니해서는 안 되는 일"이라는 의미에서, '시민적 의무(civic duty)'라고 말할 수는 없겠지만, 정치적 헌신과 복종행위를 실천한다면, '칭송받을 만한' 일이고, 따라서 '시민적 덕목(civic virtue)'의 범주에 해당된다는 주장이 가능하다.

상기의 주장을 정당화하기 위한 시도에서, 이번 12장에서는 정치적 헌신행위의 특성을 공화주의적 전통보다는 종교적 헌신행위에서 그 이론적 근거를 찾고자 한다. 또한 유교사회에서 핵심적 덕목으로 간주되어 온 효(孝), 즉 부모에 대한 헌신의 행위와도 유비적으로 비교할 예정이다. 특히 토마스 아퀴나스(Thomas Aquinas)가 강조하는 '신학적 덕목(theological virtue)'인 '믿음의 덕'이나 '소망의 덕'은 일련의 불확실성 상황에서 개인의 결단과 헌신을 요구하고 있다는 점에서, 국가에 대한 복종의 행위를 덕목으로 접근할 수 있는 유력한 이론적 근거를 제공한다고 하겠다.

그런가 하면 보다 구체적으로 정치적 복종의 '시민적 덕목'은 플라톤과 아리스토텔레스의 비전, 루소의 비전 및 칸트와 홉스의 비전과 연계되어 조명될 필요가 있다. 12장의 논의에서는 '시민적 덕목'을 사적 이익보다 공공선(公共善)을 우선시하는 성향과 태도로 규정하고자 하는데, '시민적 덕목(civic virtue)'이야말로 '시민의 역할(civic role)'에서 기인한다고 생각된다. 정치적 복종의 태도를 '시민적 덕목'으로 간주하는 한, '시민의 역할'이 무엇인가 하는 문제가 규명될 필요가 있다. '내'가 단순한 '개인'으로 산다는 사실과 '시민'으로 산다는 사실은 구분될 수 있기 때문이다. 따라서 정치적 복종의 태도를 덕목이라고 할 때, 용기나 절제, 인내 등 덕목의 소유자의 삶을 풍요하게 만드는 개인적 덕목과 달리, 정치 공동체에 대한 '수단적' 성격이 강하다. 결국 정치적 복종의 시민적 덕목은 '자기본위적(自己本位的) 덕목'이라기보다는 '타인본위적(他人本位的) 덕목'이라고 지칭하는 편이 타당하다.

이 점과 관련하여 강조하고자 하는 것은 '좋은 시민(good citizen)'과 '좋은 개인(good person)'은 동일한 범주가 아니라는 점이다. '좋은 시민'은 '시민의 역할'과 관련된 개념으로서 정치 공동체의 존속과 발전에 필수적 존재라면, '좋은 개인'은 정치 공동체에 부담이 될 수도 있는 존재로서, '좋은 시민'이 '좋은 개인'과 공존하기 어려운 상황은 엄존한다. 이러한 의미에서 볼 때, 정치적 복종의 덕목은 고전적 공화주의 전통에서 높이 숭상되었던 '정치적 덕목(political virtue)'의 성격을 지닌다고 하겠다. 그러나 이번 12장의 논의에서는 공화주의 정치비전보다 자유민주주의 정치비전을 기조(基調)로 삼고 있는 만큼,

정치지상주의에 입각하여 '막시말리스트(maximalist)' 범주의 정치적 헌신의 태도를 옹호하고자 하는 의도는 없다. 따라서 정치적 복종의 '시민적 덕목'은 전통적 의미에서 공화주의자들이 규정해 온 '정치적 덕목'보다 덜 엄격하고 덜 자기 희생적이며 덜 수덕주의적 성격을 지닌다고 하겠다. 그러나 자유민주주의 사회에서도 정치 공동체와 공공선은 '미니말리스트(minimalist)' 범주를 넘어가는 정치적 헌신에 의하여 성취가능하며, 이 과정에서 일정 수준의 자기희생과 자기절제를 요구하고 있는 만큼, 자기이익과 일정 수준 차단되는 '시민적 덕목'의 필요성은 옹호될 수 있을 것이다.

한 걸음 더 나아가, 정치적 복종의 '시민적 덕목'은 덕목(德目)의 범주인 만큼, 자기이익추구나 수단적 합리성의 이기주의적 범주로 환원될 수 없으며, 오히려 자기희생의 요소를 내포하고 있다면, 시민개인에게 각별히 내면화되고 습관화될 필요가 있는 가치이다. 이미 아리스토텔레스는 덕을 하나의 '습관 (habit)'이라고 규정하지 않았던가! 이 사실은 다시 말해서 국가에 대한 복종은 사안마다 시시비비(是是非非)를 따지는 '조건적 복종'이나 '의식적 복종'보다, 일단 습관화되고 내면화된 '무조건적 복종'이나 '무의식적 복종'의 범주에 속한다는 점을 시사하는 셈이다.

물론 습성(習性)으로서 국가에 대한 복종을 강조한다고 하여 시민불복종행위의 공간 자체를 봉쇄하려는 것은 아니다. 시민불복종행위의 공간이 봉쇄된 국가 공동체야말로 '소크라테스의 국가 공동체'나 '밀의 국가 공동체'보다 아히히만과 같은 사람들이 포진한 '묵종주의자들의 공동체'나 '맹종주의자들의 공동체'가 될 듯하다. 그러나 그럼에도 불구하고 정치적 복종의 시민적 덕목의 특성 가운데 하나가 습관성의 범주에서 정당화된다는 본 연구의 주장이 설득력을 가진다면, 국가의 명령과 법에 관한 한, 불복종행위보다는 복종행위가 우선적으로 시민들에게 내면화되고 함양되어야 할 가치라는 사실을 강조하지 않을 수 없다.

Ⅱ. 의무와 초과의무, 그리고 덕목

지난 11장의 논의가 유의미하다면, 국가 공동체에 대하여 헌신하고 충성을 바치는 시민의 행위는 의무적 행위의 범주로 귀속시킬 수는 없다. 물론 국가 공동체에 대한 헌신과 충성이 '허용가능한(permissible)' 행위라는 사실은 두말할 나위가 없다. 그러나 정치적 헌신과 충성이 시민의 의무가 아니라고 해도, 국가 공동체가 원만하게 유지되고 번영하기 위해서 정치적 헌신과 정치적 복종의 행위가 요청된다면, (무엇을?) '허용가능한 행위'의 범주로 분류하는 것은 너무나 소극적인 접근방식이라고 하겠다. 그렇다면 시민적 의무가 될 수 없으면서, 국가 공동체의 존속과 번영에 필요한 정치적 헌신과 복종행위의 까다로운 성격은 어떻게 규정될 수 있을까? 이 점에서 엄슨(J. O. Urmson 1958)의 통찰은 매우 시사적이다. 이미 엄슨은『성자와 영웅들(Saints and Heroes)』에서 인간의 모든 행위를 '금지된 것(prohibitive)', '허용가능한 것(permissible)', '의무적인 것(obligatory)' 등 세 범주로 분류해온 전통적인 윤리학도들의 견해를 비판한 바 있다. 이 세 범주의 분류로는 성자와 영웅의 행위 등, 초인적 행위들을 적절하게 포착하거나 설명할 수는 없다는 것이 엄슨의 주장이다. 그 대안으로 엄슨은 제 4의 범주, 즉 '초과의무적(supererogatory)' 행위의 범주를 제안한다. '초과의무적' 행위의 범주는 '의무'에 의해서 요청되는 행위를 상회하는 범주라고 하겠다.

이러한 엄슨의 통찰에 주목하면서, 국가 공동체에 대한 헌신과 복종행위야말로 '의무'의 범주보다는 '공덕(supererogation)'의 범주라고 규정하고자 한다. 공덕(功德)이란 무엇인가? 그것은 '의무' 이상의 범주로서, 문제의 행위를 수행하면 '칭송받을 만한' 행위가 되나, 수행하지 않더라도 크게 비난받을 여지는 없는 행위라고 하겠다. 어느 건물에 화재가 발생했을 때, 불이 맹렬한 기세로 타오르고 있는 건물 안에 들어가 그 안에 있는 사람을 구출해야 할 '의무'는 없으나, 그럼에도 화염에 휩싸인 건물 안에 들어가 사람을 구출하고 자신의 목숨을 바친 소방관이나 119 구조대원이 있다면, 그 행위는 '칭송받을 만한' 의사자(義死者)의 행동이며, 공덕의 범주이다. 또 다른 맥락에서 용기 있는 행동에 주목해 보자. 일반적으로 사람들은 자아 실현을 이룩하기 위해서 일정 수준 용기 있는 행동을 할 필요가 있다. 담력을 쌓고 골프 수준을 높이기 위하여 때때로 밤중에 공동묘지에 가서 골프 연습을 한 박세리 선수는 좋은 사례이다. 그러나 한밤중에 공동묘지에 가서 담력을 쌓는 연습을 하지 않아 소심한 성격을 극복하지 못한 나머지, 여러 사람들 앞에서 말 한마디 제대로 하지 못해 자신이 원했던 방송사 리포터가 되지 못한 A의 경우는 애석한 일이 아닐 수 없다. 이처럼 용감함은 그 자체로 좋은 것이며, 가치 있는 행위이다. 그러나 그렇다고 모든 사람들에게 용기를 갖는 것을 '의무'라고 말할 수는 없다. 비오는 날 한밤중에 공동묘지에 가기를 무서워하는 사람이 있다고 해서, 그를 '겁쟁이'로 매도할 수는 없는 일이기 때문이다.

마찬가지로 전쟁터에서 적진을 돌파할 결사대(決死隊)를 조직할 때 결사대에 자원하지 않는 군인 A에 대하여 군인의 의무를 저버렸다고 비난할 수는 없는 일이다. 물론 안중근 의사는 "국가가 위급한 때를 당하여 목숨을 바치는 것은 군인의 본분(爲國獻身軍人本分)"이라고 설파한 바 있으나, 본 맥락에서는 이를 굳이 '본분(本分)', 즉 '의무(義務)'라고까지 엄격하게 규정할 필요성을 느끼지 않는다. 학생의 본분은 공부에 있다고 할 때, 학교 수업에 충실하고 열심히 복습과 예습을 하는 데 있는 것이지, 반드시 밤을 새워 공부하고 반딧불과 눈의 빛을 이용하여 책을 읽어야 할 만큼 '형설(螢雪)의 공'을 쌓아야 하는 것은 아닌 것처럼, 일반 군인들도 정규전에서 정정당당하게 싸우면 그것만으로 충분하다. 화랑 관창처럼, 자신의 목숨을 바칠 때까지 처절하게 싸우지 않았다고 해서, 혹은 전쟁터에 나가기 전, 자신의 식구들의 목을 베고 출전한 백제의 계백 장군처럼, 비장한 마음으로 싸우지 않았다고 해서 비난받을 이유는 하등 없다. 혹은 강재구 소령처럼, 터지는 수류탄 위에 스스로를 던짐으로 많은 부하들을 살려야 할 '의무'는 없다. 그러나 그럼에도 불구하고 관창이나 계백처럼 치열하게 싸운 군인이 있다면, 혹은 부하를 위해 스스로 산화한 군인이 있다면, 그의 행위는 '칭송받을 만'하며, 이러한 의미에서 그는 용기의 '덕목'을 실천한 용사(勇士)다. 용기는 군인의 '의무'는 아니지만, 모름지기 군인 공동체에서는 군인의 용감무쌍한 행동을 절실하게 필요로 한다. 따라서 죽음을 무릅쓰고 결사대에 자원한 군인 A의 경우, 그의 용감함은 '허용 가능한 범주'를 넘어서서 '칭송할 만한 범주'라고 하겠다. 혹은 성서에서 충고하는 바와 같이, "왼쪽 뺨을 맞았을 때 오른쪽 뺨을 내미는" 행위를 '의무'라고 단언할 수는 없다. 그러나 그렇다고 하더라도 그러한 행동을 한 사람이 있다면, 영웅적 인내를 실천한 사람이다.

이와 관련하여 엄슨이 착안하고 있는 의미의 '초과의무'가 본격적으로 논의되고 있는 것은 아니나, '초과의무'를 가리키는 영어 "슈퍼에로게이션(supererogation)"의 개념이 어원적으로 볼 때, 라틴어 성서 '불가타(vulgata)'

역에서 비롯되었다는 점에 주목해 보자. supererogation의 용어는 신약에서 한 번 나타나는데, '착한 사마리아인'의 비유에 대한 대목이 그것이다. '착한 사마리아인'은 강도를 당해 부상당한 사람을 여관까지 데리고 가서 여관주인에게 치료를 위하여 동전 두 닢을 지불한 다음, 덧붙여서 다짐한다. "그대가 그 이상으로 부담하게 되는 것은 무엇이든지(quodcumque supererogaveris), 내가 돌아올 때 갚겠소(루가 10: 35)." 물론 이 구절은 자구적으로 서술하고 있는 것 이상을 표현하는, 특별한 의미를 갖고 있는 것은 아니다. 즉 동전 두 닢 이상으로 발생하게 되는 추가비용에 대하여 여관주인에게 갚겠다는 약속을 한 것에 불과하다. 그렇지만 엄슨과 같은 초과의무론자들은 사마리아인이 응급조치를 취한 점, 즉 부상당한 사람을 보살피고 여관주인에게 데려간 것을 자신의 '의무'라고 생각했다고 하더라도, 추가비용까지 부담하겠다는 약속은 분명히 그의 '의무'를 넘어가는 행위라는 데 동의할 수 있을 듯하다. 따라서 그 자체로 사마리아인의 초과비용 지불약속은 '칭송받을 만한' 행위인 셈이다.

국가 공동체에 대한 헌신과 복종행위도 이와 마찬가지라고 생각된다. 본 연구에서는 국가 공동체에 대한 헌신과 복종행위가 '시민적 의무(civic duty)'라기보다 '시민적 덕목(civic virtue)'에 속한다고 주장하고자 한다. 물론 초과의무 수행과 덕목은 항상 동일한 것은 아니나, 하이드(D. Heyd 1982)의 적절한 통찰처럼, 적어도 초과의무의 핵심적 부분은 덕목의 특성과 중복된다고 할 수 있다. 예를 들어 시민 A의 입장에서 투표일이 되었다고 해서 자신의 바쁜 일을 제치고 혹은 부모의 상을 당하고도 우선적으로 투표소에 나가야 하는 것은 아니며, 혹은 항상 시민 B의 입장에서 공익(公益)을 앞세우는 나머지, 사익(私益)을 포기하고, 국가 재정의 어려움과 궁핍함을 감안하여 자신이 살고 있는 지역의 숙원사업에 대한 민원을 자제하며, 혹은 이른바 '님비적 선호'나 '핌피적 선호'를 지양하고, 언제나 최소 수혜자들(the worst-off)의 어려움을 보살피는 구세군 자선 냄비에 돈을 넣어야 할 '의무'가 있는 것도 아니다. 혹은 시민 C가 병무 신체검사에 떨어질 정도로 몸이 허약한데도 불구하고, 혹은 8대 독자인데도 불구하고, 자원 입대해야 할 '의무'가 있는 것은 아니다. 혹은 다른 많은 사람들이 지역주의적 선호를 표출하고 있음에도 불구하고, 시민 F 혼자 탈지역주의적 투표를 해야 할 '의무'가 있다고는 단언할 수 없다.

물론 '민주정(民主政)의 시민'이 아닌, 루소나 몽테스키외 등의 공화주의자들이 강조하는 '공화정(共和政)의 시민'이라면, 상기의 모든 사안들에서 '일반 의사(general will)'에 속하는 사항을 이행하는 것을 '의무'로 받아들일 듯하다. 그러나 사적 영역의 신성성이 인정되는 자유민주주의 사회에서 상기의 사항들을 이행한다고 해서 '시민적 의무'를 이행하는 것이라고 말할 수는 없다. 정치와 공공영역, 혹은 공익에 대한 문제가 언제나 사적 영역이나 개인의 아기자기하고 애틋한 행복들을 압도한다고 단언할 수는 없기 때문이다. 하지만 사적 영역 못지않게 공적 영역이 융성해야 할 필요가 있는 민주사회에서 이들 사항들을 실천하는 시민이 있다면, 문제의 시민행위는 '칭송받을 만한 행위'임에 틀림없다고 판단된다. 즉 일상생활에서 '사익'보다 '공익'을 앞세우며, 아무리 개인의 업무가 바빠도 만사를 제쳐놓고 투표에 참여하는 시민이나, 몸이 허약해도 혹은 여자의 경우라고 해도, 병역을 이행하겠다고 나서는 시민이 있다면, '시민적 덕목'을 실천하는 셈이 아니겠는가?

Ⅲ. 국가에 대한 헌신과 신에 대한 헌신

일반적으로 시민들은 국가 권위에 대한 복종과 충성의 문제에 봉착할 때, 올바른 국가권위에 대해서는 복종하는 반면, 올바르지 못한 국가권위에 관한 한, 복종하지 않겠다고 다짐한다. 이러한 태도는 일단 민주시민에 부합하는 양식 있는 태도임에 틀림없다. 그러나 엄밀한 의미에서 조망해 볼 때, 언제나 올바른 국가와 올바르지 못한 국가를 구분하려는 경향은 바람직한 태도라고 평가하기 어렵다. 그 이유는 무엇일까? 정부가 완벽할 정도로 정의롭고, 혹은 좋은 질서를 가진 국가 공동체라면, 국가에 대하여 헌신하며 복종하는 행위가 그다지 어려운 선택은 아닐 것이다. 하지만 이러한 의미의 정치적 헌신은 토마스 모아(Thomas More)의 유토피아나, '철인왕'에 의한 국가 통치, 혹은 루소의 '입법자(legislator)'에 의한 국가 통치를 상정하지 않는 한, 거의 불가능하다. 기존의 어떠한 정부나 국가의 권위를 보더라도, 그 근거가 애매하고 불확실하며 불완전하기 때문이다. 물론 우리가 체험하는 국가가 온통 불의와 부패로 점철되어 있다고 보기는 어렵겠지만, 정의와 부정의가 동시에 공존하고, 이른바 "병주고 약준다"는 준칙을 방불케 한 만큼 혜택과 불이익을 같이 공여하며, 공공재(公共

財)와 공공악(公共惡)을 동시에 산출하는 것으로 보는 편이 타당하다.

그러나 그럼에도 불구하고 '내'가 국가에 복종할 일정한 이유가 성립한다고 주장할 수 있다면, 과연 그 주장의 근거는 무엇이겠는가? 단도직입적으로 말해서 국가에 복종하는 행위는 '국가를 위한 행위'라기보다는 '나 자신을 위한 행위'라는 것이 본 연구의 입장이다. 특히 '나' 자신의 동기나 의지는 일찍이 아리스토텔레스가 '아크라시아(akrasia)'로 표현했을 만큼, 그다지 믿음직스럽거나 견고한 것은 아니다. 그러므로 '나' 자신이 스스로의 미약한 동기와 허약한 의지를 극복하고자 한다면, 가치 있는 어떤 일이나 대상에 스스로를 구속하거나 헌신할 필요가 있다. 그것은 마치 율리시즈가 '요정의 섬'을 지나기 전 요정들로부터의 유혹을 물리치기 위하여 스스로의 몸을 자원해서 배의 돛대에 묶어 두는 행위에 비견될 수 있다. 요정의 섬에서 들려오는 요정들의 피리소리는 너무나 매혹적이어서 한번 들으면 이에 저항하기 어려운 만큼, 율리시즈는 미리 스스로의 몸을 묶고 밀납으로 귀를 막아 요정들로부터의 유혹을 물리치려고 했던 것이다. 본 연구에서는 정치적 복종에 관한 논리도 이러한 관점에서 접근되어야 하리라고 주장한다.

이 사실과 관련하여 정치적 헌신과 복종행위를 '덕목(德目)'이라고 규정할 때, 그 의미가 비교적 확연하게 드러날 수 있으리라고 믿는다. 물론 덕목에 대한 개념은 단일적인 것이 아니다. 고전적으로는 플라톤이 설파한 지혜(wisdom)의 덕과 용기(fortitude)의 덕, 절제(temperance)의 덕 및 정의(justice)의 덕이 있으며, 그리스도교 신학자들이 강조한 믿음(faith)의 덕과 소망(hope)의 덕 및 사랑(love)의 덕이 있다. 또한 자본주의사회에서는 근검절약(thrift)과 절제(deferring gratification)의 덕목이 강조된다. 혹은 유교사회에서는 삼강오륜(三綱五倫)이 주요 덕목이다. 또한 공화주의자들은 나름대로 애국과 보국의 행위를 정치적 덕목(political virtue)으로 접근한 바 있다. 본 맥락에서 정치적 복종과 헌신의 태도를 '덕목'이라고 규정할 때, 이 모든 덕목들의 개념과 비교적 밀접한 관련을 맺고 있지만, 그 가운데에서도 그리스도교에서 말하는 '믿음의 덕'과 유교에서 숭상되어온 효(孝)의 개념과 유기적으로 연관되어 있다는 점을 각별히 강조할 필요가 있다.

특히 이번 항목에서는 정치적 복종의 덕목을 전통적 공화주의자들이 주장해 온 '정치적 덕목'의 관점에서 조명하기보다는 그리스도교에서 개념화한 '믿음의 덕목'과의 유비적 관점에서 정당화시킬 예정이다. 이러한 관점에서 그리스도교 신학자들이 전통적으로 강조해온 '믿음'의 신학적 덕목에 대한 특성에 주목해 보자. 일찍이 토마스 아퀴나스를 비롯한 그리스도교 신학자들은 믿음(fides), 소망(spes), 사랑(caritas), 세 가지 행위를 '신학적 덕목(theological virtue)'으로 지칭함으로 '윤리적 덕목(moral virtue)'과 구분해 왔다. 두말 할 나위 없이 믿음(faith)의 덕목은 신(神)을 믿는 행위가 덕목임을 의미한다. 어떻게 신을 믿는 행위가 덕목이 될 수 있는가? 신을 믿는 행위에는 '나'의 이성만으로는 완전히 해결할 수 없는 불확실성이 내재해 있다. 따라서 신을 '믿는' 행위는 신을 '보는' 행위와 달리, 신자(信者)인 '나'에게 특별한 결단과 노력이 요구되게 마련이다. 그러나 한편으로 신이 전혀 존재하지 않는다면, 물론 사막에서의 '신기루'처럼, 신에 대한 믿음은 아무런 의미도 갖지 못할 것이다. 그러므로 신에 대한 믿음이 유의미하게 성립하기 위해서는 신의 존재에 관한 신학적 논증이 일정 수준 설득력을 확보하고 있어야 할 것이다.

이 점에서 안셀무스(Anselmus)의 '본체론적 증명(argumentum ontologicum)'이나, 토마스 아퀴나스가 정립한 '오도(五道, quinquae viae)'는 유의미하다. 안셀무스의 본체론적 증명에서 신은 완전한 실체이기 때문에 존재(存在)를 포함할 수밖에 없다는 점에 초점을 맞추고 있는가 하면, 아퀴나스의 오도는 우주론적 논증, 플라톤적 논증 및 목적론적 논증, 완전성에 관한 논증 등으로 이루어져 있다. 그렇지만 문제는 이러한 논증이 그다지 완벽한 것은 아니라는 사실에 있다. 안셀무스의 본체론적 논증의 문제는 "황금으로 이루어진 산"처럼, 비교적 '완전한 황금산'을 상정하는 것이 불가능한 일은 아니라고 해도, 그 산은 반드시 현실적으로 존재를 담보받는 것은 아니라는 점에서 두드러진다. 혹은 토마스 아퀴나스의 '오도'의 문제는 특유의 신존재 증명으로 신의 실재(實在)가 입증되었다고 해도, 문제의 신은 일반적 의미의 신일 뿐, '내'가 믿고 있는 '나'의 신(personal god)이라는 증명은 될 수 없다는 점이다. 이처럼 신존재 증명은 다수가 있으나, 그들 모두 흠결이 많으며, 불완전하다. 이 점에서 키에르케고르(S. A. Kierkegarrd)는 자연적 이성으로 신존재를 증명할 수 없고, 따라서 믿음에는 '비약(飛躍)'이 요청된다고 역설한 바 있다.

만일 신 존재가 자명하다거나, 신 존재 증명이 완벽하다면, 믿음의 행위는 '덕목'으로 자리매김할 수 없을 것이다. 한편 그렇다고 해서 이들 신존재 논증들이 전혀 무의미하거나 불필요한 것은 아니다. 이들 논증들은 신의 존재에 대하여 완전하지는 않지만, 불충분한 형태의 간접 증거는 될 수 있을 것이기 때문이다. 이 점에서 "신을 믿기 위해서 이해하는 것(intelligo ut credam)"이 아니라, "신을 이해하기 위하여 믿는 것(credo ut intelligam)"이라는 안셀무스의 통찰은 '믿음의 덕목'의 정곡을 찌르고 있다. 그렇다면 신에 대한 믿음은 신의 존재를 부정하고자 하는 유혹은 많고 신존재에 대한 논리적 증명은 불충분한 상태에서, 즉 불확실성 상황에 직면한 '나'의 모험 감수이며, 결단과 선택의 문제이다.

　무엇보다도 '믿음의 덕'이 성립하려면, '나'는 삶의 과정에서 때때로 찾아오는 믿음에 관한 회의(懷疑)와 의구심을 극복할 수 있어야 한다. 세상사에 몰두하다 보면, 어떤 때는 신이 존재하지 않는 것처럼 느껴진다. 혹은 도스토예프스키처럼 전쟁터에 힘없이 죽어가는 무죄한 어린아이들을 바라보면서 "신은 과연 어디 있는가" 하고 절규하고 싶어진다. 혹은 『시지프스의 신화』처럼 '내'가 힘들여 산정상에 올려 놓은 바위가 순식간에 땅으로 굴러 떨어질 때 신의 존재에 강한 회의가 든다. 과연 신이 존재한다면, '내'게 이처럼 억울하고 부조리한 일들이 생기겠는가 하는 의혹을 '나'로서는 떨쳐 버리기 힘들기 때문이다. 혹은 '나'의 주변에서 일어나는 일상사가 너무나 황당할 때, 신의 존재를 부정하고 싶은 마음이 엄습하기도 한다. 이 점에서 구약성서에서 나오는 아브라함은 '믿음의 덕'을 실천한 전형적 존재로 꼽힌다. 외아들인 이삭을 죽여 제사지내라는 신의 '부조리한' 명령에도 불구하고 신의 뜻에 복종했기 때문이다.[1]

　그런가 하면 '믿음의 덕목'이 온전하기 위해서는 "신은 죽었다(Gott ist tot)"고 사신론(死神論)을 선포한 니체(F. Nietzsche)의 주장이나, 혹은 포이에르바하(L. Feuerbach)의 반신론(反神論)을 극복할 수 있어야 할 것이다. 특히 포이에르바하는 인간이 '신의 창조물'이 아니라, 신이 '인간의 창조물'이라고 역설한 바 있다. 인간은 전능, 전지, 영생 등에 관한 무한한 욕망을 가지고 있으나, 자신의 유한성으로 인하여 그 욕망은 좌절된다. 그러므로 인간은 자신의 무한성을 피안의 세계에 투사시켜 신이라고 부르게 된다. 그 결과 헤겔의 주장을

---

1) 구약성서에서는 아브라함이 신의 명령대로 이삭을 죽여 제물로 바치려고 할 때, 천사가 나타나 그의 행동을 중지시키고 숲 속의 양을 가리키며 그 양을 죽여 제사를 지낼 것을 권고한다. 이 사실은 이삭을 제사지내라는 신의 명령이 아브라함의 믿음에 대한 신의 시험행위였음을 보여준다.

역립(逆立)시켜 인간이 절대정신의 소외된 존재가 아니라, 절대정신이 인간의 소외된 존재에 불과할 뿐이라는 것이 포이에르바하의 입장이다. 모름지기 신의 존재를 믿는 그리스도교 신자라면, "신학(神學)은 인간학(人間學)이 되어야 한다"는 포이에르바하의 지적 유혹을 극복할 수 있어야 할 것이다. 물론 지적인 회의주의, 지적 무신론의 극복만이 모든 것이 아니다. 때때로 "종교는 인민의 아편"이라고 규정하며, 신을 믿으면 온갖 불이익을 감수해야 한다며 엄포를 놓거나, 심지어는 죽이겠다는 정치당국의 회유와 위협, 그리고 박해에도 물리적으로 굴하지 말아야 한다. 결국 정신적 범주와 육체적 범주의 모든 유혹을 참고 꿋꿋이 견딜 때, 그 경우에 한하여 비로소 '나'에게 '믿음의 덕'이 성립할 수 있다.

또한 '소망의 덕'도 '믿음의 덕'과 마찬가지로 특별한 모험과 결단의 내용을 가진 신학적 덕목이다. '소망의 덕'은 '내'가 죽은 다음, 최후의 심판을 거쳐 신으로부터 구원을 받게 되리라는 점을 소망하는 데 있다. 그러나 이처럼 '내'가 신에 의해 구원을 받게 되리라는 점을 소망하는 것이 덕목이 되는 이유는 무엇인가? 단도직입적으로 말해 '소망의 덕'은 구원에 대한 단순한 희망사항과는 다르기 때문이다. 구원을 받게 되리라는 '나'의 소망에는 '나'의 노력과 결단이 들어 있다. 이 점에서 구약성서에서 나오는 욥은 '소망의 덕'의 모범적 실천자이다. 그는 가혹한 시련과 불행을 겪었으나, 신에 대한 소망을 포기하지 않았다. 그의 소망에는 '믿음의 덕목'이 자리잡고 있었기 때문이다. 이와 같이 '소망의 덕'에는 '믿음의 덕'이 기초하고 있다.

물론 일반적으로 토마스 아퀴나스의 신학적 덕목에 관한 한, 아리스토텔레스가 주장하는 '중용의 개념'이 포함되어 있지는 않으나, 그럼에도 아퀴나스가 강조하는 '소망의 덕'은 두 가지의 극단, 즉 구원에 대한 절망과 구원에 관한 막연한 기대 사이에 존재하는 중도적 입장을 대변한다. 구원에 대하여 절망하는 사람은 소망을 너무 적게 갖고 있는 사람이며, 구원을 받으리라고 막연히 기대하는 사람은 소망을 너무 많이 갖고 있는 사람이다. 두 경우 모두, 신의 도움 없이 구원을 얻을 수 있다고 생각하거나, 혹은 신을 너무 자비로운 존재로 간주하는 나머지 회개하지 않는 사람까지도 구원을 얻을 수 있으리라는 안이한 인식에 입각해 있어, 소망의 행위를 결단과 모험이 필요없는 행위로 치부하기 때문이다.

이 점에서 토마스 아퀴나스의 '소망의 덕'은 엘스터(J. Elster 1989)가 지칭한 바 있는 '일상적인 칼뱅주의'와 유사하다. '일상적 칼뱅주의자'는 구원의 확실성을 신으로부터 보장받지 않았지만, 경건한 신앙생활을 영위하는 존재이다. 이 경우 칼뱅주의자는 구원에 관한 '소망의 덕'을 실천하고 있는 셈이다. 그러나 이 '소망의 덕'이 의미 있는 것은 자기자신이 구원으로 예정되었는지에 대하여 불확실성에 직면하고 있는 상황에서도 선택의 결단을 내렸기 때문이다. 이 과정에서 칼뱅주의자는 "자기자신이 혹시 구원으로 예정되지 않았으면 어떻게 하나" 하는 절망에 대한 유혹을 극복해야 할 것이며, 혹은 "자기 자신은 구원으로 예정되었을 것"이라는 자신 만만함의 유혹으로부터 벗어나야 한다. 이처럼 양쪽에서의 유혹을 극복하고 불확실성 상황하에서 '내'가 결단했을 때, 비로소 소망의 행위는 덕목이 되는 것이다.

상기의 논의를 통하여 '믿음의 덕'과 '소망의 덕'의 성격을 조명했지만, 강조해야 할 점이 있다. '믿음의 덕'이나 '소망의 덕'은 '나'의 불완전성을 교정하기 위한 것이지, 신의 존재를 증명하거나, '나'의 구원을 입증하기 위한 것은 아니라는 사실이다. 신은 이미 '나'의 믿음과 관계 없이 존재하거나 존재하지 않는다. '나'의 믿음과 관계 없이 신의 존재는 결정되어 있기 때문이다. '내'가 믿는다고 해서 신이 존재하는 것이 아니며, '내'가 믿지 않는다고 해서 신이 존재하지 않는 것은 아니다. 양자의 논리는 별개이다. 신의 존재에 대한 논리와 '내'가 신의 존재를 믿는 논리는 다르기 때문이다. 지난 제11장에서 설명한 '일상적 칼뱅주의자'의 경우도 마찬가지이다. '나'의 구원의 확실성에는 '나'의 노력의 차원이 아닌, 전혀 다른 독립적인 논리, 즉 신의 예정이 필요하다. 그러나 이미 지적한 바와 같이, 이 점은 불확실하다. 하지만 그럼에도 불구하고 '일상적인 칼뱅주의자'는 자신의 나약한 인간성을 극복하기 위하여, 신에게 헌신하며 경건한 신앙 생활을 영위하는 존재가 아니겠는가. 결국 '나'는 신의 존재에 대한 확실성을 증명하기 위하여 '믿음의 덕'에 호소할 수는 없는 것이며, 혹은 구원의 확실성을 보장받기 위하여 '소망의 덕'을 실천할 수는 없는 셈이다.

이 점에서 우리는 다시 한번 『예견자의 역설(predictor's paradox)』을 상기하게 된다. 예견자의 선택과 '나'의 선택의 논리는 연계되어 있는 것 같지만, 실은 독립적이다. '나'의 선택 행위야말로 예견자의 선택에 직접 관련되는 것은 아니다. 이미 예견자는 '나'의 선택에 앞서 특정 대안을 선택하고 있지 않은가. 그러므로 예견자의 선택과 독립적으로, '나'는 '나'의 판단에 따라 선택할 수밖에 없다. 그러나 물론 구원의 문제에서 '나'의 선택과 소망이 전혀 무의미한 것은 아니다. "지성이면 감천"이라는 준칙처럼, '내'가 열심히 살면, 신도 감동할 '여지'가 있기 때문이다. 하지만 이것이 필연적 관계는 아니다.

이 논리가 유의미하다면, 국가가 권위를 주장하고 있다고 해서, 국가를 '나'로부터 헌신과 복종을 받을 만한 가치가 있는, 권위 있는 대상으로 치부할 수는 없는 노릇이다. 또한 '내'가 살고 있는 국가의 헌법이 입헌민주국가를 표방하고 있다고 하여, 현재 '내'가 몸담고 있는 국가를 입헌민주국가로 인정할 수 있는 것은 아니다. 각 현상은 각기 독자적인 정당화의 논리를 요구하게 마련이다. 정부가 권위를 주장하고 있다는 사실과 '내'가 국가의 권위에 복종해야 한다는 사실은 구분되어야 하는 독립적인 명제들이다.

국가의 권위와 '나'의 복종은 논리적으로 연계되어 있는 것이 아니라, 우연적 관계이며 각기 독립적이다. 국가가 혜택을 공여한다고 해서, 혹은 '법과의 약속'이나 국가와의 계약이 이루어졌다고 해서, 혹은 국가가 정의를 실천하겠다고 공언한다고 해서, 그것이 '나'의 정치적 복종에 직접적 영향을 미치는 것은 아니다. 국가의 직무유기 가능성이나 국가가 공여하는 일반적 혜택이 '나'의 혜택과 무관할 가능성은 이미 적나라하게 지적된 바 있다. 혹은 국가에 대한 동의나 '법과의 약속'이야말로 존재하지도 않는 허상(虛想)의 동의나 약속일 가능성이 농후하다. 혹은 정치 공동체가 '내'가 헌신해야 할 '유일한' 공동체이며 '최고의' 공동체인지는 결코 확실하지 않다. '나'의 정치적 헌신, 혹은 '나'의 정치적 복종행위란 기껏해야 '나'의 지지를 받을 만한 가치가 있다고 판단되는 국가의 권위에 대한 간접적이며 불확실한 안전책에 불과할 뿐이다. '내'가 한 상자를 선택했기 때문에 예견자가 한 상자에 백만 불을 넣거나, 혹은 넣지 않는 것은 아닌 것처럼, '내'가 정부에 복종한다고 해서, 바로 그 이유 때문에, 정부가 '내'게 혜택을 주고 '내'게 대한 약속을 지키며, 정의를 베푸는 것은 아니다. 그러나 물론 '내'가 정부에 복종한다면, 정부가 '내'게 혜택을 주고 '나'에 대한 약속을 지키며 정의를 베풀 가능성이 있다고 믿을 만한 간접적이며 이차적인 보장책으로 작용할 수는 있을 것이다.

이 점에서 "진인사대천명(盡人事待天命)"의 준칙의 의미를 음미하게 된다. 지하철 신호등에 빨간불이 들어온다면, 빨간불 '때문에' 지하철 전동차가 들어오는 것은 아니지만, 지하철 전동차가 들어올 개연성은 충분하다. 혹은 나뭇잎이 흔들리고 있다면, 흔들리는 나뭇잎 때문에 바람이 불고 있는 것은 아니지만,

바람이 불고 있을 개연성은 충분하다. 혹은 제비가 날아왔다면, 제비 때문에 봄이 온 것은 아니지만, 봄이 왔을 개연성은 충분하다. 그러나 지하철 신호등이나 흔들리는 나뭇잎, 혹은 제비의 비상(飛上)이 전동차 도착이나 바람의 현상, 혹은 봄의 도래에 대해 논리적으로 완벽한 보장책이 될 수 있는 것은 아니다.

　상기의 지적이 의미 있다면, 즉 '믿음의 덕'과 '소망의 덕'에 관한 논거가 유의미하다면, 이제 '나'는 왜 국가에 복종해야 하겠는가 하는 문제에 하나의 중요한 규범적 해답을 얻을 수 있다. 그것은 단도직입적으로 말해서 국가의 권위 자체의 정당성보다는 국가의 권위와 같은 현상에 스스로를 구속시키지 않고는 협력과 절제, 질서를 지키기에 역부족인 인간의 나약함 때문이다. '나'의 정치적 복종행위는 '내'가 '나' 자신의 뜻대로 '나' 자신의 편의주의에 의하여 행동하며 욕심을 부리고 사악한 욕구를 충족시키고자 하는 지속적인 유혹에 대한 하나의 견제책이며, 제약요소로 간주하는 편이 온당하다는 뜻이다. 그것은 바로 율리시즈가 스스로 돛대에 몸을 묶는 행위의 논리와 유사하다. 『예견자의 역설』에서 개인 A가 한 상자를 선택하는 것은 예견자의 선택의 확실함보다는 자기 자신의 욕심을 자제하고 분수대로 살겠다는 결의의 표시가 아니겠는가. 혹은 『정직한 나무꾼』의 우화에서 우직한 나무꾼 A의 진솔한 선택이 돋보이는 것은 정직함에 대한 보상과 관계없이 A가 자신의 마음을 비우고 "배고픈 소크라테스"처럼, 대안을 선택했기 때문이다. 그 결과, A는 "배부른 소크라테스"가 되었다. 그러나 영악한 나무꾼 B는 산신령의 보상과 연계하여 "배부른 돼지"처럼, 대안을 선택한 결과, "배고픈 돼지"가 되는 수모와 재앙에 봉착하게 되었다.

　이와 마찬가지의 맥락에서 우리는 불확실성 상황에 처했을 때, 불확실성 상황을 영악한 나무꾼 B처럼 '나'에게 유리하게 활용하는 경우가 많다. 특히 정치·사회영역에는 신의 존재문제와 비견될 정도의 엄중한 불확실성은 아니겠지만, 그럼에도 상당히 심각한 불확실성이 있다. 사실관계에 대한 불확실성, 인과관계에 대한 불확실성, 혹은 정책의 결과에 대한 불확실성 등이 그것이다. 그런데 사실적 불확실성이 과장되어 '나'의 이기주의적 목적으로 이용되는 경우도 적지 않다는 점이 문제이다. 산업재해 보상 문제에서도 때때로 고용주들은 문제의 과로로 쓰러져 숨진 직원이 직책상 과로로 순직(殉職)한 것인지, 혹은 평소의 지병 때문에 사망했는지가 확실치 않다며, 보상을 거절한다. 혹은 보험회사도 보험 가입자의 사망원인이 분명치 않다며, 소송을 제기함으로 보험료 지급을 연기하거나, 액수를 깎아 내린다.

뿐만 아니라 두 현상 사이에 상관관계(相關關係)는 있지만, 인과관계(因果關係)가 분명치 않을 때, 단호한 대처를 망설이는 경우도 적지 않다. 청소년 범죄와 폭력적이며 선정적인 영화나 TV 프로그램과의 관계, 혹은 인터넷 자살사이트와 자살, 혹은 흡연과 건강, 혹은 음주와 건강과의 문제에 있어서도 확실히 과학적으로 인과관계가 밝혀진 것은 아니다. 그렇기 때문에 TV 방송국이나 영화제작자, 인터넷업자, 담배업자 및 주류판매업자들은 건전치 못한 TV 프로그램과 영화를 계속해서 제작·방영하고 자살사이트나 폭약사이트를 운영하며, 청소년들에게 술과 담배를 서슴지 않고 판매한다. 그러나 '내'가 제작자나 판매자로서 건전한 양식과 판단력을 가진 사람이라면, 이러한 사실적 불확실성을 '나' 자신에게 유리하게 이용하기보다, 경제적 손실을 감내하는 한이 있더라도, 만에 하나 있을지도 모를 최악의 결과를 방지하기 위하여 청소년들에게 유해한 영향을 미치는 행위를 자제해야 한다고 생각할 듯하다.

한 걸음 더 나아가, 사실적 인과관계의 불확실성(factual uncertainty)은 규범적 불확실성(normative uncertainty)과 비교하면, 그 심각성은 아무것도 아니라고 할 수 있다. 특정 법이 개혁 입법인지, 혹은 반대로 반개혁 악법인지, 혹은 민주 악법인지, 반환경 악법인지에 관한 한, 시민들 사이에는 언제나 논란이 야기되게 마련이다. 어떤 시민들은 국가 보안법이 인권과 상치되기 때문에 폐지되어야 한다고 주장한다. 그러나 또 다른 시민들은 그와 반대되는 견해를 역설하고 있다. 안보가 보장되어야 인권도 보장된다는 입장이다. 우리는 이처럼 양심적이고 양식 있는 시민들 가운데 자주 격렬한 논쟁이 벌어지는 현상을 단순히 도덕적 회의주의(moral scepticism)나 윤리적 상대주의(ethical relativism)의 결과로 매도할 필요가 없다. 민주 사회라면 자신과 다른 의견을 가진 사람들의 입장도 존중해 주어야 하지 않겠는가. 어떤 사안은 의문의 여지가 없을 정도로 도덕적으로 명백한 사안인데도 반대하는 시민도 있다. 그러나 그럼에도 불구하고 가치의 불확정성(incommensurability of values) 원리를 거론하면서 '나'와는 다른 소신을 가진 다른 시민의 견해를 존중한다면, 그것은 지적 겸손함의 표시이며, 다른 시민을 '나' 자신과 동등한 존재로 간주하겠다는 용의의 표시로 보아야 할 것이다. 즉 "인간을 수단보다 목적으로 간주하라"는 칸트의 준칙이나 "인간은 품위와 존경을 받을 권리를 갖고 있다"는 드워킨(R.

Dworkin), 혹은 거워스(A. Gewirth)의 입장을 존중하기 때문이 아닌가. 하지만 실제의 '나'는 '나' 자신과 의견이 다른 사람이 있다면, 이상한 소문까지 지어내는 등, '대인논증(argumentum ad hominem)'에 의존하면서까지 그를 매도하기 일쑤이다.

이러한 정치·사회적 현상들은 '나'의 동기(動機)가 얼마나 허약하고 '내'가 얼마나 불완전한 존재인가를 입증하는 웅변적인 사례들인 셈이다. 특히 여기서 지적하고자 하는 내용은 법의 결함이 자명할 때 '내'가 불복종 행위를 벌이는 것은 쉬운 선택이라는 점이다. 그러나 정작 어려운 경우는 사실적 불확실성, 혹은 도덕적 불확실성으로 인하여 문제의 법이 정당한지 혹은 정당하지 않은지에 대하여 논란이 야기되는 경우이다. 하지만 도덕적으로나 사실적으로 불확실성을 지니고 있는 법에 대하여 '내'가 복종해야 하는가 하는 문제가 제기된다면, 그 해답과 관련하여 법의 권위나 도덕적 정당성보다 '나' 개인의 약한 동기를 보완하는 쪽에 더욱 무게를 실어야 한다는 점을 강조할 필요가 있다.

결국 국가에 대한 헌신과 복종행위는 정의로운 법률과 정의로운 정책을 통하여 '내'게 보상과 혜택을 주는 실체에 대한 헌신과 복종이 아니라, '나' 자신의 이기주의적 동기나 자기 중심주의적 사고와 행위를 자제하는 데 초점이 맞추어져 있다. 달리 표현하자면, '법과의 약속'을 맺었다는 사실이나, 혹은 국가가 정의를 실천한다는 사실, 혹은 국가가 공공재 문제와 사회조정의 문제를 해결하고 '나'의 생명과 자유, 재산을 보호해 주기 때문에, 이른바 결초보은(結草報恩)이나 진충보국(盡忠報國)의 차원에서 은혜를 갚는다는 것이 국가에 대한 헌신과 복종행위의 일차적 근거나 정당화의 논리는 아니다. 여기에는 언제나 '예견자의 선택'처럼 불확실성이 내재해 있기 때문이다. 오히려 '나' 자신의 약한 동기를 추스르겠다는 것이야말로 국가에 대한 복종행위의 규범성을 근거지우는 일차적 정당성의 논리로서, 국가에 대한 복종행위를 '시민의 의무'보다 '시민의 덕목'으로 지칭하는 이유라고 하겠다.

Ⅳ. 국가에 대한 헌신과 부모에 대한 헌신

지난 항목에서 국가에 대한 헌신과 복종의 덕목을 '믿음'과 '소망'의 신학적 덕목에서 그 근거를 추출해 냈다면, 이번에는 유교사회의 주요 덕목이었던 효(孝)로부터 그 근거를 추출해 보자. 부모에 대한 자녀의 헌신과 복종태도는 우리 사회에서 효성의 덕목으로 간주되어 왔다. 왜 자녀는 부모에게 효도해야 하는가? 왜 부모의 말에 복종하는 행위가 덕목이 되는가? 지난 항목의 지적과 유사하게, 부모의 말에는 사실적 불확실성과 규범적 불확실성을 포함하여 적지 않은 불확실성이 내포되어 있으나, 그럼에도 불구하고 '나'는 자녀로서 '나'의 의지를 부모의 의지에 복속시키기로 결단했기 때문이다.

우리네 부모들이 자녀들에 대하여 주문과 기대사항이 유별나게 많은 것은 주지의 사실이다. 부모 A는 딸 B에게 "똑똑한 신랑을 만나 결혼하라"고 강권하며, 혹은 "여자는 시집만 잘 가면 그만"이라고 단언한다. 혹은 "정직은 최선의 정책"이라며 거짓말을 하지 말고 정직하게 살라는 가훈(家訓)을 정하기도 하며, 혹은 "공부가 가장 쉬운 일"이고, 부지런히 예습·복습을 하고 집에 일찍 들어오라는 등, 끊임없이 잔소리를 하는 경우도 적지 않다. 그뿐만이 아니다. 부모가 연로해지면, 무엇이 먹고 싶다든지 혹은 어디로 여행을 가고 싶다는 등, 엉뚱하고 이루기 힘든 소원들을 늘어놓아, 가뜩이나 생활에 쪼들리는 자녀를 당혹스럽게 하기 일쑤이다.

이러한 상황에서 자녀가 부모의 뜻에 순종해야 한다면, 그 이유는 과연 무엇일까. 그것은 부모의 말씀이 언제나 옳고 언제나 사리에 맞으며 순리적이기 때문은 아니다. 사실적 관점이나 규범적 관점에서 보더라도 '부모의 말씀'에는 불확실성이 산적해 있다. 왜 결혼 상대자로 딸 B는 '똑똑한' 신랑을 만나야 하겠는가. 똑똑하지 않더라도 '좋은 인품을 가진' 신랑이 일등신랑감이 아니겠는가? 혹은 여자도 남자 못지않은 전문인(專門人)으로서 자신의 삶을 개척하는 것이 바람직한 일인데, 왜 남자만 하늘처럼 우러러 보고 살아야 하겠는가? 이러한 고루한 생각을 가진 부모는 시대의 변화에도 불구하고 남녀차별의 전근대적인 여성상에 물들어 있는 부모임에 틀림없다. 뿐만 아니라 거짓말하는 것이 정당하다고 느껴질 때도 있지 않겠는가? 혹은 도서관에서 공부하고 과외 활동을 하다 보면 늦게 들어오는 것이 불가피한 경우도 없지 않다. 또한 "공부가 가장 쉬운 일"이 아니라 "가장 어려운 일"이라고 느껴질 때도 허다하다. 결국 부모의 지시와 요구의 타당성에 관한 한, 일말의 불확실성이 잠복하고 있어, 때로는 불복할 필요가 있고, 또한 부모 뜻에 복종한다고 해서 자녀가 반드시 출세하고 행

복한 삶을 살아가는 것은 아니다. 그러나 물론 부모의 '잔소리'가 항상 틀린 것
도 아니다. 때때로 자녀는 나중에 어른이 된 후 부모의 말씀이 옳다는 것을 깨
닫기에 이르지만, 이때 부모는 유감스럽게도 이 세상에 계시지 않는다. 따라서
정작 자녀를 곤혹스럽게 하는 문제는 부모의 말씀에는 올바른 지시와 옳지 못
한 지시가 혼합되어 있다는 점일 것이다.

　하지만 이러한 사실적 혹은 규범적 오류나 불확실성에도 불구하고, 부모의
말씀에 승복하는 효성의 덕목이 유의미하다면, 부모 말씀의 타당성 여부와 상관
없이 자녀인 '나'의 마음을 추스르는 데 요긴하다는 측면이 강하기 때문이다.
부모의 말을 새겨듣는 자녀가 항상 올바른 길을 가리라고 단언할 수는 없겠지
만, 잘못된 길을 가기보다 올바른 길을 갈 '가능성'이 크다는 것은 우리 주변에
서 쉽게 입증될 수 있는 사안이 아니겠는가? 즉 부모에 대한 효도는 부모의 타
당한 가르침에 대한 복종보다 자녀인 '나'의 입장에서 자신의 뜻대로 함부로
행동하며 방탕하고 무절제하게 쾌락을 추구하고자 하는 유혹을 뿌리치고 극복
해야 한다는 극기의 차원에서 정당화된다고 하겠다. 강조하자면, 자녀의 순종행
위는 부모의 말이 타당하다거나 사리에 맞다고 하는 정당성의 차원에서 옹호될
수 있는 것은 아니다. 물론 "다른 조건이 동일하다면(ceteris paribus)," 부모의
말이 부당하기보다는 정당한 것이 좋으며, 상식에 어긋나기보다는 사리에 맞는
편이 바람직하다. 그러나 맹자의 어머니나 한석봉의 어머니, 혹은 이율곡의 어
머니와 비교될 수 있는 현모(賢母)가 많은 것은 아니다. 그러므로 부모의 명령
에 대한 정당성 여부는 효가 아닌 다른 원리에 의하여 가늠해야 하는 것이지,
효(孝)의 원리나 자녀 순종의 원리에 의하여 가늠할 수 있는 것은 아니다. 효나
자녀 순종의 원리는 부모보다 자녀인 '나' 자신의 나약한 본성을 다스리고자
하는 목적에서 정당화될 수 있을 것으로 생각된다.

　이러한 논리는 우리 사회의 관혼상제(冠婚喪祭)의 예 가운데 특히 상례(喪
禮)와 제례(祭禮)의 경우에 통용된다. 상례와 제례의 진정한 의미는 어디 있는
가. 직설적으로 말해서, 상례와 제례는 죽은 부모를 위한 것인가, 혹은 살아 있
는 자녀를 위한 것인가. 물론 죽은 부모를 위한다는 측면이 없는 것은 아니나,
이 점에 관한 한, 불확실성의 요인이 엄존한다. 특히 현대에 살고 있는 우리에게
혼령은 밤에만 다닌다는 등 죽은 혼령에 대한 전통적인 샤머니즘적 믿음에 결
코 쉽게 공감할 수 있는 것이 아니라면, 보다 본의적 의미에서 제사란 우리 후

손을 위한 것이다. 상례와 제례를 통하여 부모와 조상에 대하여 공경하는 마음을 가짐으로써 그 동안 무질서해졌던 '나' 자신의 마음을 다잡으며, 경건하게 할 필요가 있지 않은가. 혹은 상례와 제례에서 그 동안 소원했던 친족 공동체의 구성원들을 만나 유대와 우의를 돈독하게 다지는 의미 있는 계기를 제공한다는 것도 중요한 기능이 아닐 수 없다. 강조하거니와, 제사를 지내지 않는다고 해서 돌아가신 부모가 굶는다든지, 혹은 좋은 데를 가지 못한다는 사실은 현대를 살아가는 우리에게 그다지 설득력이 있는 것은 아니다. 그러나 설날이나 추석에 제사지내기 위하여 만난(萬難)을 무릅쓰고 고향 길을 내려갈 때, 귀향의 행위는 극기복례와 절제하는 마음가짐의 표출이 아닐 수 없다. 만일 상례와 제례에 수반되는 그러한 어려움을 극복하지 못한다면, 우리는 언제 어디서 절제와 인내의 마음가짐을 갖게 될 것인가.

이러한 의미에서 효(孝)의 기본정신에 주목해 보자. 자녀들은 부모의 말씀이 올바르기 때문에 복종하는 것인가? 혹은 부모가 원하는 일이기 때문에 복종하는 것인가? 확실히 이 문제는 주의주의(主意主義)와 주지주의(主知主義) 사이에서 선택을 요구하기 때문에, 대답이 용이하지 않다. 하지만 부모가 '원하기' 때문이 아니라, 부모의 말씀이 '올바르기' 때문에 복종한다면, 그것은 '의로운' 행위일 뿐, '효성스러운' 행위의 특성은 찾아보기 어렵다고 생각된다. 부모의 말씀이 아니라 누구의 말이라도, 혹시 지나가는 행인의 말이나 혹은 동생의 말이라도, 그것이 올바르고 사리에 맞는다면 복종해야 하는 것이며, 이 경우 '정의의 덕'을 실천했다고 할 수 있을지언정, '순종의 덕'을 실천했다고 할 수는 없는 일이다. 효의 특성은 부모의 말씀이 옳기 때문이 아니라 부모가 명령했기 때문에 순종한다는 '주의주의적' 성격이 강하다. 이와 마찬가지로 충(忠)의 특성도 임금의 명령이 옳기 때문이 아니라 임금이 명령했기 때문에 복종한다는 데서 찾아볼 수 있다. 물론 이 경우 문제가 없는 것은 아니다. 부모가 명령했기 때문에 복종해야 한다면, 이미 지적한 바와 같이, 그 명령의 타당성에는 언제나 불확실성이 도사리고 있기 때문이다. 때때로 부모의 명령에는 비합리성과 무리가 따른다. 자녀의 적성과 상관 없이 의사가 되고 판사가 되라고 강박하는 부모는 얼마나 많은가.

그러나 그럼에도 불구하고, 효의 전형에 꼽히고 있는 예화는 이 점에 있어 시사하는 바가 크다. 어떤 늙고 병든 어머니가 추운 겨울에 딸기를 몹시 먹고 싫어했는데, 효성이 지극한 아들은 이 어머니의 간절하면서도 무리한 소원을 들어드리고자 정처 없이 길을 떠났다. 분명히 추운 겨울에 딸기를 원하는 어머니의 소원은 합리적인 것은 아니며, 순리적인 것도 아니다. 하지만 왜 불합리하고 무모한 어머니의 소원을 들어드리고자 헌신했던 자녀의 복종행위가 사람들로부터 웃음거리가 되지 않고 칭송을 받는 것일까. 실제로 문제의 예화에서 그 효성스러운 아들은 딸기를 기적적으로 발견했던 것이다. 이처럼 효성스러운 아들에 대한 칭송은 불합리하고 무모한 부모의 소원에 어리석게 순종했다는 맹종(盲從)의 차원이 아니라, 자신의 약한 동기와 이기주의를 극복하고 불가능한 상황에 도전하여 끝까지 충직스럽게 헌신하는 행위를 보였다는 점에서 가능하다. 만일 합리적이며 사리에 맞는 부모의 소원, 혹은 적어도 불합리한 것으로 판단되지 않는 부모의 소원에만 복종한다면, 예를 들어 여름에 참외가 먹고 싶다는 부모의 소원에 순종하여 참외를 사 온다면, 그 행위가 어찌 효자의 귀감(龜鑑)이 될 수 있으며, 효도의 덕목이라고 할 수 있겠는가. 그것은 부모의 소원이 비교적 타당하기 때문에 순종하는 것일 뿐, 부모의 소원이기 때문에 순종하는 행위와는 다르다.

　이와 유사한 논리적 맥락에서 부모로부터 의식주, 의료, 교육 등에서 혜택을 받을 경우의 효도도 별로 의미가 크지 않다고 생각된다. 그것은 ‘무조건적 순종’보다 ‘조건적 순종’의 의미가 두드러지기 때문이다. 부모로부터 혜택을 받는 자녀의 경우, 일반적으로 배은망덕한 패륜아를 제외하고는 보은의 마음을 갖고 있게 마련이다. 이 경우는 부모로부터의 확실한 혜택 없이도 순종하는 경우와 다르다. 그러므로 어린 자녀가 어버이날 용돈을 아껴 어버이의 가슴에 카네이션을 달아 드리는 행위를 보고, “믿음직스러운 나무는 떡잎부터 알아본다”고 칭찬하며 그의 효성스러운 태도를 고취시킬 수는 있겠지만, 어린 자녀가 효성의 덕을 실천했다고 평가할 수는 없는 일이다. 물론 부모의 은혜에 대해서조차 당연한 것으로 치부하는 자녀들이 적지 않은 현실에서 보은의 행동이 무의미하거나 효가 아니라고 단언한다면, 지나친 엄격주의(rigorism) 입장일 것이다. 그러나 그럼에도 불구하고 부모에 대한 효성스러운 행위가 덕목의 범주가 되려면, ‘수단적 합리성’의 범주를 초월하고 자기희생의 측면을 내포하고 있어야 한다는 점을 강조할 필요가 있다. 이러한 의미에서 진정한 효도란 부모가 늙고 거동이 불편하여 강자보다 약자의 입장에 섰을 때, 또한 부모로부터 더 이상의 유의미한 혜택을 기대할 수 없을 때, 바로 그 경우에 한하여 부모의 소원을 들어 드릴 때 성립하는 가치이다.

V. 복종의 미덕과 맹종의 악덕

지난 번 논의에서 정치적 복종의 시민적 덕목을 그리스도교 신학자들이 강조해온 믿음과 소망의 신학적 덕으로부터, 또 한편으로는 유교사회에서 숭상된 효성의 덕과 비교하면서 정당화시킨 바 있다. 이처럼 '믿음의 덕'이나 '효성의 덕'이 신의 문제나 부모의 문제가 아니라, 본질적으로 '나'의 문제에서 비롯되었다는 입장이 방어될 수 있다면, 국가와 계약이나 약속을 맺었기 때문에 혹은 국가에 동의를 했기 때문에 혹은 국가가 정의를 실천하기 때문에 혹은 국가로부터 수단적·비수단적 혜택을 향유했기 때문에 복종하는 것이 아니라, 다만 '나'의 약한 의지를 다스리고자 국가에 복종하는 것이 정치적 헌신과 복종의 올바른 태도라고 할 수 있다. 그러나 한가지 문제가 있다. 정치적 복종행위가 믿음의 덕이나 효성의 덕과 유사한 속성을 공유하고 있다는 관점에서 덕목으로 정당화된다고 해서, 무조건적 복종의 덕목, 혹은 '맹종(盲從)의 덕목'이나 '묵종(默從)의 덕목'이 성립할 수 있을까 하는 점이다.

이와 관련하여 우리에게 친숙한 일련의 역사적 사례가 있다. 베들레헴에서 태어난 3살 이하의 아이들을 죽이라는 헤로데의 명령을 따르는 유데아의 수비대장, 로마를 불태우라는 네로의 명령에 맹종하는 황제의 경호대장, 혹은 유태인을 죽이라는 히틀러의 명령에 복종하는 나치의 군인들이 그들이다. 이들의 국가복종행위에서 '복종의 덕목'을 말할 수 있겠는가? 물론 불가능하다. 이들의 복종행위는 순종의 미덕(美德)보다 맹종의 악덕(惡德)에 속한다고 할 수 있기 때문이다. 인륜과 인권에 어긋나는 사악한 국가의 명령에 복종하는 행위는 무분별한 행위로서 악덕이 아닐 수 없다. 국가에 대한 복종은 정의로운 상황에서, 즉 비교적 순리적인 정의(reasonable justice)가 이루어지고 있는 상황에서 의미가 있음은 두말 할 나위가 없다. 양식과 판단력을 가진 시민이라면, 사악한 국가의 명령에 순종하는 헤로데의 수비대장이나 네로의 경호대장, 혹은 나치 군인의 태도를 칭송하기보다는 비난하지 않겠는가.

물론 이러한 묵종이나 맹종의 행위는 비단 국가의 영역뿐 아니라, 믿음의 영역과 효도의 영역에서도 야기될 가능성이 있다. 불확실성 상황에서 '믿음의 덕목'을 실천한다고 해서, 암암리에 온갖 비리를 저지르는 사이비교주를 개인숭배하는 행위나, "몇 년 후면 세상에 종말이 오니 재산을 교회에 헌납하고 가정을 떠나 천막생활을 하라"는 사이비교주의 잘못된 가르침을 믿고 따르는 행위를 '믿음의 덕'이나 '소망의 덕'의 범주로 간주할 수는 없는 일이다. 건전한 '믿음의 덕'이나 '소망의 덕'이 성립되기 위해서는, '나'의 일정한 이성적 판단과 분별력이 작용해야 할 것이다. 그렇지 않으면, 양식 있는 신자들로부터 맹목적인 믿음이나 광신도의 행위로 지탄받을 것이다.

같은 맥락에서 부모에게 효도하고 부모의 소원을 실현하고자 안간힘을 쓴다고 해서 효자가 되는 것이 아님은 한편으로 명백하다. 자녀에게 도둑질을 시키는 부모처럼 나쁜 부모도 없지 않기 때문에, 진정한 효자·효녀가 되기 위해서는 일정한 정의감과 분별력이 요구된다. 나쁜 일을 하라고 시키는 부모의 지시에 복종하는 행위를 효도라고 평가할 수는 없는 일이다. 이처럼 비교적 선의와 일정한 도덕성을 가진 부모에 대한 복종을 전제로 하는 편이 온당하다면, '효성의 덕'과 '정의의 덕'이 전적으로 별개로 작동할 수 없음을 확인하게 된다. 마찬가지로 팥쥐의 경우처럼, 콩쥐를 괴롭히고자 하는 어머니의 뜻에 따라 콩쥐를 괴롭히는 행위를 효녀의 행위라고 간주할 수는 없다. 팥쥐를 효녀(孝女)로 부른다면, '효녀 심청'이와는 비교될 수 없는 '사악한 효녀'인 셈이다. 그러나 '사악한 효녀'란 '행복한 고민'이나 '잔인한 친절'처럼, 모순어법(oxymoron)이 아닐 수 없다.

따라서 '믿음의 덕'이나 '효성의 덕'에는 일정한 분별력과 도덕성이 전제되어야 하리라고 생각된다. 이 점에서 우리는 "다른 조건이 동일하다면"이라는 조건절(條件節)을 붙일 수 있을 것이다. 즉 '믿음의 덕'이나 '효성의 덕'을 실천하고자 할 때, "다른 조건이 과연 동일한가" 하는 자문(自問)을 해보아야 할 것이다. 그러나 한편, 엄밀한 의미에서 보면, 일정한 분별력이나 일정한 도덕성이 전제되어야 한다는 문제는 비단 '믿음의 덕'이나 '효성의 덕'뿐 아니라, 다른 모든 덕목에도 해당되는 문제이다. '믿음의 덕'과 '소망의 덕' 이외에 '사랑의 신학적 덕'에도 분별력이 요구된다. 또한 '효성의 덕'뿐만 아니라, '우정의 덕'의 경우에도 마찬가지로 적용된다고 보아야 하지 않겠는가! 일반적으로 붕

우유신(朋友有信)이라고 할 때, 관포지교(管鮑之交)와 같이 도덕적으로 정당화될 수 있는 아름다운 우정을 말하는 것이지, 깡패들 사이의 우정이나 조직폭력배들 사이의 의리를 덕이라고 말하는 것은 아니다.

정치적 복종에 관한 덕목에도 같은 기준이 적용된다는 점을 각별히 강조할 필요가 있다. 즉 헤로데의 수하장군이나 네로의 경호대장 혹은 나치 군인의 경우, 비단 이들의 맹목적인 정치적 헌신의 태도만 '악덕(惡德)'으로 비난받는 것이 아니라, 이들의 용기도 냉소의 대상이다. 방어력이 전혀 없는 일반시민들을 상대로 '돈키호테'처럼, "조자룡의 헌칼"을 마구 휘두르며 살해하고 혹은 죽음의 수용소로 보내는 데 발휘되는 군인들의 만용이 어떻게 죽음을 무릅쓰고 그리스의 아킬레스와 맞선 트로이의 맹장 헥토르의 행위와 비견될 수 있는 용덕(勇德)이 되겠는가? 또한 복종과 용기뿐만 아니라, 상기의 군인들이 아마도 가지고 있었을 법한 인내, 절제 등의 가치도 모두 바래지고 부정적 의미를 노정하게 되는 것은 당연한 일이다. 이러한 관점에서 '정의의 덕'이야말로 '지혜의 덕'과 '용기의 덕', 및 '절제의 덕'을 아우르는 '규제적 덕목(regulative virtue)'으로 자리매김한다는 플라톤의 지적은 아무리 강조해도 지나침이 없다. 동일한 맥락에서 조직폭력배의 조직원이 지혜로움과 용기를 구비하여 지혜롭게 도둑질을 하고 혹은 다른 조직폭력배와 용감하게 목숨을 걸고 싸운다면, 그러한 지덕(知德)과 용덕(勇德)이 과연 무슨 의미가 있겠는가.

그렇지만 여기서 관심의 대상은 전적으로 불의한 법, 누구의 눈에도 자명한 엄청난 불의를 내포한 법이 아니라, 불의와 정의가 혼재되어 있는 법, 혹은 정의로운지 불의한지가 불분명한 국가의 명령이나 법이다. 혹은 '참을 수 없을 정도'의 불의가 아니라 '참을 수 있을 정도'의 불의를 내포한 법이나 명령이다. 이러한 범주에는 필요 이상으로 시민생활에 불편을 주는 법이나 명령, 시대변화에 뒤떨어진 법, 혹은 내용이 너무 어렵고 막연해서 지키기 어려운 법들이 포함된다고 하겠다. 예를 들어 국가는 '나'를 불러 전방에 배치할 수도 있고 후방에 배치할 수도 있으며, 혹은 유능한 지휘관 밑에 둘 수 있는가 하면, 무능한 지휘관 밑에 둘 수도 있다. '나'의 친구는 편한 보직을 받아 즐기는데, '나'만 고생할 수도 있다.

그러나 이러한 일정 수준의 비효율과 부정의, 불공평에도 불구하고, 무조건 그것이 국가의 뜻임을 알고 그 이유로 복종한다면, 국가에 대한 맹종이라기보다는 자기 희생을 전제로 한 정치적 헌신의 전형이다. 즉 불의함을 일정 수준 내포하고 있지만 전적으로 불의하지 않은 국가에서, 조국의 부름에 무조건적으로 응하여 목숨을 바치고 청춘을 불사르며 혹은 불구의 몸이 되는 행위는 살신성인(殺身成仁)과 진충보국(盡忠報國)의 행위가 아니겠는가? 여기에는 분명히 한 실체의 의지에 또 다른 실체의 의지가 복종한다는 의미가 내포되어 있다. '나'의 의지를 국가의 의지에 복종시킨다면, '나'의 의지가 신의 의지에 복속되는 '믿음의 덕'처럼, 혹은 '나'의 의지가 부모의 의지에 종속되는 '효성의 덕'처럼, 정치적 복종의 덕목으로 빛날 것이다.

강조하자면, 정치적 복종의 덕목은 국가의 의지에 '나'의 의지를 복속시킬 때 가능하다. 국가의 의지에 '나'의 의지를 복속시켜야 하는 이유는 국가의 권위가 엄정하고 국가의 정책이나 법이 항상 공명정대해서가 아니라, '내'가 방만하게 처신하고 탈선하는 행동을 저지르며 편견과 아집에 사로잡혀 잘못된 대안에 집착할 수 있는 유혹으로부터 '내'가 벗어날 수 있는 매우 유의미한 삶의 방식(modus vivendi)이 되기 때문이다. 만일 '내'가 항상 시시비비를 따지면서 국가의 명령에 복종하거나 복종하지 않는다면, 정치적 헌신의 덕목과는 거리가 있다. 뿐만 아니라 '나'의 악한 본성과 동기를 감안할 때, 국가에 불복종한다고 해서 그것이 반드시 불의에 불복종하는 행위가 되리라는 보장도 없고, '나'의 불편함, '나'의 아집(我執)과 오판(誤判), 편견(偏見)으로 인하여 불복종 행위를 택할 가능성도 크다. 특히 국가의 명령이나 법과 관련해서 시시비비를 가리는 '나'는 잘못할 수 있고 '나'의 판단도 오류일 수 있지 않겠는가.

이러한 의미에서 '나' 자신의 욕구를 어거(馭車)하는 데 중점이 두어지는 '복종의 덕목'이란 지혜의 덕이나 용기의 덕, 인내의 덕과 엄연히 어깨를 나란히 할 수 있는 하나의 소중한 덕목이라는 것이 본 연구의 소견이다. 계몽주의 시대 이후 중세기의 암흑의 시대를 거친 서구 사회의 모토는 자율적 인간이었다. 이 점에서 계몽화된 개인은 '교회의 권위'나 '신의 권위'로부터 벗어나, 인간 자신의 이성과 의지를 존중하며 신뢰하는 자율적 존재를 지향하였다. 또한 자본주의 시장 경제가 발전하면서 또한 공리주의의 대두와 더불어 인간은 자신의 손실과 이익을 자율적으로 계산할 수 있는 존재로 자리 매김하게 되었다. 그 결과 개인의 자율성(自律性)과 개성(個性)이 강조되는 반면, 복종의 미덕, 권위에 대한 순종의 미덕은 사라지게 되었다. 따라서 권위에 복종하는 사람은 그 권위가 누구의 권위이든 차치한 채, 마치 노예와 같은 타율적 존재로 치부되기에 이른 것이며, 그것이 또한 우리의 현실이다.

그러나 이처럼 복종의 덕목 자체를 의문시하는 태도가 잘못되었다는 사실은 오늘날 어떠한 민주국가라도 군대조직을 가지고 있다는 점에서 드러난다. 군대는 국토방위를 위하여 요구되는 필수적인 조직이다. 이 군대사회에서 상급자의 명령에 대한 복종은 필수이며 의무이다. 왜 자율적 시민들로 이루어진 민주사회의 군대에서 상급자에 대한 무조건적 복종이 규범이 되었는가. 그것은 상명하복(上命下服)의 권위주의 문화를 정당화시키기 위함이 아니라, 일정한 공동선을 위하여 각 구성원이 자신의 의지를 다른 사람의 의지에 복속시켜야 할 필요성이 엄존하고 있음을 반증하는 셈이다. 이것이야말로 루소가 '특정의지(particular will)'와 '일반의지(general will)'를 구분한 후, '특정의지'보다 '일반의지'에 복종해야 할 의무를 강조한 이유이다. 결국 복종의 덕목은 남의 의지에 복종하는 것이 아니라, 실은 격정(passions), 혹은 프로이트가 말하는 이드(id), 혹은 이기주의적 자기이익에 흔들리는 잘못된 자기 자신을 제어함으로써, '진정한 나'의 의지, 즉 '일반의지'에 복종한다는 의미가 배어 있다.

따라서 복종의 덕목은 민주사회가 '격정의 사회'가 아니라 '이성의 사회'로 남아 있기를 소망하는 한, 활성화될 필요가 있는 덕목이다. 복종은 '나'의 이성적 판단과 자유의지 및 자율을 포기하게 만드는 것이 아니라, '나'의 의지에 일정한 방향성을 부여함으로, 더욱 더 '나'의 자율을 보완하고 '나' 자신을 풍요하게 만드는 데 기여하는 덕목이다. 이러한 의미에서 인류에 헌신한 사람, 신앙에 헌신한 사람, 이웃에 헌신한 사람을 '덕스러운 사람'이라고 할 수 있다면, 같은 이유로 국가에 헌신한 사람도 '덕스러운 사람'이라고 해야 하지 않겠는가!

VI. 자유 민주주의 사회에서 시민적 덕목의 필요성

국가에 대한 복종의 덕목을 옹호하면서, 우리는 보다 근본적으로 자유 민주주의 사회가 과연 덕목을 필요로 하는 사회인가 하는 물음에 봉착하게 된다. 일반적으로 자유 민주주의 사회는 '권리'와 '의무' 및 '이익'이 강조되는 사회일 뿐, '덕목'이 중요시되는 사회는 아니라는 인식이 보편적이다. 이미 이 사실은 매킨타이어(A. MacIntyre 1981)가 자유 민주사회의 특성과 관련하여 통렬히 비판하고 있는 내용이기도 하다.

매킨타이어는 자유 민주주의 사회가 이모티비즘(emotivism)의 성격을 지니고 있어 조작적인 사회관계와 비조작적인 사회관계를 구분하지 못할 뿐 아니라, 이모티비스트 사회에서는 베버가 말하는 관료제가 자리잡고 있어 '권력'과 '권위'를 구분하지 못하고 있다고 주장한다. "베버적 형태가 아닌 권위에 대한 옹호 논리를 찾아볼 수 없다는 것"이 그의 지론이다. 또한 덕목이란 특정 선에 대한 공유된 인식과 협력적 추구에 기반을 둔 진정한 공동체 안에서 비로소 개화될 수 있겠는데, 자유주의는 사람들이 다같이 소중한 가치로 합의할 수 있는 '공유재(shared goods)'의 성립가능성 자체를 부인하고 있어, 덕목의 개념이 설자리가 없다는 점도 문제이다. 즉 자유주의 사회는 사람들이 합의할 수 있거나 합의해야 하는, '좋은 삶(good life)'에 대한 정당화될 수 있는 비전이 존재할 수 없는 사회이다.

특히 매킨타이어는 덕목과 관련하여 세 가지 특성을 들고 있다. 즉 내적 선(internal good)을 산출할 뿐 아니라, 개인의 생활에 일관성과 의미를 부여하는 '서사적 통일성(narrative unity)'을 제공하고 개인의 정체성을 구성하는 전통을 공여하는 것이 덕목의 특성이다. 그러나 덕목의 이러한 특성을 받아들이기를 거부하고 있는 것이 자유 민주주의 사회의 본질이라고 지적한다.

그런가 하면 공동체주의자가 아닌 자유주의자들 가운데도 덕목의 부재를 자책하는 목소리가 있다. 슈트라우스(L. Strauss 1953)도 그 중 하나인데, 자유주의가 많은 사람들의 일상적 생활을 지배하는 격정에 대한 제약의 필요성을 간과하고 소수의 뛰어난 사람들의 활동을 권장하는 탁월성에 대한 노력을 경시하는 태도를 취했다는 것이 그가 질타하는 문제점이다. 그 이외에도 자유주의 사회의 '부덕성(不德性)'에 대한 비판은 적지 않다. 또한 서구학자들의 주장에 특별히 혹은 새삼스럽게 주목하지 않더라도, 오늘날 우리 한국 민주주의 사회에서 덕목이 발견되고 덕행이 목격되고 있다면, 자유 민주주의 사회에서 새롭게 대두된 덕목의 차원이라기보다는, 과거 유교사회에서 비롯된 '잔여적(殘餘的)' 범주의 전통임을 부인할 길 없다. 과거 유교의 삼강오륜이 아직까지 영향력을 미치고 있는 것에 불과하다는 의미이다. 장성한 자녀가 늙은 부모를 모시고 사는 아름다운 행위도 전통적인 효성의 덕목에서 나온 것이며, 지하철에서 나이 많은 사람에게 자리를 양보해야 한다는 규범이 존속하고 있다면, 유교사회의 장유유서(長幼有序)의 덕목에서 기인한 것이지, 자유 민주주의 사회에서 비로소 개화된 시민적 덕목의 발현은 아니다.

주지하는 바와 같이 유교사회는 덕을 지향한, 덕치(德治, virtuocracy)의 사회였다. 삼강오륜(三綱五倫)에 대한 강조는 두말 할 나위가 없거니와, 그 이외에도 많은 덕의 함양에 심혈을 기울였는데, 이는 특히 민들레, 혹은 '앉은뱅이꽃'으로 대변되는 상징체계에서 확인할 수 있다. 민들레에서 상징되는 덕목은 아홉 가지 덕목으로서, 인(忍), 강(强), 예(禮), 용(用), 정(情), 자(慈), 효(孝), 인(仁) 및 용(勇)인데, 이른바 '포공구덕(浦公九德)'이라고 하였다.[2] 서당 울타리 안에는 일부러 민들레를 많이 심어 학동들에게 덕을 가르치는 모델로 삼았고, 따라서 서당은 "앉은뱅이집," 혹은 훈장은 "포공(浦公)"으로 지칭되기도 하였다. 유교사회에서 민들레의 상징체계를 통하여 덕목을 강조하고 학동들에게 덕을 가르치고자 했던 이유는 어디에 있었던가? 국가 공동체에서 극기복례(克己復禮)의 예절생활을 영위해 나가려면 자기희생과 자기억제가 요구되게 마련이며, 이를 위해서는 어려서부터 자기중심주의나 '쾌락의 원칙'을 거부하는 생활철학을 몸에 익혀야 한다는 함의가 담겨 있었다고 보아야 할 것이다.

물론 우리가 몸담고 있는 자유 민주주의 사회가 덕목에 기반을 두고 있는 사회가 아니라는 주장은 비교적 설득력을 지녔다고 생각된다. 민주시민교육에 있어서도 '권리'와 '의무' 및 '책임'을 중시할지언정, '덕목'을 강조하고 있는 것은 아니다. 이 사실은 특히 공동체주의자들이 비난해 마지않는 부분이며, 자

---

2) 민들레는 발길에 밟히고 바퀴가 지나가는 길가에서도 살아나는 강인한 생명력이 있어 인(忍)을 첫번째 덕으로 꼽고 있고, 두 번째 덕인 강(强)은 뿌리를 잘게 쪼개거나 볕에 말려 심어도 다시 포기를 이룰 만큼 고난을 이겨내는 힘이다. 잎의 수만큼 꽃대가 올라와서 한 대궁에 한송이만 피우고, 형님 꽃이 지기를 기다려 아우 꽃이 피므로 차례를 안다고 하여 예(禮)를 세 번째 덕으로 여겼다. 또한 나물로 무치면 달고 쓴맛이 식욕을 돋우고 영양이 우수하여 보릿고개에는 부황을 막아주었기 때문에 용(用)이 네 번째 덕이며, 꽃에는 꿀이 많아 벌, 나비가 모여들어 정(情)이 넘쳐 다섯 번째 덕을 이루고, 잎이나 줄기를 잘라 보면 뽀얗고 진득한 젖이 흐르므로 자(慈)가 여섯 번째 덕이다.
백발을 예방하므로 효(孝)가 일곱 번째 덕이며, 즙이 종기에 특효가 있고 달여 마시면 식독을 풀어주고 체기를 뚫어주는 효험이 있어 인(仁)이 여덟 번째 덕이다. 마지막으로 홀씨가 바람에 날려 어디서나 뿌리를 내리고 번식하므로 용(勇)이 아홉 번째 덕이다. 이러한 의미에서 민들레는 잡초(雜草)보다는 덕초(德草)라고 지칭할 만하다(정연순 1995, 26-27).

유주의자들도 쉽게 자인할 만큼 진부한 사실로서, 결코 새삼스러운 현상은 아니다. 자유 민주주의 사회가 '덕목'보다 '이익'에 기초하고 있다는 견해는 이미 허쉬만(A. Hirschman 1977)에 의해서 설득력 있게 제시된 바 있다. 17세기와 18세기에 걸쳐 공화정은 시민의 덕목에 의해서 유지되기보다는 정치적으로 파괴적인 귀족들의 '격정(passions)'을 중산층의 상업적이고 소유적 성향의 이익(acquisitive interest)의 추구를 통하여 제어함으로 비교적 무난하게 지탱될 수 있다는 믿음이 정착되고 있었다는 것이 허쉬만의 분석이다. 또한 홈즈(S. Holmes 1984)도 '이익'의 개념이야말로 봉건사회나 귀족사회에서 통용되었던 '특권'과 '세습' 개념을 타파하는 데 중요한 기여를 한 것으로 지적하고 있다. 뿐만 아니라 해밀튼(A. Hamilton)이나 매디슨(J. Madison) 등 미국의 "건국의 아버지들(Founding Fathers)"이 조망했던 자유 민주주의 사회도 '이익'에 대해서는 '이익'으로 제압하고 '격정'에 대해서는 '격정'으로 통제한다는 철학이 통용되는 사회였다.[3] 바로 이와 같은 정치철학에 입각해서 삼권분립과 같은 제도가 구체화되기도 하였던 것이다.

그러나 그렇다고 하더라도, 민주사회의 정치비전이 자기이익(self-interest)의 합리적 추구 이상의 공동체를 함의할 수 없다는 명제가 결코 자명한 명제는 아니며, 오히려 도전받을 필요가 있다고 생각된다. 무엇보다도 민주사회에서 적어도 암암리에 공동선(common good)이나 이타주의를 위한 개인의 자기희생과 헌신의 덕목을 권장하고 칭송하고 있는 것은 부인할 수 없는 현실이기 때문이다. 우리 한국사회의 경우, 지나가는 부녀자의 가방을 탈취한 날치기를 붙잡고자 위험을 무릅쓰고 쫓아간 일반 시민에게 '용감한 시민상'을 수여하고 있다. 혹은 철도건널목에서 다른 사람을 대피시키고 자신의 목숨을 희생한 철도국 직원을 '의사자(義死者)'로 추모하고 있다. 이와 유사한 일련의 사례들을 보면, 자유 민주주의 사회에서도 용기와 정의, 절제, 슬기 등의 덕목의 가치가 평가절하되고 있는 것은 결코 아니며, 역시 칭송받을 만한 행위의 범주로 자리매김하고 있고 널리 권장되고 있다. 물론 그렇다고 해서, 자유 민주주의 사회를 "덕이 강물처럼 흐르는 사회"라고 말할 수는 없고, 설사 덕목의 중요성을 강조한다고 해도 '실천'보다 '말'이 중시되는 사회라고 하겠지만, 문제의 괴리현상은 자유 민

---

3) 이러한 정치비전은 그들이 작성한 『연방주의 문서(Federalist Papers)』에서 현저하게 나타나 있다. 이와 관련하여 해밀튼(A. Hamilton et al. 1787) 등의 『연방주의 문서』를 참조할 것.

주주의 사회에만 예외적으로 해당되는 것은 아니다. 중세 그리스도교 사회에서도 덕목이 주도적인 담론(談論)을 형성하고 있었음에도 불구하고, 심지어 성직자들 중에도 얼마나 위선적 행동이 많았던가. 혹은 유교사회에서도 삼강오륜 등 덕목이 중시되었으나, 유명무실한 경우가 적지 않았다. 특히 여자의 부덕(婦德)을 강조했으나, 질투나 투기가 난무했음은 조선시대의 궁중사에서 확인할 수 있지 않은가!

이러한 관점에서 볼 때, 자유민주주의에 고유한 일련의 덕목들이 제시될 수 있을 것으로 생각한다. 특히 그 가운데 대표적인 것이 관용(tolerance)의 덕목이다. 실제로 자유 민주주의 사회의 철학적 기초를 옹립하는 데 일조한 로크(J. Locke)를 보면, 관용에 관한 가치가 두드러진다. 관용의 덕목이야말로 유교사회는 물론, 서구의 고대 · 중세사회를 막론하고 덕목을 숭상한 어떠한 사회에서도 인정받거나 주목받지 못했던 자유 민주주의 사회의 고유한 덕목이라고 할 수 있다. 이러한 맥락에서 덕목을 강조하는 일련의 자유주의자들의 주장에 주목할 필요가 있다. 터쳐크(R. Terchek 1986, 18)는 자유주의자들의 전형인 아담 스미스와 밀(J. S. Mill)에 대하여 "덕의 실천을 위한 습성을 함양하도록 충고하고 있는 입장"임을 강조하고 있다.[4] "자유주의와 덕목의 함양은 논리적으로 양립할 수 있고 상호간에 보완적 관계"라는 것이 또한 부지제스키(J. Budziszewski 1986)의 주장이다. 특히 이와 관련하여 슈클라(J. Shklar 1984, 5)의 통찰은 주목할 만하다. "우리 앞에 놓여진 선택은 전통적인 덕목과 자유주의적인 자기 탐닉 사이의 선택이 아니다. 자유주의는 자유가 모든 사람들에게 부도덕하게 공짜로 주어진다는 의미보다는 자유의 모험을 참을 수 없는 사람들에게는 대단히 힘들고 제약적인 것이며 또한 부담스러운 것이라는 점을 강조하고 있다. 자유의 습성은 사적과 공적으로 계발되는 것이며, 자유주의적 성품도 쉽게 길러지는 것이 아니다." 이러한 일부 덕목 자유주의자들의 견해와, 유교사회에서 존중되었던 일련의 덕목들이 실종된 현상을 아쉬워하는 우리 한국 사회의 분위기를 반추한다면, 자유 민주주의 사회에서 '권리'와 '의무', '이익'의 범주만이 전부가 아니며, 덕목의 가치가 재평가될 가능성은 충분한 셈이다.

---

4) 아담 스미스는 『부국론(Wealth of Nations)』 이외에 『도덕 감성론(Moral Sentiments)』을 집필함으로써 개인의 도덕적 성향을 강조하였고 밀은 '저급의 즐거움' 보다 '고급의 즐거움'에 초점을 맞춘 질적 공리주의(qualitative utilitarianism)를 제창하였다. 이들 주장들은 모두 개인의 욕망과 이기주의 절제의 필요성을 겨냥하고 있는 것이다.

물론 자유 민주주의 사회가 일정 수준 덕목에 기반을 두고 있다는 명제에서부터 자유주의 정치가 철두철미한 멸사봉공(滅私奉公)의 시민, 즉 공화주의자들이 선호했던 공공선에 대한 열망으로 가득찬 루소의 공화정(共和政)시민이나 몽테스키외(Montesquieu 1973, 11-14)의 『페르시아인의 편지(Persian Letters)』에서 나타나는 '트로글로다이트인들(Troglodytes)'과 같은 도덕적 시민들을 요구한다는 명제를 도출해 낼 수는 없는 일이다. 자유민주주의 공동체는 사적 영역을 보장하고 사적 선(private good)의 가치를 인정하는 만큼, 시민적 덕목이나 '시민의 탁월성(civic excellence)' 함양을 위한 수도원과 같은 '수덕(修德) 공동체'로 이해되는 것은 온당치 않다. 덕목에 기반을 둔 자유 민주주의 사회 구축의 당위성에 대한 주장은 루소의 공화정이나 『페르시아인의 편지』에서 구체화된 '트로글로다이트인들의 공동체' 구축의 논리보다는 훨씬 완화된 것으로, 정치(政治)지상주의(至上主義)에 입각한 목적론적 주장보다는 수단주의적 논리가 강하다. 단도직입적으로 말해서 자유민주주의 제도의 원만한 운영은 시민들과 정치인들의 자질과 품성에 달린 것이므로, 만일 시민 개인들로부터 시민적 덕목을 찾아볼 수 없거나, 그 가능성이 희박하다면, 아무리 제도가 정교하고 탁월해도 심각한 병리현상을 유발시킬 것이라는 실용주의적 사고를 근저에 깔고 있다. 또한 대거(R. Dagger 1997)의 통찰을 원용한다면, 정치와 공동선의 영역은 인간생활의 전부는 아니더라도 중시되어야 할 공적 영역인 만큼, 시민들로부터 이에 대한 일정한 헌신과 자기희생이 요구된다는 '공화주의적 자유주의(republican liberalism)' 비전에 입각하고 있다. 결국 '시민적 덕목'과 '시민적 탁월성'에 관한 수단주의적 논거는 '좋은 질서를 가진 자유 민주주의 사회'의 성공은 덕목을 가진 시민들을 육성할 수 있는 정치 공동체의 능력에 달려 있다는 상정에 주목하고 있는 셈이다.

상기의 수단주의적 실용주의 논거가 유의미하다면, 자유민주주의 정치 공동체를 유지하는 데 일련의 덕목들이 필요하다는 주장은 설득력을 지닐 수 있을 것이다. 특히 이 점에 있어 개스톤(W. A. Galston 1991)이나 킴리카(W. Kymlika 1995) 등, 자유주의 성향의 덕목주의자들의 입장은 강력하다. 물론 이들은 어떤 가치를 시민의 덕목으로 간주해야 하느냐 하는 점에 있어 의견이 다르지만, 그럼에도 불구하고 민주사회에서 시민의 덕목이 요청된다는 점에 관한 한 일치하고 있다. 본 연구에서는 버트(S. Burtt 1990, 24)의 정의를 받아들여,

시민적 덕목이란 "행동과 사고에 있어 사적 선을 넘어 공적 선을 증진시키고자 하는 성향(disposition to further public over private good in action and deliberation)"이라는 관점에서 이해될 수 있다고 생각한다. 실상 몽테스키외(Montesquieu 1989, 36)의 고전적 통찰도 이와 부합한다. "정치적 덕목이란 법과 조국에 대한 사랑이다. 자기자신의 이익보다 공적 이익에 대한 지속적인 애정을 요구하는 이 사랑은 모든 개인적 덕목을 산출한다."

강조하거니와, 시민적 덕목에 관한 한, 사적 이익보다 공적 이익에 관한 헌신의 태도가 중요하다는 사실을 감안할 때, 고전적 공화주의 전통을 상기시킨다. 그러나 물론 사적 이익에 대한 공적 이익의 중요성을 강조한다고 하더라도 아리스토텔레스나 고전적 공화주의자처럼, 정치 공동체나 공동선이 인간생활에 있어 '유일한' 선(solum bonum)이거나, '최고의' 선(summum bonum)이라고 단언하는 것은 온당치 않다. 정치 공동체의 중요성 이외에도, 사적 영역의 신성성(神聖性)을 받아들일 필요가 있기 때문이다. 하지만 그렇다고 하더라도 민주사회에서도 정치 공동체나 국가가 시민들에게 일정한 헌신과 투신을 필요로 하고 있음을 부정할 수는 없는 일이다. 따라서 시민적 덕목을 함양한 민주시민이라면, 최소한 정치적 복종이나 헌신행위를 공동체에 필요한 '당위적' 기여나, 심지어는 '즐거운' 기여로 간주할 수 있을 것이다.

이러한 관점에서 볼 때, 민주주의 사회가 요청하는 시민적 덕목은 분명히 엄존한다. 조국을 수호하고자 하는 의지나, 일정한 형태의 정치참여 등이 그것이며, 그 이외에도 개스톤(W. A. Galston 1991)[5]이나 대거(R. Dagger 1997)[6]가 지적하는 시민적 덕목도 주목할 만한 사례이다. 그러나 여기서 특히 강조하려는 것은 시민적 덕목을 어떻게 규정하더라도, 정치적 복종의 행위는 이에 포

---

5) 개스톤은 책임 있는 민주시민에 요구되는 네 가지 덕목을 지적하고 있다. 첫째는 일반적 덕목(general virtue)으로 용기와 준법정신 및 충성심을 포함하며, 둘째는 사회적 덕목(social virtue)으로 독립성과 열린 마음을 포함한다. 셋째는 경제적 덕목(economic virtue)으로 직업윤리 및 경제와 기술변화에 대한 적응태도를 포함하며, 네 번째는 정치적 덕목(political virtue)으로 다른 사람들에 대한 권리를 분간하고 존중할 수 있는 능력, 비용을 지불할 수 있는 재화에 대해서만 요구하려는 태도, 공직에 있는 사람들의 실적을 평가할 수 있는 능력 및 공적 담론에 참여하고자 하는 용의이다.

6) 대거는 민주시민에게 요구되는 여섯 가지 덕목을 제시하고 있다. 개인의 권리를 존중하는 태도, 자율성을 가치 있는 것으로 평가하는 태도, 자기와 다른 의견과 신념을 관용하는 태도, 공정하게 자신의 몫을 다하려는 태도, 공동체의 기억을 소중히 하는 태도 및 공동체의 생활에 적극적으로 참여하는 태도이다.

함된다는 사실이다. 뿐만 아니라 일련의 시민적 덕목들은 직접적으로나 간접적으로 정치적 복종의 범주와 연계되거나, 이에 귀속될 수 있는 덕목들이다.

무엇보다도 각 정치 공동체는 그 구성원들에게 공동체를 수호하기 위하여 때에 따라서는 목숨까지 바치라고 요구할 수밖에 없다. 때때로 외부의 적들은 자신들의 영토와 영향력을 넓히기 위하여 '나'의 조국에 대하여 침략 전쟁을 일으키기도 한다. 혹은 조국의 영토 일부를 무력으로 빼앗고자 기회를 엿보고 있다. 이 경우 조국을 지키고자 한다면, 용기와 용덕이 요구된다. 즉 '나' 자신이 몸담고 있는 정치 공동체를 수호하기 위하여 전쟁터에 나가야 하고, 심지어는 목숨까지 바칠 용의와 결단이 필요하다. 전쟁터에서 요구되는 용기는 분명히 덕목에 속한다. 아리스토텔레스의 덕 개념을 원용할 때, 죽음이 두려워 벌벌 떠는 겁쟁이의 소심함과 무조건 힘만 자랑하는 만용의 행위 가운데 중간에 해당되는 행위가 바로 용덕(勇德)이기 때문이다. 아리스토텔레스는 "덕이 중용에 있다(virtus in medio stat)"고 설파하지 않았던가. 이러한 맥락에서 "조국을 위하여 죽는 것은 달콤하고 품위 있는 일(dulce et decorum est mori pro patria)"이라는 준칙을 받아들이고 실천하는 군인이야말로 용덕을 실천하고 있는 시민이다.

조국을 지키기 위해서 군인들에게 용기가 요구되는 것은 두말 할 나위가 없지만, 일반 시민들에게도 역시 목숨을 바칠 만한 용기가 필요하다. 외적과의 전쟁에서 일반 군인들 다수는 용감히 싸우는데, 일반 시민들은 피난 갈 생각이나 밀항할 궁리나 한다면, 그 정치 공동체는 존립하기 어렵다. 물론 '나'의 조국이 외국을 침범하려 한다는 판단이 들 경우, 침략전쟁에 참여하기를 거부할 수도 있다. 이것은 정당화될 수 있는 시민 불복종행위의 하나인 셈이다. 그러나 일반적으로 "다른 조건이 동일하다면," 정치 공동체가 적어도 살아남고 혹은 융성하기 위해서 그 구성원들은 목숨까지 바칠 만한 각오가 되어 있어야 하지 않겠는가. 강조하거니와, 목숨까지 바칠 만한 용기라면, 분명히 용덕의 범주이다.

물론 민주 공동체가 유지되기 위해서 용덕 이외에도 대의 민주주의를 운영하는 데 필요한 정치참여의 시민적 덕목들도 중요하다. 적어도 자유민주사회는 국민주권이라는 각 시민의 권리에 기초하고 있어 시민 개인의 선택은 매우 중요하고, 또한 시민들에 의하여 뽑힌 정치인들이나 대표자들의 자질(資質)과 능력(能力)도 큰 비중을 차지하고 있기 때문이다. 주지하는 바와 같이 민주사회는 대의제로 운영되고 있기 때문에, 민주사회의 시민이라면 공직을 맡으려고 하는 사람들의 자질과 능력을 비교적 면밀히 파악할 수 있고, 공직을 맡았던 사람들의 실적을 비교적 엄정하게 평가할 수 있는 능력을 갖추어야 한다. 확실히 이러한 능력의 체득과 함양은 자기 이익이나 '수단적 합리성'의 범주를 넘어가는 행동의 영역이 아닐 수 없다. 선거참여행위가 시민의 '합리적 선택행위'가 될 수 없음은 이미 합리적 선택론자들도 인정한 바 있거니와, 일반적으로 시민들은 선거를 통하여 대표를 뽑게 될 경우에, 이른바 '합리적 무지(rational igno-rance)'나 혹은 '만족화 전략(satisficing strategy)'에 의하여 대충대충 뽑는 경향이 강하다. 후보자들을 엄정하게 평가하려면 시간과 에너지, 정보 등이 요구되는데, 이러한 사안에 비용과 노력을 투여한다는 것은 생업에 종사하는 시민으로서는 부담스러운 일이다. 따라서 투표에는 정보비용이나 기회비용이 소요되게 마련인데, 이러한 비용이 부담스러운 나머지 후보자에 대해 무지한 상태로 투표하게 되는 상황이 일반적이다. 당연히 그 결과는 부실한 선택이 될 수밖에 없다. 부실한 투표에 의해 선출된 대표자들이 의회에 진출하게 되면, 정치 공동체의 질(質)은 어떻게 되겠는가? 그러므로 비교적 책임 있는 견실한 투표를 하기 위해서는 일정한 부담과 정보비용을 기꺼이 감내하려는 의지와 슬기로움, 판단력 등의 시민적 덕목이 요구된다고 하겠다.

뿐만 아니라 민주 공동체에는 조국방위의 열망과 정치참여 이외에도 필요한 덕목이 적지 않은데, 개스톤의 통찰을 원용한다면, 몇 가지 덕목들이 더 거론될 수 있다. 민주정치는 시민들의 요구와 선호에 의하여 작동하는 정치적 기제이다. 민주 정부의 문제는 각 정당들이 선거를 통하여 집권하기 때문에 국가의 백년대계(百年大計)와 장기적 이익을 희생시키면서 유권자들의 단기적 이익에 영합하고자 하는 성향을 노정하고 있다는 점이다. 선거 때마다 선심성 공약을 쏟아 내는 정부야말로 단기적 이익에 집착하는 대표적 사례이다. 그런가 하면 마땅히 수행해야 할 일련의 정책들을 시민들에게 인기가 없다는 이유만으로 중지하거나 연기하는 경향도 민주정부의 심각한 결함이 아닐 수 없다. 이러한 일련의 민주정부의 악덕을 치유하고자 한다면, 시민들로서는 정부에 대한 요구와 관련하여 절제(temperance)의 덕을 갖추어야 하며, 필요하다면 긴축재정을 위하여 허리띠를 졸라매는 고통을 받아들일 수 있어야 한다.

같은 맥락에서 시민들은 정부가 부담할 수 있는 수준과 범위 이상의 공적 서비스를 요구하지 말아야 하며, 자신들이 요구하는 모든 혜택에 대하여 비용을 지불하는 것은 단순히 수익자 부담 원칙 등 '경제적 이슈'가 아니라, '도덕적 이슈'임을 자각해야 할 필요가 있다. 국민연금제도 운영을 위한 소득 신고에서 자신들의 소득을 줄여서 축소신고하고 지불한 금액보다 훨씬 많은 혜택을 추구하려는 자영업자들, 혹은 교통사고 보험금을 타내기 위하여 필요 이상으로 입원 치료를 하는 사이비환자들이야말로 무임승차적 사고와 행동에 익숙한 부덕한 시민들의 모습이 아니겠는가. 그 비용부담은 다른 양심적이고 선량한 시민들에게 돌아가게 마련이다. 뿐만 아니라 국가의 지속적인 재정적자, 즉 후손들에게 빚을 남겨 주는 국가의 채무 증가는 현 시점에서 자신들의 욕구를 절제하기를 거부하는 시민들의 탐욕의 상징이라고 할 수 있지 않겠는가.

한편 정치인들에게도 일정한 덕목이 요구된다. 정치 지도자들에게 요구되는 덕목이라면 일반 시민들의 경우보다 더욱 더 중요성을 띠고 있다는 것이 개스톤의 주장이다. 민주사회의 지도자라면, 사회의 다양성의 조건하에서, 그리고 헌법정신에 입각한 일정한 제도적 제약을 받아들이며 통치권을 행사하고 정책을 추구할 수 있는 능력, 즉 인내의 덕목이 필요하다. 개인주의적인 이익 추구와 분화된 사회의 원심적 경향에 대하여 공동목표와 공동체의식을 일구어 낼 수 있는 능력도 정치 지도자들이 갖추어야 할 중요한 덕목 가운데 하나이다. 이러한 맥락에서 지역주의에 편승하여 표를 얻고 권력을 유지하려는 '권력에의 의지(der Wille zur Macht)', 즉 '리비도 도미난디(libido dominandi)'를 자제할 수 있는 능력이 필수적이다. '고향의 힘'을 믿으며 '권력에의 의지'를 충족시키고자 안간힘을 쓰는 정치 지도자의 모습은 얼마나 왜소하고 초라한가! 뿐만 아니라 일반 시민들의 무리한 욕구에 영합해서 인기를 얻으려는 유혹에 저항할 수 있는 능력을 지녀야 할 것이다.

물론 본 연구에서는 개스톤의 시민적 덕목의 개념과 목록이 비교적 적절하다고 판단하지만, 한편으로 개스톤의 주장 일부에 대하여 이의를 제기할 소지가 전혀 없는 것은 아니다. 특히 시민의 덕목과 지도자의 덕목이 구분된다는 개스톤의 견해는 자유 민주주의 사회의 특성을 감안할 때, 문제가 있다. 자유 민주주의 사회에서 일반 시민들과 정치 지도자들은 질적으로 다른 존재가 아니라 상호간에 역할교체가 가능한 호환적(互換的) 범주이다. 왜냐하면 왕정시대와 달리 일반 시민들이 정치 지도자가 되는 것이 민주주의사회의 기본적 특성이기 때문이다. 이 점을 감안할 때, 정치 지도자들에게 요구되는 덕목은 일반 시민들에게도 똑같이 요구된다고 보아야 할 것이다. 즉 일반 시민들에게는 개스톤의 주문보다 더 엄중한 공익적 성향과 태도가 요구되는 셈이다.

이러한 일부의 문제점에도 불구하고 개스톤의 일련의 제안들이 비교적 설득력이 있다면, 자유민주공동체에도 시민의 덕목이 필요하다는 최소한의 논거로 받아들일 수 있을 것이다. 그러나 물론 시민의 덕목 가운데 본 연구의 최대 관심사는 정치적 복종의 덕목이다. 정치적 복종의 덕목은 '사적 선'보다 '공적 선'을 우선시하려는 태도와 열망 가운데 가장 대표적인 것이기 때문이다. 따라서 다양한 시민적 덕목 가운데 위계질서(位階秩序)나 축차적 질서가 성립할 수 있다면, 정치적 복종의 행위야말로 첫번째 자리를 차지할 덕목이라고 생각된다. 법을 지키려는 열의, 국가의 권위에 승복하려는 열의가 충만할 때, 비로소 국토방위를 위한 용기의 덕이나 정치참여의 덕들이 꽃필 수 있지 않겠는가? 이 점을 감안하면서, 정치적 복종의 덕목이 다른 시민적 덕목과 비교하여 어떤 특성을 갖고 있는지 다음 항목에서 집중적으로 논의하기로 하자.

Ⅶ. 정치적 복종의 덕목의 특성

1. 자기자신의 욕구를 극복하는 행위의 범주로서 정치적 복종

국가권위에 대한 복종이나 법 체계에 대한 복종을 '시민적 덕목'이라고 할 때, 이 정치적 헌신의 덕목은 다른 시민적 덕목, 예를 들면 용기의 덕이나 절제의 덕, 혹은 정의의 덕목과 공통점을 지니고 있는 부분도 있고, 차이점을 지니고 있는 부분도 있다. 앞으로의 논의를 통하여 공통점과 차이점에 유의하면서, 정치적 헌신과 복종의 덕목의 특성을 부각시키고자 한다.

무엇보다도 주목의 대상이 되는 정치적 복종의 덕목은 다른 시민적 덕목과 마찬가지로 전통적 의미의 덕목, 즉 유교적 의미의 덕이나 고전적 공화주의자들이 상정했던 덕, 혹은 그리스도교적 의미의 덕, 혹은 호메루스나 플라톤을 비롯하여 고전적 수덕주의자들이 강조해 마지않았던 덕보다는 비교적 덜 엄격하다고 하겠다. 유교적 의미의 덕이나 그리스도교적 의미의 덕, 수덕주의자들 관점에서의 덕은 엄격한 '자기 희생(self-sacrifice)', 혹은 '자기 부정(self-denial)'을 의미하며, 인간 자신의 욕정과 쾌락 및 이기주의적 속성을 철저히 배제하고 이를 극복할 수 있는 행동의 범주이다. 이에 비한다면, 정치적 복종의 덕목은 비교적 덜 영웅적이고 덜 자기 부정적이며, 보다 더 일상적이다. 매일매일의 생활 속에서 법을 지키는 시민들의 행동에서 언제나 비장함과 긴장감이 감도는 것은 아니며, 혹은 굳은 결의를 확인할 수 있는 것은 아니다. 또한 2년간의 병역의 의무를 이행하기 위해 군대를 가는 청년들에게서 임전무퇴(臨戰無退)의 정신으로 무장한 채 전쟁터로 출전하는 화랑들의 비장함은 엿볼 수 없다.

그러나 그렇다고 하더라도, 정치적 복종의 시민적 덕목은 최종적으로 '자기 이익(self-interest)'의 범주로 환원될 수 있는 것은 아니라는 점을 분명히 할 필요가 있다. 물론 여기서 '자기 이익'의 범주라고 할 때, 항상 부정적인 것으로 매도할 이유는 없다. 허쉬만도 예리하게 지적한 바와 같이, 인간의 '파괴적인' 격정(passions)을 제어하는 데 있어 '이익(interest)'은 '덕목(virtue)'의 범주보다 더욱 더 효과적일 수 있기 때문이다. 또한 '단기적 이익'보다 '장기적 이익'을 말할 수 있는가 하면, 현실적 상황하에서의 이익보다 '무지의 베일'을 쓴 상황에서의 자기 이익에 중점을 둘 수도 있다. 혹은 토크빌(A. Tocqueville)이 지칭한 대로 '개화된 이익(enlightened interest)'이나 밀(J. S. Mill)이 주장한 대로, '발전적 존재로서 영원한 이익(permanent interest as a progressive being)'에 주목할 수도 있으며, 심지어는 하버마스가 강조한 '해방적 이익(emancipatory interest)' 등, 양질의 범주의 이익을 개념화하는 것이 불가능한 일은 아닐 것이다. 그러나 '덕목'이 '이익'의 범주와 구분된다고 할 때 강조해야 할 부분은 이른바 '타산성(calculating)'을 지닐 경우의 이익과는 양립하기 어렵다는 점이다. 즉 타산적 범주의 이익이나 '수단적 합리성'의 이익이라면, 시민적 덕목의 개념과 쉽게 호환적으로 사용될 수 없다.

강조하자면, 정치적 복종행위를 '시민적 덕목'이라고 할 때, 고대의 수덕주의적 전통이나 그리스도교적 전통, 혹은 유교적 전통이나 공화주의 전통 등, 어떤 특정한 범주의 덕이나 가치관들을 전제하고 있는 것은 아니나, 적어도 타산적인 자기 이익의 함의, 혹은 '수단적 합리성'의 범주를 지니는 행동의 범주와는 대비되는 것으로 이해할 필요가 있다. 이러한 관점에서, 본 연구에서는 적어도 루소가 시도한 덕의 해석에 공감한다. 실상 덕의 어원에 대한 루소의 다소

임의적인 풀이는 매우 인상적이다. 영어의 'virtue'로 표시되는 덕, 불어의 vertu로 표시되는 덕은 라틴어의 '빌투스', 즉 'virtus'에서 기원하고 있다. 그런데 라틴어의 'virtus'는 'vir', 즉 '남자'를 의미하는 용어에서 출발했다는 것이 루소의 견해다. 덕이란 결국 '남자다움(manliness)'이다. 그렇다면 덕과 '남자다움' 사이에는 어떠한 관계가 있는가. 남자만이 덕을 가질 수 있고, 여자는 덕을 가질 수 없다는 의미인가? 결코 그렇지 않다. '빌투스'에 관한 한, 여성비하의 의미는 찾아볼 수 없었기 때문이다. 오히려 분명한 것은 성차별의 의미보다는 자기억제의 특성을 부각시키고 있다는 점이다. 덕을 실천하기 위해서는 '남자다운 굳센 의지', 즉 자기 자신의 욕정을 억누르고 극복하는 의지가 요구된다는 의미가 아니겠는가? 따라서 여자도 남자 못지않게 부덕(婦德)을 실천할 수 있고 또한 용덕(勇德)을 실천할 수 있다.

　　이러한 루소의 해석이 일단 그리스 사회에서 덕을 지칭하던 '아레테', 즉 'arete'와 다른 함의를 지니고 있는 것으로 비추어질 수도 있다. '아레테'는 '탁월성(excellence)'을 의미하고 있기 때문이다. 주지하는 바와 같이 탁월성은 개인의 '역할(役割)'에서 나오는 개념이다. '수술의사'의 탁월성이나 '목수'의 탁월성을 날랜 손재주라고 할 때, '운동선수'의 탁월성과 다르다는 점이 분명하기 때문이다. 이처럼 탁월성이 개인이 맡은 일정한 '역할'에서 기인하는 개념이라면, 남자다운 의지를 뜻하는 '빌투스'와 같은 것은 아니다. '빌투스'는 반드시 역할을 전제하는 개념이 아니기 때문이다. 그러나 그렇다고 하더라도 그리스의 '아레테'도 결국 자기 욕구를 억제한다는 차원에서 그 본의적 특성이 설명될 수 있는 개념이라는 점은 분명하다. '탁월한' 군인, '탁월한' 피아니스트 및 '탁월한' 문인이 되려면, '탁월한' 말의 경우와 같이, 각고의 노력과 훈련, 끈기, 자기희생이 요구된다. "할 것 다하고," 즉 "놀고 싶은 것 다 놀고 자고 싶은 것 다 자고 먹고 싶은 것 다 먹으면서" '탁월한' 운동선수나 '탁월한' 군인, '탁월한' 피아니스트, '탁월한' 문인이 되기를 기대할 수는 없는 노릇이다.

　　물론 '탁월성'을 어떻게 규정해야 하는지는 문제가 아닐 수 없다. '탁월한' 운동선수는 얼마나 자신의 전공분야에 '탁월'해야 하는가? 올림픽에 나가서 반드시 금메달을 따야 탁월하다고 할 수 있는가? 또한 '탁월한' 시인이 되려면, 이태백이나 윤동주처럼, 시심(詩心)이나 표현능력에 있어 비범해야 하는가? '탁월한' 의사가 되려면, 얼마나 의술에 정진해야 하는가? 적어도 유의태나 허준처럼 되어야 탁월한 '심의(心醫)'라고 지칭할 수 있는지는 의문이다. 그렇지만 '탁월성'을 어떤 방식으로 정의한다고 하더라도, 자기자신의 욕구를 자제하는 자기극복의 의지가 요구되는 것은 두말 할 나위가 없다. 결국, 자신의 욕구를 극복해야 한다는 점에서 비로소 '탁월성'이 성립할 수 있는 것이라면, '빌투스'에 대한 루소의 해석이 그리스에서 통용되던 '아레테'에 대한 의미와 크게 다르다고 말할 수는 없는 셈이다.

같은 맥락에서 '탁월한' 시민이 되려면, 얼마나 국가에 헌신해야 할까, 혹은 '탁월한' 시민이 되려면 얼마나 충실히 법을 지켜야 할까 하는 점은 쟁점이다. 혹은 얼마나 충실히 국가의 명령에 따라야 '탁월한' 군인이 될까 하는 것은 의문이다. 예를 들어 보자. 우리 한국 사회에서 남자는 병역의 의무를 지고 있다. 병역의 의무는 남자에게 부담스러운 짐이다. 한창 공부나 일에 매진할 나이에 청춘을 희생하고 병영생활을 한다는 것은 낭비로 생각될 수 있다. 이러한 상황에서 남자 A가 병역의 의무를 기피할까 혹은 병역의 의무를 이행할까 하는 기로에 서게 되는 것은 당연하다. 이 경우 그럴 듯한 수단과 방법으로 병역의 의무를 기피하겠다는 유혹을 이기고 병역의 의무를 이행하기로 나섰다면, 루소적 의미에서 남자다운 용기, 즉 '빌투스'를 발휘한 것이며, 혹은 시민의 '탁월성'을 보인 셈이다. 그러나 군대에 나간 '나'도 일선근무를 자원할까 혹은 후방근무를 지원할까 하며 망설일 수 있다. 혹은 군인의 '탁월성'을 보이려면, 일선근무를 자원해야 할까 혹은 해병대에 자원해야 할 것인가? 이에 대한 답변이 쉽지 않다. 탁월성에 관한 한, '막시말리스트' 입장도 가능하고 '미니말리스트' 입장도 가능하기 때문이다. 그러나 군인의 '탁월성'이나 시민의 '탁월성'을 어떻게 정의한다고 하더라도, '탁월성'을 성취하기 위하여 '나' 자신의 이기주의적 욕구에 대한 극복이 요구된다는 점은 틀림없는 사실이다.

2. 수단적 덕목으로서의 정치적 복종

정치적 복종의 시민적 덕목은 그 자체의 내재적 가치보다 국가 공동체에 대한 수단적 덕목이라는 점이 돋보인다. 정치적 헌신과 복종행위를 '수단적 덕목(instrumental virtue)'이라고 할 때 그 의미는 무엇인가? 그것은 개인 자신보다는 시민의 '역할'에서 정당화되는 탁월성이라는 의미가 배어 있다. 다시 말해서 시민으로서의 '나'는 정치 공동체의 구성원이라는 측면이 현저하다. 따라서 정치적 복종의 덕목은 개인보다 국가 공동체의 차원에서 기능적 역할을 수행하는 데 초점을 맞추고 있는 만큼, 개인적으로는 그러한 덕성(德性)을 함유하고 실천하고 있다고 해서 반드시 풍요로운 삶을 보장받는다고 할 수는 없다.

보다 구체적으로 정치적 복종과 헌신의 시민적 덕목은 용감함이나 절제, 인내 등의 '윤리적 덕목(moral virtue)'과 구분된다고 하겠다. 전자가 국가 공동체에 유용한 수단적 덕이라면, 후자는 개인의 '좋은 삶(good life)'을 보장하는 내재적 가치의 덕이기 때문이다. 이 양자의 차이란 밀(J. S. Mill)의 개념을 원용하여, '자기 본위적 행위(self-regarding acts)'와 '타인 본위적 행위(other-regarding acts)'의 차이에 비견된다. 자기 본위적 행위란 일차적으로 그 효과가 자기 자신에게 미치는 반면, 타인 본위적 행위란 일차적으로 그 효과가 다른 사람에게 미치는 행위이다. 이러한 관점에서 볼 때, 정치적 헌신이나 복종의 덕목이 용기나 인내, 절제 혹은 지혜의 덕목과 다른 점은 정치적 헌신은 일차적으로 그 덕의 소유자보다는 다른 사람들, 즉 국가 공동체에 미치는 효과와 영향력이 돋보인다는 사실에 있다. 즉 정치적 복종의 덕을 실천한다고 해서 그 덕을 실천하는 개인의 삶 자체가 반드시 풍요해지는 것은 아니다. 법을 준수하고 병역의 의무를 수행했다고 해서, 그 개인의 삶이나 가정의 삶이 행복해지는 것은 아니다. 크리톤의 탈출 제의를 마다하고 '법과의 약속'을 지킨 소크라테스의 삶은 오히려 불행해지지 않았던가. 이와는 대조적으로 용기나 인내, 지혜, 절제 등의 덕목은 일차적으로 그것을 지닌 소유자의 삶을 풍요롭게 만든다.

물론 용기 있는 사람이나 인내력이 강한 사람, 혹은 지혜가 풍부한 현인(賢人)과 더불어 생활한다면 '나'의 삶의 질은 향상될 것이 분명하다. 용기를 가진 친구와 같이 일하거나, 인내심이 많은 선배와 더불어 일할 때, '나' 자신은 스스로의 실패에 좌절하거나 조그마한 일에도 분을 참지 못하는 성향을 극복하는 데 커다란 도움을 받을 수 있다. 이러한 관점에서 보면, 용기나 절제의 덕도 타인 본위적 속성을 지니고 있는 것이 분명하다. 그러나 그렇다고 해도 용기 있는 사람이나 지혜로운 사람은 어디까지나 용덕(勇德)과 지덕(智德)을 지니고 있다는 사실 자체로 인하여 스스로 풍요로운 삶을 향유하는 사람이다.

버스 안에서의 소매치기범을 목격하고 끝까지 소매치기를 추격하여 격투 끝에 그를 잡아 파출소에 넘기는 용기 있는 사람은 평소의 일상 생활에서도 우유부단함을 떨쳐 버리고 모험에 도전을 하기 때문에 인생에서의 성공률도 높다고 볼 수 있다. 여러 사람 앞에서 갑자기 소심해져 말도 잘 하지 못하는 사람이 대중정치인이 되고 싶어도 그 소심함을 극복하지 못하는 한, 정치인이 되고자 하는 인생의 꿈을 접게 될 가능성이 큰데, 이러한 사람은 십중팔구 지하철에서 옆의 시민이 깡패한테 봉변당하는 것을 보면서도, 겁에 질려 숨죽이고 있을 사람일 확률이 높다. 또한 병영 생활의 어려움을 잘 참아 넘기는 인내심이 많은 사람은 역경 속에서도 항상 굳센 의지로 견디고 조그만 일에 신경질을 내거나 일희일비하는 가벼운 사람이 아니므로, 제대한 후 상사로부터 믿음직스럽다는 평가를 받아, 직장에서도 상무 등 높은 자리까지 오를 가능성이 적지 않다. 이러한 의미에서 용기의 덕이나 인내의 덕은 공히 시민적 덕목에 속하기는 하나, '일차적으로'는 그 소유자의 삶을 풍요롭게 하기 때문에 '자기 본위적 덕목'이라고 지칭하는 편이 온당하다.

그러나 정치적 헌신과 복종의 덕목을 실천했을 때, 개인의 입장에서 이익보다 손실을 감수해야 할 경우가 적지 않다. 다른 사람들이 투표에 불참하는 경우 시민 A가 투표에 참여하고 다른 사람들이 지역주의 성향과 '님비' 성향의 투표를 할 때 시민 B가 반지역주의적 성향과 반 님비적 성향을 표출한다면 A와 B는 다른 사람들로부터 칭송을 받기보다 '고지식한 사람'이나 "혼자 잘난 체 한다"는 따가운 눈총을 받게 되는 경우도 많다. 혹은 군대간 사람은 '곰바우'로, 반대로 군대에 안 간 사람은 '요령좋은 인물'로 치부되고 있는 것이 유감스러운 우리 현실의 한 단면이다. 이에 비하여 용기의 덕을 실천한 시민을 생각해 보자. 버스 안의 소매치기를 발견하고 도망가는 소매치기를 끝까지 추격하여 붙잡은 용감한 시민 C는 주위 사람들로부터 시민 정신을 실천한 사람으로 격찬을 받고 또한 '용감한 시민상'을 받게 마련이다. 그러나 오늘날 누가 조국을 위해 싸우다가 북한에 불법적으로 장기 억류된 국군포로를 기억하는가. 그러므로 정치적 헌신과 충성의 덕목은 국가 공동체 전체의 생활을 풍요롭게 하고 국가 공동체의 유지와 번영에 유효할지언정, 정치적 헌신의 덕목을 실천한 개인에게 반드시 이득이 된다고 하기는 어렵다.

이러한 관점에서 볼 때, 정치적 헌신과 복종이라는 본의적 의미의 '시민적 덕목'과 한편으로 '시민적 덕목'이기는 하나, 윤리적 덕목의 성격이 더욱 짙게 배어 있는 용기나, 인내, 절제 등의 덕목은 '착한 시민'과 '착한 사람'과의 차이를 방불케 한다. 우리 사회에서는 흔히 '법 없이 살 사람'이라고 지칭하면서, 양자를 동일시하는 경향이 있다. 이미 플라톤도 "법은 착한 시민에 대하여 침묵한다"고 갈파한 바 있거니와, '법 없이 살 사람'은 '착한 사람'의 전형으로 국가에 누를 끼치지 않을 사람으로 치부하기 때문이다. 그러나 '착한 시민'과 '착한 사람'은 결코 동일한 범주가 아니라고 생각된다. 물론 '좋은 시민'이 '좋은 사람'이 될 가능성이 적지 않고, 또한 '좋은 사람'이 '좋은 시민'이 될 가능성도 배제할 수 없어, 양자 사이에 중복의 가능성은 엄존한다. 정치적 복종의 덕목과 용기와 인내, 절제 등의 윤리적 덕목이 연계될 수 있는 가능성은 매우 실제적이다. 국가의 부름에 의하여 국토방위의 임무에 임하는 사람이 용덕과 인내, 절제의 덕을 갖추고 있다면, 전쟁터에서 용기를 갖고 싸울 수 있고 어려운 군영생활에 쉽게 적응하며 군율을 잘 엄수함으로 정치적 복종의 덕목을 빛낼 수 있다.

이처럼 시민적 덕목과 윤리적 덕목이 무리 없이 공존할 수 있지만, 그럼에도 양자는 독립적인 범주임을 강조해 보자. 국가의 법을 충실히 지키고 세금을 잘 내는 사람이 성격도 조급하고 인내심도 없으며, 절제심 등 윤리적 덕목을 결여할 가능성이 있으며, 반대로 인격이 고매하고 정의를 부르짖는 의인(義人)이나 지혜로움을 갖춘 현자(賢者)가 국가 공동체의 존속과 번영에 걸림돌이 될수 있다. 예를 들어 인권주의자는 자국의 악화된 인권을 세계에 고발함으로 외국으로부터의 침입을 정당화시키는 대의명분과 구실을 줄 수 있다. 혹은 외국과의 전쟁이 야기되어 조국의 운명이 풍전등화의 상황임에도 불구하고 도덕적으로 모범적인 A가 평화주의자를 자처하고 무기를 들지 않겠다며 국가의 부름에 응하지 않는다면, '좋은 사람(good person)'이기는 하되, '좋은 시민(good citizen)'이라고는 할 수 없는 일이다. 혹은 특정 지역을 점령한 적군이 개인 B에게 아군 병력이 어디에 숨어 있는가를 물을 때, "어떠한 경우에도 거짓말을 하지 말라"는 칸트의 정언명법에 따라 정직하게 가르쳐 주었다면, '좋은 개인'은 되겠지만 국가 공동체로부터는 '반역자'라는 낙인이 찍힐 수밖에 없다.

이 경우 국가 공동체는 어떠한 사람을 필요로 할까? '좋은 사람'일까, '좋은 시민'일까? 이 문제에 관한 한, 오랫동안 정치철학도들은 고심해왔다. 일단 이 문제에 관심을 가진 플라톤에게 있어, 양자간의 택일적 선택은 무의미하다. '좋은 인간(a well-ordered soul)'과 '좋은 시민(a well-ordered citizen)'은 구분되지 않기 때문이다. '좋은 인간'과 '좋은 시민'을 구분하지 않는 플라톤의 논리는 '좋은 질서를 가진 영혼(a well-ordered soul)'과 '좋은 질서를 가진 국가(a well-ordered state)'가 대칭적이라는 데 있다. 플라톤의 『공화국』은 바로 이러한 명제를 정립하기 위한, 난해하면서도 인상적인 논증이다. 따라서 '정의로운 국가'가 존재하지 않는다면, '정의로운 인간'도 존재하지 않는다. 다시 말해서 플라톤에게 있어 '정의로운 국가'와 '부정의한 인간', 혹은 '부정의한 국가'와 '정의로운 인간'은 공존할 수 없다. 그러므로 국가가 목적이고 인간의 덕은 이에 수단적이라고 말할 수 있다. 그러나 그렇다고 해서 개인의 덕이 그 자체로 의미가 없는 것은 아니겠지만, 결국 국가에 의해서 그 가치를 인정받게 된다.

그러나 아리스토텔레스의 경우, 강조점은 달라진다. 개인의 덕, 즉 '아레테'는 일상적 경험에서 알 수 있고 철학적 접근 방식으로 정의할 만하며, 따라서 언제나, 어떠한 정치 공동체에서나 동일하다. 아리스토텔레스에 관한 한, 덕은 '그리스인들만의 덕'이 아니라 '인간의 덕'이었다. 그러므로 정치 공동체의 생활은 그 자체로 목적이라고 할 수 있는 '아레테'를 달성하는 수단으로 간주되어야 한다. 일단 물리적·물질적 안전의 조건들이 충족되면, 정치 공동체는 시민들 안에서 '아레테'가 고양되도록 제도와 정책을 운영해야 한다. 정치 공동체의 가치는 문제의 공동체가 '아레테'라는 목적을 얼마나 유의미하게 달성할 수 있느냐에 달려 있다. 물론 아리스토텔레스는 당시 그리스에 산재한 많은 '폴리스'들이 덕을 위한 공동체를 지향하지 않고 있다는 사실을 모르지 않았다. 스파르타 같은 '폴리스'는 군사적 승리를 목적으로 하고 있었고, 고린토나 테베 등 다른 폴리스들도 상업적 번영을 목표로 하고 있는 실정이었다. 따라서 각 폴리스들은 덕을 갖춘 개인과 관련하여 '좋은 시민'으로 규정하기에 이르렀는데, 행동과 품성을 통하여 국가 공동체의 존속에 매우 중요한 도움을 주는 개인이 '좋은 시민'이라는 비전을 투영하고 있었던 셈이다. 이 상황에서 정치와 덕목의 관계는 역전되었다. 즉 덕목은 수단이 되고 정치 공동체는 목적이 되었기 때문이다.

현대에 와서 덕목의 내적 가치를 부정하고 정치 공동체에 대한 기능을 강조하는 수단적 입장은 홉스(T. Hobbes)에 의해서 적나라하게 표출된다. 홉스(1962, 124)의 다음과 같은 지적은 전형적이다.

"모든 사람들이 평화는 좋은 것이라는 사실에 동의한다. 그러므로 평화에 이르는 방안과 수단, 즉 정의와 감사, 절제, 형평성, 자비 또한 자연법의 나머지도 좋은 것으로 평가받는다…. 그러나 도덕 철학자들은 이 같은 덕목과 악덕들을 인정하면서도 그들의 선성이 어디에 있는 것인지 알지 못했기 때문에, 이들 덕들은 평화롭고 사회적이며 안온한 생활에 기여하는 수단적 덕들로 간주되지 못했다."

물론 이러한 입장은 비단 홉스뿐만 아니라, 루소의 입장이기도 하였다. 로마와 스파르타를 높이 평가한 루소의 공화주의나 마키아벨리의 공화주의에 있어 공공선이나 공적 기여가 시민의 덕목을 결정하는 요소였다. 그러나 한편 덕목이 전적으로 정치 공동체의 수단의 범주로 간주된다면, 문제가 야기된다. 만일 국가 공동체가 불완전하다면, 그 비전에 따라 인격이 형성되는 개인 구성원들도 불완전성을 갖게 마련이다. 이 점을 감안하면, 덕의 내적인 가치를 인정할 필요가 있다. 이 점이 또한 아리스토텔레스적 입장이며, 또한 근대에 와서 밀과 롤즈가 견지하고 있는 견해이기도 하다. 그러나 그렇다고 하더라도 단순히 덕의 내적인 가치에만 치중하는 것이 이들의 입장은 아니다. 덕의 내적 가치에 지나치게 집착한다면, 국가 공동체의 활동을 증진시키기보다 저해한다는 점을 우려하는 나머지, 정치 공동체에 대한 수단적 기능도 가능해야 한다는 견해를 피력하고 있기 때문이다.

특히 이 점에 있어 롤즈의 입장은 현저하다. 롤즈에 있어 정치 공동체를 최종적으로 정당화시키는 요소는 정의의 달성이다. 이 경우의 정의란 개인의 덕, 즉 '의덕(義德)'으로서의 정의가 아닌 '사회적 정의(social justice)'를 말한다. 롤즈는 사회가 개인의 덕이나 탁월성의 달성을 극대화할 수 있도록 구성되어야 한다는, 이른바 '완벽주의(perfectionism)' 비전을 거부한다. 그러나 개인에게 요구되는 의덕으로서의 정의가 홉스나 루소 혹은 공화주의자들처럼, 그의 『정의론』에서 간과되고 있는 것은 아니다. 개인들은 정의감(sense of justice)에 대한 능력을 갖고 있는 존재로 상정되기 때문이다. 즉 사회정의에 관해 사람들 사이에 합의된 원칙을 받아들이고 이에 입각해서 행동할 수 있는 능력을 개인들은 지니고 있다. 따라서 롤즈의 비전에 입각하면, 정의로운 개인의 육성은 국가 공동체의 목적이 아니며, 오히려 '좋은 질서를 가진 사회'를 이루는 수단이 된다. 이것이야말로 '좋은 질서를 가진 사회'의 각 구성원이 다른 사람들로 하여금 성숙된 '정의감'을 갖도록 기대하는 이유이다. 이러한 입장이 홉스나 루

소 혹은 마키아벨리의 입장과 유사한 부분을 갖고 있는 점은 분명하지만, 최근
에 와서는[7] 내적 선과 내적 목적으로서 '도덕적 인격(moral personality)'의
계발에 중점을 두고 있다. 즉 정의로운 사회를 지탱하는 데 도움이 되는 실천행
위들은 정의에 대한 생득적 능력을 현실화시킨 자유롭고 평등한 존재로서 인간
의 본성도 표현하고 있다고 주장하기 때문이다.

　결국 그렇다면 정치와 덕목의 관계에 관한 한, 두 가지 입장이 가능한 셈이
다. 즉 내적 가치를 지닌 목적으로서의 덕과 정치 공동체에 복무하는 수단으로
서의 덕이 그것이다. 우리가 정치적 헌신과 복종의 덕목을 말할 때, 정치적 헌신
은 목적으로서의 덕목보다는 수단으로서의 덕목, 혹은 '좋은 사람'보다는 '좋은
시민'의 범주에 해당되는 덕목이다. 그것은 한 개인의 탁월성에 관한 문제가 아
니라, 공동체 구성원으로서 시민의 역할에서 기인하는 탁월성에 관한 가치이기
때문이다. 한 정치 공동체에 '좋은 사람'만 많고 '좋은 시민'이 많지 않을 경우,
정치 공동체의 존속과 번영은 어려움을 겪을 수밖에 없다. '좋은 사람'은 국가
의 가치보다는 '좋은 삶'에 대한 자신의 가치, 자신의 도덕감, 자신의 정의감에
의하여 행동하는 윤리적 덕목을 지니고 있는 사람으로 법에 대한 복종보다 불
복종 행위를 시도할 공산이 크다. 그러나 법을 일단 지키고자 하는 시민 개인의
열망이 감소한다면, 법을 통해 집단목표를 성취하려는 사회의 전반적 능력도 감
퇴할 수밖에 없을 것이다.

　마지막으로 강조하고자 하는 점이 있다. 정치적 복종을 수단적 덕목으로 규
정했다고 해서 정치 공동체의 현존하는 가치와 규범에 무조건 찬성하거나 복종
하는 것을 의미하는 것은 아니라는 점이다. 이 점은 정치적 복종의 덕목을 실천
한 소크라테스에게서 현저하게 엿볼 수 있다. 소크라테스는 정치 공동체의 기존
의 규범과 가치관을 의문시하고 비판하는 것을 최고의 덕목으로 삼았다. 소크라
테스는 자기 자신을 '아테네의 등애(godfly)'로 자처하지 않았던가! 이와 유사
한 맥락에서 밀(J. S. Mill)도 비정통적인 사상이나 이념을 설파하는 사상가야
말로 사회의 장기적 이익을 제고시킨다고 주장해왔다. 밀이 『자유론』을 통하여
'표현의 자유'와 '토론의 자유'를 강력하게 옹호했던 것도 바로 이러한 이유에
의한 것이었다. 따라서 이 점을 감안한다면, 국가 공동체에 대한 정치적 헌신과
복종이라는 수단적 덕목의 필요성을 강조한다고 해서, 법에 대한 복종이 언제나

---

7) 이에 관한 한, 그의 『*Justice as Fairness: Political not Metaphysical*(1985)』을 참조할 것.

정당화되어야 한다는 것은 아니다. 때때로 악법에 대한 불복종행위를 정당화하는 것이 정치적 덕목의 특성이다. 그러나 그렇다고 하더라도 정치적 복종의 덕목이 불의한 법에 대한 복종을 때때로 정당화될 수 있다는 사실을 간과할 수는 없는 노릇이다. 따라서 정치적 복종에 관한 덕목의 수단성을 말할 때는 복종행위와 불복종행위중 어떤 행위가 온당한가에 대한 가늠보다는 사적 이익보다 공적 이익을 우선시하는 성향을 함의하고 있는가 하는 점에 주목해야 한다는 것이 본 연구의 입장이다.

3. 습성화된 덕목으로서의 정치적 복종

마지막으로 정치적 헌신과 복종의 시민적 덕목의 특성과 관련하여 강조하고자 하는 부분은 덕의 일반적 특성상 습관화되어야 한다는 사실이다. 적어도 아리스토텔레스의 덕의 개념을 원용하면, 덕스러운 행위는 일회성으로 끝나는 행위가 아니라 습관화되어 이른바 '제2의 천성(second nature)'이 되어야 할 것이다. 이러한 관점에서 "한 마리의 제비가 왔다고 하여 봄이 온 것은 아니다"라는 아리스토텔레스의 유비적 표현은 인상적이다. 물론 덕과 습성의 관계에 관한 한, 특히 칸트와 아리스토텔레스의 비전이 상충한다는 사실에 주목할 필요가 있다. 루소나 칸트에 의하면 '나' 자신의 욕정이나 자연적 본성과 투쟁하며 이겼을 때 비로소 덕스러운 행동이 가능하다. 이 점에서 아리스토텔레스도 이의를 제기할 것 같지는 않다. 덕에는 선(善)이 악(惡)과 싸워 선이 이긴다는 인식이 내재해 있기 때문이다. 그러나 루소나 칸트에 있어 보다 중요한 것은 선과 악의 투쟁 과정에서 문제의 행위자가 고통과 갈등을 겪어야 한다는 사실이다. 그러므로 이미 지적한 바와 같이 루소는 덕(virtue)에 대하여 '남자다운 용기'로 해석하고 있는 것이 아닌가. 다시 말해서 덕을 갖춘 사람, 혹은 도덕적으로 행동하는 사람은 내면적으로 선과 악의 격렬한 투쟁을 체험하고 있는 사람이다.

이에 비하여 아리스토텔레스에 있어서는 인간의 악한 욕구를 선한 욕구가 단호하게 제압함으로 그 승리와 즐거움을 만끽한다는 비전이 전제되어 있다. 덕을 행하는 사람은 덕을 실천함으로 즐거움을 느끼는 사람이며, 반대로 덕을 행함으로 즐거움을 느끼지 못하는 사람이라면 덕을 가진 사람이 아니다. 물론 아리스토텔레스에 있어 욕정을 억누르는 덕이 타고나는 측면이 없지는 않다. 그러나 본의적 의미에서 단련과 극기, 훈련의 결과를 덕이라고 할 수 있다. 이 점에서 덕의 연마는 인간의 타고난 능력을 연마하는 과정과 유사하다. 우선 인간은 일정한 자연적 능력을 타고 나지만, 후천적으로 생활 속에서 그것을 연마하고 있지 않은가? 덕에 있어서도 마찬가지이다. 구체적인 도덕적 행위를 지속적으로 수행함으로 비로소 덕의 습관을 가지게 되기 때문이다. 아리스토텔레스에 의하면, 의로운 행동을 수없이 실천함으로 '의로운 사람'이 되고, 용기 있는 행동을 수없이 실천함으로 '용감한' 사람이 된다. 여기에는 예외나 비약, 혹은 이른바 '왕도(王道)'가 존재하지 않는다. 용기 있는 행동을 한 번 했다고 해서 '용감한 사람'이 되는 것은 아니다. '용감한 사람'이 되려면, 용기 있는 행동을 지속적으로 반복해서 실천함으로 단순히 '용기 있는 행동'의 범주를 넘어서서 '용감한 사람'의 '습관'을 가져야 할 것이다.

이 점에서 즐거움과 고통은 유용한 지침이 된다. 즐거움이 인간으로 하여금 덕의 습성을 내면화하는 과정에서 장애물로 작용하는 경우도 많지만, 반대로 덕을 함양하는 데 유용하게 원용될 수 있다는 것이 아리스토텔레스의 판단이다. 아리스토텔레스에 있어 덕을 가진 사람의 특성은 덕스러운 행동을 실천함으로 즐거움을 만끽하는 사람이라는 사실에 있다.

강조하자면, 아리스토텔레스의 덕의 개념 가운데 특이한 것은 선에 대한 일정한 즐거움과 욕구가 포함되어야 한다는 사실이다. 물론 덕의 목적은 '좋은 삶', 즉 '에우다이모니아(eudaimonia)'의 구현에 있다. '좋은 삶'을 위하여 개인은 일정한 '탁월성', 즉 '아레테'를 계발해야 할 것이다. 그런데 한편 전략적으로 생각해 보면, 덕을 통하여 '좋은 삶'을 영위할 수 있다면, 덕을 '지니기'보다 덕을 '지닌 척'하면서 살아가는 편이 낫지 않겠는가. 덕을 지니려면 각고의 노력과 단련이 요구되기 때문이다. 예를 들어 '의로운 사람'보다 '의로운 척하는 사람,' 혹은 '관용'의 태도보다 '관용한 척'하는 태도, '진실한' 태도보다 '진실한 척'하는 태도가 좋은 삶에 도움이 된다고 할 수 있다. 그러나 아리스토텔레스의 비전에 의하면, 그러한 사람은 '의덕(義德)'이나 '관용의 덕', 혹은 '신의의 덕'을 가지고 있는 사람은 아니다. 왜냐하면 덕성스러운 행위를 실천하면서 즐거움을 느끼며, 그 덕스러운 행위 자체를 위하여 생활하는 것이 덕을 지닌 사람의 징표이기 때문이다.

물론 덕을 지닌 사람들도 때때로 덕을 행하고자 하는 욕구와는 상충되는 사악한 욕구를 느낄 수 있겠지만, 덕을 지닌 사람들의 경우, 결국 덕스러운 욕구가 사악한 욕구를 제압하는 등 사악한 욕구에 비하여 더욱 더 왕성해지는 것이 특징이다. 따라서 덕스러운 생활은 결코 투쟁과 긴장의 생활의 연속은 아니다. 아리스토텔레스의 이러한 덕의 비전이야말로 오늘날 사회학도들의 용어로 표현한다면, '내면화(internalization)'가 이루어진 가치 있는 행동이라고 할 수 있다. 다시 말해서 덕은 매 순간에 있어서 한 개인이 내리는 '결단'이나 '선택'이라기보다는, 익숙해져 있는 '습관'이며, 조건반사(條件反射)처럼 무의식적으로 하는 행위이다. 덕 있는 사람은 망설이지 않고 덕스러운 행위를 실천하는 것이지, 만일 갈등과 고민을 하며 도덕적 행위를 결단하고 선택한다면, 덕을 지닌 사람에 부합하는 전형적 행동은 아니다. 결국 덕행의 생활을 영위하고 있는 사람들은 자신들이 원하고 있는바, 혹은 욕구하고 있는 바를 실천하고 있는 사람이다. 즉 덕 있는 사람들은 자신들에게 자연적으로 느껴지는 것을 행하는 사람들인 셈이다.

그러나 칸트의 입장은 아리스토텔레스와 다르다. 어떤 의미에서 보면, 칸트는 아리스토텔레스보다 루소의 덕의 개념에 가깝다. 덕은 인간의 욕정을 고통스럽게 극복해 나가는 데 그 특성이 있다고 보기 때문이다. 칸트가 말한 덕의 본질, 즉 '도덕적으로 선한 행위'의 관건은 '선의지(guter Wille)'에 있다. 도덕적으로 '선한 행위'는 도덕법에서 나오는데, 도덕법이란 이성의 '정언명법(categorical imperative)'을 의미한다. 칸트에 의하면, 도덕적으로 선한 행위나 칭송받을 만한 행동이라면, 선의지를 갖고 하는 행동으로써, 단순히 도덕적으로는 타당하나, 선의지에 기초하지 않고 이루어지는 행동과는 다르다. 물론 이 점에 있어 아리스토텔레스도 반대할 이유는 없다. 특정 개인 A가 비록 덕은 없지만, 덕을 가진 사람이 행동하는 것과 같은 행동을 할 수 있기 때문이다. 악행(惡行)을 일삼는 악인이라도 가끔씩 한두 번 선행(善行)을 하는 경우가 바로 그 경우가 아니겠는가! 혹은 발각될까 봐 두려워 진실을 말하는 사람들도 적지 않다. 그러나 이 경우는 진실에 대하여 관심을 갖고 있고, 진실 때문에 진실을 말하기로 선택한 것은 아니다. 이에 비하여 신의의 덕을 갖고 있는 사람은 진실을 말하고자 하는 확고한 욕구를 갖고 있고 진실을 말하면서 즐거움을 느끼고, 따라서 진실을 위하여 진실을 말하기로 선택하는 사람이다. 그러므로 아리스토텔레스는 칸트와 마찬가지로 도덕적으로 '선한 행위'와 단순히 '타당한 행위'를 구분한다.

그러나 양자에는 차이가 있다. 아리스토텔레스에 있어 덕을 갖고 있고 덕성스럽게 행동하는 사람은 특정한 선의 욕구를 갖고 그에 의하여 행동하는 사람이다. 즉 아리스토텔레스적 범주에서 '자비로운 사람'이나 '진실한 사람'은 다른 사람과 더불어 무엇인가 나누고자 하는 욕구, 혹은 진실을 말하고자 하는 욕구, 다시 말해서 칸트의 표현을 원용하면, '직접적인 성향(direct inclination)'을 갖고 있는 사람이다. 그러나 칸트에게 있어 선의지를 갖고 행동하는 사람은 '직접적 성향'은 물론, 어떠한 욕구나 성향도 갖고 있지 않은 사람이다. 이 차이는 결코 사소하지 않다. 아리스토텔레스에 있어 덕을 가진 사람이 '올바른' 성향을 가진 사람이라면, 칸트에 있어서는 성향을 초월해 있는 사람, 즉 감성에 대하여 이성이 철저히 지배하고 있는 사람인 셈이다.

그렇다면 왜 이렇게 인간의 모든 욕구를 '도덕적으로 선한 행위'에서 배제할 만큼, 칸트의 입장은 엄격할까? 아마도 칸트는 도덕적 행위란 이성적 행위로서 자기 이익의 범주와 질적으로 다르다는 점을 강조하는 데 역점을 두고 있고, 따라서 성향이나 욕구에 의해서 행동할 때마다 자기 이익에 따라서 행동하는 것으로 단정했기 때문이다. 물론 양자는 덕이 직접적인 자기 이익의 범주로 환원될 수 없다고 판단했다는 점에서 공통점을 공유하고 있다. 아리스토텔레스도 이기적인 욕구를 통제하는 것이 덕을 가진 사람의 특성이라고 간주하고 있지 않은가? 또한 이기적 욕구를 통제하는 대신, 진리와 정의에 대한 직접적인 욕구를 가져야 한다고 주장한 것이 아리스토텔레스이다. 이에 대하여 정의가 요구하는 바를 행하고자 하는 '직접적인 욕구'에 의해서 행동하는 사람은 자기 이익에 의해서 행동하는 사람이라는 것이 칸트의 입장이었다. 결국 욕구에 의해서 행동하는 사람은 자기가 원하고 있는 바를 행하고 있는 사람이 아니겠는가? 따라서 욕구에 의해서 행동하고 있는 사람은 도덕적으로 행동하고 있는 사람은 아니라는 것이 칸트의 결론이었다.

여기서 어떤 입장이 타당한가? 아리스토텔레스와 더불어, 우리는 덕을 가진 사람을 자기 자신을 이롭게 하고자 하는 욕구가 아니라 정의를 행하고자 하는 직접적인 욕구에 의하여 '즐겁게' 그리고 '습관적'으로 행동하는 사람으로 보아야 하겠는가? 혹은 칸트처럼, 자기 자신의 어떠한 욕구도 통제해야 하기 때문에 도덕적으로 선한 행동을 하면서 항상 갈등과 고뇌를 절감하는 사람이 덕 있

604 제12장 정치적 복종과 시민적 덕목

는 사람인가? 이와 관련하여 지하철에서 자리를 양보하게 되는 젊은이 A의 논리에 주목해 보자. 지하철을 타면서 자리에 앉게 된 젊은 사람 A는 마침 나이 많은 할아버지가 지하철을 타서 자신의 앞에 섰을 때, 나름대로 작은 범주의 마음의 갈등을 경험하게 된다. A도 회사에서의 일로 심신이 지쳐 있는 상태이기 때문이다. 그러므로 A의 입장에서는 "나도 피곤하니 그냥 앉아 있자"는 생각과 한편으로는 그럼에도 "노약자에게 자리를 양보해야 하겠다"는 또 다른 마음이 상호간에 경합하고 있는 셈이다. 이 경우 그냥 모른 체하고 앉아 있겠다는 유혹을 과감히 떨쳐 버리고 순간적으로 노인을 위하여 벌떡 일어서기로 결단을 내렸다면, 그것은 루소적 의미에서 덕을 실천한 것이며, 또한 칸트적 의미에서 '의무'를 실천한 경우라고 할 수 있다.[8]

그러나 물론 아리스토텔레스의 입장은 다르다. 아리스토텔레스에 의하면, 욕정과 유혹을 극복하는 데 익숙하여 습관화된 행위가 덕행이기 때문이다. 그러므로 루소와 칸트와는 달리 덕을 실천할 경우, A는 자신도 모르게 거의 조건반사적으로 덕성스러운 행위에 임하게 된다. 즉 지하철에서 노인에게 자리를 양보해야 하는 상황에 직면했을 때, 청년 A가 눈을 감고 자는 척하고자 하겠다는 유혹에 빠지지 않고, 즉각 아무런 마음의 갈등도 느끼지 않고 벌떡 일어선다면, 양보의 덕을 실천한 것이다. 만일 갈등을 느꼈다면, 아직도 덕을 실천하는 경지에는 이르지 못한 단계라고 할 수 있다.

하지만 본 맥락에서 이 양자의 덕목의 비전이 항상 대립적인 것이 아니라는 점을 짚고 넘어갈 필요가 있다. 루소나 칸트적 의미에서 욕정을 극복할 수 있는 용기에 주목하더라도, 그것이 '일회적'으로만 이루어진다면 덕이라고 말하기 어렵다. 그런가 하면 아리스토텔레스의 비전을 받아들이더라도, 항상 즐거운 마음으로 습관적으로 선행을 실천하는 것은 아니며, 때로는 갈등과 유혹을 느끼게 마련이다. 이 점에서 "내 안에는 악한 사람과 착한 사람이 싸우고 있다"는 성 바울로의 실존적 절규를 상기할 필요가 있다. 이 과정에서 마음의 갈등과 유혹을 극복하고 착한 행위를 실천한 것이라면, 아름다운 일이 아니겠는가.

그러나 그럼에도 불구하고 정치적 헌신과 복종의 덕목의 특성은 칸트보다는 아리스토텔레스적 비전에 속한다는 것이 본 연구의 입장이다. 즉 정치적 헌신과 복종의 덕목은 습관적이고 내면화되어, 마치 '제2의 천성'처럼 실천되어

---

8) 물론 칸트는 이 경우를 엄밀한 의미에서 '불완전한 의무(imperfect duty)'로 규정할 것이다.

야 하리라고 생각한다. 습관화된 덕목으로서 정치적 복종 행위의 비전은 특히 시민 불복종 행위 및 법 불복종 행위에 대한 가치 평가에서 중요한 함의를 지니게 될 것이다.

마지막으로 정치적 헌신과 복종의 시민적 덕목의 세 가지 특성을 감안할 때, 정치 공동체의 모든 구성원들이 정치적 복종의 덕목을 가지기를 '기대'할 수는 있으되, '요구'할 수는 없다는 점에 주목해 보자. 전쟁터에서 모든 군인들에게 결사대에 자원하기를 '요구'할 수 없으며, 또한 모든 청년들이 나라의 부름에 선뜻 응하기를 '요구'할 수는 없는 일이다. 모든 유권자들이 일사불란하게 투표에 참여하기를 '요구'할 수는 없고 모든 지역 주민들이 자신들의 지역에 혐오시설이 설치되는 것에 대한 반대 행위를 자제하거나 선호시설 유치를 자제하기를 '요구'할 수는 없다. 물론 모든 시민들이 정치적 헌신과 복종의 덕목을 실천한다면, 더할 나위 없이 바람직한 일이고 국가 공동체가 그만큼 융성하겠지만, 정치적 헌신과 복종행위에 수반되는 욕구절제의 속성과 타인 본위적 속성의 덕목의 특성 및 오랜 훈련을 통한 습성화의 특성을 감안하고, 또 한편으로 복종에 대한 약한 동기 및 타인 중심적 사고보다 현저한 자기 중심적 사고 등의 요소 등을 고려할 때, 정치적 복종의 덕을 실천하는 '모든' 시민들의 모습은 현실적으로 가능하지 않은, 초현실적(超現實的) 기대나 반사실적(反事實的) 희망사항이라고 생각된다. 그러므로 다만 '충분한 숫자의' 시민들, 혹은 가능한 한 '다수의' 시민들이 정치적 헌신의 덕목을 체득하고 실천하기를 소망할 뿐이다. 정치적 헌신과 복종의 덕성을 체득하지 못한 시민들의 숫자가 증가할수록, 성공적으로 작동하는 국가 공동체의 가능성은 줄어들 수밖에 없음은 명백하기 때문이다.

그러나 이처럼 정치적 헌신과 복종행위를 '시민적 덕목'으로 규정할 때, 정치 공동체의 많은 시민들이 제외되는 사태가 불가피할 정도로 엄격한 것이 사실이지만, 한편으로 강조해야 할 점이 있다. 정치적 헌신과 복종의 덕목은 대규모로 정치 공동체의 구성원들에게 내면화시키고 증진시킬 수 없을 정도로 그토록 엄격한 것은 아니라는 점이다. 이것은 특히 논의의 과정에서 정치적 헌신과 복종의 덕목을 규정하면서, 멸사봉공(滅私奉公)의 준칙에 의해서 상징되는 바와 같이 사적 영역과 개인적 선을 완전히 초토화시킬 정도로 매우 엄격한 공화주의 정치비전을 받아들이기보다는 비교적 사적 영역을 존중하는 자유민주주의적 정치비전을 받아들였기 때문이다. 즉 모든 시민들이 언제나 국가의 가치와 공동선 추구를 자신의 인생에 있어 유일한 최고의 선(善)으로 받아들여야 한다기보다, 유의미하고 소중한 가치를 지닌 현상으로 받아들이는 것만으로 충분하다고 판단되었기 때문이다. 그러므로 이 점을 감안할 때, 정치적 헌신과 복종의 덕목을 대규모로 시민사회(civil society)에서 증진시키는 것이 불가능하지는 않을 것으로 판단된다.

따라서 정치적 헌신과 복종의 덕목이 정치 공동체에 소중하고 또한 대규모로 시민사회에 증진시키는 것이 불가능하지 않다면, 대규모로 시민들을 대상으로 하여 증진되고 고취될 필요가 있다. 물론 구체적으로 어떤 방식으로 정치적 헌신과 복종의 덕목을 고취시켜야 하는지는 본 연구의 논의범위를 넘어가는 것이다. 다만 여기서 강조하고자 하는 것은 정치적 복종의 덕목을 고취하는 것은 국가의 관심영역에만 속하는 것은 아니라는 점이다. 즉 가정과 교회, 이웃 및 자발적 조직을 포함한 '시민사회(civil society)'에서도 정치적 복종의 덕목의 확산과 증진에 힘을 쏟아야 할 필요성은 아무리 강조해도 지나침이 없다. 결국 본 연구의 바램은 국가뿐 아니라 가정과 교회 및 자발적 조직에서 정치적 헌신과 복종의 가치가 고양되어 정치적 복종과 헌신의 덕목이 우리 사회에서 충분할 정도로 만개하는 데 있다.

제13장

결론에 대신하여

제13장 결론에 대신하여

I. 예비적 고찰

이제까지의 논의를 통하여 국가권위와 시민복종의 문제를 집중적으로 조명하였다. 이번 연구에서 개진된 논의가 국가권위와 시민복종에 관한 기존의 전통적 견해와 다른 점이 있다면, 국가권위와 정치적 복종의 문제는 '일정 수준' 유기적으로 연계되어 있는 문제이기는 하나, 어디까지나 상이한 내포(內包)와 외연(外延)을 가진 별개의 문제라는 상정에 입각해 있다는 점이었다. 플라톤 이래로 왕권신수론자나 홉스나 로크, 루소 등의 사회계약론자들을 위시해서 자유주의자들은 물론, 마르크시스트들까지 정당한 국가권위에서 정치적 복종의 논리를 도출해 내었다. 국가권위의 근거가 이데아세계의 지식이건, 혹은 신의 통치권에 있든, 혹은 국가와의 계약이나 개인의 동의에 있든, 혹은 국가가 공여하는 수단적 및 비수단적 혜택에 있든, 국가권위가 일단 정당화될 수 있다면, 정치적 복종의 의무는 '자연적으로', 혹은 '개념적으로' 파생되는 것으로 치부해 온 것이다. 또한 복종주의자뿐 아니라, 불복종주의자인 안티고네나 간디, 서로우, 마틴 루터 킹도, 비록 맥락은 달라도 이러한 논리의 흐름에 있다고 할 수 있겠는데, 그것은 국가의 권위가 정당치 못할 경우, 불의한 국가에 대한 불복종을 '도덕적 의무'로 간주해 왔기 때문이다.

그러나 본 연구에서는 국가권위와 정치적 복종의 관계는 일 대 일의 필연적 관계가 아닌, 매우 느슨한, 우연적 관계, 혹은 불확실성이 짙은 관계로 상정하였다. 문제의 상정이야말로 『잃어버린 열쇠를 찾는 사람』의 우화를 통하여 유비적 차원에서 정당화될 수 있으리라고 생각한다. 지나가던 행인이 열심히 열쇠를 찾고 있던 어떤 남자를 도와주기 위해 도움을 자청한다. 오랜 시간 열쇠를 찾았지만, 결국 열쇠를 발견하지 못하자, 행인은 "어디서 열쇠를 잃어버린거요?" 하며 물었다. 남자는 "저쪽에서 잃어버렸소" 하고 퉁명스럽게 대답한다. 이에 "왜 여기서 찾고 있소?" 하며 행인이 반문하자, "이곳이 환하기 때문"이라는 것이 남자의 항변이었다. 국가권위와 시민복종과의 관계를 집중적으로 조명해 온 현 시점에서 이 우화를 새삼스럽게 상기하는 이유는 정치적 복종에 관한 기존의 연구들이 원래 문제가 되어 왔던 '어두운 곳'을 버리고 '환한 곳'에서 열쇠를 찾는 데 주력하지 않았는가 하는 의구심이 강하게 들기 때문이다. 하지만 열쇠를 찾고자 한다면, '환한 곳'이 아니라 열쇠를 원래 잃어버렸던 곳, 즉 '어두운 곳'에서 찾는 것이 온당하다. 결국 국가의 권위와 시민의 복종을 연계시켜 주는 고리의 열쇠를 찾으려면, 원래 잃어버렸던 '어두운 곳'에서 찾아야 하며, 결코 '환한 곳'에서는 찾을 수 없다는 것이 논의의 과정에서 견지한 입장이었다.

따라서 국가의 권위에 관한 여러 가지 정당화의 근거에 대하여 분석적으로 검토하는 과정에서 시민 개인이 국가권위에 복종하는 데 있어 충족되어야 할 필요조건이나 충분조건이 성립하지 않는다는 사실에 초점을 맞추었다. 그리고 이 사실을 논리적으로 검증하는 데 있어 비교적 성공했다고 자부한다. 물론 국가권위와 시민복종행위가 별개라고 해서, 양자를 논리적으로 느슨하게나마 연계시키는 '실천적 사고(practical reasoning)'까지 전혀 불가능하다는 의미는 아니다. 권위나 권력을 가진 A도 B에게 이유불문의 '내용중립적' 성격의 명령을 내리면서도, 왜 명령에 복종해야 하는지, 그 이유를 B에게 설명해 주는 경우가 적지 않다. 군사령관도 자신의 예하부대에 후퇴를 명하면서 왜 후퇴를 해야 하는지 설명해 주기도 한다. 물론 이 경우 군사령관의 설명과 이유 제시는 부대원들이 후퇴해야 한다는 명령에 대한 복종의 '본의적(本意的) 이유'라고 할 수는 없고, '부수적(附隨的) 이유'로 이해해야 할 것이다. 하급자는 군사령관의 권위를 존중하는 한, 그 이유에 설득되든 혹은 설득되지 못하든, 상관없이 그 명령을 수행해야 하기 때문이다.

이러한 관점에서 볼 때 이제까지의 논의란 국가의 권위를 정당화시킬 수 있는 일련의 주목할 만한 '실천적 사고'에 대한 비판적 검토를 시도한 셈이다. 오늘날 지지자를 찾아보기 어려운 왕권신수설이나 플라톤의 지식론을 제외하고, 주요 정당화의 논리로 꼽혀온 의무론적 접근방식과 결과론적 접근방식들이 주목의 대상이었다. 의무론적 논거와 관련하여 동의론과 공정한 협력론 및 절차적 정의론을 섭렵했으며, 결과론적 논거와 관련하여 관행주의와 계약주의 및 공동체주의를 반추해 보았다. 그 결과, 의무론적 논거와 결과론적 논거들은 일정 수준에서 '부분적으로' 시민들에게 복종을 요구하는 국가권위의 정당성을 옹호할 수는 있으나, 온전한 범주의 정당화 이론으로 자리매김하기에는 불충분하고 불완전하며, 미흡하다는 결론에 이르렀다. 결국 시민들에 관한 한, 국가에 복종해야 할 '절대적 이유(absolute reason)'나 '최종적 이유(conclusive reason)'는 확보할 수 없다는 주장을 개진한 셈이다. 또한 상기의 의무론적 논리와 결과론적 논리들이 '나'에게 국가에 복종할 '좋은 이유'나 '현명한 이유'로 부각될 수는 있겠으나, 국가에 복종할 '의무'의 논리로는 궁색하며, 뿐만 아니라 구체적인 이러한 법이나 저러한 법에 복종할 '구체적 의무'를 정당화할 수 있을지언정, 법 전체에 복종할 '일반적 의무'를 정당화할 수는 없을 것으로 판단하였다.

II. 불완전하고 불충분한 복종의 의무: 의무론의 입장

국가에 복종할 규범적 근거와 관련하여 정치적 복종행위는 그 자체로 옳다는 관점에서 받아들이는 동의론자들과 공정한 협력론자 그리고 절차적 정의론자 등, 의무론자들에 있어 국가에 복종할 '일정한' 이유는 성립하나, '절대적' 이유는 성립한다고 보기 어렵다. 의무론자들 가운데 대표적 존재인 동의론자들도 '명시적 동의'의 어려움을 알고 '묵시적 동의'나 혹은 '가상적 동의'를 그 대안으로 선호하는 경향을 보여 왔다. 그러나 '묵시적 동의'나 '가상적 동의'는 동의행위의 본래의 특성을 앗아가 버린다는 점이 문제이다. '묵시적 동의'에 관한 한, 동의의 의도 없이 이루어진 행동을 동의로 오해할 수 있는 소지가 많다. 또한 '묵시적 반대'를 개념화하기 어렵다는 것도 묵시적 동의론의 약점이다. 물론 '묵시적 동의'는 유관한 일정한 관행들이 존재하고 있는 소규모 집단상황에서 유효하고 유의미할 수 있으나, 대규모 집단에서 '묵시적 동의'는 별로 의미가 없다. 예를 들어 한 국가에서 "죽지 못해 살고 있다"는 표현이 적절할 정도로 마지못해 살고 있는 사람의 행태를 보고, 국가권위에 대한 묵시적 동의로 단정할 수 없음은 주지의 사실이다.

한편 '가상적 동의'의 경우, 동의해야 할 '당위적 조건'이나, 혹은 '합리적 조건'을 제시하는 것이 의미가 있다고 해도, 그것은 결국 동의의 배경요인에 불과할 뿐, 명시적 동의의 행위로 간주할 수는 없는 일이다. 예를 들어 '나'의 입장에서 "결혼 상대자 B가 내게 맞는다"는 '합리적 판단'을 내렸거나, 혹은 결혼을 바라는 부모의 입장을 감안할 때, "나는 B와 결혼해야 하겠다"는 '당위적 판단'을 굳힐 수는 있겠으나, 그렇다고 해도 그것은 '내'가 B에게 결혼하겠다는 명시적 동의를 표시한 사실과는 다르다. 그러므로 결국 우리는 '묵시적 동의'나 '가상적 동의'보다 '명시적 동의'에 천착할 수밖에 없겠는데, '명시적 동의'에 관한 한, 소수의 시민들만이 이행하고 있는 행위일 뿐, 다수의 시민들이 배제되고 있다는 사실을 간과하기 어렵다.

그런가 하면 '내'가 혜택을 받았으면 상호주의 원리에 의하여 '나'도 협력해야 한다는 공정한 협력론자들의 주장이 일정 수준 설득력을 지니고 있는 것은 사실이다. 이 점에서 당사자 본인이 의식하지 못하고 받는 혜택에 대해서는 의무가 성립하지 못한다는 시몬즈의 주장에 반론의 여지가 있다고 판단하였다. 사람들이 비록 향유하고 있는 혜택을 인지하지 못한다고 해도, '결과론적 공정성'에 기반을 둔 '감사의 자연적 의무'와 '정의의 자연적 의무'에 의하여 협력의 의무가 야기될 수 있기 때문이다. 즉 '나'는 의무론 못지않게 결과론에 의하여 책임을 지게 마련이다. 그러나 문제는 '내'가 받는 혜택에 대하여 '감사의 자연적 의무'와 '정의의 자연적 의무'를 인정한다고 하더라도, 그것이 반드시 국가에 대한 복종의 의무처럼, '전인적 의무'나 '일반적 의무'로 받아들여져야 하는지는 분명치 않다. 이 점은 특히 국가로부터 받는 것이 '내'가 좋아하는 재화 못지않게, '내'가 싫어하는 재화인 경우도 적지 않고, 또한 국가로부터 '내'가 소망하던 혜택을 받는다고 하여도, 그것이 시장이나 자발적 조직으로부터 받는 혜택보다 더 싼값의, 양질의 재화인지에 관하여 의문이 남아 있다는 사실을 감안한다면, 국가에 대한 복종의 의무에는 불확실성이 내재해 있다고 할 것이다.

마지막으로 절차적 정의론자들이 주장하는 '절차적 정의(procedural justice)'와 관련하여 일반적으로 동의할 수 있는 부분은 적지 않다. 특히 '절차적 정의'야말로 상호간에 다른 가치관을 가지고 있는 시민들이 비교적 쉽게 합의할 수 있는 정의(正義)라는 점이 매력이다. 그러나 문제는 우리가 정치·사회적으로 민감한 관심을 갖고 있는 다수의 사안들은 '절차적 정의'의 범주를 넘어서는 '실질적 정의(substantive justice)'의 문제들이라는 점이다. 하지만 정의의 실질적 기준을 도입할 경우, 과연 정의의 실질적 내용에 대하여 어느 정도로 합의가 가능한가 하는 점은 의문이 아닐 수 없다. 이 점은 특히 '내'가 단순히 이익의 개념에만 사로잡혀 있는 이기주의적 존재를 넘어서서, 정의감(sense of justice)에 의해 판단하고 행동하는 존재임을 인정한다고 해서, 쉽게 해결될 수 있는 성격의 문제가 아니기 때문이다. 결국 '나'의 실질적 정의와 '너'의 실질적 정의가 다르다면, 절차적 정의의 문제는 사소한 문제에 불과한 셈이고, 국가가 절차적 정의의 기준을 충족시킨다고 하여 국가의 권위에 복종해야 한다는 명제는 바래질 수밖에 없다.

Ⅲ. 불완전하고 불충분한 복종의 의무: 결과론의 입장

관행주의자들과 계약주의자들 및 공동체주의자들을 포함한 결과론자들이 개진하는 주장과 견해에 관한 한, 공통된 요소가 있다. '내'가 독자적으로 판단하고 행동하기보다는 국가의 판단에 '나'의 의지를 맡기는 것이 더 낫다는 논리이다. 조정의 상황이나 공공재의 상황에서 '내'가 독자적인 판단에 의해서 행동을 하면, 낭패에 이르게 된다. 또한 '내'가 '고독한 늑대'처럼, 사적 영역에 함몰되어 살아간다면 '나'와 '너'의 소중한 가치인 우정과 유대를 어떻게 향유하겠으며, 또한 '나' 자신의 자아실현을 어떻게 성취할 수 있겠는가!

하지만 '나' 자신이 독자적으로 판단하고 선택하기보다 국가가 나서서 집단선택을 관장하는 경우가 더 바람직하다는 주장은 일정 수준 방어될 수 있겠으나, '나'에 대한 국가의 권위를 온전히 정당화시키는 데는 충분치 못하다고 생각된다. 국가권위의 인정이 사소한 일이 아니라, 조세나 병역은 물론, 때로는 목숨까지도 요구할 수 있을 만큼, '나' 자신의 중대한 이해 관계에 영향을 미치는, 막중한 현상이라는 점을 감안할 때, 국가의 권위를 정당화시키기 위해서 보다 정교하고 견고하며 엄격한 논리가 성립할 수 있어야 할 것이다.

이러한 관점에서 볼 때, '내'가 정치사회에서 누릴 수 있는 수단적 혜택과 비수단적 혜택에 관하여 국가만이 '유일하게' 제공할 수 있는 것인지에 관한 문제가 해명되어야 할 것이다. 그러나 공공재 문제만 하더라도 사유화방식

(privatization)에 의한 해법이 강력하게 대두되고 있는 현실을 감안하고, 혹은 거대한 국가 공동체 못지않게 작고 따뜻한, 내밀한 공동체에 대한 선호가 존재한다는 사실에 주목해 보면, 국가만이 수단적 혜택이나 비수단적 혜택을 유일하게 제공할 수 있는 기제라는 명제가 불확실해진다. 그런가 하면, 수단적 혜택과 비수단적 혜택에 대해 국가가 아닌 다른 실체가 제공할 수 있다는 사실을 받아들일 경우, 국가에 의한 공여가 다른 실체에 의한 공여보다 훨씬 효율적이고 보다 탁월하다는 논리가 성립해야 할 것으로 기대된다. 그러나 공공재를 국가가 공여하는 상황에서도 '시장의 실패(market failure)' 못지않게 심각한 '관료의 실패'나, '정치인의 실패' 등 '국가의 실패(state failure)' 현상이 야기되고 있다는 점은 공공연한 사실이다. 뿐만 아니라, 국가 공동체 구성원들 간에 이루어지는 '공유재(shared goods)'가 소중한 것이라고 하더라도, 국가 공동체가 제공하는 공유재보다 가족 공동체, 교회 공동체, 혹은 향리 공동체가 제공하는 공유재가 훨씬 더 가치 있다는 체험을 하고 있는 사람들이 적지 않다면, '최상의 공동체'로서 국가 공동체의 위상은 방어되기 어렵다.

본 맥락에서 국가에 대한 복종의 의무가 전인적이고 포괄적인 의무라는 점을 다시 한번 상기해 보자. 국가에 대한 복종행위는 이른바 '파트타임' 행위가 아니다. 그렇다면 국가로부터 수단적이며 비수단적인 혜택을 향유한다고 해서, 그것이 국가에 대한 전인적이고 포괄적인 복종의 의무를 정당화시킬 수 있을 것인가? 본 연구에서는 이 점에 있어 매우 회의적이었다. 유비적으로 표현해서, 자녀가 부모로부터 받는 혜택도 수단적이며 비수단적 속성을 망라한 소중한 혜택이 아닐 수 없다. 부모가 자녀에게 베푸는 의식주나 의료 등, 기본필요(basic needs)에 대한 충족을 수단적 혜택이라고 한다면, 형제들간의 우애와 따뜻한 모정(母情) 및 엄격한 부정(父情) 등이 공유재로 지칭될 수 있는 비수단적 혜택인 셈이다. 그럼에도 부모는 자녀에게 목숨을 요구할 권리까지는 갖고 있지 못하다.

결국 개인주의자들이나 자유주의자들이 주장하는 개인의 '수단적 합리성(instrumental rationality)', 즉 자기이익추구의 '합리성'만으로는 국가에 대한 전적인 헌신행위를 온전히 이해할 수 없다. 사회조정문제의 해결이나 공공재문제의 해결에서 국가의 개입에 의하여 '내'가 혜택을 받는다는 점을 충분히 인정한다고 하더라도, 왜 그 대가로 '나'의 생명과 자유, 재산 등, '나'의 소중한 이익에 대한 국가의 관할권을 받아들여야 하겠는가. 국가에 대한 복종행위는 손실·이득의 합리적 계산(cost-benefit analysis)이나, 벤담이 말한 '쾌락의 계산법(hedonistic calculus)'에 의해서 정당화될 수 있는 '합리적 선택' 대안은 아니다. 이미 상기의 논의에서 개인의 '수단적 합리성'만으로는 민주사회에서 정상적으로 이루어지는 개인의 투표행위조차 설명할 수 없음을 지적한 바 있다. 개인의 투표행위는 개인이 원하는 후보자의 당선확률로부터 기대할 수 있는 혜택과 후보자들을 점검하는 데 소요되는 정보비용이나 기회비용과 비교하면 손해가 되는 행동이다. 그렇다면 국가에 대한 복종행위가 수단적 합리성의 대상이 아니라는 점은 두말 할 나위가 없다.

그런가 하면, 국가의 법을 지키면 이익보다 손해를 보는 경우조차 비일비재하다. 일반적으로 사람들은 국가가 존재하는 상황에서 '주먹은 가깝고, 법은 먼' 상황에 살고 있는 것은 아니다. '나'는 법이 제정되어 있고 비교적 일정한 질서가 정착된 사회에 살고 있다. 그러나 그렇다고 해도 "법을 지키면 손해를 본다"고 믿고 있는 사람들은 의외로 적지 않을 뿐 아니라, 유감스럽게도 그것은 엄연한 현실이다. 또한 '준법투쟁(遵法鬪爭)'이라는 용어도 낯익은 말이다. 노사간 합의가 이루어지지 않을 때 노조 측이 흔히 구사하는 전략적 행위로 지하철 정시운행, 법정 제한속도 지키기 등이 전형적 사례이다. 그러나 이 '준법투쟁'의 용어 이면에는 법을 제대로 지키면 불편과 손실을 감내해야 할 것이라는 인식이 배어 있다. 또한 흔히 "법대로 하자"는 단호하고 비장한 어조의 진술에서 묻어 나듯이, 법에 대한 호소는 인간 관계를 아우르는 쟁점사안에서 당사자들 사이에 자율적 해결책이 불가능할 때, 최종 카드로 사용한다는 비하적인 의미가 내포되어 있다. 법은 자율적 규범 밑에 있는 셈이다. 그 이외에도 "유전무죄, 무전유죄"라는 말이 시사하는 것처럼, 그나마 법대로 하기보다 돈이나 권력에 편승하는 편이 더 낫다고 생각하는 사람들도 허다하다. 그러나 이러한 왜곡된 상황이 아니더라도, 법원의 송사에 관련된 사람들은 "변호사를 산다"는 표현을 일상적으로 스스럼없이 사용하고 있지 않은가? "변호사를 사는" 행위는 시장의 행위에 불과한데, 정의의 문제를 다루는 국가의 법정에서 왜 시장의 행위가 필요한 것인가? 그것은 법을 지키기보다는 시장메커니즘을 이용하는 편이 편리하고 효과적이라는 점을 은연중 암시하고 있는 관용어법(慣用語法)이 아니겠는가?

뿐만 아니라 공동체주의자의 경우에도 국가권위에 대한 복종을 정당화시키는 데 적지 않은 난관이 따른다. 물론 본 연구에서는 공동체주의자들의 주장을 일부 받아들여 국가 공동체 안에서 이루어지는 시민들간의 유대와 결속을 경제적 혜택과는 별도로 소중한 가치로 평가할 의도가 있음을 밝힌 바 있다. 그러나 그렇다고 하더라도 시민들간의 유대와 결속을 이루기 위해서 '내'가 국가 공동체에 복종을 해야 하는 행위가 필수적인 것인지는 의문이 있다. 물론 정치적 복종은 공동체 헌신이나 공동체 의식의 '한' 방법일 수 있다. 그러나 정치적 복종 행위가 공동체의 유대나 공동체 의식을 표출하는 '유일한' 방법이나 '최선의' 방법이라고는 단언하기 어렵다.

우리의 일상생활을 보면, "사랑하기 때문에 상대방을 떠나는" 경우가 있고 "사랑하기 때문에 칭찬이나 아부보다는 비판이나 사랑의 매를 드는" 경우도 있음을 알고 있다. 이와 마찬가지의 논리에서 '내'가 국가 공동체를 진정으로 사랑한다면, 소크라테스처럼 한 정치 공동체의 '등애'가 되어 국가가 가르쳐 왔던 규범이나 가치와는 상이한 가치관을 젊은 사람들에게 설파하고, 혹은 안티고네나 서로우처럼 정치 공동체에 대한 복종보다 비판이나 불복종행위를 감행해야 하는 것이 아니겠는가! 마치 "자식을 사랑한다고 매를 아끼면 자식을 망치게 된다"는 준칙이 시사하는 바와 같이, 국가 공동체를 사랑한다고 해서 '내'가 정치적 복종행위로 일관하면, 공동체의 결속과 유대는 오히려 금이 갈 수도 있다. 이것은 다시 말해서 국가 공동체에 대한 '나'의 불복종행위가 국가 공동체 헌신의 '유의미한 방법'이나 '최선의 방법'일 수 있다는 가능성을 열어두는 셈이다.

한편, '내'가 공동체주의자라고 해도, 국가 공동체가 아닌 다른 공동체에서 이루어지는 유대와 사랑, 결속을 훨씬 더 소중하게 평가할 수 있는 여지가 있다. 실상 국가 공동체와 다른 공동체 사이는 경합적인 관계일 가능성이 크고, 이 경우 '나'는 충(忠)과 효(孝), 혹은 국가와 종교 가운데 선택하는 경우처럼, 양자택일할 수밖에 없다. 그러나 국가를 위한 '순국(殉國)'행위가 신앙을 위한 '순교(殉教)'행위와 비교할 때, 항상 도덕적으로 우위에 있다고 단언할 수는 없다.

결국 의무론적 관점이나 결과론적 관점에서 제시된 국가권위와 시민복종의 정당화 논리들은 국가권위에 대하여 '전인적 복종'보다 '부분적 복종'만으로도, 충분히 '법과의 약속'을 지킬 수 있고 공정한 협력의 몫을 수행할 수 있으며, 국가에 의한 수단적 혜택과 비수단적 혜택을 누릴 수 있는 가능성이 실재함을 보여 주고 있는 셈이다. 또한 이러한 의무론적 논거와 결과론적 논거의 실패는 단순히 '논리의 실패(logic failure)'로만 끝나는 것이 아니라, '동기의 실패(motivation failure)'로 이어진다. 국가에 대한 '나'의 의무감(義務感, sense of obligation)이 약화되고 있다는 중요한 반증이 되기 때문이다. 실제로 '나'를 비롯하여 많은 시민들이 국가에 복종해야 할 의무감을 일상생활에서 생생하게 실감하거나 뼈저리게 체감하고 있는 것은 아니지 않겠는가!

Ⅳ. 국가권위와 정당성 및 정치적 복종의 관계

의무론이나 결과론에 입각하여 이루어진 국가권위 정당화에 관한 논리들을 점검해 본 결과, 국가권위에 대한 정당화가 완벽하지 못하다는 결론이 나왔다면, 시민으로서 '나'의 정치적 복종의 이유는 온전하게 성립할 수 없는 것인가? 본 연구에서는 그렇게 단정하지는 않았다. 이 점이야말로 논의 과정에서 국가권위와 시민의 복종은 분리될 수 있는 별개의 개념으로 간주한 이유이기도 하다. 국가권위가 의미하는 내용과 시민의 복종이 의미하는 내용은 다르기 때문이다. 국가권위는 국가가 스스로 명령할 수 있는 권한을 정당화할 수 있는가에 관한 문제라면, 정치적 복종의 문제는 시민인 '나'의 입장에서 국가의 권위를 인정하여 '나' 자신의 의지를 국가의 의지에 복속(服屬)시킬 수 있는가에 관한 문제이다.

물론 그렇다고 해서, 양자가 전혀 다른 내포와 외연을 가지고 있는 개념으로 단언할 필요는 없겠으나, 양자의 끈은 느슨한 편이라고 생각된다. 이에 대한 단초는 권위의 개념에 대한 정의에서 발견된다고 하겠다. 권위란 A가 B에게 x를 이행하기를 요구한다는 사실이 B가 x를 이행하고 y를 이행하지 않을 '일정한' 이유를 제공할 때, 성립하는 개념이다. 혹은 A가 B에게 x를 이행하기를 요구한다는 사실이 "다른 조건이 똑같을 경우(ceteris paribus)," B가 x를 이행하고 y를 이행하지 않을 '일정한' 이유를 제공할 때 성립한다. 이처럼 '절대적' 이유가 아니라 '일정한' 이유라고 했을 때, 혹은 "다른 조건이 똑같을 경우"라고 했을 때, 국가의 권위에서 시민의 의무를 자동적으로, 마치 독립변수와 종속변수의 관계처럼, 도출해 낼 수는 없는 일이다. 왜냐하면 '일정한' 이유란 '절대적' 이유와 다르고, "다른 조건이 똑같을 경우"는 "모든 사안을 고려했을 경우"
와 같지 않기 때문이다. 그러나 플라톤을 필두로 해서 다수의 국가론자들은 정
당화될 수 있는 국가의 권위에서 정치적 복종의 의무를 필연적으로 연역해 내
었다. 이데아의 지식을 보유하고 있다는 점에서, 혹은 신의 통치권을 위임받았
다는 점에서, 혹은 시민들로부터 동의를 받았다는 사실에서, 혹은 공공재나 공
유재를 제공한다는 점에서, 국가의 권위가 정당화될 수 있다면, 시민의 복종의
무는 당연히 정당화되는 것으로 간주되었던 것이다.

  현대에 와서도 권위와 복종을 동전의 앞·뒷면처럼, 한 쌍의 개념으로 간주
하려는 시도는 비트겐슈타인의 '호모 그라마티쿠스(homo grammaticus)'의
비전에서 새로워졌다. 피트킨을 비롯한 네오 비트겐슈타이니언들은 '문법점
(point of grammar)'에 기초하여 권위와 복종은 '개념적'으로 연계되어 있다
는 주장을 개진했던 것이다. 그러나 본 연구에서는 권위와 복종의 연계를 필연
적인 것으로 보는, '언어게임(language game)'을 거부하고자 하였다. 언어게
임은 결코 절대적이지 않을뿐더러, 가변적인 경우도 드물지 않기 때문이다. '찬
란한 영광' 뿐만 아니라, '상처뿐인 영광'도 있으며, '지고도 이기는' 경우와 '이
기고도 지는' 경우도 있다. 혹은 '고통의 기쁨'도 있고 '천천히 서두르는' 경우
도 있다. 혹은 '눈뜬' 장님이나 '성한' 불구자도 있고 '창살 없는' 감옥도 있다.
기존의 언어게임을 거부하는 이러한 사례들은 적어도 개념적 수준에서 그리고
유비적 관계에서 국가권위와 시민복종과의 연계를 필연적인 것으로 받아들일
이유가 없음을 보여주고 있다.

  한 걸음 더 나아가, 국가권위와 시민복종을 '개념적으로' 별개의 것으로 간
주할 뿐만 아니라, 양자의 연계를 인과적 관계로 간주할 필요도 없다는 주장이
논의의 과정에서 개진되었다. 양자의 인과론적 연계에 관한 한, 우리는 흄의 인
과론에 대한 회의로 기울어질 수밖에 없다. 이미 흄은 "이것 다음에 그러므로
이것 때문에(post hoc ergo proper hoc)"의 오류(誤謬)를 지적함으로 인과론
에 대한 강한 회의를 표시한 것처럼, 국가의 권위가 정당하기 때문에 시민인
'내'가 복종해야 한다는 명제에 대하여 강한 회의를 표시하고자 하였다. 양자사
이에 개념적 관계나 인과적 관계를 인정하기를 거부하고 국가의 권위와 정치적
복종을 별개의 사안으로 간주함으로써, 전통적인 국가론자들이 개념화하기 어려
웠던 두 가지 가능성에 문을 열어 놓을 수 있게 되었다고 생각한다.

첫째는 국가권위가 비교적 정당하다고 하더라도, 이에 대하여 '내'가 복종할 의무를 지니는가 하는 질문을 유의미하게 제기할 수 있다는 점이다. 일반적으로 정당한 국가권위에 관한 한, 시민인 '나'의 복종의 의무는 자명한 것으로 인정되어 왔으므로, 정당한 국가권위에 대하여 '내'가 복종할 의무를 지니는가 하는 문제를 제기한다면, '어리석은 질문'이나 '사이비문제(pseudo-problem)'로 비추어질 수밖에 없다. 그러나 이 문제는 결코 '어리석은 질문'이나 '사이비문제'는 아니라는 점이 강조되어야 한다. 남자 A는 때때로 사랑할 뿐 아니라, 모든 조건을 완벽하게 구비했다고 생각되는 연인 B에 대하여도, "내가 과연 이 여인과 결혼해야 할 것인가"를 자문한다. 남자 A에 있어 결혼을 통한 자기 헌신의 문제는 개인의 자율적 판단과 행동의 문제로서, 상대방 연인 B가 훌륭한 이상적 배우자라는 사실과는 엄연히 구분되는 사안이기 때문이다. 혹시 남자 A는 여자 B를 열렬히 사랑하면서도 자기자신이 감당할 수 없는 신부감이기 때문에, 혹은 독신주의를 더 선호하기 때문에, 포기하는 '이해할 수 없는' 경우도 있는데, 이 경우 우리는 남자 A의 결단(決斷)을 존중하는 것이지, 그 결단이 잘못되었다고 남자 A를 비난할 권리는 갖고 있지 않은 셈이다.

결국 정당한 국가권위에 복종할 의무에 대해서까지 의문을 제기할 수 있는 것은 정당한 국가권위라고 해서, '나'에게 언제나 최고의 권위로 군림할 수 있는 '절대적인 이유'로 다가오는 것은 아니며, 다만 "다른 조건이 똑같을 때," 복종해야 할 이유를 충족시키는 정도에 불과하다고 보여지기 때문이다. 정당한 국가에 대한 의무라고 해도 정당한 교회에 대한 의무나 정당한 부모에 대한 의무와 충돌할 가능성이 있으며, 이 상황에서 왜 정당한 국가에 대한 복종이 다른 정당한 소공동체에 대한 복종의 행위보다 우월한가 하는 질문을 하는 것은 너무나 당연한 일이 아닐 수 없다.

한편 전통적인 국가론자들과 다른 두 번째의 논거라면, 비록 국가의 권위가 정당치 못하더라도, '나'는 시민으로서 복종할 의무를 지닌다고 말할 수 있다는 점이다. 정당치 못한 국가권위에 대하여 복종할 의무를 규정한 국가론자들은 찾아보기 어렵다. 이 점은 왕권신수론자나 사회계약론자에게도 마찬가지이다. 그러나 국가권위가 시민들에게 복종을 요구할 '절대적' 이유를 제공하지 못한다면, 국가권위의 정당성이나 비정당성과 관계 없이 시민들에게는 선택에 관한 '일정한 자유도(degree of freedom)'나 '상대적 자율성(relative autonomy)'

이 열려 있는 셈이다. 시민들의 정치적 복종행위는 국가권위의 정당성에 필연적으로 의존하고 있는 것은 아니기 때문이다.

이처럼 정당치 못한 국가권위에 대하여도 복종할 수 있다는 주장을 개진함으로써 본 연구에서는 시민불복종운동자들과 일정 부분 의견을 달리하고 있음을 분명히 하고자 하였다. 일반적으로 국가가 '참을 수 없을 정도로' 부당한 행위를 자행할 때, 국가에 대한 불복종행위는 정당화될 수 있다고 간주되어 왔다. 그러나 '참을 수 없을 정도'라는 표현은 매우 모호한 제약 요소이며 주관적인 평가이므로 쟁점이 될 수 있다. 그러므로 단순히 부당한 행위를 할 경우로 넓게 생각해 보자. 국가가 부당한 행위를 해도, '내'가 시민으로서 불복종보다 복종을 할 수 있는 이유는 국가의 권위와 복종의 관계가 필수적이 아니기 때문이다.

그렇다면 부당한 국가권위에 대하여 복종의 행위를 할 수 있다는 '실천적 사고'가 가능할 것인가? 이와 관련하여 우리는 때때로 "강을 건너는 도중 말을 갈아타지 않는다"는 준칙이나, 혹은 "항해 중간에 배를 흔들어서는 안 된다"는 준칙을 상기할 수 있듯이, 국가나 법에 불복종함으로 고치려는 악보다 더 큰 악이 발생할 수 있는 가능성이 있다면, 혹은 "악처(惡妻)라도 있는 것이 없는 것보다 낫다"는 준칙을 방불케 하는 상황이 있다면, 정치적 복종에 대한 하나의 중요한 이유가 될 수 있을 것으로 판단한다. 특정법이 부당하다고 판단될 때, 그 특정법에 대한 불복종행위가 '그 자체로' 정당화될 수 있다고 해도, 그것이 종국에는 법 전체에 대한 경시나 냉소로 파급될 가능성도 없지 않다. 예를 들면 '잘못된' 선거법에 대한 불복종행위는 '잘 된' 교통법에 대한 불복종행위로 이어질 가능성을 배제할 수 없기 때문이다. 물론 이 맥락에서 시민불복종행위에 대한 본격적인 평가를 하려는 것은 아니며, 다만 국가의 불의한 법이나 명령에 대한 복종행위의 정당성은 국가의 정의로운 법이나 명령에 대한 불복종행위의 정당성과 같은 맥락에서 성립할 수 있음을 강조하고자 한 것이다. 이러한 주장의 타당성은 결국 국가권위와 정치적 복종의 행위의 연계가 논리적 필연성이 아니라, 느슨한 상관관계라는 점을 받아들일 때 입증될 수 있을 것이다.

V. 불의한 국가와 법에 대하여 복종할 수 있는 이유들

전통적으로 국가에 대한 복종과 정치적 헌신 행위의 당위성을 강조하는 의무론자들과 결과론자들은 정당한 법, 혹은 정당화될 수 있는 법만이 시민들에게 구속력을 갖는다고 강조해 왔다. 공리주의자들이 선호하는 '공리의 원리', 관행주의자들이 주목하는 '조정의 원리', 혹은 계약주의자들이 부각시켜 왔던 '공공재 공급의 원리', 혹은 공동체주의자들이 천착해왔던 '공유재 공급의 원리', 한편으로 동의론자들이 제시했던 '동의의 원리', 혹은 공정한 협력주의자들이 주장했던 '공정성의 원리' 및 절차적 정의론자들이 천착해 왔던 '정의의 원리' 등은 모두 주창자 자신들의 관점에서 정당화되거나 정당화될 수 있는 법과 제도만이 시민들에게 복종을 '요구'할 수 있다고 상정하고 있는 셈이다. 공리주의자들은 '최대다수의 최대행복'에 부합하는 정책만이 타당하며 소극적 공리주의자들(negative utilitarians)은 '즐거움의 최대화'보다 '고통의 최소화'에 부합하는 정책들만이 시민들로부터 지지를 받을 만하다고 믿고 있다. 관행주의자들과 계약주의자들은 사회조정문제의 해결이나 공공재문제의 해결에 한하여, 혹은 동의론자들은 시민들이 준수하기로 약속한 법이나 정책, 혹은 시민들이 암묵적으로 동의한 정책들에 대해서만 정치적 복종의 정당성을 인정한다. 그런가 하면, 공정한 협력주의자들은 국가 공동체가 공정한 협력구도로서 작동하는 한, 국가에 복종할 의무를 정당화시키고, '무지의 베일'을 쓴 상황이나 '이상적 언어소통 상황'에서 도출될 수 있을 만한 법과 정책에 대해서만 복종의 타당성을 역설하는 것이 절차적 정의론자들의 입장이다. 결국 정치적 복종에 관한 그 어떠한 이론들도 불의한 법이나 제도, 혹은 도덕적으로 심각한 쟁점의 대상이 된 정책이나 법들에 대하여 승복해야 한다는 논거를 제시하고 있지 못하다. 특히 소크라테스를 제외한 어떠한 의무론자나 결과론자들도, 불의하고 불이익을 강요하는 법에 복종하는 행위의 타당성을 논리적으로 옹호하고 있지 못하다는 점은 주목할 만한 일이다.

그러나 국가의 권위와 정치적 복종의 문제를 '개념적으로' 별개의 사안으로 간주하는 한, 불이익을 강요하는 법이나 불의한 법, 혹은 불의의 가능성이나 도덕적으로 불확실성을 내재하고 있는 법에 대하여도 복종해야 할 이유가 성립할 수 있다는 논리를 '실질적 차원에서' 개발할 필요가 있다고 생각한다.[1] 어떻게 악법이나 혹은 악법으로 의심되는 법에도 승복해야 할 시민의 '의무'나 '도리'를 정당화시킬 수 있을까? 혹은 조국을 위하여 싸우다 포로가 된 군인들을 오랫동안 방치하는, 이른바 '뺑덕어멈'이나 '의붓' 아버지처럼 행동하는 국가의 '부름'에 응해야 할 '이유'가 정당화될 수 있을 것인가. 물론 의무론(deontology)에 배타적으로 의존하는 엄격한 칸트주의자라면, 불의한 법에 복종해야 할 '의무'가 있다는 사실 자체를 단호히 거부할 것이다. 비록 거짓말을 통하여 선한 결과가 나올 수 있다고 해도 거짓말의 정당성을 원천적으로 인정하기를 거부하는 것이 이들의 입장이기 때문이다. 그러나 이에 관한 의문은 과연 우리가 정치·사회적 삶을 영위하면서 결과를 전적으로 무시한 채, 철저한 의무론자로만 살아갈 수 있을까 하는 점에 있다. 그렇지 못한다면 불이익을 강요하거나 불의한 법에도 때때로 승복할 '이유'나 혹은 '의무'가 성립할 수 있다는 것이 본 연구의 소견이다.

이 점에서 무엇보다도 '법과의 약속'을 강조한 소크라테스의 해법을 따르는 입장이 아님을 강조하고자 한다. 이 점은 이미 제5장에서 논의한 바 있거니와, 시민들은 '법과 약속'을 한 사실을 대부분 기억하지 못하며, 또한 명시적 동의가 아닌 어떠한 행동이 '법과의 약속'의 범주를 구성하는지 알지 못하고 있다. 뿐만 아니라 『크리톤』에서 "국법은 말할 것이다. 소크라테스 자네는 나를 좋아했기 때문에 단 한번도 외국에 나간 적이 없지 않은가. 자네는 또 다른 나라며 다른 법률을 알고 싶어한 적도 없지 않은가. 이 나라에서 자식들까지 낳은 것도 내가 싫지 않아서가 아니었는가" 하고 소크라테스는 반문(反問)하고 있지

---

[1] 국가권위가 부당할 때, 혹은 정당치 못하다고 판단될 때, 혹은 심각한 도덕적 불확실성이 내재해 있다고 우려될 때, 시민들은 불복종행위에 나설 수 있다. 이 경우 불복종행위가 정당한 불복종행위로 자리매김하기 위해서 충족시켜야 할 조건들은 비교적 소상하게 알려져 있다. 무엇보다도 비폭력적이어야 하고, 문제가 된 법이나 규정에 대하여 합법적인 방식으로 교정을 위한 노력이 선행되어야 하며, 법 전체에 대한 항거로 이어져서는 온당치 않고, 또한 불복종 행위로부터 결과되어 나오는 제재를 감수해야 한다는 조건 등으로 비교적 타당한 조건들인 것으로 생각된다. 실제로 우리가 알고 있는 존경을 받고 있는 불복종주의자는 적어도 투옥되거나 법에 의한 제재를 기꺼이 감수한 사람들로서, 상기의 조건을 충족시킨 사람들이다. 안티고네나, 서로우, 간디, 마틴 루터 킹 등이 모두 이 범주에 속하는 사람들이 아니겠는가? 그러므로 단순히 특정한 법에 문제가 있다고 해서 상기의 조건들을 정면으로 위배하며 벌이는 법불복종운동까지 본의적 의미에서 시민불복종운동으로 규정하는 것은 온당치 않다.

만, 과연 시민들이 국가와 법에 만족했기 때문에 자녀를 낳고 살며, 다른 나라로 이주해 가지 않고 있는 것인지는 심각한 의문이 아닐 수 없다.

그러므로 보다 집중적인 논의를 통하여 '법과의 약속'에 의존하는 소크라테스의 해법을 제외하고 일곱 가지 논거를 통하여 불이익을 강요하는 법이나 불의한 법, 혹은 불의하다고 판단되는 법에 복종할 이유가 성립할 수 있다는 사실을 정당화시킬 필요가 있다. 첫째로 정의에 입각한 논리이며, 둘째로 불의한 법의 교정원리, 세 번째로 인간의 자기중심주의, 네 번째로 관용의 원리, 다섯 번째로 권리유보의 원리, 여섯 번째로 인격교화의 원리, 마지막으로 '고상한 거짓말'의 논리가 제시될 예정이다.

1. 정의의 관점

법불복종행위는 흔히 '불의한' 법, '불의한' 제도에 대한 항거이다. 따라서 시민불복종행위의 준거와 기준은 주로 정의와 도덕이 되게 마련이다. 불의한 법에 대한 저항은 사람들이 정의에 대한 의무와 도덕에 대한 의무를 지고 있다는 사실에서 출발한다. 국가의 법이나 제도가 정의와 도덕의 기준을 위배할 때, 법불복종행위의 사유가 되는 것도 바로 이 때문이다. 하지만 한편으로 시민으로서의 '나'는 정의와 도덕의 의무 못지않게, 질서에 대한 의무도 지고 있음을 강조할 필요가 있다. 질서에 대한 의무는 흔히 '권위관계'로 구체화된다. 그러므로 시민으로서 '내'가 정의와 도덕의 가치에 치중한 나머지, 권위의 가치를 소홀히 한다면, 그것은 균형잡힌 판단이나 행동이라고 평가하기 어렵다. 정의와 도덕이 땅에 떨어진 나라에서 시민들의 '삶의 질'은 형편 없을 것으로 판단하면서도, 권위가 땅에 떨어진 나라에서 시민들의 '삶의 질'이 괜찮으리라고 기대할 수는 없는 일이다.

민주사회에서는 흔히 권위에 대하여 가볍게 취급하는 경향이 있다. 분명히 권위관계란 "이 사람들은 내 권하에 있어 가라고 하면 가고, 오라고 하면 온다"는 신약성서의 백부장의 진술에서 적나라하게 드러나듯이, 명령할 수 있는 권한과 그 명령에 순응하는 복종의 관계이다. 그러므로 A와 B가 권위관계에 있을 때, A와 B는 비대칭적 관계에 있다고 말할 수 있다. 바로 권위의 비대칭성(非對稱性)이야말로 "인간은 자유롭게 그리고 평등하게 태어났다"는 사회계약주의자

들의 명제에 의하여 권위가 경계의 대상이 된 이유이다. 그러나 이처럼 인간의
자유와 평등을 자연권으로 보장한 사회계약론자들이 인간 사이의 불평등한 관
계의 전형(典型)인 국가권위와 시민복종행위를 정당화시키고 있다는 것은 하나
의 역설(逆說)이긴 하지만, 부인할 수 없는 사실이다. '리바어던'이나 신탁으
로서의 정부, 루소의 입법자 등이 모두 명령할 수 있는 정당한 권한을 행사하는
국가의 구체적 사례가 아니겠는가? 국가의 권위가 땅에 떨어진 사회는 "강자의
이익이 정의"가 되는 사회만큼이나 열악한 사회로, "만인의 만인에 대한 투쟁"
이 발생하고 임의적인 자연법 집행권 때문에 문제가 되는 자연상태를 방불케
한다. 따라서 여기서 강조하고자 하는 것은 정의의 가치가 소중한 것처럼, 권위
의 관계도 소중한 가치라는 사실이다. 교사의 권위도 인정받지 못하고 부모의
권위가 무시되는 사회에서, 청소년들은 과연 무엇을 보고 배울 수 있겠는가? 또
한 전문가의 권위가 인정받지 못하는 사회가 어떻게 발전할 수 있겠는가?

　　이제 보다 본격적으로 시민불복종운동의 가장 중요한 준거로 간주되는 정
의의 가치에 대하여 그 위상을 자리매김할 필요가 있다. '국가의 정의'를 말하
면서 우리는 흔히 "국가에 정의가 없다면, 커다란 강도집단과 다를 바 무엇인
가?(remota justitia, quid sunt regna nisi magna latrocinia?)" 하는 아우구
스티누스의 고전적 경구를 상기하게 된다. 이 점에 유의하면서, 국가에 있어 정
의란 하나의 중요한 지침(指針)일 뿐, 구체적 목표(目標)는 되기 어렵다는 사실
을 강조하지 않을 수 없다. 이와 관련하여 플라톤의 정치적 상상력을 빌려 국가
를 '항해하는 배'로 간주해 보자. 국가나 정부의 '배'에 대한 비유에는 '상징
적' 의미를 넘어서서 '실질적' 의미도 배어 있다고 생각된다. 오늘날 정부를 영
어로 government라고 하는데, 이 용어의 어원은 그리스에서 '키잡이(steers-
man)'를 뜻하는 '퀴벨네테스(kuberenetes)'로부터 시작하여 중세 라틴어에서
'키(rudder)'를 의미하는 '구베르나쿨룸(gubernaculum)'에서 연유했기 때문
이다. 결국 정치는 국가라는 배를 운항하는 기술이다. 그렇다면, 배의 선장, 혹은
배의 조타수는 무엇을 기준으로 배를 운항하는가? 항해하는 배라면, 사람들 모
두가 현저한 기준으로 삼고 있는 그 어떤 것, 멀리서도 눈에 띄는 어떤 선명한
표적에 의하여 항로를 잡아야 하겠는데, 그것은 하늘에서 누구나 쉽게 볼 수 있
는 별, 즉 북극성과 같은 것이다. 물론 오늘날의 배는 레이더로 방향을 잡지만,
옛날에는 하늘의 북극성으로 항로를 잡지 않았던가! 그러나 북극성은 배의 항

로를 인도하는 등대와 같은 역할을 할 뿐, 배가 도달하려고 하는 목적지는 아니다.

국가라는 배를 운항할 경우, 배의 항로를 인도하는 북극성과 같은 역할을 하는 준거적 가치는 무엇일까? 물론 자유주의자들은 자유라고 주장할 것이고, 사회주의자들은 경제적 평등이라고 역설할 듯하다. 그러나 본 연구에서는 자유와 경제적 평등에 우선되는 최고의 규범을 플라톤과 롤즈를 따라 '정의'라고 규정하고자 한다. 이미 정의는 플라톤의 『공화국』에서 다른 모든 덕목의 지위를 결정하는 '규제적 덕목(regulative virtue)'의 위상을 차지하고 있었다. 또한 롤즈의 『정의론』에서도 정의야말로 모든 제도의 우선적 덕목으로 제시되고 있다. 정의를 나타내는 영어의 justice는 법과 권리를 포괄적으로 의미하는 라틴어의 jus에서 유래된 바 있다. 따라서 정의는 '각자에게 그의 것을 주는 것(suum cuique)'으로 규정된다. 이미 로마의 울피아누스(Ulpianus)는 정의를 "각자에게 그의 몫을 주려는 영원하고도 항상적인 의지(perpetua et constans voluntas jus suum cuique tribuendi)"로 규정하지 않았던가!

그러나 여기서 짚고 넘어가야 할 점은 '각자의 몫'이 무엇인가를 설명할 수 있을 때까지, 이 공식은 아무런 의미가 없는, 지극히 형식적인 공식이라는 데 있다. 즉 자유주의자들이 생각하는 '각자의 몫'이나, 사회주의자들이 개념화하는 '각자의 몫'은 다르다. 자유주의자들은 노력이나 기여, 혹은 공적(merit)을 '각자의 몫'으로 규정할 것이며, 사회주의자들은 개인의 필요(need)를 '각자의 몫'으로 규정할 것이기 때문이다. 이처럼 정의의 실질적 기준에 관한 의견이 경합하는 상황에서, 정의는 국가와 정치사회가 나아가야 할 길을 인도하며 비추는 이상(理想)으로 간주하는 것이 온당하며, 우리가 사는 복잡한 현실 세계에서 구체적으로 달성해야 할 정치적 목표라고는 할 수 없다. 이것이야말로 정의란 플라톤의 이데아 세계에서만 존재한다고 말할 수 있는 이유이다. 본 맥락에서 배와 항해의 용어로 다시 돌아온다면, 정의란 배의 항로를 잡는 데 도움을 주는 '북극성'이나 '등대'와 같은 역할을 하는 가치일 뿐, 선장이나 조타수가 도달하고자 하는 구체적인 항구나 행선지가 아니다. 정의를 하늘의 북극성에 비유한 것은 결국 정의의 '규제적 가치'의 성격을 말해 주는 것으로, 정의가 구체적인 법이나 정책의 목표로 간주되기에는 무리가 따른다는 사실을 강조하고자 한 것이다. 이러한 관점에서 국가의 법이나 정책을 판단할 때, 그것이 정의의 가치에 어느 정도 가까이 있다든지, 혹은 멀리 있다든지 하는 표현을 사용하기는 어렵다고 생각된다. 다만 정의의 방향인지, 정의와 반대되는 방향인지 하는 정도의 진술만을 할 수 있을 뿐이다.

그러나 물론 사람들이 추구하는 모든 가치가 정의와 같은 것은 아니다. 예를 들면, 효율(efficiency)은 등대와 같은 단순한 준거가 아니라, 우리가 구체적으로 도달할 수 있는 목적지이다. 이미 시장주의자들은 비록 완전정보나 불특정 다수의 생산자와 소비자의 존재, 재산권의 확립 등의 요건들이 충족되는 매우 제한된 조건이긴 하지만, 시장의 효율이 달성될 수 있다고 주장하고 있지 않은가? 그러나 정의는 그렇지 않다. 특히 '실질적 정의'에 관한 한, 아무리 노력해도 모든 사람들이 동의할 수 있는 '완벽하게 정의로운 사회'를 만들 수는 없다. 기껏해야 정의의 근사치, 비교적 정의로운 사회를 만드는 것으로 만족할 뿐이다. 혹은 '실질적 정의(substantive justice)'가 충족되는 사회는 불가능하고, '절차적 정의(procedural justice)'가 충족되는 사회가 우리의 기대치가 될 수밖에 없다. 그렇다면, 배와 북극성, 등대에 관한 이 모든 유비와 통찰은 무엇을 의미하는가? 북극성이나 등대는 배의 방향을 잡는 준거로 사용될 뿐, 목적지의 개념으로 사용될 수 없는 것처럼, 실질적 정의의 개념도 법의 타당성과 부당성을 가늠하는 구체적인 잣대로 사용하기는 매우 어렵다는 의미가 될 것이다. 이 사실은 특히 시민불복종주의자들이 주로 정의론자를 자처하기 때문에 유의할 필요가 있다고 생각된다.

결국 상기의 지적이 타당하다면, 모든 사람이 합의하는 '실질적 정의'를 말하기는 어렵고 '절차적 정의'만이 유의미하게 논의될 수 있는 세계에 우리가 살고 있다는 의미가 될 것이다. 그러나 그나마 '절차적 정의'도 완전하지 못하다는 것이 문제이다. 따라서 법불복종행위에 대하여 신중해야 할 중요한 한 가지 이유라면, '불완전 절차적 정의(imperfect procedural justice)'의 세계가 우리의 현실이라는 사실이다. 왜 우리는 '완전 절차적 정의(perfect procedure justice)'의 세계에 살 수 없는 것일까? 롤즈(J. Rawls)가 '완전 절차적 정의'의 사례로 든 것은 빵의 평등한 분배에서 빵을 자르는 사람이 마지막에 가져가는 방안이었다. 그러나 그 밖에 우리에게 현저한 완전 절차적 정의의 사례가 있는가? 별로 없다. 혹시 있다면, 다음과 같은 러시아의 『낙타분배』 우화야말로 완전 절차적 정의의 범주에 적합하다고 할 수 있을 것이다. 19마리의 낙타를 가진 어떤 아버지가 있었는데, 장남에게는 1/2, 차남에게는 1/4, 및 막내에는 1/5을 분배할 것을 유언하며 숨을 거두었다. 문제는 아버지가 말한 분배율로는 유산을 분배할 수 없다는 점이다. 19가 2, 4, 5의 공배수는 아니기 때문이다. 이 경우 한 낙타상이 나타나서 자신의 1마리 낙타를 19마리의 원래 낙타집단에 합류시키며, 아버지의 기준대로 낙타를 분배하게 된다. 2, 4, 5의 공배수를 갖추게 되어 분배가 가능하고 분배 직후 낙타상은 자신의 원래 소유인 한 마리를 되돌려 받을 수 있기 때문이다. 하지만 문제의 우화에도 불구하고 '완전 절차적 정의'의 사례가 희귀하다는 사실은 남는다. 결국 '완전 절차적 정의'의 사례가 희귀한 것은 실제 세계가 '완전 절차적 정의의 세계'라기보다는 '불완전 절차적 정의의 세계'이기 때문이 아니겠는가! 판사의 오판이 가능한 재판의 세계가 그렇고 시험의 세계가 그렇다.

두말 할 나위 없이, 입헌민주주의는 정의(正義)에 관한 한, 불완전한 절차의 전형이다. 이상적 상황에서는 효율성을 보장하는 경쟁적 시장과 달리, 최상의 입헌질서라고 해도 정의를 보장할 수는 없고, 다만 정의를 지향한다는 정도의 평가만이 가능할 뿐이다. 이 두 가지 현상의 차이를 설명하는 것은 그다지 어려운 일이 아니다. 주지하는 바와 같이, 시장은 인간의 동기에 대하여 비교적 매우 약한 요구만 하게 마련이다. 시장에서 자기 이익을 추구하고 비교적 완전한 정보를 갖고 합리적으로 교환에 참여하는 행위자들은 언제나 효율을 증진시킨다. 그러나 이와는 대조적으로 민주정치제도가 성공하기 위해서는, 시민들과 정부 관리들로부터 일정 수준의 선의(善意, good will)와 정의감(sense of justice), 공정성과 형평성 및 공익성(公益性)이 표출될 필요가 있다.

그러나 다수의 공공선택론자들이 주장하는 것처럼, 특히 정부 관료들의 도덕 지수는 결코 높지 않으며, 지대 추구행위나 정경유착 등, 이기주의적 이익의 추구 경향 때문에 사익 극대화를 도모하는 시장 행위자들과 그다지 다르지 않다. 멸사봉공하는 이른바 '푸브리콜라(publicola)', 뇌물을 바라지 않는 청렴한 공무원, 혹은 청백리는 너무나 희귀하여 오히려 '천연 기념물'이라고 지칭해야 하지 않겠는가. 따라서 "관료가 변해야 나라가 산다"는 자조적 준칙까지 인구에 회자되는 실정이다. 그러나 이것이 현실이라면, 문제의 현실은 이상(理想)과 어느 정도 타협을 하는 것이 온당하다. 그러므로 민주 공동체에서 제도적 개혁을 시도할 때의 유념사항이라면, 마치 아담 스미스의 '보이지 않는 손(invisible hand)'의 작용이나 만드빌(Mandeville)의 『꿀벌의 우화(fable of bees)』에서 처럼, 유권자들이나 정치인들이 추구하는 자기 이익을 '공동선(common good)'과 연계시킴으로써, 선의와 정의감 및 공익성 표출에 대한 요구조건을 최소한의 수준으로 낮출 수 있는 방안을 강구하는 데 있다. 그러나 문제는 정의의 수준은 최저 수준으로 낮출 수 있을지언정, 결코 제거할 수는 없다는 점에 있다.

뿐만 아니라 과반수결을 포함하여 집단선택이나 사회적 결정을 위한 규칙들은 때때로 정당화되기 어려운 결과들을 산출하게 된다. 다수의 시민들이 민주사회에서 '국민주권(popular sovereignty)'의 개념에 부합하는 방식으로 통치권을 행사하는 것이 쉬운 일은 아니다. 우리에게 친숙한 절차 민주주의는 불완전 절차 민주주의이기 때문이다. 절차 민주주의의 목적은 선거를 통하여 진정한 '유권자의 뜻', 혹은 '국민의 뜻(popular will)'을 표출하는 데 있다. "민심은 천심"이 아니겠는가? 그러나 애로우(K. Arrow 1963)의 '불가능성 정리(impossibility theorem)'가 입증하는 바에 주목해 보면, 다수의 순환현상이 야기되어 마치 가위 〉 바위 〉 보 〉 가위 등의 현상처럼, 후보자 x, y, z의 지지율 확보가 x 〉 y 〉 z 〉 x의 형국으로 되어 진정한 과반수의 지지를 받는 후보자를 선출하기가 불가능하다. 그런가 하면 기발드(A. Gibbard 1973)나 새터세이트(M. Satterthwaite 1975)의 '전략적 선호방지불가능성 정리'에 의하면, 유권자들이 투표를 통하여 진정한 선호보다 전략적 선호를 표출할 가능성을 봉쇄하기가 불가능하다. 유권자들이 진정으로 선호하는 후보자 x와 다른 후보자 y를 전략적 선호에 의해 뽑는다면, y가 진정한 유권자의 뜻을 대표한다고 말하기 어려운 셈이다. 그러나 이처럼 완전한 절차 민주주의가 존재할 수 없다는 점에도 불구하고, 우리는 선거 민주주의에서 뽑힌 후보자를 유권자의 대표자로 간주하고 국정이나 의정활동을 그들에게 맡기고 있지 않은가! 하지만 그것은 엄밀한 의미에서 공정치 못한 결과, 즉 임의적인 결과를 받아들임으로써 불의와 타협하는 셈이 되지만, 우리는 이를 '허용될 만한' 불의로 치부하고 있는 셈이다. 그 이유는 결국 제도의 한계와 불완전성이 불가피하기 때문이다.

그 밖에도 최대선거구와 최소선거구의 인구 편차로 인한 표의 비등가성, 상대적 다수결제, 선거구 획정에 있어서의 게리맨더링, 혹은 정당의 득표율과 의석점유율의 차이 등등의 요소로 인하여 엄정하게 과반수 국민들이 통치권을 행사한다는 명제의 실현에는 허다한 난관이 가로놓여 있다. 뿐만 아니라 유권자의 득표율에 엄격하게 입각하여 국회에 진출한 정당들이 의정활동을 할 경우에도 득표율이 기준이 되는 것이 아니라, 독특한 협상의 논리, 힘의 논리가 작용하게 마련이다. 특히 이른바 '캐스팅 보트'를 행사하는 제3당의 힘은 다수 유권자들의 힘과 무관하다. 그러나 설령 과반수 시민들의 뜻이 항상 국정에 반영되고, 과반수 시민의 의사가 통치권을 행사한다고 해도, '과반수 시민의 뜻(will of the majority)'이 언제나 도덕적으로 옳은 것은 아니라는 점도 민주 공동체가 불완전 절차적 정의의 요소를 내포하고 있는 부분이다.

결국 민주 공동체가 지향하는 민주주의 다수결원리는 비교적 바람직하나, 그렇다고 하더라도 적어도 때때로 부정의(不正義)와 불공정성 및 불공평성을 산출할 수밖에 없는 '차선(second best)의 제도' 혹은 '차악(second worst)의 제도'이다. 따라서 모든 부정의와 불공정성이 허용될 수 있는 것은 아니겠지만, 한편으로 '용인될 수 있는' 불의의 범위가 있다는 점을 인정해야 할 필요가 있다. 또한 이러한 제도상의 불의와 부정의야말로 선거 민주주의나 다수결 민주주의에서 향유할 수 있는 혜택에 대하여 시민들이 지불해야 할 비용이기도 하다. 이 맥락에서 "악법도 법"이라는 고전적 준칙의 적실성을 음미할 수 있다면, 부정의한 법에도 승복할 수 있다는 이유와 논리가 성립하며, 이 명제와 연장선상에서, 불의와 부정의, 불공평성을 내포하고 있는 국가 공동체에도 정치적 헌신과 충성을 바쳐야 할 이유가 성립한다고 주장할 수 있다.

강조하자면, 때때로 잘못될 수 있는 민주 공동체에 대하여도 헌신과 복종의 행위를 할 수 있다면, 시민으로서의 '내'가 비겁하거나 정의롭지 못해서가 아니다. 그것은 마치 의사의 오진율이 60% 되는 사회에서 살 때, 의사의 진료를 받는 환자는 10번 중 6번은 오진을 각오하고 감수해야 한다는 의미와 같다. 물론 시민으로서의 '나'는 정의로운 국가와 정의로운 법, 정의로운 제도를 갈망한다. 그러나 정의를 보장할 수 있는 절차가 부재하거나 불완전하다면, 그 부조리한 현실적 상황을 감내해야 할 '일정한' 이유가 성립한다고 할 수 있을 것이다. 결국 '내'가 불완전 절차적 정의의 세계에 산다면, 제도상의 불의를 일정 수준 받아들일 수밖에 없다.

2. 불의한 법의 교정 필요성

주지하는 바와 같이 시민불복종운동의 한가지 중요한 목적은 문제가 된 불의한 법과 제도를 고치는 데 있다. 문제의 법과 제도를 고치기 위하여 기존의 법을 어기는 행위를 의식적으로 감행하는 것이 시민불복종행위이다. 우리는 물론 시민불복종행위를 통하여 문제가 된 법과 제도가 고쳐진 역사적 사례들을 알고 있다. 간디나 마틴 루터 킹의 방식은 이 점에서 성공적 사례이다. 간디는 '소금의 행진'을 벌여 영국으로 하여금 '소금전매법'을 철회하도록 했고 마틴 루터 킹은 앨러배마주 몬트고메리시의 인종차별적 '버스좌석지정제' 보이콧사건을 주도함으로써, 인종차별을 금지하는 민권법통과에 결정적 역할을 하였다.

그러나 이처럼 시민불복종행위를 통하여 불의한 법과 제도가 고쳐질 수 있는 가능성을 인정하면서도, 본 연구에서 주목하고자 하는 것은 불의한 법을 고치는데 시민불복종은 하나의 방법일 뿐, '유일한' 방법은 아니며, 또한 '최상의' 방법인지에 관하여 불확실성이 존재한다는 사실이다. 이 점과 관련하여 소크라테스의 선택은 매우 시사적이다. 물론 소크라테스는 법복종행위를 하면서 '악법도 법'이라고 갈파한 것은 아니다. 다만 법이 부당하게 강요될 때 부당한 법에 대하여 부당한 방식으로 저항하는 것이 옳은가 하는 질문에 답변을 한 것뿐이다. 소크라테스는 탈옥을 거부함으로써 부당한 법에 대하여 불복하기보다는 복종했으며, 그 결과 문제가 된 아테네의 법과 제도의 부당성은 오늘날까지도 소상히 알려지게 되었다. 그 밖에도 부당한 법과 제도에 순응함으로 오히려 문제의 법과 제도의 부당성이 널리 알려져 고쳐지는 계기를 마련하게 된 경우가 적지 않다. 동서를 막론하고 많은 신앙의 순교자들은 그 대표적 사례가 아니겠는가! 즉 "시민이면 통치자의 종교를 따라야 한다(cujus regio, ejus religio)"는 준칙에 의거, 시민들에게 단 하나의 국교(國敎)를 강요하는 법이 부당하다는 인식이 확산되기에 이른 계기는 종교전쟁도 중요한 원인으로 작용했으나, 한편으로 '순한 양'처럼 도살장에 저항 없이 끌려가는 순교자들의 모습이 시민들과 통치자들에게 인상적으로 각인되었기 때문이다.

이러한 사례들은 잘못된 제도와 부당한 법이 존재하는 상황에서 불복종운동이 아니더라도 문제의 제도 속에서 한 개인이 자신의 맡은 바 역할을 묵묵히 다함으로써 제도의 부당함을 고발할 수 있음을 보여준다. 조지 워싱턴 카버 (George Washington Carver)라는 노예출신의 흑인 농학자[2])도 그 하나의 사례이다. 카버 자신은 한번도 인종차별에 항의하는 집회에 간 적도 없고 연설을 한 적도 없었다. 뿐만 아니라 백인을 비난하는 생각을 갖거나, 비난하는 말을 하지도 않았다. 그는 그저 어려움을 겪는 흑인들을 돕기 위해 땅콩재배법, 가공법 등을 열심히 연구하였으며, 흑인들의 경제수준 개선에 기여하였을 뿐이다. 그러나 그는 개발해 낸 많은 농업기술을 백인들에게도 나누어줌으로써 흑인을 열등한 존재로 여겼던 사람들의 편견에 커다란 전환을 가져오게 했다. 카버는 흑인이어서 농학자로 활동하는 데 어려움을 겪은 적도 있지만, 별로 동요하지 않았다. 변함 없는 마음으로 흑백인 모두에게 도움을 줄 수 있는 농업기술의 개발을 위해 평생을 헌신했다. "흑인에게 자유를 달라" 혹은 "부당한 인종차별적 법안들을 철폐하라"고 외친 적도 없어, 적극적으로 흑인을 위한 민권운동을 벌인 마틴 루터 킹과 크게 대비되지만, 많은 백인들이 그로 인해서 인종차별의 부당함을 깨닫게 되었던 점이다. 이 점에서 일제치하에서도 묵묵히 농업기술개발에 몰두하고 씨 없는 수박을 개발한 우장춘 박사를 상기시키지 않는가!

이러한 지적이 유의미하다면, 여성차별법은 전적으로 여성운동에 적극적인 페미니스트들에 의해서만 고쳐질 수 있는 것이 아니라, 여성의 권리 향상에 소극적이지만 가정을 위한 희생에 묵묵히 헌신하는 현모양처형의 여성들에 의해서도 그 부당성이 알려져 고쳐질 수 있다고 생각된다. 물론 우리는 때때로 '이이제이(以夷除夷)'와 '이열치열(以熱治熱)'의 준칙처럼, 잘못된 법이나 제도는 비합법적 행위나 불법적 방식에 의해서 고쳐질 수 있음을 모르는 바 아니다. 또한 그러한 사례도 적지 않다. 그러나 소크라테스의 선택이 보여주는 것처럼, 그것이 유일한 최선의 방법인지에 관한 한, 의구심이 적지 않다. 유비적 관점에서 볼 때, 자녀를 구박하는 '나쁜 부모'는 부모에 대하여 불효를 하는 '나쁜 자녀'에 의해서만 고쳐지는 것이 아님을 많은 아름다운 우화나 우리의 많은 실존적

---

2) 조지 워싱턴 카버(1860-1943)는 미주리주의 다이아몬드 그로브에서 흑인 부모 사이에서 태어났다. 그는 흑인이어서 하이랜드(Highland)대학입학을 거부당하고 아이오와주에 있는 심슨(Simpson)대학에 입학하였다. 그 후 아이오와 농대로 옮겨 농업학사, 석사 학위를 취득한 후, 터스키지 흑인산업연구소(Tuskegee Normal and Industrial Institute for Negroes)에서 농학연구에 전념했다. 특히 다양한 땅콩사용법을 개발함으로써 남부농민들의 소득증대에 크게 기여한 것이 그의 공적이다.

경험들은 확인하고 있다. 또한 바람둥이 남편의 잘못을 고치고자 할 때, 아내가 바람을 피는 것이 가장 최선의 방법인지에 관해서 고개를 갸우뚱거리는 사람도 적지 않을 것이다.

물론 비유(比喩)의 적절성에 문제를 삼을 수 있는 부분이 없는 것은 아니겠지만, 역시 국가의 불의한 법이나 제도의 교정문제에 있어서도 이러한 논리가 통용될 수 있는 여지는 충분하다고 생각된다. 일반적으로 문제가 된 법이나 제도를 교정하는 데 있어 복종의 방식은 불복종방식보다 더디고 점진적이며 덜 극적이다. 복종주의자는 때로는 불복종주의자보다 비겁하다거나 체제순응적이며, 혹은 인권과 정의문제에 무관심하다는 평가를 감수해야 할는지 모른다. 그러나 사람들의 잘못된 인식을 바꾸는 데 있어서는, 즉각적인 법개정요구보다 법복종행위가 죽음으로 끌려가면서도 저항하지 않는 '순한 양'의 영상처럼 효과적일 수 있다. 실상 제도나 법이 바뀌었다고 해도, 사람들의 인식이 바뀌지 않는다면, 문제의 불의는 관행과 관습의 형식으로 지속될 가능성이 농후하다. 따라서 잘못된 법이나 불의한 제도의 실질적 교정에 관한 한, 사람들의 인식의 전환은 필수적이다. 이러한 의미에서 불복종행위의 방식만이 불의한 법과 제도를 교정하는 데 있어 효과적이라는 견해를 거부하고자 한다.

3. 자기중심주의와 불복종행위

불의한 법에도 복종할 '일정한' 이유가 성립할 수 있다는 또 다른 논거는 인간 개인의 나약한 본성과 불충분한 선에 대한 동기로부터 정당화할 수 있다고 생각된다. '나' 자신이 도덕적으로 강한 존재가 아니며, 자기중심적 사고를 하는 존재라는 상정은 비교적 커다란 쟁점 없이 받아들일 만한 상정이다. 모름지기 '나'는 남에 대해서는 엄격하고 자신에 대해서는 관대하다. 또한 남에 대한 칭찬에는 인색하고 비난에는 사정이 없다. 혹은 '배고픈 것'은 참아도 '배아픈 것'은 참을 수 없다. 내가 '배가 아픈 것'은 사촌이 땅을 샀기 때문이 아니겠는가! 또한 톨스토이의 『부활』에서 귀족장교인 네프류도프가 자신의 한때의 불찰로 인하여 윤락의 길을 걷고 급기야 중죄를 진 카츄사의 재판에 참석한 심각한 상황에서도 자기 잇속에 낀 가시 때문에 온통 정신을 빼앗겨 재판에 신경을 못쓰는 것처럼, 남의 커다란 고통보다 자신의 작은 고통에 더욱 더 관심을 갖는다.

이 점에 있어 합리적 행위자 모델은 매우 시사적이다. 합리적 행위자 모델에서는 흔히 인간이 자신의 이기주의적 이익을 추구한다는 연역적 명제를 상정하고 있는데, 여기서는 모든 인간이 이기주의적으로 행동한다는 '심리적 이기주의(psychological egoism)'보다는, 이타적 행동을 포함한 모든 인간의 행동을 이기주의적 관점에서 평가해 보아야 한다는 '평가적 이기주의(evaluative egoism)'가 두드러진다. 이러한 관점에서 사람들이 공익을 위하여 노력하고 있는 것처럼 보이는 행동도 찬찬히 뜯어보면, 이기주의적 의도를 가지고 임하는 사례가 많다는 반증이 성립된다. 즉 정치인이 유권자들 앞이나 의회에서 정의와 공익을 외쳐도, 실은 '재선 전망 극대화'나 '득표 극대화'의 숨은 의도가 도사리고 있고, 관료들이 정부부처의 개혁과 구조조정을 외쳐도 자기자신의 부서 영향력을 늘리기 위한 의도가 꿈틀대고 있다는 점이 공공연한 비밀이기 때문이다. 이러한 경향은 정치인, 관료들뿐 아니라, 일반 이익단체나 시민단체 혹은 시민 개인들에게 있어서도 예외가 아니다.

특히 문제의 경향은 국가의 법이나 제도에 대한 평가에서도 쉽게 목격된다. 흔히 개인이나 집단은 자기자신에게 실익(實益)이 돌아오는 법이나 제도에 대해서는 정의로운 법으로 단정하고 불이익이나 희생을 강요하는 법이나 제도에 대해서는 불의한 법이나 제도로 치부하게 마련이다. 특정 개인이나 특정 집단의 입장에서 일단 '무지의 베일(veil of ignorance)'을 쓰고 최악의 상황이 된 경우를 상정하거나, 혹은 하사니(J. Harsanyi)의 '동등확률의 원리(principle of equal probability)'에 입각하여 '나' 자신이 문제의 상황에서 어떤 입장에라도 귀속될 확률이 n분의 1이 되리라는 가정하에 문제되는 사안의 공익성을 판단하는 경우는 얼마나 희귀한가? 군경력 가산점제도에 대한 평가에 있어서도 여성의 입장에서는 손해를 보기 때문에 불공정한 제도로, 남성의 입장에서는 이득을 보기 때문에 공정한 제도로 간주하는 경향도 이에서 예외가 아니다.

같은 맥락에서 사소한 불의를 담고 있는 선거법에 대한 불복종문제를 4·19의거나 6·10항쟁과 같은, 거대한 국가의 불의에 대항하는 불복종행위수준으로 평가절상시켜 정당화시키기도 하고, 지역이기주의나 집단이기주의에서 비롯되는 시민불복종행위를 공동체 전체의 공공선 진작을 위해 벌인 서로우의 불복종행위나 간디의 불복종행위와 논리적으로 연계시키기를 좋아한다. 그러나 일반적으로 이러한 인용이나 비교는 객관적 사실에 입각한 사실적 비교보다 아전인수(我田引水)격의 희망사항일 뿐이며, 침소봉대(針小棒大)나 과대망상(誇大妄想)일 경우도 허다하다. '참을 수 없는 불의'에서 '참을 수 없음'을 해석하는데 있어, 당사자 개인들은 이현령비현령(耳懸鈴鼻懸鈴)으로 접근하게 마련이다.

이러한 관점에서 볼 때, 우리 주변에서 일반적으로 목격되고 있는 일상적인 시민불복종행위들은 간디의 모델이나, 소로우의 모델과도 현격한 차이를 노정하고 있다고 생각된다. 문제의 일상화된 불복종행위들은 전체 공동체의 공동선을 목표로 정의를 실현하기 위하여 자기자신의 희생을 감수하려는 공익적 마음보다는 소아적(小我的) 관점에서 자기자신의 이해관계에 사로잡혀 불편함을 참고 희생을 받아들이기가 어렵다는 이기주의적 의도에서 출발한 흔적들이 역력하기 때문이다. 개인 A나 집단 α의 입장에서 불의한 법에 불복종한다고 공언하지만, 개인 B나 집단 β의 입장에서 보면 그다지 불의한 것이라고 할 수 없고, 기껏해야 가치가 부분적으로 불확정적이거나 도덕적 불확실성의 사안일 경우도 적지 않다. 또한 일부 사람들은 불복종행위에 나서고 싶어도 자신들의 이기주의적 속성이나 의도가 드러나, 여론으로부터 도덕적 비난을 받을까 조심하다가, 일단 공익적 성향의 시민단체들이 문제점을 제기하면, 거기에 자신의 이기주의적 이익을 은밀히 포장한 채, "정의의 칼을 받아라," 혹은 "세상이 무너져도 정의가 이루어져야 한다(fiat justitia pereat mundus)"고 외치며, 정의의 투사인 것처럼 행동한다. 그 후 불복종행위가 진행되는 과정에서 자기자신의 행위에서 이기주의적인 의도가 내포되어 있다는 사실조차 잊어버리게 마련이다.

법에 대한 불복종의 행위가 도덕적으로 정당화되기 위해서는 특히 간접적 공리주의 논거이든, 혹은 사회계약론적 논거이든, 수단적 이익이나 혜택의 범주에 기반을 둘 수는 없다고 생각된다. 이 점에서 정치적 헌신은 종교 공동체에 대한 신자들의 헌신, 즉 종교적 헌신과 비교될 필요가 있다. 종교와 신앙 공동체에 헌신하는 신앙인의 진정한 자세는 무엇일까? 이에 관하여 여러 가지 의견이 있을 수 있겠으나, 비교적 분명한 사실은 복을 받고 부를 향유하기를 전적으로 기대하면서 교회에 다니는 사람은 진정한 신앙인이라고 할 수 없다는 점이다. 오히려 복을 기원하며 교회에 다닌다면, '진정한 신앙'보다는 '기복신앙(祈福信仰)'이라는 비판을 받아 마땅하다. 물론 우리 주변에서 교회에 다니는 사람들 가운데는 그러한 기복신앙을 가진 사람들이 많은 것이 사실이다. 기복신앙인들은 복을 바라는 자신들의 기도가 들어지지 않는다면, 혹은 기도해도 병이 낫지 않는다거나 시험에 합격하지 않을 경우, 적지 않게 실망하며 교회에 나가기를 중단하거나 혹은 다른 종교로 바꾸기도 한다. 하지만 진정한 신앙인(信仰人)이라면, 자기 자신의 간절한 소망이 실현되지 못하고 오히려 고통과 불행이 가중되며, 혹은 자신의 믿음으로 인하여 외부로부터 박해나 냉소의 대상이 되더라도, 굳건히 신앙을 지키고자 할 것이다. 종교 공동체에서 순교자가 칭송의 대상이 되는 것은 신앙으로 인하여 혜택은 커녕, 박해를 받으면서도 최후에는 자신의 목숨까지 바치는 영웅적인 행동을 하기 때문이다.

이와 유사한 맥락에서 정치적 헌신의 전형적 귀감(龜鑑)으로 손꼽히는 우리 순국선열들과 독립운동가들을 상기할 필요가 있다. 독립운동가들은 조선 말 급변하는 국제정세를 내다보지 못한 채 사리사욕에 눈이 어두웠던 위정자들의 정치적 단견과 심각한 도덕적 해이로 인하여 일본에 나라를 빼앗긴 사실을 알고 있었다. 그러나 그럼에도 불구하고, 즉 귀책사유가 자신들에게는 없었지만, 조국광복을 위하여 스스로 안락을 포기하며 때로는 목숨까지 바쳤기 때문에 우리가 그들을 기리는 것이 아니겠는가. 혹은 6·25의 전사자들 가운데 지휘관의 미숙한 판단으로 억울하게 죽은 군인들이나 혹은 아군의 오폭으로 억울하게 희생된 사람들도 부지기수다. 이러한 잘못된 명령에도 불구하고 국가에 대하여 목숨을 바치는 군인들의 행위는 순교자의 행위와 유사하다. 수단적 혜택 때문이 아니라 국가의 명령이기 때문에 복종한 까닭이다. 일본의 재일동포들 가운데에도 일본으로 귀화하지 않고 불이익을 감수하는 사람들이 있다. 이들이야말로 국가와 법으로부터 혜택을 향유하기 때문에 복종하고, 불이익을 보기 때문에 불복종하는 경우와는 질적으로 다른 사례가 아니겠는가.

4. 관용의 원리

이번에는 관용의 관점에서 시민불복종 문제를 접근해 보자. 우리는 물론 정의롭고 올바른 일에만 전념하고 불의하고 사악한 일은 멀리해야 한다는 사실을 알고 있지만, 우리의 세계는 고대 마니교신도(Manichaeism)들이 상정한 세계처럼, 빛과 암흑, 선(善)과 악(惡), 혹은 정의로운 일과 불의한 일 등 배타적인 두 가지 범주로만 구성되어 있는 것은 아니다. 우리 주변에는 사실적으로나 도덕적으로 불확실한 사안들이 허다하기 때문이다. 자연과학이나 사회과학의 비약적 발전에도 불구하고 가난의 이유나 가난과 범죄와의 관계, 혹은 환경호르몬이 인체에 미치는 영향 등, 사실적으로 불확실한 사안들이 많은데, 이러한 문제들에서 우리는 경직된 입장을 취하기보다는 보다 열린 마음으로 쟁점사안을 접근할 필요가 있다. 그런가 하면 단군상 건립문제는 도덕적인 불확실성 사안의 전형이다. 단군상 건립은 단군을 민족의 시조로 생각하는 사람들에게는 옳은 일이지만, 단군상 건립을 우상숭배로 간주하는 일부 기독교신자들에게는 옳지 않은 일이기 때문이다. 혹은 안락사문제나 인간배아복제 실험문제 등에서도 사람들의 의견은 갈리는데, 이러한 쟁점사안에 관한 한, "어떤 대안이 옳지 않으면 그르다"의 태도보다는 "이것도 옳고 저것도 옳다"는 황희정승식 접근방식의 타당성을 음미할 필요가 있다.

특히 도덕적 불확실성에 관한 한, 로크의 해법은 시사적이다. 로크는 종교의 관용문제를 진리의 불확실성 문제로 풀어갔기 때문이다. 그리스도교가 분열되어 상호간에 상대방을 이단으로 단죄하고 스스로의 입장을 유일무이한 진리로 강변하는 상황에서, 참된 종교를 가늠해 주는 재판관이 이 지상에서는 존재할 수 없다는 논리가 그 기초가 되어 있다. 또한 밀(J. S. Mill)도 진리의 불확실성에 근거하여 토론과 언론의 자유를 주창한 바 있다.

물론 관용(寬容)의 가치를 주장하는 데 있어, 진리의 불확실성 못지않게 가치의 불확정성도 중요한 근거가 된다고 생각한다. 사회·정치적 쟁점사안에 관한 한, 가치론적 관점에서 불확정적 가치에 속하는 사안들이 적지 않기 때문이다. 이미 사르트르는 레지스탕스 운동참여와 노모(老母)를 모시는 일 사이에서 고민하는 프랑스청년에게 가치의 불확정성에 입각하여, 두 대안 모두 타당하기 때문에 어떤 대안을 선택해도 무방하다는 결론을 내린 전례도 있거니와, 낙태금지와 낙태허용, 국가보안법 존폐문제, 혹은 사형제도 존폐문제 등에서 양자가 모두 받아들일 만하다는 가치판단을 내리는 것이 불가능한 것은 아니다. 양자는 비록 경합하고 있으나, 엇비슷한 가치를 가지고 있는 대안으로 판단해도 무방할 만큼, 도덕성을 함유하고 있다고 보여지기 때문이다.

마지막으로 진리론이나 가치론적 관점이 아니더라도, 인간의 존엄성을 신봉한다면, '나'와는 다른 의견을 가진 사람의 견해도 존중할 이유가 있다. 비록 의견은 '나'와 달라도, 그가 '나'와 같은 이성과 판단력 그리고 도덕성을 가진 존귀한 존재라는 점을 인정한다면, 그리고 그를 '수단'보다 '목적'으로 간주한다면, 그의 의견을 존중할 수 있지 않겠는가!

　　따라서 사실적 불확실성, 도덕적 불확실성, 및 인간의 존엄성에 입각한 관용의 논리는 직접적으로 법불복종행위에 대한 함의를 가진다고 보여진다. 즉 진리론적 관점이나 가치론적 관점에서 불확실한 문제들에 관한 한, 국가는 일정한 방식으로 입법행위를 하며, 특정 정책을 추진할 수 있다. 즉 국가는 낙태허용보다 낙태금지 입법을 할 수 있으며, 동성애 결혼, 안락사를 허용할 수도 있고, 혹은 일부 기독교신자의 반대에도 불구하고 초등학교 교정에 단군상 건립을 허용할 수 있으며, 사형반대론자들의 항의에도 아랑곳하지 않은 채, 사형제도를 존치시킬 수 있다. 그러나 이러한 법이나 정책이 '나' 자신이 소중하게 간직하고 있는 진리관이나 가치관에 배치(背馳)된다고 해서, 법불복종행위에 나선다면, 시민불복종행위의 범위는 너무나 넓어져, 결국 법을 지켜야 할 최소한의 이유조차 소진될 듯하다.

5. 권리유보의 원리

　　"시민불복종은 시민의 타고난 권리"라는 간디의 주장은 전적으로 타당하다고 생각된다. 그러나 그렇다고 하더라도 '권리(right)'는 언제나 행사하는 것이 '옳은 일(right)'은 아니라는 개스톤(W. A. Galston 1992, 225)의 통찰에도 주목할 필요가 있다. 지하철에서 자리가 났을 때, 앞에 서 있던 젊은 사람 A가 차지하는 것이 틀림없이 그의 '권리'이긴 하나, 그 옆에 노약자 B가 서 있다면, 그러한 '권리'를 행사하는 것이 젊은 사람 A에게 항상 '옳은 일'은 아니다. 뿐만 아니라 가벼운 감기·몸살 기운 때문에 먼저 병원에 온 환자 C가 먼저 의료서비스를 받을 '권리'가 있으나, 늦게 왔지만 훨씬 절박한 상태의 환자 D를 제치고 의사의 진찰과 처방을 요구한다면, '옳은 일'은 아니다. 실제로 전쟁시 야전병원에서는 먼저 수술받을 권리가 있는 부상병 E가 나중에 후송된 부상병 F에게 자신의 수술받을 우선권(優先權)을 양보한 후 숨을 거둔 아름다운 사례도 적지 않다.

　　이러한 관점에서 '나'는 "누구의 소유물이 되기에는, 누구의 더부살이가 되기에는, 혹은 세계 어느 왕국의 쓸 만한 종이나 기계가 되기에는, 너무 고귀하게

태어났노라" 하는 서로우의 절규에 동의할 수 있을 정도로 자유인임에 틀림없
지만, 그 권리를 주장하는 것이 언제나 어디서나 '옳거나(right)' 혹은 '사려깊
은(prudent)' 행위라고는 말할 수 없다. 그것은 '나' 자신이 당한 억울함을 헤아
려주지 못하고 '나' 자신의 행복권을 지켜주지 못한 조국을 원망하며 떠날(exit)
'권리'가 있으나, 그 '권리'를 행사하는 것이 항상 타당한 선택이 아닌 이치와
같다. 또한 '내'가 부모된 입장에서 현대판 맹모(孟母)가 되어 더 나은 교육을
자녀에게 받게 하기 위하여 조국을 떠나고, '나'의 아들이 한국에서 병역의 의
무를 면제받고 미국시민이 되기 위해 미국에서 자녀를 낳고자 한다면, '나'에게
그러한 '권리'가 있음은 분명하나, 그러한 '권리'를 행사하는 것이 언제나 올바
른 선택은 아니다. 국가가 경제적 위기의 상황에 처했을 때 비록 노조원들은 파
업을 할 '권리'가 있으나, 이 '권리'를 함부로 사용한다면, 결코 현명한 처사는
아니다. 그것은 유비적으로 표현해서 예금주가 언제든지 은행에서 자신의 예금
을 찾을 '권리'가 있으나, 모든 예금주가 그 '권리'를 동시에 행사하면 은행은
망하게 된다는 논리와 유사하기 때문이다.

  같은 맥락에서 본 연구에서는 불복종주의자들이 주장하는 바와 같이, 국가
에 대한 불복종행위는 인간의 기본권리이며, 동시에 시민의 권리라고 생각한다.
그러나 그럼에도 불구하고 권리란 항상 행사하는 것만이 능사(能事)는 아니다.
권리의 보유와 권리의 행사는 동일한 것이 아니며, 권리보유와 권리행사 사이에
는 무수한 점들이 존재하고 있다. 따라서 개인이 권리를 가지고 있다고 해도, 때
때로 그 권리를 유보하는 것이 타당한 상황이 엄존하고 있다. 이것이야말로 '권
리'를 인정하면서도 '권리'를 유보할 수 있다는 논리가 무리 없이 공존하는 소
이(所以)가 아닐 수 없다. 진정 '정의로운 사회'는 모든 구성원들이 자신이 가
진 모든 '권리'를 자유자재로 행사하는 사회가 아니다. 모든 사람들이 일정한
'권리'를 가지면서도 그 '권리'를 함부로 사용하지 않는 사회, 혹은 그 '권리'
를 사려깊고 신중하게 행사하는 사회야말로 '좋은 질서를 가진 사회(a well-
ordered society)'의 한 속성이다. 만일 다수의 사람들이 불의하거나 불의한 것
으로 생각되는 법에 대한 불복종의 '권리'가 있다고 하여 수시로 시민불복종행
위에 나서고자 한다면, 그것은 노동자들이 수시로 파업권을, 사용주들이 수시로
폐업권을 사용하고자 하는 것과 같은, 무질서한 상황으로 전락할 것이며, 결국
자연상태와 유사한 상태가 되지 않겠는가

6. 인격교화의 원리

정의롭지 못한 법, 도덕적으로 불확실한 법에 대한 복종은 시민개인에게 있어 인내와 의지의 시험대가 될 수 있음에 주목을 해 보자. 일반적으로 사람들은 단련이나 훈련을 할 때 일부러 어렵고 힘든 일을 골라 하게 마련이다. 큰스님이나 고승들이 제자들을 훈련시킬 경우, 혹독할 정도로 힘든 일, 심지어는 불가능한 일을 하도록 엄하게 명령하기도 한다. 이때 제자들로서는 어쩔 수 없이 모순되거나, 비인간적이며, 때로는 불가능한 일을 하도록 요구받는 셈이다. 그 이유는 무엇인가? 그것은 구도자(求道者) 개인의 의지를 굳건하게 하기 위함이다. 의지의 단련 필요성은 수도자(修道者)뿐만 아니라, 평범한 개인의 삶에 있어서도 마찬가지이다. 한 개인이 올바른 일이나 올바른 것으로 생각되는 일, 혹은 순리적이나 순리적인 것으로 판단되는 일만을 체험하고 살아 왔다면, 개인의 의지는 어떻게 되는 것일까?

때때로 '좋은' 부모뿐 아니라 '나쁜' 부모에 대하여도 복종이 요구되는 이유도 자녀 개인의 인내와 의지를 키우기 위함이다. 만일 한 개인이 좋은 사람들이나 올바른 사람들만을 조우하면서 역경 없이 자란다면, 그것은 마치 '온실 안의 화초'처럼 연약한 존재가 되지 않겠는가? 그러한 개인은 역경을 만났을 때 어떻게 대비하면 좋을지를 몰라 허둥거리게 될 것이다. 결국 여기서 문제는 법이 정당한가 부당한가의 문제보다는, 개인이 삶을 살아가면서 어떠한 생활철학을 체득할 것인가 하는 점이다.

같은 논리적 맥락에서, 불의한 법이나 불의하다고 생각되는 법에 복종해야 할 이유가 우리 인간의 나약한 본성을 교정해야 할 필요성에서 나온다는 점을 부부 공동체의 경우와 비교함으로 조명해보자. 왜 '좋은 남편'이나 혹은 '좋은 아내'뿐 아니라, '나쁜 남편'이나 '나쁜 아내'에게도 충실하고 헌신해야 하는가. 혹은 왜 '건강한 남편'이나 '건강한 아내'뿐 아니라 '병약한 남편'이나 '병약한 아내'에게도 충실해야 하는가. 이 점에 있어 악처 크산티페에 대한 소크라테스의 헌신은 오늘날까지도 인구에 회자되는 귀감이 되었다. '좋은 남편'·'나쁜 남편', '좋은 아내'·'나쁜 아내'를 막론하고 부부 상호간에 헌신을 해야 할 의무의 근거를 제시한다면, 인간의 약함을 교정하고 유혹을 극복하기 위한 것이다. 만일 '좋은 남편'과 '좋은 아내'에게만 충실하고 복종하고자 한다면, 헌신과 성실의 의미는 어디에서 찾을 수 있을 것인가. 이 경우 어떻게 부덕(婦德)을 닦으며 부덕(夫德)을 실천할 수 있을 것인가.

한편, '나쁜 남편'이나 '나쁜 아내'보다는 '나쁘게 생각되는 남편'이나 '나쁘게 생각되는 아내' 때문에 이혼의 유혹에 빠질 가능성도 적지 않다. 즉 인간의 본성이 항상 굳건한 것은 아니며, 흔히 상대방이 바람을 핀다면 '불륜'으로, 자기 자신이 바람을 핀다면, '로맨스'로 간주하는 것이 인지상정(人之常情)임을 감안할 때, 결혼생활에서도 극기와 절제의 정신과 행위는 요구된다. 따라서 이러한 각자의 약한 의지를 극복하고 백년을 해로한 부부라면, 결코 완전한 부부는 아니겠지만, 적어도 자신들에게 끊임없이 닥쳐오는 유혹을 극복함으로써 부부의 덕목을 실천해 온, 칭송받을 만한 부부임에 틀림없다.

이 점에서 정치적 복종의 문제가 인격교화에 밀접한 관련을 가지고 있다는 논증 —— 비록 유비적 논증이긴 하지만—— 이 성립될 수 있을 것으로 판단된다. '나'에게 불리하고 불의하게 생각되는 법이라고 해서 불복종을 한다면, 어떻게 인간의 약한 동기에서 기인하는 유혹에 저항할 수 있을 것인가. 본 맥락에서 "길이 멀어야 말의 힘을 알 수 있다"거나, "진정한 친구는 역경에서의 친구"라는 준칙의 의미를 음미할 필요가 있다. 우리에게는 일반적으로 자신에게 '불리한 법'은 '불의한 법'이라고 단정짓고자 하는 경향이 있지 않은가? 혹은 자신에게 '유리한 법'은 '정의로운 법'으로 해석하려는 성향이 있다.

한 걸음 더 나아가, 불의한 법에 대한 불복종행위는 행위 그 자체에 문제가 있다기보다는, '나' 한 사람이 불복종행위를 하기에 이르기까지, 또한 불복종행위를 하는 동안 거치게 되는 사고(思考)의 과정이 '나'의 정신과 삶에 대하여 미칠 영향의 관점에서 평가되어야 한다. 그리고 이 영향이란 어떤 면에 있어서는 차라리 부당한 제도나 불의한 법에 의하여 '나' 자신이 손실을 입는 것이 더 나을 정도로 아주 부정적일 경우도 있다고 생각된다. 물론 이것은 문제가 되는 법이나 제도의 불의나 부당성이 '일정 수준'을 넘어서지 않을 때 해당된다고 하겠다. 삶을 살아가면서 '나'는 많은 어려움에 봉착하게 되고 또한 잘못되고 억울한 일에 직면하게 된다. 이 경우 '나' 자신은 어떠한 태도를 취할 것인가?

잘못되고 억울한 일을 당했을 때, 격분하여 즉각 불만을 제기하고 행동에 나설 수 있으며, 이것을 '정의감의 발로(發露)'로 자위할 수 있다. 그러나 한편 잘못되고 억울한 일이 있어도 이해해 보려는 아량, 비판할 만한 여지가 있어도 참아주는 인내, 혹은 공동선을 위하여 자신의 이익을 기꺼이 포기할 줄 아는 희생도 인생에 있어서 매우 중요한 가치이며 덕목이 아닐 수 없다. 그리고 이러한 습관을 체득한 개인의 경우, "다른 조건이 동일하다면," 어디에 가서도 비교적 원만한 인간관계를 맺어 성공적인 삶을 구가하고 만족한 시민으로서 살 수 있을 것이라고 확신한다. 반대로 조그만 문제가 생겨도 짜증스러워하고 참지 못하며, 혹은 제도의 모순이나 구조적 모순을 거론하면서, '내 탓'보다 '남의 탓'에 치중하고 혹은 '나의 결점'을 찾기보다 '남의 결점'을 찾는 데 혈안이 된 사람은 "다른 조건이 동일하다면," 항상 불만스러운 시민으로 살아갈 가능성이 크다.

　　잘못된 것은 반드시 지적하고 비판하는 것이 용기 있고 정의에 입각한 행동이며, 이해하거나 참는 것은 용기 없고 비겁한 행동이라고 단정하는 것은 성급한 태도이다. '불완전 절차적 정의'의 경우가 시사하는 바와 같이, 불의한 법이나 불의한 제도가 존재하는 것이 불가피한 정치사회에서, 이에 수긍함으로 공동체의 삶을 추구하는 법을 배운다면, 그것은 비록 서로우의 태도는 아니겠지만, 소크라테스처럼 훌륭한 시민으로 자리매김할 수 있을 것으로 기대된다.

7. 국가와 고상한 거짓말

　　이제 마지막으로 불의한 법, 혹은 불의하다고 생각되는 법에도 복종해야 할 이유를 결과론적 논증에 의하여 정당화시켜 보자. 이와 관련하여 정의로운 법, 혹은 정의롭다고 판단되는 법에만 복종해야 한다는 주장은 칸트의 의무론적 비전을 상기시킨다는 점에 다시 한번 유의해 볼 필요가 있다. 칸트뿐 아니라 엄격한 칸트주의자라면, 비록 거짓말을 통하여 좋은 결과가 나올 수 있다고 해도 거짓말하는 행위의 정당성을 인정하기를 단호히 거부하는데, 이에 대한 칸트의 입장은 하나의 기념비적 사례가 되었다고 하겠다. 강도 A가 무고한 행인 B를 해치고자 쫓아올 경우 B의 행방을 알고 있는 C는 A가 물을 때 정확하게 B의 행방을 알려 줄 '의무'가 있다는 것이 칸트의 견해이다. 하지만 이것이야말로 칸트의 엄격주의(rigorism)를 반영하는 대표적 논거로 간주해야 할 것이다.

　　본 맥락에서 칸트의 엄격주의를 거부하는 이유는 의무론(deontology) 이외에도 결과론(consequentialism)이 정당하게 옹호될 수 있는 상황이 엄존하기 때문이다. 일반적으로 의무론은 문제의 규범이 옳기 때문에 바로 그 이유로 인하여 실천해야 한다는 명제로 표출될 수 있으며, 윤리 영역에서 자주 통용된다. 칸트의 '심정 윤리(Gesinnungsethik)'에 의하면, 남에게 보이기 위해 선행을 했다면, 혹은 결과를 의식해서 선행을 했다면, 그것은 더 이상 선행이 아니며, 위선(僞善)일 뿐이다. 같은 맥락에서 남자 A가 음탕한 마음을 먹고 여자 B를 쳐다보았다면 비록 간음행위를 한 것은 아니지만, 간음의 죄를 지은 셈이다. 카뮈는 『전락』에서 변호사 클라망스의 고백을 통하여 선행으로 위장된 수많은 위선을 고발한다. 즉 변호사 클라망스는 횡단보도를 건널 때 맹인을 보면 아무리 바빠도 맹인의 손을 붙들고 길을 건넌다. 그리고 헤어질 때 맹인을 향하여 깊숙이 고개를 숙여 인사함으로 주위의 행인들로부터 칭송과 찬사를 은근히 기대하는 것이다. 맹인은 클라망스의 인사하는 모습을 볼 수 없지 않은가!

윤리영역에 관한 한, 의무론과 '심정 윤리'는 매력적이다. 위선이 도덕적 행위가 될 수는 없기 때문이다. 그러나 법과 정치영역에서는 '의무론'보다 '결과론'이 돋보인다. A가 B를 살해할 의도가 없었더라도 결과적으로 B를 죽음에 이르게 했다면, 그 의도와 상관없이 A는 법의 심판을 받게 된다. 혹은 유권자 C는 평소에 후보자 D보다 E를 지지할 마음을 갖고 있었지만, 기표소에서 붓두껑을 잘못 눌러 D에게 투표하는 결과가 되었다면, 유효하게 계산되는 표는 C의 내적 마음이 아니라 C의 외부행위이다. 혹은 F와 G가 가벼운 차량접촉 사고임에도 불구하고 대로변에서 차를 옮기지 않고 옥신각신하다가 결과적으로 교통흐름을 방해했다면, 경범죄에 의한 처벌을 받게 된다.

그러나 한편으로 윤리영역에서 '의무론', 정치영역에서 '결과론'의 매력이 현저하다고 해도, 의무론과 결과론이 언제나 양립불가능한 것은 아니라는 점을 각별히 강조할 필요가 있다. 재판정에서 판사는 피고를 판단하는 데 있어 행위의 결과만 배타적으로 고려하는 것은 아니고 그 의도도 감안한다. A가 친구 B와 장난하다가 B를 죽일 마음이 없었는데도 B가 우발적으로 죽었다는 사실이 비교적 유의미하게 밝혀지면, A의 죄목은 살인이 아니라 과실치사가 된다. 또한 명예훼손죄에 있어서도 결과 못지않게 악의가 있었는가 하는 점이 중요하다. 그런가 하면 올림픽 사격대회에서 금메달을 딴 선수 C에게 "어떤 마음으로 표적을 쏘았는가" 하고 기자들이 물었을 때, "원수를 쏘는 심정으로 쏘았다"고 답변한다면, C의 1등 올림픽 사수로서의 위상은 그의 비인간적 심성 때문에 격하되게 마련이다. 혹은 부유한 재벌회사 사장 D가 사회여론을 의식해서 상당금액의 불우이웃돕기 성금을 내고 이 사실이 언론에 알려져 대서특필되었다면, 비록 "왼손이 하는 바를 오른손이 알지 못하게 하라"는 자선의 원리에는 어긋나지만, 공동체 의식을 훈훈하게 만드는 결과를 가져오는 행위로서 의미가 있다.

결국 결과론의 관점에서 거짓말이 정당화될 수 있는 상황을 인정하는 데 인색할 필요는 없다고 생각되는데, 그 상황 가운데 하나가 '선의의 거짓말'인 '하얀 거짓말(white lie)'이며, 또 하나는 '고상한 거짓말(noble lie)'이다. '선의의 거짓말'은 때때로 부모가 자녀에게, 혹은 스승이 학생에게 혹은 의사가 환자에게 사용한다. 부모는 시험성적이 좋지 못해 좌절하는 아이에게 "너는 엄마가 보기에 능력이 있어" 하며, 아이를 달래고 힘을 북돋아 주지 않는가. 혹은 의사는 암으로 죽어 가는 환자에게 별다른 병이 아니니, 안심하라고 위로한다. 이때의 거짓말은 마음의 준비가 되지 않은 환자에게 충격을 최소화하기 위하여 정당화되는, '선의의 거짓말'인 셈이다.

한편, 정당화될 수 있는 또 하나의 거짓말이라면 플라톤이 말한 '고상한 거짓말'이다. 플라톤의 『공화국』에서 소크라테스는 글라우콘과의 대화를 통하여 '고상한 거짓말'에 관한 개념을 추출한다. 즉 플라톤적 소크라테스는 이상적인 공화국을 유지하는 데 필요한 세 가지 집단의 위계질서를 강조하는 가운데, 철인왕에 해당하는 '금의 정신(gold spirit)'을 가지고 있는 사람들, 수호자 집단에 해당하는 '은의 정신(silver spirit)'을 가지고 있는 사람들, 생산자 집단에 해당하는 '동의 정신(copper spirit)'을 가지고 있는 사람들이 구분될 수 있다고 주장한다. 그러나 어떻게 공화국의 구성원들이 금, 은, 동으로 나누어질 수 있다는 사실을 알 수 있는가 하는 것이 글라우콘의 반문이다. 이에 대하여 소크라테스는 금, 은, 동의 구분문제를 '고상한 거짓말'로 접근하고 있다. "고상하다"는 뜻을 가진 그리스어는 'gennaion'이다. '겐나이온'은 엄밀하게 말해서 '고상한 정신을 가진(high minded)', 혹은 '고귀한 혈통을 가졌다(wellbred)'는 의미로 풀이된다. 이와 관련한 소크라테스와 글라우콘의 대화는 다음과 같다.

"그렇다면 우리는 어떻게 지금 우리가 말하고 있는 그 기회주의적인 거짓말 가운데 하나, 즉 가능하다면 통치자 자신들, 혹은 그것이 불가능하다면, 도시의 나머지 사람들을 설득시킬 만한 고상한 거짓말을 만들 수 있겠는가?"

"… 여러분 모두는 형제들이긴 하지만, 신은 통치하는 데 적합한 사람들을 만드는 과정에 금을 섞어 놓았다. 그러므로 이들은 가장 귀중한 사람들이다. 그러나 그들의 보조자들에게는 은을, 그리고 농부와 다른 생산자들에게는 동과 철을 섞어 놓았다."

"그렇다면 현존하는 통치자나 보조자 및 생산자들로 하여금 이 사실을 믿게 할 수 있겠는가?"

"물론 그들은 안 되겠지만, 그들의 아들이나 후손들에게는 가능할 것이다. 이러한 믿음만으로도 사람들로 하여금 국가와 다른 사람들을 위해 더욱 더 노력하게끔 만드는 데 큰 효과를 발휘할 것이다."

상기의 대화내용을 감안할 때, 정치 공동체에서 시민들의 헌신과 충성, 혹은 애국(愛國)과 보국(報國)정신을 유발하고 증진시키기 위해 플라톤적 '고상한 거짓말'이 정당화될 가능성이 있지 않겠는가! 두말 할 나위 없이 '고상한 거짓말'은 정치 공동체를 반드시 대상으로 하지 않더라도, 우리 주변에서 적지 않게 발견된다. 산타클로스 할아버지를 상기해 보자. 어린 시절 '나'는 크리스마스 전날 밤이 되면 산타클로스 할아버지가 어떤 선물을 가져올 것인가를 궁금해하며 잠을 이루지 못했다. 물론 '나'는 성장하면서 산타클로스 할아버지가 존재하지 않는다는 사실을 알게 되었다. 그러면서도 '나'의 부모가 '나'에 대해서 그랬던 것처럼, '나'도 크리스마스가 가까워 오면, '나'의 자녀들에게 여전히 산타클로스 할아버지를 이야기하며 아이들의 마음을 들뜨게 한다. 착한 어린이에게 선물을 한아름 가져온다는 산타클로스 할아버지는 어린 시절의 '나'에게 착한 성정(性情)과 좋은 습관을 함양하는 데 도움을 준 소중한 존재가 아니었던가! 있지도 않은 산타클로스 할아버지가 어린 시절 '나'의 성정과 인격을 선도하는 데 효과가 컸다면, 그것이야말로 '내'가 성장한 다음에도 산타클로스에 대한 믿음을 '허위의식(false consciousness)'이나 이데올로기, 혹은 '아이들의 아편'으로 매도하지 않는 이유이며, 이러한 의미에서 산타클로스 할아버지 이야기는 '고상한 거짓말'로 정착된 셈이다.

산타클로스의 이야기가 이처럼 '고상한 거짓말'로 정당화될 수 있다면, 같은 맥락에서 우리도 '공정한 협력구도로서의 국가'나, 혹은 절차적 정의에 입각한 '정의로운 국가'의 신화를 말할 수 있지 않겠는가. 혹은 사회계약적 국가나 '법과의 약속'도 받아들일 수 있을 듯하다. 실제로 완벽한 정의로운 국가나 공리적인 국가 혹은 사회계약적 국가나 공정한 협력구도로서의 국가는 존재하지 않지만, 혹은 '나'는 '법과의 약속'도 한 적이 없지만, 국가는 명실공히 정의를 행하고, 최대다수의 최대행복을 추구하며, 혹은 '나'도 모르는 사이에 '법과의 약속'을 맺었다고 주장할 수 있을 듯하다. 이것이 거짓말임은 분명하지만, 이 거짓말이 정치 공동체에 양질의 결과를 산출할 가능성이 크다면, 정당화될 수 있는 '고상한 거짓말'의 한 범주가 될 수 있다.

'고상한 거짓말'에 관한 상기의 논의가 유의미하다면, 국가권위 정당화에 관한 의무론적 논리와 결과론적 논리가 실패한 다음, 우리가 취할 수 있는 한 유의미한 방안이라고 생각된다. 물론 이 방식은 '투명한 국가권위'의 비전에 위배되며, 따라서 궁색하다는 비판을 받을 수 있을 것이다. 또한 본 연구에서도 플라톤의 '금본위 정치'의 비전을 설명하면서 '고상한 거짓말'을 정치권위의 정당화의 근거로 제시한 플라톤의 태도를 비판한 바 있다. 그러나 우리에겐 사실인지 아닌지도 검증된 바 없지만 버릴 수 없는 소중한 '국가의 신화', 혹은 '국가의 이야기'들이 허다하다. 21일 동안 굴 속에서 마늘과 쑥만을 먹고 참고 견디어 결국 인간으로 태어난 웅녀, 해모수의 아들로 알려진 주몽 및 알에서 깨어난 석탈해 등등의 이야기와 설화는 우리 정치 공동체 구성원들에게 헌신과 투신의 태도를 북돋우는 '고상한 거짓말'로서 작용하고 있는 셈이다. 그렇다면, 국가권위에 대한 의무론적 정당화의 논리와 결과론적 정당화의 논리가 비록 '논리적'으로나 '사실적'으로 흠결이 많다고 하더라도, '사실인 것처럼' 믿을 만한 가치가 있다고 볼 수 있지 않겠는가? 그것은 시민들에게 정치적 복종의 가치를 고취시켜 정치 공동체의 존속과 번영을 도모하기 위함이다.

VI. 정치적 복종의 덕목

상기의 논의를 통하여 "다른 조건이 동일한 상황에서" 정치적 불복종행위보다 정치적 복종행위의 정당성과 가치를 옹호했지만, 유의해야 할 점이 있다. 정치적 복종행위는 "당연히 해야 할 일," 혹은 "아니하면 안 되는 일"이라고는 단언할 수 없다는 사실이다. 이미 이 주장은 집중적인 논의과정에서 충분히 개진되었다고 생각하지만, 국가에 대한 복종행위는 하나의 '의무(義務)'가 아니라 '덕목(德目)'으로 간주하는 편이 온당하다는 사실을 강조하고자 한다. 정치적 복종행위는 물론 '나'의 도덕적 위상보다는 '나'의 시민적 '역할'에 부합하는 시민적 덕목(civic virtue)이다. 정치적 복종행위가 '의무'보다 '덕목'이 될 수 있는 이유는 '법과의 약속'이 유명무실하고 공정한 협력의 구도가 성립되지 못한다는 측면도 강하지만, 특히 정치적 복종을 통하여 개인의 '수단적 합리성'이 충족되기보다는 충족되지 못할 가능성이 농후하기 때문이다. 아무리 정교한 합리성의 잣대로 정치적 복종행위를 가늠해 보아도, '수단적 합리성'과 정치적 복종이 공존할 가능성은 희박하다.

이러한 관점에서 볼 때, 정치적 복종행위는 개인의 '자기이익', 아무리 정교한 형태의 '자기이익'이라고 해도, 원칙적으로 '자기이익'의 범주로 환원될 수 있는 성질의 것은 아니다. 적어도 포괄적이며 전인적인 정치적 복종행위를 하기 위해서 '나'는 총체적인 손실을 각오하거나, 혹은 적어도 상당한 비용에 비하여 미미한 혜택을 감수하는 등 '나'의 욕구를 일정 수준 절제하는 것이 필수적이기 때문이다. 이 점에서 초기의 롤즈가 정의와 '수단적 합리성'을 원초적 상황에서 결합시키고, 고티에가 '직접적 극대화(straightforward maximization)'와 '절제된 극대화(constrained maximization)'를 구분함으로, 도덕과 합리성의 연계에 나름대로 성공했다는 점을 긍정적으로 평가하면서도, 국가에 대한 복종행위와 '수단적 합리성'의 연계는 쉽지 않다고 판단한다. '절제된 극대화'의 논리를 받아들인다고 해도, 국가에 목숨을 바칠 만한 절대적 이유를 설명할 수는 없기 때문이다.

물론 덕목과 수단적 합리성이 연계되지 않는다는 것은 비단 정치적 복종의 행위뿐 아니라, 용기나 절제 등의 덕목의 경우에도 통용되는 논리이다. 그러나 특히 정치적 복종행위가 덕목으로 간주될 수 있는 이유는 수단적 합리성과의 연계불가능성 이외에 다른 특성이 있음을 강조한 바 있다. 본 연구에서는 국가권위에 대한 복종을 '시민적 덕목'으로 규정하면서, 그 덕목의 근거를 전통적 공화주의자들이 천착했던 '정치적 덕목(political virtue)'보다는 토마스 아퀴나스(Thomas Aquinas) 등 그리스도교 신학자들이 전통적으로 강조해 온 '신학적 덕목(theological virtue)'과의 공유된 특성에서 찾고자 하였다. 국가권위에 대한 복종에는 불확실성의 문제가 도사리고 있는 것으로 파악되었기 때문이다. '내'가 국가에 복종하고자 할 때, 혜택에 대한 불확실성, 도덕적 타당성에 대한 불확실성, 인과적 사실성에 대한 불확실성 등의 문제에 봉착할 수밖에 없겠는데, 이러한 불확실성은 그리스도교인들이 신을 믿고자 할 때 봉착하게 되는 '믿음의 불확실성'과 유비적으로, 그러나 유의미하게 비교될 만하다.

그리스도교인들이 믿음을 '신학적 덕목'으로 간주하는 이유나, 신의 결정론을 받아들이는 칼뱅주의자들이 경건한 신앙의 삶을 덕목으로 지칭하는 이유는 무엇인가? 신의 존재가 확실하다면, 믿음은 '합리적 선택(rational choice)'의 대상이 될지언정, '신학적 덕목'이 될 수는 없는 일이다. 그러나 신의 존재가 적어도 신자인 '나'의 입장에서는 불확실하기 때문에, 신의 존재에 대한 믿음에는 의지와 결단이 필요하다. 물론 신의 존재가 전혀 근거 없는 것이라면, 신에 대한 믿음의 행위는 사교(邪敎)나 사이비 종교를 믿는 것처럼, 우매하고 어리석기 짝이 없는 선택이다. 하지만 확실하고 절대적인 근거는 아니더라도, 비교적 신뢰할 만한 일정한 근거가 있다면, 신에 대한 믿음은 '나'에게 무의미한 선택이라기보다는 '나'에게 자발적인 결단과 가치 있는 자율적 선택의 문제로 떠오른다.

같은 맥락에서 '일상적인 칼뱅주의자들'도 비록 자기자신들이 신에 의한 구원의 선택을 받았는지에 관한 한, 확신할 수는 없는 입장이다. 따라서 삶의 방식의 선택에 있어 일말의 불확실성이 엄존하지만, 그럼에도 불구하고 경건한 신앙의 삶을 선택한다면, 그것은 칭송할 만한 '소망의 덕'이 아닐 수 없다. 실상 '나'의 구원에 관한 신의 결정을 모르는 상태에서, '내'가 합리적이라면, 맥시민(maximin)원리에 의하여 타락된 삶을 선택하게 마련 아니겠는가! 그러나 '일상적 칼뱅주의자'는 이러한 수단적 합리성을 거부하는 나머지, 일말의 불확실성을 무릅쓰고 타락한 삶보다는 경건한 삶을 선택하게 된다.

일상적으로 사람들은 인과관계가 불확실한 상황에서 살아가면서 헌신을 하는 경우가 적지 않다. 독립운동가들은 자신의 헌신을 통하여 조국이 독립된다는 확고한 보장을 가지고 독립운동에 뛰어든 것이 아니라, 독립이 불확실한 상황에서도 가족을 버려 두고 자기 목숨까지도 바쳤기 때문에 그 희생정신이 고귀한 것이며, 칭송받을 만한 것이다. 전쟁의 상황도 마찬가지이다. 조국이 외부의 적으로부터 불의의 침략을 받아 망할지도 모르는 상황에서 조국수호에 나서는 '나'의 행위는 숭고한 결단이 아닐 수 없다.

이와 같은 맥락에서 국가권위에 대한 복종행위가 덕목이 되는 이유는 국가의 명령에 사실적 불확실성이나 가치적 불확실성 등을 포함하여 적지 않은 불확실성이 내재해 있음에도 불구하고 그 명령에 복종하기로 결단하고 이를 감행

(敢行)하기 때문이다. 국가에 대한 복종은 엄밀한 의미에서 국가에 대한 문제가 아니라, 시민인 '나' 자신에 관한 문제이다. 그것은 신존재에 관한 믿음의 문제가 '신의 문제'가 아니라 '나의 문제'이듯이 ── 왜냐하면 '나'의 믿음과 관계 없이 신의 존재는 결정되기 때문이다── 혹은 '일상적 칼뱅주의자'에게 있어 삶의 방식의 선택은 '신의 문제'가 아니라 '나의 문제'이듯 ── 왜냐하면 '나'의 믿음과 관계 없이 신은 '나'의 운명을 결정해 놓기 때문이다 ── 국가권위에 대한 복종은 '국가의 문제'가 아니라, '나의 문제'가 되는 셈이다. '나의 문제'란 무엇인가? 이미 지적한 바와 같이, 국가의 정당성문제와는 관계 없이 자기이익과 자기중심주의에 의해서 행동하려는 '나'의 약한 동기, 돈을 빌려줄 때마다 상대방이 미덥지 못해 보증인을 요구하는 행위처럼, '내'가 협력적 행위를 하고자 할 때마다 다른 사람의 협력부터 먼저 살피는 행위 등 나약한 의지와 동기의 소유자라는 사실을 감안하면서, '내'가 선택하는 결단의 문제라는 의미이다.

그러므로 그리스도교 신자들이 '믿음의 덕'을 강조하고, '일상적인 칼뱅주의자'들이 '소망의 덕'을 칭송하듯이, 그와 유사한 형태로, 우리는 정치적 복종의 덕목을 말할 수 있을 것이다. 그리고 국가에 대한 복종의 행위를 실천하는 개인이야말로 덕목을 실천하는 시민이라고 규정할 수 있다. 정치적 복종의 행위는 불확실성 상황에서 자기자신의 약한 의지와 동기를 극복하면서 자신의 의사를 국가의 의사에 복속시키는 행위이기 때문이다.

물론 국가에 대한 복종행위를 덕행(德行)이라고 할 때, 그 논리적 근거와 특성을 그리스도교인들이 역설하는 '믿음의 덕'이나 칼뱅주의자들이 실천하는 '소망의 덕'에 의존하여 정당화시켰으나, 내용적인 차원에서 볼 때 복종의 시민적 덕목은 그리스도교적인 덕, 혹은 플라톤 등 고전적 수덕주의자들이 강조하는 덕, 혹은 퓨리탄들이 주장하는 덕의 의미와 꼭 같은 것은 아니다. 세속화된 사회에서 고신극기(苦身克己)와 같이 전적으로 자기희생과 자기부정의 범주를 요구하는 초인적인 덕목이나, 엄슨(J. O. Urmson 1958)이 말하는 『성인과 영웅들(Saints and Heroes)』의 덕목을 주장하기란 어렵다. 혹은 호메로스의 『일리아드』와 『오딧세이』에서 나오는, 그리스의 아킬레스나 트로이의 헥토르 등이 보여준 용덕(勇德)처럼, 조국을 위하여 목숨을 초개처럼 던지는 영웅적인 행위를 뜻한다고 이해하기도 쉽지 않은 일이다. 따라서 정치적 복종의 덕목은 내용적으로 볼 때 철저한 자기희생의 고전적 덕목이나, 몽테스키외 등 고전적 공화주의자들이 강조하는 정치적 덕목보다는 약한 의미의 덕목이다.

그러나 그렇다고 하더라도, 정치적 복종행위의 덕목의 특성은 '나' 자신의 의사와 욕구를 통제한다는 측면이 두드러진다는 점을 강조할 필요가 있다. 이 점에서 '일반의사'에 대한 복속이야말로 개인이 마음대로 할 수 있는 '자연적 자유'가 아니라 공동체의 덕스러운 의사에 스스로를 구속하는 '도덕적 자유'를 의미하고 있다는 루소의 지적을 상기할 필요가 있다. 이미 상기의 논의를 통하여 국가가 공여하는 혜택이나 이득 때문에 정치적 복종행위의 정당성을 말한다면, 국가에 복종해야 할 '일정한' 이유가 성립할 뿐, '절대적' 이유가 성립하지 않는다는 점을 적시한 바 있다. 국가로부터 기인하는 물질적 혜택이나 비물질적 혜택이 있다고 해도, 그것은 추상적 수준의 혜택일 뿐, 구체적 수준에서 '내'게 돌아온다는 보장은 없다. 오히려 국가의 법이나 명령, 정책은 '내'게 일방적으로 고통과 부담을 강요하는 경우도 적지 않다. 법을 지킴으로 손해보는 사람들 가운데 '내'가 포함될 확률은 결코 사소하지 않기 때문이다. 또한 '내'게 설사 혜택이 돌아온다고 해도, 국가에 대한 복종처럼, 전인적이고 포괄적인 복종을 할 필요가 있는 것은 아니다. 이러한 관점에서 볼 때, 국가에 대한 복종 행위는 토크빌(A. Tocqueville)의 표현대로 "개화된 자기이익(enlightened self-interest)," 혹은 "올바르게 이해된 자기이익(self-interest rightly understood)"으로 표시될 수 있는 고도의 정교화된 자기이익이라고 해도, 어쨌든 자기이익의 합리성과 언제나 공존하는 것은 아니라는 사실은 아무리 강조해도 지나침이 없다.

그런가 하면 국가에 대한 복종행위는 자기 희생이 전제된 단순한 덕목의 성격을 넘어서서 '정치적' 덕목이기도 하다. 그리스 사회에서 덕을 지칭하는 '아레테(arete)'의 개념을 상기하면, '탁월성'이 부각되는데, 시민을 '시민답게' 만드는 것이 '아레테'의 개념이다. 말을 말답게 만들려면, '잘 달리는 말', 즉 말의 '탁월성'을 계발하는 것이 중요하듯이, 시민을 '시민답게' 만들려면, 국가에 대한 헌신과 투신의 정신을 가진 시민, 즉 '탁월한 시민'의 모습이 핵심이다. 물론 시민을 '시민답게' 만드는 데 있어 정치적 복종만이 유일한 덕목은 아니다. 이미 개스톤은 시민의 덕목을 네 가지로 분류한 바 있고, 대거(R. Dagger)도 여섯 가지의 덕을 제시하고 있다. 그 이외에도 킴리카(W. Kymlika 1995)나 매이세도(S. Macedo 1990, 1992) 등, 자유주의 덕목주의자들의 덕목규정은 다양하다. 따라서 어떤 범주의 시민적 탁월성(civic excellence)을 시민적 덕목 (civic virtue)으로 간주할 수 있는가 하는 문제에 관한 한, 심층적인 논의와 토론이 요구된다. 사람들마다 독특한 정치 공동체의 비전을 투사하고 있기 때문이다.

예를 들면, 개스톤은 시장경제에서의 저축에 대한 행위도 덕목으로 분류하고 있다. 그러나 시장에서 이루어지는 개인의 행위까지 덕목으로 간주한다면, 덕의 범주는 너무나 엷어져, 덕목과 수단적 합리성의 구분은 없어질 것으로 우려된다. 실상 시장행위자들은 '수단적 합리성'의 논리만을 가지고도 충분히 자신의 소득을 모두 소비하기보다는 일부를 절약하여 저축을 할 수 있다. 그것은 불확실성 상황에서 '맥시민(maximin)' 전략에 입각한 보험의 논리이다. 경제적으로 여유 있을 때 저축하는 것은 궂은 날을 대비하여 우산을 준비하는 것처럼, '사려깊은 행위'나 '슬기로운 선택'이라고 할 수 있을 뿐, '덕스러운 행위'라고는 할 수 없다. 그러나 국법준수와 국가에 관한 헌신 등, 정치적 복종의 행위에 관한 한, '수단적 합리성'만으로는 설명할 수 없는 부분이 엄존하기 때문에, 혹은 아무리 정교한 형태라도 자기이익의 범주로 환원될 수 없는 요소가 남아 있기 때문에, 명실공히 '시민적 덕목'이라고 할 수 있다. 정치적 복종의 시민적 덕목이 시민들에게 함양되지 못한다면, 정치 공동체가 '애드하크라시(ad-hocracy)'의 공동체로 전락하리라고 예상할 수 있다. 정치적 헌신과 국가에 대한 복종의 정신이 결여된 공동체는 '철새들의 도래지'나, '칵테일파티의 모임' 정도에 불과할 뿐, 구성원들의 피와 땀이 서려 있고 역사와 전통이 살아 숨쉬는 정치 공동체는 아니지 않겠는가?

국가에 대한 복종행위가 덕목이라면, 다른 덕목들의 경우와 마찬가지로 습관화되어야 할 것이다. 덕목이란 아리스토텔레스의 적절한 지적대로, 한번 우연히 이루어지는 일회성(一回性)의 행위가 아니라 습관적으로 이루어지는 행위로서, 파블로프의 '조건반사'와 유사하다. 덕목의 습관성이야말로 정치적 복종의 덕목이 어려서부터 청소년들에게 습관화되고 주입되어야 할 이유이다. 이러한 의미에서 시민복종행위는 시민 불복종행위보다 먼저 '사회화'의 대상이 되어야 하며, 가정과 학교에서 우선적으로 이루어져야 할 교육의 내용이라고 생각한다. 정치적 복종의 가치가 청소년들에게 내재화된 후, 즉 복종에 관한 '사회화(socialization)' 과정이 이루어진 후, 비로소 불복종행위의 논리가 가르쳐지는

'대응사회화(counter socialization)' 과정이 이루어지는 것이 바람직하다. 물론 '복종의 논리'는 '맹종의 논리'와 현격하게 달라, 국가에 대한 복종행위가 명실 공히 시민의 덕목이 되려면, 역시 아리스토텔레스가 말한 '분별력(phronesis)' 의 덕목이 작용해야 할 것이다. 분별력의 덕목이 전제되는 한, 정치적 복종의 덕 목이 사회화의 대상으로 청소년들에게 우선적으로 학습되어야 할 덕목이 되어 야 한다는 점에 커다란 걸림돌은 없을 듯하다.

　이제 정치적 헌신의 덕목과 불복종행위의 관계를 정리해 보자. 국가 공동체 의 불완전성과 결함을 감안할 때, 그리고 불충분한 인간의 동기를 감안할 때, 국 가 공동체에 대한 헌신과 충성은 '시민적 의무'보다는 '시민적 덕목' ── 비록 약한 의미의 덕이긴 하지만 ── 으로 간주되어야 할 것이다. 뿐만 아니라 국가 공동체 내에서 불가피하게 야기되는 일정 수준의 불의에 관한 한, 비교적 너그 럽게 용인되어야 한다는 사실과 더불어, "누구에게 이득이 되는가(cui bono)" 하는 문제에 과도하게 집착하며, '내 탓'보다는 '네 탓'을 찾는 데 열중하는 공 통적인 인간의 약점에 유의할 때, 모름지기 정치적 헌신과 복종의 습성(habit) 과 덕목은 시민들에게 권장되고 함양될 필요가 있다고 생각된다. 따라서 국가 공동체에 시민적 덕목이 요청된다면, 시민들에게 국가 공동체에 대한 헌신과 충 성의 태도가 길러지도록 특별한 노력이 경주되어야 할 것이다.

　특히 국가 공동체에 대한 헌신과 복종의 문제와 관련하여 '나'의 관점에서 국가 공동체에서 추진하는 특정 정책과 법이 얼마나 정의롭고 공평하며 공정한 가 하는 판단에 '조건적으로' 연계시키지 않으며, 다수결 절차에 의해 성립된 법이나, 집단선택(collective choice)에 대한 시민 불복종행위의 요건을 구성하 는 정당한 이유들을 보다 엄격하게 평가하려는 태도가 함양될 필요가 있다. 실 상 이러한 태도는 '내'가 어떠한 상황과 조건하에서도 국가 공동체에 복종하고 헌신해야 한다는 '무조건적 의무'를 이행한다는 태도와는 다른 것이다. 물론 강 조하거니와 국가 공동체에 승복하는 태도에는 신중함이나 분별력이 요청된다. 심각한 불의를 자행하는 국가 공동체에 맹목적으로 승복하는 행위는 정치적 복 종과 헌신의 덕목에 정면으로 배치될 뿐 아니라, 오히려 정치적 악덕(惡德)에 속한다고 규정되는 것이 온당하다.

　그러나 그렇다고 하더라도 '나'의 입장에서 '나' 자신에게 이득이 되거나 합리적이라고 판단되는 국가의 정책에만 승복하고, 그렇지 않은 정책에 대하여 불복한다면, 편의주의적이며 이기주의적 행위에 불과할 뿐, 절제와 자기희생이 요구되는 시민적 덕목의 실천은 아니다. 혹은 정의롭다고 생각하는 법에만 복종하고 정의롭지 않다고 생각되는 법에는 복종하지 않는다면, 독선과 자의적 태도의 표현일 뿐, 지적 겸손을 전제하고 있는 시민적 덕목의 실천과는 거리가 멀다. 국가에 대한 헌신과 복종의 태도는 이러한 식으로 '조건적'이 되어서는 안 된다는 것이 본 연구에서 견지한 일관된 입장이다. 조건적일 경우, 정치적 헌신과 복종의 행위를 '습관적 행위'라고 간주할 수는 없을 것이기 때문이다.

마지막으로 강조하고자 하는 사항이 있다. 국가에 대한 복종행위를 '시민의 덕목'이라고 규정했을 때, '수단적 합리성'에 의하여 행동하고 살아가는 다수의 시민들을 제외시키는 결과를 가져올 것으로 우려된다. 이 점은 한편으로 국가에 대한 정치적 복종행위를 '시민의 의무'보다 '시민의 덕목'으로 규정함으로써 불가피하게 치뤄야 할 비용이며 대가일는지 모른다. 그러나 그럼에도 불구하고 정치적 복종에 대한 '시민의 덕목'은, 시민들에게 대규모로 내면화시키고 체득시키는 것이 불가능하다고 포기될 정도로 엄격하고 특출나며 초인적인 것은 아니라고 생각된다. 이 점에서 국가뿐 아니라, 시민사회에서, 즉 가정과 학교에서 그리고 사회의 각 영역에 걸쳐 국가에 대한 정치적 복종의 덕목이 널리 고양되고 증진되며, 또한 효과적으로 함양되기를 충심으로 기대해 마지않는다.

참고문헌

김경동. 2000. 『선진한국 과연 실패작인가』. 서울: 삼성경제연구소.

김수영. 1988. "사랑의 변주곡." 백낙청 엮음. 『김수영 시선집』. 서울: 창작과 비평사.

김용민. 1999. "플라톤과 루소에 있어서 지식과 정치." 『한국정치학회보』, 33(1).

김주성. 1994. "자유주의의 철학정신." 『계간사상』. 여름호.

김형철. 1996. 『한국사회의 도덕개혁』. 서울: 철학과 현실사.

남경희. 1997. 『이성과 정치존재론』. 서울: 문학과 지성사.

박효종. 1994. 『합리적 선택과 공공재 I』. 서울: 인간사랑.

박효종. 1994. 『합리적 선택과 공공재 II』. 서울: 인간사랑.

박효종. 1998. 『한국민주정치와 삼권분립』. 서울: 자유기업센터.

박효종. 2001. "미대통령선거제도의 철학과 미학." 『에머지 새천년』. 2월, 80–98.

사마천. 1993. 『참으로 곧은 것은 굽어보이는 법이다』. 김진연 편역. 서울: 서해문집.

서병훈. 1995. 『자유의 본질과 유토피아: 존 스튜어트 밀의 정치사상』. 서울: 사회비평사.

서병훈. 2000. 『자유의 미학』. 서울: 나남.

이용필. 1999. 『사회과학연구와 새로운 패러다임』. 서울: 서울대학교 출판부.

임혁백. 2000. 『세계화 시대의 민주주의』. 서울: 나남.

정연순. 1995. 『파래소를 그리며』. 서울: 바오로 딸.

정의채. 1981. 『존재의 근거문제』. 서울: 성바오로 출판사.

진덕규. 2000. 『한국현대 정치사 서설』. 서울: 지식산업사.

한국정치학회편. 1987. 『현대한국정치와 국가』. 서울: 법문사.

Ackerman, B. A. 1980. *Social Justice in the Liberal State*. New Haven: Yale University Press.

Alford, R. A. and Friedland, R. 1985. *Powers of the State*. Cambridge: Cambridge University Press.

Andrews, A. 1974. "The Arginousai Trial." *Phenix* 28, 112-22.

Anscombe, G. E. M. 1958. "On Brute Facts." *Analysis* 18(January), 69-72.

Arendt, H. 1958. *The Human Condition*. Garden City: Doubleday.

_____. 1961. "What is Authority?" *Between Past and Future*. London: Faber.

Arneson, R. 1982. "The Principle of Fairness and Free-Rider Problems." *Ethics* 92(July), 616-33.

Arrow, K. J. 1963. *Social Choice and Individual Values*. 2nd ed. New Haven: Yale

Univ. Press.

Austin, J. 1954. *The Province of Jurisprudence Determined.* London: Weidenfeld & Nicholson.

Axelrod, R. 1984. *The Evolution of Cooperation.* New York: Basic Books.

Bachrach, P. and Baratz, M. S. 1962. "The Two Faces of Power." *American Political Science Review* 56, no. 4(December), 947-52.

_____. 1963. "Decisions and Nondecisions: An Analytical Framework." *American Political Science Review* 57, no. 3(September), 632-42.

Barry, B. 1976. "Power: An Economic Analysis." In B. Barry, ed., *Power and Political Theory.* London: Wiley.

_____. 1989. *Theories of Justice.* Berkeley: University of California Press.

Bell, N. K. 1978. "Nozick and the Principle of Fairness." *Social Theory and Practice* 5, 65-73.

Bell, D. 1976. *The Coming of Post-industrial Society.* New York: Basic Books.

Berlin, I. 1969. *Four Essays on Liberty.* London: Oxford University Press.

Bradley, F. H. 1962. *Ethical Studies.* Oxford: Oxford University Press.

Brzezinski, Z. 1956. *The Permanent Purge: Politics in Soviet Totalitarianism.* Cambridge: Harvard University Press.

Buchanan, J. 1965. "An Economic Theory of Clubs." *Econometrica* 32, 1-14.

Buchanan, J. 1975. *The Limits of Liberty.* Chicago: University of Chicago Press.

Buchanan, J. and Tullock, G. 1962. *The Calculus of Consent.* Ann Arbor: University of Michigan Press.

Budziszewski, J. 1986. *The Resurrection of Nature: Political Theory and The Human Character.* Ithaca: Cornell University Press.

Burnheim, J. 1985. *Is Democracy Possible.* London: Polity Press.

Burtt, S. 1990. "The Good Citizen's Psyche: On the Psychology of Civic Virtue." *Polity* 23(Fall): 23-38.

Campbell, R. and Sowden, L. eds. 1985. *Paradoxes of Rationality and Cooperation.* Vancouver: University of British Columbia Press.

Carnoy, M. 1984. *The State and Political Theory.* Princeton: Princeton University Press.

Coase, R. 1960. "The Problem of Social Cost." *Journal of Law and Economics.*

Connolly, W. 1983. *The Terms of Political Discourses.* Lexington: Heath.

Dagger, R. 1997. *Civic Virtues.* Oxford: Oxford University Press.

Dahl, R. A. 1957. "The Concept of Power." *Bahavioral Science*, 2, 201-15.

_____. 1969. *Who Governs?* New Haven: Yale University Press.

Demsetz, H. 1967. "Toward a Theory of Property Rights." *American Economic Review*, 57.

Dickinson, G. L. 1962. *The Greek View of Life*. London: Methuen.

Dworkin, R. 1978. *Taking Rights Seriously*. Cambridge: Harvard University Press.

Dyson, K. H. F. 1980. *The State Tradition In Western Europe*. Oxford: Martin Robertson.

Elster, J. 1989. *The Cement of Society*. Cambridge: Cambridge University Press.

_____. 1998. "Introduction." In J. Elster, ed., *Deliberative Democracy*. New York: Cambridge University Press.

FereJohn, J. A. and Fiorina, M. P. 1974. "The Paradox of not Voting: A Decision Theoretic Analysis." *American Political Science Review*, 69(September), 525-36.

Finnis, J. M. 1980. *Natural Law and Natural Rights*. Oxford: Oxford University Press.

Flathman, R. E. 1972. *Political Obligation*. New York: Atheneum.

_____. 1995. "Citizenship and Authority." In R. Beiner, ed., *Theorizing Citizenship*. Albany: State University of New York Press.

Frank, A. G. 1978. *Dependent Accumulation and Underdevelopment*. New York: Monthly Review Press.

Friedrich, C. J. 1972. *Tradition and Authority*. London: Pall Mall Press.

Friedrich, D. J., ed. 1954. *Totalitarianism*. New York: Grosset and Dunlap.

Galston, W. A. 1991. *Liberal Purpose*. Cambridge: Cambridge University Press.

Gewirth, A. 1978. *Reason and Morality*. Chicago: University of Chicago Press.

Gibbard, A. 1971. "Manipulation of Voting Scheme: A General Result." *Econometrica* 41, 587-601.

Gibbard, A. and Harper, W. L. 1978. "Conterfactuals and Two Kinds of Expected Utility." In C. A. Hooker, J. J. Leach and E. F. McClennen, eds., *Foundations and Applications of Decision Theory*. Dordrecht: Reidel.

Goodin, R. E. 1976. *The Politics of Rational Man*. London: Wiley.

Green, T. H. 1941. *Lectures on the Principles of Political Obligation*. A. D. Lindsay, ed. London: Longman.

Habermas, J. 1973. *Theory and Practice*. J. Virtel, trans. Boston: Beacon Press.

_____. 1973. "A Postscript to Knowledge and Human Interests." *Philosophy of the Social Sciences* 3.

_____. 1973. "Wahrheitstheorien." In H. Fahrenback, ed., *Wirklichkeit und Reflexion*. Pfüllington: Neske.

_____. 1975. *Legitimation Crisis*. T. McCarthy, trans. Boston: Beacon Press.

_____ . 1979. *Communication and the Evolution of Society*. Tran. T. McCarthy. Boston: Beacon Press.

Hailsham, L. 1978. *The Dilemma of Democracy*. London: Collins.

Hamilton, A., Madison, J. and Jay, J. 1787. *The Federalist*. 1982. reprint. New York: Bantam Books.

Hampton, J. 1998. *Political Philosophy*. Boulder: Westview Press.

Hardin, R. 1982. *Collective Action*. Baltimore: Johns Hopkins University Press.

Harsanyi, J. 1975. "Can the Maximin Principle Serve as a Basis for Morality?" *American Political Science Review* 69, June, 594-606.

_____ . 1977. *Rational Behavior and Bargaining Equilibrium in Games and Social Situations*. Cambridge: Cambridge University Press.

Hart, H. L. A. 1955. "Are There Any Natural Rights?" *Philosophical Review* 64(April).

_____ . 1982. *Essays on Bentham*. Oxford: Clarendon Press.

Hegel, G. W. F. 1942. *The Philosophy of Right*. T. M. Knox, trans. Oxford: Clarendon.

Heidegger, M. 1962. *Being and Time*. New York: Harper and Row.

Heyd, D. 1982. *Supererogation*. Cambridge: Cambridge University Press.

Hirschman, A. 1977. *The Passions and the Interests*. Princeton: Princeton University Press.

Hobbes, T. 1962. *Leviathan*. New York: Macmillan.

Hohfeld, N. 1919. *Fundamental Legal Conceptions*. New Haven: Yale University Press.

Holmes, S. 1984. *Benjamin Constant and the Making of Modern Liberalism*. New Haven: Yale University Press.

Horgan, T. 1981. "Counterfactuals and Newcomb's Problem." *Journal of Philosophy*, 78, 331-56.

Hull, D. 1980. *Critical Theory*. Berkely: University of California Press.

Hume, D. 1978. *A Treatise of Human Nature*. L. A. Selby-Bigge, ed. Oxford: Oxford University Press.

Kant, I. 1964. *Groundwork of the Metaphysics of Morals*. H. J. Panton, trans. London: Harper Torchbooks.

_____ . 1970. "On the Common Saying." In H. Reiss, ed., *Kant's Political Writings*. Cambridge: Cambridge Univ. Press.

Kavka, G. S. 1986. *Hobbesian Moral And Political Theory*. Princeton: Princeton University Press.

Kemmis, D. 1990. *Community and the Politics of Place*. Norman: University of

Oklahoma Press.

Keynes, J. M. 1936. *The General Theory of Employment, Interest and Money*. London: Macmillan.

Klosko, G. 1992. *The Principle of Fairness and Political Obligation*. Lanham: Rowman and Littlefield.

Kropotkin, P. 1970. "Must We Occupy Ourselves with an Examination of the Ideal of a Future System." In M. A. Miller, ed., *Selected Writings on Anarchism and Revolution*. Cambridge: MIT Press.

Kymlicka, W. 1995. *Multicultural Citizenship*. Oxford: Oxford University Press.

Lasswell, H. D. 1958. *Politics: Who Gets What, When, How*. New York: Meridian Books.

Levin, M. 1982. "A Hobbesian Minimal State." *Philosophy and Public Affairs*, 11, 338-53.

Lewis, D. 1969. *Convention: A Philosophical Study*. Cambridge: Harvard University Press.

_____. 1979. "Prisoner's Dilemma is a Newcomb Problem." *Philosophy and Public Affairs*, 8, 235-40.

Lindblom, C. E. 1977. *Politics and Markets*. New York: Basic Books.

Lowi, T. 1964. "American Business, Public Policy, Case Studies and Political Theory." *World Politics* 16, 677-715.

Luce, R. M. and Raiffa, H. 1957. *Game and Decisions*. New York: John Wiley.

Lukes, S. 1976. *Power: A Radical View*. London: Macmillan.

Macedo, S. 1990. *Liberal Virtues: Citizenship, Virtue and Community*. Oxford: Oxford University Press.

_____. 1992. "Charting Liberal Virtues." In J. W. Chapman and W. A. Galston, eds., *Nomos XXIV: Virtue*. New York: New York University Press.

MacIntyre, A. 1981. *After Virtue*. Notre Dame: Notre Dame University Press.

Mclean, I. 1989. *Democracy and New Technology*. Cambridge: Polity Press.

Milgram, S. 1974. *Obedience to Authority*. New York: Harper and Row.

Miller, D. 1981. *Philosophy and Ideology in Hume's Political Thought*. Oxford: Oxford University Press.

Montesquieu, 1973. *Persian Letters*. Trans. C. B. Betts. Harmondsworth: Penguin.

_____. 1989. *The Spirit of the Laws*. A. C. Cohler, B. Miller and H. Stone, ed. and trans. Cambridge: Cambridge University Press.

Nash, J. F. 1950. "The Bargaining Problem." *Econometrica* 1, 155-62.

Nozick, R. 1969. "Newcomb's Problem and Two Principles of Choice." In N. Resher, ed., *Essays in Honor of Carl G. Hempel*. Dordrecht: Reidel.

_____. 1974. *Anarchy, State and Utopia*. New York: Basic Books.

O'Connor, J. 1973. *The Fiscal Crisis of the State*. New York: St. Martin's Press.

O'Donnell, G. 1973. *Modernization and Bureaucratic Authoritarianism*. Berkeley: Institute of International Studies.

Oldfield, A. 1990. *Citizenship and Community: Civic Republicanism and the Modern World*. London: Routledge.

Olson, M. 1965. *The Logic of Collective Action*. Cambridge: Harvard University Press.

Ostrom, E. 1990. *Governing the Commons: the Evolution of Institutions for Collective Action*. New York: Cambridge University Press.

Pangle, T. 1988. *The Laws of Plato*. Chicago: University of Chicago.

Pateman C. 1970. *The Problem of Political Obligation*. Cambridge: Polity Press.

Peters, P. 1967. "Authority." In A. Quinton, ed., *Political Philosophy*. London: Oxford University Press.

Pettit, P. 1986. "Habermas on Truth and Justice." In C. H. R. Parkinson, ed., *Marx and Marxism*. Brighton: Harvestor Press.

_____. 1999. "Contestatory Democracy." In I. Shapiro and C. Hacker-Cordon, eds., *Democratic Value*. Cambridge: Cambridge University Press.

Pitkin, H. 1972. "Obligation and Consent." In P. Laslett, W. G. Runciman, and Q. Skinner, eds., *Philosophy, Politics and Society*. Oxford: Basil Blackwell.

Plato. 1960. *Crito*. H. N. Fowler, trans. London: Heinemann.

Popper, K. 1962. *Open Society and Its Enemies*. London: Routledge and Kegan Paul.

Poulantzas, N. 1973. *Political Power and Social Classes*. London: New Left Books.

Przeworski, A. 1982. "Marxism and Rational Choice." *Politics and Society*, V. 14(4), 379-409.

Przeworski, A. 1991. *Democracy and the Market*. New York: Cambridge University Press.

_____. 1999. "Minimalist Conception of Democracy." In I. Shapiro and C. Hacker-Cordon, eds., *Democratic Value*. Cambridge: Cambridge University Press.

Przeworski, A. and Sprague, J. 1985. *Paper Stones*. Chicago: University of Chicago Press.

Rawls, J. 1964. "Legal Obligations and the Duty of Fair Play." In Sidney Hook, ed., *Law and Philosophy*. New York: New York University Press.

_____. 1971. *A Theory of Justice*. Cambridge: Harvard University Press.

_____. 1985. "Justice as Fairness: Political not Metaphysical." *Philosophy and*

Public Affairs 14.

_____. 1993. *Political Liberalism*. New York: Columbia University Press.

Raz, J. 1975. *Practical Reason and Norms*. London: Hutchinson.

_____. 1979. *The Authority of Law*. Oxford: Clarendon Press.

_____. 1981. "Authority and Consent." *Virginia Law Review* 67.

_____. 1986. *The Morality of Freedom*. Oxford: Clarendon Press.

Reaume, D. 1988. "Individuals, Groups and Rights to Public Goods." *University of Toronto Law Journal* 38, 1-27.

Resnik, M. D. 1987. *Choices*. Minnesota: University of Minnesota Press.

Riker, W. H. 1982. *Liberalism against Populism*. New York: W. H. Freeman.

Sandel, M. J. 1982. *Liberalism and the Limits of Justice*. Cambridge: Cambridge University Press.

Satterthwaite, M. 1975. "Strategy Proofness and Arrow's Conditions." *Journal of Economic Theory*, 10, 187-217.

Scanlon, T. M. 1982. "Contractualism and Utilitarianism." In A. Sen and B. Williams, eds., *Utilitarianism and Beyond*. Cambridge: Cambridge University Press.

Schaar, J. 1970. "Legitimacy in the Modern State." In P. Green and S. Levinson, eds., *Power and Community*. New York: Vintage Books.

Schelling, T. C. 1963. *The Strategy of Conflict*. New York: Oxford University Press.

Schumpeter, J. 1954. *Capitalism, Socialism and Democracy*. London: Allen and Unwin.

Searle, J. 1964. "How To Derive 'Ought' From 'Is'." *Philosophical Review*, XXⅢ (January), 43-58.

Sen, A. K. 1967. "Isolation, Assurance, and the Social Rate of Discount." *The Quarterly Journal of Economics* 81, 112-24.

_____. 1970. "The Impossibility of a Paretian Liberal." *Journal of Political Economy* 78, 152-57.

Shklar, J. 1984. *Ordinary Vices*. Cambridge: Harvard University Press.

Simmons, A. J. 1979. *Moral Principles and Political Obligations*. Princeton: Princeton University Press.

Skinner, Q. 1989. "The State." In T. Ball, J. Farr, and R. L. Hanson, eds., *Political Innovation and Conceptual Change*. Cambridge: Cambridge University Press.

Smith, M. B. E. 1973, "Is There a Prima Facie Obligation to Obey the Law?" *Yale Law Journal* 82, 950-76.

Spragens Jr., T. A. 1990. *Reason and Democracy*. Durham: Duke University Press.

Strauss, L. 1953. *Natural Right and History*. Chicago: University of Chicago Press.

Sugden, R. 1989. "Maximizing Social Welfare." In A. Hamlin and P. Pettit, eds., *The Good Polity*. Oxford: Basil Blackwell.

Sunstein, C. 1993. *The Partial Constitution*. Cambridge: Harvard University Press.

Taylor, M. 1976. *Anarchy and Cooperation*. London: Wiley.

_____. 1987. *The Possibility of Cooperation*. New York: Cambridge University Press.

Terchek, R. 1986. "The Fruits of Success and the Crisis of Liberalism." In A. Damico, ed., *Liberals on Liberalism*. Totowa: Rowman and Littlefield.

Tiebout, C. 1956. "A Pure Theory of Local Expenditure." *Journal of Political Economy* 64, 416-24.

Titmuss, R. 1970. *The Gift Relationship*. London: Allen and Unwin.

Tversky, A., and Kahnemahn, D. 1973. "The Framing of Decisions and the Psychology of Choice." *Science* 211, 1453-58.

Ullmann-Margalit, E. 1977. *The Emergence of Norms*. Oxford: Clarendon Press.

Urmson, J. O. 1958. "Saints and Heroes." In A. I. Melden, ed., *Essays in Moral Philosophy*. Seattle: University of Washington Press.

Van Parijs, P. 1995. *Real Freedom for All*. Oxford: Oxford University Press.

Weber, M. 1947. *Theory of Social and Economic Organizations*. A. M. Henderson and T. Parsons, trans. Glencoe: The Free Press.

Wolfe, A. 1977. *The Limits of Legitimacy*. New York: Free Press.

Wolff, R. P. 1970. *In Defense of Anarchism*. New York: Harper and Row.

Wolin, S. 1986. "Contract and Birthright." *Political Theory* 14, 2(May).

_____. 1960. *Politics and Vision*. Boston: Little, Brown.

Wollheim, R. 1962. "A Paradox in the Theory of Democracy." P. Laslett and W. G. Runciman, eds., *Philosophy, Politics and Society*. Oxford: Basil Blackwell, 71-87.

찾 아 보 기

박효종(朴孝鍾)

1947년 서울 출생.
가톨릭대학교 신학부 졸업 후 서울대학교에서 교육학 석사를 받았고, 미국 인디애나 대학교에서 정치학 박사학위를 받았다. 경상대학교와 서울대학교를 거쳐 지금은 퇴임한 교수로 있다.

전문연구분야는 정치이론, 민주주의론, 민주시민론, 공공선택론이다.

주요 저서로는 『합리적 선택과 공공재 Ⅰ』, 『합리적 선택과 공공재 Ⅱ』, 『정당국고보조금 비판과 대안』, 『한국민주정치와 삼권분립: 사법심사권 확충을 중심으로』가 있고, 주요 논문으로는 「의회의 다수당과 소수당 협상행태에 대한 정치경제학적 연구」, 「공정성과 절차민주주의: 한국의 민주화 개혁을 위한 이론적 토대와 정책적 대안들」, 「롤즈 정의의 원리에 대한 비판적 고찰」, 「민주주의체제의 안정과 불안정에 관한 일 고찰: 사회선택론의 관점을 중심으로」, 「지역사회의 힘의 범주에 관한 정치경제학적 연구」 등 다수가 있다.

국가와 권위

2001년 7월 30일　초판발행
2019년 2월 10일　중판발행

저　자　박 효 종
발행인　안 종 만
발행처　(주) 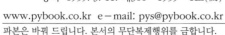박영사

서울특별시 종로구 새문안로3길 36, 1601
전화 (733)6771 FAX (736)4818
등록 1959. 3. 11. 제300－1959－1호(倫)

www.pybook.co.kr　e－mail: pys@pybook.co.kr

파본은 바꿔 드립니다. 본서의 무단복제행위를 금합니다.

정　가　35,000원　　　　　　　　ISBN 978－89－6454－116－6